D1746864

DEUTSCHLAND
PORTRÄT EINER NATION

Band 3
WIRTSCHAFT

DEUTSCHLAND
Porträt einer Nation

Band 1
Geschichte

Band 2
Gesellschaft – Staat – Recht

Band 3
Wirtschaft

Band 4
Kunst und Kultur

Band 5
Bildung – Wissenschaft – Technik

Band 6
Schleswig-Holstein – Hamburg Niedersachsen – Bremen

Band 7
Nordrhein-Westfalen Hessen – Rheinland-Pfalz

Band 8
Bayern – Baden-Württemberg – Saarland

Band 9
Berlin – Brandenburg – Mecklenburg-Vorpommern – Sachsen – Sachsen-Anhalt – Thüringen

Band 10
Deutschland, Europa und die Welt

WIRTSCHAFT

Mit einer Einleitung und einem Nachwort
von Norbert Walter

BERTELSMANN
LEXIKOTHEK VERLAG

Als wissenschaftliche Berater und Gutachter haben an dem Werk
»DEUTSCHLAND – Porträt einer Nation« mitgewirkt:

Prof. Dr. h.c. Hellmut Becker, Prof. Dr. Adolf M. Birke, François Bondy,
Prof. Dr. Ralf Dahrendorf, Prof. Dr. Alexander Deichsel, Prof. Dr. Wolfram Fischer,
Prof. Dr. Dr. h. c. Horst Fuhrmann, Dr. Wolfgang Krohn, Prof. Dr. Werner Maihofer,
Dr. Otto G. Mayer, Prof. Dr. Norbert Walter, Prof. Dr. Peter Wapnewski,
Prof. Dr. Herbert Wilhelmy, Prof. Dr. Viktor Žmegač

Verantwortliche Mitarbeiter an diesem Band

Chefredakteur: Dr. Gert Richter, Margarete Schwind
Redaktion: Dieter Lang
Redaktionelle Mitarbeit: Ursula Nöll, Ulrike Pichler, Dr. Barbara Wedekind-Schwertner, Birgit Willmann
Graphische Darstellungen: HTG-Werbung Tegtmeier + Grube KG, Bielefeld
Karten: Kartographisches Institut Bertelsmann, Gütersloh
Kartenredaktion: Brigitte Wippermann-Lennartz
Herstellung: Martin Kramer und Günter Hauptmann
Bildbeschaffung: Gisela Voullaire
Graphische Gestaltung: Hans Roßdeutscher

© VERLAGSGRUPPE BERTELSMANN GMBH
BERTELSMANN LEXIKOTHEK VERLAG GMBH, GÜTERSLOH 1985, 1991 C
Alle Rechte vorbehalten
Einband Cabra-Lederfaser,
Peyer & Co. GmbH, Leonberg, Chemische Werke Salamander GmbH, Türkheim
Gesamtherstellung
Mohndruck Graphische Betriebe GmbH, Gütersloh
Printed in Germany
ISBN 3-570-08713-1

Inhalt

Ein B kennzeichnet Bilddoppelseiten und Bildkombinationen

NORBERT WALTER
Wirtschaft und Politik in Deutschland – Tradition im Wandel 9
Eine Einleitung

Wirtschaft und Gesellschaft im vorindustriellen Deutschland 800 bis 1800 13

ADELHEID SIMSCH
Die Agrargesellschaft des Mittelalters 14

Land- und Forstwirtschaft 14 · Gewerbliche Tätigkeiten auf dem Land 16 · Verkehrswege und Verkehrsmittel 17 · Märkte und Zahlungsmittel 17 · Die Schichtung der Gesellschaft 18 · Die hochmittelalterliche Siedlungsperiode 18 · Der Einfluß der Städte und des Handels auf das Land 21 · Die spätmittelalterliche Agrarkrise 1350 bis 1470 22 · B Bauern im Mittelalter 24/25

ADELHEID SIMSCH
Städte und Bürger 27

Das Wesen der Stadt 27 · Die Gründung neuer Städte 29 · Das städtische Gewerbe 30 · Die Zünfte 31 · Handel und Verkehr 31 · Anfänge und Organisation der Hanse 33 · Die Stadtbevölkerung 34 · Öffentliche Finanzen und Sozialpolitik 34 · Die Blütezeit der Städte 35 · B Handwerk und Stadtwirtschaft 36/37 · Die Anfänge des süddeutschen Handels 38

ADELHEID SIMSCH
Der Frühkapitalismus 40

Die Blütezeit süddeutscher Handelshäuser 40 · Die Fugger 41 · Die Welser 45 · Die Entdeckungen und ihre Folgen 47 · Blüte und Niedergang der Hanse 48 · Aufschwung in Gewerbe und Landwirtschaft 49 · B Die deutsche Hanse 50/51 · Geldentwertung 52

ADELHEID SIMSCH
Das Zeitalter des Merkantilismus 53

Die Katastrophe des Dreißigjährigen Krieges 54 · Reichswirtschaftspolitik nach 1648 57 · Der Wiederaufbau in den Territorialstaaten 58 · Sachsen 60 · Hessen-Kassel 61 · Baden 62 · Die Wirtschaftspolitik Österreichs 64 · Der wirtschaftliche Aufstieg Brandenburg-Preußens 66

JOCHEN KRENGEL
Ein Heller und ein Batzen – Münzen und Papiergeld 71

HUBERT KIESEWETTER
Bergbau – von der Keilhaue zum Schaufelradbagger 75

»Silbernes Mittelalter« 75 · Kapital und Technik 76 · Das Zeitalter von Kohle und Eisen 77 · Das Bergrecht 79

HUBERT KIESEWETTER
Verkehr – vom laufenden Boten zum Volkswagen 80

B Entwicklung des Postwesens 84/85

WERNER MEYER-LARSEN
Ingenieure als Unternehmer 87

Auf dem Weg zur Industrienation 1800 bis 1870 91

WOLFRAM FISCHER
Die Frühindustrialisierung 92

Wirtschaftsstruktur um 1800 93 · Das Zeitalter der Reformen 94 · Bevölkerungswachstum 95 · Landwirtschaft: Krise oder Fortschritt? 95 · Die Anfänge der Industrie 96 · Die Eisenbahn 97 · Der Zollverein 99 · Banken und Staatsfinanzen 100 · Verarmt Deutschland? 100

WOLFRAM FISCHER
Der Ausbau der Industrie 102

Das Verkehrsnetz 104 · Modernisierung der Landwirtschaft 104 · Der Beginn des modernen Bankensystems 105 · Maße, Münzen und Gewichte 106 · Gewerbeordnung und Handelspolitik 106

Der deutsche Nationalstaat als Wirtschaftsmacht 1871 bis 1945 107

WOLFRAM FISCHER
Wirtschaft, Industrie und Verkehr im Kaiserreich 108

Die Gründerjahre 108 · Die »Große Depression« 109 · Strukturwandel 109 · B Reklame 110/111 · B Warenhäuser 112/113 ·

Großmacht Industrie 114 · Kommandieren die Banken? 116 · Handwerk und Kleinhandel 117 · Versorgung und Dienstleistungen 118 · Verkehrsverdichtung 119 · B Großstadtverkehr 120/121 · Integration in die Weltwirtschaft 122 · Die Kolonien 123 · Interessenverbände 123 · B Arbeiter im Kaiserreich 124/125 · Die Gewerkschaften 126 · Sozialpolitik und Sozialversicherung 127 · Imperialismus 128

WOLFRAM FISCHER
Die deutsche Wirtschaft im Ersten Weltkrieg 129

Kriegswirtschaft 129 · Das Hindenburg-Programm 130 · Die Landwirtschaft im Krieg 130 · Soziale Spannungen 131 · Technischer Fortschritt 131 · Kriegsfinanzierung 131 · Hunger und Kriegsüberdruß 133

WOLFRAM FISCHER
Wirtschaftliche Probleme der Weimarer Republik 134

Das Erbe des Krieges 134 · Währungsreform und Dawes-Plan 136 · Die »Goldenen Zwanziger« 137 · Weltwirtschaftskrise 139 · Rettungsversuche 140

WOLFRAM FISCHER
Die deutsche Wirtschaft unter dem Nationalsozialismus 142

Aufrüstung und Wirtschaftsbelebung 144 · Autarkiepolitik 146 · Die Blitzkriegstrategie – wirtschaftlich gesehen 147 · Die Ära Speer 148 · Die wirtschaftliche Bilanz des Krieges 149

Wirtschaft und Industrie der DDR 151

PETER PLÖTZ
Wirtschaftspolitik und Wirtschaftsentwicklung der SBZ 152

»Die Stunde Null« 152 · Wiedergutmachung 152 · Ungünstige Standortbedingungen 154 · Gelähmte Wirtschaft 154 · Bedrückende Lebensumstände 155 · Die Sowjetisierung der SBZ 155 · Die wirtschaftliche Spaltung Deutschlands 158

PETER PLÖTZ
Wirtschaftspolitik und Wirtschaftsentwicklung der DDR 159

Extensives Wachstum in den fünfziger Jahren 159 · B Landwirtschaftliche Produktionsgenossenschaften 162/163 · Intensives Wachstum in den sechziger Jahren 165 · Intensivierungszwang in den siebziger Jahren 167 · Die achtziger Jahre – DDR Wirtschaft in der Krise 169

PETER PLÖTZ
Die Rohstoffwirtschaft 172

Energetische Rohstoffe 172 · Metallische Rohstoffe 173 · B Rohstoffwirtschaft 174/175 · Nichtmetallische Rohstoffe 177 · Sekundärrohstoffe 177

JOACHIM NAWROCKI, PETER CHRIST
Wirtschaftsalltag in der DDR 178

PETER PLÖTZ
Einkommen, Verbrauch, Lebenshaltung 183

Staatliche zentrale Lohnpolitik 183 · Niedriglohnpolitik 183 · Abzüge durch Steuern und Sozialversicherungsbeiträge 184 · Preise: die DDR eine Insel der Stabilität? 184 · Das mehrklassige Einkaufssystem 185 · Pro-Kopf-Verbrauch ausgewählter Waren 187 · Auf der Wunschliste ganz oben: ein eigener PKW 187 · Tourismus: Urlaub nach Plan 188 · Ersparnis 188

PETER PLÖTZ
Das System der sozialen Sicherung 189

Organisation 189 · Finanzierung 189 · Renten: beträchtlicher Nachholbedarf 189 · Geringer Einkommensverlust bei Krankheit und Unfall 191 · Leistungen bei Mutterschaft und für die Familie 191 · B Urlaub in der DDR 192/193 · Sozialleistungen bei Arbeitslosigkeit 194

HANNSJÖRG BUCK
Finanzwirtschaft 195

Aktionsfelder der Finanzpolitik 195 · Aufgaben des Finanzsystems und der Finanzpolitik 195 · Der Staatshaushalt 197 · Banken und Sparkassen 201

HANS HERBERT GÖTZ
Wirtschaftsmanagement in der DDR 204

PETER PLÖTZ
Die Sonderrolle des innerdeutschen Handels 209

Vorteile für die DDR? 209 · Ökonomisches Interesse in der DDR, politisches in der Bundesrepublik 210 · Die Entwicklung des innerdeutschen Handels 213 · Problematische Warenstruktur 213 · Weitere Einnahmen der DDR 213

PETER PLÖTZ
Die Stellung der DDR in der Weltwirtschaft 214

Wirtschaftliche und politische Bestimmungsfaktoren 214 · Wirtschaftliches Kraftzentrum im RGW 214 · Außenwirtschaftsbeziehungen mit westlichen Industrieländern 218 · Handel mit der Dritten Welt 220 · Hohe Verschuldung im Außenhandel 222

OTA ŠIK
Sozialistische Planwirtschaft – Theorie und Wirklichkeit 223

PETER PLÖTZ
Von der Plan- zur Marktwirtschaft 227

B Die deutsche Wirtschaft im Übergangsjahr 1990 228/229

Die Wirtschaft der Bundesrepublik Deutschland 231

OTTO G. MAYER
Die wirtschaftliche Entwicklung der Bundesrepublik 232

Bilanz des Krieges 232 · Die Politik der Besatzungsmächte 233 · Der Aufbruch in die Soziale Marktwirtschaft 235 · Währungsreform 235 · Abbau der Zwangsbewirtschaftung 236 · Beginn des Aufschwungs 236 · Der Wiederaufbau 237 · Übergangsschwierigkeiten 237 · Korea-Boom 238 · Die Zeit der hohen Wachstumsraten 238 · Tarifautonomie und Mitbestimmung 239 · Abbau der Wohnungsnot 239 · Flankierende Sozialpolitik 240 · Eingliederung in die Weltwirtschaft 240 · Europäische Einigungswerke 240 · Die glücklichen Jahre der Vollbeschäftigung 242 · Das Auf und Ab der Zyklen 242 · Steigende Preise 242 · Das Dilemma der Bundesbank 243 · Vermögenspolitik und Privatisierung 243 · Das Ende des Wunders 244 · Das Krisenprogramm der Großen Koalition 245 · Stabilitätsgesetz – Magna Charta der Wirtschaftssteuerung 245 · Die sozialen Leistungen der Großen Koalition 246 · Spekulationen und Aufwertung 246 · Reformjahre – Stagnationsjahre 247 · Sozialreformen 247 · Massenarbeitslosigkeit 248 · Düstere Aussichten 248 · Umbrüche der siebziger Jahre 249 · Das Scheitern der sozial-liberalen Koalition 250 · Die achtziger Jahre – Aufschwung ohne Ende? 250 · Perspektiven der neunziger Jahre 253 · Auf dem Wege zur Wiedervereinigung 254

FIDES KRAUSE-BREWER
Ludwig Erhard, Vater des Wirtschaftswunders 256

Jugend und Beginn der wissenschaftlichen Laufbahn 256 · Erhard wird Politiker 256 · Das Wirtschaftswunder beginnt 257 · Erhards Wirtschaftspolitik in der Bewährung 257 · Adenauer und sein Thronfolger Erhard 259 · Bundeskanzler Erhard 259 · Krise und Ende der Ära Erhard 260 · Die Botschaft 260

KLAUS KWASNIEWSKI
Der Trend zur Dienstleistungsgesellschaft 261

Die Produktionsstruktur 262 · Zuordnungsprobleme 262 · Sektorale und berufliche Beschäftigtenstruktur 262 · Ein säkularer Vergleich 263 · Die These von der Überindustrialisierung 264 · Die Ursachen des Strukturwandels 265

JOACHIM NAWROCKI
Zukunftsindustrien in Deutschland 266

KLAUS KWASNIEWSKI
Die Ordnung und Entwicklung der wichtigsten Wirtschaftsbereiche 270

Die Landwirtschaft 270 · B Industrielle Landwirtschaft 272/273 · Die Energiewirtschaft 278 · B Ruhrgebiet 282/283 · Die Wohnungswirtschaft 284 · Die gewerbliche Wirtschaft 287 · Die Verkehrswirtschaft 293

VOLKER HAUFF
Möglichkeiten und Grenzen der Verkehrsentwicklung 298

ACHIM DIEKMANN
Automobilbau 302

Die Bedeutung der Automobilindustrie 302 · Getrübte Zukunftsaussichten 302 · Umweltfreundliche Automobile 303 · Internationale Wettbewerbsfähigkeit 304

KLAUS KWASNIEWSKI
Die regionale Entwicklung 305

Leitbilder und Ziele 305 · Die »Gemeinschaftsaufgabe« 305 · Vielfältige Einwände 306 · Die EG-Regionalpolitik 307 · Wachsendes Süd-Nord-Gefälle 307 · Ungleiches Arbeitsplatzrisiko 307 · Bevölkerungswanderungen 308 · Zunehmende Verstädterung 308 · Die Nord-Süd-Wanderung 309 · Probleme altindustrieller Standorte 309 · Regionen der Zukunft 309

KLAUS KWASNIEWSKI
Die Wettbewerbsordnung 310

Aufgaben und Funktionen des Wettbewerbs 310 · Warum Wettbewerbspolitik? 310 · Das Gesetz gegen Wettbewerbsbeschränkungen 312 · Das Kartellrecht 313 · B Märkte und Messen 314/315

DIETHER STOLZE
Konzerne in der Bundesrepublik: Kann denn Größe Sünde sein? 319

Fakten und Vorurteile 319 · Giganten der Weltwirtschaft 321 · Auch Kleine haben eine Chance 322

WOLFGANG WETTER
Die wirtschaftliche Bedeutung des Staates 323

Das Hohelied des Föderalismus 323 · Die Ausgaben der Gebietskörperschaften 325 · Die Einnahmen des Staates 326 · Die vierte Ebene 326 · Die Last der Abgaben 326 · Der Finanzausgleich 327 · Die öffentliche Verschuldung 327 · Die öffentlichen Unternehmen 329 ·

WOLFGANG WETTER
Die Geld- und Währungsordnung 332

Die Deutsche Bundesbank 332 · Die Geldpolitik 336 · Die Offenmarktpolitik 338 · Der Aufbau des Kreditwesens 339 · Die D-Mark im internationalen Währungsgefüge 341 · D-Mark und europäische Währungspolitik 344

ANKE FUCHS
Unser Weg zum Sozialstaat 346

Der Weg zum Sozialstaat 346 · Politischer Kampf bis zum heutigen Tag 346 · Mitbestimmung als vordringliches Ziel 347 · Mehr Solidarität 348

OTTO G. MAYER
Das soziale Netz 350

Wohlstand für alle? 350 · Gerechte Verteilung? 350 · Arbeitsplätze für alle? 350 · Arbeitnehmerschutz 351 · Mitsprache und Mitbestimmung 352 · Arbeitsförderung 354 · Kernbereiche der sozialen Sicherung 355 · Die Familienförderung 358 · Mieterschutz 358

JOCHEN KÖLSCH
Schattenwirtschaft 360

Warum gibt es Schattenwirtschaft? 360 · Der Umfang der Schattenwirtschaft 361 · Ausdruck der Krise im offiziellen Wirtschaftssystem 362 · Schattenwirtschaft – historisch gesehen 364 · Schaden und Nutzen der Schattenwirtschaft 364

BARBARA VEIT
Frauen im Wirtschaftsleben 365

Zur historischen Entwicklung 365 · Die Chance von 1949 367 · Der mühsame Weg 367 · Fußangeln des Arbeitsrechts 367 · Hausarbeit als Beruf 368 · Frauen im konjunkturellen Wechselbad 368 · Die Situation in der DDR – ein Rückblick 369

WOLFGANG WETTER
Die Wirtschaftspolitik 370

Das Stabilitäts- und Wachstumsgesetz 370 · Beeinflussung der globalen Nachfrage 370 · Informationsinstrumente 370 · Planungsinstrumente 371 · Koordinierungsinstrumente 371 · Die Arbeitsmarktpolitik 372 · Strukturpolitik 373 · Außenwirtschaftspolitik 375 · Wirtschaftspolitische Beratung 375

ANKE MARTINY
Verbraucherpolitik in Deutschland 377

Die geschichtliche Entwicklung 377 · Gesetzlicher Verbraucherschutz 378 · Durchsetzung der Verbraucherschutzgesetze 379 · Verbraucherpolitik in anderen Ländern 380 · Für eine verbesserte Verbraucherpolitik 381

KLAUS KWASNIEWSKI
Der Umweltschutz 382

Entwicklung des Umweltschutzgedankens 382 · Warum staatliche Umweltpolitik? 382 · Das Umweltprogramm von 1971 383 · Bilanz des Umweltschutzes 384 · Umwelt und Wirtschaft 387 · Umweltpolitik als Strukturpolitik 388

WERNER MEYER-LARSEN
Atomenergie oder sanfte Energien? 389

KLAUS KWASNIEWSKI
Kammern, Verbände, Sozialpartner 393

Die Kammern 393 · Die Verbände 395 · Die Sozialpartner 397 · Die Arbeitgebervereinigungen 398 · Die Gewerkschaften 398

HEINZ MARKMANN
Gewerkschaften in der Sozialen Marktwirtschaft 403

PHILIP ROSENTHAL
Wirtschaftsdemokratie 407

Betriebsverfassung und Mitbestimmung 407 · Vermögensbildung und Vermögensbeteiligung 408 · Die weitere Aufgabe 411

WOLFGANG WETTER, OTTO G. MAYER
Die außenwirtschaftliche Position der Bundesrepublik 412

Lieferanten und Kunden 412 · Die Warenstruktur 414 · Die internationale Wettbewerbsfähigkeit 415 · Deutsche Unternehmen in der Welt 416 · B Tourismus 418/419 · Anlageland Deutschland 420 · Internationaler Vergleich von Einkommen und Produktion 420 · Entwicklungshilfe 421

OTTO GRAF LAMBSDORFF
Soziale Marktwirtschaft – Möglichkeiten und Grenzen 423

NORBERT WALTER
Perspektiven der Wirtschaft im vereinten Deutschland 427

Ein Nachwort

Die Autoren 432

Register 433

Abbildungsnachweis 440

Sigel:
D. L.   = Dieter Lang
U. N.   = Ursula Nöll
A. SCH. = Andreas Schäfer
B. W.-S. = Barbara Wedekind-Schwertner

NORBERT WALTER

Wirtschaft und Politik in Deutschland – Tradition im Wandel

Eine Einleitung

»*Ich habe viele Stunden mit jungen Menschen in Ihrem Land verbracht... Ich bewundere ihre Intelligenz, ihren Idealismus, ihren Horror vor der Rüstung und ihr Mitgefühl für die Erniedrigten. Aber ich bin auch erschrocken über ihr Unwissen, das viele sogar bezüglich der Geschichte ihres eigenen Landes an den Tag legen... Und ich bin vor allem beunruhigt über ihren offensichtlichen Mangel an Wertschätzung dessen, was es bedeutet, in einer Demokratie zu leben.*«
Arthur Burns, amerikanischer Botschafter in der Bundesrepublik Deutschland, anläßlich einer Rede am 18. März 1983 vor dem Übersee-Club in Hamburg.

Die Vielfalt von Institutionen und Denkrichtungen in Wirtschaft, Politik und Gesellschaft, die die Gebilde »Wirtschaft« und »Wirtschaftspolitik« ausmachen, hat in Deutschland z.T. alte und tiefe Wurzeln. Vieles davon ist nicht typisch deutsch, manches abendländisch, manches kontinentaleuropäisch. Es gibt aber auch regionale Charakteristika, die zum Schillern des Erscheinungsbildes der deutschen Wirtschaft beitragen: Hanseatische Kühle, preußische Disziplin, schwäbische Tüftelei, alemannischer Fleiß gehören ebenso dazu wie bayerische Deftigkeit oder rheinischer Frohsinn.

Zu den prägenden Elementen zählt der Einfluß religiöser Bewegungen. Nicht nur die Verbindung von Staat und Kirche über viele Jahrhunderte hindurch bestimmte diesen Einfluß; er wirkte tief und unmittelbar über einzelne gesellschaftliche Gruppen. Keiner hat besser die Ausstrahlung religiöser Haltungen und Verfassungen auf die wirtschaftliche Entwicklung herausgearbeitet als Max Weber am Beginn dieses Jahrhunderts. Die Einstellung zum Zweck und Ziel des Lebens, die Beurteilung von Leistung und Eigentum sind zwar weithin christlich orientiert, innerhalb dieser Grundorientierung haben sich aber deutliche Differenzierungen entwickelt: von der katholischen Soziallehre, dominiert von der Hintanstellung individueller, irdischer Wünsche, über protestantische Ethik mit der Betonung individueller Verantwortung bis hin zu diesseitsgemessener Erfolgsorientierung im Calvinismus. Wie außerordentlich bedeutend solche Einflüsse sind, zeigt sich im Grundgesetz, etwa bei der Formulierung der Menschenrechte oder in Artikel 14, wo von der Sozialbindung des Eigentums die Rede ist. Das Attribut »sozial« für die deutsche Form der Marktwirtschaft reflektiert den ausgeprägt christlich bestimmten Gestaltungswillen. Daß der Wirtschaftsstil über die rein wirtschaftlichen, rein funktionalen Zwecke hinausreichen sollte, war ausdrückliche Absicht jener Männer, die als Väter der Sozialen Marktwirtschaft zu betrachten sind. Einige von ihnen, so Alfred Müller-Armack, rieten eindeutig von einer offenen Austragung sachlich unvermeidbarer Konflikte ab. In idealisierender Weise wird im Konfliktfall das Kollektiv in die Verantwortung gebracht. Dieses Harmoniebedürfnis scheint uns Deutschen besonders eigen zu sein. Die Konsequenz, daß damit Probleme lediglich verschleiert oder verschoben werden, ziehen wir vor zu verdrängen.

Wenn Wirtschaftskultur in Deutschland charakterisiert werden soll, kommt man nicht umhin, sie als außerordentlich heterogen und im historischen Ablauf als außerordentlich anpassungsfähig zu bezeichnen. Es ist freilich leichter zu sagen, was die deutsche Wirtschaftskultur *nicht* ausmacht, als sie positiv zu beschreiben. Es fehlt ihr die Ausrichtung auf ein politisches, auf ein geistiges Zentrum. Weder ist sie durch einen dominanten Zentralstaat noch durch eine dominante Wirtschaftsphilosophie – Merkantilismus, Freihandel, Zentralverwaltungswirtschaft – bestimmt. Seinen Grund hat dies in der Art der staatlichen (Un-)Ordnung in der deutschen Geschichte. Die Vielfalt und der ständige Wechsel der Regimes, nicht nur nach Zahl, sondern auch nach Bedeutung und Charakter, haben – in historischer Perspektive – prägend gewirkt. Der heutige Föderalismus ist eine konsequente Fortsetzung dieser Tradition. Anders als etwa in Frankreich oder England, wo die staatliche Einheit eine lange und feste Tradition hat, bestand Deutschland (fast) immer aus mehreren, recht unterschiedlichen und meist weitgehend autonomen Einzelteilen. Dies hat sich für die Wirtschaft und die Wirtschaftspolitik entscheidend ausgewirkt. Während Paris und London im nationalen Maßstab absolute Dominanz für Wirtschaftskraft, Verkehr, Kultur einschließlich der Wissenschaft aufweisen, sind diese Funktionen in Deutschland aufgespalten. Lediglich für kurze Zeit konnte Berlin als *primus inter pares* angesehen werden. Heute haben sich politische, wirtschaftlich-finanzielle und kulturelle Zentren von Hamburg bis München gebildet. Sie werden auch in Zukunft ihre Bedeutung behalten – ungeachtet der neuen Chancen, die Berlin aus der Vereinigung Deutschlands erwachsen. Diese »Entflechtung« hat viele Vorteile, sie bedeutet freilich auch, daß Deutschland derzeit über keine Stadt mit herausragender weltweiter Bedeutung verfügt. Manchmal scheint damit die Gefahr von Provinzialität verbunden.

Anhand der Geschichte ist auch zu erklären, warum es keine wirklich vorherrschende Wirtschaftsphilosophie gibt. Das Fehlen einer dauerhaften politischen Führungsmacht – statt dessen kämpften Fürstenhäuser ständig gegeneinander –, der Mangel an Wirtschaftsdynastien, anders als etwa in England oder Japan – im historischen Kontext blieben die Fugger, Krupps oder Grundigs Episoden – und die Nichtexistenz dominanter wissenschaftlicher Zentren – anders als in Frankreich – gaben der Vielfalt wirtschaftlicher Ideen Raum, zogen ihrer Durchsetzung jedoch immer enge Grenzen. So war Deutschland mehr ein Ort für die Entwicklung von Ideen als für ihre konsequente Verwirklichung. Auch hier ist nicht sicher, ob dies mehr Vor- oder mehr Nachteile brachte: Daß der Marxismus, hier entstanden, nur für einen Teil Deutschlands Anwendung fand, erweist sich nun, da es darum geht, dessen katastrophale Folgen zu beseitigen, als besonders hilfreich. Daß der Neid der Teilstaaten merkantilistische Entwicklungen begrenzte, eher den Wettbewerb untereinander förderte, kann aus historischer Perspektive nur ebenso begrüßt werden wie der Umstand, daß die protektionistischen Ideen eines Friedrich List die deutsche Wirklichkeit nicht lange dominierten.

Die deutsche Wirklichkeit wurde und wird bestimmt von einer begrenzten Offenheit: Noch immer wird an zünftischen Organisationen festgehalten, vor allem in vielen, modernere Organisationsformen verlangenden Dienstleistungsbereichen. Noch immer ist eine wirkliche internationale Ausrichtung der Wirtschaft, der Weg zur Weltmarke, eher die Ausnahme als die Regel.

Es fehlt am großen Entwurf. Was geschieht, entwickelt sich eher zufällig, im kleinen, ohne großes Konzept, eben pragmatisch. Zu diesem Fehlen großer Perspektiven mag die politische Geschichte ebenso beigetragen haben wie die Tatsache, daß die großen Abenteurer ebenso ausgewandert sind wie – gezwungenermaßen – ein wichtiger Teil der Intelligenz in der Zeit des Dritten Reiches. Die Schwierigkeiten der deutschen Wissenschaft, ihren internationalen Rang aus der Vorkriegszeit nicht zu großen Teilen zu verlieren, sind Hinweis auf diesen *brain drain*.

Die Wirtschaftsverfassung der Bundesrepublik

Hat einer der größten deutschen Ökonomen, Karl Marx, doch recht? Bestimmt das Sein das Bewußtsein? Die Wirtschaftsverfassung der Bundesrepublik Deutschland besitzt unverkennbar Merkmale, die mit den geschichtlichen Erfahrungen der Deutschen in den ersten viereinhalb Jahrzehnten des 20. Jh. zu erklären sind. Es sind die deutschen Traumata zweier großer Inflationen, einer Hyperinflation in den zwanziger Jahren und einer zurückgestauten Inflation während des Hitler-Regimes. Es ist die Angst vor den politischen Folgen des wirtschaftlichen Ruins wie am Ende der Weimarer Republik, und es ist schließlich die Erfahrung mit der totalitären Zwangswirtschaft des Dritten Reiches.

Neben diesen historischen Erfahrungen, aus denen die Deutschen beim Aufbau der Bundesrepublik offensichtlich lernen wollten, gab es zur Zeit des wirtschaftlichen Wiederaufbaus Zwänge, die das Handeln (mit-)bestimmten: die Zerstörung nach einem verlorenen Krieg und die politische Hoheit der Besatzungsmächte. Nicht nur die Deutschen lernten aus historischen Erfahrungen; auch die – westlichen – Besatzungsmächte vermieden inkonsistente und überzogene Reparationsforderungen, ein Fehler, den sie nach dem Ersten Weltkrieg begangen hatten: Statt des Morgenthau-Plans wurde der Marshall-Plan realisiert. Im Wohlstand für alle Westeuropäer sahen die westlichen Besatzungsmächte den erfolgversprechenden wirtschaftlichen und politischen Weg aus der Krise und darin wiederum die beste Basis für eine politisch potente Machtstruktur gegenüber der Sowjetunion. Die föderale Struktur der Bundesrepublik ist eher ein Glücksfall. Der Wille der Besatzungsmächte, einen starken deutschen Zentralstaat zu verhindern, führte zu der modernsten und flexibelsten Form einer Demokratie, nämlich einem Bundesstaat mit relativ viel Dezentralisierung. Dies ist die beste Grundlage für Lernen im Wettbewerb zwischen staatlichen Stellen.

Das Grundgesetz und das Gesetz für die Bank deutscher Länder (später Bundesbankgesetz) markieren am auffälligsten den Weg in eine neue wirtschaftliche Ordnung, die unter dem Begriff »Soziale Marktwirtschaft« bekannt wurde. In ihr fanden neben den historischen Erfahrungen die Ideen der neoliberalen Schule – der Freiburger Schule – ihren Niederschlag. Der Name Ludwig Erhard wurde zum Synonym für einen grundlegenden marktwirtschaftlichen Neubeginn. In seiner Funktion als Wirtschaftsminister überwand er die Ideen von Sozialisten, verdrängte die Ängste von Konservativen und wies die Interessenverbände in ihre Schranken.

Nach der Entflechtung der im Dritten Reich zu Großkonzernen gewordenen Wirtschaftseinheiten, nach der Befreiung von Zwangsverordnungen, d. h. der Entlassung in die Eigenverantwortung, gewann im Rahmen einer föderalen, staatlichen Verfassung die Wirtschaft rasch an Kraft. Die aus Rationierung und Kontrolle befreite Wirtschaft, d. h. grundsätzlich wettbewerblich und auf Privateigentum aufgebaute Wirtschaft, erhielt mit der Sozialbindung des Eigentums (Art. 14 GG) und einer Reihe staatlicher Eingriffe (Struktur-, Wohnungsbau- und Sozialpolitik) die von den politischen Parteien und den meisten Institutionen (z. B. den Kirchen) befürwortete »soziale« Korrektur. Das Kartellgesetz sorgte für die staatliche Begrenzung privater Machtkonzentration, um auf diese Weise – soweit möglich – die notwendige Chancengerechtigkeit für unternehmerische Betätigung zu garantieren.

Um die Stabilität des Geldsystems sicherzustellen, wurde – nach der Währungsreform – der Zentralbank ein von der Politik weitgehend autonomer Status gewährt. Geldpolitik ist seither nicht wieder zur inflationären Finanzierung staatlicher Ausgaben mißbraucht worden. Die Bundesbank hat als wirtschaftspolitische Autorität einen weit über die Geldpolitik hinausgehenden Einfluß gewonnen; ihr Rang ist im In- und Ausland unbestritten.

Die neue Wirtschaftsordnung wurde angenommen: Die von ihr ausgehende Motivationsförderung war so stark, daß große Probleme trotz ungünstiger Startbedingungen rasch überwunden werden konnten.

Die neue Wirtschaftsverfassung erwies sich vor allem deshalb als so erfolgreich, weil ein Großteil der Bevölkerung gut ausgebildet und ein beträchtlicher Teil geistig und räumlich außergewöhnlich mobil war. Angesichts des Ausmaßes der Flüchtlingsbewegung und der Auslöschung alter sozialer Strukturen wurden Klassengegensätze weitgehend ausgeräumt: Jeder konnte etwas werden.

Mit der Überwindung der unmittelbaren Not und dem Wiederaufbau einer Wirtschaft, die auch international wettbewerbsfähig wurde, war der Stolz verbunden, weltweit wieder als Nation anerkannt zu sein. Trotz früher Mitgliedschaft in Westeuropäischer Union und NATO blieb das »deutsche Wirtschaftswunder« lange Zeit der entscheidende Faktor für die zunehmende internationale Anerkennung. Auch durch die Römischen Verträge, die Mitbegründung der Europäischen Wirtschaftsgemeinschaft durch die Bundesrepublik im Jahr 1957, hat sich daran wenig geändert. Deutschland blieb politischer Zwerg auch als wirtschaftlicher Riese. Die wirtschaftliche Wiedereingliederung in die westliche Welt fand ihre Vervollkommnung in der Einführung der freien Austauschbarkeit (Konvertibilität) der D-Mark im Jahr 1958, jener Zeit, in der Gastarbeiter in die Bundesrepublik kamen und in der sich die Welt für die deutschen Touristen öffnete. Der Slogan »Neckermann macht's möglich« war mehr als ein Werbespruch: Er signalisierte die materiell orientierte, individualistische und vorwärtsdrängende Haltung jener Jahre.

Keine Experimente – die wahre deutsche Mentalität?

Das Wirtschaftswunder war nicht Ergebnis nimmersatten Abenteurertums und dynamischen Vorwärtsdrangs der Deutschen; es war das Ergebnis der Anstrengung nahezu aller Deutschen, Not und Elend hinter sich zu lassen. Wie so vieles wurde auch diese Bemühung mit einer nicht untypischen Perfektion zu Ende gebracht. Nach dieser Phase manifestierte sich eher wieder die grundsätzliche Haltung der Deutschen: »Keine Experimente« avancierte zum Wahlslogan. Bürgerliche Bewahrung, technokratische Haltung dominierten immer mehr. Grundsatzentscheidungen waren getroffen, die Zukunft erschien als eine problemlose Verlängerung der Vergangenheit. Der Wunsch der Deutschen nach Harmonie, nach Konsens wurde ebenfalls deutlich. Der angelsächsische Stil, nach einer offenen Debatte der kontroversen Standpunkte einen erträglichen Kompromiß zu finden, wurde durch organisierte Übereinstimmung im Klausurstil ersetzt. Hinweise auf solche Grundauffassungen sind die Etablierung der »Konzertierten Aktion« und die Mitbestimmung. Deutsche, die Partikularinteressen vertreten, betonen immer, daß ihre Entscheidungen am Gesamtwohl orientiert seien. Offensichtlich steht ein solcher Anspruch jedoch stark im Konflikt mit jenen Verpflichtungen, die man der jeweils eigenen Gruppe gegenüber hat. Deshalb fühlt sich auch der Staat aufgerufen, zwischen den rivalisierenden Interessen der einzelnen Gruppen zu vermitteln. Diese Aufgabe einem System der Marktwirtschaft zu überlassen, die dafür sorgt, daß individueller Eigennutz auch zu optimalen gesamtwirtschaftlichen Ergebnissen führt, erscheint vielen Deutschen unverantwortlich.

Inmitten einer prosperierenden und von Technokraten beherrschten Bundesrepublik stellten immer mehr Menschen, vor allem jene, die nie etwas anderes als Wohlstand und Demokratie erfahren hatten, die bis dahin weitgehend akzeptierten Werte in Frage. Leistungsorientierung, Anerkennung staatlicher, ja gesellschaftlicher Autorität gerieten in die Kritik. Alte Wert- und Moralvorstellungen wurden abgeschüttelt. Dies bezog sich auf die Haltung gegenüber Ehe und Familie ebenso wie auf die Kindererziehung. Die Kritik erfolgte in militanter Weise in der Studentenrevolte der zweiten Hälfte der sechziger Jahre, in der APO, sie manifestierte sich aber auch in der Hippie-Bewegung. Die Abwendung von den Institutionen der Gesellschaft fand einen schrecklichen Höhepunkt in der Entwicklung des schließlich selbstzerstörerischen Terrorismus der frühen siebziger Jahre.

Internationale Verflechtung

Deutsche Handelshäuser erlangten nie eine internationale Bedeutung wie jene der Lombardei, Londons, der Niederlande oder – in der Neuzeit – der amerikanischen multinationalen Konzerne. Deutsche Wirtschaftsmacht blieb immer Episode. In der Regel war der deutsche Einfluß von sekundärer Bedeutung. Dies galt im von England beherrschten 19. Jh., dies gilt im von den USA beherrschten 20. Jh. Eine Episode mit stärkerem internationalen Einfluß der Deutschen waren die siebziger Jahre. In diesem Zeitraum blieb die westliche Führungsrolle unbesetzt. Im Desaster von Vietnam manifestierte sich das Ende der US-Hegemonie politisch, im Niedergang des US-Dollar schlug es sich

Wirtschafts- und Finanzmetropole Frankfurt: Der Römer, in dem einst Kaiser gekrönt wurden, und die Paulskirche, in der das erste deutsche Parlament tagte, vor den Hochhäusern der Banken.

ökonomisch nieder. Mit dem Verschwinden der amerikanischen Hegemonie erhielten die Deutschen als Mittelmacht quasi automatisch ein größeres Gewicht. Diese neue Rolle fand ihren sinnfälligsten Ausdruck in der steigenden Bedeutung der D-Mark als internationaler Währung. Die Bundesbank erhielt mit ihrer Politik einen weit über ihren unmittelbaren Wirkungsbereich hinausreichenden Einfluß. Sie bestimmte entscheidend, was als modellhaft für die Geld- und Währungspolitik gelten konnte. Ihr Einfluß auf die internationalen Entwicklungen, über die Bank für Internationalen Zahlungsausgleich und den Internationalen Währungsfonds, wuchs beträchtlich.

In der politischen Arena war mit Bundeskanzler Willy Brandt die Rolle des Inspirators für die Dekade der Ost-West-

Wirtschaft und Politik in Deutschland – Tradition im Wandel

Helmut Schmidt mit Giscard d'Estaing (links) und Jimmy Carter (rechts) auf dem Weltwirtschaftsgipfel in Bonn, 1978.

Entspannung besetzt, mit Bundeskanzler Helmut Schmidt in der Zeit weltweiter ökonomischer Krisen die des Weltökonomen. Der deutsche Einfluß auf die seit Mitte der siebziger Jahre stattfindenden Weltwirtschaftsgipfel war größer, als es dem wirtschaftlichen Potential der Bundesrepublik entsprochen hätte.

Daß der Horizont der Deutschen seit den sechziger Jahren über das Nationale hinaus geweitet wurde, hat aber auch andere Ursachen: Die wichtigste dürfte die Verbesserung und Verbilligung des weltweiten Austausches an Informationen sein, ermöglicht bzw. erleichtert durch die neuen Medien und Technologien. Niedrige Energie- und damit auch Transportkosten förderten diese Tendenz. Nicht nur intensivierte sich der Warenhandel und der Tourismus, sondern auch – und sogar in besonderer Weise – der Kapitalverkehr über die internationalen Finanzmärkte. Die Dynamik der Euromärkte ist die markanteste Entwicklung auf diesem Gebiet.

Auf diese soviel stärker integrierte und damit voneinander abhängige westliche Welt trafen in den siebziger Jahren eine Reihe von Schocks. So brach die Wechselkursordnung von Bretton Woods zusammen, die feste Wechselkurse zwischen den Währungen zur Regel hatte, und wurde vom Floating, d. h. der prinzipiellen Beweglichkeit der Wechselkurse, abgelöst. Zum andern kam es zweimal, 1973 und 1979, zu massiven Erhöhungen der Rohstoff-, besonders der Ölpreise.

Verbunden mit diesen Schocks waren wirtschaftliche Fehlentwicklungen, die man durch die Gestaltbarkeit der Wirtschaftspolitik überwunden zu haben glaubte. Die erste Enttäuschung bereitete die weltweite Beschleunigung der Inflation zu Beginn der siebziger Jahre. Die zweite stellte sich ein, als 1974/75 die Rezession nachhaltiger geriet als erwartet und als die nachfolgende Erholung der Wirtschaftstätigkeit nicht die gewünschten positiven Effekte am Arbeitsmarkt hatte. Damit verbunden war, daß die staatlichen Haushaltsdefizite auch in Zeiten konjunktureller Besserung außerordentlich hoch blieben. Aber nicht nur in dieser Hinsicht erschien die Lenkbarkeit der Entwicklung als verlorengegangen und die Manövrierfähigkeit der Wirtschaftspolitik eingeschränkt, auch die strukturpolitischen Entscheidungen erwiesen sich wiederholt als falsch. Der Ausbruch der Stahlkrise, die Verschärfung der Agrarprobleme, die offensichtlichen Fehleinschätzungen bei der Energieplanung manifestierten das Scheitern der Strukturpolitik. Als besonders gravierend und schmerzhaft wurde in einem Land mit »Vollbeschäftigungsgarantie« der massive Anstieg der Arbeitslosigkeit empfunden.

Wirtschaft und Politik in Deutschland haben defensiv – fast ist man versucht zu sagen, mit »Beamtenmentalität« – auf diese neue Dimension von Einflüssen reagiert. Erst spät und zögernd haben Unternehmen ihre Produktionsstandorte in Länder mit niedrigen Kosten verlagert, ihr Produktionssortiment stärker arbeitssparend ausgerichtet. Die Politik hat zu lange die kostspieligen und wenig erfolgversprechenden Experimente mit Konjunktur- und Beschäftigungsprogrammen fortgesetzt.

Renaissance von Leistung und Marktwirtschaft?

Später als anderenorts, beispielsweise in den USA und Großbritannien, hat man bei uns aus diesen Fehlern gelernt. Nach der politischen Wende im Jahr 1982 wurde aber auch hierzulande für die Wirtschaftspolitik ein neuer Kurs vorgegeben. Wiederbelebung der Marktwirtschaft hieß das Ziel. Das wirtschaftliche Handeln im weiteren Verlauf der achtziger Jahre zeigte allerdings, wie schwierig die Eindämmung eines ausgeuferten Staatssektors ist. Das Füllhorn vermeintlicher staatlicher Wohltaten war in den siebziger Jahren allzu freigiebig ausgeschüttet worden. Dies hatte nicht nur das Wirtschaftswachstum gelähmt und einen hohen Berg öffentlicher Schulden aufgetürmt, sondern auch die staatlichen und halbstaatlichen Bürokratien vor allem im sozialen Bereich aufgebläht und bei vielen im Lande Versorgungsmentalität und Besitzstandsdenken erzeugt. Selbst Unternehmer waren davon nicht frei. Entsprechend heftig wehrten sich die einzelnen Interessengruppen gegen Deregulierungsmaßnahmen, wie beispielsweise die Reform im Gesundheitswesen oder die Liberalisierung des Ladenschlußgesetzes. Dies mag erklären, warum manche Schritte auf dem neuen Weg nur halbherzig gegangen wurden.

Dennoch ist es der Bundesregierung unter Helmut Kohl in den achtziger Jahren gelungen, die wirtschaftlichen Rahmenbedingungen merklich zu verbessern. Das Mandat für seine Politik erhielt er nicht zuletzt von einer neuen Generation junger Menschen, auf deren individueller Werteskala Leistung, beruflicher Erfolg, Selbstverantwortlichkeit und Risikobereitschaft nicht negativ belegt waren. Die angebotsorientierte Politik zur Stärkung der Marktkräfte blieb nicht ohne Erfolg. Die deutsche Wirtschaft kam in den achtziger Jahren zunächst nur allmählich, dann aber immer besser in Schwung. Dazu trug die Wiederbelebung der europäischen Idee bei, die im Programm zur Schaffung eines Gemeinsamen Binnenmarktes bis Ende 1992 und in den Initiativen für eine Wirtschafts- und Währungsunion in Europa zum Ausdruck kommt. Das EG-Binnenmarktprogramm hat bereits vor seiner Vollendung überall in Westeuropa Wachstumskräfte freigesetzt. Die Attraktion des freien und wohlhabenden Westeuropa war einer der Gründe für den Aufbruch im Osten Europas zu Demokratie und Marktwirtschaft.

So galt 1990, dem historischen Jahr der Vereinigung Deutschlands, die Hoffnung Ludwig Erhards, der er 35 Jahre zuvor Ausdruck gegeben hatte, daß durch eine stabile Konjunkturlage schnell ein Ausgleich zwischen Ost und West im vereinten Deutschland hergestellt werden kann.

Wirtschaft und Gesellschaft im vorindustriellen Deutschland 800 bis 1800

Feldbestellung, Umgraben und Säen nach alter Tradition: In der vorindustriellen Agrargesellschaft war menschliche Arbeitskraft das wertvollste Gut.

ADELHEID SIMSCH

Die Agrargesellschaft des Mittelalters

Als in Deutschland um 1800 die Industrialisierung begann, hatten Wirtschaft und Gesellschaft einen Entwicklungsstand erreicht, der weit über dem des frühen Mittelalters lag. In tausend Jahren waren bis dahin die Grundlagen für den Aufstieg Deutschlands zu einem modernen Industriestaat geschaffen worden.

Der vorherrschende Wirtschaftsbereich in der vorindustriellen Zeit (800 bis 1800) war die Landwirtschaft, in der die meisten Menschen lebten und arbeiteten, um 800 mehr als 90 Prozent. Mit zunehmender Arbeitsteilung wuchsen auch die nichtlandwirtschaftlichen Tätigkeiten. Die städtische Wirtschaft – Handwerk und Handel – gewann seit dem 14. Jh. an Bedeutung, ohne jedoch die Landwirtschaft zu überflügeln. Der niedrige Stand der Produktionstechnik war die Ursache dafür, daß um 1800 die Mehrzahl der Menschen (etwa 60 bis 65 Prozent) nach wie vor Nahrungsmittel produzieren mußte. Immer wieder führten wetterbedingte Ernteausfälle und Viehseuchen zu starken Schwankungen in der Versorgung. Hunger war eine alltägliche Erfahrung, und der Kampf um das tägliche Brot, das Hauptnahrungsmittel, beherrschte den Alltag.

Die Gestaltung der ländlichen Lebensverhältnisse war daher für die Menschen von entscheidender Bedeutung. Sie wurden geprägt von einer Vielzahl wirtschaftlicher und sozialer Abhängigkeiten; der größte Teil der bäuerlichen Bevölkerung war einem adligen oder kirchlichen Herrn »untertänig«. Diese Wirtschafts- und Gesellschaftsordnung faßt man unter dem Begriff Feudalismus zusammen.

Die Entstehung und Entwicklung des Feudalismus bestimmte für ein Jahrtausend, von 800 bis 1800, das Leben der ländlichen Gesellschaft und die staatliche Ordnung. Auch mit dem Erstarken der Städte seit dem 12. Jh. und der Entstehung des Absolutismus im 17. und 18. Jh. veränderte sich die feudale Ordnung für die Menschen auf dem Lande kaum. Wie die Agrargesellschaft in der vorindustriellen Zeit lebte und wirtschaftete, darüber soll hier berichtet werden.

Die politische Geschichte wird dabei nur insoweit berücksichtigt, als von ihr entscheidende Impulse auf die Gestaltung von Wirtschaft und Gesellschaft ausgingen. Die Bezeichnung »Deutschland« wird daher als geographischer Begriff und nicht in staatsrechtlichem Sinne verwendet.

Land- und Forstwirtschaft

Die Menschen des frühen Mittelalters lebten fast alle von landwirtschaftlicher Arbeit, in deren Mittelpunkt die Nahrungsmittelproduktion stand. Der Boden war das kostbarste Gut. Für gewerbliche Tätigkeiten blieb in der Regel wenig Zeit, man konnte sich nur »nebenberuflich« damit befassen.

Der Übergang vom Wander- zum Dauerfeldbau war durch eine verbesserte Agrartechnik möglich geworden. Zunehmend setzten die Bauern eiserne Arbeitsgeräte ein, was auf ein wachsendes Angebot an Eisen hindeutet. Die wichtigste Neuerung war der Eisenpflug, der im Laufe des 9. Jh. neben den Holzpflug (Hakenpflug) trat. Nun konnte der Bauer den Ackerboden umwenden und tiefer bearbeiten, da der neue Pflug eine stärkere Bespannung, sogar mit mehreren Ochsenpaaren, erlaubte.

Seit dem 11. Jh. kam als neue Anspannvorrichtung das Stirnjoch für Rinder auf, an dem die Zugseile befestigt wurden, die bis dahin um die Hörner oder um den Hals der Tiere geschlungen werden mußten; die Tiere konnten nun vier- bis fünfmal soviel ziehen wie bisher. Die Benutzung von Sensen statt Sicheln erleichterte die Getreide- und Heuernte, mit eisernen Äxten konnte man Wälder rascher roden. Die Bauern

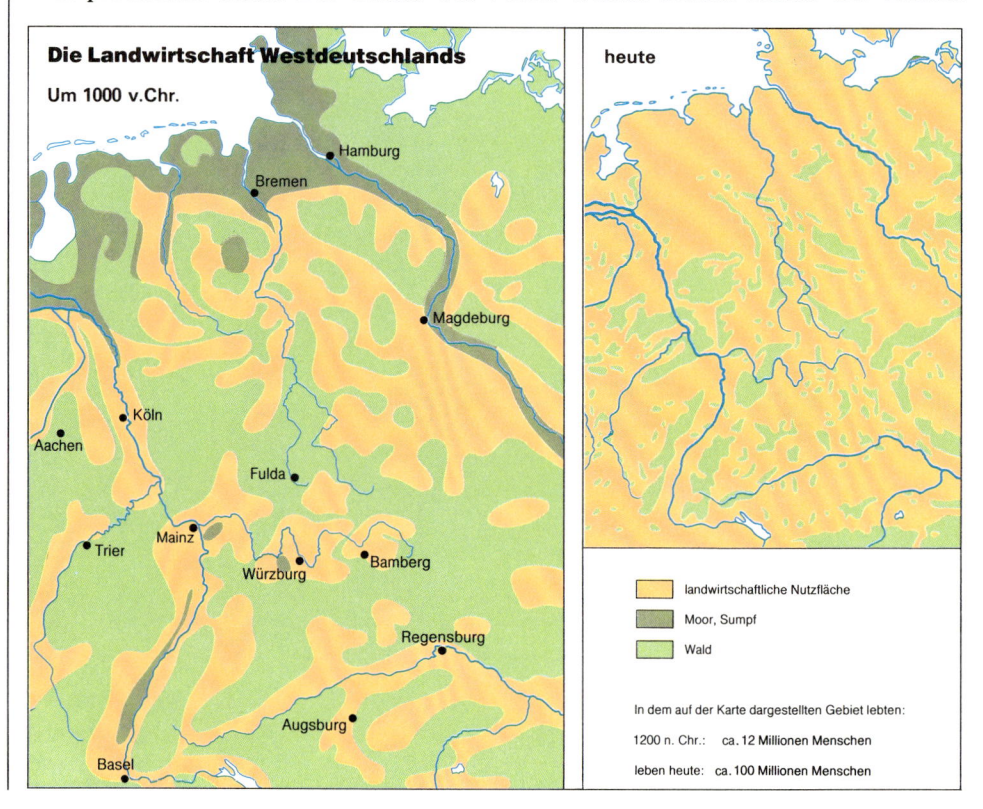

Was heißt Feudalismus?

Das Wort Feudalismus kommt von lat. *feudum* = geliehenes Gut, Leihgut, Lehen und bedeutet Lehnsordnung. Heute werden Verwaltungsbeamte mit Geld bezahlt. Die Könige und Kaiser des Mittelalters entlohnten ihre Leute für getane Dienste durch ein Amt oder ein Landgut, das diese nicht als Eigentum, sondern geliehen bekamen: Sie erhielten ein Lehen, wurden Lehnsmänner des Königs. Als Lehnsherr versprach der König dem Lehnsmann, seinem Vasallen, Schutz und Treue, der Lehnsmann leistete dafür Dienste und Treue.

Die Landwirtschaft Westdeutschlands
Um 1000 v. Chr. / heute

landwirtschaftliche Nutzfläche
Moor, Sumpf
Wald

In dem auf der Karte dargestellten Gebiet lebten:
1200 n. Chr.: ca. 12 Millionen Menschen
leben heute: ca. 100 Millionen Menschen

Die Grundherrschaft

lernten, die Fruchtbarkeit der Felder durch tierischen Dung und Mergel zu erhalten, Sonderkulturen – wie den Weinbau – zu pflegen und die Viehhaltung durch die Entwicklung des Wiesenbaus zu verbessern. Als Zugtiere dienten Rinder; daneben waren Schweine, Schafe und Geflügel (Hühner, Gänse, Enten, Kraniche und Schwäne) die wichtigsten Haustiere. Auch Pferde spielten seit dem 11. Jh. in der bäuerlichen Wirtschaft als Arbeitstiere eine Rolle, sie waren jedoch hauptsächlich Streitroß, Last- und Reittier. Das Aufkommen des gepolsterten Sattels, des Steigbügels, des durch Nägel befestigten Hufeisens und des Halsbügels (Kummet) ermöglichten es, das Pferd viel besser in Anspruch zu nehmen. Erst mit dem neuen Spannsystem des Kummets konnte man das Pferd bei der Feldarbeit verwenden. Es ersetzte auf einer wachsenden Anzahl von Fluren den Ochsen, weil es schneller als dieser lief, täglich ein bis zwei Stunden länger arbeiten konnte und somit eine höhere Leistung erbrachte. Bei der Bedeutung, die Zug- und Transportprobleme im bäuerlichen Betrieb hatten, mußte sich jede Verbesserung der einsetzbaren Energiequellen günstig auf die Ertragslage auswirken.

Wassergetriebene Getreidemühlen breiteten sich immer mehr aus. Sie blieben neben der im 12. Jh. eingeführten Windmühle bis ins 18. Jh. hinein die einzige mechanische Energiequelle.

Mit den technischen Verbesserungen ließ sich auch die bäuerliche Betriebsweise intensivieren. Die Felder wurden regelmäßig bestellt, es bildete sich ein Anbaurhythmus heraus, der Wechsel zwischen Wintersaat, Sommersaat und Brache: Die Dreifelderwirtschaft entstand. Sie ernährte mehr Menschen als die bis dahin praktizierte Zweifelderwirtschaft, so daß die Bevölkerungszahl zunahm.

Zu einem bäuerlichen Hof gehörten außer dem Acker- und Gartenland auch noch die Nutzungsrechte an nicht urbar gemachtem Land (Weide, Wald, Wasser), das von allen gemeinschaftlich genutzt wurde und daher Gemeindeland oder *Allmende* hieß. Hofstelle, Ackerland und Allmende stellten eine betriebliche Einheit, die *Hufe*, dar (das Wort ist verwandt mit *haben* und *Hof*). Eine bestimmte Flächengröße war damit im 8. und 9. Jh. noch nicht verbunden, seit dem 10. Jh. umfaßte eine Hufe zwischen 8 und 15 Hektar. In der Regel fand eine bäuerliche Kleinfamilie, zu der ein Ehepaar mit drei bis vier Kindern gehörte, nebst Großeltern, einem Knecht und einer Magd, auf einer Hofstelle von ein bis drei Hufen ihr Auskommen.

In Notzeiten halfen Nachbarn einander aus, z. B. wenn Feuer oder Hagel Hof und Ernte vernichteten oder Krankheiten die Arbeitsfähigkeit beeinträchtigten. Naturkatastrophen und kriegerische Angriffe konnten die Kräfte der Nachbarschaft überfordern, so daß sich einzelne Bauern oder Gemeinden dem Schutz mächtiger Herren (Adel oder Kirche) unterstellten. Aber auch um der Kriegspflicht zu entgehen (jeder freie Bauer war wehrpflichtig) sowie aus wirtschaftlichen Gründen (zu kleine Höfe und geringe Ernten) suchten viele Bauern militärischen Schutz und materielle Hilfe. Beides gab es nicht umsonst. Wer solche Hilfe nur gelegentlich in Anspruch nahm und seine selbständige Existenz auf Dauer zurückgewinnen konnte, blieb damit ein politisch und rechtlich freier, waffenfähiger Mann. Er erkannte allein die politische Führung seines mächtigen Helfers an. Anders jedoch, wenn ein Bauer die Hilfe eines Herrn ständig beanspruchte. In diesem Fall mußte er seinem Beschützer seinen Besitz übereignen; gegen Dienstleistungen und Abgaben bekam er ihn zur Bewirtschaftung zurück. Ein Bauer, der seinen Hof einem Herrn übergab, erhielt zwar dessen Hilfe, verlor aber nicht nur sein Eigentum (Acker, Hof und Vieh), sondern büßte auch seine Waffen- und Wehrfähigkeit und damit seine Freiheit ein. Er mußte nun auf den Herrn hören, er wurde Unfreier, Höriger oder »Grundholder« des Grundherrn. Dieser Prozeß der »Vergrundholdung« prägte das 8. bis 12. Jh.

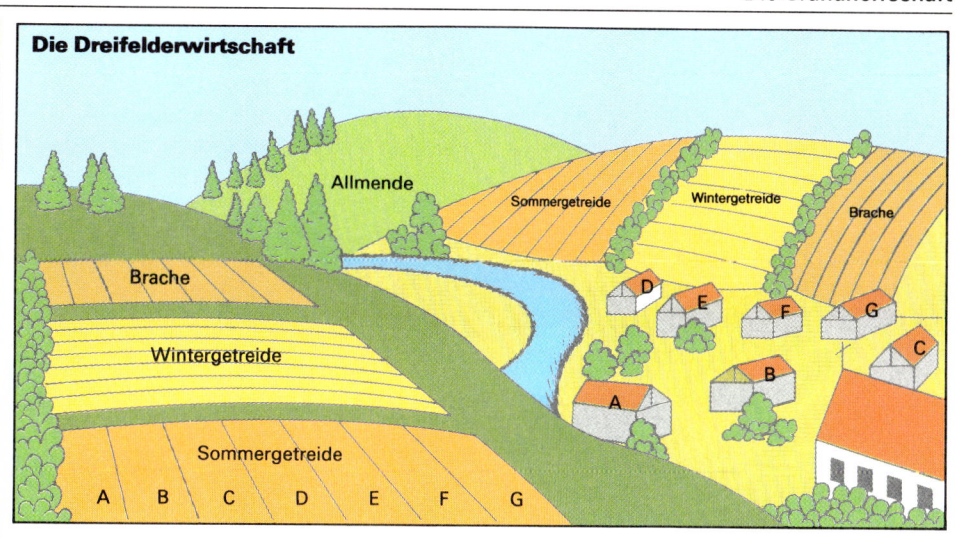

Die Leistungen, die der Hörige erbringen mußte, konnten den Charakter einer festen jährlichen (Natural- bzw. Arbeits-) Rente haben. In vielen Fällen richteten sich die bäuerlichen Dienste und Abgaben nach der Größe des Hofes, dann nannte man sie Grundrente. Das Herrschaftsverhältnis wurde zur *Grundherrschaft*.

Eine dritte Möglichkeit war die Leibherrschaft, bei der die Leistungen an der Person des Bauern hafteten. Selbst beim Weggang vom Hof konnte er sich seinen Verpflichtungen nicht entziehen, er war Leibeigener des Grundherrn, noch unfreier als der Hörige und völlig rechtlos. Die Grundherrschaft bedeutete einerseits Schutz für den Hörigen, sie verlieh aber auf der anderen Seite dem Grundherrn die Herrschaftsrechte über Grund und Boden einschließlich der darauf lebenden Menschen.

Die Entstehung der Grundherrschaft im 8. bis 12. Jh. hängt mit der Verknappung des Bodens zusammen. Solange es noch genug Land gab, war der Mensch das kostbarste Gut. Als der Boden mit wachsender Bevölkerung knapp wurde, konnte man aus seiner Überlassung an andere eine Rente ziehen.

Weltlichen und geistlichen Grundherren gelang es bis zur Mitte des 12. Jh., ihren Besitz im Lauf der Zeit durch Rodung herrenloser Wälder oder durch königliche Schenkungen zu vergrößern (Großgrundbesitz). Dieser lag oft weit verstreut, so daß es mühsam für den Grundherrn war, die Abgaben und Dienste von den Bauernhöfen regelmäßig einzutreiben. Es bildete sich daher ein Wirtschafts- und Verwaltungssystem heraus, mit dem sich der gesamte Besitz einträglich bewirtschaften ließ und der herrschaftliche Hof optimal versorgt werden konnte. Der Herrenhof

Die Agrargesellschaft des Mittelalters

(lat. *villa*, dt. *Fronhof*), zu dem das Herrenhaus und eine Eigenwirtschaft *(Salhof, Salland)* gehörten, war das Zentrum eines solchen landwirtschaftlichen Großbetriebes *(Villikation)*. Die Leitung eines Herrenhofes hatte ein Verwalter *(villicus)*, der, selbst Höriger, für die pünktliche Ablieferung der Naturalabgaben der Bauern (Zins) verantwortlich war, die Frondienste beaufsichtigte und auch die gesamte Fronhofanlage instand halten mußte. Innerhalb der Villikation wurde nicht nur Landwirtschaft betrieben, sondern auch handwerkliche Produktion, die den Großbetrieb autark machte. Es gab Nahrungshandwerke (Müller, Bäcker, Fleischer), Kleidungshandwerke (Schneider, Schuhmacher) und Bauhandwerke (Zimmerleute). Die überschüssige Produktion wurde auf den nahen Märkten abgesetzt, d. h., die Villikation trieb bereits Handel, wenn dieser auch östlich des Rheins noch keine Bedeutung hatte.

Die bekanntesten Beispiele für solche Großgrundherrschaften sind die Klöster. So hatte z. B. das Kloster Fulda Streubesitz vom Alpenland bis nach Friesland. Auch andere, später berühmte Klöster wie Corvey, Prüm, Echternach, Lorsch und Hirsau verdankten ihren Reichtum den regional breitgestreuten Schenkungen im 8. und 9. Jh. Das Kloster Prüm in der Eifel besaß am Ende des 9. Jh. etwa 2000 Hufen. Die zinspflichtigen Bauern hatten jährlich 2000 Doppelzentner Getreide, 1800 Schweine, 4000 Hühner, 20 000 Eier, 250 Kilogramm Lein, vier Seidel Honig (1 Seidel = 0,5 Liter) und 4000 Eimer Wein abzuliefern. Außerdem mußten sie 70 000 Frontage und 4000 Fronfuhren leisten. Auf eine Hufe kamen also durchschnittlich 35 Frontage und zwei Fronfuhren im Jahr. Zu alledem mußten noch 1500 Schillinge in bar gezahlt werden.

Wirtschaftsgeschichtlich hatten die Villikationen große Bedeutung, weil sie die Arbeitsteilung förderten und damit um 800 entscheidend zur Entwicklung gewerblicher Tätigkeiten beitrugen. Neben den Großgrundherrschaften gab es auch kleine Grundherrschaften ohne Villikationssystem und sogar grundherrschaftsfreie Gebiete, vor allem im sächsischen Stammesgebiet.

Die landwirtschaftliche Produktion der Grundherrschaften (der kleineren mit Geld- und Naturalabgaben wie auch der Villikationen mit Diensten und Abgaben) konnte in der Zeit vom 8./9. Jh. bis ins 12. Jh. hinein über den Bedarf der bäuerlichen Familien gesteigert werden. Dazu trugen die Ausdehnung der genutzten Flächen und der Anbau von Gemüse (wie z. B. Erbsen, Saubohnen, Kohl, Kohlrabi, Kohlrüben, Mohrrüben, Porree, Sellerie, Zwiebeln) und Obst (Äpfel, Birnen, Pflaumen, Kirschen, Pfirsiche, Weintrauben) neben Weizen, Roggen, Gerste, Hafer und Hirse bei. Die Fleischproduktion war davon jedoch nicht betroffen, weil die Viehhaltung nicht in dem Maß zunahm wie die Bevölkerung zwischen 800 und 1150.

Eine willkommene Ergänzung der Ernährung waren Fische, vor allem Süßwasserfische (z. B. Aale), die in Naturteichen und Flüssen jedermann zugänglich waren, während die Kunstteiche der Grundherrschaften (Teichwirtschaft) ausschließlich vom Grundherrn genutzt wurden. Die Süßwasserfische waren damals bedeutsamer als die Seefische, die über weite Strecken nur in eingesalzenem Zustand transportiert werden konnten, wie z. B. Heringe.

Die Überschüsse gingen an die Grundherren und dienten der Bedarfssicherung des herrschaftlichen Haushalts. Überhaupt war Überschußproduktion die Voraussetzung dafür, daß eine wachsende Zahl nicht in der Landwirtschaft Tätiger versorgt werden konnte. In den größeren Villikationen konnten z. B. Handwerker mit unterhalten werden, die sich immer mehr spezialisierten. Das wiederum war eine wesentliche Voraussetzung für die spätere Entwicklung eines selbständigen Handwerks in den Städten und für die Entstehung eines Marktes.

Zu jeder bäuerlichen Wirtschaft gehörte neben dem Ackerland das Nutzungsrecht am *Gemeinwald* des Dorfes. Der Wald lieferte Beeren, Pilze, jagdbare Tiere (Niederjagd), dazu Bau- und Brennholz sowie Eicheln und Bucheckern als Winterfutter für die Tiere. Wenn die Ernte eingebracht worden war, besorgten die Männer in den Wintermonaten die Waldarbeit. Sie schlugen das notwendige Brenn- und Bauholz, das mit Hilfe der Zugtiere, die auch im Winter bereitstehen mußten, abtransportiert wurde. Holz war zunehmend eine Geldquelle für die Bauern. Seit Mitte des 12. Jh. verkauften sie es an die entstehenden Städte.

Der Wald war neben der Holznutzung auch wichtig für die Tierhaltung. Reichten die Weideplätze nicht aus, wurden Pferde, Ochsen, Kühe, Schafe, Ziegen, Schweine und Gänse im Herbst zur Fütterung in den Wald getrieben. Vor allem für die Schweine war das wichtig, denn sie fanden in Bucheckern und Eicheln ein nahrhaftes Futter und wurden ohne besondere Pflege schnell fett. Die sog. Waldmast (für Schweine Eichelmast) fiel in die Zeit von Oktober bis Weihnachten. Die gemästeten Tiere deckten dann ausreichend den Bedarf des bäuerlichen Hofes an Fett, Speck, Fleisch, Milch und Käse.

Zur *Waldwirtschaft* gehörte auch die Waldbienenhaltung, die man im Gegensatz zur Haus- und Gartenbienenhaltung (Imkerei) als Beutnerei bezeichnete. Die Waldbienenhaltung war nur in den Gebieten östlich der Elbe verbreitet, weil die Bienen in den dort überwiegenden Mischwäldern günstige Nahrungsbedingungen fanden. Anders in den westlich der Elbe vorherrschenden Buchenwäldern. Hier konnte Waldbienenhaltung nicht betrieben werden, weil Buchen keine Bienennahrung liefern.

Gewerbliche Tätigkeiten auf dem Land

Bis zum Aufblühen des städtischen Handwerks im 14. Jh. war die gewerbliche Produktion überwiegend mit der Landwirtschaft verbunden. Die bäuerliche Familie fertigte die benötigten Gebrauchsgüter vorwiegend selbst, angefangen vom Haus bis hin zu Geräten, Kleidern und Getränken. In erster Linie ging es dabei um die Weiterverarbeitung der in der Landwirtschaft erzeugten Produkte. Dazu zählte auch das Holz, damals – mengenmäßig gesehen – der wichtigste Werkstoff, weil die Holzbauweise nicht nur auf dem Lande, sondern auch in den Städten lange Zeit vorherrschend blieb. Das Holz wurde mit Eisenwerkzeugen bearbeitet. Das meiste, was im Haushalt an Mobiliar gebraucht wurde, z. B. Löffel, Schüsseln, Backtröge, Truhen usw., stellte der Bauer selbst her. Er war auch sein eigener Baumeister. Zum Hausbau dienten Holz, Flechtwerk, Lehm und Schilfrohr. Stellmacher und Drechsler fertigten Karren und Wagen aus Holz.

Bei der Weiterverarbeitung von agrarischen Produkten standen das Mahlen von Getreide, das Backen, Brauen, Schlachten, Räuchern und Einsalzen von Fleisch an erster Stelle. Alle diese Tätigkeiten dienten der Herstellung und Konservierung von Lebensmitteln und konnten im bäuerlichen Haushalt mit Hilfe entsprechender Werkzeuge – z. B. der Reibe- und Quetschmühle, dem Kochkessel, der Malzdarre und dem Räucherboden – am häuslichen Herd verrichtet werden.

Als Kraftanlage wurde die Wassermühle verwendet, deren Errichtung die Möglichkeiten eines einzelnen Bauernhaushalts überstieg und daher vom ganzen Dorf vorgenommen wurde. Die Arbeit an dieser Anlage machte die Müller zu den wenigen handwerklichen Spezialisten des frühen Mittelalters.

Die Weiterverarbeitung von tierischen Produkten (Häute und Leder) erfolgte ohne besondere Apparate. Alle Hilfsmittel (Gerbsäure, Kalkbrühe) lieferte die bäuerliche Wirtschaft selbst. Tierische und pflanzliche Fasern wurden im Hause zu Garn, Geweben und Kleidungsstücken veredelt. Zum Spinnen und Weben waren einfache Werkzeuge erforderlich. Farbstoffe gewann man aus Farbpflanzen, aus dem Färberwaid blau, aus Krapp rot. Fertige Gewebe und Kleidungsstücke wurden von den Bauern als Naturalabgaben an den Grundherrn geliefert.

Als wichtige Erfindung des 11. Jh. gilt der horizontale Trittwebstuhl. Seine Bedienung erforderte Fachkenntnisse, die

Wasser war, neben dem Wind, die wichtigste Energiequelle der vorindustriellen Agrargesellschaft. Hier treibt der Bach über das Wasserrad ein Hammerwerk an (zeitgenössischer Holzschnitt, um 1490). Ein Geflecht von Hammerwerken und Mühlen, darunter Getreide-, Stampf-, Walk-, Zwirn-, Säge-, Loh- und Farbenmühlen, entstand entlang der Bäche und Flüsse. Vor allem in den Klöstern war man oft Meister im Gebrauch dieser Technik.

nicht mehr jede Bäuerin besitzen konnte. Damit ließen sich qualitätsmäßig bessere Tuche als bisher anfertigen.

Im Unterschied zu den gewerblichen Tätigkeiten in der Landwirtschaft erforderten die Mineralien einen hohen Aufwand an Hilfsmitteln und Wärmeenergie, wollte man sie in brauchbare Güter umwandeln. In der römischen Antike waren die dazu notwendigen Techniken, z. B. für die Glasherstellung, hoch entwickelt. Die germanische Bauernbevölkerung benutzte dagegen immer noch das Holz als wichtigsten Werkstoff.

Mit der Glasherstellung, der Eisengewinnung und -verarbeitung begannen die fränkischen Bauern im 8. und 9. Jh. neben ihrer eigentlichen landwirtschaftlichen Tätigkeit. Einige spezialisierten sich als Dorfschmiede. Beide Gruppen, die bäuerlichen Teilspezialisten wie auch die Dorfschmiede, arbeiteten für die Sicherstellung der Eisenabgaben an den Grundherrn. Die ersten Glashütten entstanden im Wald, weil hier die wichtigsten Rohstoffe – Quarzsand, Kalkstein, Holzasche usw. – sowie das Holz für die Glasöfen an Ort und Stelle vorhanden waren.

Verkehrswege und Verkehrsmittel

Das Transport- und Verkehrswesen war zur Zeit der Entstehung der Feudalgesellschaft, d. h. vom 8. bis 12. Jh., noch wenig leistungsfähig. Straßen wurden noch nicht gebaut. Es gab einige unbefestigte Landstraßen, die Königs- oder Heerstraßen, auf denen der König mit seinem Gefolge oder seinem Heer zog. Diese Straßen standen unter besonderem königlichen Schutz und wurden in der damals sehr unsicheren Zeit gern auch von Kaufleuten benutzt. Die üblichen Fernverkehrswege verliefen entlang der Gebirgsrücken, weil die Täler oft durch Wasserstau nicht passierbar waren. Das änderte sich erst im 12. Jh., als durch Rodung und Entwässerung im Zuge des Landesausbaus die Tallandschaften für den Fernverkehr erschlossen wurden.

Weit größere Bedeutung hatten die Wasserwege. Der wichtigste war der Rhein, an dessen Nord-Süd-Achse sich der Verkehr orientierte und von dessen Knotenpunkten – Mainz, Worms, Speyer und später Frankfurt – auch die Verkehrslinien nach Norden, Osten und Süden ausstrahlten.

Über die Donau war in östlicher Richtung die Verbindung zu Byzanz hergestellt. Der Plan Karls des Großen (R 768–814), eine Kanalverbindung zwischen Main und Donau herzustellen, unterstreicht die Bedeutung des Donauweges.

Als Landverkehrsmittel spielten im Personenverkehr die Reittiere – für den Adel das Pferd – die wichtigste Rolle. Im Lastenverkehr waren der menschliche Lastträger mit Kiepe und Schubkarren, das Saumtier sowie Karren und Wagen von Bedeutung. Auf den Flüssen wurden kleine Boote benutzt, auf der See und an den Küsten Schiffe mit Masten und Segeln, die bis 15 und 18 Meter Länge und bis zu vier Meter Breite erreichten. Trotz der Möglichkeit, vierrädrige Wagen, die auch für Frachtfahrten eingesetzt wurden, mit Pferden zu bespannen, blieb das Schiff wichtigstes Verkehrsmittel. Daher haben sich im 12. und 13. Jh. die norddeutschen Städte, die die Wasserwege der Nord- und Ostsee und der großen Flüsse beherrschten, rasch entwickelt und einen Vorsprung vor den süddeutschen Städten gewonnen, den diese erst im Spätmittelalter, also im 14. und 15. Jh., aufholten. Um die Wende vom 12. zum 13. Jh. nahm mit einem neuen Schiffstyp, der Kogge, die Seefahrt der Küstenstädte einen Aufschwung, so daß der deutsche Kaufmann alle Konkurrenten auf den nördlichen Meeren aus dem Fracht- und Handelsgeschäft verdrängen konnte. Die Koggen waren rundbauchige Segelschiffe mit hoher Bordwand und einer Tragfähigkeit von 300 bis 600 Tonnen. Sie waren dadurch – trotz geringer Reisegeschwindigkeit – den älteren Schiffstypen überlegen.

Märkte und Zahlungsmittel

Das Wort Markt (lat. *mercatus*) bezeichnete im frühen Mittelalter ganz konkret den Marktplatz, auf dem Marktleute *(mercatores)*, ganz gleich, ob Händler oder Handwerker, ihre Waren anboten. Die Marktplätze der Karolingerzeit lagen stets unterhalb der Burgen, deren Herren die Marktleute schützten und den Marktfrieden garantierten. In vielen Burgen wurden Kirchen gegründet; in den Burgen legten geistliche und weltliche Herren den Haupthof, den sog. *Fronhof*, ihrer Grundherrschaften an, dessen Überschüsse sie auf dem Markt anbieten bzw. gegen Fernhandelsgüter eintauschen konnten. Wo regelmäßig einträgliche Marktgeschäfte abgewickelt wurden, ließen sich die Marktleute dauerhaft nieder: Um den Marktplatz bildete sich vor der Burg eine Marktsiedlung.

Welche rechtliche Stellung hatten diese Marktleute? Teils waren sie freie Männer, die im Schutz des Königs standen, vom Wehrdienst befreit waren, aber dem König Schutzgelder zahlten – z. B. die späteren

Fernkaufleute –, teils Hörige, die von ihrem Herrn die Erlaubnis hatten, sich am Markt anzusiedeln, und die weiterhin ihren Leibzins entrichteten. Eine dritte Gruppe setzte sich aus Handwerkern zusammen, deren Herren häufig auf Höfen innerhalb der Marktorte wohnten. Die Marktleute siedelten sich meist nach Gewerben geordnet in bestimmten Straßen der Marktsiedlungen an, weil das im Interesse ihrer Geschäfte lag. Der Kunde fand schnell zu ihnen, und in Notfällen gewährten Kollegen leichter Nachbarschaftshilfe als andere Handwerker.

Als Zahlungsmittel auf den Märkten diente Geld, was kein Problem war, weil Karl der Große um 780/90 eine Neuordnung der bereits unter seinem Vater, Pippin dem Kleinen (R 751–768), bestehenden Silberwährung durchgeführt hatte. Karl der Große wollte mit seiner Währungsreform eine Aufwertung des Silberdenars erreichen, der bei sinkendem Silberpreis – als Folge eines Silberüberflusses in ganz Westeuropa – immer mehr an Kaufkraft verlor. Die neue Silberwährung blieb für Jahrhunderte im Kern erhalten: Aus 1 Pfund Silber von 425 Gramm mußte der Münzmeister nach Abzug seiner Kosten (sog. Schlagschatz) 240 Silberpfennige *(denarii)* prägen. Man rechnete 12 Pfennige (Denare) auf 1 Schilling *(solidus)*. Weder das Pfund noch der Schilling wurden als Münze ausgeprägt, sondern man rechnete nur mit ihnen (Rechnungseinheit). Bedarf bestand nur für die geringwertigen Silberpfennige, die auf den lokalen Märkten – andere gab es nicht – den Händlern den Verkauf ihrer wenig wertvollen Waren erleichterten.

Die Schichtung der Gesellschaft

Die Menschen gehörten im Mittelalter verschiedenen sozialen Schichten oder Ständen an. Zu welchem Stand man zählte, entschied die Geburt. Nach den Vorstellungen der Kirche gab es drei Stände; so schrieb der Bischof von Laon um 1016 in einem Brief an den französischen König Robert den Frommen: »Das Haus Gottes ist dreigeteilt: die einen beten, die anderen kämpfen, die dritten endlich arbeiten ... Diese drei miteinander lebenden Schichten können nicht getrennt werden. Die Dienste des einen sind die Bedingung für die Werke der beiden andern.«

Das war natürlich ein stark vereinfachtes Bild der Gesellschaft, die sich aus der Geistlichkeit, dem Adel bzw. der Ritterschaft und der arbeitenden Bevölkerung zusammensetzte. Adel und Geistlichkeit bildeten die zahlenmäßig kleine Gruppe der Feudalherren, von der die Mehrzahl der arbeitenden Menschen (Bauern, Handwerker, Gesinde) rechtlich und wirtschaftlich abhängig war. Neben einer geringeren Anzahl von Freien unter den Arbeitenden (freie Bauern, freies Gesinde und freie Handwerker) gab es die Masse der Halbfreien (hörige Bauern) und Unfreien (leibeigene Bauern, unfreies Gesinde). Dabei bestanden erhebliche regionale Unterschiede, teilweise schon von Dorf zu Dorf.

Diese in Geistlichkeit, Adel, Freie und Hörige/Leibeigene gegliederte Gesellschaft entwickelte sich im 12. und 13. Jh. zu einer berufsständisch geordneten Gesellschaft: Die unterste soziale Schicht bildete das unfreie, halbfreie und freie Gesinde. Diese Menschen ohne Hofstelle waren im volkswirtschaftlichen Sinn entbehrlich und ohne Bedeutung. Sie mußten unverheiratet bleiben, weil Heirat an eine Erwerbsstelle, einen Hof, gebunden war. Das schloß natürlich uneheliche Kinder nicht aus. Die Unfreien lebten auf einem Herrenhof, die Halbfreien bei Verwandten, die eine Hofstelle besaßen, und die Freien verdingten sich als Tagelöhner. Die Zahl derer, die als Bettler auf den Straßen vor Hunger starben oder auf andere Weise umkamen, kann nicht einmal geschätzt werden.

Die soziale Schicht, auf deren Schultern die wirtschaftliche Produktion lag und die daher das Rückgrat der Gesellschaft bildete, waren die kleinen Stelleninhaber, zu denen Bauern wie auch Handwerker gehörten. Mit fortschreitender beruflicher Spezialisierung konnten sich Handwerker ihre Spezialkenntnisse jedoch so gut vergüten lassen, daß bescheidene Ersparnisse möglich waren. Diese minderten ihre wirtschaftliche Abhängigkeit von den Grundherren und führten besonders in den Marktsiedlungen fortschreitend auch zu persönlicher Freiheit.

Eine dritte Schicht stellten die Landwirte dar, die über vier Stellen verfügten

Käse als Steuerabgabe: Der Landvogt nimmt von Bauern den Zehnten entgegen (Holzschnitt, Lübeck, um 1490).

und daher als Leichtbewaffnete im Kriegsdienst oder als Pfarrer im Kirchendienst Verwendung fanden.

An der Spitze standen der niedere und höhere Adel, d.h. die adligen Klein- und Großgrundbesitzer, die *honores* (ehrenwerte Männer). Ein kleiner Grundherr mußte mindestens über zwölf bäuerliche Hufen verfügen, d.h. einen Fronhofsverband, aus dessen Erträgen er einen Mann zum Wehrdienst als Panzerreiter zur Heerfahrt außer Landes und zum Besuch des herzoglichen oder königlichen Hofes ausrüsten konnte. Der Militärdienst war Vorrecht und zugleich Pflicht der Adligen. Der Dienst zu Pferd an der Seite des Königs wurde das Merkmal eines neuen Standes, des Ritterstandes. Zur Schicht des Kleinadels rechnete auch der besser situierte Teil der Orts- und Pfarrgeistlichkeit sowie in den Marktsiedlungen die Gruppe der wohlhabenden Fernhändler und Ministerialen.

Die Großgrundbesitzer verfügten über zahlreiche Fronhofsverbände. Zu ihnen gehörten Herzöge, Bischöfe (Klöster), Grafen, Reichsäbte und an der Spitze der über das Reichsgut gebietende König oder Kaiser.

Die hochmittelalterliche Siedlungsperiode

Das in Deutschland seit der Karolingerzeit anhaltende *Bevölkerungswachstum* setzte sich bis zur Mitte des 14. Jh. fort. Von 1000 bis 1350 stieg die Zahl der Menschen

Die hochmittelalterliche Siedlungsperiode

wahrscheinlich von 4 auf 11,5 Millionen an. Den zunehmenden Geburtenüberschuß konnten die Grundherrschaften allein nicht auffangen. Vielen Menschen blieb daher nichts anderes übrig, als von zu Hause fortzuziehen, um sich neue Verdienstmöglichkeiten zu suchen. Darunter waren nicht nur Bauern, Handwerker und Tagelöhner, sondern auch Angehörige des Kleinadels. Da sich dessen Besitz jeweils nur auf den ältesten Sohn vererbte, mußten alle jüngeren Söhne sich eine andere wirtschaftliche Existenz suchen. Die besonders abenteuerlichen Naturen unter ihnen schlossen sich den Kreuzrittern an, zogen in den Krieg um das »Heilige Land«. Das Kriegshandwerk hatten sie schließlich gelernt.

Für die Masse der aus der Heimat abwandernden Landbevölkerung gab es drei Erwerbsmöglichkeiten: Man konnte in die nahen Marktorte gehen, die zu Städten aufblühten, oder sich am Ausbau ländlicher Siedlungen beteiligen und neue Dörfer in bisher landwirtschaftlich ungenutzten Gebieten gründen, vor allem in den Wäldern östlich des Rheins bis zur Elbe-Saale-Linie; und schließlich bestand die Möglichkeit, im Rahmen der Ostkolonisation in die Gebiete östlich von Elbe und Saale zu ziehen.

Stadtgründungen, die Ausdehnung der landwirtschaftlichen Siedlungen in Altdeutschland und die Ostkolonisation waren die wichtigsten Folgen der Bevölkerungszunahme und der Entwicklung der Produktionsverhältnisse. Sie prägten das Bild von der Mitte des 12. bis zur Mitte des 14. Jh.

Der Bevölkerungszuwachs dieser Zeit verteilte sich mit 64 Prozent auf den Ausbau der ländlichen Siedlungen in Altdeutschland, mit 24 Prozent auf Stadtgründungen in Altdeutschland und mit 12 Prozent auf die Abwanderung in den Osten. In den altbesiedelten Gebieten Deutschlands, vor allem östlich des Rheins bis zur Elbe-Saale-Linie, lebten um 800 etwa 5 Menschen auf einem Quadratkilometer, um 1150 waren es 15. Zu einer erheblichen Verdichtung von 15 auf 25 Menschen je Quadratkilometer kam es nun in der Zeit von 1150 bis 1350, der hochmittelalterlichen Siedlungsperiode.

Das zusätzliche Land, das die wachsende Bevölkerung zu ihrer Ernährung brauchte, gewann man durch Rodung. Bestehende Siedlungen wurden vergrößert und neue Siedlungen auf Ödland, Wald- und Weideflächen angelegt.

Schwerpunkte der Rodungstätigkeit und der planmäßigen Anlage von Dörfern waren einmal die Küstengebiete an der Nordsee, wo die Niederländer Moore kultivierten und Deiche bauten. Auf diese Weise entstand das Alte Land. Auch an der Westküste Holsteins und Schleswigs wurden Deiche gebaut. Ein weiterer Rodungsschwerpunkt waren große Waldflächen: der Schwarzwald und die Vogesen, der Unterharz und der Thüringer Wald.

Die Ortsnamen der Rodungstätigkeit kann man heute noch an den Endungen auf -hagen, -holz, -horst, -wald, -rode, -reut erkennen. Neue Dörfer entstanden meist als Straßen-, Anger- oder Hufendörfer. Im deutsch-slawischen Grenzgebiet, d. h. im Elbe-Saale-Raum, war der Rundling weit verbreitet. Viele Siedlungen, die auf trockenem, schlechtem Boden entstanden, gingen später, als der Bevölkerungsdruck nachließ, wieder ein.

Die Siedlungstätigkeit unterlag der Kontrolle des Grundherrn, auf dessen Boden sie erfolgte. Er beauftragte mit der Leitung der Siedlungsarbeiten einen Organisator, den sog. *Locator*, der auch die Siedler anwerben mußte. Für seine Arbeit erhielt der Locator viele Vergünstigungen, die ihm Einnahmen brachten, z. B. ein größeres Stück Land, doppelt so groß wie ein normaler Bauernhof; eine geringere Belastung dieses Hofes; die polizeilichen Befugnisse im Dorf und die – niedere – Gerichtsbarkeit (ausgenommen die Todesstrafe); das Schankrecht (Dorfkrug); die Mühlengerechtigkeit (das alleinige Recht,

---

Die deutsche Ostsiedlung 1100 bis 1400

Der deutsche Siedlungsraum: bis 1000 / bis 1250 / bis 1400
• bedeutende Stadt mit deutschem Recht
1218 Jahr der Stadtgründung
Siedlungsraum anderer Völker
Siedlungsarme Gebiete um 1400 (Wald und Sumpf)

Städte auf der Karte: Memel 1258, Kowno 1408, Wilna 1387, Königsberg 1286, Danzig, Rostock 1218, Köslin 1266, Marienburg, Grodno 1391, Hamburg, Lübeck 1143, Stettin 1243, Kulm 1231, Thorn 1231, Bremen, Posen 1253, Warschau 1334, Brest 1390, Magdeburg, Frankfurt 1253, Wladimir, Köln, Dresden 1216, Breslau, Lublin 1317, Eger, Prag, Ratibor, Krakau 1257, Lemberg 1356, Iglau, Olmütz, Leutschau, Brünn, Kaschau, Passau, Wien, Preßburg, Güns, Stuhlweißenburg, Bistritz, Klagenfurt, Hermannstadt

---

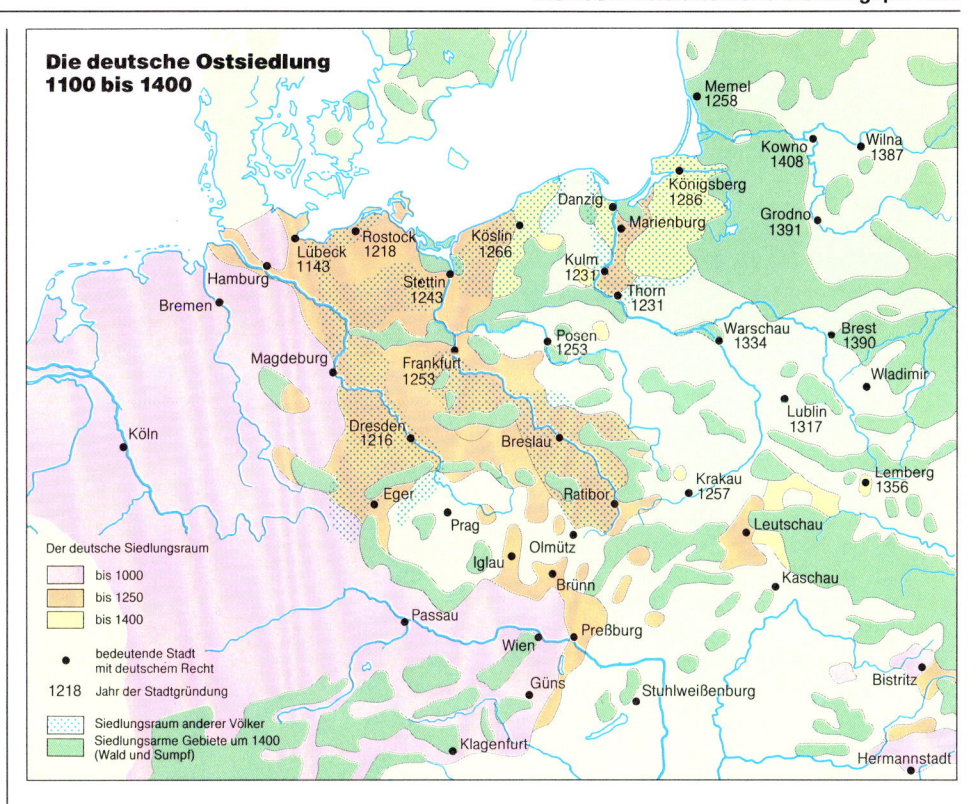

Die Ministerialen: vom Leibeigenen zum Kleinadligen

Die Ministerialen waren noch in der Karolingerzeit oft unfreie Bauern, die als Dienstleute oder Eigenleute auf dem Gut des Königs arbeiteten. Im Kriegsfall mußten sie für den König zu Pferd in schwerer Rüstung kämpfen. Häufig verschenkte sie der König an eine Kirche, ein Kloster oder eine Adelsfamilie, die er für bestimmte Dienste entlohnen wollte. Solche unfreien Leute konnten im Dienst ihres Herrn oft in politisch einflußreiche Positionen aufsteigen.

Seit dem 11. Jh. versuchten die Herrscher den Einfluß der großen Adelsfamilien einzuschränken. Sie vergaben nicht mehr alle politischen Ämter an alteingesessene Adlige, sondern zogen für die Verwaltung von Gütern, Burgen, Münz- und Gerichtsstätten bewährte Dienstleute, d. h. unfreie Bauern, heran. Als Burgmänner, Verwaltungs- und Hofbeamte erlangten diese Ministerialen (von lat. *minister* = der Diener, der Bediente, daher *ministerium* = das Amt, der Dienst) großen Einfluß auf die Politik. Entlohnt wurden sie nicht mit einem Gehalt wie heutige Staatsbeamte, sondern mit einem Landgut, das sie bewirtschaften oder an eigene Hörige ausleihen bzw. verpachten konnten. Der Verwaltungs- und Herrendienst ermöglichte diesen Ministerialen, aus der Masse der übrigen Unfreien aufzusteigen, zumal sie auch als Krieger eingesetzt wurden. Die Ministerialen bildeten gleichsam den Anfang des modernen Beamtentums. Im Unterschied zu den alteingesessenen Adligen waren sie von den Aufträgen und Weisungen abhängig, die sie »von oben«, also vom König (oder auch von einem anderen Herrn) erhielten. Sie unterstanden ihm unmittelbar. Schon nach einigen Generationen stiegen die unfreien Ministerialen in den niederen Adel (Kleinadel) auf, behielten ihr Dienstgut als »Lehen« und hatten selbst hörige und leibeigene Bauern unter sich.

Als Beispiel für eine der zahlreichen Ministerialenfamilien, die im 12. Jh. unter den Stauferkaisern zu Ansehen gelangten, sei die des Markward von Annweiler (*um 1140, †1202) genannt. Als Sohn eines Dienstmannes beim Hochstift Straßburg stammte er aus bescheidenen Verhältnissen, machte aber durch persönliche Tüchtigkeit, Tapferkeit und Treue eine glänzende Karriere am kaiserlichen Hof und stieg unter Heinrich VI. (R 1190–1197) zu dessen engstem Vertrauten und praktisch leitenden Staatsmann auf.

Die Agrargesellschaft des Mittelalters

im Dorf Korn zu mahlen) und das Dorfschulzenamt.

Zu den Aufgaben der Siedler gehörten das Abholzen des Waldes, die Trockenlegung von Sümpfen und Mooren sowie der Deichbau. Darüber hinaus mußten sie dem Grundherrn eine Anerkennungsgebühr und Zusatzabgaben leisten. Je weiter die Bauern im Osten siedelten, desto eher konnten sie solchen Verpflichtungen entgehen, weil hier Land im Überfluß vorhanden war, das sie als erbliches Eigentum erhielten.

Gleichzeitig mit dem Landesausbau in Altdeutschland, der dem größten Teil der wachsenden Bevölkerung zu einer wirtschaftlichen Existenz verhalf, erfolgte die Auswanderung deutscher Siedler in die von Slawen bewohnten Gebiete östlich von Elbe und Saale, die *deutsche Ostsiedlung.* Hier fanden schätzungsweise 400 000 Menschen (12 Prozent des Bevölkerungszuwachses) eine neue Heimat.

Die slawischen Gebiete waren bis ins 12. Jh. hinein nur dünn besiedelt, weite Teile noch mit Urwald bedeckt. Die östlichen Landes- bzw. Grundherren, denen die Bauern fehlten, um den Wald zu roden und urbar zu machen, erkannten sehr bald den Nutzen der deutschen Siedler und riefen sie zu äußerst günstigen Bedingungen ins Land.

Für die harte Arbeit, die die Neuankömmlinge im Osten erwartete, konnten sie sich bei der Ansiedlung – im Rahmen einer Dorf- oder Stadtgründung – eine rechtliche Sonderstellung ausbedingen, was viele Leibeigene und Hörige veranlaßte, ihre Heimat in Altdeutschland zu verlassen. Sie wurden im Osten »nach deutschem Recht« angesiedelt, wie es dort im Sprachgebrauch des 12. und 13. Jh. hieß, noch ehe es in Altdeutschland überhaupt den Begriff eines gemeinsamen »deutschen Rechts« gab. Dieses »deutsche Recht« *(ius teutonicum)* bedeutete im Gegensatz zum slawischen Recht, das auf der Leibeigenschaft beruhte, vor allem persönliche Freiheit, d. h. die Loslösung aus allen grundherrlichen Abhängigkeiten. Es bedeutete weiterhin das fast freie Erb- und Verfügungsrecht über das den Siedlern als Eigentum zugeteilte Land, Ersatz der persönlichen Dienstpflichten (mit Ausnahme des Kriegsdienstes) durch eine geringe feste Zinszahlung an den Grundherrn und eine eigene Dorfgerichtsbarkeit – das Schulzengericht.

Als Mittler zwischen dem Grundherrn und den Siedlern fungierte der »Dorfschulze« (Schultheiß), dem in den deutschrechtlich gegründeten Städten des Ostens das Amt des »Burmeisters« (Bürgermeister) entsprach. Er hatte die Aufgabe, Zins und Kirchenzehnt von den Dorfbewohnern einzusammeln und an den Grundherrn abzuliefern, und führte auch den Vorsitz im Dorfgericht. Nach ihm wurde das »deutsche Recht« als sog. Schulzenrecht bezeichnet. Der Dorfschulze war meist als Siedlungsunternehmer (Locator) ins Land gekommen. Die ihm vom Grundherrn gewährten Besitzungen führten auch den Namen »Schulzengüter«. In späteren Zeiten gingen solche Ländereien oft auf Personen über, die zum Ritterstand gehörten.

Auf friedliche Weise verlief so die deutsche und niederländische Einwanderung nach Schlesien und Pommern, in die nördlichen Randgebiete Böhmens und Mährens und nach Ungarn. Im südöstlichen Teil Ungarns, in Siebenbürgen, gründeten deutsche Siedler aus dem Rhein- und Moselgebiet (die geläufige Bezeichnung Siebenbürger »Sachsen« ist also irrig) 250 Dörfer und zahlreiche Städte, darunter Hermannstadt und Kronstadt.

Gewaltsame Auseinandersetzungen mit der slawischen Bevölkerung gingen der Siedlung dagegen in den Gebieten zwischen Elbe und Oder voraus. Hier errichteten die deutschen Territorialherren zur Ausdehnung des eigenen Einflußgebietes nach Osten hin sogenannte Marken, militärisch abgesicherte Grenzgebiete: die Billunger Mark, die Nordmark, die Lausitzer Mark, die Mark Merseburg, die Mark Zeitz, die Mark Meißen und die – ältere – Ostmark. Zur Besiedlung dieser Marken wurden Bauern aus dem Westen ins Land gerufen, vor allem auf Initiative von geistlichen Herren, so der Bischöfe von Magdeburg, Merseburg, Havelberg und Brandenburg, aber auch unter starker Beteiligung von Mönchsorden, besonders der Zisterzienser. Wichtige Neugründungen der Zisterzienser waren die Klöster Heinrichau, Grüssau und Leubus in Schlesien.

Die deutsche Siedlungstätigkeit hatte großen Einfluß auf die im Osten vorhandene Wirtschaftsstruktur. Mit der Gründung von mehr als 1000 deutschrechtlichen Städten zwischen Elbe und Dnjepr (bis um das Jahr 1500) wurde die in Altdeutschland seit dem 12. Jh. zunehmende Arbeitsteilung zwischen Landwirtschaft, Gewerbe und Handel weiter in den Osten und Südosten hineingetragen. Die Gründung von Bergbaustädten – etwa in Oberungarn und in der Zips – führte auch zur Entwicklung dieses Wirtschaftszweigs. Die Bürger- und Bauernsiedlung selbst erfolgte nach »deutschem Recht«, das die ländlichen Produktionsmöglichkeiten bestimmte.

Die slawische Bevölkerung wurde fast nirgends verdrängt oder unterdrückt, aber von der intensiveren Leistung und entwickelteren Technik der deutschen Siedler bald überflügelt. Die Neusiedler verbreiteten den eisernen Scharpflug, der es erlaubte, auch schwere Böden ertragreich zu bearbeiten, sie entwässerten Sumpfland, rodeten Wälder und führten die Dreifelderwirtschaft ein, die die Zweifelderwirtschaft ablöste. Sie steigerten durch höhere Erträge auch den Marktverkehr mit der im Osten zuvor unbedeutenden Stadt.

Die Trennung zwischen der eingewanderten deutschen und einheimischen sla-

---

Zisterzienser spielten bei der deutschen Ostsiedlung eine große Rolle. So wurde das Kloster Trebnitz 1202 von der Heiligen Hedwig, der Patronin Schlesiens (* um 1174, † 1243), für Nonnen aus dem Zisterzienserorden gestiftet. Auf dem Bild oben veranlaßt Hedwig ihren Gatten, Herzog Heinrich den Bärtigen, das Kloster aus seinen eigenen Einkünften zu bauen und auszustatten. Auf dem Bild unten übergibt die Heilige das fertige Kloster Zisterzienserinnen aus der Diözese Bamberg.

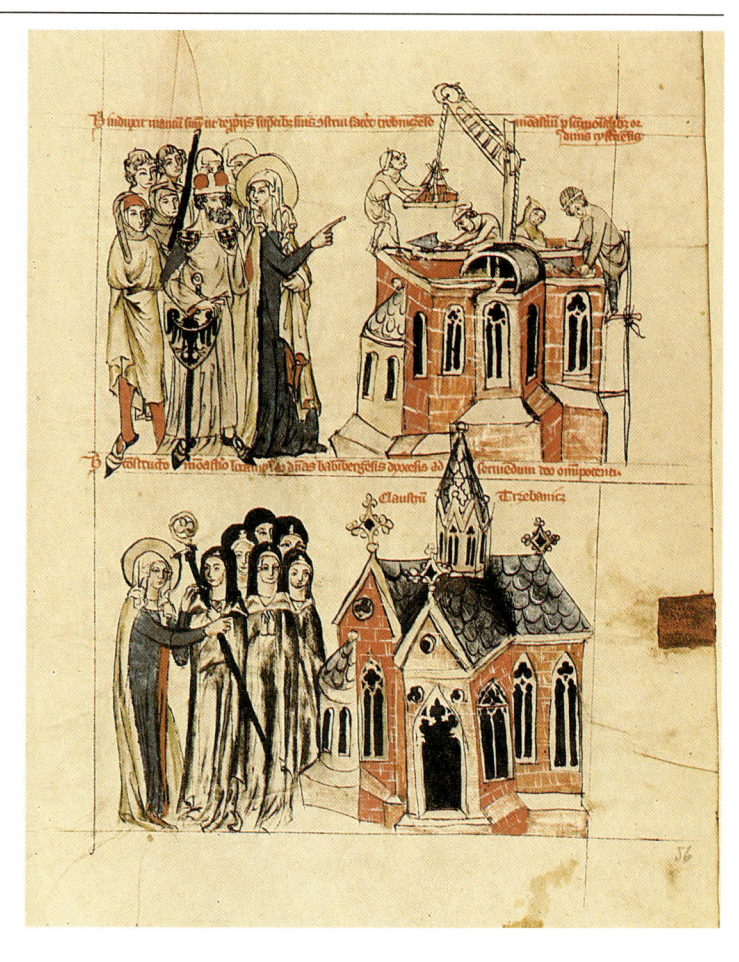

wischen Bevölkerung war zunächst relativ stark. Die sprachliche und z. T. auch kulturelle Verschmelzung – die Eindeutschung – dauerte mehrere Jahrhunderte (bis um 1600). Gefördert wurde sie durch die teilweise rechtliche Gleichstellung der einheimischen slawischen Bauern mit den deutschen Siedlern: Sie wurden auf »deutsches Recht« umgesetzt, das sie gern annahmen, weil es sich damit wesentlich besser leben ließ als mit slawischem Recht.

Der Einfluß der Städte und des Handels auf das Land

Im 12. Jh. entstanden zahlreiche kleine Städte, zum Teil aus Marktsiedlungen in der Nähe von Villikationen. Damit wuchs der Handel weiter an. Für Geld konnten sich die Grundherren auf dem städtischen Markt in größeren Mengen mit all dem versorgen, was sie bisher im eigenen Villikationsbetrieb hergestellt hatten. Das Warenangebot des städtischen Handwerks war darüber hinaus breiter als das des Villikationshandwerks, was den Anreiz erhöhte, die Märkte zu besuchen. Da die Grundherren für ihre Einkäufe Geld brauchten, waren sie bestrebt, die Naturalabgaben und Dienste ihrer Bauern großenteils, jedoch keineswegs sämtlich, in Geldabgaben umzuwandeln. Damit verlor der Fronhofsbetrieb für die Eigenversorgung des feudalherrlichen Haushalts an Bedeutung.

Die Städtegründungswelle und die beginnende Ostsiedlung ermöglichten vielen Bauern die Flucht aus bestehender Abhängigkeit, so daß die Grundherren die wirtschaftlichen Leistungen der Bauern herabsetzen mußten, wollten sie deren Arbeitskraft für den herrschaftlichen Hof erhalten. Mit der Ausdehnung des Handels über weite Entfernungen stieg auch das Angebot von Luxusgütern – Gewürzen, Pelzen, Seiden – auf den städtischen Märkten. Die Städte waren eine wichtige Voraussetzung für die Intensivierung des Fernhandels. Die Grundherren konnten sich nunmehr über den städtischen Markt auch mit Fernhandelsgütern (Salz, Holz, Eisen, Wein, Gewürze, Pelze, Seiden, gefärbte Tuche) versorgen.

Damit hatten die Villikationen ihren eigentlichen Sinn, nämlich die umfassende Eigenversorgung eines großen herrschaftlichen Haushalts, verloren. Sie zerfielen im 12. Jh. Nur ein kleiner Teil des Herrschaftslandes, des sog. Sallandes, blieb als Eigenwirtschaft des Grundherrn erhalten. Sie wurde an einen Verwalter auf Zeit verpachtet. Das übrige Salland erhielten die Bauern, deren persönliche Abhängigkeit sich verringerte; dies ist jedoch bisher nur für einige Regionen nachweisbar, z. B. für Bayern, Westfalen und Niedersachsen. Die Bauern entrichteten von den ihnen

Die Grundherrschaft der Zisterzienser

Die Ausbreitung des Zisterzienserordens in Europa war nicht allein das Verdienst besonders tatkräftiger, wortgewaltiger Äbte wie etwa des Kreuzzugspredigers Bernhard von Clairvaux (* um 1090, † 1153). Durch seine Lebensweise gab der Orden vielmehr Antwort auf soziale, wirtschaftliche und geistige Bedrängnisse der Zeit. Der Ordensregel selbst – *ora et labora* = bete und arbeite – merkt man sie nicht an, sie sprengte den Rahmen des üblichen nicht, nur daß man sie in ihrer ursprünglichen Reinheit befolgen wollte und hierin sämtliche Vorgänger zu übertreffen suchte: mönchische Askese und einfaches, arbeitsreiches Leben in einer Gesellschaft, deren größte Probleme immer noch Willkür, Armut und Hunger waren. Ungewöhnlich war jedoch, wie der Orden diese Regel praktizierte: Da das gesamte Kulturland bereits in festem Besitz war, errichteten die Zisterzienser ihre Klöster in der Wildnis, rodeten Wälder und bauten Deiche. Der Landesausbau im Osten wurde ihr Hauptwirkungsfeld.

Die Zisterzienser lehnten die Wirtschaftsverfassung der älteren Benediktinerabteien ab, die auf den Natural- und Zinsabgaben höriger und leibeigener Klosterbauern beruhte, und bewirtschafteten ihre Besitzungen selbst: Der neu angelegte, meist 200 bis 300 Hektar große Klosterhof – ein landwirtschaftlicher Großbetrieb – stand unter der Leitung eines Mönches, des *Grangarius*; Laienbrüder, sog. Konversen, waren auf dem rationell betriebenen Hof und seinen Ländereien tätig. Sie rekrutierten sich aus den unteren sozialen Schichten, vor allem aus »Arbeitslosen«, deren Zahl mit wachsender Bevölkerung bis in die zweite Hälfte des 13. Jh. zunahm. Auch »Gäste«, die *Advenae*, in der Regel grundherrliche Hintersassen, die sich der Leibeigenschaft entzogen hatten, wurden auf Zisterzienserneuland angesiedelt, erhielten Land zur Bebauung und entrichteten dafür einen Zins. Ihre Rechtsstellung glich derjenigen der Bürger in den Städten: keine Leibeigenschaft mehr, keine Fronarbeit, keine Überwachung durch irgendwelche grundherrlichen Vögte.

Die Zisterzienser setzten ein Signal, erweckten in den Menschen neue Hoffnung; sie lösten eine soziale Bewegung aus und wurden von ihr getragen. Die sich selbst genügende, autarke Domänenwirtschaft des Mittelalters sah sich nicht mehr in der Lage, die wachsende Bevölkerung der eigenen Grundherrschaft, geschweige denn der Städte ausreichend mit Nahrungsmitteln zu versorgen. Neue Formen des Wirtschaftens und des Zusammenlebens waren daher dringendes Gebot der Stunde.

---

zuerteilten Höfen weiterhin Natural- und Geldabgaben, wobei die Geldleistungen – der Zins – überwogen. Der Resthof einer Villikation blieb Wohnsitz des Grundherrn und war wie bisher Verwaltungs- und Gerichtszentrum. Die auf diese Weise aus den Villikationen hervorgehenden (Rest-)Grundherrschaften verfestigten sich immer mehr und prägten für die nächsten Jahrhunderte das Bild in Altdeutschland westlich der Elbe, wobei sich regionale Besonderheiten ausbildeten.

So bewirkten die aufblühenden Städte den Zerfall der Villikationen auf dem Lande. Dieser Zerfall wiederum führte zur Verringerung persönlicher Abhängigkeit der Bauern, zur Umwandlung eines großen Teils der Dienste und Abgaben in Geldzahlungen und zur Ablösung des Villikationshandwerks durch das aufblühende städtische Handwerk.

Die wachsende Bevölkerung konnte nur ernährt werden, wenn der Boden möglichst intensiv genutzt wurde. In den neuen Siedlungsgebieten Altdeutschlands sowie jenseits von Elbe und Saale wurde daher, wie bereits erwähnt, die Dreifelderwirtschaft eingeführt. Der eiserne Scharpflug verbreitete sich immer mehr; dennoch blieb lange Zeit der hölzerne Hakenpflug weiter in Gebrauch, weil die Anschaffung eines Scharpflugs für viele Bauern zu kostspielig war. Um 1150 wurde die Strauchegge durch die Holzegge ersetzt. Damit konnte der gepflügte Acker gleichmäßig eingeebnet werden.

Der Getreideertrag des Bodens je Flächeneinheit erhöhte sich allerdings nur geringfügig; dagegen verbesserte sich die Ackernutzung durch die Einführung neuer Kulturen. Der Hanf- und Flachsanbau vermehrte die Einnahmen der Bauern und versorgte das sich entwickelnde ländliche Textilgewerbe mit Rohstoffen. Der Weinbau nahm zwischen 1150 und 1350 erheblich zu: Bis nach Ostpreußen, ja sogar bis nach Livland wanderte der Rebanbau, obwohl in jenen Landstrichen das Klima für gute Weinsorten ungeeignet ist. Getreide blieb weiterhin die wichtigste Kulturpflanze des Ackerbaus und als Brot, Brei oder Suppe das Hauptnahrungsmittel der Bauernfamilien. Um den Gemüseanbau kümmerten sich vor allem die Mönche in ihren Klostergärten.

Die Nahrung für die wachsende Bevölkerung wurde – trotz der erwähnten Verbesserungen in der landwirtschaftlichen Produktionstechnik – von 1150 bis 1350 vorwiegend durch die vergrößerte Nutzfläche sichergestellt. Weder der Landesausbau in Altdeutschland noch die Ostkolonisation konnten jedoch verhindern, daß sich bereits zu Beginn des 14. Jh. erste Anzeichen einer Nahrungsmittelverknappung bemerkbar machten.

Sie hing mit dem starken Anwachsen der ländlichen Bevölkerung zusammen, die nirgends – weder auf dem Land noch in den Städten – ausreichende Unterkunftsmöglichkeiten fand. In den Dörfern wuchs die Zahl derer, die schlecht ernährt und gekleidet waren und armselig wohnten. Sie hatten entweder eine kleine Hofstelle oder nur eine winzige Hütte (Sölde) mit einem ebenso winzigen Garten und mußten ihren Unterhalt bei anderen Bauern verdienen. Daneben gab es noch die

Die Agrargesellschaft des Mittelalters

Ärmsten der Armen, die sog. Habenichtse, die sich als Gelegenheitsarbeiter durchs Leben schlugen und mit etwas Glück irgendwo eine Schlafstelle fanden.

Mißernten und Viehseuchen traten erst in der ersten Hälfte des 14. Jh. häufiger auf. Die Ursachen dafür sind noch nicht eindeutig erforscht. Mit Sicherheit haben klimatische Schwankungen dabei eine Rolle gespielt: Wenn es z. B. im Mai oder Juni längere Trocken- oder Regenperioden gab, kam es leicht zu Ernteausfällen bei Sommergetreide, bei Hafer und Sommerroggen. Fielen zwei Drittel der Ernte aus, so blieb für die Ernährung praktisch nichts mehr übrig, weil ein Drittel immer als Saatgut zurückbehalten werden mußte. Da man damals noch keine Vorratshaltung betreiben konnte, wie es für uns heute selbstverständlich geworden ist, führten mehrere Mißernten in den Jahren 1315 und 1317, ausgelöst durch lange Regenfälle, zu einer furchtbaren Hungersnot. Es war die erste große Ernährungskrise seit der Karolingerzeit im 8./9. Jh. Dem Hunger folgten Krankheiten, vor allem die Ruhr, und Viehseuchen. Während die Landbewohner sich in solchen Notzeiten mit Waldfrüchten, mit Brennesseln, Löwenzahn, Bucheckern, Beeren und Pilzen über Wasser halten konnten, waren die Städter wesentlich schlechter dran. Sie bekamen die Getreidepreissteigerungen, die in der ersten Hälfte des 14 Jh. einsetzten, besonders hart zu spüren.

Die spätmittelalterliche Agrarkrise 1350 bis 1470

Das Bevölkerungswachstum in der ersten Hälfte des 14. Jh. wurde jäh unterbrochen durch das Auftreten der *großen Pestepidemie*, der Beulenpest, um 1350. Die Pest war die verheerendste Krankheit des Mittelalters. Sie wurde aus dem Orient von Seeleuten, die kranke Schiffsratten an Bord hatten, über das Mittelmeer nach Marseille eingeschleppt und breitete sich wellenförmig über ganz Europa aus. Krankheitsüberträger waren Nagetierflöhe, die den Pestbazillus von Ratten auf Menschen übertrugen. Da es gewöhnlich in jedem Haus Ratten gab und jede Ratte Flöhe hatte, griff die Krankheit bei den schlechten sanitären Verhältnissen rasch um sich, wenn eine Rattenpest ausbrach. Und weil Nagetierflöhe manche Menschen nicht mögen und auch nicht jeder Floh einen Pestbazillus mit sich trägt, wurden die Menschen völlig willkürlich von der Krankheit befallen. Die äußeren Anzeichen der Beulenpest waren eitrige Geschwüre, die sich in schwarze Brandbeulen verwandelten, weil das Hautgewebe verfaulte. Daher nannte man sie auch den *Schwarzen Tod*. Der ersten Großen Pest 1347 bis 1350, die in manchen Gegenden zwei Drittel der Bevölkerung dahinraffte, folgten bis 1383 mehrere Pestwellen. In Deutschland sank die Bevölkerungszahl in den Jahren 1347 bis 1383 von etwa 12 Millionen Einwohnern auf 8 Millionen und stagnierte danach bis 1470 bei etwa 10 Millionen infolge immer wieder auftretender Pestepidemien.

Zunächst hatte der Schwarze Tod keinen Einfluß auf die Getreidepreise – zum Erstaunen zahlreicher Wirtschaftsexperten. Der englische Landpfarrer und Wirtschaftsgelehrte Thomas Robert Malthus (*1766, †1834), der sich dreieinhalb Jahrhunderte später mit den Ursachen der sozialen Not der Menschen seiner Zeit beschäftigte und dabei nach vergleichbaren Situationen in der Geschichte suchte, meinte z. B.: »Man hätte erwarten sollen, daß nach der Großen Pest von 1347 bis 50 bei einem Überfluß an gutem Boden im Verhältnis zur Bevölkerung das Korn sehr billig geworden wäre.«

Statt dessen stiegen die Agrarpreise jedoch unmittelbar nach den Pestjahren an. Dies hatte, wie wir heute wissen, im we-

*Leben und Tod: Die Menschen des Mittelalters erlebten beides elementar. Daher die farbenfreudigen Marktszenen eines Pieter Aertsen (*1509, †1575), die ekstatischen Bittprozessionen zur Abwehr der Pest von Michael Ostendorfer (1519).*

Die spätmittelalterliche Agrarkrise

sentlichen zwei Ursachen: Zum einen ging der Anbau von Getreide und anderen landwirtschaftlichen Produkten stark zurück, weil die Menschen fehlten, die die Äcker bestellten, wodurch sich auch das Angebot auf den Märkten und für die Grundherren insgesamt der Erlös aus dem Getreideverkauf verringerten. Zum andern nahm die Kopfzahl der Nachfragenden zwar ab, aber ihre Kaufkraft stieg erheblich, weil mancher unerwartet die Erbschaft seiner verstorbenen Verwandten antrat und so zu Reichtum gelangte. Der römische Dichter Francesco Berni (* um 1497, † 1535) sprach in einem Gedicht von der *goldenen Pestzeit*, die keine Langeweile, keine Anstrengungen und keine Geldnöte kenne. Viele Zeitgenossen berichten von der großen Anzahl Neureicher, die das ihnen über Nacht zugefallene Vermögen in Saus und Braus durchbrachten. Auch das trug dazu bei, daß die Getreide- und Lebensmittelpreise nach der Großen Pest stiegen.

Erst seit 1370 begannen die Getreidepreise vor allem für Roggen langfristig, bis etwa 1470, zu sinken. Damit trat ein, was Malthus schon für die Zeit unmittelbar nach 1350 erwartet hatte. Nur waren die Ursachen des Preisverfalls wesentlich komplizierter, als er angenommen hatte: Der *Bevölkerungsrückgang* ließ seit 1370 für fast ein Jahrhundert die Gesamtnachfrage nach Nahrungsmitteln des einfachen Gebrauchs, vor allem nach Brotgetreide, zurückgehen. Da ganze Landstriche unbebaut liegenblieben, weil es an bäuerlichen Arbeitskräften fehlte, verringerten sich die Ackerfluren, was zu einem Rückgang der Agrarproduktion und der dörflichen Siedlungen führte. Es fielen vor allem solche Gebiete für die landwirtschaftliche Produktion aus, die durch karge Böden, schlechtes Klima und weniger verkehrsgünstige Lage – z. B. im Gebirge – gekennzeichnet waren. Die Bewohner verließen solche Gegenden, sobald sich die Möglichkeit bot, in günstiger gelegene, frei gewordene Landstriche, etwa in fruchtbare Tallandschaften, abzuwandern und hier wesentlich ertragreichere Hofstellen zu übernehmen.

Damit stieg die Produktivität der Landwirtschaft. Das führte jedoch dazu, daß das Angebot an Getreide nicht parallel zur Nachfrage abnahm. Es entstand vielmehr ein Angebotsüberhang vor allem in den Landschaften, die wegen ungünstiger Verkehrslage keinen Anschluß an den Fernhandel fanden. Dieser Getreideüberhang bewirkte nun seinerseits, daß die Getreidepreise fielen und die Erlössituation der Landwirtschaft sich verschlechterte. Auch die Grundrenten gingen zurück. Viele Landwirte stellten sich daher auf den Anbau von Sonderkulturen um, z. B. von Farbpflanzen wie Krapp und Waid, oder sie dehnten die Viehhaltung aus, die weniger Arbeitskräfte erforderte und deren Erzeugnisse – Fleisch, Butter, Speck, Wolle – in den aufblühenden Städten lohnenden Absatz fanden. Der Bedarf an Fleisch und anderen tierischen Produkten des gehobenen Verbrauchs war elastisch, d. h., er wechselte mit dem Einkommen. Da im ausgehenden 14. und beginnenden 15. Jh. die Kaufkraft der Einkommen breiter Verbraucherschichten zunahm, konnte der Einkommenszuwachs die negativen Wirkungen, die langfristig vom Rückgang der Verbraucherzahl auf den Getreideverbrauch ausgingen, bei den tierischen Produkten zu einem nicht unerheblichen Teil abfangen. Der Verbrauch an Getreide, dem Grundnahrungsmittel, war relativ unelastisch, d. h., er hing von der Bevölkerungszahl ab, die seit der Pest zurückging.

Die Menschenverluste verringerten das Arbeitskräfteangebot, so daß die Löhne – bis zum Beginn des 15. Jh. – stiegen. Ihre Kaufkraft – gemessen am Preis des Grundnahrungsmittels Getreide – erhöhte sich vor allem aufgrund des schnellen Rückgangs der Agrarpreise seit 1370. Man spricht daher für das späte Mittelalter (etwa 1370 bis 1470) vom *goldenen Zeitalter des Handwerks*: »Das Handwerk hat goldenen Boden.« Handwerker und städtische Lohnempfänger konnten ihre Lebenshaltung verbessern und sich höherwertige Nahrungsmittel wie Fleisch, Butter usw. und in stärkerem Maße auch gewerbliche Produkte leisten. Die breite Masse der ländlichen Bevölkerung spürte dagegen die Nachteile der veränderten Preisstruktur. Wenn auch die eigentliche Versorgung der bäuerlichen Familien kaum beeinträchtigt wurde, so schwächte doch der sinkende Verkaufserlös aus dem Getreide die bäuerlichen Mittel für den Erwerb gewerblicher Produkte. Da die große Nachfrage auf dem Land ausblieb, fielen auch die Preise für Gewerbeerzeugnisse, allerdings bei weitem nicht so stark wie für Getreide; denn sie wurden insgesamt von Stadt und Land einkommenselastisch nachgefragt.

Die gegenläufige Bewegung von fallender Grundrente und steigendem Lohn so-

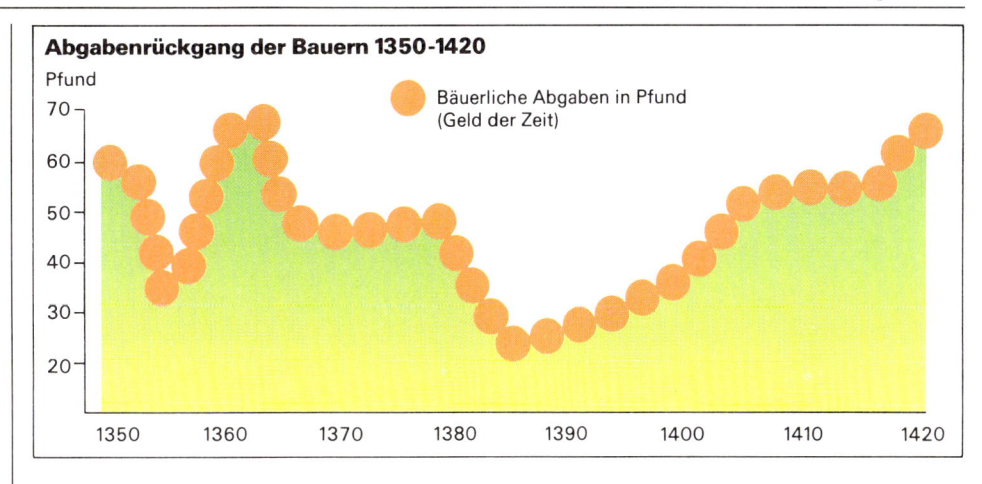

Abgabenrückgang der Bauern 1350-1420
Pfund — Bäuerliche Abgaben in Pfund (Geld der Zeit)

Raubritter waren bereits im 15. Jh. eine wahre Landplage für Bauern und Kaufleute: Am hellichten Tag plünderten sie Gehöfte und Dörfer (Bilderhandschrift aus dem 15. Jh.); kein Kaufmannszug war vor den Überfällen dieser Wegelagerer sicher. Mit sinkenden Einkünften konnten viele Kleinadlige ein standesgemäßes Leben nicht mehr bestreiten, die »Pfeffersäcke« aus der Stadt besaßen einfach mehr Geld. Selber Kaufmann werden? Das widersprach althergebrachtem Standesdenken. Also waren Raubzüge oft einziger Ausweg.

Bauern im Mittelalter

Die große Masse des Volkes waren im Mittelalter die Bauern; sie unterstanden als Leibeigene und Hörige einem adligen oder geistlichen Grundherrn (5, 7), für den sie arbeiteten, der ihnen dafür Schutz und Sicherheit gewährte. Grundherrschaft war mehr als nur eine Wirtschaftsinstitution, sie war eine patriarchalische Lebensform: Der *senior* war der Herr seiner *familia,* sie war ihm zu eigen; die beiderseitigen Rechte und Pflichten waren genau festgelegt. Bis ins 19. Jh. hinein blieben in Europa Reste dieser Lebensform erhalten.

Über die vielfältigen Lebensbedingungen der Bauern im damaligen Europa läßt sich kein allgemeingültiges Urteil fällen. Leibeigene, die im Fronhofverband eine Bauernstelle hatten, die *servi casati,* waren wirtschaftlich relativ unabhängig. Sie zahlten Naturalabgaben zu festen Terminen für das geliehene Land – z. B. Ostereier, das Pfingsthuhn, die Martinsgans, das Fastnachtshuhn – und leisteten bis zu drei Tagen pro Woche Dienst auf dem Herrenhof; die schwerste Auflage war die Bede, eine direkte jährliche Abgabe, die der Grundherr von seinen Hintersassen willkürlich einziehen konnte. Die Mehrzahl der Leibeigenen in Deutschland besaß jedoch weder Hütte noch Ackerland. Sie waren *servi in domo manentes:* Hirten, Schäfer, Tagelöhner, Wagner, Schmiede, Bierbrauer usf., die auf den Fronhöfen arbeiteten und lebten. Zwei Merkmale mittelalterlicher Landwirtschaft fallen rückblickend besonders auf: Einmal, daß ihr der Gedanke des Gewinns bis weit ins 12. Jh. fernlag, man wirtschaftete für den eigenen Bedarf; zum andern, und damit verbunden, daß jahrhundertelang Geräte und Bewirtschaftungsmethoden nicht verbessert wurden. Man blieb bei der Dreifelderwirtschaft, düngte, pflügte und besäte gemeinsam die Parzellen des Gewanns (1–3), überließ nach der Ernte die Stoppelfelder dem Vieh als Weideplatz.

Erst seit dem 12. Jh., mit dem Aufblühen der Städte und des Handels, änderte sich das Bild. Die stark zunehmende Landbevölkerung floh teilweise in die Städte, die grundherrschaftliche Wirtschaftsordnung erfuhr einen tiefgreifenden Wandel.

D. L.

Bauer beim Pflügen: das Pferd als Arbeitstier mit Kummet. Süddeutsche Buchmalerei (1). – Herbstaussaat und Schnitt der Weidenruten. Monatsbild September aus dem Kalender von Albrecht Glockendon, 1526 (2). – Ernte. Monatsbild August aus dem Flämischen Kalender, 16. Jh. (3). – Weinkelter. Handzeichnung von Sigmundt Heldt, Nürnberg, um 1570 (4). – Ritterfest. Meister der Liebesgärten, 15. Jh. (5). – Hühnerhof: Frauen füttern das Federvieh (6). – Festbankett im Freien bei Erzbischof Balduin von Trier (Mitte, mit Samtkäppchen). Die Damen verhüllen Busen und Hals durch einen steifen Kragen, die Männer tragen den Hals offen. Vorn reitet der Truchseß, berittene Diener bringen Kannen und Schüsseln zur Festtafel. Miniatur aus dem Codex Balduini Trevirensis, *14. Jh. (7). – Markt. Darstellung aus der Bilderhandschrift des Hamburger Stadtrechts, 1497 (8).*

wie die Preisschere, die sich zwischen Getreideprodukten – stark fallend – und Gewerbeerzeugnissen – schwach fallend – öffnete, hatten zur Folge, daß sich die Landwirtschaft steigenden Kosten im Verhältnis zum Erlös gegenübersah. Weil der Getreideverkauf immer weniger einbrachte und den Bauern zusätzliche Belastungen nicht auferlegt werden konnten, sanken Einkommen und Lebensstandard vieler Grundherren. Die Landwirtschaft geriet in eine Krise, die letztlich die Folge des durch die Pestepidemien hervorgerufenen Bevölkerungsrückgangs war.

Manch Landadliger kam damals auf die Idee, von seinem Hof oder seiner Burg aus die vorbeiziehenden reichen Kaufleute auszurauben und auf diese Weise sein Einkommen aufzubessern. Das späte Mittelalter war daher nicht nur eine Blütezeit des Handwerks, sondern auch des Raubrittertums, das der Schrecken ganzer Landstriche wurde.

Es lassen sich also zwei Merkmale der spätmittelalterlichen Agrarkrise, die in erster Linie eine Absatzkrise war, festhalten: der Rückgang der Agrarproduktion und der dörflichen Siedlungen (Wüstungen) sowie der Rückgang der Agrarpreise und der Agrareinkommen.

Gleichzeitig vollzog sich ein *Strukturwandel in der Agrarverfassung*: Bauern wie Grundherren hatten zunächst gleichermaßen unter den Schwierigkeiten der Bevölkerungsverluste zu leiden. Das blieb nicht ohne Wirkung auf ihr beiderseitiges Verhältnis. Als in der Krisenzeit die Agrareinkünfte zurückgingen, reagierten die Grundherren teilweise mit wirtschaftlich vernünftigen Abgabenachlässen. Die Grundherren versuchten aber auch, die Verluste auszugleichen. So gingen sie von der Zeitpacht, die in der Periode der mittelalterlichen Expansion bis zum Beginn des 14. Jh. die Erbpacht zurückgedrängt hatte, wieder auf die Erbpacht zurück, weil diese sie vom Nachfragewert ihrer Produkte auf den Märkten unabhängig machte. Doch ließ die Geldentwertung an der Wende vom 14. zum 15. Jh. (d. h. Abnahme des Edelmetallgehalts der Münzen) bereits wieder flexiblere Vertragsverhältnisse ratsam erscheinen. In vielen Gegenden traten Erbpacht und Zeitpacht daher nebeneinander auf. Weitgehend schraubten die Grundherren die Feudalabgaben gerade jetzt aber auch höher, um dem allgemein aufwendigeren Lebensstil der Renaissancezeit entsprechen zu können: Man wollte mit dem Lebensstandard der wohlhabenden Kaufleute Schritt halten.

Wirtschaftliche Schwierigkeiten brachten die Bauern namentlich in den größeren Territorien, wo Landes- und Grundherrschaft weitgehend identisch waren, in neue Abhängigkeitsverhältnisse, die von marxistischen Historikern im Hinblick auf die frühmittelalterliche Hörigkeit als »zweite Leibeigenschaft« bezeichnet wird. Die persönliche Freizügigkeit der Bauern wurde eingeschränkt, Abwanderer mußten Abzugsgelder zahlen. In ganz Europa gab es solche Ansätze zu neuer Schollenbindung. Vor allem in der ostdeutschen und ostmitteleuropäischen (polnischen, böhmischen, mährischen) Gutsherrschaft, die sich im 15. Jh. entwickelte und bis Mitte des 16. Jh. voll entfaltete, setzten sich die neuen Abhängigkeitsverhältnisse durch.

In Westdeutschland blieb die Grundherrschaft vorherrschend. Die grundherrlichen Rechte, d. h. die Rechte über eine Person, lagen meist in den Händen verschiedener Herren. Ein Herr konnte z. B. Grund- und Leibherr sein, ein anderer war Gerichtsherr. In Ostdeutschland und Ostmitteleuropa bildete sich als Sonderform der Grundherrschaft die *Gutsherrschaft* heraus, d. h., es kam zu einer Geschlossenheit der rechtlichen Beziehungen: Der Feudalherr war Grundherr, Leibherr, Gerichtsherr und Polizeiherr in einer Person. Diese Konzentration der rechtlichen Beziehungen in einer Hand setzte, wie bei den mittelalterlichen Villikationen, eine weitgehende territoriale Geschlossenheit von größeren Herrenhöfen – Eigenwirtschaften, Fronhöfen – und abhängigen Bauernwirtschaften voraus.

Gutswirtschaften konnten auf verschiedene Weise entstehen: aus Eigenhöfen des eingewanderten und einheimischen Adels; aus kirchlichen, vor allem klösterlichen Eigenwirtschaften und aus ganz oder teilweise wüst gewordenen Bauerndörfern, wenn der Grundherr auf den von den Bauern nicht mehr genutzten Flächen einen Eigenbetrieb einrichtete.

Die Bewirtschaftung des Landes durch die Grundherren führte zu einem höheren Bedarf an Frondiensten. Dieser zeichnete sich seit etwa 1470 ab, als mit Zunahme der Bevölkerung und der Nachfrage nach Lebensmitteln der Anreiz für die Grundherren gegeben war, ihre Eigenwirtschaften zu vergrößern. Die Bauern wurden »gelegt« – d. h. ihr Land eingezogen – und für die Frondienste mit der Nutzung von Hofstellen entlohnt, in ihrer Freizügigkeit jedoch bereits im 15. Jh. eingeschränkt. Es konnte damals allerdings noch, wenn ein Bauer abwandern wollte, ein Ersatzmann gestellt werden, soweit dieser sich finden ließ. Im 16. Jh. war legales Abwandern dann nicht mehr möglich. Der Bauer war nun endgültig an die Scholle gefesselt.

Die »zweite Leibeigenschaft« war wie schon die »erste« auf die Arbeitsrente ausgerichtet. Im Gegensatz zur Villikation brauchten die Gutsherren die Frondienste nicht zur eigenen Versorgung, sondern weil sie für einen einträglichen Markt produzierten und dafür östlich der Elbe nur in wenigen Fällen freie Lohnarbeiter zur Verfügung hatten. In Westdeutschland und Westeuropa verlief die Entwicklung anders. Die bäuerlichen Lasten verminderten sich, da die Verbesserung der Flächen- und Arbeitsproduktivität nur teilweise zur Erhöhung der Dienste und Abgaben ausgenutzt wurde. Die Besitzstruktur der Bauern verbesserte sich und entwickelte sich zum Gewohnheitsrecht.

Es ist schwierig, die Gründe für die unterschiedliche Entwicklung in Ost und West zu nennen. Mit Sicherheit spielte die stärkere Verbreitung gewerblicher Wirtschaft im Westen eine Rolle; die kleinen Territorien in Westdeutschland hatten der Anziehungskraft städtischer Freiheiten nichts entgegenzusetzen. Auch duldeten die Städte, die im Westen stark ausgebildet waren, keine Verschärfung bäuerlicher Abhängigkeiten, da viele Bauern in Heimarbeit nebengewerblich für einen städtischen Auftraggeber – einen Handwerksmeister oder Kaufmann – arbeiteten. Seit Jahrhunderten waren die grundherrlichen Abhängigkeiten in Westdeutschland gewachsen und unübersichtlicher als bei den planmäßig angelegten jüngeren Siedlungen Ostdeutschlands, so daß eine Entflechtung dieser Abhängigkeiten nur selten möglich war, jedenfalls nicht in dem Maße, daß eine Gutswirtschaft entstehen konnte: Gutsbetriebe bildeten westlich der Elbe eine Ausnahme. Und schließlich war die Bevölkerungsdichte in Westdeutschland wesentlich größer als in Ostdeutschland, so daß trotz der Pest ein großer Teil der bäuerlichen Siedlungen erhalten blieb und aus den unterbäuerlichen Schichten aufgefüllt wurde. Die Zahl der Wüstungen war dementsprechend geringer als im Osten. Die bereits vorhandene unterbäuerliche Schicht konnte die starke Bevölkerungsverminderung, wie sie im 14. Jh. eintrat, zu einem erheblichen Teil auffangen.

Ende des 15. Jh. war die Agrarkrise, die Mitte des 14. Jh. begonnen hatte, noch immer nicht völlig überwunden. Das Abklingen der Krise infolge von Strukturveränderungen in der landwirtschaftlichen Produktion – der Konzentration auf Viehzucht und gewerbliche Nutzpflanzen – kam nur einem Teil der ländlichen Produzenten zugute.

Seit Ausgang des 15. Jh. wuchs die Bevölkerungszahl in den meisten Territorien wieder an. Landwirtschaft und Gewerbe expandierten, es kam zu einer raschen Zunahme der nicht in der Landwirtschaft tätigen Bevölkerung. Die Krise des Mittelalters ging zu Ende, und die *Preisrevolution* des 16. Jh. kündigte sich an: Die erhöhte Nachfrage führte zu einer Agrarpreissteigerung, weil es nicht gelang, die landwirtschaftliche Produktivität der gestiegenen Nachfrage anzupassen. Die günstige Preisentwicklung für Getreide wirkte sich nur in den Regionen aus, wo für die Getreideproduktion billige Transportmöglichkeiten – Wasserwege – und Anschluß an den Fernhandel der Städte gegeben waren. Die Städte und ihre großen Handelshäuser rückten in den Mittelpunkt des Wirtschaftslebens.

ADELHEID SIMSCH

Städte und Bürger

Noch heute lassen viele Städte erkennen, daß sie aus dem Mittelalter stammen. Altstadt und Stadtmauern spiegeln ihre lange Geschichte wider. Auf der Suche nach den Ursprüngen mittelalterlicher Städte in Deutschland muß man weit zurückgehen. Die ältesten entstanden in der Römerzeit, wie z. B. Bonn, Trier, Köln, Worms, Mainz, Speyer, Regensburg und Straßburg. Die Germanen, die vor der Völkerwanderung keine Städte kannten, kamen mit ihnen in Berührung, als sie in das Römische Reich einfielen. Der lange Prozeß der Entstehung von städtischem Leben bei den Germanen vollzog sich teils in Anknüpfung an die Römerstädte (Beispiel Trier), die aus römischen Legionslagern, den Kastellen, hervorgegangen und oft auch Sitz eines Bischofs waren, weil einer kirchlichen Vorschrift zufolge der Bischof stets in einer Stadt residieren mußte (Beispiel Straßburg); teils aus den Handwerkersiedlungen der über den ländlich-landwirtschaftlichen Charakter hinauswachsenden weltlichen und geistlichen Villikationszentren (Beispiel Bamberg) und schließlich aus verkehrsgünstig gelegenen und befestigten Stützpunkten der Fernkaufleute (Beispiel Lübeck) und auch aus Bergbausiedlungen (Bergstädte).

Das Wesen der Stadt

Die mittelalterliche Stadt hob sich von den meisten zu einer Grundherrschaft gehörenden ländlichen Bezirken in rechtlicher, wirtschaftlicher, sozialer und topographischer Hinsicht ab.

Die rechtliche Sonderstellung der Stadt gegenüber dem Land, d. h. die städtische Freiheit gegenüber der Schollengebundenheit, beruhte auf mehreren Vergünstigungen, die ihr der Stadtherr, zu dem sie gehörte, verlieh: auf dem Marktrecht, der Bannmeile, der Stadtverfassung und dem Recht zur Befestigung. Das *Marktrecht* war die wichtigste Voraussetzung für die Entwicklung des städtischen Handels. Es berechtigte die Stadt, Märkte abzuhalten, und regelte alle damit zusammenhängenden Fragen, z. B. die Marktordnung und die Marktgerichtsbarkeit.

Die *Bannmeile* zog sich in einem Umkreis von mehreren Kilometern um die Stadt (z. B. 7,5 km um Köln, 15 km um Leipzig). Wie der Name sagt, »verbannte« sie Handwerk und Handel aus den Dörfern dieses Umkreises in die Stadt und förderte dadurch die Entwicklung des städtischen Handwerks und den Fernhandel. Auf den Dörfern waren nur solche Handwerker zugelassen, die für den täglichen Bedarf der Dorfbewohner arbeiteten und ihre Erzeugnisse auf den Dorfmärkten anboten oder als Hausierer von Haus zu Haus zogen.

Die *Stadtverfassung* garantierte die weitgehende Selbständigkeit der Stadtbewohner und war die Voraussetzung für die allmähliche Loslösung vom Grund-(und Stadt-)herrn und damit für die Freiheit der Bürger.

Das *Recht der Stadt zur Befestigung* unterstrich die Tendenz, sich dem Grundherrn gegenüber abzugrenzen und selbständig zu machen. Die Stadtmauer schützte alle Bewohner gleichsam wie eine befestigte Burg. Die Bezeichnungen »Burg« und »Stadt« wurden daher auch lange Zeit gleichbedeutend verwendet. Die Bewohner nannten sich Bürger. Wall und

Würzburg: Kolorierter Holzschnitt aus der SCHEDELSCHEN WELTCHRONIK, Nürnberg 1493.

Städte und Bürger

Aus der Marktordnung von Landshut

Für seine Residenzstadt Landshut erließ Herzog Ludwig XIII. von Niederbayern 1256 eine Marktordnung, in der es unter anderem heißt:

2. Wir verordnen, graues Tuch herzustellen, das 5 Spannen in der Länge hat, und die beste Elle soll für 10 Pfennig verkauft werden.
3. Die Walker, die ungesetzlich walken, und die Weber, die ungesetzlich weben, werden 60 Pfennig zahlen.
5. Wir verordnen, 2½ Pfund Rindfleisch für 1 Pfennig zu verkaufen und ebensoviel Hammelfleisch und 3 Pfund Ziegenfleisch. Die Leute, die es anders machen, werden der Stadt 6 Schilling und dem Richter 60 Pfennig zahlen.
11. Wir verordnen, daß zwei gute Würste, die in der Größe das vorgeschriebene Maß besitzen, für 1 Pfennig verkauft werden, sie dürfen aber nur aus reinem Schweinefleisch gemacht sein. Von einem Mutterschwein dürfen keine hergestellt werden. Zuwiderhandelnde werden 1 Pfund zahlen und ein Jahr lang von ihrem Handwerk ausgeschlossen sein.
12. Wir verordnen, daß aussätziges Fleisch und Fleisch von Mutterschweinen nur 7 Fuß vom Fleischmarkt verkauft werden darf und damit zusammen das Fleisch für die Juden. Die Übertreter werden 5 Pfund zahlen und ein Jahr lang dem Fleischmarkt fernbleiben.
18. Wir verordnen, daß alle Fischer ihre Fische öffentlich ausschütten und sie nicht am Ufer verbergen. Überschreiter werden 60 Pfennig zahlen.
20. Lotterbuben in jeder Art, fahrende Schüler mit langem Haar halten wir fern. Die Leute, die sie über eine Nacht hinaus beherbergen, verurteilen wir zu 1 Pfund.

Geschäftstreiben in der mittelalterlichen Stadt: Fischer bieten ihren Fang an (links, aus der Konstanzer Konzilschronik Ulrich von Richenthals); ein Brillenmacher wird von Schaulustigen umlagert, daneben eine öffentliche Schreibstube, dahinter eine Schuhmacherwerkstatt (oben; Kupferstich um 1570).

Graben sicherten die Stadtmauer ab, die mit Wehrgängen und Schießscharten ein Eindringen des Feindes verhindern sollte. Der Zugang in eine solche »Burg« oder »Stadt« war nur durch Tore möglich, zu denen die Straßen über Zugbrücken führten, wie sich heute noch gut am Beispiel der Altstadt von Nürnberg zeigen läßt.

Die wirtschaftliche Sonderstellung der Stadt gegenüber dem Land war durch den *Markt* gegeben. Er bildete das Zentrum der Stadt und lag im Schnittpunkt der Straßen, die von den Stadttoren her direkt auf ihn hinführten. Der Markt war Mittelpunkt des städtischen Lebens, umgeben von prächtigen öffentlichen Gebäuden – dem Rathaus, der Stadtwaage, der Münze, den Tuchhallen – und Privathäusern reicher Kaufleute, der Patrizier. Hier trafen sich die Menschen, um das Neueste vom Tage zu hören, Erfahrungen auszutauschen, Feste zu feiern (Karneval) und natürlich Handel zu treiben. Die Bauern aus der Umgebung verkauften an den Markttagen ihre Erzeugnisse, z. B. Geflügel, Fleisch, Speck, Eier, Obst, Gemüse, und deckten sich bei den städtischen Handwerkern mit den Dingen ein, die sie selbst oder die Landhandwerker nicht herstellen konnten, z. B. feine Stoffe, Leder, Schuhe, Kupfertöpfe u. a. Die konzentrierte Ansiedlung unterschiedlicher Handwerkszweige in den Städten kam der Nachfrage zahlreicher Einzelhaushalte entgegen. Im Unterschied dazu hatten die Villikationszentren mit ihren handwerklichen Erzeugnissen nur den Haushalt des Grundherrn versorgt. Die Bannmeile hielt die handwerkliche Erzeugung der benachbarten Dörfer auf einem vergleichsweise niedrigen Stand und förderte damit die Arbeitsteilung von Stadt und Land.

Die sozialen Verhältnisse in den Städten unterschieden sich erheblich von denen auf dem Land. Die Stadtbewohner konnten sich der Autorität des städtischen Grundherrn nach und nach entziehen und zu rechtlich freien Bürgern aufsteigen: »Freiheit« – so schrieb der belgische Historiker Henri Pirenne in seiner SOZIAL- UND WIRTSCHAFTSGESCHICHTE EUROPAS IM MITTELALTER – »wird zum rechtlichen Merkmal der Bürgerschaft ... (Freiheit) haftet als Privileg (rechtskräftige Vergünstigung) am Stadtboden, gleich wie Unfreiheit an der Grundherrschaft.«

Im Zuge der Arbeitsteilung kam es zu einer ausgeprägten sozialen Schichtung in den Städten. Die wichtigsten Gruppen waren die Kaufleute (die nicht Patrizier waren), Patrizier, Handwerker, Tagelöhner und das Gesinde. Ihre Einkommens- und Vermögensverhältnisse waren differenzierter als die der ländlichen Bewohner. Auf dem Dorf existierte eine völlig andere Sozialstruktur, die sich bis ins 18. Jh. hinein verfestigte.

Topographisch bestanden zwischen Stadt und Land folgende Unterschiede: Der Boden war für die Städter als Produktionsfaktor nicht mehr in so großem Maße lebensnotwendig wie für die Dorfbevölkerung, die von der Landwirtschaft lebte. Die Nutzung des städtischen Bodens wandelte sich, er wurde immer mehr zu Bauland gemacht. Zahlreiche Gebäude und Häuser entstanden, die das Bild der Stadt prägten. Ihre Einwohnerzahl war größer als die eines Dorfes – obwohl sich Dorf und Ackerbürgerstadt hierin mitunter kaum voneinander unterschieden – und bedingte so eine geschlossene Siedlungs-

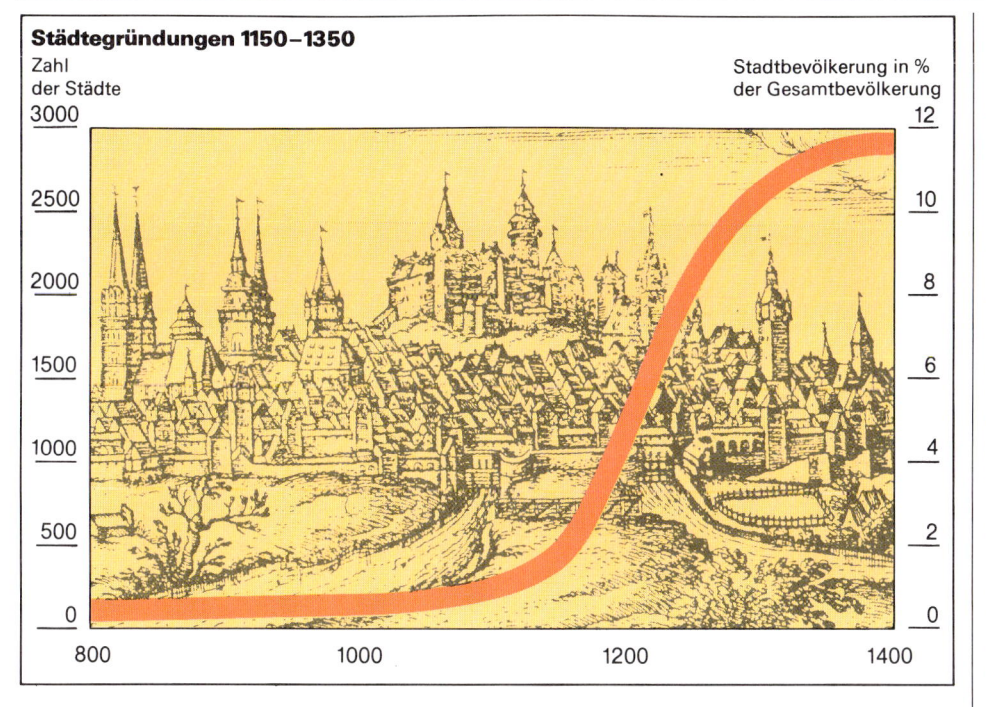

Die Gründung neuer Städte

Städtegründungen 1150–1350

Zahl der Städte / Stadtbevölkerung in % der Gesamtbevölkerung

(Diagramm: x-Achse 800–1400; linke y-Achse 0–3000 Städte; rechte y-Achse 0–12 %)

Mit zunehmender wirtschaftlicher Macht entledigten sich die Bürger der stadtherrlichen Gerichtsbarkeit des Königs, Bischofs oder eines anderen Stadtherrn. Stadtrichter (Nieder- und Hochrichter) verdrängten den stadtherrlichen Vogt. Stadtbürger waren ohnehin meist von Gottesurteil und gerichtlichem Zweikampf befreit und konnten über ihren Nachlaß frei verfügen. Die Darstellung aus der Bilderhandschrift des Hamburger Stadtrechts, 1497, zeigt die Tagung des Niedergerichts der Hansestadt. Vor einem Niedergericht wurde in der Regel die leichte Verfehlung verhandelt. Für schwere Vergehen und Totschlag war der Hochrichter zuständig.

Die Gründung neuer Städte

Zwischen 1150 und 1350 wuchs die Zahl der Städte infolge der Bevölkerungszunahme von etwa 500 auf rund 3000 an. Um die Stadt wurde eine Mauer gezogen, auf deren Türmen die Bürger Wache hielten, das Dorf dagegen war unbefestigt und im Kriegsfall den plündernden Soldaten schutzlos ausgeliefert.

Nach dieser Zeit, die als mittelalterliche Städtegründungsperiode bezeichnet wird, blieb ihre Zahl bis ins 19. Jh. hinein nahezu gleich. Lediglich in der Zeit des Merkantilismus kam es noch einmal zu einigen Neugründungen, wie z. B. Karlshafen/Weser, Mannheim, Karlsruhe. Zwischen 1150 und 1350 erreichte die städtische Bevölkerung einen Anteil von etwa 10 Prozent an der Gesamtbevölkerung Deutschlands. Von 1350 bis 1800 erhöhte sich diese Zahl zwar noch auf etwa 18 bis 20 Prozent, erfuhr aber damit keine derart große Änderung wie in der wesentlich kürzeren Zeit von 1150 bis 1350.

Wer konnte eine Stadt gründen, und wie ging das vor sich?

Nach mittelalterlicher Rechtsauffassung hatte ursprünglich nur der König bzw. der Kaiser das Recht zur Stadtgründung. Unter dem Druck der immer mächtiger werdenden weltlichen und geistlichen Landesherren war er gezwungen, dieses Vorrecht auf Zeit oder auf Dauer weiterzuverleihen. Später nahmen auch adlige oder geistliche Grundherren dieses Privileg für sich in Anspruch und gründeten bis Mitte des 14. Jh. eine für damalige Verhältnisse kaum überschaubare Zahl kleiner und kleinster Städtchen in der Hoffnung auf wachsenden Bodenwert und Gewinne aus Märkten und Messen.

Eine Stadt entstand immer erst dann, wenn ihr der Stadtherr mittels einer Urkunde das Stadtrecht verlieh. Darin waren die Rechte und Pflichten der Bürger genau festgelegt. »Stadtluft macht frei«, lautete damals eine Redensart. Gemeint war damit, daß jeder, der in die Stadt zog, auch wenn er Höriger oder Leibeigener war, die persönliche Freiheit erlangte, wenn ihn sein ehemaliger Grund- und Leibherr nach einem Jahr und einem Tag nicht zurückgeholt hatte. Natürlich machten die Grundherren Jagd auf entlaufene Bauern und holten sie auf ihre Scholle zurück, falls sie sie erwischten. Viele Bauern verstanden es, sich den Nachstellungen zu entziehen, und mit dem Anwachsen der Stadtbevölkerung wurde es immer schwieriger, Flüchtlinge aus der Stadt zu holen, da diese von ihren Mitbürgern gedeckt wurden. Die Freiheit des Stadtbürgers war eine umwälzende Errungenschaft, die zu einer wahren Landflucht führte und die den Aufbau der Gesellschaft fortan wesentlich veränderte. Der Stadtbürger war nicht nur persönlich frei – d.h., er konnte nach eigener Wahl heiraten, einen Beruf ergreifen und seinen Wohnsitz frei wählen –, sondern er durfte auch über seinen Besitz frei verfügen, ihn vergrößern oder verkaufen. Neben diesen Rechten hatte ein Bürger auch Pflichten. Um 1350 mußte z.B. jeder, der Bürger der Stadt Köln werden wollte, folgenden Eid ablegen: »Dies sollen diejenigen schwören, welche man als Neubürger in Köln aufnimmt. Zum ersten sollen sie schwören, dem Rat und der Stadt Köln treu und hold zu sein und ihren Nutzen zu fördern und ihren Schaden abzuwenden, wo irgend sie davon wissen oder vernehmen; so dann der Sturmglocke zu folgen und eine volle Rüstung zu besitzen zum Nutzen des Rates und der Stadt Köln. Wenn sie diesen Eid geleistet haben, so soll man ihnen das Bürgerrecht verleihen mit der vollen Freiheit, die auch andere Bürger haben.« Wehrdienstverweigerer hatten also keine Aussicht, in die Gemeinschaft der Bürger aufgenommen zu werden.

Neben den Vollbürgern gab es Bürger

Städte und Bürger

von minderem Rang. Dazu zählten die sogenannten »Mitwohner«, die »Pfahlbürger« und auch die Juden. Wer sich noch nicht lange genug in der Stadt aufhielt, um das Bürgerrecht zu erhalten – dies dauerte meist ein Jahr und einen Tag –, aber schon den Pflichten eines Vollbürgers nachkam, hieß »Mitwohner«.

Eine besondere Gruppe waren die »Pfahlbürger«, die außerhalb der Stadtmauern angesiedelt wurden, weil die Landesherren seit dem 13. Jh. den weiteren Zuzug in die Städte untersagten. Die Städte, die an einer wachsenden Einwohnerzahl interessiert waren, umgingen dieses Verbot durch Anlage von Vorstadtsiedlungen. Stadterweiterungen wurden daher immer wieder erforderlich, so daß um die alten Stadtmauern ringförmig neue Stadtgebiete mit neuen Befestigungsanlagen wuchsen oder an eine Altstadt eine Neustadt angebaut wurde, wie z. B. im 15. Jh. die Fuggerstadt in Augsburg.

Die wirtschaftliche Entwicklung einer Stadt war wesentlich abhängig von der Zahl ihrer Einwohner, d. h. vom Arbeitskräfteangebot, das für Handel und Gewerbe zur Verfügung stand. Ein reges Wirtschaftsleben garantierte einer wachsenden Zahl von Menschen das notwendige Einkommen. Auch eine günstige Verkehrslage, möglichst an einem Fluß, war wichtig, weil sich der Transport der Güter über lange Strecken auf den Preis auswirkte. Mußte Getreide z. B. mehr als 350 Kilometer auf der Landstraße – mehr als 1750 Kilometer auf dem Flußweg und mehr als 3500 Kilometer auf dem Seeweg – transportiert werden, so verdoppelte sich sein Preis.

Nach den hauptsächlichen Einkommensquellen der Stadtbewohner lassen sich folgende Stadttypen unterscheiden: Ackerbürgerstädte, in denen die Landwirtschaft noch eine wichtige Erwerbsquelle war; Bergstädte; Gewerbestädte mit nur geringem Export; Residenzstädte, in denen der herrschaftliche Hof die Art der gewerblichen Produktion bestimmte; Regionalhandelsstädte, deren Handel nicht über 100 Kilometer hinausging, und Fernhandels- und Messestädte, die die besten Einkommensmöglichkeiten boten.

Nach der Einwohnerzahl gab es kleine, mittlere und große Städte. Eine Kleinstadt hatte bis etwa 1000 Einwohner, eine Mittelstadt zwischen 1000 und 5000 und eine Großstadt zwischen 5000 und 10 000 Einwohner. Kleine und mittlere Städte produzierten im allgemeinen nur für den eigenen Bedarf und für die nähere Umgebung. Sie wuchsen daher über eine einfache gewerbliche Struktur nur selten hinaus. Die meisten Städte – etwa 80 bis 90 Prozent – der vorindustriellen Zeit waren Kleinstädte und ihrem Charakter nach Ackerbürgerstädte, in denen mehr als 30 Prozent der Menschen von landwirtschaftlicher Tätigkeit lebten.

Hausbau in einer mittelalterlichen Stadt: Maurer und Dachdecker bei der Arbeit (Burgund, um 1470). Im Schutz der Stadtmauer wuchsen die Häuser wohlhabender Patrizier und die Repräsentationsgebäude der Zünfte in die Höhe. Zahlreiche Handwerksbräuche – das Richtfest, das Wandern der Gesellen, der Maitanz, das Schembartlaufen in Nürnberg – sind aus jener Zeit bis heute erhalten.

Das städtische Gewerbe

Mit dem Wachstum der Städte nahm die gewerbliche Produktion zu. Die in der Zeit vom 12. bis zum 14. Jh. entstandenen Großstädte, zu denen Köln, Frankfurt am Main, Hamburg, Ulm, Straßburg, Nürnberg, Regensburg, Lübeck, Danzig und Breslau gehörten, zeigten eine Vielfalt unterschiedlicher Handwerke. Am Beispiel von Regensburg hat der Historiker Hermann Heimpel diese weitgehende Differenzierung des mittelalterlichen Gewerbes aufgezeigt.

Regensburg verfügte über 16 verschiedene Metallhandwerke, 11 Bekleidungs- und Textilhandwerke, 4 Bauhandwerke und mehrere Holz und Ton verarbeitende Handwerke. Hinzu kamen die für den Tagesbedarf arbeitenden Handwerker wie Bäcker, Fleischer, Gärtner, Schuhmacher usw. Zu dieser Entwicklung trug vor allem die Nachfrage des herzoglichen und bischöflichen Hofes nach Waffen und kostbarer Kleidung und erlesenem Mobiliar bei. Die Geldeinkünfte des Bischofs und des Herzogs sowie auch anderer Feudalherren der weiteren Umgebung wurden für den Kauf von gewerblichen Erzeugnissen in der Stadt verwendet und belebten die städtische Produktion und den Geldumlauf. Handel und Handwerk arbeiteten in kleinen Werkstätten bzw. Läden, die mit dem Haushalt der Kleinfamilie, wie wir ihn schon aus dem ländlichen Bereich kennen, eng verbunden waren.

Die Ausdehnung der Märkte führte dazu, daß sich immer mehr Handwerker spezialisierten und ihre Werkstätten technisch besser ausstatteten. Einen technischen Fortschritt brachte die Erfindung des Horizontalwebstuhls, der mit Pedalen bedient wurde, und des Spinnrads, das erstmals 1298 erwähnt wird. Den Färbern gelang es, mit neuen Farben den Stoffen Glanz zu verleihen. Aus Messing, Bronze und Zinn begannen die Metallhandwerker Tafelgeschirr für die adligen und bürgerlichen Haushalte zu produzieren. Gold- und Silberschmiede fertigten kostbaren Schmuck und entwickelten das Kunstgewerbe. Messer- und Waffenschmiede stellten immer kunstvollere Ritterausrüstungen her, individuell geschneiderte Panzerhemden, Helme und Visiere nach den Maßen der Auftraggeber. Mit der Erfindung des Schießpulvers (vor dem 13. Jh. in China) und seiner Verbreitung in Europa im 14. Jh. kam die Herstellung von Feuerbüchsen und Kanonen auf, wodurch weitere Handwerkszweige entstanden, wie z. B. der Büchsenmacher, der Kanonengießer und der Pulverhersteller. In Deutschland war Augsburg seit 1340 für seine umfangreiche Pulverfabrikation bekannt. Einer der berühmtesten Büchsenmeister in Deutschland war Konrad Kyeser von Eichstätt (*1366, †1405), der in seinem Buch BELLI-

FORTIS eine Fülle von neuem Kriegsgerät beschreibt.

Der technische Fortschritt führte also nicht zur Entstehung von Großbetrieben, sondern zu Arbeitsteilung und beruflicher Spezialisierung. Das trat besonders deutlich beim Textil-, Bau- und Ledergewerbe zutage. Das Exportgewerbe und der Fernhandel wurden die wichtigsten Wirtschaftszweige der Großstädte; die Kleinstädte versorgten nur sich selbst und das nahe Umland.

Insgesamt darf man die Ausdehnung der gewerblichen Produktion um 1350 jedoch nicht überschätzen. Nur 10 Prozent der gesamten Bevölkerung lebten zu jener Zeit in den Städten. Da diese meist kleine Ackerbürgerstädte waren, wird die im Gewerbe tätige Bevölkerung kaum mehr als 50 Prozent der städtischen Einwohner betragen haben.

Die Zünfte

Schon im 12. Jh. schlossen sich die Handwerker zu Korporationen, meist Zünfte genannt, zusammen.

Eine knappe, treffende Definition der mittelalterlichen Zunft stammt von Henri Pirenne: »Sie war eine gewerbliche Körperschaft mit dem Privileg, ausschließlich ein bestimmtes Handwerk zu betreiben unter Beachtung der von der Obrigkeit festgesetzten Regeln.«

Über die Entstehung der Zünfte gehen auch heute noch, nach vielen Jahren wissenschaftlicher Forschung, die Meinungen auseinander. Die einen behaupten, Vorbild und Anknüpfungspunkt für die deutschen Zünfte seien die Handwerkerzusammenschlüsse *(collegia)* in den spätrömischen Städten gewesen, die die Germaneninvasion überstanden hätten und mit dem Aufblühen der Städte im 12. Jh. neu belebt worden wären; die anderen weisen auf die leibeigenen Handwerkerverbände in den Villikationszentren hin, die sich dem herrschaftlichen Einfluß allmählich entziehen konnten, wenn sich ein solches Villikationszentrum zur Stadt entwickelte. Im allgemeinen überwiegt heute eine dritte Ansicht, nach der die Zünfte aus dem freien Zusammenschluß der Handwerker einer Stadt entstanden sind. Das war überwiegend erst im 13. Jh. der Fall, als die Städte aufgrund ihrer Verfassung eine weitgehende Selbständigkeit erlangt hatten. Bis dahin waren sie noch zu sehr vom Stadtherrn abhängig, so daß die vorhandenen Handwerkervereinigungen unter seinem Einfluß standen. Nicht immer läßt sich erkennen, ob der Stadtherr eine schon bestehende Zunft unter seinen Schutz stellte oder sie mit einem schützenden Privileg erst ins Leben rief.

In der Zunft schlossen sich meist Handwerker einer Berufsgruppe zusammen, z. B. in der Bäcker-, Metzger-, Weber-, Gerber- oder Fischerzunft. Zu den ältesten zählen die der Weber in Mainz (seit 1099), der Fischer in Worms (seit 1106), der Schuhmacher in Würzburg (seit 1128) und der Steppdeckenmacher in Köln (seit 1149). In kleineren Städten gehörten aber auch verschiedene Handwerke einer Zunft an.

Die Handwerker wohnten jeweils in bestimmten Straßen, wo sich auch ihr Zunfthaus befand, dessen meist prächtige Fassade den wachsenden Wohlstand der betreffenden Zunft zeigte. Hier trafen sich die Zunftmitglieder zu Festen und langen Gesprächsrunden über die alltäglichen Probleme. Hier wurden Lehrlinge in die Zunft eingeführt und als Gesellen freigesprochen, Meister aufgenommen, die Ämter der Zunft vergeben und Zunftgericht abgehalten. Nur Meister konnten Mitglieder einer Zunft werden. Jede Zunft hatte im allgemeinen das Recht, allein ihren Mitgliedern – Meistern ausschließlich – den Zutritt zum Beruf zu erlauben. Die Zahl der Mitglieder wurde bewußt klein gehalten, um sich keine unliebsame Konkurrenz zu schaffen.

Die Ausbildung der Lehrlinge dauerte meist vier Jahre. Während dieser Zeit lebten sie ebenso wie die Gesellen im Haus und in der Familie des Meisters. Nach beendeter Lehrzeit mußten sie ihr sauber angefertigtes Gesellenstück vorlegen und wurden im Zunfthaus vor den versammelten Zunftmitgliedern »frei« gesprochen. In manchen, aber nicht in allen Handwerken ging es dann mehrere Jahre auf die Wanderschaft, um in der Fremde die handwerklichen Kenntnisse zu erweitern mit dem Ziel, eines Tages selbst den Meistertitel zu erwerben. Da nur eine begrenzte Anzahl von Meistern in die Zunft aufgenommen wurde, heirateten junge Meister oft eine Meisterstochter, deren Vater dann für die Aufnahme in die Zunft sorgte.

Es gab auch Handwerksmeisterinnen, die überwiegend das Schneider- oder das Weberhandwerk erlernt hatten. In manchen Zünften durften sie nach dem Tod ihres Mannes dessen Betrieb weiterführen. In einen solchen Meisterbetrieb konnten Gesellen einheiraten, selbst Meister werden und dann automatisch Aufnahme in der Zunft finden. Oft heirateten sie eine ältere Meisterswitwe und führten danach den Betrieb des verstorbenen Mannes weiter.

Welche Aufgaben hatten die Zünfte? Die ersten Handwerkervereinigungen (-innungen) waren Gemeinschaften, die zu einem erheblichen Teil religiöse und gesellige Aufgaben wahrnahmen. Von Anfang an bestand jedoch die Notwendigkeit, sich auch mit wirtschaftlichen Fragen, z. B. der Rohstoffbeschaffung, der Produktionskontrolle und der Preisgestaltung, zu befassen, um der Konkurrenz neu zuziehender Handwerker zu begegnen. Auf sozialpolitischem Gebiet kümmerten sich die Zünfte um Unterstützung ihrer Mitglieder in Krankheits- und Unglücksfällen, sorgten für Witwen und Waisen. Zum Wohl der Stadt waren die Zünfte verpflichtet, einen ihnen zugewiesenen Teil der Stadtmauer zu unterhalten und im Kriegsfall zu verteidigen. Die Stadtverwaltung konnte die Zünfte auch mit der Einziehung besonderer städtischer Abgaben beauftragen.

Für die künftige Entwicklung des Gewerbes hatte das Aufkommen der Zünfte wichtige Folgen. Am nachhaltigsten wirkte sich in der Praxis der Anspruch der Zünfte aus, daß nur ihre Mitglieder handwerklich tätig sein durften. Der *Zunftzwang*, ein Ausschließlichkeitsanspruch, der alle Nichtmitglieder von der handwerklichen Produktion ausschloß, war für die Mitglieder ein großer Vorteil, weil sich das Handwerk im Schutz der Zünfte voll entfalten konnte.

Gegen Ende des Mittelalters, das wir vom Standpunkt der Wirtschaftsgeschichte aus mit dem Abklingen der spätmittelalterlichen Agrarkrise um 1500 ansetzen, schlossen sich die Zünfte gegenüber der wachsenden Bevölkerung immer mehr ab, sperrten sich gegen jegliche Neuerung.

Das Handwerk erstarrte so in überlieferten Traditionen. Es kam zu einem Stillstand der Entwicklung bis in die Zeit, als die ersten vorindustriellen Fabriken, die Manufakturen, entstanden. Spätestens seit Mitte des 17. Jh., nach dem Dreißigjährigen Krieg, wurde der Zunftzwang für die territorialstaatliche Gewerbepolitik ein Hemmschuh bei ihren Bemühungen, die Gewerbestruktur – durch Ansiedlung bisher in den Zünften nicht vertretener Berufe – und die gewerbliche Produktion – durch Anlage von Manufakturen – zu verbessern; dennoch blieben die Zünfte auch im Interesse der Landesherren ein wichtiger ordnungspolitischer Faktor.

Handel und Verkehr

Mit der Entwicklung des städtischen Gewerbes nahm auch der Handel zu, bei dem zwischen örtlichem Handel und Fernhandel zu unterscheiden ist. Der örtliche Handel konzentrierte sich auf den Märkten der größeren Städte, wo Bauern und Handwerker ihre Erzeugnisse direkt an den Verbraucher verkauften. Der überörtliche Handel dagegen lag überwiegend in den Händen von Kaufleuten.

Schon der mittelalterliche Handel kannte keine Landesgrenzen. Durch die Kreuzzüge im 11. und 12. Jh. war das Mittelmeer zur großen europäischen Handelsstraße geworden. Beherrscht wurde sie seit 1204 von den oberitalienischen Städten, besonders von Venedig, das seinen schärf-

Städte und Bürger

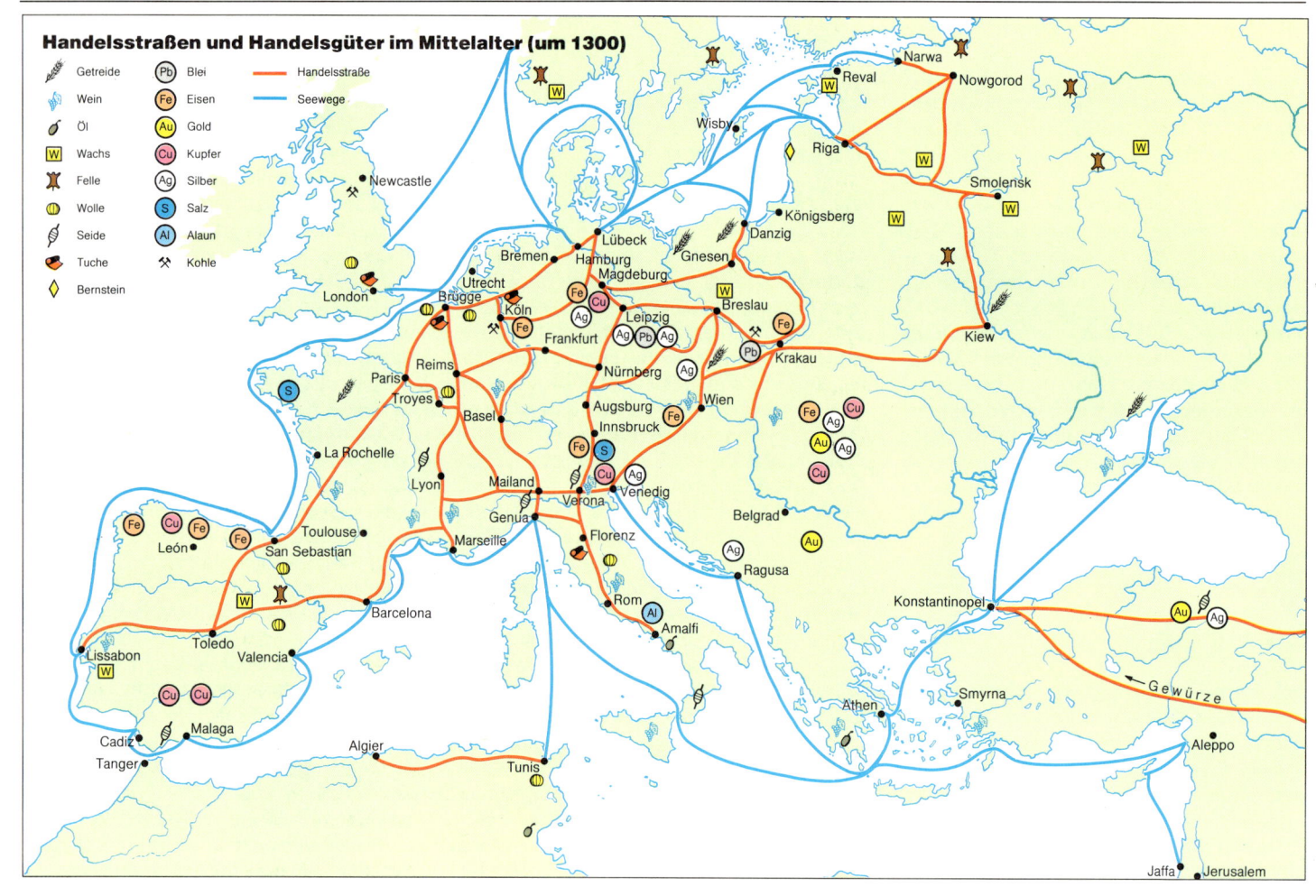

Handelsstraßen und Handelsgüter im Mittelalter (um 1300)

Legende:
- Getreide
- Wein
- Öl
- Wachs (W)
- Felle
- Wolle
- Seide
- Tuche
- Bernstein
- Pb Blei
- Fe Eisen
- Au Gold
- Cu Kupfer
- Ag Silber
- S Salz
- Al Alaun
- Kohle
- Handelsstraße (orange)
- Seewege (blau)

sten Handelsrivalen, Konstantinopel, mit Hilfe eines Kreuzfahrerheeres (sog. 4. Kreuzzug, 1202 bis 1204) zu Fall brachte und ausschalten konnte. Etwa zur gleichen Zeit traten Nord- und Ostsee in den Vordergrund.

Diese beiden Wirtschaftsräume, der Mittelmeerraum und das Nord-, Ostseegebiet, blieben bis zur Entdeckung Amerikas, 1492, und des Seeweges nach Ostindien, 1498, die Zentren des europäischen Handels. Verbunden wurden sie durch zahlreiche Land- und Wasserstraßen, auf denen die Fernkaufleute in fast alle Gegenden Europas zogen und die größten Handelsstädte der europäischen Länder miteinander in Kontakt brachten.

Die Bedeutung des internationalen *Fernhandels* lag für Deutschland (und andere europäische Staaten) sowohl in der Versorgung von Adel, Geistlichkeit und Patriziat mit Luxusgütern als auch im Absatz gewerblicher Erzeugnisse in andere Gebiete.

Große Städte und städtereiche Regionen wie Flandern – es gehörte seit dem 9. Jh. zu Frankreich, seit 1384 zu Burgund – und Oberitalien – es gehörte zum Heiligen Römischen Reich Deutscher Nation – waren schon im Mittelalter auf den umfangreichen Export gewerblicher Güter angewiesen, um ihre Einwohner mit Nahrungsmitteln und sonstigen Bedarfsgütern ausreichend versorgen zu können. In Flandern lebten in der ersten Hälfte des 14. Jh. bereits 35 bis 40 Prozent der Gesamtbevölkerung in den Städten, in Deutschland dagegen nur 11 Prozent. Das erste große europäische Messezentrum war die Champagne mit den Messestädten Troyes, Provins, Bar-sur-Aube und Lagny. Hier trafen sich seit dem 12. Jh. vorwiegend flandrische, italienische und deutsche Kaufleute, um ihre Waren auszutauschen, z. B. flandrische Tuche gegen orientalische Güter (Seiden, Gewürze).

Schiffbare Flüsse waren im Mittelalter wichtige Handelswege – zumindest ebenso wichtig wie die wenigen Fernstraßen. Die mittelalterliche Schiffsbautechnik war – den Möglichkeiten und Bedürfnissen der Zeit entsprechend – hoch entwickelt: Schiff mit Schaufelrädern (Miniatur, 1410).

Die besonderen Aufgaben des Fernhandels ermöglichten hohe Gewinne, so daß die Fernkaufleute nicht nur eine rechtliche – sie zählten zum Kleinadel –, sondern auch wirtschaftlich privilegierte Gruppe der städtischen Einwohner bildeten. Sie gingen mit den Adligen, die oft ministerialer Herkunft waren, in den Städten vielfach Familienverbindungen ein, wodurch auch eine enge wirtschaftliche Verflechtung zwischen den beiden Schichten entstand; die neue städtische Oberschicht, das Patriziat, war daher in sich nicht immer einheitlich. Die Fernkaufleute, für die allein im Hochmittelalter, dem 12. und 13. Jh., der ursprünglich weitergefaßte Begriff *mercatores* gebraucht wird, setzten dank ihrer wirtschaftlichen Macht oft die Gründung von Marktsiedlungen durch, die sich dann zu Städten entwickeln konnten. Wo Fernkaufleute sich niederließen, kassierten die Stadtherren in reichlichem Maße Gebühren und Zölle. Vor allem Geld, aber auch Welterfahrung und Wagemut sicherten den Kaufleuten politischen Einfluß im öffentlichen Leben der Stadt.

Anfänge und Organisation der Hanse

Während die Italiener den Mittelmeerraum beherrschten, erschlossen deutsche Kaufleute seit der zweiten Hälfte des 11. Jh. neue Märkte im Nord- und Ostseegebiet. Sie kamen aus Norddeutschland, zum Teil auch aus Westfalen und dem Rheinland. Ihre Fahrten waren auf den Norden beschränkt, und kaum eines ihrer Schiffe segelte über Lissabon hinaus. Ihre Handelsroute reichte vom Niederrheingebiet – zwischen Brügge, Amsterdam und Köln – bis weit in das Ostseegebiet nach Rußland hinein, nach Nowgorod und Smolensk.

Da Stürme und Piraten die Schiffe oft gefährdeten und der Handel auf fremden Märkten mitunter schwierig war, schlossen sich die Kaufleute für einzelne Handelsfahrten zu kleinen Gruppen zusammen und gründeten Genossenschaften, auch Hansen genannt. Der Zweck einer solchen *Kaufmannshanse* war, einander beizustehen und in der Fremde gemeinsam aufzutreten. Das hieß in der Praxis, auf einem fremden Markt mit gleichen Münzen, Maßen und Gewichten zu handeln und auch die Waren gemeinsam anzubieten. Was in der Heimat selten gelang, wurde in der Ferne möglich: Man überwand die Konkurrenzangst und versuchte in gutem Einvernehmen zusammenzuhalten, was auch darin zum Ausdruck kam, daß man z.B. seine Waren auf dem gleichen Schiff verlud. Dadurch verringerten sich für den einzelnen Kaufmann nicht nur die Kosten, sondern auch das Risiko, weil im Schadensfall alle Geschäftspartner gemeinsam hafteten.

Das für die Hansekaufleute typische Schiff war die Kogge, die schwere Lasten in großen Mengen transportieren konnte. Mit diesem neuartigen Schiffstyp überflügelten die Hanseaten alle übrigen Kaufleute im Nord- und Ostseegebiet.

Die erste Kaufmannshanse entstand in Lübeck, das 1159 aus einer Kaufmannsniederlassung gegründet wurde. Für 1161 läßt sich dann auf der Insel Gotland im Hafen von Wisby eine weitere Hanse westlicher Kaufleute nachweisen.

Bereits damals schlossen die Kaufleute Handelsverträge mit einzelnen Städten. Bekannt geworden sind die Verträge der Gotländer Kaufmannshanse mit Nowgorod aus dem Jahr 1189 und mit Smolensk aus dem Jahr 1229.

Im 13. Jh. stieg der Einfluß der hansischen Kaufleute in ihrer Heimat so weit, daß es aufgrund gemeinsamer Handelsinteressen auch zu einem Zusammenschluß von Städten kam. Aus der Kaufmannshanse ging die *Städtehanse* hervor. Es wurden zahlreiche Verträge zwischen einzelnen Städten und Städtegruppen geschlossen, so z.B. 1241 der Vertrag zwischen Lübeck und Hamburg und 1265 der Vertrag zwischen den sechs wendischen Städten Hamburg, Lüneburg, Lübeck, Wismar, Rostock und Greifswald. Auch in anderen Teilen Deutschlands bildeten sich Städtebünde, z.B. im Mittelrheingebiet und in Schwaben.

Die Mitgliedschaft in einem Städtebund war mit erheblichen wirtschaftlichen Vorteilen verbunden. Die beteiligten Städte räumten sich gegenseitig Sonderrechte ein, z.B. bei Zöllen, Märkten, Münzen usw., und sicherten die Interessen ihrer Kaufleute an anderen Orten ab. Sie regelten die Warenausfuhr und -einfuhr und betrieben eine vorausschauende Wirtschaftspolitik. Die wirtschaftliche Macht der Städtebünde war bald so stark, daß sie sich auch politisch und kriegerisch betätigten, wenn es zur Absicherung ihrer Wirtschaftsinteressen notwendig erschien.

Um 1400 schlossen sich etwa 100 Städte unter dem Vorsitz Lübecks zum *Bund der deutschen Hanse* zusammen. Auf den Hansetagen, die in unregelmäßigen Abständen stattfanden, versammelten sich die Mitglieder, um wichtige Angelegenheiten zu beraten und gemeinsame Beschlüsse zu fassen. Bei deren Nichteinhaltung erfolgte der Ausschluß aus dem Hansebund, was für viele Städte gleichbedeutend mit wirtschaftlichem Niedergang war.

Das Handelsgebiet der deutschen Hanse erstreckte sich auf den Norden des Reiches: von Zierkzee, nordöstlich von Brügge, bis nach Hinterpommern und in das Land des Deutschen Ordens, weiter über Wisby nach Dorpat und Reval. Die südlichsten Hansestädte lagen etwa nördlich der Linie Köln–Harzgebirge–Breslau–Thorn. See- und Landwege verbanden die Hansestädte miteinander.

Salzhandel

Neben dem Grundnahrungsmittel Getreide war Salz eine der wichtigsten Handelswaren, die auf deutschen Hanseschiffen nach Osten gelangte. Die Kaufleute bezogen es aus den Lüneburger Salinen und Ende des 14. Jh. auch aus der Bai von Bourgneuf (Frankreich). Es war damals nicht nur ein Genuß-, sondern auch das wichtigste Konservierungsmittel: Es diente zum Einpökeln des Fleisches und wurde in der Tierhaltung für die Fütterung z.B. von Rindern und Schafen benötigt. Große Mengen Salz brauchte man auch zum Einlegen der Heringe, die vor allem vor der Küste Norwegens gefangen und in Fässern gelagert wurden.

In einigen wichtigen Handelszentren des Auslands besaßen die Hansekaufleute das Recht zur Anlage von Lager-, Stapel- und Verkaufshallen. Solche Stützpunkte oder Handelskontore entstanden in London – der berühmte »Stalhof« –, Brügge, Bergen – die »Deutsche Brücke« – und Nowgorod – der »Petershof«.

Neben diesen Kontoren, die als Haupthandelsplätze dienten, gab es im Ausland noch weitere kleine Niederlassungen, die sog. Faktoreien: so z.B. in Rußland (Smolensk, Polozk und Kowno), Skandinavien und England.

Zahlreiche Privilegien schützten die Hansekaufleute im Ausland vor fremden Übergriffen und stellten sie den einheimischen Kaufleuten gleich. Ein gewisses Vorrecht der Hansekaufleute bestand darin, daß sie unter sich eine eigene Gerichtsbarkeit aufbauen konnten.

In den Handelskontoren mußten die Kaufmannssöhne ihre Bewährungsprobe ablegen, während die Väter das Hauptgeschäft von der Heimatstadt aus lenkten. Mit Hilfe einer genauen Buchführung, die sie von den italienischen Kaufleuten übernommen hatten, behielten sie den Überblick über die weit ausgedehnten Handelsverbindungen. Handelsdiener, sog. Faktoren, organisierten den Geschäftsablauf in den Faktoreien.

Die Hansekaufleute vermittelten den Warenaustausch zwischen West- und Osteuropa. Aus dem Westen brachten sie gewerbliche Erzeugnisse wie z.B. flandrische Tuche, Schmuck, Wolle, Waffen, aber auch Wein, Salz und Gewürze in den Ostseeraum. Von dort bezogen sie Naturprodukte, insbesondere Getreide, Vieh, Fisch, Wachs, Honig, Holz, Leder, Pelze, Pottasche, Bernstein und Teer. Der Hauptabnehmer war die wachsende Bevölkerung in den Städten Nordwesteuropas, vor allem in Flandern. Dieses Land wurde zu einem dauernden Zuschußgebiet für Nahrungsmittel. Daher konnte sich ein umfangreicher Getreideexport aus den Ostseegebieten entwickeln, der teilweise sogar bis nach Spanien und Portugal reichte und den Reichtum der Fernkaufleute mitbegründete.

Die Stadtbevölkerung

Schon im 12. Jh. kam es zu Auseinandersetzungen der Bürger mit dem Stadtherrn um die Macht innerhalb der Stadt. Vor allem die wirtschaftlich aufstrebenden Fernkaufleute wollten das Stadtregiment in die Hand nehmen, um die Stadtpolitik in ihrem Sinne zu lenken. Das war ein weiter Weg, an dessen Anfang die Entstehung des Stadtrates und der Stadtverfassung standen. Die für die Stadt zuständigen Verwaltungsbeamten des Stadtherrn verloren zunehmend an Einfluß und wurden durch Vertreter der Bürgerschaft ersetzt. Diese fanden sich im Stadtrat zusammen und wählten einen Bürgermeister. Die Rechte des Stadtherrn, wie z. B. die Handels- und Gewerbeaufsicht, das Besteuerungsrecht, die Verleihung des Bürgerrechts und die daraus resultierende Gerichtsbarkeit, traten immer mehr in den Hintergrund oder wurden ganz beseitigt. Mitunter hatte der Stadtherr einen Teil dieser Rechte an die Kaufleute verpfändet und war nicht in der Lage, sie jemals wieder einzulösen.

In den neuen Städten brauchte um die Selbstverwaltung nicht gestritten zu werden, weil die Neusiedler sogleich mit der Stadtgründung das feierlich verbriefte Recht erhielten, ihren Rat selbst zu wählen und als Zeichen dieser Freiheit ein Rathaus zu bauen.

Zu erbitterten Kämpfen um die Selbstverwaltung kam es dagegen in den alten Bischofsstädten des Rheingebietes, in denen seit der Römerzeit mächtige und reiche Fürstbischöfe die Stadtherrschaft innehatten.

Nicht nur die Auseinandersetzungen mit dem Stadtherrn belasteten die Bürger, sondern auch die Streitigkeiten zwischen Patriziern und Handwerkern. Diese beiden sozialen Schichten haben die mittelalterliche Stadt am nachhaltigsten geprägt. Die Patrizier bildeten die städtische Oberschicht und bekleideten alle wichtigen Ämter in der Stadtverwaltung: Sie stellten den Bürgermeister, die Mitglieder des Stadtrates und die obersten Verwaltungs- und Steuerbeamten. Im Kriegsfall führten sie das städtische Aufgebot an; Mitglieder des Patriziats wurden auch als Gesandte an den kaiserlichen Hof geschickt. Städte, die vom Kaiser das Privileg einer Reichsstadt erlangen konnten und damit berechtigt waren, an den Reichstagen teilzunehmen, wählten ihre Gesandten ebenfalls aus dem Kreis der Patrizier.

Die Handwerker waren die zweite wichtige Gruppe der Stadtbevölkerung. Zahlenmäßig übertrafen sie die Schicht der Patrizier bei weitem, waren aber, wenn auch nicht überall, vom Stadtregiment ausgeschlossen, obgleich sie die Hauptlast des städtischen Steueraufkommens zu tragen hatten, darunter auch die Gelder für die Gesandtschaften zum kaiserlichen Hof und für die Stadtbefestigung. Die Mittelschicht war breit gefächert: Krämer und Einzelhändler gehörten ebenso dazu wie Fuhrleute, Schiffer und Ackerbürger.

Die städtische Unterschicht umfaßte Tagelöhner, Gesellen mit eigenem Hausstand und die große Gruppe der ledigen abhängigen Arbeitskräfte wie Gesellen, Lehrlinge, Gehilfen, Gesindekräfte, schließlich Arme, Kranke, Bettler und Vagabunden.

Insgesamt machte die Oberschicht 7 bis 8 Prozent, die Mittelschicht etwa 40 Prozent und die Unterschicht etwa 50 Prozent der gesamten Stadtbevölkerung aus. Da allein die Patrizier in den Stadtrat gewählt werden konnten, blieben praktisch 90 Prozent der Bürger vom Stadtregiment ausgeschlossen, was zu einer wachsenden Unzufriedenheit namentlich bei Handwerkern und Kleinhändlern führte. Sie wollten nicht nur Steuern zahlen, sondern auch mitregieren.

In vielen Städten kam es daher im 13. und 14. Jh. zu kriegerischen Auseinandersetzungen zwischen dem Stadtrat und den Zünften. Die Handwerker erkämpften sich nicht nur in Augsburg, sondern auch in Köln, Frankfurt, Ulm, Zürich, Konstanz und anderen Städten mit Waffengewalt den Zutritt zum Rathaus und erzwangen von den Ratsherren die Teilnahme an der Regierung. Die Aufstände der Zünfte endeten fast überall erfolgreich, wie z. B. in Augsburg. Dort mußten die Ratsherren dem Altmeister der Zünfte die Hoheitszeichen der Stadt, die Torschlüssel, die Stadtsiegel und das Stadtbuch, aushändigen. Die Patrizier leisteten dann zusammen mit den Handwerkern den Eid, eine »zünftige« Regierung einzuführen. Fortan saßen im Augsburger Stadtrat 29 Zünftler und 15 Patrizier. Aber nur die angeseheneren Zünfte waren im Stadtrat vertreten, wie z. B. Tuchmacher, Gewandschneider, Goldschmiede usw.

Öffentliche Finanzen und Sozialpolitik

Die Gründung zahlreicher Städte von der Mitte des 12. bis zur Mitte des 14. Jh. führte zu einem Anwachsen der Geldwirtschaft, die das öffentliche Finanzwesen prägte. Mit den Städten, mit Handel und Gewerbe war eine neue Einnahmequelle für den Staat, d. h. für den jeweiligen König oder Kaiser, entstanden. Die Stadtbürger zahlten Steuern von ihrem Besitz oder ihrem Gewinn, außerdem teilweise noch Luxus- und Verbrauchssteuern. Der städtische Handel brachte Zölle ein. Die Zolleinnahmen, zu denen Warenzölle, aber auch Brücken- und Wegegelder gehörten, machten in manchen Städten und Territorien, wie z. B. am Rhein, mehr als die Hälfte der Einnahmen aus. Um 1300 gab es am Rhein etwa 60 Zollstellen.

Neben den Einnahmen aus den Städten flossen dem Staat weitere Einkünfte aus Regalien zu. Das waren besondere königliche und kaiserliche Rechte, wie z. B. das Recht, Uferzölle, Durchgangs- und Marktzölle zu erheben, Münzen zu prägen und Einnahmen aus den Münzstätten zu ziehen, Gerichtsgebühren zu kassieren oder Abgaben aus dem Bergbau, dem Fischfang und den Salzbergwerken, den Salinen, einzuziehen.

Mit dem Erstarken der territorialen Gewalten, darunter auch vieler Städte, seit dem 14. Jh. wurde die staatliche Macht zunehmend geschwächt, weil die fortwährende Finanznot die Herrscher dazu zwang, immer wieder kurzfristige Anleihen aufzunehmen und staatliche Rechte jeder Art zu verpfänden. Die Hauptausgabeposten des Staates waren die Militärausgaben, Gelder für die Gewährung politischer Hilfe und Aufwendungen für den Hof des Herrschers. Diese Ausgabenstruktur wirkte sich auf die gesamte Wirtschaft aus. Einzelne Gewerbezweige erhielten Aufträge, wie schon das Beispiel der Stadt

---

Gesellen gegen Meister

Konnten sich die Meister der angesehenen Zünfte den Zutritt zum Stadtregiment und damit zu politischem Einfluß erkämpfen, so blieben die Gesellen davon ausgeschlossen. Solange ihr Verhältnis zu den Meistern einvernehmlich war, spielte das keine Rolle. Als aber in der zweiten Hälfte des 14. Jh. mit dem Rückgang der Bevölkerung die Nachfrage nach gewerblichen Erzeugnissen sank, war das Handwerk gezwungen, seine Produktion zu drosseln, und erschwerte daher auch zunehmend den Erwerb des Meistertitels. Es setzte sich die Tendenz durch, diesen durch alle möglichen Vorkehrungen nur den bisherigen Inhaberfamilien zu erhalten, so z. B. durch Verlängerung der Lehrzeit, Erhöhung der Gebühren für die Meisterprüfung und Forderung des Meisterstücks als Beweis für die Beherrschung des Berufs. Jede Zunft verwandelte sich so in eine auf den eigenen Vorteil bedachte Interessengruppe von Arbeitgebern, die ihren Söhnen und Schwiegersöhnen die Kundschaft ihrer kleinen Werkstätten zu erhalten suchten. Viele Handwerker blieben daher lebenslang Gesellen – »ewige Gesellen« – und sahen sich jeder Hoffnung beraubt, jemals Meister zu werden und ein besseres Leben führen zu können. Ihre Unzufriedenheit wuchs, und sie schlossen sich zur gegenseitigen Unterstützung in Gesellenverbänden zusammen. Hier formulierten sie ihre Forderungen. Sie verlangten Mitbeteiligung an der Leitung der Zünfte, höhere Löhne, sichere Arbeitsplätze und Schutz vor Arbeitsüberlastung. In einigen Städten kam es zu Gesellenunruhen, so daß sich die Meister ebenfalls zusammenschlossen, wie z. B. 1383 die Schmiedemeister von Mainz, Worms, Speyer, Frankfurt, Aschaffenburg, Bingen, Oppenheim und Kreuznach; mit Hilfe des Stadtpatriziats konnten sie die Unruhen im Keim ersticken.

Öffentliche Finanzen und Sozialpolitik

Regensburg zeigte: so das Metallhandwerk zur Herstellung von Waffen, das Textilgewerbe zur Versorgung des Hofes und das Baugewerbe zur Befestigung der Städte.

Insgesamt war das öffentliche Finanzwesen bis zum 14. Jh. durch sporadische Maßnahmen geprägt, und man war noch weit von einer gut organisierten Finanzverwaltung entfernt. Auch die Sozialpolitik steckte bis zum 14. Jh. noch in den Anfängen. Im Mittelalter verstand man darunter im wesentlichen die Armen- und Krankenfürsorge. Die Unterstützung hilfsbedürftiger Personen erfolgte hauptsächlich durch die Grundherrschaft, die Kirchen und die Klöster, aber auch durch die Familien, Nachbarn und Gemeinden. Jeder Grundherr mußte in Notfällen für seine Abhängigen sorgen. Diese Fürsorge war wesentlicher Bestandteil des Feudalsystems bis zu dessen Auflösung im 19. Jh.

Die Kirche verwendete seit alters her nur einen geringen Teil ihrer Einnahmen zu Wohltätigkeitszwecken – ein Drittel oder ein Viertel des Kirchenzehnten, der größtenteils von den Armen aufgebracht wurde; den größeren Teil behielt sie für Kirchenbauten und Pfarrer ein, wahrscheinlich wurden daher die meisten Armen von ihren Familien oder Nachbarn sowie den Grundherren unterstützt.

Mit der Abwanderung vieler Menschen in die Städte seit dem 12. Jh. lockerten sich auch die sozialen Bindungen, so daß eine Unterstützung nicht mehr ausreichend gegeben war. Die Armut trat in den Städten besonders auffällig zutage, weil hier Hilfsbedürftige in größerer Zahl zusammenkamen als in den Dörfern. Daher läßt sich nur schwer sagen, ob die Armut in den mittelalterlichen Städten größer war als auf dem Lande.

Auf Unterstützung waren in den Städten mindestens drei Gruppen von Menschen angewiesen: die Arbeitslosen, die arbeiten wollten und auch arbeitsfähig waren, aber über lange Perioden innerhalb eines Jahres keine Beschäftigungsmöglichkeit fanden; die Arbeitswilligen, die aus Krankheitsgründen oder wegen ihres hohen Alters nicht arbeiten konnten, und die Arbeitsscheuen, die es darauf anlegten, von Almosen zu leben. Die Städte übernahmen ebenso wie die Kirchen und Klöster die Aufgabe, für diese Menschen zu sorgen. Auch reiche Familien halfen durch großzügige Stiftungen. So entstanden Hospitäler für Kranke, Siechenhäuser für Behinderte und Alte. Leprakranke wurden in besonderen Häusern für Aussätzige außerhalb der Stadt untergebracht. Sie durften sich wegen der Ansteckungsgefahr den Bürgerhäusern nur mit einer Glocke oder Rassel in der Hand nähern. Auch die Zünfte halfen den Armen. In einer Zunft oder Bruderschaft schlossen sich nicht nur Handwerker zusammen, die für ihre alten und kranken Mitglieder, für Witwen und Waisen sorgten, sondern auch Hilfsarbeiter, Blinde und Lahme. In Straßburg entstand z.B. 1411 eine Bruderschaft »der armen Leute«, die einander halfen, so gut es ging.

Krankheit und Tod waren im Mittelalter allgegenwärtig: ein Bader beim Schröpfen seiner Patienten (rechts; Holzschnitt von Jost Amman aus dem Ständebuch von Hans Sachs, 1568); Totentanz in einer Buchdruckerwerkstatt (unten; Lyon 1499), die älteste bekannte Darstellung einer Druckerpresse überhaupt.

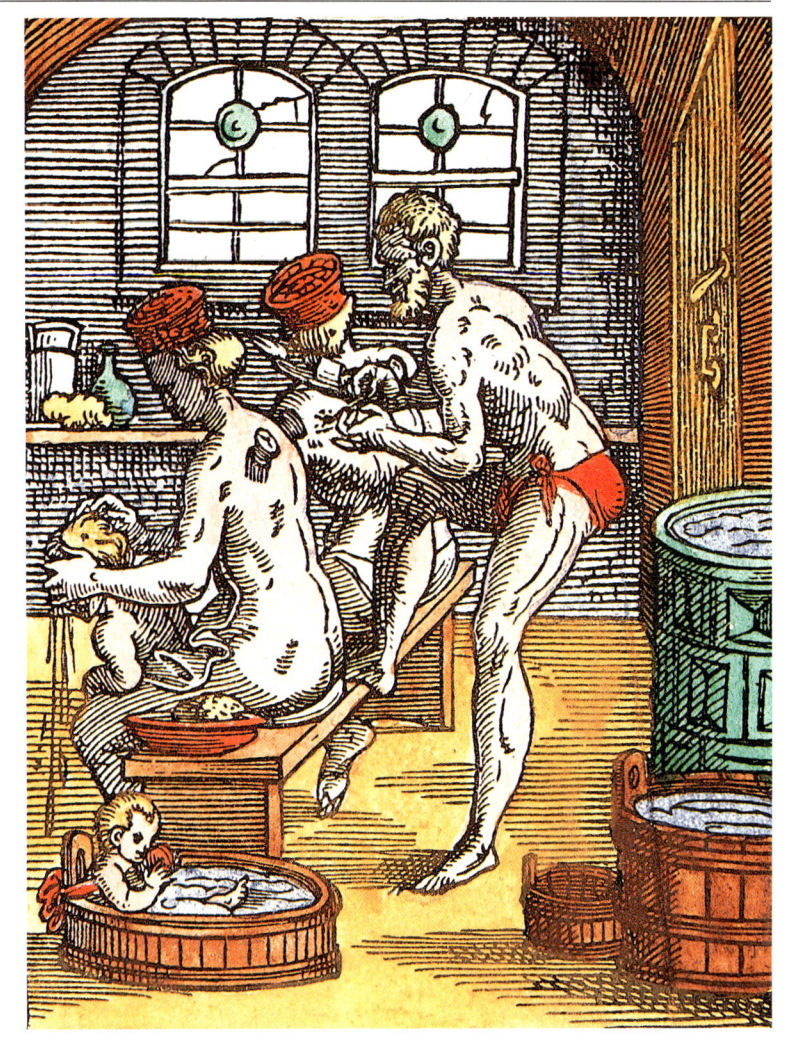

Die Blütezeit der Städte

Das wirtschaftliche Wachstum der Städte zwischen 1150 und 1350 setzte sich in der zweiten Hälfte des 14. Jh. bis etwa 1470

Handwerk und Stadtwirtschaft

Der Anblick von Städten wie Rothenburg, Dinkelsbühl oder Quedlinburg erfreut uns noch heute, vielen gelten sie als typisch deutsch. Mit Venedig, Florenz oder Brügge, auch dem Augsburg der Fugger, lassen sie sich nicht vergleichen. Dort, in den großen Wirtschaftsmetropolen des mittelalterlichen Europa, dominierten wohlhabende Großkaufleute und ein blühendes Exportgewerbe. In den kleinen deutschen Städten dagegen, die auf ihre Weise ebenfalls am Aufschwung des Handels im 14. und 15. Jh. teilhatten, überwog eine Handwerkerschaft, die vor allem für den Bedarf der Stadt und ihrer unmittelbaren Umgebung produzierte. Reich werden wie ein Medici oder wie ein Fugger konnte man damit nicht.

Die Stadt hatte ein Interesse daran, Handel und Wandel in ihren Mauern zu kontrollieren, die Produzenten, sich vor lästiger Konkurrenz zu schützen. Beiden Interessen wurde die mit dem Gewerbemonopol ausgestattete Zunft gerecht: Nur wer Mitglied seiner Zunft war, konnte sein Handwerk ausüben. Der Handwerksmeister des Mittelalters war ein selbständiger Kleinunternehmer, er verfügte über seine Produktionsmittel – Werkstatt/Verkaufsladen, Werkzeuge, Rohmaterial – und über seine Produkte und hatte meist zwei Lehrlinge und ebenso viele Gesellen unter sich. Sein Markt war überschaubar und erlaubte genaues Kalkulieren. Strenge Vorschriften, über deren Einhaltung städtische Beamte wachten, verhinderten einen Wettbewerb im modernen Sinn: Technischer Fortschritt war nicht gefragt, Reklame brauchte man nicht; die Arbeit mußte vor aller Augen am Fenster verrichtet werden; Arbeitsstunden, Preis und Löhne waren festgelegt. Bei Tag und Nacht durften Aufseher die Werkstatt des Meisters betreten. Niemand konnte es sich erlauben, durch bessere Produktionsbedingungen andere zu übervorteilen.

Gleiche Arbeitsbedingungen für alle, bescheidene Lebenshaltung, verbunden mit gediegener »zünftiger« Qualität der Produkte: Es war eine protektionistische, »unkapitalistische« Wirtschaftsordnung, die die Menschen in der kleinen deutschen Stadt jahrhundertelang geprägt hat.

D. L.

Mittelalterliches Handwerk: beim Weber und beim Schuhmacher, beim Fischfang und auf der Jagd. Federzeichnung aus dem Reuner-Musterbuch, *um 1210 (1). – Zimmerleute auf dem Bau, Miniatur aus der Wenzelsbibel, 1389 (2). – Fahrende Bäcker aus der Chronik Ulrich von Richenthals, 1482 (3). – Die Werkstatt eines Böttchers, ein heute so gut wie ausgestorbenes Handwerk. Miniatur aus dem Codex von Balthasar Behaim, Krakau 1505 (4). – Der Schreiner, Miniatur aus dem Codex von Balthasar Behaim (5). – Nürnberg war im Mittelalter u. a. eine Stadt des Metallhandwerks und, vor allem zur Zeit des Dreißigjährigen Krieges, eine der größten Produktionsstätten für Waffen im Reich. Die Nürnberger »Plattner« (Harnischmacher) konnten bereits auf eine lange Tradition zurückblicken, die Glöckner gossen nun auch Kanonen und Mörser. Zu den friedlichen Metallhandwerkern gehörten die Blasinstrumentenmacher: hier die Nürnberger Meisterzeichen-Tafel von 1614 bis 1752 (6). – Jede Zunft hat ihre eigene, oft traditionsreiche Fahne: »Fahnen der Zünfte«, Radierung 1815 (7).*

37

Städte und Bürger

fort. Dank der spätmittelalterlichen Agrarkrise sanken die Agrarpreise und damit auch die Lebenshaltungskosten in den Städten. Der Lebensstandard der städtischen Bevölkerung stieg, Gewerbe und Handel erlebten eine Blütezeit. Technische Neuerungen, vor allem im Metall- und Textilbereich, in dem etwa zwei Drittel der gewerblich Tätigen beschäftigt waren, förderten die weitere Spezialisierung der Handwerker und führten zu erheblichen Produktivitätsverbesserungen.

Mit dem Aufschwung des Handwerks in den Städten war auch die Blütezeit des Bergbaus in Deutschland verbunden. Im Vordergrund stand die Förderung von Metallerzen zur Herstellung von Gebrauchsgegenständen. Der *Eisenerzabbau* und die *Eisenproduktion* konzentrierten sich auf vier Gebiete:
- die rheinische Gebirgszone (Verarbeitung in Flandern und Köln),
- die sächsische Gebirgszone (Eisenhämmer in Lauenstein 1340, Schmiedeberg 1418, Glashütte 1443)
- die Oberpfalz (Verarbeitungsgebiet vor allem Nürnberg und der Donauraum) und
- den Südrand der östlichen Alpen (Kärnten und Steiermark) mit Absatz und Verarbeitung in den oberitalienischen Städten; nördlich der Alpen erfolgte der Erzabbau in Oberösterreich (Steyr).

Weitere wichtige Zweige des Bergbaus waren die Zinn-, Zink- und Kupferproduktion (Mansfelder Kupfer im Ostharz).

Kohle wurde nur an wenigen Stellen abgebaut, da noch keine tiefen Schächte gebaut werden konnten: Zwickau, das Ruhrgebiet und das Aachener Becken waren Steinkohleförderungsgebiete. Braunkohle, die man im Gegensatz zur Holzkohle ebenfalls Steinkohle nannte, fand man bis ins 18. Jh. nur selten.

Wichtig war auch der *Edelmetallbergbau*, vor allem die Silbergewinnung. Die Hauptproduktionsgebiete waren die Gebirge zwischen Böhmen und Sachsen, der Harz (Rammelsberg) und der Südhang der Alpen (Tirol, Steiermark und Kärnten). Der erste Höhepunkt der *Silbererzeugung* war um die Mitte des 14. Jh. erreicht. Bis etwa 1470 ging sie danach zurück, weil viele Arbeitskräfte der Pest zum Opfer gefallen waren, die steigenden Löhne viele Gruben unrentabel machten und die leicht zugänglichen Lagerstätten zu Beginn des 15. Jh. erschöpft waren und nur mit neuen Techniken weitere Mengen gefördert werden konnten.

Verwendet wurde das Silber in der Hauptsache zum Prägen von Münzen, zur Herstellung von Schmuck und Gebrauchsgegenständen für die adligen, kirchlichen und bürgerlichen Haushalte (z. B. Leuchter und Silbergeschirr). Die Bedeutung des Bergbaus lag in der Produktion der Rohstoffe, die für die Geräteausstattung des Gewerbes notwendig waren.

Wichtige technische Neuerungen zwischen 1350 und 1470

Im Metallgewerbe:
- Drahtherstellung durch Ziehen statt wie bisher durch Schmieden
- Verzinnen des Eisens, um es rostsicher zu machen
- Ausnutzung der Wasserkraft für Hammerwerke und für Gebläse
- Einsatz von Hochöfen, die mit Holzkohle betrieben wurden
- Herstellung von Feilen mit Hilfe der Feilenhauerei

Im Textilgewerbe:
- Verbesserung der Technik in den Walkmühlen
- Verbreitung des Handspinnrads, das Ende des 13. Jh. in Europa bekannt wurde

Buchdruck:
Die Erfindung des Buchdrucks mit beweglichen, aus Blei gegossenen Lettern um 1450 durch Johannes Gutenberg aus Mainz. Damit entfiel das mühsame Abschreiben, und Bücher hörten auf, ein Luxusartikel für die Reichen zu sein. Erkenntnisse über neue Produktionsverfahren konnten schneller verbreitet werden.

Im Baugewerbe:
Der Übergang vom romanischen zum gotischen Baustil im 13. bis 15. Jh. erhöhte die technischen Anforderungen an die Baumeister der großen Dome. In Deutschland wurden die Kathedralen von Ulm, Köln, Minden, Münster, Trier, Freiburg, Regensburg, Landshut und München in gotischem Stil erbaut.

Der »Fondaco dei Tedeschi« – das Deutsche Haus in Venedig

Der Handel zwischen Süddeutschland und Italien, insbesondere Venedig, geht bis in das 13. Jh. zurück. Um 1228 wird zum ersten Mal der berühmte *Fondaco dei Tedeschi*, das Haus der deutschen Kaufleute, erwähnt. Es lag am Canale Grande, nahe der Rialtobrücke. Kein Kaufmann durfte außerhalb des Fondaco wohnen oder selbständig Handel treiben. Ein venezianischer Makler ließ alle in Venedig zum Verkauf stehenden Waren, vor allem Gewürze, Seiden, Brokat, Perlen und Weine in das Deutsche Haus bringen. Bei jedem Geschäftsabschluß verdiente er 0,5 Prozent. Die süddeutschen Kaufleute boten vor allem teures Kupfer, Silber, Gold und Metallerzeugnisse (Nadeln, Nägel, Beschläge, Waffen) an. Fast alle bekannten süddeutschen Handelsgesellschaften, wie z. B. die Rehlinger, Ravensburger, Fugger und Welser hatten im Fondaco ständig eine Warenkammer gemietet, so daß das Haus mit ursprünglich 56 Räumen bald zu klein wurde und die Deutschen oft Beschwerde wegen des Platzmangels beim Senat von Venedig führten. Durch mehrmalige Umbauten versuchte dieser Abhilfe zu schaffen.

Die deutschen Kaufleute fanden sich nur recht und schlecht mit den sie einengenden Vorschriften ab: Zwangswohnaufenthalt; die Verpflichtung, über einen Makler zu kaufen und zu verkaufen; Verkaufsverbot an Nichtvenezianer; Verpflichtung, am Ort die erzielten Erlöse in venezianischen oder orientalischen Erzeugnissen anzulegen. So streng auch die venezianische Gesetzgebung hinsichtlich des deutschen Handels war, es gab auch zahlreiche Ausnahmen, so etwa die Nachsicht der Richter in Prozessen, die Nürnberger Kaufleute gegen Venezianer anstrengten. Im übrigen ließ der hohe Gewinn, den die Gewürze in der deutschen Heimat einbrachten, den Ärger über die venezianischen Vorschriften schnell vergessen.

Da Venedig ein Zentrum internationalen Handels und Italienisch die damalige Handelssprache war, schickten viele Kaufleute ihre Söhne dorthin. Diese wohnten im Fondaco und erlernten am Rialto die italienische Sprache, die Buchführung und die Tagespraxis der Geschäfte.

Die Anfänge des süddeutschen Handels

Der Handel in Süddeutschland entwickelte sich seit dem 13. Jh. in engem Zusammenhang mit dem Aufschwung des städtischen Gewerbes und mit der Intensivierung der Handelsbeziehungen zum Mittelmeergebiet und zu Osteuropa. Positiv beeinflußt wurde die Entwicklung des süddeutschen Handels auch durch den Niedergang der Messen in der Champagne (Lagny, Troyes, Provins, Bar-sur-Aube) seit dem 13. und 14. Jh. – eine Folge des Aufstiegs von Genua und der Verlagerung des Fernhandels nach Flandern auf den Seeweg. Die süddeutschen Städte erhielten dadurch eine zentrale Funktion im europäischen Handelsverkehr.

Die wichtigsten Messestädte wurden Nördlingen, Zurzach und Zürich. Nürnberg, Augsburg und Basel hatten zwar einen hochentwickelten Fernhandel, aber ihre Messen erlangten zu keinem Zeitpunkt eine überregionale Bedeutung. Zunehmendes Interesse bei den Kaufleuten fand Ende des 14. Jh. die Frankfurter Messe, auf der immer häufiger Zahlungstermine wahrgenommen wurden.

Die Richtungen des süddeutschen Handels liefen
- nach Westen über Lyon und Genf zum Mittelmeer,
- über die Alpen nach Norditalien (nach Venedig und Genua durch das Donaugebiet),
- zum Balkan und zum Schwarzen Meer,
- über Böhmen und Sachsen in das Gebiet nördlich der Karpaten, d. h. nach Polen, Preußen (Ordensland), Litauen und Rußland,

Die Anfänge des süddeutschen Handels

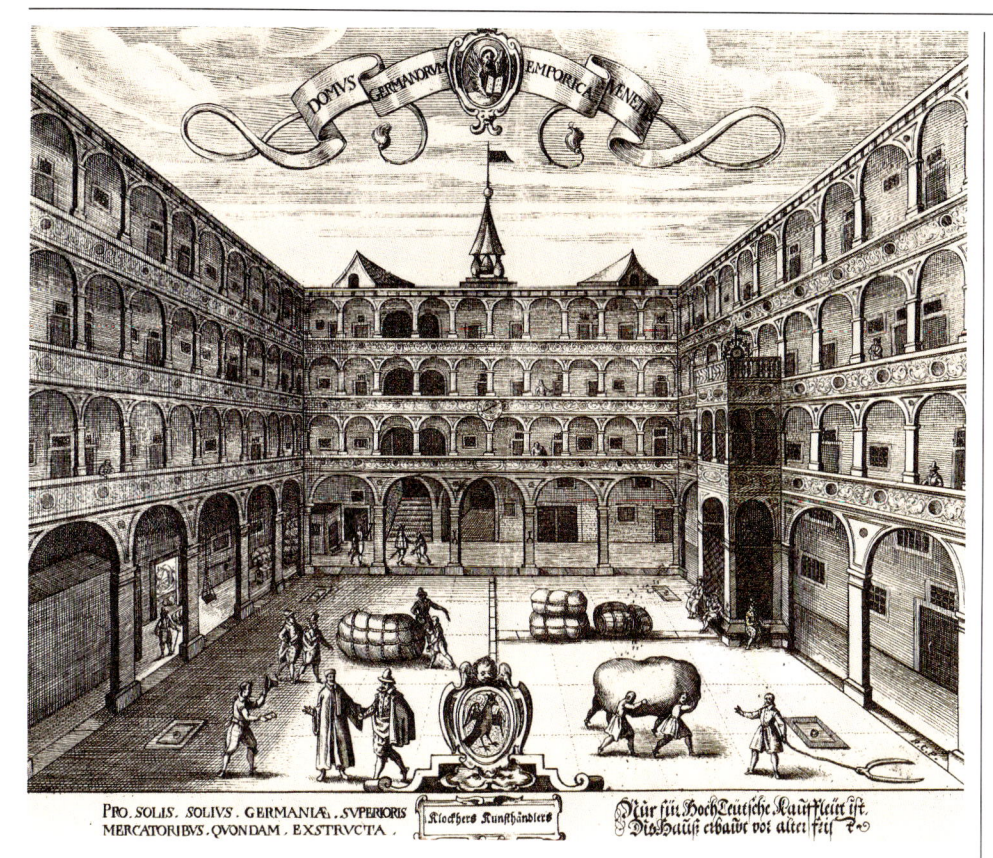

Der Fondaco dei Tedeschi – das Haus der deutschen Kaufleute in Venedig, Kupferstich von Raphael Custos (*1590, †1651).

☐ über Frankfurt am Main nach Nordwesteuropa in die Niederlande und nach England; das Hansegebiet erreichte man über das Rheinland und über Polen.

Mit der Ausdehnung des süddeutschen Handels ging eine Verbesserung der Handelsorganisation einher. Die Kaufleute schlossen sich zu Handelsgesellschaften zusammen, was zugleich die Beteiligung von Geldgebern begünstigte, die selbst am Handel nicht teilnahmen. Auf diese Weise entstanden Kapitalgesellschaften, bei denen zahlreiche Teilnehmer nur noch mit Kapitaleinlagen beteiligt waren und sich ein reines Kapitalrenteneinkommen sicherten.

Das bekannteste süddeutsche Unternehmen dieser Art war die 1380 gegründete *Große Ravensburger Gesellschaft*, die bis 1530 existierte und mit etwa 80 Gesellschaftern, einem Stammkapital von 130 000 rheinischen Gulden und einem Jahresumsatz von 260 000 rheinischen Gulden vor den Fuggern zu den größten Handelsgesellschaften auf dem europäischen Kontinent zählte. Ihre Mitglieder stammten aus angesehenen süddeutschen Kaufmannsfamilien, von denen vor allem die Humpis aus Ravensburg, die Muntprat aus Konstanz und die Mötteli aus Buchhorn bekannt wurden.

Die Gesellschaft hatte ihren Hauptsitz in Ravensburg und Niederlassungen in St. Gallen, Memmingen, Konstanz, Nürnberg, Wien, Venedig und Mailand. Durch Handelsagenten war sie in Bern, Como, Genua, Köln, Genf, Lyon, Antwerpen, Barcelona, Saragossa und Valencia vertreten. Ihr Haupttätigkeitsfeld lag also im westlichen Mittelmeerraum. Aber auch London, Brügge, Gent und Budapest gehörten zu den häufig besuchten Handelsstädten.

Der Warenhandel der Ravensburger umfaßte von Alaun (Kalium-Aluminiumsulfat, zum Färben von Wollstoffen und Weißgerben des Leders) bis Zucker sämtliche Artikel des Mittelalters, z. B. Gewürze, Seide, Kupfer, Silber, Metallerzeugnisse, insbesondere aber Leinwand, die in Ravensburg hergestellt wurde.

Von Bankgeschäften distanzierte sich die Gesellschaft. Sie machte selbst keine Schulden und verlieh kein Kapital, was anderen großen Firmen, z. B. den Fuggern, zum Verhängnis werden sollte. Warenkäufe wurden sofort in bar bezahlt nach dem Geschäftsmotto: »Borge niemand etwas ... Nichts mag uns wehe tun denn böse Schulden.« Der Schlüssel zum Reichtum der Ravensburger lag im Prinzip des günstigen Einkaufs: »Fleiße dich guten Kaufes und guten Gutes, denn am Einkaufen liegt der *Gewinn*. Nicht jedermann kann Geld so lange darauf liegenlassen wie wir. Man muß die Waren kaufen, ehe andere darauf fallen.«

Die konservative Haltung der Gesellschaft, die sich in der strengen Beschränkung auf den Warenhandel zeigte, führte aber auch dazu, daß sie es unterließ, neue Handelsaufgaben wahrzunehmen, die mit den großen überseeischen Entdeckungen Amerikas und Ostindiens auf die Kaufmannswelt zukamen. Im Gegensatz zu anderen süddeutschen Firmen beteiligten sich die Ravensburger nicht an Indienfahrten und an Expeditionen nach Südamerika. So ging die Entwicklung über sie hinweg, und es kam 1530 zur Auflösung der Gesellschaft.

Zu den hervorragenden Persönlichkeiten der Ravensburger Gesellschaft gehörten der Handelsherr Lütfried von Muntprat und der Faktor Oswolt Krel.

Lütfried von Muntprat (*1380, †1447) war vor Jacob Fugger (Jacob = zeitgenössische Schreibweise) der reichste deutsche Kaufmann. 1411 übernahm er als »Regierer« einen der leitenden Posten in der Gesellschaft. Die Geschäfte führte er vom nahe gelegenen Konstanz aus, wo er im Haus »Zum weißen Pfau« (heute Husenstr. 19) lebte, eine Adlige heiratete, seit 1416 Ratsherr war und später Bürgermeister wurde. Er gewann Ansehen und Einfluß am Hofe König Sigmunds (R 1410–1437; seit 1433 Kaiser), der ihm und seinem Bruder einen königlichen Handelsschutzbrief ausstellte.

Harte Auseinandersetzungen hatte Lütfried von Muntprat mit den Zünften der Freien Reichsstadt Konstanz zu bestehen, die im Verlauf der Zunftkämpfe ein Verbot der großen Handelsgesellschaften erzwingen wollten, um die eigene Monopolstellung zu sichern. Muntprat protestierte mit anderen Handelsherren gegen das Vorhaben der Zünfte, hatte damit aber zunächst keinen Erfolg. Er legte daraufhin sein Bürgerrecht nieder und wanderte 1429 mit 59 adligen Familien nach Schaffhausen aus. Von dort erhob er gegen die Stadt Konstanz Anklage beim Stadtherrn, dem König. Dieser erließ zur Schlichtung des Streits eine neue Stadtverfassung, wonach Zünfte und Patrizier gleiche Rechte besaßen und Handelsgesellschaften weiterhin zugelassen waren. Nicht nur politisch, sondern auch geschäftlich war Muntprat ein außerordentlich erfolgreicher und angesehener Mann, der bei seinem Tod ein erhebliches Vermögen hinterließ.

Von den zahlreichen Faktoren, die der Ravensburger Gesellschaft dienten, hat Oswolt Krel (*um 1470, †1534) Berühmtheit erlangt. Er arbeitete seit 1495 – also nach der Zeit Lütfrieds von Muntprat – in Nürnberg für die Ravensburger und vertrat ihre Geschäftsinteressen in Frankfurt und Leipzig. Mit einer Kapitaleinlage war er am Gewinn der Gesellschaft beteiligt und bezog daraus jährlich mehrere hundert Gulden, die ihn zu einem wohlhabenden Mann machten. Auch er heiratete eine Adlige und wurde 1514 Bürgermeister von Lindau. Albrecht Dürer malte ihn 1499 als reichen, selbstbewußten Kaufmann in einem kostbaren Nerzmantel, einem schwarzen Tuchgewand und einem feinen Leinenhemd darunter.

ADELHEID SIMSCH

Der Frühkapitalismus

Bereits in der zweiten Hälfte des 15., vor allem aber im 16. Jh., kam es zu großen Kapitalansammlungen in den Händen des städtischen Patriziats, besonders der Fernkaufleute und Handelsgesellschaften, wie sie die vorangegangene Zeit nicht gekannt hatte. Damit verbunden war eine erwerbswirtschaftliche Einstellung, die sich nicht mehr im Sinne der Zünfte auf einen ausreichenden, sondern auf einen möglichst hohen Gewinn richtete. Aus diesen beiden Gründen bezeichnet man das 15. und 16. Jh. als die erste Phase des sog. »Frühkapitalismus«. Die zweite Phase folgte im 17. und 18. Jh., wird aber »Zeitalter des Merkantilismus« genannt, weil der Staat die wirtschaftliche Entwicklung dadurch beeinflußte, daß er erstmals unter politischen Gesichtspunkten gezielt in das Wirtschaftsleben eingriff, während er sich in der vorangegangenen Zeit, auch noch im 16. Jh., im wesentlichen davon ferngehalten hatte. Erst mit der Industrialisierung, d. h. mit dem Übergang zur Maschinenarbeit im 19. Jh. und dem Auftreten der Fabrikarbeiterschaft, begann in Deutschland das eigentliche Zeitalter des Kapitalismus. Von diesem unterschied sich der sog. Frühkapitalismus dadurch, daß das angesammelte Kapital nicht dazu verwendet wurde, um Arbeitskräfte durch Maschinen zu ersetzen und damit die Arbeitsproduktivität zu verbessern – wie beim Übergang zur Maschinenarbeit im 19. Jh. –, sondern um zusätzliche Produktionsbereiche zu finanzieren wie den Bergbau, die Großproduktion von Textilien und den erweiterten Fernhandel.

Dem langjährigen Bevölkerungsrückgang im Spätmittelalter, den die Pest verursacht hatte, folgte seit etwa 1470 ein Bevölkerungswachstum, das bis in die ersten Jahrzehnte des 17. Jh. – 1618 brach der Dreißigjährige Krieg aus – dauerte.

Damit rückten die beiden zentralen Nachfragebereiche Nahrung und Kleidung, die bereits den mittelalterlichen Fernhandel der Hansekaufleute in Gang gebracht hatten, verstärkt in den Mittelpunkt des wirtschaftlichen Lebens und bewirkten bis ins 18. Jh. hinein eine Blütezeit des Handelskapitals und dessen beherrschende Stellung gegenüber dem gewerblichen Bereich. Die mit der Bevölkerung wachsende Nachfrage nach Massenkonsumgütern – nach Grundnahrungsmitteln, Kleidung und anderen Erzeugnissen – konnte bei der geringen Produktivität der Landwirtschaft und des zünftigen Gewerbes nur durch den Fernhandel gedeckt werden. Er wurde zur Kapitalsammelstelle. Freilich hat es nicht gänzlich an Anlagekapital und Investitionen gefehlt: Es wurden z. B. Webstühle und Spinnräder, Schiffe und Wagen, Kräne, Mühlen, Speicher und Lagerhäuser gebaut. Dies waren jedoch alles Aufwendungen, die im Dienst des Handels standen und nur die Aufgabe hatten, die Produktion und den Vertrieb der Massenkonsumgüter zu sichern.

Die Blütezeit süddeutscher Handelshäuser

Süddeutschland war für Mitteleuropa und den Ostseeraum seit dem 14. Jh. durch seinen Handel mit Oberitalien zum unentbehrlichen Lieferanten von orientalischen Luxusgütern geworden. Die Handelshäuser Augsburgs und Nürnbergs spielten dabei die führende Rolle. Aufgrund ihrer günstigen verkehrsgeographischen Lage knüpften sie Verbindungen nach den Niederlanden, nach Südfrankreich, Spanien, Portugal, Böhmen, Ungarn, Mittel- und Ostdeutschland, Polen und Danzig, wo sie Anschluß an den Ostseehandel der Hansekaufleute gewannen.

Im Hinblick auf ihren Reichtum konnten sich die Nürnberger Handelsherren im 15. und 16. Jh. mit den Augsburgern nicht messen, weil sie ähnlich wie die Ravensburger am Prinzip des Warenhandels an allen wichtigen europäischen Märkten festhielten und Geldgeschäfte, die damals noch größere Gewinne als der Fernhandel einbrachten, nur am Rande pflegten. Auf dem Gebiet des Warenhandels, in Vielseitigkeit und Umfang ihrer eigenen Warenproduktion blieben die Nürnberger jedoch lange Zeit – bis um 1580 – unerreicht. Zu den erfolgreichen Nürnberger Handelsfirmen gehörten die Gesellschaft Gruber-Podmer-Stromer, die Imhof, Pirkheimer, Paumgartner, Kress, Rummel, Held, Holzschuher, Ried, Horn u. a.

Als neues Handelsgebiet erschlossen sie den Osten und bauten über Prag und Leipzig die Verbindungen mit Polen – Krakau, Posen, Thorn, Danzig, Warschau – zu ihrer Handelsdomäne aus. Vor allem den Posener Markt beherrschten sie. Hier faßte kein Augsburger Kaufmann Fuß, weil in Posen mit den verhältnismäßig armen jüdischen Bankiers keine einträglichen Geldgeschäfte zu machen waren.

Die Augsburger Handelshäuser, wie z. B. die Fugger, Paumgartner, Haug, Manlich, Imhof, Höchstetter und Welser, spezialisierten sich neben dem Warenhandel vor allen Dingen auf Bankgeschäfte und Beteiligung am Metallbergbau. An erster Stelle standen hier die Fugger. Sie stiegen nach 1500, als das Handels- und Bankhaus der Medici in Florenz seine führende Stel-

Das Bevölkerungswachstum in Europa von 1500 bis 1600 (Schätzwerte, in Millionen)

	um 1500	um 1600
Spanien und Portugal	9,3	11,3
Italien	10,5	13,3
Frankreich (einschließlich Lothringen und Savoyen)	16,4	18,5
Benelux-Länder	1,9	2,9
Britische Inseln	4,4	6,8
Skandinavische Länder	1,5	2,4
Deutschland	12,0	15,0
Schweiz	0,8	1,0
Donauländer	5,5	7,0
Polen	3,5	5,0
Rußland	9,0	15,5
Balkanländer	7,0	8,0?
Europa insgesamt	81,8	106,7

Quelle: Cipolla, C. M. / Borchardt, K.: Europäische Wirtschaftsgeschichte, Bd. 2, 1979.

lung verlor, zum größten Handels- und Finanzunternehmen in Europa auf – »vom Webstuhl zur Weltmacht«.

Die Fugger

Ihre Handelsverbindungen erstreckten sich über ganz Europa, in ihrer Brieflade stapelte sich die Post von allen wichtigen Märkten: Briefe aus Danzig über Kupferverkäufe, aus Antwerpen über den Silberbedarf, aus Venedig über die Gewürznachfrage, vom Kaiser über den Sold für seine Heere.

Die Fugger hatten ganz klein angefangen. Ein Hans Fugger ließ sich 1367 in Augsburg als junger Webermeister nieder, erwarb durch seinen Fleiß Anerkennung in seiner Zunft und nahm an den Zunftkämpfen gegen das Stadtpatriziat teil. Seine Söhne gingen bereits zum Fernhandel mit Gewürzen, vor allem aber mit Leinwand- und Barchenttuchen über, weil das mehr Gewinn einbrachte als die väterliche Weberwerkstatt. Sie erkannten die Chance, die die steigende Nachfrage nach preiswerter Kleidung bot. Leinwand und Barchent in großen Mengen und zu geringen Kosten – beides konnte der väterliche Familienbetrieb nicht leisten – ließen sich nur durch eine neue Produktionsorganisation, das *Verlagswesen*, beschaffen (das Wort »Verlag« kommt von Vorlage). Kurzerhand stiegen die Fugger um 1500 in das Verlagswesen ein: Sie vergaben Aufträge an etwa 3500 Weber in der ländlichen Umgebung von Augsburg, die nebenerwerblich oder hauptberuflich in Heimarbeit an ihren Webstühlen arbeiteten, weil ihr kleines Stück Land sie nicht ernährte. Als wohlhabende Fernhändler beschafften die Fugger die Rohstoffe, Baumwolle und Flachs, auf eigene Rechnung und legten sie den mittellosen Webern, die kein Geld zum Rohstoffeinkauf hatten, auf Kredit zur Verarbeitung vor. Sie schossen auch Löhne und Darlehen zur Anschaffung von Webstühlen vor. Daher nannte man sie »Verleger«. Die Weber, die nur sehr niedrige Löhne erhielten – ländliche Arbeitskräfte, zumal im Textilgewerbe, waren billig, weil ganze Familien, darunter Frauen und Kinder, mitarbeiteten –, verpflichteten sich, dem »Verleger« ihre Erzeugnisse zum Verkauf zu überlassen. Der »Verleger« bestimmte auch den Preis der Ware, da er das alleinige Verkaufsrecht hatte.

Die Vor- und Nachteile des Verlagswesens liegen auf der Hand: Der Verbraucher konnte jetzt aus einem größeren und billigeren Warenangebot auswählen, und für den Verleger stiegen die Gewinne mit dem Umsatz. Das Handwerk dagegen geriet zunehmend in Abhängigkeit von kapitalkräftigen Kaufleuten. In den Städten war der Verlag ebenfalls zu finden. Reiche Verleger konnten hier kleine kapitalarme

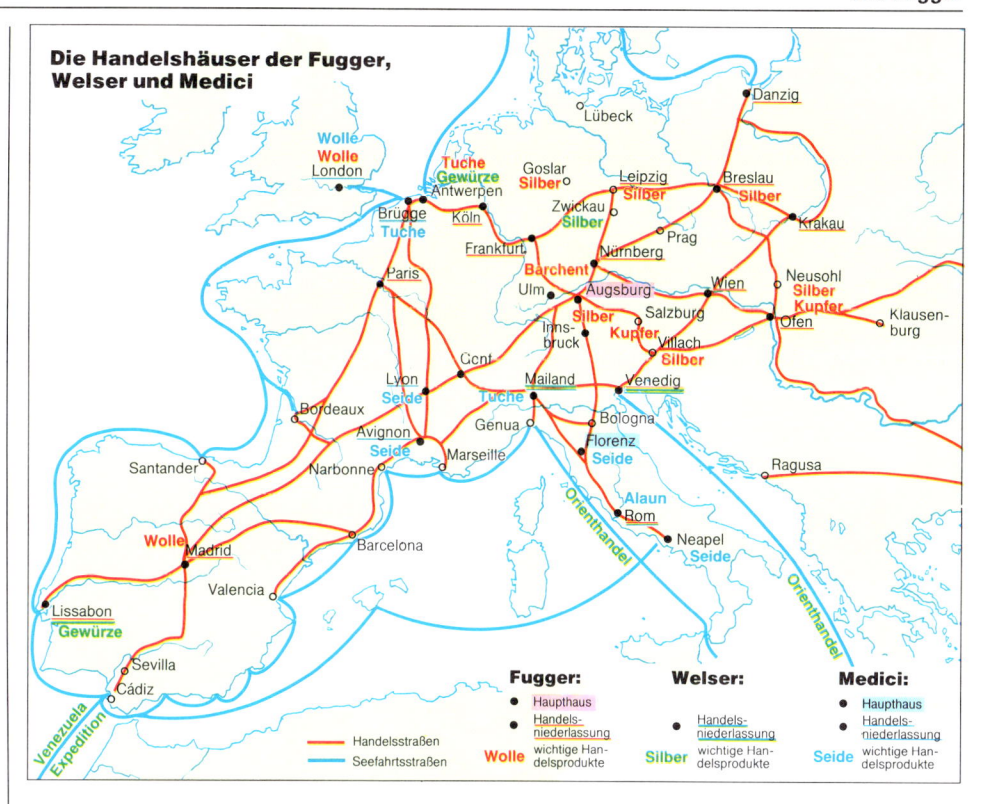

Die Handelshäuser der Fugger, Welser und Medici

Das Bankwesen entwickelte sich in Europa vor allem in Oberitalien, an den großen Handels- und Messeplätzen, wo Kaufleute ihre Münzen wechselten: Auf der *banca*, einem großen Tisch, hatte der Geldwechsler seine Münzsorten ausgebreitet. Die Geldwechsler, Vorläufer des modernen Bankiers, nannte man überall in Europa Lombarden. Mit wachsendem Handelsverkehr entstanden die ersten Wechselbanken: Dort führte man im 14. und 15. Jh. bereits Girokonten; Bankkunden konnten Gelder, sog. Depositen, verzinslich anlegen (italienische Miniatur, 14. Jh.).

Der Frühkapitalismus

Die süddeutsche Barchentproduktion – ein neuer Gewerbezweig im 15. und 16. Jh.

Barchent ist ein Baumwolltuch, genauer ein Leinen-Baumwoll-Mischgewebe, das im Gegensatz zu Leinen anschmiegsam ist, im Winter wärmt und im Sommer den Schweiß aufsaugt. Man kann Barchent stärker einfärben als Leinen, weil sich die Baumwolle mit Farbe vollsaugt, während Leinen Farbe nur schwach annimmt und schlecht hält. Diese Eigenschaften machten Barchent in der modisch bewußten und farbenfreudigen Welt der Renaissance dem Leinen gegenüber begehrt und bedingten trotz des höheren Preises – Leinwand war billiger – den Markterfolg.

Bis Ende des 14. Jh. gelangte Barchent durch den Fernhandel aus Italien oder Flandern-Brabant nach Deutschland. Die Zentren der italienischen Barchentweberei waren Venedig, Bologna, Piacenza und Mailand. Die benötigte Baumwolle holten die Venezianer aus Syrien und Ägypten. Die langen Transportwege über Land und Meer verteuerten sie derart, daß sie ein Vielfaches vom Flachs kostete, dem Rohstoff zur Leinenherstellung. Flachs wurde fast in allen Gegenden Deutschlands angebaut: Flachsfasern benötigte man zum Spinnen des Leingarns, oder man erzeugte aus der Pflanze Leinöl. In Süddeutschland gedieh wegen des relativ milden Klimas ein besonders feiner und langfaseriger Flachs. Daher hatte sich hier bis Ende des 14. Jh. eine bedeutende Leinenproduktion entwickelt, deren Hauptorte Ulm, Augsburg, Memmingen, Kempten, Ravensburg, Konstanz, Lindau und St. Gallen waren. Absatz fand die schwäbische Leinwand teils in Deutschland, teils wurde sie über Genua in die Mittelmeerländer exportiert.

Um 1370 breitete sich nun in Süddeutschland die Barchentherstellung aus und hatte schon um 1500 im östlichen Oberschwaben, in Ulm, Augsburg, Memmingen und Biberach, die Leineweberei überflügelt. Die Baumwolle bezogen die süddeutschen Kaufleute aus Venedig. Absetzen ließ sich der schwäbische Barchent, der zu teuer war, um in Deutschland eine breite Käuferschicht zu finden, vor allem in Spanien, wo ihn die Große Ravensburger Gesellschaft, die Diesbach-Watt-Gesellschaft aus St. Gallen-Nürnberg, die Stromeir u. a. vertrieben. Auch über die Frankfurter und Kölner Messen und die Hansekaufleute fand er Verbreitung.

Barchentweber arbeiteten wie die Leineweber überwiegend auf dem Land. Brauchten Leineweber aber nur bescheidene Fertigkeiten, billigen einheimischen Rohstoff und einen einfachen Webstuhl, so erforderte die Barchentherstellung den ausländischen Rohstoff Baumwolle, einen besonderen Webstuhl sowie besondere Kenntnisse in der Bedienung dieses Barchentwebstuhls und in der Webtechnik, da zwei strukturverschiedene Fäden miteinander verknüpft werden mußten. Die Barchentweberei erforderte daher eine besondere Ausbildung, Barchentweber konnte man nur hauptberuflich sein.

Luther und der Kapitalismus

Die reformatorische Bewegung in Deutschland machte sich zum Sprecher des Volkes, der Bauern und kleinen Handwerker, indem sie Wucher und ungerechten Preis bedingungslos verwarf. Martin Luther (*1483, †1546) selbst gab der weltlichen Arbeit den höchsten Stellenwert dadurch, daß er sie als »Gottesdienst« wertete und den ursprünglich religiösen Begriff des »Berufs« auf sie anwandte. Damit beseitigte er die Vorzugsstellung der mönchisch-priesterlichen Askese und erhöhte zugleich die Anforderungen an den berufsausübenden Menschen. Er dachte dabei an den Bauern, der für das Brot sorgte, an den Handwerker, der Kleidung und Schuhe herstellte, schließlich auch an den Kaufmann, der Waren zu gerechtem Preis und ohne Übesteuerung anbot.

Der Zorn Luthers galt den »Geldraffern«, »Wucherern« und »Monopolisten«. Wiederholt predigte er »Wider den Wucher« und sprach hier nur das aus, was ihm als »antikapitalistische« Stimmung auf der Straße vielfältig entgegenschlug. In dem Wort »Fuggerei« faßten er und seine Anhänger das ihnen verhaßte Treiben zusammen und stellten ihm den gerechten Preis, das Verbot des Zinsnehmens, der Monopole, des Terminhandels entgegen, ja verlangten die Unterdrückung der Handelsgesellschaften, die Einschränkung der Silberausfuhr und der Luxuseinfuhr. Daher standen die Kapitalgesellschaften auf der Seite der Bauerngegner.

Luther wurzelte noch ungebrochen in der von den Zünften geprägten Wirtschaftskultur des Spätmittelalters, während sich die alte Kirche in ihrem Wirtschaftsgebaren bereits längst der sich ausbreitenden kapitalistischen Entwicklung angepaßt hatte. Der Franzose und Reformator Johannes Calvin (*1509, †1564) ging noch einen Schritt weiter: Er billigte nicht nur das Zinsnehmen, sondern sah auch im Reichtum, dem Ergebnis eines entbehrungsreichen, arbeitsamen, Gott wohlgefälligen Lebens, ein Zeichen der Erwählung. Calvin gab dem jungen Kapitalismus das gute Gewissen und machte mit seiner Reformation Weltgeschichte, Luther dagegen blieb in seiner Wirkung vorwiegend auf den mitteleuropäisch-deutschen Raum beschränkt. Das Luthertum hat mit dazu beigetragen, daß der moderne Kapitalismus und seine Wirtschaftsgesinnung bis auf den heutigen Tag nie ganz in Deutschland heimisch wurden.

Betriebe zur Umstellung auf ein oder wenige Produkte zwingen und viele Meister, ja sogar ganze Zünfte in ihre Abhängigkeit bringen.

War der Aufstieg der Fugger mit dem Fernhandel und dem Textilverlag verbunden, so traten unter Jacob Fugger, dem Reichen (*1459, †1525), Bankgeschäfte und Bergbau hinzu, besonders die Silber- und Kupferförderung.

Die Firma war eine Familiengesellschaft, bei der einzelne Familienmitglieder entweder mit ihrem gesamten Vermögen oder mit dem in das Unternehmen gesteckten Betrag hafteten. Jacob Fugger stieg 1480 als Teilhaber ein, nachdem er seine kaufmännische Ausbildung in Venedig abgeschlossen hatte. 1512 übernahm er in vertraglicher Absprache mit seinen Neffen als »Regierer« die Leitung des Hauses, das nun den Namen »Jacob Fugger und seiner Gebrüder Söhne« trug.

Durch Aufnahme fremder Gelder in die Firma, festverzinslicher Depositen, wurde die Familiengesellschaft vorübergehend zur offenen Handelsgesellschaft. Allerdings erfolgte die Hereinnahme von Fremdkapital auf höchst diskrete Weise und auch nur zu Anfang der »Regierungszeit« Jacob Fuggers. Später hat er sich davon frei gemacht. Als seine Nachfolger nach Jahrzehnten gezwungen waren, Kapital vieler Kleinbürger, Handwerker, Fuhrknechte und Dienstmädchen aufzunehmen, um flüssiges Geld für die Vergabe von Anleihen zu bekommen, war das schon ein sicheres Zeichen des Niedergangs der Firma.

Der Anteil fremder Gelder am Firmenkapital Jacob Fuggers war sorgfältig gehütetes Bankgeheimnis; denn schließlich galt zu Beginn des 16. Jh. offiziell noch das kirchliche Zinsverbot, nach dem jeder Gewinn aus Geldgeschäften als Wucher und damit als Sünde galt, wenn auch die katholische Kirche ein gewisses Maß an Zinsen stillschweigend duldete, weil sie selbst in Geldgeschäfte verwickelt war. Im Verlauf des 16. Jh. gab sie das Zinsverbot auf, weil das tägliche Leben sich längst darüber hinweggesetzt hatte.

Als vorsichtiger Bankier nahm Jacob Fugger nur Vermögen großer Kirchenfürsten als festverzinsliche Einlagen an. Der Kardinalbischof von Brixen in Tirol hatte z. B. sein ganzes Vermögen heimlich bei der Fuggerbank angelegt, da er fürchtete, vom Papst geschröpft zu werden. Als der Kardinal 1509 starb und Papst Julius II. dem Fuggerschen Faktor in Rom den Schuldschein präsentierte, konnte Jacob Fugger die Summe erst nach einiger Zeit flüssigmachen und kam knapp an einer schweren Krise seines Hauses vorbei. Jedoch festigte sich seither der Ruf seines unermeßlichen Reichtums, der ihm den Beinamen »der Reiche« einbrachte.

Das Brixener Geld hatte er inzwischen in das ungarische Metallgeschäft gesteckt, in das er nur durch Verschwägerung mit der ungarischen Unternehmerfamilie der Thurzo einsteigen konnte; als Ausländer wäre ihm dies vom ungarischen Adel verweigert worden. Ungarn fiel erst 1526 durch Erbschaft an das Habsburger Reich, aber nur Oberungarn und ein schmaler Streifen Westungarns konnte gegen die Türken gehalten werden. Dank dem ungarischen Kupfer, dessen Gruben und Hütten er zum größten Teil aufgekauft hatte, beherrschte Jacob Fugger den Kupfermarkt der Welt. Mit den Thurzo gründete er den »Gemeinen Ungarischen Handel«, eine Gesellschaft, die den Absatz auf dem Weltmarkt organisierte: Das Kupfer ging von Neusohl zum Hauptumschlagplatz Venedig und von dort in die östlichen Mittelmeerländer und nach Indien. In westlicher Richtung nahm es von Venedig seinen Weg nach Mallorca und Malaga, von wo es nach Afrika und Amerika verschifft

VON KAUFFSHANDLUNG UND WUCHER, Titelblatt einer Streitschrift Martin Luthers gegen den Kapitalismus.

Silber und Kupfer regieren die Welt

Das Recht der Ausbeute und des Handels mit Bodenschätzen hatte von alters her der Landesherr. Man bezeichnete es als Bodenregal. Die teilweise oder völlige Abtretung der Einkünfte aus dem Bodenregal an die Kaufleute war die häufigste Sicherheitsleistung der Darlehensnehmer (Landesherren). Insbesondere Kupfer und Silber waren bei den Kaufleuten gefragt, weil sie sich gut absetzen ließen und vergleichsweise hohe Gewinne, bis zu 40 Prozent, einbrachten. Von anderen damals gängigen Waren brachte nur Pfeffer noch mehr ein. Silber war begehrt als Münzmetall und diente zur Herstellung von Schmuck und Ziergegenständen, die in adligen, kirchlichen und bürgerlichen Haushalten gebraucht wurden (Leuchter, Tafelgeschirr usw.). Es wurde vor allem in Tirol (Hall), Kärnten, Böhmen und Sachsen (Freiberg, Annaberg) gewonnen.

Kupfer benutzte man im 16. und 17. Jh. als Münzmetall, da in vielen Staaten Europas Kupfergeld aufkam. Zur gleichen Zeit wurde Kupfer für den Kanonenguß hoch bedeutsam. Kanonen wurden noch nicht aus Gußeisen, sondern aus Bronze (Kupfer-Zinn-Verbindung) gegossen. Sie erreichten ein hohes Maß an Perfektion, allen voran die flandrischen und deutschen Geschütze, mit denen im Zeitalter der entstehenden Nationalstaaten und ihrer großen Armeen und Flotten ein ausgedehnter Handel getrieben wurde.

Brief Jacob Fuggers an Karl V., 1523

Allerdurchlauchtigster, Großmächtigster Römischer Kaiser,
Allergnädigster Herr!

Eure Kaiserliche Majestät tragen ungezweifelt gut Wissen, wie ich und meine Neffen bisher dem Haus Österreich zu dessen Wohlfahrt und Aufstieg in aller Untertänigkeit zu dienen geneigt gewesen sind. Deshalb wir uns auch mit weiland Kaiser Maximilian, Eurer Kaiserlichen Majestät Ahnherrn eingelassen und zur Erlangung der römischen Krone für Eure Kaiserliche Majestät uns gegen etliche Kurfürsten verschrieben, die ihr Trauen und Glauben auf mich und vielleicht auf sonst Niemanden setzen wollten. Auch haben wir zur Vollziehung obgemelter fürgenommener Sachen ein treffliche Summa Gelds dargestreckt, die ich nicht allein bei mir und meinen Neffen, sondern auch bei anderen meinen guten Freunden mit großem Schaden aufgebracht, damit solch löbliches Fürnehmen Eurer Kaiserlichen Majestät zu hohen Ehren und Wohlfahrt Fortgang gewinne.

Es ist auch wissentlich und liegt am Tag, daß Eure Majestät die römische Krone ohne mich nicht hätte erlangen mögen, wie ich dann solches mit aller Eurer Kaiserlichen Majestät Kommissarien Handschriften anzeigen kann. So hab ich auch hierin meinen eigenen Nutzen nicht angesehen. Dann wo ich von dem Hause Österreich abstehen und Frankreich fördern hätte wollen, würde ich groß Gut und Geld, wie mir dann angeboten worden, erlangt haben. Was aber Eurer Kaiserlichen Majestät und dem Hause Österreich für Nachteil daraus entstanden wäre, das haben Eure Majestät aus hohem Verstande wohl zu erwägen.

Dem allen nach, so ist an Eure Kaiserliche Majestät mein untertäniges Bitten, die wolle solche meine getreuen, untertänigen Dienste, die Eurer Majestät zu hoher Wohlfahrt erschossen sind, gnädiglich bedenken und verordnen, daß mir solch mein ausliegend Summa Gelds samt dem Interesse ohne längeren Verzug entrichtet und bezahlt werde. Das um Eure Kaiserliche Majestät zu verdienen, will ich in aller Untertänigkeit erfunden werden und tue mich hiermit allzeit Eurer Kaiserlichen Majestät untertänig befehlen.

Eurer Kaiserlichen Majestät untertänigster

Jacob Fugger

---

wurde. Die dritte Absatzrichtung für das ungarische Kupfer war der Weg über Danzig nach Antwerpen oder über die Oder nach Stettin und von dort über Hamburg und Lübeck in die Niederlande. Der Antwerpener Markt war für die ungarische Produktion bis in die siebziger Jahre des 16. Jh. von großer Wichtigkeit.

Über ihn wurde nicht nur die bedeutende Messingindustrie des Aachener und Lütticher Raumes versorgt, der Antwerpener Hafen war zugleich das Tor des Kontinents zur Welt: Von hier aus gingen Handelsgüter nach England, Spanien, Portugal, Neapel, Sizilien, Afrika und Amerika. Außer dem ungarischen Kupfermarkt beherrschte Jacob Fugger auch die Tiroler Silber- und Kupferförderung. Wiederum waren es Geldgeschäfte, die ihm hier den Zugang zum Metallhandel eröffneten. Wenn ein Fürst oder Landesherr Kredit brauchte, was damals an der Tagesordnung war, weil die Staatsausgaben für Heer und Beamtenapparat in der frühen Neuzeit in ganz Europa drastisch anstiegen, ließ sich Jacob Fugger dafür mit den landesherrlichen Einkünften aus Silber- und Kupfergruben abfinden; denn mit beiden Metallen waren hohe Handelsgewinne zu erzielen.

Seit 1486 war Jacob Fugger Bankier des habsburgischen Erzherzogs Sigmund »des Münzreichen« von Tirol, der sich in ständiger Geldnot befand, weshalb er zahlreiche Silbergruben an das Haus Fugger verpfänden mußte.

Vor allem wurde Jacob Fugger der Bankier der Kaiser und Päpste. Sein Geld entschied, daß 1519 die deutschen Habsburger und nicht die französischen Valois Kaiser des Heiligen Römischen Reiches wurden; und der Papst wickelte über das Augsburger Handelshaus und dessen römische Filiale den Ablaßhandel ab, was wie ein dunkler Schatten auf dem Ansehen Jacob Fuggers lastete.

Kaiser Maximilian (R 1493–1519), »der letzte Ritter«, der schon seine berühmte Brautfahrt nach Burgund 1477, wo er um die schöne Herzogstochter Maria warb, mit einem Kredit der Familie Fugger bestritten hatte, war durch seine abenteuerliche Politik und zahlreiche Kriege fortwährend in finanziellen Schwierigkeiten. Zum Dank für hohe Kredite verlieh er an Jacob Fugger das Monopol für den Silberhandel in Tirol und Kärnten und erhob ihn 1514 in den Grafenstand.

Der Kaiser liebte die Stadt der Fugger, das reiche Augsburg, das schon von den Zeitgenossen »die goldene Stadt am Lech« genannt wurde. »Augsburg«, so schrieb Philipp Melanchthon, »ist ein deutsches Florenz und die Fugger sind den Medici an die Seite zu stellen.« Seitdem Kaiser Maximilian in Augsburg Reichstage abhielt, nahm die Zahl der Festlichkeiten kein Ende. Die »Augsburger Pracht« wurde sprichwörtlich. Die reichen Kaufmannsfamilien veranstalteten rauschende Feste. Der schlesische Junker Hans von Schweinichingen, der damals quer durch Europa reiste und viele Fürstenhöfe besuchte, schrieb über eine solche Festveranstaltung im Hause Fugger: »Ein dergleichen Bankett ist mir kaum vorgekommen; selbst der römische Kaiser kann nicht besser traktieren, dabei war überschwengliche Pracht. Das Mahl war in einem Saale zugerichtet, in dem man mehr Gold als Farbe sah. Der Boden war von Marmelstein und so glatt, als es auf Eis ging. Ein Kreuztisch war aufgeschlagen durch den ganzen Saal und mit lauter Kredenzen besetzt und mit schönen venezianischen Gläsern, was alles weit über eine Tonne Goldes wert sein sollte.«

Der Nachfolger Maximilians, Kaiser

Der Frühkapitalismus

Sprichwörtlich war die »Augsburger Pracht«, die Feste der wohlhabenden Augsburger Großkaufleute (Gemälde, um 1500).

Karl V. (R 1519–1556), der über ein Weltreich regierte, »in dem die Sonne nicht unterging«, war bei Jacob Fugger noch höher verschuldet.

Allein für seine Wahl zum Kaiser, 1519, mußte er den deutschen Kurfürsten die stolze Summe von 852 000 Gulden zahlen – 1 Gulden entspricht etwa 60 DM –, davon die Hälfte als reine Bestechungsgelder. Solche Beträge waren damals nur mit Hilfe Jacob Fuggers aufzubringen, der sich mit 550 000 Gulden beteiligte. Den Rest – 150 000 Gulden – übernahmen die Welser und kleinere italienische Bankhäuser. In welchem Ausmaß Jacob Fugger mit seinem Geld die europäische Politik beeinflußte, wird auch dadurch deutlich, daß er dem Gegenkandidaten Karls V., dem französischen König Franz I. von Valois, den der Papst vorgeschlagen hatte, die erbetenen 300 000 Gulden Wahlgelder versagte. Das Ansehen Jacob Fuggers in der europäischen Kaufmannswelt war mit der Finanzierung der Kaiserwürde hoch gestiegen. Sein geschäftlicher Ruf war hervorragend, und sein Kredit kannte kaum Grenzen.

Mit der Kaiserwahl hatte sich das Haus Fugger an die Habsburger gebunden. Andererseits konnte Karl V. seine Kriege und seine Politik nicht ohne weitere finanzielle Rückendeckung führen. Auch der Nachfolger Jacob Fuggers, sein Neffe Anton Fugger (R 1525–1560), setzte die habsburgische Politik seines Hauses fort.

Jacob Fugger ließ sich für seine Wahlhilfe vom Kaiser die Einkünfte aus dem Tiroler Silberbergbau und das Monopol für den gesamten Metallhandel verschreiben. Damit bestimmte er fortan auch die Marktpreise von Kupfer und Silber und suchte selbstverständlich als gewinnorientierter Geschäftsmann immer Höchstpreise zu erzielen. Zu Kartellverabredungen, die den Zweck hatten, den Metallpreis in die Höhe zu treiben oder wenigstens zu halten, hat Jacob Fugger seine Machtstellung in Tirol und Ungarn unbedenklich ausgenutzt.

Als sich 1523 zeigte, daß der Kaiser trotz geleisteter Sicherheiten mit der Abzahlung seiner Wahlschulden bei der Fuggerbank immer noch im Rückstand war, und zwar mit 200 000 Gulden, schrieb ihm Jacob Fugger den berühmten Mahnbrief, in dem er zu erinnern wagte, daß »Eure Majestät die römische Krone ohne mich nicht hätte erlangen mögen«. Da beide Seiten aufeinander angewiesen waren, einigten sie sich 1524 in der Weise, daß den Fuggern die Pacht der Maestrazgos, die der Krone zustehenden Einkünfte der spanischen Ritterorden, überschrieben wurden, damit die Wahlschulden abgedeckt und neue Kredite zur Kriegführung aufgenommen werden konnten.

Schon zu Lebzeiten wurde Jacob Fugger von vielen Seiten scharf angegriffen. Da war zum einen der Adel, der ihm seinen Reichtum neidete, weil er mit den reichen Kaufleuten, den »Pfeffersäcken«, wie er sie verächtlich nannte, weder wirtschaftlich noch kulturell mithalten konnte. Dann gab es die Hansekaufmannschaft, die den süddeutschen Unternehmer als Eindringling in ihren Wirtschaftsraum betrachtete. Auch viele kleine Gewerbetreibende waren gegen die Fugger; sie sahen in Jacob Fugger den Vertreter der großen Handelsgesellschaften, die durch Monopole und Kartelle zum Schaden der kleinen Leute die Preise hochtrieben. Manche Klagen mochten berechtigt sein. Ein beträchtlicher Teil der Abneigung weiter Kreise der damaligen Gesellschaft gegen Jacob Fugger beruhte aber auch auf Mißgunst und Neid. Vielen erschien es unbegreiflich und unerträglich, daß ein einzelner in einer bis dahin nicht gekannten Weise so gewaltige Kapitalmengen anhäufen konnte und damit politische Macht ausübte.

Den größten Teil des Gesellschaftsvermögens erwarb Jacob Fugger in Tirol und in Ungarn. Von 1494 bis zu seinem Tod 1525 wuchs das Firmenkapital von 50 000 Goldgulden auf mehr als 2 Millionen an (das entsprach etwa 50 Millionen Vorkriegsgoldmark).

Noch sein Großvater, der Webermeister Hans Fugger, hatte seinen Erben lediglich 3000 Gulden hinterlassen, was in Augsburg Ende des 14. Jh. immerhin ein mittleres Vermögen war und eine Vorstellung von dem Reichtum gibt, den das Handelshaus in den beiden darauffolgenden Generationen, vor allem unter Jacob Fugger, erwerben konnte.

Als gläubiger Katholik ließ Jacob Fugger auch andere am Wohlstand seines Hauses teilnehmen. Er stiftete 1519 in Augsburg eine Wohnsiedlung für arme

---

Bilanz der Firma Fugger von 1522

Bergwerke und Bergwerksanteile (in Ungarn und Tirol)	270 000 fl
Sonstige Immobilien	150 000 fl
Waren (größtenteils Kupferlager, bes. in Antwerpen)	380 000 fl
Bargeld	50 000 fl
Ausstände	1 650 000 fl
Privatkonti der Gesellschafter	430 000 fl
Verschiedene schwebende Geschäfte	70 000 fl
Aktiva	3 000 000 fl
Passiva	870 000 fl
Nach Abschreibung zweifelhafter Forderungen usw. ergibt sich für 1527 ein Gesamtvermögen von	2 021 000 fl
1511 betrug das Anlagekapital	197 000 fl
Mithin verblieb für 17 Jahre ein Gewinn von jährlich ca. 14%, insgesamt	1 824 000 fl

Quelle: Weltgeschichte im Aufriß. Arbeits- und Quellenbuch Band II, 16. Aufl. Frankfurt 1973.

Leute, obgleich er schon 1510 fast 30 000 Gulden, ein Zehntel seines Vermögens, der Wohnfürsorge zur Verfügung gestellt hatte.

Auch für die Krankenversorgung wandte er erhebliche Mittel auf, die in erster Linie seinen Angestellten zugute kamen. Denjenigen, die von der »Franzosenkrankheit«, der Syphilis, befallen wurden, baute er mit dem sog. Holz- oder Plattnerhaus eine Unterkunft. Für die Kinder der Armen stiftete er 14 000 Gulden, damit sie ein ordentliches Handwerk lernen konnten.

Der gewaltige Aufschwung der Fuggerschen Gesellschaft bis 1525 läßt sich allein mit Spekulationserfolgen und günstiger Handelskonjunktur für Metalle, Textilien und Gewürze nicht erklären. Hinzukommen mußten ein unermüdlicher persönlicher Arbeitseinsatz des Firmenchefs und eine hervorragende Geschäftsorganisation. Beides leistete Jacob Fugger, der bis zu seinem Lebensende die Fäden des Hauses fest in der Hand hielt und hart arbeitete. Wochenlang war er auf Reisen, um Messen zu besuchen, Geschäftsabschlüsse in den Zweigniederlassungen zu überprüfen und schwierige Verhandlungen, z.B. mit den Finanzbeamten der Kaiser und Päpste, zu führen. In seinem Firmenkontor in Augsburg ließ er sich mit dem Hauptbuchhalter Matthäus Schwarz am Arbeitsplatz porträtieren, um damit zu dokumentieren, daß diese kostbar ausgestattete Schreibstube die »Seele« seines Unternehmens sei.

Matthäus Schwarz verfaßte eines der ersten Lehrbücher über die *doppelte Buchführung*, die er während seiner Lehrzeit in Venedig kennengelernt hatte und die damals in Deutschland eine bahnbrechende Neuerung war. In der Buchhaltungspraxis der Fugger wurde sie zu einer Vollkommenheit entwickelt, die selbst die geschäftserfahrenen Italiener in Erstaunen versetzte. Bei der doppelten Buchführung taucht jeder Geschäftsgang auf zwei gesonderten Konten auf, einmal im Soll als Belastung und einmal im Haben als Gutschrift. Der Saldo ist dann der Unterschiedsbetrag, der jederzeit den Überblick bietet, ob die Firma mit Gewinn oder Verlust gearbeitet hat.

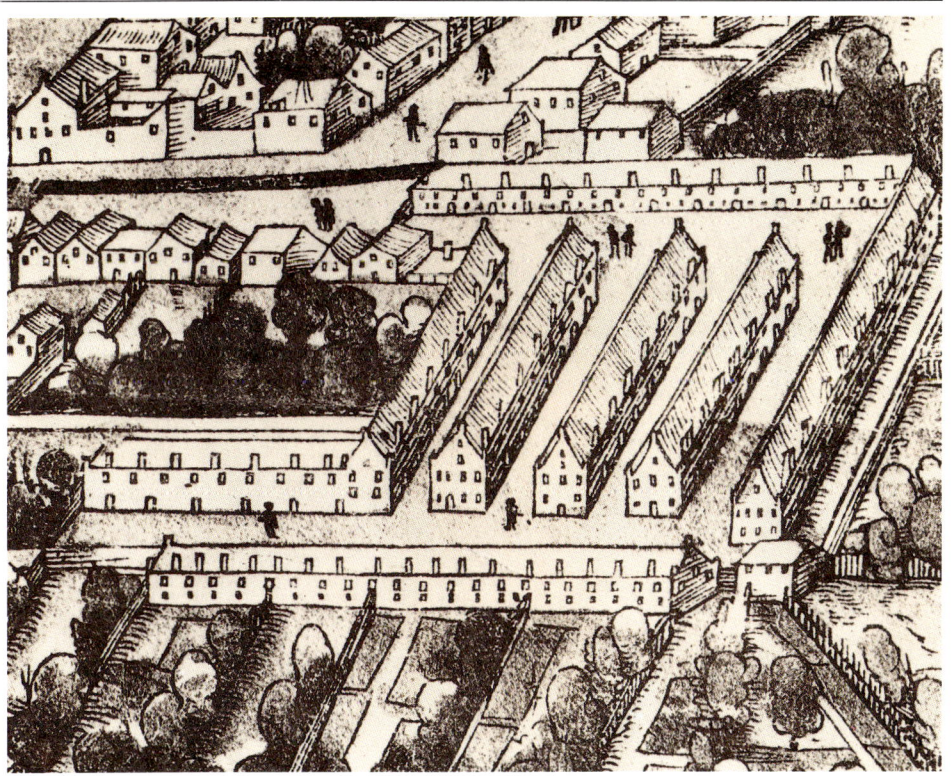

Neben dieser damals hochmodernen Buchhaltung verfügte das Fuggersche Handelshaus über einen gut funktionierenden Kurierdienst. Politische und wirtschaftliche Nachrichten aus aller Welt – die sog. »Fuggerzeitungen« – vermittelte er nach Augsburg und war so gut ausgebaut, daß ihn selbst Kaiser und Könige gern in Anspruch nahmen.

Unter den Nachfolgern Jacob Fuggers, die sich ebenfalls mehr auf Bankgeschäfte als auf den Warenhandel konzentrierten, stieg das Vermögen der Firma noch weiter an; die umfangreiche Finanzierung der habsburgischen Politik, vor allem des Schmalkaldischen Krieges 1546/47, brachte das Handelshaus jedoch zunehmend in Liquiditätsschwierigkeiten. Zwar nahmen die Bankgeschäfte durch Vergabe hoher Anleihen einen weiteren Aufschwung, aber die Finanzen der Firma waren jetzt im Unterschied zur Zeit Jacob Fuggers von der großen Politik abhängig geworden, das Eigenkapital ging stark zurück. Die Bilanz von 1577 zeigt, daß drei Viertel des Fuggerschen Vermögens dem spanischen König Philipp II. (R 1556–1598) als Darlehen zur Verfügung gestellt worden waren. Als Spanien seit

Jacob Fugger der Reiche mit seinem Buchhalter Matthäus Schwarz (Miniatur, 1519). – Die Fuggerei in Augsburg, eine Wohnsiedlung für arme Leute (Holzschnitt aus dem Seldtschen Stadtplan von Augsburg, 1521).

Ende des 16. und Anfang des 17. Jh. von einem Staatsbankrott in den andern fiel, hatten die Fugger daher die Hauptlast zu tragen und verloren ihren Reichtum. 1627 erklärten sie sich zahlungsunfähig. Die Handlung berechnete ihren Verlust bis zu ihrer Auflösung 1650 auf 8 Millionen Goldgulden, genau die Summe, die in hundert aufbauenden Jahren verdient worden war. Es handelte sich im wesentlichen um Kapitaleinlagen aus Deutschland, die nun verlorengingen, was viele kleine Sparer besonders hart traf und enttäuschte.

Die Welser

Die Welser, die gewöhnlich mit den Fuggern zusammen genannt werden, gehörten dem Augsburger Patriziat an. Der Gründer ihrer Gesellschaft, die von 1498 bis 1618 existierte, war Anton Welser der Ältere († 1518).

Die Stärke der Welser lag mehr im Warenhandel als im Geldgeschäft, das die Fugger seit der Finanzierung der Kaiserwahl Karls V. 1519 beherrschten, wobei sie die Konkurrenz der Welser jedoch nicht ausschalten konnten.

Einen besonderen Platz nahmen die Welser unter den süddeutschen Handelshäusern durch ihre überseeischen Unter-

Der Frühkapitalismus

nehmungen ein. 1505 rüsteten sie zusammen mit den Fuggern und Höchstettern sowie einigen italienischen Kaufleuten drei Schiffe nach Ostindien aus, nachdem gerade 1498 der Seeweg dorthin von dem Portugiesen Vasco da Gama entdeckt worden war. Die Schiffe fuhren unter portugiesischer Flagge und kehrten nach vier Jahren reich beladen mit Gewürzen zurück. Der Gewinn betrug 175 Prozent, eine enorme Summe, die sich wie ein Lauffeuer herumsprach und schon damals Pfeffer und Safran zu beliebten Spekulationsobjekten machte. An den Kosten hatten sich die Fugger und Höchstetter vorsichtig, wie ihre Geschäftsleitung war, erst einmal mit ganzen 4000 Gulden beteiligt, wogegen die Welser gleich mit 20 000 Gulden eingestiegen waren und nun auch den größten Gewinn für sich verbuchten.

Die direkte Beteiligung der Welser am Gewürzexport aus Portugiesisch-Indien sowie ihre geschäftliche Tätigkeit in Lissabon brachten sie in enge Verbindung zum portugiesischen Königshaus. Da sich die portugiesische Krone den Indien-Gewürzhandel jedoch als Monopol vorbehielt, konnten die Welser bis 1577 keine weiteren direkten Kontakte in Indien anknüpfen, sondern mußten die Gewürze aus zweiter Hand, als Großeinkäufer bei den Handelsvertretern des portugiesischen Königs, auf dem Lissabonner oder Antwerpener Pfeffermarkt aufkaufen. Hier spielten sie das ganze Jahrhundert hindurch eine herausragende Rolle.

Überfall und Schiffbruch gehörten zu den Risiken der Kauffahrer (Holzschnitt, 16. Jh.). – Die großen Kaufleute des 17. Jh. hatten sich, wie z. B. die Augsburger Welser (unten rechts), den Lebensformen des Adels angepaßt (Kupferstich 1610).

Ein wichtiges Betätigungsfeld der Welser war in der ersten Hälfte des 16. Jh. Südamerika. Für einen Kredit von einer Million Goldgulden überließ ihnen Karl V. sein spanisches Lehen Venezuela, wo sogleich mit der Suche nach Edelmetallen begonnen wurde, der ersten großen deutschen Überseeunternehmung. 1528 schickten die Welser Ambrosius Dalfinger und Georg Ehinger mit 400 Mann, darunter vielen Bergknappen, an den Orinoco. Dalfinger gründete Venezuela (Kleinvenedig) und Maracaibo. Der gesamte Außenhandel Venezuelas war Monopol der Welser, was bald den Neid der Spanier herausforderte und 1541 zur Ermordung des Welserschen Statthalters Philipp von Hutten und des Juniorchefs Bartholomäus Welser dem Jüngeren, eines Enkels des Firmengründers, führte. Einer Klage der Welser vor dem obersten spanischen Gericht war kein Erfolg beschieden. 1556 wurde ihnen Venezuela abgesprochen.

Dennoch blieben Reichtum, Macht und Ansehen der Firma bestehen, da sie in Europa – ähnlich den Fuggern – in den gewinnbringenden Metallhandel und die Hüttenproduktion eingestiegen war, vor allem in den sächsischen und böhmischen Silber-, Kupfer- und Zinnbergbau, den schlesischen Gold- und den Tiroler Silber- und Kupferbergbau.

In Deutschland hat es kein Großhandelsunternehmen gegeben, das eine derart bedeutende eigene Flotte besaß. In den vierziger Jahren des 16. Jh. fuhr ein Drittel der den Atlantik überquerenden Schiffe unter der Flagge der Welser. Zwischen 1518 und 1535 liefen in Sevilla und S. Lucar 93 Schiffe aus, von denen allerdings nur 60 zurückkehrten. Der Umsatz in diesen acht Jahren soll etwa 4 Millionen Goldgulden betragen haben.

Nach dem Tod von Bartholomäus Welser dem Älteren, 1561, unter dessen Leitung das Handelshaus seine Blütezeit erlebte, folgten sein Sohn Christoph und in den letzten Jahrzehnten des 16. Jh. dessen Neffen Markus († 1614) und Matthäus († 1627). Immer enger gestaltete sich in dieser Zeit die Verbindung von Waren- und Kreditgeschäften: Um den portugiesisch-indischen Pfeffer von der Krone Portugals möglichst billig kaufen zu können, mußten die Welser, wie andere Kaufleute auch, dem portugiesischen König größere Anleihen gewähren. Die Rückzahlung dieser Darlehen sollte dann mit Pfeffer erfolgen.

Durch wachsende Kreditaufnahme waren die deutschen Kaiser und Könige, die Herrscher Spaniens, Englands und Frankreichs bei den Welsern hoch verschuldet. Hatten sich die Fugger finanziell eng an das Haus Habsburg gebunden, so stellten die Welser ihr Kapital im 16. Jh. vor allem den französischen Königen auf der Lyoner Börse zur Verfügung. Dies führte dazu, daß ein großer Teil ihres Vermögens in den französischen Staatsbankrotten der zweiten Hälfte des 16. Jh. verlorenging. Mit ihren spanischen und habsburgischen Anleihen hatten die Welser ebenfalls kein Glück.

Die finanziellen Mißerfolge der Welser sind jedoch nicht allein der großen Politik anzulasten, sondern auch der Geschäftsleitung. Offenbar ging der Familie Ende des 16. Jh. das kaufmännische Interesse verloren. Wie die Fugger, hatten auch die Welser keinen bedeutenden Handelsherrn mehr vorzuweisen, der den Niedergang des Hauses hätte aufhalten können. Markus Welser widmete sich lieber historischen Studien als dem Handelsgeschäft, und Matthäus Welser, der letzte Chef des Hauses, der als Reichspfennigmeister einer der höchsten Finanzbeamten und zugleich ein Bankier des Kaisers war, kann nicht als Kaufmann von Format bezeichnet werden. Die finanzielle Bedeutung des

Die Entdeckungen und ihre Folgen

Die Entdeckung Amerikas und des Seeweges nach Ostindien durch die Spanier und Portugiesen eröffnete dem europäischen Handelskapital langfristig im 16., 17. und frühen 18. Jh. ein weltweites Betätigungsfeld und ließ es zur vollen Entfaltung gelangen.

In direktem Handelsaustausch mit den asiatischen Völkern baute Europa den Gewürzhandel seit Beginn des 16. Jh. zu einem führenden Zweig des Importgeschäfts aus. Betrug das Handelsvolumen von Gewürzen zwischen 1500 und 1520 schon 9500 bis 10 500 Tonnen pro Jahr, so war es um 1600/1620 bereits auf 18 300 bis 19 000 Tonnen angewachsen. Neben Gewürzen waren Drogen wie Opium und Moschus in Europa sehr gefragt.

Unter den aus Amerika eingeführten Produkten stellte das mexikanische und peruanische Silber alles übrige in den Schatten. Die Silberimporte wurden von der spanischen Krone beherrscht, in deren Auftrag Kolumbus Amerika entdeckt hatte.

Die spanischen Silberflotten und die portugiesischen Gewürzschiffe brachten unermeßliche Schätze nach Europa. Vor allem die Spanier, für die sich mit dem Silber ungeahnte wirtschaftliche Möglichkeiten eröffneten, schienen angesichts der Silberschwemme das große Glückslos gezogen zu haben. Lissabon und Antwerpen wurden die neuen Handelszentren. Die Mittelmeerländer unter der Führung Venedigs nahmen dagegen nicht an den Entdeckungen teil. Sie mußten mit ansehen, wie sich das wirtschaftliche Schwergewicht Europas gegen Ende des 16. Jh. allmählich vom Mittelmeerraum zum Atlantik verlagerte, obwohl Venedig auch in dieser Zeit in Konkurrenz zu Portugal eine beachtliche Position im asiatischen Gewürzhandel auf den alten Handelswegen zu wahren wußte und vor allem Süddeutschland mit kostbarem Pfeffer, Muskat, Nelken, Ingwer und Safran versorgte.

Der Anteil der Deutschen an den Entdeckungen und deren wirtschaftlicher Ausbeutung blieb gering. Deutschland hatte bis zu dieser Zeit im Zentrum der Handelswege gelegen und geriet durch die Verlagerung der europäischen Wirtschaftsinteressen zum Atlantik in eine Randposition. Mittelmeer und Ostsee traten gegenüber den Weltmeeren allmählich zurück. Künftig wurden die weltpolitischen Entscheidungen weit entfernt von den deutschen Städten in Lissabon, Madrid, Antwerpen und London getroffen. Daß auf vielen Schiffen deutsche Matrosen und Soldaten mitfuhren, war wirtschaftlich ohne Bedeutung. Außer den Welsern, die sich mit einer eigenen ansehnlichen Flotte an den Indienfahrten der Portugiesen be-

---

Portugal dirigiert den Gewürzhandel

Die Gewürzimporte waren seit den Entdeckungsfahrten Monopol der portugiesischen Krone, das bedeutete, daß sie nur auf königliche Rechnung verkauft werden durften, entweder in Lissabon oder über die königliche Faktorei in Antwerpen (Spanische Niederlande). 1577 kam es zu einer Neuregelung des portugiesischen Gewürzhandels. Nunmehr konnten Privatpersonen oder Handelsgesellschaften am Gewürzimport aus Indien teilnehmen, wenn auch unter Aufsicht des portugiesischen Königs. Privaten Kaufleuten oder Handelshäusern war es jetzt gestattet, mit der Krone einen mehrjährigen Vertrag abzuschließen. Die privaten Vertragsnehmer – die *contractadores* – gingen die Verpflichtung ein, fünf bis sechs Schiffe zu chartern, auszurüsten, zu festgelegten Einkaufspreisen in Indien eine vereinbarte Menge verschiedener Gewürze zu erwerben, diese Waren auf eigene Kosten zu verschiffen und gegen einen wiederum festgesetzten Preis zuzüglich der Unkosten für die Schiffsausrüstung im königlichen Lagerhaus in Lissabon, der *Caza das Indias e Mina*, abgekürzt *Caza*, abzuliefern. Diese Bestimmungen bildeten die Kernpunkte des Asienvertrags. Auf den weiteren Vertrieb der Gewürze hatten die Asien-Vertragsnehmer keinen Einfluß mehr.

Der Verkauf der Gewürze wurde zwischen der Krone und interessierten Firmen in sog. Europaverträgen geregelt. In einem solchen Vertrag erklärte sich ein Handelshaus oder ein Konsortium mehrerer Firmen zur Abnahme der Waren zu jeweils neu zu vereinbarenden Preisen bereit, um die Erzeugnisse aus Indien dann in Europa zu verkaufen. Die Laufzeit solcher Verträge betrug nur ein oder zwei Jahre. Der tatsächliche Gewürzhandel lag also bei den Inhabern eines Europavertrages. Sie mußten daran interessiert sein, nicht allzu große Lieferungen zu kaufen, die bei etwa gleichbleibendem Konsum die Preise drückten und damit den Gewinn verringerten. Die Asien-Vertragsnehmer dagegen waren an hohen Importen interessiert, um ihre festen Kosten zu decken und darüber hinaus Gewinn zu machen.

Hauses war an der Wende vom 16. zum 17. Jh. bereits stark zurückgegangen. Den Platz der Welser als kaiserliche Bankiers nahm nunmehr die Familie Lazarus Henckel von Donnersmarck ein.

Im Jahr 1614 mußte das Welsersche Handelshaus den Bankrott erklären. Die Brüder Matthäus und Markus wanderten ins Gefängnis, wo sie sogar in Ketten gelegt wurden. Markus starb völlig verarmt 1614, Matthäus kam 1621 zum zweiten Mal in den Schuldturm und erlangte erst 1627 durch einen vom Kaiser erwirkten Vergleich mit den Gläubigern seine Freilassung.

Konnten sich die Mitglieder der Familie Fugger aus dem Handelsgeschäft auf ihre Landgüter zurückziehen und dort ein standesgemäßes adliges Leben führen, so kann dem unglücklichen Ende der Augsburger Welser eine gewisse Tragik nicht abgesprochen werden. Die Ulmer Linie der Welser wurde 1713 in den Reichsfreiherrenstand erhoben.

Ähnlich wie die Fugger und Welser erwarben auch andere süddeutsche Handelshäuser im 16. Jh. große Vermögen aus dem Fernhandel, dem Finanzgeschäft und dem Metallbergbau. Gemeinsam war ihnen allen, daß sie aus dem eigentlichen Handelsbereich hinausstrebten und nicht wie die Kaufmannschaft im 14. und 15. Jh. diesen als hauptsächliche Basis ansahen. Grundlage für die Blüte der Hochfinanz (d. h. der kapitalkräftigen Kaufleute und Handelsgesellschaften) waren der sprunghaft gestiegene Geldbedarf des frühmodernen Staates und die daraus resultierenden Anleihe- und Finanzgeschäfte.

Zu Beginn des 17. Jh. verschwanden viele angesehene süddeutsche Handelshäuser wieder in der Versenkung. Die enge Verbindung ihrer kaufmännischen Interessen mit der Politik der europäischen Mächte hatte sie in die spanischen und französischen Staatsbankrotte hineingezogen. Auch persönliches Versagen oder eine veränderte Einstellung zum Handelsgeschäft, das um die Wende vom 16. zum 17. Jh. von vielen nur noch zur Finanzierung eines standesgemäßen Lebensstils aufrechterhalten wurde, führten in der dritten und vierten Kaufmannsgeneration zum allmählichen Niedergang, wie das Beispiel der Fugger zeigt. Behaupten konnten sich nur solche Familien, die ihr Vermögen beizeiten in Landbesitz angelegt hatten und im Landadel aufgegangen waren. Adelstitel und adlige Lebensformen, die man sich bei Kaisern, Königen und Fürsten abgeschaut hatte, galten Ende des 16. Jh., sobald größere Vermögen vorhanden waren, als erstrebenswert. Dem wirtschaftlichen Ansehen sollte nun der soziale Aufstieg folgen. So wurden die Landsitze des neuen Kaufmannsadels vielfach zu kulturellen Zentren. Man denke nur an die zahlreichen Adelsbibliotheken und Kunstsammlungen, unter denen auch die der Fugger berühmt geworden sind. Als Folge dieser Entwicklung bildete sich in Deutschland kein standesbewußtes, wohlhabendes Großbürgertum heraus – von Ausnahmen, z. B. in Hamburg, abgesehen – und damit auch keine bürgerliche Kultur, die der Gesellschaft insgesamt als Leitbild hätte dienen können: eine Tatsache, die weitreichende gesellschaftliche und politische Folgen im nachfolgenden Zeitalter des Merkantilismus hatte, als der Staat zum Träger der wirtschaftlichen Entwicklung wurde.

Den Unterschied zur merkantilistischen Epoche muß man darin sehen, daß sich die Kaufleute des 16. Jh. darauf beschränkten, große Vermögen anzusammeln und wieder zu verbrauchen. Im 17. und 18. Jh. dagegen war das Ziel der landesherrlichen Politik auf staatliche Wohlfahrt und Entfaltung der produktiven Kräfte gerichtet, besonders im gewerblichen Bereich.

Der Frühkapitalismus

teiligten und in Venezuela Erzbergwerke errichteten, gab es kein anderes deutsches Großunternehmen, das in Übersee Kolonisationsrechte in großem Umfang wahrnahm. Die Fugger, denen der Kaiser 1531 ein Privileg zur wirtschaftlichen Erschließung weiter Teile Südamerikas zugestanden hatte, machten davon wegen der dort unsicheren Verhältnisse keinen Gebrauch. Zu erwähnen ist nur noch das Handelshaus Tetzel aus Nürnberg, das auf Kuba in den Kupferbergbau einstieg, den es mit Hilfe deutscher Bergleute und Schmelzer für kurze Zeit betrieb.

Indirekt war Deutschland an den Entdeckungen insofern beteiligt, als es große Mengen von Fernhandelsgütern, z. B. Gewürze, abnahm und durch seine Kaufleute zu ihrer Verbreitung in Europa beitrug. Umgekehrt gingen aus Deutschland gewerbliche Erzeugnisse in bedeutendem Umfang, vor allem Textilien und Metallwaren, durch Vermittlung der Seemächte in die portugiesischen und spanischen Kolonien.

Blüte und Niedergang der Hanse

Auch nach den Entdeckungen wurde der *West-Ost-Handel*, soweit er sich auf den alten Schiffahrtswegen der Nord- und Ostsee abspielte, von der Deutschen Hanse getragen und gewann weiter an Bedeutung. Die Güter des Orients, die früher in geringeren Mengen aus dem Süden, zumeist über Venedig, eingeführt worden waren, kamen jetzt in wesentlich größeren Ladungen unmittelbar aus dem Westen, so daß die Verbindung mit den westeuropäischen Seemächten enger wurde, zugleich aber auch der Handel mit den osteuropäischen Ländern zunahm.

Bis zur Mitte des 16. Jh. konnten die Hansekaufleute ihre langjährigen Beziehungen zu den Niederlanden weiter ausbauen. Noch unmittelbar vor Ausbruch des Niederländischen Freiheitskrieges errichteten sie in Antwerpen in den Jahren 1564 bis 1568 ein großes Hansehaus, um auf diese Weise die hier gegebenen Welthandelsmöglichkeiten besser zu nutzen. Der neuaufblühende Atlantikhandel beeinträchtigte den Hansehandel anfangs kaum, weil er mengenmäßig weit unter dem Umsatz der Hanse im Ost- und Nordseeraum lag. Von der häufig vertretenen Meinung, die neuen Seewege und überseeischen Handelsräume hätten den Niedergang der Hanse herbeigeführt, ist man daher heute abgekommen. Als Gründe für den langsamen Verfall des Hansehandels im ausgehenden 16. und beginnenden 17. Jh. werden vielmehr genannt: das Erstarken der territorialstaatlichen Gewalten, die den durch Privilegien gesicherten Handelsraum der Hanse insgesamt einengten; die wachsende Selbständigkeit der niederländischen Städte, die sich im 16. Jh. immer mehr von der Hanse abwandten, so daß die Hansekaufleute von den wichtigen Handels- und Gewerbezentren des Westens zwischen Brügge und Amsterdam abgeschnitten wurden; die Ostsee wurde im 16. Jh. zum Handelsraum der Niederländer, Engländer und Schweden, die ihre nationalen Interessen selbst vertraten und die Hansekaufleute als Vermittler des Ost-West-Handels in den Hintergrund drängten. Einst hatte man sie in vielen Ländern mit Privilegien und Freiheiten ausgestattet, was jetzt überholt erschien, weil jedes dieser Länder inzwischen einen eigenen tüchtigen Kaufmannsstand ausgebildet hatte. Englische und niederländische Seefahrer sahen nicht mehr ein, weshalb die Hanse weiterhin besondere Vorrechte genießen sollte.

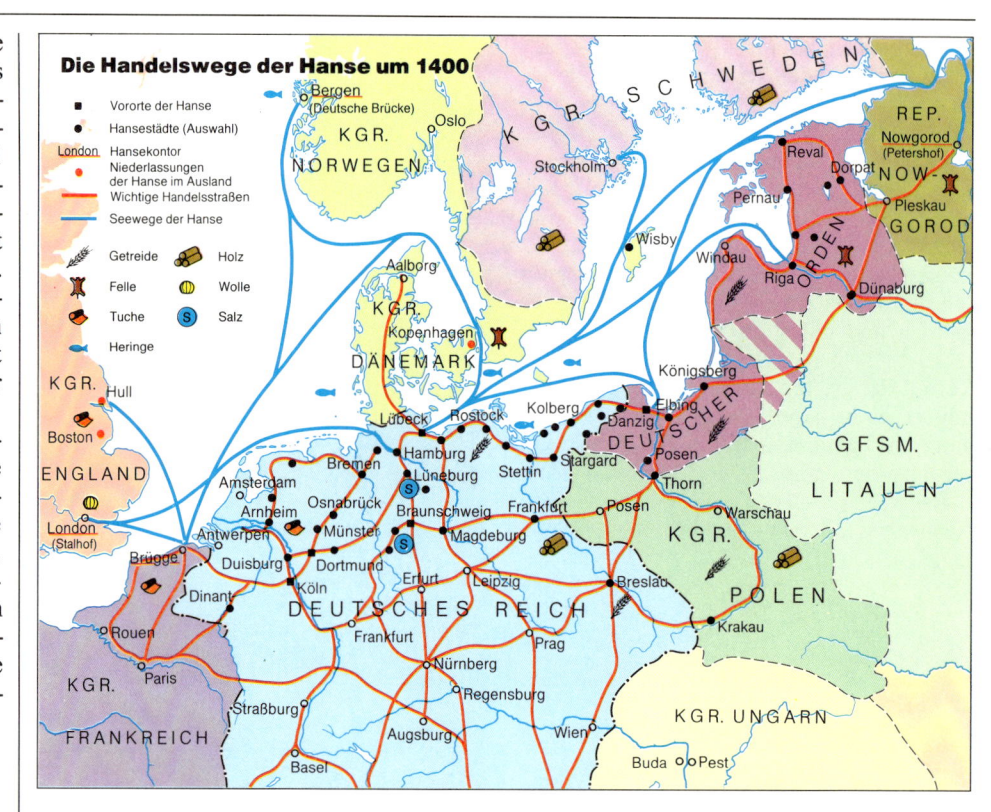

Gegenüber den neu entstehenden, straff regierten Nationalstaaten war der nur lokker zusammengeschlossene Städtebund zu schwach, um seine Interessen wirkungsvoll zu vertreten. Auf die Unterstützung des – katholischen – Kaisers konnte die Hanse schon deshalb nicht rechnen, weil sie sich der Reformation zugewandt hatte.

Die Gründe für den Verfall der Hanse sind also überwiegend im politischen und nicht so sehr im wirtschaftlichen Bereich zu suchen. Der Niedergang der politischen Macht setzte schon im 15. Jh. ein, wirtschaftlich erfreuten sich die Hansestädte dagegen bis zum Dreißigjährigen Krieg eines zunehmenden Wohlstands.

Der *Nord-Süd-Handel*, besonders der Italienhandel der süddeutschen Städte, erfuhr absolut im 16. Jh. kaum eine Beeinträchtigung, trat aber relativ, als Folge des Aufstiegs von Lissabon, Antwerpen usw., doch zurück.

Seit der Mitte des 16. Jh. häuften sich die Kapitalverluste süddeutscher Handelsfirmen. In Augsburg meldeten in den Jahren 1556 bis 1584 nicht weniger als 70 bedeutende, international tätige Firmen Bankrott an. Auch in Nürnberg, Ulm und anderen süddeutschen Städten bot sich ein ähnliches Bild. Als Ursache des wirtschaftlichen Zusammenbruchs sind, wie bereits erwähnt, vor allem die gewaltigen Geldverluste zu nennen, die die großen Handelshäuser mit den französischen und spanischen Staatsbankrotten erlitten. Die schwebenden Anleihen der spanischen, der portugiesischen, der französischen und anderer Regierungen bei der europäischen Finanzwelt hatten allmählich jedes gesunde Maß überschritten. Die süddeutschen und italienischen Handelsherren waren infolgedessen gezwungen, zur Befriedigung des staatlichen Geldbedürfnisses gewaltige Beträge an Depositen bei größeren und kleineren Sparern aufzunehmen. Das Eigenkapital der Bankiers reichte für das wachsende Anleihebedürfnis der Staaten nicht mehr aus.

Viele Kaufleute bedachten dabei nicht, in welche Schwierigkeiten sie geraten würden, wenn infolge einzelner Bankrotte ein Sturm der Depositengläubiger auf die Bankschalter einsetzte. Spanien war die erste Macht, die diese gefährliche Lage durch einen Staatsbankrott 1557 herbeiführte, dem schon 1575 ein zweiter Bankrott und dann im 17. Jh. weitere Bankrotterklärungen folgten. Die Religionskriege in Frankreich und in den Niederlanden in den siebziger Jahren des 16. Jh. zerstörten die Bedeutung Antwerpens als Finanzplatz. Obgleich Genua an seine Stelle trat, ging es mit Süddeutschland weiter bergab, so daß bei Ausbruch des Dreißigjährigen Krieges die wirtschaftliche Blüte Süddeutschlands auf dem Gebiet der Hochfinanz und des Großhandels schon zerstört war. Dennoch läßt sich gerade am Beispiel Augsburgs, das durch den Niedergang der Fugger und Welser besonders hart getroffen wurde, nachweisen, daß die Zahl der kleinen und mittleren Vermögen bis zum Dreißigjährigen Krieg stieg, so daß der Verfall der großen süddeutschen Handelshäuser nicht generell mit einem Niedergang der gesamten Wirtschaft gleichgesetzt werden kann.

Die gewerbliche Wirtschaft entwickelte sich im ausgehenden 15. und im 16. Jh. vor allem durch das Anwachsen der Städte, die Einbeziehung neuer ländlicher Gebiete und die Erhöhung der Produktion aus dem Bergbau in einem bis dahin nicht gekannten Umfang.

Aufschwung in Gewerbe und Landwirtschaft

In den Städten wuchs die Bevölkerung zwischen 1470 und 1618 nicht so stark an wie auf dem Land, da ein großer Teil der Menschen durch den Ausbau des ländlichen Verlagswesens in den Dörfern günstigere Einkommensmöglichkeiten fand.

Der städtische Export von Wolltuchen, Barchent und Metallwaren nahm sichtbar zu, da diese Gewerbezweige für den Fernhandel arbeiteten. Bauhandwerker, Nahrungshandwerker, Schuhmacher, Schneider usw. waren vor allem für den örtlichen Bedarf tätig.

Spezielle Gewerbe entstanden mit dem Schiffsbau in den Hafenstädten, z.B. in Lübeck, Kiel und Danzig, oder mit der Herstellung von Berggeräten in den Bergstädten. In manchen Städten konnte man damals bis zu 60 verschiedene Handwerke finden, wie der Nürnberger Schuhmacher, Poet und Meistersinger Hans Sachs (* 1494, † 1576) in seiner EYGENTLICHEN BESCHREIBUNG ALLER STÄNDE AUFF ERDEN 1568 vermerkte.

Sowohl im Textil- als auch im Metallgewerbe bildete sich neben dem ländlichen Verlag der städtische heraus, z.B. in der Solinger Messerfabrikation, in der Schwabacher Nadelherstellung und in den Thüringer oder Siegener Kleineisengewerben.

Während sich für die Textilherstellung im Grunde alle Gebiete eigneten, war das Metallgewerbe an die Produktionsstätten von Eisen und Holzkohle, an den Wald, gebunden. Zu einer engen Verbindung zwischen städtischem und ländlichem Verlag im Metallgewerbe kam es im Rheinland, in Thüringen, Sachsen, Schlesien, Böhmen, der Oberpfalz, Oberösterreich, der Steiermark und Kärnten.

In der Zeit von 1470 bis 1618 erlebte der *Silberbergbau* in Mitteleuropa seine Blütezeit, obwohl zunehmend aus Übersee Edelmetalle nach Europa einströmten. Neue Techniken – wie z.B. das Saigerverfahren, bei dem Silber mit Hilfe von Blei aus Kupfererz geschieden wird, die Verbesserung der Fördereinrichtungen, die Erfindung einer Entwässerungsmaschine 1484, die »Schwazer Wasserkunst« von 1554 – ermöglichten die Erschließung einer großen Anzahl von Gruben. Die Silberproduktion lag im sächsischen Gebiet durchschnittlich bei 30 Tonnen jährlich, in Böhmen, Tirol und Oberungarn bei 35. Die Einfuhren aus Amerika waren im Vergleich dazu seit Mitte des 16. Jh. wesentlich höher.

Die wachsende Konkurrenz des amerikanischen Silbers führte Ende des 16. Jh. zu einem Rückgang der europäischen Produktion, die bei steigenden Löhnen und Kosten für das Handwerkszeug, für Hammer und Meißel, immer unrentabler wurde.

Ende des 16. Jh. waren die Silbervorkommen, die man mit den damaligen Techniken erreichen konnte, erschöpft, so daß auch aus diesem Grund der Bergbau zurückging. Außer Silber wurden noch Eisen, Zinn, Kupfer und Zink im Bergbaubetrieb gewonnen.

Seit etwa 1470 kam es nach der langanhaltenden spätmittelalterlichen Agrarkrise zu einem *Aufschwung in der Landwirtschaft*, der bis in die ersten Jahrzehnte des 17. Jh. andauerte. Gleichzeitig wuchs die Bevölkerung infolge niedriger Sterblichkeit und höherer Geburtenraten von rund 12 Millionen (um 1500) auf etwa 15 Millionen Menschen (um 1600) an. Die Zeitgenossen sahen darin bereits die Gefahr einer Übervölkerung und machten sich darüber Gedanken, wie man dieser Entwicklung am besten entgegentreten könne. Der deutsche Humanist Ulrich von Hutten (* 1488, † 1523) dachte z.B. an einen neuen Türkenkrieg, um das Problem zu lösen. Auch Pest und Seuchen wurden herbeigewünscht, »weil gar zu viel Volks in den landen sei«. In anderen europäischen Staaten wie z.B. in England, den Niederlanden und Frankreich wurden ebenfalls Klagen laut über die starke Bevölkerungszunahme. In England hieß es um 1580, daß

Mittelalterliches Eisenwerk in zugleich phantasievoller und realistischer Landschaft (Harry de Bles, um 1510).

Technischer Fortschritt im 16. Jh.

Die gewerbliche Produktionstechnik konnte im 16. Jh. durch einige technische Neuerungen erheblich verbessert werden:

☐ Die Erfindung des Göpelantriebs ermöglichte es, auch dort von der Handarbeit auf Maschinenarbeit überzugehen, wo bisher Wasserkraft oder Windkraft nicht vorhanden waren. Dadurch wurde die Metallerzeugung und -verarbeitung besonders begünstigt.

☐ Die Erfindung von Bohrmaschine und Schraubstock kam vor allem der Geräteherstellung zugute.

☐ Die Verbreitung des Spinnrades verminderte die Zahl der je Webstuhl erforderlichen Spinnkräfte von etwa sechs auf drei Personen.

☐ Der Eisenguß in Sachsen erleichterte die Herstellung großer Mengen von Gebrauchsgegenständen, z.B. von Grabkreuzen oder Ofenplatten.

Die deutsche Hanse

Die kaufmännische Gemeinschaft der Hanse verdankt ihre Entstehung hauptsächlich ähnlich gelagerten Handelsinteressen deutscher Hafenstädte. Dies allein reicht jedoch nicht aus, ihre dominierende wirtschaftliche Position im spätmittelalterlichen Nordeuropa zu erklären. Den starken Zusammenhalt der Hansestädte dürfte auch ihre Gefährdung durch äußere Mächte bewirkt haben.
Schon das Piratentum machte eine gegenseitige Schutzgemeinschaft für den Handelsverkehr auf Seewegen erforderlich. So führte die unerbittliche Bekämpfung von Freibeutern z. B. zur Hinrichtung des Piraten Klaus Störtebeker (1). Hatte der Verkehr der Hanse gegen Mitte des 12. Jh. auf der Nordsee seinen Ausgangspunkt genommen – die früheste Verbindung ist vermutlich Köln–London gewesen –, verlagerte er sich mit zunehmender Ostsiedlung – als russische Partnerstädte werden Smolensk und Nowgorod (7) genannt – auf die Ostsee. Seine günstige geographische Lage ermöglichte es Lübeck (6), zum Zentrum hanseatischen Handels zu werden, was im Siegel der Hanse seinen Niederschlag fand (2). Die Bestrebungen, einheitliche Bestimmungen für den Handelsverkehr zu schaffen, einten die Hansestädte mehr und mehr, bevor die Hanse im 14. Jh. unter skandinavischem Druck auch militärisch näher zusammenrückte. Markiert diese Zeit den Höhepunkt der Hanse schlechthin, zeichnete sich ihr allmählicher Zerfall angesichts ihrer allzu schwerfälligen Beschlußfassungsstruktur bereits ab; in einfachen Ratssitzungen (5) konnten keine übergeordneten Entscheidungen gefällt werden. Vor dem Niedergang fand noch eine Erweiterung der westlichen Seitenlinien statt; so wurde der zwischenzeitlich abgebrochene Kontakt mit London wiederaufgenommen (3). Politische Krisen einzelner Städte, vor allem ausgelöst durch das Erstarken territorialstaatlicher Gewalten, und schließlich der Aufstieg der westeuropäischen Nationalstaaten bedeuteten das Ende der Hanse; mit der Verlegung des Brügger Kontors nach Antwerpen (8) wurde die hanseatische Macht im Nordseegebiet untergraben, die an Holland und England verlorenging. A. Sch.

Hinrichtung des Seeräubers Klaus Störtebeker (1401); zeitgenössisches Flugblatt (1). – Lübisches Siegel; Symbol der Hanse seit 1299 (2). – Stalhof in London; Holzschnitt, 16. Jh. (3). – Hafen einer Hansestadt beim Be- und Entladen von Handelsschiffen; Aquarellzeichnung (4). – Ratssitzung; Bilderhandschrift des Hamburger Stadtrechts (1497) (5). – Lübeck im 16. Jh. (6). – Groß-Nowgorod am Wolchowfluß, 17. Jh.; zeitgenössischer Kupferstich (7). – Haus der Hanse in Antwerpen, 1568 erbaut; Kupferstich von de Wit, 17. Jh. (8).

51

Der Frühkapitalismus

Reklame zu Beginn des 17. Jh.: Auf einem Einblattdruck (Ausschnitt) pries der fliegende Händler Williger Burghardt seine Waren an – von Stiefeln, Kannen, Krügen bis hin zum Käse.

eine Viehherde nützlicher sei als all diese überflüssigen Menschen.

Unter dem Bevölkerungsdruck trat der Boden als Nahrungsquelle erneut in den Vordergrund. Wiesen wurden wieder in Ackerland verwandelt, Wälder gerodet, Moore und Sümpfe trockengelegt und kultiviert. In Umkehrung der spätmittelalterlichen Tendenz erfolgte jetzt wieder eine Umstellung von Viehwirtschaft und Weinbau, für die man nur wenige Arbeitskräfte brauchte, zur Getreidewirtschaft. Da Getreide nach wie vor das Hauptnahrungsmittel war, konnte die Versorgung einer rasch zunehmenden Zahl von Menschen nur durch die Ausdehnung der Anbauflächen sichergestellt werden. Die Viehzucht trat daher zurück und wurde in den Dienst des Ackerbaus gestellt.

Östlich der Elbe hatte sich unterdessen in den deutschen Landesteilen und in Polen seit dem 15. Jh. die *Gutswirtschaft* entwickelt, die im 16. Jh. zur vollen Entfaltung kam. Die riesigen Gutsbetriebe konnten große Mengen an Getreide für die wachsende Bevölkerung bereitstellen. Da die Nachfrage nicht nur in Deutschland, sondern auch in den dichtbevölkerten Regionen Westeuropas groß war, gingen die Getreidepreise seit Beginn des 16. Jh. in die Höhe, und die Exportkonjunktur der Gutswirtschaften gestaltete sich zunehmend günstig. Sie arbeiteten mit leibeigenen Bauern und konnten daher kostengünstiger produzieren als die westlichen Grundherrschaften, die auf Lohnarbeiter angewiesen waren. Stettiner und Danziger Getreide war erheblich billiger als das westeuropäische, und es lohnte sich, große Mengen von dort zu beziehen. Die Danziger Getreidepreise erreichten beispielsweise im Durchschnitt der Jahre 1551 bis 1660 nur 53 Prozent der niederländischen, was genügte, um laufend Getreide aus Danzig nach Amsterdam zu verschiffen. Tatsächlich bezog Amsterdam um 1600 rund 80 Prozent des zur See eingeführten Roggens aus Danzig. Wichtige deutsche Exporthäfen waren Stettin, Kiel, Lübeck und Hamburg. Heinrich von Rantzau, ein adliger Gutsbesitzer, berichtete um 1600, daß der auf der Insel Fehmarn angebaute Weizen so berühmt sei, daß man ihn in Frankreich, Spanien und Italien teuer bezahlen würde.

Der Ausbau der Gutsbetriebe im 16. Jh. erfolgte durch Einbeziehung neuer Ackerflächen. Zum Teil wurde unbebautes Land unter den Pflug genommen, zum Teil aber auch Bauernland einfach den Gutsbetrieben dazugeschlagen (Bauernlegen). Mit der Ausdehnung der Gutsflächen wuchs auch der Arbeitskräftebedarf, was zu einer Verschärfung der Frondienste im 16. Jh. führte.

Westlich der Elbe kam es nicht zu derart grundlegenden Veränderungen; trotzdem versuchten die Grundherren auch hier, Dienste und Abgaben zu erhöhen. Das führte seit Ende des 15. Jh. zu zahlreichen Bauernaufständen, die vor allem durch die Verbreitung der Lehre Martin Luthers nach 1517 erheblich zunahmen und schließlich 1525 im Bauernkrieg ihren Höhepunkt fanden. Hatten Fernhandel, Verlag und Bergbau frühkapitalistische Wesenszüge erkennen lassen – Kapitalanhäufung und erwerbswirtschaftliche Gesinnung –, so wird man der Landwirtschaft mit gewissem Vorbehalt nur dann eine frühkapitalistische Wirtschaftsweise zubilligen können, wenn sie nach kaufmännischen Gesichtspunkten mit dem Ziel der Gewinnmaximierung betrieben wurde.

Geldentwertung

Der Anstieg der Preise für Getreide und gewerbliche Erzeugnisse bei sinkender Kaufkraft seit Beginn des 16. Jh. war eine allgemein europäische Erscheinung, die als sog. *Preisrevolution* bezeichnet wird. Zwischen 1500 und 1600 verlor das Geld drei Viertel seines Werts. Wer um 1600 Getreide kaufte, bezahlte dafür den vierfachen Preis, den es hundert Jahre zuvor gekostet hatte.

Am härtesten traf diese Entwicklung das spanische Mutterland, da die Spanier es versäumt hatten, Gewerbe und Landwirtschaft im eigenen Land mit dem Silber aus Übersee zu fördern. Statt dessen hatten sie ihre Einnahmen aus den Kolonien für den Warenimport aus europäischen Nachbarländern verbraucht, so daß Spanien am Ende durch den Überseehandel ärmer dastand als vor den Entdeckungen.

Über die Ursachen des Preisanstiegs herrschte lange Zeit Unklarheit. Heute geht man davon aus, daß die Preisrevolution zu etwa zwei Dritteln auf die Bevölkerungszunahme und zu etwa einem Drittel auf die Geldvermehrung zurückzuführen ist. Mit der wachsenden Bevölkerung stieg die Güternachfrage, ohne daß die Produktion und das Warenangebot mitwuchsen. Durch die Vermehrung des umlaufenden Geldes wurde die Nachfrage darüber hinaus zusätzlich verstärkt. Von 1550 bis 1600 stieg die Silbereinfuhr von 80 auf 270 Tonnen im Jahresdurchschnitt. Zwar floß ein Teil des Silbers für Gewürzkäufe u.a. Importe nach dem Orient ab, zum größten Teil wurden aber daraus Münzen geprägt, die in Umlauf gelangten und zur Inflation im eigentlichen Sinne führten. Die Menschen des 16. Jh. kannten diese Zusammenhänge nicht und machten für die Preissteigerungen Großkaufleute und Handelsgesellschaften verantwortlich.

ADELHEID SIMSCH

Das Zeitalter des Merkantilismus

So wie die politische Geschichte der meisten europäischen Staaten im Zeitraum zwischen 1618 und 1800 vom Absolutismus geprägt wurde, stand die wirtschaftliche Entwicklung dieser Epoche im Zeichen des *Merkantilismus*. Was versteht man unter diesem Begriff?

Im 17. und 18. Jh. hatten sich in Westeuropa die modernen Nationalstaaten herausgebildet, die nun dazu übergingen, durch eine gezielte Politik die Wirtschaft ihres Landes zu fördern. Die frühkapitalistischen Wirtschaftsprinzipien der spätmittelalterlichen Stadt wurden damals auf den größeren Raum der neuen europäischen Nationalstaaten übertragen. Vor allem die absolutistischen Herrscher wollten durch Einbeziehung der Wirtschaft in den Aufgabenbereich des Staates ihre Einkünfte erhöhen und damit die eigene Machtentfaltung sichern. Diese auf Vereinheitlichung des Staates ausgerichtete landesherrliche Wirtschaftspolitik, die in erster Linie den Handel begünstigte, und die ihr zugrunde liegenden Wirtschaftslehren im Zeitalter des Absolutismus bezeichnet man als Merkantilismus.

Merkantilistische Lehren entstanden in ganz Europa, am frühesten in den Kaufmannskreisen Englands. Die englischen Kaufleute arbeiteten mit der Regierung Hand in Hand, weil sie bei ihren Handelsfahrten nach Übersee auf staatlichen Schutz angewiesen waren. Als es 1620 in England zu einer Wirtschaftskrise kam, beauftragte die Regierung angesehene Kaufleute und Politiker damit, den Ursachen der Krise nachzugehen und Vorschläge für ihre Bekämpfung auszuarbeiten. Aus diesem Anlaß entstand ein umfangreiches wirtschaftspolitisches Schrifttum, das völlig auf die bereits gut entwickelten Wirtschaftsverhältnisse Englands und seinen blühenden Außenhandel zugeschnitten war. Unter diesen Abhandlungen befanden sich auch die zahlreichen Beiträge des bedeutenden englischen Kaufmanns und Merkantilisten Thomas Mun (*1571, †1641), Direktor der Ostindischen Handelskompagnie.

Die Probleme, vor denen die Merkantilisten standen, waren von Land zu Land verschieden. Eine Frage beschäftigte jedoch alle gleichermaßen. Sie lautete: Wie läßt sich der Wohlstand eines Landes vermehren? Modern formuliert hieß das Leitmotiv aller merkantilistischen Lehren und Praktiken: Wirtschaftswachstum. Es fügte sich gut in das Gesamtkonzept des Absolutismus ein, der den Kampf um die politische Macht in den Mittelpunkt des Lebens stellte. Wollte ein Staat politische Macht erlangen, so mußte er reich sein. Friedrich der Große schrieb dazu in seinem POLITISCHEN TESTAMENT von 1752: »Wenn das Land glücklich sein soll, der Fürst geachtet sein will, muß er Ordnung in seinen Finanzen halten; niemals genießt eine arme Regierung Ansehen: Europa lachte über die Unternehmungen des Kaisers Maximilian, weil dieser Fürst, begierig, etwas anzusammeln, verschwenderisch in seinen Ausgaben war, niemals Geld hatte, wenn er ins (politische) Spiel eintreten mußte. Die Italiener nannten ihn ›Maximilian ohne Kleingeld‹.« Nach Auffassung der Merkantilisten und ihrer Lehre vom Geld war nur ein Land mit viel Geld reich. Zu mehr Geld konnte es nur durch eine aktive Handelsbilanz kommen, die dann besteht, wenn der Wert der Warenausfuhr eines Landes den der Einfuhr übersteigt, es mehr Geld im Ausland einnimmt als ausgibt. Eine passive Handelsbilanz hingegen führt zu einer Geldverminderung. Der Handel galt daher im Merkantilismus als die eigentliche Quelle wirtschaftlichen Wachstums. Um die Handelsbilanz aktiv zu gestalten, schlugen die Merkantilisten eine Reihe von wirtschaftspolitischen Maßnahmen vor; auch Handelskriege schloß man dabei nicht aus.

Merkantilistische Wirtschaftspolitik wurde in den europäischen Ländern je nach den politischen und wirtschaftlichen Voraussetzungen in sehr unterschiedlicher Weise betrieben. Nicht überall konnte sich der Handel so günstig entwickeln wie z. B. in England oder in Holland. Für die schon im 16. Jh. im Vergleich zu Mitteleuropa relativ gut entwickelte Wirtschaft dieser Länder ging es nun vor allem um eine Steigerung des Wachstums, und ihre Handels- und Wirtschaftspolitik nahm die Möglich-

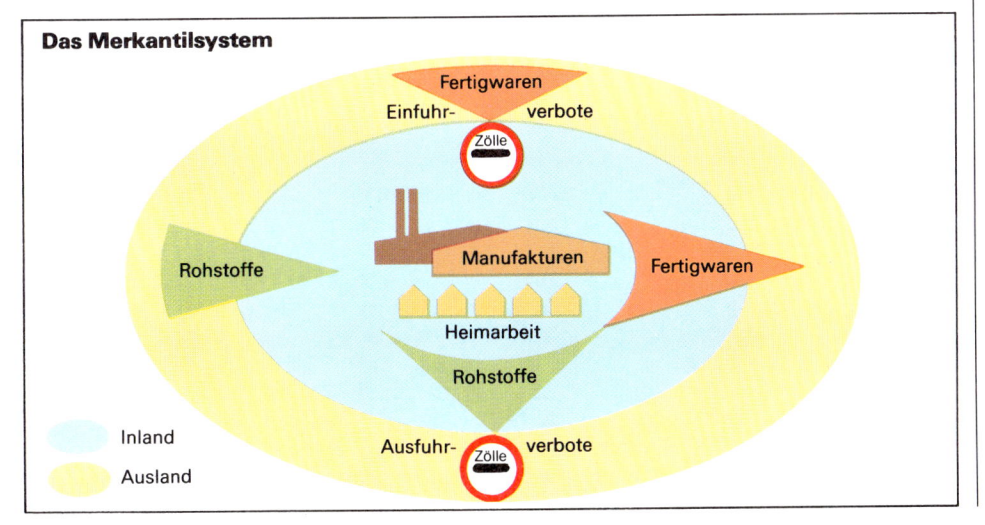

Was heißt Merkantilismus?

Der Begriff Merkantilismus geht auf den Schotten Adam Smith (*1723, †1790) zurück, Professor für Logik und Moralphilosophie in Glasgow. In seinem Buch DER WOHLSTAND DER NATIONEN bezeichnete er 1776 die von ihm scharf kritisierte Wirtschaftspolitik der europäischen Staaten des 17. und 18. Jh., die vor allem den Handel begünstigte, als »Handels- oder Merkantilsystem« (von lat. *mercatio* = das Handeln mit Waren; davon frz. *mercantile* = kaufmännisch). Erst Ende des 19. Jh. haben die Historiker daraus den Begriff Merkantilismus gebildet. Adam Smith war einer der schärfsten Kritiker des Merkantilismus. Er wandte sich gegen jegliche Einmischung des Staates in das Wirtschaftsleben und vertrat das liberale Prinzip einer sich frei entwickelnden Wirtschaft, die von Privatunternehmern zum Nutzen der Allgemeinheit gestaltet werden sollte.

Lesetip: Smith, Adam: Der Wohlstand der Nationen, 1976 (TB)

Das Zeitalter des Merkantilismus

Manufakturen

Manufakturen waren vorindustrielle Fabriken, in denen noch nicht mit Maschinen, sondern ausschließlich von Hand gearbeitet wurde. Die Bezeichnung kommt von lat. *manu facere* = mit der Hand herstellen. Die Manufaktur war ein neuer Produktionsstättentyp in der Zeit des Merkantilismus, ihre Blütezeit hatte sie im ausgehenden 17. und im 18. Jh. Sie trat neben die im Verlag organisierte Heimarbeit, die von Familien in kleinen Handwerksstätten oder Wohnungen verrichtet wurde und sich bis ins 19. Jh. hinein trotz der neu entstehenden Manufakturen ausbreitete. In einer Manufaktur waren zahlreiche Lohnarbeiter in einem Gebäudekomplex beschäftigt. Sowohl die Produktion, die arbeitsteilig erfolgte, als auch die Beschaffung der Rohstoffe und der Absatz der fertigen Erzeugnisse lag gewöhnlich in der Hand des Unternehmers. Es gab aber auch Fälle, wie z. B. im Textilgewerbe, wo einzelne Produktionsvorgänge (z. B. das Spinnen) außerhalb des Manufakturgebäudes erfolgten, in einer kleinen Werkstätte oder in einer Wohnung, und nur die Endherstellung des Produkts in der Manufaktur selbst durchgeführt wurde; die Beschaffung der Rohstoffe und der Warenabsatz wurden auch hier vom Unternehmer zentral geregelt. Der erste Typ von Manufaktur wird häufig als zentralisierte, der zweite als dezentralisierte Manufaktur bezeichnet.

Näh- und Stricknadelmanufaktur in Altena: Deutlich erkennbar ist die arbeitsteilige Produktionsweise. Die Schleifsteine werden durch Wasser angetrieben (1800).

keiten wahr, die ihnen die Kolonien als Rohstoffquellen und Absatzmärkte boten; Engländer und Holländer betrieben einen »küstenländischen Merkantilismus«.

Viele Kontinentalstaaten dagegen befolgten wirtschaftspolitisch einen »binnenländischen« Merkantilismus. Weil ein ungehinderter Zugang zu überseeischen Rohstoffquellen in der Regel fehlte, zielte hier die merkantilistische Politik darauf ab, die gewerbliche Produktion zu stärken. Zu diesem Zweck wurden arbeitsteilige, zunftunabhängige Manufakturen eingerichtet.

Ein Musterbeispiel für den binnenländischen Merkantilismus war Frankreich. Zwar war das Land bemüht, seinen Handel auszuweiten, wurde jedoch von England, das die Beherrschung des Welthandels anstrebte und im 18. Jh. auch erreichte, auf den zweiten Platz verwiesen. Unter dem Finanz- und Innenminister Jean-Baptiste Colbert (*1619, †1683) lag daher das Schwergewicht der französischen Wirtschaftspolitik auf der Entwicklung des inländischen Gewerbes, vor allem auf der Gründung von Manufakturen. Frankreich hatte dabei den Vorteil einer relativ großen Bevölkerung, die die notwendigen Arbeitskräfte zur Verfügung stellte: Um 1600 betrug die Einwohnerzahl Frankreichs 18,5 Millionen gegenüber nur 15 Millionen in Deutschland und 6,8 Millionen in England. Die einseitige Ausrichtung der französischen Wirtschaftspolitik auf das Gewerbe, besonders die Luxusgüter für die europäischen Fürstenhöfe, führte im 17. und 18. Jh. zum Verfall der Landwirtschaft, die sich davon bis weit ins 19. Jh. hinein nicht mehr erholte.

Während England, Frankreich und auch andere westeuropäische Staaten aufgrund ihrer zentralisierten Staatsgewalt – in England: König und Parlament, in Frankreich: absoluter König – eine zentral gelenkte merkantilistische Wirtschaftspolitik betreiben konnten, ging Deutschland in seiner wirtschaftlichen Entwicklung aus doppeltem Grund einen Sonderweg: Zum einen ließ die politische Zersplitterung des Deutschen Reiches in eine Vielzahl von Kleinstaaten, die im Westfälischen Frieden 1648 festgeschrieben wurde, alle Versuche des Kaisers scheitern, einen reichseinheitlichen Merkantilismus zu betreiben. Zum andern entzog der wirtschaftliche Zusammenbruch Deutschlands im Dreißigjährigen Krieg jeder merkantilistisch orientierten Politik die Grundlagen; Außenhandel und gewerbliche Produktion lagen völlig darnieder. In erster Linie ging es nach dem Krieg um den Wiederaufbau, an eine außenhandelsorientierte Politik war für etwa hundert Jahre nicht zu denken. Dieser Wiederaufbau wurde im 17. und 18. Jh. von den Territorialstaaten in die Wege geleitet, eine ökonomische Aufbauarbeit, die als *Kameralismus* bezeichnet wird.

Nur die beiden Großterritorien Österreich und Preußen gingen im 18. Jh. im Rahmen des Kameralismus zu einer merkantilistischen Politik über. Neben der territorialstaatlichen Wirtschaftspolitik hat es von 1648 bis 1714 in begrenztem Umfang eine Wirtschaftspolitik des Deutschen Reiches gegeben, den sog. *Reichsmerkantilismus*, der freilich zu Beginn des 18. Jh. an den regionalen Sonderinteressen der Territorien scheiterte.

Der Reichsmerkantilismus kann nicht als Kameralismus verstanden werden, weil das Reich keine nennenswerte Finanzwirtschaft hatte und daher seine Maßnahmen nicht an einer kameralistischen Zielsetzung (im Sinne der Bereicherung der Schatzkammer) ausrichtete, sondern lediglich merkantilistische Ziele für das Reich (aktive Handelsbilanz gegenüber Frankreich) verfolgte.

Die Katastrophe des Dreißigjährigen Krieges

Das entscheidende Ereignis, das die deutsche Wirtschaftsgeschichte des 17. und 18. Jh. prägte, war der Dreißigjährige Krieg (1618 bis 1648). Er besiegelte die politische Aufteilung, den Partikularismus des Reiches in etwa 300 Territorien und 1500 reichsunmittelbare Herrschaften, die im Westfälischen Frieden 1648 fast unbeschränkte Souveränität erhielten. Trotz dieser Aufsplitterung bestand das Reich, repräsentiert durch Kaiser und Reichstag, weiter; doch der Kaiser hatte unwiderruflich seine Macht verloren. Er war künftig an die Mitwirkung und Zustimmung des Reichstags gebunden, der als Repräsentationsorgan der Territorien – der Reichsstände – seit 1663 in Regensburg als ständiger Gesandtenkongreß tagte.

Dieser Zwiespalt, der Dualismus zwischen Kaiser und Fürsten, hatte sich seit dem 14. Jh. im Lauf von Generationen herausgebildet und fand im Westfälischen

Die Katastrophe des Dreißigjährigen Krieges

Kameralismus

Der Begriff Kameralismus geht auf das lateinische Wort *camera* zurück, die fürstliche Schatzkammer, die nach dem Dreißigjährigen Krieg wieder gefüllt werden mußte. Die fürstlichen Beamten in den Territorialstaaten, die mit dieser Aufgabe betraut waren, gehörten dem fürstlichen Kammercollegium, d. h. der fürstlichen Vermögensverwaltung an. Man nannte sie daher Kameralisten. Ihre Aufgabe war es, *alle* Bereiche des öffentlichen Lebens in den Kleinstaaten wieder in Gang zu bringen. Dazu gehörten Rechtsprechung, Verwaltung, Finanzen, Handel, Gewerbe, Landwirtschaft. Die Förderung des Wirtschaftswachstums – das Hauptanliegen der Merkantilisten, die vor allem Handel und Gewerbe fördern wollten – war für die Kameralisten nur eine von vielen Aufgaben beim Wiederaufbau der fürstlichen Territorien. Die Lehre der Kameralisten, die alle Bereiche des Staates erfaßte, hieß *Kameralistik*. Sie wurde mit der Zeit immer mehr ausgebaut, immer komplizierter und erforderte alsbald ein Studium. So wurden an den Universitäten Lehrstühle für Kameralwissenschaften eingerichtet, zuerst in Halle 1723 und 1727 in Frankfurt/Oder. Kameralismus war eine Verbindung von Volkswirtschaftslehre, Finanzwissenschaft, Verwaltungswissenschaft, Rechtswissenschaft und bevölkerungspolitischer Zielsetzung. Der volkswirtschaftliche Teil dieses Gesamtkomplexes beruhte auf merkantilistischen Wirtschaftslehren. In ihrer Wirtschaftspolitik waren die Kameralisten Merkantilisten, der Merkantilismus bildete aber nur einen, wenn auch notwendigen und wichtigen Bestandteil der Staatswirtschaftslehre des Kameralismus.

Lesetip: Zielenziger, Kurt: Die alten deutschen Kameralisten, 1914

Frieden lediglich seinen Abschluß. Während des 17. und 18. Jh. waren es dann vor allem Bayern und Preußen, die als Gegner der habsburgischen Kaisermacht auftraten. Schon die Zeitgenossen empfanden den Dualismus im politischen Aufbau des Reiches als etwas Ungewöhnliches innerhalb der europäischen Staatenwelt, so daß der deutsche Rechtsgelehrte Samuel von Pufendorf (*1632, †1694) in seinem berühmten Buch VOM ZUSTAND DES DEUTSCHEN REICHES, 1667, schreiben konnte, das Reich sei ein Gebilde, das einem »Monstrum« gleiche.

Der politischen entsprach die wirtschaftliche Zersplitterung; von einem einheitlichen Wirtschaftsgebiet konnte keine Rede mehr sein. Wenn auch ein Austausch zwischen den einzelnen Territorien bestand, so behinderten doch zahlreiche Zollschranken bis ins 19. Jh. den wirtschaftlichen Fortschritt.

Ebenso schwer wie die politische und wirtschaftliche Zersplitterung fielen die eigentlichen Zerstörungen des Krieges, die Bevölkerungs- und Wirtschaftsverluste, für die weitere Entwicklung der deutschen Wirtschaft ins Gewicht.

Kaum ein Land Europas blieb vom Dreißigjährigen Krieg verschont. Da er sich aber in der Hauptsache auf deutschem Boden abspielte, waren hier die *Bevölkerungsverluste* besonders hoch. Zahlreiche Chroniken, Berichte, Predigten und Lieder der damaligen Zeit spiegeln das Kriegsgeschehen und das Elend der Menschen im Krieg wider, darunter auch der Roman von Hans Jakob Christoffel von Grimmelshausen (*um 1622, †1676): DER ABENTHEUERLICHE SIMPLICISSIMUS TEUTSCH, 1669.

Die einzelnen Regionen Deutschlands waren unterschiedlich hart betroffen. In Mecklenburg, Pommern, Thüringen, der Pfalz und Württemberg starben über 50 Prozent der Menschen; zwischen 40 und 50 Prozent betrugen die Verluste in Brandenburg, Hessen und Franken. Eher verschont blieben hingegen Niedersachsen und Sachsen. Wegen der Ungenauigkeit der Überlieferung können die Gesamtverluste in ganz Deutschland nur geschätzt werden: Von den 16 Millionen Einwohnern fielen 5 bis 6 Millionen dem Krieg zum Opfer, etwa ein Drittel der Bevölkerung. Dieser Verlust konnte erst 100 bis 150 Jahre später, also nach etwa drei Generationen, wieder ausgeglichen werden.

Die meisten Menschen kamen nicht durch unmittelbare Kriegseinwirkung ums Leben, sondern durch die Pest. Sie wütete dort am schlimmsten, wo die Menschen hungerten und obdachlos waren. In den Jahren 1633 bis 1640 überzog die Seuche große Teile Mittel-, West- und Süddeutschlands. Auf sog. Pestsäulen, Feldkreuzen und Kapellenwänden liest man gelegentlich heute noch den Hilferuf: »Vor Pest, Hunger und Krieg bewahre uns, o Herr!«

Besonders hoch waren die Menschenverluste auch bei einmaligen kriegerischen Ereignissen, etwa bei der Eroberung Magdeburgs (1631) oder Augsburgs (1634) durch die kaiserlichen Truppen. In Magdeburg, das sich General Tilly (*1559, †1632) ergeben mußte, wurden auf einen Schlag 20 000 Menschen, zwei Drittel der Einwohner, niedergemetzelt und die Stadt durch Brand und Plünderung dem Erdboden gleichgemacht. Die Eroberung Augsburgs forderte sogar 60 000 Menschenleben, weil viele der Landbewohner in der Stadt Zuflucht gesucht hatten. Auch der Durchzug plündernder Soldaten dezimierte die Bevölkerung: Von den ursprünglich 400 000 Einwohnern des Herzogtums Württemberg waren bei Kriegsende nur noch 50 000 übriggeblieben.

Konnten sich die mit Mauern umgebenen Städte wenigstens gegen kleinere Soldatentrupps schützen, so war die Landbevölkerung ihnen schutzlos ausgeliefert. Durch das von Wallenstein (*1583, †1634) eingeführte Kontributionssystem hatte jeder Truppenführer das Recht, Sold und Verpflegung für seine Mannschaft bei der Bevölkerung einzutreiben. Das Volk ernährte die Soldaten. Aber auch die mit in den Krieg ziehenden Frauen, Kinder, Marketenderinnen usw. mußten verpflegt werden. So führte die Kaiserliche Armee in den letzten Kriegsjahren neben etwa 40 000 Soldaten noch weitere 140 000 Personen mit sich, die schon im Frieden nicht zusätzlich aus einem Gebiet hätten versorgt werden können, geschweige denn in Kriegszeiten.

Auch die Wirtschaft traf der Krieg hart. In dem Augenzeugenbericht eines Darmstädter Geistlichen von 1635 heißt es: »Denn da ist alles weg, davon die Leute leben. Es mangelt allenthalben. Lebensmittel, Pferde und Vieh sind geraubt oder gestorben und was noch lebt, verschmachtet.« Viele Menschen verloren ihren Besitz, ihre Existenzgrundlage. Auf dem Land,

Die Leiden der Zivilbevölkerung im Dreißigjährigen Krieg: raubende und mordende Soldateska. Radierung von Hans Ulrich Franck (*um 1590, †1675).

55

Das Zeitalter des Merkantilismus

Besonders verhaßt waren die Kipper und Wipper, betrügerische Geldhändler zur Zeit des Dreißigjährigen Krieges.

das etwa 80 Prozent der Bevölkerung ernährte, waren Dörfer, Viehbestand, Äcker und Gerätschaften weitgehend zerstört. Nahezu jedes zweite Wohnhaus lag in Schutt und Asche.

Auch die Versorgungslage spitzte sich zu. Die Getreidepreise stiegen im Verlauf des Krieges zwischen 1618 und 1638 stark an, weil die Ernten kriegsbedingt immer schlechter ausfielen. Zwei Teuerungsphasen traten in dieser Zeit besonders hervor:
- um 1620 die sog. »Kipper- und Wipperjahre«, die in vielen Territorien eine Geldverschlechterung durch Senkung des Silbergehalts der Münzen brachten und einen Anstieg der Agrarpreise 1624/25 nach sich zogen – eine »Scheinteuerung« durch Münzmanipulationen –, und
- 1637/38 die erste »echte Teuerung«, die durch Ernteausfälle, d.h. durch Verknappung des Warenangebots, bedingt war. Sie leitete die beiden schlimmsten Hungerjahre des Krieges ein.

Nach 1638 begannen die Agrarpreise zu sinken. Jetzt machten sich bereits die hohen Bevölkerungsverluste des Krieges bemerkbar, die Nachfrage nach Getreide ging immer mehr zurück. In einem Gutachten des Berliner Geheimen Rates, der Zentralbehörde der kurfürstlichen Verwaltung, von 1645 heißt es: »Die Hauptursache des sehr niedrigen Getreidepreises besteht eigentlich darin, daß fast alle Städte, wenige ausgenommen, verwüstet sind und keines Kornes vom platten Lande bedürfen, sondern den Bedarf ihrer wenigen Bewohner auf eigenem Boden decken...«

Die niedrigeren Getreidepreise ließen die Städter aufatmen, brachten aber die Bauern in Bedrängnis. Ihr Einkommen verringerte sich und machte es immer schwieriger, die laufenden Kosten zu decken, z.B. das Gesinde zu unterhalten, Geräte zu kaufen oder Schulden abzutragen. Der Mangel an Arbeitskräften bewirkte zusätzlich zu den sinkenden Agrarpreisen einen Rückgang der Erträge. In Ostdeutschland, wo sich seit dem 16. Jh. die Gutswirtschaft ausgebildet hatte, führte der Arbeitskräftemangel infolge des Dreißigjährigen Krieges zu einer Verschärfung der unentgeltlichen Arbeitsverpflichtung der Bauern, der Frondienste. Die Bauern konnten sich dem gutsherrlichen Druck nicht entziehen, auch wenn ihnen die Flucht geglückt wäre, da sie keine Möglichkeit hatten, in den wirtschaftlich nur schwach entwickelten Städten eine Verdienstmöglichkeit zu finden. In West- und Süddeutschland dagegen war eine Abwanderung ländlicher Arbeitskräfte in die vergleichsweise gut entwickelten Städte möglich.

Mit sinkendem Einkommen der Landwirtschaft fielen auch die Bodenpreise während des Krieges. Das Land wurde massenhaft zum Verkauf angeboten. Verkaufen mußten vor allem diejenigen Gutsbesitzer, die während der guten Konjunktur des ausgehenden 16. Jh. Grundbesitz auf Kredit erworben hatten, für den sie nun die Raten nicht bezahlen konnten. In den folgenden Jahrhunderten hat sich dieser Vorgang noch öfter wiederholt: In der Zeit steigender Agrarkonjunktur wurde der Bodenbesitz überschätzt und überschuldet. Fielen die Preise dann infolge rückläufiger Bevölkerung und Nachfrage, häuften sich die Bankrotte. Für die deutsche Landwirtschaft brachte der Dreißigjährige Krieg trotz der in den Jahren 1618 bis 1638 hohen Getreidepreise langfristig den völligen Niedergang, von dem sie sich erst etwa hundert Jahre später erholen sollte.

Auch das städtische Gewerbe und der Handel wurden durch den Krieg stark beeinträchtigt. Viele Handwerksstätten waren zerstört. Die Produktion gewerblicher Erzeugnisse – wie Leinen, Wollgewebe, Barchent, Garn, Edelmetallwaren u.a. –, die noch vor dem Krieg bedeutend war, ging erheblich zurück. Als Beispiel dafür sei die Augsburger Barchentweberei angeführt: Von 3024 Webermeistern um 1612 waren 1720 nur noch 468 tätig. Die Zahl der gefertigten Stücke sank in dieser Zeit von 430 636 auf 138 384 im Jahr 1632, 109 449 im Jahr 1633, 94 626 im Jahr 1634 und schließlich auf 60 500 im Jahr 1720. Ähnliche Nachrichten liegen aus anderen deutschen Städten vor.

Ähnlich schwere Einbußen erlitt der Handel. Die weltweiten Außenhandelskontakte, die Deutschland bis zum 16. Jh. über seine großen Handelshäuser und die Hansestädte anknüpfen konnte, waren durch den Krieg zerstört. Aber nicht allein der Krieg schnitt den Zugang zum Welthandel ab, sondern auch die internationale Entwicklung wirkte sich ungünstig aus. Die großen süddeutschen Handelshäuser in Nürnberg und Augsburg litten wie Venedig unter dem Aufstieg des türkischen Reiches und der Verlagerung des Handels vom Mittelmeer zum Atlantik. 1627 mußten die Fugger ihre Zahlungsunfähigkeit

---

Kipper und Wipper

Die Zeit um 1620 blieb lange als böse Zeit in Erinnerung. Falschmünzer und betrügerische Geldhändler, die der Volksmund als Kipper und Wipper bezeichnete, zogen durchs Land. Wie sie ihr Gewerbe ausübten, von der Obrigkeit gefördert, vom Volk vielerorts gehaßt, beschreibt Herbert Langer in seiner KULTURGESCHICHTE DES DREISSIGJÄHRIGEN KRIEGES, 1978: »Im Jahre 1618 begann der Handel mit Geld immer lebhafter zu werden; im Wettlauf suchten sich Fürsten, Münzmeister und Silberkäufer der Edelmetalle zu bemächtigen. An den Wechselbuden auf den Märkten drängten sich die Menschen. Mit lauter Stimme riefen die Wechsler zur Waage, zum Tisch, wo die nagelneuen Stücke, die die Behörden als gültige Münze verordnet hatten, verlockend blinkten. Die rührigen Männer hinterm Tisch wogen altes, gutes Geld (das als solches vom Volk nicht erkannt wurde) gegen das neue (minderwertige) aus, kippten die den Leuten aus den Beuteln gelockten Stücke von der Waagschale in Säcke und Kisten. Von dieser unzählige Male beobachteten Bewegung, vom Klirren und Geklimper am Wechseltisch, leitet das Volk das anschauliche Wortpaar ›kippen und wippen‹ ab.«

Die auf der Münzwaage aussortierten guten Geldstücke wurden eingeschmolzen und daraus neue Stücke geprägt, die sehr schön aussahen, aber einen geringeren Edelmetallgehalt besaßen. Die Geldhändler brachten diese minderwertigen Münzen als vollwertige Geldstücke, d.h. zum alten Metallwert, unter die Leute. Kurzfristig ließen sich damit zwar die Kriegskassen füllen, aber es kam dadurch in ganz Deutschland zu einer Inflation, die zu Teuerung und Volksunruhen führte. In einem Augenzeugenbericht von 1622 heißt es: »... nicht allein Handel und Wandel sind durch die falschen Münzer, Kipperer und Wipperer fast ganz erlegen, sondern in vielen Ländern und Städten wollen oder können die Bäcker und Bierbrauer, von den anderen zu schweigen, weder Brot backen noch Bier brauen, also muß der arme Mann mit Weib und Kindern mit hungrigem Bauch die Wände ansehen. Dieses Unwesens halber ist an vielen Orten, besonders in Goslar, Eisleben, Halle in Sachsen, Brandenburg, Spandau, Freiberg ein großer Auflauf vom gemeinen Mann erfolgt, so teils der Kipperer Wipperer Häuser gestürmt und alles darin zerstört. Dergleichen ist auch in Magdeburg geschehen, wo in Stillung des Pöbels an 16 (Menschen) tot gemetzget und an 200 elendig verwundet wurden.«

Lesetip: Jessen, Hans (Hg.): Der Dreißigjährige Krieg in Augenzeugenberichten, 1980 (TB)

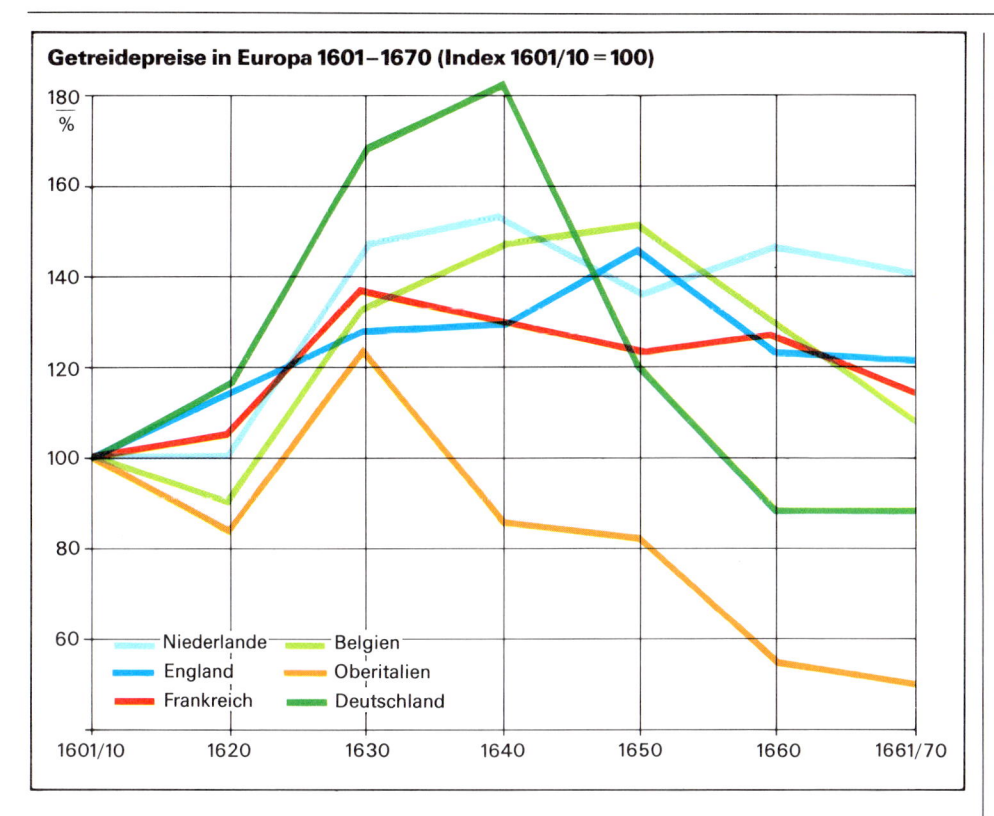

Getreidepreise in Europa 1601–1670 (Index 1601/10 = 100)

Niederlande, Belgien, England, Oberitalien, Frankreich, Deutschland

War die wirtschaftliche Lage Deutschlands vor dem Krieg bei guter Agrarkonjunktur durch eine ungleiche, nicht allgemein stagnierende Entwicklung in den einzelnen Gewerbezweigen gekennzeichnet, so ist die Situation nach Kriegsende einheitlich und eindeutig: Landwirtschaft, Gewerbe und Handel befanden sich im Zustand tiefer Depression. Infolge des Krieges sank Deutschland zu einem politisch geteilten und wirtschaftlich rückständigen Land herab, wurde in seiner Bevölkerungs- und Wirtschaftsentwicklung um rund 100 bis 150 Jahre zurückgeworfen.

Reichswirtschaftspolitik nach 1648

Trotz seiner politischen Zersplitterung bemühte sich das Reich immerhin um eine einheitliche Wirtschaftspolitik, sofern davon gemeinsame Interessen der Einzelstaaten berührt waren. Im Mittelpunkt der gesetzgeberischen Tätigkeit des Regensburger Reichstags standen zwei wirtschaftliche Themen: die Vereinheitlichung des Münzwesens und die Außenhandelspolitik des Reiches. Das waren Probleme, an denen die Mehrzahl der Territorialherren einschließlich der Reichsstädte interessiert war; denn eine reichseinheitliche Regelung konnte sich nur günstig auf den wirtschaftlichen Wiederaufbau in ihren Herrschaftsgebieten auswirken. Vor allem die kleineren Territorien, die nicht in der Lage waren, eine eigene Wirtschaftspolitik zu betreiben, suchten in wirtschaftspolitischen Fragen Rückhalt beim Reichstag und erhofften von ihm die Vereinheitlichung des Münzwesens. Eine bestimmte Währungseinheit sollte im ganzen Reich gültiges Zahlungsmittel werden. Der Reichstag hat hundert Jahre gebraucht, um endlich 1759 ein entsprechendes Gesetz zu erlassen, worin er den Metallwert für das künftig auszuprägende Kleingeld, das im Wirtschaftsalltag dringend benötigt wurde, festsetzte. Minderwertige Prägungen, die in der Kipper- und Wipperzeit zu Preissteigerungen geführt hatten, sollten dadurch verhindert werden. Eine befriedigende Versorgung des Wirtschaftskreislaufs in Deutschland mit kleinen Münzen hat der Reichstag mit diesem Gesetz allerdings nicht erreicht; denn die Übernahme von Reichsgesetzen war für die Territorialstaaten nicht zwingend: Das, was die kleinen Territorien anstrebten und brauchten, traf nicht immer auch für die großen zu. Als z. B. Friedrich der Große im Siebenjährigen Krieg (1756 bis 1763) die preußische Kriegskasse auffüllen mußte, verschaffte er sich das Geld, 29 Millionen Taler, durch minderwertige Ausprägung. Reichsgesetze waren lediglich Rahmenvorschriften, die in das jeweilige Landrecht Aufnahme finden konnten; so verhielt es sich auch mit

erklären. Die hansischen Häfen, die einst die Ost- und Nordsee beherrschten, vermochten der wachsenden Macht Hollands nicht zu begegnen und lösten ihre Vereinigung 1669 auf.

Der Verarmung in Landwirtschaft und Handel standen aber auch beachtliche Gewinne einzelner Branchen gegenüber, die für den Krieg produzierten und gerade in dieser Zeit einen Aufschwung erlebten. Zu den Kriegsgewinnern gehörten z. B. alle Gewerbezweige, die Waffen, Ausrüstung, Bekleidung und Transportmittel (Fuhrwerke, Schiffe) herstellten. Zentren der Kriegsproduktion waren die Städte mit traditionellem Metallhandwerk wie Suhl, Nürnberg, Aachen, Köln, Augsburg, Ulm, Essen, Solingen. Neu hinzu traten Dresden und München. Das größte Handelszentrum für Waffen, Munition und Kriegsgerät scheint Nürnberg gewesen zu sein. Dort gab es zwei Zeughöfe, sechs Zeughäuser und zahlreiche andere Magazine – Zwinger, Türme, das Rathaus, Landschlösser –, in denen Kriegsmaterial jeder Art bereitlag. Aber nicht nur der Handel mit Waffen blühte in Nürnberg, sondern auch die Waffenproduktion. Die Nürnberger Plattner, Harnischmacher, die auf eine lange Tradition zurückblicken konnten, verzeichneten wachsende Aufträge. Sie fertigten Harnische, Piken, Musketen und anderes kleines Kriegsgerät an. Die Glockengießer in Nürnberg stellten sich auf den Stückguß von Kanonen und Mörsern um, wie z. B. die Firmen Löffler und Herold. Das größte Produktionszentrum für Waffen lag jedoch im Thüringer Wald. Sein Mittelpunkt war Suhl. Hier gaben Wallenstein und sein Finanzberater Hans de Witte Waffenlieferungen in Auftrag.

Auch Kaufleute aus Köln standen mit Wallenstein in Verbindung. Der Kölner Waffenhändler Anton Frey bot 1628 Wallenstein für 110 000 Reichstaler Ware an. Darunter befanden sich 10 000 Kürasse und Harnische, 6000 Stück Landsknechtswaffen wie Eisenhauben, Piken, eiserne Ringkragen, Rücken- und Bruststücke, 2000 Musketen aus Kirsch- und Nußbaumholz samt Geschossen, 1000 Kurzmusketen mit Munition, 1000 Pistolen usw. Über dieses reichhaltige Angebot verfügte Anton Frey aufgrund seiner Beziehungen zu Plattnern und Büchsenmeistern in den Spanischen Niederlanden, in Trier, Mainz und Köln sowie in Hessen-Darmstadt. Er versorgte die Truppen des Kaisers und der katholischen Liga ebenso wie die der protestantischen Union, darunter auch den sächsischen Kurfürsten.

Zu den Kriegsgewinnlern gehörten außer den städtischen Waffenproduzenten und Heereslieferanten auch Spekulanten, die aus dem raschen Wechsel der Preise und deren starkem regionalen Gefälle Nutzen zogen. Es gab Feldobristen und Offiziere, die ihr nicht selten großes Vermögen in billigem Grundbesitz anlegten. Selbst landesherrliche Beamte verdienten am schwunghaften Handel mit Schuldtiteln und landwirtschaftlichen Vermögenswerten verschuldeter Grundbesitzer. Schließlich wurden auch nicht alle Landschaften Deutschlands verwüstet. Wo die Felder noch bestellt werden konnten, trugen ebenfalls die Landwirte Gewinn davon. So entstanden gerade in den Jahren um 1635, als im größten Teil Deutschlands Hunger und Seuchen herrschten, in Schleswig-Holstein einige der schönsten Bauernhäuser.

der Reichshandwerksordnung von 1731, die auf Betreiben der größeren Territorialstaaten zustande kam und die Mißstände im Handwerkswesen beseitigen sollte.

Ein zweites wichtiges Thema, mit dem sich der Reichstag beschäftigte, war die Außenhandelspolitik. Sie hatte zum Ziel, alle ausländischen Erzeugnisse so lange vom deutschen Markt fernzuhalten, bis sich das heimische Gewerbe, vor allem die Textilbranche, von den Kriegsfolgen erholt hatte und mit dem Ausland in Wettbewerb treten konnte. Diese Politik richtete sich gegen Frankreich, das nach 1648 mit seinen Erzeugnissen den deutschen Markt eroberte. Französische Luxuswaren erfreuten sich in Deutschland großer Nachfrage. Dazu gehörten alle Modeartikel des Barockzeitalters, z. B. Spitzen, Seidenstoffe, Kleidung, Schmuck und Hausrat wie Porzellan, Glas, Wandteppiche, Möbel. Paris stieg im 17. Jh. zum Weltmodezentrum auf. Auf Vorschlag Brandenburgs und Österreichs bereitete der Reichstag den umfangreichen französischen Importen sehr bald durch mehrere Gesetze ein Ende, die nach dem Grundprinzip merkantilistischer Außenhandelspolitik die Einfuhr französischer Waren nach Deutschland verboten. Dahinter stand die Absicht, eine aktive Handelsbilanz Frankreich gegenüber zu erreichen sowie die Zahl der gewerblichen Arbeitsplätze zu erhöhen. Als begleitende Maßnahme zur wirksamen Ausschaltung des französischen Handels verabschiedete der Reichstag 1669/1671 ein umfassendes Programm für den Wiederaufbau von Handel und Gewerbe in den deutschen Territorien und Reichsstädten. Es enthielt Vorschläge für die Preissenkung von Waren, den Ausbau der Verkehrswege und die Bekämpfung von Täuschung und Betrug in Handel und Handwerk. Die Reichskriege gegen Frankreich in der zweiten Hälfte des 18. Jh. – der Pfälzische Erbfolgekrieg (1688 bis 1697) und der Spanische Erbfolgekrieg (1701 bis 1714) – wurden auch als Wirtschaftskriege geführt, in deren Verlauf der Kaiser die totale Handelssperre gegen Frankreich verhängte. Die merkantilistische Außenpolitik des Reichs, die mit den Instrumenten Importverbot und Handelsblockade arbeitete, endete 1714 mit dem Frieden von Rastatt und Baden, wo sich Kaiser Karl VI. (R 1711–1740), der Vater von Maria Theresia (R 1740–1780), und der französische König Ludwig XIV. (R 1643–1715) gegenseitige Handelsfreiheit zusicherten.

Der Gedanke des wirtschaftlichen Aufbaus durchzog alle Bereiche der Reichswirtschaftspolitik. Vor allem die Münz- und Außenhandelspolitik bezeugen die Absicht, die Kriegsschäden zu überwinden und eine aktive Handelsbilanz zu erzielen. Die Frage, welche der geplanten Maßnahmen verwirklicht wurden, läßt sich nur schwer beantworten. Dem Gelingen der Reichspolitik standen die Souveränität der Territorialstaaten, die langwierige Verhandlungsführung im Reichstag und die Unzulänglichkeit der Reichsgesetze entgegen. Daher hat sich der Reichsmerkantilismus im wesentlichen in Zielsetzungen und einer, wenn auch umfangreichen und bedeutenden gesetzgeberischen Tätigkeit erschöpft. Bei den Landesherren der einzelnen Territorien lag die eigentliche Gestaltung des Wirtschaftslebens.

Der Wiederaufbau in den Territorialstaaten

Mit dem Westfälischen Frieden erhielten die deutschen Landesherren die volle Souveränität in ihren Territorien: Sie durften Gesetze erlassen, waren oberster Gerichtsherr, konnten Zölle erheben, Münzen prägen und eigene Wirtschaftspolitik betreiben.

Die wirtschaftliche Betätigung von Fürsten war nichts Neues, wenn man ins 16. Jh. zurückblickt. Während die Fürsten jedoch damals hauptsächlich im privaten Bereich – z. B. in der landwirtschaftlichen Produktion auf den eigenen Gütern und im Bergbau – aktiv waren, widmeten sie sich im 17. und 18. Jh. in ihrer Eigenschaft als souveräne Landesherren vornehmlich den öffentlichen wirtschaftlichen Aufgaben. Hauptziel ihrer Bemühungen war, möglichst viel Geld in die landesherrliche Kasse fließen zu lassen, damit ihre politische Macht gefestigt bzw. erweitert wurde. Dazu waren ein stehendes Heer, eine zentrale Verwaltung und ein repräsentativer Hofstaat erforderlich.

Geld konnten die Fürsten in erster Linie über Steuereinkünfte aus einer wachsenden Wirtschaft erhalten. Nach dem Dreißigjährigen Krieg wandten sie sich daher auf wirtschaftlichem Gebiet besonders zwei Aufgaben zu: dem Wiederaufbau des Landes und der Auseinandersetzung mit den Kräften in der Gesellschaft, die den Wirtschaftsablauf wesentlich mitbestimmten und der landesherrlichen Politik im Wege standen: Zünfte und Adel. Jeder Landesherr versuchte, diese Aufgabe entsprechend seinen Möglichkeiten zu lösen, was zu einer fast unüberschaubaren Vielfalt von wirtschaftspolitischen Maßnahmen führte. Einige waren jedoch grundlegend und sollen daher näher betrachtet werden.

Die vordringlichste Aufgabe beim Wiederaufbau des Landes war die planmäßige Besiedlung der durch den Krieg entvölkerten Landesteile, die sog. *Peuplierung*. Nur eine zahlenmäßig starke Bevölkerung konnte die Produktionskraft, die Steuerleistung und die Wehrkraft des Landes erhöhen. Deshalb förderte der Landesherr die Zuwanderung von Ausländern durch materielle Anreize – Zuteilung von gutem Akkerland, niedrige Abgaben, Steuerfreijahre –, wobei Herkunft, Sprache und Konfession keine Rolle spielten. Der Abzug aus Deutschland wurde erschwert, teilweise sogar verboten. Ein Erfolg dieser Peuplierungspolitik zeichnete sich nach etwa hundert Jahren ab. Um 1750 war der Bevölkerungsstand der Vorkriegszeit von 15 bis 17 Millionen Menschen wieder erreicht, und die Bevölkerung wuchs das 18. Jh. hindurch bis auf 23 Millionen an, vermutlich, weil sie sich infolge steigender landwirtschaftlicher Produktion besser ernähren konnte.

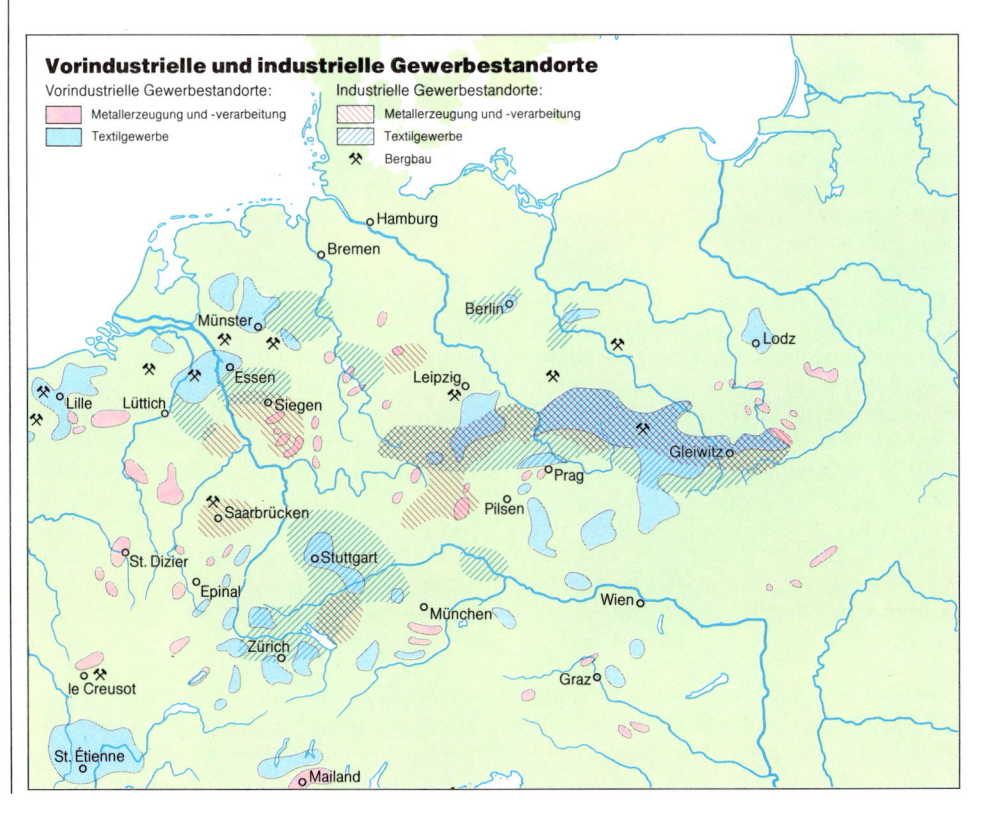

Zahlreiche agrarpolitische Maßnahmen galten dem *Wiederaufbau der Landwirtschaft*. Zur Errichtung neuer Gebäude wurden Bauhilfsgelder und Holz zur Verfügung gestellt, Vieh und Saatgut gab es ebenfalls umsonst. Neusiedler erhielten verlassene Höfe zur Bewirtschaftung, oft gegen Zubilligung einer Reihe von steuerfreien Jahren. Wüstes Land nahmen die Grundherren vielfach selbst in Beschlag, in Ostdeutschland kam es zu einer beträchtlichen Vergrößerung der Gutsbetriebe. Die notwendigen Arbeitskräfte beschafften sich die Gutsbesitzer durch Einführung des Gesindezwangs. Die Aufbauphase der Landwirtschaft endete etwa um 1740, es folgte dann bis 1800 die Ausdehnung der Agrarproduktion, wiederum gelenkt durch landesherrliche Maßnahmen. Im Mittelpunkt standen jetzt die Urbarmachung neuer Böden und die intensive Nutzung der bereits bearbeiteten Äcker. Als Vorbild dabei diente England, dessen Landwirtschaft viel weiter entwickelt war als die anderer europäischer Länder. Die Landesherren stellten vorzugsweise englische Pächter ein, die den Bauern beim Anbau neuer Früchte wie Kartoffeln und Klee beratend zur Seite standen. Bei der Bodennutzung ging man von der einfachen zur verbesserten Dreifelderwirtschaft über. Der Fortschritt bestand darin, daß auf dem gewöhnlich brachliegenden dritten Feld Futterpflanzen wie Klee und Luzerne, teilweise auch schon Kohl und Rüben, angebaut wurden; bisher waren diese nur in Gärten zu finden gewesen.

Insgesamt stieg die landwirtschaftliche Produktion von 1648 bis 1800 auf das Doppelte an, weil die bebauten Ackerflächen zunahmen. Auch die schlechteren Böden wurden jetzt genutzt; hier begann man mit dem Kohl- und Kartoffelanbau. Da sich der Getreideertrag pro Hektar bis 1800 nur geringfügig erhöhte, die Bevölkerung aber von etwa 15 Millionen auf 23 Millionen anwuchs, traten Kohl und Kartoffeln in der Ernährung neben das Getreide; Nahrungsmittel waren also um 1800 zur Genüge vorhanden. Die Qualität der Ernährung verschlechterte sich jedoch, weil Kohl und Kartoffeln einen wesentlich geringeren Eiweiß und Kohlehydratgehalt als Getreide haben. Da die Rindviehhaltung zugunsten der Schafzucht zurückging, kam es auch zu einer mangelnden Versorgung mit tierischem Eiweiß. Der jährliche Fleischverzehr sank von 50 Kilogramm pro Person (um 1700) auf 20 bis 25 Kilogramm (um 1800). Nur wohlhabende Bauern und Bezieher höherer Einkommen konnten sich noch reichlich mit Fleisch versorgen und auch die seit Mitte des 18. Jh. steigenden Getreidepreise verkraften.

Der Übergang von Getreide zu Kohl und Kartoffeln als Grundnahrungsmittel und das verringerte Fleischangebot waren Ende des 18. Jh. die ersten Anzeichen dafür, daß die Nahrungsmittelproduktion trotz aller landesherrlichen Maßnahmen nicht in dem erforderlichen Maß ausgedehnt worden war. Das wichtigste Hindernis lag im noch vorherrschenden Feudalsystem, das die Bauern in vielfältiger Abhängigkeit hielt. Die Maßnahmen einzelner Landesherren zur Erleichterung der bäuerlichen Lasten hatten keine breite Wirkung, da der Einfluß des Adels zu stark war und in vielen Territorien, z. B. in Mecklenburg und Pommern, nicht gebrochen werden konnte. Anders war es dagegen z. B. in Brandenburg-Preußen, wo der Adel seine sozialen und wirtschaftlichen Privilegien zwar vom Landesherrn garantiert erhielt, seine politischen Vorrechte aber, für die er in den Jahrhunderten zuvor gekämpft hatte, verlor.

Die landesherrlichen Maßnahmen zur *Steigerung der gewerblichen Produktion* setzten in drei Bereichen ein:
☐ Die vorhandenen Gewerbe, die im Krieg stark gelitten hatten, wurden durch Importverbote und Kleiderordnungen vor der ausländischen Konkurrenz in ihrer Aufbauphase geschützt.
☐ Die Landesherren förderten nach dem Vorbild Frankreichs neue Gewerbezweige, die Luxusgüter herstellten, wie z. B. Seidenstoffe, Porzellan, Glas, Spiegel und Schmuck, Artikel, die großen Absatz an den Fürstenhöfen der Residenzstädte und in Adelskreisen fanden.
☐ Mit der Gründung von Manufakturen wurden nicht nur Arbeitsplätze für die wachsende Bevölkerung geschaffen, sondern auch die Importe teurer Luxuswaren im merkantilistischen Sinne gesenkt.

Allerdings war der Erfolg dieser vorindustriellen Fabriken begrenzt. Viele gingen schon kurz nach ihrer Gründung wieder ein; denn es fehlte an Facharbeitern

Sennebauern, 1672. Wiederaufbau der Landwirtschaft war nach dem Dreißigjährigen Krieg vordringliche Aufgabe.

und an genügend Kapital zur Überwindung der Startschwierigkeiten. Die kleinen Handwerksbetriebe und das im Verlag organisierte Heimgewerbe bildeten daher weiterhin den Hauptpfeiler der gewerblichen Produktion. Von den insgesamt im Gewerbe beschäftigten Personen waren um 1800 rund die Hälfte im Handwerk, etwa 43 Prozent im Verlag und nur 7 Prozent in Manufakturen tätig.

Zur Gewerbepolitik gehört auch die Frage, wie sich die Landesherren den Zünften gegenüber verhielten. Da es im landesherrlichen Interesse lag, daß die Wirtschaft möglichst schnell Einkünfte brachte, stimmten die wirtschaftspolitischen Ziele der Zünfte und der Landesherren nicht miteinander überein. Die Zünfte, die auf ihren althergebrachten Traditionen beharrten, konnten die Bevölkerung weder ausreichend noch preiswert mit gewerblichen Erzeugnissen versorgen. Um die Wirtschaft anzukurbeln, schufen die Landesherren mit dem zunftfreien, staatsgebundenen Produktionsbereich der Manufaktur ein Gegengewicht gegen das Zunftgewerbe und verminderten dessen Macht. Der Zunftzwang blieb dennoch in den meisten Handwerken bis ins 18. Jh. bestehen, weil die Landesherren in vielen Dingen auf die Mitarbeit der Zünfte angewiesen waren: Die Zünfte stellten einen wichtigen Ordnungsfaktor dar, z. B. in der Ausübung gewerblicher Aufsicht, der Ausbildung des Handwerkernachwuchses und der sozialen Fürsorge im Alters- und Krankheitsfall.

Trotz der aktiven Gewerbepolitik der

Das Zeitalter des Merkantilismus

Gewerbestruktur in Deutschland um 1800

Zweig	Handwerk in %	Verlag in %	Manufaktur in %	Zusammen in %	absolut
Metall	5,6	1,0	1,0	7,6	170 000
Bau	10,4	0,0	0,0	10,4	240 000
Steine, Erden	2,9	0,0	0,2	3,1	70 000
Feinmechanik	0,7	0,1	0,1	0,9	20 000
Textil, Bekleidung	8,3	41,0	3,2	52,5	1 170 000
Holz, Papier	8,6	1,0	0,7	10,3	230 000
Nahrung	13,4	0,0	0,0	13,4	300 000
Bergbau	0,0	0,0	1,8	1,8	40 000
Insgesamt	49,9	43,1	7,0	100,0	2 240 000

Quelle: Henning, Friedrich-Wilhelm: Das vorindustrielle Deutschland, 800 bis 1800, 1974

Territorialherren entwickelten sich die Produktionsbedingungen in Deutschland nur langsam und waren noch Ende des 18. Jh. weitaus schlechter als in England. Immerhin hatte die territorialstaatliche Politik eine Verbesserung der gesamten Gewerbestruktur durch Ansiedlung neuer oder zu gering vertretener Gewerbezweige bewirkt. Ausgerichtet war das Gewerbe um 1800 auf die Herstellung von Verbrauchsgütern, vor allem von Textilien und Nahrungsmitteln.

Der dritte Wirtschaftszweig, dem die landesherrliche Politik galt, war der Handel. Mit wachsender Bevölkerung und Ausdehnung des Gewerbes kam es seit Beginn des 18. Jh. zu einer sichtbaren Belebung des Handels, die durch landesherrliche Maßnahmen – Ein- und Ausfuhrverbote, Schutzzölle, Handelsverträge – unterstützt wurde. Zentren des deutschen Außenhandels waren nicht mehr die süddeutschen Handels- und Gewerbestädte, sondern die Küstenstädte an der Nordsee, Bremen und Hamburg. Da die Niederlande und England mittlerweile den Überseehandel fest in der Hand hatten, war der deutsche Außenhandel auf Zusammenarbeit mit diesen Ländern angewiesen. Wichtigster Handelsplatz im Innern Deutschlands wurde Leipzig, dessen Messen bereits seit dem 16. Jh. an Bedeutung gewonnen hatten.

Ende des 18. Jh. wies Deutschland eine beachtliche Ausfuhr von Fertigwaren auf – darunter Tapeten, Seifen, Porzellan, Seidenwaren, Strümpfe, Bänder, Spitzen, Hüte, Handschuhe, Glas, Spiegel, Wollbekleidung, Uniformen (u. a. für die russische Armee), Schuhe und Gürtel. Die Einnahmen, die dieser Export brachte, waren eine wichtige Voraussetzung für die Finanzierung von Rohstoffimporten. Der größte Teil der Fertigwaren stammte aus dem Textilsektor. Die Landwirtschaft hatte um 1800 ihre führende Rolle im Außenhandel – im Getreideexport – eingebüßt.

Mit der Belebung des Handels stellte sich für die Territorialherren auch die Aufgabe, das Verkehrsnetz auszubauen. Und das hieß, die wichtigsten Verkehrsadern, die Flüsse, mußten an vielen Stellen schiffbar gemacht, durch Kanäle, vor allem in Norddeutschland und Brandenburg, miteinander verbunden werden. Der Ausbau des Straßennetzes steckte Ende des 18. Jh. noch in den Anfängen.

Nach dieser mehr allgemeinen Beschreibung landesherrlicher Wirtschaftspolitik sollen nun einige Territorien etwas näher dargestellt werden. Nur die größeren und mittleren der insgesamt mehr als 300 deutschen Territorialstaaten konnten eine wirksame eigene Wirtschaftspolitik betreiben. Die Zahl dieser Staaten war, wenn man einen Blick auf die politische Landschaft Mitte des 17. Jh. wirft, gering. Höchstens dreizehn lassen sich aufzählen: Österreich, Brandenburg-Preußen, Bayern, Sachsen, Braunschweig-Lüneburg, die beiden geistlichen Kurfürstentümer Köln und Trier, Hessen-Kassel, Württemberg, Jülich-Berg, Kurmainz, Kurpfalz und Baden.

Von diesen Staaten werden nun fünf beispielhaft etwas näher betrachtet, nämlich Sachsen – ein reiches Land –, Hessen-Kassel – ein armes Land –, Baden – ein fortschrittliches Land – und die beiden größten Territorialstaaten Deutschlands, Österreich und Brandenburg-Preußen. In jedem dieser Staaten setzte die landesherrliche Politik andere Akzente, trotz der oben geschilderten grundlegenden Züge, die in der Wirtschaftspolitik allen gemeinsam waren.

Sachsen

Das Kurfürstentum Sachsen war vom Dreißigjährigen Krieg weitgehend verschont geblieben und hatte keine größeren Bevölkerungsverluste erlitten. Das Land konnte daher nach 1648 Einwohner an die benachbarten Staaten abgeben, zumal es selbst durch den Zuzug von 150 000 böhmischen Glaubensflüchtlingen einen erheblichen Bevölkerungszuwachs erfuhr. Eine Peuplierungspolitik war hier im Gegensatz zu vielen anderen Territorien, wie z. B. Österreich, Brandenburg-Preußen, Hessen-Kassel und Baden nicht erforderlich.

Der grundbesitzende Adel konnte in Sachsen im 17. und 18. Jh. erheblichen Einfluß erlangen, weil die Landesherren ihm nicht resolut genug entgegentraten. Die landesherrliche Agrarpolitik blieb daher ohne Bedeutung. Vor allem in der Lausitz baute der Adel seine alten gutsherrlichen Rechte weiter aus, die Leibeigenschaft der Bauern verschärfte sich.

Der eigentliche Erfolg landesherrlicher Wirtschaftspolitik lag in Sachsen auf dem gewerblichen Sektor. Es gelang den Kurfürsten, die durch den Dreißigjährigen Krieg geschwächten Städte und die Zünfte aus ihrer führenden wirtschaftlichen Rolle zu verdrängen und ihren Platz einzunehmen. Nicht nur bei Mißständen griff der sächsische Kurfürst ein, vielmehr machte er jegliche gewerbliche Betätigung von seiner Zustimmung abhängig. Besonders gefördert wurde das Handwerk nicht. Die kurfürstliche Gewerbepolitik legte das Schwergewicht vielmehr auf die Förderung von Manufakturen, und zwar solcher Betriebe, von denen ein Produktionsaufschwung und damit Einnahmen für die Staatskasse zu erwarten waren, wie sie das Handwerk nicht bieten konnte.

Zwischen 1670 und 1740 entstanden zahlreiche Porzellan-, Seiden-, Samt-, Spiegel-, Gold- und Silberwarenmanufakturen, ebenso Strumpfwirkereien und Betriebe zur Herstellung von Blechlöffeln, Gewehren, Leinen- und Baumwollwaren. Auch die erste Meißner Porzellanmanufaktur wurde in dieser Zeit, um 1710, auf Initiative des sächsischen Kurfürsten und polnischen Königs, August des Starken (R 1694–1733), gegründet.

Die Blütezeit der sächsischen Manufakturen fiel in die Zeit nach dem Siebenjährigen Krieg. Seit 1763 erfolgten Betriebsgründungen in vorher nicht gekannter Anzahl, deren besonderes Merkmal der Übergang zur Produktion von Massenbedarfsartikeln, vor allem von Baumwollwaren, war. Das Verspinnen der Baumwolle war fast ausschließlich häusliche Nebenbeschäftigung der Landbevölkerung. 72 Prozent der Menschen auf dem Land mußten durch Heimarbeit dazuverdienen, weil der geringe Landbesitz sie nicht ernähren konnte; reine Ackerbaudörfer gab es nur noch selten.

Das bedeutende sächsische Textilgewerbe stand in enger Verbindung mit Hamburg und England, in deren Exportgebiete und Kolonien die Masse der sächsischen Erzeugnisse ging. Im 18. Jh. verfügte Sachsen trotz der Handelserschwernisse seitens seiner großen Nachbarn Preußen und Österreich über lebhafte und weitreichende Handelsverbindungen. In der kurfürstlichen Außenhandelspolitik gewannen zunehmend freihändlerische Ideen an Bedeutung. Das hing mit der gewerblich orientierten Wirtschaftsstruktur und der geographischen Lage des Landes zusammen. Seine Straßen führten von Osten nach Westen, von Norden nach Süden, und seine Messen in Leipzig waren der Mittelpunkt des internationalen Austauschs. Hier traf sich nicht nur die Handelswelt, sondern auch die »Gelehrte Welt«. Leipzig als Klein-Paris zog Künstler, Wissenschaftler und Dichter wie Gottsched, Gellert, Lessing und den jungen Goethe in seine Mauern.

Hessen-Kassel

Im Gegensatz zu Sachsen, das durch sein Textilgewerbe reich wurde, war die Landgrafschaft Hessen-Kassel ein armes Land. Sie verfügte – ähnlich wie Brandenburg – weder über besonders gute Ackerböden noch über nennenswerte Bodenschätze. Im Mittelpunkt standen der Getreide- und Flachsanbau sowie die Rinder- und Schafzucht. Wolle und Flachs waren die beiden wichtigsten Rohprodukte, auf denen Handel und Gewerbe beruhten.

Das Land gehörte zu den Hauptzerstörungsgebieten des Dreißigjährigen Krieges. Die hohen Bevölkerungsverluste bildeten daher – ähnlich wie in Brandenburg – den Ausgangspunkt für die landgräfliche Wirtschaftspolitik nach 1648. Es bestanden jedoch nur geringe Möglichkeiten, die Verluste durch gezielte Herbeiziehung von Siedlern zu überwinden, da die Nachbarländer, aus denen eine Einwanderung möglich gewesen wäre, ebenfalls einen erheblichen Rückgang ihrer Einwohnerzahlen verzeichneten. Auch bot Hessen-Kassel nur ungenügende wirtschaftliche Anreize, im Gegensatz etwa zu Brandenburg, das Neusiedlern in großem Umfang materielle Vergünstigungen gewährte. Die hessischen Landgrafen beschränkten sich daher in ihrer Peuplierungspolitik auf den Erlaß von Auswanderungsverboten und begünstigten, so gut es ging, die Zuwanderung. Für die Landeshauptstadt Kassel war der Zuzug von Hugenotten, französischen Glaubensflüchtlingen, zwischen 1685 und 1693 von Bedeutung; er wirkte sich positiv auf das städtische Wirtschaftsleben aus.

Die landesherrlichen Maßnahmen zum Wiederaufbau der Landwirtschaft beschränkten sich auf die staatliche Regulierung des Getreidehandels. Bei guten Ernten und Getreideüberschuß, wie sie Ende des 17. Jh. belegt sind, stand einer Ausfuhr gegen Entrichtung entsprechender Zollgebühren für die Staatskasse nichts im Wege. In Zeiten drohenden Mangels wurde die Ausfuhr verboten. Bei der Mißernte im Jahr 1720 wurden erstmals auch Festpreise für Getreide festgelegt, die nicht überschritten werden durften. Außerdem ging die Regierung zum System der Vorratshaltung in Getreidespeichern, sog. Magazi-

Der Alchimist Johann Friedrich Böttger (*1682, †1719) erfand mehr oder weniger zufällig das europäische Porzellan. Auf der Albrechtsburg in Meißen wurde 1710 die erste europäische Porzellanmanufaktur eingerichtet (rechts).
Frühes Meißner Porzellan: ein Türke mit Pferd, Erinnerung an die Türkenkriege (unten).

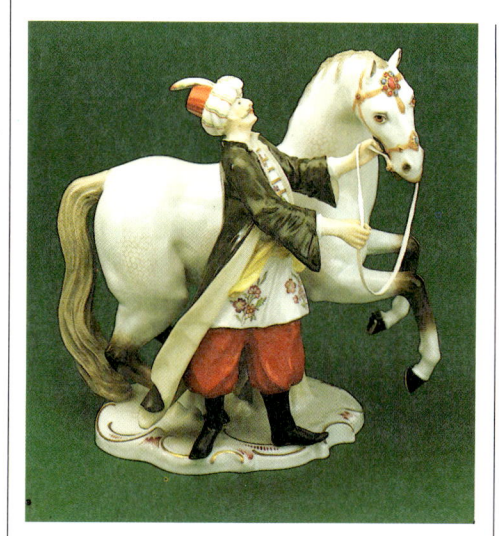

nen über, um die Bevölkerung vor der schlimmsten Not zu bewahren.

Durch zahlreiche Maßnahmen wurde auch das Wollgewerbe geschützt. Die Wolle sollte im Land verarbeitet und die fertigen Tuche dann im Ausland abgesetzt werden, um eine aktive Handelsbilanz zu erzielen. Das mißlang völlig. Wegen der mangelnden Qualität war auch der Absatz im Landesinnern schlecht. Um die Leute dennoch zum Kauf der heimischen Textilien zu bewegen, erging 1710 eine Kleiderordnung, die allen Bürgern, Handwerkern und Dienstboten das Tragen von Kleidern aus dem Ausland untersagte. Die Gründung einiger Textilmanufakturen, die allerdings keine große Bedeutung erlangten, erfolgte um 1720 durch die eingewanderten Hugenotten, die vom Landesherrn dabei unterstützt wurden. Im Unterschied zu Sachsen erfuhr das Gewerbe in Hessen eine intensive staatliche Förderung, wobei die Zünfte der landesherrlichen Kontrolle unterlagen.

Neben dem Tuchgewerbe förderte der Landgraf die Erzeugung von Leinengarn und Leinen. Zur Intensivierung des Linnen-Handels wurde eine Leinen-Bank – die Legge-Bank – im Kaufhaus von Karlshafen eingerichtet. Dort mußten Leinenmeister und Hilfskräfte die Stücke abmessen, zeichnen und verpacken. Die Leinenballen trugen unterschiedliche Gütezeichen, die besten Qualitäten aus Karlshafen waren mit einem Löwen, dem Wappentier von Hessen-Kassel, gekennzeichnet. Die Hauptabsatzplätze des hessischen Leinens waren Bremen, Elberfeld und Holland. In Bremen kauften die Engländer das Leinen auf und exportierten es in ihre Kolonien. Seit 1730 machten jedoch Schotten und Iren dem hessischen Leinengarn Konkurrenz. Dort war der Flachsanbau dermaßen intensiviert worden, daß nicht nur bessere Qualitäten, sondern auch größere Mengen nach England geliefert werden konnten, und das zollfrei, während für hessisches und anderes deutsches Leinen in England 25 Prozent Einfuhrzoll erhoben wurde. Vor 1730 fiel die Zollbelastung für die deutschen Kaufleute nicht ins Gewicht, weil ihnen die englische Regierung die gezahlten Zollbeträge zurückerstattete. Gegen diesen Rückzoll kämpften jedoch Schottland und Irland. Sie setzten schließlich beim englischen Parlament durch, daß der Rückzoll abgeschafft wurde. Dadurch waren Bremen und Hessen gezwungen, sich neue Absatzmärkte zu suchen, die sie in Portugal und Spanien fanden.

Von herausragenden Erfolgen der hessischen Wirtschaftspolitik kann man nicht sprechen, wohl aber davon, daß eine Belebung von Handel und Gewerbe erreicht wurde, die in Kassel und Umgebung auf die Leistungen der eingewanderten Hugenotten zurückging.

Ebenso wie Sachsen war Hessen-Kassel ein Durchgangsland für den Handel von Norden nach Süden und von Osten nach Westen. Die Verkehrspolitik der Landesherren gewann daher besondere Bedeutung. Tatkräftig wurde sie in Angriff genommen durch den 23jährigen Landgrafen Karl (R 1670–1730), den Gründer der Stadt Karlshafen (1699), der nicht nur für den Ausbau eines vorbildlichen Postnetzes sorgte, sondern auch 1722 mit einem für damalige Zeit typischen Kanalbauprojekt begann. Es hatte eine Größenordnung, die alle zeitgenössischen Unternehmungen dieser Art in den Schatten stellte. Der Landgraf beabsichtigte, einen Kanal zu bauen, der die Weser von Karlshafen über die Lahn mit dem Rhein verbinden sollte. Nur ein kleines Teilstück von Stammen nach Hümme zwischen Karlshafen und Kassel konnte fertiggestellt werden.

Als Bauarbeiter wurden die Soldaten des stehenden Heeres herangezogen. Nach dem Tod des Landgrafen Karl, 1730, geriet das Projekt bald in Vergessenheit, weil seinem Nachfolger der Ausbau der Residenzstadt Kassel zum Aushängeschild des Landes wichtiger erschien.

Die Gesamtkosten des Kanals wurden auf eine halbe Million Taler veranschlagt. Das war eine beträchtliche Summe, wenn man beispielsweise zum Vergleich die jährlichen Staatseinkünfte Brandenburgs im Jahr 1713 heranzieht, die 4 Millionen Taler betrugen. Da die hessische Wirtschaft den Landesherren nur bescheidene Einkünfte garantierte, hatten sie sich beizeiten nach einer anderen Geldquelle umgesehen, aus der sich auch kostspielige Projekte wie der Rhein-Weser-Kanal finanzieren ließen. Diese Geldquelle waren die Soldaten: Seit Beginn des 18. Jh. gingen die Landgrafen dazu über, die Truppen ihres gut ausgebildeten stehenden Heeres fremden kriegführenden Mächten gegen beträchtliche Geldsummen (Subsidiengelder, von lat. *subsidium* = Hilfe, Beistand) zur Verfügung zu stellen. Auf diese Weise gingen in den Jahren 1727 bis 1731 allein aus England fast 4 Millionen Taler an Subsidien ein. So kam es auch unter dem Landgrafen Friedrich II. (R 1760–1785) zu jenen Truppenvermietungen, die als »Soldatenhandel« oder »Verkauf von Landeskindern« vor allem während des amerikanischen Unabhängigkeitskrieges (1776 bis 1783) berüchtigt waren. Damals kämpften aufgrund des englisch-hessischen Subsidienvertrages vom 31. Januar 1776 etwa 17 000 hessische Soldaten auf der Seite Englands gegen Amerika. Bei vielen Zeitgenossen stieß die hessische Subsidienpolitik auf heftige Kritik. Auch Friedrich der Große lehnte den »Soldatenhandel« ab und bezeichnete die Fürsten, die sich dazu hergaben, als »geldgierig«. Im übrigen sah er mit Besorgnis, daß die Verteidigungskraft des Reiches zunehmend sank.

Den hessischen Landgrafen konnte diese Kritik gleichgültig sein. Die durch Subsidienverträge erworbenen Millionen machten sie Ende des 18. Jh. zu den reichsten Fürsten ihrer Zeit, aber auch zu den geschäftstüchtigsten, die mit diesem Geld einträglich wirtschafteten und das Land aus seiner Armut herausführten. Die Finanzgeschäfte des Landgrafen leitete seit 1783 der jüdische Hofbankier Meyer Amschel Rothschild. Seine Banken und die seiner Söhne in Frankfurt und London entwickelten sich vornehmlich durch Verwaltung des hessischen Subsidienkapitals zu ihrer späteren Größe.

Ihre besondere Note erhielt die hessische Wirtschaftspolitik dadurch, daß die Wirtschaft des Landes von seinen Herrschern als Bestandteil des Staatsvermögens betrachtet wurde und wie jeder andere Vermögensteil als Handelsobjekt zugunsten der jeweiligen politischen, finanziellen und wirtschaftlichen Bedürfnisse des Staates zum Einsatz gelangte. Daher kam es auch zu den zahlreichen Bestimmungen über die hohen Abzugsgelder, die das ganze 18. Jh. hindurch die Abwanderung von Wehrtüchtigen verhindern sollten. »Der Staat zwang entgegen der landläufigen Meinung seine Bürger keineswegs in die eigenen Regimenter, um sie auf diese Weise zum Nutzen des Staatshaushaltes einzusetzen«, schreibt Manfred Lasch in seiner Untersuchung über die Landgrafschaft Hessen-Kassel. »Die hessen-kasselschen Bestimmungen über die Werbung unterstreichen immer wieder den freiwilligen Charakter der Rekrutierungen. Im Gegenteil, der Staat bestimmte, wer zur Verrichtung von Waffendiensten herangezogen werden durfte. Gutsituierte Bürger, erste Söhne von Bauern und Handwerkern, der einzige Sohn einer Witwe und auch deren weitere Söhne, wenn sie mehr als 6 Albus Kontribution (Grundsteuer; 1 Albus = 12 Heller, 12 Albus = 1 Reichstaler) zahlten, ferner Schäfer, die eine Herde hatten, Salzfuhrleute

Der Schriftsteller Johann Gottfried Seume (*1763, †1810) in der Gewalt hessischer Werber (Zeichnung von Ernst Koch).

und sämtliche mit dem Bergwesen in Zusammenhang stehenden Berufe durften nicht eingezogen werden. Der Landgraf schrieb ausdrücklich vor, solche Leute zu nehmen, die nicht sonderlich begütert waren und durch ihr geringes Vermögen nur unwesentlich zum Steueraufkommen des Staates beitrugen. Sie sollten erfaßt und durch die Erfüllung von Subsidienverträgen zur Erhöhung der Staatseinnahmen herangezogen werden.«

Baden

Die Markgrafschaft Baden war ein süddeutscher Territorialstaat mittlerer Größe, allerdings viel kleiner als Sachsen und auch Hessen-Kassel. Die Wirtschaftspolitik seiner Landesherren wurde durch die geographische Nähe zu Frankreich beeinflußt und erhielt von daher ihren besonders fortschrittlichen Akzent.

Baden wurde durch den Dreißigjährigen Krieg verhältnismäßig wenig zerstört, die Bevölkerungsverluste lagen bei 20 bis 30 Prozent. Um so schlimmer waren die Verwüstungen im Pfälzischen Erbfolgekrieg (1688 bis 1697) durch Truppen des französischen Königs Ludwig XIV. Von einem erfolgreichen Wiederaufbau kann man erst unter der Regierung des Markgrafen Karl Wilhelm (R 1709–1738) sprechen.

Die Markgrafen von Baden hatten

schon 1668 die Landstände – die Volksvertretung – aufgelöst und den Absolutismus nach dem französischen Vorbild Ludwigs XIV. eingeführt. Damit schufen sie sich freie Hand für ihre Wirtschaftspolitik, anders als die Landesherren z. B. Sachsens und Hessens, die sich mit Adel und Zünften auseinandersetzen mußten.

Im Unterschied zu den französischen Königen waren die Markgrafen äußerst sparsame Regenten. Ihre gut arbeitende Verwaltung war im Residenzschloß Karlsruhe untergebracht. Besonderes Gewicht legten sie auf die Verbesserung der Landwirtschaft. Markgraf Karl Friedrich von Baden (R 1738–1811) folgte dabei in der zweiten Hälfte des 18. Jh. den damals neu aufkommenden Lehren der französischen Physiokraten, mit deren Schriften er sich eingehend beschäftigte. Diese sahen im Gegensatz zum Merkantilismus die Quelle des Wohlstands einer Nation nicht im Außenhandel, sondern in der natürlichen Kraft von Grund und Boden. Daher der Name Physiokraten – von griech. *physis* = Kraft und *chratos* = Natur. Der Physiokrat François Quesnay (*1694, †1774), Leibarzt des französischen Königs Ludwig XV. (R 1715–1774) und seiner Mätresse, der Madame Pompadour (*1721, †1764), formulierte den bekannten Satz: »Die Landwirtschaft ist die Quelle aller Güter des Staates und seiner Bürger.« Ein Grundgedanke der Physiokraten war auch, Steuern nur nach dem Ertrag des Bodens zu erheben, Handel und Gewerbe dagegen nicht zu besteuern. Markgraf Karl Friedrich stellte daher in einigen Gemeinden des Pforzheimer Oberamts die Wirtschaft versuchsweise nach diesem System um. Der Erfolg des Modellversuchs blieb jedoch aus, weil die Bauern die Steuerlast nicht richtig einkalkulierten. Das alte Steuersystem wurde wieder eingeführt. Ebenso wichtig wie der Versuch des Markgrafen, die neuen Lehren aus Frankreich anzuwenden, waren seine praktischen Maßnahmen zur Steigerung der landwirtschaftlichen Produktion. 1763 wurde eine besondere Unterstützung zur Urbarmachung ungenutzter Gemeindefelder gewährt, die verbesserte Dreifelderwirtschaft eingeführt – was damals als sehr modern galt – und die Stallfütterung mit verbesserter Düngerpflege empfohlen. Ein Jahr später kaufte der Markgraf neue Kartoffelsorten aus der Pfalz als Saatgut auf. Mit dem Obstbau und der Züchtung feinen Tafelobstes begann er im fürstlichen Garten des Karlsruher Schlosses. Natürlich fehlten auch, der Zeit entsprechend, die Anpflanzung von Maulbeerbäumen und die Seidenraupenzucht nicht. Trotz großer Bemühungen mußte diese nach einigen Jahren eingestellt werden, weil starker Frost alle Bäume vernichtete.

Auf verschiedenen Auslandsreisen nach England und Frankreich hatte Markgraf Karl Friedrich nicht nur die landwirtschaftlichen Verhältnisse, sondern auch die Manufakturen dieser Länder kennengelernt. Um den wirtschaftlichen Anschluß zu bekommen und der wachsenden Bevölkerung seines Landes Arbeitsmöglichkeiten zu beschaffen, förderte er nach seiner Rückkehr vor allem Textil- und Schmuckwarenmanufakturen, deren Mittelpunkt Pforzheim wurde. Auch die badischen Eisen- und Schmelzhütten entwickelten sich unter seinem Einfluß. Er vergab Monopole auf bestimmte Zeit und sicherte den Absatz der Waren. Die Bitten der Unternehmer um Geldvorschüsse pflegte er nach einigen mißlichen Erfahrungen jedoch abzuweisen, »weil derjenige, der weder Barschaft noch Kredit mitbringt, nicht zuverlässig ist«.

Zum größten Gewerbezentrum entwickelte sich das Pforzheimer Waisenhaus, das 1718 gegründet worden war. Ihm waren mehrere Wollmanufakturen und seit 1767 auch eine Uhrenmanufaktur angeschlossen, aus der sich die Pforzheimer Schmuckwarenindustrie entwickelte. Voraussetzung für das blühende Gewerbe in Baden war nicht nur die landesherrliche

Unter Markgraf Karl Friedrich (R 1738–1811) nahmen Handel und Gewerbe in Baden einen bedeutenden Aufschwung. Selbst die Seidenraupenzucht (ganz oben; Kupferstich 1779) versuchte der Markgraf heimisch zu machen. Berühmt wurden Pforzheimer Schmuckwaren und Schwarzwälder Uhren, aber auch die Erzeugnisse der Schwarzwälder Glashütten (unten; Gemälde, 18. Jh.).

Förderung, sondern auch eine ungewöhnlich fleißige und technisch begabte Bevölkerung, die seit etwa 1730 die Entwicklung der Schwarzwälder Uhrenherstellung entscheidend vorantrieb.

Der Markgraf versuchte, durch Einrichtung von Gewerbeschulen diese Fähigkeiten gerade in den unteren Volksschichten zu kultivieren. Die Hebung von Textilgewerbe und Eisenbergbau stand für ihn in engem Zusammenhang mit dem Fortschritt in der Landwirtschaft; z. B. trug eine verbesserte Wollschafzucht durch Ankauf von Merinoschafen aus Spanien zu besseren Tuchqualitäten bei.

Das Zeitalter des Merkantilismus

Die Wirtschaftspolitik Österreichs

Während die Vielzahl der deutschen Territorialstaaten im 17. und 18. Jh. nach den Lehren der Kameralisten wirtschaftete, mit jeweils unterschiedlichen Akzenten, wie an den Beispielen Sachsen, Hessen-Kassel und Baden gezeigt wurde, gingen die beiden Großterritorien Österreich und Preußen aufgrund ihrer räumlichen Ausdehnung und politischen Macht vom Kameralismus zu einer konsequenten merkantilistischen Politik über. Zur vollen Entfaltung kam der Merkantilismus in Österreich unter Maria Theresia, in Preußen unter Friedrich dem Großen (R 1740–1786).

Die österreichischen Habsburger waren mehr als 350 Jahre, von 1438 bis 1806, deutsche Kaiser. Als sie nach dem Dreißigjährigen Krieg ihre kaiserliche Macht weitgehend verloren, blieb ihnen immer noch ihre *Hausmacht*, d. h. die ausgedehnten habsburgischen Gebiete, über die sie als Landesfürsten herrschten. Diese Hausmacht stellte kein geschlossenes Territorium dar, sondern war ein Vielvölkerstaat. Den Kern bildeten die sogenannten »Erblande«: die Herzogtümer Österreich (danach erhielt das gesamte Reich seinen Namen), Steiermark, Kärnten, Krain mit den Mittelmeerhäfen Triest und Fiume. Hinzu kamen Tirol, Vorarlberg und der Breisgau, die ebenso wie die Erblande rein deutsche Gebiete waren. Die Habsburger waren außerdem Könige von Böhmen – mit Mähren und Schlesien – und Ungarn. Im 18. Jh. erwarben sie Besitz in Italien und regierten von 1714 bis 1797 die ehemals Spanischen Niederlande, das heutige Belgien. Mit diesen Besitzungen waren die Habsburger im 17. und 18. Jh. die größten Territorialherren des Deutschen Reiches und ließen alle anderen Staaten weit hinter sich, auch Brandenburg-Preußen, das erst unter Friedrich dem Großen zur Konkurrenz für Österreich wurde.

Bevölkerung und Wirtschaft der Habsburgischen Kronländer wurden vom Dreißigjährigen Krieg unterschiedlich in Mitleidenschaft gezogen. Die österreichischen Kernlande südlich der Donau blieben verschont. Schwere Schäden und Bevölkerungsverluste erlitten dagegen Böhmen, Mähren und das nördliche Niederösterreich. Neben den Kriegsverlusten war die Zahl der Menschen, die das Land aus religiösen Gründen verließen, hoch. Seit dem Sieg der Gegenreformation in den Habsburgischen Ländern, 1620, waren Protestanten scharfen Verfolgungen ausgesetzt, sie sollten zur Rückkehr zum katholischen Glauben gezwungen werden. Allein aus Böhmen flüchteten 150 000 Menschen in das benachbarte evangelische Sachsen, dessen Kurfürsten 1697 zum katholischen Glauben übertraten, um die polnische Königskrone zu bekommen. Aus Österreich emigrierten 40 000 Protestanten in die süddeutschen Kleinstaaten. Insgesamt verließen etwa 200 000 Menschen aus Glaubensgründen das Land. Das war damals die doppelte Einwohnerzahl der Hauptstadt Wien, die zu den zwölf größten Städten Europas zählte.

Mit einer gezielten *Bevölkerungspolitik* mußten die österreichischen Herrscher versuchen, die hohen Verluste auszugleichen. Dazu gehörten Auswanderungsverbote und materielle Begünstigungen für Zuwanderer, z. B. Zuteilung von gutem Akkerland, Steuerfreijahre, Vergünstigungen für Gewerbebetriebe.

Nicht nur Österreich und Böhmen mußten wieder »peupliert« werden, sondern auch der Südosten der Monarchie. Durch die Türkenkriege – 1683 belagerten die Türken Wien –, die Prinz Eugen, der edle Ritter, militärisch für Habsburg entscheiden konnte, waren Ungarn, Siebenbürgen, das Banat, Teile Serbiens und der Walachei an Österreich gefallen. Diese Gebiete waren nach der langen Kriegszeit nahezu entvölkert. Sie wurden neu besiedelt und durch eine Militärgrenze, die ca. 50 Kilometer breit und fast 2000 Kilometer lang war, gegen das türkische Reich abgesichert. Hier durften nur Bauern siedeln, die zugleich Soldaten waren. Um das Banat und den ganzen Süden Ungarns neu zu kultivieren, gewann man Siedler aus dem um 1700 bereits wieder verhältnismäßig dicht bevölkerten Süddeutschland, darunter Pfälzer und Schwaben, die sog. »Donauschwaben«, weil sie auf Schiffen die Donau abwärts zogen. Viele Menschen wurden auch zwangsweise nach Ungarn umgesiedelt. Herumtreiber, Arbeitslose und Invaliden aus Wien und Niederösterreich griff man ebenso auf wie kriegsgefangene Preußen. Sie alle kamen per »Wasserschub« auf der Donau. Die Zwangsumsiedlung erfolgte während des ganzen 18. Jh., die Bevölkerung Ungarns stieg von 2,5 Millionen im Jahr 1715 auf 7 Millionen im Jahr 1790 an, ein beachtlicher Erfolg staatlicher Politik.

Die österreichische Wirtschaft hatte durch den Dreißigjährigen Krieg stark gelitten. Betroffen waren vor allem das hochentwickelte Tuch- und Leinwandgewerbe sowie die Glasbläserei in Schlesien, Mähren und Böhmen. Die staatliche *Wirtschaftspolitik* der Nachkriegszeit knüpfte hier an und sah unter dem Einfluß der merkantilistischen Lehre ihre Hauptaufgabe darin, Gewerbe und Handel zu för-

---

Um das erste Wiener Kaffeehaus, das 1685, nach der zweiten Belagerung der Stadt durch die Türken, entstanden sein soll, und den ersten Kaffeesieder Wiens, Georg Franz Kolschitzky, ranken sich viele Legenden. Sie hatte Franz Schams vor Augen, als er ungefähr 180 Jahre später dieses Bild malte: Kolschitzky in seinem Kaffeehaus »Zur blauen Flasche« inmitten seiner Gäste.
Die Atmosphäre ist intim, einen jeden Gast, erzählt man sich noch heute, hat Kolschitzky mit »Bruderherz« begrüßt.
Im Lauf der Zeit ist das Wiener Kaffeehaus eine Lebensphilosophie, ja eine Lebensform geworden: Man ist wie zuhause, kann Geselligkeit genießen und doch für sich bleiben.

dern und eine aktive Handelsbilanz zu erreichen. Die Kaiserliche Hofverwaltung in Wien formulierte ihr wirtschaftspolitisches Programm 1700 folgendermaßen: »Das Geld ist das Blut des Staatskörpers und solches nicht allein zu zügeln, sondern beizubehalten bedarf es keines anderen Mittels, als daß fremde Waren entweder in einem Lande nicht zugelassen werden oder, wenn sie unvermeidlich sind zur allgemeinen Notdurft erforderlich sind, im Lande selbst durch Natur oder Arbeit erzeugt werden, weil damit Gelegenheit und Grund wegfällt, das Geld außer Landes gehen zu machen.«

Das große Vorbild der österreichischen Wirtschaftspolitik bei der Verwirklichung dieser Ziele war Holland, das ein blühendes Gewerbe und einen weltweiten Handel besaß. Die in Holland hergestellten Luxuswaren erfreuten sich in Österreich großer Nachfrage. Aus holländischen oder aus von Holland eingeführten englischen Stoffen waren die Uniformen der österreichischen Offiziere, die Livreen der Diener und die Kleider der Adligen hergestellt. Die Erzherzoginnen bezogen Spitzen und Juwelen aus Holland, die kaiserlichen Münzstätten kauften amerikanisches Silber zu hohen Preisen in Holland ein, während das österreichische Silber, das in den Alpen, in Böhmen und in der Slowakei gewonnen wurde, zu Schleuderpreisen nach Süddeutschland ging. Der Markt in Amsterdam lieferte Pulver und Salpeter zur Herstellung von Munition, aus Den Haag kamen schwere Geschütze und Kriegsschiffe.

Diesen Zustand bezeichneten die Merkantilisten als beschämend für eine Großmacht wie Österreich und gingen daran, selbst die ersten Manufakturen zu gründen. Der Kameralist und Merkantilist Johann Joachim Becher (*1635, †1682), ein Arzt aus Speyer, der von 1670 bis 1676 Wirtschaftsberater Kaiser Leopolds I. (R 1658–1705) war, gründete während dieser Zeit eine Seidenfabrik in Niederösterreich und 1675 das kaiserliche Manufakturhaus auf dem Tabor in Wien. Es umfaßte eine Lehrwerkstätte für alle heimischen Gewerbetreibenden, ein chemisches Laboratorium, eine Werkstätte zur Erzeugung von Majolikageschirr, eine Apotheke, eine Seiden- und eine Wollmanufaktur sowie eine Schmelz- und eine Glashütte.

Nicht nur gegen die holländischen, sondern auch gegen die französischen Luxusgüter richtete sich der Unmut der deutschen Merkantilisten. Auf wirtschaftlichem Gebiet konnte Österreich, der größte deutsche Territorialstaat, Frankreich am wirkungsvollsten Widerpart bieten. Österreich sperrte seine Landesgrenzen gegen die französische Einfuhr von Luxusartikeln und verbot die Ausfuhr kriegswichtiger Erzeugnisse, Eisenwaren aus der Steiermark und aus Kärnten: Draht, Nägel, Hufeisen, Messer, Klingen und Waffen. »Polizeiordnungen« dienten dazu, den Luxus des österreichischen Bürgertums zu beschränken und dadurch die französische Produktion zu treffen. Das Wort »Policey« bedeutete im 18. Jh., anders als heute, einen Zustand guter Ordnung im Gemeinwesen.

Zur Entwicklung von Gewerbe und Handel im Land war die organisatorische Zusammenfassung der verschiedenen Länder der Monarchie zu einem Wirtschaftsraum erforderlich. Es wurde daher 1666 eine zentrale Verwaltungsbehörde in Wien geschaffen, eine Art von Handelsministerium. Weitere Zentralbehörden folgten im 18. Jh. Die zweite große Aufgabe bei der Vereinheitlichung der Monarchie war die Beseitigung der zahlreichen Binnenzölle. Dies war nicht ohne weiteres möglich, weil Zölle eine wichtige Einnahmequelle des Staates bildeten. Im Lauf des 18. Jh. wurden sie jedoch abgeschafft und durch Zölle an den Grenzen des Reiches ersetzt. Erst 1775 kam es zu einer Vereinheitlichung des Zollgebiets: Die ganze Monarchie wurde in zwei große Zollbereiche geteilt. Den einen bildeten die österreichischen Länder, Böhmen und Mähren, den anderen Ungarn, das Banat und Siebenbürgen. Das Ziel, alle Länder wirtschaftlich zu vereinigen, scheiterte an deren Widerstand.

Neben dem Bemühen, die Einfuhr von ausländischen Erzeugnissen zu beschränken, stand das nach Steigerung der Ausfuhr. Dazu mußten Manufakturen gegründet werden. Schon Karl VI., der Vater von Maria Theresia, verlieh – so der damalige Sprachgebrauch – zahlreiche »Fabrikenprivilegien«, die meist mit zeitlich begrenzter Monopolstellung für Produktion und Absatz der Manufakturerzeugnisse verbunden waren. Eine Welle von Manufakturgründungen setzte 1720 nach Beendigung der Türkenkriege ein.

Auch Maria Theresia förderte die Manufakturen und gewährte besonders zu Anfang ihrer Regierungszeit Monopolprivilegien. Sie erkannte jedoch sehr bald, daß privilegierte Marktmacht jegliche unternehmerische Initiative lähmt. Von den Privilegien nahm sie in der Hoffnung Abstand, daß der freie Wettbewerb der Manufakturbetriebe einen kräftigen Impuls für das Wachstum der Wirtschaft bringen würde. Viele der Neugründungen gingen ein, ähnlich wie in Preußen. Gerade bei Neugründungen mußte damals der Staat fast in ganz Europa selbst als Produzent auftreten oder die Manufakturen subventionieren. Oft fehlte den Gründern genügend Anfangskapital, um die Zeit bis zum ersten Verkaufserlös zu überbrücken. Auch an erfahrenen Arbeitern, Maschinen und Werkzeugen mangelte es. Mehr Glück mit Manufakturgründungen hatte der Gemahl Maria Theresias und spätere Kaiser Franz I. (R 1745–1765), Herzog von Lothringen und Großherzog von Toscana. Da

Die Wirtschaftspolitik Österreichs

Einwohnerzahlen europäischer Hauptstädte Ende des 17. Jh.

Über 400 000: London, Paris, Konstantinopel
200–400 000: Neapel
150–200 000: Amsterdam
100–150 000: Moskau, Rom, Venedig, Mailand, Madrid, Wien, Palermo
60–100 000: Hamburg, Berlin

Quelle: Cipolla, C. M. / Borchardt K. (Hg.): Europäische Wirtschaftsgeschichte Bd. 2, 1979

sich in Österreich die Produktion von Salz, Kupfer und Quecksilber sowie die Herstellung von Tabakwaren im Besitz der Krone befanden, nannte Friedrich der Große Franz I. den »größten Fabrikanten seiner Zeit«.

Die Erfolge der staatlichen Gewerbepolitik waren in den einzelnen Ländern der Monarchie unterschiedlich. Böhmen und Mähren entwickelten sich zum Zentrum der Textilherstellung; denn der böhmische Adel war kapitalkräftig und gründete zahlreiche Manufakturen. Der Adel in den Alpenländern dagegen stand merkantilistischen Zielsetzungen ablehnend gegenüber, u. a. weil ihm das notwendige Kapital fehlte. Hier griff der Staat reglementierend ein, so daß die Eisen- und Stahlproduktion Kärntens und der Steiermark einen Aufschwung nahm und sich immer besser gegen die englischen Erzeugnisse behaupten konnte. Ein Fehlschlag für die Gewerbepolitik war Tirol. Hier kam es kaum zu Manufakturgründungen, weil gute Einnahmen aus dem Transithandel von den Ländern nördlich der Alpen nach Italien erzielt wurden.

Die Bemühungen des Staates, Manufakturbetriebe zu fördern, stießen auf den heftigen Widerstand der Zünfte. Der Staat brach ihre Autonomie. Unter Karl VI. ergingen zwei Handwerkerpatente (1731 und 1732), die dem Landesherrn das Recht gaben, neue Zünfte und Zunftsatzungen zu genehmigen.

In der Außenhandelspolitik sollte ein System von Schutzzöllen – Förderung einheimischer Wirtschaftszweige durch Abschirmung vor ausländischem Wettbewerb – zu einer aktiven Handelsbilanz führen. Das Ziel, eine aktive Handelsbilanz zu erreichen, rückte in greifbare Nähe, als Österreich mit dem Erwerb der Niederlande (1714) und Unteritaliens Seemacht wurde. Als Instrument zur Förderung des Außenhandels dienten auch in Österreich die für das Zeitalter des Merkantilismus typischen privilegierten Handelsgesellschaften. Von den drei Gesellschaften, die in Österreich gegründet wurden, war nur eine erfolgreich, die 1722 von Karl VI. in den Österreichischen Niederlanden – später Belgien – gegründete »Ostendische Handelskompagnie«, die das Privileg des ausschließlichen Handels nach Ost- und Westindien, China und Afrika erhielt. Die

Gesellschaft erzielte hohe Gewinne. Außerdem legte sie in Ostindien den Grundstein für ein späteres österreichisches Kolonialreich. Karl VI. opferte diese blühende Handelsgesellschaft 1731 politischen Erwägungen, um von England und den Niederlanden die Anerkennung der Pragmatischen Sanktion zu erlangen und damit die Nachfolge seiner Tochter Maria Theresia als Kaiserin zu sichern.

Die engen Handelsverbindungen Böhmens und Mährens mit den deutschen Territorien vollzogen sich vorwiegend über Frankfurt am Main und Hamburg. Umgekehrt bevorzugten die deutschen Alpenländer der Habsburger Monarchie für ihren Außenhandel Venedig als Umschlaghafen. Auf diese Weise flossen namhafte Geldbeträge für Dienstleistungen im Handelsverkehr an ausländische Staaten, in deren Zahlungsbilanz sie sich als Aktivposten niederschlugen. Daher erklärte Karl VI. Triest und Fiume 1719 zu Freihäfen, die mit Erfolg einen Teil des Umschlags von Venedig abziehen konnten. In den Freihäfen war die Handelstätigkeit ausländischer Kaufleute völlig abgabenfrei.

Einen großzügigen Ausbau erfuhr der Hafen Triest unter Maria Theresia. Er war der für Wien nächstgelegene Hafen Österreichs, der auch Umschlagaufträge für Böhmen und Mähren abwickeln konnte.

Wollte man die im Inland erzeugten Waren ins Ausland bringen, brauchte man günstige und billige Verkehrswege. Die Verbindung zwischen Wien und Triest wurde ausgebaut, die Semmeringstraße 1728 neu befestigt. Weniger Erfolg hatte der Ausbau der Wasserstraßen, weil die geologischen und geographischen Voraussetzungen fehlten. Eine Kanalverbindung von der Moldau zur Donau blieb Planung.

Der wirtschaftliche Aufstieg Brandenburg-Preußens

Die Kurfürsten von Brandenburg-Preußen gingen aus dem Dreißigjährigen Krieg trotz der schweren Schäden, die ihr Land erlitten hatte, mit doppeltem Gewinn hervor: Sie erhielten die Souveränität wie alle anderen deutschen Territorialfürsten und außerdem bedeutenden Landzuwachs, u. a. Hinterpommern. Brandenburg-Preußen stieg damals zum zweitgrößten deutschen Territorialstaat auf, wenn es freilich an Österreich auch längst noch nicht heranreichte.

Das Land bildete jedoch keine Einheit. Es bestand aus drei weit auseinander liegenden Teilen: dem Herzogtum Preußen im Osten (das spätere Ostpreußen), Brandenburg und Hinterpommern in der Mitte und einigen verstreuten Landstrichen im Westen: Kleve, Mark, Ravensberg und Minden. Die Aufgabe, die den Herrschern

Neben Hessen-Kassel und anderen kleineren deutschen Staaten war es vor allem Preußen, das den Hugenotten Asyl gewährte. Preußen erhielt dadurch – im Zuge seiner Peuplierungspolitik – gleichsam über Nacht tüchtige, kenntnisreiche Bürger. Vor allem die preußische Seiden- und Textilindustrie war ein Werk der Hugenotten: Unter dem Patronat von Kurfürst Friedrich III. von Brandenburg, dem späteren König Friedrich I. von Preußen, errichteten Hugenotten Textilmanufakturen (Kupferstich von Daniel Chodowiecki). Die Nachfahren ehemaliger Hugenotten, sei es im hessischen Karlshafen oder im preußischen Berlin, sind heute noch stolz auf ihre Väter.

aus dieser Situation erwuchs, war damit vorgegeben: Sie mußten versuchen, ihre Länder zu einem Gesamtstaat zu verbinden. Für die mittleren und östlichen Landesteile ist das im Verlauf des 18. Jh. durch den Erwerb Schlesiens 1742 und Westpreußens 1772 gelungen. Der Gewinn der beiden polnischen Provinzen Südpreußen 1793 und Neuostpreußen 1795 rundete den Staat für kurze Zeit – bis 1806 – nach Osten hin ab.

Um die Mitte des 17. Jh. war Brandenburg-Preußen im Vergleich zu England und Frankreich, aber auch zu Österreich und Sachsen ein rückständiges Agrarland. Durch den Dreißigjährigen Krieg verlor das ohnehin dünn besiedelte Land etwa die Hälfte seiner Bevölkerung. Das veranlaßte den Staat zu einer intensiven *Peuplierungspolitik*, die der Große Kurfürst Friedrich Wilhelm (R 1640–1688) in die Wege leitete. Dabei wurde die Einwanderung zum wichtigsten Instrument. Der Große Kurfürst rief die Hugenotten aus Frankreich ins Land, die der französische König Ludwig XIV. durch Aufhebung des Toleranzedikts 1685 vertrieben hatte. Etwa 20 000 Menschen kamen damals nach Brandenburg. Sie brachten vielfältige Kenntnisse mit, die bisher im Land fehlten, und trugen so erheblich zur Erweiterung der gewerblichen Produktion bei. Mit ihrer Hilfe wurde vor allem die Seidenindustrie aufgebaut. Eine planmäßige Peuplierungspolitik betrieben jedoch erst der

Soldatenkönig Friedrich Wilhelm I. (R 1713–1740) und sein Sohn Friedrich der Große (R 1740–1786). Als 1709 das nördliche Ostpreußen durch die Pest entvölkert worden war, siedelte der Soldatenkönig hier im Zug des staatlichen Wiederaufbaus etwa 16 000 Protestanten an, die aus dem Erzbistum Salzburg vertrieben worden waren. Außerdem gewährte er laufend Vergünstigungen für einwandernde Handwerker aus den übrigen Territorien des Deutschen Reiches, der Schweiz und Frankreich und kolonisierte so auch das übrige Binnenland.

Friedrich Wilhelm I. begann auch mit der *Landgewinnung*. Er ließ in den Jahren 1718 bis 1724 das große Havelländische Luch entwässern, das nach Berichten von Zeitgenossen in jedem Frühjahr einem großen See glich, aus dem nur wenige Rasenstellen hervorragten. Hier wurden 15 000 Hektar bestes Acker- und Wiesenland gewonnen, auf dem die Staatsdomäne Königshorst errichtet wurde. Ihr war eine »Butter-Akademie« für die Versorgung der königlichen Hoftafel in Berlin angeschlossen. Holländische Fachleute brachten hier den märkischen Bauernmädchen die Zubereitung hochwertiger Tafelbutter bei, denn Butter war ein teurer Einfuhrartikel. Diese Lehranstalt schlug so gut ein, daß noch in den Zeiten Theodor Fontanes die Königshorster Butter – die Horstbutter – als die beste galt, die man in Berlin kaufen konnte, wie in den WANDERUNGEN

Der wirtschaftliche Aufstieg Brandenburg-Preußens

Peuplierung und Bauernschutz in Preußen:

»Da meine Hauptabsicht nunmehro mit dahin gerichtet ist, die Wohlfahrt, Nahrung und Gewerbe meiner Untertanen, ingleichen die Peuplierung des Landes bestens zu befördern, so sollt ihr ... nicht weiter gestatten, daß einige Beamte, wie bisher geschehen, die Bauern und Untertanen placken, übel traktieren und aussaugen und unter allerhand scheinbaren Vorwänden ruinieren, auch wohl gar von Haus und Hof jagen ... Nächstdem sollt ihr eure Aufmerksamkeit mit dahin richten, daß das Land mehr und mehr peupliert und Leute aus fremden Landen dahin gezogen, auch die Dörfer sonderlich bei Berlin herum und zwischen Berlin und Potsdam mehr und mehr ausgebaut werden. Die Baumaterialien werdet ihr nach Erhaltung eines Voranschlages, was solche kosten werden, geben. Sodann will ich dergleichen neuanbauenden oder ankommenden fremden Leuten 6, 8 bis 10 Freijahre von allen Lasten zugestehen. Sie und alle ihre Leute, so sie mit sich bringen, sollen auch von aller Werbung gänzlich frei sein.«

Aus einer Kabinettsorder Friedrichs des Großen, 1742, gerichtet an die Provinzialverwaltungen seines Landes

DURCH DIE MARK BRANDENBURG zu lesen ist.

Ein zweites großes Landgewinnungsprojekt nahm Friedrich der Große in Angriff. Er ließ zwischen 1746 und 1763 das Odersumpfgebiet entwässern und gewann 56 000 Hektar Land, auf dem in 43 Kolonien 1150 ausländische Familien angesiedelt wurden. Außerdem gründete der König sieben Spinnerdörfer, deren Bewohner für die königlichen Manufakturen in Berlin Garn spannen. Bis 1786 wurden auch die Warthebrüche trockengelegt und dort nochmals 30 000 Hektar Ackerboden gewonnen. Insgesamt wurden in der Zeit Friedrichs des Großen in mindestens 900 Dörfern und in Tausenden von kleinen Siedlungen 57 475 Familien untergebracht, davon allein in Ostpreußen 14 900 und in Schlesien 14 000. Die Gesamtbevölkerung Brandenburg-Preußens wuchs in den Jahren 1740 bis 1786 von 2,8 Millionen auf 5,6 Millionen an, darunter waren etwa 300 000 Einwanderer, von denen rund 75 000 in die Städte und 225 000 aufs Land gingen.

Die Steigerung der landwirtschaftlichen Erträge, die mit wachsender Bevölkerung erforderlich wurde, konnte durch Ausdehnung der Anbauflächen erreicht werden. Die zweite Möglichkeit war, das schon genutzte Land intensiver zu bebauen. Das geschah durch Einführung der verbesserten Dreifelderwirtschaft, bei der Teile des Brachfeldes mit Futterpflanzen – Klee, Rüben – und anderen Blattfrüchten – Erbsen, Bohnen, Kohl – bestellt wurden. Der Kleeanbau galt damals als besonders fortschrittlich. Durch ihn sollte die Viehzucht gesteigert und über den vermehrten Düngeranfall der Getreideanbau intensiviert werden: »Der Getreidebau ist ohne Viehzucht nicht zu denken ... Die Viehzucht ist nur über eine Vermehrung des Futteranfalls zu verbessern ... Eine Wiese bringt das Vierfache einer Hutweide, ein Kleeakker das Sechsfache einer Wiese an Futter ... Der Getreidebau nimmt zu, mit ihm wächst die Bevölkerung der Staaten, Fabriken und Manufakturen entstehen, der Absatz der Waren wird durch ihn wohlfeiler und erweitert, der Regent und der Untertan beglückter«, so schrieb der Kupferzeller Pfarrer Johann Friedrich Mayer 1769 in seinem Buch über die Land- und Hauswirtschaft.

Neben dem Kleeanbau wurde den Bauern vor allem der Kohl- und Kartoffelanbau empfohlen. Die Bemühungen Friedrichs des Großen um die Verbreitung der Kartoffel waren zunächst ohne Erfolg, weil man sie für eine giftige Pflanze hielt. Erst die Hungersnot von 1771/72 verhalf zu ihrer Verbreitung.

Der Zuwachs an Futtermitteln kam der Viehhaltung zugute, die zum Teil auf Stallfütterung umgestellt wurde. Der Rinderbestand wuchs von 1756 bis Ende des 18. Jh. auf das Anderthalbfache. Die Schafzucht wurde durch die Einführung von spanischen Merinoschafen verbessert, die sich von den heimischen Rassen durch ihre sehr feine weiße Wolle auszeichneten.

Die Landwirtschaft hatte im wirtschaftspolitischen System des brandenburg-preußischen Staates die Aufgabe, das Heer und die Bevölkerung mit Nahrungsmitteln und die Textilmanufakturen mit Wolle zu versorgen. Für Getreide und Rohwolle bestanden strenge Ausfuhrverbote. Beide Produkte kaufte der Staat für seine Magazine auf, die der Vorratshaltung und Preisregulierung dienten.

Auch in Brandenburg-Preußen waren sich die absolutistischen Herrscher des Zusammenhangs zwischen wirtschaftlicher, militärischer und politischer Macht bewußt und strebten nach möglichst weitgehender *Wirtschaftsautarkie*. Eine aktive Handelsbilanz, vermehrte Ausfuhr und verminderte Einfuhr, ein reichhaltiger Edelmetallschatz, die Erhöhung der inländischen Produktion und der Ausbau des Verkehrsnetzes wurden daher die beherrschenden Ziele ihrer Wirtschaftspolitik. Vor allem galt es, mit Hilfe einer wachsenden Bevölkerung Handel und Gewerbe zu entwickeln. Friedrich der Große formulierte die Durchführung einer solchen Wachstumspolitik in seinem POLITISCHEN TESTAMENT von 1762 folgendermaßen: »Zwei Sachen gereichen zu des Landes besten. 1. eine aus fremden Landen Geld einzuziehen. Dieses ist das Commertzium [Handel]. 2. zu verhindern, daß nicht unnötig Geld aus dem Lande gehe, dieses sind die Manufakturen.«

Zwei besonderen Problemen stand die merkantilistische Wirtschaftspolitik in Brandenburg-Preußen freilich gegenüber: Einmal bildete der Staat – seit 1701 Königreich – keine wirtschaftliche Einheit; es bestanden große Unterschiede zwischen den einzelnen Provinzen auf wirtschaftlichem und sozialem Gebiet: Zu den westlichen Landesteilen Kleve, Mark, Ravensberg und Minden gab es keine Verbindung, sie waren kleine Territorien für sich und wurden wirtschaftspolitisch als Ausland behandelt. Zum andern hatte die Armee seit der Zeit des Soldatenkönigs eine Schlüsselstellung im Staat inne. Sie war nicht nur ein Instrument zur Verwirklichung politischer Ziele, sondern auch ein aufnahmefähiger Markt für landwirtschaftliche und gewerbliche Erzeugnisse. Die Wirtschaft orientierte sich am Heer und an dessen Bedürfnissen.

Die preußische Wirtschaft war in starkem Maße *Rüstungs- und Kriegswirtschaft*. »Alle Handwerke, die für eine Armee gebraucht werden konnten, gediehen, und ihre Arbeit wurde in ganz Deutschland begehrt«, schrieb Friedrich der Große. Die Armee brauchte Zehntausende von Uniformen, Gewehren, Tornistern und Säbeln. 1744 betrug die Stärke des Heeres 76 000 Mann, 1786 standen 200 000 Mann unter Waffen. Kasernen wurden gebaut, wie auch Pulvermühlen und Waffenschmieden. Zudem mußte die Armee ernährt werden. Als billigstes Nahrungsmittel verordnete der König den Militärköchen die Kartoffel, die in großem Umfang angebaut werden sollte. Billige Kohle verdrängte das Holz als Brennmaterial in den »Kanonenöfen«.

Für Preußens Wirtschaft hatte neben den beiden Schlesischen Kriegen (1740 bis 1742 und 1744/45) vor allem der Siebenjährige Krieg (1756 bis 1763) große Bedeutung. Der Kriegsbedarf führte zu einem gewaltigen gewerblichen Aufschwung, besonders in der bis dahin noch wenig entwickelten Metallproduktion: so bei der Spandauer Gewehrfabrik, beim Kupferhammer in Eberswalde und beim Hochofen von Zehdenick. Zum größten Kriegs- und Heereslieferanten stieg das schon 1712 gegründete Bank- und Handelshaus Splitgerber und Daum auf. Splitgerber wurde während des Siebenjährigen Krieges Berlins erster Millionär. Er war ein typischer Kriegsgewinnler, ähnlich wie Hans de Witte, der Finanzmann und Heereslieferant Wallensteins im Dreißigjährigen Krieg.

Mit der merkantilistischen Gewerbepolitik in Brandenburg-Preußen begann der Große Kurfürst. Er ordnete an, daß die im Inland erzeugte Rohwolle ausschließlich vom heimischen Gewerbe zu verarbeiten sei. Die hergestellten Textilien sollten, ja mußten aber auch dem internationalen Wettbewerb standhalten können. Dabei halfen die eingewanderten Facharbeiter, z. B. die Hugenotten, die die Qualität der Erzeugnisse auf das Niveau ihrer Heimatländer anhoben.

67

Das Zeitalter des Merkantilismus

Auch während der Regierungszeit des Soldatenkönigs lag das Schwergewicht der gewerblichen Produktion auf der Herstellung von Textilien. Das Wolltuchgewerbe wurde zum Kennzeichen des betont militärisch ausgerichteten *preußischen Merkantilismus*. Der Aufschwung des Textilgewerbes erlaubte es, außer der eigenen Armee auch noch das Ausland zu versorgen, z. B. Uniformaufträge für die russische Armee zu übernehmen. An diesem Aufschwung hatten neben den traditionellen handwerklichen Kleinbetrieben vor allem die gewerblichen Großbetriebe, die Manufakturen, Anteil. Diese lassen sich in Betriebe für Massenbedarf, besonders für den Bedarf der Flotten und stehenden Heere, und in Werkstätten zur Fabrikation hochwertiger Luxusgüter und Spezialartikel einteilen. Zur ersten Gruppe rechneten die Gewehrmanufakturen und die auf Herstellung von Uniformstoffen spezialisierten Tuchmachereien, die sehr häufig Staatsbetriebe waren. Zur zweiten Gruppe zählten die Teppich-, Gobelin-, Spiegel-, Porzellan-, Leder- und Seidenmanufakturen. Zu den Rüstungsbetrieben gehörte die bereits erwähnte Spandauer Gewehrmanufaktur, die bei ihrer Gründung, 1722, 252 Arbeiter beschäftigte. Zum Vergleich sei hier angeführt, daß in den russischen staatlichen Gewehrmanufakturen, den damals größten in Europa, schon zwischen 700 und 2500 Menschen arbeiteten. Die größte deutsche staatliche Tuchmanufaktur war seit 1723 das »Königliche Lagerhaus« in Berlin mit zeitweise bis zu 5000 Arbeitern. Es versorgte das Heer mit Wollbekleidung und Uniformen, beschäftigte Soldaten in deren Freizeit und lieferte an das »Große Militärwaisenhaus Potsdam«, das der Versorgung und Erziehung von Soldatenkindern diente, Gewinne ab.

Friedrich der Große stützte seine Gewerbepolitik stärker als sein Vater auf die Manufakturen, zu jener Zeit die produktivste Form gewerblicher Tätigkeit und Aushängeschild für den wirtschaftlichen Fortschritt und die Leistungsfähigkeit eines Landes. Ihre Förderung schien der richtige Weg, Preußen aus seiner Rückständigkeit gegenüber anderen Staaten herauszuführen. Nach dem Siebenjährigen Krieg setzte eine Gründungswelle von Manufakturen ein. Außer den Gewerbebetrieben, die Gegenstände für den täglichen Gebrauch herstellten, förderte der König vor allem die Porzellan- und Seidenmanufakturen, für deren Erzeugnisse ein hoher Bedarf bestand. 1763 wurde die Königliche Porzellan-Manufaktur in Berlin gegründet, die den Hofstaat und den Adel versorgte, aber auch für den Export arbeitete.

Die Seidenherstellung erforderte die Entwicklung der Seidenraupenzucht und die Anpflanzung von Maulbeerbäumen, von deren Blättern die Raupen leben. Für die Förderung des Seidengewerbes gab der König mehr als für alle anderen Manufakturen aus. Von den 2,8 Millionen Talern, die er für alle Betriebe zur Verfügung stellte, unterstützte er die Seidenmanufakturen mit etwa zwei Dritteln, weil diese von allen Luxusgewerben den höchsten Gewinn einbrachten.

Die Manufakturen erhielten vielfältige staatliche Mittel, z. B. Zuschüsse, Steuervergünstigungen, Hilfe bei der Beschaffung von Fachkräften u. a. Dieses ganze Bündel staatlicher Hilfsmaßnahmen nannte man »Fabriksystem«. Es sollte auch dazu beitragen, eine aktive Handelsbilanz zu erzielen.

Der Merkantilismus betrachtete den Außenhandel als eigentliche Quelle des nationalen Wohlstands. Dabei hatte schon der Große Kurfürst versucht, nach holländischem Vorbild *See- und Kolonialhandel* zu treiben. Mit Hilfe eines Holländers, des Schiffsreeders Benjamin Raule, gründete er 1682/83 eine kurbrandenburgische Flotte und die Brandenburgisch-Guinesische Handelskompagnie, die in seinem Auftrag Westafrika kolonisieren sollte. Bereits 1681 hatte er an der Goldküste einen Vertrag mit mehreren Negerhäuptlingen abgeschlossen. Sie verpflichteten sich, nur mit den Kaufleuten des Kurfürsten Handel zu treiben, und gestatteten den Bau des Handelsstützpunktes Groß-Friedrichsburg. Die Konkurrenz der Holländer und die geringe Wirtschaftskraft Brandenburgs ließen das Unternehmen jedoch zu einem reinen Zuschußgeschäft werden, so daß König Friedrich Wilhelm I. die Besitzungen 1717 für 7200 Dukaten an die Holländisch-Westindische Handelsgesellschaft verkaufte. Diese Gesellschaft kontrollierte zusammen mit der englischen Ostindischen Kompagnie den gesamten europäischen Überseehandel bis ins 18. Jh. hinein.

Die brandenburg-preußischen Herrscher haben seit der Zeit des Großen Kur-

Welt- und Kolonialhandel wirkten sich auch im Preußen des 17. und 18. Jh. aus. So kam aus Südamerika der Tabak ins Land: In der Tabakmanufaktur (oben; Kupferstich um 1780) werden getrocknete und gekochte Blätter zu Schnupftabak verrieben. – Der Große Kurfürst gründete in Afrika die Kolonie Groß-Friedrichsburg (rechts; Zeichnung um 1690).

Königliche Porzellan-Manufaktur in Preußen

Die Königliche Porzellan-Manufaktur (KPM) wurde 1763 gegründet, geht aber in frühere Zeit zurück. Schon zu Beginn der Regierungszeit Friedrichs des Großen hatte es mehrere Versuche zur Herstellung von Hartporzellan gegeben. Aber erst 1750 entstand die erste Berliner Porzellan-Manufaktur. Damals versprach der Schweizer Fabrikant Kaspar Wegely dem König, er werde damit »viele Menschen ins Land ziehen und solchen Nahrung und Brot verschaffen«. 1752 nahm Wegely die Produktion auf. Drei Jahre später wurden die ersten Porzellanstücke mit dem blauen »W« unter der Glasur zum Verkauf angeboten. Das große Vorbild Meißen erreichte das Wegely-Porzellan nicht. Das gelang erst nach der Neugründung der Manufaktur unter Johann Ernst Gotzkowski zwischen 1761 und 1763 und mit Hilfe hervorragender Künstler. Der König kaufte die Manufaktur 1763. Seitdem hatte die KPM das alleinige Herstellungs- und Vertriebsrecht für Porzellan in Brandenburg-Preußen. Das schönste deutsche Rokokoservice, das »1. Potsdamsche«, entstand 1765 und war für das Neue Palais in Potsdam bestimmt.

---

fürsten auf Überseehandel und Kolonialpläne verzichtet. Friedrich der Große hat das eingehend in seinem Testament von 1752 begründet: »Vergleichen wir uns bezüglich unseres Handels niemals mit den Holländern, Engländern, Franzosen und Spaniern. Diese Nationen sind als erste gekommen; sie haben sich aller guten Stationen bemächtigt. Uns bleibt nichts von den einträglichsten wichtigsten Handelszweigen. Preußen ist eine Kontinentalmacht: es braucht eine gute Armee und keine Flotte. Unsere Ostseehäfen gestatten uns nicht, unsere Schiffahrt auszudehnen, und wenn wir keine Kolonien in Afrika und Amerika haben, beglückwünsche ich meine Nachfolger, weil diese entfernten Besitzungen die Staaten, denen sie gehören, entvölkern.«

Dieses handelspolitische Konzept hatte Friedrich der Große von seinem Vater Friedrich Wilhelm I. übernommen, der sich auf den »kleinen« Handel, d.h. den *Binnen- und Transithandel*, beschränkte. Seine planmäßige Wachstumspolitik durch die Versuche, Rohstoffe im eigenen Land zu verarbeiten, dagegen möglichst nur Fertigwaren zu exportieren, ging bewußt zu Lasten der Nachbarstaaten. So führte 1721 das preußische Ausfuhrverbot von Wolle, das die hochentwickelte sächsische Textilindustrie in erhebliche Schwierigkeiten brachte, zum Handelskrieg zwischen Sachsen und Preußen. Außerdem behinderten hohe Transitzölle den Handel zwischen Sachsen, Hamburg und Posen. Diese Art von Handelspolitik, sich auf Kosten anderer Länder zu bereichern, wurde zwar von den Merkantilisten empfohlen, blieb aber in der Praxis ohne Erfolg. Wohl konnte Brandenburg-Preußen die sächsische Wirtschaft schädigen, es profitierte jedoch selbst nicht davon: Der mit hohen Zöllen belegte Tansithandel durch Preußen – von Leipzig nach Hamburg bzw. Posen – ging zurück. Die sächsischen Kaufleute suchten sich neue Handelswege außerhalb des preußischen Territoriums. Auch Friedrich der Große, der den einträglichen polnischen Exporthandel Danzigs nach Stettin umleiten und den Leipziger Messehandel nach Frankfurt/Oder verlagern wollte, hatte damit keinen Erfolg. Nach dem Erwerb Westpreußens gründete er die »Preußische Seehandlung«, um den Danziger Handel in die ostpreußischen Häfen zu leiten. Dieses staatliche Institut, das später als »Preußische Staatsbank« berühmt wurde, erhielt das Monopol für die Einfuhr von spanischem, englischem und französischem Salz und den Vertrieb von polnischem Wachs. Damit sollte der polnische Seehafen Danzig, der erst 1793 an Preußen fiel, geschädigt werden, ebenso der österreichische Salzexport aus Galizien. Der Danziger Handel erlitt zwar schweren Schaden, doch Nutzen brachte das für Preußen nicht. Die Gegenmaßnahmen Österreichs und Polens wirkten auf Preußen zurück. Der Handel der ostpreußischen Seestädte Memel und Königsberg schrumpfte ganz erheblich; die »Preußische Seehandlung« blieb auf ihrem Wachs sitzen; auch das Salz ließ sich wegen des hohen Verkaufspreises, den der König vorgeschrieben hatte, nur schwer absetzen.

Trotz der handelsfeindlichen Politik der preußischen Herrscher, denen es in erster Linie um möglichst hohe Einnahmen aus dem Handel ging, gelang es während der Regierungszeit Friedrichs des Großen, die Handelsbilanz des Staates erstmals aktiv zu gestalten. Dieser Erfolg war darauf zurückzuführen, daß Preußen 1742 das bis dahin österreichische Schlesien erobert hatte, das reich an Rohstoffen war und ein gut entwickeltes Gewerbe – Tuch- und Leinenwebereien – besaß; Schlesien spielte für die brandenburgischen Kernlande fortan eine wichtige Rolle als Rohstofflieferant. Weitere Vorteile brachte 1772 der Erwerb Westpreußens: Preußen nutzte das politisch schwache Polen aus, das durch den ihm 1775 von Preußen aufgezwungenen Handelsvertrag Lieferant von billigem Getreide und gleichzeitig ein großer Absatzmarkt für preußische Fertigwaren, für Tuche und Leinwand, wurde. Die positive Handelsbilanz war äußerer Ausdruck der wirtschaftlichen Überlegenheit Preußens über seine schwächeren Handelspartner.

Die finanziellen Ergebnisse der merkantilistischen Wirtschaftspolitik Preußens waren beachtlich. Die *Staatseinnahmen* stiegen während des ganzen 18. Jh. Während der Regierungszeit Friedrichs des Großen wuchsen sie um das Dreifache, von 6,9 Millionen Taler im Jahr 1740 auf 18,7 Millionen Taler 1786. Dazu trugen bei: die wirtschaftliche Belebung, die durch Förderung der Manufakturen einsetzte; der Erwerb der Provinzen Schlesien und Westpreußen und die stärkere steuerliche Belastung der Untertanen durch die *Akzise* und die *Monopole*.

Die charakteristische Steuer des Merkantilismus war die Akzise, eine indirekte Verbrauchssteuer, die nur von der städtischen Bevölkerung zu zahlen war. Sie wurde von Getränken, Getreide, Fleisch und anderen Waren erhoben. Die Steuer selbst war relativ niedrig. Dennoch stiegen die Staatseinnahmen aus der Akzise erheblich an, weil immer mehr Waren besteuert wurden und der Konsum zunahm. Die Landbevölkerung zahlte keine Akzise, sondern eine direkte Grundsteuer, die Kontribution. Sie brachte mehr ein als die Akzise, weil etwa 80 Prozent der Bevölkerung auf dem Lande lebten.

Die gesamten Steuereinnahmen erhöhten sich in der Zeit Friedrichs des Großen von 3,6 Millionen Talern 1740 auf 10,5 Millionen Taler 1786, pro Kopf der Bevölkerung von 1,6 auf 1,9 Taler. Zusätzliche Einnahmen verschaffte sich der Staat durch Verkauf von Ämtern und Würden, durch Münzfälschung und durch Monopole. Bekannt sind die Fälschungen, die Friedrich der Große während des Siebenjährigen Krieges mit Hilfe des Bankiers Ephraim durchführen ließ. Die neuen Taler, die »Ephraimiten«, wurden vom Volk mit Spott bedacht: »Von außen schön, von innen schlimm, von außen Friedrich, von innen Ephraim.« 29 Millionen Taler flossen aus diesen Fälschungen, zusätzliche Einnahmen, mit denen der Krieg finanziert wurde. (Die jährlichen Nettostaatseinnahmen Preußens betrugen 1740 6,9 Millionen Taler, 1786 18,2 Millionen.) Nach dem Krieg zog der König diese Münzen wieder ein und verwendete das Edelmetall für eine entsprechend geringere Menge »vollwertiger« Münzen.

Die Monopole waren eine weitere wichtige Geldquelle des Staates. Die bekanntesten waren das Salz-, Tabak-, Kaffee- und Zuckermonopol. Am einträglichsten war das Salzmonopol. Salz war unentbehrlich für die breite Bevölkerung: Es diente zum Haltbarmachen von Lebensmitteln, von Fisch, Fleisch und Butter. Außerdem wurde es in der Landwirtschaft zur Viehhaltung benötigt.

Das Salzmonopol bestand schon seit der Zeit Friedrich Wilhelms I. Nach 1765 wurde es so ausgebaut, daß jeder Hauswirt jährlich vier Metzen Salz – eine Metze entsprach 3,4 Litern – zu dem vom Staat vorgeschriebenen Preis für jedes Familienmitglied kaufen mußte, das über neun Jahre alt war. Nur der grundbesitzende Adel war von dieser Regelung befreit. 1772 beauftragte der König die »Preußische Seehandlung« mit der Verwaltung des Salzmonopols. Sie hatte damit das alleinige Recht, den Salzhandel zu regeln. Aus den Salzde-

Das Zeitalter des Merkantilismus

pots der Seehandlung mußte der Einzelhandel das Salz zum Verkauf beziehen. Jeder Salzhändler war verpflichtet, über die Menge des von ihm aufgekauften Salzes Buch zu führen. Der Salzpreis war staatlich festgelegt.

1765 wurde auch das Tabakmonopol eingeführt. Außerdem verbot der König, ohne Erlaubnis des Staates Kaffee zu brennen. Die Leute versuchten, gerade dieses Verbot zu übertreten, weil Kaffee ein beliebtes Genußmittel war. Deshalb setzte der Staat Aufseher ein, die berüchtigten »Kaffeeriecher«, die durch die Straßen spionierten, um Verstöße gegen das Monopol festzustellen. Erst nach dem Tod Friedrichs des Großen, 1786, wurden die für die Bevölkerung lästigsten Monopole, das Tabak-, Kaffee- und Zuckermonopol, aufgehoben. Das Salzmonopol blieb weiterhin bestehen.

Mit dem Aufschwung von Handel und Gewerbe in der zweiten Hälfte des 18. Jh. wurde auch ein größerer Geldumlauf benötigt, den staatliche, aber auch private Banken in die Wege leiteten. In Brandenburg-Preußen wurde die erste *Staatsbank* 1765 gegründet. Sie trug den Namen »Königliche Giro- und Lehn Banco« und vergab Staats- und Privatkredite vor allem an Kaufleute und Gewerbetreibende. Zugleich bot sie zinsgünstige Möglichkeiten zur Kapitalanlage. Damit war sie vor allem auch für die Großgrundbesitzer interessant, die während der Agrarkonjunktur in der zweiten Hälfte des 18. Jh. zu Geld gekommen waren und nach Anlagemöglichkeiten suchten. Durch umfangreiche Kreditvergabe an den polnischen Adel in den für kurze Zeit – 1793 bis 1807 – zu Preußen gehörenden Provinzen Süd- und Neuostpreußen verlor die Bank beim Zusammenbruch Preußens 1806/07 mit diesen Provinzen auch zwei Fünftel ihres gesamten Vermögens. Im 19. Jh. wurde sie zur Preußischen Bank und später zur Reichsbank umgestaltet.

Dem wachsenden Kreditbedarf der preußischen Rittergutsbesitzer, die ihre Gutsbetriebe ausbauten und verbesserten, sollten besondere Kreditanstalten abhelfen, eigens für den Adel in den einzelnen Provinzen eingerichtete »Landschaften«.

Nach dem Dreißigjährigen Krieg war durch den Bevölkerungsrückgang ein Überangebot von Nahrungsmitteln vorhanden, so daß die Getreidepreise fielen. Bis etwa 1755 lagen sie noch auf einem relativ niedrigen Niveau. Mit wachsender Bevölkerung und seit 1756 offensichtlich beschleunigt durch den Siebenjährigen Krieg zogen die Nahrungsmittelpreise an, die Reallöhne sanken. Armut breitete sich aus, und viele Menschen starben an Hunger und Unterernährung. Seit der Mitte des 18. Jh. nahm auf dem Land die Armut zu, die Zahl der unterbäuerlichen Landbesitzer (Gärtner und Häusler) und der Familien ohne Landnutzung (Gesinde, Tagelöhner) wuchs. Sie stellten zum großen Teil die Arbeitskräfte für Manufakturen und Verlagsbetriebe.

Ein Wandel vollzog sich auch beim *Bürgertum*. Die merkantilistische Staatswirtschaft bot ihm eine gewisse Chance, seine wirtschaftliche Lage zu verbessern. Was Brandenburg-Preußen um 1640 noch völlig fehlte, ein tatkräftiges Unternehmertum in Gewerbe und Handel, besaß es um 1800, wenn auch in bescheidenem Umfang.

Adel und Bauern blieben in ihrer sozialen Stellung im wesentlichen unangetastet. Der Adel stellte die Offiziere und die hohe Beamtenschaft. Dafür schützte der König ihn in seinem wirtschaftlichen und sozialen Besitzstand. Die Bauern lieferten die Masse der Soldaten; ihre Dienste und Abgaben blieben im Rahmen des guts- und grundherrschaftlichen Systems die Existenzgrundlage des Adels. Für den Staat waren diese Steuerleistungen ein wichtiger Teil der Staatseinnahmen. Daher schützte der Staat die Bauern und verbot dem Adel das Aufkaufen ihrer Höfe, das sog. Bauernlegen.

Die seit Mitte des 18. Jh. zunehmende Armut erfaßte nicht nur die ländliche, sondern auch die städtische Bevölkerung. Zwei Drittel der Landbewohner und ein Viertel der Städter lebten am Rande des Existenzminimums. Viele wurden Bettler. Für diejenigen, die wirklich arbeitsunfähig waren, wie z. B. Kriegsversehrte, Alte und Kranke, errichtete der Staat Hospitäler und Armenhäuser. Andere wurden in staatliche Arbeitshäuser gesteckt und hier zur Arbeit angehalten. Für Frauen, Kinder, Soldaten und Bettler bestand seit 1761 Spinnzwang. Die Zöglinge der Waisenhäuser wurden an Manufakturen vermietet, weil Kinderarbeit besonders rentabel für die Unternehmer war. Über die wirtschaftliche Tätigkeit der Soldaten, deren Sold zum Lebensunterhalt nicht ausreichte und die auf Nebenverdienst durch Holzhakken, Spinnen und Strümpfestricken angewiesen waren, heißt es in dem Bericht eines Offiziers: »Die Kasernen glichen Fabriken, denn in jeder Stube standen große Räder und Hecheln, an welchen die Soldaten während sie im Dienst nicht beschäftigt waren, vom Morgen bis in die Nacht hinein Wolle spannen.« Um die Produktion der Manufakturen zu steigern, mußte der Staat alle Arbeitskräfte ausnutzen. Sie bildeten neben Adel und Bauern eine neue soziale Schicht, die Frühform der modernen Lohnarbeiterschaft.

Neben dem Salz- und Tabakmonopol besaß der preußische Staat auch das Monopol für das Brennen von Kaffeebohnen. Steuerbeamte, die berüchtigten Kaffeeriecher, hatten darüber zu wachen, daß dieses Gesetz befolgt wurde (nach Gottfried von Schadow, 1784).

Zu diesem Thema

In den anderen Bänden:
1: Fuhrmann, Das salisch-staufische Reich
Krockow, Der deutsche Osten
Wippermann, Dreißigjähriger Krieg
2: Fischer, Stadt und Land
5: Krohn, Wissenschaft und Technik im Mittelalter
Krohn, Bellifortis
Neumark, Wirtschaftswissenschaften

In anderen Werken:
Cipolla, Carlo M. / Borchardt, K. (Hg.): Europäische Wirtschaftsgeschichte, 1978/79
Henning, Friedrich Wilhelm: Das vorindustrielle Deutschland 800 bis 1800, 1974
Kellenbenz, Hermann: Deutsche Wirtschaftsgeschichte, Bd. 1, 1977
Lütge, Friedrich: Deutsche Sozial- und Wirtschaftsgeschichte, 1966
Pirenne, Henri: Sozial- und Wirtschaftsgeschichte Europas im Mittelalter, 1976 (UTB)
Pitz, Ernst: Wirtschafts- und Sozialgeschichte Deutschlands im Mittelalter, 1979
Planitz, Hans: Die deutsche Stadt im Mittelalter, 1975
Schlenke, Manfred (Hg.): Preußen-Beiträge zu einer politischen Kultur, 1981. Bd. 2 des Ausstellungskatalogs »Preußen – Versuch einer Bilanz«
Sée, Henri: Die Ursprünge des modernen Kapitalismus, 1948
Simsch, Adelheid: Die Wirtschaftspolitik des preußischen Staates in der Provinz Südpreußen 1793–1806/07, 1983

JOCHEN KRENGEL

Ein Heller und ein Batzen – Münzen und Papiergeld

Pfennig, Groschen, Mark – woher kommen eigentlich diese heutzutage noch geläufigen Münzbezeichnungen?

Der *Pfennig*, die im jetzigen Münzsystem Deutschlands geringwertigste Münze, ist ein echtes Relikt aus der Karolingerzeit und weist somit münzgeschichtlich auf die Anfänge der deutschen Staatenbildung zurück. Karl der Große machte 780/81 aus der Goldnot des ehemaligen weströmischen Reiches eine Tugend und erhob statt des bis dahin gebräuchlichen und meist importierten byzantinischen Goldgeldes das Silber zum Münzmetall. Aus dem Pfund Silber wurden 240 sog. Pfennige geschlagen, von denen wiederum zwölf auf einen Schilling gingen, der jedoch selbst nicht ausgeprägt wurde, sondern nur eine Rechnungseinheit bildete. Dieses Münzsystem erwies sich für die nächsten fünf Jahrhunderte als den wirtschaftlichen Bedürfnissen angemessen. Großbritannien hielt im Grunde genommen noch bis vor kurzem in seinen Münzbezeichnungen (Pfund, Shilling, Penny) daran fest.

Die neuen, relativ schmucklosen *Christiana-Religio*-Pfennige wurden in Deutschland unter Karls Nachfolgern in einer ständig vermehrten Anzahl von Prägestätten geschlagen. Diese starke Zersplitterung des Prägewesens brachte aber einen ebenso steigenden Einfluß lokaler Gewalten mit sich, denen oft das Münzrecht als Einnahmequelle verliehen wurde. So interessant dieser Vorgang für den Münzsammler ist, so verheerend wirkte er sich auf die mittelalterliche Finanz- und Münzpolitik aus, da die schwache Zentralgewalt deutscher Kaiser und Könige Usurpationen des Münzrechts und die völlig unkontrollierbare Tätigkeit von Falschmünzern, die geläufige Prägungen meist in verschlechtertem Metall in Umlauf brachten, nicht unterbinden konnte.

Gegen Ende der sog. »Pfennigzeit« in Deutschland – etwa gegen 1300 – waren die regionalen Sonderentwicklungen so stark geworden, daß rheinische und thüringische oder bayerische Pfennige völlig unterschiedliche Feinheitsgrade und Gewichte aufwiesen, im Gegensatz zur Karolingerzeit also von einem einheitlichen Münzsystem nicht mehr gesprochen werden konnte.

Die Vielfalt der Münzbilder hatte aber in einer im wesentlichen analphabetischen Zeit auch andere Gründe: Aus finanztechnischen Erwägungen wurden die Münzen in gewissen Gebieten alljährlich erneuert, wobei alte gegen neue Münzen nach einem bestimmten, für den Besitzer alter Münzen ungünstigen Schlüssel umgetauscht wurden. Das Münzbild zeigte nun dem Kundigen an, welche Sorte noch galt und welche verrufen war. Da in der Pfennigzeit viele Münzverrufungen vorkamen, erhöhte sich entsprechend die Anzahl der Münzbilder. Dieser lästige Vorgang – im Grunde genommen eine Steuer auf Münzbesitz – wurde erst im 14. Jh. zu Beginn der sog. »Groschenzeit« durch Münzeinungen mehrerer großer deutscher Handelsstädte wie Hamburg, Lüneburg, Basel, Straßburg und Erfurt beseitigt, die den sog. »ewigen Pfennig« einführten, eine über längere Zeit wertstabile und nicht verrufbare Münze.

Eine spezifisch deutsche Sonderform der Pfennigprägung bleibt noch zu erwähnen, der sog. *Hohlpfennig* oder *Brakteat*, der anfänglich zum größten Teil in den neuen Kolonialgebieten des deutschen Ostens hergestellt wurde. Seine Herstellungsweise aus dünnem Silberblech ließ eine zweiseitige Prägung nicht zu, die Rückseitendarstellung ist daher die der Vorderseite, jedoch incus. Anderseits ließen die breiteren Schrötlinge den Stempelschneidern für ihre Münzbilder erheblich größere Gestaltungsmöglichkeiten, so daß die Hohlpfennige besonders der zweiten Hälfte des 12. Jh. bis etwa 1220 mit zum Schönsten gehören, was die Münzkunst überhaupt zustande gebracht hat; ihre Zerbrechlichkeit machte sie aber längerfristig als Handels- und Umlaufmünze ungeeignet. Um dem abzuhelfen, führte Kaiser Friedrich Barbarossa (R 1152–1190) für Süddeutschland stabilere Münzen ein, die sog. *Heller*, benannt nach ihrer ursprünglichen Prägestätte Schwäbisch Hall; um 1300 hatte diese Münze fast alle Lokalpfennige Schwabens verdrängt.

Auf die Dauer konnte sich jedoch der Pfennig als einzige Münzsorte nicht halten; denn der u. a. infolge der Kreuzzüge aufblühende Mittelmeerhandel bewirkte in Nordwesteuropa ebenfalls eine Zunahme des Fernhandels. Für diesen waren die allgemein gebräuchlichen, meist minderwertigen Pfennige als Zahlungsmittel viel zu unpraktisch, weil der vermehrte Geldverkehr sich damit nur schwer abwickeln ließ. Ludwig IX. von Frankreich (R 1226–1270) ließ daher um 1250 als Handelsmünze den sog. dicken Denar von Tours *(Denarius grossus Turonus)* prägen, eine etwa vier Gramm schwere, fast reine Silbermünze, die im Münzbild von arabischen Vorbildern beeinflußt war; ihr Nennwert betrug zwölf Pfennige, sie stand demnach dem bisher nie ausgeprägten Karolingischen Schilling gleich.

Nach Mitteleuropa fand diese Groß-

Numismatische Fachbegriffe

Avers	= Münzvorderseitenbild
Feingehalt	= Prozentualer Anteil des Edelmetalls am gesamten Gewicht einer Münze
incus	= Negatives Münzvorderseitenbild, das aufgrund zu dünner Schrötlinge beim Prägen entsteht
Mark	= Bis 1873 altes Edelmetallgewicht, nach 1873 allgemeine deutsche Münzbezeichnung. Das Edelmetallgewicht wog in den einzelnen Regionen Deutschlands unterschiedlich. Die Mark wurde in 15 bis 17 Lot oder 288 Gran unterteilt.
Münzfuß	= Angabe der Stückelung eines Bezugsgewichts für eine bestimmte Münzsorte; der Reichstalerfuß erklärt sich z. B. so: Bezugsgröße war die Kölner Mark von 234 Gramm, 8 Reichstaler wurden aus ihr geschlagen, d. h., jeder Taler wog ein Achtel der Kölner Mark, demzufolge der einzelne Taler gut 29 Gramm.
Revers	= Münzrückseitenbild
Scheidemünze	= Münze mit einem höheren Nenn- als Metallwert
Schrötling	= Das ungeprägte, genau zugewogene Metallstück, das erst durch Prägung zur Münze wird
Usurpation	= Unerlaubte Abgabe von Münzen
verrufen	= (im engeren Sinne der Numismatik) Bestimmte Geldsorten für ungültig erklären

Im Mittelalter wurden aus einem Pfund Silber 240 Denare (Pfennige) geschlagen. Auf den lokalen Märkten war der Denar – hier ein Denar des deutschen Königs und Kaisers Konrad II. (R 1024–1039) – die gängige Münze. Von Joachimsthal aus trat der Taler (ganz unten), eine Großsilbermünze aus dem 16. Jh., innerhalb kurzer Zeit seinen Siegeszug um die Welt an: als Daalder, Tallero, Talar, Dollar.

münze außer durch rheinische Nachahmungen vor allem durch die Prägungen König Wenzels II. von Böhmen (R 1278–1305) Eingang. Seine seit 1300 ausgegebenen *Denarii grossi* – in Norddeutschland *Groschen*, im süddeutschen Raum *Batzen* genannt – wiesen gegenüber den Tourer Denaren ein leicht verändertes Münzbild auf und blieben auch unter seinen Nachfolgern bis ins 16. Jh. hinein äußerlich unverändert. Die Prager Groschen erfreuten sich in Deutschland solcher Beliebtheit, daß sie in vielen Gegenden die bisherige Landesmünze verdrängten und der Bequemlichkeit halber nur noch mit einem Gegenstempel versehen wurden, womit sie als gesetzliches Zahlungsmittel gekennzeichnet waren. Andere Gebiete mit eigenen Silbergruben wie Sachsen und Braunschweig schufen im 14. Jh. eigene Groschenprägungen, die anfänglich gleichfalls von Prager Vorbildern beeinflußt waren.

Der Groschen wurde so im deutschen Sprachraum von 1350 an die meistverbreitete Scheidemünze. Im deutschen Volksmund lebt er sogar noch heute, obwohl seine Prägung 1870 eingestellt wurde: Mit seinem Namen wird sowohl in der DDR wie in der Bundesrepublik in vielen Regionen das heutige Zehn-Pfennig-Stück bezeichnet, das somit in seiner Benennung wie Stückelung im Grunde genommen auf das ausgehende 13. Jh. zurückgeht.

Wie bereits erwähnt, besaß Deutschland kaum eigene Goldbergwerke, so daß die für den Großhandel unabdingbaren Goldmünzen importiert werden mußten, hauptsächlich ungarische Dukaten; ein plötzlicher Silberanfall der Bergwerke in Tirol, Böhmen und Sachsen ermöglichte aber die Ausgabe einer Großsilbermünze, die im Wert dem Dukaten gleichstand und im Großhandel dessen Funktion ersetzen sollte. 1484 wurden in der Münzstätte Hall des Erzherzogs Sigismund von Tirol sog. *Guldengroschen* geprägt, die im Wert einem Goldgulden (= Dukaten) oder 21 Silbergroschen entsprachen.

Von entscheidender Bedeutung war jedoch die sächsische Silberprägung seit 1500 und die böhmische in Joachimsthal seit 1516. Sächsische und böhmische Guldiner standen in Gewicht und Feinheitsgrad gleich, es wurden acht Stück aus der 15lötigen Mark von knapp 234 Gramm Feinsilber geschlagen. Das einzelne Stück wog somit gut 29 Gramm einschließlich des zur Härtung zugesetzten Kupfers, das den im Umlauf unvermeidlichen Silberverlust durch Abrieb möglichst gering halten sollte. Die Bezeichnung Guldiner für die neue Großsilbermünze setzte sich jedoch im Volk nicht durch, vielmehr wurde diese Münze dank der böhmischen Massenprägung in Joachimsthal – allein von 1520 bis 1528 wurden dort 2 200 000 Taler einschließlich der Halb- und Viertelstücke ausgegeben – in sprachlicher Verkürzung des Herstellungsortes *Taler* genannt. Diese Großsilbermünze trat in kürzester Zeit ihren Siegeszug um die ganze Welt an, teilweise unter ihrer angestammten Bezeichnung (*Dollar* in den USA, *Daalder* in den Niederlanden, *Tallero* in Italien, *Talar* in Polen), zumeist aber unter landeseigenen Namen (z.B. *Peso* in Spanien, *Ecu* in Frankreich, *Crown* in England, *Rubel* in Rußland). Das Silberstück, die schwerste silberne Umlaufmünze, die je ausgegeben wurde, ermöglichte übrigens durch seine Größe den Stempelschneidern, eine Errungenschaft der Renaissance bekanntzumachen, nämlich die lebensechte Wiedergabe des Porträts des regierenden Fürsten, eine Darstellungsweise, die seit der Antike aus der Übung gekommen war.

So dokumentierte sich auch rein optisch im Münzwesen die üblicherweise auf ca.

Das Münzrecht war ein Privileg des Kaisers; nur er konnte es, z. B. an die Städte, verleihen. Der junge Maximilian I. (R 1486–1519) ließ es sich nicht nehmen, das Münzschlagen zu erlernen (Holzschnitt, 1514).

1500 datierte Zeitenwende vom Mittelalter zur Neuzeit: Für Deutschland ist mit diesem Datum der Übergang von der symbolisierenden Pfennig- und Groschenzeit zur porträtierenden Talerzeit verbunden. Obwohl diese deutsche Münze international sehr erfolgreich war, spielt sie im Sprachgebrauch und Geldwesen beider deutscher Staaten – trotz der bis 1907 garantierten Umlauffähigkeit – keine direkte Rolle mehr. Das heutige gesetzliche Zahlungsmittel, die 1871 eingeführte *Mark*, ist jedoch als Bezeichnung von Geld ohne die Verbreitung der Talerwährung nicht denkbar. Der Taler ist, wie schon vorher Pfennig und Groschen, immer Teil eines Edelmetallgewichts, der Erfurter oder seit 1524 Kölner Mark Feinsilber. Zugleich mit den Talern wurde dann, dank der relativen Stabilität der Relation Taler/Mark, auch die Gewichtsbezeichnung für Edelmetalle publik, so daß wir heute in Deutschland wenigstens dem Namen nach immer noch eine Silberwährung haben.

Von 1500 an verfügte Deutschland über ein Geldsystem, das auf Talern, Groschen und Pfennigen basierte und dessen Austauschwert der Geldsorten untereinander (ein Taler = 21 bis 24 Groschen, ein Groschen = 12 Pfennige) halbwegs festlag. Die seit der Karolingerzeit entstandene münzrechtliche Zersplitterung Deutschlands barg allerdings für dieses Währungssystem erheblichen Sprengstoff in sich: In Zeiten vermehrten Geldbedarfs, insbesondere vor und während großer Kriege, konnten Teilstaaten des Reichs durch unmäßiges Schlagen verschlechterter Kleinmünzen die erhöhte Geldnachfrage decken und einen beachtlichen Gewinn aus dieser Münzpolitik ziehen. Als unerwünschter Nebeneffekt wurde damit zugleich eine erhebliche Inflation in Gang gesetzt, die alle Volksschichten in Mitleidenschaft zog; vor allem das 17. Jh., die Zeit des Dreißigjährigen Krieges, der Türken- und der Franzosenkriege, war von kontinuierlich aufeinander folgenden Wellen der Geldverschlechterung durch Kleingeldinflation gekennzeichnet.

Diese Inflation, vor allem aber die heillose Zersplitterung des Münzwesens zu beseitigen, wurde die wichtigste finanzpolitische Aufgabe der deutschen absolutistischen Territorialstaaten nach dem Dreißigjährigen Krieg. Der ständigen Verschlechterung des Pfennigs, seiner Vielfachen und Teilstücke konnte nur dadurch entgegengewirkt werden, daß man ihn anstatt im verschlechterungsfähigen Silber im bis dahin verpönten Kupfer ausbrachte, eine Prägeumstellung, die um die Mitte des 18. Jh. abgeschlossen war.

Der Verschlechterung des Silbergeldes, des Talers und seiner Teilstücke sowie des Groschens versuchte man durch lokale Münzeinungen Herr zu werden. Als wichtigste erwies sich im nachhinein die zwischen Brandenburg-Preußen und Sachsen 1667 beschlossene Münzkonvention, die ein durch die hohen Silberpreise bedingtes Abgehen vom Reichstalerfuß vorsah. Beide Staaten brachten statt dessen als größtes Silberstück einen reduzierten Zweidrittel-Taler heraus, der im Volksmund – in Anlehnung an seine amtliche Bezeichnung »Rechnungsgulden« – *Gulden* genannt wurde, obwohl er keiner umlaufenden Goldmünze seiner Zeit gleichstand. Faktisch war damit in Norddeutschland ein um ein Drittel abgewerteter Taler eingeführt worden, ein Vorgang, der 1751 mit der Graumannschen Münzreform in Preußen auch öffentlich zugegeben wurde; denn die preußischen Taler trugen seitdem völlig sinnwidrig die Aufschrift »EIN REICHSTHALER«, obwohl sie nur ca. drei Gramm mehr wogen als die reduzierten Zweidrittel-Taler des Großen Kur-

Besonders seit dem 17. Jh. wurden zur Erinnerung an den Tod regierender Fürsten Sterbemünzen geprägt. Der sog. Sterbetaler Friedrichs des Großen war jedoch bereits Monate vor dem Tod des Königs in der Berliner Münzoffizin geschlagen worden.

fürsten und seiner Nachfolger. Süddeutschland, das bislang den Reichstaler beibehalten hatte, reagierte auf den seit 1751 amtlich reduzierten preußischen Taler mit dem seit 1753 ausgebrachten *Konventionstaler*, der gewichtsmäßig dem alten Reichstaler gleichstand, jedoch rechnerisch zwei Gulden galt und einen geringeren Feinheitsgrad aufwies, also nominell ein um mehr als zwei Drittel aufgewerteter Taler alter Rechnung war. Vor allem im Außenhandel mit der Levante erwies sich der Konventionstaler als erfolgreiche Münze, er ist sogar bis ins 20. Jh. hinein im Kaiserreich Äthiopien und Südarabien akzeptierte Landesmünze gewesen; in Deutschland selbst konnte sich der Konventionstaler als Münze gegenüber dem preußischen Taler jedoch nicht recht durchsetzen, lediglich die Guldenrechnung gemäß der Konvention wurde beibehalten. Am Vorabend der Französischen Revolution, 1789, bestanden somit in Deutschland nur noch zwei Währungsgebiete, in Norddeutschland eine vom preußischen Taler dominierte Region, in Süddeutschland und Sachsen ein Konventionstalergebiet. Eine im Vergleich zur Zeit des Dreißigjährigen Krieges beachtliche Vereinheitlichung der Umlaufwährungen war damit erreicht; denn auch sämtliche Talerteilstücke wurden gemäß des jeweils zugrunde gelegten Gewichtsfuß ausgebracht. Eine erneute Inflation durch Münzverschlechterung war kaum noch möglich.

Nach Überwindung der Währungszerrüttungen infolge der Napoleonischen Kriege schlossen die Staaten des neu entstandenen Deutschen Zollvereins 1838 die Dresdner Münzkonvention, die als Vereinsmünzen nur noch den preußischen Taler und den süddeutschen Konventionsgulden gestattete; beide Münzsorten wurden im neugeschaffenen *Doppeltaler* gegeneinander umtauschbar, da der preußische Doppeltaler dreieinhalb Konventionsgulden gleichstand. Mit dem Wiener Münzvertrag von 1857 wurde dann nur noch der preußische Taler Vereinsmünze, allerdings setzte man seinen Feingehalt von 75 Prozent Feinsilber pro Stück auf 90 Prozent herauf; monetär war Deutschland damit schon 14 Jahre vor der Reichsgründung von 1871 faktisch geeint, im Münzwesen die von den Karolingern herrührende territoriale Zersplitterung beseitigt.

Im Verlauf der Revolutions- und Befreiungskriege war jedoch bereits diejenige Währungsform in Deutschland aufgetreten, die in relativ kurzer Zeit die althergebrachten Metallwährungen verdrängen sollte: die *Banknote*. Zunächst gab nur Preußen von 1806 an sog. Tresorscheine zum staatlichen Zwangskurs heraus, bis schließlich zum Zeitpunkt der Reichsgründung, 1871, etwa 150 Sorten verschiedenstaatlichen Papiergeldes mit einem Nennwert von ca. 61 Millionen Talern im Umlauf waren; die im Münzwesen so mühsam geschaffene Währungseinheit drohte wieder zu zerfallen. Dieser Gefahr begegnete die Reichsregierung mit der Schaffung einer für alle Währungsarten nominell gleichen Geldart: Nach englischem Vorbild wurde mit dem Münzgesetz vom 9. Juli 1873 die Goldwährung eingeführt. Währungsgrundlage war die sog. *Mark*, ein Drittel des alten Vereinstalers. Sie wurde in 100 Pfennige geteilt, die Münzen bis zum Nennwert von 20 Pfennigen wurden in Kupfer oder Kupferlegierungen ausgebracht, die Münzen bis 5 Mark in Silber; darüber gab es noch 10- und 20-Markstücke in Gold; alle Werte über 20 Mark liefen als Banknoten mit Golddeckung.

Dieses Währungssystem hat sich im Grunde bis heute behauptet, obwohl es dank der Hyperinflation nach dem Ersten und der schleichenden Inflation nach dem Zweiten Weltkrieg keine Gold- und Silbermünzen mehr als Bestandteile des regulären Umlaufgeldes gibt. Beide Münzmetalle hat man durch andere Materialien ersetzt: das Gold durch Banknoten, das Silber durch Kupfer-Nickel-Legierungen. Die Münzgeldwirtschaft des Mittelalters und der frühen Neuzeit, die sich niemals von dem Grundsatz löste, daß der innere Metallwert der Münze dem Nennwert entsprechen müsse, wurde somit im 20. Jh. endgültig durch Währungen abgelöst, die rein kreditorischen Charakter haben, wenn auch unsere gängigen Münzbezeichnungen noch auf das althergebrachte Metallgeldwesen zurückweisen.

Zu diesem Thema

In anderen Werken:
Clain-Stefanelli, Elvira und Vladimir: Münzen der Neuzeit (Welt der Münzen 5), 1978
Grierson, Philip: Münzen des Mittelalters (Welt der Münzen 4), 1976
Probszt, Günther: Wesen und Wandel der Münze, 1963
Suhle, Arthur: Kulturgeschichte der Münzen, 1969

HUBERT KIESEWETTER

Bergbau – von der Keilhaue zum Schaufelradbagger

Bergbau: was ist das eigentlich? Man versteht darunter das Aufsuchen, Erschließen und Fördern nutzbarer Mineralien und Rohstoffe, die durch Aufbereiten – Veredelung und Verhüttung – in Handelsgüter umgewandelt werden. Dazu gehören als wichtigste: Eisenerze und Metallerze, wie Silber, Gold, Zink, Zinn, Kupfer, Blei usw.; Steinsalze, Kalisalze, Phosphate und Stickstoffmineralien; Steinkohle, Braunkohle, Torf, Erdöl, Erdgas. Nach der Abbaumethode unterscheidet man den Tagebau vom Untertagebau (Gruben- oder Tiefbau). Der Tagebau wird meistens bei Braunkohle, Torf oder Erzen durchgeführt, die nicht tief unter der Erdoberfläche lagern, wobei oft große Mengen von Erd- und Gesteinsschichten (Abraum) beseitigt werden müssen. Beim Grubenbau gelangt man zu den Lagerstätten mit Hilfe von Schächten oder Stollen, von denen aus auf einem oder mehreren Niveaus (Sohlen) das Material gewonnen und gefördert wird. Der Kupferbergbau ist älter als unsere schriftlichen Überlieferungen; denn die Ägypter betrieben bereits 3000 v. Chr. bedeutenden Bergbau in Thebais; die Assyrer besaßen 2000 v. Chr. Kupferbergwerke in Armenien, die Israeliten kannten Gold, Silber und Blei, und berühmt waren die kostbaren Edelsteine der Inder.

»Silbernes Mittelalter«

Hatte in der Antike die Macht Athens auf den Silber-, Blei-, Zink- und Kupfergruben von Laurion beruht, so versuchten im Mittelalter deutsche Landesfürsten durch Übernahme und Förderung des Bergbaus ebenfalls zu Macht und Reichtum zu gelangen. Der Bergbau wurde begünstigt und mit besonderen Privilegien ausgestattet, so daß früh sog. Bergstädte, z. B. Goldberg in Schlesien (1211), Freiberg in Sachsen (1218), Kaschau in Oberungarn (1241) und Kuttenberg in Böhmen (1283) entstanden, in deren Umgebung reiche Lagerstätten anzutreffen waren.

Bereits im frühen Mittelalter wurden in Wiesloch bei Heidelberg und im Lahntal bei Holzappel Blei und Silber gefördert, Kupfer im Spessart, Silber und Eisen bei Marburg, Eisenerz an der mittleren und oberen Sieg. Zwischen dem 10. und 13. Jh. kam es jedoch zu einem allgemeinen Aufschwung im Bergbau – die Jagd nach dem begehrten Silber, das Aufblühen der Städte und des Handels waren hierfür die Hauptgründe. In dieser Zeit entwickelte sich der Erzabbau am Rammelsberg bei Goslar, bei Freiberg in Sachsen, im Oberharz bei Zellerfeld und Clausthal; der Kupferschieferabbau bei Mansfeld und Rudolstadt; der Zinnbergbau bei Graupen im südlichen Erzgebirge. Zu einem Zentrum der Eisenproduktion wurden im 14. Jh. u. a. das steierische Erzberg und Amberg in Bayern; der erste Eisenhammer nahm 1394 in Oberschlesien seine Tätigkeit auf; an der Wende vom 14. zum 15. Jh. entstanden im Moselgebiet eine Reihe von Produktionsstätten, und die Siegerländer Eisenerzeugung erreichte im 15. Jh. einen ersten Höhepunkt. Steinkohle dagegen, obwohl schon im 10. Jh. bei Zwickau in Sachsen und im schlesischen Waldenburg gefunden, blieb wegen des Reichtums an Holz – und billiger Holzkohle - unbeachtet.

Die Faszination, die von Gold und Silber ausging, war unbeschreiblich. Zwar war die Ausbeute an Gold gering, aber dreihundert Jahre lang ging in Deutschland das Silberfieber um, von 1171, als man bei Freiberg in Sachsen Silbergänge entdeckte, bis weit über das Jahr 1477 hinaus, in dem die Silberstufe der Schneeberger Grube St. Georg erschlossen wurde: Mitteleuropa wurde führend in der Weltsilberproduktion. Nicht nur in Sachsen fand man größere Silbervorkommen, sondern auch in Böhmen, wo die Silbergruben von Kuttenberg und Joachimsthal berühmt wurden, und im Schwarzwald. Die Schneeberger Grube St. Georg lieferte allein Erze für 400 Zentner Silber, und die Ausbeute aller Schneeberger Gruben in den letzten drei Jahrzehnten des 15. Jh. erbrachte über 3200 Zentner Silber. Bis ins Tiroler Inntal, nach Schwaz, und ins bayerische Rattenberg griff der Silberbergbau über; außerdem erschloß die Entsilberung des Schwarzkupfers ertragreiche Vorräte in den Kupferbergbaugebieten.

Trotz zahlreicher Erfindungen blieb die mittelalterliche Bergbautechnik auf einer niedrigen Stufe, die Mineralien mußten mit einfacher oder doppelter Keilhaue gewonnen werden. Die Ausbeute von Lagerstätten in größerer Tiefe unterhalb der

---

Aus dem ABC des Bergmanns

Ausbeute	= Der Ertrags- und Gewinnanteil beim Bergbau, nicht die Förderung
Bessemer-Verfahren	= (auch Thomasverfahren) Verfahren zur Herstellung von Stahl aus flüssigem Roheisen in Konvertern, durch die Luft geblasen wird
Bewetterung	= Zu- und Abführung von Luft (Wetter) für die in den Gruben arbeitenden Bergleute; auch zur Verdünnung von Gasen und zum Senken der Temperatur
Gewerke, Gewerkschaft	= eine im Bergbau entstandene Gesellschaft von Miteigentümern des Bergwerks und seines Vermögens (Kuxe)
Göpel	= Antriebsgerät zum Heben von Lasten, durch menschliche, tierische oder mechanische Kraft bewegt, z. B. Handgöpel, Pferdegöpel usw. im Unterschied zur Haspel, einer Fördereinrichtung mittels Winde
Kunstgezeuge	= Vorrichtungen bzw. Maschinen zur Förderung oder zum Abpumpen von Grubenwasser; je nach Antrieb Roßkünste, Radkünste, Wassersäulenkünste oder Dampfkünste
Kux	= Anteil am Bergwerkseigentum, an der gewerkschaftlichen Grube oder Zeche; ursprünglich 128 Kuxe je Bergwerk
Quatember-, Rezeßgelder	= ein bestimmter Prozentsatz von Abgaben des Ertrags an den Staat bzw. den Eigentümer
Schrämmaschine	= Maschine, die mit Schrämmeißeln an Ketten oder Walzen z. B. in den Kohlenflöz einschneidet
Zubuße	= Zuschuß, den die Gewerke bei der Erschließung einer Grube einzahlen, solange die Kosten nicht durch den Gewinn gedeckt werden

Der Bergbau war im mittelalterlichen Deutschland ein blühendes Gewerbe. Arbeit auf der Halde eines Erzbergwerks: Buchminiatur aus dem Kuttenberger Graduale, um 1490 (Ausschnitt).

Kapital und Technik

Das Zeitalter der Entdeckungen weckte die Unternehmungslust auch im Bergbau. Kaufleute legten ihr Kapital in Bergbauunternehmen an, Staatspapiere oder Aktien waren ja noch unbekannt. Die Fugger etwa, mächtige Handelsherren in Augsburg, erwarben in allen bedeutenden Bergbaugebieten Kuxe, d. h. Anteile an einer bergrechtlichen Gewerkschaft, und verdrängten einheimische Unternehmer. Dies führte zu Monopolen im Eisen-, Kupfer- und Quecksilberbergbau, der in der Pfalz erhebliche Fortschritte gemacht hatte.

War das 15. und 16. Jh. die Blütezeit der Erz- und Metallgewinnung in Deutschland, so setzte danach ein rascher Rückgang ein: Der Sturz des Silberpreises durch die schier unerschöpflichen Funde in der Neuen Welt, die verheerenden Auswirkungen vor allem des Dreißigjährigen Krieges brachten den deutschen Bergbau fast gänzlich zum Erliegen. Noch in der ersten Hälfte des 16. Jh. produzierte Deutschland fünf Sechstel des europäischen Silbers, hundert Jahre später nicht einmal ein Zwanzigstel der amerikanischen Silberproduktion. Besonders gravierend war der Rückschlag in Sachsen: Sächsische Bergleute zogen ins Elsaß und erschlossen zusammen mit Zürcher und Berner Knappen die Silber-, Kupfer- und Bleigruben um Markirch, wo zwischen 1528 und 1550 für 8 Millionen Reichsmark Silber produziert wurde.

Erst Ende des 17. und im 18. Jh. belebte sich der Bergbau im Erzgebirge, im Oberharz, in Oberschlesien und im Mansfeldischen wieder, wenn auch die Erträge nicht annähernd das frühere Ausmaß erreichten. Es war dies vor allem die Folge einer veränderten staatlichen Wirtschaftspolitik, des Merkantilismus, der massiv in alle Bereiche wirtschaftlichen Lebens eingriff; zunehmender Holz- und Holzkohlenmangel verstärkte diese Tendenz. So befahl z. B. Friedrich der Große, die staatliche Eisen- und Steinkohlengewinnung in Oberschlesien und im Ruhrgebiet voranzutreiben. Auch in anderen mitteleuropäischen Bergbauregionen kontrollierten staatliche Organe – nach dem sog. Direktionsprinzip – die Bergbauverwaltung sowie den Absatz der Produkte und gestanden den Ge-

Stollensohle wurde durch das Eindringen von Wasser behindert. Immerhin hatte man die altertümliche Methode, das Wasser mit hölzernen und ledernen Gefäßen auszuschöpfen, durch Haspel und Seil ersetzt, mit deren Hilfe man die Schöpfgefäße zu Tage zog – einen Wassereinbruch konnte man damit jedoch nicht eindämmen. Erst als um die Mitte des 15. Jh. die Pumpe erfunden wurde, war die Voraussetzung für Wasserhebevorrichtungen geschaffen, die auch das Vordringen in bedeutende Tiefen ermöglichten. Und die Verwendung des Sprengpulvers seit etwa 1627 führte schließlich zu einer quantitativ größeren Ausbeute.

Den größten Fortschritt in der Eisenerzeugung brachte jedoch die Entwicklung des Hochofens am Rhein um die Mitte des 15. Jh. Um die Eisenerzgruben siedelten sich nun alsbald zahlreiche Hütten- und Hammerwerke an, wie etwa in der Oberpfalz, wo es ungefähr 200 Eisen- und Blechhämmer gab, oder um Siegen, wo sie den Ausgangspunkt der märkischen Eisenindustrie bildeten.

werken lediglich noch die Rolle von Kapitalgebern zu.

Allmählich begannen technische Erfindungen den Bergbau umzuformen. Noch Ende des 16. Jh. war Holz derart im Überfluß vorhanden und vor allem billig, daß eine Ausmauerung von Schächten zum Abstützen nicht als notwendig erachtet wurde, obwohl Back- oder Ziegelsteinbau nicht nur einfacher und dauerhafter, sondern auch wasserdicht gewesen wäre. Als jedoch die Entwicklung von Göpeln und Kunstgezeugen zum Heben von Wasser, vor allem aber die Erfindung von Wassersäulenmaschinen Mitte des 18. Jh. das Vordringen in größere Tiefen gestattete, mußte man die Schächte ausmauern. Lag der durchschnittliche Schachtbau im 16. und 17. Jh. bei 100 bis 200 Meter Tiefe, so drang man nun in Tiefen bis 800 Meter vor. Und weil im tieferen Kohlenbergbau höhere Temperaturen herrschen und die Explosionsgefahr größer ist, brauchte man eine kontinuierliche Belüftung, die Bewetterung. Förderung und Verhüttung wurden immer stärker voneinander getrennt.

Das Zeitalter von Kohle und Eisen

Die Industrialisierung revolutionierte dann auch den Bergbau. Das »Silber« des 19. Jh. war die Kohle, denn überall dort, wo es sie reichlich gab, entstanden neue Industriezentren, die zu riesigen Ballungsgebieten anwuchsen: so im Ruhrgebiet, in Schlesien, an der Saar und im westlichen Sachsen. Zwar wurden weiterhin Metallerze wie Kobalt, Nickel, Wismut, Wolfram, Zinn u. a. in leistungsfähigen Gruben im Harz, in Sachsen, im Sauerland und in der Eifel abgebaut, doch ihre Bedeutung nahm stetig ab. Während die deutsche Kohleförderung für den vielfältigen Bedarf ausreichte, mußten Eisenerze zunehmend importiert werden; daran änderte sich auch nichts, als mit Hilfe des Thomasverfahrens (1878) die Eisenerzvorkommen Lothringens stärker wirtschaftlich genutzt werden konnten. Der Anteil der deutschen Eisenerzförderung an der Weltproduktion lag 1860 bei 7,8 Prozent, erhöhte sich bis 1900 auf 14,5 Prozent und fiel nach der Abtretung Elsaß-Lothringens an Frankreich (1919) auf 3,2 Prozent im Jahr 1929 zurück. Wenige Zahlen sollen den Siegeszug der Steinkohle und des Eisens im 19. Jh. verdeutlichen: Im Oberbergamtsbezirk Dortmund wurden 1816 513 000 Tonnen und 1913 110 765 000 Tonnen Steinkohle gefördert, eine Zunahme um das 216fache. Die Kohle deckte 1913 90 Prozent des deutschen Energiebedarfs (1983 in der Bundesrepublik nur noch 19 Prozent), daneben blieben Wasserkraft, Erdöl und Erdgas unbedeutend. Die deutsche Roheisenerzeugung stieg von 138 751 Tonnen im Jahr 1834 auf 19 309 172 Tonnen im Jahr 1913! Auch die Förderung der Braunkohle – vorwiegend im Tagebau – machte enorme Fortschritte durch den Einsatz und die Entwicklung von Baggern sowie durch Brikettierung zu einem handlichen, wasserarmen Brennstoff für Industrie und Haushalt. Heute können riesige Schaufelradbagger bis zu 100 000 Tonnen Braunkohle pro Tag fördern.

Aus der Palette der Bergbauprodukte seien lediglich noch die Stein- und Kalisalze erwähnt, die seit Mitte des 19. Jh. um Magdeburg-Halberstadt, bei Hannover, im Werra-Fuldatal und am Ober- und Niederrhein großräumig abgebaut werden. Verglichen mit den viel wertvolleren, für die Düngung unentbehrlichen Kalium- und Magnesiumsalzen ist Steinsalz allerdings ein Nebenprodukt. 1913 förderte Deutschland 99,2 Prozent der Weltkaliproduktion, 1938 lag der Anteil noch bei 66,5 Prozent; 1977 waren es in der Bundesrepublik weniger als 1 Prozent.

Nach dem Verlust bedeutender Kohle-, Kali- und Erzvorkommen durch den Versailler Vertrag betrug die Förderung (in 1000 Tonnen) der neun wichtigsten Bergbauprodukte 1938: Braunkohle 194 976 Tonnen; Steinkohle 171 789 Tonnen; Eisenerz 3368 Tonnen; Stein- und Siedesalze 3280 Tonnen; Kali 1861 Tonnen; Rohöl 552 Tonnen; Schwefelkies 418 Tonnen; Zink 196 Tonnen; Blei 89 Tonnen.

Ohne den Einsatz von Dampfmaschine, Elektrizität und Druckluft wäre diese ungeheure Produktionssteigerung nicht möglich gewesen. Der wirtschaftliche Erfolg des Bergbaus war stets abhängig von der zutreffenden Beurteilung der Vorratsmenge und der Bauwürdigkeit der Lager-

---

Bergmannssprüche

Schön ist's Bergmannsleben,
Herrlich ist sein Lohn:
Seine Schätze geben
Macht dem Königsthron!

Es grüne die Tanne, es wachse das Erz,
Gott schenke uns allen ein fröhliches Herz!

Wenig Zubuß und viel Ausbeut, das machet fröhliche Bergleut.

Ein zerbrochener Hebel und Wissen ohne Wollen
bringen kein Erz aus dem Stollen.

Vier Dinge verderben ein Bergwerk: Krieg, Sterben, Teuerung, Unlust.

Erlahmt des Bergmanns fleißige Hand, versinkt in Not das ganze Land.

Geh nie im Zorn von deines Hauses Herd;
so mancher ging, der nie zurückgekehrt.

Der Bergmann zieht jeden Morgen sein Totenhemd an.

Wer unter der Erde baut, der ist nicht weit von der Hölle.

Glückauf – klingt nach vollbrachter Schicht
des Bergmanns Gruß, kehrt er zum Licht
und feiert dann, dies ist das Beste,
nach harter Arbeit frohe Feste.

Kohlenbergbau im 19. Jh. (oben): Füllort, 750 m unter der Erde. – Im Braunkohlentagebau werden heute riesige Schaufelradbagger eingesetzt. Der Bagger 261 (links) wiegt 7600 t. Im Herbst 1982 wurde der Koloß von Frechen nach Gatzweiler transportiert. Um den Erftkanal überqueren zu können, mußte man zunächst Stahlrohre legen, damit das Wasser weiterfließen konnte. Aus Sand, Kies und Beton wurde darüber eine 50 m breite Fahrtrasse gebaut.

stätten, nicht zuletzt aber vom Vorhandensein ausreichenden Kapitals. Als man seit der Mitte des 19. Jh. mit Bohrern bis in 6000 Meter Tiefe vorstoßen konnte, um nutzbare Lagerstätten ausfindig zu machen, bildeten sich innerhalb kurzer Zeit Gewerken bzw. Aktiengesellschaften, die den enormen Kapitalbedarf aufbrachten. Landbesitz, Technik und Kapital führten zu mächtigen Familienunternehmen, so der Fürsten Pleß, Ballestrem, Donnersmarck und Schaffgotsch in Schlesien oder der Bürgerlichen Thyssen, Stinnes und Krupp im Ruhrgebiet. In rasantem Tempo veränderten sich Abbau, Förderung und Verarbeitung durch Diamantbohr- und Gefrierverfahren, durch neuartige Sprengmittel und Sicherheitssprengstoffe, durch Kettenkratzer und Förderbänder, durch Grubenbahnen und gleislose Transportfahrzeuge, durch Thomas-, Bessemer- und elektrische Verfahren. Die technischen Innovationen des 19. Jh. konzentrierten sich auf Maschinen- und Verfahrenstechnologien bei der Abteufung, Förderung und Wasserhaltung. Seit den 1880er Jahren wurden fundamentale Fortschritte in der Aufbereitungstechnik (Kokereien, Kohlenwäsche) und in der Veredelung (Sortierung, Brikettierung, Nebenproduktgewinnung) erzielt. Schließlich entwickelte man im 20. Jh. neue, produktivitätssteigernde Abbauverfahren (Abbauhammer, Schrämmaschine und Kohlenhobel). Die chemisch-physikalischen und technischen Wissenschaften wurden zum ständigen Begleiter des Bergbaus. Heute fördern moderne Großschachtanlagen bis zu 20000 Tonnen Steinkohle pro Tag.

Nach 1949 verlor der Bergbau in der Bundesrepublik aufgrund energiewirtschaftlicher Veränderungen an Bedeutung; der Steinkohlenbergbau im Ruhr- und Saargebiet geriet in eine Strukturkrise. 1965 wurden (jeweils in 1000 Tonnen) noch 135077, 1983 nur noch 82202, davon mindestens 10000 Tonnen auf Halde, gefördert. Dagegen steigerte sich die Braunkohlenproduktion, vor allem im Rheinland, bei Helmstedt und in Bayern, von 75841 Tonnen 1950 auf 124281 Tonnen 1983. Von den übrigen Bergbauprodukten konnten 1983 nur Erdgas (17491 Tonnen) und Kalisalze (27200 Tonnen) wesentliche Produktionsgewinne aufweisen, während die

Ausbeute an Rohöl, Eisenerz, Zink, Blei usw. gering blieb. In der DDR wurde der Bergbau seit 1949 verstaatlicht: Hauptenergieträger bleibt dort die Braunkohle mit einer Förderung von 276 038 000 Tonnen im Jahr 1983. Versuche im Uranerzbergbau im Erzgebirge sind weitgehend geheim.

Das Bergrecht

In Deutschland hatte die Eigenständigkeit juristischer Regelungen für den Bergbau seit dem Mittelalter besonderes Gewicht. Eines der Grundprobleme mag das folgende Beispiel illustrieren. Angenommen, es wurde vermutet, daß unter einem fruchtbaren Getreideacker in 100 Meter Tiefe Erze oder Mineralien lagern. Wer hatte das Recht, sie auszubeuten? Der Bauer, der Gutsherr, der Landesherr, der Kaiser? Was sollte geschehen, wenn der Besitzer sich weigerte oder wenn ihm die finanziellen und technischen Möglichkeiten fehlten, mit dem Bergbau zu beginnen? Wer sollte dafür aufkommen, wenn der Schaden an Natur und Umwelt größer war als der finanzielle Nutzen der Ausbeute?

Im Mittelalter entwickelten sich in Deutschland zwei grundlegende Rechtsformen: das *Bergregal* und die *Bergbaufreiheit*. Ersteres besagt, daß die deutschen Könige ein staatliches Eigentumsrecht an der Gewinnung und Nutzung von Mineralien und Metallen besaßen. Dieses Recht wurde 1158 von Kaiser Barbarossa in der Ronkalischen Konstitution festgelegt, in der Goldenen Bulle Karls IV. von 1356 auf die Kurfürsten und im Westfälischen Frieden von 1648 auf alle Reichsstände ausgedehnt. Bergbaufreiheit hingegen bedeutete die vom Regalherrn erteilte Erlaubnis, Bergbau zu betreiben, ohne Eigentümer von Grund und Boden zu sein. Dieses sog. *Gemeine Deutsche Bergrecht* prägte sich zwischen dem 12. und 14. Jh. aus und war danach allgemein gültig.

Anfänglich betrieben Bergleute allein oder zu mehreren als Eigenlehner in kleinem Maße Bergbau. Doch das Risiko, fündig zu werden, und die hohen laufenden Kosten bis zur möglichen Ausbeute bewirkten, daß nach und nach kapitalkräftige »Unternehmer« in den Bergbau durch die Rechtsform der »Gewerkschaft« eindrangen. Teilhaber an den Gruben, die Gewerken, waren durch den Besitz von Kuxen (Anteilsscheinen) Miteigentümer am Bergwerk und persönlich haftbar. Die Bergleute arbeiteten als Knappen unter Leitung von Steigern im Lohnverhältnis, wobei sie von vielen Lasten und Abgaben befreit waren. Wenn der Landesherr bzw. der Staat nicht selbst Bergbau betrieb, forderte er eine Reihe von Abgaben: den Bergzehnten, das Stollenneuntel, Quatembergelder, Rezeßgelder, Lade- und Wagengelder, den Schlägesatz, Poch- und Hüttenzins usw. Außerdem forderten die Grundeigentümer und teilweise die Kirchen Anteile an der Ausbeute. Das Vor- und/oder Verkaufsrecht sowie die Preisgestaltung lag ebenfalls in den Händen des Regalherrn.

Mit dem Beginn der Neuzeit löste sich das einheitliche Bergrecht auf. Bildete das Iglau-Freiberger Bergrecht, um die Mitte des 14. Jh. entstanden, noch eine Grundlage für ein deutsches Bergrecht aufgrund landesherrlicher Gesetzgebung, so führten die neuen Bergordnungen seit Beginn des 16. Jh. zu Zersplitterung und Rechtsunsicherheit. Die Vielzahl der Bergordnungen sollte zwar den unterschiedlichsten rechtlichen, politischen und wirtschaftlichen Verhältnissen in einem zersplitterten Deutschland gerecht werden, war aber schließlich nur Ausdruck eines Machtvakuums. Die einflußreichsten waren die Schneeberger Bergordnung von 1477, die Annaberger Bergordnung von 1509, die Joachimsthaler Bergordnung von 1518, 1525 und 1548 und die Kursächsische Bergordnung von 1589.

Der Merkantilismus des 17. und 18. Jh. veränderte die bergrechtliche Form der mittelalterlichen Gewerken zugunsten des *Direktionsprinzips*. Die Gewerken konnten ihre Besitzanteile behalten und waren an der Mitverwaltung beteiligt, doch der Staat regelte den Betrieb, die Verwaltung und die Ausbeute durch eigene Beamte, die in neugegründeten Bergschulen und Bergakademien ausgebildet wurden. Staatliche Bergämter regulierten Preise und Löhne, stellten Arbeiter und Beamte ein und entließen sie und bestimmten die Höhe von Ausbeute bzw. Zubuße (finanzielle Beihilfe) je Kux. Den Bergleuten, seit Jahrhunderten zu Bruderschaften bzw. Knappschaften zusammengeschlossen, gingen nach und nach Privilegien verloren, doch sie erhielten dafür eine Reihe verbesserter sozialer Absicherungen wie Krankheits-, Invaliden- und Sterbekassen usw. Die durch staatliche Bevormundung gekennzeichnete merkantilistische Wirtschaftspolitik war ein Hindernis auf dem Weg zum industriellen Bergbau.

Rechtstraditionen haben einen zähen Kern. Doch die Notwendigkeit zur industriellen Nutzung der Bergbauprodukte, vor allem von Kohle, Eisenerz und Kali, führte seit Mitte des 19. Jh. zu einem grundlegenden Wandel des Bergrechts. Das preußische Miteigentümergesetz von 1851 hob die staatliche Verwaltung privatbetriebener Bergwerke, das Direktionsprinzip, auf, und das in Preußen 1865 erlassene Allgemeine Berggesetz ließ der Privatinitiative breiten Raum. Es wurde später teils wörtlich, teils sinngemäß von anderen Bundesstaaten übernommen und stellte den Bergmann in das Rechtsverhältnis freier Lohnarbeiter. Nachdem Versuche zur Kodifizierung eines einheitlichen deutschen Bergrechts gescheitert waren, ging Preußen von 1907 an dazu über, die Erschließung von Kohle und Kali dem Staat vorzubehalten. Im Dritten Reich wurde durch Gesetz vom 28. Februar 1935 die Überleitung des Bergwesens aller deutschen Länder auf das Reich angeordnet. – Maßgeblich für die Bundesrepublik ist das Bergbau-Gesetz vom 13. August 1980, das am 1. Januar 1982 in Kraft trat. Es regelt die mineralische Rohstoffversorgung, die Sicherheit der Beschäftigten in den Unternehmen und die sozialen Vorsorgeeinrichtungen.

Zu diesem Thema

In anderen Werken:
Heilfurth, Gerhard: Der Bergbau und seine Kultur. Eine Welt zwischen Dunkel und Licht, 1981
Imbusch, Heinrich: Arbeitsverhältnis und Arbeitsorganisation im deutschen Bergbau. Eine geschichtliche Darstellung (1908). Mit einer Einleitung zum Nachdruck von Klaus Tenfelde, 1980
Schreiber, Georg: Der Bergbau in Geschichte, Ethos und Sakralkultur, 1962

HUBERT KIESEWETTER

Verkehr – vom laufenden Boten zum Volkswagen

Verkehr heißt vor allem: Überwindung von Räumen, Transport von Menschen, Gütern und Nachrichten. Seit Menschen anderen Menschen etwas mitteilen oder mit ihnen etwas tauschen wollen, gibt es Verkehr. Karawanenwege, z. B. die Seidenstraße von China nach Vorderasien, oder Zinnstraßen, z. B. von der Seine- zur Rhônemündung, sind seit den Anfängen unserer Kultur bekannt. Und die Küsten-, See- und Binnenschiffahrt der vorderasiatischen Großreiche – vor allem des Reiches der Phönizier – führte zur strategischen Beherrschung des Mittelmeerraums.

Im europäischen Mittelalter entwickelte sich der *Landverkehr* vorwiegend auf den alten Salz-, Getreide-, Wein-, Bier- und Kupferstraßen – den einstigen römischen Heerstraßen – und auf sog. Botenpfaden, deren schlechter Zustand den Warentransport durch menschliche Träger und Saumtiere behinderte. Erst im 18. Jh. wurde die römische Bautechnik und Straßenbaukunst wieder erreicht. Die als Regal (königliches Recht) verliehenen Zölle, Wege- und Brückengelder, eigentlich zur Unterhaltung und zum Ausbau der Straßen gedacht – Baumaterialien waren vornehmlich Holz und Erde –, wandelten sich immer mehr zu Privilegien und Einnahmequellen von Klöstern und Fürsten, bis der Brücken- und Straßenbau zur öffentlichen Last, zur Fron, erklärt wurde. Karl der Große (R 768–814) reorganisierte den Ausbau des Wegenetzes, und in den folgenden zwei Jahrhunderten wurden Königs- und Reichsstraßen gebaut, die heute noch wichtig sind: die Nord-Süd-Verbindungen zwischen Utrecht bzw. Bremen und Italien, die Ost-West-Verbindungen zwischen Magdeburg und Duisburg, Merseburg und Frankfurt, Salzburg und Paris, Passau und Nürnberg. Die erste Steinbrücke in Deutschland – sieht man von der Römerbrücke in Trier ab – wurde im 12. Jh. in Regensburg gebaut.

Mit dem Aufblühen der Städte durch Handel und Gewerbe im 12. Jh. stieg das Bedürfnis nach Güteraustausch. Die regionale Bedeutung vieler Städte als Marktplatz veränderte sich durch die wirtschaftlichen Begleiterscheinungen des Fernverkehrs. Messeplätze, die den Orientgüterhandel und den kontinentalen Handel erleichterten, wurden zu Kreuzpunkten des Verkehrs, wobei das Zusammentreffen von Landverkehr und schiffbaren Wasserstraßen die wirtschaftliche und politische Bedeutung solcher Städte vergrößerte. Zwischen diesen Städten, den großen Stapelhäfen und den vier Hauptorten der Hanse, Nowgorod, Brügge, London und Bergen, den damaligen Welthandelsplätzen in Europa, nahm der Austausch von Kaufmannsgütern zu. Die wichtigsten Güter, die auf den Landstraßen befördert wurden, waren Getreide, Schlachtvieh und Fische, Tuche und Textilwaren, Metalle, Genußmittel und Gewürze.

Nachrichtenübermittlung gab es im Mittelalter wenig. Sie beschränkte sich zumeist auf Botengänge, die eine Verbindung der Klöster mit ihren Ländereien, des Deutschritterordens mit seinen Komtureien und des Kaisers mit den Fürsten herstellten. Im 14. und 15. Jh. wurde die unregelmäßige zu einer regelmäßigen Nachrichtenübermittlung; städtische Botenanstalten richteten einen *öffentlichen Verkehrsdienst* ein. Aber Stapelrechte der Städte, Straßenzwang, Wege- und Brückenzölle sowie andere Abgaben erwiesen sich als zeit- und kostenungünstige Hindernisse. Die landesherrlichen und städtischen Boten dienten zwar überwiegend dem Nachrichtenaustausch zwischen Städten, dem Kaiser und den Fürsten, doch hin und wieder wurde auch Privatkorrespondenz befördert, zuerst durch laufende, später durch berittene Boten.

Private Reisen, gar Tourismus kannte man zu jener Zeit nicht. Ausschließlich Kaiser, Könige und Fürsten sowie kirchliche Würdenträger waren privilegiert, zu Reichstagen und Kirchenkonzilien zu reisen, teilweise auch bei Wallfahrten mitzupilgern. Kaufleute und Gesellen fuhren bzw. wanderten, um ihre Geschäfte abzuwickeln bzw. Arbeit zu suchen. Und im Kriegsfall mußte gelegentlich Kriegsvolk transportiert werden. Das gemeine Volk »reiste«, wenn überhaupt, zu Fuß. Pferde und Saumtiere oder sogar Wagen besaßen nur die fürstlichen Herren, die sie aus den Abgaben ihrer Untertanen finanzierten.

Im mittelalterlichen Deutschland diente der *Binnenschiffahrtsverkehr* dem Transport schwerer Güter zu den an Flüssen gelegenen Handelsplätzen oder Städten. Wegen der schlechten, beschwerlichen Landwege erhöhte sich allmählich das Handelsvolumen der Binnenschiffahrt, wenn auch hier vielfältige Zölle hinderlich waren und der Zustand der Wasserstraßen Personen und Güter in Gefahr brachte. Der Rhein mit seinen Nebenflüssen nahm einen be-

Reisen war bis ins 19. Jh. hinein eine beschwerliche Angelegenheit. Der Zustand der Straßen war in der Regel schlecht, vor allem nach anhaltenden Regenfällen. Von Federungskomfort konnte keine Rede sein, so daß die Reisenden arg durchgeschüttelt wurden. Auch mit Unfällen mußte man rechnen: Der umgekippte Reisewagen des Gegenpapstes Johannes XXIII., 1413.

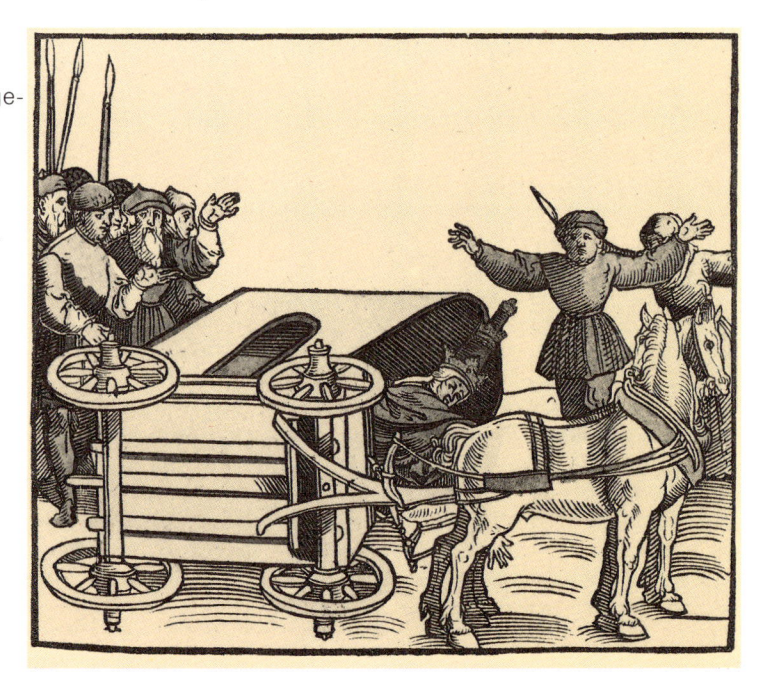

Wegen der schlechten Landstraßen spielte die Binnenschiffahrt im Mittelalter eine wichtige Rolle, vor allem beim Transport schwerer Güter. Allerdings gab es auf Straßen und Flüssen ein gemeinsames Ärgernis für die freie Entfaltung des Handels, nämlich die vielfältigen Zölle: Erhebung des Flußzolls von einem Flußschiffer (Holzschnitt von Hans Burgkmair d. Ä., 1529).

trächtlichen Teil des Nord-Süd-Handels auf, wobei die Schifferzünfte seit dem 14. Jh. mit fast monopolartigen Ansprüchen den Wasserstraßenverkehr regelten und beherrschten. Auf der Donau wickelte sich in steigendem Maß der Südosthandel ab. Die Schiffe mit etwa 100 bis 200 Tonnen Ladegewicht wurden durch Segel oder im Schlepptau fortbewegt.

Ostkolonisation und Kaufmannshanse bewirkten einen Aufschwung der deutschen Seeschiffahrt. Im 12. und 13. Jh. entstanden entlang der Nord- und Ostseeküste von Brügge bis Reval zahlreiche Städte, von denen Lübeck (1158) die hervorragendste Stellung einnahm. Die 1358 gegründete Städtehanse war bis zum 15. Jh. auf über 160 nordeuropäische Städte angewachsen und sicherte sich durch Verträge und Bündnisse eine *freie See für ihre Handelsschiffe*. Die Frachtschiffahrt der Hanse führte zu einem blühenden Handel von Ost nach West und Nord nach Süd. Getreide, Holz, Felle, Wachs, Pech und Harz wurden von Rußland nach Brabant und Flandern transportiert, während der Norden dem Süden Fische lieferte und in umgekehrter Richtung Weine, Erz und Seesalz befördert wurden. Die Frachtschiffe waren zuerst breitgebaute, mit einem Rahsegel versehene Koggen, die selten mehr als 100 Bruttoregistertonnen (BRT) faßten, dann setzten sich nach und nach Dreimaster mit etwa 230 BRT und besserer Navigationsfähigkeit durch. Die Einführung des Kompasses gegen Ende des 13. Jh. sowie die Ersetzung des Seitenruders durch das am Heck angebrachte Steuerruder ermöglichten den Transport über größere Entfernungen und stürmischere See.

Die Entdeckungsfahrten des Christoph Kolumbus nach Amerika (1492) und Vasco de Gamas nach Ostindien (1498), vor allem aber die anschließende *Überseeische Expansion* führten zu ökonomischen und politischen Verschiebungen der Welthandelsplätze, die dem Verkehr in Deutschland schweren Schaden zufügten. Neben den weltweit verlagerten Handelsströmen veränderten Reformation (1514), Bauernkrieg (1524/25) und Dreißigjähriger Krieg (1618 bis 1648) das sensible rechtliche und soziale Gefüge innerhalb Deutschlands, so daß die Verkehrssicherheit auf den Handelswegen rapide abnahm. Ständige Auseinandersetzungen zwischen Fürsten und Städten belasteten den Warenaustausch zusätzlich. Straßen- und Wegebau stagnierten; lediglich allzu starke Substanzverluste bei vorhandenen Straßen konnten verhindert werden.

Die Beschädigungen von Straßen und Wegen durch größere Fahrzeuge waren derart stark, daß Wegeordnungen erlassen werden mußten, die den Güterverkehr regelten. Sie waren in den deutschen Territorien uneinheitlich. Zusammen mit den Zoll- und Wegegeldern, die weiterhin willkürlich erhoben und verwendet wurden, führten sie zu vielfachen Gefährdungen des Landverkehrs; dabei war der Güterverkehr überwiegend regional begrenzt und konnte anfänglich etwa 50 Kilometer, nach Einführung des Pferdewechsels – in Brandenburg seit 1683 – täglich bis zu 75 Kilometer zurücklegen. Die sog. Frachtfuhrleute, die etwa seit 1650 mit »Ordinarifuhren« ein regelmäßiges Güterfuhrwesen entwickelten, aber auch die nur gelegentlich fahrenden Nebenfuhrleute waren gleichermaßen von diesen Mißhelligkeiten betroffen. Darüber hinaus kam der Transitverkehr, vor allem in den einstmals blühenden süddeutschen Messeplätzen, durch steuer- und wirtschaftspolitische Maßnahmen der angrenzenden Länder fast ganz zum Erliegen.

Das *Taxissche Postwesen* steht am Beginn eines regelmäßigen Nachrichtenverkehrs. Die Verleihung der Würde eines »General-Oberpostmeisters im Heiligen Römischen Reiche« durch Kaiser Rudolf II. (R 1576–1612) an Leonhard von Taxis 1595 verschaffte dem Hause Taxis nahezu ein Postmonopol. Da die Taxis-Post viele Städte ausließ und Privatkorrespondenz nur unzulänglich beförderte, waren städtische bzw. landesherrliche Postanstalten weiterhin erforderlich. Mitte des 18. Jh. begannen die Landesfürsten die Post in eigener Verwaltung zu übernehmen (Baden,

Gute alte Zeit – Reisen mit der Pferdekutsche

Schillers Reise nach Leipzig, 1785:
»Unsre Hieherreise, wovon Ihnen Hr. Göz eine umständliche Beschreibung machen wird, war die fatalste, die man sich denken kann. Morast, Schnee und Gewässer waren die drei schlimme Feinde, die uns wechselweise peinigten, und ob wir gleich von Vach an immer zwei Vorspannpferde gebrauchen mußten, so wurde doch unsere Reise, die Freitags beschlossen sein sollte, bis auf den Sonntag verzögert. Man behauptet auch durchgängig, daß die Messe durch die abscheulichen Wege merklich gelitten habe.«
(Aus einem Brief an Christian Schwan, 24. April 1785)
Franz Grillparzer berichtet von einer Fahrt durch den Thüringer Wald, 1826:
»Den gestrigen Tag, meinen Namenstag, habe ich teils mit Extrapost, teils auf dem offenen Wagen der ordinären Briefpost, die Nacht endlich in der höllischsten Diligence zugebracht, mit der ich die höllischste Stelle des Thüringerwaldes zwischen Rudolstadt und Coburg zurücklegte. So zerschüttelt ist wohl seit die Welt steht noch niemand geworden, dazu starkdunkle Nacht und Regen in Strömen. Denke dich mir in dem ungeheuersten Diligencewagen, als einziger Passagier, 6 Pferde vorgespannt, die auf dem elenden Wege doch nur Schritt vor Schritt gehen können.«
(Aus einem Brief an Katharina Fröhlich, 5. Oktober 1826)

Der zunehmende Straßenverkehr im 18. Jh. machte Wegeordnungen erforderlich:

Aus dem Wege-Reglement für Westpreußen und die Netze-Distrikte, 4. Mai 1796:
§ 11: Da die schlechte Beschaffenheit der Landstraßen, besonders im leichten sandigen Boden, vorzüglich und mehrentheils daher entstehet, weil in selbigem kurz hintereinander ausgefahrene Vertiefungen befindlich sind, worin sich Regen- und Schneewasser sammelt, den Sandboden aufweicht und grundlos macht, so müssen diejenigen, denen die Aufsicht über die Instandsetzung der Landstraßen obliegt, dafür sorgen, daß in dergleichen ausgefahrenen Straßen die Anhöhen abgetragen und die Tiefen damit ausgefüllt, gehörig planirt, so wie auch die zu breiten Fahrwege, nach der im vorigen §. gegebenen Vorschrift, eingeschränkt werden.
Die Graben, durch welche die Wege entwässert werden, sollen im Herbst und Frühjahr gehörig geräumt werden.
Das Netz der Vorschriften wurde immer enger geknüpft. Aus der preußischen Verordnung »zum Schutze der Kunststraßen gegen eine ihrer Erhaltung nachtheilige Art der Benutzung und Ausübung des Verkehrs auf denselben…« vom 17. März 1839:
§ 2: Die Ladung der gewerbsmäßig betriebenen Frachtfuhrwerke darf auf allen Kunststraßen ohne Unterschied, bei einer Felgenbreite von weniger als fünf Zoll an Gewicht nicht mehr betragen, als: in der Zeit vom 15. Nov. bis 15. April a) bei vierrädrigem Fuhrwerk 60 Centner, b) bei zweirädrigem Fuhrwerk 30 Centner, in der Zeit vom 15. April bis 15. Nov. a) bei vierrädrigem Fuhrwerk 80 Centner, b) bei zweirädrigem Fuhrwerk 40 Centner.

Bayern) oder übertrugen das Postregal dem Hause Thurn und Taxis. Immer wieder aufflammende Streitigkeiten zwischen den Fahrposten der kaiserlichen Reichspost, die im Unterschied zu reitenden Posten auch Personen und Güter beförderte, und den Landkutschen privater oder städtischer Postanstalten hielten bis ins 19. Jh. an.

Der *Personenverkehr* wurde zu jener Zeit immer noch vornehmlich durch Reichstage, Kaiserkrönungen u. ä. bestimmt, obwohl im 17. und 18. Jh. zunehmend private Reisebedürfnisse zu bemerken sind. Mit der Verbesserung der Straßen im 18. Jh. wurde der Personentransport regelmäßiger und häufiger als in früheren Jahrhunderten, und 1744 führte man für dichtbefahrene Strecken sogar Journalièren ein. Das Reisen blieb in den harten Reisewagen allerdings äußerst unbequem und risikoreich.

Die Rheinschiffahrt verlor bis ins 19. Jh. hinein durch die überseeische Kolonisation und die Verlagerung des Welthandels auf den Atlantik an Bedeutung. Personen und Güter wurden nur auf kurzen Strecken befördert. Wer um 1800 auf der Elbe von Hamburg nach Magdeburg fahren wollte, mußte 14mal Zoll zahlen, auf dem Main von Bamberg bis Mainz sogar 33mal. Dagegen begann Preußen nach dem Vorbild Frankreichs im 18. Jh. den Kanalbau voranzutreiben. *Die Seeschiffahrt* verlagerte sich nach Portugal, Spanien, Holland, Frankreich und England, das 1651 mit der Cromwellschen Navigationsakte die Vormachtstellung an sich riß. Deutschland war am Handel mit Kolonialgütern kaum beteiligt, und lediglich Hamburg und Bremen hielten Anschluß an den Mittelmeerverkehr. Erst nach der Gründung der »Königlich Preußischen Asiatischen Kompagnie«, 1750, wurden deutsche Kaufleute ermutigt, mit Handelsschiffen nach Asien zu reisen.

Tausend Jahre lang war der Verkehr wesentlich auf Boten, Pferde, Wagen und Segelschiffe beschränkt gewesen; dann wurden, im Verlauf der *Industrialisierung*, die in Deutschland um 1830 einsetzte, innerhalb eines Jahrhunderts Eisenbahnen, Autos, Motorräder, Straßenbahnen, Omnibusse, U-Bahnen, Dampfschiffe, Flugzeuge, Telegraf, Telefon, Fernschreiber, Radio und Fernsehen erfunden und gebaut. Das *Zeitalter des Massenverkehrs* begann. Mit dem Siegeszug der Eisenbahn im 19. Jh. konnten zum ersten Mal in der Menschheitsgeschichte Personen und Güter millionenfach transportiert werden.

Doch zuvor erlebte der Postkutschenverkehr noch eine letzte kurze Blütezeit. 14 Jahre vor dem Bau der ersten deutschen Eisenbahnstrecke von Nürnberg nach Fürth, 1821, wurde in Preußen eine Schnellpost für den Brief- und Personenverkehr eingerichtet. 1837 verfügte das preußische Schnellpostsystem über 622 000 Plätze für die Personenbeförderung, und 1840 gab es eine tägliche Verbindung von Berlin nach Paris und dreimal wöchentlich von Berlin nach St. Petersburg. 1819 benötigte eine Postkutsche von Köln nach Koblenz etwa 14 Stunden, während ein D-Zug die gleiche Strecke 1928 in anderthalb Stunden durchfuhr. Das deutsche Eisenbahnnetz erhöhte sich von 549 Kilometer im Jahr 1840 auf 61 209 Kilometer im Jahr 1910 und lag 1937 wegen der Gebietsverluste nach dem Ersten Weltkrieg bei 58 821 Kilometern. Die Personenkilometerleistung stieg von 3212 Millionen 1868 auf 41 210 Millionen 1913; im gleichen Zeitraum stiegen die Tonnenkilometer im Gütertransport von 5042 Millionen auf 67 515 Millionen an. Der Preis pro Tonnenkilometer fiel zwischen 1840 und 1904 von 17 auf 4 Pfennig.

»Der Atlantische Telegraph, das neunte Weltwunder, ist fertig. Das Problem der allergrößten Geschwindigkeit ist hierbei so gelöst, daß eine Depesche in Amerika mehrere Stunden früher ankommt, als sie in England aufgegeben wurde« (zeitgenössische Karikatur).

Die Post konnte sich dem Sog von Tempo und Rationalität nicht entziehen. Gab es 1810 noch 31 Postanstalten auf dem früheren deutschen Reichsgebiet mit verschiedenen Tarifen, umwegigen Postlinien und schlechter Transportkapazität, so wurde 1867 die Thurn und Taxissche Postverwaltung gegen Entschädigung vom Norddeutschen Bund übernommen und 1880 die Reichspost eingeführt. Beförderten die Postanstalten 1850 bereits 85,9 Millionen Briefe, Karten und Drucksachen, 10,7 Millionen Pakete und 0,04 Millionen Telegramme, so bewältigte 1913 die Reichspost 7024 Millionen Briefe, Karten und Drucksachen, 293 Millionen Pakete und 52,3 Millionen Telegramme. Der elektrische Telegraph (1833), die Verlegung des ersten Seekabels (1851), die Verbreitung des Telefons (seit 1876) und schließlich die Anwendung der drahtlosen Telegraphie (seit 1897) revolutionierten das *Nachrichtenwesen*. So stiegen z. B. die Telefongespräche in Deutschland zwischen 1896 und 1939 von 413 Millionen auf 3177 Millionen. Die Erfindung und Verbreitung des Radios – und später, nach dem Zweiten Weltkrieg, des Fernsehens – brachte eine ungeahnte Nachrichtenvielfalt. Trotz 25 Mark Rundfunkgebühr im Jahr 1924 wuchs die Zahl der Rundfunkteilnehmer bis Ende März 1933 auf 5,4 Millionen.

Der Benzinmotor, 1876 von Nikolaus August Otto erfunden, leitete eine neue Epoche im Straßenverkehr ein; die Eisenbahn verlor ihre Vorrangstellung. Nach und nach wurde Deutschland mit einem Netz asphaltierter Haupt- und Nebenstraßen durchzogen, und in den 1930ern begann schließlich der Bau von Autobahnen, die den Massengütertransport auf der Straße ermöglichten. Die »Reichsautobahnen« hatten bis zum Baustop im Sommer 1942 eine Länge von 3860 Kilometern erreicht, wobei der zweispurige Autobahnkilometer etwa eine Million Reichsmark kostete. Seit den 1920er Jahren wurde das *Auto* als Verkehrsmittel immer beliebter. 1937 beförderten die Straßenbahnen 2730 Millionen, die Eisenbahnen 1874 Millionen, die Omnibusse 546,7 Millionen und der Luft- bzw. Seeverkehr 0,32 bzw. 0,22 Millionen Personen. Von 1 863 218 Kraftfahrzeugen im Jahr 1938 entfielen 918 122 auf Motorräder, 827 492 auf Personenwagen, 218 340 auf Lastkraftwagen, 30 289 auf Zugmaschinen und 11 718 auf Omnibusse, während von 28 452 000 Kraftfahrzeugen 1982 in der Bundesrepublik fast 85 Prozent Personenwagen waren.

Da die Städte im Lauf der Industrialisierung zu Ballungszentren anwuchsen, mußte zur Beförderung riesiger Arbeiterheere ein *städtischer Nahverkehr* entwickelt werden. Folgende Städte hatten 1910 mehr als eine halbe Million Einwohner: Breslau (512 000), Köln (516 000), Dresden (547 000), Leipzig (588 000), München (595 000), Hamburg (931 000) und Berlin (2,07 Millionen). Wurde das großstädtische Straßenbild Ende des 19. Jh. noch von Droschken, Fahrrädern und Pferdebahnen beherrscht, so setzten sich im 20. Jh. immer mehr elektrische Straßenbahnen (Berlin-Lichterfelde seit 1881), Omnibusse, Untergrund- und Ringbahnen durch, bis schließlich seit Mitte der fünfziger Jahre das Auto den *individuellen Massenverkehr* auslöste.

Die *Binnenschiffahrt* verlor bereits im vorigen Jahrhundert einen großen Anteil ihres Personen- und Stückgüterverkehrs an die Bahn und wurde durch die Eisenbahn zu strukturellen Veränderungen gezwungen. 1816 verkehrte das erste Dampfschiff auf dem Rhein, und der Ausbau der Kanalwasserstraßen ermöglichte den Transport eilbedürftiger Massengüter bis 1000 Tonnen Schiffsladung. Zwischen 1887 und 1895 wurde der Nord-Ostsee-Kanal – damals Kaiser-Wilhelm-Kanal – gebaut und nach 1907 erweitert; danach entstanden der Dortmund-Ems-Kanal (1890 bis 1899), der Rhein-Herne-Kanal (1906 bis 1914) und der Mittellandkanal. Von den etwa 19 000 deutschen Binnenschiffen 1929 hatten ungefähr 18 Prozent ein größeres Fassungsvermögen als 600 Tonnen. Über zwei Drittel davon verkehrten auf dem Rhein und den norddeutschen Kanälen. Die Länge der deutschen Wasserstraßen betrug vor 1945 etwa 11 000 Kilometer, wovon nach dem Krieg fast 60 Prozent verlorengingen. Die Binnenschiffahrt hatte 1938 einen Anteil von 26 Prozent am Massengütertransport.

In der Seeschiffahrt wurden die Segel- von den Dampfschiffen nur allmählich verdrängt. Das erste eiserne Dampfschiff in Deutschland wurde zwar schon 1821 gebaut, die Nettotonnage der *Dampfschiffahrt* übertraf aber erst um 1890 die der Segelschiffahrt. 1914 stand Deutschland mit 1806 Dampfschiffen und 3,8 Millionen BRT hinter England an zweiter Stelle in der Welt. Die Frachtraten fielen von 1820 bis 1913 durchschnittlich um 83 Prozent. Die Vierschraubenturbinendampfer des Norddeutschen Lloyd, die »Bremen« und

Entwicklung des Postwesens

Die Post im Europa des Mittelalters geht auf römische Traditionen zurück. Unser Wort »Post« kommt von der römischen *statio posita*, dem festangelegten Ort, an dem im Römischen Reich die Kuriere ihre Pferde wechselten.

Mit laufenden Boten hat die Übermittlung von Nachrichten begonnen. Im mittelalterlichen Deutschland richteten nicht nur die Herrscher, sondern auch Klöster, Kaufleute und Städte Botendienste ein. Das Fuggersche Handelshaus unterhielt einen eigenen Kurierdienst. Dieser vermittelte wichtige Nachrichten aus aller Welt in Form von handschriftlichen Informationen, den sogenannten »Fuggerzeitungen«.

Als Begründer des deutschen Postwesens gilt Maximilian I. In einem Brief vom 14. Juli 1490 ersuchte er die Stadt Speyer, einen reitenden und einen gehenden Boten zu bestellen. Doch Speyer und auch andere Städte widersetzten sich seiner Idee. So wurden – außer Augsburg – nur unbedeutende kleine Orte zu Poststationen.

Zunächst installierten die Regenten, noch ohne System, Landposten. Erst als Maximilian in Franz von Taxis einen Helfer fand, konnte er beginnen, den Gedanken der Reichspost zu verwirklichen. 1516 wurde neben der Beförderung amtlicher Schreiben auch die privater Briefe gegen Entgelt zugelassen. Seit 1563 gab es die Kaiserlich Taxissche Reichspost, und erst das Ende des Heiligen Römischen Reiches Deutscher Nation beendete die Macht der Reichsfreiherren von Thurn und Taxis. Von 1806 an übernahmen die meisten Länder die Post in eigener Regie. Heinrich von Stephan (*1831, †1897) aus Stolp ist die Vereinheitlichung des gesamten deutschen Postwesens nach der Reichsgründung von 1871 und die Gründung des Weltpostvereins 1874 zu verdanken.

Bereits im 17. Jh. wurden Postwagen eingesetzt, die auch Personen beförderten. Nicht immer kümmerten sich die Postillione um die Vorschriften, manche hielten z. B. unterwegs an, um zu trinken. Mit dem Siegeszug der Eisenbahn begann der allmähliche Niedergang der Postkutsche. Die letzte fuhr 1930 im Bereich der Oberpostdirektion Nürnberg. B. W.-S.

Briefbote mit Botenstab, Holzschnitt aus dem 16. Jh. (1). – Das Augsburger Posthaus um 1600, Holzschnitt von Kilian (2). – Vor dem Stadttor: Die Postkutsche passiert die Stadtgrenze. Lithographie von Franz Bukacz (3). – Der Eichstätt-Brief: einziger gestempelter Sechserblock mit der ersten bayerischen Briefmarke (Original im Postwertzeichenarchiv der Bundespost, Bonn). Bayern führte 1849 als erstes deutsches Land die Briefmarke ein (4). – Postillion der Thurn und Taxisschen Reichspost, 1852 (5). – Postvelociped, 1869. Vorn die Austragetasche, hinten der Briefkasten (6). – Beamte eines Kaiserlichen Postamts um 1910 (7). – Postkraftwagen der Reichspost, 1931 (8).

85

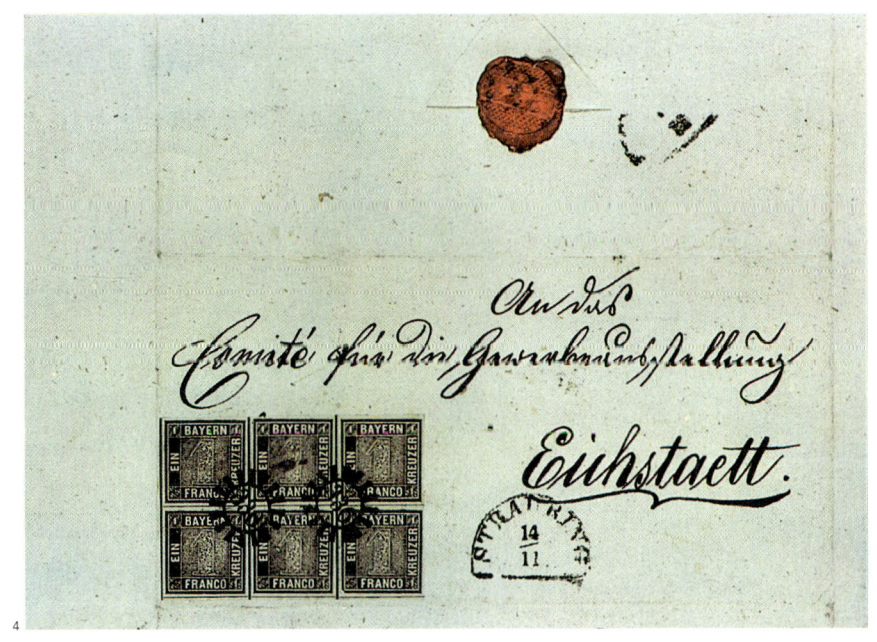

In der Pionierzeit der Luftfahrt war der Postflug eines der großen Abenteuer. Weltberühmt wurden die Erzählungen Antoine de Saint-Exupérys. In Deutschland konstruierte der Ingenieur und Flugpionier Hans Grade 1912 sein erstes Postflugzeug: Kurz vor dem Start reicht ein Postbeamter den Beutel mit der Post in die Flugkanzel.

die »Hamburg«, liefen 1928 vom Stapel und erreichten bei 125 000 PS und 52 000 BRT eine Stundengeschwindigkeit bis zu 53 Kilometer.

Ballon und Luftschiff konnten sich gegenüber dem *Flugzeug* nicht durchsetzen, obwohl das deutsche Luftschiff »LZ 126« 1924 in drei Tagen den Atlantik überquert hatte. Die Militärluftfahrt im Ersten Weltkrieg gab auch der allgemeinen Luftfahrt technischen und wirtschaftlichen Aufwind. 1926 wurde die »Lufthansa« gegründet, die von Berlin-Tempelhof bald jede europäische Hauptstadt anflog, ohne vor 1939 zu einem Massenverkehrsmittel zu werden. Die viermotorige Fokke-Wulf-Condor erreichte 1938 beim Flug von Berlin nach New York eine Durchschnittsgeschwindigkeit von 260 Kilometern pro Stunde. Im Jahr 1937 wurden 1,8 Millionen Tonnenkilometer Post, 2,3 Millionen Tonnenkilometer Fracht und Gepäck und 8,3 Millionen Tonnenkilometer Personen im deutschen Luftverkehr befördert. 1840 lag die Höchstgeschwindigkeit eines Fuhrwerks und Rheindampfers bei 8, eines Seeschiffes bei 16, der Eisenbahn bei 50 Kilometern pro Stunde. 100 Jahre später war das Fuhrwerk nicht schneller geworden, während der Rheindampfer seine Geschwindigkeit mit 18 Kilometern pro Stunde mehr als verdoppeln konnte. Ein Seeschiff war höchstens 55, ein Kraftwagen 120, die Eisenbahn 160 und ein Flugzeug 480 Kilometer pro Stunde schnell.

Der *Verkehr in der Bundesrepublik* verlagert sich immer stärker auf den privaten Massenverkehr. In den letzten Jahren hielt sich die Transportkapazität der Eisenbahn bei ungefähr 1,1 Milliarden Personen jährlich, der öffentliche Straßenverkehr stieg bis 1983 auf 6,3 Milliarden Personen, und im Güterverkehr wurde mehr als das Doppelte an Tonnenkilometern (125 293 Millionen) als auf der Bahn (57 410 Millionen) transportiert, während der Luftverkehr 36 Millionen Passagiere und 223 Millionen Tonnenkilometer Güter beförderte, über zwei Drittel (71 Prozent) mehr als 1970.

Die Revolution der Nachrichtentechnik hat gerade erst begonnen. 1983 besaßen von hundert deutschen Haushalten 79 ein Farbfernsehgerät und 90 ein Telefon, während der Computer – in der Bundesrepublik gibt es derzeit (1985) etwa 200 000 – bzw. die elektronische Datenverarbeitung seit etwa 15 Jahren langsam, aber sicher in alle Funktionsebenen von Unternehmen, Banken und öffentlicher Verwaltung eindringt. Die Invasion des Heimcomputers in die Privathaushalte steht noch bevor. Welche gesellschaftlichen Auswirkungen diese technische Revolution haben wird – auf unser Arbeitsleben, auf die Freizeitgestaltung, auf das ökonomische und psychische Wohlbefinden des einzelnen –, darüber lassen sich freilich vorerst nur Mutmaßungen anstellen.

Zu diesem Thema

In anderen Werken:
Hitzer, Hans: Die Straße. Vom Trampelpfad zur Autobahn. Lebensadern von der Urzeit bis heute, 1971
Rauers, Friedrich: Vom Wilden zum Weltraumfahrer. Die Geschichte des Verkehrs von den Anfängen bis zur Gegenwart, 1962
Voigt, Fritz: Verkehr. 2. Band: Die Entwicklung des Verkehrssystems, 1965

WERNER MEYER-LARSEN

Ingenieure als Unternehmer

Das moderne Zeitalter begann mit der Philosophie der Aufklärung, den naturwissenschaftlichen Entdeckungen und der Industriellen Revolution. Es ist geprägt worden durch den bis dahin von Kirche und Feudalstaat unterdrückten individuellen Unternehmungsgeist, der Entdeckungen und Erfindungen in Gestalt und Materie umsetzte. Im Mittelpunkt des neuen Zeitalters stand der technische Mensch.

Der österreichische Nationalökonom Joseph Schumpeter (*1883, †1950) hat die wirtschaftlich-technischen Triebkräfte der modernen Zeit in wenigen schlüssigen Grundthesen beschrieben. Die Umsetzung einer naturwissenschaftlichen Entdeckung in technische Erfindungen bringe regelmäßig eine »Innovation« hervor, durch die bisher gängige Techniken und Verfahrensweisen abgelöst würden. Der wirtschaftliche Fortschritt entstehe durch den dynamischen Unternehmer, der diese Innovation durchsetze. Durch das scharenweise Auftreten des dynamischen Unternehmers komme regelmäßig ein neuer Innovationszyklus zustande.

Diese Thesen bedeuten, daß es in der industriellen Gesellschaft eine Art Dreieinigkeit der Fortschrittsträger gibt: den Erfinder, den Techniker und den Unternehmer. Der eine bringt die Bausteine, der andere die technische, der dritte die wirtschaftliche Konstruktion. Konstrukteure sind sie also alle drei, doch im übrigen wirken sie in ihrer Kreativität so unterschiedlich, daß sie sich zumeist nur ergänzen und sehr selten in ein und derselben Person auftreten.

Da nun die Zeit des modernen Kapitalismus eine wesentlich von der Technik geprägte Epoche ist, die Jahrtausende der Agrarwirtschaft abgelöst hat, ist technischer Verstand unerläßlich für jeden, der sich Unternehmer nennen will. Das mußte besonders in den frühen Phasen der Industrialisierung so sein, wo das tertiäre Gewerbe, der Dienstleistungssektor, noch nicht entwickelt war, wo es im wesentlichen um den Ausbau der Grundstoffindustrien und der Infrastruktur ging. Deshalb hat der Industrialisierungsprozeß gerade in seiner Hochphase – etwa zwischen 1840 und 1910 – eine große Zahl bedeutender Unternehmer hervorgebracht, die zugleich Ingenieure und Techniker waren. Persönlichkeiten also, die einen technischen Apparat ebenso überzeugend konstruieren konnten wie ein wirtschaftliches Unternehmen. Die differenzierte Kunst der Menschenführung und der Betriebswirtschaft war in jenen frühen Jahren noch nicht entwickelt.

In wenigen, dafür aber markanten Fällen sind diese Techniker-Unternehmer zugleich auch Erfinder gewesen. In den ganz seltenen Fällen sogar welche, die mit einer Basiserfindung nicht nur einen neuen Innovationsschub bewirkten, sondern ein neues technisch-ökonomisches Zeitalter. Figuren, die Basiserfinder, Entwicklungsingenieur, Konstrukteur und Unternehmer in sich vereinten, sind vor allem Werner von Siemens (*1816, †1892) und – in den USA – Thomas Alva Edison (*1847, †1931) gewesen. In diesen beiden Namen repräsentiert sich die Entwicklung der Elektro-, Licht- und Übertragungstechnik über ein volles Jahrhundert. Beide gründeten Unternehmen, deren Namensnachfolger noch im Ausgang des 20. Jh. zu den bedeutendsten ihres Gewerbes zählen.

Weniger epochal als diese beiden, in ihrer Popularität gleichwohl bedeutender sind zwei andere, die als Erfinder und Konstrukteure zu Industriellen geworden sind: Carl Friedrich Benz (*1844, †1929) und Gottlieb Daimler (*1834, †1900), vereint in dem Firmennamen Daimler-Benz AG. Sie sind als Väter des Automobils ausgewiesen, sie haben freilich nicht alles davon selber erfunden, z. B. nicht die Motoren. Die Firmen der Daimler und Benz blieben lange autonom, bis sie nach dem Ersten Weltkrieg in einer einzigen Gesellschaft fusioniert wurden, aus der dann das wohl renommierteste Automobilunternehmen weit und breit geworden ist.

Andere Fundamentalerfinder konnten sich weniger in den Annalen der Unternehmensgeschichte etablieren. James Watt (*1736, †1819), der Erfinder der Dampfmaschine, ebensowenig wie die großen Chemiker. Auch der Amerikaner Robert Fulton (*1765, †1815), der Erfinder des Dampfschiffes, und George Stephenson (*1781, †1848), der Lokomotivenerfinder, hinterließen keine Weltunternehmen. Rudolf Diesel (*1858, †1913) gar, dessen Name dank des von ihm erfundenen Verbrennungsmotors so oft geschrieben wird wie kaum ein anderer auf der Welt, endete ohne großes irdisches Glücksgefühl – wahrscheinlich durch Selbstmord.

Nikolaus Otto (*1832, †1891), ohne dessen Benzinmotor Daimler und Benz zu ihrer Zeit nicht viel hätten ausrichten können, machte zwar auch Karriere als Unternehmensmanager, eine Firma seines Namens hinterließ er nicht. In dieser Hinsicht sind Erfinder besonderer technischer Details, für die sich rasch Märkte öffneten, oft sehr viel besser dran gewesen – auch heute noch. Da wäre etwa Robert Bosch (*1861, †1942) zu nennen, der die Hochspannungs-Magnetzündung erfand und dessen Unternehmen, die Robert Bosch GmbH, eines der bedeutendsten seiner Branche wurde. Auch Carl von Linde (*1842, †1934), der Erfinder der Ammoniak-Kältemaschine, gründete eine Firma von Bestand. Und Hugo Junkers (*1859, †1935) gehört dazu, der Erfinder des Gasbadeofens, dem nebenher geniale Flugzeugkonstruktionen wie die der Ju 52 gelangen.

In eine besondere Kategorie gehört Alfred Nobel (*1833, †1896), der das Dynamit erfunden hat, der als Techniker ein großes Unternehmen – Dynamit Nobel – gründete und den das Gewissen wegen dieser Erfindung dermaßen plagte, daß er die Nobel-Stiftung ins Leben rief. Auch er ein Erfinder, ein Techniker, ein Unternehmer. Am Ende obendrein ein Moralist.

Viel häufiger als herausragende Gestalten dieser Art sind Techniker, die vorhandene Basiserfindungen mit unternehmerischem Blick nutzten: Georg Henschel (*1759, †1835), ein Maschinenbauer, gründete 1810 in Kassel die später berühmte Lokomotivfabrik. Und August Borsig (*1804, †1854), ein Eisengießer, baute 1837 in Berlin seine Maschinenfabrik, die später ebenfalls Lokomotiven herstellte.

Ähnlich von Ingenieuren geprägt war der Aufbau der Automobilindustrie. Die großen Epigonen der Carl Benz und Gottlieb Daimler sind begabte Ingenieure gewesen, die den Wert der neuen Erfindung erkannten und unmittelbar in unternehmerische Dynamik umsetzten.

In den USA waren es Henry Ford (*1863, †1947) und später Walther P. Chrysler (*1875, †1940), die den zweit-

und drittgrößten der gegenwärtigen US-Auto-Konzerne aus der Taufe hoben. In Frankreich waren es die beiden sehr kreativen Ingenieure Louis Renault (*1843, †1918) und André Citroën (*1878, †1935), die zwei Weltunternehmen gründeten. In Deutschland taten sich Wilhelm Maybach (*1846, †1929), die Techniker-Sippe Opel, später Ferdinand Porsche (*1875, †1951) und Carl Borgward (*1890, †1963) als Unternehmer-Ingenieure hervor.

Das Automobilgewerbe war besonders gut geeignet, Techniker in Unternehmer zu verwandeln. Im Automobilgeschäft reicht die Technik in einem großen Bogen vom Konstrukteur bis in die Kundschaft. Was der Käufer eines Automobils in jenen frühen Jahren von Technik wissen mußte, verband ihn mit dem Konstrukteur. Der Mittler zwischen beiden, der Unternehmer, konnte eigentlich immer wieder nur ein Techniker sein.

Die Verbindung von Ingenieurkunst und Unternehmertum ist denn auch stets dort am engsten gewesen, wo auch draußen, an der Verkaufsfront, technisch argumentiert werden mußte. Wo es, der Faszination der Technik wegen, auch längst nicht immer um extrem niedrige Preise und extrem scharfe Kalkulationen gehen mußte, wogegen sich der engagierte Techniker ja aus seinem Selbstverständnis heraus stets zur Wehr setzt.

Denn Technik möchte der passionierte Ingenieur perfekt haben. Vor allem wenn es um ein technisches System geht wie ein Automobil. In den Anfangszeiten, als Automobile noch keine Massenprodukte waren, kam es auf den Preis nicht an. Der Ingenieur war der König im Haus, mehr bald noch als der Kunde. Dies alles trifft im übrigen auch auf eine andere Branche zu, deren große Unternehmen fast ausschließlich von Technikern gegründet und geprägt sind: die Luftfahrtindustrie. Hier verband sich hohe technische Phantasie, fast Fanatismus, mit einer besonders beharrlichen Art unternehmerischen Durchsetzungsvermögens.

Ein begabter Ingenieur dieser Art ist William Boeing (*1881, †1956) gewesen, Sohn eines deutschen Einwanderers, der in Seattle das bald bedeutendste Unternehmen zur Herstellung ziviler Flugzeuge gründete und damit Geld verdiente. Die US-Konkurrenzfirma McDonnell Douglas ist ebenfalls von Ingenieuren entwickelt worden.

Erfinder und Techniker standen auch unter den deutschen Unternehmern der Flugzeugindustrie ganz vorn. Ernst Heinkel (*1888, †1958) und Willy Messerschmitt (*1898, †1978) entwickelten in kurzer Folge Flugzeuge, die ganz neue technische Möglichkeiten eröffneten – Raketen- und Düsenantrieb. Sie waren als Unternehmer in vielen Fällen ihre eigenen Chefkonstrukteure. Hugo Junkers, der Dessauer Luftfahrt-Pionier, dem neben der »Tante Ju« (Ju 52) auch das erste Nurflügelflugzeug zu danken ist, konnte den Flugzeugbau mit seinen Gasbadeöfen subventionieren.

Allerdings ist die Luft- und Raumfahrtindustrie längst nicht immer nach den hohen Prinzipien der Wettbewerbswirtschaft geführt worden. Die unternehmerische Leistung ihrer technikbesessenen Inhaber lag oft gerade im Ausschalten des Wettbewerbsprinzips, im Akquirieren staatlicher Entwicklungsaufträge. Denn kaum ein Industriezweig konnte sich so sehr des Interesses der Nationalstaaten sicher sein wie dieser: Militärische Flugentwicklungen und Technologie weckten das Staatsinteresse stets so elementar, daß die Unternehmen Bestand haben mußten. Sie konnten nur untergehen mit dem Untergang des Staates – wie in Deutschland 1945.

Großunternehmen der Auto- und der Flugzeugindustrie wuchsen später zu Technologiezentren heran. Generationen nach ihrer Gründung mußten sie zwar nicht mehr von einem Ingenieur geführt werden, doch die Technik-Bestimmtheit der Unternehmen verstärkte sich. Ein besonderer Fall ist dabei der Ottobrunner Luft- und Raumfahrtkonzern Messerschmitt-Bölkow-Blohm (MBB). Er gilt als das Technologieunternehmen schlechthin, als eine spezielle Art der Denkfabrik. Abgesehen davon, daß der Alt-Flugzeug-Konstrukteur Willy Messerschmitt hier noch einmal eine Karriere als Unternehmer startete, ist MBB die Idee eines einzigen Mannes, der zeit seines Lebens ein sehr bewußter Ingenieur gewesen ist: Ludwig Bölkow (*1912).

Technik-Nähe und damit Unternehmer-Ingenieure beherrschen die Szene auch in der modernsten industriellen Branche, in der Computer- und der Elektronik-Industrie. Ihre größten und bedeutendsten Unternehmen sind Ingenieursgründungen, auch wenn sie oft nicht den Namen einer Gründerfigur tragen. Hier wiederum und hier besonders trugen die Gründer-Ingenieure ihr Kapital im Kopf und machten daraus in zuweilen sehr kurzer Zeit Millionenunternehmen. Ein Repräsentant dieser Gruppe von Unternehmer-Ingenieuren ist Heinz Nixdorf (*1925), der irgendwo in einer Kellerwerkstatt begann und dessen Nixdorf AG später ununterbrochen zweistellige jährliche Wachstumsraten produzierte.

Eine ganze Hundertschaft jener Ingenieure hat sich seit Beginn der siebziger Jahre im Silicon Valley nahe San Francisco/USA angesiedelt. Diese einst vom Weinbau beherrschte Gegend wurde zu einer in der Welt einzigartigen Plantage der Zukunftsindustrie, repräsentiert besonders durch die Hersteller von Halbleitern und Mikroprozessoren. Die oft von großen Technologiefirmen abgesprungenen oder unmittelbar von der Universität gekommenen Ingenieure haben binnen weniger Jahre Weltruf erreicht. Welcher Name aus dem Silicon Valley der größte sein wird, ist noch nicht ausgemacht. Aber schon das älteste Unternehmen dort, die 1939 gegründete Elektronikfirma Hewlett Packard Company, ist das Werk zweier Techniker gewesen.

Die Elektro-Ingenieure William Hewlett und Dave Packard, Absolventen der Stanford University in Palo Alto, entwickelten gemeinsam einen Schall-Oszillographen, durch dessen Markterfolg die von ihnen gegründete Firma rasch wuchs. Von der Stanford University ging Jahre später auch die Idee aus, in den Tälern um Palo Alto, in San José und Sunnyvale, eine ganze Kultur junger Ingenieurunternehmen der Mikroprozessorwelt aufzubauen.

Die Ingenieure Robert N. Noya und Gordon E. Moore gründeten dort 1968 in Santa Clara die Intel Corporation, nachdem sie vorher schon zu den Gründern der Faichild Semiconductor gehört hatten. Die von Noya, Moore und anderen vom Silicon Valley ausgesandten Ingenieurimpulse verändern die Welt im ausgehenden 20. Jh. ebenso dramatisch wie hundert

Werner von Siemens (*1816, †1892) war einer der großen Industrieführer des europäischen 19. Jh. (unten links; Gemälde von Franz von Lenbach). Er war nicht nur genialer Erfinder und Unternehmer in einer Person – heute, im Zeitalter der Manager, eine Seltenheit –, mit seinem Namen ist auch einer der entscheidenden Innovationsschübe in der Geschichte der Industriewirtschaft verbunden: der Durchbruch der Elektrotechnik mit all seinen Folgen. Zu seinem Industrieimperium gehörte auch das Glühlampenwerk der Siemens & Halske AG in Berlin-Charlottenburg (Foto 1914).

Jahre zuvor die Elektrizität und fünfzig Jahre davor das Automobil.

Es sind also immer wieder die Pionierunternehmen der Industrie gewesen, in denen Ingenieure den Ton angaben. Gibt es, bei historischer Betrachtung des Kapitalismus, Ingenieur-Unternehmer, die im klassischen Sinne Idealtypen genannt werden könnten? Gibt es sie insonderheit für die Fortschrittsphasen Elektrizität, Automobil und Mikroelektronik?

Es gibt sie, doch ihre Auswahl muß hier etwas zufällig sein. Als Ingenieur-Unternehmer in ihren verschiedenen Facetten und in den verschiedenen Perioden der Industriegeschichte bieten sich drei Idealtypen an, über deren Lebenslauf und Handlungsart sich nachzudenken lohnt: Werner von Siemens, Henry Ford und Heinz Nixdorf. Sie repräsentieren nicht nur drei Ingenieurtypen, sie stehen auch für drei industrielle Perioden und drei gesellschaftliche Konzepte.

Werner von Siemens, 1816 auf einem Gut bei Hannover geboren, aber in bedrängten finanziellen Verhältnissen aufgewachsen, ist preußischer Artillerie-Offizier gewesen und hat schon in sehr jungen Jahren ein Verfahren zur Metall-Galvanisierung erfunden. Er war Erfinder von Geblüt, er war aber auch Ingenieur von Verstand. Früh entwickelte er aus Schießbaumwolle einen Sprengstoff, doch seine erste große Stunde kam, als es um die Entwicklung schneller Nachrichtentechnik ging. Ursprünglich von den Militärs angeregt, konstruierte Werner von Siemens gemeinsam mit dem Mechaniker Johann Georg Halske (*1814, †1890) den Maschinentelegraphen. 1847 gründeten beide die Firma Siemens & Halske, jedoch ist Werner von Siemens aufgrund seines Ideenreichtums, aber auch wegen seiner vielen Geschwister, die ausländische Märkte für das Unternehmen aufbauten, stets die beherrschende Figur in der neuen Firma geblieben. Mit den Brüdern Wilhelm in England und Karl in Rußland setzte Siemens seinen Maschinentelegraphen international durch, obwohl der deutsche Generalstab ihn zunächst nicht abnehmen wollte. Der Grundstein des späteren multinationalen Unternehmens war gelegt.

1856 erfand Werner von Siemens den entscheidenden Baustein des elektromagnetischen Dynamos, den Doppel-T-Anker. Er gilt deshalb als Entdecker des elektromagnetischen Prinzips schlechthin und konnte seine Erfindung über die eigene Firma unternehmerisch durchsetzen. Ursprünglich hatte Siemens den Dynamo nur zum Erzeugen von Licht gedacht. Bald aber erkannte er die sehr vielfältigen Verwendungsmöglichkeiten dieses Apparats, u. a. auch als Antriebsaggregat. Die Welt der Elektrifizierung war geboren.

1879 stellte Werner von Siemens die von ihm erfundene, entwickelte und produzierte erste elektrische Bahn der Welt vor. Mit dem weltumspannenden Telegraphen – die Leitung London–Bagdad war 11 000 Kilometer lang –, dem allgemeinen elektromagnetischen Prinzip und der Elektro-Eisenbahn war Siemens ein säkularer Zyklus von Erfindungen gelungen. Als Konstrukteur und Großunternehmer konnte er sie selber zur Marktreife entwickeln und hinterließ das seinerzeit einzige multinationale Unternehmen Deutschlands. Die Kombination von Erfinder, Entwickler, Produzent und Unternehmensgründer in einer Person ist selten, in dieser Dimension einzigartig und wohl auch unwiederholbar. Sie war nur in der Gründerepoche zwischen 1840 und 1910 möglich, in jener Epoche, wo der Ingenieur-Unternehmer allein seinem technischen Prinzip folgen, wo er gesellschaftliche Regeln weder verletzen konnte noch durch sie behindert wurde.

Eine säkulare Unternehmerpersönlichkeit des beginnenden 20. Jh. war Henry Ford II (*1917). Er initiierte nicht nur die Massenfertigung auf Fließband (unten), sondern auch die »automobile Gesellschaft« unserer Tage. Das Ford-T-Modell war das erste Auto des kleinen Mannes.

Einem Mann wie Werner von Siemens mögen andere auch später noch kongenial gewesen sein, so allumfassend in ihrer Wirkung konnten sie nicht werden. Die historische Situation dafür war vorbei. In der nächsten Epoche der kapitalistischen Zeit ist vermutlich der amerikanische Automobilkönig Henry Ford der bedeutendste Ingenieur-Unternehmer gewesen. Er freilich war schon einer, der die Erfindungen anderer nutzte, um sie auf dem Weg genialer Produktions- und Vereinfachungstechnik populär zu machen.

Henry Ford kam im US-Staat Michigan zur Welt – ebenfalls auf einem Gut und ebenfalls nicht gerade wohlhabend, insofern schon Werner von Siemens sehr ähnlich. Bereits als Ingenieur bei der Edison Illuminating Co. in Detroit – Thomas Alva Edison und Ford wurden lebenslange Freunde – bastelte Ford in seiner Freizeit an einem Benzin-Auto herum, das er 1893 der staunenden Umwelt vorführte. 1899 gründete er seine eigene Detroit Automobil Co., später Cadillac Motor Car Co. und damit noch später einen Produktionszweig seines späteren Hauptkonkurrenten General Motors.

Aus der Detroit Automobil Co. schied er wieder aus und formierte von 1903 an seine Ford Motor Co. in Dearborn, die noch jetzt – als zweitgrößtes Automobilunternehmen der Welt – existiert und von seinem Enkel Henry Ford II (*1917) ausgebaut worden ist. Seine Grundidee war, ein billiges, einfaches Auto in Massenfertigung auf dem Fließband herzustellen. Die Fließbandarbeiter sollten so viel verdienen, daß sie sich dieses Auto selber leisten konnten. Diese Idee – nicht ohne sozialreformerischen Willen – wurde verwirklicht. Das Ford T-Modell, eine saubere Ingenieursarbeit, wurde von 1908 bis 1927 in rund 15 Millionen Exemplaren hergestellt. Es revolutionierte die amerikanische Gesellschaft, weil es sie zu einer auto-mobilen Gesellschaft umformte. Henry Ford galt lange Zeit als Inkarnation des industriellen Zeitalters. Aldous Huxley (*1894, †1963) siedelt seine SCHÖNE NEUE WELT nicht in einer Zeitrechnung nach Christus, sondern nach Ford an.

Einen Unternehmertyp dieser Art hat es in Deutschland nicht gegeben. Allenfalls die Konstruktion des Volkswagens durch den Österreicher Ferdinand Porsche (*1875, †1951) und dessen industrielle Umsetzung durch den einstigen Opel-Manager Heinrich Nordhoff (*1899, †1968), einen Techniker, hat jene wirtschaftsgeschichtliche Dimension erreicht. Das Ingenieurprodukt VW-Käfer wurde durch einen Fertigungsingenieur zum erfolgreichsten Autotyp aller Zeiten entwickelt. Vom Käfer wurden mehr Exemplare gebaut als vom Ford T-Modell.

Eine Periode nach Ford tritt ein neuer Typ des Ingenieur-Unternehmers auf, gleichfalls aus kleinen Verhältnissen, gleichfalls von einer faszinierenden Grundidee besessen, die wiederum ökonomisch und gesellschaftspolitisch wirkt. Die Ingenieure Siemens und Ford, die Kombination Porsche/Nordhoff hatten Industrie-Imperien geschaffen, die zu einer Überdimensionierung und Zentralisierung der technischen Systeme und damit auch der Gesellschaft führten. Heinz Nixdorf, in Paderborn geborener Computer-Fachmann, ging als einer der ersten den entgegengesetzten Weg.

Heinz Nixdorf steht am Anfang der mittleren und kleinen Computertechnik, die er in einer Kellerwerkstatt des Stromkonzerns RWE in Essen ersonnen hatte. Er entwickelte und verkaufte Computerwaren für den Hausgebrauch und hob damit auch kleine und mittlere Unternehmen in den elektronischen Wettbewerb mit den Großen. Er selbst und seine Firma, ohne viel Geld gegründet, wurden groß dabei. Der Ingenieur Nixdorf kommandiert heute einen Computer-Konzern, der in Europa als Nummer drei gilt und in dieser Branche noch vor Siemens rangiert.

Immer wieder, wenn es um etwas grundlegend Neues geht, werden erst einmal Ingenieure die Unternehmer sein. Der Kaufmann kommt später.

Zu diesem Thema

In diesem Band:
Nawrocki, Zukunftsindustrien

In den anderen Bänden:
5: Günther, Deutsche Erfinder

In anderen Werken:
Galbraith, John Kenneth: Die moderne Industriegesellschaft, 1968
Meyer-Larsen, Werner: Der Untergang des Unternehmers, 1978
Schumpeter, Joseph: Theorie der wirtschaftlichen Entwicklung, 1935

Auf dem Weg zur Industrienation 1800 bis 1870

Symbol des Industriezeitalters: die Eisenbahn. Am 7. Dezember 1835 war es in Deutschland soweit. Der »Adler«, ein Import aus England, dampfte von Nürnberg nach Fürth.

WOLFRAM FISCHER

Die Frühindustrialisierung

Was heißt das: *Industrialisierung*? Man versteht darunter zunächst die Umwandlung einer Volkswirtschaft, in der Landwirtschaft und Kleingewerbe vorherrschen, zu einer Wirtschaft, in der die moderne Industrie dominiert. Ein wachsender Teil der Warenproduktion wird mit Hilfe von Antriebs- und Arbeitsmaschinen in größeren Betriebseinheiten hergestellt. Im Gefolge dieser Veränderung der Produktionsweise ergeben sich zahlreiche Veränderungen auch im Aufbau der Gesellschaft. Bauern und Landarbeiter treten in ihrer Bedeutung zurück, Industriearbeiter, -angestellte und -unternehmer nehmen zu und bestimmen immer mehr die Lebensweisen in der Gesellschaft. Handwerk und Handel passen sich an. Auch der Verkehr wird industrialisiert: An die Stelle des Frachtfuhrwerks und Lastkahns treten erst Eisenbahn und Dampfschiff, dann Auto und Flugzeug. Vor allem werden die Kommunikationsmittel revolutioniert: Telegraf, Telefon, Funk, Fernsehen verbinden die Menschen in Sekundenschnelle miteinander, wo früher Tage, Wochen, ja im Überseeverkehr mehrere Monate gebraucht wurden. Damit verändern sich auch die Anforderungen an die Staatsverwaltung, aber auch ihre Möglichkeiten. Erst jetzt wird sie in die Lage versetzt, wirksam Steuern zu erheben und einen Überblick über die wirtschaftliche Tätigkeit, die Einkommens- und Vermögensverhältnisse der Bürger zu bekommen. Es wird ihr aber auch zugemutet, Entscheidungen zu treffen, die die Wirtschaft in Gang halten und den Lebensstandard der Menschen mit Hilfe von Sozialversicherungen oder Beschäftigungsprogrammen sichern. Wirtschaft, Gesellschaft und Staat erhalten so – erst langsam, dann immer schneller – ein neues Profil. Die Ärmlichkeit und Behäbigkeit, die die »alte Welt« kennzeichneten, verschwinden bis auf geringe Reste. Wohlstand breitet sich von den oberen Gesellschaftsschichten erst in den mittleren und schließlich seit dem Zweiten Weltkrieg auch in den unteren Schichten aus. Dafür wird das Leben schneller, hektischer. Effizienz und Produktivität werden Schlüsselbegriffe, denen sich vieles unterordnen muß.

Auch das Landschaftsbild verändert sich. Die Menschen regulieren Flüsse, bauen Kanäle; Eisenbahnlinien und Straßen durchziehen das Land, die Städte platzen aus den Nähten, Stadtmauern werden niedergerissen, Vorstadtsiedlungen breiten sich aus. Ortschaften wachsen zusammen. Ganze Stadtlandschaften wie das Ruhrgebiet, Groß-Berlin oder Groß-Hamburg entstehen. Viele kleinere Städte und Dörfer gehen in diesen neuen Stadtlandschaften unter. Der Fabrikschornstein ist neben der Lokomotive das Wahrzeichen dieser neuen Zeit im 19. Jh. Fernsehtürme, Flugplätze und Atommeiler werden zu Kennzeichen des 20. Jh.

Die höhere Produktivität in der modernen Wirtschaft ermöglicht nicht nur höhere Einkommen, sondern vor allem das Zusammenleben von mehr Menschen auf dem gleichen Raum. Unter vorindustriellen Bedingungen hätte ein Bevölkerungswachstum, wie wir es vom Anfang des 19. bis zur Mitte des 20. Jh. erlebt haben, zu Verarmung geführt. Der englische Theologe und Wirtschaftswissenschaftler Thomas Robert Malthus fürchtete das noch 1798. Nach seiner Erfahrung wuchs die Bevölkerung schneller als der Nahrungsspielraum der Menschen. Nur durch Hunger und Not konnte sich seiner Meinung nach die Bevölkerung an die beschränkten Verhältnisse anpassen. Die Industrialisierung durchbrach dieses »Gesetz« eben zu der Zeit, als Malthus es formulierte.

Heute kann der gleiche Raum sehr viel mehr Menschen ernähren als noch um 1800. Gerade die dichtbesiedelten Industriestaaten haben die höchste Bodenproduktivität und können Lebensmittel sogar exportieren. Technik und Wissenschaft, Maschinen, Chemie und Biologie haben dies möglich gemacht. Gewiß sind diesem Wachstum Grenzen gesetzt. Aber sie liegen weit von dem entfernt, was die Menschen um 1800 als ihre Lebenswirklichkeit kannten und als ihre Möglichkeit erahnt haben mögen.

Heute ist es Mode geworden, die Errungenschaften der Industrialisierung zu bezweifeln und ihre negativen Seiten, die Zerstörung der Natur, die Gefährdung der Lebenswelt des Menschen, hervorzuheben. Dabei wird meist vergessen, was die Alternative wäre: bittere Armut für die meisten, Krankheit, frühes Altern und früher Tod. Das war die Wirklichkeit der vorindustriellen Zeit für mehr als 90 Prozent aller Menschen. Die Verlängerung, aber auch die Erleichterung des Lebens für die Mehrzahl der Menschen ist das frappierendste Ergebnis der Industrialisierung. Unsere Lebenserwartung hat sich verdoppelt, die Überlebenswahrscheinlichkeit der Neugeborenen vervielfacht. Der Alptraum des Pfarrers Malthus ist nicht Wirklichkeit geworden.

Wie es zu dieser Verwandlung Deutschlands seit 1800 gekommen ist, davon soll auf den nächsten Seiten die Rede sein. Wie sich die wirtschaftliche und soziale Wirklichkeit in beiden Teilen Deutschlands seit dem Zweiten Weltkrieg gestaltet hat, wird der Hauptteil dieses Bandes darstellen.

Wie sah die deutsche Volkswirtschaft um 1800 aus? Kann man überhaupt von einer deutschen Wirtschaftseinheit sprechen? Politisch war Deutschland bis zum Reichsdeputationshauptschluß von 1803 in mehr als 300 Territorien aufgeteilt; auch

---

Effizienz und Produktivität

Effizienz im technischen Sinne bezeichnet den Wirkungsgrad einer Maschine, im wirtschaftlichen Sinne ist damit der Nutzeffekt z. B. einer Produktionsanordnung gemeint; im weiteren Sinne verbindet man damit die Vorstellung von Leistungsfähigkeit einer Sache, eines Systems oder eines Menschen. Produktivität ist die Produktion gemessen am Einsatz bestimmter Produktionsfaktoren, von Arbeit, Kapital und Boden. Demnach unterscheidet man:
Arbeitsproduktivität = Produkt pro eingesetzter Arbeitskraft und Arbeitszeit (meist gemessen als Arbeiterstunden),
Kapitalproduktivität = Produkt pro eingesetzter Kapitaleinheit,
Bodenproduktivität = Produkt pro bebauter Bodeneinheit.
Unter technischer Produktivität versteht man die Ausbringungsmenge im Verhältnis zum Mengeneinsatz, unter wirtschaftlicher Produktivität im allgemeinen den Wert der Produktion im Verhältnis zu den eingesetzten Kosten. Spricht man nur von Produktivität, meint man meist die Produktivität der Arbeit.

nach der Neuordnung Europas 1815 blieben noch mehr als 30 übrig, aber trotz aller Zollschranken und Verkehrshindernisse gab es doch einen mitteleuropäischen Wirtschaftsraum; denn große Teile des zukünftigen Deutschen Reiches standen in engem wirtschaftlichen Austausch miteinander.

Wirtschaftsstruktur um 1800

Auf diesem Gebiet lebten rund 23 Millionen Menschen, nicht ganz so viel wie in Frankreich oder Rußland, aber mehr als in Großbritannien oder Italien, das ebenfalls politisch noch in zahlreiche Territorien zerfiel. Schätzungen zufolge lebten knapp zwei Drittel dieser 23 Millionen im wesentlichen von Land- und Forstwirtschaft und Fischerei, etwa ein Fünftel von gewerblicher Warenproduktion in Handwerk, Manufakturen, Hütten und Bergbau und etwa 17 Prozent von Dienstleistungen aller Art wie Handel, Warentransport, als Dienstboten oder in den Verwaltungen der Staaten und Städte.

Um diese Zeit überschnitten sich die Wirtschaftsbereiche und Betätigungen noch vielfach. Landwirte und deren Familien bauten und reparierten in den Wintermonaten, spannen Garn, webten oder zogen Lichter. Bergleute, Handwerker, aber auch Pastoren, Lehrer, Beamte und Kaufleute besaßen oft ein Stück Land, auf dem sie Gemüse, Obst, Kartoffeln und Getreide zogen. Viele hielten Geflügel, selbst Vieh. Zahlreiche Tagelöhner waren im Sommer in der Landwirtschaft, im Winter in den Forsten oder mit irgendwelchen Aushilfsarbeiten beschäftigt oder arbeitslos. Selbst die preußischen Soldaten, wenn sie nicht zu Feldzügen gerufen wurden, verdienten sich ihr Brot bei kargem Sold mit Heimarbeit oder in Manufakturen. Der größte Teil der Warenproduktion fand in kleinen Werkstätten oder in den Wohnstuben statt. Die meisten Handwerksmeister arbeiteten allein; nur jeder zweite hatte einen Gesellen oder Lehrling. Oft halfen Frau oder Kinder, und man kann sich das Leben nicht ärmlich genug vorstellen. Lassen wir einen Zeitgenossen selbst zu Wort kommen. Karl Friedrich Klöden, der später in Preußen die erste Gewerbeschule gründen sollte, kam 1801 aus einer kleinen Stadt an der preußisch-polnischen Grenze zu seinem Onkel nach Berlin, um das Goldschmiedehandwerk zu lernen. In seinen Jugenderinnerungen schreibt er: »Mein Oheim ... wohnte in dem lebhaftesten Teile der Stadt, in einem Hause der Werder'schen Mühlen, drei Treppen hoch, höchst beschränkt, so daß ich in einem fensterlosen Verschlage auf dem Hausflur schlafen mußte. Mein Oheim war ein guter, meist ruhiger, schweigsamer und finsterer Mann. Er hatte sich von Jugend auf mit widrigen Schicksalen umher geschlagen, eine freudenleere Kindheit und schlechte Lehrjahre gehabt bei einem Manne, von dem wenig zu lernen gewesen. Stets von der Dürftigkeit und allen ihren Folgen geplagt, war er sehr engherzig geworden, hatte sich nur mit Mühe selbständig gemacht und beschäftigte sich lediglich mit Arbeiten, die einen sehr geringen Lohn gewährten ... Gesellen hatte mein Oheim nicht; er arbeitete allein; es war also nur eine kleine Werkstatt ... Ich fing wie gewöhnlich mit den rein mechanischen Manipulationen des Schleifens und Polierens an, allein meine Arbeit wurde mit jedem Tage mehr durch andere Aufträge unterbrochen ... War das Feuer ausgegangen, so hatte ich es wieder anzuzünden; ... wurde mehr Wasser, als ein Eimer voll gebraucht, so mußte ich ihn drei Treppen hoch hinauf schleppen; ... ich mußte die Bestellungen außer dem Hause besorgen, die fertigen Arbeiten zu den Kaufleuten bringen und andere abholen, Kohlen, Pottasche, Borax, Schlagloth, Poliermittel und andere Erfordernisse der Arbeit einkaufen; ich hatte des Mittags Messer und Gabeln zu putzen ... Gearbeitet wurde im Sommer von des Morgens 6 Uhr bis Abends um 7 Uhr, im Winter von des Morgens um 7 Uhr bis Abends 8 Uhr, also 13 Stunden ohne Unterbrechung ... Die Wohnung bestand aus einer Stube vorn heraus, in welcher gearbeitet wurde und welche zugleich Wohnzimmer der Familie war, und in einer Stube nach dem Hofe, in der die Großmutter wohnte. Zwischen beiden lag die kleine Küche, welche ihr Licht mittelst eines Zwischenfensters aus dem Zimmer der Großmutter empfing und daher sehr dunkel war, zumal der Rauch die Fensterscheiben weit öfter trübte, als sie gereinigt wurden. Dicht unter jenem Zwischenfenster stand der große Ambos und an der Seite die Ziehbank ... In der Küche also hatte ich den größten Teil des Tages zu tun, da alles Schmelzen, Hämmern, Drahtziehen, Löten, Vergolden, Färben, Absiedeln etc. dort vorgenommen wurde. Alle Vorrichtungen und Werkzeuge dazu waren leider sehr dürftig und fehlten zum Teile ganz. Wir hatten weder Schmelzofen noch Glühofen, so notwendig sie auch waren. Drei Mauersteine wurden rechtwinklig zusammengestellt und die Kohlen dazwischen geschüttet ... Ich hatte sehr viel zu vergolden; dabei mußte ich nicht allein die giftigen Quecksilberdämpfe einschlucken ..., sondern ich mußte auch die Hände, die eben im Feuer gewesen waren, mit den vergoldeten Sachen in kalte Bierneigen bringen und sie dann ... der kalten Luft und darauf wieder dem Feuer aussetzen ... Mein Oheim war kein ausgezeichneter Arbeiter, und man konnte bei und von ihm nur das Gewöhnliche lernen oder vielmehr absehen; denn darin bestand die ganze Methode des Lehrens.«

Nicht weniger ärmlich ging es in der *Landwirtschaft* zu. Der Bauer, der ein Gespann besaß, gehörte schon zu den wohlhabenderen; die meisten mußten mit einem Ochsen zufrieden sein oder liehen sich ein Zugtier aus, wenn sie es brauchten. In den meisten Teilen Deutschlands herrschte noch die Dreifelderwirtschaft, d.h., es wurde abwechselnd in einem Jahr Wintergetreide (Roggen oder Weizen), dann Sommergetreide (Gerste oder Hafer) angebaut, und im dritten Jahr lag das Land brach und wurde als Weide für das Vieh benutzt. Pflug und Egge, Hacken, Rechen und Spaten, Sicheln und Sensen sowie im Winter der Dreschflegel waren die wichtigsten landwirtschaftlichen Geräte. Einige

Handel und Wandel auf dem Marktplatz zu Leipzig während der Messe zu Beginn des 19. Jh. (Kupferstich, um 1800).

Die Frühindustrialisierung

Vorindustrielle Holzverkohlung (Kupferstich, 18. Jh.). Im Lauf der Industrialisierung starb der Beruf des Köhlers aus.

neuere Pflanzen wie Kartoffeln, Klee, Luzerne und Hülsenfrüchte begannen sich eben durchzusetzen; man hatte seit einer Generation gelernt, mit Gips oder Mergel zu düngen, und an vielen Orten die Stallfütterung der Tiere eingeführt, die zugleich erlaubte, den Dung zu sammeln und ihn besser als Dünger zu verwerten. Sowohl die Produktivität des Bodens wie der Tiere wie der menschlichen Arbeit war gering, kaum höher als im Mittelalter. Pro Hektar wurden rund 10,3 dz Weizen, 9 dz Roggen, 8,1 dz Gerste und 6,8 dz Hafer erzielt. (Heute sind es in der Bundesrepublik 45 bis 50 dz bei Weizen, 35 bis 40 bei Roggen, 45 bis 50 bei Gerste und rund 37 bei Hafer.) Nur bei Kartoffeln kam man schon auf rund 80 dz je Hektar, da Kartoffeln um diese Zeit noch eher gartenmäßig, also intensiv angebaut wurden. (Heute sind es freilich gegen 300 dz). Bei allen Feldfrüchten ernten wir heute vier- bis fünfmal mehr als unsere Vorfahren um 1800.

Mehr als 60 Prozent des Ackerlandes dienten dem Getreideanbau, rund ein Viertel allein dem Anbau von Roggen. Knapp 30 Prozent entfielen auf Ackerweide und Brache, je knapp 4 Prozent auf Hülsenfrüchte und Handelsgewächse (wie Raps und Flachs) und erst reichlich 2 Prozent auf Hackfrüchte, also Kartoffeln und Rüben. Dieses Ackerland machte etwa ein Drittel der Gesamtfläche des späteren Deutschen Reiches aus. Etwa 25 Prozent des Landes waren von Wald bedeckt, der noch sehr extensiv bewirtschaftet wurde.

Auch *Bergbau* wurde seit langem betrieben, vor allem in den alten Bergbaugebieten im Harz, im Erzgebirge und im Schwarzwald. Für den Kohlenbergbau war Oberschlesien am wichtigsten. Das Ruhrgebiet steckte noch in den Anfängen. In den 1780er Jahren waren im Bergbau in einem Schacht bei Magdeburg und in Malapane in Oberschlesien die ersten Dampfmaschinen aufgestellt worden. 1794 folgte das Aachener Revier und 1799 die Ruhr mit der Zeche Vollmond in Langendreer bei Bochum. Bergbau, Salinen und Hütten bedurften im Vergleich zu anderen Industriezweigen bereits eines hohen Kapitaleinsatzes. Wissenschaft und Technik standen hier schon länger im Dienst der Produktion; denn ohne geologische, mineralogische, chemische und mechanische Kenntnisse konnten sie nicht betrieben werden.

Die Fabrikindustrie im engeren Sinn entstand um 1800 eben erst. In den 1780er Jahren war im Rheinland die erste mechanische Spinnerei in Betrieb genommen worden, um 1800 kamen Spinnmaschinen auch nach Chemnitz in Sachsen, und 1809 richtete der Schweizer Mechaniker Bodmer im Kloster St. Blasien im Hochschwarzwald eine Maschinenfabrik ein, in der außer Spinnmaschinen auch Gewehre produziert wurden. Um die Jahrhundertwende entstand in Schlesien die erste Fabrik zur Herstellung von Rübenzucker. Auch Papierfabriken, in denen hydraulische Pressen verwandt wurden, gab es schon. Der typische Industriebetrieb der Zeit war jedoch noch die Manufaktur, in der zwar arbeitsteilig, aber ohne den Einsatz von Antriebs- oder Arbeitsmaschinen produziert wurde, z.B. an Handwebstühlen. Kutschenmanufakturen vereinten bis zu einem Dutzend verschiedener Handwerke, besaßen jedoch meist weder Wasserkraft noch mechanische Hilfen. Um 1800 stand Deutschland noch am Vorabend der Industrialisierung.

Das Zeitalter der Reformen

Seit den letzten Jahren des 18. Jh. hatte Napoleon halb Europa mit Kriegen überzogen, die nur zeitweise von Waffenstillstand und Friedensschlüssen unterbrochen wurden. 1805/06 schlug er die Österreicher und Russen bei Austerlitz, die Preußen bei Jena und Auerstedt und band das westliche Deutschland im Rheinbund an Frankreich. Damit kam für viele deutsche Lande eine Zeit der inneren Reformen. In den Rheinbundstaaten wurde französisches Recht eingeführt, z.B. ein modernes Handels- und Wechselrecht, die Zünfte wurden aufgehoben; die Feudallasten begann man zu beseitigen, die Staatsverwaltung zu straffen, viele Handelshemmnisse und Binnenzölle wurden abgeschafft, dafür freilich neue Zollgrenzen geschaffen und traditionelle Wirtschaftsverbindungen etwa zwischen dem links- und dem rechtsrheinischen Gebiet unterbrochen.

Preußen, von Frankreich fast auf die Hälfte seines Bestandes reduziert und mit schweren Kriegslasten belegt, begann Reformen der Staats-, Militär-, Gesellschafts- und Wirtschaftsverfassung. Sie sollten die Widerstandskraft gegen Napoleon stärken und vor allem die Staatsfinanzen aufbessern. Mehrere große Gesetze übertrugen den Städten die Selbstverwaltung, führten für die meisten Gewerbe die Niederlassungsfreiheit ein und entließen die Bauern aus der Erbuntertänigkeit.

Die Auswirkungen dieser Reformen für Wirtschaft und Gesellschaft sind umstritten. Es ist oft behauptet worden, daß die Bauern zwar ihre Pflichten und Aufgaben aus der Erbuntertänigkeit verloren, aber diese neue Freiheit zu teuer erkauften, nämlich mit dem Verlust eines großen Teiles ihres Landes, das sie aufgeben mußten, um die Ablösungssummen zahlen zu können, während die adeligen Grundherren Land dazugewannen und die ehemals untertänigen Bauern als billige, weil landlose Arbeitskräfte behielten und so zu den eigentlichen Gewinnern der Reform wurden. In Wirklichkeit sind die Auswirkungen sehr kompliziert gewesen. Sie hingen von zahlreichen Umständen ab wie der Beschaffenheit des Bodens, dem Umfang der abzulösenden Lasten, aber auch vom Geschick des einzelnen bzw. seiner Advokaten. Vor allem aber wurden sie überdeckt von der gleichzeitigen Ausdehnung der landwirtschaftlichen Anbaufläche. In großen Zügen lassen sich die Ergebnisse so zusammenfassen: Die Besitzverschiebungen waren insgesamt gering. Die Zahl der Vollbauernhöfe verminderte sich in Preußen zwischen 1816 und 1859 um 2 Prozent, ihre Fläche um 2,7 Prozent. Die durchschnittliche Betriebsgröße dieser Vollbauernhöfe nahm daher nur geringfügig ab. Allerdings hatten die Bauern vielfach wertvolles Kulturland abzutreten und erhielten nach der Aufteilung der Allmende, d.h. des Landes, das vorher im gemeinsamen Besitz eines Dorfes gewesen war, vor allem minderwertigere Weideflächen. Zur gleichen Zeit nahm die Zahl und die Fläche der Kleinbauernstellen zu, und zwar recht beträchtlich, nämlich um 27 Prozent. Da auch die Gutsherren Land dazugewannen – in der Mark Brandenburg etwa um 18 Prozent –, scheint die Rechnung nicht aufzugehen. Zu erklären ist dies einmal mit der Auflösung des Gemeindebesitzes, der Allmende, aus der Bauern und Kleinbauern im wesentlichen ihren Landzuwachs bezogen, zum großen Teil aber aus der Urbarmachung neuer Flächen und der Bebauung von Brachland. In den ersten beiden Dritteln des Jahrhunderts vermehrte sich der bebaute Boden in Deutschland nämlich noch einmal um 40 bis 45 Prozent.

Zugleich gelang es, die Produktivität des Bodens und der Tierhaltung zu erhöhen, z.T. durch Umstellung auf neue Feldfrüchte oder bessere Fütterung und Züchtung. Nicht so sehr Verluste an Land, sondern Schulden, die aufgenommen werden mußten, um die bisher den Gutsherren zustehenden Spann- und Handdienste abzulösen, belasteten die bäuerlichen Betriebe nach der Agrarreform. In Ostpreußen stieg beispielsweise die monetäre Belastung der Bauern von 5 bis 7,5 Prozent des Reinertrags auf rund 20 Prozent. Was durch den Wegfall der Dienste für den Herrn auf dem eigenen Hof mehr erwirtschaftet werden konnte, ging also großenteils wieder durch Zinszahlungen verloren. Auch hier kann man die tatsächlichen Verhältnisse nicht nur den Reformen zuschreiben, sondern muß die Entwicklung der Preise und Zinsen beachten. In den 1820er Jahren standen die Agrarpreise außerordentlich niedrig, d.h., der Verkaufserlös war gering und die Belastung daher für den einzelnen stärker zu spüren als in den vierziger Jahren, als die Agrarpreise stiegen.

Auch die Auswirkungen der Reformen auf das Handwerk sind nicht leicht zu erfassen. Die Zahl der selbständigen Handwerker stieg, aber das muß nicht Folge der Erleichterung der Niederlassung gewesen sein. Denn auch die Bevölkerung wuchs in dieser Zeit, und eine wachsende Bevölkerung fragte mehr handwerkliche Dienstleistungen nach, stellte andererseits mehr Arbeitskräfte für das Handwerk zur Verfügung. Bis 1831 veränderte sich wenig: Die Zahl der Meister und die Zahl der Gesellen und Lehrlinge vermehrte sich fast genau im Gleichschritt mit der Bevölkerung, nämlich um 26 bzw. 27 Prozent. Auf 100 Personen entfielen 2,3 Meister und 3,7 Hilfskräfte, insgesamt also 6 Handwerker. In den dreißiger Jahren begann dann das Handwerk schneller zu wachsen als die Bevölkerung, besonders die Zahl der Hilfskräfte nahm zu, und damit erhöhte sich auch die durchschnittliche Betriebsgröße leicht. 1849 gab es in Preußen 65 Prozent mehr Meister, aber 114 Prozent mehr Gesellen und Lehrlinge als 1816. Auf hundert Personen kamen nun 2,4 Meister, aber 4,3 Hilfskräfte, zusammen also 6,7 Handwerker. Bedeutet dies eine Verbesserung oder eine Verschlechterung der Situation des Handwerks? Um diese Frage besser beantworten zu können, müssen wir etwas weiter ausgreifen und wesentliche Veränderungen im gesamten Wirtschaftsleben betrachten.

Bevölkerungswachstum

Grundlage aller Veränderungen ist die einfache Tatsache, daß die Bevölkerung Deutschlands wie die der anderen Länder Europas in der ersten Hälfte des 19. Jh. stärker zunahm, als das frühere Generationen gewohnt waren. Auf dem Gebiet des späteren Reiches lebten am Ende der Napoleonischen Zeit, 1815, knapp 24 Millionen Menschen; um die Mitte des Jahrhunderts waren es 34,5 Millionen. Über 10 Millionen Menschen mehr mußten also ernährt werden, Arbeit und Wohnung finden. Bis zur Gründung des Deutschen Reiches 1871 kamen noch einmal 5 Millionen hinzu. Im Durchschnitt wuchs die Bevölkerung pro Jahr um knapp 1 Prozent. Sollte der Lebensstandard wenigstens gehalten werden, mußte also schon jährlich 1 Prozent mehr produziert und an Dienstleistungen angeboten werden. Das war damals gar nicht selbstverständlich.

Wie kam es zu diesem Bevölkerungswachstum? Im Grunde können wir auch heute, nach vielen Jahrzehnten intensiver Forschung, darüber nur begründete Vermutungen aussprechen. Noch immer stehen sich unterschiedliche Ansichten gegenüber, von denen keine ganz zu beweisen oder zu widerlegen ist, so daß man annehmen muß, daß sie sich eher gegenseitig ergänzen. Die einen sagen, daß die Bevölkerung sich besser ernähren konnte, weil die landwirtschaftliche Produktion stieg und die Nahrung vielseitiger und besser wurde; die anderen weisen auf Verbesserungen in der Hygiene und der Medizin hin, etwa auf die Pockenimpfungen oder die Anlage von Abwassersystemen in den Städten. Beides kann erklären helfen, warum weniger Menschen »vorzeitig« starben. »Vorzeitig« starben in früheren Jahrhunderten vor allem Säuglinge und Kleinkinder im Alter bis zu fünf Jahren. Die Säuglingssterblichkeit lag in Deutschland jedoch bis 1870 noch sehr hoch, ja stieg z.T. weiter. In den 1820er Jahren starben in Preußen 17,4 Prozent aller Neugeborenen im ersten Lebensjahr, in Bayern sogar 28,4 Prozent. In den 1860er Jahren lag die Säuglingssterblichkeit in Preußen bei 21 Prozent, in Bayern sogar bei 32,6 Prozent.

Von einer Verringerung der Säuglingssterblichkeit kann das Bevölkerungswachstum also noch nicht herrühren. Sie wirkt sich erst im letzten Viertel des 19. Jh. aus. Aber den übrigen Altersklassen sind Verbesserungen in Ernährung, Hygiene und Medizin wohl zugute gekommen; in den Jahren, in denen Cholera oder Grippeepidemien ausbrechen, steigen die Todesfälle schnell, und in den Jahren mit Mißernten sinkt die Zahl der Geburten. In früheren Jahrhunderten wirkte sich dies viel drastischer aus.

Mit Sicherheit können wir sagen, daß die Bevölkerung nicht wegen Zuwanderung wuchs; denn nur in den 1830er Jahren wanderten mehr Menschen in das Gebiet des späteren Deutschen Reiches ein, als aus ihm auswanderten. Sonst hatte Deutschland bis in die 1880er Jahre einen Wanderungsverlust. Innerhalb Deutschlands gewinnen jedoch einige Gebiete durch Wanderungsbewegungen, besonders Berlin, aber auch Schlesien und das Rheinland, dort also, wo die Industrie entsteht, während aus den eher landwirtschaftlichen Gebieten, vor allem dem Nordosten Preußens und Mecklenburg Menschen abwandern. Trotzdem wächst auch dort die Bevölkerung noch, denn der Geburtenüberschuß ist besonders hoch. Statistisch gesehen ist also allein der Überschuß der Geburten über die Todesfälle für das Wachstum der Bevölkerung verantwortlich. Er beträgt in den meisten Jahren mehr als 1 Prozent der Gesamtbevölkerung. Auf 1000 Personen kommen in diesen Jahrzehnten nämlich zwischen 35 und 41,5 Geburten (meist zwischen 36 und 38), aber nur 24 bis 30,4 Todesfälle (meist zwischen 26 und 28). Das ist im Vergleich zur Gegenwart, wo die Geburtenquote in Deutschland um 10 Promille schwankt und die Sterbequote knapp unter 12 Promille verharrt, außerordentlich hoch, entsprach aber dem im 19. Jh. noch weithin üblichen Muster.

Landwirtschaft: Krise oder Fortschritt?

Die Landwirtschaft war noch die ganze erste Jahrhunderthälfte und bis gegen Ende des 19. Jh. der wichtigste Bereich der deutschen Wirtschaft. Sie ernährte nicht nur die wachsende Bevölkerung im buchstäblichen Sinne des Wortes immer besser, sondern zählte auch die meisten wirtschaftlich

Die Frühindustrialisierung

Ländliche Lebens- und Herrschaftsformen: »Altenburger Gutsbesitzer im Korn« (Radierung, 1838).

selbständigen Familien. Sie prägt das Landschaftsbild Deutschlands nachhaltig, denn noch um die Mitte des Jahrhunderts lebten nur 4,5 Millionen Menschen in Städten mit mehr als 2000 Einwohnern, knapp drei Viertel aller Menschen aber auf dem Land. Zu Beginn des Jahrhunderts waren in der Landwirtschaft rund 6,5 Millionen Menschen beschäftigt. Bis 1870 stieg die Zahl auf 8,5 Millionen; das waren immer noch rund die Hälfte aller Erwerbstätigen. Sie nahmen immer mehr Böden unter den Pflug. Allein in Preußen verdoppelte sich das Ackerland von reichlich 7 Millionen Hektar 1815 auf über 14 Millionen Mitte der 1860er Jahre. Der Anteil, den die Acker- und Gartenbaufläche an der gesamten landwirtschaftlichen Nutzfläche hatte, stieg in Preußen von reichlich einem Viertel auf reichlich die Hälfte, auch die Waldfläche wurde beträchtlich vermehrt und bedeckte 1864 knapp ein Viertel des land- und forstwirtschaftlich genutzten Bodens. Hingegen ging der Anteil der Wiesen und Weiden leicht zurück und der des Öd- und Unlands verminderte sich drastisch von 40 auf 7 Prozent. Gleichzeitig stiegen die Erträge pro Hektar, bei Gerste und Hafer um 50 bis 60 Prozent, bei Weizen und Roggen um rund 20 Prozent. Die vier Getreidearten blieben zwar die wichtigsten Feldfrüchte, doch ihr Anteil verringerte sich von rund 72 Prozent an der Feldproduktion um 1800 auf etwa die Hälfte am Ende des Jahrhunderts. Kartoffeln und Rüben, Feldfutterfrüchte (wie Klee und Lupine), Handelsgewächse (wie Hanf, Raps, Flachs, Leinsamen, Hopfen, Mohn, Tabak, Zichorien), Hülsenfrüchte, Gemüse und auch Blumen wurden dafür sehr viel mehr gepflanzt, besonders im Umkreis der großen Städte.

Auch in der Viehzucht ging es aufwärts. Die Zahl der Rinder, Schweine und Schafe, Ziegen und Hühner, die auf Deutschlands Bauernhöfen gehalten wurden, wuchs fast beständig; die Zahl der Pferde, die in den Napoleonischen Kriegen erheblich gefallen war, erreichte um 1830 wieder die alte Höhe von etwa 2,7 Millionen und blieb dann ungefähr auf diesem Niveau. Vor allem aber stiegen Schlachtgewicht, Melk- und Legeleistung. Wog eine Kuh am Schlachttag um 1800 rund 103 kg im Durchschnitt, so 1850 schon 167 kg; das Schlachtgewicht der Ochsen stieg in der gleichen Zeit von 164 kg auf 266 kg, das der Schweine von 50 auf 70 kg. Die Fleischproduktion verdoppelte sich daher in Deutschland in der ersten Hälfte des 19. Jh. Auch die Milchproduktion verdoppelte sich. Pro Arbeitskraft wuchs die landwirtschaftliche Produktion in der ersten Hälfte des Jahrhunderts um ca. 60 Prozent. Diese beträchtliche Leistungssteigerung kam noch großenteils ohne Maschinen zustande. Sie bewirkte, daß die Menschen sich kräftiger ernähren konnten: Um 1800 verbrauchte man in Preußen nur 10 bis 14 kg Fleisch pro Kopf und Jahr, 1850 waren es immerhin 23 kg.

Dennoch wird oft von der Agrarkrise des frühen 19. Jh. gesprochen. Damit ist vor allem gemeint, daß nach der großen Preissteigerung während der Napoleonischen Kriege die Lebensmittelpreise in den 1820er Jahren drastisch fielen, nachdem von 1819 bis 1821 drei überreiche Ernten eingefahren worden waren. 1825 betrug der Getreidepreis in den deutschen Häfen nur noch 28 Prozent des Preises von 1817, im Binnenland im Durchschnitt 23 Prozent. Das minderte das Einkommen der Landwirte, machte es schwieriger, Schulden zu bezahlen, neue Betriebsmittel zu kaufen. Infolgedessen fielen auch die Grundstückspreise, und viele überschuldete Güter mußten verkauft werden. Das traf ganz besonders den ostelbischen Adel, der in diesen Jahren einen beträchtlichen Teil seines Besitzes an kapitalstarke Bürgerliche veräußerte, aber auch viele Bauern. In Teilen Ostfrieslands machten bis 1824 über die Hälfte der Grundbesitzer Konkurs. Die ländliche Gesellschaft geriet dadurch in große Unruhe: Ein preußischer Junker, Ernst Ludwig von Gerlach, berichtet darüber in knappen Worten: »Unsere Vermögenslage, viele Schulden bei großem Grundbesitz, der wenig einbrachte, war sehr verwickelt und mißlich und legte uns viele Beschränkungen auf... Im Juni 1820 wurde Frau von Oertzen Vormünderin ihrer Kinder, die Verwaltung von Trieglaff wurde an Thadden übergeben. Es stand in dieser Zeit immer noch sehr mißlich auch mit dem Oertz'schen Vermögen, ähnlich wie mit Rohrbeck...«

In den 1830er Jahren besserte sich die Lage der Landwirtschaft, und Mitte der 1840er Jahre schnellten die Preise wegen einer Reihe von aufeinanderfolgenden Mißernten in die Höhe. Nun darbten die städtischen Tagelöhner, Arbeiter und Handwerker, die in den zwanziger Jahren Nutznießer der niedrigen Nahrungsmittelpreise gewesen waren.

Die Anfänge der Industrie

In diesen 25 Jahren war die Zahl der Menschen, die kein Stück Boden besaßen, auf dem sie wenigstens einen Teil ihrer Lebensmittel selbst ziehen konnten, erheblich gewachsen. Statt 2,5 Millionen wie um 1820 beschäftigten Industrie und Handwerk nun 3,5 Millionen Menschen, und in Dienstleistungen waren statt 2 Millionen rund 3 Millionen tätig. Zusammengenommen machten sie zwar noch etwas weniger als die Hälfte aller Erwerbstätigen aus, und auch sie waren nicht alle ohne Landbesitz. Aber in den großen Städten wie Berlin, wo schon Wohnblocks gebaut wurden, stieg die Bevölkerung am schnellsten. Auch in den sächsischen Industriestädten wie Chemnitz oder Plauen oder in rheinischen Städten wie Köln, Krefeld oder Barmen-Elberfeld besaßen viele Familien keine Gärten mehr vor den Toren der Stadt.

Die Industrialisierung nahm seit den 1830er Jahren ein schnelleres Tempo an. Schon um 1800 hatte es, wie wir gesehen

Die Anfänge der Industrie

haben, einzelne moderne Fabriken gegeben. Nach 1815 mußten sie sich neben den technisch weiter entwickelten und besser auf den Markt eingestellten englischen behaupten. Viele gingen ein. Immer wieder gründeten jedoch wagemutige Kaufleute und Handwerker neue Firmen, richteten Betriebsstätten ein und versuchten sich an der Konstruktion von Maschinen und Geräten. Wie in England, Belgien und der Schweiz betätigten sich die meisten in der Garnproduktion, wo die Spinnmaschine, eine technisch einfache und nicht zu teure Vorrichtung ohne großen Energieverbrauch, zu schneller Produktivitätserhöhung führte. Seit den dreißiger Jahren kamen nun auch mechanische Webereien hinzu, und in den Zentren der Textilindustrie wie in Chemnitz, dem Rheinland oder Oberbaden, in Nürnberg und Augsburg wurden auch Maschinen selbst hergestellt. Um die Mitte der 1830er Jahre bauten August Borsig in Berlin, Josef Anton Maffei in München, Emil Keßler in Karlsruhe Dampfmaschinen und Lokomotiven. Friedrich Harkort hatte auf Burg Wetter an der Ruhr 1819 seine »Mechanische Werkstätte« eingerichtet, und die Gebrüder Dinnendahl hatten sogar schon 1807 in Essen begonnen, Dampfmaschinen zu bauen. Unternehmer wie die Brüder Remy, Eberhard Hoesch und Harkort und die Grafen Henckel v. Donnersmarck übernahmen von England die Technik des Puddelns – ein verbessertes Schmelzverfahren für die Stahlgewinnung – für ihre Eisenwerke. Schon in den 1810er Jahren hatte Franz König die Schnellpresse erfunden und damit die Drucktechnik revolutioniert.

In den 1830er und 40er Jahren verdichteten sich all diese Tätigkeiten, so daß nun die moderne Industrie statistisch erfaßbar wird. Die Statistischen Ämter in Sachsen und Preußen zählen die Fabrikarbeiter noch mit den Manufakturarbeitern zusammen, und oft gehen diese beiden Formen der Produktionstechnik und Betriebsorganisation ineinander über. Im gleichen Gebäude stehen mechanische und Handwebstühle, werden Teile des Fertigungsprozesses mit Hilfe von Wasser- oder Dampfkraft von Arbeitsmaschinen übernommen, während andere Teile noch in Handarbeit hergestellt werden. 1809 waren in Baden knapp 2000 Arbeiter in Betrieben mit mehr als 20 Personen beschäftigt, 1849 hingegen mehr als 16 000. 1809 war davon wohl höchstens ein Betrieb eine moderne »Fabrik«; 1849 gab es bereits einige Dutzend, und die drei größten beschäftigten zusammen mehr als 3000 Arbeiter. Im gesamten Zollverein gab es, wenn wir das Berg- und Hüttenwesen aussondern, um die Mitte der 1840er Jahre rund 13 600 »Fabrikanstalten« mit 170 000 Arbeitern. Das waren 1,1 Prozent aller Erwerbstätigen oder 0,6 Prozent der Bevölkerung. Das ist wenig, wenn man es mit später vergleicht, aber das Fünffache des Anteils, den die Arbeiter in größeren Betriebsstätten um 1800 ausgemacht hatten.

Der größte Industriezweig war die Textilindustrie. Aber auch im Maschinenbau gab es schon über 400 Betriebe mit mehr als 12 000 Arbeitern. Beachtlich war auch die Zuckerrübenindustrie mit 148 Betrieben, die Dampfmüllerei und die Papierfabrikation. Die chemische Industrie befand sich hingegen noch ganz in den Anfängen. Ihre große Zeit kam erst in den 1860er Jahren. Auch die Elektroindustrie steckte noch in den Kinderschuhen. 1847 hatte Werner von Siemens gerade seine »Telegraphenbauanstalt« gegründet.

Fabrikordnungen: Aus dem »Reglement für die Fabrikarbeiter« der Firma Krupp, 1838

Jeder Arbeiter muß treu und unbedingt folgsam sein, sich in- und außerhalb der Fabrik anständig betragen, pünktlich die Arbeitsstunden halten und durch seinen Fleiß beweisen, daß er die Absicht hat, zum Nutzen der Fabrik zu arbeiten. Wer dies befolgt, hat zu erwarten, daß dem Wert der Arbeit nach auch sein Lohn erhöht wird. Wer aus Nachlässigkeit oder bösem Willen sich vergeht, wird bestraft. Branntweintrinken in der Fabrik wird nicht geduldet. Wer ein Stück Arbeit, ein Werkzeug und dergleichen verdirbt oder umkommen läßt, muß dasselbe vergüten. Wer fünf Minuten zu spät nach dem Läuten zur Arbeit kommt, verliert ¼ Tag, wer ¼ Tag eigenmächtig fortbleibt, verliert ½ Tag, für ½ Tag fortbleiben wird ¾ Tag abgezogen.
Quelle: Carl Jantke: Der Vierte Stand, 1955

Fabrikationsstätten aus der ersten Hälfte des 19. Jh.: Borsigs Maschinenbau-Anstalt und Eisengießerei in der Berliner Chausseestraße 1848 (links), Industrierevier Königshütte in Oberschlesien um 1850 (unten).

Die Eisenbahn

Diese Telegraphenbauanstalt hing mit den preußischen Militärbedürfnissen zusammen, aber auch mit den Eisenbahnen, denn entlang ihren Trassen entstanden die ersten telegraphischen Verbindungen. Das Zeitalter der Eisenbahnen hatte – nach einer längeren Vorgeschichte im Bergbau –

Die Frühindustrialisierung

1826 in England begonnen. In Deutschland wurde die erste Linie von Nürnberg nach Fürth 1835 eröffnet. Um die Mitte des Jahrhunderts verfügte Deutschland schon über 7100 km Eisenbahnstrecke. Der Bau dieser Linien bedeutete in vielfacher Hinsicht eine erhebliche Leistung, die man sich vergegenwärtigen kann, wenn man bedenkt, daß in der Bundesrepublik der Bau von 7000 km Autobahnen trotz der inzwischen erreichten Mechanisierung rund 25 Jahre gebraucht hat. Unternehmer, Bauingenieure, Juristen, Bankiers und Staatsbeamte standen vor weitgehend neuartigen Aufgaben, die erstaunlich reibungslos bewältigt wurden: Die Trassen mußten festgelegt, Land gekauft bzw. enteignet werden, Dutzende widerstreitender Interessen waren zu berücksichtigen. Manche Städte und Gemeinden wollten unbedingt an die Eisenbahnen angeschlossen werden, auch wenn dies von den Handelsströmen oder aus Geländegründen unrentabel erschien, andere wollten sich den Bahnhof möglichst einige Kilometer vom Leibe halten. Ärzte warnten vor den gesundheitlichen Schäden und vor Unfällen. Gesetzliche Vorbereitungen waren zu treffen; es mußte entschieden werden, ob die Eisenbahnen vom Staat oder von Privatunternehmen zu bauen und zu betreiben seien und welche Rechte privaten Gesellschaften eingeräumt werden könnten. Dann waren die Gesellschaften zu gründen, das Kapital aufzubringen, die Fachleute und Arbeiter zu finden. Letzteres war das einfachste, denn überall auf dem Land herrschte Unterbeschäftigung. Aber die Bauarbeiter mußten auch untergebracht und verpflegt werden.

Auch das Kapital, wenigstens für die Hauptstrecken, fand sich mit erstaunlicher Leichtigkeit, wobei half, daß in Preußen der Staat Zinssubventionen versprach. Der in Eisenbahnen angelegte Kapitalstock wuchs schnell, allein in Preußen von 23 Millionen Mark 1840 auf 436 Millionen 1849. Kaufleute, Grundbesitzer, aber auch Beamte und selbst Dienstmädchen kauften Eisenbahnaktien. Diese begannen, die Staatsanleihen als beliebte Kapitalanlage zu verdrängen. 1870 machten sie die Hälfte aller an der Berliner Börse gehandelten Werte aus.

In manchen deutschen Staaten, z.B. in Hannover und Baden, hatte man Sorgen, daß nicht genügend Kapital im eigenen Land aufzutreiben sei und so die Eisenbahnen in fremde Hände gerieten. Man dachte an französische, belgische, Schweizer, aber auch Frankfurter oder Kölner Kaufleute und Bankiers und entschloß sich daher von vornherein zu Staatsbahnen. In einigen Bundesstaaten, so in Bayern, entstanden private und staatliche Eisenbahnen nebeneinander.

Die Auswirkungen der Eisenbahnen lassen sich auf zahlreichen Gebieten verfolgen. Sie schufen Nachfrage nach Arbeitskräften, Baumaterialien, Schienen und rollendem Material. Die deutsche Eisenindustrie verdankt ihnen ganz wesentlich ihren Aufschwung. Lokomotiv-, Waggon-, Signal- und Gleisbaufirmen entstanden, und die Eisenbahngesellschaften selbst richteten Reparaturwerkstätten ein. Die Eisenbahnen beschleunigten und verbilligten den Transport von Menschen und Material und machten ihn weitgehend wetterunabhängig. Was das für das tägliche Leben der Menschen bedeutete, haben Zeitgenossen bezeugt. Arbeiter, die zuvor oft zwei bis drei Stunden Fußweg zur Arbeitsstelle hatten, schafften dies nun in 20 Minuten. Hausfrauen auf dem Land konnten in die Stadt zum Einkaufen fahren, Familien aus der Stadt Sonntagsausflüge unternehmen. Vor allem aber verdichtete sich der Warenverkehr. Die Versorgung der Bevölkerung verbesserte sich erheblich. Mit Recht betrachtete man im 19. Jh. die Eisenbahnen als Symbol des Fortschritts und des modernen Industriestaates.

Humorvolle zeitgenössische Kritik an den gesellschaftlichen Folgen der Eisenbahn: Arbeitslose Pferde treiben Weiterbildung (ganz oben). Doch der technische und gesellschaftliche Fortschritt ließ sich nicht aufhalten: Halle des Münchner Bahnhofs, 1851 (oben); – Karikatur auf die deutsche Kleinstaaterei, 1848 (andere Seite).

Der Zollverein

1828, noch ehe es überhaupt eine deutsche Eisenbahn gab, bemerkte der fast achtzigjährige Goethe zu seinem Sekretär Eckermann: »Mir ist nicht bange, daß Deutschland nicht eins werde; unsere guten Chausseen und künftigen Eisenbahnen werden schon das ihrige tun. Vor allem aber sei es eins in Liebe untereinander, und immer sei es eins, daß der deutsche Taler und Groschen im ganzen Reiche den gleichen Wert habe; eins, daß mein Reisekoffer alle 36 Staaten ungeöffnet passieren könne.« Das war damals noch ein Wunschtraum. Ein Jahrzehnt später wurde er langsam Realität. Seit den 1820er Jahren bemühten sich deutsche Staaten, die Zollgrenzen, die sie voneinander trennten, zu verringern und zu größeren Binnenmärkten zu kommen. Die Führung übernahm Preußen, das besonders darunter litt, weil die östlichen Landesteile von den westlichen durch mehrere Bundesstaaten getrennt waren und weil innerhalb des preußischen Gebietes zahlreiche Enklaven, d.h. von allen Seiten von Preußen umgebene fremde Territorien, lagen. 1828 schlossen Preußen und Hessen-Darmstadt einen Zollvertrag, aus dem sich im Lauf der nächsten Jahre der Deutsche Zollverein bilden sollte. Bayern und Württemberg hatten zunächst einen eigenen Zollverein geschlossen, Sachsen, Hannover, Braunschweig, Kurhessen, Nassau und die thüringischen Staaten den mitteldeutschen Handelsverein. Es bedurfte langer Verhandlungen, bis am 1. Januar 1834 die meisten Zollgrenzen fallen konnten. Auch danach blieben noch einige Staaten abseits; Baden, Nassau und Frankfurt traten erst 1836 dem Verein bei; 1842 folgten Braunschweig und Lippe, in den fünfziger Jahren Hannover und Oldenburg, Bremen und Hamburg sogar erst Jahre nach der Reichsgründung, nämlich 1888. Erst seitdem gab es einen vollständigen Binnenmarkt auf dem Gebiet des Reiches.

Der Zollverein verstärkte das wirtschaftliche Übergewicht Preußens, so daß man später der Meinung sein konnte, er sei von Preußen bewußt betrieben worden, um Österreich aus dem Reich zu drängen. Zunächst ging es der preußischen Regierung jedoch um die Verbesserung der Staatseinkünfte. Preußen hatte sich 1818 ein neues Zollgesetz gegeben, das die Binnenzölle aufhob und eine einheitliche Außenzolllinie um das Land legte. Um seine Staatseinnahmen zu vermehren und ihre Verwaltung zu verbilligen, strebte es nach einer Übereinkunft mit anderen Bundesstaaten. Erst allmählich wurde dann der Zollverein zu einem Instrument seiner Wirtschafts- und Deutschlandpolitik. Ebenso wie die Eisenbahnen, wenn auch wohl in geringerem Ausmaß, beschleunigte und verbilligte der Zollverein den Warenverkehr in Deutschland. Er war eine wichtige politische Rahmenbedingung, damit sich Verkehr und Industrie entfalten konnten.

Der Zollverein, die Industrialisierung und der Ausbau des Verkehrsnetzes hatten auch *Rückwirkungen auf den Außenhandel*. Schon um 1800 hatte Deutschland vor allem gewerbliche Erzeugnisse ausgeführt. Das waren noch kaum Industriegüter, aber Produkte des z. T. hochentwickelten Eisengewerbes – Geräte, Handwerkszeug, Sensen –, vor allem jedoch Textilien. Nach den Napoleonischen Kriegen waren diese Ausfuhren zunächst zurückgegangen, hatten dann um 1820 wieder ihren alten Stand erreicht und stiegen nun kräftig an. Gleichzeitig wuchs die Ausfuhr von Rohstoffen wie Kohle, aber auch von Nahrungsmitteln. Stärker veränderte sich die Einfuhr. Rohstoffe hatten hier an der Spitze gestanden vor Fertigprodukten und Kolonialwaren. Nun wuchs neben der Rohstoffeinfuhr die von Zwischenprodukten wie Gar-

---

Die erste Eisenbahn

... Noch in lebhafter Erinnerung ist mir der mächtige Eindruck, den ich empfand, als ich den ersten Eisenbahnzug sah. Es war im Jahre 1842 auf einer Fahrt nach Braunschweig, als kurz vor dieser Stadt abends in der Dämmerung der Kutscher plötzlich anhielt. »Da kommt die Eisenbahn«, sagte er. Und wirklich! Da kam es, das gewaltige Geschöpf mit seinen beiden Glühaugen, einen langen Zug wie im Spiele hinter sich her ziehend. Und auch noch heute, wenn ich eine daherbrausende Lokomotive erblicke, ergreift mich ein erhebendes Gefühl. Das ist aber wohl nur ein Gefühl von uns ältern. Unsere Kinder, die mit dem Dampfwagen aufgewachsen sind, werden diese Empfindung kaum noch haben. Und unsere Enkel, die ganz klein schon in der Kinderstube »Eisenbahn« spielen, werden die dampfende Lokomotive wahrscheinlich mit derselben Gleichgültigkeit anblicken, mit welcher wir alle ein gedrucktes Buch zur Hand nehmen, ohne daran zu denken, welch ein Wunderwerk des Menschengeistes wir auch in diesem besitzen und welche wunderbare Wandlungen in der Weltgeschichte es bewirkt hat.

Quelle: Otto Bähr: Eine deutsche Stadt vor hundert Jahren, 1926

Die Frühindustrialisierung

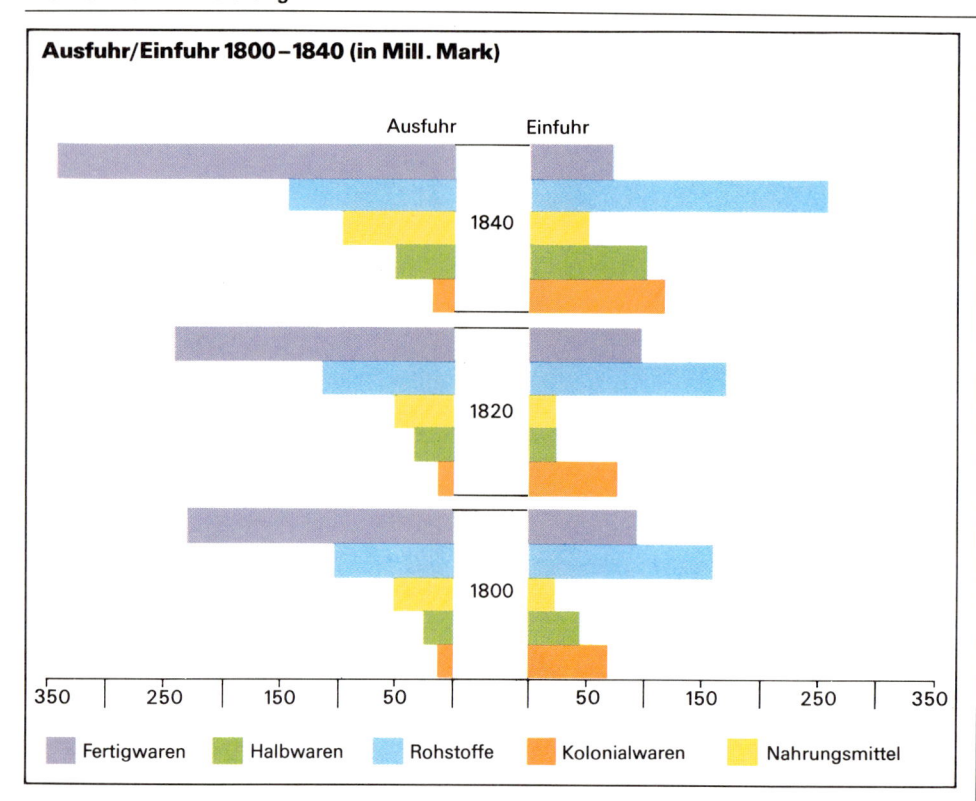

Ausfuhr/Einfuhr 1800–1840 (in Mill. Mark)

[Balkendiagramm: Ausfuhr und Einfuhr für 1800, 1820, 1840, aufgegliedert nach Fertigwaren, Halbwaren, Rohstoffe, Kolonialwaren, Nahrungsmittel; Skala von 350 bis 50 (Ausfuhr) und 50 bis 350 (Einfuhr)]

nen, die man für die Weiterverarbeitung brauchte. Die Einfuhr von Fertigprodukten stagnierte dagegen. Mit wachsendem Lebensstandard nahm auch die Einfuhr von kolonialen Genußmitteln wie von Nahrungsmitteln aus den europäischen Nachbarländern zu.

Banken und Staatsfinanzen

Bei der Finanzierung des Außenhandels schalteten viele Kaufleute Bankiers ein, bei denen sie ihre Wechsel diskontierten. Wechsel sind Zahlungsversprechen, die meist nach drei oder sechs Monaten einzulösen sind. Braucht der Inhaber eines Wechsels vorher Geld, so kann er gegen einen Abschlag, den Diskont, den Wechsel bei einer Bank in Zahlung geben. In der ersten Hälfte des 19. Jh. gab es in allen größeren deutschen Städten solche Bankhäuser, meist im Besitz einzelner Familien. Neben der Finanzierung des Handels betätigten sie sich traditionellerweise meist im Geschäft mit den Fürsten und Städten. Viele dieser Familien begannen als Hofbankiers. Die erfolgreichsten waren die Rothschilds, die in der ersten Hälfte des 19. Jh. außer an ihrem Stammsitz Frankfurt auch in Wien, Paris und London saßen. Viele, aber nicht alle dieser Bankiers übernahmen nun auch die Eisenbahn- und Industriefinanzierung. Da ihnen das Risiko dabei zu groß war, begannen sie es zu verteilen, indem sie Aktiengesellschaften gründeten oder gründen halfen. Bei Kapitalgesellschaften ist das Risiko auf die Einlage begrenzt, während sonst Kaufleute und Bankiers mit ihrem ganzen Vermögen haften. Mit Hilfe der Risikostreuung und -begrenzung gelang es, Kapitalien in bisher nicht gekannten Größenordnungen zu mobilisieren und zu produktivem Einsatz zu bringen. In kleinerem Maßstab trugen auch Sparkassen dazu bei; sie finanzierten mit Vorrang das lokale Kleingewerbe, aber auch die städtische Infrastruktur. 1850 gab es in Preußen 234 Sparkassen, die knapp 300 000 Konten führten und knapp 55 Millionen Mark an Spareinlagen verwalteten. In Sachsen verwalteten 57 Sparkassen knapp 14 Millionen Mark auf knapp 100 000 Konten. Das war noch nicht sehr viel, von heute aus gesehen. Gegenüber der Mitte der 1830er Jahre hatten sich die Einlagen in Preußen jedoch verdreifacht.

Sparsam ging auch die preußische Finanzverwaltung mit ihren Einnahmen um. Zu ihren Hauptzielen gehörte die Abtragung der großen Staatsschuld, die aus den Napoleonischen Kriegen herrührte. Zu Beginn der zwanziger Jahre dienten mehr als 20 Prozent der Staatsausgaben der Zinszahlung und Amortisation, und auch 1850 wurden noch 11 Prozent der Ausgaben von insgesamt 204 Millionen Mark für diese Zwecke benötigt. So konnten die Staatsschulden, die 1825 noch 672 Millionen Mark betragen hatten, bis zur Mitte des Jahrhunderts auf 548 Millionen reduziert werden. Das war immer noch doppelt soviel, wie der preußische Staat 1850 einnahm, aber 1825 hatte die Staatsschuld 3,2mal so hoch wie eine Jahreseinnahme gelegen. Manche modernen Wirtschaftshistoriker haben gemeint, Preußen-Deutschland hätte sich wirtschaftlich schneller entwickeln können, wenn der preußische Staat nicht so rigoros versucht hätte, Überschüsse zu erwirtschaften, um Schulden zu bezahlen, und statt dessen mehr Geld in die Infrastruktur und Industrieförderung gesteckt hätte. Doch hätte das als sehr unsolide gegolten. Und Österreich-Ungarn und Rußland, die das taten, sind eher wirtschaftlich gegenüber Preußen zurückgeblieben.

Verarmt Deutschland?

Trotz der überall sichtbaren Fortschritte und Verbesserungen ging in den 1840er Jahren ein Schlagwort um, das die Menschen erschreckte: *Pauperismus*.

Viele Zeitgenossen waren davon überzeugt, daß die unteren Schichten immer mehr verarmten, daß ein zunehmender Teil der Bevölkerung, besitzlos und ohne ständige Arbeit, von den anderen unterhalten werden müßte und schließlich zu einer Gefahr für die Gesellschaft werden könnte; in Frankreich sprach man direkt von »den gefährlichen Klassen«. In der Tat gibt es zahlreiche Schilderungen des Elends auf dem Land und in den Städten. Ob die Armut aber einen größeren Teil der Bevölkerung erfaßte als im 17. oder 18. Jh., ist mangels konkreter Vergleichsmöglichkeiten schwer zu sagen. Da die Bevölkerung stärker wuchs und die unteren Schichten weit mehr als die Hälfte der Bevölkerung ausmachten, ist es wahrscheinlich, daß der Umfang der ärmeren Schichten anwuchs, auch wenn sich der durchschnittliche Lebensstandard der Bevölkerung nicht verschlechterte. Sicher scheint, daß die Unterschiede größer wurden, weil die Chancen, die das langsam einsetzende wirtschaftliche Wachstum bot, noch nicht von der Mehrheit der Bevölkerung, sondern nur von den Tüchtigeren, den besser Ausgebildeten und an den prosperierenden Standorten Lebenden genutzt werden konnten. Die vielbeschworene Konkurrenz der Industrie betraf vor allem die Heimweber. Dies war eine sehr große Schicht. In Baden beispielsweise waren die Leineweber noch 1844 das größte Handwerk. Die Zahl der Meister war seit 1810 um 51 Prozent gewachsen, die Zahl

---

Pauperismus

Pauperismus meint Massenarmut. Der Begriff ist von dem neulateinischen Wort *pauper* = arm, das auch im Englischen gebräuchlich war, abgeleitet und wurde von den meisten Zeitgenossen als eine neue Erscheinung des frühen 19. Jh. gesehen. Hingegen bemerkte der preußische Statistiker Johann Gottfried Hoffmann, der den Zeitraum bis zu den preußischen Reformen überblickte, 1843 zutreffend: »Das Wort Pauperismus ist neu, der Zustand, den es bezeichnet – entsittlichende Dürftigkeit – dagegen gleich alt mit der Ungleichheit im Besitze äußerer Güter ...«

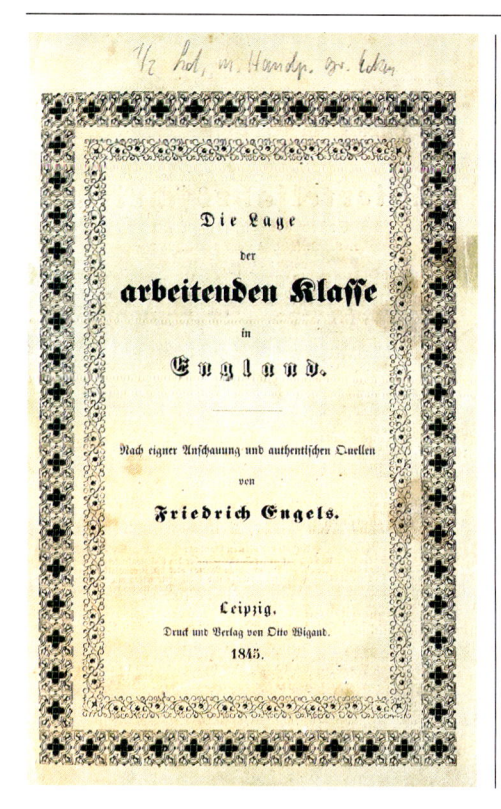

der Gesellen sogar um 92 Prozent, obwohl der Preis für Leinenerzeugnisse vor allem wegen der Konkurrenz der bereits stärker mechanisierten Baumwollweberei fast ständig fiel. Die Handweberei befand sich daher in einer Strukturkrise. Sie wirkte sich besonders dort aus, wo wenig andere Verdienstmöglichkeiten bestanden, weil die Unternehmer ihre Produktion nicht umstellten, z. B. im Ravensberger Land bei Bielefeld und im schlesischen Eulengebirge, wo es 1844 zu Weberaufständen kam, die blutig niedergeschlagen wurden. In dieser Zeit hatte sich zu der strukturellen Krise noch eine konjunkturelle gesellt, da die Lebensmittelpreise wegen mehrerer Mißernten schnell stiegen. Zum letzten Mal kam es 1843 bis 1847 zu einer Krise des »alten«, des »vorindustriellen« Typs:

Zwei Symbole der sozialen Probleme der frühen Industrialierung: Engels' Buch über DIE LAGE DER ARBEITENDEN KLASSE IN ENGLAND, 1845, und Käthe Kollwitz' spätere Darstellung (1897) des Weberaufstands in Schlesien von 1844.

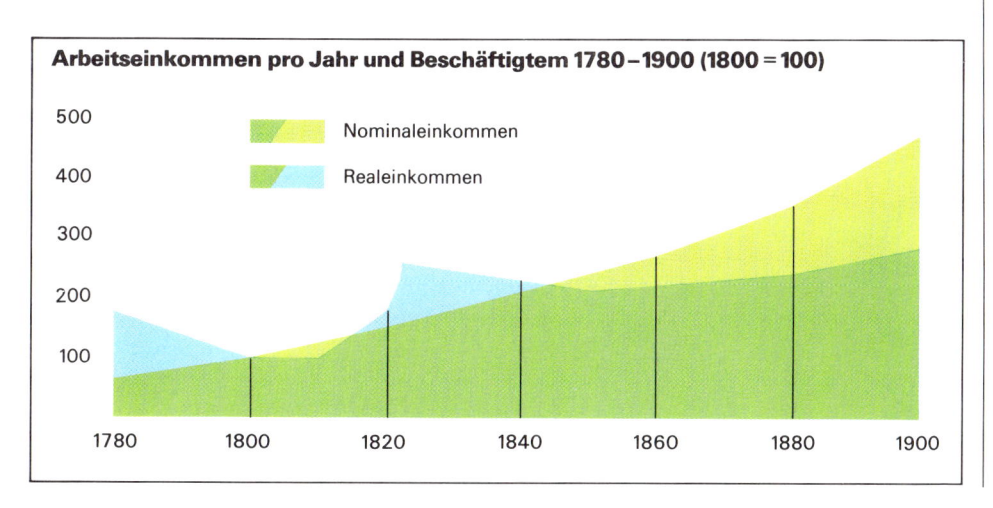

Lebensmittelknappheit löste Preissteigerungen und Arbeitslosigkeit aus. Weil die teurer werdenden Nahrungsmittel einen großen Teil der Kaufkraft an sich zogen, verloren die Gewerbetreibenden ihren Absatz. Immer mehr mußten sich verschulden. Das trieb die Zinsen in die Höhe und führte zu dem, was die Zeitgenossen »Kreditnot« nannten. Viele Unternehmen – große Fabriken, Banken, vor allem aber kleine Handwerker – brachen zusammen. Und wie immer in einer solchen Krise entstehen Kettenreaktionen. Wenn ein Schuldner nicht mehr zahlen kann, bringt er seinen Gläubiger in Verlegenheit und macht möglicherweise auch ihn zahlungsunfähig. Die Jahre vor der Revolution waren daher Jahre einer wirtschaftlichen und sozialen Krise. Von 1847 an wurden jedoch wieder bessere Ernten verzeichnet, und die industrielle Produktion insgesamt war, mit Ausnahme von Steinkohle, in diesen Jahren durchweg weitergewachsen. Auch der Personen- und Güterverkehr auf den Eisenbahnen hatte zugenommen. Die Wachstumsbranchen des modernen Industrie- und Verkehrssektors blieben also von der Krise am ehesten verschont. Was alle traf, waren die Preissteigerungen bei Grundnahrungsmitteln. Die Gehälter der Göttinger Beamten, die sich real zwischen 1800 und 1834 verdoppelt hatten, verloren seitdem wieder an Kaufkraft und standen 1847/48 nur 5 bis 7,5 Prozent höher als 1800, vor allem weil die Preise 1847 um 36 Prozent über den Werten von 1800 lagen, so daß die Nominallohnerhöhung davon fast aufgezehrt worden war.

Auch Handwerkerlöhne in verschiedenen Städten zeigen die gleiche Tendenz: Nominal erhöhen sie sich leicht, real werden sie noch immer vom Schwanken der Lebensmittelpreise bestimmt. Deshalb liegt die Kaufkraft in den zwanziger und frühen dreißiger Jahren im allgemeinen höher und 1843 bis 1847 besonders niedrig. Verarmung war also nicht ein langfristiges Schicksal, dem die Menschen durch die Industrialisierung ausgesetzt wurden, wie manche Zeitgenossen meinten und Marx es 1848 im KOMMUNISTISCHEN MANIFEST verkündete, sondern teils ein Ergebnis des Strukturwandels. Insofern betraf es die nicht mehr konkurrenzfähigen Gewerbe und die unterbeschäftigte Bevölkerung vor allem auf dem Land. Teils war es eine konjunkturelle Erscheinung der mittvierziger Jahre, teils aber auch Resultat eines inzwischen geschärften Bewußtseins für soziale Probleme. Was man am Ende des 18. Jh. noch als Schicksal hingenommen hatte, wurde nun als Problem empfunden, das eine Gesellschaft zu lösen imstande sein sollte. Und mit der Industrialisierung schuf sich die Gesellschaft in der Tat die Mittel zu einer Lösung. Die Massenarmut in der vorindustriellen Breite und Tiefe ist nach der Mitte des 19. Jh. in Deutschland langsam, aber stetig beseitigt worden.

WOLFRAM FISCHER

Der Ausbau der Industrie

Nach der Revolution von 1848 setzte in Deutschland sehr bald ein wirtschaftlicher Aufschwung ein, der – mit zwei Unterbrechungen durch kurze Konjunktureinbrüche 1856 bis 1858 und 1866/67 – bis zum Beginn der 1870er Jahre anhielt. Alle Produktionskurven gehen nun deutlich in die Höhe, insbesondere in der Industrie und beim Verkehr. Auch das Kreditvolumen wächst. Die Zahl der arbeitenden Menschen steigt schneller als die Bevölkerung. 1871 leben auf dem gleichen Territorium 14 Prozent mehr Menschen als 1849; die Beschäftigtenzahl liegt jedoch um fast 53 Prozent höher. Dabei mag die bessere statistische Erfassung eine gewisse Rolle gespielt haben. Allein kann sie jedoch nicht für diesen Unterschied verantwortlich sein. Die deutsche Wirtschaft, insbesondere der Verkehrs- und der Industriesektor, wuchs in diesen beiden Jahrzehnten so stark, daß sie einen viel höheren Bedarf an Arbeitskräften hatte.

Warum kam es zu diesem Aufschwung gerade nach der Revolution? Diese Frage haben Historiker immer wieder gestellt. Eine Antwort lautet: Das deutsche Bürgertum habe nach dem Fehlschlag der Revolution politisch resigniert und seine Energien auf wirtschaftlichem Gebiet entfaltet. Dies ist sicher nicht ganz falsch, übersieht aber, daß in den gleichen Jahrzehnten auch in anderen Ländern, die keine Revolution hatten, ein ähnlicher Aufschwung stattfand, vor allem in den USA. Deutschland nahm also an einem weltweiten Aufschwung der »jungen« Industrienationen teil. Manche Ökonomen führen diesen Aufschwung auf die Goldfunde in Kalifornien zurück, weil sich durch sie der Geldumlauf erweitert habe und die Wirtschaft bei leichter Inflation eher zum Aufschwung neige als unter monetären Restriktionen. Auch dies ist zu einseitig. Gewiß haben die Goldfunde ebenso wie die Revolution Kapital und Menschen in Europa in Bewegung gesetzt. Die Auswanderung nach Amerika nahm nach der Revolution erheblich zu. 1852 bis 1854 sind eine halbe Million Deutsche nach den USA gegangen gegenüber 165 000 in den drei Jahren vor der Revolution. Allein 1854 wanderten 0,7 Prozent der gesamten deutschen Bevölkerung aus. Welche Auswirkungen diese Wanderungsbewegung auf die deutsche Wirtschaft hatte, kann man nur abschätzen. Die amerikanische Wirtschaft gewann durch sie wertvolle Arbeitskräfte und Siedler. Auf der deutschen Seite kann man sie jedoch nicht einfach als Verlust buchen. Unter den bedrängten Verhältnissen Mitte des 19. Jh. sind auch viele ausgewandert, die in Deutschland nur geringe Chancen hatten. Sie haben den Arbeitsmarkt zumindest kurzfristig entlastet. Auf der anderen Seite kann man durchaus argumentieren, daß ohne Auswanderung das Wachstum in Deutschland hätte höher sein können, weil mehr Arbeitskräfte, Talente und auch Kapital zur Verfügung gestanden hätten. Die Größenordnung war insgesamt jedoch noch nicht so hoch, daß man mit Sicherheit Auswirkungen in der einen oder anderen Richtung nachweisen könnte.

Die beste Erklärung für die Beschleunigung liegt in der Natur der industriellen Entwicklung. Diese folgt nämlich zwar nicht strengen Gesetzen wie der Mond auf seiner Umlaufbahn um die Erde, wohl aber gewissen Regelmäßigkeiten, die in allen oder wenigstens vielen Ländern der Erde wiederkehren. Danach gibt es bestimmte Stadien der Industrialisierung, die aufeinander folgen. Nach dem Aufbau der einfacheren Konsumgüterindustrien wie der Textil-, Bekleidungs-, Schuh- oder Nahrungsmittelindustrie folgt eine Periode, in der die Investitionsgüterproduktion, der Maschinenbau, die Chemie, die Elektrotechnik und der Ausbau von Grundstoffindustrien und Infrastruktur im Vordergrund stehen und das wirtschaftliche Wachstum vorantreiben. In dieses Stadium traten die deutsche wie die amerikanische Volkswirtschaft um die Mitte des 19. Jh. ein. Hier liegt der Schlüssel für das schnellere Wachstum und die durchgreifende Modernisierung.

Man kann diese Entwicklung an vielen Zahlen ablesen. Hier sollen nur einige wenige wiedergegeben werden, die die Strukturveränderung der deutschen Industrie verdeutlichen: Die Zahl der Beschäftigten

Wanderungsbewegung nach Übersee: Besitzlose und »Landarme« erhofften sich in Amerika eine neue Existenz.

Gründerwelle im Ruhrgebiet

in Bergbau und Metallverarbeitung verdreifachte sich zwischen 1849 und 1875, die in der Metallerzeugung und der Industrie der Steine und Erden verdoppelte sich. Auch die Zahl der Chemiearbeiter lag 1875 um etwa das Zweieinhalbfache höher, während die »alten« Konsumgüterindustrien wie Textil, Nahrungsmittel, Bekleidung und Leder ihre Beschäftigten nur um 15 bis 50 Prozent vermehren konnten. Am stärksten wuchsen die Versorgungsbetriebe für Gas, Wasser und Elektrizität, die freilich um die Jahrhundertmitte erst rund 1000 Menschen beschäftigten; 1875 waren es 15 000. Noch stärker sind diese Unterschiede ausgeprägt, wenn man den Wert der Produktion vergleicht, weil die neueren Industrien eine höhere Produktivität hatten und eine höhere Wertschöpfung erbrachten als die älteren Konsumgüterindustrien.

Das wirkte sich auch regional aus. In diesen beiden Jahrzehnten wurde das *Ruhrgebiet* zum wichtigsten deutschen Industriezentrum. Noch 1840 zählten Essen und Dortmund erst 6000 bzw. 7000 Einwohner, Oberhausen existierte nur als Schloß und Wanne als Flurname. Der Raum Dortmund besaß noch kein Hüttenwerk, und der Bergbau hatte auf seinem Vormarsch vom Süden nach dem Norden die Emscherlinie noch nicht erreicht. Dortmund war im Osten noch von Wall und Graben umgeben, und die drei beherrschenden Kirchtürme im Zentrum der Stadt standen nur wenige Schritte vom Stadtrand entfernt. 1832 bis 1834 war dem Unternehmer Franz Haniel westlich von Essen der Durchbruch durch die Mergelzone gelungen, und damit begann der Tiefbau für die Ruhrkohle. 1847 errichtete Julius Römheld den ersten Kokshochofen des Ruhrgebietes in Mülheim. Im gleichen Jahr wurden die ersten drei Eisenbahnlinien eröffnet, die den Transport von Kohle und Erzen verbesserten. In den fünfziger Jahren wurden dann zahlreiche Schächte abgeteuft, Aktiengesellschaften mit deutschem und ausländischem Kapital sowohl im Bergbau wie in der Eisen- und Stahlindustrie gegründet. Von 1854 bis 1857 lief eine regelrechte Gründerwelle durch das Ruhrgebiet. Gab es 1850 198 Zechen, die knapp 2 Millionen Tonnen Kohle förderten, so 1857 fast 100 Zechen mehr mit einer Förderung von 3,6 Millionen Tonnen.

Aber auch bestehende Firmen weiteten ihre Aktivität aus. Krupp beschäftigte 1850 in seiner Gußstahlfabrik ganze 241 Arbeiter, 1858 aber 1000 und 1872 12 000. Er überholte damit die Gutehoffnungshütte, die um die Mitte des Jahrhunderts schon gegen 1000 Beschäftigte gezählt hatte, 1872 aber »erst« 8500.

Der Entfaltung des Ruhrbergbaus kam eine bemerkenswerte Veränderung der Rechtslage zu Hilfe. Bis um die Mitte des 19. Jh. hatte hier die preußische Bergverwaltung Regie geführt. Nach dem »Direktionsprinzip« stand ihr die kaufmännische und technische Leitung der Betriebe, die Planung der Investitionen, der Einsatz der Arbeiter zu. Langsam hatten sich die Zecheneigentümer von dieser staatlichen Bevormundung befreit, und von 1851 bis 1865 setzte eine Reihe von Gesetzen, die in einem »Allgemeinen Berggesetz für die preußischen Staaten« mündeten, die Unternehmerinitiative frei. Fortan stand dem Staat nur noch die Aufsicht über die Grubensicherheit und über die Knappschaften zu, in denen Arbeitgeber und Arbeitnehmer zur Zusammenarbeit in Kranken-, Unfall- und Invalidenversicherung gesetzlich verpflichtet wurden. Man nannte dies das »Inspektionsprinzip«.

Neue Infrastrukturen und neue Energiequellen wurden durch die Industrialisierung erschlossen. Die erste Berliner Gasanstalt vor dem Halleschen Tor, 1826 (oben links); die Schlote des neuen Industrie- und Ballungszentrums Essen, Gesamtansicht, 19. Jh. (links).

Der Ausbau der Industrie

Index der Preisentwicklung des Verkehrssektors (1913 = 100) im Reichsgebiet

Jahrzehnt	Güter-verkehr	Personen-verkehr	Allgem. Preisindex
1840–49	388,5		77,5
1850–59	240,1	172,7	87,5
1860–69	180,5	163,4	89,2
1870–79	142,5	150,4	96,5
1880–89	114,8	139,6	77,9
1890–99	106,9	120,7	77,2
1900–09	102,4	107,0	86,2
1910–13	100,9	98,6	99,1

Nicht ganz so explosiv entwickelten sich andere Industriezentren meist dort, wo es schon vorher beachtliche gewerbliche Ansätze gegeben hatte: in Sachsen, besonders in Chemnitz, im Rhein-Main-Gebiet, am Nieder- und am Oberrhein, um Nürnberg und Augsburg. Die größte und vielseitigste Industriestadt Deutschlands aber wurde Berlin, wo sich nun auch Banken und Versicherungen niederließen, die ursprünglich ihren Sitz eher im Rheinland oder in Mitteldeutschland gehabt hatten.

Das Verkehrsnetz

Auch der Ausbau des Verkehrsnetzes, besonders der Eisenbahnen, ging in fast unvermindertem Tempo weiter. Zwischen 1840 und 1880 ist das deutsche Eisenbahnnetz zum größten Teil gebaut worden. Die dafür notwendigen Investitionen machten 15 bis 25 Prozent aller in Deutschland getätigten Investitionen aus, und der Anteil der Eisenbahnen am gesamtwirtschaftlichen Kapitalstock stieg nach den besten Schätzungen, die wir besitzen, von ca. 2 auf rund 10 Prozent. Die Eisenbahnen bauten so ihre Rolle als Führungssektor der deutschen Volkswirtschaft aus. Sie ermöglichten weitere Senkungen der Transportkosten. Dadurch wurden nach der Rechnung eines preußischen Statistikers aus dem Jahr 1879 für die Zeit von 1844 bis 1878 volkswirtschaftlich über 20 Milliarden Mark gespart. Diese Ersparnis an Transportkosten übertraf die Investitionen, die für die Eisenbahnen nötig waren, um ein Mehrfaches. Die Bedeutung dieser Kostensenkung wird noch deutlicher, wenn man sie über einen längeren Zeitraum verfolgt und mit der Entwicklung der Preise im allgemeinen vergleicht: Während der allgemeine Preisindex zeigt, daß die Preise zwischen 1840 und 1913 um rund ein Viertel stiegen – trotz einer langen Periode des Sinkens und der Stagnation zwischen 1873 und 1895 –, fielen die Preise im Güterverkehr auf ein Viertel des Ausgangswertes und im Personenverkehr um rund die Hälfte.

Rund vier Jahrzehnte lang war die Eisenbahn der beste Kunde der deutschen Eisenindustrie. Eisenbahnen, nicht Rüstung, machten die deutsche Schwerindustrie groß, und Alfred Krupp sah zeit seines Lebens nicht in Kanonen, sondern im Eisenbahnbedarf die eigentliche Grundlage des Geschäfts seiner Essener Gußstahlfabrik, so wie er auch den nahtlosen Eisenbahnradreifen als seine wichtigste Erfindung betrachtete.

Auch der Binnenschiffahrt kam der Aufschwung von Industrie und Verkehr zugute. In den zwei Jahrzehnten von der Revolution bis zur Reichsgründung wuchs der Transport auf den deutschen Binnenschiffahrtsstraßen, gemessen in Tonnenkilometern, immerhin um 60 Prozent. Insgesamt machten die Verkehrsleistungen um 1870 rund 2 Prozent des gesamten deutschen Sozialprodukts aus, um 1850 waren es weniger als 1 Prozent gewesen.

Modernisierung der Landwirtschaft

Auch die Landwirtschaft profitierte vom Anstieg von Produktion und Preisen nach der Mitte des Jahrhunderts. Zugleich machte ihr der Anstieg der Löhne zu schaffen, denn er zog Arbeiter vom Land in die

Stadt. Mechanisierung konnte dieses Problem mildern. Zunächst wurden die meisten Maschinen aus England oder aus den USA eingeführt. Zentrifugen kamen vor allem aus Schweden. Allmählich begannen aber auch deutsche Firmen Zentrifugen, Futterschneider, Mäh- und Dreschmaschinen sowie Lokomobilen (fahrbare Dampfmaschinen) für den Antrieb selbst herzustellen. Die Firmen R. Wolf in Bukkau bei Magdeburg und Heinrich Lanz in Mannheim gehörten zu den Branchenführern. Heinrich Lanz hatte 1859 zunächst englische Maschinen importiert. Der Erfolg war so groß, daß er bald zur Produktion eigener Futterschneidemaschinen, Separatoren, dann auch Dreschmaschinen und Lokomobilen überging. Fast noch wichtiger für die Landwirtschaft als Maschinen waren die Erkenntnisse, die Chemie und Biologie ihr brachten. Der Chemieprofessor Justus Liebig in Gießen hatte 1840 mit seiner Schrift DIE ORGANISCHE CHEMIE IN IHRER ANWENDUNG AUF AGRIKULTUR UND PHYSIOLOGIE die Werbung für chemische Düngung begonnen. Nach anfänglichen Schwierigkeiten setzten sich nach der Jahrhundertmitte die modernen Erkenntnisse der Chemie allmählich durch, und in den 1860er Jahren entstanden die großen chemischen Fabriken von Bayer in Leverkusen, von Meister, Lucius & Co. in Höchst und die Badische Anilin- und Sodafabrik in Ludwigshafen, die neben Grundstoffen (wie Schwefelsäure), Kohlenteerfarben für die Textilindustrie und Arzneimitteln auch Düngemittel in großem Stil zu produzieren begannen. Lange Zeit bevorzugten die Landwirte freilich noch Guano als Naturdünger, und erst als im Kalibergbau große Mengen an Kalisalzen und bei der Stahlherstellung im Thomas-Martin-Prozeß die phosphorsaure Thomasschlacke als Nebenprodukt anfielen, setzte sich die Trias chemischer Düngung – Stickstoff-, Kali- und phosphorsaure Dünger – endgültig durch.

In der Kombination von Erfahrung und neuen Erkenntnissen lag ein wesentlicher Grund für den Fortschritt, den »intelligente Landwirte« zustande brachten.

Industrialisierung der Landwirtschaft:
Eine Lokomobile zieht einen Dampfpflug (um 1860, links unten). Der berühmte Eisenhammer »Fritz«, Gußstahlfabrik Essen, 1861 (links). Die Industrieausstellung im Münchner Glaspalast, 1854 (unten).

Banken im 19. Jahrhundert

Am Beginn des 19. Jh. gab es nur wenige Banktypen: die Privatbankiers, einige wenige städtische Sparkassen, einige wenige öffentliche Banken wie die »Preußische Seehandlung« oder die Preußische Bank und einige wenige Hypothekenbanken, die wie die »Landschaften« in Preußen vor allem den adeligen Großgrundbesitzern zur Verfügung standen. Die Privatbankiers waren oft noch Geldwechsler und gleichzeitig Kaufleute, die mit Waren handelten. Einige, vor allem jüdische Häuser, waren als »Hoffaktoren« für die Finanzbedürfnisse der Fürsten entstanden und dienten nach wie vor besonders den vielen deutschen Fürstenhäusern. 1835 wurde mit der Bayerischen Hypotheken- und Wechselbank die erste moderne Hypothekenbank als Aktiengesellschaft gegründet. In Preußen und noch länger in einigen süddeutschen Staaten wie Baden und Württemberg und in Frankfurt a. M. wurden private Banken in der Form der Aktiengesellschaft und mit dem Recht der Notenausgabe (»Zettelbanken«) bis zur Mitte des Jahrhunderts, ja bis 1870 nicht zugelassen, da man sie für unseriös hielt. Daher entstanden die ersten Aktienbanken in der Mitte des Jahrhunderts in kleinen Nachbarstaaten: die Darmstädter Bank in Hessen, die Mitteldeutsche Privatbank in Thüringen. Allerdings genehmigte der preußische Staat 1848 die Umgründung einer Privatbank, des Schaaffhausenschen Bankvereins, in eine Aktiengesellschaft, um sie vor dem Zusammenbruch zu retten. Das deutsche Bankenzentrum war um diese Zeit Frankfurt mit dem Haus Rothschild an der Spitze.

In der zweiten Jahrhunderthälfte wurden dann jedoch zunehmend Banken in der Form von Aktiengesellschaften konzessioniert, um die Eisenbahn- und Industriefinanzierung zu erleichtern. Unter den Gründern befanden sich oft Privatbankiers, die so das Risiko streuen und begrenzen wollten. Nur das Haus Rothschild beteiligte sich nicht an solchen Gründungen vom Typ des »Credit Mobilier«, der zuerst in Belgien und Frankreich entstanden war.

Seit den sechziger Jahren entstanden viele Genossenschaftsbanken. Auch die Zahl der Sparkassen vermehrte sich schnell. Die Bedeutung der Privatbanken ging zurück, aber einige wie Rothschild in Frankfurt, Wien, London und Paris, Bethmann in Frankfurt, Oppenheim in Köln, Warburg in Hamburg oder Bleichröder in Berlin gehörten weiter zu den wichtigsten Kreditinstituten und unterhielten zahlreiche internationale Verbindungen.

In den siebziger Jahren entstanden die Großbanken, die bis heute an der Spitze des deutschen Bankensystems stehen: 1870 die Deutsche Bank in Berlin und die Commerz- und Discontobank in Hamburg, 1872 die Dresdner Bank; 1875 wurde die Reichsbank als wichtigste, aber nicht alleinige Noten- und Zentralbank gegründet. Andere deutsche Staaten behielten daneben eigene Zentralbanken.

Gegen Ende des Jahrhunderts und zu Beginn des 20. Jh. kam es (meist im Gefolge von Krisen) zu zahlreichen Fusionen, wobei besonders die Deutsche Bank viele wichtige Regionalbanken aufnahm, so die Essener Credit-Anstalt, die größte Bank des Ruhrgebiets. Berlin löste Frankfurt als Bankenzentrum ab.

Lesetip: Deutsche Bankengeschichte. Hg. im Auftrag des Instituts für bankhistorische Forschung. 3 Bde., 1982/83

Der Beginn des modernen Bankensystems

Neuerungen gab es auch bei den Kreditinstituten, die die »Schmiermittel« für den Mechanismus des wirtschaftlichen Wachstums bereitstellten. Schon 1835 war in München die Bayerische Hypotheken- und Wechselbank als erste Aktiengesellschaft auf dem Kreditsektor gegründet worden. Sie beschränkte sich aber wesentlich auf den Bodenkredit, für den es auch öffentlich-rechtliche Kreditinstitute wie die preußischen »Landschaften« gab. 1848 wurde dann in Köln die Schaaffhausensche Bank vor dem drohenden Konkurs dadurch gerettet, daß ihre Gläubiger, meist Privatbankiers, sie in eine Aktiengesellschaft umwandelten. In den fünfziger Jahren kam es schließlich zu einer ganzen Gründungswelle von Aktienbanken. Da das preußische Aktienrecht solche Insti-

Der Ausbau der Industrie

Das Stammhaus der großen europäischen Bankiersfamilie Rothschild in der Frankfurter Judengasse.

tute eher abschreckte, entstanden sie vor allem in den kleinen thüringischen Staaten in der Nähe Preußens. Der preußische Wirtschaftspolitiker David Hansemann verfiel daher 1851 auf den Ausweg, seine Bank, die »Direction der Disconto-Gesellschaft« mit Sitz in Berlin, in genossenschaftlicher Form als Kreditverein zu gründen und einige Jahre später in eine Kommanditgesellschaft auf Aktien umzuwandeln. Da auch die bis 1866 selbständige Stadt Frankfurt a. M. unter dem Einfluß des Hauses Rothschild Aktienbanken eher erschwerte, entstand die »Bank für Handel und Industrie«, die bald eine der aktivsten werden sollte, 1853 in Darmstadt. (Aus ihr wurde später die Darmstädter Bank, die 1931 in der Dresdner Bank aufging. Nur in West-Berlin wurde der alte Name nach dem Zweiten Weltkrieg wieder eingeführt.) 1856 ließ sich dann mit der Berliner Handelsgesellschaft eine Aktienbank auch in der preußischen Hauptstadt nieder.

Diese neuen Aktienbanken waren besonders stark an der Wertpapier-Börse tätig. Sie vermittelten langfristigen Eisenbahn-, Industrie-, aber auch Staatskredit. Bis in die 1870er Jahre wurden sie an Bedeutung noch von den Privatbanken, aber auch den Sparkassen und den öffentlichen Bodenkreditanstalten übertroffen. Besonders für diskrete Staats- wie Privatgeschäfte blieben die alten, oft jüdischen Bankhäuser wie Rothschild und Bethmann in Frankfurt, Oppenheim in Köln oder Bleichröder in Berlin maßgebend. Bissig bemerkte Heinrich Heine in seiner Autobiographie: »Denn das Geld ist der Gott unserer Zeit und Rothschild ist sein Prophet.«

Maße, Münzen und Gewichte

Um zu einer effizienten, modernen Wirtschaft zu gelangen, waren jedoch noch viele Hindernisse zu überwinden, die aus der alten Zersplitterung Deutschlands in viele Territorien stammten. Bei der Reichsgründung gab es in Deutschland noch immer fünf verschiedene Währungen mit sieben Recheneinheiten und zahllosen Münzsorten. Auch Münzen aus Ländern außerhalb des Deutschen Bundes liefen um. Bis auf Bremen, das schon eine Goldwährung hatte, galt in allen deutschen Staaten Silberwährung, d.h., der Silbergehalt der vollwertigen Courantmünzen war gesetzlich festgelegt. Die wichtigsten Münzsorten waren in Norddeutschland der Taler und die Mark, in Süddeutschland der Gulden. Ein Taler entsprach eineinhalb Gulden oder drei Mark.

Noch komplizierter als das Münzsystem war das System der Maße und Gewichte. Selbst in den einzelnen Staaten bestanden verschiedene Gewichtssysteme nebeneinander: Handelsgewicht, Stadtgewicht, Krämergewicht, Münzgewicht, Zollgewicht, Juwelengewicht, Medizinal- und Apothekengewicht. Daneben gab es mehrere Körper- und Hohlmaße, besonders für Getreide und Flüssigkeiten. Beim Garn-, Vieh-, Fell- und Holzhandel wurde meist in Stück gemessen, d.h. nach Säcken, Kisten, Körben, Fuhren, Partien. Auch die Maße waren noch längst nicht alle auf das metrische System, das im Frankreich der Revolution eingeführt worden war, umgestellt. Die Längen maß man in allerlei Meilen, Klaftern, Füßen usw.

In zahlreichen Konferenzen versuchten die Zollvereinsstaaten untereinander, aber auch mit Österreich zu Übereinkünften zu gelangen. 1838 wurde die Kölnische Mark Silber mit 233,856 g Silbergewicht als das Grundmaß für alle Münzen festgelegt; 1857 kam es zu einem Münzvertrag mit Österreich. Einige Jahre zuvor war ein Handelsvertrag mit Österreich abgeschlossen worden; weitergehende Pläne Österreichs, das nach der Revolution eine mitteleuropäische Union zu realisieren suchte, scheiterten jedoch an Preußen.

Zu Beginn der sechziger Jahre arbeitete dann eine Sachverständigen-Kommission eine Maß- und Gewichtsordnung aus, die 1865 von den Bundesstaaten auch bestätigt wurde, aber erst nach Gründung des Norddeutschen Bundes 1868 in Kraft trat.

Gewerbeordnung und Handelspolitik

Ein Jahr später gab sich der Norddeutsche Bund eine neue Gewerbeordnung, in der die liberalen Prinzipien der Gewerbefreiheit verankert waren. Sie blieb als ein Grundgesetz der Wirtschaftsordnung auch im Deutschen Reich bestehen.

Zuvor schon waren Preußen und der Zollverein auf eine liberale Handelspolitik eingeschwenkt. Im Vergleich zu Frankreich, Österreich-Ungarn, Rußland, aber auch den USA hatte der Zollverein ohnehin niedrige Zollsätze. Im Vergleich zu England, Holland, Belgien oder der Schweiz lagen sie jedoch hoch. Nachdem es England und Frankreich 1860 gelungen war, einen Freihandelsvertrag zu vereinbaren, der Frankreich beträchtliche Zollzugeständnisse brachte, schloß auch der Deutsche Zollverein in den sechziger Jahren zahlreiche Handelsverträge, meist mit europäischen Staaten, ab. Kernstück dieser Verträge war die Meistbegünstigungsklausel. Sie besagt, daß jeder der Vertragspartner eine Begünstigung, die er einem Dritten gewährt, zugleich auch dem Vertragspartner einräumt. Auf diese Weise kam es zu einer ganzen Reihe von Zollsenkungen, da immer wieder einzelne Länder bei ihren wichtigen Gütern besondere Zugeständnisse erlangten, die dann automatisch auch den anderen Handelsvertragspartnern eingeräumt werden mußten. Für die kurze Zeit von zwei Jahrzehnten setzte sich in ganz Europa – mit Ausnahme Rußlands – eine Tendenz zur Liberalisierung des Handels durch. Bismarck, der damals preußischer Ministerpräsident war, hat später, als er 1879 zum Schutzzoll überging, über diese Zeit geurteilt: »Die Überzeugung von der Zukunft des Freihandelsideals war eine so starke, daß jeder Versuch der Regierung, damals ihr entgegenzutreten, mißlungen wäre. Wir wären in keinem Parlament damit durchgekommen, wenn wir eine Schutzzollpolitik... hätten betreiben wollen.«

Preußen hat die Freihandelspolitik damals auch bewußt genutzt, um Österreich weiter aus der Führungsrolle im Deutschen Bund zu drängen und die süddeutschen Zollvereinsstaaten zumindest wirtschaftlich fester an sich zu binden. Denn Österreich wollte mit Rücksicht auf seine noch schwach ausgebildete Industrie den Zollschutz nicht im gleichen Umfang aufgeben, wie das der Zollverein tat. Im Unterschied zu den 1830er Jahren setzte Preußen in den fünfziger und sechziger Jahren die Handelspolitik nun als Mittel seiner kleindeutschen Nationalpolitik ein.

Der deutsche Nationalstaat als Wirtschaftsmacht 1871 bis 1945

Symbol deutscher Wirtschaftsmacht im 19. Jh.: die Krupp-Werke in Essen. Das Kaiserreich entwickelte sich zum dynamischsten Industriestaat Europas.

WOLFRAM FISCHER

Wirtschaft, Industrie und Verkehr im Kaiserreich

Erst seit den 1870er Jahren gibt es mit dem Deutschen Reich auch eine deutsche Volkswirtschaft im präzisen Sinne des Wortes. Zwar sind die Zollgrenzen noch immer nicht vollständig mit den Reichsgrenzen identisch: Bremen und Hamburg werden erst 1888 den Status als Zollausland verlieren. Das Großherzogtum Luxemburg, das dem Reich nicht beitrat, bleibt im deutschen Zollverband.

Von 1872 bis 1875 wird durch eine Reihe von Gesetzen eine einheitliche Währung geschaffen. Sie ist im Unterschied zu den älteren Währungen an das Gold gebunden. Weil die älteren Silbermünzen jedoch noch eine Weile als vollwertig weiter umlaufen dürfen und erst allmählich eingezogen werden, spricht man von einer »hinkenden Goldwährung«. Erst 1907 verschwinden die letzten preußischen Silbertaler aus dem Umlauf. Seitdem besitzt Deutschland eine volle Goldwährung, in der Silbermünzen wie auch Kupfermünzen nicht mehr »vollwertig« sind, sondern nur noch als Scheidemünzen umlaufen. Die Rechnungseinheit der Währung heißt Mark, geteilt in hundert Pfennige. Sie ist ein Drittel des alten Preußischen Talers bzw. 35 süddeutsche Kreuzer wert.

Daneben geben die Notenbanken auch Banknoten aus. Die wichtigste Notenbank ist die Reichsbank. Sie wird 1875 gegründet; die Preußische Bank geht in ihr auf. Daneben bestehen aber noch mehrere andere Notenbanken, besonders in Sachsen und den süddeutschen Staaten. Baden und Württemberg gründen nun erst ihre eigenen Notenbanken. Bis 1906 geben bis auf vier alle ihre Privilegien auf, da die Reichsbank, auch durch die Gründung von Filialen, den Tätigkeitsbereich der bundesstaatlichen Notenbanken immer mehr einengt.

Auch Maße und Gewichte können nun stärker vereinheitlicht werden, wenngleich noch immer alte lokale und regionale Traditionen fortleben.

Vor allem aber hat das Reich nun eine zentrale Wirtschaftspolitik. Reichstag und Reichsregierung bestimmen fortan die wichtigen Grundgesetze und Regelungen.

Die Finanzpolitik bleibt jedoch großenteils in den Händen der Bundesstaaten. Dem Reich stehen nur Zölle und indirekte Steuern zu. Direkte Steuern, z. B. Einkommen- oder Gewerbesteuern, können nur die Bundesstaaten erheben. Kommt das Reich mit seinen Einnahmen nicht aus, muß es die Bundesstaaten dazu bewegen, ihm »Matrikularbeiträge« zuzugestehen. Umgekehrt als in der Gegenwart zahlen also die Einzelstaaten dem Reich, nicht der Zentralstaat den Ländern Zuschüsse.

Die Gründerjahre

Wirtschaftlich fiel die Reichsgründung in eine Periode konjunkturellen Aufschwungs, der 1868/69 eingesetzt hatte. Der Krieg unterbrach ihn nur kurz, dann verstärkten Sieg und Reichsgründung die Auftriebskräfte. Bis zum Jahr 1873 zogen Preise, Produktion und Beschäftigung steil an. Es ist oft behauptet worden, daß die 5 Milliarden Goldfrancs, die Frankreich an Reparationen zu zahlen hatte, wesentlich zu diesem Aufschwung beigetragen hätten, denn sie entsprachen einem Drittel des deutschen Volkseinkommens um 1870. In der Tat trugen etwa 50 bis 60 Prozent der Reparationen dazu bei, den Geldumlauf in Deutschland zu erhöhen, da sie zur Entschuldung der öffentlichen Hand benutzt wurden oder als Schenkungen an die Heerführer gingen, die sich davon Rittergüter kauften. Der Rest wirkte sich höchstens indirekt aus. Für einen Teil der meist in Form von Wechseln an Deutschland gezahlten Reparationen kaufte die Reichsregierung nämlich in London Gold, das als Währungsreserve in den Tresors der Reichsbank landete, also »gehortet« wurde. Aber ohne diese Goldreserven hätte man den Sprung in die Goldwährung nicht gewagt. Und als Währungsreserve bildete das Gold die Grundlage für den Geldumlauf in Deutschland. Auch psychologisch spielte der gewonnene Krieg eine große Rolle. Die Deutschen trauten sich nun auch wirtschaftlich mehr zu, und manche sahen eine goldene Zukunft voraus. In den Jahren zwischen 1871 und 1873 kam es zu einer zweiten Gründungswelle ähnlich der in den 1850er Jahren. Die Kapazitäten in Bergbau und Schwerindustrie wuchsen schnell. Auch der Wohnungsbau hatte Hochkonjunktur, die bis zur Mitte des Jahrzehnts anhielt. Zwischen 1871 und 1875 versiebenfachten sich die Investitionen für den Wohnungsbau. Viele nahmen Hypotheken auf, die ihnen bald zur Last werden sollten. Auch die Eisenbahninvestitionen, die schon auf hohem Niveau lagen, wuchsen zwischen 1869 und 1872 noch einmal auf das Zweieinhalbfache. Insgesamt investierten die Deutschen 1874 viermal soviel wie 1869. Die Investitionsquote, d. h. der Anteil der Investitionen am Sozialprodukt, stieg auf über 17 Prozent an, was für damalige Zeiten außergewöhnlich hoch war, da noch immer der größte Teil der Ausgaben auf den elementaren Konsum – auf Nahrung, Kleidung, Miete und Heizung – entfiel. Im Durchschnitt der Jahre 1870 bis 1874 betrug die Investitionsquote 14 Prozent – ein Wert, der erst wieder in dem Jahrzehnt unmittelbar vor dem Ersten Weltkrieg erreicht wurde, als wiederum Hochkonjunktur überwog.

Der größte Teil dieser Investitionen entsprach einem dringenden Bedürfnis. Der Wohnungsbau kam in den Industriezentren seit langem der Zuwanderung nicht mehr nach. Verkehrs- und Produktionsapparat waren insgesamt nicht zu groß; doch in der Hektik des Aufschwungs kam es auf einzelnen Gebieten zu Überkapazitäten, vor allem beruhte die Finanzierung auf zu optimistischen Annahmen. Promotoren hatten Kapitalgesellschaften mit sehr hohem Grundkapital gegründet, das jedoch nur zu einem kleinen Teil eingezahlt werden mußte, so daß die Firmen finanzkräftiger aussahen, als sie in Wirklichkeit waren. Der Investitionskredit, den sie aufnahmen, war nur zu einem geringen Teil durch Eigenkapital gedeckt. Da Einkommen und Vermögenswerte, vornehmlich Grund und Boden, schnell an Wert gewonnen hatten, glaubte man sich reicher, als man langfristig war. Als 1873 der Aufschwung zu Ende ging und die Preise wieder fielen, zeigte sich, daß viele Unternehmen und Privatpersonen sich ein zu großes Kleid geschneidert hatten, in das sie in mühevoller Anpassung erst noch hineinwachsen mußten. Viele, aber längst nicht alle der neugegründeten Firmen mußten Konkurs anmelden oder einen Kapitalschnitt vornehmen. Deshalb sprachen kritische Zeitgenossen von »Gründerschwindel«. Dies trifft aber nur für einen Teil der Gründungen zu, andere waren solide und der Aufschwung insgesamt echt.

Die »Große Depression«

Schon 1872 zeigten sich erste Anzeichen, daß der Boom zu Ende ging; einige Güterpreise sanken. Die Aktienkurse erreichten um die Jahreswende 1872/73 ihren Höhepunkt, blieben aber bis zum Mai 1873 etwa auf diesem Niveau. Erst als im Mai die Börse in Wien in eine Panik geriet, fielen auch die Aktien in Deutschland. Im Herbst kamen Nachrichten von einem Zusammenbruch der Hochkonjunktur und der Börsen aus den USA. Das führte auch in Deutschland schließlich zu einem panikartigen Rückzug aus vielen Engagements bzw. zur Verweigerung von weiteren Kapitaleinzahlungen in neugegründete Unternehmungen. Schnell erworbenes Vermögen war z.T. wieder verloren. Zu waghalsig finanzierte Unternehmen brachen zusammen. Die Preise fielen auf breiter Front.

Das Eigentümliche dieser Krise war allerdings, daß die Produktion und auch die Investitionen in einigen wichtigen Bereichen weiter stiegen. Der Wohnungsbau erreichte erst 1875 seinen Höhepunkt, der Eisenbahnbau 1876. Die gewerblichen Investitionen verringerten sich rascher, aber die Güterproduktion blieb auf hohem Niveau, ja stieg weiter. Die Förderung von Steinkohle verringerte sich nur in zwei Jahren gegenüber dem Vorjahr (1874 und 1877); 1878 lag sie mit 39,6 Millionen Tonnen mehr als 10 Millionen Tonnen (oder mehr als ein Drittel) höher als 1871, und bis 1887 verdoppelte sie sich gegenüber 1871. Die Roheisenerzeugung fiel zwar 1874 von dem im Vorjahr erreichten Niveau von 2,2 Millionen Tonnen auf 1,9 Millionen zurück, erholte sich aber bald wieder etwas und stand, trotz neuer Rückschläge, schon 1879 wieder auf dem Niveau von 1873, um von da aus weiter zu steigen. Schon 1882 betrug sie mehr als das Doppelte von 1871 und 1892 mehr als das Dreifache. Bei Rohstahl war der Einbruch noch geringer. Auch die Textilindustrie, noch immer der größte Industriezweig, erlebte nur 1876 eine mäßige Produktionseinbuße. Wenn sich das Nettosozialprodukt zu laufenden Preisen von 1874 bis 1879 um rund 15 Prozent verkleinerte, so lag das fast ausschließlich am Rückgang der Preise. Selbst auf dem Tiefpunkt, dem Jahr 1879, war es aber noch immer um 40 Prozent höher als am Beginn des großen Aufschwungs 1869. Nur ein Teil des im großen »Boom« erreichten Zuwachses ist also wieder verlorengegangen. »Real«, d.h. in festen Preisen gerechnet, stieg das Nettoinlandsprodukt nach den besten Schätzungen, die wir besitzen, noch 1873 bis 1875 an, 1874 mit 7,3 Prozent sogar besonders kräftig, fiel dann zwei Jahre lang kaum merklich um je 0,6 Prozent, um nach einem Zwischenhoch 1878, das einen Zuwachs von 4,6 Prozent brachte, zwei Jahre lang, nämlich 1879 und 1880, zurückzufallen, erst um 2,2 Prozent, dann noch einmal um 0,9 Prozent. In den 1880er und 1890er Jahren ist es dann fast stets gewachsen.

Die sog. »Große Depression«, die sich noch in den 1880er und frühen 1890er Jahren fortsetzte, erhielt ihren Namen wegen des langanhaltenden Preisverfalls. Zwar erholten sich manche Preise zwischendurch, aber sie fielen immer wieder zurück, auch die Agrarpreise. Das brachte die Unternehmen und Bauern in Schwierigkeiten bei der Kalkulation: Trotz wachsender Produktion ging der Gewinn zurück, entstanden Verluste. Dies zum Teil auch deshalb, weil die Löhne, die im Aufschwung gestiegen waren, zwar zunächst zurückgenommen werden konnten, dann aber wieder anstiegen, was bei anhaltender Produktionsausweitung und damit steigendem Arbeitskräftebedarf auch kein Wunder ist. Real lagen die Löhne zwar 1880 niedriger als 1875, stiegen in den 1880er und 1890er Jahren jedoch kräftig an. Von daher gesehen war die Zeit der Großen Depression sogar eine Periode des Fortschritts.

Wenn sie dennoch in die deutsche – und nicht nur die deutsche – Wirtschaftsgeschichte als eine Zeit großer wirtschaftlicher Schwierigkeiten eingegangen ist, so liegt das daran, daß Preisanpassungen nach unten immer schmerzhaft sind, während bei steigenden Preisen der »Geldschleier« leicht auch einen Anstieg der realen Einkommen vorspiegeln kann, was die Nationalökonomen »Geldillusion« nennen. Preis- und Lohnsenkungen spiegeln hingegen eine Verarmung vor, auch wenn diese real gar nicht besteht.

Strukturwandel

Was geschah nun wirklich, wenn man den Schleier wegzieht, den die Veränderungen der Preise über die wirtschaftliche Entwicklung legen? Daß die Industrieproduktion weiter zunahm, sahen wir schon. Damit stieg das Angebot an Waren, aber nicht nur für das Inland, sondern auch für das Ausland. Nachdem der Inlandsmarkt nicht mehr so aufnahmefähig schien wie im großen Konjunkturaufschwung von 1868 bis 1873, ging ein wachsender Teil der Produktion über die Grenzen. Die Ausfuhr von Eisen und daraus gefertigtem Halbzeug vervielfältigte sich. Allein zwischen 1873 und 1879, also zwischen Beginn und Höhepunkt der Krise, stieg der Export von Zwischenprodukten aller Art auf ermäßigter Preisbasis um knapp drei Viertel. In der gleichen Periode sank die Einfuhr von Fertigwaren dem Volumen nach um ein Viertel. Die deutsche Handelsbilanz verbesserte sich also.

Schwieriger war die Situation der Landwirtschaft. Traditionellerweise führte Deutschland mehr landwirtschaftliche Erzeugnisse aus als ein. Dies änderte sich nun, und zwar am stärksten beim Getreide. Bis 1872 hatte hier der Ausfuhrüberschuß angehalten. Seit dem Ende des amerikanischen Bürgerkriegs trat aber der Weizenüberschuß der USA immer stärker in Erscheinung und drückte die Preise auf dem Weltmarkt. Auf Deutschland wirkte sich das zunächst eher indirekt aus: England, das traditionellerweise Getreide aus Deutschland bezog, importierte es nun immer stärker aus den USA. Deutschland importierte Weizen zunächst vor allem aus Rußland. Erst nach der Jahrhundertwende wuchsen auch die Importe aus Übersee stärker an. Da die Fleischpreise nicht wie die Getreidepreise sanken, vergrößerten die deutschen Landwirte ihren Viehbestand und fütterten die Tiere mit importierten Futtermitteln, so daß hier der Einfuhrüberschuß besonders schnell und nachhaltig stieg. Hauptlieferant war auch hier Rußland. Ganz anders sah es hingegen bei Zuckerrüben aus. Hier stieg nicht nur die Produktion fast ständig – von 100 000 Tonnen um 1850 auf 2 Millionen um 1914 –, sondern auch die Ausfuhr. Vor

---

Wohnungsnot in Berliner Arbeitervierteln, 1880

Von den im Jahre 1880 gezählten 256 365 Haushaltungen hatten 18 318 oder 7,1% Einmiether und 39 298 oder 15,3% hielten Schlafleute...

Diese 39 298 Haushaltungen mit Schlafleuten werfen einen dunklen Schatten auf die Berliner Wohnverhältnisse, der noch intensiver wird, wenn man auf Einzelheiten eingeht. Es fanden sich nämlich u. A. eine Haushaltung mit 34 Schlafburschen (diesseit. Luisenstadt), eine mit 11 Schlafleuten – 9 m, 2 w – ebendort, dann 7 mit 10 Schlafleuten. – Je eine Person (männlich oder weiblich) befanden sich in 16 192 bzw. 9165 Haushaltungen, je 2 Schlafburschen in 6284, 1 Schlafbursche und 1 Schlafmädchen in 1669 Haushaltungen u.s.w. Noch trüber wird das Bild, wenn man erwägt, daß sich unter jenen 39 298 Haushaltungen 15 065 oder ca. 38% befanden, die nur über einen Raum verfügten, in dem sich außer der Familie, event. mit Kindern, noch Schlafleute aufhielten; von den 15 065 hier in Betracht kommenden Haushaltungen mit einem Raum hatten 6953 noch 1 Schlafburschen, 4132 noch 1 Schlafmädchen; in 1790 Haushaltungen fanden sich noch 2 Schlafburschen, in 607 je 1 Schlafbursche und 1 Schlafmädchen, in 721 2 Schlafmädchen; 357 hatten 3 Schlafburschen. Die höchste Zahl war: 8 Schlafleute – 7 m, 1 w – in einem Raum, in einer Haushaltung von einem Ehepaar mit Kindern und 10 männl. Schlafleute in einer Haushaltung von einem Raum, wo eine Frau den Vorstand bildete!

Quelle: Berthold: Die Wohnverhältnisse in Berlin, insbesondere die der ärmeren Klassen, in: Schriften des Vereins für Sozialpolitik, 1886, Bd. 31, Teil 2

Reklame

Mit dem Übergang von der Kunden- zur Warenproduktion für den Markt im Zuge arbeitsteiliger Spezialisierung und fortschreitender Industrialisierung lag es im Absatzinteresse der Produzenten und Anbieter, auf ihre Produkte aufmerksam zu machen, zu informieren und vor allem sie anzupreisen. Alle Maßnahmen der Wirtschaftswerbung nannte man bis zu Beginn des 20. Jh. Reklame.

Wichtige Werbeträger waren schon im 19. Jh. Zeitungen und Zeitschriften, deren Anzeigenteile einfallsreich für massenwirksame Werbebotschaften genutzt wurden. In der Außenwerbung versuchte man mit Plakaten auf dafür eingerichteten Anschlagsflächen die Aufmerksamkeit der Öffentlichkeit zu erregen. Seit 1855 standen für Plakate auch die nach ihrem Erfinder benannten Litfaßsäulen (4) zur Verfügung, bis heute dienen sie neben der Konsumgüterwerbung der Annoncierung kultureller Veranstaltungen.

Themen der Reklame waren vor allem Produktneuheiten und Luxusgüter, denn von Anfang an zielte Reklame nicht nur auf vorhandene, sondern auch auf zu weckende Kaufinteressen. Beispiele für Einführungswerbung sind die Zeitungsanzeige einer Fabrik für »Wasserklosets« aus dem Jahr 1878 (1) und das Plakat der »Excelsior« Fahrrad-Werke (5, um 1900), das eine attraktive Dame in lässiger Manier auf dem erst jüngst zu technischer Reife entwickelten Fahrrad präsentiert. Auf Eitelkeit und praktischen Sinn der Damenwelt setzt die Reklame für ein »Patent-Unicum-Corset« (2), während Dittmann's Wellenbadeschaukel (3) die ganze Familie zum Weihnachtsfest 1894 erfreuen soll. Hof-Friseur Haby nutzt seine Kontakte zum kaiserlichen Hof, um seine Kompetenz bzgl. »Deutscher Barttracht« (5) hervorzuheben, nur seine Bartcreme und Kaiser-Binde garantieren den richtigen Schwung und Sitz des Bartes.

Um sich von der Konkurrenz abzusetzen und den eigenen Artikel zum Verkaufsschlager zu machen, war schon früher jedes Mittel recht; zierte Alwin Viehweg seine Schinken 1905 mit der »Photographie hochstehender Persönlichkeiten« (5), so wird auch heute gern Prominenz für die Werbung verpflichtet. U. N.

Pissoir. Berlin's neue Anschlag Säulen. Brunnenumhüllung.

Warenhäuser

Charakteristisch für die in zentraler Lage größerer Städte angesiedelten mehrstöckigen Warenhäuser ist ein breites Warensortiment, das von kapitalkräftigen Einzelhandelsunternehmen einem mit entsprechender Kaufkraft ausgestatteten Massenpublikum – auch über Filialen und Versand – angeboten wird. Der zentrale Vertrieb zahlreicher Warengruppen unter einem Dach erspart Raum- und Verwaltungskosten; schnelle und hohe Umsätze ermöglichen günstigen Wareneinkauf und niedrig kalkulierte Preise in Konkurrenz zum Fachhandel.

Die ersten Warenhäuser entstanden in England in den 1840er Jahren, es folgten Warenhausgründungen in den USA und in Frankreich. Eines der ältesten deutschen Warenhäuser gründete Rudolph Hertzog in Berlin (3). Wegen der Beschränkung des Sortiments auf Textilien repräsentiert Hertzog jedoch nicht den klassischen Warenhaustypus, wie das von Rudolph Karstadt 1881 gegründete Einzelhandelsunternehmen mit seinen Filialen, so z. B. in Eutin (2), oder die beiden bedeutendsten Warenhäuser Berlins um die Jahrhundertwende Hermann Tietz (4) und A. Wertheim (5).

Als besonderen Service bot das Warenhaus Hermann Tietz, Keimzelle des heutigen »Hertie«-Kaufhauskonzerns, seinen Kunden die Belieferung mit der hauseigenen Elektrowagen-Flotte. Bautechnisches Vorbild funktionaler Warenhaus-Architektur wurde das von Messel entworfene Warenhaus Wertheim; es erstrahlte zur Großjährigkeitserklärung von Kronprinz Friedrich Wilhelm am 6. Mai 1900 in festlicher Illumination (5); typisch für die Beleuchtung der Warenabteilungen wurde der Brunnen-Lichthof mit Strumpfwaren-Abteilung im Warenhaus Wertheim (6). Das zwanglose und lebhafte Treiben in einem „modernen" Berliner Warenhaus veranschaulicht ein Holzstich aus dem Jahr 1901 (7).

Ein frühes Beispiel für die heute so beliebten Einkaufspassagen stellt die 1869 bis 1873 von den Architekten Kyllmann & Heyden entworfene Kaiser-Galerie in Berlin dar. In der inneren Ladenstraße (1) reihen sich Einzelhandelsgeschäfte unter einer Überdachung aneinander und laden zum Einkaufsbummel ein.   U. N.

113

Strukturwandel – die Verstädterung eines Dorfes bei Lübeck (nach 1870)

Zuerst wurden weiter oben am Flusse einige große Fabriken gebaut. Sie standen zunächst ganz kurios da mit ihren hohen Ziegelschornsteinen inmitten der Viehweiden. Aber es dauerte nicht lange, bis daneben Häuser entstanden, die zu dem Fabrikstil paßten, bis das Grün der Weiden unter großen Haufen von Kohlen, Schutt und Abfall verschwand. Mit den Fabriken kamen Menschen ins Dorf, die dort früher nie zu sehen gewesen waren, es sei denn in Feiertagskleidern als Ausflügler. Es waren Scharen jener Arbeiter und Arbeiterinnen, die sich von den ländlichen und handwerklichen Arbeitern auf den ersten Blick unterschieden, weil sie nichts gelernt hatten als ein paar Handgriffe, weil kein Berufsgeist in ihnen war, weil sie zur Klasse derer gehörten, die in der Folge Proletarier genannt worden sind. Da der Weg zur Stadt weit war, stellte sich bald das Bedürfnis heraus, für diese Arbeiter im Dorfe selbst Wohnungen zu schaffen. Und da etwas Passendes nicht vorhanden war, entstanden die ersten ärmlichen Mietquartiere. Einsam im Felde erhoben sich hohe, kahle Stockwerkshäuser, in denen arme Familien schmutzig und ohne Behagen nebeneinander hausten, ein ungepflegter, schnell verwahrlosender Hof schloß sich an. Die Häuser und der Raum zwischen ihnen wimmelten von Kindern. Aber es waren Kinder einer neuen Bevölkerung. Die Armut dieser Menschen war eine andere als die Armut der dörflichen Hofarbeiter, ihr Schmutz war ein anderer, es war alles häßlicher und in der Häßlichkeit frecher. Die Industriearbeiter erschienen verkommen, auch wenn es ihnen ganz ordentlich ging; waren sie aber wirklich arm, so schien es, als sei die übelriechende Armut ihre eigenste Umwelt...

Die Stockwerkshäuser brauchten besondere Anlagen für Licht, Wasser und Kanalisation, weil die Zusammenballung vieler Menschen in einer Wohnkaserne eine gewisse Sorge für die Volksgesundheit erfordert. Es wurden diese neuen Häuser darum mit Wasserleitung und Gasleitung versehen. Das ganze Dorf wurde umgewühlt, um Anschluß an die weiter flußabwärts gelegenen Hauptrohre zu gewinnen. Als die Leitungen dann aber einmal lagen, ging man gleich auch zur Gasbeleuchtung der Straßen über. Und es kam schnell die Überzeugung auf, eine Wasserleitung im Hause sei bequemer als eine Pumpe im Hof, und Gas sei vornehmer als Petroleum. Die alten Dorfbewohner ergriffen die Gelegenheit und sprachen vom Fortschritt der Zeit. Sie begannen zu überlegen, ob sie ihren im Preis bedeutend gestiegenen Boden nicht besser ausnutzen könnten, ob sie ihr einstöckiges Bürgerhaus nicht niederreißen und an seine Stelle ein Mietshaus mit vielen Wohnungen und Stockwerken aufführen lassen sollten. Der Geist der Spekulation erwachte. Für jene Arbeiter- und Mietshäuser mußten neue Straßen angelegt werden. Sie konnten naturgemäß nur auf den Wiesen und Feldern angelegt werden, die den Bauern gehörten. Wie ja auch die Fabriken auf altem Weideboden entstanden... Verhältnismäßig wohlhabend waren die Bauern schon vorher gewesen, jetzt wurden sie reich und wußten mit dem Reichtum nichts Rechtes zu beginnen. Sie verloren zuerst ihre Tätigkeit. In den Pferdeställen standen nur noch ein paar Kutschpferde; die Kühe wurden verkauft, weil es keine Weiden mehr gab; die Kornböden blieben leer, weil nichts mehr zu ernten war. Die Höfe lagen tot da, die Knechte waren bis auf wenige entlassen, die Hofarbeiter hatten sich anderswo, bei der Gemeinde oder in den Fabriken, Beschäftigung suchen müssen, und die Bauern gingen auf ihren weitläufigen Besitzungen umher, ohne mit sich selbst etwas anfangen zu können.
Quelle: Scheffler, Karl: Der junge Tobias. Eine Jugend und ihre Umwelt, 1927

---

dem Ersten Weltkrieg wurde die Hälfte der deutschen Zuckerrübenproduktion exportiert, Zucker war zeitweise das wichtigste deutsche Exportgut, und aus Deutschland, nicht mehr aus den Rohrzuckergebieten Westindiens, bezogen die Engländer die Masse ihres Zuckers.

Genau umgekehrt war es bei der Wolle. Vor der Mitte des Jahrhunderts hatte Deutschland eine wichtige Stellung in der Versorgung Europas mit diesem Textilrohstoff gehabt. Mit der Ausdehnung der Schafhaltung in Australien und anderen überseeischen Gebieten und dem Wachstum der Nachfrage nach Wolle in Europa bei steigendem Textilverbrauch wurde Deutschland zu einem Wolleinfuhrland, und seit Beginn der 1860er Jahre ging auch die Zahl der Schafe, die in Deutschland gehalten wurden, allmählich zurück, während der Rinder- und vor allem der Schweinebestand weiter zunahm. Damit reagierten die Landwirte auf die unterschiedliche Preisentwicklung.

Während die Wollpreise bis zur Jahrhundertwende auf 60 Prozent des Standes von 1870/75 fielen, hielten sich die Fleischpreise einigermaßen, und die Milchpreise stiegen sogar an, im Raum Hamburg z. B. von rund 10 Pfennig auf 12,5 Pfennig je Liter. Die deutschen Landwirte waren also gut beraten, wenn sie die Viehwirtschaft, auch den Obst- und Gemüsebau stärker betonten als die Getreidewirtschaft. Sie hätten diese Umstellung sogar noch stärker vorantreiben sollen, um sich den veränderten Bedingungen der Weltwirtschaft besser anzupassen. Insgesamt veränderte sich nämlich an der Struktur der deutschen Landwirtschaft nur wenig. Die Anbaufläche wurde, obwohl in den Ost-Provinzen Preußens fast 24 000 neue Siedlerstellen hinzukamen, nicht mehr ausgebaut; auch die Zahl der Betriebe wuchs kaum noch. Der Anteil der Zwerg- und Kleinbetriebe nahm jedoch zu.

Regional gab es große Unterschiede. Im Nordwesten und in Bayern herrschte der bäuerliche Mittelbetrieb vor, im Rheinland, im Südwesten und in Thüringen eher die Kleinbetriebe. Aber auch in den östlichen Provinzen, wo mehr als 70 Prozent der großen Güter zu finden waren, überwog insgesamt doch der bäuerliche Mittel- und Kleinbetrieb. Die Großbetriebe bewirtschafteten hier allerdings rund 40 Prozent der Nutzfläche. Sie arbeiteten eher extensiv und hielten stärker am Getreide- und Hackfruchtanbau fest. Sie traf der Preisverfall der landwirtschaftlichen Stapelgüter daher am härtesten. Auf der anderen Seite konnten sie am ehesten mechanisieren und so Arbeitslöhne einsparen, die wegen der Konkurrenz durch die Industrie stiegen, so daß sie vor dem Ersten Weltkrieg etwa doppelt so hoch lagen wie fünfzig Jahre zuvor. Groß waren auch hier die regionalen Unterschiede. Je näher die Städte, desto höher die Löhne, kann man ganz grob sagen.

In vielen Gegenden bestanden die Löhne freilich noch hauptsächlich aus Naturalien, das »Weihnachtsgeld« aus Kleidern. In Sachsen und Schlesien wurde hingegen schon überwiegend Bargeld gezahlt. Das Gesinde, Knechte und Mägde, erhielt meist jährlich Dienstverträge, daneben gab es aber immer mehr Tagelöhner und Wanderarbeiter. Insgesamt nahm die Zahl der in der Landwirtschaft Tätigen noch zu. Um wieviel, läßt sich nicht genau sagen, da erst 1907 die »mithelfenden Familienangehörigen«, d.h. hauptsächlich die Bauersfrauen, einigermaßen vollständig erfaßt worden sind. Man kann aber schätzen, daß vor dem Ersten Weltkrieg doch noch einige Hunderttausende mehr in der Landwirtschaft tätig waren als um 1870. Relativ, d. h. im Verhältnis zu den in anderen Bereichen Beschäftigten, nahm die landwirtschaftliche Bevölkerung jedoch ab. Um 1870 arbeitete noch rund die Hälfte aller Berufstätigen in der Landwirtschaft, 1907 nur noch knapp ein Drittel. Noch deutlicher wird dieser Strukturwandel der deutschen Volkswirtschaft sichtbar, wenn man die Wertschöpfung der Sektoren miteinander vergleicht. Zwar kann man sie nur grob schätzen, aber die Tendenz ist eindeutig: Um 1870 entfielen rund 40 Prozent auf die Landwirtschaft, 1913 jedoch nur noch 23 Prozent.

Großmacht Industrie

In der gleichen Zeit stieg der Anteil der in Industrie und Handwerk erbrachten Wertschöpfung von 26 auf 41 Prozent. Die Ver-

---

Wertschöpfung

Wertschöpfung, auf englisch anschaulich *value added*, nennt man in der Volkswirtschaftslehre das, was ein Bereich der Volkswirtschaft zu dem, was ihm andere liefern, an Werten hinzufügt. In der volkswirtschaftlichen Gesamtrechnung ist die Wertschöpfung definiert als der Wert der Produktion eines Bereichs abzüglich der Vorleistungen (Rohstoffe, Zwischenprodukte, nach außerhalb vergebene Unteraufträge etc.), der Abschreibungen, indirekten Steuern, zuzüglich der Subventionen und selbst erstellten Anlagen. Man kann die Wertschöpfung auch aus der Summe der gezahlten Löhne, Gehälter, Zinsen, Mieten, Pachten und der Vertriebsgewinne errechnen.

Zwei Welten: Saisonarbeiter in der Landwirtschaft Ostelbiens erhalten ihren Tageslohn (Lithographie, 1880). – Arbeiter in der Fabrik; das »Eisenwalzwerk«, Gemälde von Adolph von Menzel (1875).

hältnisse kehrten sich also um: Die gewerbliche Warenproduktion trat als wichtigster Bereich der Volkswirtschaft an die Stelle, die bis weit ins 19. Jh. hinein die Landwirtschaft innegehabt hatte. Im Lauf des späten 19. Jh. ist Deutschland zu einem Industriestaat geworden. Erst in unseren Tagen beginnen die Dienstleistungen den ersten Platz für sich zu beanspruchen. Der Verlust an industriellen Arbeitsplätzen und der Zugewinn an Arbeitsplätzen in Verwaltung, Kontrolle, Rechnungswesen, Bildung, Gesundheit, Tourismus usw. zeigt dies an. Zwischen 1870 und 1913 kann man den Strukturwandel am Zugewinn an industriellen Arbeitsplätzen ablesen. Industrie und Handwerk beschäftigten um 1870 gegen 5 Millionen Menschen, 1910 waren es 11 Millionen. Nun setzten sich die Investitionsgüterindustrien endgültig an die Spitze. In den Jahren unmittelbar vor dem Ersten Weltkrieg beschäftigten die metallverarbeitenden Betriebe mit 1,9 Millionen Personen mehr als jede andere Industriegruppe. Aber noch immer behaupten sich auch die traditionellen Industriezweige. Der zweitgrößte Industriezweig ist 1911/13 das Baugewerbe, dann folgen die Bekleidungs- und Lederindustrie und die Nahrungsmittelverarbeitung. Erst an fünfter Stelle kommt die traditionsreiche Textilindustrie. Jeder dieser Industriezweige beschäftigt mehr als eine Million Menschen.

Daß das Baugewerbe zu den am schnellsten wachsenden Branchen gehört, deutet auf einen großen Konjunkturaufschwung hin; denn Investitionen, die die Konjunktur vorantreiben, brauchen immer Bauten. In der Tat ist seit den 1890er Jahren das Baugewerbe besonders schnell ausgedehnt worden. Noch 1885 hatte es erst 650 000 Beschäftigte, vor dem Ersten Weltkrieg jedoch 1,6 Millionen; in diesen knapp drei Jahrzehnten waren also fast eine volle Million zusätzlicher Arbeitsplätze allein beim Bau entstanden. In der Metallverarbeitung entstanden im gleichen Zeitraum sogar 1,2 Millionen Arbeitsplätze neu, in der Textilindustrie hingegen nur noch 200 000.

Spricht man von der deutschen Industrie, denkt man meist an die Großindustrie und an die berühmten Namen Krupp, Siemens, Bosch, Daimler, Thyssen. Diese Großunternehmen sind in der Tat mehr als Symbole der deutschen Industrie. Sie haben sie ganz wesentlich geprägt und mit ihren Innovationen vorangebracht. Daneben gab es jedoch zahlreiche Mittel- und Kleinbetriebe, und ausländischen Beobachtern ist in Deutschland – wie übrigens auch in Frankreich und der Schweiz – immer wieder aufgefallen, wie wichtig und verbreitet diese kleineren Gewerbe waren. Machen wir uns das an einigen wenigen Zahlen klar: Noch 1907 hatten 90 Prozent aller Betriebe in der gewerblichen Warenproduktion (Industrie und Handwerk) 5 Beschäftigte oder weniger und nur 1,3 Prozent der Betriebe mehr als 50. Allerdings arbeiteten in diesen Kleinstbetrieben nur noch ein knappes Drittel aller in Industrie und Handwerk Tätigen gegenüber zwei Dritteln 1875. Das weist auf eine beträchtliche Strukturveränderung hin. Die Groß- und großen Mittelbetriebe gewinnen kontinuierlich an Bedeutung. Sehr deutlich ist das im Bergbau. Hier waren allerdings schon 1875 nur noch 3 Prozent der Bergleute in Kleinstbetrieben tätig. 1907 arbeitet rund die Hälfte in Großzechen mit mehr als 1000 Mann und 90 Prozent in Zechen, die wenigstens 200 Beschäftigte haben. Ähnlich ist es bei der Eisen- und Stahlerzeugung. Aber in fast allen übrigen Industriezweigen existieren neben einigen, z. T. weltbekannten Großfirmen auch Tausende von mittleren und kleinen Firmen. Das gilt auch für die modernen Industriezweige wie die Chemie oder die Elektrotechnik. In der Elektroindustrie standen 1907 den beiden Giganten Siemens und AEG und fünf weiteren Großfirmen wie Lahmeyer, Bosch und Brown-Boveri rund 1000 andere Betriebe gegenüber. Alle zusammen beschäftigten 91 000 Personen, mehr als die Hälfte davon in Berlin, das damals der führende Standort der deutschen Elektroindustrie war. Sowohl Siemens als auch die AEG hatten hier ihren Sitz und ihre wichtigsten Produktionsstätten. Auch in der Chemie gibt es neben den Großen, die sich später fast alle zur I. G. Farbenindustrie zusammenschließen sollten, zahlreiche Mittel- und Kleinbetriebe. Und im Maschinenbau herrscht der Mittelbetrieb eindeutig vor.

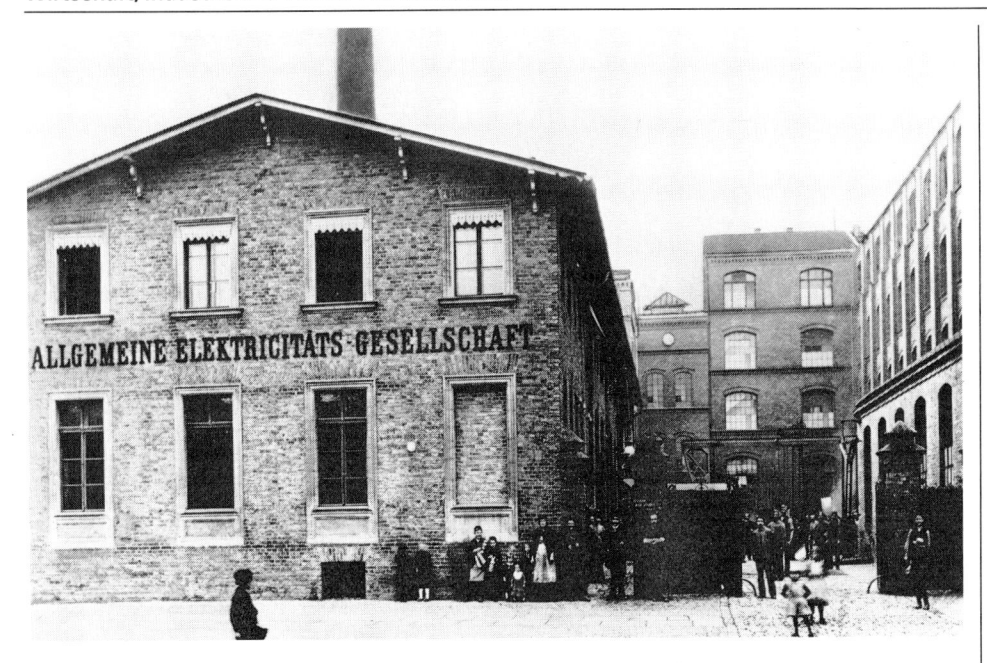

Berlin war das Zentrum der deutschen Elektroindustrie: Fabrikgebäude der AEG in der Ackerstraße (ganz oben). – Im Jahr 1912 feierte die Firma Krupp ihr 100jähriges Bestehen: Kaiser Wilhelm II. mit Gustav Krupp von Bohlen und Halbach auf dem Weg zum Festakt (darunter).

1907 gehören von den 100 kapitalstärksten Industriefirmen Deutschlands 31 in die Eisen- und Metallerzeugung, 23 zum Bergbau, 17 zur Chemie, 13 zum Maschinen-, Apparate- und Fahrzeugbau, 4 zur Elektroindustrie, 77 wurden als Aktiengesellschaften geführt, und 10 waren bergrechtliche Gewerkschaften, 7 noch Personalgesellschaften. Das sind im Montanbereich die Unternehmen von vier schlesischen Adelsfamilien und Stinnes im Ruhrgebiet sowie die beiden Lokomotiv- und Maschinenfabrikanten Borsig in Berlin und Henschel in Kassel. Das größte deutsche Industrieunternehmen ist 1907 die Friedrich Krupp AG in Essen mit einem Grundkapital von 180 Millionen Mark und über 64 000 Beschäftigten. An zweiter Stelle stehen die beiden Firmen Siemens mit einem Grundkapital von 153 Millionen und knapp 43 000 Beschäftigten, gefolgt von der Gelsenkirchener Bergwerks-AG – 130 Millionen Kapital und 51 000 Beschäftigte – und der AEG – 100 Millionen Kapital, 30 000 Beschäftigte. Die größten Unternehmen der chemischen Industrie sind schon damals Hoechst, die BASF und Bayer. Sie bleiben aber mit einem Aktienkapital von 25,5 Millionen (Hoechst) bzw. 21 Millionen (BASF und Bayer) und Beschäftigtenzahlen von 8000 bis 9000 weit hinter den Riesen des Montan- und Elektrobereichs zurück. Auch die beiden größten Maschinenbauanstalten, Borsig und Henschel, übertrafen die Großen der Chemie noch, zumindest was die Kapitalausstattung betrifft, während ihre Arbeiterschaft in der gleichen Größenordnung lag wie bei der Chemie.

Das Zentrum der deutschen Industrie liegt nun eindeutig an der Ruhr. Hier häufen sich die Großunternehmen; hier hat die Schwerindustrie ihren Sitz, die die einflußreichste Interessenvertretung besitzt. Die Elektroindustrie ist freilich in Berlin konzentriert, die Chemie den Rhein entlang, und der Maschinenbau verteilt sich auf viele Standorte; neben dem Rheinisch-Westfälischen Industriegebiet sind hier nach wie vor Berlin, Sachsen und in zunehmendem Maß nun auch Süddeutschland (neben Nürnberg und Augsburg auch München, Stuttgart, Mannheim), im Norden der Raum Hannover und im Osten Breslau wichtig. Noch breiter gestreut sind die Konsumgüterindustrien, von denen viele, auch bekannte Namen wie Dierig oder Koechlin, in Dörfern und Kleinstädten wie Langenbielau in Schlesien oder Lörrach in Baden sitzen.

Kommandieren die Banken?

Die Banken, vor allem die Großbanken, sind z. T. eng mit der Industrie verflochten. Sie besetzen zahlreiche Aufsichtsräte, sie besitzen z. T. umfangreiche Aktienpakete, vor allem aber dienen sie den großen Firmen als Hausbanken, und wenn etwas schiefgeht, übernehmen sie auch die Kontrolle der Geschäftspolitik. Kommandieren sie also die deutsche Industrie? Dies ist manchmal behauptet worden. Richtig ist, daß die Großbanken in so vielen Branchen aktiv tätig waren, daß sie den besten Überblick besaßen und besonders in Krisenzeiten, wenn es zu Liquiditätsklemmen kam, als Nothelfer auch den Ausschlag gaben, etwa Fusionen erzwingen oder Investitionen lenken konnten. Gelegentlich, so um 1900 und 1907, gerieten sie selbst in Not. Dann folgte jedesmal eine Fusionswelle im Kreditgewerbe.

Die Anführer unter den Großbanken waren nun die Deutsche Bank mit Sitz in Berlin, die Commerz- und Discontobank in Hamburg und die Dresdner Bank. Sie waren, wie auch 104 weitere Banken, in der Gründerwelle von 1870 bis 1872 ins Leben gerufen worden, nachdem das Aktiengesetz von 1870 die Gründung von Kapitalgesellschaften erleichtert hatte. Ungleich den meisten dieser Neugründungen, die 1879 schon wieder verschwunden waren, entwickelten sie sich rasch zu Konkurrenten der bereits bestehenden Großbanken. Die Deutsche und die Commerz- und Discontobank verfolgten in den Anfangsjahren eine etwas andere Geschäftspolitik als die älteren Schwestern: Ähnlich den englischen Banken widmeten sie sich weniger der langfristigen Anlage und mehr dem kurzfristigen Geschäft im Außenhandel. Allmählich glichen sie sich aber an und wurden zu Universalbanken, die alle Bankgeschäfte betrieben. Dies sollte bald das Erkennungszeichen des mitteleuropäischen Bankgewerbes im Unterschied zum anglo-amerikanischen sein, das auf Spezialisierung setzte.

Zwar gründeten die Banken nicht mehr wie in den 1850er Jahren Industriefirmen selbst, aber sie vermittelten deren Aktien- und Anleiheemissionen, und sie finanzierten das laufende Geschäft. So entstanden enge und vielfältige Geschäftsverbindungen, und die Banken dienten als finanzielle Ratgeber und Kontrolleure. Ihr Einfluß auf den Hauptversammlungen wuchs noch durch das Depotstimmrecht, das sie sich von ihren Kunden einräumen ließen: Aktienbesitzer, die nicht selbst an den Hauptversammlungen teilnehmen wollten, konnten das Stimmrecht auf die Bank übertragen, in deren Depot sie die Aktie aufbewahrten. Je breiter die Aktien gestreut waren, desto wahrscheinlicher wurde es, daß Banken auf den Hauptversammlungen die Mehrheit der Stimmen abgeben würden.

Für die strategischen Entscheidungen der Unternehmen war wichtig, daß Bankenvertreter oft in die Aufsichtsräte der Gesellschaften gewählt wurden und somit über Investitionen und Änderungen der Produktpalette mitbestimmten. Auf diese Weise sicherten sie sich Kenntnisse und Einfluß. Trotzdem ist es übertrieben zu behaupten, sie hätten die deutsche Industrie kommandiert. Denn umgekehrt saßen in den Aufsichtsräten der Banken wiederum Vertreter großer Industriefirmen, die die Geschäftspolitik der Banken beeinflussen konnten. Es handelte sich also mehr um eine enge Verflechtung von Großindustrie und Banken. Sobald eine Firma in Liquiditätsschwierigkeiten geriet, hatten freilich die Banken bei der Ausarbeitung von Finanzierungs- und Sanierungsplänen erhebliche Macht. Dies mußten gelegentlich selbst Krupp (nach 1873) und Siemens (nach 1901) spüren.

Banken halfen auch bei der Bildung großer Konzerne wie der AEG, Siemens oder den Vorstufen der späteren I.G. Farbenindustrie; sie unterlagen aber auch selbst einem Konzentrationsprozeß. Vor allem nach 1900 gingen viele kleinere oder regional begrenzte Banken in den großen Berliner Firmen auf oder kamen zumindest unter ihren Einfluß. Besonders die Deutsche Bank griff weit aus und drang in das Ruhrgebiet ein, das lange eine Domäne Kölner und Essener Bankhäuser gewesen war. 1911 besaß die Deutsche Bank die Aktienmehrheit von drei großen Regionalbanken, der Bergisch-Märkischen Bank in Elberfeld, der Essener Creditanstalt und der Rheinischen Creditbank in Mannheim. Insgesamt repräsentierte die Gruppe um die Deutsche Bank ein Aktienkapital von 69 Millionen Mark und gehörte damit zu den fünf größten Banken der Welt.

Die Disconto-Gesellschaft baute eine Bankengruppe mit Schwerpunkten in Hamburg, Leipzig, Barmen und Köln auf. Die Gruppen der Dresdner und der Darmstädter Bank waren nur rund halb so stark wie die der beiden ganz Großen im Bankgeschäft, obwohl die Dresdner Bank bis 1911 25 und die Bank für Handel und Industrie 19 andere Banken in sich aufgenommen hatten.

Ähnlich wie in der Industrie entwickelten sich im Kreditwesen neben den »Flaggschiffen« die Klein- und Mittelfirmen in bemerkenswerter, aber oft übersehener Weise, weil sie im Unterschied zu den Großbanken in alle Winkel auch der Kleinstädte hineinreichten. Genossenschaftsbanken und Sparkassen, die dem örtlichen Gewerbe und den Gemeinden als Kreditgeber dienten, und auch die Raiffeisen-Genossenschaften für die Landwirtschaft wuchsen zwischen 1850 und 1913 z.T. sogar schneller als die großen Kreditbanken. Mißt man den Umfang der Bankgeschäfte an den Aktiva in der Bilanz, d.h. an dem, was sie an Krediten vergeben haben, so lagen die Sparkassen 1913 mit 22,5 Milliarden Mark ganz knapp vor den Kreditbanken mit 22 Milliarden. An dritter Stelle standen die privaten Hypothekenbanken mit einem Kreditvolumen von 13,5 Milliarden Mark. Auch der finanzielle Sektor der deutschen Volkswirtschaft ist also ähnlich wie der industrielle eher durch Vielseitigkeit als durch das Vorherrschen einer bestimmten Gruppe von Firmen gekennzeichnet.

Handwerk und Kleinhandel

Zu dieser Vielseitigkeit gehören Handwerk, Kleinhandel und eine Vielzahl privater Dienstleistungen vom Gaststättengewerbe bis zum Friseur. Schon bei der Industrie hatten wir den bemerkenswert großen Anteil der Kleinbetriebe kennengelernt. Das rührt z.T. daher, daß in den Gewerbestatistiken Handwerk und Industrie gemeinsam erhoben werden. In den meisten Ländern ist das so. In Preußen gab es zum Glück aber auch getrennte Handwerkszählungen, die einen etwas genaueren Einblick gestatten. Sie zeigen, daß das Handwerk insgesamt ungefähr im Gleichschritt mit der Gesamtwirtschaft zugenommen hat. D.h., daß sein Wachstum etwas geringer war als das der Industrie, die ja überdurchschnittlich zunahm, aber stärker als das der Landwirtschaft und auch stärker als das Wachstum der Bevölkerung, das hinter dem der Wirtschaft zurückblieb. Damit verdichtete sich der »Handwerksbesatz«, d.h. die Zahl der Handwerker pro 100 Einwohner. So kamen 1895 5 Handwerker auf 100 Einwohner, während es 1849 erst 4 gewesen waren. (Bis 1939 sollte die Handwerksdichte dann auf 7 anwachsen.) Diese waren aber längst nicht mehr alle selbständige Meister. 1849 gab es noch 70 000 Meister mehr als Gesellen, 1895 übertraf dann die Zahl der unselbständig Beschäftigten die der Werkstattinhaber um 450 000. Die durchschnittliche Betriebsgröße war aber trotzdem nur geringfügig von 1,6 auf 1,9 Personen gestiegen. Man kann sagen, daß im groben Durchschnitt nun ein Handwerksmeister auch einen Gesellen oder Lehrling beschäftigte, was vor der Jahrhundertmitte nicht der Fall gewesen war.

Sieht man sich die Handwerke im einzelnen an, so zeigen sich erhebliche Unterschiede. Die meisten Leute waren noch in den Grundhandwerken des Massenbe-

Geselligkeit im ausgehenden 19. Jh.: Kissinger Biergarten, Gemälde von Adolph von Menzel (1891).

darfs beschäftigt als Schneider, Schuhmacher, Maurer, Tischler, Zimmerleute, Bäcker oder Fleischer. Seit der Mitte des Jahrhunderts veränderte sich die Reihenfolge leicht, da das Bauhandwerk sich schnell ausdehnte. So wurden gegen Ende des Jahrhunderts fast zehnmal so viele Maler benötigt wie um die Jahrhundertmitte. Auch die Zahl der Maurer hatte sich verdreieinhalbfacht. Selbst »altmodische« Handwerke wie die Posamentierer und Hutmacher wuchsen um das Fünf- bzw. Vierfache. Böttcher und Seiler wurden hingegen weniger gebraucht, und die Handweberei, die freilich nur teilweise ein Handwerk, öfter ein ländliches Heimgewerbe gewesen war, existierte nur noch in Resten.

Einzelne Handwerke, wie die Schuhmacher, waren schon auf dem Weg, ein Reparaturgewerbe zu werden; bei anderen trat der Handel in der Werkstätte stärker in den Vordergrund, so daß die Abgrenzung zwischen Handwerk und Kleinhandel nicht immer einfach ist. Im Handel selbst waren 1907 rund 2 Millionen Personen in 1 Million Betrieben tätig; die Durchschnittsgröße eines Handelsunternehmens lag also ähnlich wie beim Handwerk. Die Alleinbetriebe nahmen im Handel jedoch schneller ab. 1907 arbeiteten nur noch 37 Prozent aller Händler ganz ohne Hilfe. Aber der Kleinbetrieb blieb dominant. Noch zwei Drittel aller im Handel Beschäftigten arbeiteten in Läden mit weniger als 5 Angestellten.

Es gab aber auch schon Großbetriebe, zunächst hauptsächlich im Großhandel, später dann auch im Einzelhandel, nämlich die Warenhäuser, die ebenso wie die Konsumgenossenschaften vor dem Ersten Weltkrieg in den größeren Städten dem angestammten Detailhandel das Leben schwermachten. Dennoch konnte er sich fast überall noch behaupten, und die Handelsdichte wuchs ähnlich wie die Handwerksdichte. Sie betrug 1907 im Reichsdurchschnitt aber erst 2 Händler auf 100 Einwohner – in Sachsen, einem dichtbesiedelten und hochindustrialisierten Land, jedoch bereits 5.

Versorgung und Dienstleistungen

Überdurchschnittlich wuchsen jedoch in Deutschland alle Versorgungsleistungen, vor allem mit Energie wie Elektrizität und Gas, mit Wasser und Entwässerung, aber auch mit einer Vielzahl von einfachen Diensten im täglichen Leben. Betrachten wir nur einzelne Beispiele:

In Preußen gab es 1895 mehr als dreimal so viele Friseure wie 1849. Auch die Gast- und Schankstätten vermehrten sich jährlich um rund 1,5 Prozent. 1858 zählte man in Preußen 3,8 Gast- und Schankstätten

Die Nacht wird zum Tag: Im Jahr 1884 wurde am Potsdamer Platz in Berlin die erste elektrische Straßenbeleuchtung installiert (rechts; Gemälde von C. Saltzmann). – Die Stadt unter der Erde, Hygiene durch Technik: das Abwässerungssystem von Berlin-Schöneberg, nach den neuesten Prinzipien der Hygiene konzipiert (unten; Aquarell von A. Dressel, 1907).

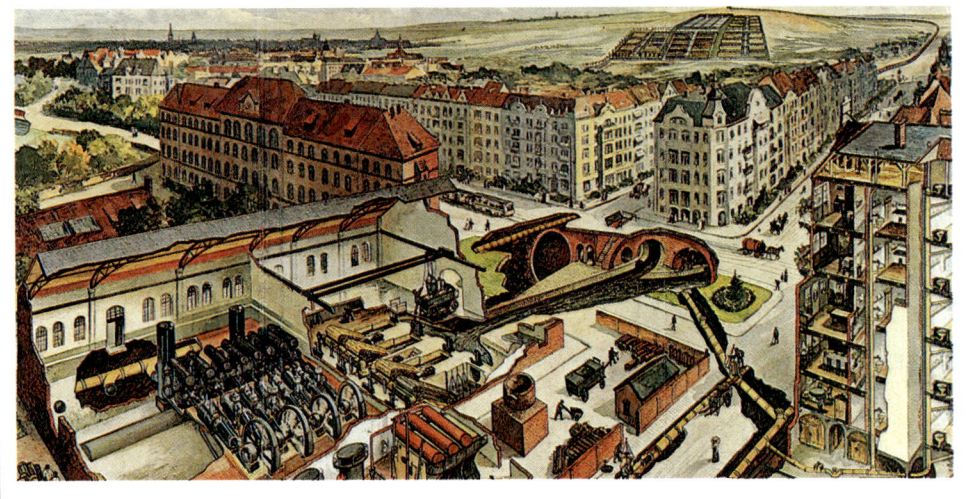

auf 1000 Einwohner, 1907 waren es 5,7. Das besagt für sich nicht viel, denn dabei wird jede, auch die kaum lebensfähige Kneipe um die Ecke mitgezählt. Aber aus dem Verbrauch der typischen Gaststättengetränke wissen wir, daß die Deutschen sich angewöhnten, mehr Bier und Wein, jedoch weniger Branntwein zu trinken. Branntwein aber war das Getränk der armen Leute, besonders in Nord- und Ostdeutschland.

Auch die Zahl der Ärzte, Krankenschwestern und Krankenhäuser wuchs überproportional, so daß sich die medizinische Versorgung, freilich vor allem in den Städten, verbesserte. Ein besonders drastisches Beispiel ist die Zunahme der Zahnärzte. Noch 1876 gab es in Deutschland erst knapp 500, d. h. einen auf 100 000 Einwohner. Bis 1900 verdoppelte sich diese Zahl, dann wuchs sie ungemein schnell an, so daß 1909 rund 42 Zahnärzte auf 100 000 Einwohner kamen. Sie lösten die nicht akademisch ausgebildeten Dentisten immer mehr ab.

Schließlich ein Blick auf die – meist städtischen – Versorgungswerke. Um die Mitte des 19. Jh. gab es nur wenige Gas- und kleine Wasserwerke. In ganz Deutschland waren darin nur rund 1000 Personen beschäftigt. 1913 näherte sich die Beschäftigtenzahl den 100 000. Jahr um Jahr wuchs die Leistung dieser Werke um fast 10 Prozent, und das über mehr als sechs Jahrzehnte. Hier ist eine neue Lebensqualität für den Bürger der Industriegesellschaft geschaffen worden, vor allem seit es gegen Ende des 19. Jh. möglich wurde, Elektrizität über größere Strecken zu übertragen, was Oskar von Miller zum erstenmal 1891 demonstrierte, als er – aus Anlaß der Elektrotechnischen Ausstellung in Frankfurt a. M. – Strom, der von einem Drehstrommotor erzeugt wurde, über 175 km von Lauffen a. N. nach Frankfurt leiten ließ. Bald darauf schossen Überlandwerke aus dem Boden, und Deutschland wurde sehr schnell elektrifiziert. Drehstrommotoren kamen vor allem dem Kleingewerbe und der Landwirtschaft zugute. Sie konnten kleine Arbeitsmaschinen, etwa Futterschneider oder Drehbänke, antreiben, wo der Einsatz einer Dampfmaschine zu kostspielig gewesen wäre. Auch die Versorgung der Haushalte mit elektrischem Licht wurde erst jetzt in großem Maßstab möglich. In den Städten ersetzten nun die »Elektrischen« mehr und mehr die Pferdebahnen. Ihren Nutzen hatte Siemens schon 1879 auf einer Gewerbeausstellung in Berlin demonstriert, und zwei Jahre später war in Lichterfelde bei Berlin die erste elektrisch betriebene Straßenbahn der Welt eröffnet worden.

Verkehrsverdichtung

Im Eisenbahnbau war der Höhepunkt nach 1880 überschritten. Das Netz wurde nur noch wenig ausgedehnt. Aber das Verkehrsaufkommen wuchs weiter. Gemessen in Tonnenkilometern vervierfachte es sich zwischen 1880 und 1910. Noch rascher, nämlich auf das Fünffache, wuchs der Verkehr auf den Binnenwasserstraßen, die durch die Regulierung und Kanalisierung von Flüssen und den Bau von Kanälen besonders im Nordwesten, aber auch im Großraum Berlin erweitert wurden. Zwischen 1883 und 1914 sind in Deutschland 500 km Flüsse schiffbar gemacht worden. 1899 wurde der Dortmund-Ems-Kanal eröffnet, der dem Ruhrgebiet Zugang zum Meer verschaffte. Zwischen 1906 und 1914 trat der Rhein-Herne-Kanal hinzu. Das Projekt einer Wasserstraßenverbindung vom Ruhrgebiet nach Berlin und Oberschlesien, der Mittellandkanal, kam zwar im preußischen Abgeordnetenhaus wegen des Widerstandes agrarischer Interessen zu Fall, aber die Teilstrecke von Dortmund nach Hannover konnte gebaut werden. 1895 wurde der Kaiser-Wilhelm-Kanal eröffnet, der die Nord- und Ostsee miteinander verbindet. Die Wasserstraßen übernahmen den Transport schwerer, unverderblicher Materialien wie Kohle und Erz, Sand und Kies, Holz und Baumaterialien.

Gegen Ende des Jahrhunderts begann auch, langsam zwar, das Zeitalter des Automobils. Carl Benz war zum erstenmal 1886 mit seinem Benzinwagen durch Mannheim kutschiert. Gottlieb Daimler hatte schon im Jahr zuvor einen Motor in ein hölzernes Zweirad eingebaut. 1886 betrieb er ein Boot und einen Pferdewagen damit. Es dauerte jedoch noch rund ein Jahrzehnt, bis die ersten Kraftwagen auf der Straße erschienen; 1900/01 wurde ein Wagen mit Vierzylindermotor, der 35 PS leistete und bis zu 72 Stundenkilometer schnell war, auf den Namen »Mercedes«

Nach neunjähriger Bauzeit wurde am 18. Juni 1895 unter Anwesenheit Kaiser Wilhelms II. der Kaiser Wilhelm-Kanal (heute Nordostseekanal) eröffnet (rechts). Der Kanal zwischen der Kieler Förde und der Elbmündung, der von 1909 bis 1915 erweitert wurde, erspart Seeschiffen bis zu 61 000 t zwischen Nord- und Ostsee den Umweg über Jütland. – 1913 besaß Deutschland das zweitdichteste Telefonnetz der Welt: das Fräulein vom Amt, Berliner Fernsprechsaal für Vielfachbetrieb vor der Jahrhundertwende (unten).

getauft. Inzwischen hatte Rudolf Diesel 1893 seinen ersten Motor vorgestellt und zum Patent angemeldet. Aber obwohl Deutschland das Mutterland des Automobils war, wurde es hier – anders als in den USA oder in Frankreich – vor dem Ersten Weltkrieg noch nicht zu einem Massentransportmittel; im Deutschen Reich waren 1914 erst 83 333 Personenwagen und 9 739 Lastwagen für den Verkehr zugelassen. Immerhin bediente sich die Post schon des Autos, vor allem für abgelegene Landesteile, die mit der Eisenbahn nicht zu erreichen waren. In Bayern machten z. B. die Motorpostlinien bereits zwei Drittel des Lokalbahnnetzes aus. Und in einigen Großstädten trat der Omnibus im öffentlichen Nahverkehr schon neben die Straßenbahn.

Ein Teilnehmer der Revolution von 1848 hätte sicher von einer Verkehrsrevolution gesprochen, wäre es ihm möglich gewesen, 1914 am Potsdamer Platz in Berlin das Leben und Treiben über und unter der Erde zu beobachten; denn inzwischen waren hier sowohl Untergrundbahn wie

Großstadtverkehr

In rasantem Tempo veränderte sich seit den 1880er Jahren der Verkehr in den großen Städten – der technische Fortschritt schien kein Ende zu nehmen. Nach kaum einem Menschenalter wurde die Pferdeeisenbahn wieder aus dem Verkehr gezogen: 1889 zockelte in Stuttgart der Wagen Nummer 49 zum letzten Mal durch die Silberburgstraße (2). Gegen die Dampfeisenbahn und gegen die neueste Errungenschaft, die »Elektrische«, konnte *eine* Pferdestärke nicht konkurrieren. Die erste deutsche Stadt, die den elektrischen Straßenbahnverkehr einführte, war Hamburg. Beim Bau der Hochbahn – hier die Strecke am Hohen Baumwall (1) – hatten die Hanseaten jedoch gegenüber den Berlinern das Nachsehen. Schon 1896 begann – wer konnte es anders sein – Siemens & Halske am Potsdamer Bahnhof mit den Ausschachtungsarbeiten für eine elektrische Hoch- und Untergrundbahn (4); die Hamburger folgten bald danach. In Berlin ging man zugleich auch unter die Erde, weil die Stahlkonstruktionen einer Hochbahn vielfach als hinderlich für den Verkehr auf der Straße und als Verschandelung der Stadt angesehen wurden. Wie lebhaft war moderner Großstadtverkehr um 1900 vor dem Bahnhof Friedrichstraße (3), wie in der Potsdamer Straße 1908 (5)! Droschke, Straßenbahn, Stadtbahn, Altes und Neues einträchtig nebeneinander. Und das Automobil, dem die Zukunft gehören sollte, rattert auch schon dahin, hupend und stinkend, ein richtiger Omnibus, sogar ein Doppeldecker (3). 1913 fuhr auf der Steglitzer Strecke der erste Oberleitungsbus, ein Daimler-Benz (6). Der eigene PKW war noch Luxus für die meisten.

Die Masse der Städter war auf die öffentlichen Verkehrsmittel angewiesen, wenn sie zum Arbeitsplatz gelangen oder ein nahe gelegenes Ausflugsziel erreichen wollte. So ist es kein Zufall, daß neben U- und S-Bahn auch der Omnibus weiterentwickelt wurde, darunter der Doppeldecker »oben ohne« von 1929 (7). Noch heute gehört er, allerdings »oben zu«, zum Berliner Straßenbild. Die Straßenbahn dagegen erleidet zur Zeit in den meisten Städten das Schicksal der Pferdeeisenbahn. D. L.

121

Wirtschaft, Industrie und Verkehr im Kaiserreich

auch Stadtbahn als weitere Nahverkehrsmittel hinzugekommen und »gediehen«, wie ein zeitgenössischer Beobachter schrieb, »sehr gut nebeneinander«, ohne daß sie die gute alte Pferdedroschke schon völlig vertrieben. Am erstauntesten aber wäre er gewesen, daß er an diesem Platz in eine Telephonzelle hätte gehen und mit Hilfe des Fräuleins vom Amt Freunde nicht nur in Berlin, sondern auch in Stuttgart, Hamburg oder Königsberg hätte anrufen können.

Das Telephon war zu Beginn der 1880er Jahre in Deutschland eingeführt worden. Ende 1881 besaß Berlin 458 Fernsprechteilnehmer, am Ende des gleichen Jahrzehnts bereits mehr als 10 000. Bis zum Ende des 19. Jh. konnten erste internationale Verbindungen innerhalb Europas aufgenommen werden, und der Münzfernsprecher und die Selbstwählverbindung kamen um die Jahrhundertwende oder bald danach. 1913 besaß Deutschland das zweitdichteste Telephonnetz der Welt mit 1,42 Millionen Anschlüssen. Auf 100 Einwohner kamen 2 Anschlüsse. In den USA waren es freilich schon fast 10. Über die zunächst für den Telegraphendienst geschaffenen Überseekabel konnte man nun auch Telephongespräche führen. Der Funkverkehr nach Übersee war seit 1908 aufgenommen worden.

Nachrichten und Anweisungen konnten nun in Sekundenschnelle ausgetauscht werden. Für die Leitung von Unternehmen und Schiffahrtslinien brachte dies ganz neue Möglichkeiten der Disposition. Auf keinem Gebiet ist die technisch-wirtschaftliche Veränderung des 19. Jh. so schnell und im wörtlichen Sinn so umwälzend gewesen wie in der Kommunikation zwischen den Menschen.

Integration in die Weltwirtschaft

Die neuen Nachrichten- und Verkehrsmittel erleichterten natürlich die wirtschaftliche Verflechtung der Länder und Kontinente. Deutschland nahm voll daran teil. 1880 entfielen rund 10 Prozent, 1913 jedoch 13 Prozent des grenzüberschreitenden Handels in der Welt auf das Deutsche Reich. Nur das Vereinigte Königreich hatte einen größeren Anteil (1880: 23 Prozent, 1913: 17 Prozent). Im Unterschied zu England gingen die wichtigsten Handelsströme allerdings nicht nach Übersee, sondern zu den europäischen Nachbarn. Mehr als drei Viertel des deutschen Außenhandels blieben innerhalb Europas. Nach Ländern standen in den Jahren vor dem Ersten Weltkrieg Großbritannien und Österreich-Ungarn an erster Stelle unter den Kunden vor den USA, den Niederlanden, Rußland, der Schweiz, Frankreich und Belgien. Wichtigster Lieferant Deutschlands waren hingegen die Vereinigten Staaten; es folgten Rußland, Großbritannien, Österreich-Ungarn, Frankreich, Indien, Argentinien und Belgien. Textil- und Nahrungsmittelrohstoffe hatten den größten Anteil unter den von Deutschland eingeführten Gütern. An der Spitze lag 1913 die Baumwolle – daher die große Bedeutung der USA als Herkunftsland –, die 6 Prozent aller deutschen Importe ausmachte. Dann folgten Wolle, Weizen und Gerste mit je 4 Prozent, Kupfer und Häute mit je 3 Prozent, Eisenerz, Kohle und Kaffee mit je 2 Prozent. Zusammen sind das nur 30 Prozent der deutschen Einfuhren. 70 Prozent verteilten sich also auf zahlreiche andere Güter, darunter auch Fertigprodukte.

Bei den Ausfuhren standen Eisen- und Stahlwaren mit 13 Prozent an erster Stelle,

Kruppscher Pavillon auf der Weltausstellung in Wien, 1874. Eisenbahnmaterial und Kanonen von Krupp waren ein gefragter Exportartikel.

also Produkte der deutschen Schwerindustrie und der Weiterverarbeitung. Es folgten Maschinen mit 7 Prozent, Kohle mit 5 Prozent, Baumwoll- und Wollwaren mit 4 bzw. 3 Prozent und Zucker sowie Papier und Papierwaren mit 3 Prozent. Chemieprodukte erschienen nicht auf den vordersten Plätzen dieser Liste, obwohl Deutschland in synthetischen Farben einen Anteil von 85 Prozent an der Weltproduktion besaß. Aber sie hatten nicht den Wert der genannten Waren.

Faßt man alle Importe und Exporte in Warengruppen zusammen, so zeigt sich,

Warengruppen der deutschen Ein- und Ausfuhren 1880 und 1913 in Prozent

a) Ausfuhren	1880	1913	b) Einfuhren	1880	1913
Nahrungsmittel	20,1	9,1	Nahrungsmittel	25,2	27,4
Genußmittel	2,3	0,7	Genußmittel	7,9	4,9
Rohstoffe	14,5	15,1	Rohstoffe	35,8	43,3
Halbwaren	15,8	21,3	Halbwaren	18,9	15,4
Fertigprodukte	47,3	53,1	Fertigprodukte	12,2	8,9
insgesamt:	100	100	insgesamt:	100	100
in Mio. Mark	2923	10 097,5	in Mio. Mark	2813,7	10 750,9

Quelle: Hoffmann, Walther G.: Das Wachstum der deutschen Wirtschaft seit der Mitte des 19. Jahrhunderts, 1965

daß das industrialisierte Deutschland vor allem Rohstoffe importierte.

Der Gesamtwert der Ausfuhren lag 1913 bei 10 Milliarden Mark, der der Einfuhr eher bei 11 Milliarden. Das Reich hatte ähnlich wie England meist ein Handelsbilanzdefizit, das durch Überschüsse in der Dienstleistungs- oder Kapitalbilanz ausgeglichen werden mußte. Da Deutschland zu den größten Schiffahrtsnationen zählte, konnte es mit seinem Überseehandel Devisen verdienen. Mehr als die Hälfte dieser Überseeflotte war im Nordatlantikverkehr eingesetzt, knapp ein Viertel fuhr nach Asien und Australien, 11 Prozent wurden für den innereuropäischen Seeverkehr gebraucht, nur 8 Prozent für den Afrikahandel (und 5 Prozent im Verkehr zwischen nichteuropäischen Kontinenten). Afrika war als Wirtschaftsregion völlig unwichtig, obwohl sich dort die meisten der deutschen Kolonien befanden.

Die Kolonien

Das läßt die Frage aufkommen, welchen wirtschaftlichen Nutzen die deutschen Kolonien für das Mutterland besaßen. Die Antwort muß ganz klar lauten: so gut wie gar keinen. Für Deutschland waren sie weder als Exportmärkte noch als Rohstoffquellen noch als Aufnahmeländer für Auswanderer geeignet. 1910 gingen nur 0,7 Prozent der Ausfuhren in die Kolonien, und nur ein halbes Prozent der Einfuhren kam aus ihnen. Ganze 500 Millionen Mark waren 1914 in den Kolonien investiert – rund 2 Prozent aller deutschen Auslandsinvestitionen. Einschließlich der Beamten und Soldaten lebten nur 23 400 Deutsche in diesen Kolonien. Finanziell trugen nur Togo und Samoa sich selbst. Alle anderen mußten aus dem Reichshaushalt unterstützt werden, obwohl Entwicklungsaufgaben mit Ausnahme des Eisenbahn- und Hafenbaus kaum in Angriff genommen wurden. Im Jahr 1913 mußte das Deutsche Reich seine Kolonien mit 100 Millionen Mark subventionieren, und über die Jahre hatten sich die Defizite, für die der deutsche Steuerzahler aufzukommen hatte, auf über 1 Milliarde Mark angehäuft.

Warum betrieben dann die Deutschen überhaupt Kolonialpolitik? Diese Frage ist sehr viel schwerer zu beantworten. Einmal, so wird man sagen können, weil sie sich Illusionen machten. Viele glaubten, daß wenn nicht heute, so doch in Zukunft die Kolonien wirtschaftliche Bedeutung erlangen würden. Dieser Aberglaube war nicht nur in Deutschland, sondern auch in anderen Ländern weit verbreitet und rührte wohl von der wirtschaftlichen Bedeutung her, die einige der englischen Kolonien, insbesondere Nordamerika und Indien, für England hatten.

Doch die Parallelen mit den englischen »Juwelen« stimmten nicht. Vor allem Afrika, aber auch die Südseeinseln besaßen schon aus klimatischen und geologisch-geographischen Gründen kein großes Wirtschaftspotential. Ein anderer Grund für die deutsche Kolonialpolitik ist in der Propaganda, die die koloniale Lobby machte, zu suchen. Diese hatte zwei Wurzeln, eine »reale«, nämlich das wirtschaftliche Interesse einzelner Kaufleute und Kaufmannsgruppen, die Handel und Schiffahrt mit Übersee betrieben und die darin für sich durchaus zu Recht ein gewinnbringendes Geschäft sahen; zum andern jedoch eine »ideologische«. Kolonialpolitik war im späten 19. und frühen 20. Jh. eine Frage des nationalen Prestiges. Deutschland gehörte zu den Habenichtsen. Industriell hatte es gegenüber England und Frankreich aufgeholt. National war es spät geeinigt worden. Nun wollte es Weltmacht werden. Weltmacht zu sein aber hieß auch, Kolonien zu besitzen. Viele der Mitglieder des Kolonialvereins oder der Deutschen Kolonial-Gesellschaft wurden von diesem Verlangen nach einem Platz an der Sonne angetrieben. Manche hatten sicher auch religiöse und kulturelle missionarische Ziele vor Augen. Das läßt sich schon daraus schließen, daß unter den Mitgliedern der beiden Gesellschaften auffallend viele Pfarrer und Lehrer waren. Da sie kaum ein Urteil in Wirtschaftsfragen besaßen, mochten sie wohl auch die Mär von der wirtschaftlichen Bedeutung der Kolonien glauben, die von Interessenvertretern bewußt verbreitet wurde. Damit saßen sie der typischen Gleichsetzung von speziellen Interessen mit dem Allgemeininteresse der Nation auf, ein Kennzeichen aller Interessenverbände.

Kolonialwarenhandlung vor der Jahrhundertwende: »Tante-Emma-Läden« haben sich bis heute gehalten.

Interessenverbände

Solche Interessenverbände gab es in fast allen Wirtschaftsbereichen. Besonders aktiv waren sie in der Schwerindustrie, der Textilindustrie und der Landwirtschaft. Deren Verbände schlossen sich auch in der Zeit der sog. Großen Depression zu einer »Koalition der schaffenden Stände« zusammen, die die Freihandelspolitik bekämpfte und für den Vorrang der »nationalen Arbeit« vor internationalem Handel und zwischenstaatlichem Verkehr eintrat.

Interessenverbände im allgemeinsten Sinne sind uralt. Man kann auch die Zünfte und Kaufmannskorporationen der vorindustriellen Zeit dazu rechnen. Aus den Kaufmannskorporationen entstanden in der Napoleonischen Zeit Handelskammern, teils freiwillig, teils vom Staat eingerichtet, weil er sich des kaufmännischen Sachverstandes bedienen wollte. In Preußen erhielten 1848 die noch bestehenden Korporationen und die auf die Napoleonische Zeit zurückgehenden Kammern den Auftrag, die Staatsverwaltung in wirtschaftlichen Fragen ihres Bezirkes zu unterrichten, zu beraten und Verwaltungsaufgaben wahrzunehmen. Bismarck, der Theoretikern mißtraute, aber Rat von Praktikern gern anhörte, lobte die Handelskammerberichte als eine wichtige Informationsquelle und zog sie bei seinen Entscheidungen in der Wirtschaftspolitik zu Rate.

Als halbstaatliche Organisationen muß-

Arbeiter im Kaiserreich

Die Lebensbedingungen deutscher Arbeiter um 1900 lassen sich nicht leicht auf einen Nenner bringen. Die erstarkende Gewerkschaftsbewegung vermochte Arbeitsverhältnisse und Lohnniveau einiger, wenn auch nicht aller Gewerbezweige zu verbessern. Sie wuchs im Wilhelminischen Deutschland zu einem kraftvollen Interessenverband heran.
Hatten Buchdrucker bereits 1848 die erste deutsche Gewerkschaft ins Leben gerufen, folgten noch zur Zeit der Sozialistengesetze einige andere Berufsgruppen ihrem Beispiel. 1890 belief sich die Mitgliederzahl freier Gewerkschaften auf 300 000, kurz nach der Jahrhundertwende auf über eine Million; zudem existierten neben diesen im Spektrum sozialdemokratischer Strömungen befindlichen Organisationen die liberal gesonnenen Hirsch-Dunckerschen Gewerkvereine sowie – seit 1894 – christliche Gewerkschaften: Alles in allem waren kurz vor dem Ersten Weltkrieg über 3 Millionen Arbeiter gewerkschaftlich organisiert. Während sich die Schwerindustrie noch gegen die gewerkschaftliche Organisation ihrer Arbeiter wehrte, gab es im Bergbau bereits den 8-Stunden-Tag. Weil jedoch die Seilfahrt in die Grube immer länger wurde, verlängerte sich auch die tatsächliche Arbeitszeit. Deshalb brachen immer wieder Streiks aus, so 1905 in Essen, bis schließlich die Seilfahrt auf den 8-Stunden-Tag angerechnet wurde. Beim Straßen- und Eisenbahnbau waren besonders billige Arbeitskräfte gefragt. In Erwerbszweigen, die im Winter brachlagen, traten Tagelöhner an die Stelle ständiger Arbeiter. Viele suchten in Regionen Arbeit, wo die Löhne höher als in der unmittelbaren Heimat waren, so z. B. in Holland, Schwaben oder – wie die »Sachsengänger« – in Sachsen. Überhaupt führten berufsbedingte Differenzierungen in der Arbeiterschaft zu sozialen Ungleichheiten, wie etwa im Wohnniveau. Auch innerhalb einer Branche gab es eklatante hierarchische Abstufungen.
Dennoch überwogen, zumindest bei den organisierten Arbeitern, Fortschrittsglaube und Vertrauen in die eigene Kraft: Auf Maifeiern war die Stimmung erwartungsfroh; Arbeitersänger priesen das »Lied der Freiheit«.   A. Sch.

Fortschrittsbejahende Maifeier-Symbolik; Abbildung der Berliner MAI-Zeitung, 1904 (1). – Freiheitlich gesonnene Arbeitersänger; Postkarte um 1909 (2). – Kiesgrubenarbeiter auf dem Weg zur Arbeit; Foto von Heinrich Zille (3). – Streikende Bergarbeiter in Essen, 1905 (4). – Arbeitermilieu: ärmliche Berliner Wohnküche, Großbeerenstraße 6, 1905 (5). – Straßenbauarbeiter; Gruppenfoto, 1908 (6). – Berliner Laubenkolonie, 1905 (7). – Transport von »Sachsengängern« aus östlichen Reichsgegenden durch Berlin nach West- und Mitteldeutschland; Foto von Otto Häckel, 1908 (8).

ten sich Handelskammern jedoch in Fragen wirtschaftlichen Interesses zurückhalten, und sie mußten die Interessen der unterschiedlichen Industrien, des Handels und der Banken ausbalancieren. Wirklich prononcierte Stellungnahmen kamen daher vor allem von den Kammern, in denen ein bestimmter Industriezweig eindeutig vorherrschte, vor allem den Kammern des Ruhrgebiets und den Kammern mit überwiegender Textilindustrie.

In diesen Branchen hatten sich aber außerdem seit längerem »freie Vereinigungen« gebildet, die keinen amtlichen Auftrag besaßen und sich daher in der Interessenvertretung keine Zurückhaltung auferlegen mußten. Zu den bekanntesten dieser Verbände gehörten der seit 1858 bestehende »Verein für die bergbaulichen Interessen im Oberbergamtsbezirk Dortmund« sowie der »Verein zur Wahrung der gemeinsamen wirtschaftlichen Interessen in Rheinland und Westfalen«, den Bismarck im Reichstag den Verein mit dem langen Namen nannte, weshalb er fortan als »Langnamverein« bekannt war. Beide waren regional begrenzt. Auf das ganze Reich griff der 1874 gegründete »Verband Deutscher Eisen- und Stahlindustrieller« aus. Er und der seit langem aktive »Verein süddeutscher Baumwollindustrieller« standen Pate, als 1876 der erste industrielle Spitzenverband, der »Centralverband Deutscher Industrieller zur Beförderung und Wahrung nationaler Arbeit« (CDI) ins Leben gerufen wurde. Ihm, der vorwiegend schutzzöllnerisch orientiert war, trat seit 1895 der »Bund der Industriellen« gegenüber, in dem sich eher Freihandelsinteressen, nämlich die mittelständische Exportindustrie organisierte. Schätzungen zufolge soll es im Deutschen Reich 1908 an die 7000 unternehmerische Interessenverbände gegeben haben, von denen manche freilich lokal oder regional eng begrenzt blieben.

Nicht minder organisationsfreudig war die deutsche Landwirtschaft. Hier gab es einerseits die von den Großagrariern dominierten Verbände wie den »Bund der Landwirte« (1893), der mehrere Vorläufer besaß, andererseits die Bauernvereine, die sich 1900 zu einem Zentralverband zusammenschlossen. Der Bund der Landwirte war wahrscheinlich der einflußreichste aller deutschen Interessenverbände. Jedenfalls aber unterhielt er das größte Büro. 1906 waren in seiner Zentrale in Berlin 140 »Beamte« beschäftigt, mehr als im Reichsamt des Innern zur gleichen Zeit!

Die Interessenverbände versuchten, in der Öffentlichkeit und in direktem Kontakt mit Regierungen und Abgeordneten Einfluß auf die Wirtschafts- und Sozialpolitik zu nehmen.

Seit in den 1870er und 80er Jahren die Preise fielen, die Importe auf den deutschen Markt drückten, kämpfte die Mehrzahl dieser Verbände vor allem für Schutzzölle und erreichte auch Bismarcks berühmte »wirtschaftspolitische Wende«. 1878 sagte sich der Kanzler von seinen bisherigen liberalen Beratern los und folgte den innerhalb und außerhalb des Parlaments mit zunehmendem Nachdruck vorgetragenen Argumenten zum »Schutze der nationalen Arbeit«. Vor allem Baumwoll-, Eisen- und Agrarzölle wurden erhöht bzw. wieder eingeführt.

Auch im Innern nahmen die Verbände Einfluß auf zahlreiche Gebiete der Gesetzgebung und Verwaltung. Sie fochten für niedrigere Tarife auf der Eisenbahn, gegen die Gewerkschaften und die Sozialdemokratie, für oder gegen bestimmte Regelungen im Börsengesetz, gegen eine Überlastung durch die Sozialversicherung, die die meisten zwar im Prinzip akzeptierten, deren Belastung sie aber als zu hoch ansahen, weil dadurch die Stellung der deutschen Industrie im internationalen Wettbewerb gefährdet würde. Sie nahmen Stellung zu Fragen des Arbeitsschutzes, der Unfallversicherung und natürlich immer wieder zu Steuern.

Die Gewerkschaften

Zu den Interessenverbänden gehören auch die Gewerkschaften. Die erste deutsche Gewerkschaft der Buchdrucker hatte sich während der Revolution von 1848 gebildet. Nach Jahren der Unterdrückung kam es in den 1860er Jahren dann zu mehreren Neugründungen, und schon vor Aufhebung des Sozialistengesetzes nahm ihre Mitgliederzahl zu. 1890 zählten die freien Gewerkschaften, die der Sozialdemokratischen Partei nahestanden, bereits 300 000 Mitglieder. 1904 überschritt ihre Mitgliederzahl die erste Million, 1908 die zweite, und 1913 waren sie mit 2,5 Millionen Mitgliedern der größte Gewerkschaftsverband der Welt. Daneben gab es die Hirsch-Dunckerschen Gewerkvereine, die den liberalen Parteien nahestanden. Ihre Mitgliederzahl erreichte 1902 erst 100 000 und blieb hierbei mehr oder weniger stehen. Überflügelt wurden sie von den christlichen Gewerkschaften, die erst 1894 gegründet worden waren, aber besonders in den katholischen Gegenden starken Anhang fanden. 1911/12 hatten sie rund 350 000 Mitglieder. Insgesamt waren in

Schon seit Mitte des 19. Jh. experimentierten einzelne Unternehmer mit der Mitbestimmung der Arbeiter und Angestellten. Aber nur im Bergbau wurden Arbeiterausschüsse bereits vor dem Ersten Weltkrieg gesetzlich festgeschrieben. Viele Unternehmer wollten »Herr im Haus« bleiben. Zeichnung von Emil Schwabe: »Arbeiterausschuß bei einer Besprechung mit dem Fabrikherrn«, 1891.

Deutschland mehr als drei Millionen Arbeitnehmer gewerkschaftlich organisiert. Den höchsten Organisationsgrad hatten traditionsgemäß die Buchdrucker, die Vorkämpfer der Gewerkschaftsbewegung. 68 Prozent aller Buchdrucker waren 1907 Gewerkschafter. Einen ähnlich hohen Organisationsgrad erreichten nur noch die Hafenarbeiter mit 61 Prozent. Dann folgten in weitem Abstand die Holzarbeiter mit 35, die Maurer mit 28 und die Metallarbeiter mit 27 Prozent. In der Textilindustrie gehörten nur 18 Prozent der Arbeitnehmer zur Gewerkschaft, vermutlich, weil hier besonders viele Frauen arbeiteten. Allerdings lag in der ausgesprochen männlichen Montanindustrie der Organisationsgrad mit 16 Prozent noch niedriger. Im Durchschnitt aller Industrien waren immerhin 28 Prozent aller Arbeitnehmer Gewerkschafter. Das war im internationalen Vergleich ein sehr hoher Organisationsgrad.

Im Unterschied zu den wirtschaftlichen Interessenverbänden konnten die Gewerkschaften die Interessen ihrer Mitglieder gegenüber dem Staat vor 1914 kaum wirkungsvoll vertreten. Ihre Ansprechpartner und Gegner waren die Arbeitgeber, mit denen sie über Arbeitsbedingungen und zunehmend auch über Löhne verhandelten. Wieder brachen die Buchdrucker als Pioniere die erste Bresche. Sie hatten schon 1848 einen ersten Tarifvertrag ausgehandelt, und seit 1873 gab es im Buchdruckgewerbe einen Reichstarifvertrag, der mit einigen Änderungen fast zwanzig Jahre in Kraft blieb. Lange fanden sie kaum Nachfolger. 1890 sind erst 51 Tarifverträge gezählt worden. Dann ging es jedoch sprunghaft aufwärts: 1900 waren es 330, 1905 schon 1585 und 1913 gar 10885. Diese Verträge erfaßten rund 143000 Betriebe mit 1,4 Millionen Arbeitnehmern. Das war noch immer wenig, bedenkt man, daß es 3 Millionen Gewerkschaftsmitglieder gab. Der Grund liegt vor allem darin, daß die meisten Tarifverträge mit kleinen und mittleren Unternehmen bzw. deren Arbeitgeberverbänden, die sich zu diesem Zweck seit den 1890er Jahren gebildet hatten, abgeschlossen wurden. Nur 5 Prozent aller Tarifverträge betrafen Betriebe mit mehr als 100 Beschäftigten. Vor allem die Schwerindustrie wehrte sich erfolgreich gegen das Eindringen der Gewerkschaften in die Betriebe und wahrte den »Herr-im-Haus«-Standpunkt schroff. Recht tariffreudig war hingegen das Baugewerbe, wo man mit örtlichen Tariffestlegungen die Konkurrenz von Niedriglohnbetrieben beschränken wollte. 1907 waren fast 40 Prozent aller tarifgebundenen Arbeiter im Bauhandwerk tätig, und 1914 war rund die Hälfte aller Bauarbeiter durch Tarifverträge abgesichert. Es folgten die Holz- und die Lederindustrie, das Verkehrsgewerbe, die Papierindustrie und das Bekleidungsgewerbe. Nur in diesen Branchen wurden 1914 mehr als 20 Prozent der Arbeiter nach Tarifverträgen entlohnt. Sehr wenige Abmachungen gab es hingegen in der Textilindustrie, der chemischen Industrie und dem Maschinenbau, und im Bergbau und bei den Hüttenwerken kam vor 1914 kein einziger Tarifvertrag zustande. Insgesamt wurden 1913 erst 13 Prozent aller gewerblichen Arbeiter aufgrund solcher Vereinbarungen entlohnt.

Trotz des noch geringen Grades an schlagfertiger Organisation nahmen die Streiks seit dem Ende des 19. Jh. zu. Ein Grund ist die ansteigende Konjunktur: Immer wenn Arbeiter knapp werden und die Preise zu steigen tendieren, wächst die Streikbereitschaft. Zwar sind die Statistiken über Streiks unzuverlässig, weil viele kleinere Ausstände wahrscheinlich nicht erfaßt sind. Aber die Tendenz ist klar: Wird – nach den Unterlagen der Gewerkschaften – am Ende der Großen Depression in der ersten Hälfte der 1890er Jahre von 100 bis 200 Streiks im Jahr berichtet, so steigt bald nach Beginn des Konjunkturaufschwungs die Streikkurve steil an. 1896 sind es schon fast 500, 1898 und 1899 nahezu 1000, 1905 2000 und 1906 gar 3000. Dies ist zwar die höchste erreichte Marke, aber um 2000 im Jahr schwankt die Zahl der Streiks ständig bis zum Ausbruch des Ersten Weltkrieges. Die Zahl der an den Streiks Beteiligten schwillt ebenso an, wenn auch nicht ganz parallel, denn es gibt Streiks mit sehr wenigen und einige wenige Ausstände, besonders im Ruhrgebiet, mit sehr vielen Beteiligten. 1896 sind es zum erstenmal mehr als 100000, 1905 mehr als 300000 und 1912 fast 400000. Auch Streikdauer und Ergebnisse schwanken. Noch immer wird eine beträchtliche Zahl ohne oder ohne vollen Erfolg abgebrochen. Immerhin: in den meisten Jahren des 20. Jh. melden mehr als die Hälfte der Streikenden einen vollen oder einen Teilerfolg. Weit zahlreicher und erfolgreicher als Streiks sind jedoch in dieser Zeit die sog. »Bewegungen ohne Arbeitseinstellung«, meist Tarifverhandlungen. 1912 und 1913 gab es pro Jahr mehr als 7000 solcher »Bewegungen«, die auch in der Mehrzahl der Fälle zum Erfolg führten.

Sozialpolitik und Sozialversicherung

Ein wichtiger Teil der Veränderungen der Sozialverfassung kam durch gütliche Vereinbarungen gesellschaftlicher Gruppen untereinander zustande. Auf anderen Gebieten aber gestaltete der Staat in Deutschland die Sozialpolitik über Verordnungen und Gesetze. Dabei knüpfte er an ältere Traditionen an. Städte und Territorien hatten in Europa schon seit dem späteren Mittelalter in Arbeitsverhältnisse und Preisgestaltung eingegriffen, sich um die Armen gekümmert und gelegentlich sogar Arbeitslosigkeit einzudämmen versucht. Im 19. Jh. standen die mit der Fabrikarbeit verbundenen Probleme im Vordergrund des Interesses. Schon 1817 hatte der preußische Staatskanzler Karl August von Hardenberg einen Runderlaß herausgegeben »betreffend allgemeine Vorschläge zur Verbesserung der Verhältnisse der Fabrikarbeiter«, insbesondere über Kinderarbeit, und die Oberpräsidenten zum Bericht über die Zustände in ihren Provinzen aufgefordert. Es stellte sich heraus, daß es in Preußen nur wenige Fabrikkinder gab und daß ihre Lage nicht schlechter erschien als die anderer Kinder, die in Handwerk, Heimarbeit oder Landwirtschaft beschäftigt waren. So geschah zunächst nichts. In den zwanziger Jahren nahm das Kultusministerium die Frage der Kinderarbeit wieder auf, ohne zu einem Ergebnis, etwa zu einem Verbot, zu kommen. Zu selbstverständlich war noch, daß Kinder auf dem Land und in den Klein- und Heimgewerben mitarbeiteten. Nur die Schulpflicht wurde in Erinnerung gerufen. 1828 bemerkte dann ein preußischer General, daß die Rekruten aus Gegenden mit vielen jungen Fabrikarbeitern in besonders hohem Maß wehruntauglich waren, und wieder schloß sich eine längere Diskussion der Behörden an, was zu tun sei.

1839 kam es schließlich in Preußen zu dem ersten »Regulativ über die Beschäftigung jugendlicher Arbeiter in Fabriken«, das die Beschäftigung von Kindern unter 9 Jahren verbot und Jugendlichen unter 16 Jahren die Fabrikarbeit untersagte, sofern sie nicht mindestens drei Jahre Schulzeit nachweisen konnten. Ihre Arbeitszeit durfte höchstens 10 Stunden am Tag betragen.

Zögernd folgten auch andere Bundesstaaten mit Kinderschutzbestimmungen der Begrenzung der Arbeitszeit für Kinder und der Kontrolle von Arbeitsschutzvorrichtungen durch Gewerbeinspektoren, die in Preußen 1853 zunächst für das Rheinland eingeführt worden waren.

In großem Stil setzte die staatliche Sozialpolitik erst im Kaiserreich ein. In einer Kaiserlichen Botschaft kündete Wilhelm I. am 17. November 1881 eine Unfall-, Kranken-, Alters- und Invaliditätsversicherung an. Schon vorher hatte es zahlreiche genossenschaftliche, kommunale und betriebliche Kassen gegeben, in Preußen rund 5000. Im Bergbau gab es außerdem die obligatorische Knappschaftsversicherung. Insgesamt waren in Preußen schon mindestens eine Million Arbeiter in irgendeiner Weise versichert, wenn auch meist mit sehr geringfügigen Ansprüchen. 1883 trat nun als erste reichsweite Zwangskasse die Krankenversicherung für gewerbliche Arbeiter in Kraft. Sie erfaßte 1885 knapp 4,3 Millionen Personen, rund 40 Prozent der Arbeitnehmer. Bis 1914 stieg die Zahl der in den gesetzlichen Krankenkassen Versicherten auf 15,6 Millionen Personen oder 60 Prozent der Arbeitnehmer.

Die gesetzliche Krankenkasse brachte freie ärztliche Behandlung und Arzneimittelversorgung und bei Arbeitsunfähigkeit ein Krankengeld in Höhe der Hälfte des Arbeitsverdienstes vom dritten Krankheitstag an, zunächst für die Dauer von 13, später von 26 Wochen. Zwei Drittel der Beiträge hatten die Arbeitnehmer, ein Drittel die Arbeitgeber einzuzahlen. Zu versichern war jeder gewerbliche Arbeiter und Angestellte, der weniger als 2000 Mark im Jahr verdiente. Landarbeiter wurden erst seit 1914, Heimarbeiter gar erst seit den 1930er Jahren in die Krankenversicherung aufgenommen.

Die Unfallversicherung trat 1884 in Kraft. Ihre Beiträge mußten vollständig von den Arbeitgebern aufgebracht werden, da sie an die Stelle eines 1871 eingeführten, aber unbefriedigend gebliebenen Unfallhaftungsgesetzes getreten war. Die Unternehmen wurden nach Industriezweigen zu Berufsgenossenschaften zusammengeschlossen. Seit 1887 umfaßte die Unfallversicherung auch die Landwirtschaft, das Transportgewerbe und die Seeschiffahrt, so daß die Zahl der Versicherten rund doppelt so hoch lag wie in der Krankenversicherung.

1889 trat als dritter Zweig die Alters- und Invaliditätsrentenversicherung hinzu, bei der die Beiträge je zur Hälfte von Arbeitgebern und Arbeitnehmern zu tragen waren. Hier zahlte auch der Staat einen Zuschuß, weil sonst selbst eine bescheidene Mindestrente in den Anfangsjahren nicht zu erreichen gewesen wäre. Rentenberechtigt waren zunächst nur über 70jährige, und die Rente betrug nur 18 Prozent des durchschnittlichen Arbeitseinkommens. Witwen erhielten nur Renten, wenn der Ehemann bei einem Unfall umgekommen war. Erst von 1912 an hatten sie Anspruch auf Rente aus der Alters- und Invaliditätsversicherung ihrer Ehemänner, wenn sie selbst nicht versichert und nicht arbeitsfähig waren. Dieser Anspruch war auf 87 Mark jährlich begrenzt, was 9 Prozent des durchschnittlichen Arbeitseinkommens entsprach.

Trotz dieser heute unvorstellbar gewordenen geringen Ansprüche war die deutsche Sozialversicherung richtunggebend für die ganze Welt. Österreich kopierte sie fast vollständig. Andere übernahmen einzelne Elemente, etwa die Teilung der Beiträge zwischen Arbeitgebern und Arbeitnehmern oder den gesetzlichen Zwang. Wieder andere, vor allem Großbritannien und Schweden, entwickelten, nachdem sie die deutsche Versicherung studiert hatten, andere Formen mit dem Ziel einer Mindestrente für jedermann.

An eine Form der Versicherung traute sich das Deutsche Reich jedoch nicht heran und überließ, wie auch bei der Arbeiterschutzgesetzgebung, Großbritannien die Pionierrolle: an die Arbeitslosenversicherung. Sie ist 1911 zuerst in England eingeführt worden. Sie galt weithin als undurchführbar. Die Arbeitslosenfürsorge blieb daher den Gewerkschaften bzw. den Gemeinden überlassen. Manche Städte schufen eine gemeinsam von ihnen und von den Gewerkschaften getragene Versicherung nach dem Vorbild der belgischen Stadt Gent und Kölns.

Auf familiäre, kommunale oder kirchliche Fürsorge blieben auch Heim- und Landarbeiter sowie Erwerbsunfähige, z. B. chronisch Kranke, angewiesen. Bittere Armut war in diesen Kreisen nach wie vor das übliche Lebensschicksal.

Imperialismus

Historiker und Sozialwissenschaftler haben sich große Mühe gegeben, das Verhältnis von Wirtschaft, gesellschaftlichen Kräften und politischer Verfassung zu charakterisieren. In Anlehnung an die Kritik von Zeitgenossen wie Lenin (*1870, †1924) hat man Deutschland wie auch die übrigen europäischen Großmächte, mitunter auch die USA, als eine imperialistische Macht gekennzeichnet. Damit ist nicht nur gemeint, daß sie erobernd und kolonisierend in andere Weltteile ausgriffen, sondern daß sie dies taten, weil es ihrem wirtschaftlichen Interesse entsprach und weil diese wirtschaftlichen Interessen durch kluge gesellschaftliche Organisation auch politisch die Oberhand gewannen. Lenin glaubte an eine Herrschaft des Finanzkapitalismus, der großen Banken und Konzerne. Vertreter der Theorie vom »organisierten Kapitalismus« sind der Meinung, daß in dieser Zeit Staat und Wirtschaft ein Bündnis eingegangen seien, bei dem der Staat die chaotischen Kräfte des Kapitalismus in geregelte Bahnen zu lenken half. Konzerne und Kartelle, also Zusammenschlüsse von Unternehmen oder Absprachen von Unternehmen über Preise, Märkte, Lieferbedingungen, hätten das Wirken des freien Spiels der Kräfte am Markt eingeschränkt, ja ganz unterbunden. Wirtschaftliche Macht sei zunehmend ungleich verteilt gewesen und mit ihr politischer Einfluß.

Demgegenüber haben andere Historiker darauf aufmerksam gemacht, daß dies alles nur an wenigen, wenn auch oft zentralen Gebieten der Wirtschaft, etwa der Schwer- und Rüstungsindustrie, festzustellen und daß im ganzen der Einfluß der Wirtschaft auf den Staat eher diffus gewesen sei, weil die Interessen in verschiedene Richtungen zielten, Macht und Gegenmacht sich immer wieder gegenseitig beschränkten. Auch der Staat habe nicht die Effizienz besessen, die ihm die Theoretiker des Imperialismus oder des organisierten Kapitalismus zuschreiben. Er habe sich oft nur »durchgewurstelt« und Mühe gehabt, seine finanziellen Bedürfnisse zu befriedigen. In den Parlamenten und in den Regierungen der Bundesstaaten seien widerstrebende Interessen vertreten gewesen, von denen bald die einen, bald die anderen die Oberhand behielten.

Dieser wissenschaftliche Streit ist sehr stark vom Gang der politischen Geschichte her motiviert. Die Entstehung des Ersten Weltkriegs und später der Sieg des Nationalsozialismus haben die Debatte wesentlich geprägt. Bleibt man auf dem engeren Gebiet der Wirtschaft, so stellt sich das Deutsche Reich als eine der dynamischsten, am schnellsten wachsenden Industrienationen dar, ein Land, in dem technischer Fortschritt zunehmend Strukturwandel hervorrief, in dem die Arbeit und das tägliche Leben sich schneller änderten als in den meisten anderen Gegenden der Welt, Nordamerika und Japan ausgenommen. Das Bewußtsein der Menschen hat damit vielleicht nicht Schritt gehalten. Alte Welt- und Feindbilder blieben wirksam. Auch die politische Verfassung wurde nicht den Erfordernissen eines modernen Industriestaats angepaßt. Jedoch entstanden so viele gesellschaftliche Organisationen und Foren der Meinungsäußerung, daß man durchaus von einer pluralistischen Gesellschaft in Deutschland sprechen kann, einer Gesellschaft, in der unterschiedliche Weltanschauungen und Meinungen nebeneinander existieren und miteinander auszukommen lernen. Technisch, wirtschaftlich und gesellschaftlich war Deutschland daher um 1914 sehr modern, politisch eher veraltet, und der Mythos des Nachzüglers, des Zukurzgekommenen führte die Deutschen in eine unheilvolle Konfrontation mit den Ländern, die wirtschaftlich ihre besten Kunden und Lieferanten waren. Die deutsche Führung half, einen politisch verhängnisvollen, aber auch vom nationalen wirtschaftlichen Interesse her widersinnigen Krieg vom Zaun zu brechen, der fast alle die zum Gegner machte, mit denen friedlich zu handeln in Deutschlands Interesse gelegen hätte; denn dieser friedliche Austausch hatte es zu beachtlichem Wohlstand geführt, der durch nichts, am wenigsten durch Konkurrenz anderer Mächte, wirklich bedroht war. Dem Welthandel zugewandte Kreise haben dies auch in Deutschland so gesehen. Sie konnten sich politisch gegenüber den in nationalen Vorurteilen Befangenen in Regierung, Militär, Schwerindustrie und Landwirtschaft, die spezielle wirtschaftliche Interessen als allgemeine ausgaben, nicht durchsetzen, so wenig wie das die sozialdemokratische Arbeiterbewegung oder der katholische Mittelstand des Zentrums vermochte. So ging Deutschland in einer unheilvollen internen Machtkonstellation und in nationalistisch verengter Sicht der Welt auch wegen vermeintlicher wirtschaftlicher Interessen in den Krieg.

WOLFRAM FISCHER

Die deutsche Wirtschaft im Ersten Weltkrieg

Wirtschaftlich war das Deutsche Reich auf den Krieg nicht vorbereitet. Man hatte mit einer kurzen Kriegsdauer gerechnet und gerade aus wirtschaftlichen Gründen einen langen Krieg für unmöglich gehalten. Keine moderne Industrienation, die von überseeischen Rohstoffen abhängig sei, könne einen längeren Krieg durchhalten, hatte es geheißen. Das sollte sich als eine krasse Fehleinschätzung erweisen. Alle kriegführenden Nationen, auch die von Übersee fast vollständig abgeschnittenen Mittelmächte, konnten einheimische Ressourcen mobilisieren, den Lebensstandard zurückschrauben und fast fünf Jahre durchhalten. Die Alliierten waren sogar in der Lage, mit Hilfe der USA und anderer überseeischer Verbündeter ihre Ressourcen laufend zu verstärken. Der Krieg wurde zu einer vorher nicht für möglich gehaltenen langandauernden Materialschlacht, in der die industrielle Leistungsfähigkeit eine große Rolle spielte.

Kriegswirtschaft

Der deutsche Generalstab hatte sich vor allem mit dem militärischen Aufmarsch beschäftigt und Pläne zum Einsatz der Eisenbahnen ausgearbeitet. Auch an Lebensmittelvorräte hatte man gedacht, aber kaum etwas getan. Getreidevorräte wurden nicht angelegt, obwohl die Notwendigkeit anerkannt war. Noch im Juli 1914 konnten größere Mengen Getreide frisch vom Halm exportiert werden. Diskutiert worden war auch über die Anlage von Vorräten an strategischen Rohstoffen wie Kupfer und Blei. Staat und Privatwirtschaft konnten sich jedoch nicht einigen, wer die Kosten dafür tragen sollte. Jeder schob dem anderen die Verantwortung dafür zu, und so geschah nichts.

Kurz nach Kriegsausbruch erschien dann der Präsident des Aufsichtsrates der AEG, der auch politisch und literarisch interessierte Industrielle Walther Rathenau, beim preußischen Kriegsministerium und trug einen Plan vor, den der Direktionsassistent des AEG-Kabelwerks Oberspree, Wichard von Moellendorff, ausgearbeitet hatte. Danach sollten in einem »raschen, autoritativen Eingriff« alle Rohstoffvorräte erhoben und von einem Rohmaterialamt zentral verwaltet werden. Rathenau selbst empfahl eine Beschlagnahme der reichen Rohstoffvorräte der belgischen Industrie, die durch den Einmarsch der deutschen Truppen unter deutschen Zugriff gekommen waren. Der preußische Kriegsminister gründete daraufhin eine Kriegsrohstoffabteilung in seinem Ministerium. Chef wurde Rathenau, ein Offizier sein Stellvertreter. Schon am 13. August 1914, weniger als zwei Wochen nach Kriegsausbruch, begann die Arbeit. Es stellte sich heraus, daß bei nur wenigen Rohstoffen Vorräte vorhanden waren, die auch nur den Bedarf eines Jahres gedeckt hätten. Daher beschlagnahmte man sie in den besetzten Gebieten Belgiens, Frankreichs und des russischen Polen rigoros und versuchte, sie in neutralen Staaten aufzukaufen. Rathenau selbst berichtete später darüber: »Ein geographischer Glücksfall fügte es, daß fast zu gleicher Zeit die gesamten Zentren des kontinentalen Wollhandels in unsere Hand fielen; beträchtliche Vorräte an Kautschuk und Salpeter traten hinzu. Nun hieß es, diese Schätze heben und nutzbar machen und dabei doch Recht und Gesetz wahren, Übersicht behalten und die Wirtschaft der Länder nicht mit einem Schlage vernichten.« Das war beschönigend ausgedrückt, denn in Wirklichkeit waren die deutschen Requisiteure nicht zimperlich, auch nicht im neutralen Belgien, wo solche Beschlagnahmungen gegen anerkannte Prinzipien des Völkerrechts verstießen.

Die Kriegsrohstoffabteilung baute schnell einen bürokratischen Apparat mit Zentrale, Einzelreferaten und Ämtern für Beschlagnahme, Spedition und Überwachung aus, setzte Höchstpreise fest, kümmerte sich um die Entwicklung von Ersatzstoffen, förderte die Forschung, insbesondere zur Gewinnung von Stickstoff aus Luft nach dem Haber-Bosch-Verfahren. Fritz Habers kleines Kaiser-Wilhelm-Institut in Berlin-Dahlem, das erst 1911 mit Hilfe einer privaten Stiftung ins Leben getreten war, erweiterte sich im Lauf des Krieges zu einer Forschungsfabrik mit mehr als 1100 Mitarbeitern.

Zur Verwaltung der Rohstoffe wurden Kriegswirtschaftsgesellschaften gegründet, die nicht als Behörden, sondern wie Unternehmen, wenn auch ohne Gewinnausschüttung, arbeiteten. Männer aus der Wirtschaft bzw. aus deren Selbstverwaltungen – aus Kammern, Kartellen, Syndikaten – leiteten sie. Jede dieser Gesellschaften hatte einen einzelnen Rohstoff zu beschaffen und zu verteilen. Auch hier entstand also wieder ein großer Apparat. Rathenau und Moellendorff haben diese Zwischenform zwischen Staatsverwaltung und freier Wirtschaft bewußt angesteuert, wie aus vielen ihrer Äußerungen hervorgeht. »Auf der einen Seite war ein entschiedener Schritt zum Staatssozialismus geschehen«, schreibt Rathenau. »Der Güterverkehr gehorchte nicht mehr dem freien Spiel der Kräfte, sondern war zwangsläufig geworden. Auf der anderen Seite wurde eine Selbstverwaltung der Industrie, und zwar in größtem Umfang, durch die neuen Organisationen angestrebt.«

Neben der Rohstoffversorgung entstand im Lauf des Krieges ein zweiter Engpaß, die Nahrungsmittelversorgung. Um sie zu

Der Industrielle Walther Rathenau leitete im Ersten Weltkrieg die Rohstoffabteilung im preußischen Kriegsministerium.

organisieren, wurde unter der Aufsicht des Reichsamts des Inneren ein Kriegsernährungsamt gegründet und mit der Rationierung der wichtigsten Lebensmittel beauftragt. In seinem Vorstand saßen auch Gewerkschaftler. Immer mehr mußten sie den Mangel verwalten helfen; denn die Landwirtschaft und die Konsumgüterindustrien konnten den Bedarf immer weniger decken.

Das hing mit tiefgreifenden Veränderungen in der Wirtschafts- und Beschäftigungsstruktur während des Krieges zusammen. Gleich bei Kriegsausbruch kam die Wirtschaft ins Stocken. Die Mobilmachung riß von einem Tag zum anderen fast zwei Millionen Männer von ihren Arbeitsplätzen weg; der Einsatz der Eisenbahnen für die Truppe verschlechterte die Versorgungslage, so daß sogar die kriegswichtige Produktion im Ruhrgebiet mangels Rohstoffnachschub zurückging. Kleine Geschäfte schlossen oft ganz, wenn der Inhaber einberufen wurde. Andere glaubten, daß die normale Geschäftstätigkeit bis zum Kriegsende ruhen würde. Die Arbeitslosigkeit unter Gewerkschaftsmitgliedern – andere Zahlen gibt es nicht – sprang von 2,9 Prozent im Juli auf 22,4 Prozent im August und bildete sich nur langsam zurück, obwohl sich im Herbst in der Rüstungsindustrie bereits Arbeitermangel bemerkbar machte. Aber in der Textil- und in anderen Konsumgüterindustrien standen viele Räder still, und die Arbeitslosigkeit blieb bis zum Oktober 1914 über 10 Prozent, ging im Winter leicht zurück, erreichte aber erst im Frühjahr 1915 wieder den alten Stand, um dann bis zum Frühjahr 1918 auf 0,8 Prozent abzusinken. Praktisch herrschte nun »Überbeschäftigung«, d. h., es wurden mehr Arbeiter gesucht, als zur Verfügung standen.

Die Zahl der erwachsenen Männer, die in einem Arbeitsverhältnis standen, verringerte sich im Lauf des Krieges von 5,4 auf 4 Millionen, d. h. um 26 Prozent. Dafür waren 10 Prozent mehr männliche Jugendliche beschäftigt, vor allem aber stieg die Zahl der arbeitenden Frauen um 52 Prozent von 1,4 auf 2,1 Millionen. Das war kein voller Ausgleich für die zum Militär eingezogenen Männer. Insgesamt sank die Zahl der Beschäftigten um 8 Prozent.

Das Hindenburg-Programm

Auf der Höhe des Krieges versuchten Generalstab und Zivilbehörden mit Hilfe der Gewerkschaften, alle verfügbaren Männer für die Front und alle Arbeitsfähigen für die Arbeit zu mobilisieren. Das »Gesetz über den Vaterländischen Hilfsdienst« vom 5. Dezember 1916 – meist Hindenburg-Programm genannt –, das in Übereinkunft mit den Gewerkschaften und der SPD zustande kam, führte die Arbeits-

Patriotische Postkarte aus dem Ersten Weltkrieg: Nach dem Sieg bei Tannenberg war Hindenburg populärster Heerführer.

pflicht für alle Männer zwischen 17 und 60 Jahren ein. Der »Hilfsdienst« konnte in der Kriegswirtschaft, der Landwirtschaft, der Krankenpflege und bei sonstigen für den Krieg wichtigen Stellen geleistet werden. Ein auch mit Gewerkschaftlern besetzter Ausschuß hatte darüber zu befinden, welche Betriebe als »kriegswichtig« anerkannt werden sollten und wer wo einzusetzen war. Auch über den Arbeitsplatzwechsel entschieden diese »paritätischen Ausschüsse«. In allen Betrieben mit mehr als 50 Arbeitern war ein Arbeiterausschuß einzurichten; das waren die Vorläufer der Betriebsräte. Er hatte »das gute Einvernehmen zwischen Arbeiterschaft und Arbeitgeber zu fördern«. Damit wurde ein alter Wunsch der Gewerkschaften erfüllt.

Kriegswichtig waren natürlich vor allem die Rüstungsindustrie und ihre Zulieferer. Deshalb führte der Krieg zu einer Stärkung des schwerindustriellen und metallverarbeitenden Sektors, auch der Chemie, die Munition, Arzneimittel und Düngemittel herstellte, und zu einer Schwächung des Konsumgütersektors, z. B. der Textil- und Bekleidungsindustrie, aber auch des Baugewerbes. 1918 lag die Produktion von Chemikalien und Nichteisenmetallen doppelt so hoch wie 1913. Der Wohnungsbau sank hingegen auf 4 Prozent des Vorkriegsstandes, und bei Textilien wurden nur 17 Prozent der Vorkriegsproduktion erreicht. Trotz aller Anstrengungen sank die Industrieproduktion insgesamt auf 55 bis 60 Prozent des Vorkriegsstandes. Selbst in einigen kriegswichtigen Bereichen ging die Produktion zurück, so im Bergbau und in der Eisen- und Stahlherstellung, wo infolge der schlechten Ernährung, der schnell wechselnden, z. T. unausgebildeten Belegschaft und der sinkenden Moral sich die Arbeitsproduktivität um rund 20 Prozent verminderte.

Die Landwirtschaft im Krieg

In der Landwirtschaft sank nicht nur die Arbeits-, sondern auch die Bodenproduktivität. Männer und Pferde mußten in den Kriegsdienst, Frauen, Alte, Kinder und Ochsen blieben zurück. Auf manchen Bauernhöfen arbeiteten Kriegsgefangene und Hilfsdienstverpflichtete. Überall fehlten Saatgut, Düngemittel und neue Maschinen. Im letzten Kriegsjahr stand nur rund ein Drittel der Düngemittel des letzten Friedensjahres zur Verfügung. Auch die Anbaufläche nahm ab, weil viele Bauernfamilien nicht mehr das ganze Land bewirtschaften konnten, wenn Vater und Söhne fehlten. Vor allem aber fielen die Hektarerträge: bei Weizen von 22,3 dz auf 14,1 dz, bei Roggen von 18,4 dz auf 13,6 dz und bei Kartoffeln von 137,5 dz auf 111,8 dz. Der Rindviehbestand verminderte sich hingegen nur wenig, aber wegen ungenügender Fütterung nahm der Milchertrag der Kühe ab, und das Schlachtgewicht verringerte sich. Der Schweinebestand mußte 1915 durch behördlich angeordnete Schlachtungen verkleinert werden, damit Kartoffeln und Getreide für die Ernährung der Bevölkerung frei wurden. 1917 gab es nur noch 11 Millionen Schweine gegenüber 25,5 Millionen 1913.

Arbeitsmoral und Arbeitsleistung der Landwirte litten auch darunter, daß sie für ihre Produkte, die sie gegen Festpreise abliefern mußten, immer weniger Industriewaren kaufen konnten. Daher investierten sie kaum in Neubauten, und die Reparaturen beschränkten sich auf das Nötigste. Je länger der Krieg dauerte, desto mehr hielt die Landbevölkerung Nahrungsmittel zurück oder tauschte sie nur noch gegen Sachwerte. Dadurch verschlechterte sich der Lebensstandard vor allem der Großstadtbewohner, die auf ihre Lebensmittelkarten angewiesen waren. Trotz Preisfestsetzungen stiegen die Preise der lebensnotwendigen Güter an, und ein immer größerer Anteil mußte schwarz, d. h. zu sehr hohen Preisen, erworben werden. 1918 deckte die offizielle Ration nur noch rund die Hälfte des tatsächlichen Kalorienbedarfs bei mittelschwerer Arbeit.

Obwohl sich die Nominallöhne im Durchschnitt etwa verdoppelten – in der Rüstungsindustrie stiegen sie auf das 2,5fache, in der Konsumgüterindustrie blieben sie hingegen beim 1,8fachen –, verminderte sich die Kaufkraft der Löhne, besonders in den letzten beiden Kriegsjahren. 1918 war sie auf zwei Drittel des Standes von 1914 gesunken. Frauenlöhne stiegen etwas stärker und verloren daher nur rund ein Viertel ihrer Kaufkraft. Aber das sind Durchschnittswerte nach statistischen Berechnungen. Für die konkrete Lage gab oft den Ausschlag, ob und wie man an unrationierte Waren herankam. Auf dem Land mögen die Löhne weniger stark gestiegen sein als in den Großstädten und in den Zentren der Rüstungsindustrie, aber man hungerte wenigstens nicht. Den Städtern aber ist der Steckrübenwinter 1916/17 nach einer Mißernte bei Kartoffeln unvergeßlich geblieben.

Soziale Spannungen

Unter diesen Umständen wuchsen die sozialen Spannungen. Jeder verdächtigte den anderen, daß es ihm besser gehen könnte. Man sah, daß einige sich immer noch alles leisten konnten. Man kannte Schieber und Spekulanten und Drückeberger oder hatte von ihnen gehört. Der Städter beneidete den Landbewohner, der zum Kriegsdienst Einberufene und dessen Familie die Zurückgestellten. Manche der gewohnten Klassenunterschiede ebneten sich zwar ein, aber da es fast allen schlechter ging, merkten die, die ihre relative Position verbessern konnten, davon nichts. Hilfsarbeiter- und Frauenlöhne stiegen schneller als Facharbeiterlöhne, diese wiederum schneller als Beamtengehälter. Die oberen, akademisch gebildeten Beamten mit festem Gehalt verloren relativ am meisten. Wenn sie sich streng an die Gesetze hielten, war bei ihnen Schmalhans Küchenmeister. Das waren sie nicht gewohnt. Wer über Sachwerte verfügte, Fabrikanten, Handwerker, Händler, Landwirte, konnte tauschen. Die Kriegsgewinne wurden seit 1916 zwar besteuert, aber diese Besteuerung griff nicht richtig. Zuviel konnte versteckt werden. Daß auch viele Unternehmen real am Krieg verloren, wenn ihr Maschinenpark veraltete, wenn sie für Kriegszwecke Anlagen bauen mußten, die später so nicht mehr verwendbar waren, bemerkte der Mann auf der Straße nicht. Er sah nur die Schornsteine rauchen. Und er sah, daß einige sich trotz zunehmender Härte des Krieges ein vergnügtes Leben machten.

So berichtete das Generalkommando in Berlin im Juli 1918: »Die Vergnügungsstätten aller Art sind überfüllt, gerade die besseren Plätze tagelang vorausbestellt. Die Züge nach den Ostseebädern sind trotz erhöhter Fahrpreise voll besetzt.« Auch in anderen Erholungs- und Kurorten wurde ein »lärmender Gesellschaftstrubel« kritisiert, »der sich in Schlemmereien, unwürdigem Benehmen am Strand und in den Badeanstalten, auffälligen Toiletten der mehr oder minder leichtsinnigen Frauenwelt kundgab«. Daß auch dies Ausfluß einer Weltuntergangsstimmung sein konnte, bemerkten die militärischen Berichterstatter offenbar nicht.

Technischer Fortschritt

Auf einigen Gebieten trieb der Krieg jedoch den technischen Fortschritt voran. Insbesondere die Chemie konnte Verfahren wie die Haber-Bosch-Synthese, die kurz vor dem Krieg entwickelt worden war, im Großverfahren anwenden, um Stickstoff auch ohne Chilesalpeter herzustellen. Sie nahm die bei Kriegsbeginn eingeschlafene Kunstfaserherstellung wieder auf und produzierte von Sommer 1915 an synthetischen Methylkautschuk, der für Lastwagenreifen und für Akkumulatorenkästen von U-Booten benötigt wurde. Daß der Munitionsbedarf nicht nur zu einer Verdreißigfachung der Produktion von Sprengstoff, sondern auch zur Entwicklung besserer Sprengstoffe führte, liegt auf der Hand.

Einen Aufschwung nahm auch die technische Entwicklung in der Fahrzeug- und Flugzeugindustrie sowie beim Schiffbau, insbesondere bei Torpedo- und U-Booten. Geländegängige und hochbelastbare Wagen aller Größen, Panzer, Flugzeuge, Flug-, Schiff- und Automotoren konnten weiterentwickelt werden, die Zündungen wurden verbessert. Außer der Rüstungsindustrie im engeren Sinn, die Gewehre, Geschütze, Minen- und Granatwerfer, Tank- und Flugzeugabwehrwaffen entwarf, verbesserte und in immer größeren Serien produzierte, war auch die Elektrotechnik und Optik gefordert. Feuerleitgeräte, Scherenfernrohre, Feldtelephone wurden in großer Zahl gebraucht. Zu ihrer Herstellung mußten Werkzeugmaschinen und Werkanlagen entwickelt und erbaut werden. Vieles von dem, was an neuen Kenntnissen und Fertigkeiten gewonnen wurde, konnte später auch für Friedenszwecke verwandt werden. So blieb etwa die im Krieg eingeführte Mechanisierung der Braunkohleförderung erhalten, ebenso der Fortschritt, der beim Materialfluß, der Produktionsanordnung und der Standardisierung von Produktionsverfahren gewonnen worden war. Die Anlagen für die Rüstungsindustrie waren jedoch nur unter großen Kosten für andere Produkte zu verwenden. Ein großer Teil ist daher zu Recht sofort abgeschrieben worden. Die hohen Bruttoerträge, die die Rüstungsindustrie erzielte, waren so z.T. Scheingewinne, wenn sie von den Zeitgenossen auch als ungerecht empfunden wurden. Die ausgewiesenen Reingewinne stiegen wegen der hohen Abschreibungen und der Bildung stiller Reserven kaum an. Im Durchschnitt zahlten die deutschen Aktiengesellschaften vor dem Krieg zwischen 8 und 9 Prozent Dividende. 1914 waren es mit 6,6 Prozent erheblich weniger. Hier zeigten sich die Umstellungs- und Anpassungsschwierigkeiten; 1917/18, als allerdings die Inflation den Geldwert schon fast halbiert hatte, stiegen die durchschnittlichen Dividenden vorübergehend auf 10 Prozent, um dann 1918/19 wieder auf 8 Prozent zurückzufallen.

Auch hier sagen Durchschnitte jedoch wenig. Es gab Firmen, die sehr gut verdienten, und solche, die sich mit Mühe über Wasser hielten. Was zählte, ist in keiner Statistik erfaßt: die Fähigkeit oder Unfähigkeit einer Firma, ihren Produktionsapparat, ihre Vorräte und ihre Liquidität so zu arrangieren, daß man auch nach dem Krieg weitermachen konnte. Der unpatriotischste Unternehmer, der möglichst viel Liquidität im Ausland, etwa in der Schweiz, in Holland oder Schweden, hielt, war unternehmenspolitisch der gescheiteste. Der patriotische, der möglichst viel in Kriegsanleihen anlegte, verlor diese Vermögenswerte ebenso wie jeder andere brave Bürger, der den Versprechungen der Regierung glaubte und seine Spargroschen direkt oder indirekt dem Staat zur Kriegführung zur Verfügung stellte. Binnen weniger Jahre, spätestens 1923, waren diese Ersparnisse wertlos geworden.

Kriegsfinanzierung

Mit Hilfe dieser Spargroschen wurde nämlich ein erheblicher Teil der Kriegskosten bestritten, die sich auf 150 bis 160 Milliarden Mark beliefen. Kriege bedeuten immer einen erheblichen Anstieg der staatlichen Ausgaben. Im alten Preußen hatten die Könige versucht, einen Kriegsschatz anzulegen, also Bargeld in Friedenszeiten zu horten, damit es für den Kriegsfall zur Verfügung stehe. Auch das gelang nur unvollkommen. Schon im Siebenjährigen Krieg war Friedrich der Große auf englische Subsidienzahlungen angewiesen, und auch die Befreiungskriege gegen Napoleon wurden z.T. mit Hilfe ausländischer Unterstützung, mit Subsidien und Anleihen, finanziert. An der Last der französischen Besatzung unter Napoleon trug Preußen noch mehr als ein halbes Jahrhundert. Die Kriege des 19. Jh. waren kurz und billig. 1871 wurden die Kriegskosten nachträglich den Franzosen auferlegt. Immer aber bedeutete Krieg zunächst eine Erhöhung der Staatsschuld oder der Steuern, meist beider. So war es auch im Ersten Weltkrieg. Der weitaus größere Teil der Kriegskosten wurde durch Erhöhung der Staatsschuld bestritten, nur etwa 8 Prozent durch Steuern. (In England waren es immerhin rund 14 Prozent.) Wie geschah das? Im Unterschied zur Güterwirtschaft war die Finanzwirtschaft des Deutschen Reiches auf die Eventualität eines Krieges vorbereitet. Man orientierte sich allerdings an den Erfahrungen des Krieges von 1870/71. Er hatte nur sechs Monate gedauert und etwa ein Sechstel des damaligen jährlichen Volkseinkommens gekostet. Finanziert wurde er mit Hilfe von Kriegsanleihen des Norddeutschen Bundes und der

131

Die deutsche Wirtschaft im Ersten Weltkrieg

Frauen nahmen die Arbeitsplätze der Männer ein, die an der Front kämpften: Arbeiterinnen in der Geschützrohrzieherei einer staatlichen Geschützgießerei, 1916 (ganz oben), Straßenbahnschaffnerinnen in Berlin, 1917 (links). Das U-Boot sollte die Wunderwaffe des Krieges werden (Mitte), eine Blockade des Reiches verhindern.

beteiligten Bundesstaaten. Bezahlt hat ihn hernach Frankreich.

Für den Ersten Weltkrieg war etwas Ähnliches geplant. Zunächst sollten Anleihen bzw. kurzfristige Kredite des Reiches ihn vorfinanzieren; hernach würde man sich die Kriegskosten von den Kriegsgegnern erstatten lassen. Ein Anfang dazu wurde 1917 im Frieden von Brest-Litowsk mit dem geschlagenen Rußland gemacht, dem man die Zahlung von 6 Milliarden Rubel auferlegte. Noch im Frühjahr 1918 stellte der Kaiser sich vor, daß er von den USA und Großbritannien je 30 Milliarden Dollar, also rund 130 Milliarden Mark, von Frankreich 40 Milliarden Francs und von Italien 10 Milliarden Lire erhalten könne. Das hätte die deutschen Kriegskosten reichlich gedeckt. Da der Krieg verlorenging, blieb man auf den Kosten sitzen und wurde überdies mit den Reparationsforderungen der Sieger konfrontiert, die kaum weniger hoch griffen, als es die Deutschen getan hätten, wären sie die Sieger gewesen. Doch davon später.

Während des Krieges beschritten Reichsregierung und Reichstag drei Wege, um die Kosten aufzubringen. Für knapp zwei Drittel – an die 100 Milliarden Mark – wurden Kriegsanleihen aufgelegt. Das Deutsche Reich bot seinen Bürgern fünfprozentige Schuldverschreibungen an, und in den ersten Jahren fanden sie guten Absatz, da die Nominaleinkommen stiegen, das Warenangebot aber zurückging, also freie Liquidität vorhanden war. Auch der Zinssatz stimmte zunächst. Außerdem nahm das Reich kurzfristige Schulden durch die Ausgabe von Reichsschatzanweisungen auf, meist bei Kreditinstituten oder direkt bei der Reichsbank. Bei Ende des Krieges wies der Reichshaushalt 51 Milliarden Mark solcher kurzfristigen Schuldpapiere aus. Insgesamt war die Reichsschuld bei Ende des Krieges auf 156 Milliarden Mark angewachsen. Das war fast das Vierfache des Volkseinkommens im letzten Friedensjahr.

Als dritte, aber unwichtigere Finanzierungsquelle kamen zusätzlich Steuern hinzu. Sie wurden erst 1916 beschlossen. Immerhin sprangen infolgedessen die ordentlichen Einnahmen des Reiches von reichlich 2 Milliarden Mark auf 8 Milliarden Mark 1917 (und 7,3 Milliarden 1918). Eine außerordentliche Kriegsabgabe brachte 1917 immerhin 4,8 Milliarden und 1918 noch einmal 2,4 Milliarden ein. Da auch einige andere Einnahmen, so die Verbrauchssteuern, besonders die auf Tabak und Kohle, oder die Gewinnabgabe der Reichsbank und der ihr unterstellten Darlehenskassen sowie eine Ausfuhrabgabe einige hundert Millionen Mehreinnahmen erbrachten, konnte der Rückgang der Zolleinnahmen überkompensiert werden.

Obwohl mit den Steuern und den Kriegsanleihen eine Abschöpfung von Liquidität verbunden war, stieg der Geldum-

Hunger und Kriegsüberdruß

Die wirtschaftliche Leistungsfähigkeit Deutschlands verringerte sich im Lauf des Krieges ohne Zweifel. Den Ressourcen der Gegner hatten die Mittelmächte sehr viel beschränktere Reserven entgegenzusetzen. Sowohl Rohstoffe als auch Nahrungsmittel und Arbeitskräfte wurden knapp und konnten auf die Dauer den Anforderungen der Materialschlacht, zu der sich der Erste Weltkrieg entwickelte, nicht genügen. Mit der Länge und Härte des Krieges wuchsen die Anforderungen nicht nur an die Soldaten an der Front, sondern auch an die in der Heimat Tätigen. Die letzten Kriegsjahre brachten Hunger, Kälte, Überanstrengung. Man kann das an der Zunahme von schon fast ausgestorbenen Krankheiten ablesen: Die Todesfälle an Tuberkulose stiegen bis 1918 auf 230 pro 100 000 Einwohner; 1913 waren es nur 143 gewesen. An Lungenentzündung starben nun 246 von 100 000 Einwohnern im Unterschied zu 119 vor dem Krieg. Das Vertrauen in Regierung und Militärführung schwand dahin. Vor allem die Lebensmittelknappheit brachte viele dazu, die Gesetze zu übertreten. Schwarz- und Schleichhandel waren die milderen Spielarten. Wer nicht mithalten konnte, griff notfalls zur Gewalt.

Im September 1918 wird aus Frankfurt gemeldet, daß die Hälfte der gesamten Obsternte gestohlen worden sei. Münster registriert sogar Schußwaffengebrauch bei Diebstählen. In Hannover empfiehlt das Generalkommando den Landwirten, zur Selbsthilfe zu greifen, da die staatliche Autorität sie nicht mehr schützen könne, und aus dem Ruhrgebiet wird berichtet, daß Urlauber nicht mehr zur Truppe zurückkehren und »frech« von einer baldigen Umkehr der Machtverhältnisse sprächen, ohne daß sie von der Bevölkerung Widerspruch erhielten. Auch aus Frankfurt war schon im Sommer 1918 gemeldet worden: »In der Arbeiterschaft und in weiten Kreisen des Mittelstandes ist das Vertrauen zur Regierung mehr und mehr im Schwinden begriffen.« Und aus Stettin kommen Berichte, daß sowohl das Landvolk wie die gebildeten Stände verbittert und demoralisiert seien. »Es bereitet sich dadurch ein für den Umsturz günstiger Boden vor, so daß das platte Land bei etwa kommenden inneren Stürmen nicht mehr der Staatsordnung den inneren Rückhalt geben wird, den sie sonst gewohnheitsmäßig gefunden hatte.« Noch bringen die meisten dieser Lageberichte Hinweise auf das Vertrauen in das Militär, das erhalten geblieben sei. Als auch dieses nach der vergeblichen Frühjahrsoffensive 1918 zu schwinden begann, war das deutsche Volk reif für die Beendigung des Krieges, zu welchen Bedingungen auch immer. Nicht nur militärisch, auch wirtschaftlich und moralisch war es überfordert worden.

Hunger verleitet zu Raubzügen aufs Land.

Aus einem Bericht des II. Armeekorps, Juli 1917: »Ein großer Übelstand, den die Nahrungsmittelknappheit hervorgerufen hat, lag in den täglichen Raubzügen aufs Land, wo mit Überredung oder auch mit Gewalt in Massen herbeigeschleppt wurde. Der Kreis Greifenhagen hat bis jetzt 36 000 Zentner Kartoffeln abgeliefert und schätzt, daß weitere etwa 10 000 Zentner auf unrechtmäßige Weise aus dem Kreise herausgegangen sind. Die Gendarmerie ist von der Garnison Stettin um 36 Mann, Unteroffiziere und Gefreite, verstärkt worden. Auf der Eisenbahn ist der Transport von Kartoffeln verboten, ebenso auf Dampfern, und doch ist bis heute der illegale Handel nicht ganz unterbunden. Mit Wagen und kleinen Kähnen ... werden Kartoffeln und Gemüse weggeschafft. Auf der Eisenbahn herrschten zeitweise geradezu anarchische Zustände. Das Eisenbahnpersonal, zum größten Teil aus weiblichen Schaffnern bestehend, war vollkommen machtlos, und auch die militärische Besatzung der Bahnhöfe war den Massen gegenüber unfähig durchzudringen ... Die staatliche Autorität wurde zeitweise geradezu in Frage gestellt. Auf den Eisenbahnen ist es bald so weit, daß ein anständiger Mensch nicht mehr fahren kann. Klassenunterschiede gibt es nicht mehr, und das Eisenbahnpersonal ist einfach machtlos.«

Und im Mai 1918 klagte das Stellvertretende Generalkommando in Breslau: »Gerechtigkeitsliebe, Treu und Glaube sowie Achtung vor dem Gesetz schlafen immer mehr ein. Übertretungen der Kriegsgesetze sind auch in den besseren Kreisen nicht mehr selten. Diebstähle und Einbrüche, an denen hauptsächlich die halbwüchsige Jugend beteiligt ist, sowie Verrohung jeglicher Art nehmen in erschreckender Weise immer mehr überhand.«

Auch aus Danzig wird berichtet, daß kollektive Felddiebstähle zunehmen: »In der Nähe von Großstädten stürzen sich Trupps von 50 bis 100 Personen auf die Felder, so daß die Besitzer machtlos sind.«

Quelle: Kocka, Jürgen: Klassengesellschaft im Krieg 1914–1918, 2. Aufl. 1978

---

lauf infolge der zunehmenden kurzfristigen Staatsverschuldung erheblich. Im Juli 1914 hatte er bei 7 Milliarden Mark gelegen. Im Juli 1916 waren es schon 10 Milliarden und im November 1918 über 29 Milliarden, d. h. reichlich viermal soviel wie im Sommer 1914. Der Index der Großhandelspreise hatte sich bis zum Frühjahr und Sommer 1918 verdoppelt. Mit anderen Worten: der Geldwert war halbiert worden.

Die Statistik unterschätzte die Inflation jedoch, da viele Preise amtlich festgelegt waren. Könnte man den Schwarzmarkt miteinbeziehen, so ergäbe sich vermutlich, daß der Geldwert auf ein Viertel gefallen war. Interessanterweise hielt sich der Außenkurs der Mark besser: Er war nur um rund 50 Prozent gesunken. Das war vor allem der Bewirtschaftung des Außenhandels und des Kapitalverkehrs mit dem Ausland zu verdanken. Dadurch und durch den Erfolg eines Propagandafeldzuges zur freiwilligen Abgabe von Gold an das Reich – »Gold gab ich für Eisen« – gelang es der Reichsbank, ihre Gold- und Devisenvorräte von 1,1 Milliarden Ende 1913 auf 2,5 Milliarden Mark 1916 zu erhöhen. Obwohl sie danach leicht sanken, standen sie auch am Jahresende 1918 mit 2,2 Milliarden noch doppelt so hoch wie am Ende des letzten Friedensjahres. Für eine geschlagene Nation war dies keine schlechte Außenbilanz. Daß sie dazu beitrug, den Kriegsgegnern eine hohe deutsche Zahlungsfähigkeit für Reparationen vorzuspiegeln, war eine unerwartete und, wie sich herausstellen sollte, unbequeme Nebenwirkung dieser erfolgreichen Devisenbewirtschaftung.

Im Verlauf des Krieges verschlechterte sich die Versorgung der Bevölkerung. Am Ende drohte zumindest in den großen Städten Hungersnot. Aus städtischen Küchenwagen versorgte man die hungernden Menschen mit Eintopfgerichten (Foto 1918).

WOLFRAM FISCHER

Wirtschaftliche Probleme der Weimarer Republik

Die Weimarer Republik hat in den 14 Jahren ihres Bestehens nicht nur unter politischen, sondern auch großen wirtschaftlichen Problemen gelitten. Höchstens für ein halbes Jahrzehnt, von 1924 bis 1929, kann man von einer »normalen« wirtschaftlichen Entwicklung sprechen, und selbst dieses Jahrfünft war, wie wir sehen werden, in mancherlei Hinsicht ungewöhnlich. Rezession und Arbeitslosigkeit fehlten in ihr ebensowenig wie eine negative Außenhandelsbilanz und ein wachsendes Staatsdefizit. Auch die Auseinandersetzungen zwischen wichtigen Interessengruppen und zwischen ihnen und dem Staat wurden z.T. nach Jahren der Übereinkunft wieder neu belebt.

Das Erbe des Krieges

Zunächst aber plagte die Republik das Erbe des Krieges. Die Staatsverschuldung wuchs weiter, ja nahm atemberaubenden Umfang an. Mit ihr wuchs die Inflation; sie endete in einer Hyperinflation, die alle Rekorde schlug. Niemals in der von Menschen aufgezeichneten Geschichte hat es vorher oder später je eine solche Geldentwertung gegeben wie in Deutschland zwischen der Mitte des Jahres 1922 und dem Ende des Jahres 1923. Wie kam das zustande? Nationalökonomen haben bemerkt, daß Inflation die einfachste Weise der Besteuerung sei, wie geschaffen für schwache Regierungen, die nicht die Kraft besitzen, ihre Ausgaben der Bevölkerung mittels Steuern direkt aufzuerlegen. Genau das war die Situation in Deutschland nach 1918.

Es gab viele Gründe, warum die Regierung mehr ausgab, als sie einnahm, gute und schlechte. Und es gab auch mancherlei Gründe, warum die Regierungen der Nachkriegszeit sich scheuten, die Lasten, die auf das deutsche Volk zukamen, diesem sofort direkt zuzumuten. Einer der guten Gründe war, zumindest bis zum Mai 1921, daß die Regierung selbst diese Belastung durch die Reparationen nicht genau kannte. Erst dann nannten die Alliierten in einem Ultimatum, das telegraphisch aus London übermittelt wurde, die Reparationssumme: 132 Milliarden Goldmark.

Diese Summe war so horrend, daß man sie nur anerkannte, weil sie mit der Drohung, die Ruhr zu besetzen und die Blockade wieder einzuführen, gekoppelt war und man fürchtete, daß dann das Reich unter inneren Unruhen auseinanderbrechen würde. Danach taten die sich ablösenden Regierungen für zweieinhalb Jahre alles, um der Welt zu beweisen, daß Deutschland unter dieser Last zusammenbrechen müsse. Die Welt glaubte das jedoch nicht. Nachdem Deutschland mit Reparationszahlungen weiter in Rückstand geraten war, beschlossen die französische und belgische Regierung, sich Faustpfänder zu nehmen und am 11. Januar 1923 in das Ruhrgebiet einzumarschieren. Die Reichsregierung rief den passiven Widerstand aus. Die Arbeiter in den Kohlengruben, an den Hochöfen und bei den Eisenbahnen legten geschlossen die Arbeit nieder. Statt der Arbeitgeber bezahlte die Regierung die Löhne. Das gab der deutschen Währung vollends den Todesstoß, denn nun stiegen die Ausgaben sprunghaft an, ohne daß dafür irgendwelche Gegenwerte geschaffen worden wären.

Als französische und belgische Truppen am 11. Januar 1923 in das Ruhrgebiet einmarschierten, rief die Reichsregierung den passiven Widerstand aus. In den besetzten Gebieten ruhte die Arbeit. Der überhitzte, nach rückwärts gewandte Nationalismus beiderseits des Rheins erreichte seinen Höhepunkt: Boykottaufruf gegen den Kauf französischer und belgischer Waren.

Wir sind den Ereignissen jedoch vorausgeeilt. Die erste Sorge der republikanischen Regierung galt nicht den Reparationen, sondern dem inneren Frieden und der Wiederherstellung der Ordnung, die in der Revolution mancherorts zusammengebrochen war. Dazu gehörte die Unterbringung von Millionen entlassener Soldaten im Wirtschaftsleben. Jeder sollte einen Arbeitsplatz bekommen. Dazu mußte die Industrie sich auf Friedensproduktion umstellen, mußten die Verkehrsmittel repariert und erneuert werden, die Landwirtschaft wieder mit Dünger und Maschinen versorgt, der Wohnungsbau in Gang gesetzt werden. Das alles kostete Geld; am Geld sollte der Wiederaufbau jedoch nicht scheitern. Reichsbank und Reichsregierung beschafften es durch noch größere Staatsverschuldung.

Da niemand mehr Anleihen des Deutschen Reiches kaufen wollte, nachdem dessen Zukunft so ungewiß geworden war und sich der reale Wert der Anleihen infolge der Inflation deutlich verringert hatte, griff das Reich noch mehr zur kurzfristigen Verschuldung durch Ausgabe unverzinslicher Schatzanweisungen, die knapp zur Hälfte von der Reichsbank, zu mehr als der Hälfte von anderen Finanzinstituten gehalten wurden. Während die gesamte Reichsschuld sich von Kriegsende bis Mitte 1922 etwa verdreifachte, zeigten lang- und kurzfristige Verschuldung gegensätzliche Tendenz: die langfristige nahm von 1920, als sie mit 93 Milliarden einen Höhepunkt erreicht hatte, bis zum 30. September 1923 auf 60,5 Milliarden ab, also um mehr als ein Drittel. Die kurzfristigen Schulden versechzehnfachten sich hingegen vom November 1918 bis zum November 1922 und stiegen dann in astronomische Höhen: Im November 1923 betrugen sie – man muß diese Zahl zu lesen versuchen –: 191 580 465 422 100 000 000 Mark. Davon hielt die Reichsbank nun 99,1 Prozent. Im Juli 1914 hatten sich im Besitz der Reichsbank Reichsschatzanweisungen im Wert von ganzen 300 Millionen Mark befunden, außerhalb der Reichsbank überhaupt keine.

Die Reichsbank konnte zum Schluß die Bedürfnisse der Regierung nach Geld nur noch dadurch befriedigen, daß sie alle möglichen Druckereien damit beauftragte, Geld zu drucken. Dennoch kam es zu einer »Geldknappheit«. So schnell konnte gar nicht gedruckt und geliefert werden, wie das Geld sich entwertete. Viele Firmen und Städte gingen daher dazu über, ihr eigenes Ersatzgeld zu schaffen, das innerhalb bestimmter Grenzen lieber angenommen wurde als das gesetzliche Zahlungsmittel. Und auf dem Land war längst der Tauschhandel zurückgekehrt, so wie in den letzten Kriegsjahren. Erst als die Regierung befürchtete, daß die Bauern die Ernte des Jahres 1923 zurückhalten würden und es in den Städten zu Hungerrevolten kommen könnte, entschloß sich die am 13. August 1923 gebildete Regierung Stresemann, den passiven Widerstand abzubrechen, die Währung zu stabilisieren und auf Verhandlungen mit den Alliierten einzugehen mit dem Ziel, für die Zahlung der Reparationen eine allen Teilen akzeptable Lösung zu suchen.

Wie konnte es dazu kommen? Nachträgliche Beobachter müssen sich an den Kopf greifen und fragen: Waren denn damals alle Deutschen verrückt oder zumindest Regierung, Parlament und Reichsbank? Aber für die Zeitgenossen ging alles zunächst Schritt für Schritt, und die meisten glaubten überdies, daß die Regierung gar keine Möglichkeit habe, die Inflation zu stoppen. Diese wurde nämlich nach amtlicher deutscher Auffassung nicht von der Staatsverschuldung, sondern vom Fallen des Außenwertes der Mark an den Devisenbörsen hervorgerufen, und dieser Verfall komme, so meinte man, von der negativen deutschen Handelsbilanz und den durch die Reparationsforderungen ins Uferlose gesteigerten Zahlungsverpflichtungen gegenüber anderen Währungen.

Inflation: Index der Entwertung der Mark, gemessen an den

	Devisenkursen	Großhandelspreisen
Januar 1913	1.0	1.0
Januar 1920	15.4	12.6
Juli 1920	9.4	13.7
Januar 1921	15.4	14.4
Juli 1921	18.3	14.3
Januar 1922	45.7	36.7
Juli 1922	117.0	101.0
Januar 1923	4 279.0	2 785.0
Juli 1923	84 150.0	74 787.0
August 1923	1 100 100.0	944 041.0
September 1923	23 540 000.0	23 949 000.0
Oktober 1923	6 014 300 000.0	7 095 800 000.0
15. November 1923	1 000 000 000 000.0	750 000 000 000.0

Quelle: Fischer, Wolfram: Deutsche Wirtschaftspolitik 1918–1945, 1968.

In der Tat fiel der Wert der Mark gegenüber anderen Währungen zwischen 1919 und 1923 fast immer schneller, als im Inland die Preise stiegen. Das ist jedoch in den meisten Inflationen so. Das Vertrauen des Auslands nimmt ab. Niemand will eine inflationierte Währung halten. Im Inland versucht jeder, der es kann, Devisen zu erwerben, um sich gegen weitere Entwertungen zu schützen.

Im Fall der deutschen Inflation gab es anfänglich sogar noch Gegenkräfte; einige Milliarden Dollar, Gulden und Franken sind noch nach dem Krieg nach Deutschland geflossen, weil man zunächst an einen baldigen Wiederanstieg des Markkurses glaubte. Dann aber, als die Reparationssumme bekannt wurde, spekulierten alle à la Baisse.

Den Zeitgenossen ist die Inflation aber auch deswegen zunächst nicht als völlig verrückt vorgekommen, weil sie auch mit einer Reihe von Vorteilen verbunden war. Die Politik des billigen Geldes erleichterte die Umstellung auf die Friedenswirtschaft. Es lohnte sich, Geld zu borgen und zu investieren. Wenn man es zurückzahlen mußte, war es viel weniger wert. Deswegen wurde viel und wohl auch wahllos investiert, damit aber Arbeitsplätze geschaffen. Als die übrigen Industrieländer 1920 in eine Nachkriegsrezession fielen mit abruptem Preisverfall und schnell steigender Arbeitslosigkeit, herrschte in Deutschland Vollbeschäftigung. 1922 lag die Arbeitslosigkeit der Gewerkschaftsmitglieder in Deutschland bei 1,5 Prozent, in England bei 21 Prozent. Überdies wurde nominal gut verdient, wenn man auch nicht genau wußte, wie gut oder schlecht. Vor allem die Ungelernten konnten ihre relative Position weiter verbessern. Die Landwirtschaft, die hoch verschuldet gewesen war, wurde ihre gesamten Schulden los; so ging es anderen, die sich verschuldet hatten. Betrogen waren diejenigen, die ihr Vermögen, ihre Alterssicherung z. B., nicht in Sachwerten angelegt hatten, sondern als Geldvermögen hielten. Das betraf vor allem den akademisch gebildeten und beamteten Mittelstand, der sich um wirtschaftliche Fragen nie gekümmert hatte und zu spät merkte, was Inflation bedeutete. Zum Schluß kamen sich zwar fast alle betrogen vor, aber eine Weile lang hat die Inflation wirklich dazu beigetragen, den sozialen Frieden in der Weimarer Republik auf einem Mindestmaß zu erhalten, das die junge Republik nicht gefährdete. Ein späterer Nationalökonom und Staatssekretär im Bundesfinanzministerium, Heinz Haller, hat daher geurteilt: »Der Wechsel zur neuen Staatsform und zum neuen Regierungssystem war so schwierig, daß die Staatsaufgaben auch weiter nur mit Hilfe der Notenbank wahrgenommen werden konnten. Eine Regierung, die sofort mit rigorosen steuerlichen Maßnahmen eingesetzt hätte, hatte so gut wie keine Überlebenschancen. Man kann mit Fug und Recht sagen, daß die ›große Inflation‹ das parlamentarische System für die Zeit der Weimarer Republik gesichert hat ... Wenn der Staat die Inflation verursacht hat, so hat er dies ›in Notwehr‹ getan ...«

Notwehr glaubte man auch gegenüber den Reparationsforderungen der Alliierten anwenden zu müssen. In der Tat waren die Bedingungen hart, die man den Deutschen im Friedensvertrag von Versailles auferlegt hatte.

Über die Höhe der Reparationen hatten sich damals die Alliierten nicht einigen können. Sie blieben daher offen. Zunächst mußte das Reich Sachlieferungen erbringen. Die ganze Handelsflotte war abzuliefern, Kohlen, Holz, Eisenbahnwaggons, Lokomotiven und Lastwagen, aber auch landwirtschaftliche Maschinen und Geräte waren für den Wiederaufbau in Nordfrankreich und Belgien zu liefern. Dies alles schuf Arbeit in Deutschland – so wurde die Handelsflotte schnell wieder aufgebaut –, aber es vermehrte die Staatsausgaben, denn das Reich mußte Privatleuten den Verlust ersetzen.

Wieviel bis zum Ende der Inflation an Reparationen wirklich gezahlt worden ist, blieb strittig und kann auch heute nicht mit Sicherheit gesagt werden, weil es dabei großenteils um die Bewertung von Sachlieferungen ging, die Deutschland möglichst hoch, die Alliierten möglichst niedrig ansetzten. Die Reichsregierung errechnete bis zum Jahresende 1922 eine Summe von fast 52 Milliarden Goldmark, die Reparationskommission kam auf ganze 8 Milliarden. Entsprechend schwanken die Schätzungen, wie hoch die Last für Deutschlands Volkswirtschaft war, zwischen knapp 22 Prozent des deutschen Volkseinkommens der Jahre 1919 bis 1922 und 3 Prozent. Neuere deutsche Forscher halten einen Anteil von rund 10 Prozent für am

Sozialkritik und Armut in der Weimarer Republik: George Grosz: »Ohne Worte«, 1920 (unten). Elendsviertel in Berlin, 1924 (ganz unten).

wahrscheinlichsten. Das war eine drückende Last, aber nicht höher, als man sie anderen zugemutet hätte, wäre der Krieg anders ausgegangen. Im Verlauf des Ruhrkonflikts sahen die Alliierten ein, daß man etwas tun müsse, um sie für die Deutschen erträglicher zu machen, sowohl in der Höhe wie in der Form der Aufbringung und Überweisung. So kam es zum Dawes-Plan.

Währungsreform und Dawes-Plan

Dawes-Plan und Währungsreform hingen eng zusammen. Deutschland wollte seine Währung stabilisieren, glaubte aber, dazu ausländischer Hilfe zu bedürfen. Die Reparationen müßten mindestens vorübergehend reduziert werden, und eine Auslandsanleihe, wie sie Österreich, Ungarn und andere ostmitteleuropäische Länder schon seit 1922 zur Beendigung ihrer Nachkriegsinflation erhalten hatten, müßte die Grundlage legen. Dieses Vorgehen scheiterte, weil die Alliierten auf dem umgekehrten Weg beharrten: erst planmäßige Zahlung der Reparationen und Stabilisierung der Währung, dann auch Hilfe von außen. Im September 1923 führte die Regierung Stresemann nun eine Währungsreform zunächst ohne ausländische Hilfe durch. Seit dem Sommer 1922 hatte man in Deutschland Pläne für eine Beendigung der Inflation durch Einführung einer neuen Währung geschmiedet. Nach dem Debakel mit dem Ruhrkampf wurden sie endlich in die Tat umgesetzt. Sie waren etwas umständlich, da ein politischer Kompromiß zwischen den Anhängern der Rückkehr zur Goldwährung, zu denen der sozialdemokratische Finanzminister Rudolf Hilferding gehörte, und der besonders

von der Landwirtschaft und ihren politischen Vertretern bevorzugten »Roggenwährung« gefunden werden mußte. An Roggen als Hauptprodukt der deutschen Landwirtschaft sollte die Währung nach den Vorstellungen des deutschnationalen Politikers und Währungsexperten Karl Helfferich geknüpft werden, damit die Landwirtschaft wieder Vertrauen fasse. Der Kompromiß sah so aus, daß man als Zwischenlösung zunächst eine neue Währung, die Rentenmark, schuf, die durch eine Grundschuld der Landwirtschaft und Industrie »gedeckt« wurde, was im Grunde nur ein psychologischer Kunstgriff war, um das Vertrauen in die neue Recheneinheit herzustellen. Nach einiger Zeit wurde sie schließlich in die Reichsmark umgewandelt, die wieder an das Gold angeschlossen war. Viel wichtiger als diese im Grunde irrelevanten Fragen der »Deckung« der Währung waren die rigorosen Beschränkungen, denen erst Rentenbank und dann Reichsbank bei der Kreditgewährung unterworfen wurden. Sie durften der Reichsregierung und der Privatwirtschaft nur je 1,2 Milliarden Reichsmark ausleihen. Dadurch war der Geldumlauf beschränkt; eine Inflation konnte nicht mehr ausbrechen, solange sich die Reichsbank an das Gesetz hielt. Nun kamen auch die Alliierten zu Hilfe, indem sie zwei Sachverständigenkommissionen einsetzten, von denen die eine sich mit dem Reichshaushalt und der Währung, die andere mit der Kapitalflucht aus Deutschland befassen sollte. Die führenden Köpfe der ersten Kommission waren die Amerikaner Charles G. Dawes und Owen D. Young. Sie gingen mit festen Vorstellungen und großer Tatkraft zu Werke. Ihr Ziel war, die Reparationen zu »entpolitisieren«. Sie wollten das Problem nicht endgültig lösen, aber eine Basis schaffen, auf der man eine endgültige Einigung in Ruhe erwarten könnte. »Je mehr es gelingt, die Zahlungen automatisch, regelmäßig und unabhängig von den Schwankungen der politischen Haltungen gegenüber der Reparationsfrage zu gestalten«, schrieben sie, »um so weniger Reibungen werden entstehen und um so größer wird die tatsächliche Stabilität des deutschen Staatshaushaltes sein. Letzten Endes ist die beste Sicherheit für die Zahlung das Interesse der deutschen Regierung und des deutschen Volkes, ehrlich eine Last auf sich zu nehmen, von der die Welt überzeugt ist, daß sie die Grenzen der deutschen Leistungsfähigkeit nicht übersteigt, und so rasch als möglich eine Last abzutragen, die schwer ist und schwer sein soll.«

Die Reparationen sollten sich laut Dawes-Plan nach der deutschen Zahlungsfähigkeit richten. Als »normal« sah das Dawes-Komitee 2,5 Milliarden Mark pro Jahr an. In den ersten Jahren sollten die Zahlungen jedoch geringer sein: 1924/25 eine Milliarde, wovon nur 200 Millionen in bar aufzubringen waren, 800 Millionen aber durch eine internationale Anleihe vom Ausland zur Verfügung gestellt wurden. Dann sollten die Zahlungen über 1,22 Milliarden (1925/26), 1,5 Milliarden (1926/27) und 1,75 Milliarden (1927/28) im Jahr 1928/29 erstmals auf die normale Höhe von 2,5 Milliarden steigen. Auf diesem Stand sollten sie verbleiben, sofern nicht ein Wohlstandsindex eine höhere Zahlungsfähigkeit Deutschlands anzeigte.

Wichtiger noch als die Schonzeit war für das Funktionieren des Plans die Festsetzung der Reparationsquellen. Damit das Deutsche Reich nicht in die Versuchung gerate, den Haushalt ohne Reparationen gerade auszubalancieren und die Reparationen über erneute Verschuldung zu finanzieren, sollte zunächst nur ein Viertel, später die Hälfte der Zahlungen direkt aus dem Reichshaushalt kommen, und zur Sicherstellung waren einige Zölle und Steuern zu verpfänden. Den Rest sollten eine von der Reichsbahn zu tragende Verkehrssteuer und Zinsen von Anleihen erbringen, die die Reichsbahn und die größten Industriegesellschaften des Landes zu begeben hatten. Ein wesentlicher Träger der Reparationen war somit die Reichsbahn, die damals als ein hochrentables Unternehmen am ehesten dazu in der Lage schien.

Die Reichsbahn wurde zu diesem Zweck als selbständige Gesellschaft vom direkten Zugriff der Regierung befreit. Unabhängig von der Reichsregierung mußte nach dem Dawes-Plan auch die Reichsbank werden, damit sie nicht mehr zur Finanzierung jeder beliebig hohen Staatsschuld herangezogen werden konnte.

Mit der Aufbringung der Reparationen in Reichsmark war die Verantwortung der Regierung beendet. Den Transfer in fremde Währungen hatte ein ausländischer Reparationsagent zu besorgen. Dieser hatte auf die deutsche Zahlungsbilanz Rücksicht zu nehmen und darauf zu achten, daß der Außenwert der Mark nicht leide. Auch von dieser Seite gab es also eine Vorkehrung gegen eine erneute Inflation. War der Transfer ohne Gefährdung des Wertes der Mark gegenüber anderen Währungen nicht möglich, sollten die Reparationszahlungen bis zu einer Höhe von 5 Milliarden Mark zur Verfügung der Reparationsberechtigten in Deutschland bereitgehalten werden, d.h., sie konnten dann nur innerhalb Deutschlands ausgegeben, nicht aber in Francs oder Pfunde getauscht werden.

Dieser Transferschutz war schon vorher vom Völkerbund bei der internationalen Anleihe für Ungarn angewandt worden. Auch die Festlegung von bestimmten Quellen für die Bezahlung der Auslandsschulden und die Verpfändung gewisser staatlicher Einkünfte oder die Einsetzung eines ausländischen Kontrolleurs waren durchaus üblich, aber nur bei kleinen und notorisch verschuldeten Ländern. Viele Deutsche fühlten sich dadurch in der nationalen Ehre gekränkt. Die Tatsache, daß keine Endsumme genannt war, wurde von der nationalen Propaganda als »ewige Versklavung« des deutschen Volkes gebrandmarkt. Helfferich sprach von einem zweiten Versailles. Nüchterne Experten wie der Staatssekretär Carl Bergmann oder der inzwischen Außenminister gewordene Stresemann lobten den Dawes-Plan jedoch. Bergmann schrieb: »Alle seine Ausführungen atmen den frischen Geist gesunder wirtschaftlicher Erkenntnis. Sie halten sich sorgfältig fern von politischen Rücksichten und Erwägungen.«

Die »Goldenen Zwanziger«

Die Währungsstabilisierung fand im Herbst 1923 statt. Schon im Frühjahr 1924 stellte sich heraus, daß das Problem nun nicht mehr Inflation, sondern Rezession hieß. Die Wirtschaft erwartete mehr Kredite, als die Reichsbank zu bewilligen in der Lage war. Um die Kreditnachfrage zu bremsen, setzte die Reichsbank nicht nur ihre Zinsen, den Diskont- und Lombardsatz, herauf, sondern stoppte Kredite zunächst völlig und begrenzte sie dann. Das war ein harter Eingriff, der dem Reichsbankpräsidenten Hjalmar Schacht viel Kritik eintrug. Es hieß, die Reichsbank habe einen durchaus möglichen Aufschwung abgewürgt.

So ähnlich sollte es noch mehrmals kommen. Im Herbst 1925 kippte die Konjunktur schon wieder um, und die Arbeitslosenzahlen stiegen 1926 auf 2 Millionen oder 10 Prozent der »abhängigen Erwerbspersonen«. Vom Herbst 1926 an ging es dann für zwei bis drei Jahre aufwärts. Fast alle ökonomischen Indikatoren weisen Pluszeichen auf, aber auch die Staatsschuld und das Defizit im Außenhandel wachsen. Es bleiben also Strukturschwächen bestehen, und die Arbeitslosigkeit fällt nicht unter 6 Prozent; 1929 steht sie sogar wieder bei 8,5 Prozent. Die Wirtschaft klagt über zu hohe steuerliche Belastungen und zu geringe internationale Konkurrenzfähigkeit, die Gewerkschaften klagen über zu lange Arbeitszeiten, zu geringe Löhne im Vergleich zur Vorkriegszeit und zu den Preisen und über zu hohe Arbeitslosigkeit. Die Landwirtschaft klagt über zu geringe Preise und Absatzmöglichkeiten und zu hohe Zinsen. Sie verschuldet sich so schnell wieder, daß 1928 ihr Schuldenberg schon wieder 6,8 Milliarden Reichsmark beträgt, für die sie Ende des Jahres 8 Prozent Zinsen zahlen muß.

Fast alle diese Klagen waren berechtigt. Die deutsche Wirtschaft hatte in der Tat sehr viel höhere Steuern und Sozialleistungen aufzubringen als vor dem Krieg. Die Landwirtschaft hatte sich in einer Situation sinkender Weltmarktpreise zu behaupten, und die Arbeiter erreichten erst 1927/28 wieder die Reallöhne der Vorkriegszeit. Es gibt noch mehr Merkwürdigkeiten: Die Investitionen, obwohl sie besonders 1927 anzogen, blieben unter dem Vorkriegsniveau. Das gleiche traf für die Arbeitsproduktivität und die Ernteerträge pro Hektar zu. Krieg und Kriegsfolgen waren also noch lange nicht beseitigt. Die Industrie suchte den Schwierigkeiten durch Rationalisierung zu begegnen. Das sollte die Kosten senken, konnte aber auch Arbeitsplätze kosten. Der Erfolg ist nicht leicht festzustellen. Immerhin konnte die deutsche Schwerindustrie im Vergleich mit den westeuropäischen Nachbarländern wieder eine hohe Arbeitsproduktivität erzielen. Sie zahlte aber auch vergleichsweise hohe Löhne. Auch die Beamtengehälter in Deutschland lagen nach einer beträchtlichen Aufbesserung 1927 im Durchschnitt über denen vergleichbarer Länder – und doch war das Realeinkommen der höheren Beamten gegenüber 1913 um 29 Prozent gesunken. Wie sind alle diese Widersprüche zu erklären?

Die Weimarer Republik hatte einen mächtigen Schritt vorwärts zum Sozialstaat getan. Mit dem Ende des Krieges hatte die Schwerindustrie, die bis dahin stets die Gewerkschaften zu negieren trachtete, deren Bedeutung für den sozialen Frieden erkannt, und im Stinnes-Legien-Abkommen hatten die Unternehmer, für die Hugo Stinnes sprach, und die Arbeiter, deren Wortführer der Gewerkschaftsführer Karl Legien war, den 8-Stunden-Tag, Tarifverträge und Zusammenarbeit in allen wichtigen Fragen vereinbart. Während der Inflation waren dann die Löhne besonders in den unteren Gruppen stark gestiegen, und dabei blieb es im großen und ganzen, wenn auch die Industrie versuchte, den 8-Stunden-Tag wieder abzuschaffen und die Lohnskala wieder auseinanderzuziehen. Überdies wurden Verbesserungen in der Sozialversicherung vereinbart und 1927 die Arbeitslosenversicherung eingeführt. Das bedeutete höhere Sozialbeiträge. Die Aufgaben des Staates hatten sich im Krieg vermehrt; nur ein Teil davon war rückgängig gemacht worden. Hinzu kamen die öffentliche Förderung des Wohnungsbaus und viele kommunale Wohltaten wie der Bau von Parks, Schwimmbädern und Erholungsstätten. Das alles und die Reparationen bedeuteten höhere Steuern. Die Steuerlastquote, das ist der Anteil der Steuern, Zölle, Abgaben usw. am Volkseinkommen, lag 1913 bei 9 Prozent, 1925 aber bei 17 Prozent und stieg langsam weiter an, so daß sie 1929 bei 18 Prozent angekommen war. Dem entsprach, daß der Anteil der Staatsausgaben am Bruttosozialprodukt von 16 auf 21 Prozent 1925 gewachsen war und bis 1929 weiter auf 23,5 Prozent stieg. Ebenso stieg der Anteil der Sozialversicherungsausgaben von 1,7 über 3,9 auf 7,1 Prozent.

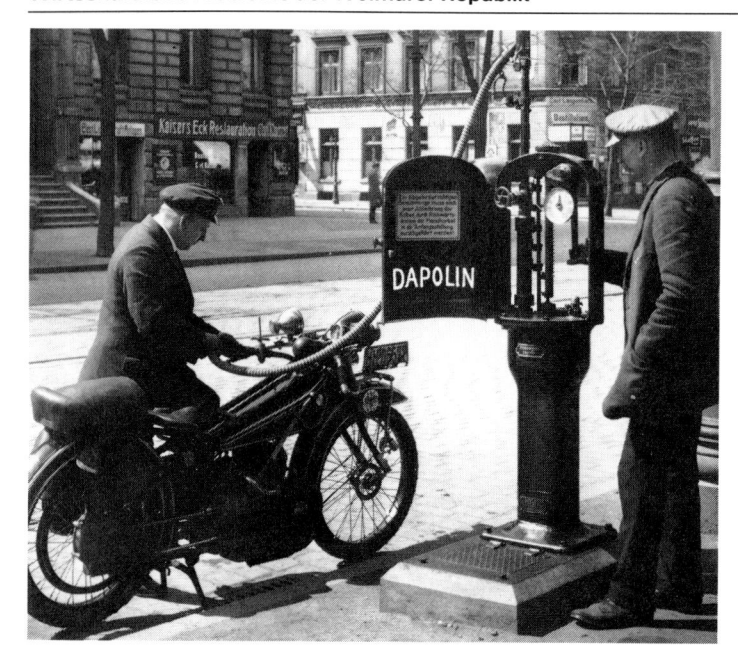

Wirtschaftliche Probleme der Weimarer Republik

Ungebrochen blieben Erfindergeist und Leistungswille der Deutschen. Die Weimarer Republik war trotz Reparationen und Amputationen eine Wirtschaftsgroßmacht in Europa – erstaunlicherweise nahm man diese Tatsache in Deutschland nicht wahr, sondern trauerte der nationalen Größe des Kaiserreichs nach. Oben links: eine der ersten Tankstellen in Deutschland. Oben rechts: Gießerei in Berlin-Siemensstadt (Foto von Felix H. Man, 1930). Darunter: Stapellauf der »Bremen«, 16. August 1928. Der Dampfer gewann 1929 das »Blaue Band«.

Der Sozialstaatscharakter der Weimarer Republik zeigte sich auch daran, wie sie ihre Diener behandelte. Vor dem Ersten Weltkrieg gab es sehr erhebliche Unterschiede in der Bezahlung höherer, mittlerer und niederer Beamter. Diese Unterschiede schrumpften nun zusammen. Das Nominaleinkommen der niedrigsten Gruppen lag 1927 um 67 Prozent über dem Stand von 1913; das waren real 14 Prozent mehr. Das Nominaleinkommen der höchsten Gruppen lag um 4 Prozent höher; das waren real 29 Prozent weniger als 1913.

Der Mehrverdienst der unteren sozialen Schichten scheint jedoch die Kaufkraft insgesamt nicht erhöht zu haben. Dem wirkte schon die Vermögensvernichtung durch die Inflation entgegen, die vor allem die ältere Generation der mittleren und oberen Schichten verarmen ließ und der gesamten Wirtschaft Kaufkraft entzog. Auch die Auslandsmärkte erwiesen sich mit Ausnahme des Jahres 1926, als in England Generalstreik herrschte und deutsche Kohlen und Waren stärker nachgefragt waren, nicht als Konjunkturlokomotiven. Insgesamt war die Zwischenkriegszeit nirgends in Europa eine Zeit überschäumenden Wachstums, sondern brachte eher Stagnation und Anpassungsschwierigkeiten an die veränderten Verhältnisse auf den Weltmärkten. Auch Großbritannien hatte in den zwanziger Jahren stets mehr als 10 Prozent Arbeitslose.

Weltwirtschaftskrise

Als im Herbst 1929 mit dem Börsenkrach in New York in den USA ein Jahrzehnt fast ununterbrochenen Wachstums – nur 1920/21 hatte es hier einen tiefen, aber kurzen Einbruch gegeben – zu Ende ging, traf die sich anbahnende Krise in Deutschland auf einen ohnehin labilen Zustand. Seit 1929 waren die Gewinne der Industrie nicht mehr gestiegen. Die Anlageinvestitionen hatten 1928 ihren Höhepunkt erreicht, einen Höhepunkt, der im Vergleich zur Vorkriegszeit eher einem Normal- als einem Boomjahr glich. Auch das Volkseinkommen sank schon 1929. Die Aktienkurse fielen seit 1927, wenn auch nicht dramatisch. Die Produktion und der Wohnungsbau stiegen freilich 1929 noch an und die tariflichen Stundenlöhne sogar noch 1930. Die Einkommen insgesamt, die Nachfrage und damit die Produktion begannen 1930 deutlich zu sinken, aber noch nicht so, daß man nicht auch eine kurze Rezession wie im Frühjahr 1924 oder im Herbst 1925 hätte annehmen können. Immerhin stieg die Arbeitslosigkeit schon auf 14 Prozent, und die Regierung hatte große Not, den Reichshaushalt auszugleichen. Hinzu kamen nun wachsende Defizite der noch jungen Arbeitslosenversicherung, die mit Krediten der Regierung über Wasser gehalten wurde. Über einem Streit, wie man dieses Ungleichgewicht beseitigen solle, durch höhere Beiträge der Versicherten oder durch Kürzungen der Leistungen an die Arbeitslosen, brach die letzte parlamentarisch gestützte Regierung der Weimarer Republik im März 1930 auseinander. Seitdem regierte Heinrich Brüning für reichlich zwei Jahre mit Hilfe von Notverordnungen. Brüning sah, wie viele seiner Zeitgenossen, die Hauptaufgabe seiner Wirtschaftspolitik darin, den Anpassungsprozeß an veränderte weltwirtschaftliche Bedingungen voranzutreiben. Deutschland war zu teuer geworden. In einer Zeit, in der die Preise weltweit fielen, versuchte er, die Anpassung durch Verringerung von Gehältern und Löhnen zu erzwingen. Damit sollte die deutsche Industrie auf dem Weltmarkt besser konkurrieren können. Kosten senken war seine Parole. Aber er rannte damit der Entwicklung auf dem Weltmarkt hinterher. Die Preise und die Nachfrage sanken schneller, als die Kosten gesenkt werden konnten. Eine Deflationsspirale war in Gang gekommen. Von der Politik der Reichsregierung wurde sie noch verstärkt. Mit seiner Politik des Gürtel-enger-Schnallens wollte Brüning jedoch auch noch sein außenpolitisches Hauptziel erreichen, die Einstellung der Reparationen. Er wollte nachweisen, daß Deutschland tatsächlich nicht zahlen konnte, so sehr es sich auch anstrengte. Wie viele seiner Zeitgenossen war er auf das Reparationsproblem als *das* Problem der deutschen Wirtschafts- und Außenpolitik fixiert. Brüning fürchtete auch den Wiederbeginn der Inflation, ebenso wie viele seiner Zeitgenossen. Wie das in dieser Situation? So fragt sich der spätere Beobachter. Aber für den Miterlebenden lag die Inflation erst einige Jahre zurück. Sie war hervorgerufen worden von steigender Staatsverschuldung. Deswegen hatte man sich 1923/24 entschlossen, keine neue Staatsverschuldung von größerem Ausmaß zuzulassen. Aber trotz aller Sparmaßnahmen gelang es immer weniger, den Haushalt auszugleichen. Die Verschuldung stieg wieder. Konnte das nicht als Beginn einer neuen Inflation gedeutet werden? Sicher nicht, solange die Preise fielen. Aber diese sollten ja fallen, um dem »Normalzustand« der Vorkriegszeit wieder näher zu kommen. Sie waren nach Meinung der Regierung und vieler Sachverständiger zu hoch.

Sorge machte auch der Zustand der Kreditwirtschaft. Die deutschen Banken waren aus der Inflation geschwächt herausgekommen. Ihr Eigenkapital war im Vergleich zu den Banken anderer Länder oder auch zur Vorkriegszeit viel zu niedrig. Nach einer klassischen Regel sollte das Fremdkapital, mit dem die Banken arbeiteten, das Dreifache des Eigenkapitals nicht übersteigen. Das mag den Prinzipien sehr vorsichtiger Kaufleute entsprochen haben und nicht mehr zeitgemäß gewesen sein. Aber ein Verhältnis von 1:10, wie es

Weltwirtschaftskrise, 1929 bis 1933: Massenelend in Berliner Hinterhöfen, 1932 (rechts). Die NSDAP schien manchen Menschen einzige Hoffnung zu sein, da die alten Parteien offensichtlich keinen Weg aus der Massenarbeitslosigkeit wußten. Eine alte Frau verdient sich durch Singen und Tanzen ihr Brot (unten).

Wirtschaftliche Probleme der Weimarer Republik

Die Weltwirtschaftskrise – Ursachen und Überwindung

Die Weltwirtschaftskrise der Jahre 1929 bis 1939 war die größte und hartnäckigste Depression unseres Jahrhunderts. Sie ging nach überwiegender Ansicht von den USA aus und ergriff die ganze Welt. Ehe der New Yorker Börsenkrach vom Oktober 1929 das wichtigste Signal setzte, war bereits eine Reihe von Krisenanzeichen vorhanden gewesen: Investitionen und Gewinne hatten schon seit 1928 stagniert oder waren zurückgegangen, in einzelnen Branchen auch Preise und Produktion. Die Agrar- und Rohstoffregionen der Welt standen überdies schon seit der Mitte der zwanziger Jahre unter anhaltendem Preisdruck, so daß manche Forscher hier den eigentlichen Krisenherd sehen. Auch in Mittel- und Osteuropa waren die zwanziger Jahre wegen der Kriegsfolgen bereits von zahlreichen wirtschaftlichen Schwierigkeiten gekennzeichnet.

Die Krise selbst zerbrach die internationalen Kreditbeziehungen und lastete daher besonders schwer auf Schuldnerländern wie Deutschland. Produktion und Preise gingen jedoch in anderen Ländern, z. B. den USA, Kanada und Australien, noch stärker zurück, und auch die Arbeitslosigkeit stieg in diesen Ländern stärker an als in Deutschland, wo sie freilich, ebenso wie in England, schon in der zweiten Hälfte der zwanziger Jahre mit 7 bis 10 Prozent sehr hoch gelegen hatte.

Die Erholung ging unterschiedlich schnell voran und wurde von verschiedenen Kräften getragen: In Schweden und Großbritannien wuchsen privater Verbrauch und private Investitionen bald wieder, so daß in diesen Ländern die Krise relativ kurz und milde ausfiel. Deutschland und Japan überwanden sie in der ersten Hälfte der dreißiger Jahre mit Hilfe einer staatlichen Kreditfinanzierung, vornehmlich zur Aufrüstung. Frankreich geriet erst in die Krise, als andere Länder sich schon wieder aus ihr zu befreien begannen; die Volksfrontregierung Léon Blums bemühte sich seit 1936 vergeblich um ihre Überwindung durch Arbeitszeitverkürzung und Lohnerhöhungen. Die USA und Kanada fielen nach einer leichten Besserung 1937/38 erneut in eine Rezession. Hier wurde die Krise endgültig erst durch die Aufrüstung nach 1940 überwunden. Auch in den meisten peripheren Ländern brachte erst die Kriegskonjunktur des Zweiten Weltkrieges die Nachfrage wieder auf den Stand der 1920er Jahre.

Die beste zusammenfassende Darstellung ist: Charles P. Kindleberger: Die Weltwirtschaftskrise, 2. Aufl. 1979.

---

bei den privaten deutschen Banken im Jahr 1929 herrschte, oder gar 1 : 15,5, wie es die Berliner Großbanken auswiesen, deutete auf eine Gefahrenquelle hin, zumal wenn ein Teil der Kreditgeber dieser Banken im Ausland saß und seine Kredite nur kurzfristig, z. T. täglich abrufbar, hielt.

Die Auslandskredite waren überhaupt eine Risikostelle in der deutschen Wirtschaft, zumindest wenn man, wie es die meisten taten, stark in nationalen Kategorien dachte. Seit 1924 bis Ende 1930 waren brutto zwischen 25 und 26 Milliarden Reichsmark nach Deutschland geflossen, Direktinvestitionen ausländischer Firmen und Aktienkäufe von Ausländern in Deutschland nicht mitgerechnet. Etwa ein Drittel davon war für mindestens drei Jahre angelegt, ein von Jahr zu Jahr wachsender Anteil jedoch mit Fälligkeiten bis zu 90 Tagen, also kurzfristig. 1930 konnten fast 14 Milliarden RM jederzeit abgerufen werden. Knapp die Hälfte aller Auslandskredite war in die Industrie geflossen, reichlich ein Drittel wurde von den Banken selbst in Anspruch genommen und fast ein Fünftel von der öffentlichen Hand, besonders von großen Städten. Die meisten Unternehmen und Städte hatten die Kredite für längerfristige Investitionen verwandt, waren also nicht liquide, wenn ein größerer Teil der Kredite auf einmal zurückgefordert werden sollte.

Genau das geschah jedoch zuerst im Herbst 1930, nachdem in den Septemberwahlen die NSDAP zur stärksten Partei im Reichstag geworden war, und wieder im Frühsommer 1931, als erst in Wien, dann auch in Deutschland eine Reihe von großen Unternehmen und die sie finanzierenden Banken zusammenbrachen. Mit dem Abzug ausländischen Kapitals verringerten sich die deutschen Devisenreserven bedenklich, denn diese Kapitalabzüge mußten ja in Dollar, Pfund, anderen ausländischen Währungen oder Gold bezahlt werden. Hinzu kam eine in der Größenordnung nicht genau zu bestimmende Kapitalflucht, d. h. Vermögensübertragungen von Inländern ins Ausland. Manche Ökonomen meinen, daß sie größer gewesen sein könnten als die Kapitalabzüge von Ausländern. Wie dem auch sei, im Sommer 1930 hatten die Gold- und Devisenreserven der Reichsbank mit rund 3 Milliarden RM ihren Höhepunkt seit 1924 erreicht. Bis Ende des Jahres waren sie um knapp 400 Millionen RM gefallen, bis Ende Mai 1931 um weitere 100 Millionen. Dann brachen infolge einer Verkettung von Umständen – Börsenkrach in Wien, Zusammenbrüche in Deutschland, Scheitern der deutsch-österreichischen Zollunionspläne – die Dämme. Im Juni 1931 mußte die Reichsbank fast 1,2 Milliarden RM in fremden Währungen oder Gold für Auslandszahlungen zur Verfügung stellen. Diese Devisenabflüsse spannten die Zahlungsfähigkeit der deutschen Banken stark an, und einige, voran die Darmstädter- und Nationalbank (DANATBANK), die eine besonders risikoreiche Geschäftspolitik betrieben und ungewöhnlich viele kurzfristige Auslandskredite hereingenommen hatten, gerieten in Zahlungsschwierigkeiten. Da weder die anderen Banken noch die Reichsbank einsprangen, um sie zu retten, mußte sie am 13. Juli 1931 ihre Zahlungen einstellen. Sofort begannen die Kunden, die anderen Banken zu stürmen und das Geld von ihren Konten abzuheben, so daß, um eine allgemeine Zahlungsunfähigkeit zu verhindern, nach einer dramatischen Sonntagssitzung Reichsregierung und Reichsbank beschlossen, alle Banken für einige Tage zu schließen und ein allgemeines Zahlungsmoratorium auszusprechen. Zugleich wurde die Bewirtschaftung des Devisenverkehrs angeordnet. Ausländische Zahlungsmittel und Forderungen in ausländischer Währung gegen Reichsmark durften nur noch von der Reichsbank erworben bzw. nur an sie verkauft werden.

Damit war die lang schwelende Wirtschaftskrise auch in Deutschland offenkundig geworden. Die Konkurse häuften sich, und die Arbeitslosenzahl schwoll bis auf über 6 Millionen an; das war mehr als ein Drittel aller Berufstätigen. Neun Monate später war die Regierung Brüning am Ende und nach weiteren neun Monaten Adolf Hitler an der Macht. Eineinhalb Jahre heftiger wirtschaftlicher Turbulenzen hatten genügt, die Weimarer Republik zu zerstören. Will man das erklären, genügen Hinweise auf die wirtschaftliche Lage allein nicht, denn die war auch in vielen anderen Ländern, in den USA, Kanada oder Australien beispielsweise, ebenso verheerend, ohne daß diese Länder deswegen an der parlamentarischen Demokratie irre geworden wären. In Deutschland hatten viele jedoch kein Zutrauen zur Republik, und die Krise erzeugte eine unbestimmte Furcht, die viele nach einem »Retter« Ausschau halten ließ, vor allem die Mehrheit der traditionell nationalen, aber »unpolitischen Deutschen«. Der Historiker Rudolf Vierhaus beschreibt diesen Gemütszustand sehr feinfühlig: »Furcht ist es ja überhaupt gewesen, was die Gemüter der meisten Menschen während der Krise erfüllte: Furcht vor dem Hunger, vor der unaufholbaren Verarmung und – im Mittelstand besonders – vor der ›Verproletarisierung‹, Furcht vor dem Bürgerkrieg und der Revolution, vor einer ungesicherten Zukunft und vor der Erschütterung von Gesetz und Moral unter dem Druck der Not. Selbst im politischen Radikalismus ist kompensierte Existenzangst wirksam gewesen. Aus der Furcht erwuchs nicht nur in großen Teilen des Volkes das Verlangen nach ›Ordnung‹, nach starker Hand der Regierung, sondern oft auch die Bereitschaft, um einer ›neuen Ordnung‹ willen das Außerordentliche hinzunehmen und es zu billigen, wenn dabei auch der Boden der Legalität verlassen wurde.«

Rettungsversuche

Der Winter 1931/32 verschärfte die Krise noch einmal, da nun auch noch die übliche winterliche Arbeitslosigkeit hinzutrat. Im Februar 1932 erreichte sie mit 6,2 Millionen ihren absoluten Höchststand. Im Frühjahr und Sommer besserten sich die Verhältnisse leicht, so daß viele seriöse Beobachter den Tiefpunkt der Krise für gekommen sahen. Aber im Spätherbst kam ein neuer Rückschlag. Im Dezember 1932 waren nur 59 Prozent der Positionen für Angestellte in der Industrie besetzt, bei den Arbeitern gar nur 42 Prozent und in der Bauwirtschaft, die wie immer die größten Konjunkturausschläge zeigte, nur 13 Prozent. Im ganzen Jahr 1932 lag das Volkseinkommen um 40 Prozent niedriger als 1928, die Industrieproduktion war sogar um mehr als die Hälfte zurückgegangen. Dabei hatten sich die Güter des täglichen Gebrauchs noch relativ gut gehalten. Die Produktion von Investitionsgütern lag jedoch nur noch bei knapp 38 Prozent des Standes von 1928. Am stärksten war der Schiffsbau betroffen. Hier wurden 1932 nur 3 Prozent soviel Neubauten begonnen wie 1928. Aber auch die Lastwagenproduktion erreichte nur reichlich ein Viertel des Standes von vor der Krise. Konsumgütern des gehobenen Bedarfs ging es nicht besser. Die Herstellung von Pianos sank 1932 auf 11 Prozent der Werte von 1928.

Es ist kein Wunder, daß unter diesen Umständen die Zweifel an der Richtigkeit der Politik der Regierung Brüning zunahmen. Während er das Volk dazu aufrief, nur noch kurz auszuhalten, bis das Reparationsproblem endgültig gelöst sei und die deutsche Volkswirtschaft die Anpassung an die veränderten Rahmenbedingungen durch Preis- und Lohnreduzierungen geschafft habe, begannen in Verwaltung, Wissenschaft, bei Gewerkschaftlern und Unternehmern Arbeitsbeschaffungsprogramme an Boden zu gewinnen, die nicht auf weitere Deflation, sondern auf Ausweitung der Investitionen mit Hilfe von Staatsaufträgen, Kreditverbilligung und Steuerreduzierungen oder -verschiebungen setzten. Denkschriften kursierten und wurden auf Gewerkschaftskongressen erörtert. Brüning war jedoch von seinem Kurs nicht abzubringen. Er setzte seine Hoffnungen vor allem auf das kurz bevorstehende Ende der Reparationen. Der Dawes-Plan war schon 1930 durch einen »Neuen Plan« (nach dem Vorsitzenden des Ausschusses, der ihn vorbereitete, Young-Plan genannt) ersetzt worden. Er setzte endgültige Daten für die Reparationszahlungen. In 59 Jahresraten sollten sie abgetragen werden, beginnend mit 1,7 Milliarden RM, ansteigend auf 2,4 Milliarden und schließlich wieder bis auf unter 1 Milliarde jährlich sinkend. Der Gegenwartswert dieser Zahlungen wurde auf 37 Milliarden berechnet. Der Young-Plan hatte keinen Transfer-Schutz mehr. Das war seine große Schwäche. Aber er besagte, daß die deutschen Zahlungen ermäßigt werden könnten, wenn die USA ihren Alliierten die Rückzahlung der Kriegsschulden erleichterten. Insofern wurden die deutschen Zahlungen deutlich in das internationale Netzwerk der Kriegsschulden einbezogen. Deutschland konnte auch den Antrag auf Stundung und Revision stellen. Als im Sommer 1931 die finanzielle Situation sich immer bedrohlicher entwickelte, ließ die Regierung auf Anregung des amerikanischen Botschafters den Reichspräsidenten ein Telegramm an den amerikanischen Präsidenten schicken, in dem er darum bat, die Reparationszahlungen zu stunden. Herbert Hoover erklärte daraufhin ein allgemeines Moratorium für politische Schulden für die Dauer eines Jahres, dem sich, etwas zögernd, auch die übrigen Gläubiger Deutschlands, Frankreich vor allem, anschlossen. Damit hatte Brüning Zeit gewonnen, auf eine endgültige Beseitigung der Reparationen hinzuarbeiten. Als er am 30. Mai 1932 entlassen wurde, stand er in dieser Hinsicht tatsächlich hundert Meter vor dem Ziel: Eine Konferenz in Lausanne kam Anfang Juli überein, die deutschen Reparationen bis auf eine Schlußzahlung von 3 Milliarden RM zu streichen. Den Erfolg heimste das Kabinett von Papen ein.

Franz von Papen begann auch wirtschaftspolitisch vorsichtig einen Kurswechsel (den möglicherweise auch Brüning gewagt hätte, nachdem es ihm gelungen war, sowohl den Haushalt auszugleichen wie die Reparationen zu beenden). Seine Regierung stellte 300 Millionen RM für zusätzliche Aufträge des Reichs und der öffentlichen Betriebe wie Reichsbahn und Reichspost zur Verfügung. Sie zahlte für jeden zusätzlich eingestellten Arbeiter eine Lohnprämie von 400 RM im Jahr. Das sollte insgesamt etwa 700 Millionen kosten. Wer rückständige Steuern zahlte,

Freiwilliger Arbeitsdienst während der Weltwirtschaftskrise: Straßenbau in Oberbayern, 1932.

erhielt Steuergutscheine in Höhe von 40 Prozent des bezahlten Betrages, die er in den nächsten fünf Jahren zu jeweils einem Fünftel bei Steuerzahlungen anrechnen lassen konnte. Da diese Gutscheine ähnlich wie Wechsel gehandelt werden konnten, erhöhten sie die momentane Liquidität der Unternehmer auf Kosten zukünftiger Staatseinnahmen. Die Wirtschaft reagierte positiv. Im Herbst 1932 zeigte sich eine leichte Besserung, auch die Aktienkurse begannen zu steigen. Aber die Zeit war zu kurz und das Programm wohl zu klein dimensioniert, um dauerhafte Wirkung zu zeigen. Auch Papen konnte sich als Reichskanzler nicht halten. Am 3. Dezember 1932 übernahm der General Kurt von Schleicher für knapp zwei Monate die Regierung. Er setzte das Papen-Programm fort und baute es aus. Seine Regierung wandte die kurzfristige Vorfinanzierung von öffentlichen Arbeitsbeschaffungsprogrammen mit Hilfe von Wechseln auf öffentliche Finanzierungsinstitute zuerst an, die Reichsbankpräsident Hjalmar Schacht dann später mit solcher Virtuosität handhaben sollte. Diese Wechsel waren vom Reich garantiert, prolongierbar und von der Reichsbank mit einer Rediskontzusage versehen. Sie konnten daher als erstklassige Papiere sofort von Privatbanken diskontiert werden und erhöhten den Geldumlauf unmittelbar. Das Ruder in der Wirtschaftspolitik war also bereits herumgeworfen, als Hitler am 30. Januar 1933 zum Reichskanzler bestellt wurde.

WOLFRAM FISCHER

Die deutsche Wirtschaft unter dem Nationalsozialismus

Hitler verstand es, die große Sehnsucht im deutschen Volk nach Überwindung der Arbeitslosigkeit psychologisch geschickt zu nutzen. Schon zwei Tage nach seinem Amtsantritt veröffentlichte die Reichsregierung einen AUFRUF AN DAS DEUTSCHE VOLK, in dem es heißt: »Das Elend unseres Volkes aber ist entsetzlich: dem arbeitslos gewordenen, hungernden Millionen-Proletariat der Industrie folgte die Verelendung des gesamten Mittel- und Handwerkerstandes. Wenn sich dieser Verfall auch im deutschen Bauerntum endgültig vollendet, stehen wir vor einer Katastrophe von unübersehbarem Ausmaß ... Die nationale Regierung wird mit eiserner Entschlossenheit und zähester Ausdauer folgenden Plan verwirklichen: Binnen vier Jahren muß der deutsche Bauer der Verelendung entrissen sein. Binnen vier Jahren muß die Arbeitslosigkeit endgültig überwunden sein. Gleichlaufend damit ergeben sich die Voraussetzungen für das Aufblühen der übrigen Wirtschaft.« Damit war das Leitmotiv seiner ersten Regierungszeit, die ständig wiederholte Parole, ausgesprochen: »Gebt mir vier Jahre Zeit.«

Brüning hatte nur reichlich zwei Jahre, seine Nachfolger nur wenige Monate. Auch keine der parlamentarischen Regierungen der Weimarer Republik hatte annähernd so viel Zeit, eine Politik zu formulieren und zu verwirklichen. Die letzte parlamentarische Regierung unter dem Sozialdemokraten Hermann Müller trat nach eindreiviertel Jahren zurück. Hätte Hitler nur zwei Jahre zu regieren gehabt, hätte er die Arbeitslosigkeit nicht überwunden. Anfang 1935 gab es noch zwei Millionen Arbeitslose, und im ganzen Jahr 1935 lag die Arbeitslosenquote bei 10,3 Prozent, also in der gleichen Höhe wie 1926, einem Krisenjahr, und nur wenig unterhalb der des Jahres 1930. Auch Hitler brauchte also Zeit. Wie aber kam es, daß spätestens seit 1936 der Aufschwung zog und 1938 wieder Vollbeschäftigung herrschte? Es gibt eine Reihe von Gründen dafür, von denen freilich einer die anderen bei weitem überragt. Er heißt: Aufrüstung. Sie gehörte von Anfang an zu Hitlers Zielen. Aber auch sie brauchte ihre Zeit, um sich auszuwirken, sowohl in bezug auf die Arbeitslosigkeit, die verschwand, wie auch in bezug auf die Staatsverschuldung, die horrende Größenordnungen annahm.

Zunächst aber wirkten einige andere Kräfte in der gleichen Richtung. Die Krise hatte spätestens im Frühjahr 1933, nach Meinung der meisten Konjunkturbeobachter sogar seit Sommer 1932, die Talsohle erreicht, und eine ganze Reihe von wirtschaftlichen Auftriebskräften war am Werk. Überdies begannen in Deutschland die von Hitlers Vorgängern beschlossenen Maßnahmen erste Wirkungen zu zeigen. Ein Anfang war gemacht, neue Instrumente wie die Arbeitsbeschaffungswechsel waren erprobt, öffentliche Finanzierungsinstitute gegründet. In den ersten Jahren brauchten diese Instrumente nur weiterentwickelt und großzügiger gehandhabt zu werden, und führende Beamte, die z. T. noch aus der Weimarer Republik stammten, haben in der Tat die Arbeitsbeschaffungsprogramme aus der letzten Periode der Republik weiterentwickelt. Im Grunde hat die Regierung Hitler ganz wenige und gar nicht sehr weitreichende Maßnahmen ergriffen, vor allem ein paar Gesetze zwischen April und September 1933 in Kraft gesetzt.

Das erste Arbeitsbeschaffungsgesetz ermächtigte den Reichsfinanzminister, Arbeitsschatzanweisungen bis zu einer Milliarde RM als Zuschüsse, Darlehen oder Steuerbegünstigungen zur Förderung bestimmter Arbeiten zur Verfügung zu stellen, z. B. für Tiefbauarbeiten an Länder und Gemeinden, für Instandsetzungsarbeiten an Hausbesitzer und Landwirte. Es gab Ehestandsdarlehen, die hauptsächlich der Bauwirtschaft und der Möbel- und Hausratsindustrie zugute kamen. Ein zweites Arbeitsbeschaffungsgesetz vom Herbst 1933 warf noch einmal eine halbe Milliarde RM für Reparaturarbeiten und Umbauten aus und brachte Steuererleichterungen für die Landwirtschaft und den Wohnungsbau. Für neugekaufte Autos wurde die Kraftfahrzeugsteuer aufgehoben, und der Bau von Autobahnen wurde begonnen.

Insgesamt waren die Mittel, die die neue Reichsregierung bis zum Herbst 1933 für die Arbeitsbeschaffung zur Verfügung stellte, gemessen an der Größe der Aufgabe, gering. Direkt waren es nur 650 Millionen RM, indirekt, d. h. zusammen mit

Goebbels im Gespräch mit Fritz Thyssen, einem der wenigen Industriellen, die Hitler schon vor 1933 unterstützten. Thyssen wandte sich jedoch später von Hitler ab und emigrierte 1939.

Steuererleichterungen und Arbeitsbeschaffungsprogrammen von Reichsbahn und Reichspost, wahrscheinlich 1,5 Milliarden. Die Belebung der Wirtschaft war spürbar, aber noch längst nicht durchschlagend. Noch immer gab es am Ende des Jahres mehr als 4 Millionen Arbeitslose. Nur 45 Prozent aller Arbeitsplätze waren besetzt. Die Industrieproduktion lag immerhin um 20 Prozent höher, aber sie erreichte damit nur drei Viertel der Mengen des Jahres 1928. Das Volkseinkommen stieg um 3,3 Prozent oder 1,4 Milliarden RM, also ungefähr um den Betrag, den die Regierung zusätzlich eingesetzt hatte. Von einem Multiplikatoreffekt war noch nichts zu spüren. Noch immer standen dem Aufschwung erhebliche Widerstände im Weg.

Diese Widerstände wurden nun mit Hilfe der Aufrüstung gebrochen. Sie war Hitlers viel wichtigeres Ziel, und er hat sie sofort nach der Machtübernahme, wenn auch zunächst noch vorsichtig, vorangetrieben. So wurden schon im Februar und März 1933 den drei Wehrmachtsteilen aus den Mitteln zur Arbeitsbeschaffung, die noch die Regierung Schleicher bewilligt hatte, 150 Millionen RM zur Verfügung gestellt und nach dem Buchstaben des Gesetzes für bisher liegengebliebene Instandsetzungsarbeiten verwendet. Die Steuernachlässe der ersten Arbeitsbeschaffungsgesetze wurden zum großen Teil zur »Erhaltung und Erstarkung kriegswichtiger Betriebe« verwandt, Zuschüsse aus dem zweiten Programm vor allem für den Bau von Luftschutzräumen eingesetzt.

Auch die Autobahnen dienten nicht nur zivilen, sondern auch militärischen Zwecken. Sie vor allem brachten Hitler das Prestige, die Arbeitslosigkeit überwunden zu haben. In fünf Jahren wurden für sie fast 3 Milliarden RM verwendet, im ersten Jahr freilich nur 3 Millionen, dann stieg die Summe an und erreichte mit 913 Millionen 1938 den Höhepunkt. Dies war der weitaus größte Posten für Arbeitsbeschaffung.

Stellt man dem die Ausgaben für die eigentliche Rüstung gegenüber, so erhält man einen Eindruck von den unterschiedlichen Größenordnungen. Wie hoch sie waren, ist nicht mit letzter Sicherheit auszumachen. Hitler selbst sprach in seiner Reichstagsrede zum Kriegsbeginn am 1. September 1939 von 90 Milliarden. Das war offensichtlich geprahlt und sollte die Feinde schrecken. Der Reichsbankpräsident und Finanzier der Aufrüstung, Hjalmar Schacht, hat die Gelder vor dem Internationalen Gerichtshof in Nürnberg nach dem Krieg mit 34,25 Milliarden beziffert. Das war sicher absichtlich tiefgestapelt. Das Reichsfinanzministerium verbuchte bis zum 31. März 1939 knapp 49 Milliarden, und da bis Kriegsbeginn noch rund 12 Milliarden hinzukamen, kann man mit einiger Sicherheit annehmen, daß sie in der Größenordnung von 60 Milliarden lagen,

Auch die Arbeiter suchte Hitler für sich zu gewinnen (ganz oben: Hitler vor Siemens-Arbeitern, 1933). In der neuen »Volksgemeinschaft« sollten »Arbeiter der Stirn und der Faust« gleichberechtigt sein. Doch Hitler ging es in seiner Wirtschaftspolitik um Aufrüstung und Krieg: deutsche Panzer, 1935 (Mitte), Heinkel-Flugzeugwerke, 1940 (rechts).

also zwanzigmal so hoch waren wie die Ausgaben für die Autobahnen und mindestens elfmal so hoch wie alle Arbeitsbeschaffungsmaßnahmen zusammen.

Der Anteil der Rüstungsausgaben an den gesamten Reichsausgaben stieg von Jahr zu Jahr von rund 8 Prozent 1933 auf über 60 Prozent 1938/39. Entsprechend nahm auch der Anteil zu, den die Rüstungsausgaben am gesamten deutschen Volkseinkommen hatten: 1933 lagen sie bei 1,6 Prozent, 1938 bei 19,7 Prozent.

Ausgaben dieser Größe konnten natürlich nicht durch Steuereinnahmen gedeckt werden. Das Deutsche Reich ging daher wieder zur Aufnahme von Krediten über. Da die Aufrüstung zunächst geheim blieb, später in ihrer Größenordnung zumindest nicht so genau bekanntgegeben werden sollte, wurde ein Teil des Reichshaushalts geheimgehalten und ein Teil der Aufrüstung über Wechsel finanziert, die berühmten MEFO-Wechsel. Worum handelte es sich dabei? Reichsbankpräsident Schacht veränderte das von der Regierung Schleicher geschaffene Instrument zur Vorfinanzierung von staatlichen Aufträgen durch Wechsel, die auf öffentliche Finanzierungsinstitute gezogen und dann von privaten Banken diskontiert und von der Reichsbank wie Handelswechsel zum Rediskontsatz angekauft werden konnten, nur leicht. Reichsbank und Reichswehrministerium gründeten nämlich eine private Firma, die Metallurgische Forschungs-GmbH, daher die Abkürzung MEFO. Als Gesellschafter fungierten vier Rüstungsfirmen: Krupp, Siemens, Deutsche Werke und Rheinmetall mit einem Stammkapital von je 250 000 RM. Der Vorstand bestand jedoch aus je einem Vertreter beider Ministerien, und das Personal wurde von der Reichsbank gestellt, was die Geheimhaltung sehr erleichterte. Firmen, die Ansprüche auf Zahlung von Rüstungsgut hatten, zogen Wechsel auf die MEFO, diese akzeptierte sie, und die Firmen konnten sie nun bei Banken diskontieren und die Banken der Reichsbank zum Rediskont einreichen. Damit vergrößerten sie die Deckung des Notenumlaufs, die im Reichsbankgesetz vorgeschrieben war, durch Handelswechsel und trugen so zur Erweiterung des Geldumlaufs bei. Während aber Handelswechsel meist kurzfristig umlaufen, konnten diese Wechsel bis zu fünf Jahren prolongiert, d.h. verlängert werden, blieben also mittelfristig im Umlauf und belebten so für die ganze Vorkriegszeit den Geldumlauf in Deutschland.

Insgesamt wurden MEFO-Wechsel für 12 Milliarden RM ausgegeben. Ihr Anteil an den Rüstungsausgaben betrug also rund 20 Prozent. Am Anfang war er jedoch sehr viel höher: Im Etatjahr 1934/35 lag er bei der Hälfte, und auch in den nächsten beiden Jahren noch bei 40 Prozent. Die MEFO-Wechsel haben also zur »Initialzündung« und zur »Ankurbelung« der Wirtschaft, wie die Schlagworte hießen, erheblich beigetragen. Betont werden muß jedoch, daß Schacht, der die Hauptverantwortung dafür trug und vor dem Internationalen Gerichtshof deshalb angeklagt, aber freigesprochen wurde, von Anfang an eine Beschränkung der MEFO-Wechsel im Auge hatte, um nicht wieder eine neue Inflation in Gang setzen zu helfen. Als Hitler dies ablehnte, kam es zum Konflikt, und Schacht wurde abgelöst.

Rüstungsausgaben des Deutschen Reiches 1932 bis 1943

	1932	1933	1934	1935	1936	1937	1938	1933 bis 1938
Rüstungsausgaben Mrd. RM	0,6	0,7	4,2	5,5	10,3	11,0	17,2	48,9
davon durch MEFO-Wechsel finanziert in %	–	–	50	49	44	25	–	25
Rüstungsausgaben in %								
der Reichsausgaben	8,2	8,3	39,3	39,6	59,2	56,7	61,0	49,9
des Bruttosozialprodukts	1,1	1,2	5,0	7,1	11,2	12,0	15,7	9,5
des Volkseinkommens	1,4	1,6	6,5	9,2	14,3	15,1	19,7	12,2

	1939	1940	1941	1942	1943
Rüstungsausgaben Mrd. RM	32,3	58,1	75,6	96,9	117,9
Rüstungsausgaben in %					
der Reichsausgaben	69	78	76	78	81
des Bruttosozialprodukts	23	40	52	64	70

Quelle: Fischer, Wolfram: Deutsche Wirtschaftspolitik, 1968 (TB)

Aufrüstung und Wirtschaftsbelebung

Die Politik der Expansion mit Hilfe von Staatsverschuldung belebte die Wirtschaft in der Tat, freilich ungleichmäßig, wie das bei Setzung so eindeutiger Prioritäten durch die Regierung nicht anders sein kann. Sehr schnell erholte sich die Bauwirtschaft, die ja besonders daniedergele-

Erfindungsreich war die deutsche Wirtschaft in der Herstellung von »Ersatz«, sei es von Benzin aus Kohleverflüssigung oder von Buna (synthetischem Kautschuk) aus Butadien (rechts). – Andere Seite: Mit dem Volkswagen wollte Hitler der deutschen Durchschnittsfamilie zu einem Automobil verhelfen – zugleich diente es jedoch, als Kübelwagen, der Aufrüstung (oben links: Grundsteinlegung des VW-Werks, 1938). Plakat der Deutschen Arbeitsfront, das den sozialen Aufstieg propagiert (oben rechts); Massentourismus durch KdF-Reisen (unten).

Aufrüstung und Wirtschaftsbelebung

gen hatte; denn sowohl die zivilen als auch die militärischen Projekte brachten ihr Aufträge. Schon 1934 kam sie den Ergebnissen von 1927/28 nahe, 1935 überschritt sie sie. 1937 war auch der Stand von 1913, der um rund 20 Prozent über dem von 1928 gelegen hatte, übertroffen. Danach geriet die Bauwirtschaft in Engpässe. Weder Personal noch Materialien standen ausreichend zur Verfügung, so daß das weitere Wachstum langsam vor sich ging, bis dann im Zweiten Weltkrieg ähnlich wie im Ersten das Volumen der Bauten wieder schnell schrumpfte. Ein guter Maßstab für die Höhe der Bautätigkeit ist der Zementverbrauch: Er versechsfachte sich zwischen 1932 und 1938.

Auch die Eisen- und Stahlindustrie profitierte vom Rüstungs- und Bauboom. Die Produktion von Roheisen lag 1938 viereinhalbmal höher als 1932, die von Rohstahl viermal so hoch. Bei Walzwerkprodukten war der Tiefstand des Jahres 1932 um das Dreifache übertroffen. Dann stagnierte auch hier die Produktion wegen zunehmender Personal- und Materialengpässe.

Noch schneller stiegen durch die beschleunigte Aufrüstung der Luftwaffe Erzeugung und Verbrauch von Aluminium. 1938 lag die Produktion achteinhalbmal über der des Jahres 1932. Im Unterschied zu anderen Industrien hielt hier der Anstieg bis 1942 an. Der Aluminiumverbrauch wuchs noch schneller, da auch die Einfuhr forciert wurde. Sehr deutlich zeigt sich hier die Prioritätensetzung im Dritten Reich infolge der Kumulierung von Machtbefugnissen in der Hand Hermann Görings. Nach ihm wurden die Reichswerke in Salzgitter benannt, die die Aufgabe hatten, die deutsche Eisenerzbasis, die nach 1918 sehr schmal geworden war, wieder zu verbreitern.

In den weiterverarbeitenden Industrien verlief die Entwicklung unterschiedlich. So konnte die Metallindustrie ihre Produktion bis 1939 vervierfachen, aber bei der Holzverarbeitung, der Textil-, Schuh-, Papier- und Lederverarbeitung kam man nicht einmal auf den Stand von 1928, wenngleich auch hier gegenüber dem Tiefstand von 1932 Fortschritte erzielt wurden.

Selbstverständlich profitierten von der Aufrüstung Automobil- und Schiffsbau, auch die Elektrotechnik und ihre Zulieferer. Aber auch die Landmaschinenindustrie konnte gute Fortschritte erzielen, da die Mechanisierung und Motorisierung der Landwirtschaft vorangetrieben wurde.

145

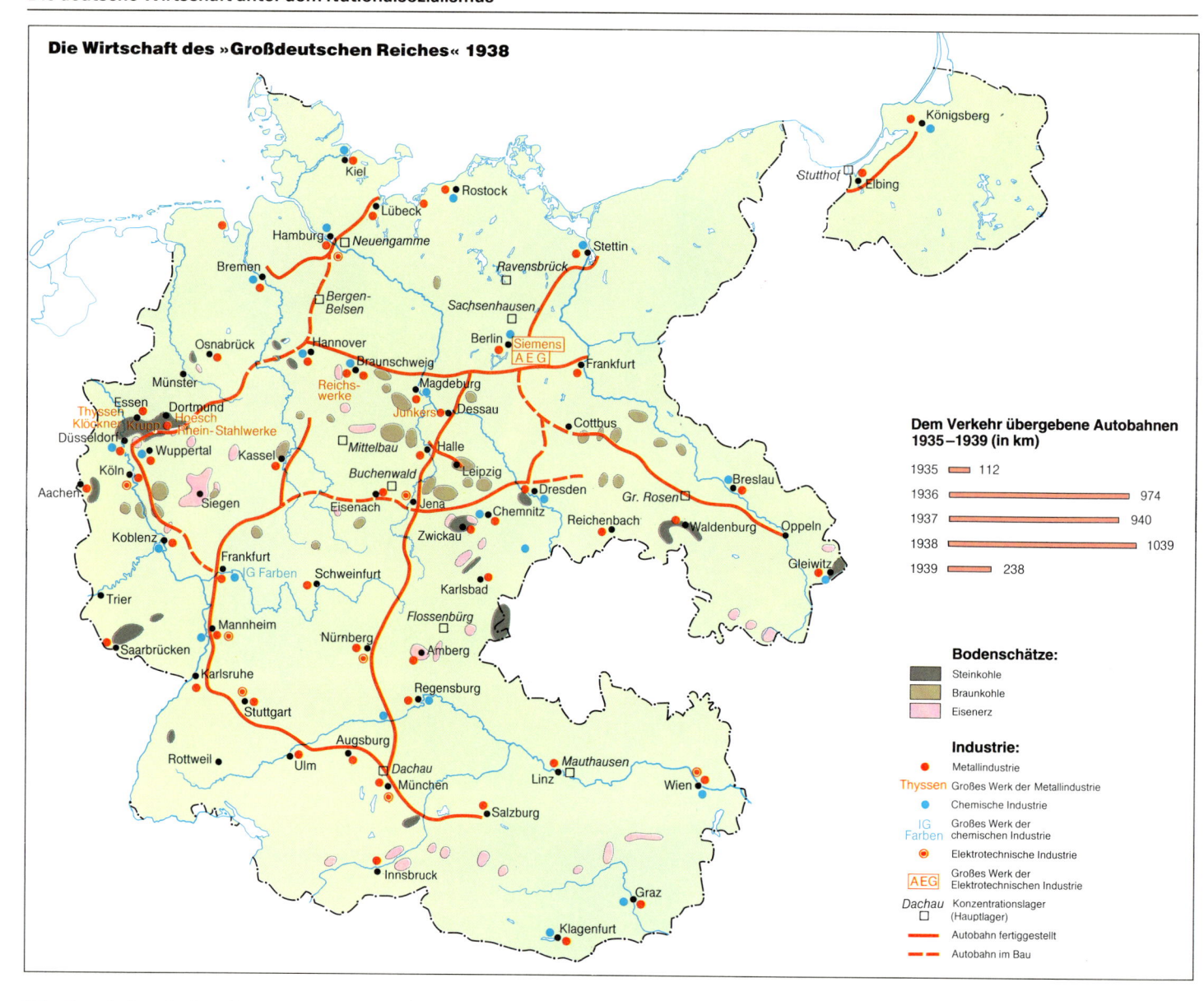

Die deutsche Wirtschaft unter dem Nationalsozialismus

Die Wirtschaft des »Großdeutschen Reiches« 1938

Dem Verkehr übergebene Autobahnen 1935–1939 (in km)

Jahr	km
1935	112
1936	974
1937	940
1938	1039
1939	238

Bodenschätze: Steinkohle, Braunkohle, Eisenerz

Industrie:
- Metallindustrie
- Thyssen – Großes Werk der Metallindustrie
- Chemische Industrie
- IG Farben – Großes Werk der chemischen Industrie
- Elektrotechnische Industrie
- AEG – Großes Werk der Elektrotechnischen Industrie
- Dachau – Konzentrationslager (Hauptlager)
- Autobahn fertiggestellt
- Autobahn im Bau

Die Landwirtschaft selbst und auch der Mittelstand in Handwerk und Handel erhielten jedoch nicht die Vorzugsbehandlung, die sich viele vom Nationalsozialismus mit seiner Ideologie von »Blut und Boden« und vom »gesunden Mittelstand« erhofft hatten. Zu wichtig war die Rüstung; sie hatte unbedingten Vorrang.

Autarkiepolitik

Das kann man auch daran sehen, wie der Außenhandel reglementiert wurde. Der deutsche Außenhandel hatte zwar in der Krise einen Überschuß erzielt, weil die Importe stärker gefallen waren als die Exporte; sobald die Konjunktur in Deutschland jedoch anzog, während die übrige Welt noch in der Krise verharrte, mußten die Devisen zum Einkauf von Rohstoffen knapp werden. Hier entstand ein sehr ernsthafter Engpaß, den das nationalsozialistische Regime auf seine Weise anging: durch Devisenkontrolle und Umschichtung des Außenhandels und schließlich durch Ausbeutung von verbündeten und besetzten Gebieten.

Devisenkontrollen hatte schon Brüning einführen müssen, als die Bankenkrise zur Flucht aus der Mark führte. Die Nachfolger hatten sie beibehalten und ausgebaut. Als die Nationalsozialisten die Regierung übernahmen, waren die Instrumente und Institutionen also vorhanden, sie wurden nun sehr viel rigoroser benutzt. Schon im Sommer 1933 wurde der Transfer von Zinsen und Amortisationen auf Auslandsschulden verboten. Als 1934/35 die außenwirtschaftlichen Engpässe das Rüstungsprogramm zu beeinträchtigen drohten, baute Schacht in seinem »Neuen Plan« diese Instrumente weiter aus. Damit wandte sich Deutschland entschieden von den bisherigen Grundsätzen der Weltwirtschaft ab. An die Stelle des multilateralen, d.h. nach allen Seiten offenen Handels- und Zahlungsverkehrs trat ein bilateraler (zweiseitiger). Das heißt: Die Handelsbeziehungen wurden mit jedem Land einzeln geregelt und der Zahlungsverkehr auf Verrechnung umgestellt. Wer nach Deutschland verkaufen wollte, mußte auch ungefähr in der gleichen Höhe in Deutschland einkaufen. An die Stelle freier Ein- und Ausfuhr traten erst wertmäßige, dann mengenmäßige Einfuhrbeschränkungen nach staatlich festgesetzten Dringlichkeitsstufen und als Gegenstück dazu eine staatliche Ausfuhrförderung mit Hilfe unterschiedlicher Wechselkurse, Export-Umlagen innerhalb der heimischen Industrie und bevorzugter Rohstoffzuteilung an die Exportindustrien. Ein Überwachungs- und Bewirtschaftungssystem entstand, das es ermöglichte, Entscheidungen unter politischen Gesichtspunkten zu treffen und sicherzustellen, daß diese dann wirtschaftlich auch ausgeführt werden konnten.

Bewußt bevorzugte Deutschland die südost- und nordeuropäischen Länder, Vorderasien und Lateinamerika auf Kosten Westeuropas und Nordamerikas, seiner traditionell größten Lieferanten. Man glaubte, daß diese Länder stärker auf die Bedingungen Deutschlands eingehen müßten als die USA, England oder Frankreich.

In der Autarkiepolitik kreuzten sich freilich zwei sehr verschiedene Gesichts-

Aus der Denkschrift Adolf Hitlers zum Vierjahresplan, Sommer 1936

I. Ähnlich der militärischen und politischen Aufrüstung bzw. Mobilmachung unseres Volkes hat auch eine wirtschaftliche zu erfolgen, und zwar im selben Tempo, mit der gleichen Entschlossenheit und wenn nötig auch mit der gleichen Rücksichtslosigkeit ...
II. Zu diesem Zwecke sind auf allen Gebieten, auf denen eine eigene Befriedigung durch deutsche Produktionen zu erreichen ist, Devisen einzusparen, um sie jenen Erfordernissen zuzulenken, die unter allen Umständen ihre Deckung nur durch Import erfahren können.
III. In diesem Sinne ist die deutsche Brennstofferzeugung nunmehr im schnellsten Tempo vorwärts zu treiben und binnen 18 Monaten zum restlosen Abschluß zu bringen. Diese Aufgabe ist mit derselben Entschlossenheit wie die Führung eines Krieges anzufassen und durchzuführen; denn von ihrer Lösung hängt die kommende Kriegführung ab.
IV. Es ist ebenso augenscheinlich die Massenfabrikation von synthetischem Gummi zu organisieren und sicherzustellen.
V. Die Frage des Kostenpreises dieser Rohstoffe ist ebenfalls gänzlich belanglos ...

Kurz zusammengefaßt: Ich halte es für notwendig, daß nunmehr mit eiserner Entschlossenheit auf all den Gebieten eine 100%ige Selbstversorgung eintritt, auf denen dies möglich ist ... Man hat jetzt Zeit genug gehabt, in 4 Jahren festzustellen, was wir nicht können. Es ist jetzt notwendig auszuführen, das, was wir können. Ich stelle damit folgende Aufgaben:
I. Die deutsche Armee muß in 4 Jahren einsatzfähig sein.
II. Die deutsche Wirtschaft muß in 4 Jahren kriegsfähig sein.

Die Denkschrift ist zuerst von Wilhelm Treue in den Vierteljahresheften für Zeitgeschichte 1955 veröffentlicht worden. Seitdem haben viele Autoren sie zitiert. Hier nach: Fischer, Wolfram: Deutsche Wirtschaftspolitik 1918–1945, 1968 (TB).

---

punkte. Die nationalsozialistischen Ideologen wollten vor allem einen hohen Selbstversorgungsgrad bei Nahrungsmitteln. Göring, die Rüstungsindustrie und das Militär waren mehr an der sicheren Versorgung mit rüstungswichtigen Rohstoffen und Produkten wie Kautschuk, Öl und Benzin interessiert. Hitler war beides wichtig, und ihn scherten die Kosten, die die Wirtschaftsfachleute immer wieder als Grund vorbrachten, wenn sie berichten mußten, daß der Autarkiegrad noch immer nicht hoch genug sei, überhaupt nicht. Was er dachte, hat er in einer Denkschrift zum Vierjahresplan im Sommer 1936 unverblümt ausgesprochen. Man kann darin die wirtschaftliche Begründung seiner Kriegspolitik sehen. Hitler fand es »gänzlich belanglos«, immer wieder festzustellen, daß die Produktion in der Landwirtschaft und bei gewissen Rohstoffen in Deutschland nicht mehr wesentlich gesteigert werden könne. Wichtig war ihm nur, »jene Maßnahmen zu treffen, die für die Zukunft eine endgültige Lösung, für den Übergang eine vorübergehende Entlastung bringen können«. Die endgültige Lösung sah er in der Erweiterung des deutschen Lebensraums, damit auch der Ernährungs- und Rohstoffbasis, und er erklärte es zur »Aufgabe der politischen Führung, diese Frage dereinst zu lösen«. Als vorübergehende Entlastung bezeichnete er die Konzentration der gesamten Einfuhr auf die Erfordernisse der Aufrüstung. Deutlicher konnte man den Zusammenhang von Wirtschaftspolitik und Aufrüstung zum Zwecke der Kriegführung nicht ausdrücken. Wäre diese Denkschrift, die natürlich geheim war und daher nur einem kleinen Kreis vor Augen kam, allgemein bekannt gewesen, so hätte wohl niemand mehr daran zweifeln können, worauf Hitlers Politik, auch seine Politik der Arbeitsbeschaffung, hinauswollte.

Die Blitzkriegstrategie – wirtschaftlich gesehen

Hitlers Strategie in den ersten Kriegsjahren war die des Blitzkrieges, der schnellen Niederwerfung des Feindes. Auch seine Wirtschaftspolitik entsprach dieser Strategie. Man kann es auch andersherum ausdrücken: Die noch immer ungenügende wirtschaftliche Kriegsvorbereitung legte eine solche militärische Strategie nahe, da sonst die knappen Ressourcen sich auch militärisch negativ ausgewirkt hätten. Die Wehrmachtführung, vor allem das Wehrwirtschafts- und Rüstungsamt im Oberkommando der Wehrmacht unter General Thomas, fand diese Strategie zu gefährlich und versuchte vergeblich, Hitler von der Notwendigkeit einer »Tiefenrüstung« zu überzeugen. Er hatte noch die Materialschlachten des Ersten Weltkrieges im Gedächtnis und fürchtete die deutsche Unterlegenheit, wenn er sich darauf einließe. In wenigen, kurzen Schlägen mußten die Feinde, einer nach dem anderen, erledigt, die deutschen Ressourcen aber geschont werden, damit die Kriegsmoral des deutschen Volkes nicht zu sehr strapaziert werde.

Denn Hitler wußte, daß das deutsche Volk im Unterschied zum Ersten Weltkrieg nicht mit Enthusiasmus in den Krieg gezogen war, und fürchtete, daß Kriegsverdrossenheit sich breitmachen könne, wenn der Krieg zu lange dauere.

Aus dieser Furcht ist zu erklären, was die alliierten Beobachter, als sie nachträglich die deutschen wirtschaftlichen Kriegsanstrengungen untersuchten, so unerklärlich fanden: daß Hitler bis 1942 die deutsche Wirtschaft nicht voll mobilisiert und auf den Krieg eingestellt hat. In den Jahren 1940 und 1941, so stellten sie fest, produzierten die Briten mehr Flugzeuge, Panzer, Last- und Kraftwagen als die Deutschen; und selbst nachdem der totale Krieg ausgerufen worden war und Speer eine weitere Mobilisierung der Ressourcen in die Wege geleitet hatte, wurde die deutsche Wirtschaft nicht bis an die Grenze ihrer Leistungsfähigkeit angespannt.

In den ersten Kriegsjahren waren es nicht mangelnde Produktionskapazitäten oder Rohstoffvorräte, sondern zu geringe Ansprüche der Führung, die für die nicht vollständige Nutzung des deutschen Wirtschaftspotentials verantwortlich zu machen sind. Nach Abschluß des Polen- und wieder nach dem Ende des Frankreichfeldzugs ließ Hitler die Produktion von Kriegsgerät drosseln und längerfristige Entwicklungen wie Radargeräte, Düsenbomber und Atombomben bremsen oder einstellen, weil sie ihm im Moment nicht nützten.

Im Unterschied zu den alliierten Ländern leisteten die meisten deutschen Naturwissenschaftler und Techniker Dienst an der Front, nicht bei der Entwicklung neuer Waffen. Die Versorgung der Bevölkerung sollte möglichst nicht allzusehr unter das Friedensniveau gedrückt werden, das freilich schon durch gewisse Knappheiten gekennzeichnet war. Das gelang zwar nicht ganz, aber die Konsumgüterindustrie behielt doch einen beachtlichen Anteil an der gesamten deutschen Industrieproduktion: 1936 waren es rund ein Drittel, 1938 noch 31 Prozent und 1939 rund 29 Prozent. Bis 1941 konnte dieser Anteil fast gehalten werden, dann sank er schneller und war 1944 bei 22 Prozent angekommen. Viel schneller verminderte sich wie im Ersten Weltkrieg die Bautätigkeit trotz militärischer Anforderungen und der Notwendigkeit, nach Bombenangriffen zumindest Verkehrsnetze, Industrieanlagen, aber auch Wohnhäuser zu reparieren. Der Anteil des Baugewerbes an der gesamten Industrieproduktion sank von 25 Prozent 1938 auf 6 Prozent 1944.

Naturgemäß wuchs die Produktion der Rüstungsindustrie am stärksten, im ersten Kriegsjahr z. B. um 54 Prozent, so daß ihr Anteil an der gesamten Industrieproduktion von 9 Prozent 1939 auf 16 Prozent 1940/41 und schließlich auf 40 Prozent 1944 stieg. Im einzelnen gab es infolge von »Führerbefehlen« jedoch ständig Umstellungen. Planziele wurden nicht erreicht, andere, z. B. bei der Munitionsfertigung, erheblich überschritten. Auf die Dauer und Härte des Rußlandfeldzuges war jedoch die deutsche Armee auch wirtschaftlich nicht vorbereitet. Es fehlte an Winterausrüstung, an Nachschub, selbst an Munition; denn nach dem Frankreichfeldzug hatte Hitler die Munitionsfertigung wieder drosseln lassen. 1942 wurde daher Albert Speer beauftragt, die gesamte Beschaffung zu koordinieren, und erhielt dafür besondere Vollmachten als Reichsminister für Bewaffnung und Munition.

Die Ära Speer

Speer und seine Beamten, die z. T. aus der Privatwirtschaft kamen, begannen zum erstenmal so etwas wie eine Bestandsaufnahme der Ressourcen und eine zentrale Planung. Speer selbst hat das in seinen Memoiren als »organisierte Improvisation« bezeichnet. Über die ersten fünf Tage in seinem neuen Amt schreibt er: »Ich fertigte einen Organisationsplan an, dessen vertikale Linien die einzelnen Fertigprodukte, wie Panzer, Flugzeuge oder U-Boote, also die Rüstung der drei Wehrmachtsteile umfaßten. Diese senkrecht stehenden Säulen wurden von zahlreichen Ringen umschlossen, von denen jeder eine Gruppe der für alle Geschütze, Panzer, Flugzeuge und andere Rüstungsgeräte notwendigen Zulieferungen darstellen sollte. Hier, in diesen Ringen, dachte ich mir beispielsweise die Fertigung der Schmiedestücke oder Kugellager oder der elektrotechnischen Ausrüstung zusammengefaßt. Als Architekt an dreidimensionales Denken gewöhnt, zeichnete ich dieses neue Organisationsschema perspektivisch auf.«

Es ist erstaunlich, zu welcher Leistungssteigerung die Wirtschaft Deutschlands und der besetzten Gebiete noch in der Lage war, während der Bombenregen schon auf Deutschland niederging. Im Lauf von zweieinhalb Jahren stieg die Produktion von Flugzeugen, Waffen und Munition um mehr als das Dreifache, die Produktion von Panzern um mehr als das Siebenfache. Das Strategische Bomberkommando der US-Luftstreitkräfte hat nach dem Krieg eine Studie erarbeitet, in der auch deutsche Geheimakten und Statistiken verwendet worden sind. Es kam zu dem Schluß: »Es besteht kein Zweifel, daß man Speer und seinen Mitarbeitern bedeutende Erfolge zuerkennen muß. Rückblickend erscheint Speers Werk mehr als eine Reihe von brillanten Improvisationen, mehr das Ergebnis der vorherigen deutschen Rückstände in Methoden der Massenproduktion gewesen zu sein als die Ausführung eines einzigen, wohldurchdachten Planes.«

Bis dahin hatte es in der deutschen Rüstungsindustrie kaum Serienfertigung gegeben, die sich in der Größenordnung etwa mit der amerikanischen hätte messen können. Ihrer Tradition entsprechend, war die deutsche Industrie auf die Erzeugung qualitativ hochwertiger Waren eingestellt, die unter hohem Material- und Arbeitseinsatz, auch nach individuellen Anforderungen, hergestellt wurden. Hitlers ständige Änderungen der Aufträge und Schwergewichte hatten diese Produktionsweise eher noch begünstigt. Die meisten Fabriken arbeiteten mit komplizierten Mehrzweckmaschinen, die nur von Facharbeitern bedient, aber schnell von einer Serie zu einer anderen umgestellt werden konnten. Speer brachte nun wenigstens teilweise Massenaufträge, die zu großen Serien führten und mit Einzweckmaschinen bearbeitet werden konnten. Das ermöglichte auch den Einsatz von Hilfsarbeitern, von ausländischen Arbeitskräften, Kriegsgefangenen, KZ-Häftlingen und Frauen. »So wurde die deutsche Wirtschaft in den Jahren 1942 bis 1944 noch einmal rapide mobilisiert«, heißt es in dem Bericht des Strategischen Bomberkommandos der US-Streitkräfte. »Sie erreichte aber nie ganz ihre volle Leistungsfähigkeit. Mit Ausnahme von Sonderfällen waren die Produktionsmöglichkeiten niemals erschöpft. Die Maschinenkapazität war nie voll ausgenutzt... Arbeitskräfte, besonders die weiblichen, waren nie bis zum letzten eingesetzt. Die wichtigsten Rohstoffvorräte, wie beispielsweise Stahl, wuchsen sogar bis Mitte des Jahres 1944. Im Gegensatz zu dem Vereinigten Königreich und den Vereinigten Staaten scheint Deutschland überhaupt keinen Mangel an Werkzeugmaschinen und anderen Maschinen oder Fabrikanlagen für Rüstungszwecke gelitten zu haben – mit Ausnahme vorübergehender und besonderer Fälle ... Die deutsche Rüstungsindustrie arbeitete mit wenigen Ausnahmen während des ganzen Krieges in einer Schicht, und die große Reservekapazität, die bei doppelter oder dreifacher Schichtarbeit bestanden hätte, wurde nie voll ausgenutzt. Im Gegensatz zu den Vereinigten Staaten und England brauchte die deutsche Maschinen- und Werkzeugmaschinenindustrie während des Krieges nur wenig ausgebaut zu werden. Da die Werkzeugmaschinenindustrie im allgemeinen nicht voll ausgenutzt war, konnten 30% ihrer Kapazität für die direkte Waffenproduktion verwandt werden. Sie war eine der wenigen Industrien, die nie genauer Kontrolle unterworfen und nie rationalisiert wurde, um die Produktivität zu steigern.«

Besonders überrascht, daß in Deutschland – wiederum im Vergleich zu England und den USA – die Arbeitskräfte nicht bis zum letzten ausgeschöpft waren. Entsprechend der nationalsozialistischen Ideologie, daß die Frau ins Heim gehört, wurden besonders Frauen mit kleinen Kindern vom Kriegseinsatz freigestellt. Während in England der Anteil der Frauen in Industrie und Dienstleistungen auf 56 Prozent aller Arbeitskräfte in diesen Bereichen stieg, blieb die Zahl der weiblichen Arbeitskräfte in Deutschland fast unverändert. Die Zahl der Dienstmädchen und Hausangestellten sank nur um 200 000. Auch der Arbeitstag war in Deutschland kürzer als in England. Dafür setzte Deutschland ausländische Arbeitskräfte, Kriegsgefangene und KZ-Häftlinge unter z. T. unmenschlichen Bedingungen zur Arbeit ein, 1944 mehr als 7 Millionen. Das war ein Fünftel aller Arbeitskräfte im Reich; in der Industrie machten Ausländer sogar 29 Prozent aller Arbeitskräfte aus, und sie mußten für

»Fremdarbeiter«, vor allem aus Polen und Rußland, Kriegsgefangene und KZ-Häftlinge wurden von den Nationalsozialisten als Arbeitskräfte in der Industrie eingesetzt, zum Teil unter unmenschlichen Bedingungen. Die Deportierten aus dem Osten – hier eine Ukrainerin – mußten das Kennzeichen »Ost« auf der Kleidung tragen. Im Jahr 1944 arbeiteten über 7 Millionen Fremdarbeiter im Reich.

Die »Heimatfront« im Krieg: Nach Luftangriffen richtete man sich provisorisch wieder ein (links). Mit zunehmender Kriegsdauer schien es nur noch alte Menschen und Kinder im Reich zu geben: Restfamilie vor dem Volksempfänger, 1944 (unten).

Deutschland auch noch produzieren, als die deutschen Truppen ihre Heimat bereits vor den Russen oder Amerikanern geräumt hatten. Ebenso beutete Deutschland die Rohstoff- und Nahrungsmittelreserven in den besetzten Gebieten in immer stärkerem Umfang für die deutsche Kriegswirtschaft aus und ließ die Industrien in den besetzten Gebieten, z. B. in Belgien, Frankreich und Norwegen, für sich produzieren.

Die wirtschaftliche Bilanz des Krieges

Der Luftkrieg und schließlich die anrückenden alliierten Truppen schnürten den Lebensraum Deutschlands seit dem Sommer 1944 jedoch zusehends ein. Jetzt wurden zentrale Verkehrsknotenpunkte und Industrieanlagen so schwer oder so häufig getroffen, daß sie nicht mehr repariert werden konnten. Vor allem die Zulieferung klappte nicht mehr. Das »Siegesprogramm«, im März 1944 aufgestellt, sollte die Rüstungsproduktion bis Ende des Jahres noch einmal um 57,5 Prozent steigern. Doppelt soviel Waffen als im Vorjahr, 73 Prozent mehr Panzer sollten hergestellt werden. Es konnte nicht mehr verwirklicht werden. Seit Juli/August 1944 ging die Produktion schnell zurück. Der Verlust Oberschlesiens schränkte die Kapazitäten weiter ein. Die Verschiebungen in den Prioritäten wurden wieder so hektisch wie in der ersten Kriegszeit. Zwar sollten nun alle Kräfte auf kriegsentscheidende Waffen konzentriert werden, aber dann schränkte Hitler sogar die Produktion der V-Raketen ein, die eben begonnen hatten, England in Schrecken zu versetzen. Immerhin liefen vom September 1944 bis zum März 1945 Messerschmitt-Düsenjäger in wachsender Zahl vom Band. Selbst im April 1945 wurden noch 52 Maschinen fertig. Aber nun verfügte die Luftwaffe weder über genügend Flugplätze noch Benzin, um die neuen Maschinen einzufliegen. Im März 1945 kontrollierte die Reichsregierung nur noch 4 Prozent der Kohleproduktion, über die sie auf dem Höhepunkt des Krieges verfügen konnte, und die Kapazität der Hydrierwerke war auf 5 Prozent gesunken. Die Konsumgüterfertigung machte ungefähr noch 10 bis 15 Prozent des Vorkriegsstandes aus. Der Krieg war nicht nur militärisch, sondern auch wirtschaftlich total verloren.

Fragt man, was er das deutsche Volk gekostet hat, so kann die Bilanz naturgemäß nur unvollständig sein; denn sie vermag nicht die Unsummen von Opfern und Leid einzuschließen, die der Krieg über Deutschland und über große Teile der Welt gebracht hat. Sie kann auch nicht den moralischen Verlust, den Deutschland für lange Zeit in der Welt erlitten hat, kalkulieren. Selbst der Verlust, der durch die Ab-

149

Die deutsche Wirtschaft unter dem Nationalsozialismus

Die Ausbeutung der besetzten Ostgebiete

Anweisungen Hitlers, Görings und des Reichsministeriums für die besetzten Ostgebiete:
»Die neu besetzten Ostgebiete werden nach kolonialen Gesichtspunkten und mit kolonialen Methoden ausgebeutet werden.« (Göring, Weisung vom 8. Nov. 1941)
»Man muß stets davon ausgehen, daß diese Völker uns gegenüber in erster Linie die Aufgabe haben, uns wirtschaftlich zu dienen. Es muß daher unser Bestreben sein, mit allen Mitteln aus den besetzten russischen Gebieten herauszuholen, was sich herausholen läßt.« (H. Pickler: Hitlers Tischgespräche, 1951)
»Das Nahziel ... für die neu besetzten Ostgebiete ist mit unbedingtem Vorrang das Gewinnen des gegenwärtigen Krieges, wobei die Ostgebiete weitgehend dazu beitragen müssen, die Nahrungsmittel- und Rohstofffreiheit für Europa zu gewährleisten. Dieses Nahziel hat auch dann Vorrang, wenn eine kriegsnotwendige Maßnahme einmal in Widerspruch zu der für die Zukunft beabsichtigten Gestaltung des Ostraumes treten sollte.« (Reichsministerium für die besetzten Ostgebiete, Richtlinien für die Wirtschaftsführung, sog. Braune Mappe)
»Völlig abwegig wäre die Auffassung, daß es darauf ankomme, in den besetzten Gebieten einheitlich die Linie zu verfolgen, daß sie baldigst wieder in Ordnung gebracht und tunlichst wieder aufgebaut werden müßten ...« (Richtlinien für die Führung der Wirtschaft, hg. v. Wirtschaftsstab Ost, sog. Grüne Mappe)
»Unsere Aufgabe, (die sowjetische Wirtschaft) in Europa einzubeziehen, bedeutet zwangsläufig die Zerreißung des jetzigen wirtschaftlichen Gleichgewichts innerhalb der UdSSR ... Die Behandlung der einzelnen Landstriche wird ... durchaus verschiedenartig sein müssen. Nur diejenigen Gebiete werden wirtschaftlich gefördert und vordringlich in Ordnung gehalten werden müssen, in denen bedeutende Ernährungs-, Mineral-, Ölreserven für uns erschlossen werden können ... Die Bevölkerung dieser (nördlichen) Gebiete, insbesondere die Bevölkerung der Städte, wird größter Hungersnot entgegensehen. Es wird darauf ankommen, die Bevölkerung in die sibirischen Räume abzulenken ... Versuche, die Bevölkerung dort vor dem Hungertode dadurch zu retten, daß man aus der Schwarzerdezone Überschüsse (für die Nordgebiete) heranzieht, können nur auf Kosten der Versorgung Europas gehen. Sie unterbinden die Durchhaltemöglichkeit Deutschlands im Kriege, sie unterbinden die Blockadefestigkeit Deutschlands und Europas. Darüber muß absolute Klarheit herrschen ... Daraus folgt zwangsläufig ein Absterben sowohl der Industrie wie eines großen Teiles der Menschen in den bisherigen Zuschußgebieten (Rußlands).« (Grüne Mappe)
Quelle: Alexander Dallin: Deutsche Herrschaft in Rußland 1941–1945. Eine Studie über Besatzungspolitik, 1981

---

trennung weiter Gebiete und durch die schließliche Spaltung Rest-Deutschlands entstanden ist, muß außer acht bleiben. Der Krieg, der angeblich um die »Erweiterung des deutschen Lebensraums« geführt wurde, endete mit einer Schrumpfung dieses Lebensraumes um ein Viertel.

Schon die nüchternen Zahlen über die Ausgaben und Schulden des Deutschen Reiches, die das Reichsfinanzministerium in buchhalterischer Genauigkeit bis in die letzten Kriegstage hinein geführt hat, geben einen Eindruck von diesen Verlusten. Danach hat das Deutsche Reich im Krieg 683 Milliarden RM ausgegeben, von denen 87 Milliarden durch Zahlungen des Auslands gedeckt wurden, knapp 600 Milliarden aus Deutschland kommen mußten. Die reinen Wehrmachtsausgaben bezifferte der Reichsfinanzminister bis Ende Februar 1945 auf knapp 400 Milliarden RM. Von den gesamten Reichsausgaben im Krieg sind immerhin ein Drittel durch Steuern gedeckt worden, 12 Prozent durch Kontributionen des Auslands, hauptsächlich Besatzungskosten; mehr als die Hälfte, 55 Prozent, wurden durch Aufnahme von Schulden finanziert, und zwar im Unterschied zum Ersten Weltkrieg nicht durch öffentlich aufgelegte Anleihen, sondern in einem »geräuschlosen Verfahren« durch die zwangsweise Unterbringung bei den Kreditinstituten und Versicherungsgesellschaften, die den Gegenwert der bei ihnen liegenden Spareinlagen oder Versicherungspolicen so gut wie vollständig dem Reich zur Kriegführung zur Verfügung stellen mußten. Die gesamte Reichsschuld, die im Frühjahr 1933 knapp 13 Milliarden RM betragen hatte, war bis zum Kriegsende auf fast 390 Milliarden angewachsen. Hitler hatte sie also verdreißigfacht. Während die Schulden des Reichs 1932 rund 15 Prozent des inländischen Geldvermögens ausmachten, waren sie schon 1939 auf 43 Prozent angewachsen und betrugen 1945 sogar 95 Prozent. Das deutsche Volksvermögen wurde also buchstäblich verpulvert.

Setzt man die Kriegsausgaben in Beziehung zum Volkseinkommen, so kann man errechnen, daß der Krieg soviel kostete, wie die Deutschen in den elf Jahren vor dem Krieg gemeinsam erwirtschaftet hatten. Schon im ersten Kriegsjahr machten sie 42 Prozent des gleichzeitigen Volkseinkommens aus. Im letzten Kriegsjahr waren sie auf 100 Milliarden RM gestiegen, d. h., sie waren größer als das gesamte Volkseinkommen des Jahres 1941. Nur strikte Preis- und Lohnkontrollen verhinderten eine offene Inflation. Der Schwarzmarkt begann zwar wieder zu blühen, aber drakonische Strafen, einschließlich der Todesstrafe, hielten ihn in Grenzen.

In den meisten Gegenden Deutschlands funktionierte die Versorgung bis zum Tag der Besetzung durch die alliierten Truppen einigermaßen, zumal zuletzt Vorratslager entweder geöffnet oder geplündert wurden. Das relativ schnelle Vordringen der alliierten Truppen seit dem Frühjahr und die selbst von Speer praktizierte Weigerung gegenüber Hitlers Befehl, nur verbrannte Erde zu hinterlassen, schonten große Teile der deutschen Industriekapazität. Nur Brücken wurden von Wehrmacht und SS bei ihrem Rückzug in großem Umfang gesprengt. Insgesamt, so sollte sich später herausstellen, blieb dem deutschen Volk trotz Bombardierung und totaler Niederlage eine erstaunlich breite Grundlage für seine wirtschaftliche Weiterexistenz. Gewiß, viele Stadtkerne waren zerstört, viele Industrieanlagen beschädigt, der Verkehr z. T. unterbrochen, der unmittelbare Anblick trostlos. Aber die ländlichen Gegenden waren großenteils unversehrt geblieben, und Städte, Industrieanlagen und Bahnkörper konnten wieder aufgebaut werden. Selbst der Verlust an Menschen, so unwiderruflich er für die betroffenen Familien war, konnte volkswirtschaftlich gesehen überraschend schnell ersetzt werden.

Zu diesem Thema

In den anderen Bänden:
1: Bleuel, Arbeiterbewegung
   Hillgruber, Preußisch-deutsche Außenpolitik
   Lenk, Marxismus
   Stürmer, Deutsches Kaiserreich
   Wippermann, Nationalsozialismus
5: Neumark, Wirtschaftswissenschaften

In anderen Werken:
Aubin, Hermann/Zorn, Wolfgang (Hg.): Handbuch der deutschen Wirtschafts- und Sozialgeschichte, Bd. 2, 1976
Borchardt, Knut: Die Industrielle Revolution in Deutschland, 1972
Fischer, Wolfram/Krengel, Jochen/Wietog, Jutta: Sozialgeschichtliches Arbeitsbuch I. Materialien zur Statistik des Deutschen Bundes 1815–1870, 1982
Henning, Friedrich Wilhelm: Die Industrialisierung in Deutschland 1800–1914, 5. Aufl. 1979
Henning, Friedrich Wilhelm: Das industrialisierte Deutschland 1914–72, 5. Aufl. 1979
Hohorst, Gerd/Kocka, Jürgen/Ritter, Gerhard A.: Sozialgeschichtliches Arbeitsbuch II. Materialien zur Statistik des Kaiserreiches 1870–1914, 2. Aufl. 1978
Kellenbenz, Hermann: Deutsche Wirtschaftsgeschichte, Bd. 2: Vom Ausgang des 18. Jahrhunderts bis zum Ende des 2. Weltkrieges, 1981

Wirtschaft und Industrie der DDR

Ehemaliger Industriestaat DDR im Rat für Gegenseitige Wirtschaftshilfe:
In Schwedt an der Oder endet die Pipeline »Freundschaft«, über die Erdöl aus der UdSSR geliefert wird.

PETER PLÖTZ

Wirtschaftspolitik und Wirtschaftsentwicklung der SBZ

Die DDR feierte am 7. Oktober 1984 ihren 35. Geburtstag. Aus den Trümmern des Dritten Reiches hervorgegangen, ist ihre wirtschaftliche, politische und soziale Entwicklung bis in die Gegenwart durch spezifische Ausgangsbedingungen geprägt. Und die waren alles andere als ermutigend.

»Die Stunde Null«

In den Ballungszentren der Sowjetischen Besatzungszone (SBZ) betrug die Zerstörungsrate des städtischen Wohnraums ebenso wie in den Westzonen im Durchschnitt 50 Prozent. Berlin, Dresden, Leipzig, Rostock und Magdeburg glichen Trümmerwüsten. In der Wirtschaft herrschten katastrophale, z.T. chaotische Zustände. Zahllose Industriebetriebe lagen vollständig in Trümmern oder waren schwer beschädigt, die meisten Verkehrs- und Nachrichtenverbindungen unterbrochen. Ausgelöst durch die Zerstörungen des Luftkriegs und der Erdkämpfe in der Endphase des Krieges dürften die Vermögensverluste aller Wirtschaftsbereiche in Deutschland unmittelbar nach Kriegsende rund 15 Prozent des Bestandes von 1939 betragen haben, wobei die Verlustquote in der SBZ etwas unter, die in den Westzonen etwas über diesem Mittelwert lag. Die Verluste des industriellen Produktionspotentials werden für die SBZ mit 15 Prozent, für die Westzonen mit 21 Prozent angegeben. Nach Kriegsende waren in der SBZ nur noch 40 Prozent der Transportmittel vorhanden. Weite Strecken fruchtbaren Landes waren aufgrund des verzweifelten Widerstandes der Wehrmacht gegen die vordringende Sowjetarmee verwüstet.

Die Folgen des Krieges für die Bevölkerung waren verheerend. Deutschland hatte 6,5 Millionen Tote im Zweiten Weltkrieg zu beklagen. Neben Kummer und Leid, Hunderttausenden von Versehrten, hatte der Krieg auch wesentliche Auswirkungen auf den Menschen als Produktionsfaktor, auf die Bevölkerungs- und Berufsstruktur und somit direkt auf die zukünftige Leistungsfähigkeit der Wirtschaft. Millionen Flüchtlinge aus den Ostgebieten waren in den letzten Monaten und Wochen vor Kriegsende über die Landstraßen gezogen. Die SBZ nahm von ihnen mehr auf als die Westzonen. Für den im wesentlichen von Ost nach West verlaufenden Flüchtlingsstrom wirkte die SBZ darüber hinaus als Katalysator. Es blieben in größerem Maße alte und kranke Menschen und vorwiegend Frauen und Kinder zurück, während die Arbeitsfähigen häufig nach Westen weiterzogen.

Angesichts drohender Massenarbeitslosigkeit infolge der zerstörten Arbeitsplätze und der äußerst schwierigen Ernährungssituation war die Bevölkerungszunahme von 13,3 Prozent 1946 gegenüber 1936 (in den Westzonen 11,5 Prozent) kein Vorteil für die SBZ. Im Gegenteil: sie war eine erhebliche Belastung! Im Vergleich mit den Westzonen verschlechterten sich die Startbedingungen des späteren zweiten deutschen Staates zunehmend, nicht zuletzt mit den personellen und sachlichen Wiedergutmachungsleistungen an die UdSSR.

Wiedergutmachung

Im Protokoll der Verhandlungen zwischen den drei alliierten Mächten Sowjetunion, USA und Großbritannien auf der Krim am 11. Februar 1945 (Konferenz von Jalta) wurde im Hinblick auf Wiedergutmachungsleistungen hervorgehoben: »Deutschland ist verpflichtet, den Schaden, den es den verbündeten Nationen im Laufe des Krieges zugefügt hat, durch Sachleistungen zu ersetzen. Die Reparationen sollen in erster Linie jenen Ländern zugute kommen, die die Hauptlast des Krieges trugen, die größten Verluste erlitten und den Sieg über den Feind herbeiführten.« Damit ergab sich auch das Recht der Sowjetunion, die mit 20 Millionen Toten und unermeßlichen materiellen Schäden die Hauptlast des Zweiten Weltkrieges getragen hatte, auf die von ihr beanspruchten Wiedergutmachungsleistungen. Die Kommunistische Partei Deutschlands (KPD) forderte in mehreren Aufrufen des Jahres 1945 dazu auf, »bei der deutschen Bevölkerung Verständnis zu wecken für die moralische Verpflichtung zur Wiedergutmachung«. Über vier Jahre nach Kriegsende, am 12. Oktober 1949, führte Otto Grotewohl in seiner Regierungserklärung aus: »Der Weg des Friedens, den die

Die »Stunde Null« in der sowjetischen Besatzungszone: Straßenszene am Leipziger Platz, Berlin-Ost.

Regierung zu gehen entschlossen ist, enthält auch die Anerkennung der uns auferlegten Reparationsverpflichtungen.«

Der Teil IV des Potsdamer Abkommens vom 2. August 1945 sah vor, daß jede Besatzungsmacht ihre Reparationsansprüche nur aus ihrer Besatzungszone befriedigen sollte. Der Sowjetunion wurde aber zugestanden, in begrenztem Umfang aus den westlichen Zonen Lieferungen zu erhalten, die z. T. mit Gegenlieferungen, besonders an Nahrungsmitteln, bezahlt werden sollten. Es war das Ziel der Sowjetunion, mittels einer Beteiligung an der Ruhrbehörde eine Kontrolle über Produktion und Verteilung im Ruhrgebiet zu erlangen. Dies wurde aber von den Westalliierten abgelehnt.

In den unklaren Reparationsvereinbarungen lag ebenfalls ein Keim des späteren Zerwürfnisses zwischen den Besatzungsmächten. Sie hatten nämlich sowohl über den Gesamtumfang der sowjetischen Reparationsforderungen (etwa 10 Milliarden US-Dollar zu Preisen von 1938) als auch über die Art der Reparationen keine Einigung erzielt. Vor allem als die Sowjetunion in ihrer Besatzungszone verstärkt Entnahmen aus der neuen Industrieproduktion tätigte, schwanden die Möglichkeiten einer gemeinsamen Wirtschaftspolitik. Da die im Potsdamer Abkommen vorgesehene gemeinsame Regelung der Reparationsfrage nicht zustandekam, deckte die Sowjetunion ihre Wiedergutmachungsansprüche nahezu allein aus dem Gebiet der SBZ/DDR ab.

Sofort nach der Besetzung Ost- und Mitteldeutschlands beschlagnahmte die Rote Armee aus privatem und öffentlichem Besitz Waren- und Vorratslager, Kunstgegenstände und Sammlungen, Banknoten sowie industrielle Anlagen und Ausrüstungen und transportierte sie in die Sowjetunion. Diese Kriegsbeute- und Trophäenaktion galt nach sowjetischer Meinung nicht als Reparationsleistung. Es erfolgte auch keine Registrierung.

Die erste Phase der sowjetischen Besatzungspolitik – die Sowjetische Militäradministration (SMAD) war am 9. Juni 1945 errichtet worden – war durch Besitzergreifung, Abtransport und Vernichtung deutscher Vermögenswerte und durch Demontagen industrieller Anlagen einerseits und durch Versuche wirtschaftlichen Wiederaufbaus andererseits gekennzeichnet.

Die nächste Phase der Wiedergutmachung an die Sowjetunion begann mit der Demontage nicht nur kriegswichtiger, sondern auch für die Friedenswirtschaft unentbehrlicher industrieller Kapazitäten. Zwischen Mai 1945 bis zum Frühjahr 1948 wurden in mehreren Phasen Fabriken demontiert. So verloren einige bedeutende Industriezweige ihren Maschinen- und Anlagenbestand vollständig (z. B. die LKW-Industrie). Über diese wie auch die noch folgenden Entnahmen aus der deutschen Vermögenssubstanz sind von verschiedenen Seiten Schätzungen publiziert worden, die einander – je nach Standort des Betrachters – z. T. erheblich widersprechen. Allein für die Industrie wird die Reduzierung des Anlagevermögens auf 26 Prozent des Vermögensbestandes von 1939 beziffert (Westzonen 12 Prozent). Hiernach hat die SBZ erheblich höhere Kapazitätsverluste erlitten als die Westzonen. Da nur Güter des beweglichen Anlagevermögens demontiert werden konnten und der Verlust des Maschinenparks häufig den ganzen Betrieb lahmlegte, ist der tatsächliche Ausfall an Produktionskapazität aber weit höher als der Vermögensverlust gewesen. Auf nahezu sämtlichen Eisenbahnstrecken der sowjetischen Besatzungszone wurden die zweiten Gleise abgebaut und in die Sowjetunion gebracht.

Die Demontagen hatten vor allem empfindliche Wirkungen auf die Energieversorgung, die Versorgung mit Brenn- und Treibstoffen und die Versorgung mit metallurgischen Erzeugnissen.

Über 200 schon 1945 von den Sowjets beschlagnahmte Industriebetriebe wurden im Herbst 1946 in Sowjetische Aktiengesellschaften (SAG) überführt. Ca. 35 Prozent der gesamten industriellen Kapazität in der SBZ befand sich damit in den Händen der SAG. Vor allem in den Schlüsselindustrien hatte die Sowjetunion eine beherrschende Position inne. Von besonderer Bedeutung unter den SAG war die heute noch bestehende Wismut-AG. Sie wurde 1946 zur Ausbeutung der Uran-Erzvorkommen geschaffen. Mit zeitweilig 225 000 Beschäftigten war sie der größte Industriekonzern der SBZ. Die SAG-Betriebe wurden bis Januar 1954 in vier Etappen mit Ausnahme der Wismut-AG der DDR, z. T. gegen Bezahlung, zurückgegeben und in Volkseigentum überführt.

Laufende Entnahmen aus der Produktion waren eine völlig neue Form der Reparationsleistungen. Sie begannen sofort mit der Wiederaufnahme der Produktionstätigkeit und endeten erst mit der deutsch-sowjetischen Vereinbarung von 1953, in der den Deutschen ein Teil der ursprünglichen Forderungen erlassen wurde. Zum einen mußten erhebliche Teile aus dieser neuen Produktion direkt an die Sowjetunion geliefert werden, zum anderen dienten die Lieferungen der Ausrüstung und Versorgung der sowjetischen Besatzungstruppen. Ein weiterer Teil mußte an die SAG-Betriebe sowie an sowjetische Handelsgesellschaften abgeführt werden.

In den Jahren 1946 bis 1948 erreichten die Entnahmen und die Besatzungskosten schätzungsweise 25 Prozent des ohnehin sehr kleinen Sozialprodukts der SBZ. Die Entnahmen aus der laufenden Produktion führten zu erheblichen Engpässen in der Versorgung, da der Inlandsbedarf grundsätzlich gegenüber diesen Verpflichtungen zurücktreten mußte. Allerdings mag es von gewissem Vorteil gewesen sein, durch diese Form der Reparationsleistungen letztlich Produktionskapazität in der SBZ zu belassen.

Das wohl dunkelste Kapitel der sowjetischen Reparationspolitik stellte der Einsatz von Kriegsgefangenen und Zivilinternierten für Wiedergutmachungsleistungen in der UdSSR dar. Diese »personelle Wiedergutmachung« basierte jedoch auf alliierten Vereinbarungen. Wissenschaftler, Ingenieure und Facharbeiter wurden in systematischen Aktionen in die Sowjetunion deportiert, um dort beim industriellen Wiederaufbau, in der Forschung und Entwicklung eingesetzt zu werden. In der sog.

Reparationen an die UdSSR: Die Bahnlinien waren nur noch eingleisig, manche wurden ganz demontiert.

Ossoviachim-Aktion vom 20. bis 22. Oktober 1946 deportierte man vor allem Wissenschaftler und Ingenieure der Firmen Zeiss, Schott und Gen., BMW, Leuna, der Siebelwerke und der Junkerswerke in die Sowjetunion. Dies war einer der Höhepunkte der Deportationsmaßnahmen.

Stellen wir abschließend noch einmal gegenüber, in wie starkem Maße die sowjetische Besatzungszone und die Westzonen durch Kriegsschäden und Demontagen getroffen worden sind, so ergibt sich allein für die Industrie eine Reduzierung des gesamten Anlagevermögens um 41 Prozent in der SBZ und um 33 Prozent in den Westzonen, gemessen am Vermögensbestand von 1939.

Insgesamt waren also die Bedingungen, unter denen sich der Wiederaufbau in der SBZ vollzog, deutlich schlechter als in den Westzonen. Dort waren die Demontagen weitaus geringer; die Westzonen hatten einen geringeren Teil des Sozialprodukts an die Besatzungsmächte abzuführen und erhielten durch den Marshall-Plan (ERP) eine erhebliche Starthilfe. Die Wirtschaft der SBZ hingegen wurde durch die Reparationspolitik in den laufenden Fünfjahrplan der UdSSR einbezogen: Die Reparationsleistungen vergrößerten das sowjetische Wirtschaftspotential und waren darüber hinaus eine wichtige Grundlage für die sowjetische Expansionspolitik. Trotz allem darf man nicht übersehen, daß die Reparationsleistungen als ein Beitrag bewertet werden müssen, einen Teil des von Deutschland angerichteten Schadens gegenüber der Sowjetunion zu erstatten.

Ungünstige Standortbedingungen

Bereits vor dem Zweiten Weltkrieg verfügte der mitteldeutsche Raum über eine hochentwickelte Industrie mit einer traditionsgebundenen, qualifizierten Arbeiterschaft, über eine rentable Landwirtschaft sowie über eine gut entwickelte Infrastruktur. Allerdings war die Wirtschaftsstruktur dieses Gebietes wenig ausgewogen; innerhalb der Industrie war die Textil- und metallverarbeitende Industrie vorherrschend. In der metallverarbeitenden Industrie besaßen die relativ wenig materialintensiven, vor allem stark arbeitsintensiven Zweige der Elektrotechnik und der Feinmechanik/Optik ein großes Gewicht. Von Bedeutung war auch die chemische Industrie, die sich während der beiden Weltkriege im Raum Halle entwickelt hatte. Die schwerindustrielle Basis hingegen war äußerst schmal. So entfielen auf die spätere Sowjetzone 1938 nur 1,9 Prozent der deutschen Steinkohleförderung, 6 Prozent der abgebauten Eisenerze, 1,3 Prozent der Roheisen- und 6,6 Prozent der Rohstahlproduktion.

Der Wirtschaftsraum Mitteldeutschlands war schon immer stark »außenhandelsorientiert«. Im Jahr 1936 lieferte die dort ansässige Wirtschaft 54 Prozent ihrer industriellen und landwirtschaftlichen Produkte in die übrigen deutschen Gebiete sowie ins Ausland und bezog von dort 53 Prozent ihres Bedarfs. Mitteldeutschland deckte vor dem Krieg seinen Außenbedarf zu vier Fünfteln aus dem übrigen Deutschland; sein Außenabsatz dorthin entsprach ungefähr dieser Größenordnung. Die Gründe für diese hohe außenwirtschaftliche Verflechtung lagen – wie ausgeführt – in der schmalen Rohstoffbasis, der hohen Spezialisierung der heimischen Industrie sowie der Enge des Binnenmarktes. Die Engpässe im Grundstoffbereich, die abrupt unterbrochenen Beziehungen zu traditionellen Märkten – z. B. zu den ehemals deutschen Gebieten östlich der Oder-Neiße-Linie –, der Zerstörungsgrad während des Krieges sowie die Reparationsleistungen an die Sowjetunion bewirkten in diesem verengten Wirtschaftsraum extrem ungünstige Bedingungen für den Wiederaufbau der Wirtschaft. Naturgemäß besaß das größere Wirtschaftsgebiet Westdeutschlands mit einer gegenüber Mitteldeutschland wesentlich niedrigeren Außenhandelsabhängigkeit sowie günstigeren Verflechtung und Verteilung der Ressourcen ungleich bessere Möglichkeiten, die Kriegsfolgen zu überwinden.

Improvisationskunst in Deutschland-Ost nach Kriegsende: Der Wille zu überleben machte erfinderisch. So wurden ehemalige Wehrmachtshelme kurzerhand zu Kochtöpfen und Nachtgeschirren umgearbeitet.

Gelähmte Wirtschaft

Aufgrund der Kriegszerstörungen, der fehlenden Energie-, Brenn- und Treibstoffe sowie Halbfabrikate, der schweren Schäden im Verkehrs-, Post- und Nachrichtenwesen konnten viele Betriebe unmittelbar nach Kriegsende nicht mehr produzieren. Die Industrieproduktion war nahezu auf dem Nullpunkt angelangt; sie dürfte unmittelbar nach Beendigung des Krieges 10 bis 15 Prozent des Vorkriegsstandes betragen haben. Vor allem Klein- und Mittelbetriebe trugen die Hauptlast der Wiederingangsetzung der Produktion, da wichtige Großbetriebe erst im Herbst 1945 zumindest mit einer Teilproduktion beginnen konnten. Die Lähmung der Wirtschaft im Bereich der Großindustrie wurde zuerst im Braunkohlenbergbau überwunden. So konnte die Energieversorgung zum Jahresende 1945 ca. die Hälfte des Vorkriegsstandes wieder erreichen. Dringend erforderlich war die Neuerschließung von Braunkohlevorkommen. Die Aufschlußarbeiten belasteten die SBZ/DDR-Wirtschaft noch auf Jahre hinaus. Aufgrund der drastisch reduzierten Transportkapazität und der nur begrenzten Möglichkeiten für die Vorratshaltung waren die Produktionsleistungen im Kali- und Salzbergbau deutlich reduziert.

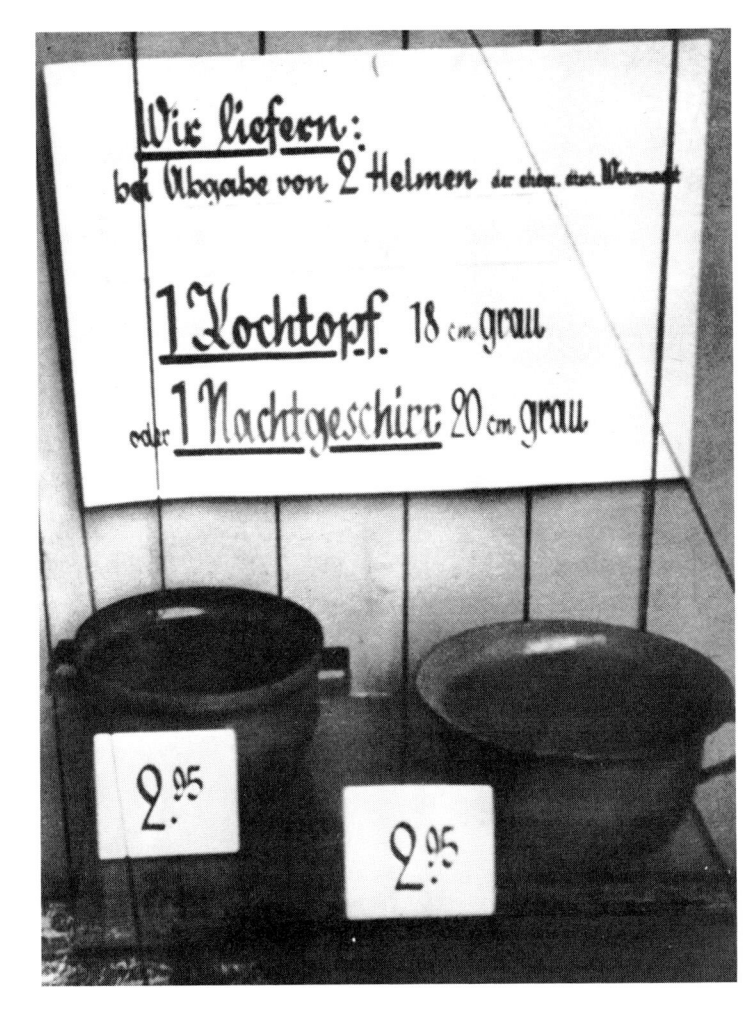

Erst ein Viertel aller Industriebetriebe hatte bis Ende des »Jahres Null« die Produktion wiederaufgenommen; die Industrieproduktion erreichte 1945 etwa 27 Prozent des Jahres 1936.

Am 8. Februar 1946 wurde in der Maximilianhütte bei Unterwellenborn der erste Hochofen angeblasen. Die Produktion der metallurgischen Industrie erreichte 1946 etwa ein Fünftel, 1947 ein Viertel und 1948 immerhin schon knapp ein Drittel der Vorkriegsproduktion (Stand 1936).

In diesen Jahren gab es Fortschritte bei der Überwindung der Kriegsfolgen. Mit Hilfe eines verstärkten Einsatzes von Frauen, Arbeitslosen und Schwerbeschädigten bemühten sich die Sowjets vor allem im Interesse ihrer Reparationspolitik, wenigstens z. T. die durch ihre Demontagen in das Produktionspotential gerissenen Lücken wieder zu schließen. So ist diese Phase gekennzeichnet durch verstärkte Versuche des wirtschaftlichen Wiederaufbaus auf der einen, durch harte Zwangsabgaben an die Sowjetunion auf der anderen Seite.

Gerade diejenigen Erzeugnisse, die zum wirtschaftlichen Neuaufbau sowie zur Sicherung der Produktion außerordentlich wichtig waren, wurden im Gebiet der heutigen DDR nur zu einem geringen Teil oder überhaupt nicht produziert. Fehlende Rohstoffe und Ersatzteile führten dazu, daß der Produktionsprozeß in den ersten Nachkriegsjahren häufig unterbrochen wurde. Im Bemühen, die Betriebe von der Nachkriegsproduktion auf das eigentliche Produktionsprogramm umzustellen, überwog bei der Mehrzahl das Provisorium. Aus Stahlhelmen wurden Kochtöpfe, aus Gasmaskenbüchsen Milchkannen, aus Militärfahrzeugen landwirtschaftliche Fahrzeuge.

Doch die Umstellung von der Kriegs- auf die Friedensproduktion schritt voran. Gemessen an der industriellen Produktion des Jahres 1936 erreichte die Industrieproduktion in der Sowjetzone 1946 ca. 42 Prozent, 1947 53 Prozent und 1948 71 Prozent. Dabei kam es sowohl auf eine extensive Erweiterung der vorhandenen als auch auf die Neuschaffung von bisher nicht vorhandenen Produktionsanlagen an.

Bedrückende Lebensumstände

Bis 1950 wurde in der Volkswirtschaft der SBZ/DDR mehr verbraucht als produziert. Durch verschlissene, aber nicht ersetzte Produktionskapazität sowie verringerte Bestände trat ein Substanzverlust ein. Die Investitionen waren insgesamt gering, wobei vorrangig die Metallurgie, die Kohleindustrie und der Maschinenbau zu Lasten vor allem der Leicht- und Konsumgüterindustrie mit Investitionen versorgt wurden. 1950 hatte die volkswirtschaftliche Gesamtproduktion ca. 90 Prozent des Vorkriegsstandes erreicht, und die Produktion im Bereich Land- und Forstwirtschaft lag in diesem Jahr bei 85 Prozent des Vorkriegsstandes.

Das befreite Aufatmen der Menschen am 7./8. Mai 1945 war nur von kurzer Dauer. Die vor allem in den Städten und Kampfgebieten unmittelbar erfahrene Bedrohung durch die Kriegsmaschinerie wurde durch den »Kampf ums Überleben« abgelöst. Das deutsche Volk lebte in überbelegten, teils zerstörten Wohnungen, in notdürftigen Flüchtlingsquartieren. Heizmaterial war im eisigen Winter 1946/47 ein begehrtes, wenn auch kaum vorhandenes Gut. Als besonders bedrückend wurde aber die Ernährungssituation empfunden; die Lebensmittelzuweisungen waren viel zu gering. Es drohten Hungersnot und Seuchengefahr. Die Ernährungslage, eine der schlechtesten seit Jahrzehnten, war in starkem Maße durch die katastrophale Ernte des Jahres 1945 bedingt, eine Folge der direkten und indirekten Kriegsschäden. Aber auch die beiden folgenden Ernten betrugen aufgrund extrem ungünstiger Witterungsbedingungen – strenger Winter 1946/47, Dürre 1947 – nur wenig mehr als die Hälfte der Vorkriegszeit. An Fleisch stand der Bevölkerung im Vergleich zu 1936 in den Jahren 1946 und 1947 nur rund ein Viertel zur Verfügung. 1946 sank die Fettration für nicht berufstätige Personen auf 7 g pro Tag. Für die arbeitende Bevölkerung konnte in diesem Jahr die Tagesration der notwendigsten Lebensmittel leicht erhöht werden. Sie betrug pro Person im Durchschnitt 300 g Brot, 25 g Nährmittel, 400 g Kartoffeln, 15 g Zucker, 25 g Fleisch und 10 g Fett.

Die Losung, die auf dem II. Parteitag der SED (20. bis 24. September 1947) ausgegeben wurde: »Mehr produzieren, gerechter verteilen, besser leben« sowie die Forderung: »Erst mehr arbeiten und dann mehr essen« entsprachen wohl den objektiven Bedingungen. Einige Berufsgruppen mußten wegen schwerer körperlicher Arbeit aber besonders berücksichtigt werden. So kam es im August 1946 zu einer Verbesserung der Bergarbeiterverpflegung, aufgrund des SMAD-Befehls Nr. 234 vom 9. Oktober 1947 zur Einführung eines warmen Mittagessens.

Sämtliche Zweige der Leicht- und Lebensmittelindustrie (mit Ausnahme von Holz- und Kulturwaren) blieben in ihrem Produktionsergebnis bis 1950 wesentlich hinter dem Vorkriegsstand zurück. Hinzu kam, daß sowohl industrielle Konsumgüter als auch Lebensmittel exportiert werden mußten. Damit war die Versorgung der Bevölkerung mit Nahrungsmitteln und Industriewaren 1950 gegenüber dem Vorkriegsniveau deutlich schlechter.

Doch nicht nur die Versorgung mit Nahrungsmitteln war bedrückend. So besaßen noch 1949 die meisten Männer nur einen Anzug, die Frauen im Durchschnitt zwei Kleider. Glücklich konnte sich schätzen, wer mehr als ein Paar Schuhe hatte.

Die Sowjetisierung der SBZ

Obwohl die KPD im Juni 1945 in einem ZK-Aufruf proklamiert hatte: »Wir sind der Auffassung, daß der Weg, Deutschland das Sowjetsystem aufzuzwingen, falsch wäre, denn dieser Weg entspricht nicht den gegenwärtigen Entwicklungsbedingungen in Deutschland«, begann schon Mitte 1945 die Sowjetisierung der SBZ. Die Umgestaltung des politischen und staatlichen Systems wurde durch eine tiefgreifende Veränderung der Wirtschaftsordnung ausgelöst. Unmittelbar sichtbar wurde dies in der Haltung der sowjetischen Besatzungsmacht zur Eigentumsordnung. Durch die Überführung der Produktionsmittel in staatlichen Besitz sollten die Gegensätze zwischen Kapital und Arbeit aufgehoben sowie Interessenübereinstimmung zwischen Staat und Arbeiterschaft hergestellt werden.

Nach dem Einmarsch der Roten Armee wurden die Banken geschlossen, ihre Geld- und Wertpapierbestände beschlagnahmt.

»Junkerland in Bauernhand«

Im September 1945 kam es in der Landwirtschaft zu einer radikalen Veränderung der Eigentumsverhältnisse. Der Großgrundbesitz östlich der Elbe bedeutete vor allem in Preußen eine ökonomische und politische Machtzusammenballung, die zerschlagen werden sollte. Nicht nur das ZK der KPD rief am 8. September 1945 zu einer Bodenreform auf, sondern auch der SPD-Vorsitzende Otto Grotewohl führte hierzu sieben Tage später aus: »Die politische Seite der Bodenreform ist die Beseitigung des verderblichen Einflusses der Junker auf die Geschichte Deutschlands. Durch Jahrhunderte war der Großgrundbesitz der Träger der Reaktion. Aus ihren Reihen stammten zahlreiche hohe Offiziere, Beamte, Minister und Höflinge. Sie waren die Feinde jeder freiheitlichen Entwicklung in Deutschland.«

Unter der Losung »Junkerland in Bauernhand« – selbst Goethe wurde für die Bodenreform mobilisiert: »Auf freiem Grund mit freiem Volke stehn« – wurde der gesamte Boden von 7000 Großgrundbesitzern und Großbauern, die jeweils über 100 ha besaßen (insgesamt 2,5 Millionen ha), zusammen mit 600 000 ha von ehemaligen aktiven Nationalsozialisten und Kriegsverbrechern entschädigungslos enteignet. Dieser Fonds bildete zusammen mit dem Land, das in Staatsbesitz war, den Bodenfonds, aus dem bis Anfang 1950 ca. 2,2 Millionen ha Land an 560 000 sog.

der Neubauern nur Zwergparzellen, auf denen sie wirtschaftlich nicht überleben konnten. Aus diesen unrentablen Betrieben wurden dann 1952 die ersten Landwirtschaftlichen Produktionsgenossenschaften (LPG) gebildet. Die nicht an Privatpersonen verteilte Fläche aus dem Bodenfonds wurde vor allem zur Gründung von Volkseigenen Gütern (VEG) verwandt.

Verstaatlichung der Industrie

Mit dem Befehl Nr. 124 der SMAD vom 30. Oktober und dem Befehl Nr. 126 vom 31. Oktober 1945 erfolgte die Weichenstellung für eine grundsätzlich neue Eigentumsstruktur. Das gesamte Eigentum des deutschen Staates, der NSDAP und ihrer Amtsleiter sowie der Wehrmacht wurde beschlagnahmt. So wurden die Voraussetzungen zur Verstaatlichung der Schlüsselindustrie geschaffen.

Im Land Sachsen kam es auf Anregung der dortigen KPD hierüber zu einem Volksentscheid. Die Partei gab die Losungen aus: »Was des Volkes Hände schaffen, soll des Volkes eigen sein!« und »Die Kriegsverbrecher waren sich stets einig gegen das Volk; jetzt einigt sich das Volk gegen die Kriegsverbrecher!« Am 30. Juni 1946 stimmten 77,6 Prozent der an der Abstimmung teilnehmenden Wahlberechtigten für die Enteignung. Die Verstaatlichung der Schlüsselindustrien konnte unter der Parole der Enteignung der Kriegs- und Naziverbrecher durchgeführt werden.

Auf der Grundlage dieses Volksentscheids in Sachsen wurden dann in allen Ländern und Provinzen der SBZ ohne weitere Abstimmungen bis zum Frühjahr 1948 über 9000 gewerbliche Unternehmen, darunter knapp 4000 Industriebetriebe, mit einem Anteil an der gesamten Industrieproduktion von ca. 40 Prozent entschädigungslos enteignet und in den »Besitz des Volkes« überführt. Dazu zählten u. a. 38 Braunkohlen- und Hüttenbetriebe des Flick-Konzerns, die Krupp-Gruson-Werke in Magdeburg, 38 Betriebe der Continentalen Ölgesellschaft, 14 Betriebe des Rütger-Konzerns, 59 Betriebe von Siemens und AEG, 9 Unternehmen des Mannesmann Konzerns, 7 Chemiebetriebe der Henkel AG, 8 Werke des Reemtsma-Konzerns.

Der Handel

Mit dem Vordringen der Planwirtschaft wurde im Bereich des Handels zuerst der traditionelle Großhandel durch die Bildung von Handelskontoren und Handelszentralen verstaatlicht. Die völlig unzureichende Versorgung in der Nachkriegszeit führte beim Einzelhandel zunächst nur zu einer schwachen Zentralisierung. Es wurden Konsumgenossenschaften neu gegründet, wobei sie ihr früheres Eigentum zurückerhielten, gelegentlich übergab man

Wirtschaft nach sowjetischem Muster: Die Bodenreform von 1945 (ganz oben) beseitigte den Großgrundbesitz; die Gründung der HO, 1948, war ein wichtiger Schritt zur Sozialisierung des Einzelhandels.

Neubauern (ehemals landlose Bauern sowie Landarbeiter, Umsiedler, Flüchtlinge) verteilt wurden. Diese Personengruppe mußte je ha den Gegenwert von etwa 1 bis 1,5 t Roggen als Bezahlung an den Staat entrichten. Allerdings erhielt ein Großteil

Produktionsanteil der Unternehmensformen in % der industriellen Bruttoproduktion

Jahr	Private Unter nehmen	Volks eigene Industrie	Sowjetische Aktien gesellschaften (SAG)
1946	47	20	33
1950	29	51	20

Quelle: Statistisches Kompendium des DIW über die SBZ

ihnen auch enteignete Handelsbetriebe. Diese Genossenschaften wurden zwar besser beliefert als der private Einzelhandel, der weitaus größte Teil der Bevölkerung in der SBZ wurde aber bis zu Beginn der fünfziger Jahre durch den Privathandel versorgt.

Die Sozialisierung griff Ende 1948 mit der Gründung der staatlichen Handelsorganisation (HO) auch auf den Einzelhandel über. Am 15. November 1948 wurden die ersten 50 HO-Läden in der SBZ und in Ost-Berlin eröffnet. Hier konnte die Bevölkerung nicht nur rationierte Konsumgüter kaufen, sondern im freien Verkauf auch Lebensmittel, wenngleich zu stark überhöhten Preisen. 1 kg Margarine kostete beispielsweise 110,- Mark. Mit Beginn des Jahres 1951 wurde die staatliche Handelsorganisation umfassend reorganisiert; HO-Läden in der Warenbereitstellung privilegiert. Der Privathandel konnte nur noch rationierte Nahrungsgüter verteilen; seine Bedeutung sank in der Folgezeit erheblich.

Beginn der zentralen Planwirtschaft

In den Richtlinien der KPD zur Wirtschaftspolitik vom 3. März 1946 wurde ein einheitlicher Plan für Industrie, Verkehr und Landwirtschaft gefordert: »Der Neuaufbau kann nur durchgeführt werden durch eine sinnvolle und gesteuerte, den wirtschaftlichen und politischen Verhältnissen und den Bedürfnissen des ganzen Volkes angepaßte Wirtschaftsplanung.« Eine erste zentrale Verwaltung in der Sowjetzone wurde durch die Deutsche Wirtschaftskommission (DWK) geschaffen, die durch Befehl Nr. 138 der SMAD am 14. Juni 1947 eingesetzt worden war. Ihre Aufgabe bestand in der Koordinierung der einzelnen Zentralverwaltungen in der SBZ sowie im Ausbau der gesamtstaatlichen Wirtschaftsplanung. Im Februar 1948 erhielt die DWK von der SMAD (Befehl Nr. 32) sehr weitgehende Vollmachten zur Planung, Leitung und Kontrolle der gesamten Volkswirtschaft. Nur einen Monat später erließ die DWK für alle Organe in der sowjetisch besetzten Zone verbindliche Verfügungen.

Die Volkswirtschaft der Sowjetzone richtete sich in der zweiten Hälfte des Jahres 1948 nach einem Halbjahresplan, der vorsichtige Ansätze für eine Wiedergesundung der Wirtschaft brachte. Allerdings waren 1948 bei weitem noch nicht alle Betriebe in der »Hand des Volkes«. 36 000 Betriebe waren noch in Privatbesitz, so daß 39 Prozent der Bruttoproduktion von diesen Betrieben erzeugt wurden. Den gleichen Anteil produzierten die Volkseigenen, 22 Prozent die SAG-Betriebe.

Die eigentliche zentrale Planwirtschaft begann mit dem Zweijahrplan 1949/50. Der Zweijahrplan sah eine Steigerung der Produktion um 35 Prozent gegenüber 1947 vor, wobei die Arbeitsproduktivität mit einer Erhöhung um 30 Prozent den entscheidenden Beitrag zur Produktionsausweitung leisten sollte. (Die Lohnsumme insgesamt sollte nur um 15 Prozent steigen.) Zur Erreichung dieses Zieles wurde von der SED nach sowjetischem Vorbild, dem Stachanow-System, eine eigene Aktivistenbewegung geschaffen. Der Häuer Adolf Hennecke erfüllte im Oktober 1948 im

Gleichfalls nach sowjetischem Vorbild sollte eine Aktivistenbewegung für die Übererfüllung der Pläne sorgen. Der Häuer Adolf Hennecke aus Meggen bei Elspe wurde der Stachanow der DDR.

Wirtschaftspolitik und Wirtschaftsentwicklung der SBZ

Außenhandelsumsatz der SBZ/DDR 1947 bis 1950
– in Mio. Dollar –

Jahr	Umsatz	Import	Export	Anteil des Ostblocks am Umsatz – in %
1947	102,7	–	–	26,5
1948	322,5	–	–	74,9
1949	662,0	355	307	77,1
1950	947,0	507	440	86,1

Quelle: SBZ-Archiv, H. 11, 1954

Einzelhandelsumsätze in der SBZ/DDR

Jahr	Gesamtumsatz in Mrd. RM bzw. Deutsche Mark der Deutschen Notenbank	Davon entfielen in % des Gesamtumsatzes auf		
		Privathandel	Konsumgenossenschaften	Staatliche Handelsorganisation
1946	6,0	86	14	–
1950	16,9	54	18	28

Quelle: DIW-Wochenbericht, Nr. 19/1953.

Zwickauer Steinkohlenbergbau sein Tagessoll zu 387 Prozent. Diese Pioniertat war der Auftakt einer Kampagne gegen – wie es in der SBZ hieß – überholte Arbeitsnormen. Die überwiegende Mehrzahl der Arbeiter war allerdings mißtrauisch und stand der Bewegung ablehnend gegenüber.

Walter Ulbricht würdigte die Aktivistenbewegung später mit den Worten: »Die Aktivisten, das sind die bewußten Erbauer einer neuen Ordnung, denn der Antrieb zu ihren Leistungen ist die Überzeugung, daß wir nur durch Steigerung der Produktion zu einem besseren und schöneren Leben kommen können. Man kann sagen, daß die Aktivisten die größte Leistung in der Festigung unserer demokratischen Ordnung vollbracht haben.«

Die wirtschaftliche Spaltung Deutschlands

Nach den ursprünglichen Vorstellungen der Alliierten sollte die staatliche Einheit Deutschlands, wenn auch in geschrumpftem Umfang, aufrecht erhalten werden. Das Potsdamer Abkommen sah in seinen wirtschaftlichen Grundsätzen eine gleichmäßige Verteilung der wesentlichen Waren unter den verschiedenen Zonen und ein ausgeglichenes Wirtschaftsleben in ganz Deutschland vor. So heißt es im Potsdamer Abkommen: »Während der Besatzungszeit ist Deutschland als eine wirtschaftliche Einheit zu betrachten.«

Der Kalte Krieg zwischen den Großmächten führte aber zur endgültigen Spaltung Deutschlands als Wirtschaftsgebiet. Nachdem die Außenministerkonferenzen ergebnislos verlaufen waren und der Alliierte Kontrollrat als oberstes Machtorgan in Deutschland durch den Auszug der sowjetischen Vertreter am 20. März 1948 handlungsunfähig geworden war, fand zuerst in den Westzonen (18. bis 20. Juni 1948) eine Währungsreform statt. Wenige Tage später ordnete der sowjetische Oberbefehlshaber für die Sowjetzone ebenfalls eine Währungsreform an (24. bis 28. Juni 1948). In der SBZ wurde die »Deutsche Mark der Deutschen Notenbank« eingeführt. Damit begann in beiden deutschen Staaten eine voneinander getrennte währungspolitische Entwicklung.

Parallel mit der nur langsamen Entwicklung der mitteldeutschen Wirtschaft wurden die Außenwirtschaftsverbindungen zu den Westzonen und dem westlichen Ausland, nicht zuletzt aufgrund des sich verstärkenden weltpolitischen Gegensatzes zwischen den USA und der Sowjetunion, abgebaut. Einher ging dieser Prozeß mit einer verstärkten Eingliederung in den Ostraum. Dabei bediente sich die SBZ der im Juli 1947 gegründeten Deutschen Verwaltung für Interzonen- und Außenhandel (DVIA), die die Weisungen der sowjetischen Verwaltung für Außenhandel (VFA) auszuführen hatte. Im Juni 1948 wurde die DVIA in eine Hauptverwaltung der Deutschen Wirtschaftskommission umgewandelt, 1950 ein besonderes Außenhandelsministerium gegründet.

Adolf Henneckes Hochleistungsschicht

»Am 9. Oktober 1948 fand die entscheidende Beratung statt, in einem internen Kreis von Funktionären der SED und der Gewerkschaft – streng vertraulich! Funktionäre der Landesleitung Sachsen und der zuständigen Kreisleitung der SED, Genossen aus der Direktion und aus einigen Betrieben, unter ihnen Adolf Hennecke, nahmen teil, und als Gäste waren Journalisten der *Täglichen Rundschau* (der Zeitung der sowjetischen Militärverwaltung für die deutsche Bevölkerung) anwesend. Es ging um die Auswertung der jüngsten drei Plenartagungen der SED, um die Auswertung sowjetischer Erfahrungen bei der Kohlegewinnung. Schließlich wurde der Beschluß gefaßt, daß nach dem Vorbild des sowjetischen Häuers Stachanow ein Mitglied der Sozialistischen Einheitspartei Deutschlands eine Hochleistungsschicht fahren sollte. Sorgfältig wurde der Tag ausgewählt: Ein Jahr zuvor war der Befehl Nr. 234 erlassen worden, der inzwischen große Popularität erreicht hatte. So wurde beschlossen, die Hochleistungsschicht am 13. Oktober 1948 durchzuführen – ein Jahr nach dem Aufruf des FDGB-Bundesvorstands zur Verwirklichung des Befehls Nr. 234! Es war vorgesehen, mit Hilfe und Unterstützung der sowjetischen Besatzungsmacht und durch die gesamte Kraft der SED dieses Beispiel zu popularisieren und die dazu notwendige politisch-ideologische Arbeit offensiv zu führen. Deshalb waren auch Vertreter der Presse geladen.

Das Parteimitglied, das diese Hochleistungsschicht fahren sollte, war der Bergmann Adolf Hennecke. Er verpflichtete sich, die für eine Schicht gültige Norm von 6,3 Kubikmeter Kohle mit mindestens 250 Prozent zu erfüllen. Damit sollte gezeigt werden, daß es möglich ist, unter bestimmten Voraussetzungen die Norm nicht nur zu erfüllen, sondern sie sogar wesentlich zu überbieten . . . Insgesamt war für die Schicht des 13. Oktober folgendes vorbereitet worden: Alle technischen Einrichtungen (Rutschmotor, Schüttelrutsche, Abbauhammer) wurden vorher gründlich überprüft. Es wurde besonders sorgfältig kontrolliert, ob sich die Arbeitsgeräte (Hacke, Schaufel, Abbauhammer), das Gezähle, in einem ordnungsgemäßen Zustand befanden. Das gesamte technische Personal wurde angewiesen, dafür zu sorgen, daß alle im Zusammenhang mit dem Arbeitsort Henneckes stehenden Arbeiten, die Schachtförderung, die Holzzufuhr und die Luftregelung störungsfrei liefen . . .

13. Oktober, 13.15 Uhr. Ende der Schicht! Der Ortsführer und der Steiger kommen zur Abnahme. Alles in Ordnung. Adolf Hennecke hat sich am Ende der Schicht noch genügend Zeit genommen, die Sicherung des Stollens zu überprüfen. 24,4 Kubikmeter Steinkohle werden als Tagesergebnis berechnet. Die Norm beträgt 6,3 Kubikmeter. 380 Prozent Normerfüllung als erstes Ergebnis in Presse und Rundfunk veröffentlicht. Erst später wird der Rechenfehler entdeckt und das endgültige Schichtergebnis auf 387 Prozent korrigiert . . .

Noch ehe Presse und Rundfunk die sensationelle Nachricht von der Rekordschicht Adolf Henneckes gebracht hatten, verbreitete sie sich im Lugau-Oelsnitzer Gebiet wie ein Lauffeuer, und es zeigte sich, daß Hennecke die Einstellung vieler Kumpel zu dieser Hochleistungsschicht richtig eingeschätzt hatte. So beispielsweise wurde Paul Voitel, der BGL-Vorsitzende der Oelsnitzer Gruben, von einem Gewerkschaftsfunktionär des Nachbarschachts angerufen: ›Paul, seid ihr denn verrückt geworden? Wie könnt ihr einen Normbrecher engagieren und noch dazu feiern? Das ist gegen jede gewerkschaftliche Tradition!‹«

Quelle: Adolf Hennecke, Beispiel und Vorbild. Illustrierte historische Hefte Nr. 16, Berlin (Ost) 1979.

Zu diesem Thema

In anderen Werken:

Barthel, Horst: Die wirtschaftlichen Ausgangsbedingungen der DDR, Berlin (Ost) 1979

Deutsches Institut für Wirtschaftsforschung (Hg.): Wirtschaftsprobleme der Besatzungszonen, 1948

Gleitze, Bruno: Die Wirtschaftsstruktur der Sowjetzone und ihre gegenwärtigen sozial- und wirtschaftsrechtlichen Tendenzen, 1951

Harmssen, G. W.: Reparationen, Sozialprodukt, Lebensstandard. Versuch einer Wirtschaftsbilanz, 1948

Leptin, Gert: Deutsche Wirtschaft nach 1945. Ein Ost-West-Vergleich, 1980

Nettl, J. Peter: Die Deutsche Sowjetzone bis heute, 1953

Rupp, Franz: Die Reparationsleistungen der sowjetischen Besatzungszone, 1951

PETER PLÖTZ

Wirtschaftspolitik und Wirtschaftsentwicklung der DDR

Durch die Bodenreform und die Enteignung der Großbetriebe war 1949 die sog. »antifaschistisch demokratische Umwälzung« abgeschlossen. Die ökonomische Voraussetzung für eine sozialistische Entwicklung im Sinne Moskaus sowie der mitteldeutschen Kommunisten war geschaffen.

Am 7. Oktober 1949 konstituierte sich in Ost-Berlin der »Deutsche Volksrat« als »Provisorische Volkskammer« und gab sich eine Verfassung. Auf dem Gebiet der sowjetischen Besatzungszone war die Deutsche Demokratische Republik entstanden.

Extensives Wachstum in den fünfziger Jahren

Die DDR lehnte sich unter der Parole: »Von der Sowjetunion lernen, heißt siegen lernen« mit dem im November 1951 verabschiedeten Fünfjahrplan 1951 bis 1955 an den sowjetischen Planrhythmus an. In dieser ersten mittelfristigen Planperiode standen vor allem zwei Ziele im Vordergrund: Zum einen sollten die Kriegs- und -folgeschäden überwunden, zum anderen ein Ausgleich für die durch die Trennung Deutschlands entstandenen strukturellen Disproportionen erreicht werden. So wurde der Aufbau einer eigenen Schwerindustrie – die Verstärkung der Grundstoffindustrie und die Schaffung einer Schwermaschinenbauindustrie – zum Hauptziel des jungen Staates.

Die Grundsteinlegung für den Hochofen I des Eisenhüttenkombinates Ost (EKO) – Eisenhüttenkombinat J. W. Stalin – am 1. Januar 1951 bildete den symbolischen Auftakt des Fünfjahrplans. Bei Fürstenberg an der Oder entstand dieses Werk auf der grünen Wiese. Der Standort war weniger aus wirtschaftlichen als aus politischen Erwägungen gewählt worden: Er wurde als »Symbol der tiefen Freundschaft zum polnischen Nachbarvolk« und als »Garantie der Oder-Neiße-Freundschaftsgrenze« bezeichnet. Das Eisenerz mußte auf dem Landweg aus dem 1000 Kilometer entfernten Kriwoi Rog (UdSSR) und der Steinkohlenkoks aus dem oberschlesischen Revier herangeführt werden, zu dem lange Zeit nicht einmal eine direkte Bahnverbindung bestand. Zugleich mit dem EKO entstand Stalinstadt (später Eisenhüttenstadt). Sie wurde zur ersten »sozialistischen Stadt« der DDR.

Mit dem Aufbau der metallurgischen Basis wurde gemäß der sowjetischen Forderung eine Werftindustrie aus dem Boden gestampft; im April 1952 lief in Warnemünde das erste Hochseeschiff vom Stapel.

Die Komplettierung der Industriestruktur verschlang naturgemäß erhebliche Investitionsmittel, die vor allem die Bevölkerung durch einen erzwungenen Konsumverzicht aufzubringen hatte. Die Folgen waren verheerend. Mangel herrschte überall. Der Aufbau der Schwerindustrie erfolgte zu Lasten der Konsumgüterindustrie.

Die »Mittelschichten« wurden rigorosen Steuern unterworfen, Bauern Repressalien ausgesetzt, den Selbständigen nebst Familienangehörigen die Lebensmittelkarten entzogen. Der Unwille gegen das aufgezwungene System nahm rasch bedenkliche Formen an.

»Planmäßiger Aufbau des Sozialismus«

Auf ihrer zweiten Parteikonferenz im Juli 1952 propagierte die SED den »planmäßigen Aufbau des Sozialismus«: Der Ausbau der Schwerindustrie, die Kollektivierung der Landwirtschaft usw. waren danach schnellstmöglich zu realisieren. Harte Strafen erwarteten alle, die sich diesem Programm widersetzten. Es kam zu immer stärkeren sozialen Spannungen. Die Lebensbedingungen wurden kritischer, der Einfluß der Arbeiter und Bauern auf die Wirtschaftspolitik war praktisch gleich Null. Der »Freie Deutsche Gewerkschaftsbund« (FDGB) kämpfte nicht für die Rechte der Arbeiter, sondern ausschließlich um Produktionssteigerungen. Vor diesem Hintergrund und dem sprunghaften Wirtschaftsaufschwung in der Bundesrepublik Deutschland verließen immer mehr

Der Aufbau der Schwerindustrie hatte Vorrang: Grundsteinlegung zum Eisenhüttenkombinat Ost 1951 in Stalinstadt.

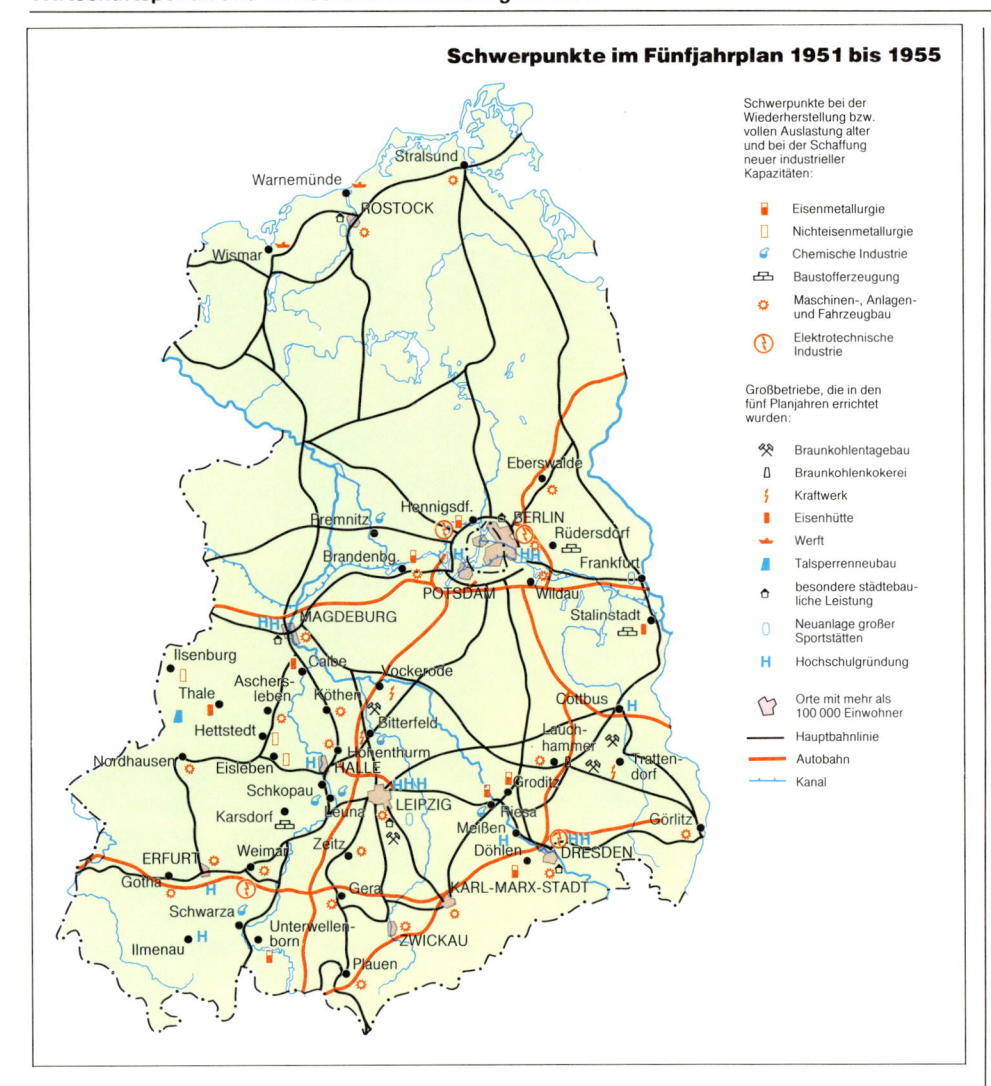

Wirtschaftspolitik und Wirtschaftsentwicklung der DDR

Schwerpunkte im Fünfjahrplan 1951 bis 1955

Menschen den ersten »Arbeiter-und-Bauern-Staat« auf deutschem Boden. Gegen Ende des Jahres 1952 flüchteten jeden Monat 15 000 bis 23 000 Menschen, im März des folgenden Jahres sogar 58 000. Es handelte sich hierbei überwiegend um hochqualifizierte Arbeitskräfte, die in der Bundesrepublik auf einen aufnahmebereiten Arbeitsmarkt trafen. Die Integrationskosten für das westliche Deutschland waren gering, die Vorteile aus den zusätzlichen Arbeitskräften enorm. Bis zum Bau der Mauer am 13. August 1961 wurde die DDR in erheblichem Maße durch die Flüchtlingswellen belastet, die demographische Struktur nachhaltig negativ beeinflußt.

Während der Phase des »Aufbaus des Sozialismus« bestand im Vergleich zur UdSSR in der Eigentumsordnung noch ein bedeutsamer Unterschied. In dem Beschluß des III. Parteitags der SED (Juli 1950) war nämlich ausdrücklich festgelegt worden: »Der volkseigene Sektor, dem die wichtigste Bedeutung in der Wirtschaft zukommt, ist zu entwickeln und zu festigen. Gleichzeitig ist im Interesse des Volkes die Privatinitiative und die Initiative des Unternehmertums im Rahmen der Gesetze zu nutzen.« Trotz eines langsamen Rückgangs der Selbständigen besaß der private Sektor – auch noch am Ende dieses ersten Fünfjahrplans – eine bedeutende Stellung. So waren noch etwa 1 Million Einzelbauern ihre eigenen Herren, während in den Landwirtschaftlichen Produktionsgenossenschaften (LPG) nur 190 000 Bauern arbeiteten. Daneben gab es 300 000 private Handwerker und 150 000 Einzelhändler.

Aufstand der Arbeiter gegen Normenerhöhung

Nach dem Tod Stalins am 5. März 1953 erhoffte sich die DDR-Bevölkerung eine erhebliche innenpolitische Liberalisierung und eine Verbesserung ihrer materiellen Lebenslage. Dies war zunächst eine trügerische Hoffnung. Nachdem Walter Ulbricht den sowjetischen Diktator in den höchsten Tönen gewürdigt hatte (»Der größte Mensch unserer Epoche ist dahingeschieden«), erhöhte der Ministerrat am 20. April 1953 die Preise für Fleisch, Fleischwaren und sonstige Lebensmittel. Am 13./14. Mai »empfahl« das Zentralkomitee der SED dem Ministerrat darüber hinaus, die Arbeitsnormen um mindestens 10 Prozent zu erhöhen. 14 Tage später beschloß der Ministerrat die Normerhöhung.

Unter dem zunehmenden Unmut der Bevölkerung, aber auch aufgrund sowjetischen Drucks wurde der Sozialisierungskurs abgeschwächt. Am 9. Juni 1953 propagierte das Politbüro die Politik des »Neuen Kurses«: Preiserhöhungen sollten zurückgenommen, Verhaftungen, Strafverfahren und Urteile sofort einer Überprüfung unterzogen werden. Diese Beschwichtigungspolitik bezog sich aber nicht auf die Normenerhöhung, die in einigen Industriezweigen bis zu 30 Prozent betrug. In völliger Verkennung der explosiven Stimmung der Arbeiterschaft bestätigte das Gewerkschaftsblatt »Tribüne« am Vorabend des 17. Juni ausdrücklich die Normenerhöhung. Dort war zu lesen: »Im Zusammenhang mit der Veröffentlichung des Kommuniqués des Politbüros und des Ministerrates vom 9. bzw. 11. Juni 1953 wird in einigen Fällen die Frage gestellt, inwieweit die Beschlüsse über die Erhöhung der Arbeitsnormen noch richtig sind und aufrechterhalten bleiben. Die Beschlüsse über die Erhöhung der Normen sind in vollem Umfang richtig.«

Bauarbeiter der Stalinallee (seit November 1961 Karl-Marx-Allee) protestierten am 16. Juni gegen die Normerhöhungen. Aus diesen Protesten entwickelte sich der Aufstand in Ost-Berlin, der sich am 17. Juni auf mehr als 250 Orte der Republik ausdehnte. Die aufgebrachten Massen wurden nicht mehr von der kurzfristig erfolgten Rücknahme der Normenerhöhung erreicht. Der Arbeiteraufstand wurde durch die sowjetischen Besatzungstruppen niedergeschlagen.

Der 17. Juni war weder – wie der westdeutschen Öffentlichkeit lange Zeit eingeredet wurde – zu allererst ein Volksaufstand gegen das stalinistische Unrechtssystem noch war er – wie in DDR-Standardwerken nachzulesen – ein von imperialistischen Drahtziehern und faschistischen Provokateuren ausgelöster und gesteuerter konterrevolutionärer Putschversuch. Er war vor allem ein Aufstand der Arbeiter gegen die kurz vorher beschlossenen Normenerhöhungen, er war ein Protest gegen die allgemeinen Lebensumstände.

Entwicklung nach dem 17. Juni: »Neuer Kurs«

Die »Arbeiter- und Bauern-Macht« war in ihrer Existenz bedroht gewesen. Um das Gefahrenpotential abzubauen, mußte der Staat die Lebenslage der Bürger nachhaltig bessern. Löhne und Mindestrenten wurden deshalb erhöht, Lohnrückstufungen vom Januar rückgängig gemacht. »Die rasche Verbesserung der Lebenslage der Arbeiterklasse und der gesamten werktätigen Bevölkerung der DDR« (Otto Grotewohl im Juli 1953) wurde zum Hauptinhalt des »Neuen Kurses«. Die auf der 15. Tagung des ZK der SED (24. bis 26. Juli 1953) angenommene Resolution stellte

Der 17. Juni 1953 in Leipzig: Ein Demonstrationszug bewegt sich in Richtung Amtsgericht und Gefängnis.

fest: »Das Wesen des neuen Kurses besteht darin, in der nächsten Zeit eine ernsthafte Verbesserung der wirtschaftlichen Lage und der politischen Verhältnisse in der Deutschen Demokratischen Republik zu erreichen und auf dieser Grundlage die Lebenshaltung der Arbeiterklasse und aller Werktätigen bedeutend zu heben.« Der Produktionsausstoß der Schwerindustrie sollte deshalb gedrosselt, die Produktion von Konsumgütern erhöht werden. Entgegen den Fünfjahrplanzielen sollten die Investitionen ebenfalls gesenkt und die freiwerdenden Mittel der Konsumgüterindustrie und der Landwirtschaft zur Verfügung gestellt werden.

Die Preise für viele Lebens- und Genußmittel, die es in den staatlichen HO-Läden frei zu kaufen gab, wurden am 24. Oktober 1953 um 10 bis 15 Prozent gesenkt. Ein Kilogramm Margarine kostete nunmehr 7,- Mark, ein Liter Vollmilch 1,60 Mark, ein Kilogramm Schmalz 15,- Mark und ein Liter Speiseöl 12,20 Mark.

Im August 1953 erließ die UdSSR der DDR die noch ausstehenden Reparationszahlungen in Höhe von 2,5 Milliarden Dollar, die letzten 33 SAG-Betriebe (mit Ausnahme der Wismut AG) gaben die Sowjets am 1. Januar 1954 an die DDR zurück. Die Besatzungskosten wurden auf 5 Prozent des DDR-Staatshaushalts festgeschrieben.

Nach dem Scheitern der Außenministerkonferenz der Siegermächte in West-Berlin (Januar/Februar 1954) und der Genfer Gipfelkonferenz (Juli 1955) schloß die Sowjetunion im September 1955 mit der DDR einen »Vertrag über die Beziehungen zwischen der DDR und der UdSSR« in Moskau ab. Damit hatten die Sowjets der DDR die formale Souveränität zuerkannt; die deutsche Teilung war noch ein Stück fester zementiert.

Die Wirtschafts- und Sozialstruktur der DDR paßte sich immer stärker derjenigen der Sowjetunion an, der Staatssektor weitete sich ständig aus. 1955 bestanden in der Industrie (ohne Bauwirtschaft, Landwirtschaft, Handel und Handwerk) insgesamt 5700 Volkseigene Betriebe mit 2,2 Millionen Beschäftigten, die 87 Prozent der industriellen Bruttoproduktion erzeugten. In der grundstoff- und metallverarbeitenden Industrie waren sogar 90 Prozent der Beschäftigten in Staatsbetrieben tätig, die neun Zehntel der Bruttoproduktion erwirtschafteten. Die über 13 000 Privatbetriebe, die es Mitte der fünfziger Jahre noch gab, hatten mit weniger als 500 000 Beschäftigten nur noch einen Anteil von knapp 15 Prozent an der industriellen Bruttoproduktion. Die »Kommandohöhen« der Wirtschaft waren fest in der Hand des Staates.

Aber nicht nur in der Industrie, sondern auch in den übrigen Wirtschaftsbereichen veränderte sich die Eigentumsstruktur. Noch 1950 hatte der private Einzelhandel 52,7 Prozent des Einzelhandelsumsatzes erzielt, 1955 war dieser Anteil bereits auf unter ein Drittel gesunken. Nur im Handwerk herrschten auch 1955 noch Privatbetriebe vor.

In der Agrarwirtschaft unterstützte die SED seit 1952 die Bildung von Landwirtschaftlichen Produktionsgenossenschaften. Bestanden 1952 1900 LPGs mit 37 000 Mitgliedern und 200 000 ha landwirtschaftlicher Nutzfläche, so stieg die Zahl in nur drei Jahren auf etwa 6000 LPGs mit rund 190 000 Mitgliedern und 1,2 Millionen ha Land (das entsprach knapp 20 Prozent der landwirtschaftlichen Nutzfläche). Die private Landwirtschaft wurde zunehmend stärker von den neu entstandenen Maschinen-Traktoren-Stationen abhängig, die Traktoren, Pflüge usw. an die Bauern auslieh.

Nach Abschluß des ersten Fünfjahrplans war das Resultat insgesamt unbefriedigend. In einigen Bereichen, wie z. B. in der Industrieproduktion, konnten die vorgegebenen Ziele zwar z. T. leicht übertroffen werden, in anderen jedoch, wie in der Arbeitsproduktivität, wurden die Sollgrößen nicht erreicht. Der Lebensstandard hatte sich zwar erhöht, doch fehlte es weiterhin an vielen notwendigen Konsumgütern, besonders aber an Wohnraum.

Fünfjahrplan 1956 bis 1960

Auf der dritten Parteikonferenz der SED im März 1956 wurden die »Grundzüge der strategischen Konzeption für den Sieg der sozialistischen Produktionsverhältnisse« entwickelt und die Zielgrößen für den zweiten Fünfjahrplan 1956 bis 1960 beschlossen. Der technische Fortschritt sollte danach erheblich stärker als bisher durchgesetzt werden, und hier vor allem in der Elektrotechnik, im Gerätebau und in bestimmten Zweigen des Maschinenbaus. Die zweite Hälfte der fünfziger Jahre wurde zum »Beginn einer neuen industriellen Umwälzung« erklärt; »Modernisierung, Mechanisierung, Automatisierung« lautete die Parole.

Im einzelnen steuerte dieser Fünfjahrplan folgende Ziele an: Die Industrieproduktion insgesamt sollte bis 1960 gegenüber 1955 um mindestens 55 Prozent gesteigert werden, die Konsumgüterproduktion unterdurchschnittlich um 40 Prozent, der Ausstoß der Grundstoffindustrie und des Maschinenbaus hingegen um 60 Prozent. Der Reallohn sollte um 30 Prozent steigen, in der Industrie wollte man den Sieben-Stunden-Arbeitstag (bei 6 Arbeitstagen), in ausgewählten Industriezweigen die 40-Stunden-Woche einführen.

Der staatliche Sektor sollte schrittweise weiter ausgedehnt werden. Deshalb bot man den Privatbetrieben eine mindestens 50prozentige staatliche Beteiligung an. Die Anzahl halbstaatlicher Betriebe stieg in der Folgezeit rasch. Gab es Ende 1956 144 halbstaatliche Industriebetriebe mit 14 000 Beschäftigten, so waren es zehn Jahre später 5512 Betriebe mit knapp 350 000 Arbeitern und Angestellten. Der Anteil dieser Betriebe an der Industrieproduktion erhöhte sich in diesem Zeitraum von 0,3 auf 10 Prozent.

Die innenpolitische Situation der DDR

Landwirtschaftliche Produktionsgenossenschaften

Auf die »demokratische« Bodenreform von 1945, die entschädigungslose Enteignung der Großgrundbesitzer und die Verteilung des Bodens an Landarbeiter, Vertriebene und Kleinbauern, folgte schließlich seit Mitte der fünfziger Jahre die Zwangskollektivierung der Landwirtschaft. Eine Massenflucht von Bauern in den Westen begann, bei der Versorgung mit Fleisch, Milch und Butter kam es zu erheblichen Engpässen.

Die Landwirtschaftlichen Produktionsgenossenschaften waren in der DDR kaum umstritten. Zwar waren die Produktionsergebnisse meistens unbefriedigend. Die Agrarbürokraten hatten, im Bestreben, alles rationell zu planen, immer wieder Fehlentscheidungen getroffen, so z.B. die Spezialisierung der Betriebe auf Tierzucht oder Pflanzenanbau. Es waren kostspielige, unnötige Fehler, die man wieder korrigieren mußte. Auch konnte in der DDR, im Gegensatz zur Bundesrepublik, von Überproduktion in der Landwirtschaft keine Rede sein, obwohl Produktionssteigerung die zentrale Forderung der Staatsführung war. Aber im Vergleich zu den ersten Jahren erwirtschafteten die LPG-Bauern später bessere Erträge, und die Kollektivierung hatte auch Vorteile für die Menschen auf dem Land gebracht, nicht zuletzt eine geregelte Arbeits- und Freizeit.

Vor welchen Aufgaben stand die DDR-Landwirtschaft Mitte der achtziger Jahre? Man wollte »mehr, besser und billiger produzieren« und vor allem die Trennung zwischen Tier- und Pflanzenproduktion überwinden. Auch sollte die »ökonomische Interessiertheit« der Genossenschaftsbauern erhöht werden.

D. L.

Arbeitsberatung in der LPG-Pflanzenproduktion »Orlatal« (1). – Melkkarussell einer industriellen Milchviehanlage in Oettersdorf, Bezirk Gera (2). – Treibhausanlagen der LPG in Golzow (3). – LPG-Bäuerinnen bei einer Arbeitspause (4). – Der Vorsitzende der LPG-Orlatal (2. von links) und der Direktor des Betriebs Getreidewirtschaft Neustadt (3. von links) überprüfen die Qualität der Getreidekörner (5). – Grünfutterernte mit dem Exaktfeldhäcksler E 280 in Eimersleben (6).

163

begann sich allmählich zu konsolidieren, nicht zuletzt eine Folge des Wirtschaftswachstums in diesen Jahren: 1957 stieg die Industrieproduktion um 8 Prozent, im ersten Halbjahr 1958 sogar um 12 Prozent. Auch die Konsumgüterindustrie expandierte. Im Juni 1958 konnten auch in der DDR die Lebensmittelkarten abgeschafft werden, die Rationierung für Fleisch, Fett und Zucker wurde aufgehoben. Zugleich führte die SED durch eine Lebensmittelpreissenkung im staatlichen Handel (HO-Läden) sowie durch eine Preiserhöhung für bis dahin rationierte Lebensmittel ein einheitliches Preisniveau ein; Lohnerhöhungen sorgten jedoch für einen Ausgleich. Der Durchschnittsverdienst der Arbeiter und Angestellten stieg von 460,- Mark 1957 auf 531,- Mark 1959. Insgesamt verbesserte sich der Lebensstandard während dieser Zeit erheblich, wenngleich der Abstand zur Bundesrepublik Deutschland nicht geringer wurde.

Vor diesem insgesamt günstigen Hintergrund fand der V. Parteitag der SED im Juli 1958 statt. Auf ihm sollten die Weichen für die »Vollendung des sozialistischen Aufbaus« gestellt werden. Walter Ulbricht proklamierte die ökonomische Hauptaufgabe der DDR, »bis 1961 ... den Pro-Kopf-Verbrauch Westdeutschlands bei den Nahrungsmitteln und den wichtigsten industriellen Konsumgütern zu erreichen und zu übertreffen«. Dies war, wie sich bald zeigen sollte, ein völlig aussichtsloses Unterfangen, da der Vorsprung der Bundesrepublik zu jener Zeit beim privaten Konsum mindestens 25 Prozent und bei der Produktion etwa 30 Prozent betrug.

Kollektivierung der Landwirtschaft

Seit Mitte der fünfziger Jahre wurde die Kollektivierung der Landwirtschaft mit z. T. gewaltigem Druck vorangetrieben. Im Oktober 1957 hob das ZK der SED die Bedeutung der LPG des Typs I hervor, um so auch für die »Mittelbauern« den LPG-Eintritt attraktiver zu machen: Im Typ I war neben der Nutzung von Maschinen noch die Viehhaltung privat. Bis dahin hatte man vor allem für Typ III geworben, dessen Produktionsweise vollgenossenschaftlich ist. Entgegen der Versicherung der SED, daß der Eintritt in die LPG nur freiwillig erfolgen sollte, waren Nötigungen und Drohungen an der Tagesordnung. Sich der Kollektivierung widersetzende Bauern wurden vom Staatssicherheitsdienst verhaftet. Im ersten Quartal 1960 traten deshalb über 500 000 Landwirte den bestehenden und neugegründeten LPGs bei.

Ende 1960 gab es nahezu keine privaten Bauern mehr. Die SED feierte dies als einen Sieg der sozialistischen Produktionsverhältnisse auf dem Land. Über 19 000 LPGs bewirtschafteten nun knapp 85 Pro-

Die Industrieproduktion stieg in den fünfziger Jahren: 1958 wurden in Zwickau die ersten »Trabbis« ausgeliefert (ganz oben). Etwa zur gleichen Zeit begann die Zwangskollektivierung der Landwirtschaft (unten). Traktoren aus der Sowjetunion (Mitte) für eine Maschinen-Traktoren-Station: Diese Stationen wurden nun vorwiegend bei den LPGs eingerichtet.

Entwicklung der landwirtschaftlichen Kollektivierung

Stichtag	Zahl der LPGs	Landwirtschaftliche Nutzfläche der LPGs	
		1000 ha	in %
31.12.1952	1906	218,0	3,3
31.12.1953	4691	754,3	11,6
31.12.1954	5120	931,4	14,3
15.11.1955	6047	1279,2	19,7
31.12.1956	6281	1500,7	23,2
31.12.1957	6691	1631,9	25,2
31.12.1958	9637	2386,0	37,0
30.11.1959	10132	2794,3	43,5
31.12.1959	10465	2896,9	45,1
31.5.1960	19345	5384,3	83,6
31.12.1960	19261	5420,5	84,2

Quelle: Statistische Jahrbücher der DDR, div. Jg.

zent der landwirtschaftlichen Nutzfläche; 6 Prozent besaßen die volkseigenen Güter.

Die Folgen der Zwangsmaßnahmen waren bereits 1961 spürbar. Bei der Versorgung mit Fleisch, Milch und Butter kam es zu erheblichen Engpässen. Landwirtschaftliche Nutzflächen wurden teils aus Protest, teils deshalb, weil viele Bauern sich der Zwangskollektivierung durch Flucht in den Westen entzogen hatten, nicht bewirtschaftet.

Strukturveränderungen auch im Handwerk

Erhebliche Strukturveränderungen vollzogen sich auch im Handwerk. Ende 1956 gab es in der DDR erst 239 Produktionsgenossenschaften des Handwerks. Das private Handwerk produzierte 1958 noch 93 Prozent des Gesamtprodukts, 1961 nur noch 65 Prozent. Die Produktionsgenossenschaften des Handwerks erwirtschafteten ein Drittel. Die meisten Handwerker, aber auch Einzelhändler und private Unternehmer kämpften um ihre Betriebe; überwiegend vergeblich. Im Einzelhandel sank der Privatanteil unter 10 Prozent.

Intensives Wachstum in den sechziger Jahren

Der gegen Ende der zweiten Fünfjahrplanperiode in Kraft gesetzte Siebenjahrplan (1959 bis 1965) sah nicht nur eine erhebliche Wachstumsbeschleunigung, sondern vor allem eine Verbesserung des Lebensstandards vor. Wie schon erwähnt, bestand die damalige, ehrgeizige »ökonomische Hauptaufgabe« in einer Angleichung der Konsumgüterversorgung an das Niveau in der Bundesrepublik.

Die DDR-Wirtschaft wurde durch die zunehmende Massenflucht – allein im April 1961 flüchteten 30000, im August über 47000 Menschen in den Westen – akut geschwächt. Walter Ulbricht bezifferte gegenüber der PRAWDA die volkswirtschaftlichen Verluste aus der Massenflucht später auf 30 Milliarden Mark. Der Flüchtlingsstrom nahm vor allem deshalb katastrophale Ausmaße für die DDR an, weil die Hälfte der Menschen, die der DDR den Rücken kehrten, jünger als 25 Jahre alt war. Die DDR schloß, um ein weiteres Ausbluten ihrer Wirtschaft zu verhindern, ihre Grenzen. In der Nacht vom 12. zum 13. August 1961 wurde Ost-Berlin zunächst durch Stacheldrahtverhaue und Steinwälle, in den folgenden Tagen und Wochen durch die Mauer von West-Berlin abgeriegelt. Den Menschen in der DDR war der Fluchtweg verbaut. Ein langer Prozeß des Arrangierens mit einem z.T. ungeliebten System hatte für viele endgültig begonnen. Durch den Mauerbau wurde sicher nicht der »Frieden in Europa gerettet« und dem »BRD-Imperialismus seine bis dahin schwerste Niederlage bereitet«, vermutlich aber »die sozialistische Staats- und Gesellschaftsordnung der DDR wirksam geschützt« (DDR-Lesart).

Die große Wirtschaftsreform

Auf dem VI. Parteitag der SED 1963 wurde eine grundlegende Wirtschaftsreform, das »Neue ökonomische System der Planung und Leitung der Volkswirtschaft« (NÖSPL) verabschiedet. Es sah den Einsatz indirekter Lenkungsinstrumente – ökonomischer Hebel – vor, wie Gewinn- und Rentabilitätskennziffern, Zinsen, Kredite, Steuern und Produktionsfondsabgabe.

Die Veränderungen, die bis zu Beginn der sechziger Jahre regelmäßig im Planungs- und Lenkungssystem vorgenommen worden waren, betrafen vornehmlich den Aufbau des Verwaltungsapparats, weniger Methode und Ausgestaltung des Lenkungsinstrumentariums. Die Hauptmerkmale des Systems, die staatliche Planung des Wirtschaftsprozesses als dynamisches und das sozialistische Eigentum an Produktionsmitteln als statisches Element, blieben während aller Experimentierphasen unangetastet. Das galt auch für das »Neue ökonomische System der Planung und Leitung der Volkswirtschaft«, den einschneidendsten und bis heute umfassendsten Umbau des Planungs- und Lenkungssystems in Richtung einer verstärkten Dezentralisierung.

Die Ursachen der unverhofft einsetzenden Reform waren vermutlich im gesellschaftspolitischen Bereich zu finden, der sich nach dem Tode Stalins (1953) bis zur Absetzung Chruschtschows (1964) freiheitlicher gestaltete. Dieser wachsende Freiheitsspielraum wirkte sich, wenn auch relativ spät, u.a. in der Wirtschaft aus. Von nicht unwesentlicher Bedeutung dürfte darüber hinaus gewesen sein, daß sich die Führung der DDR nach dem Mauerbau 1961 und nach dem Abschluß der Kollektivierung der Landwirtschaft in ihrer Herrschaft so weit konsolidiert fühlte, daß wirtschaftspolitische Experimente gewagt werden konnten.

Den entscheidenden Anstoß für die Neugestaltung der Wirtschaftspolitik gaben aber die wirtschaftlichen Schwierigkeiten Anfang der sechziger Jahre. Während die DDR noch gegen Ende der fünfziger Jahre beträchtliche Zuwachsraten des Nationaleinkommens zu verzeichnen hatte (1957: 6,9 Prozent; 1958: 10,9 Prozent; 1959: 8,5 Prozent), trat danach ein ausgeprägter Wachstumsrückgang ein (1960: 4,6 Prozent; 1961: 3,2 Prozent; 1962: 2,1 Prozent).

Von der auf dem V. Parteitag der SED im Juli 1958 verkündeten »ökonomischen Hauptaufgabe«, die Bundesrepublik bis zum Jahr 1961 im Pro-Kopf-Verbrauch mit Ge- und Verbrauchsgütern einzuholen und zu überholen, sprach man schon nach zwei Jahren kaum noch. Der zweite Fünfjahrplan (1956 bis 1960) wurde abgebrochen und 1959 durch einen Siebenjahrplan ersetzt. 1961 kam es zu einer schweren Versorgungs- und Wirtschaftskrise, und es spricht für sich, daß in diesem Jahr kein Planerfüllungsbericht veröffentlicht wurde. Der Plan 1962 sollte dann die Voraussetzung dafür schaffen, 1963 die Ziele des Siebenjahrplanes wieder zu erreichen. Doch auch dieses Bemühen war ein hoffnungsloses Unterfangen. Auf dem VI. Parteitag wurde der Siebenjahrplan abgebrochen und durch einen neuen für die Jahre 1964 bis 1970 ersetzt.

Die Wachstumsschwierigkeiten waren vor allem die Folge einer falschen Investitionspolitik. So wurden besonders kapitalintensive Industriezweige mit relativ geringer Kapitalproduktivität gefördert, während in Branchen mit hoher Kapitalproduktivität nur sehr wenig investiert wurde.

Zusätzlich zu den Schwächen der Investitionspolitik hemmten Mängel des Planungs- und Lenkungskonzepts die Wirtschaftsentwicklung. Während zu Beginn des Wiederaufbaus Planungs- und Lenkungssysteme entwickelt und im Wirtschaftsalltag verwirklicht werden mußten, die einer extensiven Wachstumsphase angemessen waren, erhöhten sich die Anforderungen an das Planungs- und Lenkungssystem beim Übergang zur intensiven Wachstumsphase. Hatte es in den fünfziger Jahren genügt, möglichst alle verfügbaren Produktionsfaktoren rasch und konzentriert einzusetzen (Maximierungsprinzip), so kam es nunmehr, in der neuen intensiven Phase, vor allem darauf an, mit den vorhandenen, weitgehend ausgelasteten Faktoren optimale Effizienz zu erreichen (Optimierungsprinzip). Das bisherige

Planungs- und Lenkungssystem mußte folglich den neuen Produktionsverhältnissen angepaßt werden. Man führte moderne Planungs- und Lenkungsmethoden auf betrieblicher und überbetrieblicher Ebene ein. Parallel dazu wurden die betrieblichen Funktionen ausgeweitet. Eine substantielle Änderung ergab sich aber auch innerhalb der Struktur der Wirtschaftsverwaltung und in deren Funktionsbestimmung.

Bis 1963 waren die Vereinigungen Volkseigener Betriebe (VVB) den Volkseigenen Betrieben (VEB) vorgeordnete Verwaltungsbehörden ohne Führungskompetenzen gewesen. Mit der Wirtschaftsreform änderte sich die Aufgabenstellung der VVB grundlegend. Sie wurden zu Führungsorganen ihres Industriezweiges und arbeiteten nach dem Prinzip der wirtschaftlichen Rechnungsführung, d. h., sie wurden im Rahmen der ihnen übertragenen Entscheidungsfelder selbständige Wirtschaftseinheiten.

Erfolge der Reform

Nach der Einführung des NÖSPL wurde die Wachstumskrise der DDR-Wirtschaft erstaunlich schnell überwunden. Die ökonomischen Erfolge ermöglichten im April 1966 die Einführung einer Fünf-Tage-Arbeitswoche zunächst in jeder zweiten, seit August 1967 durchgängig in jeder Woche. Der Mindesturlaub wurde auf 15 Tage erhöht.

Der Produktivitätsfortschritt blieb allerdings generell hinter dem Zuwachs des Nationaleinkommens zurück, so daß aufgrund des beschränkten Arbeitskräfteangebots eine Wachstumsbarriere vorhanden war. Deshalb begann die SED schon zu Beginn der sechziger Jahre mit einer Kampagne, um verstärkt Frauen für den Arbeitsprozeß zu aktivieren. Zwar waren bereits 64,8 Prozent aller arbeitsfähigen Frauen (16 bis 60 Jahre) berufstätig, für die SED war das aber noch zu wenig. Sie benötigte für ihre ehrgeizigen Wachstumsziele weit mehr weibliche Arbeitskräfte.

Dies wird verständlich, wenn man die demographische Struktur der DDR betrachtet. 1966 entfielen auf 100 Personen im arbeitsfähigen Alter 72,5 Personen im nichtarbeitsfähigen Alter. Diese Bilanz hatte sich stetig verschlechtert. Im Jahr 1939, im Deutschen Reich, hatte diese Relation 100 zu 48,1 betragen; 1955 betrug sie 100 zu 56,4, und 1960 kamen auf 100 Personen im Arbeitsalter 63 Personen im nichtarbeitsfähigen Alter. Die Arbeitskräftebilanz war also Mitte der sechziger Jahre erschreckend schlecht.

Die Einführung eines neuen Perspektivplanes verzögerte sich. Der auf dem VII. Parteitag der SED 1967 beschlossene Plan für die Jahre 1966 bis 1970 sah keine verbindlichen Kennziffern, sondern nur noch Bandbreiten vor, innerhalb derer die wichtigsten gesamtwirtschaftlichen Indikatoren steigen sollten. Im Rahmen organisatorischer Veränderungen wurde der Volkswirtschaftsrat 1966 aufgelöst; es entstanden wieder Industrieministerien. Zu den wichtigsten Industrievorhaben in den sechziger Jahren zählte der weitere Ausbau der chemischen Industrie. 1966 nahmen das Erdölverarbeitungswerk Schwedt mit der zweiten Ausbaustufe sowie Leuna II den Betrieb auf. Seit Mai 1966 arbeitete das erste Atomkraftwerk der DDR bei Rheinsberg. Die Industrieinvestitionen flossen verstärkt in die Elektrotechnik und Elektronik, die Metallurgie, den Maschinenbau und in die chemische Industrie. In den genannten Industriebranchen gelangen große Produktionsfortschritte. Die Planwerte des Nationaleinkommens und der Industrieproduktion konnten realisiert, die des Einkommens der Bevölkerung, des Einzelhandelsumsatzes und der Bruttoanlageinvestitionen sogar übererfüllt werden.

Die im Juni 1968 vom Ministerrat verabschiedete »Grundsatzregelung« für die Jahre 1969 und 1970 konzentrierte die Planung auf »volkswirtschaftlich strukturbestimmende Erzeugnisse, Erzeugnisgruppen, Verfahren und Technologien«. Produktion und Verfahren mit hoher Bedeutung für das Wachstum wurden staatlich festgelegt und somit aus dem Reformkonzept ausgeklammert. Das strukturpolitische Ziel sollte mittels einer zentralisierten, schwerpunktmäßigen Investitionspolitik verwirklicht werden. Aufgrund vielfältiger Gegensätze zwischen staatlicher und betrieblicher Zielsetzung entstand in der DDR ein neues Konfliktfeld zwischen

Friedliche Nutzung der Atomenergie: Reaktorsaal des ersten Atomkraftwerks der DDR bei Rheinsberg.

zentraler, mittlerer und unterer Wirtschaftsebene. Während man auf der einen Seite durch das NÖSPL die Handlungsgrenzen der Betriebe erweitert und damit Autonomietendenzen geradezu gefördert hatte, versuchte man auf der anderen Seite eine Struktur- und Wachstumspolitik zu betreiben, wobei sich die Staats- und Wirtschaftsführung des wirkungsvollsten Instruments – der zentralen befehlswirtschaftlichen Lenkung – z. T. begeben hatte. Wollte man dieses Dilemma beseitigen, mußte man entweder ökonomisch sinnvolle Rahmenbedingungen (z. B. Knappheitspreise) setzen, um durch eine indirekte Lenkung der Betriebe die strukturpolitische Konzeption durchzusetzen, oder aber den Entscheidungsspielraum der Betriebe wieder aufheben. Die Zentralinstanzen entschieden sich – vielleicht auch unter dem Eindruck der 68er Ereignisse in der ČSSR – für den Wegfall des relativ freien Entscheidungsspielraums der Betriebe. Wie war es dazu gekommen?

Die einseitige Förderung der Produktion hatte zu erheblichen Engpässen in der Zulieferindustrie, vor allem aber in der Infrastruktur – dem Verkehrswesen, der Bauwirtschaft, der Energiewirtschaft – geführt. Die Ressourcen waren überbeansprucht, die Infrastruktur war vernachlässigt worden. Zudem wurde die Investitionstätigkeit durch die Mängel im Bausektor behindert. Aufgrund vielfältiger Engpässe in der Zulieferindustrie hatte man Investitionstermine nicht eingehalten, die Investitionskosten überstiegen z.T. deutlich die ursprünglich vorgesehene Höhe.

Neben die internen Probleme traten ungünstige externe Gegebenheiten. So führte die extreme Witterung 1969/1970 zu gravierenden Engpässen in der Energiewirtschaft und zu Störungen im Verkehrswesen: Es kam zu einer Wachstumskrise, die schließlich auch den geplanten Übergang zu einem höheren Wachstum in den darauffolgenden Jahren verhinderte.

Als Ursache für diese Fehlentwicklung erkannte die Partei- und Wirtschaftsführung nicht nur die eigene, verfehlte Wirtschaftspolitik – man hatte bei der Durchsetzung der neuen Strukturpolitik das Potential der Wirtschaft überfordert und gesamtwirtschaftliche Proportionen außer acht gelassen –, sondern auch das indirekte Lenkungssystem. Im Januar 1971 gestand Walter Ulbricht den Fehler in der Konzeption ein: »Besonders im Verlauf des Jahres 1970 erwies sich, daß wir uns im Hinblick auf Anzahl und Umfang wichtiger Strukturvorhaben und in bezug auf gesellschaftliche Bauten übernommen haben. Die Einheit von Strukturpolitik und planmäßiger proportionaler Entwicklung der Volkswirtschaft wurde verletzt.«

Sowohl im Investitions- als auch im Produktionsbereich wurde die Dezentralisierung abrupt zu Gunsten einer administrativen Steuerung rückgängig gemacht.

Intensivierungszwang in den siebziger Jahren

Die Entwicklung der DDR ist mit der Person Walter Ulbrichts eng verknüpft. Er hat die Partei, den Staat und die wirtschaftliche Entwicklung bis zu seiner Ablösung am 3. Mai 1971 nachhaltig mit geprägt bzw. beeinflußt. Sein Nachfolger Erich Honecker erkannte die Führungsrolle der Sowjetunion und das sowjetische Vorbild wieder als absolut verbindlich an. Er kritisierte auch die Wirtschaftspolitik seines Vorgängers und forderte eine stärkere Berücksichtigung der Bedürfnisse der Bevölkerung. Der VIII. SED-Parteitag an der Schwelle der siebziger Jahre (Juni 1971) markierte den Beginn einer neuen Entwicklungsphase in der Wirtschaft. Honecker verkündete als Hauptaufgabe die »weitere Erhöhung des materiellen und kulturellen Lebensniveaus des Volkes auf der Grundlage eines hohen Entwicklungstempos der sozialistischen Produktion, der Erhöhung der Effektivität, des wissenschaftlich-technischen Fortschritts und des Wachstums der Arbeitsproduktivität«.

Die »Intensivierung der Produktion« galt vor dem Hintergrund unbefriedigender Produktivitätsfortschritte als der Hauptweg der weiteren Entwicklung der Volkswirtschaft. Vor allem sah dieses Konzept zugleich Maßnahmen vor, die zu einem verstärkten Wirtschaftswachstum führen sollten. Durch einen rationelleren Einsatz der Produktionsfaktoren hoffte man, die zahlreichen Funktionsschwächen der Wirtschaft zu mildern.

Im ersten Halbjahr 1972 wurden die halbstaatlichen und die privaten Betriebe im Industrie- und Baubereich, aber auch die industriell arbeitenden Produktionsgenossenschaften des Handwerks in Staatseigentum überführt. Gleichsam über Nacht waren 11 300 neue Volkseigene Betriebe

Auch in der DDR gab es ein »Wirtschaftswunder«, vor allem im Vergleich mit den übrigen RGW-Ländern. So erlebte u. a. die chemische Industrie, darunter die Leuna-Werke »Walter Ulbricht« (ganz oben), einen beachtlichen Aufschwung. – Das Straßenbild aus Halle-Neustadt, 1982, könnte aus jeder beliebigen größeren Industriestadt des Westens stammen. Die Betonklötze im Hintergrund täuschen jedoch darüber hinweg, daß die Wohnungsnot in der DDR sehr groß war.

Das sozialpolitische Programm für die erste Hälfte der siebziger Jahre

»Das Zentralkomitee der Sozialistischen Einheitspartei Deutschlands, der Bundesvorstand des Freien Deutschen Gewerkschaftsbundes und der Ministerrat der Deutschen Demokratischen Republik beschließen:
- für 3,4 Millionen Bürger die Renten und die Sozialfürsorge zu erhöhen;
- Maßnahmen zur Förderung berufstätiger Mütter, junger Ehen und der Geburtenentwicklung durchzuführen;
- die Wohnverhältnisse für Arbeiter und Angestellte günstiger zu gestalten und die Mieten für Neubauwohnungen in ein besseres Verhältnis zum Einkommen zu bringen.

Mit diesen Beschlüssen wird der Weg konsequent weitergegangen, der durch die Hauptaufgabe des Fünfjahrplanes 1971–1975 vorgezeichnet ist. Er besteht in der weiteren Erhöhung des materiellen und kulturellen Lebensniveaus des Volkes auf der Grundlage eines hohen Entwicklungstempos der sozialistischen Produktion, der Erhöhung der Effektivität, des wissenschaftlich-technischen Fortschritts und des Wachstums der Arbeitsproduktivität... Diese bedeutenden Maßnahmen zeigen, wie die vom VIII. Parteitag beschlossene Hauptaufgabe des Fünfjahrplanes verwirklicht wird, wie alles getan wird für das Wohl der Menschen.«

Quelle: Gemeinsamer Beschluß des ZK der SED, des Bundesvorstandes des FDGB und des Ministerrates der DDR vom 27. April 1972.

---

mit 585 000 Beschäftigten entstanden. Damit wurden nach DDR-Lesart die »Produktionsverhältnisse gefestigt«. Die Industrieproduktion wird seit 1972 zu über 99 Prozent in Staatsbetrieben erzeugt (1971 betrug die Quote »nur« 83 Prozent).

Der Fünfjahrplan 1971 bis 1975 wurde trotz starker außenwirtschaftlicher Belastungen erfüllt, in einigen Betrieben sogar überboten. So stieg das Nationaleinkommen jahresdurchschnittlich um 5,4 Prozent statt der geplanten 4,5 Prozent. Die Industrieproduktion erhöhte sich jahresdurchschnittlich um 6,5 Prozent (geplant 5,9 Prozent), die Investitionen stiegen um 3,9 Prozent. Die Produktion pflanzlicher und tierischer Erzeugnisse lag in diesem Planjahrfünft um 11 Prozent höher als in der vorangegangenen Fünfjahrperiode.

Die wirtschaftlichen Erfolge, vor allem auch für die Bevölkerung, waren in der ersten Hälfte der siebziger Jahre unübersehbar. Trotz der Rohstoffkrise in der westlichen Welt herrschten in der DDR stabile Verhältnisse. Die Vollbeschäftigung war gesichert, der Lebensstandard stieg sprunghaft. Die Nettogeldeinnahmen nahmen jahresdurchschnittlich um 4,8 Prozent, der Einzelhandelsumsatz um 5,1 Prozent zu. Statt der vorgesehenen 500 000 Wohnungen wurden über 600 000 Wohnungen gebaut oder modernisiert. Allerdings: Der Abstand zur Bundesrepublik Deutschland wurde in dieser Phase eher größer als kleiner.

Fünfjahrplan 1976 bis 1980

Auf dem IX. Parteitag im Mai 1976 beschwor die SED erneut die »Einheit von Wirtschafts- und Sozialpolitik«. Soziale Unterschiede sollten ausgeglichen, die Versorgung mit Konsumgütern gesichert werden. Konkrete Verbesserungen in der Sozialpolitik wurden aber auf dieser Veranstaltung nicht angekündigt. Eine Woche nach dem Parteitag kam es aber – nicht zuletzt aufgrund enttäuschter Reaktionen der Bevölkerung – zu Teilzugeständnissen im sozialen Bereich. Im Oktober 1976 wurden die Mindestlöhne, im Dezember 1977 die Mindestrenten erhöht. Im Mai 1977 wurde die Arbeitszeit für Schichtarbeiter verkürzt, im Januar 1979 der Mindesturlaub verlängert.

In der Industriepolitik hatten der Maschinenbau, die Chemie und die Elektrotechnik höchste Priorität. Die Begründung lag darin, daß zum einen die Inlandnachfrage nach Investitionsgütern expandierte, zum andern für die DDR angesichts der stark gestiegenen Weltmarktpreise die Notwendigkeit bestand, in erster Linie den Export – vor allem gegenüber dem Westen und der UdSSR – zu steigern. Hierbei kam den genannten Bereichen eine vorrangige Aufgabe zu. Allerdings erreichten weder der Maschinenbau noch die Chemie die im Fünfjahrplan gesetzten Zuwachsraten.

Funktionsprobleme der DDR-Wirtschaft

Die für die zweite Hälfte der siebziger Jahre festgeschriebene Steigerung der Arbeitsproduktivität konnte sowohl in der Industrie als auch im Bauwesen bei weitem nicht verwirklicht werden. Problematisch war weiterhin die beschleunigte Durchsetzung neuer Produktionsverfahren sowie neuer Produkte: Man wollte so rasch wie möglich den ökonomischen Rückstand gegenüber den westlichen Industrieländern verringern, vor allem gegenüber der Bundesrepublik, der die DDR zwar feindlich konkurrierend gegenüberstand, die für sie aber gleichwohl im Hinblick auf das ökonomische Leistungsvermögen als Leitbild diente. Doch nicht nur die Ersteinführung wissenschaftlich-technischer Erfindungen in den Produktionsprozeß war in der DDR schwierig, Sorgen bereitete auch das Tempo, in dem Neuerungen sich ausbreiteten. Mit welchen Problemen die DDR zu kämpfen hatte, mag die sehr herbe Kritik von Politbüromitglied Günter Mittag verdeutlichen, der allein schon für die Forschungs- und Entwicklungsaufgaben konstatierte, daß sie häufig hinter dem internationalen Niveau zurückblieben: »Manchmal werden sie nicht einmal dem gerecht, was seit Jahren international bereits Gemeingut darstellt.«

Technische Überalterung einerseits sowie technische Abnutzung andererseits, die beide hohe Reparaturaufwendungen bedingen, waren eine Folge der relativ langen Kapitalverwertung in der DDR. Über 10 Prozent aller Arbeiter und Angestellten in der Industrie waren mit Reparaturarbeiten beschäftigt. Die Instandhaltung gehört zu den arbeitsintensivsten Bereichen der Technik mit einem hohen Anteil manueller Arbeit. Die Arbeitsproduktivität ist entsprechend gering. Vor diesem Hintergrund wäre ein starker Anstieg der Aussonderungsquote erforderlich gewesen. So hätte zum einen der hohe Arbeitskräftebestand im Reparaturbereich abgebaut und damit der Produktivitätsengpaß verringert werden können; zum anderen hätte man den produktivitätserhöhenden Effekt, der durch die Aussonderung veralteter Bau- und Anlagevermögen entsteht, durch den Einsatz leistungsfähiger Ressourcen verstärken können, der in der Regel nach der Aussonderung im Zuge der Neuinvestition erfolgt. Aufgrund knapper Kapitalmittel bestand aber in der DDR eine hohe Nachfrage auch nach ausgesonderten Altbeständen. Doch nicht allein Knappheit machte die Weiterverwendung veralteter Anlagen für viele Betriebe notwendig. Vielmehr war der Einsatz veralteter Maschinen sinnvoll, da aufgrund der Industriepreiserhöhung der Einsatz moderner hochproduktiver Geräte in der Wirtschaftlichkeitsrechnung der einzelnen Betriebe ungünstig ausfiel.

Technisch nicht begründete Stillstandszeiten führten in der DDR zu einer erheblichen Abweichung zwischen geplanter und tatsächlicher Kapazitätsnutzung. Die mangelnde Leistungsbereitschaft und die hohe Fluktuation der Werktätigen, eine unbefriedigende Arbeitsorganisation sowie fehlendes, verspätet angeliefertes oder nicht sortimentsgerecht bereitgestelltes Material brachten außerplanmäßige Ausfallstunden mit sich. Hinzu kam eine mangelhafte Versorgung der Maschinen und Ausrüstungen mit Ersatzteilen. Erich Honecker fand zu dieser Problematik im Mai 1978 vor dem Zentralkomitee der SED deutliche Worte: »Die Ersatzteilfrage in den Griff zu bekommen, das ist schon nicht mehr nur eine ökonomische, sondern politische Frage.« Zum Abbau der Ersatzteilproblematik wurde ähnlich wie beim Rationalisierungsmittelbau die Eigenherstellung gefordert.

Zu den Faktoren, die im Fünfjahrplan 1976 bis 1980 das wirtschaftliche Wachstum einschränkten, zählten auch weiterhin der Mangel an Arbeitskräften, die unzureichende Energie- und Rohstoffbasis sowie die ungelösten Probleme im Außenhandel. Wegen des seit 1975 grundlegend geänderten Preisbildungsverfahrens im Rat für gegenseitige Wirtschaftshilfe (RGW) wurde auch die DDR von der sprunghaften Erhöhung der Weltmarktpreise für Rohstoffe, speziell für Rohöl, getroffen. Die Terms of Trade (das Austauschverhältnis) verschlechterten sich vor allem gegenüber der Sowjetunion nachhaltig. Vor dem Hintergrund drastisch gestiegener Rohstoffpreise führte Honecker Ende 1979 aus: »Wir haben es nicht nur mit einer weiteren Verschärfung der ohnehin komplizierten Situation zu tun. Es entsteht für uns eine neue Lage.«

So fiel die Wirtschaftsentwicklung für die Partei- und Wirtschaftsführung insgesamt ernüchternd aus, da das Nationaleinkommen knapp 6 und die Industrieproduktion etwas über 6 Prozentpunkte hinter den Zielen des Fünfjahrplans zurückblieb. Das geplante Wachstumstempo des Nationaleinkommens wurde in keinem Jahr erreicht, so daß sich das gesamtwirtschaftliche Wachstum gegenüber den beiden vorangegangenen Fünfjahrperioden abschwächte. Während der durchschnittliche Jahreszuwachs des Nationaleinkommens von 1966 bis 1970 5,2 Prozent betrug, waren es in den Jahren 1971 bis 1975 jahresdurchschnittlich 5,4 Prozent und von 1976 bis 1980 nur noch 4,2 Prozent. Zurückzuführen war diese Wachstumsabschwächung vor allem auf den relativen Rückgang der Industrieproduktion. Es darf allerdings nicht übersehen werden, daß zum Zeitpunkt der Planaufstellung die gravierenden Probleme in der zweiten Hälfte der siebziger Jahre – die Einführung der neuen Techniken (Mikroelektronik), die sich zunehmend verschärfende Rohstoff- und Außenhandelskrise sowie die Belastungen durch neue Sozialprogramme – nur in groben Umrissen, wenn überhaupt erkennbar waren. Der Lebensstandard stieg seit Mitte der siebziger Jahre nur noch sehr langsam an. Man hatte den Eindruck, daß die Verwirklichung des sozialpolitischen Programms die Leistungsfähigkeit der DDR-Volkswirtschaft überforderte. Die Bevölkerung war enttäuscht. Sie hatte sich derart an das Wirtschaftswachstum zu Beginn der siebziger Jahre gewöhnt, daß sie faktische – wenn auch geringfügige – Verbesserungen in der zweiten Hälfte dieses Jahrzehnts kaum noch als solche akzeptierte.

Die achtziger Jahre – DDR-Wirtschaft in der Krise

Seit Beginn der achtziger Jahre flachte die Wachstumskurve der DDR-Wirtschaft ab, die zentrale staatliche Planung ging sowohl auf der Entstehungs- als auch auf der Verwendungsseite des Nationaleinkommens in weiten Bereichen nicht mehr auf.

Binnenländischer Wettbewerb wurde durch die Monopolstellung der Kombinate verhindert, eine flexible, innovative Zuliefererindustrie konnte durch die Konzeption des »Eigenbaus von Rationalisierungsmitteln« sowie durch die fehlenden klein- und mittelständischen Unternehmen nicht entstehen. Preise entfielen als Signalgeber für ökonomisch sinnvolle Entscheidungen sowohl auf betrieblicher als auch auf gesamtwirtschaftlicher Ebene, da diese weitgehend zentral vorgegeben wurden. Zur Aufrechterhaltung des sozialpolitischen Ziels stiegen die Verbraucherpreissubventionen aus dem Staatshaushalt sprunghaft (zuletzt rund ein Fünftel der Ausgaben des Staatshaushalts); die negativen gesamtwirtschaftlichen Folgen waren evident. Die Subventionspolitik zur Aufrechterhaltung stabiler Preise für den Grundbedarf der Bevölkerung (Nahrungsmittel, Mieten, Tarife) hat zu einer – bis zum Herbst 1989 immer bestrittenen – inneren Verschuldung der DDR geführt.

Dispositionsbefugnisse der Betriebe waren stark eingeschränkt, administrative Eingriffe in den betrieblichen Aktionsradius eher die Regel. Die staatliche Beschäftigungsgarantie sowie die »egalitäre« Lohnstruktur erfüllten keine Anreizfunktionen.

Die Anwendung der Schlüsseltechnologien (Mikroelektronik) erfolgte nicht in notwendiger Breite und Tiefe (Insellösungen statt durchgängiger Lösungen), die Reserven des ersten Zugriffs (Nutzung unerschlossener Leistungsreserven durch die Neuordnung der Weisungsstränge Ende der siebziger Jahre) waren erschlossen, die Innovationsprobleme wurden, da weitgehend systemimmanent, nicht überwunden. Nicht allein die Ersteinführung wissenschaftlich-technischer Ergebnisse in den Produktionsprozeß war schwierig; auch das Tempo der Ausbreitung von Produkt- und Prozeßerneuerungen war viel zu gering.

Der außenwirtschaftliche Kraftakt in der ersten Hälfte der achtziger Jahre (ausgelöst durch das restriktive Kreditgebaren westlicher Banken), der sich durch eine erhebliche Reduzierung der Importe aus westlichen Ländern bei gleichzeitiger Ausdehnung der Exporte in dieses Wirtschaftsgebiet kennzeichnen läßt, hatte erhebliche Konsequenzen für die inländische Produktion, da die vom Außenhandel ausgehenden Effekte zu einem Rückgang der im Inland bereitgestellten Investitionsmittel und Materialien führte. Von 1980 bis 1989 erhöhte sich das produzierte Nationaleinkommen erheblich schneller als das im Inland verwendete Nationaleinkommen. Über die absolute Differenz gibt es keine konkreten Angaben, da die DDR-Statistik das im Inland verwendete Nationaleinkommen nicht in absoluten Größen, sondern in Indizes auswies. Nach offiziellen Angaben stieg das produzierte Nationaleinkommen in den siebziger Jahren jahresdurchschnittlich um 4,8 Prozent, in den achtziger Jahren bis einschließlich 1988 nur noch mit einer durchschnittlichen jährlichen Wachstumsrate von 4,2 Prozent (bis einschließlich 1989 jahresdurchschnittlich um 3,9 Prozent). Das im Inland verwendete Nationaleinkommen hingegen erhöhte sich in den siebziger Jahren jahresdurchschnittlich um 4,3 Prozent, in den achtziger Jahren nur noch um 2,2 Prozent. Aus der Gegenüberstellung dieser Raten geht hervor, daß ein beträchtlicher Teil der im Inland produzierten gesamtwirtschaftlichen Leistungen nicht für die binnenländische Verwendung (Investitionen sowie individuelle und gesellschaftliche Konsumtion) zur Verfügung stand.

Die Finanzierung des sozialpolitischen Programms ging ebenfalls zu Lasten der

Rationalisierung und Automatisierung bestimmten auch die DDR-Wirtschaft, wollte sie international konkurrenzfähig bleiben. So war z. B. im VEB Baumechanik Eisenhüttenstadt ein Bausynchronmanipulator entwickelt worden, ein Robotertyp, der auf Baustellen eingesetzt werden sollte.

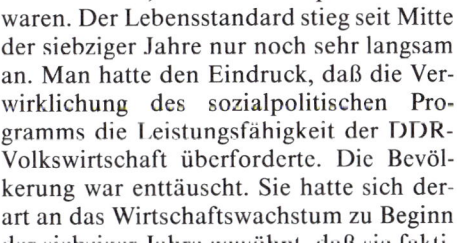

Äußere Anzeichen fehlender Finanzen: Verfallenes Wohnhaus in Potsdam (oben). Umweltverschmutzung: Braunkohleveredelungsanlage im Chemiekombinat Bitterfeld (unten).

Investitionen im produzierenden Bereich. Die produktiven Investitionen sanken bis 1985 unter den Stand von 1977, die seit 1986 vorgenommene Investitionsexpansion hat den eingetretenen Verlust an Produktionskapital bei weitem nicht kompensiert. Vor dem Hintergrund der restriktiven Investitionspolitik bleibt unerklärlich, daß sich der Grundmittelbestand in der DDR-Volkswirtschaft seit 1980 um nahezu 40 Prozent, so die offizielle Angabe, erhöht hat.

Das Durchschnittsalter des Anlagevermögens hat sich deutlich erhöht, die Aussonderungs- und Erneuerungsrate war extrem niedrig. 20 Prozent aller Ausrüstungen in den produzierenden Bereichen waren 1989 abgeschrieben, 1980 waren es 14 Prozent. Die durchschnittliche Nutzungsdauer der industriellen Ausrüstungen beträgt in der Bundesrepublik 14, in der DDR waren es 20 Jahre. Am ungünstigsten war die Altersstruktur der Maschinen und Anlagen in der Bauwirtschaft. Einen relativ hohen Anteil moderner Anlagen besaß die Elektrotechnik/Elektronik. Hier waren 45 Prozent der Ausrüstungen nicht älter als fünf Jahre. Als Konsequenz der Altersstruktur stieg der Instandhaltungsaufwand. 1989 waren in der Industrie 17,2 Prozent des gesamten Produktionspersonals (280 000 Arbeitskräfte) mit Instandhaltungsaufgaben betraut.

Die Produktivität der eingesetzten Arbeitskräfte war, verglichen mit der in der Bundesrepublik, entsprechend gering. Sie betrug in der Industrie ca. 50 Prozent dieser Output-Input-Relation in der Bundesrepublik.

Die Kapitalproduktivität sank seit 1960 in den produzierenden Bereichen kontinuierlich. Wurden 1960 442 Mark produziertes Nationaleinkommen je 1000 Mark Grundfondseinsatz erwirtschaftet, so waren es 1989 nur noch 290 Mark (1970: 396 Mark).

Die Restriktionen im Investitionsbereich haben zu hohen Umweltschäden und zu einer desolaten Infrastruktur geführt. Das Verkehrswegenetz der DDR war ebenso wie das Fernmeldenetz total veraltet. Trotz der starken Neubautätigkeit seit Mitte der siebziger Jahre nahm die Zahl der Wohnungssuchenden nicht ab; der Verfall der städtischen Altbausubstanz schritt in erschreckender Weise voran.

Die Vollbeschäftigung, besser das Fehlen von Arbeitslosigkeit, hat die DDR-Führung als einen Eckpfeiler ihrer ideologischen Legitimation ausgewiesen. Das Arbeitskräftepotential war voll ausgeschöpft worden, ca. 90 Prozent der Bevölkerung im erwerbstätigen Alter waren berufstätig. (Die DDR hatte weltweit die höchste Erwerbstätigenquote der Frauen.) Daneben waren noch 1989 über 150 000 Gastarbeiter in der DDR beschäftigt. Allerdings sind im Hinblick auf den effizienten Einsatz des Humankapitals, das im übrigen über ein hohes Qualifikationsniveau verfügte, erhebliche Zweifel angebracht (versteckte Arbeitslosigkeit). Seit 1961 haben 800 000 DDR-Bürger das Land verlassen, 1989 knapp 345 000 Personen. Damit dürfte die DDR allein 1989 rund 3 Prozent ihres Arbeitskräftepotentials verloren haben. Im industriellen Bereich war der Beschäftigtenstand im Dezember 1989 um 95 000, das heißt um 3,3 Prozent, geringer als im Vorjahresmonat.

Aufgrund der geringen Angebotsflexibilität hatten sich die Ungleichgewichte in der Volkswirtschaft der DDR verstärkt. Die Kontinuität des Produktionsprozesses wurde durch Disproportionen zwischen dem Zulieferbereich und der Finalproduktion gestört, die zum Teil durch unplanmäßige Exporte noch verschärft wurden. Technisch nicht begründete Stillstandszeiten führten in der DDR zu einer erheblichen Abweichung zwischen geplanter und tatsächlicher Kapazitätsnutzung. Die mangelnde Leistungsbereitschaft und hohe Fluktuation der Werktätigen, eine unbefriedigende Arbeitsorganisation sowie fehlendes, verspätet angeliefertes oder nicht sortimentsgerecht bereitgestelltes Material führten zu außerplanmäßigen Ausfallstunden. (Die durchschnittliche Ausfallzeit je Arbeiter und Angestellten belief sich 1988 auf 262 Stunden – ohne Urlaub – bei rund 1800 tariflichen Arbeitsstunden.) Hinzu kam die mangelhafte Versorgung der Maschinen und Ausrüstungen mit Ersatzteilen.

Die Ungleichgewichte zwischen den inländischen Kosten und Exporterlösen hatten sich verstärkt. In der Industrie und im

Bauwesen fand eine Kosten- und Preisexplosion statt, die nicht nur auf gestiegene Rohstoffpreise, sondern auf die sprunghaft gestiegenen Reparaturkosten wegen des überalteten Anlagenbestandes zurückzuführen war. Dies war im übrigen auch der Hauptgrund für die Erhöhung der Subventionen der Verbraucherpreise und die sinkende Exportrentabilität. Um 1 DM im Export zu erlösen, mußten Ende 1989 4,40 Mark der DDR (in Industrieabgabepreisen) aufgewendet werden (1980: 1 DM Exporterlös = 2,40 Mark Aufwand in der DDR). Die Terms of Trade verschlechterten sich für die DDR.

Verstärkt hatten sich auch die Ungleichgewichte zwischen »Kauf und Warenfonds«. Die verfügbaren Einkommen erhöhten sich schneller als das Angebot an Ge- und Verbrauchsgütern. Versorgungslücken (vor allem im Dienstleistungsbereich) und Qualitätsprobleme traten vermehrt auf. In den achtziger Jahren ist es nicht gelungen, die Stabilität der DDR-Währung zu sichern. Seit 1975 war das verfügbare Einkommen in zehn von dreizehn Jahren schneller als das Angebot an Konsumgütern gestiegen. Es kam – entgegen den offiziellen Daten – zu offenen und versteckten Preiserhöhungen (Exquisit- und Delikatprodukte). Allein in den Jahren 1986 bis 1988 entstand – so Modrow – ein Kaufkraftüberhang von rund 10 bis 12 Milliarden Mark.

Das um Kaufkraftunterschiede bereinigte Einkommen je Arbeitnehmerhaushalt dürfte rund um die Hälfte niedriger gelegen haben als in der Bundesrepublik. Die Ausstattung der DDR-Haushalte mit langlebigen Gebrauchsgütern lag, obwohl der Ausstattungsgrad stetig anstieg, je nach Produkt in Quantität und Qualität zum Teil deutlich niedriger als in der Bundesrepublik.

Die binnenwirtschaftliche Situation der DDR wurde durch die regionale Außenhandelsorientierung verschärft. Die DDR wickelte ca. 65 Prozent ihres Außenhandels mit den RGW-Ländern ab. Aus der hohen außenwirtschaftlichen Verflechtung mit ihren östlichen Handelspartnern ergaben sich zum Teil gravierende wachstumshemmende Einflüsse.

Auf die westlichen Industrieländer entfiel knapp 28 Prozent des DDR-Außenhandels, davon über die Hälfte auf den innerdeutschen Handel. Für diesen Handel galten besondere rechtliche und materielle Regelungen. So bestand für sämtliche Erzeugnisse aus der DDR Zollfreiheit, es entfielen die Abschöpfungen auf landwirtschaftliche Erzeugnisse und sowohl für Bezüge als auch für Lieferungen bestanden spezielle steuerliche Regelungen. Des weiteren hatte die DDR einen Finanzierungsvorteil durch den Swing. Trotz der der DDR eingeräumten Präferenzen war die Entwicklung des innerdeutschen Handels in den Jahren 1986 bis 1988 aufgrund der zunehmenden Wettbewerbsschwäche der DDR-Wirtschaft rückläufig. Selbst im Bereich traditioneller Lieferschwerpunkte (Textil/Bekleidung, Glas/Keramik; technische Konsumgüter) wurde das DDR-Warenangebot in Qualität und Quantität zunehmend enger. Lieferungspünktlichkeit, Lieferausfälle, Qualitätsprobleme sowie eine geringe Anpassung an Marktveränderungen nahmen zu. Als handelshemmend wurde das nicht zeitgemäße Design der DDR-Produkte eingeschätzt. Dadurch, daß die DDR aufgrund geringer Produkt- und Prozeßinnovationen und die unökonomische Struktur ihrer Industrie aufgrund der Autarkiedoktrin vornehmlich Standard- und Massenware anbot, verlor sie durch die Konkurrenz der Billiglohnländer vor allem aus dem asiatisch-pazifischen Raum immer mehr Marktanteile.

Nach dem Herbst 1989 verschärfte sich die krisenhafte Situation der DDR-Wirtschaft vor allem durch den Bestandsrückgang der Arbeitskräfte, aber auch durch die schlagartig nachlassende Arbeitsmotivation der Beschäftigten erheblich. Vom Arbeitskräfterückgang waren sämtliche Bereiche der Volkswirtschaft betroffen, besonders aber das Gesundheits- und Transportwesen. Zur Überbrückung der gravierendsten Engpässe wurden Soldaten der Nationalen Volksarmee, Kräfte aus der Verwaltung usw. in diesen Bereichen eingesetzt. 12 500 Soldaten wurden bis Februar 1990 in der Industrie, 2000 Bausoldaten im DDR-Gesundheitswesen beschäftigt. Bis April 1990 sollten fast 20 000 Armeeangehörige in der Wirtschaft »ihren Dienst tun«. 250 000 Arbeitsplätze waren Ende 1989 nicht besetzt. Nach Angaben von Christa Luft am Runden Tisch stand den unbesetzten Arbeitsplätzen aufgrund struktureller Veränderungen eine erhebliche Anzahl Arbeitsplatzsuchender gegenüber. Betroffen waren ca. 50 000 ehemalige Mitarbeiter des früheren Staats- und Parteiapparates sowie gesellschaftlicher Organisationen, darunter zu 85 Prozent Hoch- und Fachschulkader. Unter den 250 000 freien Arbeitsplätzen befanden sich aber nur 20 000 für Hoch- und Fachschulabsolventen. Freigesetzte Arbeitskräfte verfügten nicht über die benötigten Qualifikationsmerkmale.

In ihrem vorläufigen statistischen Jahresbericht 1989 stellte die Staatliche Zentralverwaltung für Statistik fest, daß es keinem »Hauptbereich« der Volkswirtschaft gelang, die vorgegebenen Wachstumsraten zu erfüllen. Von den besonders wichtigen Staatsplanpositionen (insgesamt 383) wurden 216 nicht realisiert, wobei sich die Nichterfüllung im vierten Quartal ausweitete. Das produzierte Nationaleinkommen stieg 1989 gegenüber 1988 nur um 2 Prozent und blieb somit um 2 Prozentpunkte unter dem Plansatz. Dies war nicht nur, wie es im Jahresbericht heißt, die niedrigste Zuwachsrate in den achtziger Jahren. Es war die geringste Wachstumsrate der gesamtwirtschaftlichen Leistung seit Anfang der sechziger Jahre.

Zur Lage der DDR-Wirtschaft im Frühjahr 1990 ist skizzenhaft anzumerken:
☐ Die Grundversorgung war gesichert;
☐ hochqualifizierte Arbeitskräfte verließen auch weiterhin ihre Arbeitsplätze zugunsten besser bezahlter in der Bundesrepublik;
☐ aufgrund der Umstellungsprozesse kam es zu erheblichen Problemen in der Produktion (größere Ausfälle in der Industrie, auch in der Exportindustrie);
☐ erste Betriebe wurden aus ökologischen Gründen stillgelegt;
☐ in der Energieversorgung, vor allem im Bereich der Kernenergie, spitzte sich die Lage zu.

Einen Volkswirtschaftsplan alter Prägung gab es für 1990 nicht mehr; eine Voraussage über die gesamtwirtschaftliche Entwicklung war nicht möglich. Zu Beginn des Jahres 1990 hatten die Kombinate in »Planvorschlägen« eine Einschätzung der Produktionsentwicklung für das erste Quartal vorgelegt. Sie erwarteten einen Produktionsrückgang um 5 Prozent. Mit der Eingliederung der DDR in das marktwirtschaftliche System der Bundesrepublik ist nun die Wirtschaftsentwicklung der DDR beendet.

Zu diesem Thema

In den anderen Bänden:
2: Pleyer, Wirtschaftsrecht der DDR

In anderen Werken:
Autorenkollektiv: Die Volkswirtschaft der DDR, Berlin (Ost) 1979
Bethkenhagen, Jochen (u. a.): DDR und Osteuropa, Wirtschaftssystem, Wirtschaftspolitik, Lebensstandard, 1981
Bröll, Werner: Die Wirtschaft der DDR. Lage und Aussichten, 3. Aufl. 1974
Bundesministerium für innerdeutsche Beziehungen (Hg.): DDR-Handbuch, 3. Aufl. 1985
Cornelsen, Doris: Die Industriepolitik der DDR. Veränderungen von 1945 bis 1980, in: Der X. Parteitag der SED. 35 Jahre SED-Politik, 1981
Haase, Herwig E.: Entwicklungstendenzen der DDR-Wirtschaft für die 80er Jahre – Eine Prognose der Probleme, 1980
Thalheim, Karl C.: Die wirtschaftliche Entwicklung der beiden Staaten in Deutschland, 1978
Weber, Hermann: Kleine Geschichte der DDR, 1980

PETER PLÖTZ

Die Rohstoffwirtschaft

Durch den Preisauftrieb für energetische und mineralische Rohstoffe in den letzten Jahren wurden vor allem rohstoffarme Länder starken Belastungen unterworfen. Die DDR ist hiervon zwar nicht verschont geblieben, befindet sich jedoch aus zwei Gründen in einer relativ günstigen Lage:
1. Der für sie mit Abstand wichtigste Rohstofflieferant ist die UdSSR, die aber erst seit 1975 aufgrund eines im RGW vereinbarten Preisbildungsmechanismus ihre Preise jährlich, wenn auch mit zeitlicher Verzögerung an die Preisentwicklung auf dem Weltmarkt anpaßt.
2. Die Industrie in der DDR kann sich immerhin auf eine – wenn auch einseitige – einheimische Rohstoffbasis stützen.

Somit ist die weit verbreitete Ansicht, die DDR sei ein rohstoffarmes Land, nicht ganz zutreffend. An festen mineralischen Rohstoffen verfügt sie über ausreichende Vorräte an Braunkohle, Kali- und Steinsalzen sowie an Spaten. In gewissem Umfang besitzt sie Buntmetallagerstätten, im wesentlichen Kupfer und Zinn. Außerdem muß man zu den wichtigen natürlichen Ressourcen Sande, Tone, Kiese, Kaoline und Hartgestein rechnen. Ein gewinnungswürdiger Rohstoff ist das Erdgas, das allerdings gegenüber Fundstätten in anderen Ländern einen geringeren Heizwert hat. In den vergangenen Jahren ist als Folge intensiver geologischer Erkundigungstätigkeit in beachtlichem Umfang der Nachweis neuer Lagerstätten gelungen, darunter vor allem Braunkohle-, Kali- und Kupfervorkommen sowie Zinn-, Zink-, Wolfram- und Spatlagerstätten. Die Gewinnung und Verarbeitung der mineralischen Rohstoffe vollzieht sich aber unter immer ungünstigeren Bedingungen.

Wichtige mineralische Rohstoffe wie Erdöl, Steinkohle und viele Erze sind jedoch nur unzureichend oder gar nicht vorhanden. Von den insgesamt benötigten Rohstoffen werden ca. 40 Prozent in der DDR selbst gewonnen, während ca. 60 Prozent importiert werden müssen. Die UdSSR deckte dabei von den Gesamteinfuhren der DDR im Zeitraum von 1976 bis 1980 bei Erdgas 100 Prozent, bei Erdöl knapp unter 90, bei Eisenerz über 90 Prozent, bei Zink ca. 70 Prozent, bei Primäraluminium und bei Blei ca. 60 Prozent.

Energetische Rohstoffe

Braunkohle. Die Braunkohle ist der wichtigste Rohenergieträger. Mit ihr werden derzeit über 71 Prozent des Primärenergiebedarfs und über 80 Prozent der gesamten Elektroenergieerzeugung gedeckt. Kein anderes Land gewinnt soviel Braunkohle wie die DDR. Im Jahr 1983 waren es knapp 278 Millionen t. Damit erzeugt die DDR fast 27 Prozent der Weltproduktion, besitzt allerdings nur 1,8 bis 2 Prozent der erkundeten Weltvorräte. Der Vorrat der DDR wird auf über 35 Milliarden t geschätzt. Nach dem gegenwärtigen Stand der Abbautechnik sind zwischen 18 und 26 Milliarden t wirtschaftlich gewinnbar. Damit reichen die Vorräte noch rund 60 bis 85 Jahre. Die Braunkohlelagerstätten liegen westlich und östlich der Elbe; die Flächenausdehnung erreicht über 500 000 ha, wovon ca. die Hälfte als abbauwürdig betrachtet wird.

Die Braunkohle wird für die DDR-Volkswirtschaft eine weiter zunehmende Bedeutung erhalten, denn in der Energiewirtschaft erfolgt eine weitgehende Umrüstung vom teuren und wertvollen Heizöl auf Braunkohle; die Industrie verfeuert künftig verstärkt Braunkohlebriketts anstelle von Steinkohle. Da bisher nur etwa 1 Prozent der Rohbraunkohlesubstanz in Chemieprodukte umgewandelt worden ist, sollen bis 1990 ca. 80 Prozent des Förderzuwachses an Braunkohle weiter veredelt werden (Kohle-Karbid-Chemie). Aus diesen Gründen will die DDR bis 1985 ihre jährliche Braunkohleförderung auf 295 Millionen t und bis 1990 auf 300 Millionen t steigern. Dafür sind 16 Tagebau-Neuaufschlüsse erforderlich, da Ende der achtziger Jahre elf Tagebaue ausgebeutet sein werden. Die Aufschlußzeit eines neuen Tagebaus beträgt ungefähr vier bis fünf Jahre. Gegenwärtig bestehen 31 Tagebaue auf einer Fläche von knapp 39 000 ha.

Da die Braunkohle im Großtagebau gewonnen wird, sind die Förderkosten relativ niedrig. Allerdings weisen die neuen Tagebaue komplizierte geologische und hydrologische Bedingungen auf. Die Gewinnung einer Tonne Kohle erforderte z. B. 1981 die Bewegung von 4,3 cbm Abraum (zum Vergleich: 1949 nur 2 cbm, 1960 2,8 cbm), außerdem mußte pro Tonne Kohle durchschnittlich 6000 bis 9000 l Wasser aus den Tagebauen abgepumpt werden. So stiegen die Förderkosten von 1970 bis 1980 um etwa ein Drittel.

Steinkohle. Wegen Erschöpfung abbauwürdiger Lagerstätten mußte die Steinkohlenförderung in der DDR 1977 eingestellt werden. Zuletzt wurden nur noch 350 000 t gewonnen. 1960 waren es noch 2,7 Millionen t, die etwa 25 Prozent des Steinkohlenbedarfs der DDR deckten. Heute muß Steinkohle und Steinkohlenkoks vollständig vor allem aus der UdSSR, aus Polen, der ČSSR und der Bundesrepublik Deutschland importiert werden. Aufgrund vorliegender geologischer Erkenntnisse ist mit der Entdeckung neuer abbauwürdiger Lagerstätten nicht zu rechnen.

Bis Ende der sechziger Jahre mußten die Gruben in den Revieren Plötz-Löbejün, Freital und Oelsnitz-Lugau ihre Förderung einstellen, so daß zuletzt die Steinkohlenförderung nur noch im Zwickau-Mülsener Revier betrieben wurde. Der Abbau erfolgte unter schwierigen technischen Verhältnissen in 1000 m Tiefe. Die Steinkohlenförderung im Zwickauer Revier hatte eine über 100jährige Tradition. Um die Jahrhundertwende wurden dort 4,8 Millionen t Steinkohle gefördert.

In den ersten Nachkriegsjahren war der Steinkohlenbergbau für die SBZ ein äußerst wichtiger Industriezweig. Er erholte sich nach Kriegsende relativ schnell, weil er von Demontagen verschont blieb und die UdSSR eine hohe Förderung verlangte. Der Bergbau wurde, wie bereits erwähnt, Ausgangspunkt der ersten Kampagne zur Übererfüllung der Arbeitsnorm: Am 13. Oktober 1948 erfüllte der damals 43jährige Bergmann Adolf Hennecke im Karl-Liebknecht-Schacht in Oelsnitz bei Zwickau die Arbeitsnorm zu 387 Prozent.

Erdöl. Ende der fünfziger Jahre wurde mit Unterstützung sowjetischer Experten die geologische Erkundungstätigkeit verstärkt. 1964 konnte die Erdölförderung aus einer bei Reinkenhagen südöstlich von Stralsund fündig gewordenen Bohrung aufgenommen werden. Etwa zur gleichen Zeit trafen Erkundungsbohrungen in den Kreisen Guben und Forst (Bezirk Cottbus) auf Erdöl. Die Lagerstätten im Raum

172

Grimmen/Stralsund/Greifswald (Bezirk Rostock) und Guben bilden die Basis für die Erdölförderung, wobei das erstgenannte Revier das wirtschaftlich bedeutendere ist.

Wie optimistisch die DDR-Führung die Erdölförderungsmöglichkeiten ursprünglich einschätzte, zeigt der schon 1961 abgebrochene Siebenjahrplan (1959 bis 1965). Danach wurde für 1965 eine Erdölförderung von mindestens 1 Million t erwartet. Diese Menge konnte bis heute nicht realisiert werden. Die jährliche Erdölförderung der DDR wird auf 200 000 t geschätzt und dürfte damit nur ca. 1 Prozent des Bedarfs decken.

Die DDR bezog in der zweiten Hälfte der siebziger Jahre knapp 90 Prozent ihres Bedarfs an Erdöl auf der Basis langfristiger Handelsverträge aus der UdSSR, und zwar zu Preisen, die um 30 bis 50 Prozent unter dem Weltmarktpreis lagen. In den Jahren 1981 bis 1985 sollten die sowjetischen Lieferungen ursprünglich bei jährlich 19 Millionen t stagnieren; seit 1982 liefert die UdSSR aber rund 8 Prozent weniger (Anteil an der gesamten Erdöleinfuhr der DDR 1982: 81,4 Prozent). Der Mehrbedarf kann nur auf dem Weltmarkt gedeckt werden, was angesichts der prekären Devisensituation der DDR zu weiteren außenwirtschaftlichen Belastungen führt.

Im Dezember 1963 wurde ein erster, im Mai 1973 ein zweiter Strang der Erdölfernleitung »Freundschaft« in Betrieb genommen, die ihren Ausgangspunkt im Uralgebiet hat. Sie endet im Erdölverarbeitungswerk Schwedt.

Erdgas. Seit 1968 wird in der DDR in größerem Umfang Erdgas gewonnen. 1971 wurden im Raum Salzwedel (Bezirk Magdeburg) 2,8 Milliarden cbm und 1972 schon 5,0 Milliarden cbm gefördert. Mitte der achtziger Jahre betrug die Erdgasförderung über 11 Milliarden cbm. Allerdings besitzt das geförderte Erdgas nur einen relativ geringen Heizwert.

Die Reserven der Lagerstätten im Raum Salzwedel, Peckensen und Wustrow werden auf 150 bis 200 Milliarden cbm geschätzt. Davon sollen 10 Prozent auf das Gebiet der Bundesrepublik Deutschland entfallen.

Trotz erheblicher Anstrengungen gelang die Entdeckung neuer, größerer Vorkommen bisher nicht, obgleich es offenbar Anzeichen für ihr Vorhandensein gibt. Bei ihren Erkundungsbohrungen auf Erdgas und Erdöl erreichte die DDR mit einer niedergebrachten Bohrung auf 8000 m inzwischen übergroße Teufen.

Die DDR deckt ihren Restbedarf an Erdgas allein aus der Sowjetunion. 1982 erreichte das über die Fernleitung »Nordlicht« gelieferte hochwertige Erdgas ein Volumen von 6,39 Milliarden cbm.

Metallische Rohstoffe

Eisenerze. Das Gebiet der DDR ist relativ arm an Eisenerzen. Die Verteilung der Vorkommen auf viele Lagerstätten, ungünstige Abbaubedingungen und geringer Eisengehalt der Erze von 20 bis 25 Prozent sowie die geringe Mächtigkeit der Lager erschweren die Gewinnung und machen sie wenig rentabel. Aus einheimischen Eisenerzlagerstätten kann die DDR nur knapp 3 Prozent des inländischen Bedarfs decken. 1982 dürfte die Förderung ungefähr 40 000 bis 50 000 t betragen haben (1965 immerhin 1,63 Millionen t); 1,932 Millionen t mußte die DDR 1982 an Eisenerz importieren.

Die Lagerstätten im Erzgebirge, Thüringer Wald, Harz und Harzvorland sind erschöpft bzw. nur noch in geringem Umfang abbauwürdig. Folglich ist die Eisenerzförderung seit Mitte der sechziger Jahre rückläufig und stagniert auf einem sehr niedrigen Niveau.

Stahlveredler. Auch die zur Herstellung hochwertiger Stähle notwendigen Stahlveredler finden sich in den Erzlagerstätten der DDR höchst selten. Von den vorhandenen Nickel-, Mangan-, Molybdän- und Wolframlagerstätten sollen lediglich einige Nickel-, Mangan- und Wolframlagerstätten wirtschaftlich bedeutsam sein. Im Vorland des Erzgebirges wird Nickel abgebaut. Produktionszahlen liegen nicht vor, ebensowenig Angaben über den Verbrauch. 45 Prozent des Einfuhrbedarfs bezieht die DDR aus der Sowjetunion. Zukünftig wird die DDR einen Großteil ihres Importbedarfs aus dem im Bau befindlichen Nickelkombinat in Kuba erhalten.

Kupfer. Der Kupferschieferbergbau hat eine jahrhundertelange Tradition. Er begann vor rund 780 Jahren auf dem Kupferberg bei Hettstedt im Mansfelder Land. In der DDR wurden zwei große Schachtanlagen errichtet: Der Thomas-Müntzer-Schacht in Sangerhausen nahm 1951 die Produktion auf, der Bernhard-Koenen-Schacht im Raum Niederröblingen 1958. Das Erz wird in 700 bis 1000 m Tiefe gewonnen. Im Raum Spremberg wird eine neue Kupferlagerstätte erschlossen. Hier beträgt die Abbautiefe mehr als 1200 m. Nach westlichen Schätzungen scheint der Kupferabbau mindestens bis zum Jahr 2000 gesichert. Die erzreicheren Teile des Kupferschiefers enthalten im allgemeinen

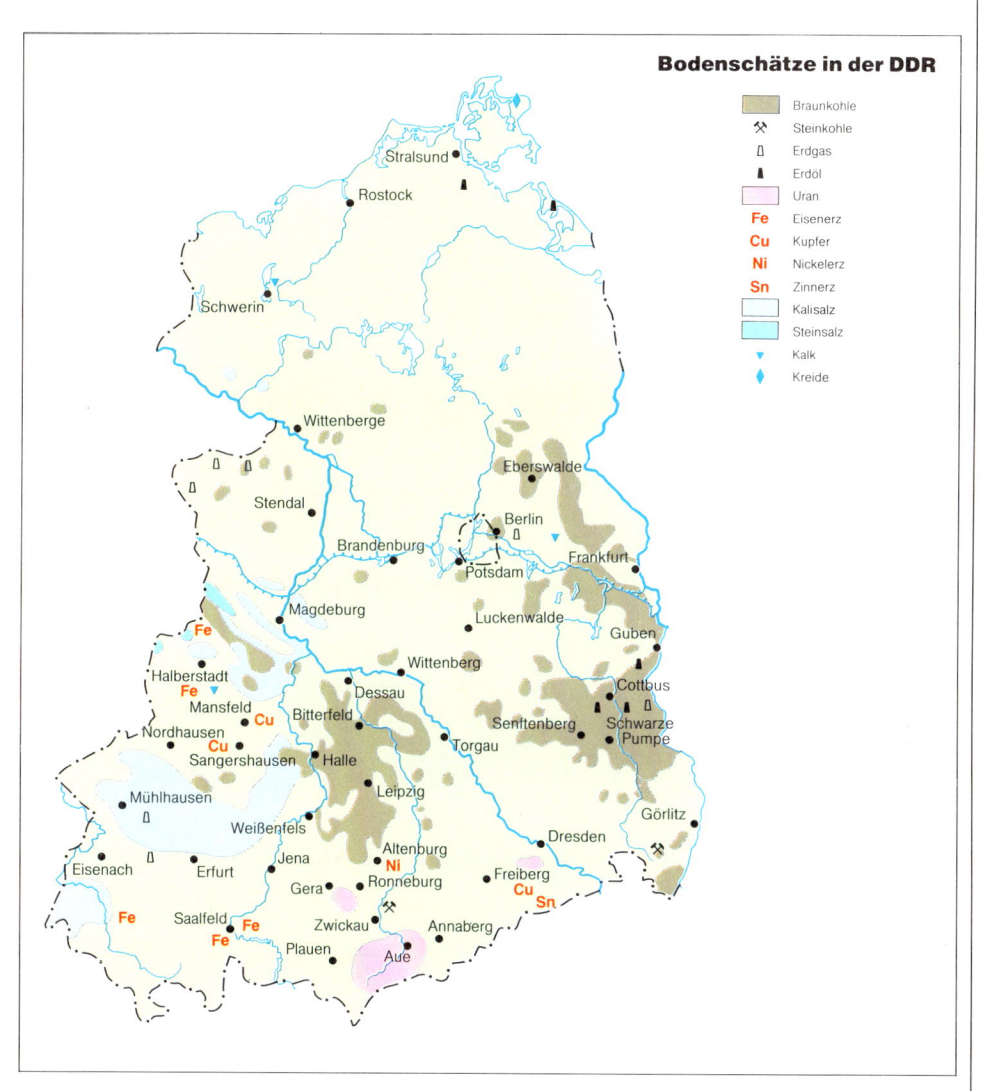

Rohstoffwirtschaft

Die ehemalige DDR ist nicht so arm an Rohstoffen, wie vielfach geglaubt wurde, hatte aber eine einseitige Rohstoffbasis und mußte, allein schon wegen chronischer Devisenknappheit, sparsam mit den eigenen und mit den importierten Rohstoffen umgehen.

Was Erdöl anbelangt, so war die DDR besonders stark auf Importe angewiesen. Rund 80 Prozent ihres Erdölbedarfs bezog sie aus der UdSSR. Ohne das sowjetische Erdöl konnte das Petrochemische Kombinat Schwedt (1) nicht existieren. Es war das scheinbar dynamischste Unternehmen in der DDR. Bekannt wurde vor allem die »Schwedter Initiative«: »Weniger produzieren mehr.« Freigesetzte Arbeiter konnten in einem anderen Produktionszweig des Betriebs einen Arbeitsplatz bekommen. Wer umlernte und sich qualifizierte, erhielt mehr Geld. – Anders als mit dem Erdöl steht es mit der Braunkohle: Sie war der wichtigste Rohenergieträger der DDR und deckte über 80 Prozent der Elektroenergieerzeugung. Die Lager hätten jedoch nur noch für 60 bis 85 Jahre gereicht. Das Braunkohlenwerk »Jugend« im Tagebau Seese (5) belieferte u. a. das Kraftwerk Lübbenau (3) im Spreewald, einen der größten Stromproduzenten zwischen Elbe und Oder. Auch die Wasserkraft wurde zur Stromgewinnung genutzt: In mächtigen Röhren (4) fördern die Turbinen des Pumpspeicherwerks der Rappbode-Talsperre das Wasser in den hochgelegenen Speicher. Kali ist ebenfalls in ausreichenden Mengen vorhanden: In der Weltproduktion stand die DDR hinter der UdSSR und Kanada an dritter Stelle. Über 80 Prozent der Kalidüngemittelproduktion wurden in ca. 50 Länder exportiert. Die Marx-Engels-Grube im Werra-Kalirevier: Ihr Dispatcherraum im Schacht II liegt 900 m tief; von hier aus werden die Bandanlagen zur Förderung des »Weißen Goldes« überwacht (6).

Wie sehr die DDR zu Sparsamkeit in der Rohstoffwirtschaft gezwungen war, zeigt sich auch darin, daß Recycling großgeschrieben wurde. Überall gab es in den Städten, wie hier in Dresden (2), Sammelstellen für sog. »Sekundärrohstoffe«, besonders für Altpapier, Glas, »Plaste« und Schrott.

D. L.

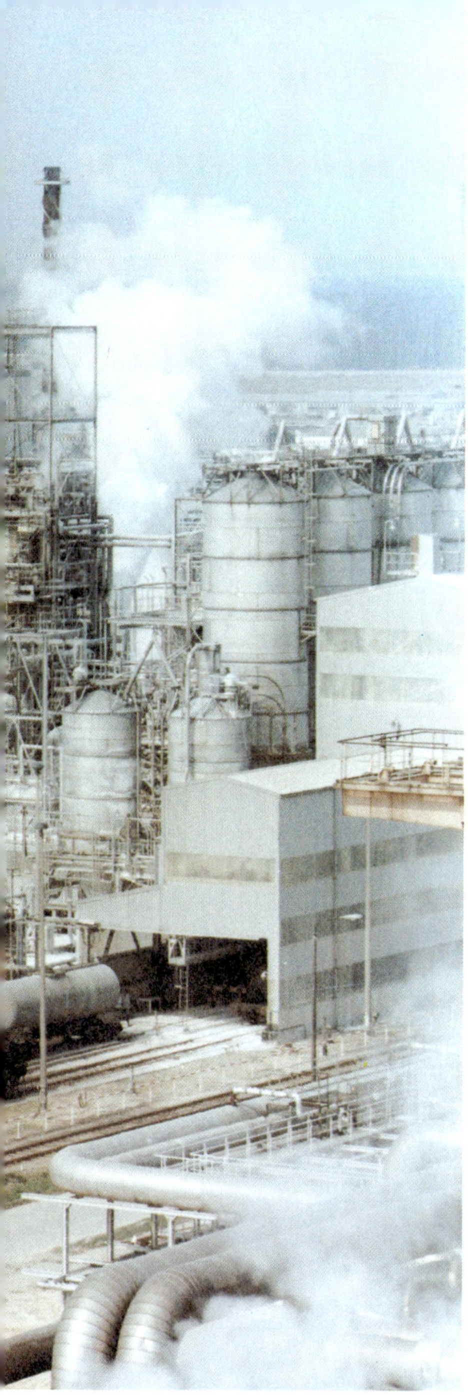

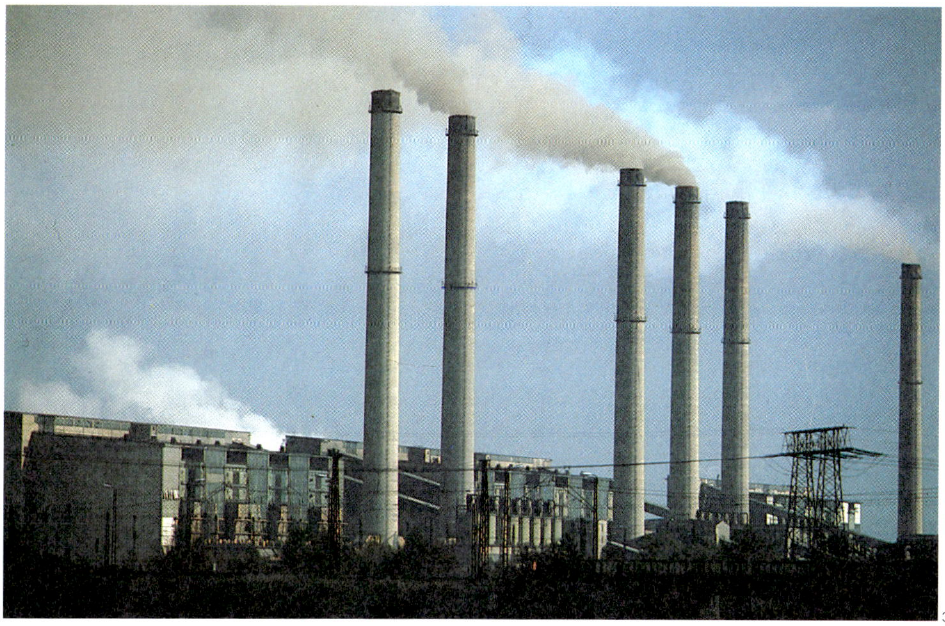

3

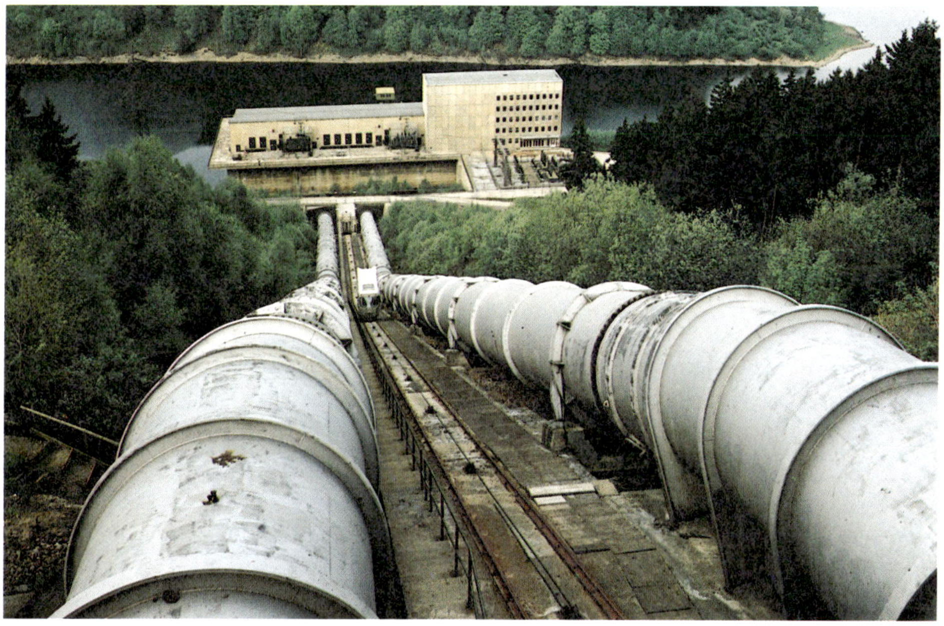

4

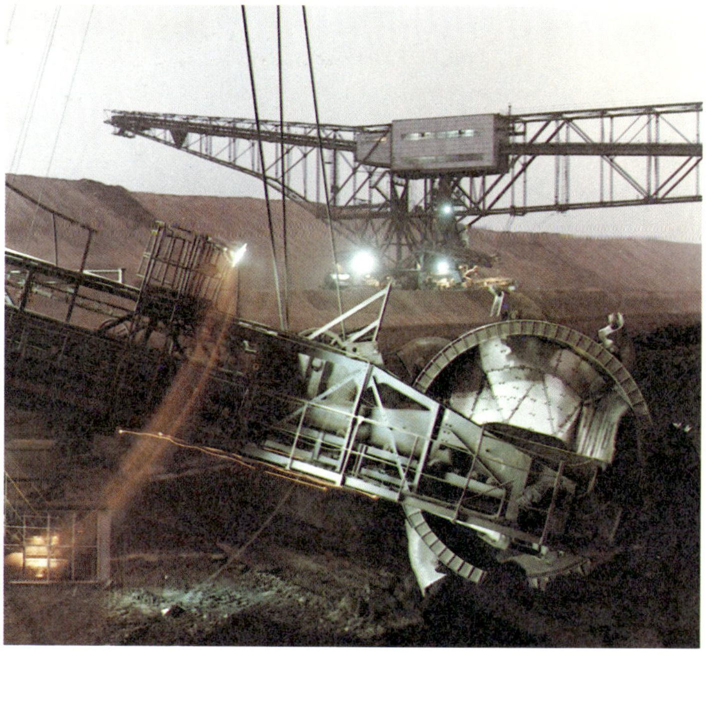

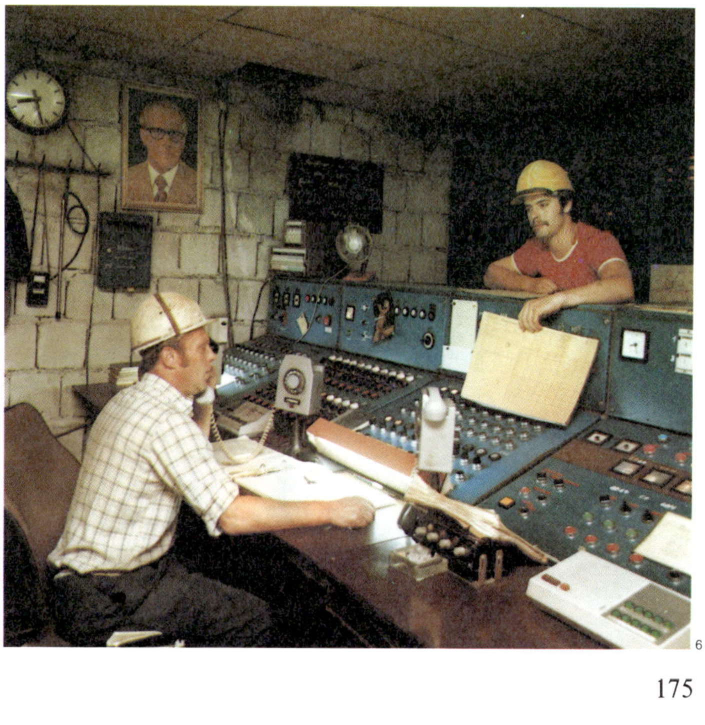

6

Die Rohstoffwirtschaft in der DDR

Kupfer mit 1,5 bis 4,0 Prozent, Blei mit 0,1 bis 0,8 Prozent und Zink mit 0,1 bis 2,0 Prozent.

Im Hinblick auf den Gesamtverbrauch an Kupfer, das Eigenaufkommen sowie die Importe sind nur Schätzungen möglich. Bei einem angenommenen Kupferverbrauch von 115 000 t im Jahr 1980 dürfte das Eigenaufkommen etwa 34 500 t (30 Prozent) betragen haben. Die UdSSR hat vermutlich etwa die Hälfte des Verbrauchs bereitgestellt, der verbleibende Rest mußte auf dem Weltmarkt in Devisen gekauft werden. Da mit steigender Industrieproduktion auch der Kupferbedarf

Moderner Kalibergbau: Großloch-Bohrwagen in Werra-Merkers, Bezirk Suhl (links). Hochöfen und Sinteranlage des Eisenhüttenkombinats Ost in Eisenhüttenstadt, früher Stalinstadt (unten).

wächst, bleibt auch in Zukunft eine erhebliche Importabhängigkeit bestehen.

Blei und Zink. Blei- und Zinkerze treten in geringen Mengen als Beimengungen im Kupferschiefer auf (Mansfelder Mulde); abbauwürdige Blei- und Zinkerze mit einem Gehalt von 2 bis 5 Prozent finden sich im Freiberger Raum. Ob die Hüttenwerke der DDR Blei aus einheimischen Erzen gewinnen oder aber völlig auf Importe angewiesen sind, läßt sich nach den DDR-Veröffentlichungen nicht sicher bestimmen. Die Aussagen hierzu sind widersprüchlich.

Die DDR importiert seit 1965 ihren gesamten Bedarf an Zinkerzen. Die UdSSR durfte etwa 70 Prozent des Gesamtbedarfs liefern.

Zinn und Aluminium. 1978 wurden in der DDR 1487 t Zinn erschmolzen. Anfang der achtziger Jahre deckte die DDR ca. 80 Prozent ihres Zinnbedarfs aus eigenen Aufkommen, von 1985 an sollen es sogar 100 Prozent sein. Die im Erzgebirge lagernden Zinnvorkommen will man nämlich, trotz der komplizierten Bedingungen, in weit größerem Umfang als bisher abbauen.

Die DDR muß ihren gesamten Primär-Aluminiumbedarf als Rohstoff (Bauxit, Tonerde) einführen. (1982 importierte sie 109 900 t Bauxit.) Es finden sich zwar in ausreichenden Mengen nichtbauxitische aluminiumhaltige Rohstoffe wie Tone, Kaoline und Braunkohlenasche, bisher ist es aber noch nicht hinreichend gelungen, die aus einheimischen Rohstoffen gewonnene Tonerde mit guten wirtschaftlichen Ergebnissen zur Aluminiumgewinnung zu nutzen.

Traditionsreiches Handwerk: Glasschleifer in der Lausitz. Nach alten Vorlagen ätzt er dekorative Muster in Glasgefäße.

Uran. Nach zuverlässigen Schätzungen verfügt die DDR über 60 000 t Vorräte an U_3O_8. Die Ausbeutungsergebnisse werden streng geheimgehalten. Mit einer geschätzten Förderleistung von 2500 bis 5000 t U_3O_8 zählt die DDR zu den bedeutendsten Uranproduzenten der Welt. Das Uranerz wird in der DDR nur angereichert; das dabei gewonnene granulierte Konzentrat beanspruchen die Sowjets.

Edelmetalle. Von den seltenen Metallen wie Gold, Silber, Platin und Platinmetallen kann die DDR nur bei Silber einen relativ geringen Teil des Gesamtverbrauchs aus eigenem Aufkommen bereitstellen. Bei einem geschätzten Gesamtverbrauch von 450 t Ende der siebziger Jahre soll dieser Anteil ca. 67 t betragen haben.

Nichtmetallische Rohstoffe

Kali- und Steinsalze. 1982 wurden aus den bedeutenden Steinsalzvorkommen der DDR 3,11 Millionen t gefördert. Davon exportierte man 45 Prozent.

Kali gehört zu den wenigen Industrierohstoffen, die in der DDR in ausreichenden Mengen vorkommen. Die noch abbaufähigen Kalisalze werden auf 13 Milliarden t geschätzt. In der Weltproduktion von Kali steht die DDR hinter der UdSSR und Kanada noch vor der Bundesrepublik Deutschland an dritter Stelle (Anteil an der Weltproduktion 1982: 13,9 Prozent). Die Jahresförderung von Kalisalzen, bezogen auf ihren wirksamen Gehalt an Kaliumoxid (K_2O), betrug 1982 3,434 Millionen t gegenüber 1,666 Millionen t 1960. In dieser Wachstumsrate kommt die durch mehrere Regierungsbeschlüsse betonte Aufgabe zum Ausdruck, die Produktion maximal zu erhöhen. 1982 wurden 82,5 Prozent der Kalidüngemittelproduktion in ca. 50 Länder der Erde exportiert. Damit nimmt die DDR nach Kanada im Kaliexport den zweiten Platz in der Welt ein.

Der Kalibergbau konzentriert sich auf fünf Reviere. Im Südwesten liegt das Werra-Kalirevier. Es liefert ca. ein Drittel der Gesamtproduktion an Kali. Das Südharz-Revier und das Saale-Unstrut-Revier erstrecken sich im südlichen und südöstlichen Harzvorland. Das Nordharz-Revier mit dem Gebiet um Staßfurt spielt in der Kaliproduktion heute nur noch eine untergeordnete Rolle. Das jüngste Kalirevier befindet sich nördlich von Magdeburg. Es bildet den Schwerpunkt des augenblicklichen Kaliprogramms. In Zielitz wurde 1963 mit dem Bau des modernsten Kaliwerkes der DDR begonnen; 1973 konnte die Förderung aufgenommen werden.

Sonstige nichtmetallische Rohstoffe. Die DDR muß ihre Phosphate ebenso wie ihre Feldspatkonzentrate und ihren Asbestbedarf zu 100 Prozent importieren. Bei Fluß- und Schwerspaten ist die DDR hingegen importunabhängig und kann sogar größere Mengen exportieren.

Die sowohl für die Bauindustrie als auch für die Glas- und Keramikindustrie benötigten Rohstoffe können zum überwiegenden Teil aus den einheimischen Vorkommen gedeckt werden. 60 Prozent des Holzbedarfs wird aus den eigenen Wäldern bereitgestellt, der Rest muß eingeführt werden.

Sekundärrohstoffe

Traditionelle Rohstoffe aus »zweiter Hand« wie Stahlschrott, Glas und Altpapier spielen in der DDR seit langem eine wichtige Rolle. Aufgrund der einseitigen Rohstoffbasis und des überdurchschnittlichen Anstiegs der Rohstoffpreise auf den Weltmärkten werden erhebliche Anstrengungen unternommen, sog. Sekundärrohstoffe wieder dem Produktionsprozeß zuzuführen.

Die DDR verarbeitet ca. 30 Prozent der anfallenden Sekundärrohstoffe, das sind rund 29 Millionen t (1983). Damit deckt sie etwa 12 Prozent des Bedarfs an volkswirtschaftlich wichtigen Rohstoffen. Aus Altpapier werden knapp 50 Prozent des Papiers gewonnen. 75 Prozent des jährlichen Eisenbedarfs der Stahlindustrie wird durch Schrott gedeckt. Für Kupfer und Blei liegt der Anteil der aus Schrott und Rückständen erzeugten und verbrauchten Metalle und metallurgischen Erzeugnisse bei 40 bis 45 Prozent. 70 Prozent des Glasbedarfs der Spirituosen- und Lebensmittelindustrie werden durch wiederverwendbare Flaschen und Gläser gedeckt.

Seit Mai 1983 werden auch Plasteabfälle aus privaten Haushalten erfaßt, bis Ende des Jahres insgesamt 1500 t. Nach DDR-Angaben ersetzt jede Tonne wiederverwendete Plaste (westdt. Plastik) 0,7 t neue Plaste bzw. 13 t Erdöl, die als Ausgangsstoff für eine Tonne dieses Rohstoffes nötig wären.

In der DDR gibt es ca. 4000 Schrottplätze und 3240 Abgabestellen für metallische Rohstoffe. Für sämtliche Sekundärrohstoffe existieren rund 11 000 Abgabestellen. Das Sammelgut wird vom VE Kombinat Sekundärrohstoffe erfaßt, das am 1. Januar 1981 gegründet wurde und 8000 Werktätige beschäftigt.

Zu diesem Thema

In anderen Werken:
Autorenkollektiv: Ökonomische Geographie der Deutschen Demokratischen Republik, Bd. 1, 3., überarb., erg. Aufl.
Götz, Julius: Die Rohstoffwirtschaft der DDR, 1980

JOACHIM NAWROCKI, PETER CHRIST

Wirtschaftsalltag in der DDR

Es ist leichter zu prophezeien, wie die frühere DDR im Jahr 2000 aussehen wird, als die Entwicklung der nächsten fünf Jahre vorherzusagen. Der Zusammenbruch des sozialistischen Wirtschaftssystems in Osteuropa, der Einzug der Marktwirtschaft dort, krempelte auch das Leben der Menschen völlig um. So schwierig die Prognose für die neuen Bundesländer insgesamt ist, so wenig gewiß ist jeder Blick in die Zukunft, der sich auf das Alltagsleben der Menschen im östlichen Teil Deutschlands richtet.

Es gibt kein historisches Vorbild für einen so radikalen und schnellen Umbau einer in vierzig Jahren gewachsenen, zentral gelenkten sozialistischen Volkswirtschaft zu einer Ökonomie westlicher Ordnung. Der Strukturwandel, das Maß an sozialer, gesellschaftlicher und intellektueller Mobilität, das den Menschen jetzt abverlangt wird, ist ohne Beispiel in der Geschichte der Industriegesellschaften. Sie haben mit ihrer friedlichen Revolution im Oktober und November 1989 die politische Selbstbestimmung erkämpft und damit die Chance bekommen, den Wohlstand der Bundesrepublik über kurz oder lang zu erreichen.

Sie haben ein System abgeschüttelt, das seine Bürger jahrzehntelang gegängelt und um die Früchte ihrer Arbeit betrogen hat. Die SED hat die Wirtschaft der DDR vor allem in den letzten zwanzig Jahren ihrer Zwangsherrschaft ruiniert. Gleichwohl hat sie ihre Bürger in einen dichtgesponnenen Kokon sozialer Sicherungen gehüllt. Selbst nach DDR-Maßstäben niedrige Einkommen ermöglichten ein auskömmliches, wenn auch karges Leben. Aber dieses Leben hatte keine Perspektive mehr. Der Lebensstandard wuchs nur noch in den Statistiken der Planbürokratie, der Wirtschaftsalltag wurde mühseliger und dokumentierte unwiderlegbar das Gegenteil. Ihn nachzuzeichnen lohnt sich, denn an dem Erbe der vierzigjährigen SED-Herrschaft werden die Menschen in der DDR und wird ihre Wirtschaft noch lange tragen.

Politische Witze treffen mit ihrem Sarkasmus die Probleme oft am besten. So auch dieser: Erich Honecker möchte gerne wissen, wieviel Schweine in der DDR auf den Kopf der Bevölkerung kommen. Die Viehzuchtbrigadiere in der Landwirtschaft zählen sorgsam nach. Ergebnis: Ein Schwein je DDR-Bürger. Die Vorsitzenden der Landwirtschaftlichen Produktionsgenossenschaften (LPG) sind mit den Zahlen nicht zufrieden und verdoppeln sie: macht zwei Schweine für jeden Bürger. So geht es den Instanzenweg hinauf weiter: vom Rat der Gemeinde über den Rat des Kreises zum Rat des Bezirks, weiter durch die Abteilungen im Ministerium für Landwirtschaft und Forsten bis zum Minister, dann ins Sekretariat der SED, zum Sekretär für Landwirtschaft – überall wird ein Schwein je Kopf der DDR-Bevölkerung hinzugemogelt. Als die Statistik bei Honecker ankommt, sind es elf Schweine pro Einwohner geworden. Honecker befindet: »Na gut, dann können wir ja eins exportieren.«

Dieser Witz, der in der DDR erzählt wurde, illustriert gleich mehrere Gebrechen der alten DDR-Wirtschaft: die Überbürokratisierung, die Verschönerung von Planergebnissen, den Einfluß der Partei, die Abgehobenheit der Parteiführung von der Wirklichkeit und die Privilegierung des Exports zu Lasten der inländischen Versorgung. »Es liegt nicht am schlechten Willen der Spitze, sondern an der Untauglichkeit des bürokratischen Prinzips, wenn die Wirtschaft mit wachsendem Umfang und wachsender Differenzierbarkeit der Akkumulation eine Tendenz zur Stagnation aufweist«, schrieb Rudolf Bahro in seinem Buch DIE ALTERNATIVE – ZUR KRITIK DES REAL EXISTIERENDEN SOZIALISMUS (1977), der schonungslosen Analyse eines intimen Kenners der DDR-Wirtschaft, der früher selbst in Leitungsfunktionen in der Industrie der DDR tätig gewesen war.

In den SED-gelenkten Zeitungen der DDR sah das alles natürlich ganz anders aus. Pläne waren nur dazu da, um überboten zu werden. Kein noch so unbedeutendes politisches Ereignis, kein historisches Datum verstrich, ohne es zum Anlaß zu nehmen, die Werktätigen, wie die Arbeitnehmer des ehemaligen Arbeiter- und Bauernstaates genannt wurden, nicht zur Übererfüllung der Pläne anzuhalten, also die von der Bürokratie verordneten Produktionszahlen zu übertreffen.

Zur Vorbereitung der Gemeindewahlen am 6. Mai 1984 hieß es in einer sog. Wortmeldung der Agraringenieurin Ilka Blach von der LPG Naundorf: »Unsere LPG Tierproduktion ›Fröhliche Zukunft‹ Naundorf hat ihre Planaufgaben insgesamt erfüllt. Daran haben auch wir 58 Jugendlichen der Genossenschaft einen wesentlichen Anteil. Besonders stolz sind wir darauf, daß wir als größter Milchproduzent des Kreises Altenburg – immerhin konzentrieren sich 30 Prozent der Kühe des Kreises in unserer LPG – den Plan der Marktproduktion mit 8450 Dezitonnen überbieten konnten.«

Wenn politische Ereignisse fehlten, oder der Kalender keine Gedenktage auswies, die als Vorwand für besondere Anstrengungen herhalten konnten, dann gab es immer noch den sogenannten sozialistischen Wettbewerb. Christoph Petters, Direktor des Kunstseidenwerks Siegfried Rädel in Pirna, einer kleinen Kreisstadt südöstlich von Dresden, kann diese obstruse Idee der Planbürokratie erklären: »Wir haben 132 Arbeitskollektive in unserem Werk. Wenn ein einzelnes Kollektiv (im Klartext: Abteilung oder Gruppe) die Vorgabe hat, zum Beispiel 100 Tonnen Fasern zu produzieren, dann wird im Rahmen des sozialistischen Wettbewerbs das Ziel 110 Tonnen ausgelobt. Hat das Kollektiv dieses Ziel erreicht, dann gab es eine Prämie oder eine Urkunde.« Mit diesen Urkunden wurden dann so wohlklingende Titel wie »Brigade der sozialistischen Arbeit« verliehen.

Um allein diesen sozialistischen Wettbewerb im Kunstseidenwerk in Pirna zu organisieren und zu überwachen, mußte der Betrieb mindestens fünfzig Leute abstellen.

Das Überbieten von Plänen, mit dem das echte sozialistische Klassenbewußtsein bewiesen werden sollte, war reine Routine in der alten DDR, es geschah sozusagen planmäßig. Leicht fiel es meistens deshalb, weil jeder Betrieb, jedes Kombinat, zu dem die Betriebe gehörten, jede LPG, jedes Branchenministerium und der Ministerrat wohl selbst Luft in die Pläne einarbeitete. Denn eines durfte nicht passieren: das Planziel verfehlen.

Also wurde nach Kräften geschummelt. Jeder Betrieb, jeder Verantwortliche auf den übergeordneten Stufen der Hierarchie versuchte, seine wahren Produktionsmög-

Unsinnige Lagerhaltung: Das Gelände des Werkes Leuna ist mit verrotteten Ersatzteilen übersät.

lichkeiten zu verschleiern und als möglichst gering auszuweisen. Denn jedermann hatte vor allem das Planziel, den Plan auf jeden Fall erfüllen zu können. Versagern drohte ein Knick in der Karriere oder gar Schlimmeres.

Auf der anderen Seite versuchte jeder Betrieb, jedes Kombinat und jede LPG so viel Maschinen, Rohstoffe, Energie und Mitarbeiter zu bekommen, wie nur irgendwie möglich war. Denn stand der Plan erst einmal fest, so bewegte sich kaum noch etwas. Etwa zur Jahresmitte eine neue Drehbank anzufordern, weil die vorhandenen zur Bewältigung der verordneten Produktion nicht ausreichten, war schier unmöglich.

Folglich wurde alles gehortet, was eben nur zu horten war. Der Planerfüllung schadete es nicht, wenn auf dem Fabrikhof überflüssige Bleche verrosteten. Es schadete nur, wenn nicht genug Blech vorhanden war, um den Plan zu erfüllen. Diese wirtschaftlich unsinnige Lagerhaltung hatte in der Logik der Planwirtschaft noch einen anderen Nebeneffekt. Weil die Betriebe fehlendes Material nicht einfach im Großhandel bestellen oder gar im Laden um die Ecke kaufen konnten, weil es dort für Geld nichts zu kaufen gab, mußten sie Tauschware anbieten können. Nach dem Motto: Geben Sie mir Blech, gebe ich Ihnen Braunkohle, funktionierte der Tauschhandel. Improvisation war eine der höchstentwickelten Gaben im alten Wirtschaftssystem der DDR.

Doch die Nachteile dieses archaischen Tauschhandels wogen schwer: Wenn jedermann mehr hortet, als er braucht, entsteht ein künstlicher Mangel, der sich selbst fortsetzt. Irgendwann kommt dann die Armut aus dem Mangel heraus.

Wie hilft ein dirigistisches System dieser allgemeinen Knappheit ab? Mit Zwang natürlich. Weil vor allem Konsumgüter des täglichen Bedarfs (DDR-Jargon: die tausend kleinen Dinge) an allen Ecken und Enden fehlten, machte die Planbürokratie Produktionsauflagen. Betriebe, die in ihren Hochöfen Stahl erschmolzen, mußten plötzlich Campingstühle herstellen, obwohl ihnen dafür jegliche Ausrüstung und das einschlägige Wissen fehlte.

Dieser ökonomische Irrsinn machte auch vor der Landwirtschaft nicht halt.

Christa Söffing, resolute Leiterin einer LPG in Blesendorf nordwestlich von Berlin, erinnert sich an die Anweisung, Tabak auf den Feldern ihrer Genossenschaft anzubauen. Weder hatte Sie noch sonst jemand auf der LPG irgendwelche Erfahrungen im Tabakanbau, noch paßte er überhaupt in das Programm der Genossenschaft, die Milch, Bullen und Schweine produziert. Christa Söffing schaffte, was nur wenigen Betriebsleitern unter dem alten DDR-Regime gelang: Sie setzte sich gegen die Bürokraten durch und lehnte deren Anordnung ab.

Der couragierten Bäuerin gelang noch ein anderes seltenes Kunststück. In ihrer unermeßlichen Praxisferne hatten sich die Plänekonstrukteure entschieden, den Kuhbestand der LPG in Blesendorf von 250 auf 310 zu erhöhen. Für die 60 zusätzlichen Kühe hätte die LPG neue Stallungen bauen müssen, angesichts fehlender Baumaterialien und Maurer ein fast hoffnungsloses Unterfangen. Den »Kuhschwanzideologen« (Söffing) am fernen Schreibtisch konnte Frau Söffing diese Planvorgabe nur ausreden, als sie ihnen versprach, auch mit den vorhandenen 250 Kühen eben jene Menge Milch zu produzieren, die sie eigentlich mit 310 Kühen abliefern sollte.

In der DDR-Presse wurde einmal gerügt, daß ein Betrieb eine Vertragsstrafe zahlen sollte, weil er seinen Schrottplan nicht eingehalten hatte. Die Ursache dafür war, daß Bleche sparsamer verwendet und zugeschnitten wurden, so daß weniger Abfall entstand. Das Material wurde also sinnvoller eingesetzt, die Vertragsstrafe war demnach kontraproduktiv, absolut unsinnig. Aus der Praxis berichteten DDR-Bürger noch viel haarsträubendere Dinge. So sind im LEW Henningsdorf zwei neue U-Bahn-Wagen wegen geringfügiger Lackfehler wieder auseinandergeschweißt worden, damit der Schrottplan stimmt. (LEW steht für »Lokomotivbau-Elektrotechnische Werke«.) Bei Jenapharm wurden zum gleichen Zweck ursprünglich neue, nie verwendete Rohre, die seit Jahren auf dem Hof rosteten, zum Schrott geworfen.

Oft standen in Betrieben Maschinen, ja ganze Anlagen still, weil ein einziges Ersatzteil fehlt, das entweder nicht zu beschaffen war oder Devisen kostete, die der

Betrieb nicht hatte. Aus diesem Grunde fiel beispielsweise im Möbelkombinat Eisenberg eine Poliermaschine monatelang aus; die gesamte Produktion kam ins Stokken. In einer Druckerei, die je Schicht eine Million Bogen drucken sollte, stand lange Zeit eine von vier Druckmaschinen still. Man half sich damit, daß die übrigen drei Maschinen statt 250 000 nun 300 000 Bogen je Schicht druckten. Der gesamte Plan wurde zwar nicht erfüllt, aber der Betrieb meldete stolz eine zwanzigprozentige Planüberfüllung je Maschine.

Die Planerfüllung kann auch noch andere Wirkungen haben: In manchen Betrieben kommt es vor, daß die Belegschaft zum Jahresende nichts zu tun hat, weil die Zulieferer ihren Plan vorzeitig erfüllt haben und nun nicht mehr liefern, sondern sich auf ihren Lorbeeren ausruhen und für die Lieferungen des nächsten Jahres vorsorgen.

In Ostberlin mußte die staatliche HO-Gaststätte »Berliner Wappen« mittags schließen, weil sie einfach zu gut war. Den Gästen mundete das Essen so vorzüglich, und sie hatten so viel Gefallen an der ungewöhnlich höflichen und attraktiven Bedienung gefunden, daß die Gaststätte mehr Mahlzeiten verkaufte, als der Plan vorgesehen hatte. Folglich verbrauchten sie auch mehr als die vorgesehenen Mengen an Lebensmitteln. Das durfte nicht sein. Also konnten die Gäste nur noch abends essen.

Der Bürokratismus, schrieb Rudolf Bahro, »hat längst aufgehört, eine bloß übergestreifte, fremde Form zu sein. Er ist zur gewissermaßen natürlichen politischen Existenzform einer großen Gruppe von Menschen mit ausgeprägten Sonderinteressen geworden, die sich um den Stamm, die Äste und die Zweige des Machtapparats kristallisiert hat.«

Um ihr krasses Versagen möglichst lange zu kaschieren, die eigenen Positionen und Privilegien zu sichern, hat diese große und mächtige Gruppe alles getan, um zumindest den Anschein einer halbwegs funktionierenden Wirtschaft in der Öffentlichkeit zu wahren. Mit geschönten Statistiken hat sie alle Jahre neue Produktionsrekorde verkündet und der Bevölkerung einzureden versucht, daß die Lage immer besser werde. Dabei war die

Typisches Schaufenster eines kleinen HO-Geschäfts, hier eines Fleischerladens in Quedlinburg (unten): Blumen und immergrüne Pflanzen sollten vom spärlichen Warenangebot ablenken.

In der Messestadt Leipzig war die Pelzindustrie der DDR konzentriert. Neben den Volkseigenen Betrieben gab es zahlreiche private Kürschner (ganz unten).

Schlange, die Warteschlange, schon längst zum Wappentier des »real vegetierenden Sozialismus« (Helmut Schmidt) avanciert.

Über den allerorten greifbaren Mangel an so simplen Waren wie Südfrüchten, Salaten, modischen Textilien oder Gefriertruhen wollte die SED ihre Untertanen hinwegtrösten, indem sie die existenznotwendigen Güter extrem billig anbot. Ein Brötchen für fünf Pfennige gab es in der Bundesrepublik in den fünfziger Jahren, in der DDR noch im Juni 1990. Eine Dreizimmerwohnung kostete in der Ostberliner Innenstadt 85 Mark, Warmwasser inklusive, eine Fahrt mit der Straßenbahn den symbolischen Preis von 20 Pfennigen, eine Kilowattstunde Strom acht Pfennige, ein Drittel des bundesdeutschen Tarifs. In den Gaststätten gab es ein Bier für 58 Pfennige, ein komplettes Essen schon ab sechs Mark. Allein die Subventionen für Lebensmittel und Gaststätten ließ sich die alte Regierung fast fünfzig Milliarden Mark kosten.

Das Ziel dieser »Einheit von Wirtschafts- und Sozialpolitik« war durchaus nobel. Niemand sollte Not leiden, jeder sollte ein Dach über dem Kopf haben, sich kleiden können und satt werden, deshalb die extrem niedrigen Preise für alle existenznotwendigen Waren und Dienstleistungen.

Doch gerade diese gut gemeinte, aber völlig falsch konstruierte Wirtschafts- und Sozialpolitik war eine der entscheidenden Ursachen für das Scheitern des Systems in der alten DDR. Es führte zwangsläufig zu grotesken Verzerrungen. Die LPGs in der DDR produzierten den Weizen fast doppelt so teuer wie die Landwirte in der Bundesrepublik, aber Brot kostete in der DDR nicht mal ein Viertel soviel wie im deutschen Westen. Für einen Liter Milch bekamen die DDR-Bauern 1,70 Mark, im Laden gab es sie für die Hälfte. Wer eigene Gänse hatte, war gut beraten, sie bei der staatlichen Ankaufstelle für 50 Mark zu verkaufen und seine Weihnachtsgans im Laden für die Hälfte zu erstehen.

So grotesk verzerrte und niedrige Preise förderten die Verschwendung. Brot wanderte tonnenweise in Futtertröge und Mülleimer, die Zimmertemperatur wurde durch das Öffnen und Schließen der Fenster reguliert, weil die Heizungskosten in

»Do it yourself« in der DDR: Jahrelang mußte man auf seinen »Trabbi« warten. Kein Wunder, daß er dann besonders liebevoll gepflegt wurde, daß man sich frühzeitig um Ersatzteile bemühte und Reparaturen auch eigenhändig ausführte.

Lesegesellschaft DDR: Schlange vor einem Buchladen am Alexanderplatz in Ost-Berlin (unten). Begehrte Bücher, oft nur in kleiner Auflage gedruckt, waren meist rasch vergriffen.

der lächerlich niedrigen Miete enthalten waren.

Aber alles, was die politische Klasse nicht zum lebensnotwendigen Bedarf zählte, machte sie horrend teuer. Ein Farbfernseher kostete bis zu 6000 Mark, ein simples Radio 1300 Mark, halbwegs tragbare Damenkleider 400 bis 600 Mark, das Einfachauto Trabant etwa 11 000 Mark, der bessere, aber keineswegs gute Wartburg rund 30 000 Mark. Bei durchschnittlichen Einkommen von etwa 1100 Mark im Monat waren viele dieser Produkte für DDR-Bürger geradezu unerschwinglich. Auf den Wartburg oder Trabant mußten sie 14 bis 15 Jahre warten, auf ein Telefon noch länger.

Um die weithin katastrophale Versorgungslage nicht noch weiter zu verschlechtern, griffen die Planbürokraten zu einem Notinstrument, das die Not letztlich noch schlimmer machte. Getreu der ökonomischen Erkenntnis, an der auch im Sozialismus kein Weg vorbeiführt, daß man jede Mark nur einmal ausgeben kann, schränkten sie drastisch die Ausgaben für Investitionen jeglicher Art ein. An den Folgen dieser kurzsichtigen Politik wird die Bevölkerung noch viele Jahre tragen: Die Straßen sind in einem katastrophalen Zustand, das ohnehin überaus dünne Telefonnetz, nur jeder siebzehnte Privathaushalt hat ein Telefon, ist auf dem qualitativen Stand der dreißiger Jahre, einige Kraftwerke sind schon vor dem Ersten Weltkrieg in Betrieb gegangen, keines der »modernen« Kraftwerke verfügt über Entstaubungs- und Entschwefelungsanlagen, die dem Stand der Technik auch nur nahekommen.

In Leipzig fühlt man bei ungünstiger Wetterlage, wie der Dreck der Kraftwerke und Chemiefabriken zwischen den Zähnen knirscht. In den Betrieben produzieren Tausende von Maschinen aus der Vorkriegszeit. 30 000 Wohnungen in dieser zweitgrößten Stadt der DDR sind so verfallen, daß dort niemand mehr leben kann trotz eklatanter Wohnungsnot. Die historischen Altstädte von Dresden, Meißen, Pirna und vielen anderen Städten hat das SED-Regime dem Verfall preisgegeben und statt dessen Betongettos auf die grüne Wiese klotzen lassen.

Massiv gefördert hat sie technologische Spitzenprodukte wie den Ein-Megabit-Chip, dessen Prototypen dann Erich Honecker voller Stolz Michail Gorbatschow überreichte. Nur: Dieser Prototyp war mit ungeheurem Aufwand an Geld und Forschungskapazitäten erst zu einem Zeitpunkt fertig, als er in Japan, den USA, Süd-Korea und der Bundesrepublik schon längst in Serie produziert wurde. Dies hat die DDR nicht mehr geschafft.

Lange Zeit hatte sich die DDR damit getröstet, daß ihre Wirtschaft besser funktioniert als jede andere im Ostblock. Das war ohne Zweifel richtig. Doch wie groß ihr Rückstand gegenüber dem Westen geworden war, ging den meisten Bürgern erst auf, als sie nach dem 9. November 1989, mit dem Fall der Mauer, nach gut 28 Jahren der erzwungenen Abschottung wieder in den Westen reisen konnten.

Nicht früher als etwa im Jahr 2000 werden wir wissen, ob die Bürger der ehemaligen DDR als Bürger der neuen Bundesländer im vereinten Deutschland nach dem politischen auch den ökonomischen Anschluß an den Westen geschafft haben werden.

PETER PLÖTZ

Einkommen, Verbrauch, Lebenshaltung

In der DDR sind Löhne und Gehälter von der staatlichen Planung abhängig; der Staatseinfluß ist auch bei den Einkommen der Genossenschaftsmitglieder ausgeprägt. Nur die Einkommen der relativ kleinen Gruppe der Selbständigen sowie der freiberuflich Tätigen sind dieser zentralen Planung nahezu entzogen.

Staatliche zentrale Lohnpolitik

Die Lohnpolitik hat die Aufgabe, den »Lohnfonds« (Summe der Arbeitseinkommen ohne Prämien und Sozialeinkommen) so festzulegen, daß er den wachstumspolitischen Zielen der Volkswirtschaft entspricht.

Entwicklung und Gestaltung des Lohn- und Tarifvertragssystems werden vom Ministerrat in Übereinstimmung mit dem FDGB beschlossen. Lohnforderungen können nicht mit Hilfe von Streiks durchgesetzt werden, da der Klassenkonflikt und der Verteilungskampf (Ausbeutung) nach Auffassung der DDR durch die Abschaffung des Privateigentums an den Produktionsmitteln überwunden worden ist. Somit ist es »unsinnig«, gegen etwas zu streiken, das einem selbst gehört.

Die Lohnpolitik soll vor allem das Leistungsprinzip verwirklichen, die Planerfüllung bei gleichzeitiger Steigerung der Arbeitsproduktivität gewährleisten, die Entwicklung der Arbeits- und Lebensbedingungen der Beschäftigten sichern und die Qualifizierung der Arbeitnehmer fördern. Diese Ziele hofft man über die »materielle Interessiertheit« der Beschäftigten zu erreichen. Die tatsächliche Lohnpolitik konnte bisher diesen Anforderungen allerdings nicht oder nur z.T. entsprechen. So wird weniger qualifizierte Arbeit in der DDR häufig höher entlohnt als qualifizierte. Auch finden sich leistungsunabhängige Unterschiede in der Lohnhöhe. Allerdings dürfte der Grundsatz »gleicher Lohn bei gleicher Arbeit« für Männer und Frauen verwirklicht sein.

Der Bruttolohn setzt sich aus dem eigentlichen Tarif- bzw. Grundlohn und einem leistungsgebundenen Lohnteil (Mehrleistungslohn) zusammen, der von der Erfüllung gewisser Kennziffern abhängt. Zusätzlich zu den Tarif- und Mehrleistungslöhnen existiert in der DDR ein Prämiensystem. Prämien werden aber nicht aus dem Lohnfonds, sondern aus dem Prämienfonds bezahlt. Ursprünglich wurden »außergewöhnliche« Leistungen prämiiert; seit 1965/66 wird immer dann, wenn wesentliche betriebliche Kennziffern erfüllt sind, eine Jahresendprämie gewährt. Anspruch auf diese Prämie hat grundsätzlich jeder Arbeitnehmer mit einjähriger Betriebszugehörigkeit. Die Jahresendprämie beträgt mindestens ein Drittel und höchstens das Zweifache eines durchschnittlichen Monatsverdienstes. Der Durchschnittsbetrag der Jahresendprämie lag zu Beginn der achtziger Jahre bei 800 Mark.

Niedriglohnpolitik

Die materielle Lage der Arbeitnehmer wird vor allem durch die Höhe der Löhne und Gehälter bestimmt. Ein Vergleich der Entwicklung der Arbeitnehmereinkommen in der DDR und der Bundesrepublik Deutschland, der einen ersten – groben – Hinweis über den Lebensstandard der Arbeitnehmer in beiden deutschen Staaten liefern kann, ist mit erheblichen Problemen verbunden. Die Schwierigkeiten statistischer Vergleichbarkeit liegen in der unterschiedlichen Abgrenzung des zu erfassenden Personenkreises und der ausgewiesenen Wirtschaftsbereiche. In der amtlichen Statistik der DDR finden sich keine Angaben über die Höhe der Durchschnittseinkommen bestimmter Berufe.

Entwicklung der Arbeitnehmereinkommen 1955 bis 1982

Jahr	DDR Durchschnittl. monatl. Arbeitseinkommen d. vollbeschäftigten Arbeiter und Angestellten in Volkseigenen Betrieben[a]		BUNDESREPUBLIK DEUTSCHLAND Lohn- und Gehaltssumme je durchschnittlich beschäftigten Arbeitnehmer und Monat					
	Brutto		Brutto		Netto[b]			
			Nominal		Nominal		Real (in Preisen von 1976[c])	
	Mark	jährl. ø Zuwachs in %	DM	jährl. ø Zuwachs in %	DM	jährl. ø Zuwachs in %	DM	jährl. ø Zuwachs in %
1955	439	–	377	–	315	–	620	–
1960	558	4,9	513	6,4	432	6,5	776	4,6
1965	640	2,9	778	8,7	645	8,3	1010	5,4
1970	762	3,6	1153	8,2	894	6,7	1250	4,4
1975	897	3,3	1839	9,8	1344	8,5	1403	2,3
1980	1030	2,8	2494	6,3	1758	5,5	1516	1,6
1982	1075	2,2	2724	3,8	1889	3,7	1462	–1,8

[a] Das durchschnittliche monatliche Arbeitseinkommen in der DDR umfaßt folgende Bestandteile: Alle aus dem Lohnfonds gezahlten Beträge; Prämien aus dem Betriebsprämienfonds sowie für Materialeinsparungen aufgrund persönlicher Konten; Ehegattenzuschläge und staatliches Kindergeld (lt. Verordnung vom 4. 12. 1975); soziale Zuwendungen wie Weihnachtszuwendungen und aus betrieblichen Mitteln gezahlte Unterstützungen.
[b] Bruttoeinkommen abzüglich Lohnsteuer und Sozialbeiträgen der Arbeitnehmer.
[c] Deflationiert mit dem Preisindex für die Lebenshaltung von 4-Personen-Arbeitnehmerhaushalten mit mittlerem Einkommen.

Quellen: Statistisches Jahrbuch der DDR 1983; Bundesminister für Arbeit und Sozialordnung (Hg.): Materialband zum Sozialbudget 1983; eigene Berechnungen.

Da in der DDR allein Brutto-, nicht aber Nettoeinkommen ausgewiesen werden, können Lohnsteuerabzüge sowie Arbeitnehmerbeiträge zur Sozialversicherung (die ja vom Bruttoeinkommen abgezogen werden müssen) nur geschätzt werden. Um ein einigermaßen verläßliches Bild über die Entwicklung der Arbeitnehmereinkommen in beiden deutschen Staaten zu erhalten, sind die zugänglichen Statistiken allerdings ausreichend. So stieg das durchschnittliche Monatseinkommen der vollbeschäftigten Arbeiter und Angestellten in Volkseigenen Betrieben (es umfaßt auch Prämien, Vergütungen für Kosteneinsparungen und Einkommensbestandteile, die nicht unmittelbar auf einer Arbeitsleistung beruhen wie Kindergeld, Weihnachtszuwendungen, Ehegattenzuschläge) von 558,— Mark im Jahr 1960 auf 1075,— Mark im Jahr 1982. Im gleichen Zeitraum erhöhte sich in der Bundesrepublik Deutschland die Lohn- und Gehaltssumme je durchschnittlich beschäftigtem Arbeitnehmer und Monat von 512,— auf 2719,— DM. Die DDR betrieb – gemessen an der Bundesrepublik Deutschland – also eine Niedriglohnpolitik.

Um dieses Bild freundlicher zu gestalten, verweist die DDR gern auf die deutlich höheren Realeinkommen. Dies sind nun keineswegs preisbereinigte Nominaleinkommen. Zur »Bilanz des Realeinkommens der Bevölkerung« gehören neben den Nettoeinkommen, den saldierten Kreditaufnahmen, den Transferzahlungen und sonstigen Geldeinnahmen auch unentgeltliche Einnahmen aus »gesellschaftlichen Konsumfonds« (Leistungen des Gesundheits- und Sozialwesens, der Volksbildung und Kultur, Ausgaben für den Wohnungsbau und die Wohnungserhaltung sowie betriebliche Sozialaufwendungen).

Die Zuwendungen aus den »gesellschaftlichen Konsumfonds« werden von der Propaganda gern als »zweite Lohntüte« ausgewiesen, vermutlich, um die Niedriglohnpolitik zu überdecken. Eine Familie mit vier Personen erhielt 1982 monatlich durchschnittlich 789,— Mark in Form von Leistungen und Zuwendungen aus den staatlichen Fonds. Allerdings ist zu beachten, daß in dieser Summe die Ausgaben für das gesamte Bildungs- und Gesundheitswesen enthalten sind sowie die Zuschüsse zur Sozialversicherung und zu einer Reihe anderer Zwecke, die zu den normalen Aufgaben eines jeden Staates gehören.

Abzüge durch Steuern und Sozialversicherungsbeiträge

Die durchschnittliche Belastung der Bruttoeinkommen mit direkten Steuern sowie Sozialversicherungsbeiträgen ist in der DDR geringer als in der Bundesrepublik Deutschland, obwohl die Lohnsteuer in der DDR bereits bei sehr geringem Arbeitseinkommen (190,— Mark bei Ledigen) beginnt. Hier beträgt der durchschnittliche Steuersatz 10 Prozent, der dann sehr schnell steigt und bei 1260,— Mark (Ledige) mit 20 Prozent das Maximum erreicht. Ein sozialistischer Staat bevorzugt somit die Bezieher höherer Einkommen.

Einige Bestandteile des Einkommens (Mehrarbeitszuschläge, Prämien, Feiertags- und Sonntagsentgelte usw.) sind völlig steuerfrei oder werden mit geringen Sätzen belegt. Die Besteuerung freiberuflich Tätiger (Ärzte, Schriftsteller, Architekten usw.), der Selbständigen (Kommissionshändler, private Handwerker, private Gewerbetreibende usw.), der Mitglieder der Landwirtschaftlichen und Handwerklichen Produktionsgenossenschaften ist sehr unterschiedlich geregelt. Beispielsweise sind die Einkommen der Mitglieder Landwirtschaftlicher Produktionsgenossenschaften steuerfrei, selbständige Spitzenverdiener werden bei einem Jahreseinkommen von über 100 000,— Mark mit einem Grenzsteuersatz von 60 Prozent belegt.

Die Beiträge zur Sozialversicherung sind in der DDR deutlich geringer als in der Bundesrepublik Deutschland. Arbeitnehmer zahlen bis zu einer Beitragsgrenze von 600,— Mark 10 Prozent, Arbeitgeber 12,5 Prozent. Bei höheren Einkommen können Beiträge zur freiwilligen Zusatzrentenversicherung gezahlt werden, und zwar mit den gleichen Beitragssätzen.

Die Gesamtbelastung der Bruttolöhne und -gehälter mit Lohnsteuer und Sozialversicherungsbeiträgen ist seit 1960 relativ konstant und liegt zwischen 13 und 14 Prozent, in der Bundesrepublik Deutschland hat sie sich von 15,8 Prozent (1960) auf 31,9 Prozent (1980) erhöht.

Um Verbrauch und Lebensstandard beurteilen zu können, ist weniger das individuelle als vielmehr das Haushaltseinkommen entscheidend. Da in der DDR im Gegensatz zur Bundesrepublik Deutschland deutlich mehr verheiratete Frauen berufstätig sind, ist die durchschnittliche Anzahl der verdienenden Mitglieder der Privathaushalte in der DDR entsprechend höher. Damit ist die Differenz der Haushaltseinkommen zwischen der DDR und der Bundesrepublik Deutschland geringer als bei den Arbeitnehmereinkommen.

Preise: die DDR eine Insel der Stabilität?

Verbraucherpreise werden in der DDR administrativ festgesetzt. Während die westlichen Länder unter Inflation leiden, scheint dieses Phänomen in der DDR unbekannt. Nimmt man den »Index der Einzelhandelspreise, Leistungspreise und Tarife«, der seit 1960 nahezu konstant bzw. leicht rückläufig ist, als Maßstab für die Stabilität der DDR-Währung, so ist die DDR-Wirtschaft durch eine lange Phase inflationsfreier Entwicklung gekennzeichnet. Eine sog. »offene Inflation« wird nicht ausgewiesen.

Tatsächlich gehen Preise für neue Produkte sowie Preiserhöhungen von Gütern, die nicht in den veröffentlichten Preislisten enthalten sind, nicht in diesen Preisindex ein. Betriebe in der DDR nutzen aber die Möglichkeit, schon bei geringfügigen Qualitätsverbesserungen, auch bei nur kleinen Veränderungen an alten Produkten, diese als neue Produkte mit höheren Preisen anzubieten. Es liegen zahlreiche Informationen über teils erhebliche Preiserhöhungen für einzelne Güter in der DDR vor. Hausratsartikel wie Möbel, Bettwäsche, Kristall, Porzellan usw. sind, soweit überhaupt erhältlich, zu Beginn der achtziger Jahre doppelt so teuer wie noch zehn Jahre zuvor. Somit kommt es in der DDR zu der sog. »versteckten Inflation«. Eine auch nur halbwegs genaue Quantifizierung ist jedoch nicht möglich. Da die Nachfrage vor allem nach langlebigen technischen Konsumgütern (PKWs, Stereoanlagen, Farbfernseher usw.) bei weitem nicht befriedigt werden kann, ist auch der Typ der sog. »zurückgestauten Inflation« vorhanden.

Auf der 11. Tagung des ZK der SED im Dezember 1979 wurde ein neuer preispolitischer Grundsatz festgelegt. Danach bleiben Waren des Grundbedarfs – und dazu zählen nach offiziellen Angaben mehr als 80 Prozent der im Handel angebotenen Waren sowie ein breites Sortiment industrieller Konsumgüter mit Standardqualität – im Preis konstant; für Waren mit höherem Gebrauchswert können Preiserhöhungen vorgenommen werden. Parteichef Erich Honecker berichtete auf dieser Tagung: »Unsere Preispolitik wird die Stützungen für die Waren des Grundbedarfs, für Dienstleistungen und Mieten weiter ansteigen lassen. Bei den neuen hochwertigen Industriewaren muß der Preis in der Regel die Kosten decken und einen normalen Ertrag einschließen, der für die volkswirtschaftlichen Rechnungen notwendig ist.«

Welche immensen Anstrengungen zur Stabilisierung der Verbraucherpreise gemacht werden, zeigen die »Zuwendungen für die Beibehaltung der stabilen Verbraucherpreise und Tarife für Nahrungsgüter, Industriewaren des Bevölkerungsbedarfs, Personenbeförderungsleistungen, Reparaturen und Dienstleistungen«. Betrugen sie 1971 noch 8,5 Milliarden Mark, so waren es 1980 schon 16,9 Milliarden und 1983 21,9 Milliarden Mark. Allein die »Zuwendungen für die Wohnungswirtschaft« (einschließlich der Zuwendungen zur Beibehaltung der niedrigen Mietpreise) erhöh-

Die großen Kaufhäuser in der DDR heißen entweder »CENTRUM«, dann unterstehen sie der staatlichen Handelsorganisation (HO), oder »konsument«, dann werden sie von der Konsumgenossenschaft betrieben. Bekannt ist das CENTRUM am Alexanderplatz in Ost-Berlin. Sein Warenangebot mag auf Touristen aus dem Westen keinen besonderen Eindruck machen, für DDR-Bürger, vor allem aber für Touristen aus anderen Ostblockländern, ist es attraktiv. Es gab Zeiten, da wurde das CENTRUM am Alex von Polen geradezu leergekauft. Die DDR-Regierung sah sich auch aus diesem Grund gezwungen, den Touristenstrom aus Polen einzuschränken.

ten sich im gleichen Zeitraum von 2,1 Milliarden auf 9,3 Milliarden Mark.

Die meisten Grundnahrungsmittel sind wegen hoher Subventionen in der DDR billiger als in der Bundesrepublik Deutschland. Güter des gehobenen Bedarfs (Kaffee, Zitronen, sonstige Südfrüchte, Schokolade, Weinbrand, Zigaretten) sind z. T. deutlich teurer. Mieten sind hoch subventioniert und entsprechend günstig.

Im Bereich der Dienstleistungen liegen die DDR-Preise gelegentlich drastisch unter denen der Bundesrepublik Deutschland, im Bereich industrieller Konsumgüter sind die Preisrelationen für die DDR sehr ungünstig.

Die Kaufkraft der Mark in der DDR ist im Vergleich zur Kaufkraft der DM in der Bundesrepublik Deutschland relativ hoch, wenn lebensnotwendige Güter nachgefragt werden. Sie sinkt um so stärker, je hochwertigere Güter gekauft werden.

Natürlich sind aus der Preisgegenüberstellung Qualitätsunterschiede nicht ersichtlich. Die Lebens- und Nutzungsdauer sehr vieler DDR-Produkte ist wesentlich geringer als die in der Bundesrepublik. Außerdem kommt nicht zur Geltung, daß nicht alle Waren überall und zu jeder Zeit gekauft werden können.

Das mehrklassige Einkaufssystem

Das Einzelhandelsnetz hat sich seit Gründung der DDR stark gewandelt. Im Jahr 1982 gab es in der DDR rund 1100 Kaufhallen, fast 140 Kauf- und Warenhäuser sowie über 82 500 kleinere Einzelhandelsverkaufsstellen sowie mehr als 260 ländliche Einkaufszentren. Die DDR-Bevölkerung kauft mehr als drei Viertel der benötigten Konsumgüter in kleineren und mittleren Geschäften. Aber auch in der DDR verschwinden nach und nach »Tante-Emma-Läden«. Sie machen großen Verkaufszentren Platz, wie etwa den größten Einheiten mit einer Mindestverkaufsfläche von 2500 qm, den Warenhäusern. Sie heißen »CENTRUM« (unterstehen der HO) und »konsument« (unterstehen der Konsumgenossenschaft). Kaufhäuser haben eine Mindestverkaufsfläche von 1000 qm, ihr Angebot ist spezialisiert (z. B. nur Kinderkleidung). Kaufhallen haben eine Mindestverkaufsfläche von 180 qm; ihr Warensortiment besteht aus Nahrungs- und Genußmitteln sowie industriellen Konsumgütern, die täglich gebraucht werden. Die Kaufhallen sind Selbstbedienungsläden. Sie finden sich in sämtlichen Neubaugebieten.

Exquisitläden werden seit 1962 eingerichtet, in denen vor allem Bekleidungs-, Leder- und Rauchwarenprodukte hoher Qualität aus der eigenen Fertigung, aus dem RGW, aber auch aus westlichen Län-

Einkommen, Verbrauch, Lebenshaltung in der DDR

dern angeboten werden. Seit 1976 gibt es Delikatläden. Angeboten werden westliche Nahrungs- und Genußmittel sowie Qualitätsware aus der DDR und aus den übrigen RGW-Ländern. Die Käufer zahlen mit DDR-Mark, die Preise sind aber z. T. horrend. Sie dienen dazu, den Geldüberhang in der DDR abzubauen und Kaufkraft abzuschöpfen. Diese Läden sind vor allem für diejenigen DDR-Bürger eingerichtet worden, die nicht in den Besitz westlicher Währungen gelangen können. Honecker kündigte am 26. September 1977 in seiner Dresdener Rede (»Intershoprede«) zur Eröffnung des Parteilehrjahres einen Ausbau des Exquisit- und Delikatnetzes an.

Nur für das Jahr 1978 wurden einmalig Umsatzgrößen genannt. Danach erreichten Exquisitläden einen Umsatz von 760 Millionen Mark, die Delikatgeschäfte von 725 Millionen Mark. Damit entsprach der Umsatzanteil beider Sonderläden am Gesamtwarenumsatz 1,6 Prozent. Zwischenzeitlich dürfte sich die Quote deutlich erhöht haben.

Die Handelsorganisation Intershop wurde 1962 gegründet. Sie verkauft ausländische, meist westliche Produkte gegen frei konvertierbare Devisen an Reisende aus dem Westen. Seit dem 1. Februar 1974 dürfen auch Bürger der DDR westliche Zahlungsmittel besitzen, um in Intershops einzukaufen. In Interhotels, auf Bahnhöfen, in sämtlichen größeren, z. T. aber auch in kleineren Städten gibt es etwa 250 dieser Sonderläden. Geöffnet ist nicht nur an Werktagen, sondern auch am Wochenende. Verkauft werden Nahrungs- und Genußmittel, aber auch langlebige Gebrauchsgüter wie Farbfernseher, Stereoanlagen usw. aus meist westlicher Produktion. Besonders begehrt sind »Original-Jeans« und Taschenrechner. Im Intershop wird auch für westliche Automodelle geworben, die kurzfristig lieferbar sind. Die Produkte sind einem Großteil der DDR-Bevölkerung aus den Werbespots des Westfernsehens und des Westrundfunks bekannt. Die Preise haben etwa das westdeutsche Niveau; Zigaretten, Genußmittel überhaupt, sind allerdings erheblich billiger. Der Umsatz hat seit Mitte der siebziger Jahre stark zugenommen. Laut offizieller Aussage des Politbüro-Mitglieds Joachim Herrmann nahmen die staatlichen Intershops 1978 700 Millionen Mark ein.

Seit dem 16. April 1979 müssen die DDR-Bürger vor dem Einkauf eine Filiale der DDR-Staatsbank aufsuchen, die z. B. DM in Schecks der Forum-Außenhandelsgesellschaft mbH umtauscht. Nur ausländische Staatsbürger sind berechtigt, mit der Vorlage ihres Personaldokuments Waren im Intershop gegen Bargeld frei konvertierbarer Währungen, zu denen keine Ostblockwährung gehört, zu erwerben.

Nur mit Westgeld also, das DDR-Bürger jährlich in Höhe von mehreren 100 Millionen DM von Freunden, Bekannten und Verwandten aus der Bundesrepublik Deutschland erhalten, kann man in Intershops einkaufen. Für viele, die über keine »Westkontakte« verfügen oder sonst keine Möglichkeit haben, an die begehrte »heimliche Währung« der DDR zu gelangen, ist es sehr schwer, das Mehr-Klassen-Einkaufssystem zu akzeptieren. Die bevorzugte Stellung des Devisenbesitzes schafft sozialen Zündstoff. Da mag es auch nur ein schwacher Trost sein, daß Honecker in seiner »Intershoprede« verkündete, jene Sonderläden sollen kein ständiger Begleiter des Sozialismus sein.

In der DDR ist es nicht erlaubt, ein Produkt gleichzeitig in den Intershops und in

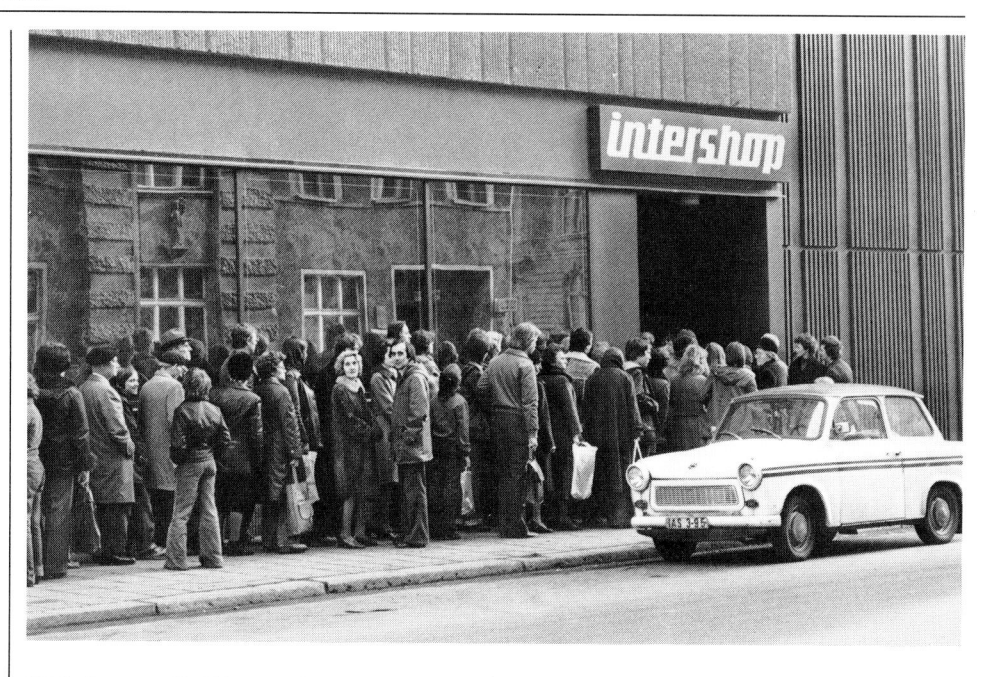

DDR-Bürger, die Westgeld besitzen, können in den Intershops westliche Produkte kaufen.

Pro-Kopf-Verbrauch ausgewählter Nahrungs- und Genußmittel 1982

Warenart	Einheit	DDR	Bundesrepublik Deutschland
Brotgetreidemehl	kg	91,2	64,6[a]
Zucker und Zuckererzeugnisse[b]	kg	41,9	33,0
Nahrungsfette	kg	25,7	26,3
davon: Butter	kg	10,6	6,0
Margarine	kg	8,5	8,4
Tierische u. pflanzl. Öle und Fette	kg	6,6	13,9
Eier und Eiererzeugnisse	Stück	301	283
Trinkmilch[c]	l	100,9	85,9
Schweinefleisch	kg	55,8	49,7
Geflügel	kg	10,3	9,9
übriges Fleisch	kg	24,9	28,8
Speisekartoffeln[d]	kg	144,9	74,1[a]
Frischgemüse	kg	63,4	68,8[a]
Frischobst und Südfrüchte	kg	43,4	91,9[a]
Bohnenkaffee, geröstet	kg	3,2	5,9[a]
Zigaretten	Stück	1788	1816
Wein und Sekt[e]	l	9,7	24,8
Bier	l	147,0	148,1
Spirituosen, 100 % Alkohol	l	4,8	2,5

[a] 1981/82;
[b] Umgerechnet auf Weißzucker;
[c] Fettgehalt: DDR 2,5%, Bundesrepublik Deutschland 3,5 %;
[d] Ohne weiterverarbeitete Kartoffeln für Stärkeerzeugnisse;
[e] DDR: zur industriellen Herstellung.

Quellen: Statistisches Jahrbuch der DDR 1983; Statistisches Jahrbuch 1984 für die Bundesrepublik Deutschland; Statistisches Jahrbuch über Ernährung, Landwirtschaft und Forsten der Bundesrepublik Deutschland 1983.

den Delikat- und Exquisitläden zu verkaufen. Man will damit verhindern, daß die Preise jener Ladenarten direkt vergleichbar sind.

Genex – eine Einrichtung des DDR-Außenhandels mit westlichen Geschäftspartnern in Zürich und Kopenhagen – bietet die Möglichkeit, jedem DDR-Bürger aus einem Katalog begehrte Qualitätsprodukte und auch Dienstleistungen zukommen zu lassen gegen konvertierbare Devisen. Dem Beschenkten entstehen keine Ausgaben. So kostet ein Wartburg einschließlich Betankung und einer Pauschale für Steuer und Haftpflicht etwa 8500 DM statt 19 000 Mark in der DDR; die Lieferung erfolgt in wenigen Wochen statt nach langjähriger Wartezeit.

Pro-Kopf-Verbrauch ausgewählter Waren

Es hat in der DDR sehr lange gedauert, bis die Bewohner einigermaßen ausreichend versorgt werden konnten. In den ersten Nachkriegsjahren wurde die Existenzsicherung nur durch Rationierung der Waren erreicht. Der Pro-Kopf-Verbrauch von Nahrungs- und Genußmitteln hat sich zwischen der DDR und der Bundesrepublik Deutschland bis 1983 weitgehend angenähert; allerdings gibt es vor allem bei der Versorgung mit Obst und Südfrüchten weiterhin die größten Unterschiede. Hier ist das Angebot (aufgrund knapper Devisen) immer noch sehr dürftig.

Die Tabelle gibt keine Auskunft über die sehr eingeschränkte Palette des Angebots an Nahrungs- und Genußmitteln in der DDR. Vor allem ist nicht ersichtlich, daß die Versorgung in zeitlicher und räumlicher Hinsicht wegen Organisationsmängel sowie der Unterentwicklung des Handelsapparates ungleichmäßig ist. Die »Haben-wir-nicht«-Liste zwischen Rostock und dem Erzgebirge reicht von Bettwäsche bis zu Handtüchern, von Arbeitskleidung bis zum Oberhemd. Doch auch bei Farbfernsehgeräten, Waschmaschinen, Kleinkrafträdern, Wohnraum- und Polstermöbeln, Haushaltsporzellan, Handwerkszeug, textilen Fußbodenbelägen usw. kann die Nachfrage bei weitem nicht befriedigt werden. Mangelerscheinungen gibt es aber nicht allein beim Warenangebot, sondern auch im Dienstleistungsbereich (Reparaturen, Reinigungen usw.).

Um die gewünschten Konsumgüter zu erhalten, muß man in der DDR schon über sehr gute Beziehungen verfügen, sehr mobil sein und eine gehörige Portion Spürsinn entwickeln. Vor allem braucht man einen langen Atem. Nahezu jeder DDR-Bürger führt viel Bargeld mit sich, damit plötzliche, unvorhergesehene Angebote sofort wahrgenommen werden können. Dabei wird nicht einmal immer gezielt für den eigenen Bedarf gekauft, sondern auch vorsorglich für Bekannte und Verwandte. Bestimmte Mangelprodukte wie Kfz-Ersatzteile, Reifen, Sanitärartikel, die sog. »1000 kleinen Dinge des täglichen Bedarfs« sind auch hervorragende Tauschgüter. Auf der anderen Seite gibt es eine Fülle von Ladenhütern. Über ein Viertel der Lagerfläche des Handels soll Ende der siebziger Jahre von unverkäuflichen Waren blockiert worden sein.

Gegenüber 1960 hat sich der Einzelhandelsumsatz 1980 mehr als verdoppelt. Bis Ende der siebziger Jahre verkleinerte sich der Anteil der Nahrungs- und Genußmittel an den Gesamtausgaben stetig, seitdem steigt er wieder geringfügig, da sich die Preise für Genußmittel erhöht haben und es zu Versorgungsengpässen bei Industriewaren gekommen ist. Die Ausgabenstruktur der privaten Haushalte zeigt z.T. gravierende Unterschiede zwischen der DDR und der Bundesrepublik Deutschland; am auffälligsten bei den Miet- und Nebenkosten, deutlich sichtbar auch noch bei Nahrungs- und Genußmitteln.

Auf der Wunschliste ganz oben: ein eigener PKW

Innerhalb des RGW hat die DDR zu Beginn der achtziger Jahre den höchsten Motorisierungsgrad erreicht. Im Vergleich zur Bundesrepublik bestehen aber weiterhin erhebliche Unterschiede. So steht in der DDR für sechs Einwohner ein PKW zur Verfügung, in der Bundesrepublik Deutschland besitzt fast jeder zweite ein Auto. Werden jedoch die Motorräder mit einbezogen, dann liegt der Motorisierungsgrad in der DDR nur um ca. ein Fünftel unter dem der Bundesrepublik.

Über den Geschenkdienst Genex mit Sitz in Zürich und Kopenhagen können Westdeutsche und die Bürger anderer westlicher Länder ihre Verwandten und Bekannten in der DDR mit allen erdenklichen Konsumgütern ausstatten. Autos, Eigenheime, Motorräder, Boote, sogar Fahrunterricht werden im jährlich erscheinenden Katalog angeboten. Offiziell wird hierüber nicht gern gesprochen – um so mehr allerdings in der Bevölkerung.

Die Ausstattung der Haushalte mit technischen Konsumgütern

je 100 Haushalte	DDR								BRD
	1960	1965	1970	1975	1980	1981	1982	1983	1980
Fernsehempfänger	16,7	48,5	69,1	81,6	89,5	89,2	89,7	93	131,1
Rundfunkempfänger	89,9	86,5	91,9	96,3	99,9	99	99	—	83,5
Kühlschränke	6,1	25,9	56,4	84,7	99	99	99	99	84,0
Waschmaschinen	6,2	27,7	53,0	73,0	81,7	83,4	83,8	84	99,2
Personenkraftwagen	3,2	8,2	15,6	26,2	37,4	39,0	40,0	42	82,2
Krafträder	12,7	16,5	19,4	19,5	18,7	18,4	18,4	—	9,2

Nach: Statistisches Jahrbuch der Deutschen Demokratischen Republik 1981; Statistisches Jahrbuch 1981 für die Bundesrepublik Deutschland

Heimwerker in der DDR: selbst ausgebaute Küche in einer Wohnung am Prenzlauer Berg in Ost-Berlin.

Fast 42 Prozent aller Privathaushalte besitzen ein eigenes Auto (1983), die Fahrleistung liegt knapp 30 Prozent unter der in der Bundesrepublik. Da das Angebot an PKWs knapp, der Wunsch nach einem eigenen Auto im real existierenden Sozialismus stark ausgeprägt ist, ist die Warteschlange auf einen Neuwagen in der DDR nicht kürzer geworden. Mit 11 bis 13 Jahren Wartezeit muß man beim Wartburg, mit gut 8 Jahren beim Trabant rechnen.

Überall in der Republik findet jeden Samstag ein reger Autohandel statt. Unter den Augen und mit Duldung der Behörden – Platzmiete meist 10 Mark – wird mit Gebraucht-, aber auch mit neuen Wagen gehandelt. So bringt ein fabrikneuer Wartburg (offizieller Preis 19 000,– Mark) bis zu 30 000,– Mark, ein vier Jahre alter Golf aus dem Geschäft von 1978 – damals lieferte das VW-Werk 10 000 Wagen dieses Typs – seinen Neupreis.

In den Automarktanzeigen der Provinzblätter finden sich genügend Beispiele, daß Neuwagen gegen Grundstücke, Wochenendlauben etc. abgegeben werden.

Benzin gibt es gegenwärtig genug für die Privatwagen. Der Preis für 1 Liter Normal betrug 1985 1,50 Mark, für Super 1,65 Mark. Hatte die DDR früher die höchsten, so hat sie heute die niedrigsten Preise für Kraftstoffe im RGW.

Die Ausstattung mit langlebigen Konsumgütern hat sich in der DDR kontinuierlich verbessert. Den Bestand in der Bundesrepublik hat sie allerdings noch nicht ganz erreicht; deutlich ist der Unterschied allein noch bei der Motorisierung. Statistische Vergleiche können natürlich keine Auskunft über die Qualität der Produkte sowie deren Verfügbarkeit geben.

Tourismus: Urlaub nach Plan

Knapp die Hälfte der Bevölkerung, nämlich 8,7 Millionen Bürger, unternahmen 1980 eine Urlaubsreise. Wichtigster »Reiseveranstalter« in der DDR ist der FDGB, der Plätze in ca. 1200 Ferienheimen mit insgesamt 133 590 (1983) Betten anbieten kann. Der Urlauber zahlt für einen vierzehntägigen Ferienaufenthalt nur etwa 30 Prozent der tatsächlichen Kosten. Zu den beliebtesten Erholungsgebieten gehört die Ostseeküste. 3,5 Millionen Einwohner verbringen dort ihren Urlaub.

Die Zahl der Reisen ist trotz starker Nachfrage begrenzt. Nicht jeder Bewohner der DDR kann den Ort seines Urlaubs selbst bestimmen. Mitunter wartet ein DDR-Bürger fast fünf Jahre auf einen Urlaubsplatz an der Ostsee. Der FDGB vergibt Urlaub in sehr unterschiedlichen Klassen. So geht es vom Komfort-Aufenthalt im Hotel Neptun in Warnemünde (14 Tage pro Person 310,– Mark) über FDGB-Heime, Betriebsferienheime, Betriebs-Bungalow-Siedlungen bis hinunter zur Kategorie 8: Logieren im schlichten Betriebszelt inklusive Verköstigung in einem Vertragsimbiß (14 Tage Urlaub für die ganze Familie ca. 90,- Mark). Der Anteil der Urlaubsreisen für DDR-Bürger ins – meist östliche – Ausland beträgt unter 10 Prozent sämtlicher Urlaubsreisen.

Ersparnis

Jeder DDR-Bürger kann über sein Nettoeinkommen frei verfügen. Er hat die Möglichkeit, einen bestimmten Anteil zu sparen, den verbleibenden Teil entsprechend seinen Vorstellungen und dem zur Verfügung stehenden Güter- und Warenangebot zu verbrauchen.

Private Ersparnisse werden primär auf Konten bei Geld- und Kreditinstituten angelegt; daneben können im Rahmen des Versicherungssparens (Personen- und Sachversicherung) freie Geldmittel angelegt werden. Da die Möglichkeiten der Umwandlung von Geld- in Sachvermögen (z. B. Eigenheim) relativ gering sind, führt das Sparen in der DDR fast ausschließlich zur Bildung von Geldvermögen. Sparen im Rahmen von Bausparverträgen ist seit 1971 nicht mehr möglich. Im Jahr 1983 hatte jeder DDR-Bürger durchschnittlich 6778,– Mark (1970: 3055) auf einem Sparkonto.

Die Spareinlagen wachsen in der DDR schneller als der Warenverbrauch. Während der Einzelhandelsumsatz in der Zeit von 1960 bis 1983 jahresdurchschnittlich um 3,7 Prozent stieg, erhöhten sich die Spareinlagen bei den Geld- und Kreditinstituten im gleichen Zeitraum jahresdurchschnittlich um 8,5 Prozent. Dies zeigt, daß die Sparfähigkeit aufgrund des steigenden Wohlstandes in der DDR deutlich zugenommen hat. Im Hinblick auf die Sparmotive ist zu vermuten, daß es sich um Zwecksparen handelt: zur Anschaffung teurer, hochwertiger industrieller Konsumgüter, zur Finanzierung von Ferienreisen usw. Aufgrund des fortbestehenden Ungleichgewichts zwischen Angebot und Nachfrage kommt es aber auch zum Zwangssparen. Somit wird Kaufkraft durch das private Sparen abgeschöpft.

Zu diesem Thema

In den anderen Bänden:
2: Rudolph, Sozialstruktur der DDR

In anderen Werken:
Bundesministerium für Innerdeutsche Beziehungen (Hg.): Zahlenspiegel Bundesrepublik Deutschland/Deutsche Demokratische Republik – ein Vergleich, 2. Aufl. 1981
Cassel, Dieter/Thieme, H. Jörg: Einkommensverteilung im Systemvergleich, 1976
Hartwig, Karl-Hans: Preiserhöhungen in der DDR. Ende einer langen Phase inflationsfreier Entwicklung?, in: Deutschland-Archiv, 13. Jg. (1980), Nr. 3
Das Kaufkraftverhältnis zwischen D-Mark und Mark der DDR 1983, in: DIW-Wochenbericht, 51. Jg. (1984), Nr. 17
Vortmann, Heinz: Einkommen und privater Verbrauch, in: DDR und Osteuropa, Wirtschaftssystem, Wirtschaftspolitik, Lebensstandard. Ein Handbuch, 1981

PETER PLÖTZ

Das System der sozialen Sicherung

Soziale Sicherungspolitik begann in Deutschland mit der Sozialgesetzgebung Bismarcks im Jahr 1881. Sie hat somit eine lange Tradition. Nach der deutschen Teilung baute die DDR ihr System der sozialen Sicherung nur teilweise darauf auf, wesentliche Elemente wurden von der Sowjetunion übernommen. Es unterscheidet sich dadurch in der Organisation, der Finanzierung und den Leistungen z.T. deutlich von dem der Bundesrepublik Deutschland.

Organisation

Der Freie Deutsche Gewerkschaftsbund (FDGB) spielte beim Aufbau des Sozialleistungssystems die entscheidende Rolle. Schon auf dem Gründungskongreß des FDGB im Februar 1946 wurde eine einheitliche Sozialversicherung gefordert. Es sollten vor allem sämtliche Sozialversicherungszweige (Kranken-, Unfall- und Rentenversicherung) bei einem Versicherungsträger vereint und ein einheitlicher, nach Risiken nicht aufspaltbarer Versicherungsbeitrag erhoben werden. Die am 30. Dezember 1946 durch die SED beschlossenen »Sozialpolitischen Richtlinien« enthielten diese Forderungen des FDGB.

Nachdem man sich im Alliierten Kontrollrat nicht über eine gesamtdeutsche Sozialversicherung hatte einigen können, wurden durch die Sowjetische Militäradministration Deutschlands (SMAD) mit dem Erlaß des Befehls Nr. 28 vom 28. Januar 1947 über die »Einführung eines einheitlichen Systems und von Maßnahmen zur Verbesserung der Sozialversicherung in der sowjetischen Besatzungszone Deutschlands« die gesetzlichen Grundlagen für das Sozialversicherungssystem geschaffen.

Schon 1946 richtete die SMAD in den fünf Ländern der sowjetischen Besatzungszone Sozialversicherungsanstalten ein und unterstellte sie Anfang 1947 der Oberaufsicht der »Deutschen Verwaltung für Arbeit und Sozialfürsorge« (DVAS); die DVAS war als ein zentrales Verwaltungsorgan der unmittelbaren Leitung der Militäradministration untergeordnet. Der neugeschaffenen Sozialversicherung wurden zusätzliche Aufgaben zugewiesen, so die Versorgung der Kriegsopfer, der ehemaligen Beamten und ihrer Hinterbliebenen.

1951 faßte man die Landesversicherungsanstalten zu einer einheitlichen, zentral gelenkten Sozialversicherung zusammen. 1956 wurde der vom FDGB nicht vertretene Personenkreis (Mitglieder der Kollegien der Rechtsanwälte, Inhaber von Handwerks- und Gewerbebetrieben sowie andere selbständig bzw. freiberuflich Tätige einschließlich ihrer ständig mitarbeitenden Familienangehörigen; seit 1959 Mitglieder aller sozialistischen Produktionsgenossenschaften) unter Wahrung aller Ansprüche ausgegliedert und bei der Deutschen Versicherungsanstalt (seit 1969 Staatliche Versicherung der DDR) pflichtversichert. Seitdem beruht die Einheitsversicherung bis heute unverändert auf zwei Trägern. Über 85 Prozent der DDR-Bevölkerung werden von der Sozialversicherung der Arbeiter und Angestellten (FDGB), 14 Prozent von der gesetzlichen Sozialversicherung betreut.

Finanzierung

Bis zum Jahr 1977 blieben Beitragssatz und Bemessungsgrenze für Arbeiter und Angestellte unverändert. 10 Prozent des beitragspflichtigen Einkommens bis zu 600,— Mark (also höchstens 60,— Mark) mußten für sämtliche soziale Leistungen, ausgenommen Betriebsunfälle und Berufskrankheiten, aufgewendet werden. Die Betriebe hatten den gleichen Beitragsanteil zu entrichten (Bergbau 20 Prozent). Da von 1978 an die Sozialversicherung den Lohnausgleich im Krankheitsfall übernahm (vorher wurde er z.T. von den Betrieben gezahlt), erhöhte sich der betriebliche Beitragsanteil auf 12,5 Prozent (Bergbau 22,5 Prozent).

Die Beitragssätze der Staatlichen Versicherung sind unterschiedlich. Mitglieder der Landwirtschaftlichen Produktionsgenossenschaften (LPG) zahlen ebenso wie Mitglieder der Produktionsgenossenschaften des Handwerks (PGH) 22,5 Prozent des beitragspflichtigen Einkommens (seit 1978 werden allerdings 12,5 Prozent des Beitrags von den Genossenschaften übernommen). Selbständige zahlen 20 Prozent des Einkommens.

Durch die 1971 erfolgte Umgestaltung der Zusatzrentenversicherung besteht für sämtliche Versicherungspflichtigen mit einem monatlichen Einkommen über 600,— Mark die Möglichkeit, einer freiwilligen Zusatzrentenversicherung beizutreten. Der Beitrag beträgt für den Werktätigen 10 Prozent des 600,— Mark monatlich übersteigenden Einkommens (ohne Einkommensbeschränkung nach oben; bis Ende 1976 bis zu einer Höchstgrenze von 1200,— Mark monatlich). Betriebe und Einrichtungen sind verpflichtet, ebenfalls 10 Prozent zu zahlen.

Im Grundsatz sind die Beitragsregelungen im Lauf der Zeit unverändert geblieben. Da zum einen bestimmte Einkommensteile nicht beitragspflichtig sind und zum andern die Einkommen die Beitragsbemessungsgrenze von 600,— Mark zunehmend überschreiten, betrugen die Beitragszahlungen zur Sozialversicherung 1980 ebenso wie 1960 knapp 7 Prozent der Bruttolöhne und -gehälter.

Bei konstanten Beitragssätzen hat sich das Beitragsaufkommen durch die allmähliche Anhebung des Einkommensniveaus, aber auch durch die Einführung der freiwilligen Zusatzrentenversicherung erhöht. Leistungserhöhung und -ausweitungen führten aber zu einer deutlich schnelleren Ausgabensteigerung der Sozialversicherung. Von 1951 bis 1955 betrug der Zuschuß aus dem Staatshaushalt zu den gesamten Ausgaben der Sozialversicherung nur 2,3 Prozent, im Zeitraum 1981 bis 1983 aber bereits 45,0 Prozent. Die Finanzierung der sozialen Leistungen erfolgt also zunehmend stärker nach dem Versorgungsprinzip und immer weniger nach dem Versicherungsprinzip (Ausgabendeckung durch Beiträge).

Renten: beträchtlicher Nachholbedarf

Für den Bezug einer Altersrente ist grundsätzlich eine mindestens 15jährige versicherungspflichtige Tätigkeit und das Erreichen der Altersgrenze (Männer 65, Frauen

Das System der sozialen Sicherung in der DDR

Lebensabend in der DDR: In einem Ost-Berliner »Feierabendheim« beschäftigen sich alte Menschen mit Handarbeiten und tauschen Erinnerungen aus (oben). Altenpflege ist auch ein Dienst der Kirchen: Wer im Alter allein wohnt und dauernder Pflege bedarf, wird, sofern er es will, von der Gemeindeschwester umsorgt.

60 Jahre) Voraussetzung. Eine flexible Altersgrenze existiert nicht. Die Rentenhöhe errechnet sich aus einem für alle gleichen Festbetrag (110,— Mark) und einem Steigerungsbetrag von 1 Prozent des durchschnittlichen Verdienstes für jedes Jahr einer versicherungspflichtigen Tätigkeit. Der Durchschnittsverdienst wird aus dem Erwerbseinkommen der letzten 20 Jahre vor Beendigung der Arbeitstätigkeit berechnet. Da die Beitragsbemessungsgrenze auf 600,— Mark festgelegt ist, beläuft sich der Steigerungsbetrag pro Jahr auf höchstens 6,— Mark (1 Prozent von 600,— Mark). Bei einer maximal möglichen versicherungspflichtigen Tätigkeit von 50 Jahren beträgt der Steigerungsbetrag also 300,— Mark (6,— Mark × 50 Jahre). Daraus errechnet sich eine Höchstrente (Festplus Steigerungsbetrag) von 410,— Mark. (Seit 1. Dezember 1985 440,- Mark). Frauen, die drei und mehr Kinder geboren haben, erhalten bei der Rentenberechnung für jedes Kind drei Jahre als Zurechnungszeit auf die versicherungspflichtige Tätigkeit angerechnet. Damit werden mit der Geburt des dritten Kindes auf einen Schlag neun Jahre als Zurechnungszeit fällig – ein erheblicher materieller Anreiz. Diese Regelung gilt vom 1. Dezember 1984 an.

Die Mindestbeträge für Alters- und Invalidenrentner, die nach der Länge des Arbeitslebens gestaffelt sind, wurden zum 1. Dezember 1984 auf 300,— Mark bis 370,— Mark angehoben. Zu den Renten wird seit 1. Dezember 1985 ein Ehegattenzuschlag in Höhe von 150,— Mark dann gezahlt, wenn der Ehepartner selbst keine Rente bezieht. Bestimmte Gruppen sind allerdings über die Gewährung von Sonder- und/oder Zusatzrenten z.T. beträchtlich besser gestellt als die große Mehrheit der Rentenbezieher. Polizisten, Zollbeamte, Soldaten, Angestellte gesellschaftlicher Organisationen, der Verwaltung und des Gesundheitswesens erhalten ebenso wie Verfolgte des Faschismus, Kämpfer gegen den Nationalsozialismus und Angehörige der Intelligenz eine zusätzliche Rente.

Während das durchschnittliche Nettoeinkommen in der DDR ca. 900,— Mark beträgt (1980), erhalten 3 Millionen der insgesamt 3,5 Millionen DDR-Rentenempfänger zur Zeit (1984/85) eine Rente von durchschnittlich 340,— Mark. Die monatlichen Zahlungen für die übrigen ca. 500 000 Rentenempfänger, die in den Genuß der freiwilligen Zusatzrentenversicherung oder von Zusatzzahlungen für bestimmte Berufsgruppen kommen, liegen zwischen 500,— und 1500,— Mark.

Invalidenrenten werden grundsätzlich wie die Altersrenten berechnet; die Bestimmungen über die Mindestaltersrenten gelten analog. Die Jahre zwischen dem Eintritt der Invalidität und dem Erreichen der Altersgrenze werden seit 1. Dezember 1985 in vollem Umfang berücksichtigt.

Für Versicherte, die durch einen Arbeitsunfall oder durch eine Berufskrankheit einen Körperschaden von mindestens 66,6 Prozent erlitten haben, besteht Anspruch auf Rente. Der im Jahr vor dem Unfall erzielte Verdienst ist Berechnungsgrundlage. Die Kriegsbeschädigtenrente beträgt seit 1. Dezember 1984 einheitlich 370,— Mark. Sie wird nur bei einem Invaliditätsgrad von mindestens zwei Drittel gezahlt.

Die familienbedingten Zuschläge gelten in der angegebenen Weise oder ähnlich auch für die Bezieher von Invaliden-, Unfall- und Kriegsbeschädigtenrente.

Ein Anspruch auf eine Witwen- bzw. Witwerrente besteht grundsätzlich erst nach Erreichen der Altersgrenze, bei Invalidität oder bei zu versorgenden Kindern. Sind diese Voraussetzungen nicht gegeben, wird die Hinterbliebenenrente nur für eine Übergangszeit von zwei Jahren nach dem Tod des Ernährers gezahlt. Die Rente beträgt 60 Prozent der Rente des (der) Verstorbenen, mindestens jedoch 300,- Mark. Halbwaisen erhalten 30 Prozent, Vollwaisen 40 Prozent der Rente des Verstorbenen, mindestens aber 130,— bzw. 180,— Mark.

Gegenwärtig gibt es eine Differenzierung der Rentenhöhe nur in geringem Umfang. Der Mehrfachbezug von Renten ist nahezu ausgeschlossen. Eine »Dynamisierung« der Renten (automatische Anpassung an das allgemeine Einkommensniveau) besteht nicht; die Mindestrenten werden von Zeit zu Zeit angehoben.

Die überwiegende Mehrheit der Rentner befindet sich im untersten Bereich der Einkommenspyramide. Es wird nur die Grundversorgung gesichert. Bei dem altersbedingten Ausscheiden aus dem Erwerbsleben fällt das Einkommen oft um mehr als die Hälfte. Hier wird deutlich, daß die Verteilung der knappen Konsummittel vor allem an diejenigen erfolgt, die aktiv im Produktionsprozeß stehen. Das niedrige Rentenniveau muß wohl auch vor dem Hintergrund der Arbeitskräfteknappheit beurteilt werden. Die Beschäftigten sollen nach Erreichen der Altersgrenze weiterhin arbeiten. So ist der festgelegte Mindestbruttolohn deutlich höher als die durchschnittliche Altersrente. Die von Altersrentnern zusätzlich erzielten Arbeitseinkommen werden nicht auf die Höhe der Altersversorgung angerechnet (es werden auch keine Sozialversicherungsbeiträge abgezogen), so daß Rentnerhaushalte ihr Haushaltseinkommen durch eine Weiterarbeit um mehr als das Doppelte erhöhen können. Die materielle Notwendigkeit zur Weiterarbeit besteht vor allem für die minderqualifizierten Arbeiter, kaum jedoch für die Intelligenz und die Führungskräfte. Jeder dritte Rentner und jede sechste Rentnerin arbeiten folglich vor allem aus ökonomischen Gründen. In den ersten fünf Jahren nach Erreichen der Altersgrenze setzen sogar noch mehr als die Hälfte der Männer und ca. ein Drittel der Frauen ihre Berufstätigkeit fort.

Ein Vergleich mit den Renten in der Bundesrepublik Deutschland muß jedoch berücksichtigen, daß die Preise für Waren des Grundbedarfs in der DDR wesentlich geringer sind. Die Kaufkraft einer »Rentner-Mark« in der DDR ist somit höher als in der Bundesrepublik Deutschland. Allerdings wird dieser Vorsprung durch die wesentlich höheren und jedes Jahr steigenden Sozialversicherungsrenten in der Bundesrepublik mehr als ausgeglichen.

Die Auswirkungen der seit 1971 in der DDR bestehenden freiwilligen Zusatzrentenversicherung werden beachtlich sein, vor allem werden sie zu einer erheblichen Differenzierung der Renten führen. Die jetzige Rentnergeneration profitiert von der freiwilligen Zusatzrentenversicherung allerdings kaum.

Geringer Einkommensverlust bei Krankheit und Unfall

Bei vorübergehender Arbeitsunfähigkeit infolge einer Krankheit, eines Arbeitsunfalls oder einer Berufskrankheit besteht vom ersten Tag an Anspruch auf Geldleistungen der Sozialversicherung. Die Leistungen erfolgen bis zur Wiederherstellung der Arbeitsfähigkeit bzw. bis zum Eintritt der Invalidität und bis zur Zahlung der Rente. Liegt ein Arbeitsunfall oder eine Berufskrankheit vor, erhält der Beschäftigte (seit 1978) ein Krankengeld für die gesamte Zeit der Arbeitsunfähigkeit in Höhe des durchschnittlichen Nettoverdienstes. Dieses Krankengeld wird bis zur Wiederherstellung der Arbeitsfähigkeit bzw. bis zum Eintritt der Rentenzahlung gezahlt. Die Krankenbezüge werden also nach der sechsten Woche nicht gekürzt.

Das neue Universitätsklinikum der Ost-Berliner Charité wurde 1982 fertiggestellt. 21 Stockwerke hoch, mit 15 Pflegeetagen und insgesamt 1156 Betten, ist es das größte Investitionsvorhaben im Hochschul- und Gesundheitswesen der DDR. Vorn links befinden sich die vier Etagen des Operationstrakts mit 24 Operationssälen. Im Vordergrund steht das restaurierte Denkmal Robert Kochs aus dem Jahr 1916.

Bei stationärer Behandlung in Krankenhäusern und anderen Gesundheitseinrichtungen sowie bei Kuren wird seit 1978 an Arbeiter und Angestellte Krankengeld und nicht, wie zuvor üblich, das niedrigere Hausgeld gezahlt.

Für sonstige Erkrankungen bestehen unterschiedliche Regelungen. Seit dem 1. Januar 1978 werden Krankengeld und Lohnausgleich zu einer einheitlichen Leistung der Sozialversicherung zusammengefaßt. Das Krankengeld beträgt vom ersten Tag der Erkrankung bis zur Dauer von sechs Wochen im Kalenderjahr 90 Prozent des Nettodurchschnittsverdienstes. Nach Ablauf von sechs Wochen richtet sich die Höhe des Krankengeldes nach der Mitgliedschaft in der freiwilligen Zusatzrentenversicherung und/oder nach der Anzahl der Kinder. So beträgt es beispielsweise für besser verdienende Nichtmitglieder der freiwilligen Zusatzrentenversicherung mit keinem bzw. mit einem Kind nur 50 Prozent des beitragspflichtigen Durchschnittsverdienstes, also 300,— Mark. Alle übrigen Versicherten erhalten ohne Beschränkung nach oben ein Krankengeld in Höhe von 65 bis 90 Prozent des durchschnittlichen Nettoverdienstes.

Der Einkommensausfall bei vorübergehender Arbeitsunfähigkeit ist für die Mehrzahl der Betroffenen also relativ gering. Die Beschäftigten mit maximal einem Kind, die zwar über 600,— Mark verdienen, aber nicht der freiwilligen Zusatzsicherung angehören, erhalten natürlich mit höchstens 300,— Mark im Monat ein äußerst geringes Krankengeld. Damit wird die Bereitschaft gefördert, in die freiwillige Zusatzrentenversicherung einzutreten. Grundsätzlich besteht im Vergleich zu den Renten eine wesentlich günstigere Relation zwischen Arbeitseinkommen und Krankengeld.

Doch es sind nicht nur die Geldleistungen, sondern vor allem auch die nahezu kostenlos zur Verfügung gestellten Sach- und Dienstleistungen (Früherkennung, Heil-, Genesungskuren sowie prophylaktische Kuren) anzuführen, die die Erhaltung bzw. Wiedergewinnung der Arbeitskraft sichern sollen. Auch dieser Bereich der sozialen Sicherung dient der bestmöglichen Ausnutzung des Arbeitsvolumens.

Leistungen bei Mutterschaft und für die Familie

In einem Zeitraum von nur 13 Jahren verlängerte die DDR den Schwangerschafts- und Wochenurlaub beträchtlich. Am 1. Oktober 1963 war er auf 14 Wochen festgelegt worden, mit Wirkung vom 1. Juli 1972 auf 18 Wochen. Seit 1976 beträgt er bei Zahlung des Nettodurchschnittsverdienstes insgesamt 26 Wochen.

Urlaub in der DDR

Reisen, wann und wohin man will – davon konnten DDR-Bürger immer nur träumen. In westliche Länder durfte man erst reisen, wenn man Rentner war. Und selbst in den ehemaligen sozialistischen Bruderstaaten konnte man nicht ohne weiteres Urlaub machen: Die Reisen waren kontingentiert, und die Nachfrage war groß, so daß lange Wartezeiten beim »Reisebüro der DDR« oder bei »Jugendtourist« die Regel waren. So blieb vor allem der Urlaub im eigenen Land.
Auch hier hatte der Staat die Hand im Spiel: Ferienorte und Ferienplätze in Heimen wurden von der Staatsgewerkschaft zugeteilt. Der Weg zu den begehrten Ferienplätzen an der Ostsee (1), im Harz, im Thüringer Wald, im Elbsandstein- oder im Erzgebirge führte gewöhnlich über die Gewerkschaftsleitung des Betriebs, für Kinder und Jugendliche über die Jungen Pioniere, die FDJ oder die Schule. Der Feriendienst des Freien Deutschen Gewerkschaftsbundes (FDGB) hatte sich seit seiner Gründung 1947 zu einer beachtlichen Urlaubsorganisation entwickelt. Er unterhielt in den schönsten Feriengebieten der DDR eigene Heime (2) und Campingplätze (3), beteiligte sich an Interhotels und vermittelte Privatquartiere. Einen »Ferienscheck« erhielten bevorzugt Schwer- und Schichtarbeiter, Familien mit drei und mehr Kindern sowie Werktätige, die gesellschaftlich besonders aktiv waren. Wer nicht im FDGB war, konnte ebenfalls an den Reisen teilnehmen, zahlte aber mehr. Die Preise richteten sich nach dem Einkommen und waren je nach Unterbringung in 8 Kategorien gestaffelt, vom Interhotel bis zum »Ein- oder Mehrbettzimmer mittlerer bis moderner Ausstattung« mit Selbstverpflegung. Reisen der Kategorie 8 waren für FDGB-Mitglieder kostenlos. Nichtmitglieder zahlten 30 Mark. Ein 13tägiger Aufenthalt mit Vollpension im Interhotel kostete für einen Gewerkschafter 310 Mark (ohne An- und Abreise). Was der FDGB seinen Feriengästen bot, konnte sich sehen lassen: Erholung, die noch viel von der alten Sommerfrische bewahrt hat.
Und wer in der Freizeit organisierte Gruppenreisen meiden wollte? Der schätzte sich glücklich, wenn er eine Datsche (6) besaß.   D. L.

Der Strand von Warnemünde mit dem Leuchtturm von 1897 und dem Restaurant »Teepott« (1). – FDGB-Ferienheim im ehemaligen Schloß an der Müritz, Bezirk Neubrandenburg (2). – Zelthotel am Schweriner See, Mecklenburgische Seenplatte (3). – Pionierferienlager im Eichsfeld, Bezirk Halle (4). – Freizeit in Ost-Berlin: deutsche Gemütlichkeit am »Meiler« aus dem Erzgebirge, Stadtbezirk Friedrichshain, bei Blasmusik und »Meilerbraten nach Art des Hauses« (5). – Privat-Datschen in der Lausitz für die Sommerfrische oder fürs Wochenende (6). – Ferienlager am Kyffhäuser in Thüringen (7).

Frauen haben nach der Geburt des ersten Kindes sowie nach Ablauf des Wochenurlaubs bis zur Vollendung des ersten Lebensjahres des Kindes Anspruch auf unbezahlte Freistellung von der Arbeit. Nach der Geburt des zweiten und jedes weiteren Kindes besteht bei Arbeitsbefreiung Anspruch auf Mütterunterstützung der Sozialversicherung. Sie beträgt 65 bis 90 Prozent des Nettodurchschnittsverdienstes. Die Höhe richtet sich danach, ob die Mutter mit einem Einkommen von über 600,— Mark der freiwilligen Zusatzversicherung angehört oder nicht. Müssen alleinstehende Mütter wegen eines fehlenden Krippenplatzes vorübergehend ihre Berufstätigkeit aufgeben bzw. erhalten nach Ablauf des Wochenurlaubs keinen Krippenplatz, so bekommen sie ebenfalls Mütterunterstützung und zwar so lange, bis ihnen ein Krippenplatz zugewiesen wird. Diese Regelung gilt vom ersten Kind an.

Vom 17. Mai 1984 an wurde das »Mütterjahr« für Familien mit drei und mehr Kindern um sechs Monate verlängert. Werktätige Mütter haben nämlich nach der Geburt ihres dritten und jedes weiteren Kindes die Möglichkeit, nach Ablauf des Wochenurlaubs bezahlte Freistellung von der Arbeit bis zum Ende des 18. Lebensmonats des zuletzt geborenen Kindes in Anspruch zu nehmen. Für die Zeit der Freistellung erhalten die Mütter eine Mütterunterstützung in Höhe des Krankengeldes, auf das sie bei eigener Arbeitsunfähigkeit Anspruch haben, mindestens jedoch 350,- Mark. Während bei der Betreuung erkrankter Kinder der Vater – wenn auch nur in Ausnahmefällen – einen Anspruch auf Arbeitsfreistellung hat, wird bezahlte Freistellung von der Arbeit zur Betreuung des Kindes nur der Mutter gewährt.

Werden die Kinder von alleinstehenden Müttern krank, so erhalten diese bei Freistellung von der Arbeit für zwei Tage 90 Prozent des täglichen Nettodurchschnittsverdienstes, danach wird Krankengeld gezahlt, und zwar in der Höhe, auf die die Frau nach der 6. Krankheitswoche Anspruch hat.

Seit 1. Juni 1984 erhalten auch verheiratete, sozialversicherungspflichtige Mütter mit drei und mehr Kindern bei Freistellung zur Pflege ihres erkrankten Kindes entsprechende Leistungen. In begründeten Fällen kann die bezahlte Freistellung anstelle der Mutter auch der Ehemann oder die Großmutter – nicht der Großvater – in Anspruch nehmen.

Zahlreiche weitere Regelungen vervollständigen die Leistungen bei Mutterschaft und für die Familie. So wird für jedes Kind eine einmalige staatliche Geburtenbeihilfe in Höhe von 1000,— Mark gewährt. Das Kindergeld beträgt für das erste und zweite Kind je 20,— Mark, für das dritte und jedes weitere Kind 100,— Mark. Daneben gewährt der Staat zinslose Kredite für junge Eheleute. Werden Kinder geboren, erfolgt ein Erlaß der Kreditsumme. Er beträgt bei der Geburt des ersten Kindes 1000,— Mark, des zweiten 1500,— Mark, des dritten und jedes weiteren Kindes 2500,— Mark.

Daneben gibt es eine Fülle von sozialpolitischen Maßnahmen im Bereich der Lohnpolitik, der Arbeitszeit, des Urlaubs usw. Mütter mit mehreren Kindern erfahren hier, in Abhängigkeit von der Kinderzahl, z. T. erhebliche Vergünstigungen bei vollem Lohnausgleich.

Sämtliche Leistungen bei Mutterschaft und für die Familie sind – auch im internationalen Vergleich – beachtlich. Sie sind auf eine möglichst wenig unterbrochene Eingliederung der Frauen in das Erwerbsleben ausgerichtet. Die sozialen Maßnahmen muß man folglich unter dem Aspekt der langfristigen Arbeitskräftebilanz bewerten: In den Jahren 1973 bis 1975, also vor Verabschiedung des großen Sozialpakets 1976, zählte die DDR mit 10,6 bzw. 10,8 Lebendgeburten je 1000 Einwohner zu den Ländern mit der niedrigsten Geburtenquote. Die Gründe hierfür waren einerseits die ungünstige Altersstruktur und andererseits eine Veränderung des generativen Verhaltens. Seit 1976 hat sich die Geburtenentwicklung stetig erhöht; 1978 konnte die negative natürliche Bevölkerungsbewegung gestoppt, seit 1979 sogar umgekehrt werden. Über die genannten Leistungen hinaus wird einiges getan, damit vor allem Frauen der Mehrfachbelastung gewachsen sind. So standen 1980 für 61,2 Prozent (1970: 29,1 Prozent) aller Kinder im Alter bis zu drei Jahren Krippenplätze zur Verfügung; 92,2 Prozent (1970: 64,5 Prozent) aller Kinder im Alter zwischen drei und sechs Jahren konnten einen Kindergarten besuchen. Den schulpflichtigen Kindern stehen nach Schulschluß Schulhorte offen. Als zusätzlicher materieller Anreiz können in der DDR im Gegensatz zur Bundesrepublik beide berufstätigen Elternteile Kinderfreibeträge beanspruchen.

Sozialleistungen bei Arbeitslosigkeit

Anspruch auf Sozialfürsorge haben Personen, die ihren Lebensunterhalt nicht selbst verdienen können, über kein sonstiges Einkommen oder Vermögen verfügen, nicht von der Sozialversicherung erfaßt werden und auch keinen ausreichenden Unterhalt von unterhaltspflichtigen Angehörigen erhalten können.

Die Unterstützungssätze der Sozialfürsorge betragen für Alleinstehende 260,— Mark, für Ehepaare 420,— Mark. Aufgrund der Anspruchsvoraussetzungen, aber auch aufgrund der umfassenden Sozialversicherungspflicht spielt die Sozialfürsorge in der DDR eine nachrangige, stetig kleiner werdende Rolle.

Da es in einem Wirtschaftssystem mit staatlicher Arbeitskräftelenkung und staatlicher Produktionsplanung theoretisch keine Arbeitslosigkeit gibt und geben kann, konnte dieser Leistungskomplex der Sozialversicherung vernachlässigt werden. In der Verfassung der DDR ist im übrigen nicht nur das Recht auf Arbeit, sondern auch die Pflicht zur Arbeit verankert.

Heute dürfte nur noch die fluktuationsbedingte, in geringem Maße strukturelle Arbeitslosigkeit in der DDR bestehen, da durch Überleitungs- und Änderungsverträge die Umsetzung von Arbeitskräften nahtlos gesichert ist.

In der DDR wird zwar eine ständige Verbesserung der Leistungen des sozialen Sicherungssystems angestrebt, doch kommen sie vor allem denen zugute, deren Arbeitsleistung die Produktionssteigerung bewirkt. Leistungsunfähige und Leistungsschwache, Auszubildende und Personen, die aus dem Erwerbsleben ausgeschieden sind, erhalten in der Regel nur eine Mindestniveauversicherung. Personen, deren Erwerbsfähigkeit nur vorübergehend beeinträchtigt ist (Krankheit, Mutterschaft, Familie usw.), sind deutlich besser abgesichert. Überall dort, wo die DDR mit ihrer Sozialpolitik wirtschaftliche Ziele wie z. B. die Mobilisierung des Arbeitskräftereservoirs verfolgt, sind die Leistungen beachtlich.

Umfang und Inhalt der sozialpolitischen Maßnahmen sind primär auf die Verbesserung der gegenwärtigen Arbeits- und Lebensbedingungen ausgerichtet, zielen letztlich aber auf die Erhöhung der Produktion und der Arbeitsproduktivität. Das Netz sozialer Leistungen ist insgesamt eng geknüpft, die Leistungen selbst sind aber teilweise gering.

Zu diesem Thema

In diesem Band:
Mayer, Das soziale Netz (Bundesrepublik Deutschland)

In anderen Werken:
Autorenkollektiv: Marxistisch-leninistische Sozialpolitik, Berlin (Ost) 1975
Haase, Herwig E.: Aktuelle Finanzierungsfragen der Sozialversicherung in der DDR, in: Recht, Wirtschaft, Politik im geteilten Deutschland. Festschrift für Siegfried Mampel, hg. v. Gottfried Zieger, 1983
Leenen, Wolf-Rainer: Zur Frage der Wachstumsorientierung der marxistisch-leninistischen Sozialpolitik in der DDR, 1977
Mitzscherling, Peter: Zweimal deutsche Sozialpolitik, in: Sonderheft des DIW, Nr. 123, 1978
Ruß, Werner: Die Sozialversicherung in der DDR, 1979
Stiller, Pavel: Systeme der sozialen Sicherung in der UdSSR, Polen, DDR und der ČSSR, 1981

HANNSJÖRG BUCK

Finanzwirtschaft

Das »einheitliche staatliche Finanzsystem« der DDR umfaßt erheblich mehr Bereiche als das »öffentliche Finanzsystem« der Bundesrepublik. Aufgrund des in der Wirtschaft dominierenden Staatseigentums an den Produktionsmitteln und der zentralen staatlichen Lenkung der Volkswirtschaft hat in der DDR die öffentliche Wirtschaft die private Wirtschaft aus fast allen Produktionsbereichen der Volkswirtschaft verdrängt. Durch die schnelle Ausbreitung der Staatswirtschaft Ende der vierziger und in den fünfziger Jahren konnte sich in der SBZ/DDR eine ökonomisch bedeutsame private Finanzwirtschaft nicht entwickeln. Alle Institutionen der Finanz-, Geld- und Kreditwirtschaft – so z. B. die Banken, Sparkassen und Versicherungen – sind Bestandteile der Staatsfinanzwirtschaft. Demgemäß gehören auch die Betriebsfinanzen der staatseigenen Produktionsorganisationen zur öffentlichen Finanzwirtschaft.

Aktionsfelder der Finanzpolitik

Das »einheitliche sozialistische Finanzsystem« wird in zwei Bereiche unterteilt: die zentralisierten Staatsfinanzen und die dezentralisierte Finanzwirtschaft der sozialistischen Betriebe und Kombinate. Zu den zentralisierten Staatsfinanzen gehören:
1. die im Öffentlichen Gesamthaushalt vereinigten Haushalte des Zentralstaats und der Gebietsverwaltungen auf der Ebene der Bezirke, Kreise und Gemeinden sowie der Haushalt der Sozialversicherung;
2. die Staatsbank, die Geschäftsbanken und die Sparkassen. Sie erhielten von der Wirtschaftsführung vor allem die Aufgabe zugewiesen, die zentral festgelegten Planaufgaben bestimmungsgemäß zu finanzieren und ihre Erfüllung bei den von ihnen betreuten Kundenbetrieben zu überwachen;
3. sämtliche Versicherungen, darunter auch die zur Volks- oder Einheitsversicherung ausgebaute Sozialversicherung für die Arbeiter und Angestellten und für die Mitglieder der Produktionsgenossenschaften;
4. die Währungsordnung und die Währungspolitik.

Zu den staatlichen Finanzmitteln, die nicht zentral durch die Regierung und ihre Exekutivbehörden verwaltet werden, sondern deren Verwendung in begrenztem Umfang dezentral entschieden wird, gehören die Gelder, die sich auf den Bankkonten und in den Kassen der sozialistischen Betriebe befinden. Dieses Geldkapital soll von den Leitungen der Produktionsorganisationen eigenverantwortlich für die Finanzierung von Planaufgaben eingesetzt werden. Das Finanzkapital, das die Betriebe benötigen, müssen sie im Prinzip selbst erwirtschaften. Reicht jedoch dazu die Ertragskraft nicht aus, erhalten die Betriebe die fehlenden Finanzmittel – unter abgestuften Leistungsanforderungen – in Form von Bankkrediten oder als Zuschüsse aus der Staatskasse.

Die dezentralisierte (öffentliche) Finanzwirtschaft umfaßt die Betriebsfinanzen von zwei Gruppen sozialistischer Betriebsorganisationen, die sich u. a. durch ihre Eigentumsform voneinander unterscheiden, der Volkseigenen Betriebe (VEB und Kombinate) und der Produktionsgenossenschaften (z. B. die der LPG). Außerhalb des staatlich gelenkten Finanzsystems bleiben nur drei Bereiche: das Geldvermögen und die Finanzwirtschaft der privatwirtschaftenden Handwerker sowie der restlichen privaten Gewerbebetriebe; die Finanzwirtschaft der Kirchen und die Geldeinkommen und -ausgaben der privaten Haushalte zusammen mit den Ersparnissen der natürlichen Personen und Vereine.

Aufgaben des Finanzsystems und der Finanzpolitik

Die DDR ist ein entwickelter Industriestaat. Hieraus ergibt sich, daß Finanzsystem und Finanzpolitik im Prinzip die gleichen *Grunddienste* bei der Verwirklichung der staatlichen Wirtschaftspolitik übernehmen müssen, wie sie auch in der Bundesrepublik dem öffentlichen Finanzwesen übertragen worden sind. Insgesamt hat das Finanzsystem folgende Aufgaben zu erfüllen:

Funktion der Rechnungslegung. Auf der Grundlage der staatlich festgesetzten Preise für Güter und Dienstleistungen dienen das Geld und die Finanzwirtschaft den Staatsbehörden und Wirtschaftsbetrieben als Instrument der Rechnungslegung über den Erfolg ihrer Maßnahmen.

Wirtschaftslenkung durch Finanzpolitik. Um die Entscheidungen der staatseigenen Betriebe plankonform auszurichten und eine planwidrige Verwendung von Produktionsfaktoren für betriebsegoistische Interessen zu verhindern, setzt die Wirtschaftsführung eine Vielzahl finanzpolitischer Instrumente ein: darunter Steuern, Steuerentlastungen, Subventionen, Leistungsprämien, Geldbußen, Kredite zu staatlich vorgegebenen Vergabebedingungen und zentral festgesetzte Guthaben- und Kreditzinsen. Diese »monetären Regulatoren« werden dazu benutzt, die Leistungsbereitschaft der Belegschaften anzuspornen, die Konsumwünsche der Verbraucher in die vom Staat gutgeheißene Richtung zu lenken und die Spartätigkeit zu fördern.

Funktion der Mittelbeschaffung. Mit Hilfe von Steuern, Beiträgen und Gebühren konzentriert die Regierung der DDR einen erheblichen Teil des Volkseinkommens im Staatshaushalt, um öffentliche Güter und Dienstleistungen produzieren und anbieten, die Staatsbetriebe erweitern und modernisieren zu können. Von 1975 bis 1983 nahm der Staat zwischen 65 und 81 Prozent des Volkseinkommens für seine Zwecke in Anspruch (Staatsquote bezogen auf das in den einzelnen Jahren produzierte Nationaleinkommen bewertet zu Preisen des Jahres 1980); in der Bundesrepublik dagegen beansprucht der Staat nicht einmal zwei Drittel des Anteils vom Volkseinkommen für seine Aufgabenerfüllung, den in der DDR der Staat für sich verlangt.

Stimulierung und Stabilisierung. Die in Wirtschaftsplänen verankerten Leistungsaufträge an die Staatsbetriebe und Produktionsgenossenschaften sollen in erster Linie eine Dauerkonjunktur gewährleisten, für Vollbeschäftigung sorgen und ein ständiges, hohes Wirtschaftswachstum si-

Finanzwirtschaft in der DDR

chern. Im real bestehenden Sozialismus gibt es jedoch ständig mehr oder minder große wirtschaftliche Aktivitätsschwankungen, ja sogar ein zyklisches Auf und Ab in der Wirtschaftsentwicklung. Die periodisch auftretenden Wachstumsabschwächungen und Wirtschaftskrisen führen aber in der Regel nicht zu einer größeren offenen Arbeitslosigkeit, zu einem massiven Rückgang der Kapazitätsauslastung der Betriebe und zur Stillegung von Wirtschaftsunternehmen. Dennoch reicht die als Konjunkturmotor gedachte und eingesetzte Programmierung der gewünschten Wirtschaftsentwicklung durch Planungsbehörden keineswegs aus, die Wirtschaft auch tatsächlich in die vorgezeichneten Bahnen zu lenken. Deshalb muß die Wirtschaftsführung noch durch finanz- und haushaltspolitische Steuerungs- und Förderungsmittel, durch monetäre Anreize (z. B. durch Prämien und Steuerentlastungen) und durch monetäre Sanktionen (Strafsteuern, Zinszuschläge, Verzugszinsen) dafür sorgen, daß die Leistungsanforderungen der staatlichen Wirtschaftspläne auch erreicht werden.

Disproportionen im Wachstum von Geld- und Güterkreislauf, die zu gesamtwirtschaftlicher Instabilität führen, können in einer zentral gelenkten Wirtschaft nicht durch das freie Spiel der Preise und durch flexible Anpassung der Betriebe auf Preisimpulse abgebaut werden. Die Preise für Güter und Dienstleistungen werden staatlich diktiert und bleiben oft über Jahre konstant. Deshalb fällt die Ausgleichs- und Stabilisierungsaufgabe zu einem erheblichen Teil der staatlichen Finanzplanung und Finanzpolitik zu. Die Steuer- und Subventionspolitik, die Kreditpolitik und die Zinspolitik sind die wichtigsten finanzpolitischen Lenkungsinstrumente, die Leistungsbereitschaft der Erwerbstätigen anzuspornen und die programmierten Wirtschaftsabläufe aufeinander abzustimmen und zu stabilisieren. Obwohl auch Lohnhöhe und Lohnstruktur von der Regierung festgesetzt werden, gehört die Leistungsstimulierung durch Lohnpolitik nicht zur Finanzpolitik.

Bei der Verwirklichung ihrer wachstumspolitischen Ziele ist die Staatsführung vor allem darum bemüht, durch gezielte Steuervergünstigungen und durch differenzierte Senkungen der Abgabenlasten bei der Lohnsteuer den Leistungswillen der Belegschaften zu wecken und damit der Wirtschaft neue Wachstumsimpulse zu geben. So hat der Fiskus z. B. völlig auf die Besteuerung der Überstundenzuschläge und der Sonderzulagen für die Nacht-, die Sonn- und Feiertagsarbeit verzichtet. Auch

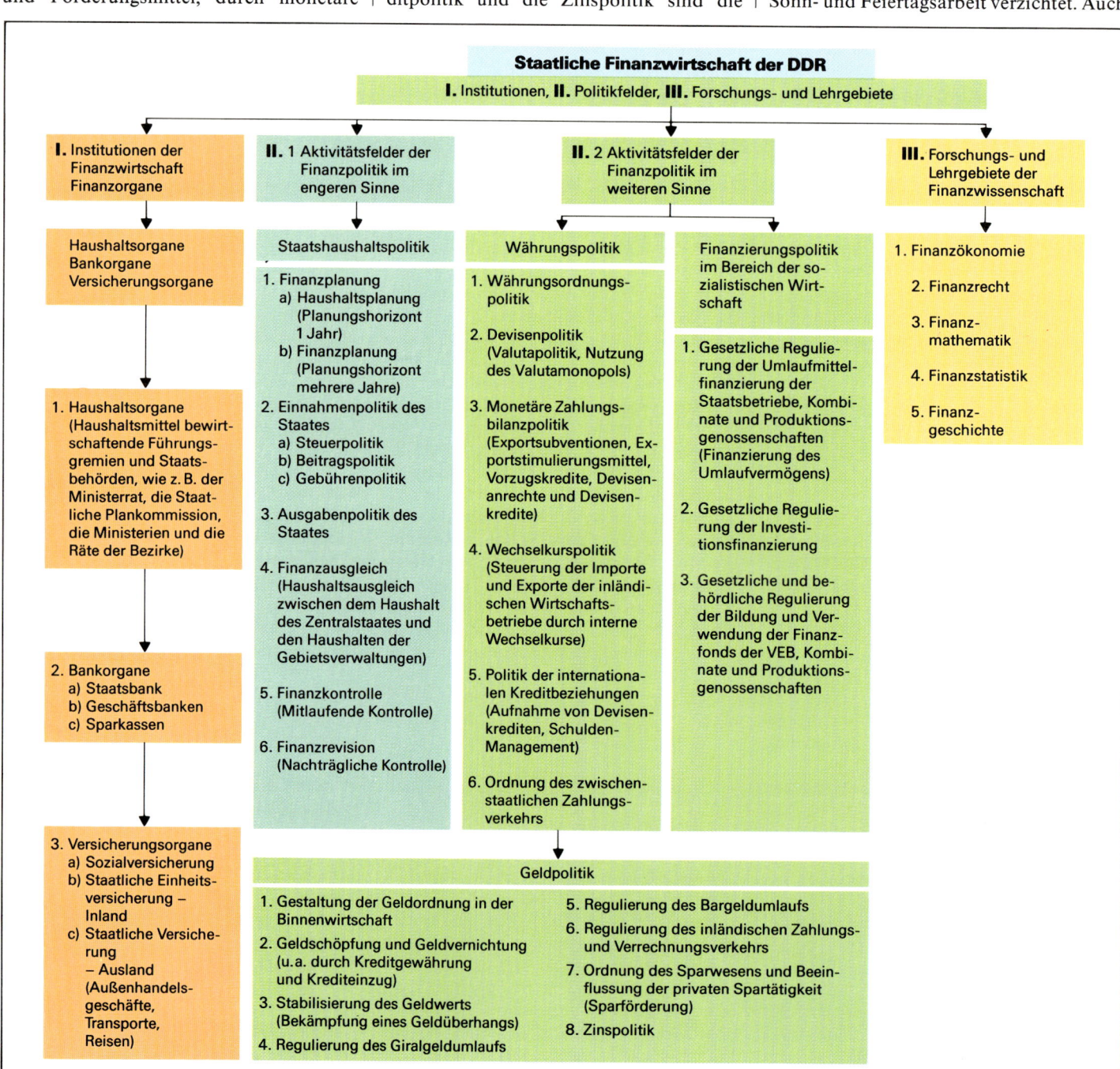

Staatliche Finanzwirtschaft der DDR
I. Institutionen, II. Politikfelder, III. Forschungs- und Lehrgebiete

I. Institutionen der Finanzwirtschaft Finanzorgane

Haushaltsorgane
Bankorgane
Versicherungsorgane

1. Haushaltsorgane
(Haushaltsmittel bewirtschaftende Führungsgremien und Staatsbehörden, wie z. B. der Ministerrat, die Staatliche Plankommission, die Ministerien und die Räte der Bezirke)

2. Bankorgane
a) Staatsbank
b) Geschäftsbanken
c) Sparkassen

3. Versicherungsorgane
a) Sozialversicherung
b) Staatliche Einheitsversicherung – Inland
c) Staatliche Versicherung – Ausland (Außenhandelsgeschäfte, Transporte, Reisen)

II.1 Aktivitätsfelder der Finanzpolitik im engeren Sinne

Staatshaushaltspolitik

1. Finanzplanung
   a) Haushaltsplanung (Planungshorizont 1 Jahr)
   b) Finanzplanung (Planungshorizont mehrere Jahre)
2. Einnahmenpolitik des Staates
   a) Steuerpolitik
   b) Beitragspolitik
   c) Gebührenpolitik
3. Ausgabenpolitik des Staates
4. Finanzausgleich (Haushaltsausgleich zwischen dem Haushalt des Zentralstaates und den Haushalten der Gebietsverwaltungen)
5. Finanzkontrolle (Mitlaufende Kontrolle)
6. Finanzrevision (Nachträgliche Kontrolle)

II.2 Aktivitätsfelder der Finanzpolitik im weiteren Sinne

Währungspolitik

1. Währungsordnungspolitik
2. Devisenpolitik (Valutapolitik, Nutzung des Valutamonopols)
3. Monetäre Zahlungsbilanzpolitik (Exportsubventionen, Exportstimulierungsmittel, Vorzugskredite, Devisenanrechte und Devisenkredite)
4. Wechselkurspolitik (Steuerung der Importe und Exporte der inländischen Wirtschaftsbetriebe durch interne Wechselkurse)
5. Politik der internationalen Kreditbeziehungen (Aufnahme von Devisenkrediten, Schulden-Management)
6. Ordnung des zwischenstaatlichen Zahlungsverkehrs

Finanzierungspolitik im Bereich der sozialistischen Wirtschaft

1. Gesetzliche Regulierung der Umlaufmittelfinanzierung der Staatsbetriebe, Kombinate und Produktionsgenossenschaften (Finanzierung des Umlaufvermögens)
2. Gesetzliche Regulierung der Investitionsfinanzierung
3. Gesetzliche und behördliche Regulierung der Bildung und Verwendung der Finanzfonds der VEB, Kombinate und Produktionsgenossenschaften

III. Forschungs- und Lehrgebiete der Finanzwissenschaft

1. Finanzökonomie
2. Finanzrecht
3. Finanzmathematik
4. Finanzstatistik
5. Finanzgeschichte

Geldpolitik

1. Gestaltung der Geldordnung in der Binnenwirtschaft
2. Geldschöpfung und Geldvernichtung (u.a. durch Kreditgewährung und Krediteinzug)
3. Stabilisierung des Geldwerts (Bekämpfung eines Geldüberhangs)
4. Regulierung des Giralgeldumlaufs
5. Regulierung des Bargeldumlaufs
6. Regulierung des inländischen Zahlungs- und Verrechnungsverkehrs
7. Ordnung des Sparwesens und Beeinflussung der privaten Spartätigkeit (Sparförderung)
8. Zinspolitik

Der Staatshaushalt

Geplante Einnahmen und Ausgaben des einheitlichen Staatshaushalts der DDR 1980 bis 1984

Teilhaushalte	1980				1982				1984			
	Einnahmen		Ausgaben		Einnahmen		Ausgaben		Einnahmen		Ausgaben	
	Mill. Mark	%	Mill. Mark	%	Mill. Mark	%	Mill. Mark	%	Mill. Mark	%	Mill. Mark	%
Haushaltsplan der Republik (Zentralstaat)	105 710,6	68,0	92 335,7	59,4	126 237,5	71,0	112 282,7	63,1	152 773,5	72,9	139 179,6	66,4
Haushaltspläne der Bezirke, Kreise und Gemeinden	34 575,7	22,2	34 575,7	22,3	36 327,1	20,4	36 327,1	20,4	40 250,3	19,2	40 250,3	19,2
Haushaltsplan der Sozialversicherung	15 118,2	9,8	28 363,1	18,3	15 348,1	8,6	29 152,9	16,4	16 591,3	7,9	29 945,2	14,3
Überschuß			65,0	—			75,0	0,1			120,0	0,1
Einnahmen und Ausgaben des Staatshaushalts	155 404,5	100,0	155 339,5	100,0	177 912,7	100,0	177 837,7	100,0	209 615,1	100,0	209 495,1	100,0

Quellen: Gesetze über den Staatshaushaltsplan der DDR; eigene Berechnungen

die Jahresendprämien, die den Direktionen und Betriebskollektiven nach Ablauf des Wirtschaftsjahres bei Erfüllung und Übererfüllung der Betriebspläne aus dem betrieblichen Prämienfonds ausbezahlt werden, sind steuerfrei. Um Innovationen anzukurbeln, werden ferner Vergütungen unter 10 000 Mark, die an Neuerer und Erfinder für die Verwertung von Neuerervorschlägen und Patenten gezahlt werden, nicht besteuert.

Verteilungspolitische Aufgaben. In der DDR besitzt die Regierung die nahezu vollständige Verfügungsmacht über das Produktionspotential der Volkswirtschaft und deren Erträge. Deshalb ist es ihr im Prinzip möglich, die Ergebnisse des gesamtwirtschaftlichen Arbeitsprozesses (Nettoarbeitsentgelte, Gewinne, Konsum- und Investitionsgüter) direkt auf den Staat, die Wirtschaftsbetriebe und die Bevölkerung (Erwerbstätige, Rentner usw.) zu verteilen. Wie jedoch die Erfahrung gezeigt hat, kann allein mit einer direkten und nicht mehr steuerlich korrigierbaren Einkommenszumessung keine zufriedenstellende Feinsteuerung der Verteilungspolitik erreicht werden. Um die Erwerbstätigen anzuspornen und um Arbeitskräfte in Branchen und Regionen zu lenken, wo ein hoher Arbeitskräftebedarf besteht, sind stark differenzierte, leistungsbezogene Löhne eines der wirksamsten Lock- und Anreizmittel. Bedienen sich die sozialistischen Staaten aus wachstumspolitischen Gründen dieser mobilisierenden Lohnpolitik, muß der Fiskus in die Primärverteilung der Nominaleinkommen hernach noch mit korrigierenden Umverteilungsmaßnahmen eingreifen. Sonst entstehen nach gewisser Zeit erhebliche Unterschiede in der Einkommens- und Vermögensverteilung, die zu Konflikten führen und die zudem nicht mit der amtlichen Propaganda von der sozialen Annäherung der Klassen und Schichten in einem sozialistischen Staat vereinbar sind. Deshalb müssen auch direkte Steuern vom Einkommen, nach Verbrauchsgüterarten (lebensnotwendige Güter, Luxusgüter) differenzierte Umsatz- und Verbrauchssteuern und der Staatshaushalt selbst verteilungspolitische Aufgaben übernehmen.

Wirtschaftskontrolle. Im Unterschied zu den westlichen Marktwirtschaften hat die Wirtschaftsführung der DDR dem »öffentlichen« Finanzwesen vielfältige Kontrollaufgaben übertragen. Ohne die Kontrolleistungen des Finanzsystems bliebe die laufende behördliche Überwachung der Planerfüllung in den Betrieben lückenhaft. Die Folge wäre, daß Planabweichungen während des Wirtschaftsjahres nicht rechtzeitig erkannt würden, daß die Ursachen planwidriger Entwicklungen nicht aufgedeckt werden könnten und daß die Wirtschaftsführung nicht wüßte, wo sie am zweckmäßigsten eingreifen muß, um Disproportionen in der Planerfüllung wieder zu beseitigen. Aus diesen Gründen hat die Staatsführung z. B. die kombinierte Umsatz- und Verbrauchssteuer, mit der die Verbrauchsausgaben der Konsumenten beim Einkauf von Industriewaren und Genußmitteln belastet werden, so konstruiert und die Form ihrer Einziehung so organisiert, daß die Behörden über die zu festen Steuerterminen eingehenden Abgaben kontrollieren können, ob die Betriebe der Konsumgüterindustrie ihre Produktions- und Absatzpläne erfüllen.

Der Staatshaushalt

Im Unterschied zur Bundesrepublik ist die DDR ein zentral verwalteter Einheitsstaat. Bedingt durch den Zentralismus der Staatsordnung, werden in der DDR sowohl das Budget des Zentralstaats (Republik) als auch die Haushalte der Bezirke, Kreise und Gemeinden zu einem »Einheitshaushalt« des Gesamtstaates zusammengefügt. Die in diesen Gesamtetat integrierten Budgets der Gebietsverwaltungen haben den Sammelnamen »Haushalte der örtlichen Staatsorgane« erhalten. Alle Grundfragen der Einnahmen- und Ausgabenpolitik im Gesamtstaat werden ausschließlich durch die Parteiführung der SED (Politbüro des ZK der SED) und die Regierung entschieden (Ministerrat der DDR). Das Einheitsbudget gliedert sich in vier Gruppen von Einzeletats:
1. die einzelnen Haushalte der obersten Staatsorgane. Zu diesen Budgets gehören vor allem der Etat des Ministerrats und die Haushalte der Fach- und Branchenministerien sowie der staatlichen Ämter. Die Gesamtheit dieser Teilhaushalte bildet den Etat des Zentralstaats;
2. den Haushalt der Sozialversicherung für die Arbeiter und Angestellten und für die Mitglieder von Produktionsgenossenschaften;
3. die Haushalte der Bezirke und Kreise und
4. die Haushalte der Gemeinden und Gemeindeverbände.

Verteilung der Entscheidungsbefugnisse. Die Finanz- und Ertragshoheit bei Steuern, Beiträgen, Zöllen und den meisten Gebühren liegt ausschließlich beim Zentralstaat. Den Gemeinden wurden die wenigen finanzpolitischen Befugnisse, die ihnen während der ersten Nachkriegsjahre erteilt worden waren, bereits vier Jahre nach der Staatsgründung (Oktober 1949) durch das Gesetz über die Staatshaushaltsordnung vom 17. Februar 1954 wieder entzogen.

Den regionalen Exekutivbehörden hat der Staat lediglich eine begrenzte »Verwaltungshoheit« im Abgabenwesen zugewiesen. Nach Artikel 9, Abs. 4, der DDR-Verfassung von 1968 dürfen Abgaben und Steuern nur auf der Grundlage von Gesetzen erhoben werden. Dementsprechend besitzen nur die beiden mit Gesetzgebungskompetenzen ausgestatteten Staatsinstanzen, die Regierung (Ministerrat) und die Volkskammer, die Befugnis zur Verabschiedung von Steuergesetzen.

Allein die Zentralregierung hat das Recht, Organisationsgesetze vorzulegen und z.T. auch zu erlassen, durch die die Haushaltswirtschaft sämtlicher Gebietsverwaltungen geordnet und gesteuert wird. Nur der Ministerrat hat das Mandat erhalten, die Grundzüge der staatlichen Mittelbeschaffung zu planen und über alle wichtigen Fragen der Ausgabenpolitik zu entscheiden. Daraus folgt, daß sämtliche Einnahmen, die der Fiskus aus Steuern, sonstigen Abgaben, Gebühren und Beiträgen erhält, dem Zentralstaat zustehen. Die Gebietsverwaltungen bekommen ihre Haushaltsmittel, die sie zur Finanzierung der ihnen übertragenen öffentlichen Aufgaben benötigen, überwiegend durch Überweisungen aus der Kasse des Zentralstaats zugeteilt. Im Haushaltsjahr 1982 wurden die den Bezirken, Kreisen und Gemeinden im Volkswirtschaftsplan und in den Organisationsgesetzen zugewiesenen Aufgaben zu über 54 Prozent mit Hilfe von Finanzmittelzuweisungen aus dem Zentralhaushalt finanziert. 1984 betrug der Anteil der Dotationen rund 52 Prozent. Die restlichen Einkünfte erhalten die Gebietsverwaltungen aus Einnahmequellen, die der Zentralstaat an sie abgetreten hat. Diese dürfen sie innerhalb der vorgegebenen Belastungsgrenzen für die einzelnen Steuerpflichtigen eigenverantwortlich ausschöpfen. In die örtlichen Haushalte fließen vor allem die Abgaben der auf Bezirks- und auf Ortsebene geleiteten Wirtschaftsbetriebe und die Gemeindesteuern (Grundsteuer, Hundesteuer und andere Abgaben).

Die Etats der einzelnen Gemeinden, Städte, Stadt- und Landkreise und der Bezirke werden nacheinander in den Einheitshaushalt integriert. Abgesehen von den Gemeindehaushalten enthält jedes Budget, angefangen bei den Kreishaushalten bis hinauf zum Haushalt der Republik, die Etats der jeweils untergeordneten Gebietseinheiten mit den vollen Einnahmen und Ausgaben. Von unten beginnend umfaßt nach dem »Schachtelprinzip« die Pyramide der Einzelhaushalte auf den vier Ebenen der Staatsverwaltung die Haushalte von rund 7500 Gemeinden, die Etats von 219 Stadt- und Landkreisen, die Haushalte der 15 Bezirke (einschließlich Ost-Berlins) und den Haushalt des Zentralstaats (Republik). Die kleineren Gebietseinheiten müssen sich in ihrer Einnahmen- und Ausgabenpolitik den Weisungen der jeweils übergeordneten Gebietsverwaltungen fügen.

Unter den monetären Lenkungsinstrumenten kommt in der Binnenwirtschaft der Haushaltspolitik die größte Bedeutung zu. Zwischen zwei Drittel bis drei Viertel des Volkseinkommens werden jedes Jahr im Einheitshaushalt konzentriert und dann für zumeist zentral ausgewählte Vorhaben der Wirtschafts- und Gesellschaftspolitik ausgegeben.

Systemtypische Aufgaben. Als Folge dieser hohen Kapitalkonzentration in der Staatskasse werden in der DDR weit mehr Produktions- und Investitionsaufgaben aus dem Staatshaushalt finanziert als in der Marktwirtschaft der Bundesrepublik. Daher umfaßt der Staatshaushalt in beträchtlichem Umfang Finanzierungsvorgänge, die in den Marktwirtschaften zur Finanzwirtschaft autonomer Unternehmen gehören und die dort in der Kostenrechnung, den Unternehmensbilanzen und in der Gewinn- und Verlustrechnung verbucht werden. Anders als in den Marktwirtschaften beschränkt sich somit in den Zentralplanwirtschaften die Aufgabe des Staatshaushalts nicht darauf, lediglich ein bestimmtes Angebot von traditionell öffentlichen Leistungen bereitzustellen – wie Volksbildung, Gesundheitsfürsorge, Seuchenschutz, Altenbetreuung, Feuerwehr, Straßenbau, Förderung der Wissenschaft und der Kunst usw. – und darüber hinaus noch eine ausgewählte Zahl solcher Dienstleistungen zu finanzieren, die auch privaten Firmen übertragen werden könnten (wie z.B. die Abfallbeseitigung). Staatskasse und Haushaltspolitik müssen in der DDR ein fast unbegrenztes Volumen an Finanzierungs-, Stimulierungs-, Stabilisierungs- und Umverteilungsaufgaben übernehmen, weil nahezu alle Produkte der Volkswirtschaft in »öffentliche Güter« verwandelt worden sind. Einen staatsfreien Raum gibt es in Wirtschaft, Gesellschaft und Kultur fast überhaupt nicht mehr.

Zu den systemtypischen Finanzierungsaufgaben des DDR-Staatsetats in der Wirtschaft gehören vor allem:
□ die Bezahlung der Erstausstattung von neugegründeten Betrieben in der Industrie, in der Bauwirtschaft, im Verkehrswesen und im Außenhandel mit den betriebsnotwendigen Anlagen und Umlaufmitteln;
□ die Mitfinanzierung kompletter neuer Werksteile in bestehenden Staatsbetrieben;
□ die Übernahme der Verluste von staatseigenen Unternehmen, bei denen die Staatsbank nicht mehr bereit ist, weitere Stützungs- und Überbrückungskredite zu gewähren;
□ die Übernahme eines Teils der Produktionskosten bei denjenigen Kombinaten, Einzelbetrieben und Versorgungsunternehmen, die bestimmte Nahrungsgüter, Industriewaren und Versorgungsleistungen (Trinkwasser, Fernwärme, Strom) auf staatlichen Befehl (Preisdekret) unter den Gestehungskosten an die privaten Haushalte verkaufen müssen (»produktgebundene Preisstützungen«);
□ die Finanzierung der meisten Meliorationen in der Landwirtschaft und sämtlicher Investitionen in der Wasserwirtschaft (ausgenommen betriebseigene Wasserwirtschaftsanlagen in der Industrie); und
□ die Finanzierung der gesamten geologischen Forschung sowie eines hohen Anteils der Forschungs- und Entwicklungsarbeiten in der Volkswirtschaft.

Die Einnahmen des Staatshaushalts. Die bei weitem ergiebigste Steuerquelle des DDR-Fiskus sind die von den Staatsbetrieben gezahlten Steuern. In den fünf Jahren von 1979 bis 1983 stammten im Durchschnitt 46 Prozent der Gesamteinnahmen des DDR-Etats (ohne die Beitragseinnahmen der Sozialversicherung) aus der staatseigenen Wirtschaft.

In der Reihenfolge ihrer fiskalischen Ergiebigkeit fließen von 1984 an folgende vier Steuerarten aus der Staatswirtschaft in die Staatskasse: die Gewinnsteuer (Nettogewinnabführung); die Produktions- und Handelsfondsabgabe (PFA/HFA, Kapitalsteuer auf das in den Produktions- und Handelsbetrieben eingesetzte Anlage- und Umlaufvermögen); die Bodennutzungsgebühr und die mit Wirkung vom 1. Januar 1984 erhobene Lohnsummensteuer, die in der DDR die Bezeichnung »Beitrag für die gesellschaftlichen Fonds« erhalten hat.

Seit 1980 ist die Nettogewinnabführung der Staatsbetriebe die für den Fiskus einträglichste Einzelsteuer. Gemessen an der Ertragskraft ist die Kapitalsteuer die zweitwichtigste Unternehmenssteuer. Die Produktions- und Handelsfondsabgaben brachten der Regierung von 1976 bis 1983 im Durchschnitt 13 bis 14 Prozent ihrer Haushaltseinkünfte ein.

Die DDR leidet unter chronischem Devisenmangel. Auch deshalb wurde 1980 der Zwangsumtausch für Westbesucher erhöht.

Neues Deutschland / 10. Oktober 1980 / Seite 2

Anordnung über die Durchführung eines verbindlichen **Mindestumtausches von Zahlungsmitteln** 9. Oktober 1980

Die Ausgaben des Staatshaushalts

1983 stammten 48,9 Prozent der Einnahmen des Öffentlichen Gesamthaushalts aus Steuern der staatseigenen Wirtschaft. Dieser Finanzierungsbeitrag setzte sich wiederum zu 64,7 Prozent aus Gewinnsteuereinnahmen und zu 26,6 Prozent aus Einkünften durch die steuerliche Belastung des in der Staatswirtschaft eingesetzten Kapitals zusammen. Die Abführungen der Banken trugen zum Steueraufkommen der Staatswirtschaft 8,5 Prozent, die Bodennutzungsgebühren 0,2 Prozent bei.

Nach den Unternehmenssteuern bringen dem Fiskus die von der Bevölkerung (Erwerbstätige und Konsumenten) gezahlten Steuern die meisten Einnahmen ein. 1983 finanzierte die Bevölkerung durch ihre Steuerzahlungen die Staatskasse mit 47,16 Milliarden Mark. Mit diesen Einnahmen konnten 1983 weit mehr als ein Viertel der Staatsaufgaben finanziert werden. Soweit die Besteuerung der privaten Haushalte nicht in einem direkten Zusammenhang mit der Führung eines privaten Handwerks-, Handels- oder Gewerbebetriebes steht, fließen aus folgenden drei Abgabenquellen Bevölkerungssteuern in die Staatskasse: aus der nach einzelnen industriellen Verbrauchsgütern und nach Genußmittelarten differenzierten Umsatz- und Verbrauchssteuer; aus der Lohnsteuer der Arbeiter und Angestellten und aus der ermäßigten Einkommenssteuer, die ausgewählten Gruppen von Selbständigen (Erfinder, Ärzte, Schriftsteller, Künstler) abverlangt wird.

Im Unterschied zur Bundesrepublik liegt der Schwerpunkt der Besteuerung der privaten Haushalte in der DDR nicht bei den direkten, sondern bei den unsichtbaren indirekten Steuern. Dieser Unterschied erklärt auch, weshalb z. B. 1983 der Fiskus in der DDR durch die Besteuerung der Arbeitseinkommen lediglich 4,5 Prozent seiner gesamten Etateinkünfte erzielte. Demgegenüber flossen der Staatskasse im gleichen Jahr durch die Besteuerung der privaten Verbrauchsausgaben Einnahmen in Höhe von 22,3 Prozent aller Budgeterträge zu. Für den DDR-Bürger ergab sich daraus folgende Steuerbelastung: Er mußte im Durchschnitt bei einem Einkauf von industriellen Verbrauchsgütern und von Genußmitteln im Wert von 100 Mark 55,50 Mark an Umsatz- und Verbrauchssteuern an die Staatskasse zahlen.

Weitere Einnahmen erhält der Staatshaushalt durch die Steuerzahlungen der kollektivierten Landwirtschaftsbetriebe (Agrarsteuern), durch die Abgabenleistungen der privaten und der genossenschaftlichen Handwerksbetriebe, durch die Abführungen der staatlichen Einrichtungen im Bereich der gesellschaftlichen Konsumtion (Gesundheitswesen, Hochschulen, Akademien, Kulturzentren usw.) und durch die Gemeindesteuern. Beachtlich ist hierbei vor allem die steuerliche Ertragskraft der privaten Handwerksbetriebe. Sie überweisen seit 1976 mehr Steuern an die Staatskasse, als die vollkollektivierte Landwirtschaft an Agrarsteuern jährlich aufzubringen vermag.

Die Ausgaben des Staatshaushalts. Im Unterschied zur Bundesrepublik, wo die soziale Sicherung der Bürger den ersten Platz in der Rangskala der Ausgabenarten des Öffentlichen Gesamthaushalts einnimmt, sind in der DDR die Ausgaben für die Wirtschaftsförderung die wichtigste Verwendungsart für Haushaltsmittel. 1983 gab die Staatsführung der DDR für die direkte Wirtschaftsförderung und für die Finanzierung der Industrie- und der Betriebsforschung 17,1 Prozent der Etatmittel aus (Bezugsgrundlage dieser Prozentangabe sind die Gesamtausgaben ohne die aus Beitragseinnahmen der Sozialversicherung finanzierten Sozialleistungen). Dies entspricht einem Ausgabenbetrag von 30,02 Milliarden Mark bei Gesamteinnahmen des Einheitsbudgets 1983 (ohne die Beitragseinnahmen der Sozialversicherung) in Höhe von 175,86 Milliarden Mark. Werden zu den Haushaltsausgaben, die für die direkte Wirtschaftsförderung und für die Unterstützung der Betriebsforschung verwendet werden, noch diejenigen Etataufwendungen hinzugefügt, die – in Form von Preisstützungssubventionen – auf indirekte Weise der Sicherung der Wirtschaftlichkeit sozialistischer Betriebe und der Förderung ihres Wachstums dienen, so hat die DDR 1983 fast ein Drittel aller Haushaltsmittel (29,6 Prozent) für die finanzielle Abstützung und für die Entwicklung sozialistischer Produktionsorganisationen ausgegeben.

Die »Ausgaben für die soziale Sicherung« (Versorgungs- und Fürsorgeleistungen für Rentner, Kranke, Behinderte und Bedürftige) bilden den zweitwichtigsten Ausgabenschwerpunkt des DDR-Staatshaushalts. 80 Prozent der Staatsausgaben für soziale Zwecke bestanden 1983 aus Zuschüssen an die Sozialversicherung, der die Aufgaben einer umfassenden Volksversicherung für die Versorgung und Betreuung der Bürger (Versicherte und Hinterbliebene) im Alter, bei Krankheit, Behinderung, nach Arbeitsunfällen und bei einer Mutterschaft übertragen worden sind. Die Sozialversicherung vereinigt in sich die Pflichtversicherung und die freiwillige Zusatzversicherung der Bürger. Da die Beiträge der Versicherten zur obligatorischen Volksversicherung seit langem eingefroren sind, reichen seit 1982 die Beitragszahlungen der Versicherungsnehmer und Betriebe an die Sozialversicherung nicht einmal mehr aus, um wenigstens die Hälfte der Ausgaben der Sozialversicherung zu decken. 1982/83 mußte die Staatskasse im Durchschnitt 54 Prozent der Sozialausgaben der Sozialversicherung übernehmen und durch Überweisung von Steuermitteln finanzieren.

In der Bundesrepublik stehen die Ausgaben für das Bildungs- und das Hochschulwesen auf Platz 2 der Rangskala öffentlich finanzierter Leistungen. Demgegenüber hat die Staatsführung der DDR den Ausgaben für das Bildungs- und das Hochschulwesen erst den vierten Platz innerhalb der Rangordnung der staatlichen Ausgabenschwerpunkte zugewiesen, und zwar nach den Aufwendungen für das Militär und die Grenzsicherungsmaßnahmen.

Sowohl in der Bundesrepublik als auch in der DDR sind die Ausgaben für die Verteidigung die drittwichtigste Ausgabenart des Öffentlichen Gesamthaushalts. Allerdings wird ein großer Teil der in der DDR

Andrang bei einer Autotombola in Ost-Berlin: Als Hauptgewinn winkt ein Trabbi. Lospreis: 50 Pfennige.

Finanzwirtschaft in der DDR

Rangordnung der Staatsausgaben der DDR nach Ausgabenarten
Haushaltsausgaben je Einwohner

Ausgabenarten	1978	1980	1983	Durchschnittliche Ausgabensteigerung 1979–1983
	Mark			in %
1. Direkte Stützung und Förderung der Staatsbetriebe in den Wirtschaftsbereichen Industrie, Bauwesen, Handel und Landwirtschaft	1 214	1 343	1 701	+ 7,0
2. Ausgaben für das Sozialwesen und Zuschüsse zur Sozialversicherung	924	1 039	1 047	+ 2,5
3. Offen ausgewiesene Ausgaben für die Streitkräfte, die Grenztruppen und die Grenzbefestigungen	641	727	833	+ 6,6
4. Indirekte Stützung und Förderung der Landwirtschaft und Subventionierung der Niedrigpreise bei Grundnahrungsmitteln	461	469	724	+ 9,5
5. Ausgaben für Volksbildung und Berufsausbildung	442	467	522	+ 3,4
6. Indirekte Stützung und Förderung der Industrie, des Personenverkehrs und des Reparaturhandwerks und Subventionierung der Endverbraucherpreise ausgewählter Industriewaren und Dienstleistungen für den Bevölkerungsbedarf	396	538	594	+ 8,5
7. Ausgaben für den Bau und die Instandhaltung von Wohnungen, Aufwendungen für die Wohnungsverwaltung und die Wohnraumbewirtschaftung und Subventionierung der Mietpreise	371	421	588	+ 9,6
8. Ausgaben für das Gesundheitswesen	343	380	456	+ 5,9
9. Ausgaben für die Staatsverwaltung	215	222	222	+ 0,7
10. Ausgaben für die Unterhaltung und Modernisierung von Verkehrswegen und Verkehrseinrichtungen und für den Einsatz von Verkehrsträgern (ohne Erweiterungsinvestitionen)	198	176	193	− 0,5
11. Ausgaben für die Kunst, Kulturpflege, die Medien, das Nachrichtenwesen und die Agitation und Propaganda	131	137	152	+ 3,0
12. Ausgaben für die Grundlagen- und Auftragsforschung [1]	130	154	175	+ 6,1
13. Ausgaben für Universitäten, Hoch- und Fachschulen	115	128	144	+ 3,8
14. Ausgaben für die Staatssicherheit, die öffentliche Ordnung, die Polizei, die Justiz und den Strafvollzug	49	55	67	+ 6,5
15. Sonstige Haushaltsausgaben (einschließlich nicht aufklärbarer Staatsausgaben)	1 250	2 249	2 771	+ 17,2
Ausgaben je Einwohner insgesamt [2]	6 880	8 505	10 239	+ 8,3

[1] Aus diesem Etattitel fließen a) Haushaltszuschüsse für die Industrieforschung und für die Betriebsforschung in der Land- und Forstwirtschaft. Außerdem werden b) aus diesem Ausgabenposten die Forschungs- und Entwicklungsaktivitäten in den staatlichen Akademien (darunter: Akademie der Wissenschaften), den Hochschulen und den selbständigen Forschungseinrichtungen finanziert. 1983 dienten über 55 Prozent der Staatsausgaben für die Grundlagen- und Auftragsforschung der Förderung der Industrieforschung und der Betriebsforschung in der Land- und Forstwirtschaft.

[2] Gesamtausgaben ohne die aus Beiträgen finanzierten Sozialversicherungsausgaben und ohne Kassenvorträge (= aus dem Vorjahr übernommener Kassenbestand)

Quellen: Haushaltsabrechnungen des DDR-Ministerrates für die Volkskammer; eigene Berechnungen.

für militärische Zwecke eingesetzten Haushaltsmittel in anderen Ausgabenposten versteckt und nicht unter der Haushaltsposition »Ausgaben für nationale Verteidigung« ausgewiesen. Dazu gehören u. a. die Ausgaben für militärische Bauvorhaben, für die Wehrforschung, für die Betriebskampfgruppen und für die vormilitärische Ausbildung der Jugend. Aus diesem Grund müßte der für die DDR errechnete Pro-Kopf-Betrag über die »offen ausgewiesenen Ausgaben für das Militär und die Sperrmaßnahmen an den Grenzen« noch erheblich erhöht werden, wollte man die tatsächlichen Militärlasten in Mark (Ost) je DDR-Bürger erfassen und ausweisen. An der Rangordnung der Ausgabenschwerpunkte würde diese Korrektur allerdings nichts ändern.

Auffällig ist, daß in der DDR die Ausgaben für das Verkehrswesen nur einen der hinteren Plätze einnehmen. Über die genaue Höhe der Ausgaben für Erweiterungsinvestitionen im Verkehrswesen (wie z. B. für die Anlage neuer Straßen und den Bau neuer Bahnhöfe) schweigt sich die Staatsführung zwar aus, doch bestätigen alle hierzu vorliegenden Informationen, daß auch die Berücksichtigung dieser Aufwendungen den Stellenwert des Verkehrswesens als Zuwendungsempfänger von Haushaltsmitteln höchstens um eine Rangstufe verbessern würde. Im Gegensatz zur Bundesrepublik ist in der DDR nahezu die gesamte Verkehrswirtschaft verstaatlicht und damit Kostgänger der Staatskasse. Daher war eigentlich zu vermuten, daß die Ausgaben für das Verkehrswesen einen der vorderen Plätze in der Rangskala der Ausgabenarten einnehmen würden. Während jedoch in der Bundesrepublik die Ausgaben für das Verkehrswesen den Platz 4 in der Rangordnung innehaben, muß sich das Verkehrswesen der DDR (einschließlich der Aufwendungen für Erweiterungsinvestitionen) mit Platz 7 zufriedengeben. Die Ursache dieser Zurücksetzung liegt darin, daß das Verkehrswesen (ausgenommen die drei Überseehäfen Rostock, Wismar und Stralsund) immer noch zu den Bereichen gehört, die bei der zentralen Kapitalverteilung benachteiligt werden. Infolge eines chronischen Kapitalmangels und aufgrund der nun schon über drei Jahrzehnte anhaltenden Privilegierung der Industrieinvestitionen, der Kapazitätserweiterungen bei Betrieben des Industrieanlagenbaus und der Investitionsgüternachfrage der Streitkräfte, Grenztruppen und Staatssicherheitsorgane bleiben für die Modernisierung von Verkehrseinrichtungen und für die dringend erforderlichen Investitionen in der Wasserwirtschaft, im Binnenhandel, bei den kommunalen Dienstleistungsbetrieben und im Handwerk nur unzureichende Restbestände an Investitionskapital übrig.

Auch der Wohnungsbau zählte bis 1971/72 zu den bei der Investitionsmittelverteilung ständig vernachlässigten Bereichen. Um die Wohnbedingungen von rund 10 Millionen DDR-Bürgern entscheidend zu verbessern, dem Verfall des Althausbestandes Einhalt zu gebieten und um die Wohnungsfrage als soziales Problem bis 1990 zu lösen, wurde 1973 ein gewaltiges Wohnungsbau- und Modernisierungsprogramm beschlossen. Seitdem steht der Neubau und die Modernisierung von Wohnungen im Mittelpunkt der Sozialpolitik. Dies äußert sich auch darin, daß die Ausgaben für das Wohnungswesen von 1979 bis 1983 am stärksten gestiegen sind.

Banken und Sparkassen

In der DDR werden die Aufgaben der Kreditinstitute und der Aufbau der Bankenorganisation im wesentlichen durch die Methoden der Wirtschaftslenkung geprägt, denen die SED-Führung und die staatliche Wirtschaftsverwaltung zeitweilig den Vorzug gibt. Für den Aufbau des Bankensystems sind daher zwei Organisationsprinzipien maßgebend: die Errichtung von Universalbanken eigener Art, denen ein bestimmter staatlich ausgesuchter Kundenkreis zur alleinigen Betreuung zugewiesen wird; und die Errichtung von Spezialbanken, die nur ausgewählte Geschäftsbankaufgaben bearbeiten dürfen (so z. B. die Finanzierung und Abwicklung von Außenhandelsgeschäften).

Zum Bankensystem der DDR gehören die Staatsbank der DDR, die Geschäftsbanken und die Sparkassen. Als Geschäftsbanken sind lediglich zwei Außenwirtschaftsbanken, eine Großbank für die Betreuung der sozialistischen Betriebe in der Land-, Forst- und Nahrungsgüterwirtschaft und eine Gruppe von kleinen Kreditinstituten tätig, denen das Handwerk und die privaten und genossenschaftlichen Handelsbetriebe als Kunden zugeteilt wurden.

Im Unterschied zur Marktwirtschaft der Bundesrepublik, wo privates Bankgewerbe, Gebietskörperschaften und sonstige Träger eine große Zahl unterschiedlicher Banktypen gegründet haben, sind in der DDR durch die Staatsführung nur wenige Kreditinstitute errichtet worden. Bei ihnen wurden alle Geld-, Kredit- und Bankgeschäfte konzentriert, die für das Funktionieren der Wirtschaft benötigt werden. Das Bankwesen ist daher durch eine enorme Unternehmenskonzentration gekennzeichnet.

Um die Banken unter strenger Aufsicht der Regierung zu Erfüllungsgehilfen der staatlichen Wirtschaftspolitik umzuwandeln, hat die Wirtschaftsführung der DDR bei der Errichtung des staatlichen Bankwesens das »Universalbankprinzip« im marktwirtschaftlichen Sinne preisgegeben. Daher dürfen auch die Geschäftsbanken mit einem großen Aufgabengebiet, wie die Bank für Landwirtschaft und Nahrungsgüterwirtschaft (BLN), nicht alle banküblichen Dienste anbieten und mit allen interessierten Privatpersonen und Betrieben sämtlicher Eigentumsformen Geschäfte abschließen. Banken und Sparkassen können nur die Bankaufgaben übernehmen, die ihnen der Gesetzgeber gegenüber einem ebenfalls gesetzlich abgegrenzten Kundenkreis zugewiesen hat. Daraus folgt, daß auch die Betriebe und Bürger der DDR nicht das Recht haben, sich eine Bank ihres Vertrauens selbst auszuwählen. Sie müssen das Kreditinstitut akzeptieren, das der Staat für sie als zuständig bestimmt hat. Während Privatpersonen noch die Möglichkeit haben, unter mehreren Sparkassenfilialen ihre Auswahl zu treffen, wird z. B. den VEB und Kombinaten der Industrie und Bauwirtschaft die für sie zuständige Staatsbankfiliale behördlich zugewiesen. Bei einem derart hohen Konzentrationsgrad und einer solchen Aufteilung der Geschäftsgebiete ist ein Wettbewerb unter den Bankinstituten weder möglich noch wird er gewünscht. Die Gründung von Filialbanken ausländischer Kreditinstitute in der DDR ist nicht gestattet. Die Geschäftstätigkeit aller Banken wird durch folgende systemtypische Besonderheiten geprägt:

☐ Eine Gewährung von Krediten an Einzelbetriebe und Betriebszusammenschlüsse aller Branchen ist nur den staatseigenen und den Genossenschaftsbanken erlaubt. Durch die Übertragung des Kreditvergabemonopols auf die staatlich verwaltete Bankenorganisation wurde einem privaten Geld- und Kapitalmarkt der Boden entzogen.

☐ Staatlichen, genossenschaftlichen und auch den restlichen privaten Wirtschaftsbetrieben ist es strikt untersagt, ihren Kundenbetrieben Kredite zu gewähren (Zahlungsziele) oder solche selbst entgegenzunehmen (Verbot von Lieferantenkrediten).

☐ Alle durch die Banken gewährten Kredite dürfen nur zweckgebunden vergeben werden und müssen der Erfüllung staatlicher Planziele dienen.

☐ Welche Einlagen-, Kredit-, Verzugs- und Strafzinsen von den Banken berechnet werden dürfen, entscheiden nicht sie selbst, sondern die jeweils verbindlichen Zinstabellen werden vom Ministerrat und von der Leitung der Staatsbank beschlossen.

☐ Um säumige Kreditschuldner zur Einhaltung von Vertragsvereinbarungen zu zwingen und sie zur Erfüllung ihrer Rückzahlungsverpflichtungen anzutreiben, werden diese Betriebe durch die Banken mit Strafzinsen belegt. Während Kredite, die der Verwirklichung von Planaufgaben dienen, im Normalfall mit 5 Prozent jährlich verzinst werden (Grundzinssatz), dürfen die Banken den Kreditnehmern, die ihre Kreditschulden nicht rechtzeitig tilgen, Strafzinsen bis zur Höhe von 12 Prozent jährlich abverlangen.

☐ Alle VEB, Kombinate und Produktionsgenossenschaften müssen bei den ihnen zugewiesenen »Hausbanken« ein nach Unternehmensaufgaben spezifiziertes System von Girokonten (Finanzfondskonten) unterhalten, damit die Banken und Wirtschaftsbehörden die Möglichkeit erhalten, die Plantreue und die Rentabilität der Produktionsorganisationen laufend überwachen zu können.

☐ Alle zwischenbetrieblichen Zahlungen müssen grundsätzlich über das Gironetz der Bankenorganisation bargeldlos abgewickelt werden, um auch hierdurch eine möglichst lückenlose Staatskontrolle über die Leistungsqualität der Betriebe zu erreichen. Bargeldzahlungen zwischen den Betrieben hat der Gesetzgeber auf Bagatellfälle beschränkt. Darüber hinaus wurden die anzuwendenden Zahlungs- und Verrechnungsverfahren gesetzlich normiert und die zulässigen Zahlungsfristen behördlich festgelegt.

Die Staatsbank. An der Spitze der Bankenorganisation steht die »Staatsbank der DDR«. Gemäß § 1 des Staatsbankgesetzes ist sie »das zentrale Organ des Ministerrates für die Verwirklichung der von Partei und Regierung beschlossenen Geld- und Kreditpolitik in ihrer Gesamtheit«. Hieraus folgt, daß die Staatsbank der DDR an die Weisungen der Regierung gebunden ist und im Unterschied zur Deutschen Bundesbank keine Unabhängigkeit in der Währungs- und Geldpolitik besitzt. Um die gewünschte Verklammerung zwischen der Wirtschaftspolitik und der Währungs- und Geldpolitik auch personell abzusichern, ist der Präsident der Staatsbank zum Mitglied des Ministerrats ernannt worden. Seine Berufung und Abberufung erfolgt faktisch durch die Parteiführung der SED (Politbüro).

Im Unterschied zur Deutschen Bundesbank ist der Staatsbank eine Doppelaufgabe zugewiesen worden: Sie ist zugleich Zentralbank und Geschäftsbank. In ihrer Rolle als Notenbank hat sie sämtliche Zentralbankaufgaben zu erfüllen. Dazu gehören in erster Linie die Notenemission, die Steuerung des Bargeldumlaufs, die Verwaltung der Liquiditätsreserven der Geschäftsbanken und Sparkassen und die Regulierung des Kreditvergabespielraums des Bankensystems.

Allein die Staatsbank besitzt das Recht, Geldzeichen (Banknoten, Münzen) herzustellen und auszugeben. Daneben sind ihr sämtliche Kassengeschäfte der Finanzverwaltung übertragen worden (Kassenvollzugsorgan und Buchungszentrum des Staatshaushalts). Gegenüber den Volkseigenen Betrieben und Kombinaten der Industrie (ohne Nahrungsgüterindustrie), der Bauwirtschaft, des Verkehrswesens und des staatlichen Binnenhandels obliegen ihr ferner alle Aufgaben einer Geschäftsbank. Diese umfassen hauptsächlich die kurzfristige Kreditgewährung (Umlaufmittelfinanzierung), die Investitionsfinanzierung durch Langzeitkredite, die Kontenführung für die Wirtschaftsunternehmen und die Abwicklung des Zahlungs- und Verrechnungsverkehrs für ihre Kundenbetriebe. Die Staatsbankzentrale verwaltet die staatliche Devisenkasse (staatliches Devisenmonopol). Sie ist außerdem für die Festsetzung von Umrechnungskursen im kommerziellen und im nichtkommerziellen Zahlungsverkehr zuständig. In den Händen der Staatsbank

Hierarchischer Aufbau der Banken- und Sparkassenorganisation der DDR

```
Regierung (Ministerrat)
    |
Staatsbank
Zentraldirektion (Sitz: Ost-Berlin)  Zentralbank- und Geschäftsbankaufgaben
    |
    ├── Außenwirtschaftsbanken
    │     ├── Deutsche Handelsbank AG (Sitz: Ost-Berlin)
    │     └── Deutsche Außenhandelsbank AG (DABA) Zentrale Sitz: Ost-Berlin
    │           └── Filialen
    ├── Filialgliederung nach Territorien (Gebietseinheiten)
    │     └── 15 Bezirksdirektionen
    │           └── Kreisfilialen
    │                 └── Örtliche Zweigstellen und Wechselstellen
    ├── Filialgliederung nach Industriezweigen und Kombinaten
    │     └── 41 Industriebankfilialen (Hausbanken für ein oder für mehrere Industriekombinate)
    ├── Geschäftsbanken
    │     ├── Bank für Landwirtschaft und Nahrungsgüterwirtschaft (BLN) Zentrale Sitz: Ost-Berlin
    │     │     └── 15 Bezirksdirektionen
    │     │           └── Kreisfilialen
    │     │                 └── Bäuerliche Handelsgenossenschaften
    │     └── Verband der Genossenschaftskassen für Handwerk und Gewerbe Verbandsdirektion Sitz: Ost-Berlin
    │           └── Kombinatsfilialen
    │                 └── Genossenschaftskassen für Handwerk und Gewerbe
    │                       └── Örtliche Zweigstellen
    └── Sparkassen
          ├── 15 Bezirksstellen für die Sparkassenarbeit
          │     └── Kreis- und Stadtsparkassen
          │           └── Hauptzweigstellen und Zweigstellen
          └── Postsparkasse Postscheckämter
                Reichsbahnkasse Reichsbahnsparkasse
```

→ Unterstellung und direkte Weisung in Grundsatzfragen

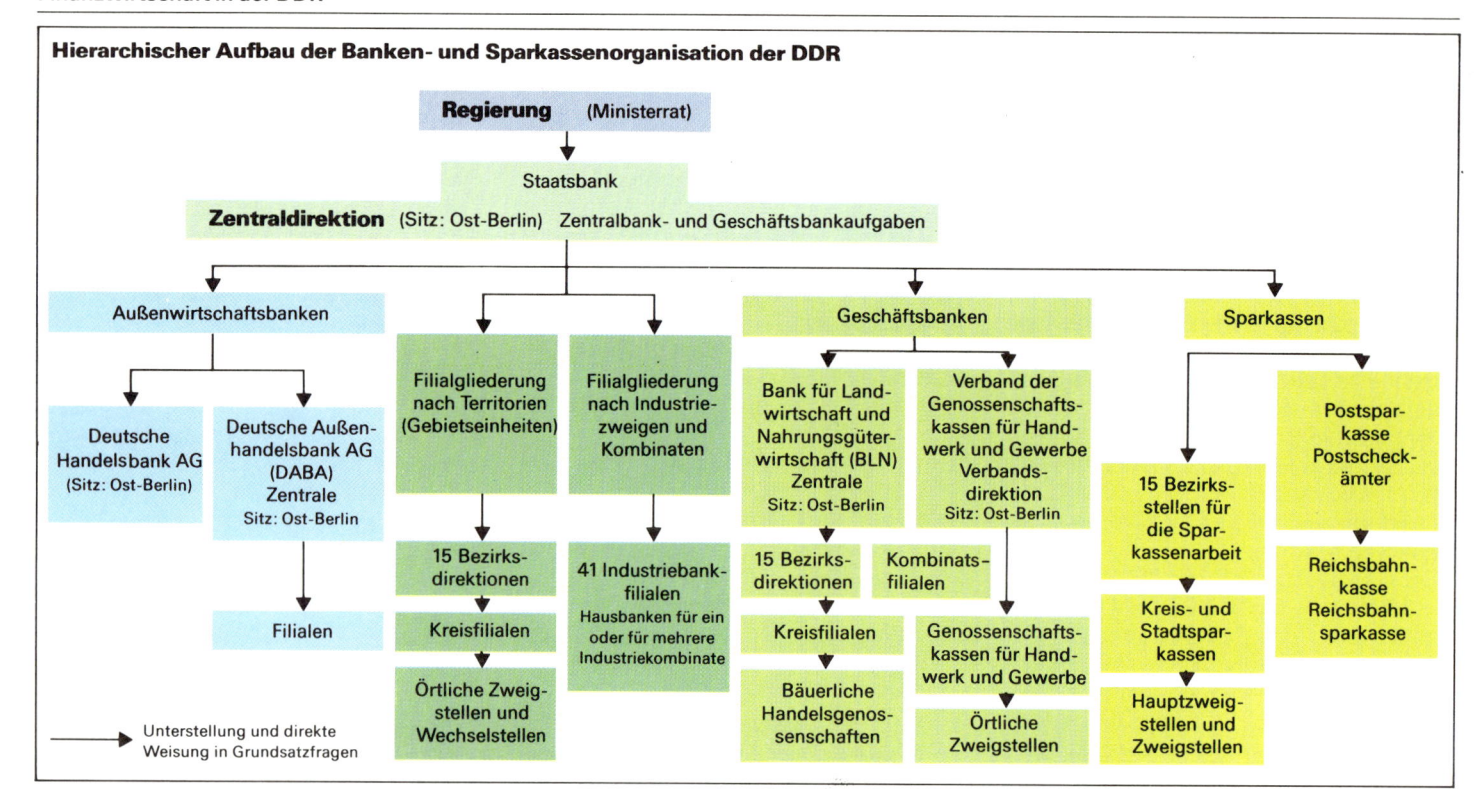

liegt der Verkauf von eng begrenzten Kontingenten ausländischer Zahlungsmittel an die Bevölkerung, wobei natürlich nur Valuta solcher Staaten verkauft werden, in die DDR-Bürger reisen dürfen. Im Auftrag der Regierung schließt die Staatsbank mit den Zentralbanken anderer Staaten und mit den beiden Gemeinschaftsbanken des RGW – der Internationalen Bank für Wirtschaftliche Zusammenarbeit und der Internationalen Investitionsbank – Rahmenabkommen über die Abwicklung des grenzüberschreitenden Zahlungs- und Verrechnungsverkehrs ab und trifft zudem Kreditvereinbarungen.

Der Präsident der Staatsbank kann den Leitungen der Geschäftsbanken und Sparkassen Weisungen erteilen. Er überwacht, ob diese Institute die Regierungsdekrete befolgen und ihre Kredit- und Zinspolitik effizient zur Erfüllung der staatlichen Wirtschaftspläne nutzen. Auf Bezirks-, Kreis- und Stadtebene unterhält die Staatsbank Filialen, die gleichzeitig Verrechnungszentren für die übrigen Bankinstitute sind.

Geschäftsbanken. Der Kundenkreis der *Bank für Landwirtschaft und Nahrungsgüterwirtschaft* (BLN) umfaßte 1983 u. a. 477 Volkseigene Güter, 3938 Landwirtschaftliche Produktionsgenossenschaften (LPG), 209 Gärtnerische Produktionsgenossenschaften und 235 Zwischenbetriebliche Großmastanlagen für die Tierproduktion. Ebenso wie der Staatsbank, soweit diese Geschäftsbankaufgaben wahrnimmt, sind der BLN folgende Aufgaben übertragen worden: Sie soll durch eine geschickte Festlegung der Kredithöhe, der Verzinsung, der Rückzahlungsfristen und der sonstigen Kreditbedingungen die Leistungsbereitschaft der Landwirtschaftsbetriebe anspornen und deren Planerfüllungsdisziplin stärken. Planverstöße und Effizienzmängel sollen die Geschäftsbanken bei ihren Kundenbetrieben nicht nur passiv registrieren, sondern sie sollen aktiv auf die Betriebsleitungen einwirken, damit Verlustquellen verstopft und Leistungsreserven mobilisiert werden.

Den *Bäuerlichen Handelsgenossenschaften* (BHG; Landhandels- und Kreditgenossenschaften), die der BLN unterstellt sind, obliegt die bankwirtschaftliche Betreuung der Landbevölkerung in reinen Agrargebieten, in denen kein dichtes Filialnetz der Sparkassen besteht. Sie sind zuständig für die Sammlung des Sparkapitals der Genossenschaftsbauern, der Arbeiter und Angestellten der Staatsgüter und der Land- und Forstarbeiter und wickeln für diese Bevölkerungsgruppe den bargeldlosen Zahlungs- und Verrechnungsverkehr ab.

Die *Deutsche Außenhandelsbank AG* (DABA) und die *Deutsche Handelsbank AG* befassen sich ausschließlich mit der finanziellen Abwicklung von Außenhandelsgeschäften (Warenaustausch, Lizenzhandel, Dienstleistungstransfers) und mit internationalen Finanztransaktionen (Aufnahme von Devisenkrediten, Erfüllung der Schuldendienstverpflichtungen. Devisenhandel in Hartwährungsvaluta). Um den beiden Außenwirtschaftsbanken für ihre Geschäftsbeziehungen zum westlichen Ausland ein vertrauenerweckendes Firmenschild zu verleihen, hat die Regierung diese beiden Banken in die Rechtsform einer Aktiengesellschaft gekleidet. Unbeschadet dieser »kapitalistischen« Rechtsform handelt es sich bei beiden Instituten um weisungsgebundene Bank-Behörden im Staatseigentum.

Während die *Deutsche Handelsbank AG* nur Bankgeschäfte mit westlichen Geschäftspartnern abschließt, ist die DABA für die finanzielle Abwicklung des grenzüberschreitenden Leistungsaustauschs sowohl mit Staaten der westlichen und der Dritten Welt zuständig als auch dafür verantwortlich, daß mit den Partnerbanken in den Staaten des sozialistischen Lagers eine zügige Verrechnung und ein schneller Dokumentenaustausch über alle Leistungstransfers stattfindet. Im Inland sind die Außenwirtschaftsbanken Mittler und finanzielle Schaltstellen zwischen den staatlichen Außenhandelsbetrieben auf der einen und den Ex- und Importbetrieben auf der anderen Seite.

Eine Sonderstellung nehmen die *Genossenschaftskassen für Handwerk und Gewerbe* ein, von denen es Ende der siebziger Jahre rund 150 Institute gab. Sie sind die Nachfolgeinstitute der einstigen Volksbanken. Träger dieser Banken sind ausschließlich private Handwerker, Einzelhändler, Eigentümer von Gaststätten und private Gewerbetreibende. Die Eigenmittel dieser Banken werden aus Genossenschaftsanteilen gebildet. Darüber hinaus erhalten sie noch Kapitalzuschüsse der Staatsbank, sofern Produktionsgenossenschaften des Handwerks (PGH) zu ihren Kreditkunden zählen. Neben der Sammlung von Spargeldern, der Führung der Geschäftskonten für ihre Kunden und der Abwicklung ihres bargeldlosen Zahlungsverkehrs gewähren die Genossenschaftsbanken Kredite an eingetragene Mitglieder und auch an PGH. In der Ausübung ihrer Geschäfte sind die Genossenschaftsbanken an die Weisungen des Ministeriums der Finanzen und der Staatsbank gebunden.

Sparkassen. Für die Bürger der DDR, die Rat in Geldangelegenheiten suchen und bankmäßige Dienstleistungen nachfragen, sind die Sparkassen die wichtigsten Geld- und Kreditinstitute. Ähnlich wie in der Bundesrepublik sind auch in der DDR die Sparkassen Einrichtungen der Stadt- und Landkreise. Anders jedoch als hierzulande wird in der DDR die Sparkassenorganisation zentral durch die Staatsbankzentrale und die Bezirksdirektionen der Zentralbank gelenkt. Außerdem üben auch noch die Räte der Kreise Weisungsrechte aus.

Die Kreis- und Stadtsparkassen der DDR unterhalten in ihren örtlichen Geschäftsbereichen Hauptzweigstellen, Zweigstellen und Agenturen in Warenhäusern und Betrieben. Ende 1980 umfaßte das Filialnetz der Sparkassen 3451 Hauptzweigstellen und Zweigstellen. Zum Kundenkreis der Sparkassen gehören die Lohn- und Gehaltsempfänger, die freiberuflich arbeitenden Selbständigen, Einzelhändler, private Handwerker und Gewerbetreibende sowie ein Teil der Produktionsgenossenschaften.

Der Schwerpunkt der Geschäftstätigkeit der Sparkassen liegt im *Passivgeschäft* (Einlagengeschäft, Zahlungs- und Verrechnungsverkehr). Im Mittelpunkt der Sparkassenarbeit steht dabei die Förderung des Sparwillens der privaten Haushalte und die Sammlung und Verwaltung von Spargeldern. Mitte der achtziger Jahre unterhielten die Bürger der DDR rund 16 Millionen Spargiro- und Buchsparkonten bei den Stadt- und Kreissparkassen. Auf ihnen waren Ende 1983 rund 91 Milliarden Mark an Spareinlagen deponiert. Über 80 Prozent der gesamten Spareinlagen der DDR-Bevölkerung sind bei den Sparkassen konzentriert. Von 1000 Einwohnern haben rund 960 Bürger ein Sparkonto bei der Sparkasse eröffnet. Die restlichen knapp 20 Prozent der Spareinlagen, die sich nicht auf den Konten der Stadt- und Kreissparkassen befinden, verteilen sich auf folgende Publikumsbanken und Einrichtungen: Genossenschaftskassen für Handwerk und Gewerbe, BHG, Reichsbahnspar- und Darlehnskassen, Postsparkassen und die Postscheckämter.

Im Durchschnitt verfügt jeder DDR-Bürger über ein bis zwei Sparkonten. Pro Kopf hatten die privaten Haushalte Ende 1983 rund 6780 Mark an Sparguthaben zurückgelegt. Dieses Sparkapital setzt sich aus freiwilligen und aus unfreiwilligen Ersparnissen zusammen. Unfreiwillige Ersparnisse entstehen dann, wenn das Angebot an Verbrauchsgütern zu gering und lückenhaft ist und außerdem bereichsweise nicht dem Bedarf der Konsumenten entspricht. Können die zahlungskräftigen Bürger keine sinnvolle Verwendung für einen Teil ihrer Einkommen entdecken, müssen diese Gelder zwangsgespart werden. Den Bürgern der DDR werden insgesamt nur zwei Sparformen angeboten: Spargirosparen und Buchsparen. Zinsanreize durch Staffelung der Haben-Zinsen nach der Festlegungsfrist der Einlagen gibt es nicht. Sowohl die Spargiroguthaben als auch die Einlagen auf den Sparbuchkonten werden *einheitlich* mit 3,25 Prozent jährlich verzinst.

Einen ansehnlichen Teil ihrer überschüssigen Geldmittel legen DDR-Bürger darüber hinaus in Bargeldhorten an (Sparstrumpfsparen), obwohl diese Sparform keine Zinserträge abwirft. 1983 bewahrte jeder 3-Personen-Haushalt im Durchschnitt mehr als zwei Monatsgehälter (2342 Mark) als Liquiditätsreserve zu Hause auf. Der von den Sparkassen organisierte bargeldlose Zahlungsverkehr wird zum größten Teil über die Spargirokonten abgewickelt (Überweisungen, Daueraufträge, Abbuchungsaufträge usw.). Mehr als 50 Prozent der Erwerbstätigen und der Rentner erhalten ihre Löhne, Gehälter und Renten bargeldlos ausbezahlt.

In der DDR ist allen Bevölkerungsbanken die Gewährung von Kontokorrentkrediten verboten. Bürger, die mehrmals ihr Konto überziehen, werden mit Sanktionen belegt. Das *Aktivgeschäft* der Sparkassen umfaßt die einmalige Gewährung von sozial-vergünstigten zinsfreien Krediten für junge Eheleute zur Finanzierung einer Wohnungsausstattung und zur Beschaffung von Wohnraum. Die Höhe der Kredite ist auf 5000 Mark begrenzt, und die Laufzeit beträgt maximal 8 Jahre. Für jedes in der Ehe geborene Kind wird ein Teil der Schuldsumme erlassen – eine Maßnahme im Dienst der Bevölkerungspolitik. Ende 1983 hatten 74 545 junge Paare Ehestandsgründungsdarlehen aufgenommen und zu den überaus günstigen Bedingungen 486,3 Millionen Mark bei den Publikumsbanken geborgt. Die Zinsausfälle, die den Sparkassen durch die zinsfreie Vergabe dieser Darlehen entstehen, werden ihnen aus der Staatskasse ersetzt. Auf die gleiche Weise springt der Fiskus ein, wenn die Bevölkerungsbanken jungen Eheleuten einen Teil ihrer Kreditschulden erlassen müssen, weil die hierfür erforderlichen gesetzlichen Voraussetzungen erfüllt sind. Durch die Anzeige von Geburten ist jungen Ehepaaren 1983 in 130 286 Fällen ein Teil ihrer Verbindlichkeiten erlassen worden, was den Staatshaushalt insgesamt 159,1 Millionen Mark kostete.

Nicht mit bevölkerungspolitischen Zielen sind die Konsumenten- oder Teilzahlungskredite befrachtet, die jeder Bürger aufnehmen kann. Diese Darlehen müssen in der Regel mit 6 Prozent verzinst werden. Sowohl bei den Ehestandsgründungsdarlehen als auch bei den Jedermann-Konsumentenkrediten erhalten die Darlehensnehmer jedoch kein Bargeld ausbezahlt, sondern ihnen wird in Höhe der Leihsumme ein »Kreditkaufbrief« ausgestellt. Damit können sie nun nicht alle im Einzelhandel angebotenen langlebigen Verbrauchsgüter erwerben, sondern sie müssen zufrieden sein, diejenigen Waren auf Kredit kaufen zu können, die das Ministerium für Handel und Versorgung hierfür ausgesucht und in Listen erfaßt hat. Diese Warenlisten können Interessenten auf Wunsch in jeder Sparkassenfiliale einsehen. Es handelt sich also um Konsumentenkredite, die den Absatz lenken sollen.

Soweit in der DDR Privathaushalten der Bau eines Eigenheimes gestattet wird (z. B. kinderreichen Landarbeiterfamilien), gewähren die Sparkassen den Bauherren im Bedarfsfall langfristige Baudarlehen. Die für diese Kredite verlangten Zinsen liegen zwischen 0 und 4,5 Prozent. Ferner stellen die Sparkassen für die in ihrem Geschäftsbereich ansässigen privaten Dienstleistungs- und Handwerksbetriebe Umlaufmittel- und Investitionskredite bereit. Die Zinskosten dieser Darlehen betragen 5 Prozent jährlich.

Zu diesem Thema

In anderen Werken:
Autorenkollektiv: Sozialistische Finanzwirtschaft, Berlin (Ost) 1981
Buck, Hannsjörg: Technik der Wirtschaftslenkung in kommunistischen Staaten (2 Bde.), 1969

Im Stadtbild muß man sie suchen, wie hier am Ost-Berliner Prenzlauer Berg: die Banken und Sparkassen! Bankhochhäuser errichten? Der Aufbau der Industrie hatte Vorrang. Auch soll im Sozialismus Geld die Menschen nicht beherrschen.

HANS HERBERT GÖTZ

Wirtschaftsmanagement in der DDR

In der Deutschen Demokratischen Republik galt der Grundsatz der Leitung und Planung der Volkswirtschaft sowie aller anderen gesellschaftlichen Bereiche. »Die Volkswirtschaft der Deutschen Demokratischen Republik ist sozialistische Planwirtschaft.« Anders als im Grundgesetz der Bundesrepublik Deutschland war die Grundnorm der Wirtschaftsordnung der DDR im Artikel 9 der DDR-Verfassung direkt festgelegt: sozialistische Planwirtschaft. Das Management der Industriebetriebe – auch der Landwirtschaft oder des Handels – war fest in das planwirtschaftliche System eingebunden. Nach Jahren des Experimentierens hatte Generalsekretär Erich Honecker im September 1977 festgestellt, daß es jetzt darum gehe, leistungsfähige Kombinate als »Hauptstützen der modernen Wirtschaftsleitung« zu schaffen; sie sollten, bei weitgehender Eigenverantwortung der Betriebe, in der Lage sein, ihre Aufgaben entsprechend den Zielen des Volkswirtschaftsplans zu erfüllen. Ende der siebziger Jahre hatte die DDR-Industrie mit der Gliederung in Kombinate ihre vorläufig endgültige Struktur gefunden (148 Zentral-, 126 bezirksgeleitete Kombinate). Die zentralgeleiteten Kombinate unterstanden direkt den 12 Industrie-Ministerien (einschließlich des Bau-Ministeriums), die übrigen den Wirtschaftsräten der Bezirke. Mit dieser grundlegenden Neuordnung der Industrieorganisation, die zügig Anfang der achtziger Jahre vollzogen wurde, hielt die DDR die Kombinate an der »kurzen Leine« der ihnen vorgesetzten Industrie-Ministerien; zugleich aber hat sie den Generaldirektoren mehr Selbständigkeit und Verantwortung gegeben, vor allem im Außenhandel. Zwar war in der DDR-Verfassung auch das Außenhandelsmonopol des Staates festgelegt, doch der Zwang, sich unter den schwieriger gewordenen Bedingungen der achtziger Jahre mit ihren Produkten auch auf westlichen Märkten zu behaupten, hat die DDR veranlaßt, die in den sechziger und siebziger Jahren überwiegend bestehende Trennung zwischen dem Management der Produktionsbetriebe und den Außenhandels-»Bürokraten« in der Hauptstadt durch organisatorische Änderungen zu verringern: Die Generaldirektoren der großen Kombinate mit Milliardenumsätzen und bis zu 70 000 Beschäftigten waren seither sowohl Beauftragte der Fachminister, als auch – in den Grenzen der Planwirtschaft – »Unternehmer«; sie hatten mehr Freiheiten bekommen, waren aber zugleich stärkeren Kontrollen unterworfen. Architekt dieser neuen Planwirtschaftspolitik war Günter Mittag, der als Mitglied des Politbüros und als Sekretär des Zentralkomitees der SED für die Wirtschaftspolitik verantwortlich war.

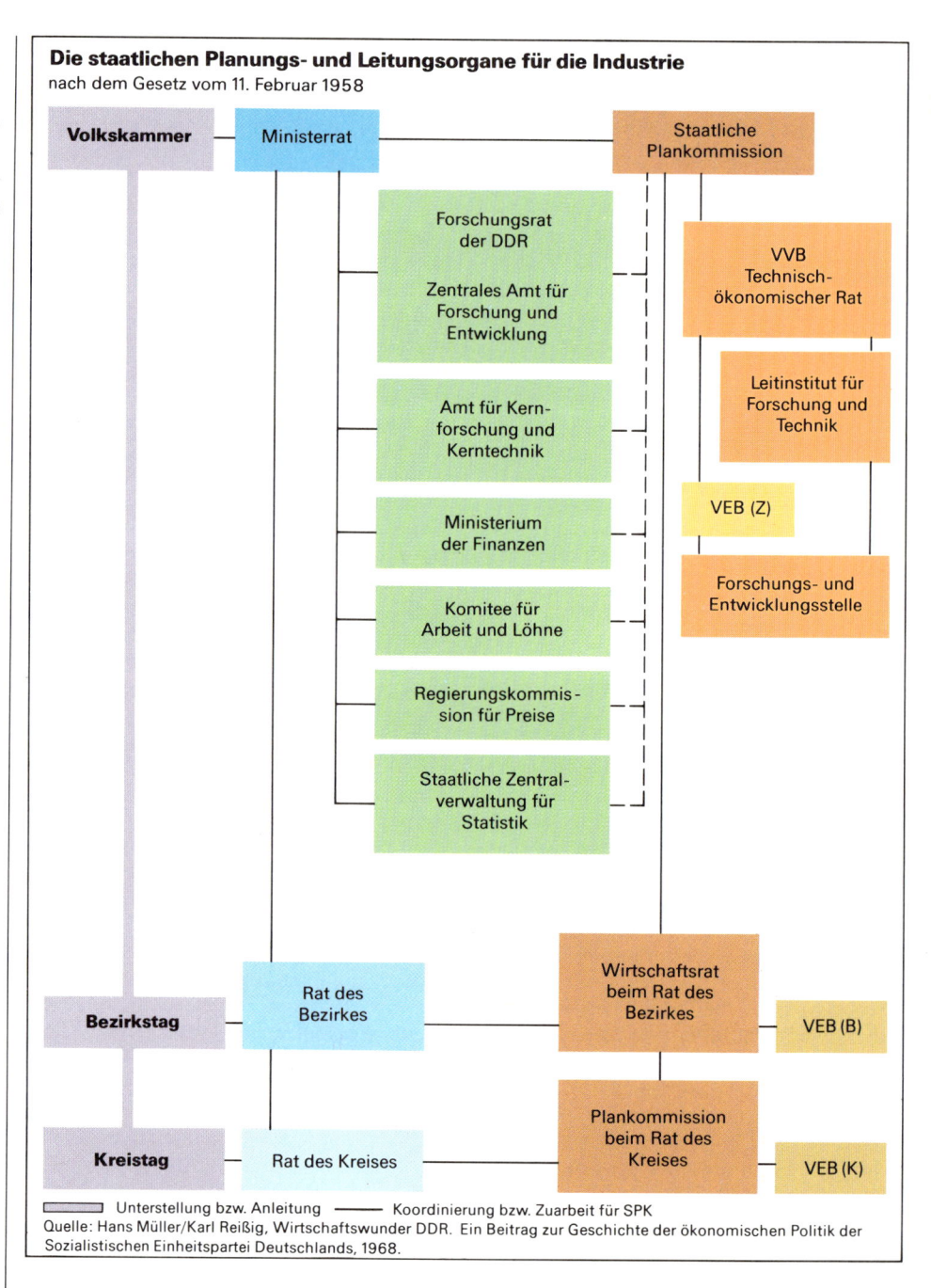

Für die Planwirtschaft der DDR war die Konzentration des größten Teils der Industrie auf die überschaubare Zahl von 148 Kombinaten eine gewisse Erleichterung; die Weisungsstränge waren kürzer geworden, regelmäßig wurden die Generaldirektoren und das Industrie-Management auf mehrtägigen Seminaren mit den aktuellen Problemen vertraut gemacht; dort wurde sehr offen gesprochen, allerdings drang diese Kritik nur unvollständig an die Öffentlichkeit. Die Neuorganisation hatte auch zur Folge gehabt, daß zahlreiche Kombinate und Betriebe innerhalb der DDR, in Einzelfällen sogar im Ostblock (Rat für Gegenseitige Wirtschaftshilfe, abgekürzt RGW) monopolähnliche Positionen erhielten, mit allen Vorteilen und Nachteilen, die mit einer solchen Markt- und Machtposition verbunden sind.

Neben hohen fachlichen Qualitäten verlangte die Partei von den Industriemanagern, die in der Mehrheit selbst Mitglieder der SED waren, vor allem Führungsqualitäten.

Ein Groß-Kombinat zu leiten war schwierig, da entgegen allen partei-offiziellen Beteuerungen die Planwirtschaft mit ihren systembedingten Produktivitätsrückständen und ihrer vergleichsweise geringen Effektivität nicht geeignet ist, Menschen zu höheren Leistungen zu motivieren. Die Möglichkeiten des Generaldirektors und des Managements, überdurchschnittliche Leistungen zu honorieren, erschöpften sich überwiegend in Ehrungen und Auszeichnungen, nicht nur für einzelne Mitarbeiter, sondern auch für Betriebskollektive und ganze Betriebe. Materielle Belohnungen waren selten und mangels eines interessanten Warenangebots nicht sonderlich attraktiv.

Über der gesamten DDR-Wirtschaft, in der Industrie wie in der Landwirtschaft, lag wie ein Netz die Organisation der Partei und der Parteisekretäre; es gab sie ganz »unten« und »oben«, als Parteisekretär des Kombinats. Der entscheidende Maßstab auch für die Bewertung der Tätigkeit der sozialistischen Leiter war die Durchsetzung von Beschlüssen der Partei und die Erfüllung der Planaufgaben; »qualifizierte politische Leitung schließt ein enges Zusammenwirken von Parteiorganisationen und Leiter (Generaldirektor) ein«, hieß es in einem Lehrbuch. Parteisekretäre sollten nicht versuchen, die Aufgaben der Leiter zu lösen, aber die Parteileitungen hatten zu jedem Augenblick und auf allen Ebenen Sorge zu tragen, daß die vorgegebenen politischen und materiellen Ziele der Partei durchgesetzt würden. Diese Aufgabe, die für westliche Vorstellungen nicht ohne weiteres einsichtig ist, konnte nicht immer konfliktfrei gelöst werden.

Nach den Regeln von Lenin soll der Parteisekretär Vorbild sein, auch in menschlicher Hinsicht. Er soll den neuen sozialistischen Menschen verkörpern, der überlegen, gelassen, ideologisch sicher und einfühlsam im Betrieb und an jenen Betriebspunkten wirkt, wo es, wie die DDR-Standardformel lautet, »Probleme gibt«. Höchste ideologische Wachsamkeit wurde von ihm erwartet, vor allem dann, wenn es um die »Machtfrage« ging, die sich für die Partei nicht nur an der Spitze, sondern in jedem Betrieb immer wieder stellte. Der Einfluß des Parteisekretärs reichte – wie in Büchern und Filmen immer wieder deutlich gemacht wird – bis in die Privatsphäre hinein, wobei der Parteisekretär auch Abweichlern zunächst den rechten Weg weisen sollte, bevor er gegebenenfalls harte Maßnahmen ergreifen würde. Manch einem Parteisekretär ist die Lösung dieser Aufgabe gelungen, vor allem denen, die ihr Leben lang für den Kommunismus kämpften, von denen aber mancher inzwischen enttäuscht war: Denn die Wirklichkeit des real existierenden Sozialismus und das kommunistische Ideal klafften unüberbrückbar weit auseinander.

Stehen im Westen Gewinn, Wachstum und ständige Bewährung an den Märkten im Mittelpunkt der Betriebsführung, so war es die Hauptaufgabe von DDR-Managern, den vorgegebenen Plan zu erfüllen. Der Entwurf des alljährlichen Volkswirtschaftsplans, der wichtiger war als die Fünfjahrpläne, wurde von der Plankommission mit ihren 5000 Beschäftigten aufgestellt, dem Zentralkomitee der SED zugeleitet und dann formell, in der Regel am Ende des Jahres, von der Volkskammer der DDR verabschiedet. Diesen Prozeduren gingen intensive, sich über Monate erstreckende, meist harte Auseinandersetzungen voraus, zunächst von oben nach unten, d. h. von der Plankommission über die Ministerien bis hinunter in die Betriebe, und dann, nach der sog. Planverteidigung gegenüber den Forderungen der Fachministerien, wieder nach oben zurück. Ähnliche Auseinandersetzungen vollziehen sich, soweit sie fachlicher Natur sind, auch in den Konzernen der westlichen Industriestaaten, denn dort wird ja auch geplant und die Einhaltung der Pläne kontrolliert. In der DDR spielten bei diesem Ringen nicht nur die Anforderungen an die Kombinate eine wesentliche Rolle, sondern auch die Einbindung der Kombinate in den Ostblock, vor allem in die Volkswirtschaft der Sowjetunion. Da die DDR bei der Belieferung mit Roh- und Energierohstoffen von der Sowjetunion abhing, wurde in den Verhandlungen über Preise und Mengen auch über die Güterversorgung der DDR mitentschieden.

Waren die Verhandlungen beendet, stellte sich für das Management der DDR-Kombinate die Frage, wie die nun einmal festgelegten Pläne zu verwirklichen seien. Es ist bezeichnend, daß in der Publizistik der DDR nahezu ausschließlich von der Erfüllung und Über-Erfüllung von Plänen gesprochen wurde und nur selten von der Nicht-Erfüllung. Westliche Beobachter gingen davon aus, daß manch hochgesteckte Planziele, die sich im Lauf eines Planjahres als unerfüllbar erwiesen haben, nach unten korrigiert wurden, so daß auch dann noch die Planerfüllung am Jahresende gemeldet werden konnte. Wie die gesamte Technik der Industrie-Planung entzog sich auch dieser Bereich den Blicken der Öffentlichkeit.

Wenn auch die sog. »Tonnenideologie«

Was ist ein Kombinat?

Das Wort »Kombinat« kommt aus der sowjetischen Wirtschaftsterminologie. In einem Kombinat sind, ähnlich wie in einem Konzern, mehrere Industriebetriebe unter einer einheitlichen Führung zusammengefaßt. Vorläufer in der DDR waren die »Vereinigungen Volkseigener Betriebe« (VVB), die sich in den siebziger Jahren in der Sicht der DDR-Führung als eine überholte Form der industriellen Leitung erwiesen haben und die so gut wie vollständig aufgelöst und durch Kombinate abgelöst wurden. Die meisten der DDR-Kombinate sind um einen »Stammbetrieb«, sozusagen das »Herz« des Kombinats, konzentriert, von dem aus das Kombinat gesteuert wird. Alle Kombinate sind gehalten, in ihr Produktionsprogramm auch konsumnahe Güter aufzunehmen; so produziert z. B. das Chemie-Kombinat Leuna auch Kosmetika und Waschmittel.

Die scheinbar perfekt funktionierende Planwirtschaft der DDR war vor allem das Werk von Dr. Günter Mittag, eines strengen, gefürchteten Parteifunktionärs. Jahrgang 1926, war der »gelernte« Eisenbahner seit 1962 fast ununterbrochen der maßgebende Wirtschaftspolitiker im SED-Politbüro.

– d.h. die Erfüllung der Pläne nach gelieferten Mengen oder gar nach Gewicht und nicht nach den Kosten – nicht verschwand, so hatte die DDR-Planwirtschaft doch seit Beginn der achtziger Jahre erhebliche Anstrengungen unternommen, sparsames Wirtschaften in den Kombinaten zu erzwingen. In westlichen Industriebetrieben werden die am Markt erzielten Erlöse mit den realen Produktionskosten verglichen. In der DDR verglich man diese Werte auch, sie konnten aber mangels »echter« Preise nicht den Aussagewert westlicher Kalkulationen besitzen. Zwar korrigierte man seit einigen Jahren die Industriepreise, entsprechend der Entwicklung an den Weltmärkten, in regelmäßigen Jahresrhythmen nach oben, aber diese Preiserhöhungen waren »gegriffen«, d.h. vielfach nach parteipolitischen Wunschvorstellungen ausgerichtet, die nicht immer mit den gesamtwirtschaftlichen Notwendigkeiten übereinstimmten.

Wie die Kombinate unter diesen Umständen »abrechneten«, wie sie den seit Lenins Zeiten so dringlich erwünschten ständigen Produktivitätszuwachs erreichen konnten, war in der wissenschaftlichen wie in der politischen Diskussion der DDR ein Dauerthema. Für die Betriebe in sozialistischen Planwirtschaften wurde der Erfolg vor allem auch an der Erreichung bestimmter Kennziffern gemessen; diese wechselten ständig und für die Außenstehenden ist nicht erkennbar, in welchen Kombinationen sie angewandt wurden. Früher war die Kennziffer »Industrielle Warenproduktion« ausschlaggebend, doch in den achtziger Jahren waren, im Zuge des administrativ verordneten Sparens von Material, die Kennziffern »Grundmaterialkosten« je 100 Mark Warenproduktion und die Kennziffer »Nettoproduktion« zusätzlich eingeführt worden: Unter der schwieriger gewordenen Lage der achtziger Jahre versuchten die DDR-Führung mit beachtlicher planwirtschaftlicher Phantasie, »den bekannten Tendenzen eines unrealen Leistungsausweises etwa durch überhöhten Materialanteil« wirksam zu begegnen.

Dennoch verfügten die Generaldirektoren und das Management über gewisse Freiräume, im negativen wie im positiven Sinn: z.T. mußten sie den systembedingten permanenten Ausfall von Lieferungen an Material oder Halbfertigteilen ausgleichen, entweder durch Kompensationsgeschäfte oder das Entsenden von Mitarbeitern, die das benötigte Material selbst besorgten; auch waren sie, durch angedrohte Geldbußen, angehalten, hochwertige Maschinen nachweisbar in zwei oder drei Schichten laufen zu lassen. Positiv bestanden die Freiräume darin, daß die Planvorgaben nicht bis ins Letzte vorgeschrieben sein konnten – dies hätte Milliarden von Computer-Rechnungen beansprucht –, so daß das Management insoweit frei war, solche Sortimente zu produzieren, die für die Planerfüllung am relativ günstigsten waren; dies brauchten aber nicht die Produkte zu sein, für die die größte Nachfrage bestand. So entstanden die »Widersprüche« zwischen Produktion und Bedarf; oft waren die Überlagerbestände sichtbarer Ausdruck dafür.

Wichtig für das Management in der DDR waren auch die Gewerkschaften und die Betriebsgewerkschaftsleitungen. In der Bundesrepublik wird oft gesagt, daß die Industriegewerkschaften in der DDR machtlos gewesen seien und vor allem nicht in der kämpferischen Tradition der Gewerkschaften der westlichen Welt gestanden hätten. Festzustellen bleibt gleichwohl, daß die im Freien Deutschen Gewerkschaftsbund (FDGB) zusammengeschlossenen Industriegewerkschaften der DDR auch im Politbüro der SED, dem höchsten politischen Leitungsgremium, durch ihren Vorsitzenden vertreten und keineswegs machtlos waren. Den Gewerkschaften unterstand nach dem Arbeitsgesetzbuch die gesamte Sozialversicherung; sie hatten ferner eine Schlüsselrolle bei der Verteilung der billigen Urlaubsplätze, und sie sprachen bei der Lösung der Probleme mit, die mit der Einführung der Computer zusammenhängen, bei der zunehmenden Schichtarbeit oder beim Arbeitsplatzwechsel.

Das ist die Vergangenheit, das abenteuerliche Experiment einer nahezu perfekt konzipierten sozialistischen Planwirtschaft auf deutschem Boden, die am besten funktionierende im ganzen Ostblock. Die Planwirtschaft soll sich nun, wie es in der Regierungserklärung von Ministerpräsident de Maizière vom 19. April 1990 hieß, in eine »ökologisch orientierte soziale Marktwirtschaft« verwandeln. Für dieses Experiment gibt es in der modernen Wirtschaftsgeschichte keine Vorbilder und nur sehr bedingt taugliche Erfahrungen. Dieser Umwandlungsprozeß hat zu Beginn des Jahres 1990 bereits stürmisch begonnen und ab 2. Juli 1990 ist die D-Mark in der DDR eingeführt, die Währungsunion, die Wirtschaftsunion und – eine Neuheit – eine Sozialunion. Die Sozialunion, als Begriff in der Bundesrepublik neu, macht deutlich, daß die DDR sich darum bemüht, nicht nur alles, was im Bereich der Sozialpolitik in der Bundesrepublik seit 1949 gewachsen ist, zu übernehmen, sondern auch vieles von dem, was von der DDR-Bevölkerung als vernünftig und eben als »sozial« verstanden wird. Mit der Vereinigung der beiden deutschen Staaten am 3. Oktober 1990 ist die Basis künftiger politischer und wirtschaftlicher Entwicklung geschaffen.

Bereits in den ersten Monaten nach der Revolution im November 1989 hat sich herausgestellt – für Kenner keineswegs überraschend –, daß es unter den Generaldirektoren und Direktoren in den großen Industrie-Kombinaten befähigte Manager gibt; so groß die Unterschiede in der Produktivität auch sind, zahlreiche Betriebe dürfen davon überzeugt sein, daß sie auch in der neuen, für sie so fremden wirtschaftspolitischen Umgebung weiterhin existieren können, aber das Damoklesschwert der Unsicherheit schwebt seit 1989 über den meisten Unternehmen, ihren Beschäftigten, ihren Familien und auch über dem Management. Die meisten Betriebe haben enorme Umstellungsaufgaben zu bewältigen, die die Kräfte möglicherweise übersteigen, finanziell, technisch, fachlich und organisatorisch. Die Zukunftschancen sind keineswegs gering, auch wenn kein Betrieb schon zu Beginn der neuen Ära wird sagen können, ob er »geläutert« aus dem Fegefeuer der neuen Wirtschaftsordnung hervorgehen wird und wie seine Zukunft in der neuen, europäischen Wirtschaftsordnung aussehen wird. Dies gilt natürlich für die Industrie, aber auch für den Handel, die Gastronomie, die Dienstleistungsbereiche, die eine große Zukunft vor sich haben. Die neue Wirtschaftsordnung braucht lebendige Menschen, die ihre Chancen erkennen und ergreifen, die nicht nur warten, bis eine Planbürokratie etwas anordnet.

Hier bestehen in der DDR große Sorgen: Die Ergebnisse der sozialen Marktwirtschaft in der Bundesrepublik werden zwar bewundert, aber vor der mit ihr verbundenen Unsicherheit fürchten sich viele. Auch ist schwer vorherzusehen, wie die Menschen langfristig gesehen reagieren werden. Sie leben und arbeiten nun in einem Land, dessen Umgangssprache sie zwar beherrschen, deren Ordnungszusammenhänge ihnen aber nur unzureichend bekannt sind, denn das Fernsehen und die Werbung sind kein Ersatz. Die DDR-Bürger kennen die Ergebnisse der in der Bundesrepublik seit der Währungsreform des Jahres 1948 betriebenen Wirtschaftspolitik, aber die gänzlich andere Sprache, die Mechanik dieser Ordnung, vermögen sie nur unzureichend zu verstehen.

Erfahrene westliche Manager können sich an den Bilanzen der westlichen Betriebe – den ehrlichen, internen und nicht nur an den veröffentlichten – orientieren, aber die in der DDR veröffentlichten »Bilanzen« hatten einen völlig anderen Sinn. Die veröffentlichten Zahlen konnten und sollten niemandem Auskunft darüber geben, ob Betriebe und Kombinate, auch landwirtschaftliche Genossenschaften oder Volkseigene Güter, »rentabel« wirtschafteten. Der oft ausgewiesene »Gewinn« hat mit dem Gewinn der Betriebe in den nicht-sozialistischen Ländern nichts gemein. Selbst Manager der DDR-Kombinate konnten gar nicht genau wissen, ob ihre Betriebe einigermaßen rentabel wirtschafteten, denn die Verschleierung der Bilanzwahrheit war im großen wie im kleinen und kleinsten selbstverständlich. Auch hier war die Lüge Prinzip.

Die meisten Betriebe der DDR sind auf Hilfen aus der Bundesrepublik angewiesen, ebenso die gesamte Volkswirtschaft der DDR auf einen kräftigen Transfer von Kapital und von Fachwissen. Das bedeutet zunächst für das alte oder das neue Management, sei es in den bekannten Groß-Kombinaten und den ausgegliederten Teilbetrieben bis hin zu den Handwerksbetrieben, daß zunächst neue, ehrliche, vergleichbare Bilanzen aufgestellt werden müssen. Sie und sie allein, nicht etwa irgendwelche dubiosen Planerfüllungsberichte aus der Vergangenheit können den westlichen Kapitalgebern und künftigen Partnern zeigen, was die DDR-Betriebe und ihr Management zu leisten in der Lage sind und was geschehen muß, um sie wettbewerbsfähig zu machen. Diese Aufgabe ist in mehrfacher Hinsicht schwierig und umfassend, denn moderne westliche Bilanzierungsmethoden (Steuerbilanz oder Handelsbilanz) sind den DDR-Betrieben weitgehend unbekannt. Daher ist es unerläßlich, daß die westdeutschen Kapitalgeber, auch die Banken, ihren neuen Partnern helfen müssen, vor allem durch Vermittlung von Fachwissen, durch Schulung und der Interpretation von Gesetzes- und Verwaltungsvorschriften. Joint Ventures, wie das Modewort heißt, gemeinsame »Unternehmungen« basieren auf Vertrauen und auf verläßlichen und vergleichbaren Zahlen. Die wenigen Betriebe, die in den letzten Jahren bereits mit westdeutschen Partnern die sogenannten Gestattungsproduktionen eingerichtet haben, Salamander oder Nivea zum Beispiel, dürften hier einen Wettbewerbsvorsprung besitzen.

Am Ende des Konzentrationsprozesses des letzten Jahrzehnts in der DDR stand eine Industrie-Struktur, die größtenteils aus echten Angebots-Monopolisten, aus Allein-Anbietern bestand – nicht »Monopolisten« im Sinne des Marxismus-Leninismus, demzufolge »Monopolisten« zu einer bestimmten, zu bekämpfenden Klasse gehörten. Diese Kombinate, diese Angebots-Monopolisten waren im Westen als in der Regel verläßliche Partner bekannt.

Wichtig ist die fleißige, intelligente Arbeiterschaft, die sich in Berlin, in Sachsen und Thüringen in einer Jahrhunderte langen Tradition entwickelt hat. Bis jetzt arbeiten diese Menschen in Organisations- und Ordnungs-Strukturen, die ihrer Entfaltung hinderlich waren und die kaum Spontaneität zuließen. Im Alltag der Kombinate spielten Fragen der rechtzeitigen und vollständigen Ersatzteilversorgung eine zentrale Rolle, auch der Kampf gegen »Stillstandszeiten«; aber trotz jahrelanger Klagen der obersten Parteispitzen fand die sozialistische Planwirtschaft keine Methode, dieser Probleme Herr zu werden, denn es fehlte jeder Leistungsantrieb. Die neu gebildete »Treuhandgesellschaft« soll nun die »volkseigenen« Betriebe und Kombinate zunächst übernehmen, neu gliedern und nach Möglichkeit privatisieren. Unternehmen des Westens sind gefordert, erfahrene Manager für eine Übergangszeit zur Verfügung zu stellen.

Die neu aufzustellenden Eröffnungsbilanzen stellen das Management deshalb vor eine so schwierige Aufgabe, weil es bis zur Währungs- und Wirtschaftsunion in der DDR so gut wie keinen einzigen Preis-Kostenbestandteil gab, der seinen Marktwert auch nur einigermaßen widerspie-

207

gelte; das gilt auch für den Wert von Grund und Boden, meist im »Volkseigentum«, aber auch die Vorräte und Maschinen. Der Abschreibungsbedarf ist riesig. Wissen muß man in diesem Zusammenhang: Alle Preise in der DDR waren aus politischen und finanzpolitischen Gründen verfälscht; sie waren entweder stark verbilligt, subventioniert – Grundnahrungsmittel, Mieten vor allem, auch Beförderungstarife, auch bestimmte Konsumgüter wie Kinderkleidung –; oder sie waren künstlich verteuert – hochwertige elektrische Geräte wie Fernseher, aber auch Kraftfahrzeuge. Die hohen Verkaufspreise, deren Gegenwert von den Kombinaten an die Staatskasse abgeführt werden mußte, waren die Hauptquelle zum Ausgleich des angeblich immer ausgeglichen präsentierten Staatshaushalts. (Daß der Etat in Wahrheit alles andere als ausgeglichen war, wurde erst nach der Revolution bekannt.) Hinzu kommt, daß alle Produkte geprüft werden müssen (hinsichtlich Preis und Design), ob sie überhaupt wettbewerbsfähig sind oder unter welchen Bedingungen und Kosten sie wettbewerbsfähig gemacht werden können. Für alle Beteiligten stehen schwere Zeiten bevor.

Der Fachverstand von erfahrenen Wirtschaftsprüfern ist wichtig, aber dieser Berufszweig ist in der DDR wenig ausgebildet, die Zahl der Wirtschaftsprüfer ist daher klein; die Betriebe benötigten zur Kontrolle der bisher allein wichtigen Planerfüllung keine Wirtschaftsprüfer, und schon gar keine, die als »Freie Berufe« tätig sind. Das äußerlich stattliche System von Kontrollen vielfältiger Art konnte zur Bilanzwahrheit nie viel beitragen.

Die Betriebe in der DDR waren zum großen Teil auf den Absatz ihrer Produkte in der Sowjetunion und in den anderen Staaten des Ostblocks ausgerichtet. Dies wird sich ändern, und diese Änderung bringt auch für das Management neue Aufgaben, neue Perspektiven, zusammen mit dem Verbund in Deutschland und Europa auch neue Chancen. Die Aufgaben werden dadurch nicht einfacher, da sich die ökonomischen Gesamtbedingungen nicht nur in der DDR grundlegend ändern, sondern auch bei den bisher wichtigsten, zum Teil einzigen, Lieferanten und Abnehmern in der Sowjetunion wie in den anderen Abnehmer- oder Lieferländern. Auch in diesen Staaten sind tiefgreifende Änderungen des Preis- und Kostengefüges eingeleitet. Zwar sieht sich die DDR-Führung an ihre Verträge mit der Sowjetunion gebunden; aber wenn sich die Sowjetunion selbst an der Preisentwicklung der Weltmärkte orientieren und ihre Partner ebenfalls auf diese neue Linie festlegen will, dann verlangt diese Politik für das Management der DDR-Betriebe Umdenken und rasches, spontanes Reagieren, beides unternehmerische Qualitäten, die in einer Planwirtschaft nicht entwickelt wurden – auch gar nicht entwickelt werden sollten. Ihren Partner in der Bundesrepublik haben die DDR-Betriebsmanager eine bessere Kenntnis der Sowjetunion, vor allem deren Sprache und deren Mentalität voraus, ein echter Standortvorteil. Auch hier, im Bereich der Auslandsmärkte, der westlichen zumal, wird der Aufbau einer verläßlichen Kostenstellen- und Kostenarten-Rechnung unerläßlich sein. Man kann davon ausgehen, daß die westdeutschen, vielleicht auch die ausländischen Unternehmen, die mit Betrieben in der DDR kooperieren, Hilfen geben werden, nicht aus unternehmerischer »Caritas«, sondern, um möglichst rasch einigermaßen festen Boden unter die Füße zu bekommen. Die zum Teil jahrzehntelangen Erfahrungen von Unternehmen im innerdeutschen Handel reichen für eine Umstrukturierung der Wirtschaft nicht aus. In den DDR-Betrieben muß eine neue »Fachsprache« erlernt werden, möglichst noch in einer europäischen Fremdsprache, Englisch vor allem.

Die Welt der Marktwirtschaft und der Auslandsmärkte ist den Mitarbeitern der großen Planwirtschafts-Bürokratie und der Außenhandels-Betriebe fremd gewesen. Die Personaldecke in diesem Bereich ist dünn, denn die sogenannten »Auslandskader« waren allesamt ausgewählte »treue« Genossen. Sie hatten zwar das Funktionieren der westlichen Märkte in Europa, auch in Teilen der außereuropäischen Welt begriffen, auch die Funktionsweise des internationalen Wettbewerbs; aber sie sahen sich mehr als Helfer der oft politisch motivierten Planerfüllung, Kostendenken spielte eine eher untergeordnete Rolle. Für viele Betriebe in der DDR war das gesamte Vokabular der modernen Betriebswirtschaftslehre, Marketing etwa oder Leasing, und die Spezialsprachen der Computer neu.

Schon unmittelbar nach der Revolution im November 1989 ist deutlich geworden, daß die DDR für Unternehmen in der Bundesrepublik, für die Banken, Versicherungen ein neuer Markt ist, der hart umkämpft sein wird, auch im Wettbewerb mit ausländischen Unternehmen. Die Betriebe der DDR, die sich rasch umstellen, deren Management elastisch operiert, werden geringere Sorgen haben, daß das neue, bereits wartende Kapital, ihnen zur Verfügung steht. Bundesdeutsche Betriebe haben hier Standortvorteile. Für die DDR, die sich nicht einfach von der Bundesrepublik »vereinnahmen« lassen will, stellt sich hier die Aufgabe, nicht nur zu »verlängerten Werkbänken« zu werden.

Zu der Fülle der auf das Management der Betriebe in der DDR zukommenden Fragen gehören die Auseinandersetzungen mit den Industrie-Gewerkschaften. Der »Freie Deutsche Gewerkschaftsbund« (FDGB) hat sich aufgelöst; diese Vereinigung, die fest in das planwirtschaftliche System eingebaut war, hat in einer marktwirtschaftlichen Ordnung keinen Platz, jedenfalls nicht in der bisherigen Form. Die Industriegewerkschaften in der DDR werden sich rasch auf ihre neue Rolle als Tarifpartner einstellen, und das Management muß sie respektieren. Lohnkämpfe, gar Streiks, waren in der kommunistischen Planwirtschaft nicht vorgesehen und niemand weiß, welche Rolle die sich nun neu formierenden Industrie-Gewerkschaften in der DDR, auch in der Auseinandersetzung mit dem Management, spielen werden, zumal in einer so schwierigen und langwierigen Phase des völligen wirtschaftspolitischen Umbruchs.

In der DDR hat die »Umwertung aller ökonomischen Werte« begonnen; ihr Umfang ist ebenso unbekannt wie unberechenbar, ebenso ihre Auswirkungen. Diese schmerzliche Umwertung ist aber unerläßlich, um eine Eingliederung in einen gemeinsamen deutschen und europäischen Markt in Gang zu setzen. Die unvermeidlichen, vielfach bitteren Umstrukturierungsprozesse greifen tief in die betrieblichen und menschlichen Existenzen ein.

PETER PLÖTZ

Die Sonderrolle des innerdeutschen Handels

Der Sonderstatus des innerdeutschen Handels ergibt sich aus der besonderen deutschlandpolitischen Situation; er ist selbst für Fachleute in all seinen institutionellen, rechtlichen und materiellen Konsequenzen kaum vollständig zu erfassen.

Da die DDR nach Auffassung der Bundesrepublik Deutschland nicht zum Ausland zählt, kann aus Bonner Sicht der Waren- und Dienstleistungsverkehr mit ihr auch kein Außenhandel sein. Es bestehen Wirtschaftsbeziehungen »besonderer Art«, die in der Bundesrepublik entsprechende institutionelle und rechtliche Konsequenzen auslösten. So wurde schon im November 1949 die Treuhandstelle für den Interzonenhandel (seit 1982 Treuhandstelle für Industrie und Handel) geschaffen, die zuerst ihren Sitz in Frankfurt/Main hatte und seit April/Mai 1950 in West-Berlin ansässig ist. Zunächst war sie ein Organ des Deutschen Industrie- und Handelstages, 1963 wurde sie dem Bundesministerium für Wirtschaft unterstellt. Allerdings ist der innerdeutsche Handel innerhalb des Ministeriums nicht der Außenwirtschaftsabteilung, sondern der für die gewerbliche Wirtschaft zuständigen Abteilung Industrie untergeordnet. Selbst nach der staatlichen Anerkennung der DDR und der Einrichtung Ständiger Vertretungen in Berlin (Ost) und Bonn erhielt die Vertretung der Bundesrepublik Deutschland keine handelspolitischen Kompetenzen; hierfür ist allein die Treuhandstelle zuständig.

Rechtliche Konsequenzen sind darin sichtbar, daß für den Wirtschaftsverkehr mit der DDR nicht das Außenwirtschaftsgesetz von 1961 gilt. Er unterliegt auch heute noch dem alliierten Militärrecht (Militärregierungsgesetz Nr. 53).

Anders als Bonn die DDR, betrachtet Ost-Berlin die Bundesrepublik Deutschland als Ausland; entsprechend ordnet die DDR die deutsch-deutschen Wirtschaftsbeziehungen als Außenhandel ein. Der Warenaustausch wurde allerdings in seiner Frühphase als Interzonen-, später als innerdeutscher Handel bezeichnet. 1962 verschwand auch diese Bezeichnung aus dem Sprachgebrauch der DDR. Bis 1966 wurde aber der »Handel mit Westdeutschland« und – gemäß der These von der besonderen politischen Einheit – »Westberlin« nicht in der Gruppe der »kapitalistischen Industrieländer«, sondern gesondert in der Außenhandelsstatistik ausgewiesen. Seit 1967 wurde dann auch diese Teilung aufgegeben. Der innerdeutsche Handel erscheint seitdem in der Statistik der DDR getrennt als Außenhandel mit der »Bundesrepublik Deutschland« und »Westberlin« innerhalb der Gruppe der »kapitalistischen Industrieländer«. Parallel dazu wurde das Ministerium für Außenhandel und innerdeutschen Handel in Ministerium für Außenwirtschaft umbenannt (seit 1974 Ministerium für Außenhandel), behielt aber seine Zuständigkeit für die Außenwirtschaftsbeziehungen zur Bundesrepublik. Die DDR akzeptierte allerdings in allen den innerdeutschen Handel betreffenden Fragen die Treuhandstelle als Verhandlungspartner.

Im innerdeutschen Handel dürfen im Grundsatz nur Waren deutschen Ursprungs geliefert und bezogen werden. Vertragsgrundlage dieses Handels ist das »Berliner Abkommen« vom 20. September 1951; trotz Änderungen und Ergänzungen bis in die jüngste Zeit gilt es in der Fassung vom 16. August 1960, deren Titel lautet: »Abkommen über den Handel zwischen den Währungsgebieten der Deutschen Mark (DM-West) und den Währungsgebieten der Deutschen Mark der Deutschen Notenbank (DM-Ost)«. Das Abkommen basiert auf dem »Frankfurter Abkommen« vom 8. Oktober 1949, in dem durch die »Verrechnungseinheit« (VE) eine Zahlungs- und Verrechnungsform geschaffen wurde, die auch heute noch Gültigkeit besitzt. Die Zahlungen werden ausschließlich im Verrechnungswege über beide Notenbanken (Deutsche Bundesbank und Staatsbank der DDR) abgewickelt und dort verrechnet (Clearing-Stelle). Die DDR kann die VE, die faktisch der DM entsprechen, nur im innerdeutschen Handel verwenden, also nicht im Westhandel. Die am innerdeutschen Handel beteiligten Außenhandelsbetriebe der DDR erhalten für ihre Lieferungen aber nur die Binnenwährung der DDR wie sonst auch im Außenhandel. Eine Kursrelation zwischen DM und Mark der DDR läßt sich nicht herstellen.

Das »Berliner Abkommen« wurde im »Vertrag über die Grundlagen der Beziehungen zwischen der Bundesrepublik Deutschland und der Deutschen Demokratischen Republik« vom 21. Dezember 1972, und zwar in einem Zusatzprotokoll, übernommen. Hier heißt es: »Der Handel zwischen der Deutschen Demokratischen Republik und der Bundesrepublik Deutschland wird auf der Grundlage der bestehenden Abkommen abgewickelt.« Damit wurde auch formal von der DDR der Sonderstatus des innerdeutschen Handels vertraglich anerkannt! Auch international ist der Sondercharakter des innerdeutschen Handels akzeptiert, und zwar in einem besonderen Protokoll zum EWG-Vertrag von 1957.

Vorteile für die DDR?

Die materiellen Konsequenzen, die sich aus dem Sonderstatus der deutsch-deutschen Wirtschaftsbeziehungen ergeben, sind, knapp skizziert, folgende:

1. Da die DDR nach der Rechtsauffassung Bonns nicht Ausland ist, besteht für sämtliche gewerblichen Erzeugnisse aus der DDR Zollfreiheit.

2. Landwirtschaftliche Erzeugnisse aus der DDR unterliegen nicht den Sonderbestimmungen des europäischen Agrarmarktes, es entfallen somit die sonst üblichen Abschöpfungen aus Drittländern.

3. Die deutsch-deutschen Wirtschaftsbeziehungen unterliegen – im völligen Gegensatz zum Außenhandel der Bundesrepublik Deutschland – speziellen umsatzsteuerlichen Regelungen. So werden die Bezüge aus der DDR steuerlich entlastet, die Lieferungen in die DDR hingegen belastet.

4. Um einen ungehinderten Leistungsaustausch zu sichern, wurde mit der Einführung eines zinslosen Überziehungskredits, dem sog. Swing, sichergestellt, daß ein nach erfolgter Verrechnung bestehender Saldo nicht ausgeglichen werden muß. Dieser Swing wurde bisher nur von der DDR in Anspruch genommen. Er betrug von 1960 bis 1968 200 Millionen VE. Danach wurde er den jeweiligen Lieferungen der DDR dynamisch angepaßt. Diese Dynamisierung wurde durch einen Festbe-

209

Die Sonderrolle des innerdeutschen Handels

Die Leipziger Messe war Drehscheibe des innerdeutschen Handels. Franz Josef Strauß im Gespräch mit Generaldirektor Wolfgang Biermann am Messestand des VE Carl Zeiss Jena, 1984 (links). Andere Seite: Zu den Exportgütern aus der Bundesrepublik in die DDR gehörten u. a. Autos der Marke VW-Golf (oben). Begehrte Artikel aus der DDR in der Bundesrepublik waren u. a. die berühmten Holz- und Drechselwaren aus dem Erzgebirge, die Nußknacker und Räuchermännchen (unten links), oder die nicht minder bekannten Altenburger Spielkarten, deren Palette vom Skat über Rommée bis zum Quartett für Kinder reicht (unten rechts).

trag von 850 Millionen VE abgelöst, der in der Zeit von 1976 bis Mitte 1982 galt. Bis Ende 1985 soll der Swing schrittweise auf 600 Millionen VE zurückgeführt werden.

5. Die Bundesrepublik Deutschland erhält bei Agrarlieferungen in die DDR keine Ausfuhrerstattungen durch die Europäische Gemeinschaft.

Ob durch die Sonderregelungen des innerdeutschen Handels allein die DDR erhebliche Vergünstigungen erhält, wie immer wieder behauptet wird, ist zumindest strittig. Es dürfte vielmehr wahrscheinlich sein, daß es über Preiszugeständnisse der DDR zu einer Aufteilung der Vorteile kommt. Aus der DDR bezogene industrielle Konsumgüter, die hier in einem erheblichen Umfang über Versand- und Kaufhäuser abgesetzt werden – wenn auch nicht als »Made in GDR« kenntlich gemacht –, sind möglicherweise auch durch die Präferenzen relativ preisgünstig. So dürfte auch der westdeutsche Konsument von den Sonderregelungen des innerdeutschen Handels profitieren. Relativ sicher sind nur die Vorteile zu bestimmen, die die DDR aus der Inanspruchnahme des Swing erzielt.

Ökonomisches Interesse in der DDR, politisches in der Bundesrepublik

Die Verknüpfung zwischen politischen und ökonomischen Interessen kennzeichnet von Anbeginn den deutsch-deutschen Wirtschaftsverkehr. Während für Bonn vorwiegend politische Aspekte im Vordergrund stehen, orientiert sich Ost-Berlin vor allem an wirtschaftlichen Erwägungen.

Die wichtigsten politisch motivierten Maßnahmen Bonns gegenüber Ost-Berlin werden nachfolgend aufgeführt:

☐ Mit Billigung westdeutscher Politiker stellten die Westmächte den Interzonenhandel während der Berliner Blockade (23./24. Juni 1948 bis 12. Mai 1949) völlig ein.

☐ Am 30. Juni 1950 verhängte die Alliierte Hohe Kommission bis zum 11. August ein Stahlembargo gegen die DDR.

☐ Das Inkrafttreten des »Berliner Abkommens« wurde vom Juli bis zum September 1951 verzögert.

☐ Im April 1955 stockte für Wochen die Erteilung von Warenbegleitscheinen für Lieferungen, besonders für Stahllieferungen in die DDR.

☐ Am 30. September 1960 kündigte die Bundesregierung das »Berliner Abkommen« zum 31. Dezember 1960 und stellte durch die sog. Widerrufsklausel im Januar 1961 noch einmal unmißverständlich das Junktim zwischen ungehindertem Berlin-Verkehr und innerdeutschem Handel her.

Deutsch-deutscher Warenverkehr

Diese Maßnahmen waren überwiegend direkte Reaktionen auf Behinderungen des Berlin-Verkehrs. Komplizierte Ausschreibungs- und Genehmigungsverfahren im deutsch-deutschen Warenverkehr wurden noch Anfang der sechziger Jahre als »Waffe gegen das Herrschaftssystem der DDR« angesehen. Die Bundesrepublik sah im innerdeutschen Handel einerseits zwar eine nationale Brücke zur DDR, andererseits wollte sie den von ihr nicht akzeptierten zweiten deutschen Staat ökonomisch unter Druck setzen. Nicht dem System – so die offizielle Linie –, sondern allein den Menschen in der DDR sollte dieser Handel nützen. Sanktionen blieben aber letztlich immer erfolglos; die DDR ließ sich niemals erpressen. Der innerdeutsche Handel ist als Mittel politischen Drucks nahezu untauglich.

Verzögerte Ausstellungen von Bezugsgenehmigungen und damit verspätete Warenlieferungen in die DDR veranlaßten die DDR-Außenhändler ihrerseits zu der Drohung, daß man sich im Wiederholungsfall um andere Bezugsquellen bemühen werde. Es wuchs folgerichtig das Bestreben, sich wirtschaftlich von der Bundesrepublik unabhängiger zu machen. Der deutlichste Versuch dieser Art war die Aktion »Störfreimachung«, die von Ende 1960 bis zum Jahr 1962 lief. Noch während der Verhandlungen über die Fortsetzung des innerdeutschen Handels Ende 1960 erklärte der damalige Vorsitzende der Staatlichen Plankommission, Bruno Leuschner, es sei vordringlichste Aufgabe, die Volkswirtschaft der DDR so zu organisieren und umzustellen, daß es für die Volkseigenen Betriebe von der Bundesrepublik her keine Störungen mehr geben könne. An die Stelle der Bezüge aus der Bundesrepublik sollten vor allem solche aus der Sowjetunion treten.

Eine entscheidende längerfristige Verla-

Die Sonderrolle des innerdeutschen Handels

Die Entwicklung des innerdeutschen Handels
– in Millionen VE (DM) –

Jahr	Lieferungen	Bezüge	Umsatz
	Warenverkehr		
1955	563	588	1131
1960	960	1122	2082
1965	1206	1260	2467
1970	2416	1996	4412
1975	3922	3342	7264
1976	4269	3877	8145
1977	4409	3961	8370
1978	4575	3900	8475
1979	4720	4589	9309
1980	5293	5579	10872
1981	5576	6051	11626
1982	6382	6639	13021
1983	6947	6878	13825
	Dienstleistungen		
1956/60[a]	78	17	95
1965	50	14	64
1970	266	148	414
1975	526	169	695
1976	594	191	785
1977	575	256	831
1978	558	350	908
1979	712	395	1107
1980	932	438	1370
1981	1038	486	1524
1982	1138	536	1674
1983	1209	867	2076

[a] Fünfjahresdurchschnitt.

Quellen: Statistisches Bundesamt, Warenverkehr mit der Deutschen Demokratischen Republik und Berlin (Ost), Fachserie 6, Reihe 6; Bundesanzeiger.

Warenstruktur des innerdeutschen Handels[a]
– Anteile in % –

Warengruppen bzw. Waren	Bezüge					Warengruppen bzw. Waren	Lieferungen				
	1971 bis 1975[b]	1976 bis 1980[b]	1981	1982	1983		1971 bis 1975[b]	1976 bis 1980[b]	1981	1982	1983
Grundstoff- und Produktionsgüterindustrien[c]	38,5	47,3	57,1	55,7	53,2	Grundstoff- und Produktionsgüterindustrien[c]	53,8	52,4	55,7	56,9	57,0
darunter:						darunter:					
Braunkohlenbriketts	2,6	1,9	2,1	2,3	2,1	Bergbauliche Erzeugnisse	5,5	12,1	18,6	12,8	10,7
Motorenbenzin	1,2		5,4	4,6	3,8	Kohle, Koks	2,6	3,8	6,0	1,7	0,6
Dieselkraftstoff	3,8	18,9	15,6	15,4	13,6	Erdöl	2,5	8,0	12,4	10,8	9,7
Heizöl	1,1		4,4	3,4	2,8	Eisen und Stahl	12,8	9,8	6,0	9,8	14,4
Eisen und Stahl	7,7	6,5	5,2	4,4	4,8	NE-Metalle und -halbzeug	8,6	6,5	7,0	8,8	8,7
NE-Metalle und -halbzeug	3,8	3,5	4,1	3,8	4,4	Chemische Erzeugnisse[d]	23,2	20,4	19,7	21,7	19,0
Chemische Erzeugnisse[d]	8,9	10,7	12,9	13,3	11,6	Grundstoffe[e]	7,4	9,0	9,9	11,5	10,9
Grundstoffe[e]	3,2	4,4	5,2	4,9	4,4	Kunststoffe[h]	4,3	3,8	3,1	3,6	2,4
Investitionsgüterindustrien	10,7	10,6	9,6	10,0	11,0	Investitionsgüterindustrien	23,8	28,3	25,5	20,0	18,3
darunter:						darunter:					
Maschinenbauerzeugnisse	3,5	3,1	2,3	2,8	2,7	Maschinenbauerzeugnisse	17,3	19,5	17,4	13,9	11,1
Elektrotechn. Erzeugnisse	3,5	3,9	3,2	3,4	3,9	Masch. d. Metallbearbeitung[i]	4,3	5,6	6,1	4,8	4,4
Verbrauchsgüterindustrien	30,6	27,1	21,4	23,0	24,4	Elektrotechnische Erzeugnisse	3,0	3,6	3,8	2,8	2,3
darunter:						Verbrauchsgüterindustrien	9,5	7,5	7,5	7,4	7,3
Holzwaren	4,9	4,3	4,4	4,5	4,6	darunter:					
Textilien	10,5	9,2	6,4	6,8	6,5	Textilien	4,8	3,1	3,3	3,7	3,7
Bekleidung	8,8	7,6	5,0	6,1	6,4						
Landwirtschaft und Nahrungsmittelindustrien[f]	19,8	14,3	11,2	10,6	10,9	Landwirtschaft und Nahrungsmittelindustrien[f]	11,7	10,6	10,0	14,5	16,3
insgesamt[g]	100	100	100	100	100	insgesamt	100	100	100	100	100

[a] Bezüge bzw. Lieferungen der Bundesrepublik Deutschland einschließlich Berlin (West); [b] Fünfjahresdurchschnitt; [c] einschließlich Bergbauerzeugnisse; [d] einschließlich Kunststofferzeugnisse und Gummiwaren; [e] organische und anorganische Grundstoffe einschließlich Chemikalien; [f] einschließlich Genußmittel sowie Landwirtschaft, Jagd- und Forstwirtschaft und Fischerei; [g] einschließlich nicht zuzuordnender Waren; [h] einschließlich synthetischen Kautschuks und Kunststofferzeugnisse; [i] einschließlich anderer Maschinenbauerzeugnisse (Warengruppe 321 der Industriesystematik), u. a. holzbe- und verarbeitende Maschinen, Gießerei- und Prüfmaschinen.

Quelle: Statistisches Bundesamt: Warenverkehr mit der Deutschen Demokratischen Republik und Berlin (Ost), Fachserie 6, Reihe 6; Berechnung des DIW; eigene Berechnungen.

gerung des Handels fand jedoch nicht statt. Denn wohl heute noch gilt mehr oder weniger unausgesprochen, was im August des Jahres 1949 der stellvertretende Vorsitzende der Deutschen Wirtschaftskommission, Fritz Selbmann, ausführte: »Die Unterbindung der wirtschaftlichen Beziehungen zwischen dem Osten und dem Westen kann niemandem in Deutschland nützen. Selbstverständlich ist auch die Ostzone an diesem Interzonenhandel und dem Ost-West-Handel überhaupt stark interessiert. Denn das Ingangkommen des Ost-West-Handels würde unsere Planerfüllung wesentlich erleichtern, den wirtschaftlichen Aufbau beschleunigen und dazu beitragen, vorhandene Engpässe zu überwinden. Das würde uns vielleicht die Möglichkeit geben, auf manche Investitionen zu verzichten.«

Die ökonomische Bedeutung des innerdeutschen Handels ist für die Bundesrepublik Deutschland deutlich geringer als für die DDR. Am gesamten Außenhandel der Bundesrepublik hat der innerdeutsche Handel nur einen Anteil von 1,7 Prozent; in der Rangfolge der Außenhandelspartner der Bundesrepublik steht die DDR somit nur auf Platz 15, noch hinter Norwegen. Wenn auch die Bedeutung des innerdeutschen Handels gesamtwirtschaftlich von geringer Bedeutung ist, so kann der ökonomische Stellenwert für einzelne westdeutsche Firmen doch erheblich sein. 6000 bis 7000 westdeutsche Firmen, vorwiegend Klein- und Mittelbetriebe mit bis zu 1000 Beschäftigten, schließen pro Jahr im Durchschnitt rund 50 000 Verträge mit ihren Partnern im anderen deutschen Staat ab. Als Wirtschaftspartner hat die Bundesrepublik Deutschland für die DDR eine weitaus höhere Bedeutung. Entsprechend des statistischen Ausweises der DDR entfallen knapp 9 Prozent (1982) des gesamten Außenhandels auf den innerdeutschen Handel. Damit ist die Bundesrepublik nach der Sowjetunion der zweitwichtigste und unter den westlichen Ländern der mit Abstand bedeutendste Handelspartner der DDR. Sie ist innerhalb der OECD-Länder der wichtigste Kunde.

Die Entwicklung des innerdeutschen Handels

Der innerdeutsche Handel hat eine bewegte Geschichte. Er stieg in den Jahren 1955 bis 1960 kontinuierlich an. Nach dem Bau der Mauer am 13. August 1961 trat – ohne daß die damalige Bundesregierung konkrete Sanktionen gegen die DDR verhängt hätte – bis 1963 ein erheblicher Umsatzrückgang ein. Durch die Politik der »Störfreimachung« wollte sich die DDR von ökonomischen Erpressungsversuchen der Bundesrepublik Deutschland unabhängig machen. Danach expandierte der innerdeutsche Handel bis 1966; 1967 und 1968 standen im Zeichen des Ausgleichs, der vorwiegend durch Drosselung der mitteldeutschen Bezüge erzielt wurde. In der Zeit der Großen Koalition, vor allem in den Jahren 1967 und 1968, traf die Bundesregierung eine Reihe von begünstigenden Maßnahmen, die seither eine Belebung der deutsch-deutschen Wirtschaftsbeziehungen bewirkten.

Von 1970 an haben die Umsätze (Lieferungen und Bezüge) nominal stark zugenommen, und zwar von 4,4 Milliarden VE im Jahr 1970 auf 13,8 Milliarden VE 1983. Die bis Ende des Jahres 1983 gegenüber der Bundesrepublik aufgelaufenen Verbindlichkeiten der DDR in Höhe von 4 Milliarden VE sind vor allem durch liefergebundene Bankkredite, durch Zahlungsziele westdeutscher Firmen und zu einem Fünftel aus dem Swing finanziert.

Aufgrund der z. T. sprunghaft gestiegenen Weltmarktpreise in den siebziger Jahren ist das reale, d. h. preisbereinigte Wachstum aber deutlich geringer gewesen. Gegen Ende der siebziger Jahre ist preisbereinigt sogar eine Stagnationsphase feststellbar.

Problematische Warenstruktur

Im völligen Gegensatz zu der im Außenhandel beider deutscher Staaten sonst üblichen Warenstruktur, die durch einen hohen Anteil industrieller Fertigwaren auf der Exportseite und entsprechend hohen Importen von Rohstoffen und Halbwaren gekennzeichnet ist, gleicht der innerdeutsche Handel bei Lieferungen und Bezügen dem Handel zwischen weniger entwickelten Volkswirtschaften.

So betrug z. B. 1980 der Fertigwarenanteil an den gesamten westdeutschen Ausfuhren 83 Prozent, bei den Lieferungen in die DDR waren es nur 53 Prozent. Dagegen lag der Anteil von Halbwaren und Rohstoffen an den gesamten Ausfuhren der Bundesrepublik bei 10 Prozent, bei den Lieferungen in die DDR waren es 30 Prozent.

Die DDR nutzt die Lieferungen der Bundesrepublik vor allem zur Sicherung der laufenden Produktion; der Bezug dringend benötigter hochwertiger Technik spielte stets eine untergeordnete Rolle.

Auf der anderen Seite bezieht die Bundesrepublik seit nunmehr 20 Jahren Fertigerzeugnisse aus der DDR, wobei deren Anteil an den Gesamtbezügen aus der DDR in etwa ihrer Einfuhrstruktur entspricht. Und dies, obwohl die Struktur der westdeutschen Importe durch einen hohen Anteil der Roh- und Brennstoffe gekennzeichnet ist. Allerdings ist hierbei zu berücksichtigen, daß die Lieferungen der DDR zur Versorgung West-Berlins (agrarische Produkte, Mineralölerzeugnisse) eine bedeutende Rolle spielen.

Wie wenig die Lieferungen der DDR in die Bundesrepublik dem Entwicklungsniveau beider Volkswirtschaften entsprechen, machen folgende Zahlen deutlich. Auf Maschinen, Ausrüstungen und Transportmittel entfallen über 50 Prozent der Gesamtausfuhren der DDR. Der Maschinenbau ist somit eine der Hauptstützen des DDR-Exports. In die Bundesrepublik Deutschland liefert die DDR aber nur zu 10 Prozent Investitionsgüter, Maschinen zu weniger als 3 Prozent. Offensichtlich gelingt es der DDR nicht, Maschinen anzubieten, die auf dem wettbewerbsintensiven Markt der Bundesrepublik Deutschland bestehen können.

Industrielle Verbrauchsgüter (Güter der Textil- und Bekleidungsindustrie; Möbel usw.) werden hingegen gut in der Bundesrepublik abgesetzt. Auf diese Produkte entfielen in den letzten Jahren ein Fünftel bis ein Viertel der DDR-Lieferungen.

Weitere Einnahmen der DDR

Außerhalb des innerdeutschen Handels erhält die DDR DM-Einnahmen aus öffentlichen Kassen der Bundesrepublik Deutschland und West-Berlin. Deren Höhe belief sich zu Beginn der achtziger Jahre auf über 1 Milliarde DM jährlich. Im einzelnen handelt es sich um die Transitpauschale, Kostenbeteiligungen an Investitionen im Berlin-Verkehr usw.

Die Einnahmen aus Intershopläden, Intertank, Genex-Geschenkdienst sowie dem Mindestumtausch sind zwar nicht genau bekannt, dürften sich aber in der Größenordnung von 1 bis 1,5 Milliarden DM pro Jahr bewegen. Wozu die DDR im einzelnen diese – im Gegensatz zum innerdeutschen Handel – konvertiblen Devisen in Höhe von 2 bis 2,5 Milliarden DM verwendet, entzieht sich unserer Kenntnis. Es ist aber wahrscheinlich, daß gegenwärtig ein beträchtlicher Teil für den Schuldendienst gegenüber westlichen Industrieländern bereitgestellt werden muß.

Der damals Regierende Bürgermeister v. Weizsäcker bei der ersten Fahrt der S-Bahn unter BVG-Verwaltung, 1984.

Zu diesem Thema

In anderen Werken:
Biskup, Reinhold: Deutschlands offene Handelsgrenze. Die DDR als Nutznießer des EWG-Protokolls über den innerdeutschen Handel, 1976
Ehlermann, Claus-Dieter u. a.: Handelspartner DDR – innerdeutsche Wirtschaftsbeziehungen, 1975
Kupper, Siegfried: Der innerdeutsche Handel, 1972
Lambrecht, Horst: Entwicklung der Wirtschaftsbeziehungen zur Bundesrepublik Deutschland, in: Jacobsen, Hans-Adolf u. a. (Hg.): Drei Jahrzehnte Außenpolitik der DDR, 1979

PETER PLÖTZ

Die Stellung der DDR in der Weltwirtschaft

Art und Umfang außenwirtschaftlicher Beziehungen einer Volkswirtschaft werden aus *wirtschaftlicher Sicht* vor allem durch die Ausstattung mit natürlichen Ressourcen, dem ökonomischen Entwicklungsstand sowie der Größe des Binnenmarktes bestimmt. Je höher das industrielle Niveau, je kleiner der Binnenmarkt und je weniger Rohstoffe einer Volkswirtschaft zur Verfügung stehen, um so stärker ist sie auf die internationale Arbeitsteilung angewiesen. Folglich ist die DDR – ebenso wie die Bundesrepublik – in besonders hohem Maße von Außenwirtschaftsbeziehungen abhängig. Als ein hochindustrialisiertes Land mit schmaler und dazu einseitiger Rohstoff- und Brennstoffbasis ist sie zum einen zum Import dieser Waren gezwungen, zum andern muß sie zur Bezahlung, aber auch zur Nutzung kostengünstiger Großserienfertigung für ihre industriellen Erzeugnisse zusätzlichen Absatz in der Ausfuhr finden. Während die Bundesrepublik in allen Bereichen der außenwirtschaftlichen Beziehungen, nämlich im Waren-, Dienstleistungs- und Kapitalverkehr sowie bei den Wanderungsbewegungen eng mit der Weltwirtschaft verflochten ist, bestanden die Außenwirtschaftsbeziehungen der DDR bis in die siebziger Jahre hinein vor allem im traditionellen Warenaustausch.

Für Zentralverwaltungswirtschaften gilt in besonderem Maße, daß neben den ökonomischen die *politischen Bestimmungsfaktoren* maßgebend für die Art, den Umfang sowie die regionale Ausrichtung der Außenwirtschaftsbeziehungen sind.

Wirtschaftliche und politische Bestimmungsfaktoren

In den jährlichen Volkswirtschaftsplänen sowie Fünfjahrplänen werden die wirtschaftspolitischen und damit auch die außenwirtschaftlichen Ziele gesetzlich festgelegt. Durch das staatliche Außenwirtschaftsmonopol, das in die DDR-Verfassung aufgenommen ist, werden die Außenwirtschaftsbeziehungen in die zentrale staatliche Leitung, Planung und Kontrolle einbezogen.

Schon vor der Staatsgründung der DDR (Oktober 1949) erfolgte durch die Spaltung des ehemals einheitlichen deutschen Wirtschaftsraumes und den Abbruch der innerdeutschen Wirtschaftsbeziehungen 1948 sowie die Einbeziehung der DDR in den sowjetischen Machtbereich eine einseitige Orientierung der sowjetischen Besatzungszone auf die sozialistischen Länder, vor allem auf die Sowjetunion. Ende 1948 entfielen auf die östlichen Handelspartner 75 Prozent des Außenhandels der SBZ. Der Anteil der Sowjetunion betrug 41 Prozent. Damit war die bis heute bestehende Regionalstruktur der DDR-Außenwirtschaft bereits festgeschrieben; die DDR ist regional nur in begrenztem Maße in die weltwirtschaftliche Arbeitsteilung einbezogen.

Die Außenhandelsintensität – gemessen am Industrialisierungsgrad der DDR, aber auch an der Handelsverflechtung dieses Wirtschaftsraumes in der Vorkriegszeit – ist noch immer relativ gering. Noch nach den Niederlanden, Belgien/Luxemburg, der Schweiz und Australien rangierte die DDR Mitte der siebziger Jahre bezüglich ihres Ex- und Imports an 19. und 18. Stelle im Weltvergleich. Der Außenhandelsumsatz pro Kopf der Bevölkerung betrug 1983 in der DDR 9605 Valuta-Mark, in der Bundesrepublik Deutschland 13 390 DM.

Die Außenhandelsverflechtung (Anteil der Im- und Exporte am Sozialprodukt) kann nur geschätzt werden, da die Außenhandelsergebnisse der DDR in der genannten Valuta-Mark (VM), einer fiktiven Recheneinheit, publiziert werden, deren Austauschverhältnis zur Mark der DDR (eine reine nicht konvertible Binnenwährung) unbekannt ist. Die außenwirtschaftliche Verflechtung der DDR dürfte Anfang der achtziger Jahre bei ca. 30 Prozent des Nationaleinkommens gelegen haben. In der Bundesrepublik beträgt die Verflechtungsquote rund 34 Prozent. Allerdings sind die Zahlen aufgrund unterschiedlicher Methoden der Sozialproduktberechnung nicht direkt vergleichbar.

Wirtschaftliches Kraftzentrum im RGW

Aufgrund des Beschlusses einer im Januar 1949 in Moskau tagenden Wirtschaftskonferenz wurde der Rat für Gegenseitige

Warenstruktur des DDR-Außenhandels
– in %[a] –

	1960	1970	1975	1980	1981	1982	1983
Export							
Maschinen, Ausrüstungen und Transportmittel	49,0	51,7	50,7	51,3	48,9	48,5	47,8
Brennstoffe, mineralische Rohstoffe, Metalle	15,7	10,1	12,1	14,8	16,8	18,5	17,7
Andere Rohstoffe u. Halbfabrikate für Industriezwecke, Rohstoffe und Produkte der Nahrungsmittelindustrie	5,9	7,4	9,1	6,4	7,5	6,9	7,9
Industrielle Konsumgüter	15,1	20,2	15,6	14,8	14,1	14,2	14,1
Chemische Erzeugnisse, Düngemittel, Kautschuk, Baumaterialien und andere Waren	14,3	10,6	12,5	12,7	12,7	11,9	12,5
Import							
Maschinen, Ausrüstungen und Transportmittel	12,7	34,2	30,8	30,8	32,0	32,3	29,9
Brennstoffe, mineralische Rohstoffe, Metalle	38,5	27,6	30,5	36,7	36,8	39,9	39,6
Andere Rohstoffe u. Halbfabrikate für Industriezwecke, Rohstoffe und Produkte der Nahrungsmittelindustrie	39,2	28,1	22,6	18,9	17,8	16,3	17,8
Industrielle Konsumgüter	5,3	4,5	5,6	5,0	4,9	4,1	4,4
Chemische Erzeugnisse, Düngemittel, Kautschuk, Baumaterialien und andere Waren	4,3	5,6	10,5	8,6	8,5	7,4	8,3

[a] Basis effektive Preise

Quelle: Staatliche Zentralverwaltung für Statistik (Hg.): Statistisches Jahrbuch der Deutschen Demokratischen Republik, div. Jg.; Statistisches Taschenbuch der Deutschen Demokratischen Republik 1984.

Die DDR im RGW

Wirtschaftshilfe (RGW) gegründet. Zu den Gründungsmitgliedern zählten Bulgarien, Ungarn, Polen, Rumänien, die Sowjetunion und die ČSSR. Schon im Februar desselben Jahres trat Albanien, im September 1950 die DDR dem RGW bei.

Die Motive für die Gründung des RGW waren weniger ökonomisch als vielmehr außenpolitischer und propagandistischer Natur. Sie war eine Antwort auf den Marshall-Plan der USA, der mit Hilfe von Konsum- und Investitionskrediten die Weichen für den wirtschaftlichen Gesundungsprozeß in Europa stellen sollte. Neben Jugoslawien zeigten nämlich vor allem die ČSSR und Polen großes Interesse an diesem Plan und beugten sich erst dem massiven sowjetischen Druck. »Mit Hilfe des RGW hoffte der Kreml, die von Westeuropa ausgehenden magnetischen Kräfte zu neutralisieren und mit den zentrifugalen Tendenzen im neugeschaffenen Sowjetimperium leichter fertig werden zu können. Eins der wirksamsten Mittel hierzu war, den Außenhandel der Satellitenstaaten und der deutschen Sowjetzone umzuorientieren und sie wirtschaftlich stärker innerhalb des Ostblocks zu verklammern.« (So Konstantin Pritzel in seinem Beitrag über DIE WIRTSCHAFTLICHE INTEGRATION DER SOWJETISCHEN BESATZUNGSZONE DEUTSCHLANDS IN DEN OSTBLOCK UND IHRE POLITISCHEN ASPEKTE, 1962.)

Mit dem Beitritt zum RGW trennte sich die DDR endgültig aus der deutschen Wirtschaftseinheit; sie verlor ihre traditionelle Rohstoff- und Energiebasis. Schwerwiegender für ihre zukünftige gesamtwirtschaftliche Entwicklung dürfte aber gewesen sein, daß sie ihre Handelsbeziehungen auf Partner – mit Ausnahme der ČSSR – ausrichtete, deren Industrialisierungsgrad hinter dem eigenen weit zurückgeblieben war. Aus ehemals substitutiven Austauschbeziehungen (Austausch von industriellen Fertigwaren) wurden komplementäre Handelsbeziehungen (Austausch von Halb- und Fertigwaren gegen Rohstoffe). Vor diesem Hintergrund wird verständlich, daß der Außenhandel bis zu Beginn der sechziger Jahre vor allem als Ergänzungsfaktor für den Fehlbedarf der Wirtschaft genutzt wurde (Lückenbüßerfunktion); erst danach wurde er mit der Einführung des »Neuen Ökonomischen Systems der Planung und Leitung der Volkswirtschaft« (NÖSPL) im Jahr 1963 als volkswirtschaftlicher Wachstumsfaktor anerkannt.

Mit dem »Beschluß über die Grundprinzipien der internationalen sozialistischen Arbeitsteilung« im Jahr 1962 wurde die Koordinierung der nationalen Wirtschaftspläne zur Hauptmethode der Zusammenarbeit im RGW. Seit 1971 bildet das »Komplexprogramm für die weitere Vertiefung und Vervollkommnung der Zusammenarbeit und Entwicklung der sozialistischen ökonomischen Integration der

Entwicklung und Regionalstruktur des DDR-Außenhandels

– Anteile in % –

Jahr	Ges.-Ums. i Mrd. VM[a]	UdSSR	übrige RGW-Länder[c]	Sonstige sozial. Länder[d]	westliche Industrie-Länder[e]	Entwicklungsländer
1949	2,70	37,7	27,2	0,1	34,7	0,3
1950	3,68	39,7	32,6	0,1	27,3	0,4
1951/55[b]	40,49	42,8	26,1	6,3	23,2	1,6
1956/60[b]	77,28	43,3	23,6	7,5	21,7	3,9
1961/65[b]	108,37	46,0	26,3	4,2	19,5	4,0
1966/70[b]	159,78	41,1	27,8	4,5	22,4	4,2
1971	42,24	38,1	29,1	4,4	24,3	4,1
1972	46,78	37,7	30,2	3,2	25,7	3,2
1973	53,50	34,6	31,3	2,8	27,9	3,4
1974	64,01	31,4	29,6	3,1	30,9	5,0
1975	74,39	35,7	30,5	3,5	25,9	4,4
1976	85,46	32,5	31,4	3,2	28,3	4,6
1977	91,73	35,4	32,5	3,5	23,7	4,9
1978	96,88	36,0	32,8	3,3	22,7	5,2
1979	108,84	36,1	29,7	3,0	26,0	5,2
1980	120,10	35,5	27,2	3,8	27,4	6,1
1981	132,93	37,5	25,9	3,2	28,5	4,9
1982	145,11	38,0	25,0	3,1	28,1	5,8
1983	160,42	37,9	24,6	2,7	29,4	5,4

[a] jeweilige Preise; [b] Fünfjahrdurchschnitt; [c] Albanien, Bulgarien, Kuba (ab 1972), Mongolei (ab 1962), Polen, Rumänien, Tschechoslowakei, Ungarn, Vietnam (ab 1978); [d] China, Jugoslawien, Nordkorea, Laos (ab 1978); [e] einschließlich innerdeutscher Handel.
Quellen: Statistische Jahrbücher der DDR, div. Jg.; Statistisches Taschenbuch der DDR 1984; Anteile errechnet.

Die Tagung des Rates für Gegenseitige Wirtschaftshilfe (RGW) in Ost-Berlin, 1983, wird von DDR-Ministerpräsident Willi Stoph eröffnet (links Günter Mittag, rechts das damalige Politbüro-Mitglied Paul Verner. Schwerpunkte der Beratungen waren vor allem Energie- und Rohstoffeinsparungen sowie Maßnahmen für eine bessere Versorgung der Bevölkerung mit Nahrungsmitteln.

Die Stellung der DDR in der Weltwirtschaft

Mitgliedsländer des RGW« die formale Grundlage für die Zusammenarbeit der DDR mit den RGW-Partnern. Die Integrationsbemühungen haben sich seit der Verabschiedung des »Komplexprogramms« intensiviert, so daß die Wirtschaftsbeziehungen innerhalb des RGW seitdem nicht nur durch den Warenaustausch als dem wichtigsten Bestandteil der außenwirtschaftlichen Beziehungen der RGW-Länder, sondern zusätzlich durch die Kooperation und Spezialisierung in der Produktion, durch Investitionszusammenarbeit und durch Finanzbeziehungen bestimmt werden. An über 500 langfristigen RGW-Vereinbarungen auf wissenschaftlich-technischem Gebiet ist die DDR ebenso beteiligt wie an 15 Großprojekten auf dem Roh- und Brennstoffgebiet (z. B. Erdgasleitungen, Eisenerz-, Asbest- und Zellstoffgewinnung usw.). Spezialisierungsvorhaben erstrecken sich u. a. auf den Werkzeugmaschinenbau, die Chemie, die Elektrotechnik/Elektronik sowie den Anlagen- und Spezialmaschinenbau. Nach Angaben der DDR-Statistik stieg der Exportanteil spezialisierter Erzeugnisse an der Gesamtausfuhr in die RGW-Länder von 1 Prozent (1970) auf 40 Prozent (1983). Doch trotz aller Fortschritte gibt es bis heute keinen gemeinsamen »RGW-Wirtschaftsplan«, da solche Beschlüsse, die für alle Mitgliedsländer verbindlich sind, nur einstimmig gefaßt werden können. Dem sowjetischen Druck, übernationale Pläne aufzustellen, haben einzelne sozialistische Länder (vor allem Rumänien) bisher erfolgreich widerstanden. Auch nach dem RGW-Gipfeltreffen, das vom 12. bis 14. Juni 1984 in Moskau stattfand, bleibt es dabei: Vorrang haben auch künftig die nationalen und nicht die gemeinschaftlichen Interessen.

Die Arbeitsteilung im RGW beruht wie in den einzelnen Wirtschaften seiner Mitgliedsstaaten auf planwirtschaftlicher Grundlage, so daß Art und Umfang des Warenaustausches in staatlichen Plänen festgelegt werden. Folglich handeln im RGW nicht Betriebe, sondern Staaten miteinander. Wenn auch die Produktionspläne der Mitgliedsstaaten des RGW aufeinander abgestimmt werden sollen, ein gemeinsamer Binnenmarkt wird nicht angestrebt. Die Währungs-, Finanz- und Kreditbeziehungen konnten aufgrund der fehlenden Konvertibilität der nationalen Währungen bisher nicht wie ursprünglich geplant ausgeweitet werden. Auch mit Hilfe des »transferablen Rubels« als »kollektive sozialistische Währung« wurden keine Fortschritte erzielt.

Wichtiger Lieferant und guter Kunde

Der Entwicklungsstand der einzelnen Volkswirtschaften innerhalb des RGW ist sehr unterschiedlich. Da die DDR zusammen mit der ČSSR die Industrialisierungsskala des RGW anführt, ist sie für die weniger entwickelten sozialistischen Partner ein wichtiger, fast unentbehrlicher Entwicklungshelfer, für die höher entwickelten RGW-Mitgliedsländer ein bedeutender Handels- und Kooperationspartner. So ist es nicht überraschend, daß sie bei nahezu sämtlichen sozialistischen Ländern nach der UdSSR die zweite Position im Außenhandel innehat.

Die DDR beliefert die RGW-Mitgliedsländer vor allem mit Maschinen und Ausrüstungen, die diese auf dem Weltmarkt aufgrund ihrer Devisenknappheit nicht kaufen können.

Zwar liegen manche Lieferungen der DDR qualitativ unter dem westlichen, doch meist deutlich über dem durchschnittlichen RGW-Niveau, so daß dieser Mangel für die meisten Abnehmer in den RGW-Staaten noch erträglich ist. Verschiedene DDR-Produkte zählen zudem durchaus zur Weltspitzenklasse, wie z. B. die feinmechanisch-optischen Geräte des Kombinats Carl Zeiss Jena.

Neben der Lieferung von begehrten Industriegütern auf hoher Verarbeitungsstufe unterstützt die DDR durch Investitionsbeteiligungen die Erschließung, Verarbeitung und den Transport von Roh- und Brennstoffen vor allem in der Sowjetunion. Ihre Patentbilanz gegenüber den RGW-Ländern ist aktiv.

Für viele RGW-Staaten dürfte die DDR jedoch besonders als Absatzgebiet wichtig sein: Die DDR kauft nämlich von ihnen, neben Rohstoffen, industrielle Halb- und Fertigerzeugnisse, die in den westlichen Industrieländern überhaupt nicht oder nur schwer absetzbar sind. Die zwischen den Ländern des Rates über meist fünf Jahre abgeschlossenen Handelsverträge mit den hierin vereinbarten Mindestmengen bedeuten eine sichere Absatzgarantie.

Dominante Rolle der Sowjetunion

Der Handel mit der Sowjetunion ist für die DDR von überragender Bedeutung. Über ein Drittel ihres gesamten Außenhandels wickelt sie mit der Führungsmacht Osteuropas ab, mehr als mit westlichen Industrieländern (einschließlich innerdeutscher Handel) und Entwicklungsländern zusammengenommen; er ist vor allem auf den Rohstoffbedarf der DDR und die industriellen Entwicklungsbedürfnisse der Sowjetunion zugeschnitten.

Von der Sowjetunion bezieht die DDR an Rohstoffen vor allem Erdöl, Eisenerz, Holz und Baumwolle zu rund 90 Prozent, Zink zu 70 Prozent, Aluminium zu 60 Prozent, Erdgas zu 100 Prozent. Die DDR importiert aber auch Maschinen und Ausrüstungen, z. B. Traktoren aus der UdSSR. So stammen ca. 30 Prozent aller in der DDR-Landwirtschaft eingesetzten Traktoren aus der Sowjetunion.

Der sowjetische Bedarf an Maschinen und Ausrüstungen wird in einem erheblichen Umfang durch die DDR gedeckt, wenngleich der Anteil der DDR an den Maschinen- und Ausrüstungsimporten der

Über 80 Prozent ihres Erdölbedarfs bezieht die DDR aus der Sowjetunion: Die Rohre der Pipeline werden durch eine Schweißnaht verbunden.

Intrablockhandel

Einfuhr der DDR nach ausgewählten Waren aus der UdSSR
- in % der Gesamteinfuhr, Jahresdurchschnitt -

Waren	1961-1965	1966-1970	1971-1975	1976-1980	1982
Steinkohle	63	52	59	60	61
Hochofenkoks	47	45	36	35	52
Erdöl	95	92	84	89	81
Erdgas	–	–	100	100	100
Bleche	78	73	81	78	72
Schnittholz	90	94	96	99	100
Baumwolle	84	91	92	87	66
Pflanzenöle	54	67	61	–	–
Getreide	81	64	39	–	–

Quelle: Statistisches Jahrbuch der DDR, div. Jg.; eigene Berechnungen

Einfuhr der UdSSR nach ausgewählten Waren aus der DDR
- in % der Gesamteinfuhr, Jahresdurchschnitt -

Warengruppen und Waren	1961-1965	1966-1970	1971-1975	1976-1980	1982
Maschinen und Ausrüstungen	28	26	23	18	20
darunter:					
Werkzeugmaschinen	33	37	31	28	33
Schmiede- u. Preßausrüstungen	65	68	38	–	–
Anlagen für die Lebensmittelindustrie	25	31	28	28	28
Landmaschinen	44	40	40	43	43
Rollendes Eisenbahnmaterial	37	34	32	36	39
Schiffe, Schiffsausrüstungen, Ladegeschirr	23	24	30	24	31
Kleidung und Wäsche	18	17	14	10	10
Möbel	–	29	27	22	24
Haushaltswaren	–	48	37	28	24

Quelle: Außenhandelsstatistik der UdSSR, div. Jg.; eigene Berechnungen

UdSSR von 43 Prozent (1951-1955) auf 18 Prozent (1976-1980) zurückgegangen ist.

Das erste langfristige Handelsabkommen schloß die UdSSR mit der DDR im September 1951 für die Zeit von 1952 bis 1955 ab. In den Bündnisverträgen zwischen beiden Ländern, so 1955, 1964 und 1975, wurde der Ausbau der wirtschaftlichen Beziehungen festgeschrieben. Im Jahr 1966 wurde zwischen der UdSSR und der DDR eine paritätische Regierungskommission für wirtschaftliche und wissenschaftlich-technische Zusammenarbeit gebildet. Dieses Gremium schließt Abkommen über Spezialisierung und Kooperation der Produktion sowie Handelsabkommen zwischen beiden Ländern ab.

Während der Handel mit der Sowjetunion seit Beginn der achtziger Jahre stetig zunimmt, sinkt die Bedeutung des Handels mit den übrigen sozialistischen Ländern. So wickelte die DDR 1983 mit dieser Ländergruppe 27,3 Prozent ihres Außenhandels ab (RGW-Länder ohne UdSSR 24,6 Prozent); seit 1949 war der Anteil noch nie so niedrig. Mit der ČSSR bestehen substitutive Handels- und Wirtschaftsbeziehungen, so daß dieses Nachbarland innerhalb der sozialistischen Länder mit einem Anteil von 7,4 Prozent am Außenhandelsumsatz der DDR den zweiten Platz nach der UdSSR einnimmt. Ungarn rangiert mit einem Außenhandelsanteil von 5,1 Prozent an dritter Stelle, dicht gefolgt von Polen (4,9 Prozent). Im Handel mit Polen erzielt die DDR hohe Exportüberschüsse, die sie aber zum Ausgleich ihrer passiven Dienstleistungsbilanz (Polen ist Transitland im Handel mit der Sowjetunion) verwendet. Die weitere Reihenfolge lautet Bulgarien (3,0 Prozent) vor Rumänien (2,6 Prozent). Während der Außenhandel mit Kuba in den letzten Jahren expandierte (1 Prozent), sank der China-Handel auf bloße 0,2 Prozent. Ende der fünfziger Jahre hatte er noch einen Anteil von 4 bis 8 Prozent am Gesamthandel der DDR.

Orientierung an Weltmarktpreisen

Bis 1973 ergab sich im Warenverkehr mit der Sowjetunion stets eine aktive Handelsbilanz für die DDR, d. h. die Exporte in die Sowjetunion waren höher als die Importe von dort. Dies änderte sich durch die Preisexplosion für Rohöl auf dem Weltmarkt und die daraufhin vorgenommenen Veränderungen im Preisbildungsmechanismus des RGW. Erstmalig wurde für 1975 ein grundlegend verändertes Preisbildungsverfahren festgelegt. Die Preise basierten in diesem Jahr auf dem Durchschnittspreis der drei vergangenen Jahre. Seit 1976 werden die RGW-Vertragspreise jährlich neu auf der Grundlage der Weltmarktpreise der jeweils vorangegangenen fünf Jahre festgelegt. Dies führte aufgrund der hohen Rohstoffbezüge aus der Sowjetunion zu einer Verschlechterung der Terms of Trade – des Austauschverhältnisses – der DDR und somit zu einer erheblich passiven Handelsbilanz mit der Sowjetunion. Mußte die DDR beispielsweise 1970 ca. 8 Prozent ihrer Exporterlöse in die Sowjetunion für die Finanzierung sowjetischer Erdöllieferungen aufwenden, so waren es 1978 ca. 24 Prozent, ein Jahr später schon rund ein Drittel. Allerdings erhielt die DDR in dieser Zeit sowjetisches Erdöl zu Preisen, die um ca. 40 Prozent unter dem Weltmarktniveau lagen. (Wahrscheinlich ist es seit 1981 zu einer Änderung der Preisbasis im RGW gekommen. Die Preise dürften nach den durchschnittlichen Weltmarktpreisen der jeweils vorangegangenen drei Jahre festgelegt werden.)

Da es im RGW zu keiner Zeit konvertible Währungen gab, wurden innerhalb des »roten Wirtschaftsblocks« schon immer Weltmarktpreise als Maßstab für die Preisbildung im Außenhandel herangezogen. Bis 1957 bildeten die Weltmarktpreise des Jahres 1950 die Grundlage der RGW-Preisbildung. Auf der RGW-Tagung in Bukarest 1958 wurde dann beschlossen, für jeweils eine Planperiode stabile Preise festzulegen, die auf der Basis der Weltmarktpreise der vorangegangenen fünf Jahre berechnet wurden.

In den fünfziger und sechziger Jahren wurde vor allem in der Bundesrepublik der Vorwurf erhoben, daß die Sowjetunion die DDR durch erhöhte Preisforderungen massiv schädige. Tatsächlich verlangte der Kreml für seine Rohstofflieferungen in die DDR höhere Preise als für die gleichen Exporte in westeuropäische Länder; allerdings lieferte die DDR ihre industriellen Erzeugnisse in die Sowjetunion ebenfalls zu Preisen, die im Vergleich zum Weltmarktniveau überhöht waren. Es dürfte deshalb außerordentlich schwierig sein, eine Preisausbeutung der DDR während dieser Zeit durch die Sowjetunion nachzuweisen.

Intrablockhandel bringt auch Nachteile

Aus der hohen außenwirtschaftlichen Verflechtung mit den RGW-Mitgliedsländern ergeben sich für die DDR sowohl wachstumserhöhende als auch wachstumshemmende Effekte. Zu den für die DDR-Wirtschaft positiven Momenten der intrasystemaren Zusammenarbeit zählen u. a.:

☐ Im Rahmen der RGW-Zusammenarbeit kann der Außenhandel verbindlich in die Jahr- und Fünfjahrpläne, aber auch in die langfristigen Wirtschaftsprogramme einbezogen werden.
☐ Die Spezialisierung führt zu kostengünstiger Großserienproduktion; der DDR-Wirtschaft werden langfristig sichere Absatzmengen geboten.
☐ Die Rohstoffversorgung der DDR ist blockintern nicht zuletzt durch ihre Investitionsbeteiligung im wesentlichen gesichert.
☐ Aufgrund des im RGW entwickelten Preisbildungsmechanismus wird die DDR auch zukünftig von Preiserhöhungen dringend benötigter energetischer und sonstiger Rohstoffe nicht plötzlich und massiv getroffen. Es bleibt ihr folglich eine Übergangszeit zur Anpassung an die Weltmarktpreisentwicklung.
☐ Die DDR wird von westlichen Konjunktur- und Strukturkrisen aufgrund ihrer relativ geringen Außenhandelsverflech-

tung mit dieser Ländergruppe nur teilweise getroffen.

Auf der Sollseite der Intrablockverflechtung stehen aber z.T. gravierende wachstumshemmende Einflüsse. Hier sind zusammenfassend zu nennen:

☐ Die DDR braucht sich aufgrund ihrer RGW-Verpflichtungen und damit sicheren Absatzmärkte nicht dem internationalen Neuerungsdruck zu stellen. Aufgrund fehlenden Konkurrenzdrucks erfolgt kein entsprechend großer Technologieschub. Die DDR nimmt sich selbst die Möglichkeit zu einem verstärkten Technologieaustausch mit dem Westen.

☐ Die innerhalb des RGW technisch führende DDR erhält aus den Partnerländern aufgrund des dortigen geringen Entwicklungsstandes keinen optimalen arbeitskräftefreisetzenden Technikimport. Sie ist im Rahmen der Spezialisierungs- und Kooperationsvereinbarungen sektoral auf Maschinenbauerzeugnisse und regional auf die Wirtschaftsbeziehungen zur Sowjetunion fixiert. Hier erfolgte bisher kaum ein arbeitsplatzfreisetzender Technikimport.

☐ Spezialisierung und Kooperation im RGW dürften vorhandene Strukturen eher festschreiben als zu einem Strukturwandel beitragen.

Trotz dieser wachstumshemmenden Effekte gibt sich die DDR vor allem aus politischen Überlegungen im RGW betont kooperationswillig. Sie sieht in einer verstärkten Integration die Möglichkeit, den Bestand ihres Staates weiter zu festigen und sein politisches Gewicht in Osteuropa zu erhöhen. Deshalb entscheidet sich die DDR auch bei offensichtlichen ökonomischen Nachteilen letztlich immer für den sozialistischen Wirtschaftsblock.

Außenwirtschaftsbeziehungen mit westlichen Industrieländern

Besonders für die wirtschaftlichen Kontakte zwischen der DDR und den westlichen Industrieländern trifft zu, daß der Handel zwischen Ost und West stark von politischen Faktoren beeinflußt wird. Waren die Ost-West-Beziehungen im Zeichen der politischen Konfrontation bis Mitte der sechziger Jahre vor allem durch die Embargo- und Kontingentpolitik des Westens behindert, ergaben sich für die Westwirtschaftsbeziehungen der DDR weitere Hemmnisse, die ihren Ursprung in der Teilung Deutschlands hatten.

Bereits vor Gründung der DDR im Oktober 1949 wirkten die Siegermächte auf die Entwicklung der Handelsströme der von ihnen kontrollierten Besatzungszonen ein. Dabei waren die beiden Großmächte darauf bedacht, den Handel zwischen den Westzonen und der sowjetisch besetzten Zone weitgehend zu unterbinden. Während die Vereinigten Staaten eine Einschränkung der Wirtschaftsbeziehungen mit den östlichen Ländern bzw. der SBZ vornehmlich aus politischen Gründen anstrebten, kamen bei der Sowjetunion neben den politischen mehr die wirtschaftlichen Überlegungen zum Tragen. Denn aus dem nach Krieg und Demontage verbliebenen Produktionspotential der SBZ sollten besonders in Form von Reparationszahlungen die sowjetischen Kriegsschäden beglichen werden. Trotz der unterschiedlichen Interessenlage beider Siegermächte war nach Kriegsende der Handel der SBZ mit den westlichen Industrieländern relativ hoch, vom tatsächlichen Umfang her natürlich äußerst bescheiden. Nach westlichen Berechnungen lag er 1947 bei 70 Prozent des Gesamthandels der »Zone«.

Die zunehmende Polarisierung zwischen Ost und West mit der Berlin-Blokkade im Jahr 1948 und der Gründung beider deutscher Staaten als mittelbare Folge davon veranlaßte die Sowjetunion noch stärker, die wirtschaftliche Einbindung der DDR in den Ostblock voranzutreiben. So wurden 1950 ca. 27 Prozent, 1955 25 Pro-

Leipziger Messe: Für die DDR-Bürger, die nicht in den Westen reisen durften, öffnete sie ein Tor zur Welt.

zent und 1960 nur noch ca. 21 Prozent des Außenhandels mit den westlichen Industrieländern (einschließlich Bundesrepublik Deutschland) abgewickelt. Die deutschlandpolitische Situation mit ihrer ständigen Rivalität, die sich auf seiten Ost-Berlins vor allem in häufigen Behinderungen des Berlin-Verkehrs, auf seiten Bonns in der Nichtanerkennung und Isolierung des zweiten deutschen Staates äußerte, führte später dazu, daß die DDR versuchte, den Handel mit den übrigen westlichen Ländern auszubauen. Sie verfolgte damit zunächst das Ziel, gleichberechtigt neben der Bundesrepublik zu erscheinen und somit der internationalen Anerkennung näherzukommen. Seinen unmittelbaren Ausdruck fand das DDR-Interesse in der bilateralen Handelsvertragspolitik mit westlichen Industrieländern.

Nach Abschluß der völkerrechtlichen Anerkennung der DDR im Jahr 1973 unterlagen die Außenwirtschaftsbeziehungen gegenüber den westlichen Industriestaaten weniger politischen als vielmehr ökonomischen Faktoren. Die Abkehr von der Ost-West-Konfrontation und die Hinwendung zur Entspannung, die in der zweiten Hälfte der sechziger Jahre zunächst vorsichtig begann, unterstützten diesen Prozeß.

Mit allen Nicht-EG-Ländern (Ausnahme Schweiz) wurden Handels- und Zahlungsabkommen, mit den EG-Staaten, da sie seit 1973 keine bilateralen Handelsverträge mehr abschließen dürfen, sog. Abkommen über die wirtschaftliche, industrielle und technische Zusammenarbeit vereinbart. Der außenwirtschaftliche Spielraum konnte durch die Schaffung neuer Absatzmärkte einerseits und die Sicherung von Bezugsquellen andererseits erweitert werden, so daß der DDR-Westhandel einen stetigen Aufschwung erlebte.

Der Anteil westlicher Industrieländer am Außenhandel der DDR ist seit 1970 geringen Schwankungen unterworfen; im Jahr 1983 betrug er 20,9 Prozent (ohne innerdeutschen Handel). Diesem Handel kommt trotz des relativ kleinen Anteils eine erhebliche ökonomische Bedeutung zu, weil die DDR im Westen diejenigen hochproduktiven Maschinen und Anlagen zur Modernisierung ihrer Industrie kaufen kann, die im RGW nicht zu erhalten sind, aber für die Realisierung der Wachstumsziele dringend benötigt werden. Doch neben diesem Technologietransfer spielt die Möglichkeit, durch Bezüge von Halb- und Fertigwaren aus westlichen Ländern Planlücken schnell zu schließen (Lückenbüßerfunktion des Außenhandels), auch gegenwärtig noch eine wichtige Rolle. Darüber hinaus konnte die Abhängigkeit von Lieferungen der RGW-Staaten etwas gelockert werden. Dieses Programm konnte aber z. T. nur über westliche Kredite verwirklicht werden, weil die DDR ihre Westbezüge nicht durch entsprechende Westlieferungen ausgleichen konnte. Ein erhebliches Problem der DDR im Westhandel besteht nämlich darin, daß sie Industriefertigprodukte von modernstem Weltmarktstandard nicht in genügender Tiefe und Breite anbieten kann bzw. einen großen Teil der dazu befähigten Exportbetriebe durch Verpflichtungen gegenüber dem RGW, speziell der Sowjetunion, gebunden hat.

Die Güterstruktur zeigt im Westhandel folgendes Bild: Die DDR importiert und exportiert vor allem Erzeugnisse der Grundstoff- und Produktionsgüterindustrie sowie Investitionsgüter. Die DDR konzentrierte ihren Westhandel auf ausgewählte Industrieländer, vor allem auf Großbritannien, Schweden, die Niederlande, Frankreich, die Schweiz und Italien. Österreich hat in den letzten Jahren in der Spitzengruppe westlicher DDR-Handelspartner Fuß fassen können, so daß die Reihenfolge der wichtigsten Westhandelspartner der DDR 1983 lautete: Österreich und Belgien/Luxemburg vor Frankreich,

Japanische Wirtschaftspräsenz in der DDR: Kajima baute das Leipziger Hotel »Merkur« (ganz oben). Frankreich war nach Österreich und Belgien/Luxemburg (von der Bundesrepublik abgesehen) wichtigster westlicher Handelspartner der DDR: Peugeot und Citroën auf der Leipziger Messe.

Schweiz/Liechtenstein, Großbritannien, Schweden, Japan, Niederlande, USA und Italien. Die Vereinigten Staaten spielen seit 1975 vor allem als Getreidelieferant eine wichtige Rolle. Je nach den Notwendigkeiten des Handelsbilanzausgleichs schwankt die Höhe der Ex- und Importe stark.

Die Westhandelskonzeption der DDR veränderte sich zu Beginn der siebziger Jahre. Aufgrund der Kreditmöglichkeiten mußten die Handelsbilanzen mit den »kapitalistischen Industrieländern« nicht mehr ausgeglichen werden.

Seit Anfang 1976 ist die DDR zur Schonung ihrer Devisenreserven dazu übergegangen, ihre Außenhandelsprobleme durch die Ausweitung der sog. Gegengeschäfte (in DDR-Terminologie: Export-Import-Koordinierung) zu mildern. Der Anteil dieser Verbundgeschäfte am Westhandelsumsatz kann nur geschätzt werden. Die Forderungen der DDR dürften zwischen 50 und 100 Prozent, die vereinbarten »Kompensationsquoten« aber deutlich darunter liegen. Diese Gegengeschäfte helfen der DDR zunächst, dringend benötigte Westimporte teilweise zu finanzieren. Ob diese Strategie auch mittel- und langfristig erfolgreich ist, muß allerdings bezweifelt werden. Durch die Übertragung der Marketingprobleme auf den Käufer verliert z. B. die DDR die Beziehung zum westlichen Markt bzw. gewinnt sie überhaupt nicht.

Bisher wurden zwischen der DDR und westlichen Industrieländern nur wenige Kooperationsprojekte abgeschlossen. Allerdings gibt es gewisse Signale aus der DDR, daß sie sich zukünftig stärker als bisher dieser Form intersystemarer Zusammenarbeit zuwenden möchte. Ob es dabei aber auch zu gemischten Kapitalgesellschaften *(Joint Ventures)* wie beispielsweise in Ungarn und Polen kommen wird, erscheint zweifelhaft.

Handel mit der Dritten Welt

Die Entwicklungsländer spielen im Außenhandel der DDR faktisch nur eine bescheidene Rolle, publizistisch werden aber einzelne Projekte gezielt und werbewirksam herausgestellt. Absolut weniger Handel mit Entwicklungsländern weist innerhalb des RGW nur noch Bulgarien – selbst noch Entwicklungsland – auf; gemessen am Außenhandelsanteil bildet die DDR im östlichen Integrationsraum das Schlußlicht. Der Anteil der Entwicklungsländer am Außenhandel der DDR schwankte in den letzten Jahren zwischen 4 und 6,1 Prozent, während z. B. die entsprechende Quote der Bundesrepublik etwa doppelt so hoch war. Hierfür ist allerdings primär entscheidend, daß nicht die Entwicklungsländer, sondern die Sowjetunion den größten Teil der von der DDR benötigten Roh- und Brennstoffe liefert. Während die Bundesrepublik Deutschland knapp über 20 Prozent ihres Exports mit Staaten der Dritten Welt abwickelt, gehen nur etwa 7 Prozent des DDR-Exports in diese Region. Demgegenüber beträgt der Anteil der UdSSR immerhin 13 Prozent.

Quantitative und strukturelle Handelsentwicklung

Wurden 1949 im Handel mit den Entwicklungsländern 8,4 Millionen Valuta-Mark umgesetzt, so waren es 1983 8,6 Milliarden. Die Handelsausweitung verlief aber nicht kontinuierlich, sondern mit erheblichen Schwankungen. Am auffälligsten ist der Sprung von 1,8 Milliarden Valuta-Mark 1973 auf 3,2 Milliarden Valuta-Mark im darauffolgenden Jahr. Die drastisch gestiegenen Rohstoffpreise führten zu einer erheblichen wertmäßigen Ausweitung der Importe, so daß die DDR zwischen 1974 und 1977 einen beträchtlichen Importüberschuß im Handel mit den Entwicklungsländern hinnehmen mußte. Abgesehen von diesen vier Jahren sowie von 1949, 1951, 1958 bis 1960 und 1980 verbuchte die DDR aber Exportüberschüsse.

Ein weiterer Grund für den bis zum Ende der sechziger Jahre vor allem absolut geringen Handel mit den Entwicklungsländern ist in der »Hallstein-Doktrin« zu sehen. Danach wurden die diplomatischen Beziehungen zu den Ländern, die die DDR völkerrechtlich anerkannten, von der Bundesrepublik abgebrochen sowie die Entwicklungshilfe gestoppt. Vor dem Hintergrund dieses Junktims war es nicht verwunderlich, daß bis 1972 nur 18 blockfreie Staaten diplomatische Beziehungen zur DDR aufgenommen hatten. Im Zuge der folgenden Anerkennungswelle in den siebziger Jahren wurden mit 59 Entwicklungsländern 141 Regierungsabkommen geschlossen; darunter waren 58 Handelsabkommen, 9 Zahlungsabkommen, 27 Abkommen über die wissenschaftlich-technische Zusammenarbeit sowie 47 Abkommen auf den Gebieten der ökonomischen, wissenschaftlichen und industriellen Zusammenarbeit. Dies wirkte sich auch positiv auf den Handel aus. Erhöhte sich beispielsweise der DDR-Außenhandelsumsatz insgesamt im Zeitraum 1970 bis 1983 jahresdurchschnittlich um nominal 11,4 Prozent, so expandierte der Handel mit den Entwicklungsländern leicht überproportional, nämlich jahresdurchschnittlich um 13,8 Prozent.

Der Anteil von Fertigwaren an den DDR-Ausfuhren in die Dritte Welt beträgt etwa 90 Prozent; über 70 Prozent des Exports besteht aus Produkten der metallverarbeitenden Industrie. Dazu gehören vor allem Erzeugnisse des Werkzeug- und Schwermaschinenbaus, Maschinen für die Textil-, polygraphische, Nahrungs- und Genußmittelindustrie, Erzeugnisse der Elektrotechnik und Elektronik sowie Transportausrüstungen und Eisenbahnwaggons. Landmaschinen und Traktoren haben ebenfalls einen wichtigen Platz in der Exportpalette.

Knapp 30 Prozent der Importe aus Entwicklungsländern entfallen auf Brenn- und Rohstoffe, mehr als die Hälfte auf Agrarerzeugnisse. Damit deckt die DDR ihren Einfuhrbedarf bei Agrarerzeugnissen zu 16 Prozent und bei Brenn- und Rohstoffen zu 9 Prozent aus Entwicklungsländern.

Doch nicht nur der traditionelle Warenverkehr zwischen der DDR und den Entwicklungsländern ist von Bedeutung. Zunehmend bemüht sich die DDR darum, mit den Ländern Asiens, Afrikas und Lateinamerikas den Lizenzhandel auszubauen. Sie sieht hierin die Chance, den Markt für industrielle DDR-Erzeugnisse zu erweitern.

Konzentration auf wenige Länder

Gleichermaßen bestimmten und bestimmen politische und ökonomische Interessen den Handel der DDR mit der Dritten Welt. Außenwirtschaftliche Beziehungen werden vor allem zu Ländern mit sozialistischer Orientierung gepflegt. So wurde auf dem X. Parteitag der SED im Jahr 1981 ausdrücklich hervorgehoben: »Gestützt auf die weitere Vertiefung der allseitigen Zusammenarbeit in der sozialistischen Staatengemeinschaft, ist unsere Arbeit darauf gerichtet, die wirtschaftlichen und wissenschaftlich-technischen Beziehungen zu den Entwicklungsländern, vor allem zu denen, die den sozialistischen Weg beschreiten, weiter aufzubauen.« Mit zunehmender Rohstoffverknappung und -verteuerung sollen aber auch gesicherte Bezugsmärkte gewonnen werden.

Die DDR konzentriert folglich ihren Handel auf wenige Länder. So betrug der Außenhandelsumsatz mit Ägypten und Indien Anfang der sechziger Jahre ca. 50 Prozent des gesamten DDR-Entwicklungsländerhandels. Brasilien nimmt seit Mitte der achtziger Jahre einen vorderen Platz unter den wichtigen Handelspartnern der DDR ein.

Dieser hohe Konzentrationsgrad kennzeichnet die ökonomischen Beziehungen zwischen der DDR und der Dritten Welt. Seit 1974, ausgelöst durch die Entwicklung im Rohstoffbereich, veränderte sich die Länderstruktur. Das Interesse der DDR richtete sich stärker auf den arabisch-afrikanischen Raum. Der Irak ist seit 1974 als zweitgrößter Erdöllieferant nach der Sowjetunion der wichtigste Handelspartner der DDR unter den Entwicklungsländern. Syrien, Algerien und der Iran erhöhten – z. T. deutlich – ihren Umsatz mit der DDR.

Entwicklungshilfe für Äthiopien: Traktoren aus der Bundesrepublik Deutschland, der DDR und Italien.

Seit 1976 entwickelt sich der Handel mit Angola, Moçambique und Äthiopien positiv.

1983 entfielen über drei Viertel des Warenverkehrs zwischen der DDR und der Dritten Welt auf nur acht Länder, nämlich auf den Irak, Iran, Brasilien, Syrien, Indien, Algerien, Moçambique und Angola. 43 Prozent entfielen aufgrund der erhöhten Rohölimporte allein auf den Irak und den Iran.

Besondere Beziehungen werden auch mit den Befreiungsbewegungen in der Dritten Welt gepflegt. So ist die Palästinensische Befreiungsfront (PLO) auf der Leipziger Messe mit einem Ausstellungsstand vertreten. Auf der anderen Seite wurden die Wirtschaftsbeziehungen zu Chile und Argentinien nach Übernahme der Macht durch die Militärs nicht abgebrochen, auch wenn im STATISTISCHEN JAHRBUCH DER DDR zeitweise kein Ausweis für diese Länder erfolgte.

Große Propaganda – bescheidene Entwicklungshilfe

Die DDR akzeptiert ebensowenig wie die Sowjetunion aus grundsätzlichen Erwägungen das Ziel der UNO, 0,7 Prozent des Bruttosozialprodukts den Entwicklungsländern als Hilfe bereitzustellen. Das ökonomische und soziale Elend in der Dritten Welt habe die DDR nicht zu verantworten; sie verweist vielmehr auf die Verantwortung des Kolonialismus und Neokolonialismus. Folglich habe sich die Dritte Welt mit ihren berechtigten Forderungen nicht an sie, sondern an die kapitalistischen Industrieländer zu wenden. Die DDR fürchtet wohl auch, durch die Anerkennung des 0,7-Prozent-Zieles in die Nord-Süd-Konfrontation einbezogen und dann automatisch in die unliebsame Rolle eines »nördlichen Industrielandes« eingereiht zu werden.

Die Bundesrepublik Deutschland erkennt im Gegensatz zur DDR den UNO-Beschluß an. Doch auch für die Bundesrepublik ist dieses Ziel wohl nur ein formales Bekenntnis, denn nach westlichen Schätzungen Anfang der achtziger Jahre wird von ihr nur 0,43 Prozent des Bruttosozialprodukts als Entwicklungshilfe vergeben. Der entsprechende Anteil für die DDR ist nach diesen Schätzungen allerdings wesentlich geringer, nämlich 0,06 Prozent, wobei sich diese äußerst bescheidene Entwicklungshilfe ebenso wie der Handel auf nur wenige Länder konzentriert. Es besteht somit eine erhebliche Kluft zwischen propagandistisch-ideologischen Solidaritätserklärungen und den tatsächlichen Hilfeleistungen der DDR für die Dritte Welt. (Die DDR selbst bezifferte ihre Hilfsleistungen für die Dritte Welt im Jahr 1981 auf 1529,7 Millionen Mark; dies entspräche 0,78 Prozent des 1981 produzierten Nationaleinkommens.)

Die Kapitalhilfe der DDR erfolgt in der Regel nicht über internationale Organisationen, sondern bilateral. Daneben wird sie ausschließlich in Liefergebunden gewährt, so daß die Empfängerländer alle damit zusammenhängenden Aufträge dem Geberland erteilen.

Die Kredittilgung hat zudem meist in Rohstofflieferungen zu erfolgen, wobei die Produktpreise häufig unter denen des Weltmarktes festgelegt und somit die Kredite verteuert werden. Während die DDR, wie die Sowjetunion, ihre Entwicklungshilfekredite bis vor wenigen Jahren meist zu einheitlichen Bedingungen vergeben hat (2,5 Prozent Zinsen, 12 Jahre Laufzeit), werden seit geraumer Zeit Unterschiede zwischen den Empfängerländern und der Art der Projekte erkennbar. Für die DDR wird für die achtziger Jahre eine Zinsbandbreite von 2,5 bis 3 Prozent angegeben. Allerdings kommen überwiegend nur solche Entwicklungsländer in den Genuß dieser, am internationalen Maßstab gemessenen sehr großzügigen Unterstützung, die stramm den Moskauer Kurs steuern oder eine wichtige Rolle im globalstrategischen Konzept spielen.

Die multilaterale Kapitalhilfe der DDR ist kümmerlich. Der Grund ist darin zu sehen, daß politische Erfolge hierdurch nicht direkt zu erzielen sind. Nur an drei Sonderorganisationen der UNO, nämlich an die UNDP (Entwicklungsprogramm der Vereinten Nationen), an die UNICEF (Weltkinderhilfswerk) und die UNIDO (Organisation der Vereinten Nationen für industrielle Entwicklung) werden Pflichtbeiträge überwiesen. In den Jahren 1974 bis 1978 zahlte die DDR den drei genannten Organisationen im Vergleich zur Bundesrepublik Deutschland folgende Beiträge:

	DDR	Bundesrepublik Deutschland
UNDP	4,2 Mio.$	247,2 Mio.$
UNICEF	0,4 Mio.$	24,2 Mio.$
UNIDO (Fonds)	0,6 Mio.$	29,2 Mio.$

Quelle: Haendcke-Hoppe, Maria: Die Außenwirtschaftsbeziehungen der DDR. Grundzüge – Schwerpunkte – Perspektiven. FS-Analysen, H. 4, 1980

Andere UNO-Sonderorganisationen erhalten von der DDR keine finanzielle Unterstützung.

Wenn auch die Entwicklungshilfe der DDR äußerst bescheiden ist, so leistet sie geschickt organisatorisch-technische, auch militärische Hilfe. Zwischen 1970 und 1982 wurden mehr als 13 000 Studenten aus Entwicklungsländern an Hoch- und Fachschulen der DDR ausgebildet, mehr als 50 000 Angehörige aus »vom Imperialismus bedrohten Völkern« erhielten eine berufliche Aus- und Weiterbildung in der DDR. Etwa 15 000 DDR-Bürger waren bislang in Entwicklungsländern als Experten tätig.

Medizinische Hilfeleistungen – zwischen 1970 und 1981 wurden insgesamt 2850 Patienten behandelt – z.B. für verwundete PLO-Kämpfer werden publizistisch hervorragend aufgemacht und fördern das DDR-Image in der Dritten Welt wahrscheinlich stärker als eine vergleichsweise hohe bilaterale und multilaterale Kapitalhilfe.

Für die DDR gibt es keinen substantiell eigenen Handlungsspielraum in der Entwicklungshilfepolitik; sie ist an die Moskauer Linie gebunden. Vor dem Hinter-

Die Stellung der DDR in der Weltwirtschaft

Entwicklung des DDR-Außenhandels[a]

	Fünfjahrplan		1979	1980	1981	1982		1983		1984
	(1976–80)	(1981–85)								
	IST	SOLL	IST	IST	IST	SOLL	IST	SOLL	IST	SOLL
	1975 =100	1980 =100	1978 =100	1979 =100	1980 =100	1981 =100	1981 =100	1982 =100	1982 =100	1983 =100
	1	2	3	4	5	6	7	8	9	10
Außenhandelsumsatz	161,4	136,0[e]	112,4	110,3	110,7	115,0	109,2	113,0	110,6	105,0
Export	162,7		113,5	109,0	115,4		114,1		112,0	
Import	160,3		111,3	111,6	106,4		104,3		109,0	
darunter mit sozialistischen Ländern[b]	153,9		107,2	106,6	110,9		108,2		109,2	
Export	154,6	150,0[e]	111,9	102,5	109,9		110,0		112,5	
Import	153,3		102,6	110,9	112,0		106,6		105,8	
davon RGW[c]	172,6		107,5	105,5	112,0		108,5			
Export	153,7		113,2	101,4	111,1		110,1			
Import	196,4		102,1	109,1	112,9		107,0			
mit westlichen Industriestaaten[d]	171,2		128,5	115,6	114,8		108,0		113,2[f]	
Export	175,2		119,8	126,2	131,3		120,5		111,0[f]	
Import	168,5		134,7	110,5	100,3		96,5		116,0[f]	
mit Entwicklungsländern	224,2		112,8	129,3	89,2		128,7			
Export	236,4		111,2	130,0	63,1		130,7			
Import	213,3		114,4	128,0	115,7		125,3			

[a] zu effektiven Preisen, einschl. innerdeutscher Handel; [b] RGW-Länder sowie VR China, Jugoslawien, Nordkorea und Laos (seit 1978); [c] Albanien, Bulgarien, ČSSR, Kuba, Mongolei, Polen, Rumänien, UdSSR, Ungarn und Vietnam (seit 1978); [d] einschl. innerdeutscher Handel; [e] zu konstanten Preisen; [f] einschl. Entwicklungsländerhandel

Quellen: Statistische Jahrbücher des RGW; OECD-Statistics of Foreign Trade, Series A; Statistische Jahrbücher der DDR; Statistisches Taschenbuch der DDR 1984; eigene Berechnungen.

grund ihrer eigenen ökonomischen Situation ist sie wohl auch überfordert, tatsächlich effektive Entwicklungshilfe zu leisten. Wohlstandseinbrüche im eigenen Land wären bei einer starken Ausdehnung ihrer Hilfeleistungen für die Dritte Welt zu erwarten.

Hohe Verschuldung im Außenhandel

In der zweiten Hälfte der siebziger Jahre beabsichtigte die DDR, ihre Außenwirtschaft – bei mittelfristig überschaubarer Preisentwicklung im Intrablockhandel – als Wachstumsfaktor zu nutzen und zu einer ausgeglichenen Handelsbilanz zu gelangen. Trotz erheblicher Anstrengungen scheiterte die Strategie der Exportförderung bei gleichzeitiger Einschränkung der Importe. Im Zeitraum von 1976 bis 1980 ergab sich ein Passivsaldo von 28,8 Milliarden Valuta-Mark, das entspricht der Hälfte sämtlicher DDR-Exporte im Jahr 1980.

Die Handelsbilanzsituation verschlechterte sich nicht zuletzt deshalb, weil die Weltmarktpreise für Importprodukte erheblich stärker zunahmen als die im Export erzielbaren Preise; die Terms of Trade entwickelten sich für die DDR nachhaltig negativ.

Die durch das anhaltende Außenhandelsdefizit entstandenen Finanzierungsprobleme konnten zunächst durch die Kreditbereitschaft sowohl der westlichen Kreditgeber als auch der Sowjetunion in Grenzen gehalten werden. Aufgrund der restriktiven Haltung westlicher Banken gegenüber allen osteuropäischen Ländern als Folge der prekären Situation in Polen und Rumänien trat Anfang 1982 faktisch auch gegenüber der DDR ein Kreditstop ein. Seit 1982 konnte die DDR erhebliche Handelsbilanzüberschüsse gegenüber dem Westen erzielen, die sie zur Nettotilgung ihrer West-Kredite verwendete. So vermied die DDR eine umfassende Umschuldung. Dies ist zwar als Erfolg zu werten, doch gelöst hat die DDR ihre grundsätzlichen Probleme damit keineswegs.

Die gesamten Westschulden (netto) der DDR dürften sich nämlich unter Einschluß des innerdeutschen Kapitalverkehrs auf immer noch rund 9 Milliarden Dollar addieren (Ende 1983), so daß die DDR weiterhin einen erheblichen Teil ihrer Ausfuhrerlöse in konvertiblen Währungen für Verzinsung und Tilgung bereitstellen muß.

Das Kreditstanding der DDR dürfte sich durch die Gewährung zweier ungebundener Finanzkredite westdeutscher Banken 1983/84 in Höhe von insgesamt knapp 2 Milliarden DM verbessert haben, so daß sie seit 1984 wieder verstärkt mit Westkrediten rechnen kann. Dennoch bleibt der Abbau der Westverschuldung durch Handelsbilanzüberschüsse das zentrale Ziel. Es muß aber vorerst offenbleiben, ob die DDR ihre 1982 eingeleitete Exportoffensive bei gleichzeitigen Importdrosselungen wird aufrechterhalten können. Zum einen ist das Aufnahmepotential der von Strukturkrisen geschüttelten westlichen Industrieländer begrenzt, zum andern besteht die Gefahr, daß die absolute Priorität der Exportförderungsstrategie in Verbindung mit der selbst auferlegten Importbeschränkung negative Konsequenzen für die inländische Güterbereitstellung hat. Bei sinkender Investitionsquote, der systembedingt schwachen Durchsetzung des technischen Fortschritts und dem fehlenden Technologieimport sind Wachstumseinbußen nicht auszuschließen. Diese Strategie führt deshalb zeitversetzt auch zu Schwierigkeiten bei der Ausweitung des DDR-Exportangebots.

Zu diesem Thema

In diesem Band:
Wetter/Mayer, Die außenwirtschaftliche Position der Bundesrepublik

In anderen Werken:
Autorenkollektiv: Sozialistische Außenwirtschaft, Berlin (Ost) 1976
Dietsch, Ulrich: Außenwirtschaftliche Aktivitäten der DDR, 1976
Gutmann, Gernot/Haendcke-Hoppe, Maria (Hg.): Die Außenbeziehungen der DDR. Jahrbuch 1980 der Gesellschaft für Deutschlandforschung, 1981
Haendcke-Hoppe, Maria: Die Außenwirtschaftsbeziehungen der DDR. Grundzüge – Schwerpunkte – Perspektiven. FS-Analysen, H. 4, 1980
Hofmann, Otto/Scharschmidt, Gerhard: DDR-Außenhandel gestern und heute, 2. neuverf. Aufl. Berlin (Ost) 1980
Lamm, Hans-Siegfried/Kupper, Siegfried: DDR und Dritte Welt, Schriften des Forschungsinstituts der Deutschen Gesellschaft für Auswärtige Politik e.V., 1976
Pritzel, Konstantin: Die Wirtschaftsintegration Mitteldeutschlands, 1969
Schulz, Eberhard/Schulz, Hans-Dieter: Braucht der Osten die DDR?, 1968
Steffens, Rolf: Integrationsprobleme im Rat für gegenseitige Wirtschaftshilfe, 1974
Thalheim, Karl C.: Die Wirtschaftspolitik der DDR im Schatten Moskaus, 1979

OTA ŠIK

Sozialistische Planwirtschaft – Theorie und Wirklichkeit

Die marxistische ökonomische Theorie, die dem sozialistischen Wirtschaftssystem zugrunde liegt, enthält schwerwiegende Vereinfachungen und fehlerhafte Schlußfolgerungen. In ihrer Kritik am kapitalistischen Wirtschaftssystem konzentriert sie sich jedoch auf reale Schattenseiten dieses Systems, wie z.B. die steigende Kapitalkonzentration, die volkswirtschaftliche Anarchie, die Wirtschaftskrisen, die große Arbeitslosigkeit, die zunehmende Entfremdung der Menschen in Wirtschaft und Gesellschaft u.ä. Deshalb und weil die marxistische Wirtschaftstheorie ungemein einfache, leicht verständliche und plausibel erscheinende Erklärungen für die Mängel des Kapitalismus anbietet (Profitsucht, Ausbeutung und wachsende Klassengegensätze), zieht sie immer wieder vor allem ökonomisch nicht geschulte Menschen in ihren Bann. Rein theoretische Argumente helfen meist nicht, jene Menschen, die den Mängeln des kapitalistischen Systems kritisch gegenüberstehen, von der Fehlerhaftigkeit der marxistischen Theorie zu überzeugen.

Erst die sozialistische Wirtschaftspraxis, die völlig anders verläuft als von der Theorie vorausgesagt, hat vielen Marxisten die Augen geöffnet, hat sie die theoretischen Vereinfachungen erkennen lassen. Und besonders stark ist der Unmut, ja die Wut über den Wirtschaftsalltag im Sozialismus bei jenen Bevölkerungsschichten, die nur aus eigener Erfahrung und nicht aufgrund theoretischer Erwägungen die Wirtschaft beurteilen. Schon viel früher hätten die Völker der Ostblockstaaten einen grundlegenden Wandel des sozialistischen Wirtschaftssystems erzwungen, wenn nicht mit dem Sozialismus eine starke, privilegierte Funktionärsschicht entstanden wäre, die an der Erhaltung des bestehenden Systems fundamental interessiert war.

Nicht mehr durch unzureichendes Wissen wird und wurde also eine Reform der sozialistischen Planwirtschaft verhindert, sondern durch handfeste Machtinteressen einer neuen herrschenden »Klasse« von Funktionären. Abgesehen von Jugoslawien und Ungarn hatten sich in allen sozialistischen Ländern starre und dogmatisch denkende kommunistische Parteiführungen etabliert, die befürchteten, daß eine Reform des Systems ihre Machtstellung gefährden würde. Sie waren davon überzeugt, daß nur mit Hilfe dirigistischer Planung die Wirtschaft den politischen Interessen von Partei und Staat untergeordnet werden kann. Deshalb beharrten sie auf dem Prinzip der »führenden Rolle der Partei« in allen Bereichen der Gesellschaft.

Der Fehler, der dabei in der Wirtschaft gemacht wird, hat seine Wurzeln jedoch bereits in der marxistischen Ideologie: Nach ihr haben lediglich kapitalistische Unternehmer ein Interesse an Wachstum, Gewinn und Ausbeutung der Arbeitskraft, woraus Konkurrenz, Anarchie, Krisen und Arbeitslosigkeit entstehen würden. In der sozialistischen Gesellschaftsordnung dagegen, in der es kein Privateigentum an Produktionsmitteln und keine Ausbeutung mehr gibt, würden die Produktionsentscheidungen nicht mehr nach Gewinninteressen getroffen, sondern planmäßig rational im Einvernehmen mit den Interessen der Gesamtgesellschaft. Voraussetzung dafür sei nicht nur die Beseitigung des Privateigentums an Produktionsmitteln, sondern auch des Marktmechanismus. Der Markt wird durch ein hierarchisch gegliedertes Planungssystem ersetzt, in dem die Produktionsentscheidungen aller Betriebe den Planungsentscheidungen der Zentrale untergeordnet sind.

Man übersieht dabei, daß jeder Betrieb, gleichgültig ob er sich in privatem oder in gesellschaftlichem Eigentum befindet, auf der Stufe der Produktionsentwicklung jeweils eigene ökonomische Interessen hat, die die Betriebsentscheidungen maßgeb-

Orden und Auszeichnungen, Wettbewerbe aller Art und materielle Anreize sollten die Werktätigen im Sozialismus zu mehr Leistung anspornen. Der internationale Frauentag der DDR diente dazu, berufstätige Frauen für ihre Arbeit zu beglückwünschen.

Der 35. Jahrestag der DDR, 1984, war besonderer Anlaß, die Einheit von Partei und Staatsvolk zu demonstrieren.

lich beeinflussen: so vor allem das Interesse an der Einkommensmaximierung im Verhältnis zur geleisteten Arbeit. Dieses Interesse ist nicht zu beseitigen, solange die Arbeit aufgrund der Arbeitsteilung nicht zum eigentlichen Interesse der Bevölkerungsmehrheit geworden ist und solange die meisten Produkte im Verhältnis zu den Bedürfnissen der Bevölkerung knapp sind, so daß der Verbrauch einkommensmäßig beschränkt werden muß.

In der Marktwirtschaft, bei einem mehr oder weniger funktionierenden Wettbewerb, können die Privatunternehmen ihre partikularen Einkommensinteressen nur durchsetzen, wenn sie im Einklang mit den Interessen der Konsumenten produzieren. Je flexibler die Produktion an die Nachfrage angepaßt ist, je wirtschaftlicher produziert wird, je mehr neue Produkte mit einem höheren Nutzwert geschaffen werden, desto höher ist auch das Einkommen – der Gewinn – der einzelnen Unternehmen. Ist die Produktion jedoch nicht an der Nachfrage orientiert, unwirtschaftlich und wenig innovativ, führt dies zu Einkommenseinbußen, ja zum Bankrott von Unternehmen. Auf diese Weise zwingt der Markt die einzelnen Unternehmen zu einer gesellschaftlich nützlichen Produktionsentwicklung. Einschränkungen des Wettbewerbs, z. B. durch Kartelle, rufen sofort eine gesellschaftlich weniger nützliche Produktions- und Einkommensentwicklung hervor, die der geleisteten Arbeit nicht entsprechen.

Die völlige Beseitigung des Marktmechanismus und die Monopolisierung der Produktion – *eine* Branche, *ein* staatliches Riesenunternehmen – hat dann unter Einwirkung des erwähnten Einkommensinteresses in den sozialistischen Ländern zu einem nie dagewesenen Widerspruch zwischen der Produktionsentwicklung, soweit sie von den Betrieben entschieden wird, und den gesellschaftlichen Bedürfnissen geführt. Es ist eben so, daß die staatliche Planungszentrale mitsamt dem ministeriellen Verwaltungsapparat außerstande ist, die Produktion unzähliger Güterarten einschließlich der Produktionstechnik, der Produktionskosten und der Innovationen zu bestimmen. Die Zentrale muß sich auf die Planung globaler Wachstumsaufgaben beschränken. Bei der Planung der Produk-

Sozialistischer Wettbewerb war eine »der Hauptformen der Mitwirkung der Werktätigen an der Leitung und Planung der Betriebe«: Kontrollplan Mai 1984, Werk der Jugend, Leipzig (unten).

Planerfüllung als Klassenauftrag: Die sozialistischen Brigaden Volkseigener Betriebe hatten, wie hier in Erfurt, ihre Planaufgaben ständig vor Augen (ganz unten).

tivität, der Investitionen, des Material- und Arbeitsverbrauchs, der Kostensenkungen u. ä. ist sie dann völlig auf die Informationen aus den Betrieben angewiesen.

Die Betriebe sind sowohl bei ihrer Informationsbildung als auch bei der Realisierung der globalen Wachstumsaufgaben in erster Linie daran interessiert, mit möglichst geringer Steigerung der Arbeitsanstrengung eine maximale Einkommenssteigerung zu erzielen. Da sie absolute Monopolisten sind und die übergeordneten Staatsorgane alle jene Prozesse, die sie nicht planen, auch nicht kontrollieren können, werden die Betriebe immer versuchen:

☐ die Information nach oben so zu verzerren, daß möglichst stille Reserven und »weiche« Pläne dabei erreicht werden;
☐ durch Manipulierung der Produktionsstruktur die Planaufgaben bei kleinster Anstrengung zu erfüllen.

So forcieren die Betriebe die Herstellung jener Produkte, mit deren Preis eine Steigerung der Produktivität, der Gewinne u. ä. schnell zu erzielen ist, während solche Güter vernachlässigt bzw. aus der Produktion verdrängt werden, mit denen die globalen Planaufgaben nur schwer zu erfüllen sind. Und weil jeder Monopolist Zehntausende von Gütern mit unterschiedlichsten, staatlich verordneten Preisen herstellt, ist eine solche Manipulierung eine leichte Sache.

So wird das Interesse der Betriebe ständig auf die formelle Erfüllung der Pläne gelenkt, ungeachtet der realen Nachfrage und der Effektivitätsmöglichkeiten. Unzählige Güter werden in Mengen produziert, die überhaupt nicht benötigt werden, während unzählige andere Güter im Angebot fehlen, der Bedarf der Konsumenten nicht gedeckt werden kann. Die Investitionskosten, der Verbrauch an Material und Arbeit werden verschwenderisch hoch gehalten, Produkt- und technische Innovationen nur sehr langsam vorangetrieben, da dies die Planerfüllung erleichtert und keine Konkurrenz höhere Effektivität und Produktivität erzwingt.

Ohne Markt können einfach die Produzenteninteressen den Interessen der Konsumenten und der Gesellschaft nicht untergeordnet werden. Die Planungszentrale

225

ist nicht imstande, den Markt zu ersetzen; die absoluten Monopolisten werden zu Herrschern über die Konsumenten. Der Absatz technisch und qualitativ veralteter bzw. im Moment gar nicht benötigter Produkte bereitet den Produzenten keine Sorge; denn durch den dauernden Mangel im Angebot bei formeller Planerfüllung entsteht ein allgemeiner Überhang an Kaufkraft, ein sog. Verkäufermarkt: Die Abnehmer (Produktionsbetriebe bzw. Handel) reißen den Lieferanten förmlich alles aus den Händen – auch solche Produkte, die sie im Augenblick gar nicht brauchen. Da sie für ihr Geld nicht das bekommen, was sie brauchen, nehmen sie auch das ab, was sie glauben, vielleicht später gebrauchen zu können. Riesige, im Kapitalismus undenkbare Lager entstehen auf diese Weise – nicht bei den Lieferanten, sondern bei den Abnehmern.

Der Ausnützungsgrad der Produktionsfaktoren sowie der technische und qualitative Fortschritt der Produktivkräfte ist in den sozialistischen Ländern – im Gegensatz zum theoretischen Anspruch – viel geringer als in den marktwirtschaftlich organisierten Ländern. Das im Vergleich zu manchen westlichen Industriestaaten schnellere Wachstum der Produktion erreicht man bis heute nur mit Hilfe eines erheblich höheren Arbeitsaufwands sowie einer höheren Brutto- und Nettoinvestitionsquote – Ausdruck und Folge

☐ des sehr langsamen Wachstums der Arbeitsproduktivität;

☐ eines unwirtschaftlichen Verbrauchs von Material, Energie, Maschinen und Einrichtungen in der Produktion vergleichbarer Güter und

☐ einer technisch und qualitativ zurückgebliebenen Produktion, so daß man für einen bestimmten Zuwachs der Produktion weit höhere Investitionssummen benötigt als unter marktwirtschaftlichen Produktionsbedingungen.

Eine solche Produktionsweise muß zu einem auch qualitätsmäßig niedrigen Niveau auf dem Verbrauchsgütersektor führen. Trotz ständiger Propaganda über Planerfüllung und Produktionssteigerung bleibt der Lebensstandard der Bevölkerung in allen sozialistischen Ländern weit hinter dem jener Länder zurück, mit denen man vor der sozialistischen Entwicklung vielfach auf gleicher Stufe lag. Natürlich gab es auch innerhalb des sozialistischen Lagers Länder mit sehr unterschiedlichem Entwicklungsniveau. So lagen etwa die DDR und die ČSSR, was die Produktion pro Kopf der Bevölkerung anbelangt, weit vor den übrigen sozialistischen Ländern. Dies ist jedoch nur darauf zurückzuführen, daß sowohl in der DDR als auch in der ČSSR der Kapitalismus viel weiter gediehen war als in den anderen Ländern des Ostblocks. Die technische Basis sowie der Umfang und die Qualität des noch aus jener Zeit stammenden technischen und betriebstechnischen Wissens – mit seiner Anwendung in der Produktion – konnte von den übrigen sozialistischen Ländern noch lange nicht eingeholt werden.

Gerade in der DDR und in der ČSSR war es also viel mehr das Erbe der Vergangenheit als eine besondere Fortschrittlichkeit der Wirtschaftsorganisation, was diese Länder an die Spitze der ökonomischen Entwicklung innerhalb des Ostblocks geführt hat. In der DDR kam dann noch eine enge Verknüpfung – vor allem was das Know-how betrifft – mit Technik und Wirtschaft in der Bundesrepublik Deutschland hinzu, sowie ein breiter, bis heute nicht genügend aufgedeckter Transfer von Devisen und Handelsvorteilen, der aus der besonderen Lage des geteilten Deutschlands entstanden ist – für die Wirtschaft der DDR zweifellos ein belebendes Element.

Auf diese Weise konnte trotz all der Mängel, die aus einem zentralisierten, dirigistischen Planungssystem herrühren, der Lebensstandard der Bevölkerung in der DDR – und in der ČSSR – etwas höher als in den übrigen Ostblockstaaten gehalten werden. Die richtig gestellte Frage müßte jedoch lauten: Wie könnten die Menschen in diesen beiden Ländern heute leben, wenn es nicht jene enormen Effektivitätsverluste durch das dirigistische Planungssystem in den vergangenen Jahren gegeben hätte?

Immer wieder bildeten sich in allen realsozialistischen Ländern Reformbewegungen – ob innerhalb der jeweils regierenden Partei oder von außerhalb wirkend –, die das unsinnige und folgenschwere Planungssystem zu ändern bzw. zu überwinden suchen. Alle Reformversuche hatten und haben eine Selbstverwaltung der Betriebe sowie die Einführung des Marktes als Regulativ für die Produktion zum Ziel. Aber die Funktionäre reagierten immer auf die gleiche Weise: Die Reformbewegung, die das realsozialistische Wirtschaftssystem und damit die Herrschaft der Partei über die Wirtschaft gefährdet, muß unterdrückt und vernichtet werden. Dabei sprach man natürlich nicht von der Gefährdung der Macht des Parteiapparats, sondern von der »Gefährdung des Sozialismus«.

So wurde z. B. 1968 die hoffnungsvolle Reformbewegung in der ČSSR und später der verzweifelte Freiheitskampf der Polen (1982) niedergeschlagen – politisch ein Zeichen außergewöhnlicher Kurzsichtigkeit und Borniertheit auf seiten der damaligen sowjetischen Führung. Nur in Ungarn, als einzigem Ostblockstaat, war aufgrund schlimmer historischer Erfahrungen eine politische Führung an die Macht gekommen, die bestrebt war, eine rationale und realitätsbezogene Wirtschaftspolitik zu betreiben: Man hat die Bedeutung ökonomischer Interessen und die Unersetzlichkeit des Marktmechanismus erkannt.

Wie einst im Prager Frühling wurde in Ungarn mit Erfolg eine moderne Kopplung von Markt und Rahmenplanung, von sozialistischer und privater Produktion, von makroökonomischer Regulierung und Marktspontaneität praktiziert. Bedeutungsvoll war vor allem die planmäßige Regulierung der Einkommensverteilung, wodurch – im Unterschied zur sozialistischen Marktentwicklung in Jugoslawien – einer unkontrollierbaren Einkommenssteigerung und Inflation entgegengewirkt werden kann.

Die Entwicklung in Ungarn ließ die Hoffnung nicht schwinden, daß sich früher oder später auch in anderen sozialistischen Ländern undogmatische Reformkräfte durchsetzen würden. Die radikalen politischen und gesellschaftlichen Veränderungen in Osteuropa und der jetzt »ehemaligen« DDR seit 1989 haben alle Reformkurse weit überholt. Aber auch in der Sowjetunion dürften die zunehmenden ökonomischen Schwierigkeiten und die Abspaltungstendenzen der Republiken in Zukunft einschneidende Reformen erzwingen.

PETER PLÖTZ

Von der Plan- zur Marktwirtschaft

Mit der Übernahme der Zentralverwaltungswirtschaft sowjetischen Typs stand die DDR-Führung bei der konkreten Ausformung ihres Leitungs- und Planungssystems im Verlauf der zurückliegenden vier Jahrzehnte immer vor dem Problem, innerbetriebliche Schwierigkeiten und gesamtwirtschaftliche Fehlentwicklungen entweder durch verstärkte Rezentralisierungsmaßnahmen oder aber durch Ausweitung einzelwirtschaftlicher Handlungsfelder (Dezentralisierung) zu überwinden. Dabei zählte die sinnvolle Koordination der Einzelwirtschaften zu den größten Problemen. Jeder zusätzliche administrative Eingriff in den betrieblichen Aktionsradius förderte tendenziell eine fehlerhafte Koordinierung, verstärkte vorhandene Fehlentscheidungen, die dann zu weiteren administrativen Eingriffen führten. Die vielfältigen Gegensätze zwischen staatlicher und betrieblicher Zielsetzung (weiche Pläne) konnten trotz häufiger Experimente nicht abgebaut werden.

Letztlich wurde bis Ende der achtziger Jahre konsequent am administrativ-zentralistischen Wirtschaftssystem festgehalten, ein erheblich erweiterter eigenständiger Handlungsspielraum der Betriebe nach dem Muster sowjetischer Reformmaßnahmen verworfen. Die DDR stand radikalen Wirtschaftsreformen ablehnend gegenüber und verfolgte die »Politik der kleinen Schritte«. Konkret bedeutete dies, daß die ökonomische Strategie auf die sogenannte »Vervollkommnung« des zentralplanwirtschaftlichen Systems zielte, ohne damit die vielfältigen Funktionsprobleme der DDR-Wirtschaft beheben zu können. Ein Aufbrechen der zentralistischen Leitungspyramide kam für die Führung der DDR nicht in Frage. Nachfolgende Gründe mögen hierfür aus ihrer Sicht bestimmend gewesen sein:

☐ Im Gegensatz zur Sowjetunion gab es in der DDR-Wirtschaft keine derart zugespitzte ökonomische Krisensituation.
☐ Die DDR-Wirtschaft war innerhalb der osteuropäischen Volkswirtschaften am weitesten entwickelt; es herrschten relativ stabile ökonomische Verhältnisse.
☐ Die DDR war sich durchaus ihrer wichtigen Rolle bei der Modernisierung und Rationalisierung der rückständigen sowjetischen Wirtschaft bewußt.
☐ Andere RGW-Länder konnten keine nachhaltigen Erfolge mit weitergehenden Reformmaßnahmen vorweisen.
☐ Die negativen Erfahrungen der DDR aus ihren Dezentralisierungsbestrebungen in den sechziger Jahren sprachen gegen eine weitere Reformphase.

Ende der achtziger Jahre wurde das Fehlschlagen des Kurses der »Vervollkommnung« evident. Mit Gorbatschows Weg des Glasnost und der Perestrojka, den gesellschaftlichen und ökonomischen Umbrüchen in Polen und Ungarn auf der einen und dem Beharren der überalterten DDR-Führung auf einem »eigenständigen sozialistischen Weg in den Farben der DDR« auf der anderen Seite wuchs die Entfremdung zwischen dem Großteil der DDR-Bevölkerung und ihrer Führung. Die täglich erfahrene »Lebensqualität« wurde durch verstärkte Westreisen, durch Informationen über die Westmedien immer bedrückender. Ökonomische und politische Gegebenheiten in der Bundesrepublik wurden zunehmend stärker zum Maßstab der allgemeinen, nicht nur wirtschaftlichen Lebensumstände in der DDR. Statt die politischen, gesellschaftlichen und ökonomischen Konfliktfelder offensiv anzugehen, igelte sich die DDR-Führung mit dem erkrankten Honecker an ihrer Spitze immer mehr ein.

Nach der Grenzöffnung Ungarns am 11. September 1989 erreichte der Flüchtlingsstrom aus der DDR bedrückende Größenordnungen. Im Jahre 1989 verließen fast 345 000 Bewohner die DDR, bis zum 9. November auf illegalem, danach auf legalem Weg. Die politische Führung war durch Botschaftsbesetzungen (Budapest, Prag und Warschau) sowie durch Demonstrationen für Reisefreiheit zum Einlenken gezwungen worden.

Es hatte sich – zunächst unter dem Dach der evangelischen Kirche – eine grundlegende Opposition formiert, die den Ausweg aus der moralischen, politischen und ökonomischen Krise nur in einer Systemüberwindung sah. Unterstützung erfuhren diese Oppositionsgruppen zum einen durch Gorbatschows persönliches Auftreten am 6./7. Oktober in Berlin, zum anderen durch Auseinandersetzungen im Politbüro um die Ablösung Honeckers. Die offenbar schon beschlossene gewaltsame Lösung des Konflikts wurde durch die Bereitschaft zum Dialog aufgehoben. Krenz, Schabowski und einige Bezirkssekretäre setzten sich dafür ein. Doch die belasteten Politbüromitglieder scheiterten am Widerstand der Parteibasis.

Eine Stabilisierung der DDR konnte auch mit Gysi und Modrow nicht erreicht werden, obwohl mit den Ankündigungen erstmals freier Wahlen, wirtschaftlicher, politischer und gesellschaftlicher Reformen sowie einer angestrebten Vertragsgemeinschaft zwischen beiden deutschen Staaten zunächst eine gewisse Beruhigung eintrat. Doch die beabsichtigten Maßnahmen blieben unklar, der Krise der staatsmonopolistischen Partei folgte die Staatskrise. In dieser zugespitzten Situation wurden Oppositionsbewegungen und Parteien nach polnischem Vorbild am Runden Tisch zusammengeführt, später direkt in die Regierungsverantwortung einbezogen.

Bis zu den sich überstürzenden Ereignissen im Herbst 1989 wurde die ordnungspolitische Grundfrage Plan–Markt in der DDR tabuisiert. Reformdiskussionen hatten allerdings in Vorbereitung des ursprünglich für Mai 1990 geplanten XII. Parteitages der SED schon vor den gravierenden Umwälzungen in der DDR begonnen, wurden aber nicht publiziert. Mit dem am 3. November 1989 im NEUEN DEUTSCHLAND veröffentlichten Aufsatz von Wolfgang Heinrichs, Mitglied der Akademie der Wissenschaften und damaliger Direktor des Zentralinstituts für Wirtschaftswissenschaften, und Wolfram Krause, Abteilungsleiter in der Bezirksleitung Berlin der SED, wurde die öffentliche Reformdiskussion »eingeläutet«. Entgegen allen bis dahin bekanntgewordenen Reformüberlegungen wurde für eine Erneuerung des Systems von administrativer Leitung und Planung in Richtung funktionsfähiger Marktkoordination unter Einschluß veränderter Preisgestaltung sowie Eigentumsformen plädiert.

Ohne zentrale Vorgaben, sprich Zensur, war danach eine nahezu unüberschaubare Vielzahl von Reformvorschlägen von DDR-Ökonomen sowohl in Publikationsorganen der DDR als auch in der Bundes-

Die deutsche Wirtschaft im Übergangsjahr 1990

»Kommt die D-Mark, bleiben wir – kommt sie nicht, dann gehen wir« war für die meisten DDR-Bürger im Jahr der Einheit 1990 die Lieblingslösung. Die harte Mark sollte das international wertlose Blechgeld der DDR ablösen, frische Farben ins sozialistische Einheitsgrau bringen, sie stand für Dynamik und Wohlfahrt, für Konsum und Freiheit – im Grunde für Demokratie. Anschluß finden an das Wohlstandsniveau der Bundesrepublik war Forderung des Tages. Denn die Bundesrepublik lieferte den Maßstab, an dem sich die DDR-Bewohner seit jeher orientierten. Nun, nach der Öffnung der Grenzen, gab es die Chance, den erzwungenen Konsumverzicht aufzugeben. Es lockte der Westen.

Sobald klar war, daß die Regierung Modrow nur halbherzig und hilflos Marktwirtschaft versuchte, votierte das Ost-Wahlvolk am 18. März 1990 klar gegen die Linke. Das konservative Wahlbündnis »Allianz für Deutschland« erreicht 48,2% der Stimmen. »Es gewann die CDU, deren Bonner Sponsoren für den schnellstmöglichen Einzug der D-Mark bürgten.« (Claus Richter, in: Anno 1990). Die D-Mark kam am 1. Juli 1990, dem Tag der Wirtschafts-, Währungs- und Sozialunion zwischen der Bundesrepublik und der DDR. Sie ist von nun an offizielles Zahlungsmittel. Löhne, Gehälter, Mieten, Stipendien und Renten werden im Verhältnis 1:1 umgetauscht, ebenso Sparguthaben bis zu 4000 Mark (1). Sonst ändert sich zunächst einmal nicht viel: Die Zerstörung der Umwelt geht weiter (2), DDR-Bürger heizen mit Kohle und verpesten damit die Luft (3), nur vereinzelt kennen sich DDR-Bürger mit der freien Marktwirtschaft aus (4), eine neue Generation von DDR-Wirtschaftsbürgern wird es wohl erst in 20 Jahren geben (9). Das Füllhorn des Bundeskanzlers ist randvoll nur in der Karikatur (5). Massenentlassungen besiegeln die mangelnde Konkurrenzfähigkeit von DDR-Produkten – Trabbi (6) oder die Produkte der Firma Zeiss sind keine Einzelfälle. Erst vereinzelt erkennen Kleinunternehmer die Zeichen der Zeit und rüsten um (8). Für Studenten und Hochschullehrer gehören die Erkenntnisse von Marx und Engels auf den Müllhaufen der Geschichte (7).

229

republik Deutschland gemacht worden. Wurde zuerst noch um Reformen innerhalb des bestehenden Systems »gerungen« (Einführung von Marktelementen in das Planwirtschaftssystem), stand bald nur noch die Reform des Systems, also die Systemtransformation, zur Diskussion.

Am 9. Dezember 1989 äußerte Modrow seine – vagen – Vorstellungen über die Wirtschaftsreform vor Generaldirektoren, Vorsitzenden der Bezirkswirtschaftsräte und Bezirksbaudirektoren. Die – nicht näher bezeichneten – grundlegenden Veränderungen in der Wirtschaftsstrategie, der Sozialpolitik und im Wirtschaftsmechanismus sollten einen Zeitraum von mehreren Jahren umfassen. Danach sollte in einer ersten Etappe – etwa bis 1992 – die Volkswirtschaft stabilisiert werden (Stabilisierungsprogramm). In einer zweiten Etappe – etwa ab 1993 – sollten Marktmechanismen wirken, die Betriebe auch dem internationalen Wettbewerb ausgesetzt werden. Ab 1995 sollten die Rahmenbedingungen für die gesamte Wirtschaft gelten.

Am 13./14. Januar 1990 wurden im NEUEN DEUTSCHLAND in stark gekürzter Form die Vorschläge von elf Arbeitsgruppen, die im Regierungsauftrag von Sachverständigen zur Wirtschaftsreform erarbeitet und der Arbeitsgruppe Wirtschaft des Runden Tisches vorgelegt wurden, veröffentlicht. Die von den Arbeitsgruppen erarbeiteten Ergebnisse waren in sich nicht widerspruchsfrei. Der notwendige Übergang zu marktwirtschaftlichen Koordinationsmechanismen wurde zwar von allen Arbeitsgruppen hervorgehoben, gleichzeitig aber empfohlen, auf dem Wege dorthin vorsichtig zu operieren und die staatlichen Lenkungsinstrumente nicht vorschnell außer Kraft zu setzen.

Am 1. Februar 1990 legte dann der Ministerrat der Übergangsregierung Modrow sein Wirtschaftsprogramm vor. Gefordert wurde der Einstieg in eine »sozial und ökologisch orientierte Marktwirtschaft«. Abgerückt war die Regierung von dem Konzept, den Markt zum »organischen Bestandteil der Planung« zu machen, wie es Modrow noch im November 1989 vor der 12. Tagung der Volkskammer vorschlug.

Danach wurden von nahezu allen relevanten Parteien und Gruppierungen in der DDR engagiert marktwirtschaftliche Positionen bezogen. Der Übergang zur Marktwirtschaft sollte schnell vollzogen werden. Damit wurde faktisch schon vor den Volkskammerwahlen am 18. März die ordnungspolitische Grundsatzentscheidung in der DDR für eine »Verkehrswirtschaft westlichen Typs« getroffen.

Die Reformüberlegungen und ersten -maßnahmen fanden vor dem Hintergrund einer sich laufend verschlechternden ökonomischen Situation statt. Die alten Regulierungsmechanismen griffen nicht mehr, die neuen noch nicht. Die Abwanderung konnte nicht gestoppt werden, Schwarzarbeit nahm zu, das Wirtschaftswachstum schwächte sich ab, während gleichzeitig die Forderungen an das gesamtwirtschaftliche Leistungsprodukt stiegen. Die Bevölkerung verlangte nach Devisen für Westreisen, der Abkauf langlebiger Gebrauchsgüter hielt an, Unternehmen benötigten vermehrt Investitionsgüter, zur Aufrechterhaltung der dringend benötigten Importe und zur Schuldenrückzahlung mußten die Exporte aufrechterhalten werden.

Die Grundsatzentscheidung für eine sozial und ökologisch orientierte Marktwirtschaft war in der DDR gefallen. Hinsichtlich der bei der Transformation von einer Plan- in eine Marktwirtschaft notwendigen inhaltlichen und zeitlichen Schrittfolgen herrschte lange Zeit erhebliche Unsicherheit. Mit dem Angebot der Bundesregierung an die DDR, schnellstmöglich eine über konföderative Strukturen hinausgehende Wirtschafts-, Währungs- und Sozialgemeinschaft zwischen beiden deutschen Staaten zu schaffen sowie der breiten Akzeptanz in der DDR-Bevölkerung für einen derartigen Weg, die sich im Wahlergebnis vom 18. März 1990 widerspiegelt, wird das auf dem Gebiet der DDR zu realisierende Ordnungskonzept – zumindest in seinen Grundstrukturen – vorgegeben. Unabhängig von der Frage, wann und in welcher Form die politische Vereinigung beider Staaten stattfinden sollte, war die weitgehende Adaption des in der Bundesrepublik realisierten ökonomischen Ordnungskonzepts unausweichlich geworden.

Formal handelte es sich bei der Wirtschafts- und Sozialunion um die Angleichung des Wirtschafts- und Sozialrechts. Die Weichen in Richtung der Übernahme der wichtigsten Vorschriften der Bundesrepublik in die DDR waren somit gestellt. Wirtschafts- und Sozialunion bedeutete inhaltlich, in der DDR die soziale Marktwirtschaft einzuführen. Das umschloß die Freiheit des Handels- und Kapitalverkehrs, Gewerbe- und Niederlassungsfreiheit, Privatisierung der Staatsbetriebe, Preis- und Lohnfreigabe, Abbau der Subventionen sowie den Aufbau sozialer Sicherungssysteme. Bei der Währungsunion ging es um die Einführung der D-Mark.

Wenige Tage vor der Währungsumstellung in der DDR: Die Regale der Geschäfte sind leer.

Am Tag vor der Währungsunion werden die Regale wieder gefüllt – vor allem mit Westware.

Die Wirtschaft der Bundesrepublik Deutschland

Die Stärke von Industrie und Wirtschaft in der Bundesrepublik liegt in der Herstellung von Spitzenerzeugnissen der klassischen Technik.

OTTO G. MAYER

Die wirtschaftliche Entwicklung der Bundesrepublik

Der Zusammenbruch von 1945 war einer der schwersten in der an Wechselfällen nicht gerade armen Geschichte Deutschlands. Der völlige Zerfall aller Bereiche des Zusammenlebens ist kaum besser geschildert worden als von dem Wirtschaftspublizisten Gustav Stolper, der Jahre zuvor seine deutsche Heimat hatte verlassen müssen und nun als Mitglied einer von Herbert Hoover geleiteten amerikanischen Sachverständigendelegation 1947 wieder in das zerstörte Land zurückkehrte. In seinem Buch DIE DEUTSCHE WIRKLICHKEIT (1949) beschrieb er seine Eindrücke mit Worten tiefster Betroffenheit:

»So also sieht Deutschland mehr als zwei Jahre nach der bedingungslosen Übergabe aus: Eine in ihrer biologischen Substanz unheilbar verstümmelte Nation...; eine intellektuell verkrüppelte Nation...; eine Nation städtischer und industrieller Zivilisation, deren Städte fast alle in Trümmern, deren Fabriken zerschmettert liegen; eine Nation ohne Nahrung und Rohstoffe, ohne funktionierendes Verkehrssystem oder gültige Währung; eine Nation, deren soziales Gefüge durch Massenflucht, Massenwanderung, durch massenhafte Zwangsansiedlung von Fremdlingen zerrissen ist; eine Nation, deren riesenhafte Staatsschuld annulliert ist, deren Bankdepositen entweder beschlagnahmt oder durch Währungsverfall entwertet sind, wo Massenenteignungen von industriellem und gewerblichem Eigentum als ein Akt politischer Rache angeordnet oder durch ›Abstimmung‹ beschlossen wurde; eine Nation, die, nachdem sie die Provinzen verlor, die die Quellen eines Viertels ihrer Nahrung waren, in unmittelbarer Gefahr einer zweiten Teilung zwischen ihren früheren westlichen und östlichen Feinden steht, ... ein Land, wo in Hunger und Angst die Hoffnung erstarb...«

Bilanz des Krieges

Zahlen vermögen Elend und Leid der Menschen kaum wie diese Worte in ein verständliches Bild einzufangen, auch wenn sie – soweit überhaupt vorstellbar – erschreckend genug sind. Hatte der Erste Weltkrieg dem deutschen Volk bereits 2 Millionen Tote abgefordert, so wurde diese Zahl nunmehr weit übertroffen. Geschätzt wird die Zahl der Toten auf über 8 Millionen. Noch im Jahr 1962 wurden über 1,5 Millionen Menschen vermißt. Hinzu kommen weit über 4 Millionen Verwundete und die Millionen von Kriegsbeschädigten. Die Tragweite dieser Zahlen spiegelt sich bis in die jüngste Gegenwart in den Sozialausgaben unserer staatlichen Haushalte wider.

Viele Millionen Menschen waren heimatlos geworden und lagen buchstäblich auf der Straße. 1945 setzte ein ständiger Flüchtlingsstrom von Ost nach West ein. Von rund 18 Millionen Deutschen, die zu Kriegsbeginn jenseits der Oder und Neiße lebten bzw. außerhalb der Reichsgrenzen von 1937 zu Hause waren, wurden bis 1950 rund 14 Millionen vertrieben. Wohnraum war aber knapp. Rund 18 Prozent der etwa 9,3 Millionen Wohnungen in der amerikanischen und britischen Besatzungszone, der sog. Bi-Zone, waren zerstört, 29 Prozent beschädigt; doch sagen diese Durchschnittszahlen wenig über die Zerstörung in den Großstädten aus.

Die große Masse der fliehenden, heimatlosen Menschen überflutete daher das flache Land, vor allem die heutigen Bundesländer Schleswig-Holstein und Niedersachsen. Die Unterbringung auf dem Lande erleichterte zwar die Beschaffung von Lebensmitteln und Heizmaterial, doch boten sich dort nur wenig Arbeitsmöglichkeiten. Noch Ende 1949 betrug der Anteil der Vertriebenen an der Gesamtbevölkerung 17 Prozent, an den Arbeitslosen jedoch 36 Prozent.

Die Bevölkerung war stark unterernährt. Die Zuteilung an Lebensmitteln pro Kopf und Tag betrug nach 1945 im Durchschnitt 1300 Kalorien. Ob jedoch der einzelne diese Hungerration mit seinen Lebensmittelkarten auch kaufen konnte, blieb ungewiß. Die Läden waren meist leer, und trotz der amerikanischen Hilfeleistungen konnten oft nur Mindestrationen ausgegeben werden. Die durch das GARIOA-Programm (*Government Appropriation and Relief in Occupied Areas*) in Höhe von rund 1,6 Milliarden Dollar gewährte Hilfe gegen Hunger und Seuchen und das auf Herbert Hoover zurückgehende karitative CARE-Programm (*Cooperative for American Remittances for Europe*) vermochten gerade das Schlimmste zu verhindern. Ein »Normalverbraucher« erhielt noch um die Jahreswende 1947/48 in der britischen Zone für vier Wochen folgende Zuteilung: 10 000 g Brot, 1250 g Nährmittel, 8000 g Kartoffeln, 500 g Zucker, 400 g Fleisch, 175 g Fett, 250 g Käse, 50 g Fisch, 1 Ei, 500 g Obst, ½ l Magermilch. Nur wenigen gelang es, sich über den Schwarzmarkt mit dem Notwendigsten zu versorgen.

Die schlechte Versorgungslage nach Kriegsende wird aus dem Vergleich einiger Produktionsziffern für das Gebiet der vier Besatzungszonen deutlich:

	1936	1939	1946
Bevölkerung (Mio.)	58	60	66
Volkseinkommen (in Mrd. RM in Preisen von 1936)	58,7	76	32
Industrieproduktion (1936 = 100)	100	116	27
Kartoffelernte (Mio. t)	36	40	22
Brotgetreide (Mio. t)	9,2	10,3	5,5
Schweinebestand (Mio. Stck.)	18,3	19,4	7,5

Quelle: Gustav Stolper: Deutsche Wirtschaft seit 1870, 2. Aufl. 1966

Für eine um rund 14 Prozent gewachsene Bevölkerung im Vergleich zu 1936 stand also 1946 eine Produktion an Grundnahrungsmitteln zur Verfügung, die um mehr als die Hälfte gesunken war.

Wegen des Warenmangels, wegen der während des Krieges lediglich durch die Rationierung fast aller Güter zurückgestauten Inflation, behielten die Alliierten die Bestimmungen des NS-Regimes über die Bewirtschaftung von Lebensmitteln, von Konsumgütern und Wohnraum, über die Zuteilung von Arbeitskräften und Rohstoffen, über die Festsetzung von Preisen, Löhnen und Mieten bei. Diese verwaltungswirtschaftlichen Maßnahmen erwiesen sich aber zunehmend als unfähig, mit der Lage fertig zu werden, zum einen, weil es kaum ausreichende Güter zur Rationie-

Die Politik der Besatzungsmächte

Deutschland-West in der »Stunde Null«: Im Kampf gegen den Hunger wurde in den Großstädten, wie hier in Lübeck vor dem Holstentor (links), wenn irgend möglich jede Grünfläche in Kartoffeläcker oder Gemüsebeete umgewandelt. Wer etwas zu tauschen hatte, wer Schmuck oder gar amerikanische oder britische Zigaretten besaß, konnte sich glücklich schätzen: Auf dem Schwarzmarkt war dafür alles zu haben, sogar ein Paar Schuhe ohne Löcher (unten).

Sachschäden und Vermögensverluste Ende 1946 in Prozent des Bestandes von 1939

	insgesamt	durch Verlust der Gebiete östlich der Oder/Neiße
Land- und Forstwirtschaft	25	18
Bergbau, Energie, Industrie und Handwerk	50	5–7
Handel und Gastgewerbe	70	10
Verkehrswesen	45–50	18
Öffentliche Bauten (ohne Verkehr)	50	10
Wohngebäude	40	14
Hausrat und sonstiger privater Besitz	55	11
Auslandsvermögen	100	–

rung und Zuteilung gab, und zum andern, weil die Alliierten davor zurückschreckten, wie zuvor das NS-Regime die Einhaltung der Verwaltungsvorschriften mit drastischen Strafen zu erzwingen. Schwarzmarktgeschäfte waren an der Tagesordnung. Allerdings gab es für die Reichsmark kaum etwas zu kaufen. Zum gängigsten Tausch- und Rechenmittel auf den Schwarzmärkten avancierte die englische oder amerikanische Zigarette.

Sagen Zahlen kaum etwas über menschliches Leid aus, so sind Nachkriegsziffern über ökonomische Größen zunächst mit Vorsicht zu genießen. Auf den wenigen Gebieten, für die Statistiken angeführt werden, sind sie oft unzuverlässig oder sinnlos und schwanken innerhalb weiter Grenzen. Ein grobes Bild von den Größenordnungen der Kriegsschäden an Sachvermögen und Produktionsanlagen gibt die Übersicht des Deutschen Instituts für Wirtschaftsforschung, Berlin, von 1947: Rund die Hälfte aller Wohngebäude, aller industriellen Anlagen, der Verkehrswege und Transportmittel waren zerstört.

Die Politik der Besatzungsmächte

Verglichen mit 1936 erreichte die Industrieproduktion in der amerikanischen und britischen Zone 1946 nur einen Monatsdurchschnitt von 33, 1947 von 38 und 1948 von 47 Prozent. Daß der industrielle Aufbau so langsam anlief, war nicht nur eine Folge der gerade geschilderten Kriegsschäden und der Rohstoffknappheit – die amtlichen Rohstoffzuteilungen erreichten 1946 und 1947 selten mehr als 25 Prozent des Bedarfs –, sondern auch der alliierten »Entindustrialisierungspolitik«. Zwar hielt sich die materielle Demontage von Fabrikanlagen in Grenzen – man schätzt den Verlust auf 8 Prozent des industriellen Anlagevermögens –, die Auswirkungen waren jedoch beträchtlich. Demontageprogramme und Demontagestopps wechselten einander ständig ab; die deutschen Unternehmen lebten jahrelang in der bangen Erwartung, daß auch sie von Demontagen betroffen werden könnten. Niemand wußte genau, ob und wann welche Branche oder welche Fabrik dran sein würde. Und wer baut, wer investiert schon, wenn er damit rechnen muß, daß ihm alles wieder genommen wird?

Ihre radikalste Ausprägung fand diese Politik in dem Plan des amerikanischen Finanzministers Henry Morgenthau vom Spätsommer 1944. Ziel des Morgenthau-Planes war es, »Deutschland in ein vorwiegend Ackerbau und Viehzucht treibendes Land zu verwandeln«. Für alle Zukunft sollte Deutschland wirtschaftlich die Möglichkeit genommen werden, wieder Krieg zu führen. Die Demontage deutscher Anlagen, so Morgenthau, erleichtere zudem die Lösung des Reparationsproblems. Im September 1944 billigten US-Präsident Franklin D. Roosevelt und Premierminister Winston Churchill in Quebec diesen Plan in seinen Grundzügen. Vergeblich hatten der amerikanische Außenminister Cordell Hull und Kriegsminister Henry Lewis Stimson darauf hingewiesen, daß ein agrarisches Deutschland nur 60 Prozent seiner Bevölkerung ernähren könnte, ja, daß der Morgenthau-Plan ein Verbrechen sei, das den NS-Verbrechen nicht nachstehe. Die USA legten den Vorschlag zur Entindustrialisierung in Potsdam vor, wo er dann auch in das Potsdamer Abkommen Eingang fand.

Das tatsächliche Demontageausmaß setzten die Alliierten im »Industriebegrenzungsplan« vom 28. März 1946 fest: Die gesamte Industriekapazität sollte auf ungefähr die Hälfte des Niveaus von 1938 beschränkt werden. Das bedeutete allein in den Westzonen die Demontage von 1546

Fabriken. Untersagt wurde die Produktion von synthetischem Benzin, Öl, Gummi und Ammoniak, von Kugel- und Rollenlagern, Elektroröhren, schweren Werkzeugmaschinen, schweren Traktoren, Aluminium, Magnesium, Beryllium, radioaktiven Stoffen und anderen Chemikalien. Eingeschränkt werden sollte die Produktion von Stahl, Nichteisenmetallen, Maschinen, Transportmitteln.

Ein Zweig allerdings sollte produzieren und wachsen, nämlich der Bergbau im Ruhrgebiet; die Siegernationen wollten sich die deutsche Steinkohle weit unter Weltmarktpreisen sichern. Der Besitz und Bau von Hochseeschiffen und von Flugzeugen wurde verboten; alle Schiffe, Auslandsguthaben und deutschen Patente wurden beschlagnahmt.

Doch bereits zwei Monate nach der Verkündung dieses Planes, im Mai 1946, bahnte sich ein Wandel in der amerikanischen Demontagepolitik an. Stalin hatte mit der Sowjetisierung der baltischen Staaten begonnen; immer fester wurden die osteuropäischen Staaten in den sowjetischen Machtbereich einbezogen; in der Sowjetzone verstaatlichte Ulbricht Industrie und Banken, enteignete die Junker und Großbauern – der Ost-West-Konflikt zeichnete sich immer stärker ab.

Im September 1946 kündigten die USA eine Revision der Demontagepolitik an, am 1. Januar 1947 schlossen Engländer und Amerikaner ihre Zonen zu einem »Vereinigten Wirtschaftsgebiet« (Bi-Zone) zusammen.

Frankreich lehnte zu diesem Zeitpunkt noch einen Zusammenschluß der Zonen ab. Der Grund war ganz einfach: Die Franzosen wollten verhindern, daß irgendeine Zentralverwaltung Einfluß auf das von ihnen besetzte Ruhrgebiet und Rheinland nehmen konnte. So kam es vorerst zur sog. bizonalen Lösung.

Natürlich hörten auch jetzt die Demontagen der Alliierten nicht auf; immerhin gestanden die Westmächte ihren Deutschen, laut »Revidiertem Industriebegrenzungsplan« vom August 1947, 70 bis 75 Prozent der Industriekapazität von 1938 zu: Nur noch 859 Fabriken, vor allem der Stahl-, Elektro-, Chemie- und Maschinenbauindustrie, befanden sich auf der Demontageliste.

Die entscheidende Wende kam mit dem Marshall-Plan, einer umfassenden und großzügigen Hilfe für die westeuropäischen Länder, rund 17 Milliarden Dollar innerhalb von vier Jahren. Mit seinem *European Recovery Program* (ERP) beabsichtigte US-Außenminister George C. Marshall, den Wiederaufbau der zerstörten europäischen Produktionsstätten in die Wege zu leiten.

Es galt, die weitere Ausbreitung des Kommunismus durch wirtschaftliche Maßnahmen zu verhindern. Armut, so fürchtete man, ist sein bester Verbündeter.

Demontage in den Westzonen: In Salzgitter verhinderten Arbeiter eine Hochofendemontage, indem sie das Demontagekommando vertrieben und den Hochofen zerstörten (rechts). – Von 1946 bis 1963 halfen CARE-Pakete aus den USA wirtschaftliche Not lindern. Berlins Regierender Bürgermeister Schreiber (unten; 2. von links) und der stellvertretende Hohe Kommissar Parkman (3. von links) leiteten eine der ersten CARE-Paket-Ausgaben.

Und ohne ein wirtschaftlich gesundes Deutschland konnte sich Europa nicht wirklich erholen, weil Deutschland sowohl als Produzent als auch als Absatzmarkt für die europäischen Länder unentbehrlich ist: Diese Erkenntnis der Hoover-Kommission führte schließlich zur Einbeziehung des westlichen Teils Deutschlands in die Marshall-Hilfe.

Am 1. Juli 1948 beschlossen die drei Westalliierten ein Abkommen über die Teilnahme Deutschlands am ERP-Programm sowie eine engere Verflechtung der drei Westzonen. Verbunden war mit der Hilfe die Auflage zur wirtschaftlichen Zusammenarbeit in Europa. Hierzu wurde am 16. April 1948 die OEEC *(Organization for European Economic Cooperation,* die heutige OECD = *Organization for Economic Cooperation and Development)* gegründet. In dieser Organisation für wirtschaftliche Zusammenarbeit in Europa waren die westdeutschen Besatzungszonen durch ihre Militärregierungen gleichberechtigt vertreten. Im September 1948 flossen als erste Rate der deutschen Wirtschaft 518

Millionen Dollar zu. Bis Ende 1951 erhielt die Bundesrepublik rund 1,3 Milliarden Dollar, über 10 Prozent der überhaupt gegebenen Mittel. Abgesehen von den Beträgen, die als Schenkung vergeben wurden, war die Marshall-Hilfe mit 2,5 Prozent zu verzinsen. Nach dem Londoner Schuldenabkommen von 1953 müssen die Gelder von 1958 an innerhalb von 30 Jahren getilgt werden.

Im April 1951 hörten die Demontagen – nach mehrmaligen Wechselbädern endgültig auf. Der Gesamtwert der bis dahin geleisteten Reparationen wird von alliierter Seite auf 1,5 Milliarden, von deutscher Seite auf 5 Milliarden Mark beziffert. Ein zwiespältiges Kapitel westalliierter Deutschlandpolitik ging damit zu Ende: ein Kapitel großzügiger Hilfe zum Wiederaufbau einerseits, von Demontagen zur Entindustrialisierung andererseits.

Nach der »Wiederaufnahme« des westlichen Teils von Deutschland in den Weltmarkt bedurfte es nun noch entscheidender binnenwirtschaftlicher Maßnahmen, um jenen Aufschwung einzuleiten, der späterhin – vor allem im Ausland – als »Wirtschaftswunder« bezeichnet wurde.

Der Aufbruch in die Soziale Marktwirtschaft

Im Sommer 1945 hatten sich zwar die Alliierten darauf geeinigt, Deutschland vorläufig in vier Besatzungszonen zu teilen und rund ein Viertel seines Staatsgebiets von 1937 unter polnische und sowjetische Verwaltung zu stellen, wie aber die Zukunft Deutschlands aussehen sollte, darüber hatte man direkt nichts vereinbart. Übereingekommen war man nur, die Bereiche Finanzen, Transport- und Nachrichtenwesen, Außenhandel und Industrie als ein Ganzes zu behandeln. Von Anfang an eine Absichtserklärung, die mehr oder weniger auf dem Papier stand. Sie wurde hinfällig, als Anfang 1948 die Allianz der Siegermächte endgültig zerbrach. Der politische Weg der Westzonen führte über ein Besatzungsstatut der Westmächte vom 8. April 1949, durch das den deutschen Behörden wesentliche Selbstverwaltungsrechte zugebilligt wurden, über die Verabschiedung des Grundgesetzes durch den Parlamentarischen Rat zur Gründung der Bundesrepublik Deutschland am 8. Mai 1949.

Auf wirtschaftlichem Gebiet galt es zunächst, geordnete Währungsverhältnisse zu schaffen und sich darüber klarzuwerden, wie die künftige Wirtschaftsordnung aussehen sollte: Sollte die Wirtschaft mehr oder weniger nach Plan gelenkt werden? Oder sollte man der Privatinitiative stärkeren Spielraum einräumen und marktwirtschaftlichen Regelungen vertrauen? Die Währungsfrage hatten die Westmächte bereits entschieden: Sie bereiteten eine Währungsreform vor. Was die Wirtschaftsordnung anbelangt, so fiel die Vorentscheidung im höchsten deutschen Wirtschaftsorgan mit überregionaler Bedeutung, dem Zweizonen-Wirtschaftsrat, der vom Februar 1948 an mit relativ großen Zuständigkeiten ausgestattet war. Im März 1948 wurde Ludwig Erhard, als parteiloser Experte 1945/46 bayerischer Wirtschaftsminister und leidenschaftlicher Verfechter einer marktwirtschaftlichen Wirtschaftsordnung, gegen die Stimmen der SPD zum Direktor dieses Rates gewählt.

Im Krieg war das Geldvolumen durch die Kriegsfinanzierung stark aufgebläht worden, von 34,5 Milliarden Reichsmark 1936 auf 220 Milliarden bei Kriegsende. Dieses Volumen wurde noch durch 15 bis 18 Milliarden Reichsmark aufgrund der Dollar- und Pfund-Sterling-Ausgaben der Besatzungsmächte erhöht. Dieser Geldmenge stand nach 1945 eine auf 30 Prozent des Vorkriegsniveaus geschrumpfte Industrieproduktion gegenüber. Das Geld wurde nicht mehr angenommen, verlor damit an Wert und konnte seine Funktionen nicht mehr wahrnehmen. Ware wurde nur gegen Ware getauscht, das Wirtschaftsleben verfiel in den primitiven Zustand der Naturalwirtschaft. In dieser Situation gab es nur zwei Möglichkeiten: entweder die Preise sich frei entwickeln zu lassen und damit der im Krieg zurückgestauten Inflation offen zum Ausbruch zu verhelfen oder das Geldvolumen radikal zu verringern. Wie ernst die Wirtschaftsexperten eine Währungsreform nach Kriegsende genommen haben, ist daraus zu ersehen, daß über 200 Reformvorschläge ausgearbeitet worden sind.

Währungsreform in den drei Westzonen: Am 20. Juni 1948 erhielt jeder Bürger 40 Deutsche Mark auf die Hand.

Währungsreform

Im Juni 1948 war es dann soweit: Die Deutsche Mark wurde aus der Taufe gehoben und sollte – wie Hans Röper schrieb – nur zwei Jahrzehnte später ein »Weltstar« werden. Die Väter der DM waren allerdings keine Deutschen, sondern US-Amerikaner. Nur in Einzelfragen konnten deutsche Experten Einfluß nehmen. Da es die russische Militärregierung ablehnte, sich der Währungsreform anzuschließen, wurde die deutsche Teilung schon zu diesem Zeitpunkt im wirtschaftlichen Bereich vorweggenommen.

Mit Wirkung vom 21. Juni 1948 trat an die Stelle der »Reichsmark« die »Deutsche Mark«. Das Umstellungsverhältnis bei Bargeld und Verbindlichkeiten war 10:1. Lohn- und Gehaltsverpflichtungen wurden 1:1 umgestellt. An die Bevölkerung wurde eine Kopfquote von 40 DM ausgezahlt, die nach zwei Monaten auf 60 DM erhöht wurde. Um den Unternehmen Zahlungen zu ermöglichen, erhielten sie einen »Geschäftsbetrag« von 60 DM je Beschäftigten. Auch alle Bank- und Sparguthaben wurden 10:1 umgestellt, allerdings waren nur 50 Prozent des Betrages nach einer steuerlichen Überprüfung frei verfügbar. Von dieser verbleibenden Hälfte wurden nochmals sieben Zehntel gestrichen und der Rest von Oktober 1948 an freigegeben. Die damit verbundenen sozialen Härten und Ungerechtigkeiten – Eigentümer von realen Vermögenswerten,

Die wirtschaftliche Entwicklung der Bundesrepublik

Großes Warenangebot und wenig Bargeld: So war die wirtschaftliche Situation 1949. Bald sanken die Preise.

also Besitzer von Grund und Boden sowie von Maschinen, wurden gegenüber Geldvermögensbesitzern, in der Regel also dem »kleinen Sparer«, eindeutig begünstigt – versuchte man durch eine spätere Aufwertung von sog. »Altspargutbaben« und durch eine Hypothekengewinnabgabe zu mildern.

Mit der Währungsreform erloschen zugleich sämtliche Forderungen und Verbindlichkeiten des Reiches von weit über 400 Milliarden Reichsmark. Sieht man von den »Ausgleichsforderungen« gegenüber den Bundesländern ab, die den Banken eingeräumt wurden, um deren Bilanzen auszugleichen – durch die Währungsreform gingen sie fast ihrer gesamten Aktiva verlustig –, befreite sich somit die öffentliche Hand von allen Schulden: ein guter Start für den neuen Staat!

Die neue D-Mark entwickelte sich im Lauf der Jahrzehnte zu einer der stärksten Währungen der Welt, und dies nicht zuletzt durch die Politik der am 1. März 1948 gegründeten Bank deutscher Länder, aus der 1957 die Deutsche Bundesbank hervorging (vgl. auch Wolfgang Wetter, Die Geld- und Währungsordnung, S. 332 bis 334). Die Schaffung einer neuen deutschen Noten(Zentral-)bank war notwendig, da es seit der Besetzung Berlins durch die Sowjets faktisch keine für alle Zonen zuständige Reichsbank mehr gab.

Mit der Währungsreform war eine Steuerreform durch das »Gesetz zur vorläufigen Neuordnung der Steuern« vom 22. Juni 1946 verbunden. Durch sie wurden die noch sehr hohen Kriegssteuern, vor allem die Einkommensteuer, gesenkt; denn der Zweck dieser hohen Steuern, den Verbrauch einzudämmen, war mit der Währungsreform entfallen. Die Steuersenkung sollte vor allem die Investitionstätigkeit der Unternehmen anregen, aber auch den Arbeitswillen des einzelnen, und Mut zum Sparen machen.

Abbau der Zwangsbewirtschaftung

Die Währungsreform hatte die Inflation beendet, die durch die Kriegsfinanzierung geschaffen und durch Bezugsscheine, Zuteilungen, Preisfestsetzungen und -regulierungen nur unvollkommen verdeckt worden war. Von Bestand konnte die Reform jedoch nur dann sein, wenn mit der neuen Währung auch die Produktion wieder in Gang kam.

Der entscheidende Impuls zu einer solchen Entwicklung ging von der Aufhebung bzw. dem Abbau der Bewirtschaftungsvorschriften aus. Sechs Tage nach Einführung der DM verabschiedete der Wirtschaftsrat mit seiner bürgerlichen Mehrheit das »Gesetz über Leitsätze für die Bewirtschaftung und Preispolitik nach der Währungsreform«. Dieses Gesetz gab dem Direktor des Wirtschaftsrates, Ludwig Erhard, das Recht – unter dem Vorbehalt der alliierten Zustimmung –, »Waren und Leistungen im einzelnen zu bestimmen, die von den Preisvorschriften freigestellt werden sollten«. Nun waren die Besatzungsbehörden und ein Teil der deutschen Wirtschaftsexperten der Meinung, daß das System der Höchstpreise und Rationierung nur langsam gelockert werden dürfe, wolle man nicht plötzliche und starke Preissteigerungen, die Gefahr einer Preis-Lohn-Spirale und soziale Probleme heraufbeschwören. Ganz anders jedoch Ludwig Erhard: Von der Überlegenheit freier Märkte überzeugt, erwartete er von einem Abbau der Kontrollen die Entfesselung produktiver Energien; dadurch könne mehr erreicht werden als durch eine wie auch immer geplante und gelenkte Wirtschaft.

Bereits einen Tag nach Verabschiedung des Gesetzes setzte Erhard nahezu 90 Prozent der bestehenden Preisvorschriften außer Kraft, besonders in den Bereichen, in denen Kontrollen schwer durchzuführen waren, Preiserhöhungen eine relativ geringe Auswirkung auf die unmittelbaren Lebenshaltungskosten hatten und eine rasche Produktionsausweitung zu erwarten war. Damit waren die meisten gewerblichen Waren des täglichen Bedarfs freigegeben. Von den Nahrungsmitteln wurde als erstes, im Oktober 1948, die Rationierung von Kartoffeln und als letztes, im April 1950, die von Zucker aufgehoben. Der Lohnstopp wurde schon im November 1948 aufgehoben und freie Tarifverhandlungen zugelassen. Mieten, öffentliche Versorgungsleistungen, wichtige industrielle Rohstoffe wie Eisen, Kohle und Öl sowie der internationale Handels- und Zahlungsverkehr unterlagen jedoch weiterhin staatlichen Kontrollen.

Beginn des Aufschwungs

Die schnelle Aufhebung der Bewirtschaftung umging eine strikte Anordnung der Alliierten, die jeder Änderung der Festpreise vorher zustimmen mußten. »Woran die Alliierten allerdings nicht gedacht hatten, war«, so Erhard in seinen Memoiren, »daß jemand überhaupt auf die Idee kommen könnte, diese Preisvorschriften nicht zu ändern, sondern sie einfach aufzuheben.« Die Auswirkungen gaben Erhard recht. Allein im zweiten Halbjahr 1948 erhöhte sich die Industrieproduktion um 50 Prozent. Etwas emphatisch beschrieb der französische Ökonom Jacques Rueff die Folgen dieser Politik: »Der schwarze Markt verschwand urplötzlich. Die Auslagen waren zum Bersten voll von Waren, die Fabrikschornsteine rauchten, auf den Straßen wimmelte es von Lastkraftwagen. Wo es auch sei, überall statt der Totenstille der Ruinen das Gerassel der Baustellen. Aber war schon der Umfang dieses Wiederaufbaus erstaunlich, so noch mehr seine Plötzlichkeit. Er setzte auf allen Gebieten des Wirtschaftslebens auf den Glockenschlag mit dem Tage der Währungsreform ein.«

Die Währungsreform und die Beseitigung der Zwangsbewirtschaftung beeinflußten nicht nur den Wirtschaftsablauf; sie bereiteten auch den Weg für die Einführung einer marktwirtschaftlich orientierten Wirtschaftsordnung, der »Sozialen Marktwirtschaft«, deren Konzeption mit den Namen Ludwig Erhard und Alfred Müller-Armack untrennbar verknüpft ist. Sie bildete die Grundlage für die wirtschaftlichen Erfolge der Bundesrepublik.

Der Wiederaufbau

Die Folgen des Zusammenbruchs durch den verlorenen Krieg und auch die wirtschaftlichen Folgen der Teilung Deutschlands sind schneller überwunden worden, als sich jemand überhaupt hätte träumen lassen. Die Währungsreform schuf hierfür die technischen Voraussetzungen. Der wesentliche Impuls kam aus der Inkraftsetzung marktwirtschaftlicher Grundsätze.

Diese Grundsätze waren in der Anfangsphase alles andere als unumstritten. Die SPD forderte »eine sozialistische Wirtschaft durch planmäßige Lenkung und gemeinwirtschaftliche Gestaltung« (Mai 1946), die Gewerkschaften befürworteten den »Aufbau eines Systems geplanter und gelenkter Wirtschaft« (Mai 1947), und im Ahlener Programm der CDU vom August 1947 war der Satz zu lesen, daß »Planung und Lenkung der Wirtschaft ... auf lange Zeit hinaus in erheblichem Umfang notwendig sein« werden. Lediglich die FDP befürwortete (Februar 1946) ein liberales Wirtschaftskonzept, da die zur Deckung des Lebensbedarfs erforderliche Steigerung der Produktion nur »durch Wiedereinschaltung der freien Initiative unter Abbau der Wirtschaftsbürokratie« erreicht werden könne.

Eng damit verbunden war die Frage, wer die Verfügungsgewalt über die Produktionsmittel haben solle. Die SPD forderte die Sozialisierung »der Großbetriebe überhaupt, jeder Form der Versorgungswirtschaft und der Teile der verarbeitenden Industrie, die zur Großunternehmung drängen«. Die Gewerkschaften wollten »wichtige Schlüsselindustrien, Kredit- und Versicherungsinstitute« in Gemeineigentum überführen, und selbst die CDU verlangte eine Vergesellschaftung von »Bergbau und eisenschaffender Großindustrie«. Wiederum hielt nur die FDP »privates Eigentum für eine wesentliche Grundlage gesunder Wirtschaft«. Mit der Übernahme der Regierungsverantwortung 1949 durch die CDU/CSU/FDP/DP-Koalition unter Konrad Adenauer wandelten sich freilich auch die Vorstellungen der größten Partei im Regierungsbündnis, der CDU. Dies war nicht zuletzt wiederum ein Verdienst des Wirtschaftsministers Ludwig Erhard, der kurz zuvor der CDU beigetreten war und dort eine Basis für seine marktwirtschaftliche Politik entwickelte.

Der Selfmademan unter den Unternehmern: Max Grundig

Max Grundig (*1908 in Nürnberg) ist der einzige Industrielle der deutschen Nachkriegsgeschichte, der ähnlich wie die Unternehmerpersönlichkeiten der Gründerjahre im Alleingang fast vom Nullpunkt zum Umsatzmilliardär aufstieg.

Seinen Weg begann er als kaufmännischer Lehrling in einer Installationsfirma. Schon als Junge war er leidenschaftlicher Radiobastler; und Geräte, mit denen man sehen und hören kann, wurden sein Hobby, in dem seine spätere Unternehmerkarriere ihre Wurzeln hat. Im Alter von 22 Jahren gründete er mit 3000 Reichsmark ein eigenes Radiogeschäft, wo er längere Zeit hinter dem Ladentisch zugleich Verkäufer war. Während des Krieges stellte er in einem kleinen Dorf elektronische Teile für Funkgeräte her.

1947 baute er eine eigene Fabrikanlage in Fürth. Sein Landsmann Ludwig Erhard soll ihm als bayerischer Minister die Genehmigung für die Ausschlachtung von Wehrmachtsgut gegeben und damit zum Aufstieg der Firma Grundig beigetragen haben. Jedenfalls wurde das kleine Unternehmen nach der Währungsreform sehr bald zur größten Radiofabrik Europas. Listenreich umging Grundig das Bezugsscheinsystem, das den Verkauf von Radiogeräten erschwerte. Er lieferte seinen Kunden ein fast komplettes Gerät unter dem Namen »Heinzelmann«, in Teile zerlegt, als Baukastenspielzeug ohne Bezugsschein. Die Röhren, die er selbst nicht liefern konnte, mußten sich die Käufer »organisieren« Mit diesem Trick gelang ihm der Sprung von der Zwangs- zur Marktwirtschaft. Es wurde ein Riesengeschäft. Ihm folgten Innovationen, wie das Radio »Weltklang«, der Einbau von UKW-Empfängern in Radiogeräte, das Diktiergerät »Stenorette« und schon 1956 der erste Fernseher unter 1000 DM. 1958 entstand in Bayern ein Tonbandgerätewerk. Im Ausland wurden Tochterunternehmen gegründet. Grundig leitete sein Unternehmen als Alleinherrscher. 1972 wurde der Konzern als Aktiengesellschaft weitergeführt. Großaktionär: die Grundig-Stiftung; Aufsichtsratsvorsitzender und Präsident der Stiftung: Max Grundig.

Dies ist die Story vom kaufmännischen Lehrling, der ein Großunternehmer wurde. Das Erfolgsrezept des Selfmademan Grundig ist vielschichtig. Er wußte immer, was die Kunden wollten: vor allem Neuheiten und Niedrigpreise. Mitreißende Dynamik und ein unverwüstlicher Optimismus prägten seinen Führungsstil. Die Krone über seinem Firmenzeichen ließ er wohl nicht von ungefähr anbringen, denn sein Unternehmen regierte der knorrige Franke, der lieber Bier und Wurst als Kaviar und Hummer zu sich nimmt, wie ein Monarch. Im Werk bei seinen Arbeitern war er allerdings wenig zu sehen.

Seine Vorzüge gereichten ihm im Alter auch zum Nachteil. Weil er das Steuer nicht aus der Hand geben wollte, wechselten die Vorstandsmitglieder der AG immer wieder. Als es galt, das Unternehmen gegen die anstürmende japanische Konkurrenz zu verteidigen, suchte er zwar Anschluß an andere europäische Unternehmen. Aber der Plan, zusammen mit dem holländischen Philips-Konzern ein Bollwerk gegen die Japaner zu errichten, stieß auf große Schwierigkeiten. Und der Versuch, sein Unternehmen an den französischen Konzern Thompson-Brandt für eine Milliarde DM zu verkaufen, schlug zu seinem großen Ärger fehl. Von den insgesamt 30000 Arbeitnehmern verloren in der Wirtschaftskrise der achtziger Jahre Tausende ihren Arbeitsplatz.

1984 blendete sich der Pionier der Unternehmensbranche endgültig aus dem Unternehmensprogramm aus. Das Sagen hat seither der Philips-Konzern. Mit einem stattlichen Millionengewinn, den Grundig kassieren konnte, will er – hoch in den Siebzigern – talentierte Tüftler in Zukunftsbranchen finanzieren, um so vielleicht einem neuen Pionier seines Kalibers die Wege zu ebnen.

Fides Krause-Brewer

Übergangsschwierigkeiten

Kein Wunder, daß in der Übergangsphase bis Anfang der fünfziger Jahre, als mehrmals sehr kritische Situationen überwunden werden mußten, der Streit um die neue Wirtschaftsordnung kein Ende nahm. Zwar war die Produktion, die – 1936 gleich 100 gesetzt – 1946 auf 33 gesunken und 1948 erst auf 50 wiederangestiegen war, nach 1949 schon auf 90 und 1950 bereits auf 120 geklettert, doch konnte von dem angestrebten »Wohlstand für alle« noch keine Rede sein. Die Freigabe der Preise im Sommer 1948 ließ das Preisniveau gegen Ende des Jahres so rapide steigen, daß sogar der Marktwirtschaftler Erhard versuchte, die Herstellung und das Angebot von Billigwaren mit Sonderprogrammen zu fördern. Innerhalb von nur sechs Monaten, bis Dezember 1948, stiegen die Einzelhandelspreise der gewerblichen Verbrauchsgüter um 18 Prozent, die Ernährungskosten um 29 Prozent und der Index der gesamten Lebenshaltung trotz der ausgleichenden Wirkung der stabilen Mieten sowie einiger Verbrauchssteuersenkungen immerhin noch um 15 Prozent. Außerdem nahm von März 1949 bis März 1950 die Zahl der Arbeitslosen stark zu. Im September 1950 lag sie bei rund 1,6 Millionen. Dies führte zu lautstarken Forderungen nach erneuter Bewirtschaftung, und die Gewerkschaften riefen im November 1948 sogar zum Generalstreik gegen die Wirtschaftspolitik Erhards auf.

Nun sind die Preissteigerungen und die Zunahme der Arbeitslosigkeit ohne weiteres erklärlich: Man konnte nicht erwarten, die Produktion würde über Nacht emporschnellen, ohne daß ein Nachfrageüberhang mit preistreibenden Wirkungen auftrat; aus dem gleichen Grund konnten auch nicht sofort so viele Arbeitsplätze in allen Regionen geschaffen werden, daß alle Arbeitsuchenden sowie der Flüchtlings- und Heimkehrerstrom innerhalb kurzer Zeit in den Produktionsprozeß hätten eingegliedert werden können. Aber auch die wachsende Mißstimmung in der Öffentlichkeit über diese Entwicklungen ist verständlich, zumal sich außenwirt-

»Wirtschaftswunder«: ein Spätheimkehrer vor den überfüllten Vitrinen auf dem Kurfürstendamm, 1956.

schaftliche Ereignisse einer raschen Überwindung der wirtschaftlichen Schwierigkeiten in den Weg stellten. Um die Jahreswende 1948/49 setzte auf den Weltmärkten ein Konjunkturabschwung ein. Zwar kam es dadurch zu einer gewissen Preisberuhigung im Inland, doch stieg hier wegen der verlangsamten wirtschaftlichen Entwicklung auch die Arbeitslosenquote. Hinzu kam, daß die beginnende Liberalisierung des Außenhandels zwar die Einfuhr zunehmen ließ, aber kaum Auswirkungen auf die Exporte hatte, da ein großer Teil der Produktionsverbote und -beschränkungen erst kurz zuvor, im April 1949, aufgehoben worden war. Die Folge war eine rasche Verschlechterung der Zahlungsbilanz, die die bereits bestehenden Bedenken, bei den gegebenen Preissteigerungen Arbeitsbeschaffungsprogramme zu finanzieren, noch verstärkte. Denn durch die hierdurch ausgelöste Nachfragesteigerung drohte eine weitere Zunahme der Einfuhren und demnach des Leistungsbilanzdefizits. Konrad Adenauer und Ludwig Erhard beharrten zwar auf der grundsätzlichen Richtigkeit ihres Weges, kamen aber angesichts des öffentlichen Drucks nicht umhin, Anfang 1950, als sich die Arbeitslosenzahl der Zwei-Millionen-Grenze näherte, staatliche Ausgaben für den Wohnungsbau und Steuersenkungen vorzusehen. Noch ehe jedoch die geplanten Maßnahmen voll wirksam werden konnten, leitete der Ausbruch des Koreakrieges einen wirtschaftlichen Aufschwung ein. Es entbehrt nicht einer gewissen Ironie, daß ein Krieg auf der anderen Seite der Welt der Bundesrepublik half, ihre Schwierigkeiten nach dem Weltkrieg zu überwinden.

Korea-Boom

Zuerst brachte der Koreakrieg der Bundesrepublik allerdings einige Probleme. Die deutschen Unternehmer, die ja ihre Erfahrungen mit kriegsbedingter Knappheit hatten, begannen sofort, ihre Lager an ausländischen Rohstoffen zu vergrößern. Zusätzlich erhöhte sich die Einfuhr aufgrund von Hamsterkäufen auch der Verbraucher, so daß sich das außenwirtschaftliche Defizit trotz der Ausweitung der deutschen Exporte beträchtlich verschlechterte und teilweise wieder auf Einfuhrbeschränkungen zurückgegriffen werden mußte. Im zweiten Vierteljahr 1951 waren die Zahlungsbilanzschwierigkeiten jedoch schon fast überwunden. Der weltweite Rohstoffboom hatte seinen Höhepunkt überschritten, aber die deutschen Ausfuhren nahmen weiterhin rasch zu. Auch vom Export sehr stark getragen, stieg die industrielle Produktion und leitete die mehr oder weniger kontinuierliche Aufwärtsentwicklung der folgenden Jahre ein.

Die Zeit der hohen Wachstumsraten

Im Vergleich zu den ersten Nachkriegsjahren ist die Entwicklung seit 1952 fast ruhig zu nennen, wenn auch in dieser Zeit die Vollbeschäftigung (1957/58) erreicht und die Europäische Wirtschaftsgemeinschaft zum 1. Januar 1958 verwirklicht wurde und der Zweite Deutsche Bundestag 1957 mit der Verabschiedung des Bundesbankgesetzes, des Gesetzes gegen Wettbewerbsbeschränkungen (GWB) und mit der Reform der Rentenversicherung grundlegende Gesetze für die Wirtschaftsordnung der Bundesrepublik beschloß.

Angesichts der wirtschaftlichen Probleme in den achtziger Jahren dieses Jahrhunderts nehmen sich die in den fünfziger Jahren erreichten Wachstumsraten wie die eines anderen Landes aus. So betrug die jährliche Wachstumsrate des realen Bruttoinlandsprodukts, also der um die Preissteigerungen bereinigten Summe aller im Inland hergestellten Güter und Dienstleistungen, in den Jahren von 1950 bis 1955 im Durchschnitt 9,5 Prozent und in den Jahren 1955 bis 1960 im Durchschnitt 6,5 Prozent. Damit wies die Bundesrepublik im ersten Zeitabschnitt die höchste Wachstumsrate unter allen westlichen Industrieländern auf und wurde im zweiten Abschnitt nur von Japan übertroffen.

Zu dem »nicht zu entwirrenden Geflecht von Tüchtigkeit, Arbeitsamkeit, Auslandshilfe und Glück« (Friedrich Lütje), das zu diesem Erfolg führte, muß allerdings auch gezählt werden, daß die Ausgangslage von den Produktionsstätten und -möglichkeiten her gesehen trotz Zerstörungen, Reparationen und Demontagen nicht durchweg als schlecht bewertet werden kann. Die Kriegszerstörungen hatten zwar den Kapazitätszuwachs von 1939 bis 1944 wieder zunichte gemacht, aber es war doch eine Basis für die Produktion vorhanden. Mit relativ geringen Summen setzte man die zerstörten Anlagen wieder in Gang, so daß relativ schnell eine nicht zu unterschätzende Produktion auf den Markt geworfen werden konnte. Weiterhin konnte man beim Wiederaufbau der Anlagen auf den neuesten technischen Entwicklungsstand zurückgreifen, so daß moderne Geräte, Maschinen und Anlagen eingesetzt wurden, die eine hohe Produktivität aufwiesen. Auch war das Arbeitskräftepotential, das für den Wiederaufbau bereitstand, nicht nur zahlenmäßig groß, sondern von der Ausbildung her hochqualifiziert und von einem starken Arbeitswillen erfüllt.

Nicht unterschätzt werden dürfen auch die vielfältigen staatlichen Fördermaßnah-

Wiederaufstieg der Konzerne: das Hauptwerk der Bayer AG in Leverkusen, einer der Nachfolgefirmen der I. G. Farben.

men. Einmal flossen die ERP-Mittel (aus dem *European Recovery Program*) vor allem in die Industriezweige, die wie der Steinkohlenbergbau, die Elektrizitätswirtschaft und die Eisen- und Stahlindustrie große Engpässe für die wirtschaftliche Entwicklung darstellten. Zudem wurden durch das Investitionshilfegesetz von 1952 alle Gewerbebetriebe gezwungen, eine Milliarde DM zur Finanzierung von Investitionen in den genannten Engpaßbereichen aufzubringen. Die Kapitalbildung wurde generell durch steuerliche Anreize für die Einbehaltung und Wiederinvestition von Gewinnen begünstigt und durch hohe Abschreibungssätze für Wohn- und Betriebsgebäude gefördert. Im wesentlichen finanzierten somit die Unternehmer ihre Investitionen aus Gewinnen und Steuermitteln.

Daß dies möglich wurde, ist auch den zurückhaltenden Lohnforderungen der Gewerkschaften zuzuschreiben. Neben der Abneigung der Gewerkschaften, den Wiederaufbau durch zu hohe Lohnforderungen zu gefährden, spielte sicherlich eine Rolle, daß einmal auch das Heer der Arbeitslosen einen Hemmschuh für solche Forderungen darstellte und zum andern die Streikkassen nach der Währungsreform leer waren. Allerdings berücksichtigten die deutschen Gewerkschaften schon sehr früh bei ihren Forderungen die Sicherheit des Arbeitsplatzes, Urlaubsregelungen, die Mitbestimmung und auch die Geldwertstabilität. So betrug 1955 die Zahl der durch Streik verlorenen Arbeitstage je 100 Beschäftigte in der Bundesrepublik 5, in Großbritannien 17, in Frankreich 25, in den USA 55 und in Italien 61. An diesen Relationen hat sich auch in der Folgezeit im Prinzip nicht viel geändert.

All diese Faktoren führten gemeinsam dazu, daß in den fünfziger Jahren eine Bruttoinvestitionsquote (Anteil der Nettoinvestitionen plus Abschreibungen am Bruttosozialprodukt) von 22 bis 26 Prozent durchgesetzt werden konnte – eine Quote, die kein anderes europäisches Land erreichte. Dieser vielleicht aus Wachstumsgründen unvermeidliche Prozeß hatte allerdings eine vermögens- und sozialpolitisch unerwünschte einseitige Verteilung der Vermögen zur Folge, die in späteren Jahren eine Reihe vermögens- und sparpolitischer Maßnahmen nach sich zog.

Konsequenz dieser Entwicklung war aber auch, daß die hohe Arbeitslosigkeit, die durch den Zustrom der Vertriebenen und Flüchtlinge in eine zerrüttete Wirtschaft hervorgerufen worden war, innerhalb weniger Jahre, vor allem nach 1955/56, in eine ausgesprochene Knappheit an Arbeitskräften umschlug. Betrug die Arbeitslosenquote 1950 noch 10,4 Prozent, reduzierte sie sich bis 1955 auf 5,2 Prozent. Von 1957/58 an war das Angebot an arbeitslosen Arbeitskräften weitgehend erschöpft. Im Jahr 1960 belief sich die Quote auf gerade 1,3 Prozent; 271 000 Arbeitslosen standen damals 465 000 offene Stellen gegenüber.

Tarifautonomie und Mitbestimmung

Zur positiven Einstellung der deutschen Gewerkschaften gegenüber dem neuen Staat und zum Wiederaufbau sowie zu ihrer Bereitschaft zum inneren Frieden trugen neben den sichtbaren wirtschaftlichen Erfolgen auch drei Gesetzeswerke entscheidend bei. Das Tarifvertragsgesetz vom 9. April 1949 bestimmte, daß Löhne und Gehälter zwischen den Sozialpartnern, also Gewerkschaften und Arbeitgeberverbänden, durch freie Vereinbarung ausgehandelt werden sollten. Man muß sich in diesem Zusammenhang daran erinnern, daß diese heute für uns nahezu selbstverständliche Tarifautonomie seit 1932 nicht mehr in Deutschland praktiziert worden war (vgl. Otto G. Mayer, Das soziale Netz, S. 350–354).

Für den Montanbereich (Kohle, Eisen und Stahl) wurde 1951 das »Gesetz über die Mitbestimmung der Arbeitnehmer in den Aufsichtsräten und Vorständen der Unternehmungen des Bergbaus und der Eisen und Stahl erzeugenden Industrie« erlassen. Es sieht für die Unternehmen mit mehr als 1000 Beschäftigten eine paritätische Besetzung des Aufsichtsrats mit Vertretern der Beschäftigten und der Kapitaleigner vor. Um Stimmengleichheit zu vermeiden, gibt es den sog. »neutralen Mann«. Hinzu kommt die mit den Arbeitnehmervertretern abgestimmte Bestellung eines Arbeitsdirektors im Vorstand.

Eine umfassende Mitbestimmungsregelung für die übrigen Industriezweige wurde zwar erst 1976 geschaffen, doch war Wesentliches bereits im Betriebsverfassungsgesetz von 1952 festgelegt worden. In allen Betrieben mit mindestens fünf Arbeitnehmern ist ein Betriebsrat zu bilden. Er besitzt Mitbestimmungsrechte vor allem in sozialen Angelegenheiten und Fragen der Arbeits- und Urlaubseinteilung, aber auch ein Informationsrecht im wirtschaftlichen Bereich des Unternehmens. Darüber hinaus muß ein Drittel der Aufsichtsratsmitglieder aus Vertretern der Arbeitnehmer bestehen. Ähnliches verfügte das Personalvertretungsgesetz von 1955 für den Öffentlichen Dienst.

Abbau der Wohnungsnot

Das vielleicht neben dem Abbau der Arbeitslosigkeit schwerwiegendste Problem der fünfziger Jahre war die Wohnungsnot.

Ein noch aus der Vorkriegszeit stammendes Wohnungsdefizit und die Zerstörung von rund 2,5 Millionen Wohnungen im Krieg, nahezu einem Viertel des gesamten Wohnungsbestandes, stellten die Wohnungswirtschaft vor eine unlösbar erscheinende Aufgabe. Allein die Tatsache, daß das »Wohnungsamt« – die Behörde, die Wohnungen an »Anspruchsberechtigte« nach einem komplizierten Schlüssel der »Bedürftigkeit« zuwies – viele Jahre tätig bleiben mußte, belegt die Schwierigkeiten. Die gesetzlichen Maßnahmen zur Förderung des Wohnungsbaus waren breit gestreut. Heraus ragen das 1. Wohnungsbaugesetz von 1950, das den sozialen Wohnungsbau – den »Bau von Wohnungen, die nach Größe, Ausstattung und Miete bzw. Belastung für die breiten Schichten des Volkes bestimmt und geeignet sind« – begünstigte und ein Bauvolumen von 1,8 Millionen Sozialwohnungen innerhalb von sechs Jahren vorsah, und das 2. Wohnungsbaugesetz von 1956, das allerdings schon auf die verstärkte Förderung des Baus von Familienheimen zielte. Insgesamt wurden von 1950 bis 1959 fast 5,2 Millionen Wohnungen gebaut und von 1960 bis 1969 nahezu 5,7 Millionen. Seit 1955 wurden Jahr für Jahr weit über 500 000 Wohnungen errichtet, in den Jahren 1970 bis 1974 sogar über 600 000 pro Jahr (vgl. hierzu Klaus Kwasniewski, Die Wohnungswirtschaft, S. 284–286).

Flankierende Sozialpolitik

Flankiert wurde der Aufbauprozeß durch eine Reihe sozialpolitischer Maßnahmen. Zunächst setzte die Bundesregierung die Kranken-, Unfall-, Renten-, Knappschafts- und Arbeitslosenversicherungen, die praktisch noch aus der Kaiserzeit stammten und während der Weimarer Republik und im Dritten Reich beibehalten und teilweise ausgebaut worden waren, wieder in Kraft. Wesentliche Verbesserungen konnten erst nach 1957 vorgenommen werden.

Im Jahr 1950 verabschiedete der Bundestag das Bundesversorgungsgesetz für Kriegsopfer, durch das im wesentlichen die Zahlung von Renten, die kostenlose ärztliche Versorgung und eine bevorzugte Vermittlung und Sicherung von Arbeitsplätzen geregelt wurden. Ebenfalls 1950 wurden durch Gesetz Hilfsmaßnahmen für Heimkehrer und für die Angehörigen von Kriegsgefangenen beschlossen. Von sehr großer Bedeutung war das Lastenausgleichsgesetz von 1952. Durch dieses Gesetz sollte gewährleistet werden, daß die Vertriebenen und Flüchtlinge aus den deutschen Ostgebieten und der Sowjetzone einen Ausgleich für ihre Schäden und Verluste erhielten, wobei die nicht oder wenig durch den Krieg Betroffenen einen Teil ihres erhalten gebliebenen Vermögens abzugeben hatten. Die Lastenausgleichsämter regelten die sog. Hauptentschädigung für Verluste, Wohnraumhilfen, Darlehen, Renten, Unterhaltsbeihilfen, Entschädigungen für Hausrat und verlorene Sparguthaben.

Trotz allen finanziellen Aufwands war es schwierig, das Schicksal vieler Vertriebener und Flüchtlinge zu verbessern. Sie hatten sich nach 1945 vor allem in den ländlichen, strukturschwachen Gebieten niedergelassen und waren daher stärker als die einheimische Bevölkerung von der Arbeitslosigkeit betroffen. Wegen des Wohnungsmangels in den Städten war in den ersten Jahren auch kaum eine Zuzugsgenehmigung in Gebiete mit günstigeren Arbeitsmöglichkeiten zu bekommen. Es stellt fraglos eine der bedeutendsten sozialpolitischen Leistungen der Bundesrepublik dar, daß trotz aller Probleme bis Anfang der sechziger Jahre rund 12 Millionen Menschen voll in das gesellschaftliche Leben integriert werden konnten. Insgesamt waren bis 1964 55 Milliarden DM für Entschädigungsleistungen und allgemeine Eingliederungs- und Hilfsprogramme aufgewandt worden.

Eingliederung in die Weltwirtschaft

All diese Wiederaufbauerfolge, vom Wachstum angefangen über das Verschwinden der Arbeitslosigkeit, die Eingliederung der Flüchtlinge, Vertriebenen und Heimkehrer bis hin zu den ersten Regelungen auf dem Weg zum Sozialstaat wären kaum möglich gewesen ohne die Absicherung auf der außenwirtschaftlichen Seite.

Die wirtschaftliche Entwicklung in den westlichen Ländern ließ die Nachfrage nach westdeutschen Exportgütern so sehr ansteigen, daß die Bundesrepublik schon

Kampf gegen die Wohnungsnot: Eigentumswohnungen in platzsparenden Laubenganghäusern in Hannover-Ricklingen.

1951 Leistungsbilanzüberschüsse erzielen konnte – eine Position, die nur in den Jahren 1962 und 1965 eine jeweils kurze Unterbrechung erfuhr, bis die Leistungsbilanz 1979 in gravierendem Ausmaß umschwang. Über Jahrzehnte hinweg wurden die Exporte zu einem entscheidenden Träger des Wirtschaftswachstums und der Beschäftigung.

Diese Entwicklung war u.a. zurückzuführen auf die Bemühungen um eine Liberalisierung des Welthandels im Rahmen des Allgemeinen Zoll- und Handelsabkommens (GATT), dem die Bundesrepublik 1950 beigetreten war, und den Anstrengungen um geordnete internationale Währungsbeziehungen durch den Internationalen Währungsfonds (IWF), dem die Bundesrepublik seit 1952 angehört. Die Leistungsbilanzüberschüsse und die damit gestiegenen Devisenvorräte ermöglichten es der Bundesrepublik einmal, die Vorkriegsschulden (Dawes- und Young-Anleihe) zu regeln, wovon die Besatzungsmächte die Zuerkennung der Souveränität abhängig gemacht hatten, und zum zweiten, daß von den im Londoner Schuldenabkommen von 1953 festgelegten Gesamtschulden in Höhe von 14 Milliarden DM bis 1964 schon drei Viertel abgetragen werden konnten.

Europäische Einigungswerke

Noch entscheidender für die weitere wirtschaftliche Entwicklung der Bundesrepublik waren die Einigungswerke auf europäischer Ebene. Am 25. Juli 1952 trat der Vertrag über die Montanunion (Europäische Gemeinschaft für Kohle und Stahl) in

Kraft (vgl. hierzu Klaus Kwasniewski, Der Kohlebergbau, S. 280). Er ist für die Dauer von 50 Jahren geschlossen worden. Erstmals übertrugen sechs europäische Staaten (die Bundesrepublik, Frankreich, Italien und die Benelux-Staaten) nationale Hoheitsrechte auf eine supranationale Organisation. Am gleichen Tag wurden das Ruhrstatut (die internationale Überwachung des Ruhrgebiets) und alle alliierten Kontrollen und Beschränkungen für die deutsche Schwerindustrie aufgehoben. Innerhalb kurzer Zeit wurden für diesen Bereich Zölle und Produktionsquoten abgebaut, Subventionen verringert sowie allgemeine Richtlinien für die Preis- und Investitionspolitik erarbeitet und Maßnahmen zur Steuerung des Wettbewerbs und der Konzentration ergriffen.

Nach dem Initiator dieses Paktes, dem französischen Außenminister Robert Schuman, sollte die Montanunion jedoch nur ein erster Schritt auf dem Weg zur weiteren Integration Europas sein. Mit den Römischen Verträgen vom März 1957, die am 1. Januar 1958 in Kraft traten, begründeten denn auch die Montanstaaten die Europäische Wirtschaftsgemeinschaft (EWG) und die Europäische Atomgemeinschaft (Euratom). Durch diese Gemeinschaft wurden u. a. im Lauf der Jahre alle Zölle untereinander abgeschafft und ein gemeinsamer Agrar- und Industriegütermarkt aufgebaut (vgl. Klaus Kwasniewski, Die Landwirtschaft, S. 274–278). Und wenn auch manche Spötter behaupten, daß nur der wirtschaftliche Aufschwung in den Jahren nach 1958 in den europäischen Ländern den Gemeinsamen Markt geschaffen habe und nicht der Gemeinsame Markt den Aufschwung – so mag dies für den Aufschwung Ende der fünfziger, Anfang der sechziger Jahre gelten; über die bisherigen Jahrzehnte hinweg dürfte die EWG jedoch nicht gerade unwesentlich zu den wirtschaftlichen Erfolgen Europas insgesamt und in der Bundesrepublik im besonderen beigetragen haben.

Gegen Ende 1958 läßt sich das Erscheinungsbild der Wirtschaft der Bundesrepublik also knapp wie folgt umreißen: Das Bruttosozialprodukt sowie die Beschäftigung und der Verbrauch sind von 1950 bis 1958 von Jahr zu Jahr außergewöhnlich stark gestiegen. Dies gilt auch für das Pro-Kopf Einkommen und den Pro Kopf Verbrauch, obwohl die Bevölkerung rapide anwuchs, von 49,9 Millionen im Jahr 1950 auf 54,2 Millionen 1958. Diese Zunahme war vor allem die Folge des Zustroms an Flüchtlingen und Vertriebenen, die zwar in den ersten Jahren des Wiederaufbaus eine Bürde waren, dann aber als teilweise höchst qualifizierte Arbeitskräfte, tatkräf-

Eine historische Stunde für die Bundesrepublik und für Europa: Unterzeichnung der Römischen Verträge, 1957.

Ein Baumeister der Stahlindustrie: Hans-Günther Sohl

Fortune, Selbstsicherheit, eine souveräne Art mit Menschen umzugehen und große Erfahrung – dies waren die Eigenschaften, die Hans-Günther Sohl (*1906 in Danzig) zu einem der prominentesten Manager der deutschen Stahlindustrie werden ließen. Er wirkte für große Stahl-Familien wie Stinnes, Krupp und Thyssen und war seit 1939 im Vorstand der Vereinigten Stahlwerke AG. Nach dem Krieg machte er aus der schwer angeschlagenen und demontierten August-Thyssen-Hütte eines der größten und ertragreichsten Unternehmen der Branche. Und als er 1973 für Thyssen auch noch den Rheinstahl-Konzern übernahm, entstand daraus der mächtigste Stahl-Trust Europas und der zweitgrößte der Welt. Sohl gelang dies alles mit einem unvergleichlichen Gespür dafür, wie ein erfolgreicher Konzern aussehen muß und wie sich vor allem die Risiken, unter denen die Stahlindustrie besonders leidet, minimieren lassen. Zahlreiche Aufsichtsrats-Mandate verhalfen ihm zu dem Überblick und zu den Kontakten, die für seine Art und Weise des Managements wichtig waren. All dies ist Sohl nicht in den Schoß gefallen. Der untersetzte Mann mit dem eindrucksvollen Kopf und dem verschmitzten Lächeln, hinter dem sich neben Humor auch Härte verbirgt, wollte eigentlich Musiker werden. Aber gerade die Musik brachte ihn in Kreise, die ihn zunächst zum Bergbau, dann zum Stahl führten. In Berlin stand der junge Sohl nächtelang um Opernkarten an, mit 16 Jahren entstand seine erste Komposition; und zu seiner Hochzeit widmete er seiner Frau Annelis ein Hochzeitslied, das er später von einem berühmten Bariton singen und auf Platten aufnehmen ließ.
Sohls steile Karriere hatte auch ihre dunklen Stunden. Besonders hart traf ihn die Internierung durch die Alliierten in Bad Nenndorf, wo er anderthalb Jahre mit anderen Wirtschaftsbossen nach Gefangenenart Gartenarbeit und ähnliches zu verrichten hatte und zu Verhören in Zuchthauskleidung und Handschellen vorgeführt wurde, obwohl gegen ihn persönlich nicht das Geringste vorlag. Die Haft hat aber seinen Optimismus und seine Tatkraft beim Wiederaufbau nicht brechen können. Sein Verhalten zu Adenauer war reserviert, aber beide Männer respektierten einander. Erhards kompromißlose Marktwirtschaft wollte er nicht um jeden Preis mitmachen. Und so beteiligte er sich an der Gründung kartellartiger Zusammenschlüsse. Sein Motto war: »Ich sage niemals, ich sehe keine Chance.« Und noch heute, da die Bundesregierung mit der Sanierung der hart angeschlagenen Stahlindustrie und deren Bossen erhebliche Schwierigkeiten hat, heißt es: »Das wäre uns mit Sohl nie passiert.«
1972 wurde er Präsident des Bundesverbandes der deutschen Industrie und damit ein gesuchter Gesprächspartner für die Bonner Politiker. Sohl hat sich darüber hinaus immer dort engagiert – sei es im Inland oder im Ausland –, wo es um die Interessen der Stahlindustrie geht. Auch an der Überwindung der Kohlekrise von 1966 war er entscheidend beteiligt.
Hoch in den Siebzigern, residiert er als Ehrenaufsichtsrats-Vorsitzender im 18. Stock des Thyssen-Hauses in Düsseldorf. In seinem ballsaalähnlichen Arbeitszimmer zieren Diplome, Dokumente über Ehrenmitgliedschaften und andere »Trophäen« eines langen erfolgreichen Lebens die Wände. Und er hat immer noch den Ruf eines »Königmachers und Königstürzers«, sei es in seiner eigenen Branche, sei es in großen Wirtschaftsverbänden. Das ist dem kultivierten liebenswürdigen Mann auf den ersten Blick nicht anzusehen. Aber neben Menschenkenntnis und Einfühlungsgabe sind wohl auch Durchtriebenheit und eine gewisse Rücksichtslosigkeit Führungseigenschaften, die man braucht, um als Baumeister der Stahlindustrie in die Geschichte einzugehen.

Fides Krause-Brewer

tige Unternehmer und Handwerker ein nicht zu unterschätzender Aktivposten für die Wirtschaft wurden. Seit 1950 wurden jährlich über 500 000 neue Arbeitsplätze geschaffen – Ende der fünfziger Jahre war die Vollbeschäftigung erreicht. Der durchschnittliche Lebensstandard hatte eine vorher nicht gekannte Höhe erklommen. Die Rückkehr in die Weltwirtschaft war gelungen, die westlichen Nachbarn waren wirtschaftlich eingeholt. Und die DM war dank der außenwirtschaftlichen Erfolge so gefestigt, daß sie 1958 konvertibel werden konnte: Ohne Beschränkungen gegen andere Währungen wird sie seitdem getauscht und im internationalen Handels- und Zahlungsverkehr verwandt (vgl. Wolfgang Wetter, D-Mark und europäische Währungspolitik, S. 344).

Die glücklichen Jahre der Vollbeschäftigung

Wenngleich es in den fünfziger Jahren nie zu einem wirtschaftlichen Stillstand in dem Sinne kam, daß das Wachstum jemals stagnierte oder gar die gesamtwirtschaftliche Produktion zurückging, so verlief die wirtschaftliche Entwicklung von Jahr zu Jahr doch mit sehr unterschiedlichen Steigerungsraten. In diese Jahre fielen zwei Konjunkturzyklen, und zwar die Zyklen der Jahre 1950 bis 1954 und 1954 bis 1958. Dieser Wachstumsverlauf des »Auf und Ab« mit bald höheren, bald niedrigen, aber immer positiven Wachstumsraten setzte sich auch in den folgenden Jahren fort, zumindest bis zur Rezession 1966/67, in der die Bundesrepublik zum ersten Mal nach dem Krieg die Erfahrung machen mußte, daß fortwährende positive Steigerungsraten keine naturgegebene Sache sind: Das Bruttosozialprodukt ging – wenn auch nur für kurze Zeit – zurück, und nach nahezu zehn Jahren ununterbrochener Vollbeschäftigung stieg die Arbeitslosigkeit auf die damals als schwerwiegend angesehene Höhe von 2,1 Prozent (459 000 Arbeitslose im Jahresdurchschnitt). Die schnelle Überwindung jener Rezession hat bei vielen Politikern und Bürgern den tiefsitzenden Eindruck hinterlassen, daß Wachstumsraten und Konjunktur »gemacht« werden können – ein »Machbarkeits«-Glaube, der in den siebziger Jahren stark erschüttert werden sollte und Politiker nicht immer die angemessenen Maßnahmen ergreifen ließ.

Das Auf und Ab der Zyklen

Die Zyklen der fünfziger und sechziger Jahre verliefen nach einem ähnlichen Muster: Sie dauerten jeweils vier bis fünf Jahre, so daß die beiden Jahrzehnte jeweils deutlich in die Zeitabschnitte 1950/54, 1954/58, 1958/63 und 1963/67 eingeteilt werden können. Zwar sind auch noch für 1967/71 und 1971/75 Zyklen festzustellen, doch gilt für diese nicht mehr in dem starken Maße der gleiche Ablauf der früheren Zyklen.

In allen konjunkturellen Aufschwungphasen zuvor leitete eine starke Zunahme der Auslandsnachfrage, also der Exporte, einen starken Anstieg der Produktion ein. Die Steigerung der Exportnachfrage löste ungefähr nach einem Jahr ein Wachstum der Investitionsnachfrage aus, die mit zeitlicher Verzögerung die Einkommen der Privathaushalte und die Nachfrage nach Verbrauchsgütern steigen ließ. Wenn sich die inländische Nachfrage ausweitete, ließ gewöhnlich der Anstieg der Exportnachfrage nach, dafür nahmen die Importe zu. Damit verbunden war wiederum ein Nachlassen der Investitionstätigkeit mit den entsprechend verzögerten Folgen für die Höhe der Einkommen und der Verbrauchsnachfrage.

Wenn auch der Verlauf der Zyklen in den fünfziger und sechziger Jahren ähnlich war – zwei Erscheinungen unterscheiden diese beiden Jahrzehnte doch voneinander: Nach 1958 war die Zeit der sehr hohen Wachstumsraten – von Ausnahmen, die die Regel bestätigen, abgesehen – vorbei; sie gingen in der Tendenz von Zyklus zu Zyklus zurück. Von Zyklus zu Zyklus höher war dagegen nach 1958 der Preisanstieg.

Die Verringerung der Wachstumsrate in den sechziger Jahren gegenüber den fünfziger Jahren kann z. T. damit erklärt werden, daß in den fünfziger Jahren Sonderbedingungen vorlagen. Zum einen ist es nicht weiter verwunderlich, wenn bei einer relativ niedrigen Ausgangsposition hohe Zuwachsraten erzielt werden, da schon ein relativ geringer absoluter Zuwachs bezogen auf die Ausgangsgröße rechnerisch eine hohe Rate entstehen läßt. Auf einem relativ hohen Entwicklungsstand sind dagegen schon große absolute Zuwächse notwendig, um bescheidene Zuwachsraten erzielen zu können. So führte z. B. ein Produktionszuwachs von rund 15 Milliarden DM (real) 1951 zu einer Wachstumsrate von 10,4 Prozent, im Jahr 1963 dagegen nur zu rund 3 Prozent. Zum andern konnte in den fünfziger Jahren die wachsende in- und ausländische Nachfrage durch ein jährlich um 1,1 Prozent steigendes Arbeitsvolumen und eine stark steigende Arbeitsproduktivität (5,8 Prozent im Jahresdurchschnitt) gedeckt werden. In den sechziger Jahren ging dagegen das Arbeitsvolumen zurück, und zwar von 1961 bis 1970 im Jahresdurchschnitt um 0,5 Prozent, und konnte auch nicht durch eine entsprechende Zunahme der Arbeitsproduktivität wettgemacht werden, da diese in jenen Jahren statt mit 5,8 nur mit 4,7 Prozent im Jahresdurchschnitt wuchs.

Zu dem gestiegenen Arbeitsvolumen hatten in den fünfziger Jahren neben den aus den Ostgebieten vertriebenen und geflohenen Deutschen nicht unwesentlich die 2,7 Millionen Flüchtlinge beigetragen, die bis zum Bau der Berliner Mauer am 13. August 1961 die DDR verließen. Die Unterbrechung des Flüchtlingsstromes in diesem Jahr, die Abnahme der tariflichen Wochenarbeitszeit – sie verringerte sich von 1955 bis 1966 von 47,1 auf 41,8 Stunden – sowie die verlängerte Ausbildungszeit Jugendlicher trugen zu einer zunehmenden Verknappung der Arbeitskräfte bei.

Von 1961 bis 1974 ging das Potential an deutschen Arbeitskräften um fast 2 Millionen zurück. Im gleichen Zeitraum kamen gut 2 Millionen Ausländer, vor allem aus den Mittelmeerländern, ins Land. 1955 lebten nur etwa 80 000 Ausländer in der Bundesrepublik, zumeist Holländer und Österreicher. Im Jahr 1964 wurde der millionste Gastarbeiter, ein Portugiese, vor Presse- und Fernsehkameras begrüßt und mit einem Moped beschenkt. Der Zustrom erfolgte größtenteils aufgrund gezielter Anwerbeaktionen, die auf immer mehr Länder ausgedehnt wurden. Strömten zuerst hauptsächlich Italiener, Griechen, Spanier und Jugoslawen als »Gastarbeiter« in die Bundesrepublik, waren es nach 1970 vor allem Türken. Und wenn die Deutschen in den achtziger Jahren ein Ausländerproblem haben, dann ist es einmal ein selbstgemachtes und dann vor allem ein »Türkenproblem«.

Steigende Preise

Die im Trend von Zyklus zu Zyklus steigenden Raten des Preisniveaus in den sechziger Jahren waren eine Folge des wirtschaftspolitischen Dilemmas zwischen innerer Stabilität und außenwirtschaftlichem (Zahlungsbilanz-)Gleichgewicht, vor das die Deutsche Bundesbank deshalb gestellt war, weil Freiheit im Außenwirtschaftsverkehr, Konvertibilität der DM bei festen Wechselkursen, Tarifautonomie und Vollbeschäftigung unter einen Hut gebracht werden mußten.

Die DM war zu Beginn der sechziger Jahre zu einer harten Währung geworden, weil die Preise in der Bundesrepublik nicht so schnell stiegen wie im Ausland, trotz der Tatsache, daß das Bruttosozialprodukt schneller zunahm als in den meisten anderen Ländern. Als Folge der günstigen Preisentwicklung bei festen Wechselkursen und der erstaunlichen Exporterfolge wuchs das Devisenpolster der Bundesrepublik rapide von 1,1 Milliarden DM 1950 auf fast 32 Milliarden DM 1960. Die Kehrseite dieser Entwicklung war die Gefahr einer sog. »importierten« Inflation. Denn einerseits zogen die großen Exporterfolge Güter und Dienstleistungen vom Inlandsmarkt ab, so daß bei gegebener Inlandsnachfrage ein Druck in Richtung auf

Die Bundesbank

Eine Abstimmung mit den Füßen war der Flüchtlingsstrom aus der DDR. Durchgangslager wie Marienfelde (links) waren die ersten Stationen auf dem Weg zu einer neuen Existenz. In der Wachstumsphase der westdeutschen Wirtschaft gab es Arbeit genug – die Integration der DDR-Flüchtlinge bereitete keine Schwierigkeiten. Zusätzlich wurden noch Arbeiter aus dem Ausland benötigt. Als am 10. September 1964 der millionste Gastarbeiter, ein Portugiese, in Köln-Deutz eintraf, wurde er mit Blumen und einem Moped begrüßt.

steigende Preise ausgeübt wurde. Andererseits war die Deutsche Bundesbank verpflichtet, die verdienten Devisen zum festen Wechselkurs (plus/minus der zugelassenen Schwankungsbreite von 2 Prozent) in DM umzutauschen, so daß die inländische Geldversorgung erhöht wurde. Dadurch entstand wiederum ein zusätzlicher inflationärer Druck.

Das Dilemma der Bundesbank

Gegen diese beunruhigende Situation war binnenwirtschaftlich kaum etwas zu machen. Denn wenn im Inland gegen die drohenden Preissteigerungen mit einer restriktiven Geld- und Finanzpolitik und mit Lohnzurückhaltung reagiert worden wäre – und zumindest die Bundesbank stemmte sich geldpolitisch gegen die Preissteigerungen –, dann hätten sich mit den Stabilisierungserfolgen auch die Bedingungen für den Export verbessert; dies hätte zu verstärkten Devisenzuflüssen und damit zu einer Zunahme der Geldversorgung im Inland geführt, und dies wiederum zu steigendem Druck auf die Preise. So paradox es klingt: je erfolgreicher die Bundesbank im Kampf um die Geldwertstabilisierung war, um so schwerer wurde ihr die Aufgabe der Stabilisierung des Geldwertes gemacht.

Schon seit 1956 trat daher Bundeswirtschaftsminister Ludwig Erhard dafür ein, dieses Dilemma durch eine Aufwertung zu lösen. Er und Bundesfinanzminister Franz Etzel konnten sich jedoch gegenüber führenden Bankenvertretern, u. a. Robert Pferdmenges und Hermann Josef Abs, von denen sich Bundeskanzler Konrad Adenauer beraten ließ, nicht durchsetzen. Erst die Zuspitzung der Preisentwicklung und außerordentlich hohe spekulative Devisenzuflüsse führten am 3. März 1961 zu dem Entschluß der Bundesregierung, die DM gegenüber allen ausländischen Währungen um 5 Prozent aufzuwerten. Die Parität gegenüber dem US-Dollar betrug danach 4,00 DM. Die erhofften Wirkungen der Aufwertung traten zwar kurzfristig ein, doch kam die Aufwertung zu spät und war zu gering, um die Bundesbank für längere Zeit aus ihrem stabilitätspolitischen Dilemma zu befreien.

Erschwert wurde der Bundesbank ihre Aufgabe auch dadurch, daß einmal Bund und Länder ihr Finanzgebaren nicht immer an den konjunkturpolitischen Erfordernissen ausrichteten und die Bundesbank zum andern auch von der Einkommenspolitik keine Unterstützung erfuhr. Die Gewerkschaften hatten in den ersten Nachkriegsjahren lohnpolitische Zurückhaltung geübt, um den wirtschaftlichen Aufschwung nicht zu gefährden. Diese Haltung gaben sie seit Mitte der fünfziger Jahre mit dem Rückgang der Arbeitslosigkeit nach und nach auf: Der Lohnzuwachs überstieg zunehmend den Produktivitätsfortschritt. Der inländische Druck zu Preiserhöhungen nahm zu.

Läßt man einmal den stabilitätspolitischen Aspekt beiseite, dann ist allerdings nicht zu übersehen, daß durch diese Lohnpolitik der Lebensstandard der Arbeitnehmer rapide stieg. Tarifvertraglich vereinbarte Lohnsteigerungen zwischen 5,2 Prozent (1959) und 11,5 Prozent (1962) ließen den durchschnittlichen Bruttostundenverdienst der in der Industrie beschäftigten Arbeitnehmer von 1,83 DM im Jahr 1955 auf 4,56 DM im Jahr 1966 anwachsen. Die realen Nettoeinkommen aller Arbeitnehmer – also die Einkommen nach Abzug von Steuern und Sozialabgaben sowie nach Herausrechnung der Preissteigerungen – nahmen von 1955 bis 1966 um über 65 Prozent zu. Die durch die reale Lohn- und Einkommenserhöhung eingetretene Verbesserung des Lebensstandards großer Teile der Bevölkerung wurde schnell sichtbar. Am deutlichsten schlug sie sich im schnell wachsenden Bestand an privaten Pkw nieder. Im Jahr 1955 waren lediglich 349 000 Pkw zugelassen, 1966 bevölkerten schon über 6,5 Millionen Privatwagen die Straßen.

Vermögenspolitik und Privatisierung

Die gestiegene Lebensstandard in den Jahren bis 1966 drückt sich nicht nur in der andauernden Vollbeschäftigung, den fortlaufend positiven Wachstumsraten und im entsprechend hohen Zuwachs der nominalen und realen Einkommen aus, sondern auch im Anstieg der Staatsausgaben. Dieser Anstieg von 51,2 Milliarden DM 1955 auf 146,7 Milliarden DM 1966 ist nicht nur auf die Zunahme der Ausgaben für Verteidigung, öffentliche Sicherheit und Rechtsschutz von 8,3 auf 25,2 Milliarden DM zurückzuführen. Die Ausgaben für Schulen, Hochschulen und Forschung stiegen von

243

4,4 auf 17,3 Milliarden DM, für soziale Sicherheit, Gesundheit und Sport von 15,6 auf 39,2 Milliarden DM und für Wohnungen, Wirtschaftsförderung und das Verkehrs- und Nachrichtenwesen von 11,1 auf 31,5 Milliarden DM.

Aber auch einige wichtige Sozialgesetze fielen in diese Zeit. Nach der Rentenreform von 1957, d.h. vor allem der Dynamisierung der Renten, wurde 1963 durch ein Neuregelungsgesetz auch die Unfallversicherung reformiert. Hauptpunkt der Reform war auch hier die regelmäßige Anpassung der Unfallrenten an die Lohn- und Gehaltsentwicklung. Im gleichen Jahr setzte das Bundesurlaubsgesetz für jeden Arbeitnehmer einen bezahlten Erholungsurlaub von mindestens 18 Werktagen fest.

Das wichtigste Sozialpaket war jedoch der umfangreiche Katalog von Maßnahmen, mit dem man eine breite Streuung der Vermögen erreichen und die Vermögensbildung in Arbeitnehmerhand fördern wollte. Während des Wiederaufbaus der deutschen Wirtschaft war – wie früher bereits geschildert – die Investitionstätigkeit der Unternehmen durch Steuererleichterungen, Abschreibungsvergünstigungen und ähnliches begünstigt worden. Die einseitige, wenn auch unter dem Ziel eines beschleunigten Wachstums erwünschte Förderung der Kapitalbildung der Unternehmen hatte den unerwünschten Nebeneffekt, daß sie zu einer Konzentration der Vermögen beitrug. Zahlen über die Vermögenskonzentration liegen zwar kaum vor, da ihrer Erhebung nur schwer zu überwindende statistische Probleme entgegenstehen. Einen Hinweis allein auf die Verteilung der Geldvermögen in den Jahren des Wiederaufbaus geben Zahlen des mittlerweile verstorbenen deutschen Nationalökonomen Carl Föhl: Von der Geldvermögensbildung der Jahre 1950 bis 1959 in Höhe von 78 Milliarden DM entfielen 48 Prozent auf die Selbständigen, die nur 17 Prozent aller Haushalte ausmachten, während 12 Prozent den Arbeiter-, 28 Prozent den Angestellten- und Beamten- sowie 12 Prozent den Rentnerhaushalten zugute kamen.

Aus der Fülle der Maßnahmen zur Korrektur dieser Entwicklung ragen heraus:
☐ das Sparprämiengesetz von 1959 zur Förderung des Kontensparens;
☐ die Privatisierung bundeseigener Unternehmen durch Ausgabe von Volksaktien der Preussag (1959), des Volkswagenwerkes (1961) und der Vereinigten Elektrizitäts- und Bergwerks-AG (1965);
☐ das Gesetz zur Förderung der Vermögensbildung der Arbeitnehmer von 1961, das über vermögenswirksame Leistungen der Arbeitgeber die Vermögensbildung in Arbeitnehmerhand vorantreiben sollte;
☐ verschiedene Wohnungsbaugesetze, durch die über zinsgünstige langfristige Kredite und durch Steuervergünstigungen der Erwerb von Wohneigentum gefördert werden sollte.

Wenn auch die Anteile der Arbeitnehmerhaushalte am Geldvermögen gestiegen sind, so ist die Verteilung des Produktivvermögens weiterhin sehr ungleich. Daß nicht alle politischen Blütenträume in dieser Hinsicht reiften, läßt sich unschwer auch daran erkennen, daß das Thema »Vermögenspolitik« bis heute nicht aus den Regierungs- und Parteiprogrammen gestrichen ist. Als besonderer Erfolg der Vermögenspolitik wird angesehen, daß

Wohlstand für alle: Preussag (1959), Volkswagen-Werk (1961), Vereinigte Elektrizitäts- und Bergwerks-AG (1965) gaben Volksaktien aus (oben). – 1966 erlebte die Bundesrepublik die höchste Preissteigerungsrate seit der Korea-Krise. Mit Maßhalteappellen versuchte Ludwig Erhard dagegen anzugehen und erntete Spott: »Hallo, ihr da, schämt ihr euch denn gar nicht?« – »Nööö!« (rechts).

1973 40 Prozent aller Arbeiter-, 37 Prozent aller Angestellten-, 41 Prozent aller Beamten- und 67 Prozent aller Selbständigenhaushalte über Haus- und Grundbesitz verfügten.

Das Ende des Wunders

An der Vermögenspolitik lag es allerdings nicht, daß sich seit Mitte der sechziger Jahre viele – besonders im Ausland – fragten, ob die Tage der deutschen Wirtschaftstriumphe gezählt seien: Im Jahr 1966 stieg das reale Bruttosozialprodukt nur um 2,5 Prozent – die niedrigste Wachstumsrate seit der Währungsreform. Der Preisindex für die Lebenshaltung nahm um 3,5 Prozent zu – die höchste Preissteigerungsrate seit der Korea-Krise. Die Arbeitslosenquote hielt sich zwar noch bei 0,7 Prozent – der niedrigsten während der gesamten Nachkriegszeit –, doch nahm die Kurzarbeit zu und die Gesamtbeschäftigung ging leicht um 0,3 Prozent zurück. Die Gewinnerwartungen der Unternehmen waren sehr gedämpft – die Lohnerhöhungen überstiegen im Gegensatz zu früheren Zyklen diesmal sowohl in der Auf- als auch in der Abschwungsphase den Produktivitätszuwachs; die Investitionsneigung ging zurück; zusätzlich verschärfte die Bundesbank wegen der – aus damaliger Sicht – »horrenden« Preissteigerungsrate ihre restriktive Geldpolitik, wodurch die Finanzierung der Investitionen durch Kredite erschwert wurde; und Hilfe kam auch nicht von der Finanzpolitik: Im Wahljahr 1965 waren Steuersenkungen und gleichzeitig ausgabenträchtige Wahlgeschenke verteilt worden; die daraus folgenden staatlichen Defizite verschärften den inflationären Druck. 1966 wurden die Geschenke teilweise wieder einkassiert, doch blieben »Finanzlöcher« in den staatlichen Haushalten. Bund, Länder und Gemeinden reduzierten daraufhin vor allem ihre Investitionsausgaben – und trugen so zum Abschwung bei.

Der Schwarze Peter für diese Entwicklung blieb schließlich bei der Bundesregierung, namentlich bei Bundeskanzler Ludwig Erhard, hängen. Am 1. Dezember 1966 trat die Große Koalition aus CDU/CSU und SPD unter dem Kanzler Kurt Georg Kiesinger ihr Amt an. Zunächst verschlechterte sich die Lage aber weiter: Das Jahr 1967 brachte zum ersten Mal in der Geschichte der Bundesrepublik einen absoluten Rückgang (um 0,1 Prozent) des Bruttosozialprodukts, die Arbeitslosenquote stieg auf 2,1 Prozent, die Zahl der Kurzarbeiter nahm von 16 000 (1966) auf 143 000 (1967) zu. In der zweiten Jahreshälfte war jedoch das Schlimmste schon wieder überstanden. Nicht zuletzt hat zur Verbesserung des wirtschaftlichen Klimas die Wirtschaftspolitik der neuen Bundesregierung beigetragen, eine Politik, die mit dem Namen des neuen Bundeswirtschaftsministers, Karl Schiller, verbunden ist.

Das Krisenprogramm der Großen Koalition

Die »Ironie des Schicksals« hatte dazu geführt, daß der Begründer des deutschen Wirtschaftswunders, Bundeskanzler Ludwig Erhard, in der ersten richtigen Rezession seit Bestehen der Bundesrepublik abgelöst und eine Große Koalition gebildet wurde. Die Überwindung der Wirtschaftskrise nahm zwangsläufig einen zentralen Platz im Programm der neuen Regierung ein: »Im Rahmen der marktwirtschaftlichen Ordnung (soll) gleichzeitig zur Stabilität des Preisniveaus, zu einem hohen Beschäftigungsgrad und außenwirtschaftlichem Gleichgewicht bei stetigem und angemessenem Wirtschaftswachstum« beigetragen werden. Als Voraussetzung hierfür galt eine – von Erhard immer wieder abgelehnte – mittelfristige Vorausschau der Wirtschaftsentwicklung und eine gewisse, zwischen Bund und Ländern abgestimmte Planung der Finanzwirtschaft, nach der Devise Karl Schillers: »So viel Wettbewerb wie möglich, so viel Planung wie nötig!« Auf dieser Planung würde dann die Steuerung der gesamtwirtschaftlichen Entwicklung, eine »neue Politik der Globalsteuerung«, aufbauen. Damit die staatliche Wirtschaftspolitik von der Lohnpolitik »flankiert« und nicht unterlaufen werde, sollten sich Arbeitgeber und Gewerkschaften unter Vorsitz des Bundeswirtschaftsministers zusammensetzen, um in dieser »konzertierten Aktion« mit Hilfe gesamtwirtschaftlicher »Orientierungsdaten« gewisse Richtwerte für die Tarifverhandlungen zu erarbeiten.

Das grundlegende »Gesetz zur Förderung der Stabilität und des Wachstums der Wirtschaft« (Stabilitätsgesetz) trat am 8. Juni 1967 in Kraft. Mit diesem Gesetz war erstmals ein systematisch ausgebautes Instrumentarium für eine Konjunktursteuerung geschaffen worden, die auf den theoretischen Überlegungen des englischen Ökonomen John Maynard Keynes (* 1883, † 1946) beruhte. Keine andere Regierung besaß damals ein ähnlich umfassendes In-

Die Überwindung der ersten Wirtschaftskrise ist vor allem mit dem Namen des neuen Wirtschaftsministers Karl Schiller verbunden. »Plisch und Plum«, Schiller und Finanzminister Franz Josef Strauß, in »konzertierter Aktion«.

strumentarium für eine »keynesianische« Wirtschaftspolitik. Am 6. Juli 1967 wurde die »Mittelfristige Finanzplanung« des Bundes für 1967 bis 1971 beschlossen; danach folgte die Konstituierung des Finanzplanungsrates, der Empfehlungen für eine Koordinierung der Finanzpolitik von Bund, Ländern und Gemeinden aussprechen sollte.

Stabilitätsgesetz – Magna Charta der Wirtschaftssteuerung

Das sog. Stabilitätsgesetz ist als Magna Charta der modernen Wirtschaftssteuerung bezeichnet worden (vgl. Wolfgang Wetter, Das Stabilitäts- und Wachstumsgesetz, S. 370). Während vorher Bund, Länder und Gemeinden unabhängig voneinander ihre Budgets aufstellten, was eine gemeinsame, aufeinander abgestimmte Finanzpolitik geradezu unmöglich machte, werden nun fünfjährige Finanzpläne für alle staatlichen Ebenen vorgeschrieben. Die Bundesregierung ist verpflichtet, alljährlich einen Bericht anzufertigen, der ihre wirtschafts- und finanzpolitischen Ideen für das bevorstehende Jahr enthält – den sog. »Jahreswirtschaftsbericht«, der jeweils Ende Januar von der Bundesregierung vorgelegt wird. Zur Steuerung der Gesamtnachfrage darf die Bundesregierung verlangen, daß Haushaltsmittel des Bundes und der Länder durch Bildung von Konjunkturausgleichsrücklagen bei der Bundesbank stillgelegt werden; die Kreditaufnahme von Bund, Ländern und Gemeinden kann begrenzt werden; zusätzliche öffentliche Ausgaben dürfen durch Verschuldung bei der Bundesbank (bis 5 Milliarden DM) getätigt werden; die private Investitionstätigkeit kann durch Änderung der steuerlich zulässigen Abschreibungsmöglichkeiten und durch Steuernachlässe, die Nachfrage der Verbraucher durch Erhöhung der Einkommen- und Körperschaftssteuer (bis zu 10 Prozent) beeinflußt werden. Die Bundesregierung machte von diesen neuen Maßnahmen sofort Gebrauch, wobei sie zweigleisig vorging. Durch Kürzungen des staatlichen Verbrauchs und durch die Erhebung einer Ergänzungsabgabe von 3 Prozent der Einkommen- und Körperschaftssteuerschuld verringerte sie das Defizit des »Kernhaushalts«. Gleichzeitig leitete sie zwei Konjunktur-Förderungsprogramme in die Wege: Die staatlichen Investitionen wurden durch Ausgabenprogramme für Bahn, Post und den Straßenbau angekurbelt, die privaten Investitionen durch Sonderabschreibungen, während die Bundesbank die Kreditrestriktionen abbaute.

Der Erfolg war frappierend. Die Anlageinvestitionen, die 1966/67 noch um 8,4 Prozent im Vergleich zum Vorjahr gesunken waren, erzielten 1968/69 ein Plus von 12,1 Prozent. Das Bruttosozialprodukt wuchs – nach dem absoluten Rückgang 1967 – im Jahr 1968 um 6,5 Prozent und 1969 um 7,9 Prozent: Ein neuer Boom hatte begonnen. Rasant nahm die Arbeitslosigkeit ab: von der Höchstzahl von 673 572 Arbeitslosen im Februar 1967 über 400 773 im Juni des gleichen Jahres auf 323 000 im Jahresdurchschnitt 1968; und schon 1969 war mit nur 179 000 Arbeitslosen und einer Arbeitslosenquote von 0,9 Prozent praktisch wieder Vollbeschäftigung erreicht. Die Preissteigerungen waren in diesen Jahren mit 1,7 und 1,9 Prozent kaum der Rede wert.

Die sozialen Leistungen der Großen Koalition

Angesichts der wirtschaftlichen Schwierigkeiten, denen sich die Große Koalition gegenübersah, war es verständlich, daß sie auf sozialpolitischem Gebiet nur vorsichtig vorging. Gegen Ende ihrer Regierungszeit, bei wieder verbesserter Haushaltslage, wurden dennoch einige Gesetze von großer Tragweite beschlossen:

☐ Mit dem Gesetz über die Finanzierung der Rentenversicherung vom 28. Juli 1969 wurde ein Finanzierungsverbund zwischen der Arbeiter- und Angestelltenversicherung sowie ein Liquiditätsausgleich beschlossen. Damit sollte die 1957 eingeführte dynamische Rentenanpassung sichergestellt werden.

☐ Mit dem 27. Juli 1969 trat die Lohnfortzahlung im Krankheitsfall in Kraft. Arbeiter, wie schon vorher die Angestellten, erhielten gegenüber den Arbeitgebern nun den Rechtsanspruch, bei Krankheit für sechs Wochen ihren Lohn in voller Höhe weiterzubeziehen.

☐ Das Arbeitsförderungsgesetz vom 25. Juni sah ein umfassendes arbeitsmarktpolitisches Instrumentarium vor: Es soll die Chancen auf Vollbeschäftigung verbessern, durch berufliche Bildung die Berufschancen ausweiten und vor sozialem Abstieg infolge von Arbeitslosigkeit Schutz gewähren. Für Behinderte sind Maßnahmen zur Arbeits- und Berufsförderung vorgesehen.

Spekulationen und Aufwertung

Hatte die Große Koalition ihre Entstehung vor allem der Wirtschaftskrise von 1966/67 zu verdanken, so stand an ihrem Ende wiederum ein wirtschaftspolitischer Streit. Im Jahr 1969 zerfiel das Bundeskabinett in Befürworter und Gegner einer DM-Aufwertung. Eine wenn auch wichtige, aber doch auch sehr technische Frage der Wirtschaftspolitik wurde so im Herbst jenes Jahres zu einem zentralen Wahlkampfthema (vgl. Wolfgang Wetter, Erneute D-Mark-Aufwertung, S. 341).

Daß eine Frage wie: Aufwertung der DM – ja oder nein? eine zentrale Rolle in einem Wahlkampf spielen kann, unterstreicht nur die Bedeutung der Außenwirtschaft für die wirtschaftliche Entwicklung der Bundesrepublik, ja allgemein ihre Abhängigkeit von der Weltwirtschaft. Zur Zeit des 20. Geburtstags der DM im Frühjahr 1969 war zwar die wirtschaftliche Lage so gut, wie sie kaum besser sein konnte: Vollbeschäftigung, rasch wachsende Produktion, hoher Produktivitätszuwachs, maßvolle Lohnsteigerungen, nahezu stabile Preise, große und zunehmende Exportüberschüsse. Doch waren auch schon die ersten Risse in diesem freundlichen Bild zu erkennen: Die starke Exportnachfrage wurde durch die Kauflust im Innern verstärkt – ausgelöst durch die staatlichen Konjunkturprogramme. Die überbordende Nachfrage ließ das Preisniveau steigen. Der Bundesbank waren aber die Hände gebunden. Jede dämpfende kreditpolitische Maßnahme hätte zinssteigernd gewirkt, damit Kapital aus dem Ausland angezogen und so den ohnehin überreichlichen Zufluß an Geld aus den Exportüberschüssen weiter erhöht – zu Lasten der Preisstabilität. Die Bundesbank war wiederum Gefangene ihres stabilitätspolitischen Dilemmas.

Hinzu kamen seit dem Frühjahr 1968 in immer höheren Wellen Devisenzuflüsse aus mehr spekulativen Gründen. Die Mai-Unruhen jenes Jahres in Paris hatten eine fast panikartige Flucht aus dem Franc ausgelöst – vor allem in die DM. Alle Gegenmaßnahmen der Franzosen, wie die Kontrolle des Kapitalverkehrs, verpufften, ja sie verstärkten noch diesen Trend. Die DM entwickelte sich immer mehr zum sicheren Hort für Kapitalanleger, zumal die Zahlungsbilanz der USA infolge des Vietnamkrieges immer stärker ins Defizit geriet und die US-Regierung eine nachlässige Haltung gegenüber dem Wert des Dollar einnahm. Er geriet immer mehr unter Druck. Letztlich führte diese Entwicklung dazu, daß US-Präsident Richard Nixon im August 1971 die Aufgabe der Goldbindung des Dollar verkündete. Damit leitete Nixon den Zusammenbruch des internationalen Währungssystems ein, das 1944 in Bretton Woods aus der Taufe gehoben worden war, einen Zusammenbruch, der 1973 mit der allgemeinen Freigabe fast aller Wechselkurse – dem Floaten – endgültig besiegelt wurde.

Doch noch war es nicht ganz so weit. Was seit Herbst 1968 mit den verstärkten Währungsunruhen allerdings schon in die Brüche ging, war die sprichwörtlich gewordene Harmonie von »Plisch und Plum«, von Wirtschaftsminister Karl Schiller und Finanzminister Franz Josef Strauß. Strauß widersetzte sich einer DM-Aufwertung ebenso heftig, wie Schiller sie befürwortete. Am 25. September 1969 wurden vorübergehend die Devisenbörsen geschlossen. Fünf Tage später – zwei Tage nach der Bundestagswahl und einen Tag nach der Erklärung Willy Brandts, eine SPD/FDP-Regierung bilden zu wollen – wurde der DM-Wechselkurs freigegeben. Der Dollarwert sank von 4,00 DM auf 3,84 DM Ende September und wurde schließlich nach einer DM-Aufwertung von 9,3 Prozent neu fixiert.

Doch auch diese Aufwertung kam zu spät und war zu gering, als daß sie der Bundesbank mehr als eine Atempause hätte verschaffen können. Bereits das Jahr 1970 zeigte, daß die Stabilisierungspolitik nicht so richtig funktionierte. Die Wachstumsrate ging von 7,9 Prozent im Jahr 1969 – die höchste seit 1960 – über 5,9 Prozent (1970) auf 3,3 Prozent 1971 zurück; dafür stiegen die Verbraucherpreise anscheinend unaufhaltsam: von 1,9 Prozent im Jahr des Regierungsantritts der sozial-liberalen Koalition über 3,3 Prozent 1970, 5,2 Prozent 1971, 5,6 Prozent 1972 auf sogar 7,0 Prozent 1973. Die Arbeitslosenquote war zwar gering und blieb – rückblickend – auch relativ gering, nahm allerdings leicht zu: Sie fiel anfangs von 0,9 Prozent im Jahr 1969 auf 0,7 Prozent 1970, stieg dann jedoch von 0,8 Prozent 1971 auf 1,1 Prozent 1972 und 1,2 Prozent 1973.

Die sozial-liberale Koalition stand damit vor unangenehmen Zielkonflikten: Das rückläufige Wachstum über eine leichte Geldpolitik und eine höhere Nachfrage zu fördern, hätte zwar der Beschäftigung genützt, aber die Inflationsrate erhöht. Eine Bekämpfung der Inflation durch eine verschärfte Geldpolitik und eine Dämpfung der Nachfrage hätten vielleicht die Arbeitslosigkeit steigen lassen. Eine Dämpfung der wirtschaftlichen Entwicklung hätte aber auch vor allem die Staatseinnahmen nicht unberührt gelassen und damit die zahlreichen Reformpläne der Koalition gefährdet.

Kein Wunder, daß bei diesen Zielkonflikten auch persönliche Konflikte nicht ausblieben. Im Mai 1971 trat Finanzminister Alex Möller zurück, weil er glaubte, die inflationäre Haushaltspolitik nicht weiter vertreten zu können. Aber auch Karl Schiller, der das Ministerium als »Superminister« mit übernahm, blieb nur noch rund ein Jahr in der Regierung. Als er 1972 wegen der großen Haushaltsdefizite eine starke Drosselung der Ausgaben und Steuererhöhungen forderte, konnte er sich nicht durchsetzen und trat zurück.

Auch für die Nachfolger – Helmut Schmidt (SPD) für die Finanzen und Hans Friderichs (FDP) für Wirtschaft – blieb anfangs der Spielraum eng. Erst als im Frühjahr 1973 die feste Wechselkursrelation wegen der anhaltenden Schwäche des US-Dollar aufgegeben wurde und der DM-Kurs frei schwankte (floatete), erhielt man die Handlungsfreiheit im Innern, um dem Preisauftrieb entgegentreten zu können. Die Bundesbank nutzte diesen Spielraum sofort für eine drastische Restriktionspolitik. Stabilitätsprogramme zielten zudem darauf ab, über Stabilitätsabgabe und Ergänzungsabgabe sowie über Investitionssteuern die Staatseinnahmen zu erhöhen und durch deren teilweise Stillegung bei der Bundesbank die Nachfrage zu dämpfen. Wie die Preissteigerungsrate zeigt, gelang dies nicht sofort im erwünschten Maße, vor allem deshalb nicht, weil von der Finanzpolitik, genauer von den Staatsausgaben, kaum Entlastungseffekte kamen und auch die Tarifpartner durch zu hohe Lohnabschlüsse der veränderten Lage nicht Rechnung trugen.

Reformjahre – Stagnationsjahre

Die sozial-liberale Koalition war mit dem Anspruch der »gesellschaftlichen Erneuerung« aller Bereiche angetreten. Und dieser Reformeifer ist im Staatshaushalt – dem »Schicksalsbuch der Nation« – nachzulesen. Trotz sprudelnder Staatseinnahmen zwischen 1970 und 1973 – im Durchschnitt wuchsen sie mit bislang selten dagewesenen Raten von über 10 Prozent – stiegen die Ausgaben noch schneller, so daß die Verschuldung des Bundes zunahm. Höhere Verschuldungsraten wiesen bis dahin nur die Jahre 1967 und 1968 auf,

also Jahre der Rezession und nicht Jahre der Vollbeschäftigung und steigender Preise.

Doch nicht allein der Bund verhielt sich so. Alle Gebietskörperschaften – Länder und Gemeinden – zogen mit. Das Schlagwort des US-Ökonomen John Kenneth Galbraith von der öffentlichen Armut im Vergleich zum privaten Überfluß machte die Runde. Überall wurde »Nachholbedarf« entdeckt: beim Kindergarten bis hin zu den Hochschulen, in der Demokratisierung der Wirtschaft bis hin zur Rentenversicherung, vom Schwimmbad für jedes Dorf bis hin zur Sozialhilfe.

Aus Sicht so manches Ökonomen geht es dabei weniger um die einzelne Reform, weniger um das einzelne Schwimmbad. Was Bedenken auslöste, was die Bedenken im nachhinein rechtfertigt, ist das »zu viel in zu kurzer Zeit«. Nur im Überschwang des Reformeifers ließen sich die Bedenken, ob die Volkswirtschaft damit nicht überfordert wäre, mit dem berühmt gewordenen Ausspruch des schleswig-holsteinischen SPD-Führers Jochen Steffen beiseite wischen, wonach die »Belastbarkeit der Wirtschaft« ausgelotet werden sollte. Vergessen wird bei solchen Versuchen immer, daß im Fall des Scheiterns eines solchen Experiments die Volkswirtschaft nicht einfach am Ausgangspunkt wieder anfangen kann: Lange Zeit sind die Folgen für alle zu spüren.

Die Dynamik, mit der der tatsächliche, vermutete oder auch nur proklamierte jeweilige Nachholbedarf zu decken versucht wurde, geht schon allein aus zwei Zahlen hervor, die das Wachstum der Sozialausgaben dokumentieren. Die Sozialleistungen insgesamt nahmen von 1965 bis 1969 um rund 36 Prozent zu. Von 1969 bis 1973 belief sich der Zuwachs auf über 64 Prozent! Die sog. Sozialleistungsquote, der Anteil der Sozialleistungen (für Renten, Gesundheit, Ehe und Familie, arbeitsmarktpolitische Maßnahmen, Wohnung, Sparförderung, allgemeine Lebenshilfen usw.) am Bruttosozialprodukt stieg von 25,7 Prozent 1969 auf 27,5 Prozent 1973; aufgrund der hohen Arbeitslosigkeit seit 1974 wuchs die Sozialleistungsquote sogar auf 31,9 Prozent 1975 und verblieb bis in die achtziger Jahre hinein auf ungefähr diesem Niveau. Nun gibt es solche Leistungen nicht umsonst: Die Steuerquote – der Anteil aller Steuern am Bruttosozialprodukt – nahm zwar von 22,7 Prozent 1970 »nur« auf 24,4 Prozent 1973 zu, die Abgabequote jedoch – Steuern plus Sozialabgaben – stieg von 33,6 Prozent 1970 auf 36,9 Prozent 1973 und sogar 37,1 Prozent 1974. Bis 1980 stieg die Quote weiter auf 38,4 Prozent.

Sozialreformen

Kaum möglich ist es, auf beschränktem Raum alle Maßnahmen, die in den Anfangsjahren der sozial-liberalen Koalition ergriffen wurden, auch nur aufzuzählen. Dies gilt nicht nur für das Bildungswesen, in dem kaum ein Bereich nicht reformiert wurde, sondern auch für das schon Ende der sechziger Jahre relativ eng geknüpfte Netz sozialer Sicherheit (vgl. Otto G. Mayer, Das soziale Netz, S. 350 ff). Die Gesetze, die zwischen 1969 und 1974 erlassen wurden, waren so zahlreich, daß nur die wichtigsten erwähnt werden können:

☐ Das Bundesausbildungsförderungsgesetz (BAföG) von 1971 gab allen Jugendlichen einen Rechtsanspruch auf staatliche Förderung einer ihrer Neigung, Eignung und Leistung entspre-

Sozial-liberale Koalition: Wirtschaftsminister Otto Graf Lambsdorff und Arbeitsminister Herbert Ehrenberg, 1982.

chenden Ausbildung, falls die Mittel für Lebensunterhalt und Ausbildung nicht anderweitig erhältlich waren.
☐ In der Krankenversicherung wurden Gesetze zur Leistungsverbesserung 1973 und zur wirtschaftlichen Sicherung der Krankenhäuser mit Bundesmitteln 1972 erlassen.
☐ Die gesetzliche Unfallversicherung wurde 1971 auf Schüler, Studenten und Kinder ausgedehnt, 1974 beschloß man Leistungen zur Rehabilitation der Unfallopfer.
☐ Im Jahr 1972 führte der Bundestag die flexible Altersgrenze in der gesetzlichen Rentenversicherung ein. Danach konnte bereits vom 63. Lebensjahr an (Männer) bzw. vom 60. Lebensjahr an (Frauen) Rentenzahlung in Anspruch genommen werden, ohne daß auf die Rente in voller Höhe ein entsprechender versicherungsmathematischer Abschlag vorgenommen wurde. Gleichzeitig wurde eine Rente nach Mindesteinkommen beschlossen, unabhängig also von der Höhe der Beiträge zur Rentenversicherung, die im Arbeitsleben gezahlt worden waren.
☐ In Ergänzung des Arbeitsförderungsgesetzes von 1969 wurde 1972 die Zahlung eines Wintergeldes an Bauarbeiter eingeführt und 1974 eine Lohnfortzahlung für drei Monate für die Arbeitnehmer von Betrieben, die in Konkurs gingen.
☐ Mit dem Einkommensteuerreformgesetz von 1974 schaffte der Bundestag den steuerlichen Freibetrag ab und beauftragte die Arbeitsämter, ein für alle einheitliches Kindergeld in einer nach Kinderzahl gestaffelten Höhe für Kinder bis zum 18. und für in einer Ausbildung stehende Jugendliche bis zum 27. Lebensjahr zu zahlen.
☐ 1971 und 1974 verabschiedete der Bundestag Mieterschutzgesetze, die die Mieter vor willkürlichen Kündigungen schützen sollten und die Höchstmieten aufgrund eines sog. Vergleichsmietenspiegels festlegten.
☐ Das Zweite Wohngeldgesetz von 1970 erweiterte den Kreis der Berechtigten auf eine Sozialwohnung durch Erhöhung der Einkommensgrenzen.
☐ Das Dritte Gesetz zur Förderung der Vermögensbildung der Arbeitnehmer von 1970 verdoppelte den bislang begünstigten Betrag von 312 DM auf 624 DM – das sog. 624-Mark-Gesetz – für Bezieher von bis zu 24 000 DM (Ledige) bzw. 48 000 DM (Verheiratete) Jahreseinkommen.

Trotz all dieser Gesetze und Leistungen bestätigte sich auch hier wieder der Erfahrungssatz, daß die Sozialpolitik dahin tendieren kann, sich losgelöst von den wirtschaftlichen Möglichkeiten zu verselbständigen. Es ist nun einmal sehr unwahrscheinlich, daß alle Gruppen gleich behandelt und gleich abgesichert sind, keine einen relativen Vorteil, keine einen relativen Nachteil gegenüber anderen hat. Während man Mitte der siebziger Jahre noch mit Stolz vermeinte, daß nun kaum jemand durch die Maschen des sozialen Netzes fallen könne, und man die enormen finanziellen Leistungen für dieses Netz herausstellte, wurde von Politikern der CDU/CSU bereits auf eine »neue soziale Frage« aufmerksam gemacht, und zwar auf den sozialen Status sog. nicht organisierter Gruppen. Es gehe also nicht mehr so sehr um immer mehr finanzielle Leistungen für die »klassischen« Bereiche der Sozialpolitik, sondern mehr um eine stärkere Konzentration auf die wirklich Bedürftigen, auf den »Arbeiter, der Kinder hat oder alt geworden ist oder unter die Leichtlohngruppen fällt«.

Massenarbeitslosigkeit

Der »neuen sozialen Frage« wurde aber kaum so richtig nachgegangen, da sich die Bundesrepublik seit Mitte der siebziger Jahre einem Problem gegenübersah, das seit rund 20 Jahren der Vergangenheit anzugehören schien: der Massenarbeitslosigkeit. Zwar stiegen die Arbeitslosenzahlen schon seit Beginn der siebziger Jahre: von 149 000 (0,7 Prozent) 1970 auf 173 000 (1,2 Prozent) 1973. Doch schon 1974 betrug die Arbeitslosenzahl mehr als das Doppelte des Vorjahres, und 1975 wurde erstmals seit 1955 die Millionengrenze (4,7 Prozent) überschritten.

Der Einbruch der Beschäftigung fiel mit der Ölpreiskrise 1973/74 zusammen. Im Gefolge des Jom-Kippur-Krieges zwischen den arabischen Staaten und Israel im Oktober und November 1973 wurde das Öl zum ersten Mal als politische Waffe gegenüber den westlichen Ländern eingesetzt. Die Verknappung und eine Verteuerung um nahezu das Vierfache des Preises für das »Schmiermittel« der hochkomplexen Industriewirtschaften trafen diese unerwartet und unmittelbar an einer empfindlichen Stelle. Während der sechziger Jahre hatte man in der Bundesrepublik zunehmend auf das wohlfeile Öl als Heizmaterial und Betriebsmittel zurückgegriffen, zu Lasten der Energieerzeugung aus teuren inländischen Quellen, hauptsächlich der Kohleförderung (Zechensterben im Ruhrgebiet!). Im Jahr 1973 war der Primärenergieverbrauch in der Bundesrepublik zu über 55 Prozent vom Erdöl abhängig – der bislang höchste Wert.

Düstere Aussichten

Das reale Bruttosozialprodukt wuchs 1974 nur noch um 0,4 Prozent und ging 1975 sogar um 1,8 Prozent zurück. Zusammen mit Preissteigerungen von 7 Prozent (1974) und 6 Prozent (1975) war dies sicherlich besorgniserregend genug. Der Titel des Meadows-Berichts an den »Club of Rome« aus dem Jahr 1972 wurde angesichts des Bewußtseins, daß Öl knapp und teuer geworden war, daß die Bundesrepublik bei fast allen wichtigen Rohstoffen (außer Kohle) zu 90 bis 100 Prozent von ausländischen Quellen abhängig ist und daß sich eine Arbeitslosigkeit einstellte, von der niemand so richtig wußte, wie man sie beseitigen sollte, zum Schlagwort: DIE GRENZEN DES WACHSTUMS schienen erreicht. Gerade weil die Überwindung der Krise von 1966/67 scheinbar die »Machbarkeit« von Wirtschaftswachstum gezeigt hatte, fielen jetzt die Perspektiven um so düsterer aus. Und die Perspektiven blieben düster, weil auch staatliche Maßnahmen keine entscheidende Wende auf dem Arbeitsmarkt herbeiführten, auch wenn sie vielleicht noch Schlimmeres verhütet haben. Unter Helmut Schmidt, der im Mai 1974 Willy Brandt als Kanzler abgelöst hatte, war die Finanz- und Wirtschaftspolitik in der Folgezeit darauf aus, Anreize für private Investitionen zu bieten und selbst staatliche Investitionen zu tätigen, um über höhere Investitionen Wachstum zu erreichen und mehr Arbeitsplätze zu schaffen. Allein 1974 wurden drei Investitions- und Beschäftigungsprogramme aufgelegt, die rund 5 Milliarden DM kosteten. Als all diese Maßnahmen nicht so richtig wirkten, folgte im August 1975 ein weiteres Programm zur Stärkung von Bau- und anderen Investitionen, das über 4 Milliarden DM kostete. Erste Zweifel wurden wach an der Steuerbarkeit des Wirtschaftsablaufes und an dem Sinn einer staatlichen Vollbeschäftigungsgarantie. Die Zweifel an der »Feinsteuerung« waren nicht zuletzt der Grund, daß die Bundesbank beschloß, den Geldmengenzuwachs im vorhinein für ein Jahr festzulegen und damit zumindest im Grundsatz von Ad-hoc-Interventionen Abschied zu nehmen. Die Arbeitslosenzahlen gingen zwar bis 1977 nicht im erhofften Ausmaß zurück. Dafür stieg aber die Staatsverschuldung rapide. Die Nettokreditaufnahme des Bundes, seine Neuverschuldung, wuchs sprunghaft von 2,7 Milliarden DM 1973 auf 9,5 Milliarden DM 1974, ein Jahr später betrug sie rund 30 Milliarden DM! In den beiden folgenden Jahren stand der Haushalt zwar im Zeichen der Konsolidierung, doch als der Aufschwung 1977 zu stocken schien, wurde wieder auf expansiven Kurs (Programm für Zukunftsinvestitionen: ZIP) umgeschaltet: Die Neuverschuldung nahm weiterhin zu.

Daß die Zeichen zu Beginn der Beschäftigungskrise nicht überall erkannt wurden, zeigte sich u.a. an den Lohnforderungen. Die Löhne, die 1973 um durchschnittlich 12,6 Prozent gestiegen waren, nahmen 1974 noch einmal um 9,4 Prozent zu. Die Gewerkschaft Öffentliche Dienste, Transport und Verkehr (ÖTV) setzte im Öffentli-

Massenarbeitslosigkeit

Ölschock 1973: Die Welt war für die westlichen Industrienationen nicht mehr in Ordnung. Grenzen des Wachstums wurden sichtbar, Energieeinsparung wurde zur Tugend. Autofreie Sonntage führten 1973 zu leeren Autobahnen (ganz oben).

chen Dienst trotz persönlichen Engagements Willy Brandts eine überdurchschnittlich hohe Lohnsteigerung von 11 Prozent durch. Die Schwächung des Renommees von Willy Brandt durch diese Niederlage in der Auseinandersetzung mit dem ÖTV-Boß Heinz Kluncker dürfte mit zu Brandts Ablösung als Kanzler 1974 beigetragen haben. Erst 1975 gingen die Lohnforderungen zurück, wenn auch nicht im notwendigen Ausmaß – gemessen am Produktivitätszuwachs und am gesamtwirtschaftlichen Wachstum.

Im darauffolgenden Jahr 1976 konnte erstmals wieder mit 5,3 Prozent ein gesamtwirtschaftliches Wachstum erzielt werden. Zwar stockte dieser Aufschwung 1977 mit 2,8 Prozent, doch erzielte man in den folgenden Jahren 1978 und 1979 mit 3,6 bzw. 4,4 Prozent durchaus befriedigende Zuwachsraten, ehe die zweite Ölpreisrunde von 1979/80, in der die OPEC-Staaten die Preise wiederum sprunghaft in die Höhe trieben, dem Aufschwung ein Ende setzte und der Bundesrepublik ein kaum gekanntes und überraschendes Erlebnis bescherte: Ihre Zahlungsbilanz, genauer ihre Leistungsbilanz, wies statt Überschüssen von einem Jahr auf das andere Defizite auf, und zwar gleich von rund 30 Milliarden DM.

Dank dem bescheidenen Aufschwung und nicht zuletzt dank der relativen Zurückhaltung bei den Lohnforderungen seit 1976 gingen die Arbeitslosenzahlen zwischenzeitlich zurück. Trotz der Tatsache, daß der Arbeitsmarkt erst mit einer Verzögerung auf solche Entwicklungen reagiert, wurde 1978 die Millionengrenze unterschritten. 1980 waren »nur« noch rund 890 000 Arbeitslose registriert. Die Arbeitslosenquote war von immerhin 4,7 Prozent 1975 auf 3,8 Prozent 1980 zurückgegangen.

Daß die Arbeitslosenzahlen nicht stärker zurückgegangen sind, findet eine Erklärung in anderen Entwicklungen: Von 1976 bis 1979 nahm die Zahl der beschäftigten Arbeitnehmer immerhin um rund 700 000 zu, d. h., in diesen Jahren sind mindestens ebenso viele neue Arbeitsplätze geschaffen worden. Gleichzeitig drängten aber geburtenstarke Jahrgänge auf den Arbeitsmarkt, während relativ wenige Erwerbstätige altersbedingt aus dem Beruf ausschieden; die ausgeblutete Kriegsgeneration erreichte das Rentenalter.

Die Folgen der Massenarbeitslosigkeit und des verminderten Wachstums treffen alle Bereiche der Sozial- und Wirtschaftspolitik. Hohe Arbeitslosenzahlen und ein verringertes Einkommen bedeuten weniger Beiträge zur Arbeitslosenversicherung bei gleichzeitig höheren Ausgaben für das Arbeitslosengeld. Arbeitslose zahlen keine Steuern; ein geringeres Einkommen mindert zusätzlich das Steueraufkommen; kann der Staat seine Ausgaben nicht zurücknehmen, nimmt die Staatsverschuldung zu. Nimmt die Staatsverschuldung zu, steigen in der Regel die Zinsen auf dem Kapitalmarkt. Verringerte Absatzerwartungen der Unternehmen wegen der rückläufigen Einkommen und höhere Investitionskosten drücken auf die Investitionsneigung. Eine geringere Investitionstätigkeit, zumal wenn sie der Kostensenkung dient, führt zu einer verringerten Zunahme an Arbeitsplätzen. Rückläufige Einkommen haben rückläufige Einnahmen bei Renten- und Krankenversicherungen zur Folge und so fort.

Nun ist diese Krisenentwicklung nicht allein dem Ölpreisdiktat der OPEC anzulasten, wenn damit auch Einkommentransfers in unvorstellbarer Höhe zugunsten der Ölstaaten verbunden sind. Und diese Einkommen, gezahlt über höhere Ölpreise, können im Inland nicht noch einmal verteilt werden. Hätten sie aber nicht – nach einer vielleicht schmerzhaften Anpassungsphase – zusätzlich, d. h. über ein höheres Wachstum, erzielt werden können?

Umbrüche der siebziger Jahre

Nun waren in der Tat schon seit Beginn der siebziger Jahre Umbrüche und strukturelle Entwicklungen zu beobachten, die an einer Fortsetzung des Wachstumsprozesses wie in den ersten 20 Jahren nach dem Krieg zweifeln ließen. Seit 1950 war dieser Wachstumsprozeß vor allem von den Exporten, hohen Nettoinvestitionen der Unternehmen – besondere Bedeutung hatten dabei die Bauinvestitionen –, billigen Rohstoffen, vor allem billiger Energie, und einem starken privaten Verbrauch getragen worden. Seit den siebziger Jahren scheinen diese Kräfte nur noch abgeschwächt wirksam gewesen zu sein:

1. ging die Investitionsquote, der Anteil der Investitionen am Bruttosozialprodukt, 1974 zurück und verharrte auf dem niedrigen Niveau von rund 21 Prozent. Zum Vergleich: Vor 1973 lag die Investitionsquote – von den Rezessions- und Wiederaufschwungjahren 1967/69 abgesehen – kaum einmal unter 25 Prozent. Mit anderen Worten: der Anteil am Sozialprodukt, der für wachstumsträchtige Zwecke und zur Schaffung neuer Arbeitsplätze ausgegeben wurde, war geringer geworden.

2. versuchte der Staat einen größeren Teil des gesamtwirtschaftlichen Produktionspotentials für sich in Anspruch zu nehmen bzw. die Verwendung der Produktion zu beeinflussen. Der Anteil der Gesamtausgaben des Staates am Bruttosozialprodukt stieg in den Jahren 1970 bis 1975 von 37,9 auf 48,1 Prozent und ist bis Anfang der achtziger Jahre nicht zurückgegangen. Zum Vergleich: Diese Quote hat von 1950 bis 1969 nur von 32 auf 37,9 Prozent zugenommen.

3. verstärkte sich seit 1969 der Verteilungskampf zwischen Gewerkschaften und Unternehmern. Er schwächte sich zwar nach 1974 ab, doch wurde das Verhältnis zwischen den Sozialpartnern erneut gestört, als die Unternehmerverbände gegen das Mitbestimmungsgesetz von 1976, das die Mitbestimmung über den Montanbereich ausweitete, Verfassungsklage erhoben. Die »Verstimmung« darüber bedeutete auch das vorläufige Ende der »Konzertierten Aktion«, da die Gewerkschaften in ihr keinen Sinn mehr sahen. Die Lohnquote, der Anteil der Löhne und Gehälter am Sozialprodukt, stieg von rund 68 Pro-

249

Die wirtschaftliche Entwicklung der Bundesrepublik

Was kaum jemand mehr für möglich gehalten hatte, traf ein: Massenarbeitslosigkeit. Arbeitnehmer und Gewerkschaften protestierten – wie hier auf der Maikundgebung des DGB 1982 in Hannover – gegen die Kürzung der Sozialausgaben durch die sozialliberale Bundesregierung unter Helmut Schmidt, die auf diese Weise hoffte, Mittel für beschäftigungspolitische Maßnahmen zu gewinnen. Der Vertrauensentzug der Gewerkschaften leitete das Ende der sozial-liberalen Ära ein.

zent 1968 auf 72,6 Prozent 1975 (1980 betrug sie noch rund 72 Prozent). Der Gewinnanteil der Unternehmen nahm dementsprechend ab, und damit minderte sich eine Quelle der Investitionsfinanzierung.

4. mußten seit 1974 und wieder seit 1979/80 nicht nur höhere Einkommensanteile an die OPEC-Staaten überwiesen werden. Durch die Verteuerung der Energie wurden zugleich auch die Herstellung vieler Güter und viele Produktionsanlagen und -verfahren unrentabel, weil sie zu energieintensiv waren. Durchschlagende Investitionen in neue Produkte und energiegünstige Produktionsverfahren blieben jedoch Mangelware.

5. ist seit 1973 festzustellen, daß sich die Konjunkturzyklen der führenden Industrienationen als Folge einer zunehmenden internationalen Koordination der Wirtschaftspolitik synchronisiert haben. Die einzelnen Auf- und Abschwünge im eigenen Land werden nicht mehr durch gegenläufige Entwicklungen im Ausland gedämpft. Im Gegenteil, sie verstärken sich gegenseitig.

Das Scheitern der sozial-liberalen Koalition

All diese Entwicklungen führten dazu, daß die wirtschafts- und sozialpolitische Lage der Bundesrepublik Anfang der achtziger Jahre ein Bild bietet, über das auch nicht so richtig hinwegtröstet, daß in vielen anderen Ländern die Situation auch nicht besser, höchstens noch schlechter ist:

Die Arbeitslosenzahlen steigen – von knapp 1 Million 1980/81 auf über 2,2 Millionen 1984 –, Schulabgänger finden immer schwerer eine ihren Wünschen entsprechende Ausbildungsstelle. Die Konkurse und Zusammenbrüche von Firmen nahmen zu. 16000 Insolvenzen 1982 sprechen eine deutliche Sprache. Sogar Großunternehmen wie die AEG gerieten ins Schlingern, wenn auch vor allem aufgrund eigener langjähriger Fehler. Bei hohem Wachstum hätten diese vielleicht überspielt werden können. Doch das reale Bruttosozialprodukt nahm 1980 kaum noch zu, ging 1981 und 1982 sogar absolut zurück. Die Löhne und Gehälter wachsen kaum noch, um die Preissteigerungsraten ausgleichen zu können. Da die Sozialabgaben wegen der Finanzklemmen von Arbeitslosenversicherung, Renten- und Krankenversicherung wieder steigen, geht das reale, zur persönlichen Verfügung stehende Einkommen der Haushalte zurück. Bei rückläufigen Steuereinnahmen nehmen bei steigender Belastung durch die Sozialabgaben die staatlichen Defizite zu: Von 1970 bis 1979 stieg die Gesamtverschuldung des Staates von rund 140 Milliarden DM auf 435 Milliarden DM. Allein im Bund betrug die Zunahme 162 Milliarden DM, von 45 Milliarden auf 207 Milliarden DM. Die hohe Staatsverschuldung und die restriktive Geldpolitik der Bundesbank führten zu Zinshöhen, die in der Geschichte der Bundesrepublik unbekannt waren. Besonders die Bundesbank glaubte, angesichts des Zahlungsbilanzdefizits und der horrenden Zinsen in den USA wählen zu müssen zwischen einem relativ stabilen DM-Wechselkurs bei hohen Zinsen, die der binnenwirtschaftlichen Stagnation nicht ganz angemessen waren, und sinkenden Zinsen bei einer Abwertungstendenz der DM, die sich zu einer Inflationsspirale und verstärkten Zahlungsbilanzschwierigkeiten hätten ausweiten können. Hohe Zinsen und trübe Wachstumsaussichten ließen die Investitionsneigung der Unternehmen weiter schwinden. Das riesige Zahlungsbilanzdefizit der Jahre 1980 und 1981 wurde allerdings 1982 schon wieder beseitigt. Die Energieversorgung blieb weiterhin labil. Zwar wurde vor allem nach der Ölpreisrunde 1979/80 stärker als erwartet an Öl und Ölprodukten gespart – am Primärenergieverbrauch hatten sie nur noch einen Anteil von rund 45 Prozent –, doch trug auch die wirtschaftliche Stagnation nicht unmaßgeblich zu diesem Sparerfolg bei.

In zwei Anläufen versuchte die SPD/FDP-Regierung unter Helmut Schmidt und Hans-Dietrich Genscher, die Staats- und Sozialausgaben zu beschneiden, um Luft für beschäftigungspolitische Maßnahmen zu gewinnen: in der sog. »Operation '82«, die als ein erster Schritt zur Konsolidierung der sozialen Sicherungssysteme gedacht war, und im Regierungsentwurf zum Haushalt 1983. Wie mühsam diese Aktionen abliefen, läßt die Bezeichnung »Sommertheater« für die Operation '82 erahnen. Es war ein deutlicher Hinweis, daß diese Koalition nicht mehr in der Lage war, sich auf eine gemeinsame Wirtschafts- und Sozialpolitik zu einigen. Im Herbst 1982 endete dann nach 13 Jahren auch diese Koalition durch unüberbrückbare Gegensätze in der Wirtschaftspolitik.

Die achtziger Jahre – Aufschwung ohne Ende?

Wen konnte dies verwundern angesichts der krisenhaften Zuspitzung in nahezu allen Bereichen? Einige Beobachter befürchteten, daß allein auf dem Arbeitsmarkt – auch bei hohen Wachstumsraten des Bruttosozialprodukts – bis Ende der achtziger Jahre eine Arbeitsplatzlücke von 3 bis 4 Millionen nicht ausgeschlossen sei. Zwei Faktoren seien dafür vor allem verantwortlich: einmal die Tatsache, daß seit Mitte der siebziger Jahre zunehmend mehr Schulabgänger ins Erwerbsleben drängen als Erwerbstätige ausscheiden; zum anderen, daß die hohen Wachstumsraten, die für die benötigten zusätzlichen Arbeitsplätze erforderlich sind, nicht erreicht – und von vielen auch nicht für wünschenswert gehalten – werden.

Nun ist an der demographischen Entwicklung nicht allzu viel zu ändern, es sei

Neue Techniken führen zu einem Strukturwandel der Wirtschaft, zum Abbau von Arbeitsplätzen in den alten Industrien: Roboter im VW-Werk Emden

Gastarbeiter sind nicht mehr willkommen. Nach 16 Jahren (!) verläßt eine türkische Familie die Bundesrepublik.

denn, man schiebt ausländische Arbeitskräfte verstärkt ab und entläßt ältere Arbeitnehmer früher aufs Altenteil. Freilich sollte dabei bedacht werden, daß die Bundesrepublik schon einmal in einer Situation war, in der für eine wachsende Zahl von Menschen ausreichend neue Arbeitsplätze geschaffen werden mußten – in den fünfziger Jahren. Damals nahm die auf den Arbeitsmarkt drängende Bevölkerung mit der dreifachen Rate wie in den achtziger Jahren zu. Dennoch konnte das Problem dank einem entsprechenden Wachstum gelöst werden, das nicht zuletzt möglich wurde, weil auch die Arbeitnehmer und ihre Gewerkschaften bei den Tarifforderungen diese Notwendigkeit mit ins Kalkül zogen.

Kein Wunder also, daß zu Beginn der achtziger Jahre die Diskussion über die Bekämpfung der Arbeitslosigkeit vor allem von zwei Hoffnungen getragen wurde:
ein stärkeres Wachstum durch mehr Investitionen zu erreichen oder – wenn das Wachstum nicht reichen sollte – mehr Arbeitsmöglichkeiten dadurch zu schaffen, daß man die Arbeit auf mehr Menschen verteilt.

Doch schon die erste Hoffnung löste Kontroversen über die Frage aus, wie man denn zu mehr Investitionen kommt. Ist die Neigung zu Investitionen bereits an sich vorhanden und wird lediglich durch administrative Hemmnisse blockiert, wie z. B. durch ein zu restriktives Mietrecht, durch Einsprüche gegen Investitionen auf dem Verkehrssektor, bei der Atomenergie, bei den elektronischen Medien? Oder wird die Investitionsdynamik durch zu hohe Lohn- und Lohnnebenkosten behindert, auch durch die hohen Zinsen auf dem Kapitalmarkt, die eine Folge der hohen Defizite in den öffentlichen Haushalten sind?

Werden diese Fragen bejaht, muß die Regierung mit Hilfe einer »angebotsorientierten« Wirtschaftspolitik diese Hemmnisse beseitigen. Verneint man aber die Frage, daß latent eine Investitionsneigung besteht, weil beispielsweise der private Verbrauch gesättigt sei oder weil es an lohnenden privaten Investitionsobjekten fehle, dann sind – trotz der Verschuldung des Staates – verstärkte staatliche Investitionsausgaben angebracht. Man betreibt eine »nachfrageorientierte« Wirtschaftspolitik.

Hinter diesen Fragen stehen nicht nur unterschiedliche Diagnosen der wirtschaftspolitischen Lage in der Bundesrepublik oder unterschiedliche Einschätzungen der künftigen Wirtschaftsentwicklung, sondern auch ordnungspolitische Wertvorstellungen: Wer auf »Angebotsorientierung« setzt, vertraut vor allem auf die Kräfte des Marktes, auf dessen Fähigkeit, die wirtschaftlichen und teilweise auch die gesellschaftlichen Probleme besser zu lösen, als dies der Staat tun kann. Bei dem erreichten Ausbau des sozialen Netzes, bei dem erreichten Lebensstandard könnte der Anstieg der staatlichen Sozialausgaben begrenzt und die soziale Vorsorge wieder verstärkt dem einzelnen überlassen werden: Staatliche Fürsorge sollte vor allem den wirklich Bedürftigen zugute kommen. Mit dem Abbau der Sozialabgaben in diesem Sinne könnte der Staat seine Verschuldung reduzieren, und die Belastungen der Privatunternehmen würden zumindest zum Stillstand gebracht, so daß Spielraum für arbeitsschaffende Investitionen entsteht.

Seit Ende 1982 versucht die CDU/CSU/FDP-Regierung unter Bundeskanzler Helmut Kohl, diese Konzeption in Politik umzusetzen. Durch eine Vielfalt finanzpolitischer Maßnahmen wurde der Anstieg der Staatsausgaben, vor allem im Personal- und Sozialbereich, deutlich verringert. Für Investitionen der Unternehmen und für den privaten Wohnungsbau gab es eine Reihe kurzfristig wirksamer Finanzhilfen. Die Unternehmen wurden durch mehrere Steuerrechtsänderungen weiter entlastet. Allerdings wurde – im Widerspruch zum Ziel einer Stärkung der Leistungsanreize – die Mehrwertsteuer zur Jahresmitte 1983 angehoben. Auch die Beitragssätze zur Sozialversicherung wurden erhöht.

Insgesamt ist der Bundeshaushalt bei den Sozialausgaben stark entlastet worden, da der Bund durch Kürzungen bei der Bundesanstalt für Arbeit und durch Erhöhung der Beiträge für die Rentenversicherung entsprechende Zuschüsse an diese beiden Institutionen einsparen konnte. Außerdem wurden das Kindergeld für Familien mit höherem Einkommen und eine Reihe anderer Sozialleistungen weiter gekürzt. Erhebliche Mehrausgaben gab es zwar bei der Arbeitslosenhilfe und der Sozialhilfe, wobei letztere freilich von den

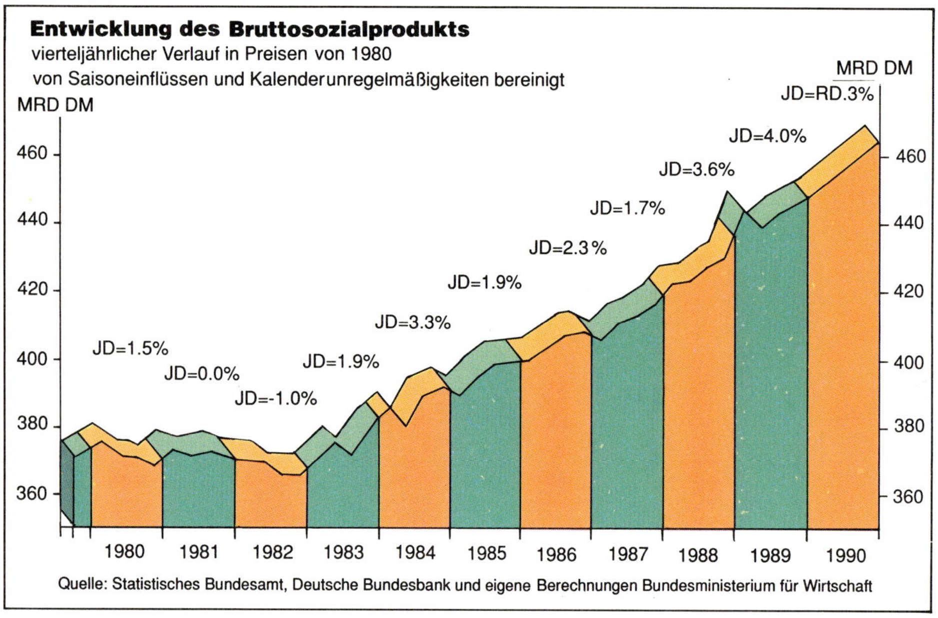
Entwicklung des Bruttosozialprodukts
vierteljährlicher Verlauf in Preisen von 1980
von Saisoneinflüssen und Kalenderunregelmäßigkeiten bereinigt
MRD DM
MRD DM
JD=RD.3%
JD=1.5%
JD=0.0%
JD=-1.0%
JD=1.9%
JD=3.3%
JD=1.9%
JD=2.3%
JD=1.7%
JD=3.6%
JD=4.0%
360
380
400
420
440
460
1980
1981
1982
1983
1984
1985
1986
1987
1988
1989
1990
Quelle: Statistisches Bundesamt, Deutsche Bundesbank und eigene Berechnungen Bundesministerium für Wirtschaft

Gemeinden, teilweise auch von den Ländern getragen wird. Im Ergebnis ist jedoch festzuhalten, daß die Nettoneuverschuldung nicht nur des Bundes, sondern des Staates insgesamt, verringert wurde.

Schon im Herbst 1983 stellte die Regierung daher mit Befriedigung fest, daß die Wende in der konjunkturellen Entwicklung eingetreten sei. Rückblickend wissen wir, daß die konjunkturelle Wende schon im Spätherbst des Jahres 1982 eingetreten war, herbeigeführt durch die Belebung der Nachfrage bei Investoren und Konsumenten sowie durch Lagerdispositionen der Wirtschaft.

Nach Jahren ohne Wachstum oder gar rückläufigem Bruttosozialprodukt (BSP) konnten von 1983 an wieder positive Raten erzielt werden. Dennoch wurden die Hoffnungen bis 1987 mit jahresdurchschnittlichen Wachstumsraten zwischen 1,7 Prozent und 2,3 Prozent (wenn man vom »Ausreißer« des Jahres 1984 mit 3,3 Prozent absieht) nicht erfüllt. Erst als sich in den beiden letzten Jahren dieses Jahrzehnts in allen Industrieländern der Investitionsaufschwung durchsetzte und sich in den USA, Japan und in Westeuropa die binnenwirtschaftlichen Impulse verstärkten, übertrugen sich die Impulse über den Handel auch zwischen den Regionen. Hiervon profitierte die auf die Herstellung von Investitionsgütern spezialisierte deutsche Wirtschaft besonders stark.

Ende 1989 lag das Bruttosozialprodukt real um mehr als ein Fünftel höher als 1982. Es war damit in den sieben Jahren seit der »Wende« real mit einer durchschnittlichen Jahresrate von 2,8 Prozent um nahezu ein Drittel höher als in den sieben Jahren zuvor. In letzter Zeit hat sich das Tempo des Wachtums sogar beschleunigt. Mit rund 4 Prozent wurde 1989 das höchste reale Wirtschaftswachstum der achtziger Jahre erreicht. Abgerundet wird diese positive Bilanz durch die Tatsache, daß die Verbraucherpreise in den letzten sieben Jahren nur um 1½ Prozent anstiegen. Seit 1989 ist aber aufgrund vielfältiger Faktoren das Preisniveau mit der höheren Rate um rund 3 Prozent angestiegen.

Daß sich die deutsche Wirtschaft seit Ende der achtziger Jahre mit größerer Dynamik entwickelt, wird zu einem Großteil auch einer Wirtschaftspolitik gutgeschrieben, die eine Verbesserung der Angebotsbedingungen zum Ziele hatte. Insbesondere wurde die Staatsquote – der Anteil des Staates am Bruttosozialprodukt –, die 1982 mit knapp 50 Prozent um fast 11 Prozentpunkte höher lag als 1970, bis Anfang der neunziger Jahre durch Begrenzung des Ausgabenanstiegs um rund 5 Prozentpunkte zurückgeführt. Das staatliche Defizit hat sich im gleichen Zeitraum von 4 Prozent des BSP auf 0,5 Prozent gemindert. Durch Steuerreformen von 1986, 1988 und 1990 wurden Bürger und Unternehmen um über 50 Mrd. DM entlastet. Alle drei Maßnahmen eröffneten Freiräume für private Initiative und damit zusätzliche Wachstumschancen.

Beurteilt man die achtziger Jahre im Lichte der vier gesamtwirtschaftlichen Ziele, wie sie das Stabilitäts- und Wachstumsgesetz vorgibt: Wachstum, hoher Beschäftigungsstand, Preisstabilität und außenwirtschaftliches Gleichgewicht, so wird das positive Bild durch die immer noch hohe Arbeitslosigkeit von rund 2 Millionen Arbeitssuchenden getrübt. Freilich darf nicht vergessen werden, daß von 1983 bis 1989 die Zahl der Erwerbstätigen um 1,2 Millionen gestiegen ist, d. h. daß weit über 1 Million neuer Arbeitsplätze geschaffen wurden. Dadurch konnte insbesondere den vielen Übersiedlern aus der DDR und Aussiedlern aus Mittel-, Ost- und Südosteuropa eine Beschäftigung angeboten werden. Allein in den Jahren 1988 und 1989 kamen aus diesen Regionen fast 1 Million Neubürger in die Bundesrepublik, von denen der größte Teil eine Berufsstätigkeit ausüben will.

Mit rund 28 Millionen Erwerbstätigen wurde Ende 1989 der höchste Beschäftigungsstand seit Bestehen der Bundesrepublik erreicht. Die Kurzarbeiterzahl wurde von über 1 Million im Winter 1982/83 auf knapp 50 000 zum Jahreswechsel 1989/90 abgebaut. Eine durchgreifende Besserung der Beschäftigungssituation hat sich vor allem für die Jugendlichen ergeben. Am Ende des Jahrzehnts war die Zahl der Arbeitslosen unter 20 Jahren auf ein Drittel des Niveaus zurückgefallen, das zu Beginn der achtziger Jahre registriert worden war. Auch der Markt für Ausbildungsstellen hat sich grundlegend gewandelt. Statt der »Lehrstellenkrise« gibt es zu Beginn der neunziger Jahre einen spürbaren Mangel an Lehrstellenbewerbern.

Dennoch: das Arbeitslosenproblem be-

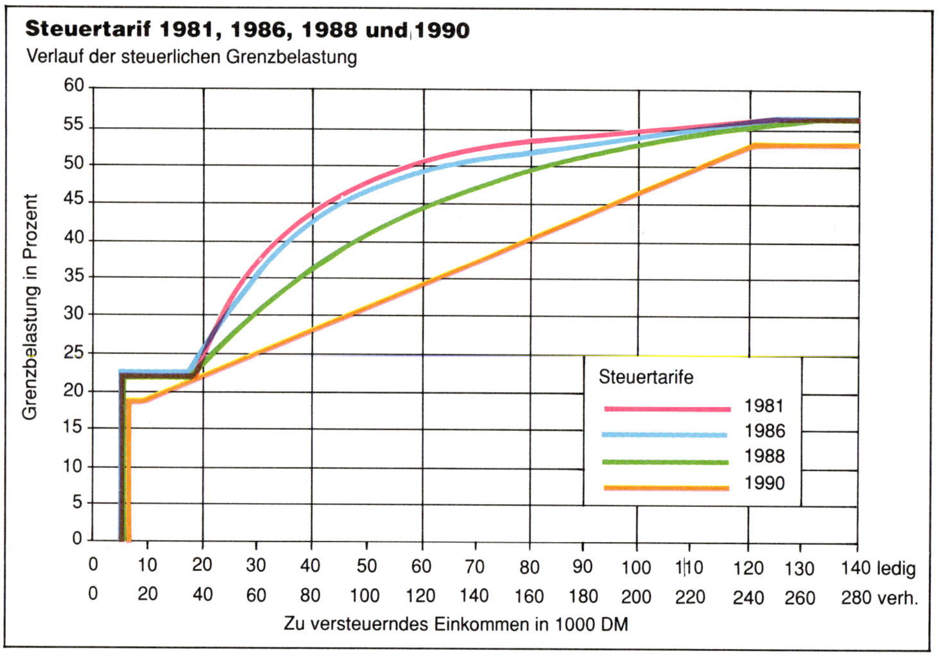
Steuertarif 1981, 1986, 1988 und 1990
Verlauf der steuerlichen Grenzbelastung
Grenzbelastung in Prozent
0
5
10
15
20
25
30
35
40
45
50
55
60
Steuertarife
1981
1986
1988
1990
0 10 20 30 40 50 60 70 80 90 100 110 120 130 140 ledig
0 20 40 60 80 100 120 140 160 180 200 220 240 260 280 verh.
Zu versteuerndes Einkommen in 1000 DM

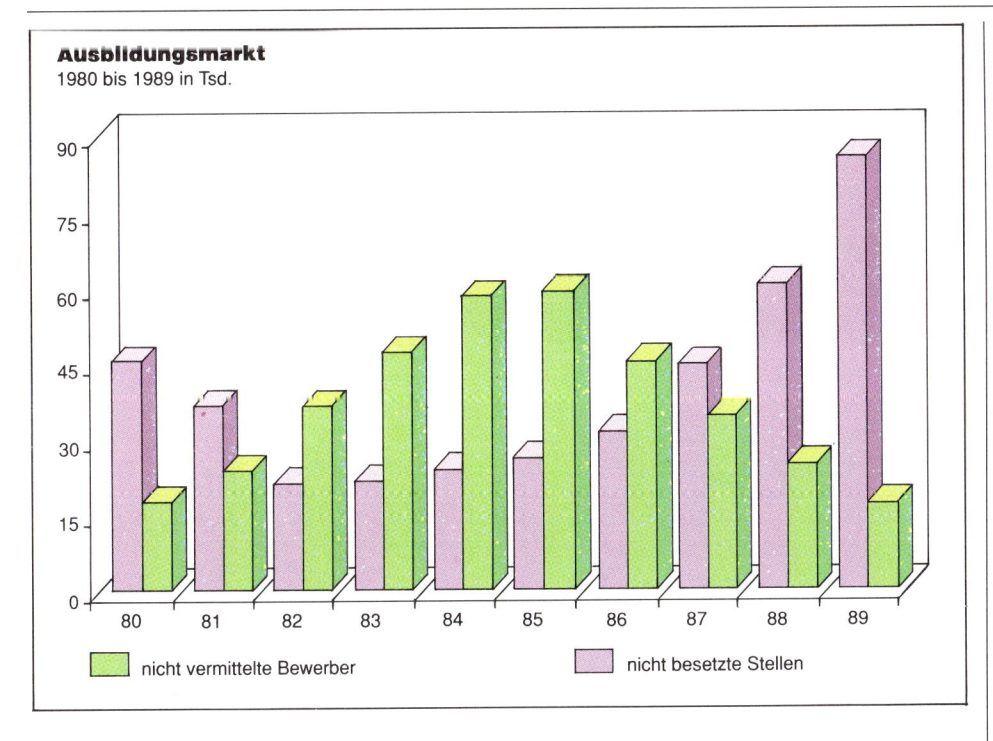

Ausbildungsmarkt
1980 bis 1989 in Tsd.

- nicht vermittelte Bewerber
- nicht besetzte Stellen

steht weiterhin. Ein Großteil ist sicherlich insofern strukturell bedingt, als große regionale Disparitäten bestehen: so divergierten beispielsweise die Arbeitslosenquoten Ende 1989 in den einzelnen Arbeitsamtbereichen zwischen 3,4 Prozent und 15 Prozent. Oder anders: Im Süden fehlen Arbeitskräfte, die im Norden keine Beschäftigung finden. Fehlende Arbeitskräfte in einer Region, zu viele in einer anderen ist freilich nicht allein auf eine unzureichende regionale Mobilität der Arbeitnehmer zurückzuführen. Zunehmend klagen allgemein Firmen vieler Branchen darüber, keine geeigneten Arbeitskräfte zu finden, mit anderen Worten, die Qualifikation ist zu einem wichtigen Strukturmerkmal der Arbeitslosigkeit geworden. Das zusätzliche Angebot an Arbeitsplätzen kam denn auch überwiegend Arbeitskräften mit höherer Qualifikation zugute. Arbeitslose ohne eine berufliche Qualifikation hatten bei gegebenen Löhnen wesentlich geringere Beschäftigungschancen. Die Arbeitslosigkeit in dieser Gruppe stieg kontinuierlich an und war 1987 mit über 18 Prozent dreimal so hoch wie die der übrigen Qualifikationsgruppen. Schlimmer noch, mit zunehmender Dauer der Arbeitslosigkeit nimmt auch in der Regel der Qualifikationsrückstand zu, so daß die Gefahr eines Teufelskreises besteht. Durch Zuschüsse zu den Lohnkosten, die eine anfängliche Minderleistung ausgleichen sollen, strebt die Bundesregierung an, die Einstiegsbarrieren für Langzeitarbeitslose abzubauen. Hierfür werden für die Zeit Mitte 1989 bis Ende 1991 1,5 Mrd. DM zusätzlich zur Verfügung gestellt.

Dennoch kann, wie der Sachverständigenrat zur Begutachtung der gesamtwirtschaftlichen Entwicklung zu Recht feststellt, auch das erreichte Wirtschaftswachstum nicht als angemessen betrachtet werden, wenn denn das Beschäftigungsziel immer noch so stark verletzt ist. Daher stellt sich zu Beginn des letzten Jahrzehnts dieses Jahrhunderts die Frage, wie lange der nun schon seit Jahren dauernde Aufschwung und insbesondere, ob die Investitionsdynamik noch weiter anhält. Vor allem zwei Ereignisse oder Entwicklungen lassen die Prognostiker frohgestimmt auf die neunziger Jahre blicken: das Streben nach einem einheitlichen Europäischen Binnenmarkt und der Prozeß der Einigung der beiden deutschen Staaten seit dem Fall der Mauer am 9. November 1989.

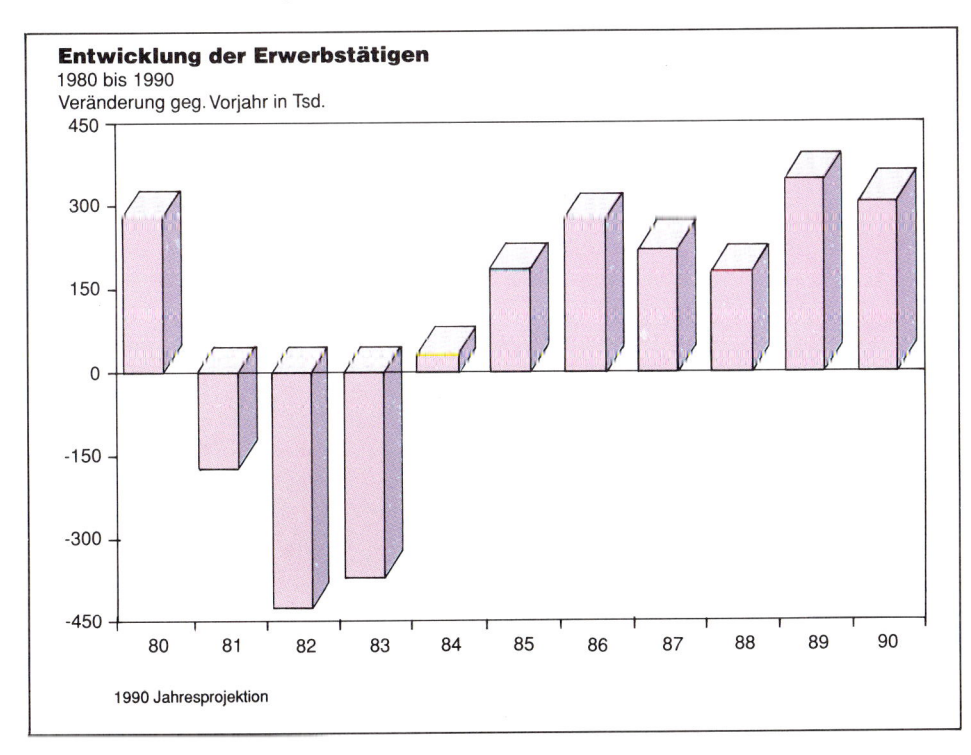

Perspektiven der neunziger Jahre

Mit dem Weißbuch der EG-Kommission VOLLENDUNG DES BINNENMARKTES vom Juni 1985 wurde gewissermaßen der Startschuß für einen Prozeß gegeben, durch den die Integration in Europa nach vielen Jahren der Stagnation wieder Fortschritte macht. Auf eine rechtliche Grundlage wurde das Binnenmarktprogramm durch die am 1. Juli 1987 in Kraft getretene Einheitliche Europäische Akte (EEA) gestellt. Durch die EEA wurden freilich nicht nur die Römischen Verträge ergänzt, sondern gleichzeitig auch das Fernziel der europäischen Einigungsbestrebungen – die Europäische Union – postuliert. Das Nahziel – die Vollendung des Binnenmarktes – ist für den 1. Januar 1993 vorgesehen, bis zum 31. Dezember 1992 sollen die erforderlichen Grundlagen hierfür geschaffen sein. Dazu zählen vor allem der Abbau aller materieller, technischer und steuerlicher Schranken, die den freien Austausch und Verkehr von Personen, Arbeitskräften, Kapital, Gütern und Dienstleistungen bislang noch behindern. Mit anderen Worten: jeder Verbraucher soll ungehindert das für ihn günstigste Produkt – gleich in welchem EG-Land hergestellt – kaufen können, Arbeitskräfte und Kapital sollen ungehindert in die Regionen und Bereiche wandern können, in denen sie ihre höchste Produktivität entfalten. Letztlich ist also das Programm zur Vollendung des EG-Binnenmarktes ein Programm für höheres wirtschaftliches Wachstum.

Im 1988 vorgelegten Cecchini-Bericht wurden die geschätzten wirtschaftlichen Ergebnisse präsentiert, die aus dem einheitlichen Binnenmarkt resultieren kön-

Entwicklung der Erwerbstätigen
1980 bis 1990
Veränderung geg. Vorjahr in Tsd.

1990 Jahresprojektion

nen. Mittelfristig (Zeitraum 1993–98) wird – unter der Annahme einer Fortführung der bisherigen Wirtschaftspolitik in den Mitgliedstaaten – erwartet, daß das reale Bruttoinlandsprodukt durch Schaffung des Binnenmarktes um 4,5 Prozent, also pro Jahr um etwa 0,8 Prozentpunkte, höher, der Preisanstieg um 6,1 Prozent niedriger liegt. Die Zahl der Arbeitsplätze würde um 1,8 Millionen steigen. Unter der Annahme entsprechender flankierender wirtschaftspolitischer Maßnahmen, um die erforderlichen Strukturanpassungen abzufedern, beträgt die Spanne für die mittelfristige Erhöhung des Bruttoinlandsproduktes sogar 6,5 bis 7,5 Prozent, für die Senkung der Inflationsquote 4,3 bis 4,9 Prozent. Zudem wird danach die Beschäftigtenzahl um 4,4 bis 5,7 Millionen steigen.

Auch wenn von dieser Prognose vielleicht Abstriche gemacht werden müssen, so sind die Ergebnisse doch von beachtlicher positiver Größenordnung, und die Bundesrepublik dürfte von diesem Kuchen einen besonders großen Teil für sich abzweigen können. Hierfür spricht, daß die Bundesrepublik die modernste und am stärksten diversifizierte Industriestruktur in Europa aufweist, alle Firmen heute schon eine starke Auslandsorientierung und eine hohe Leistungsfähigkeit aufweisen, europaweit in Forschung und Technologie an der Spitze liegen und die Bundesrepublik eine hochqualifizierte dezentrale Infrastruktur aufweist.

Diese positiven Erwartungen haben seit 1987 sogar eine gewisse »Europhorie« entfacht. Offensichtlich sind bereits im Vorfeld des EG-Binnenmarktes von diesen Erwartungen positive Investitions- und Wachstumseffekte ausgegangen, da von vielen Investoren als Grund für die verstärkte Investitionsdynamik Ende der achtziger Jahre die Vorbereitung auf den Binnenmarkt genannt wurde.

Zum Vorhaben »Binnenmarkt« ist mittlerweile einiges hinzugekommen, das seine Qualität geändert hat. Seit dem Madrider Treffen der Staats- und Regierungschefs der EG-Länder im Juni 1989 geht es auch um eine europäische Wirtschafts- und Währungsunion, deren erste Phase zum 1. Juli 1990 in Kraft tritt. Damit wird das Ziel »Binnenmarkt« gleich um zwei gewichtige Punkte ergänzt, da schon vorher mit der Einbeziehung der sogenannten »sozialen Dimension« der ursprüngliche Rahmen erweitert worden war.

Seit dieser Zeit wird freilich auch heftig darüber diskutiert, inwieweit die Zeit für eine derartig weitgehende Zusammenarbeit in Europa schon reif sei: Besondere Probleme werden einmal in dem großen Einkommens- und Produktivitätsgefälle zwischen den EG-Ländern, insbesondere zwischen Nord und Süd, gesehen und zum anderen in der mangelnden Bereitschaft einzelner Länder, ihren bisherigen nationalen Spielraum in der Wirtschafts- und Sozialpolitik zugunsten von gemeinschaftlichen Zielen und Lösungen einengen zu lassen. Die Bundesrepublik fürchtet insbesondere um ihre stabilitätspolitischen Erfolge, wenn sie zu frühzeitig in eine Währungsunion eingebunden werden sollte.

Auf dem Wege zur Wiedervereinigung

Die europäischen Integrationsprobleme gerieten zwangsläufig seit dem 9. November 1989 in den Hintergrund, als mit der Öffnung der Mauer in Berlin der Startschuß für den Prozeß zu einer Einigung der beiden deutschen Staaten gegeben wurde. Begonnen hatte der Erosionsprozeß der DDR schon lange vorher. Schon im ersten Halbjahr 1989 waren rund 44 000 Übersiedler und Flüchtlinge aus der DDR in die Bundesrepublik gekommen. Mit der Öffnung der Mauer und der damit gewonnenen Freizügigkeit der DDR-Bewohner stellte sich verschärft die Aufgabe, drastische Wirtschaftsreformen durchzuführen.

Anfang Februar 1990 hatte die DDR-Regierung zwar einen Stufenplan für Wirtschaftsreformen vorgestellt, wodurch im Jahre 1993 eine »sozial und ökologisch orientierte Marktwirtschaft« verwirklicht werden sollte. Die sehr zögerlich eingesetzten Reformmaßnahmen der Regierung Modrow und der doch sehr langfristig angelegte Plan konnten freilich kein Vertrauen in der DDR-Bevölkerung wecken. Nachdem schon 1989 rund 340 000 Bewohner die DDR verlassen hatten, kamen allein in den ersten drei Monaten 1990 ca. 150 000 weitere Menschen in die Bundesrepublik.

Vor diesem Hintergrund und angesichts der Chance, den Einigungsprozeß beschleunigen zu können, sowie sicherlich auch angesichts der bevorstehenden ersten freien Wahlen zur Volkskammer der DDR am 18. März, unterbreitete die Bundesregierung im Februar 1990 das Angebot, bereits kurzfristig eine Währungsunion und Wirtschaftsgemeinschaft mit der DDR einzugehen. Zu einem bestimmten Stichtag sollte die D-Mark gesetzliches Zahlungsmittel auch in der DDR werden unter der notwendigen Bedingung, zeitgleich die rechtlichen Voraussetzungen für die Einführung der sozialen Marktwirtschaft in der DDR zu schaffen.

Nach der Wahl am 18. März und der Bildung einer großen Koalition von CDU, SPD, DA, DSU und Liberalen, die sich als Ziel die deutsche Einheit setzte, konnte mit Hochdruck an die Erarbeitung eines entsprechenden Vertragswerkes zwischen DDR und Bundesrepublik herangegangen werden. Am 18. Mai konnte dann der »Vertrag über die Schaffung einer Währungs-, Wirtschafts- und Sozialunion zwischen der Bundesrepublik Deutschland und der Deutschen Demokratischen Republik« unterzeichnet werden, der als Stichtag seines Inkrafttretens den 1. Juli 1990 fixierte.

Die Währungs-, Wirtschafts- und Sozialunion wird in der Präambel als eine Zwischenetappe zum möglichst baldigen vollen Beitritt der DDR zur Bundesrepublik Deutschland nach Artikel 23 des Grundgesetzes verstanden.

Der Vertrag selbst enthält neben den allgemeinen Vorschriften mit dem gemeinsamen Bekenntnis zur freiheitlichen, demokratischen, föderativen, rechtsstaatlichen und sozialen Grundordnung und den damit verbundenen Verpflichtungen zur Schaffung der entsprechenden Rechtsgrundlagen, der Rechtsanpassung, der Amtshilfe, des Rechtsschutzes etc. vor allem folgende konkrete Regelungen:

☐ Am 1. Juli 1990 wird die bisherige Währung der DDR durch die D-Mark ersetzt. Die am Umstellungstag in Mark der DDR bestehenden Kredite und Guthaben werden dabei grundsätzlich im Verhältnis 2:1 auf D-Mark umgestellt; lediglich bis zu 4000,— Mark pro in der DDR ansässigen Person (maximal also etwa 65 Milliarden von einer Gesamtbilanz von nahezu 450 Milliarden Mark) werden im Verhältnis 1:1 umgestellt, während alle nach dem 31. Dezember 1989 entstandenen und von Gebietsfremden gehaltene Konten 3:1 umgestellt werden. Insgesamt ergibt sich für die Gesamtbilanz des Kreditsystems der DDR somit voraussichtlich eine Umstellungsrate von etwa 1,83:1. Die Gesamtbilanz wird von 450 Milliarden Mark auf ca. 245 Milliarden DM verkleinert. Wegen der asymmetrischen Umstellung (Kredite werden generell 2:1 umgestellt, Guthaben dagegen in den genannten Größenordnungen auch 1:1) entsteht eine Ausgleichsforderung von etwa 23 Milliarden DM gegen den Staatshaushalt der DDR.

☐ Mit dem Tag der Umstellung geht zugleich die volle Verantwortung und alleinige Zuständigkeit für die Geld- und Währungspolitik von der Staatsbank der DDR auf die Deutsche Bundesbank über. Die auch weiterhin von Weisungen der Regierung unabhängig bleibende Deutsche Bundesbank wird zu diesem Zweck in Berlin eine neue Verwaltungsstelle mit bis zu 15 Bezirksfilialen in der DDR einrichten. Die DDR erhält in der Geld- und Währungspolitik zwar Konsultations- bzw. Beratungsrechte, jedoch bis zur staatlichen Einigung keinerlei Mitwirkungsrechte.

☐ Die DDR führt bis zur Umstellung ein marktwirtschaftliches Bankensystem mit der in der Bundesrepublik geltenden Rechtsaufsicht und dem freien Zugang von Auslandsbanken ein.

- Gleichzeitig mit der Währungsunion übernimmt die DDR alle wichtigen Wirtschaftsgesetze der Bundesrepublik bzw. verpflichtet sich, sie sofort einzuführen; und sie hebt gleichzeitig alle entgegenstehenden Rechtsvorschriften einschließlich der Verfassungsvorschriften auf. Übergangsregelungen gelten nur für den Außenhandel mit den RGW-Staaten, die Landwirtschaft, den Umweltschutz und für Strukturanpassungshilfen an die Unternehmen.
- In einem sogenannten Leitsätzeprotokoll verpflichtet sich die DDR zu einer für alle Bereiche geltenden marktwirtschaftlichen Politik. So wird z. B. der Vorrang staatlicher Unternehmen und des öffentlichen Eigentums beseitigt und in einen Vorrang privatwirtschaftlicher Betätigung verändert. Die bisherigen sogenannten volkseigenen Unternehmen werden verselbständigt, wettbewerblich strukturiert und in Kapitalgesellschaften transformiert, deren Anteile von einer Treuhandstelle mit dem Ziel der Privatisierung übernommen werden.
- Zum 1. Juli 1990 bzw. zum 1. Januar 1991 wird grundsätzlich auch das in der Bundesrepublik geltende Steuersystem in der DDR eingeführt und das dort bisher geltende wettbewerbsverzerrende und prohibitiv wirkende Abgabensystem mit Spitzensätzen über 90 Prozent abgeschafft.

Mit Wirksamwerden des Vertrages gilt in der DDR die Arbeitsrechtsordnung einschließlich Mitbestimmungsregelung und Kündigungsschutz entsprechend dem Recht der Bundesrepublik Deutschland. Außerdem wird die DDR gleichzeitig – allerdings mit einigen Übergangsregelungen – das Sozialversicherungssystem (Renten-, Kranken-, Unfall- und Arbeitslosenversicherung) der Bundesrepublik einführen.

Um der DDR in der schwierigen Übergangszeit bei dem Budgetausgleich zu helfen – die Steuereinnahmen werden zunächst nur spärlich fließen, während die öffentlichen Ausgaben eher noch wachsen – haben sich Bund und Länder in der Bundesrepublik bereit erklärt, der DDR in den nächsten 1½ Jahren folgende Finanzhilfen zu gewähren:
- für 1990 insgesamt 24,75 Milliarden DM
- für 1991 38 Milliarden DM

Damit kann die DDR die Anschubfinanzierung für die Renten- und Arbeitslosenversicherung sowie rund zwei Drittel der in den nächsten eineinhalb Jahren zu erwartenden Haushaltsdefizite finanzieren.

Für die bundesdeutsche Finanzierung wurde von Bund und Ländern ein Fonds »Deutsche Einheit« geschaffen, der bis 1994 mit einem Gesamtvolumen von 115 Mrd. DM ausgestattet ist, das teils aus Haushaltsumschichtungen, zum größeren Teil aus Kreditaufnahmen gespeist werden wird.

Mit der Einführung der DM in der DDR wurden die dortigen Betriebe schlagartig neuen Wettbewerbsbedingungen ausgesetzt. Von einem Tag zum anderen konkurrierten sie nicht nur mit westdeutschen Unternehmen, sondern mit allen in der Welt um die Märkte. Viele DDR-Unternehmen waren zur Einstellung oder Einschränkung ihrer Produktion gezwungen. Die Arbeitslosigkeit nahm stark zu, die Zahl der Kurzarbeiter stieg steil an. Verschärft wurde diese Entwicklung durch kräftige tarifliche und betriebliche Lohnerhöhungen, die nicht durch entsprechende Produktivitätszuwächse gerechtfertigt waren. Auf der anderen Seite ging die Schaffung neuer Arbeitsplätze durch private Investitionen westlicher Unternehmen nicht so schnell voran wie erhofft. Solche Investitionen stießen, wie auch generell die Umstellung der ostdeutschen Wirtschaft von der sozialistischen Kommandowirtschaft auf marktwirtschaftliche Bedingungen, auf vielfältige Hindernisse. Als mühsam erwies sich schon die Privatisierung der Kombinate und Firmen durch die für diesen Zweck noch unter sozialistischer Regierung errichteten Treuhandanstalt. Unklar blieben die Eigentumsverhältnisse. Ähnliches gilt für die Übernahme der Umweltlasten. Der Aufbau einer funktionierenden Verwaltung, die Klärung der Zuständigkeiten, ihrer Verantwortung und Finanzen kamen nicht voran. Darunter litt wiederum die zügige Modernisierung der Infrastruktur. Es kommt nicht von ungefähr, daß Detlev Rohwedder, der Vorsitzende der Treuhandanstalt, in dieser Zeit den Standort DDR für »nicht besonders attraktiv« hielt.

Kurz, es wurde deutlich, daß die »Fiktion der Zweistaatlichkeit«, der Weg eines »geordneten Übergangs« in die Einheit, zunehmend Reibungsverluste verursachte. Insbesondere wurde die Situation, in der einer (die Bundesrepublik) finanziert und der andere (die DDR) beschließt, immer widerspruchsvoller. Der Druck, dies zu ändern wurde stärker. Schließlich – nach Ausarbeitung eines Einigungsvertrages – beschloß die Volkskammer den Beitritt der DDR zur Bundesrepublik nach Artikel 23 Grundgesetz zum 3. Oktober 1990. Am 14. Oktober fanden in den »neu« geschaffenen, alten Ländern der ehemaligen DDR Parlamentswahlen statt. Am 2. Dezember 1990 wurde das erste gesamtdeutsche Parlament gewählt. Damit war die deutsche Teilung endgültig überwunden. Dies gilt zumindest für die politische Ebene.

Auf wirtschaftlicher Ebene besteht die Aufgabe darin, einen raschen Umstellungs- und Aufholungsprozeß in den neuen Bundesländern einzuleiten. Hierzu sind riesige Beträge aus dem westlichen Teil zu transferieren nicht nur zur sozialen Abfederung (Finanzierung von Arbeitslosigkeit, Umschulungen, Aufbau der Renten- und Krankenversicherungen u. ä. m.), sondern auch zur Verbesserung der Infrastruktur (Telekommunikation, Straßen, Eisenbahn etc.) und zur Aufrechterhaltung oder zum Ausbau des Bildungs- und Kulturbetriebes. Nach Schätzungen sind für 1990 rund 50 Milliarden DM und für 1991 70 Milliarden, wenn nicht mehr, aufzuwenden. Im Wahlkampf vor der Dezemberwahl, aber auch danach, spielte demgemäß die Frage eine große Rolle, ob zur Finanzierung dieser riesigen Beträge Steuererhöhungen notwendig wären oder nicht. Generell kann gesagt werden, daß Einsparungen bei anderen Staatsausgaben und bei Steuervergünstigungen im westlichen Teil zweifellos gegenüber Steuererhöhungen den Vorzug verdienen.

Letztlich hängt aber auch die Frage nach Höhe und Art der Finanzierung davon ab, wie schnell der Aufholungsprozeß in den neuen Bundesländern einsetzt und vorankommt. Je länger dies dauert, desto teurer wird der Prozeß werden, auch für den westlichen Teil. Auf längere Sicht jedoch spricht alles für die Erwartung, daß Beschäftigung und Realeinkommen sowohl in den neuen als auch in den alten Bundesländern höher sein werden, als sie es unter den Bedingungen der Teilung gewesen wären. Es bestehen damit begründete Aussichten, daß die neunziger Jahre das »Jahrzehnt der Deutschen und Europas« werden.

Zu diesem Thema

In anderen Werken:
Erhard, Ludwig: Wohlstand für alle, 1957
Glastetter, Werner: Die wirtschaftliche Entwicklung der Bundesrepublik Deutschland im Zeitraum 1950 bis 1975, 1977
Hardach, Karl: Wirtschaftsgeschichte Deutschlands im 20. Jahrhundert, 1976
Kommission für wirtschaftlichen und sozialen Wandel: Wirtschaftlicher und sozialer Wandel in der Bundesrepublik Deutschland, 1977
Lampert, Heinz: Die Wirtschaft der Bundesrepublik Deutschland, in: Handwörterbuch der Wirtschaftswissenschaft (HdWW), Bd. 8, 1980
Lampert, Heinz: Die Wirtschafts- und Sozialordnung der Bundesrepublik Deutschland, 8. Aufl. 1985
Lütge, Friedrich: Deutsche Sozial- und Wirtschaftsgeschichte, 3. Aufl. 1966
Röper, Hans: Die D-Mark. Vom Besatzungskind zum Weltstar, 1978
Sachverständigenrat: Jahresgutachten zur Begutachtung der gesamtwirtschaftlichen Entwicklung, lfd. Jg. seit 1964/65
Wallich, Henry C.: Triebkräfte des deutschen Wiederaufstiegs, 1955
Winkel, Harald: Die deutsche Wirtschaft seit Kriegsende, Entwicklung und Probleme, 1971

FIDES KRAUSE-BREWER

Ludwig Erhard, Vater des Wirtschaftswunders

Professor Ludwig Erhard, der Vater des Wirtschaftswunders, der die Bevölkerung Westdeutschlands aus Trümmern, Hunger und Not in wenigen Jahren zu Wohlstand und Ansehen führte, der Wirtschaftsminister, um den die ganze Welt die Bundesrepublik beneidete, der Politiker, der schließlich als Bundeskanzler scheiterte – was war das für ein Mensch?

Jugend und Beginn der wissenschaftlichen Laufbahn

Er wurde am 4. Februar 1897 in Fürth geboren, wo sein Vater ein Kurzwaren-Geschäft betrieb. Der Vater war katholisch, die Mutter protestantisch. Das Familienleben war harmonisch und von Toleranz geprägt, und Erhard hat sich in seiner glanzvollen Laufbahn immer stolz zu seiner kleinbürgerlichen Herkunft bekannt. In der Schule war der blonde, blauäugige Bub kein Überflieger, aber das Lernen fiel ihm leicht. Er liebte die Musik und spielte gut Klavier. Sein Jugendtraum war, ein großer Dirigent zu werden. Bis ins hohe Alter erholte er sich von den Strapazen seines Amtes am besten bei klassischer Musik aus seiner großen Plattensammlung. 1916 wurde er zur Artillerie eingezogen, obwohl er – als Folge einer Kinderlähmung, die er im Alter von zwei Jahren überstanden hatte – zeit seines Lebens einen orthopädischen Schuh tragen mußte. 1918 wurde er an der Westfront schwer verwundet.

An der Handelshochschule in Nürnberg machte er im Alter von 22 Jahren die ersten Schritte in der Wissenschaft. Während seiner Studien in Nürnberg und Frankfurt begegnete er den Hochschullehrern Wilhelm Rieger, Franz Oppenheimer und Wilhelm Vershofen. Ihre Lehren bildeten die Bausteine für Erhards »Soziale Marktwirtschaft«. Alle drei waren Anhänger der freien Marktwirtschaft, aber gegen den ungezügelten Kapitalismus. Sie forderten die Ausschaltung der Macht der Monopole und eine Ökonomie, in deren Mittelpunkt der Mensch zu stehen habe. Sittliche Werte, aber auch Erwartungen, Hoffnungen, Befürchtungen seien in einer Volkswirtschaft genauso wichtig wie z.B. Kühlschränke oder Autos. Diese Erkenntnis gab Ludwig Erhard die Motivation zu seinen späteren »Seelenmassagen«, mit denen er den Menschen Vertrauen einflößte, sie aber auch zum Maßhalten aufrief. Nach dem Abschlußexamen an der Nürnberger Handelshochschule heiratete Erhard 1923 die Jugendfreundin Luise Lotter. Sie hatte mit ihm zusammen studiert und Examen gemacht. Dank ihrer volkswirtschaftlichen Kenntnisse wurde Frau Erhard für ihren Mann eine interessierte und scharfsinnige Zuhörerin. Der Ehe entstammt die Tochter Elisabeth, die 1926 geboren wurde.

Während der Nazizeit weigerte sich Erhard, irgendeiner Parteiorganisation beizutreten. Er verließ das wissenschaftliche Team Vershovens, in dem er als Assistent tätig war, und gründete mit Hilfe von Gönnern aus der Führung der Reichsgruppe Industrie in Nürnberg ein eigenes Institut, das in die Nachkriegsplanungen der Industrie einbezogen wurde. So erhielt Erhard die Möglichkeit, darüber nachzudenken, wie nach dem unvermeidlichen Zusammenbruch der nationalsozialistischen Kriegswirtschaft wieder eine gesunde Volkswirtschaft geschaffen werden könne: »Ich verfolgte damit die Absicht, über den Tag hinaus im Hinblick auf die fast naturgesetzlich ihrem Ende zuneigende geschichtliche Tragödie unseres Volkes und des Reiches einige richtungweisende Grundsätze zu entwickeln.« In diesem Zusammenhang entstand eine Denkschrift, die unvermeidlicherweise dem mit eigenen Zukunftsüberlegungen befaßten Reichswirtschaftsministerium nicht verborgen blieb. Erhard sandte die Arbeit aber auch an seinen väterlichen Freund Carl Friedrich Goerdeler, eine der Schlüsselfiguren des deutschen Widerstandes. In seinem politischen Testament, das Goerdeler vor seiner Hinrichtung am 2. Februar 1945 niederschrieb, erwähnte er die Studie. Erhard habe eine sehr gute Arbeit geschrieben, der er im wesentlichen zustimme. »Er wird Euch gut beraten.«

Wenn Erhard damals auch eine anfängliche Planungsperiode für unumgänglich hielt, damit die Wirtschaft wieder in Gang komme, so zeichneten sich in dieser Denkschrift doch schon die Umrisse einer freien Marktwirtschaft ab, die auf einem sozialen Gewissen gründete. Die »Soziale Marktwirtschaft« – der Begriff stammt übrigens von Erhards Freund Alfred Müller-Armack, Professor für Staats- und Wirtschaftswissenschaft an der Universität Köln und zwölf Jahre lang Erhards Staatssekretär im Bundeswirtschaftsministerium – war die logische Fortentwicklung dieser Gedanken.

Erhard wird Politiker

Die Tatsache, daß Erhard am Ende des Krieges als Wissenschaftler bereits bekannt und zugleich politisch unbelastet war, bestimmte seine Zukunft. »Soweit es meine politische Laufbahn betrifft, bin ich eine amerikanische Entdeckung«, schrieb er über diese Zeit. Die Amerikaner veranlaßten 1945 seine Ernennung zum bayerischen Staatsminister für Gewerbe und Handel. Hier hielt sich der überzeugte Marktwirtschaftler nicht lange. 1948 wurde Ludwig Erhard vom Zweizonen-Wirtschaftsrat in Frankfurt, einem deutschen parlamentarischen Gremium, zum Direktor der Verwaltung für Wirtschaft gewählt. Sein Vorgänger, Dr. Johannes Semler, hatte den Amerikanern in einer Rede vorgeworfen, sie hätten als Hilfsgüter nur Mais – also Hühnerfutter – geschickt und sich dies auch noch teuer bezahlen lassen.

Lebensdaten

4.2.1897	geboren in Fürth
1925	Promotion zum Dr. rer. pol. in Frankfurt
1928–1945	wissenschaftliche Tätigkeit in Nürnberg
1945	bayerischer Staatsminister für Gewerbe und Handel
1947	Honorarprofessor an der Universität München
1948	Direktor der Zwei-Zonen-Verwaltung für Wirtschaft in Frankfurt
1949–1963	Bundesminister für Wirtschaft
1963–1966	Bundeskanzler
1966	Parteivorsitzender der CDU zahlreiche Ehrungen, Festschriften zum 60., 75. und 80. Geburtstag, 23 Ehrendoktorhüte
5.5.1977	gestorben in Bonn

Ludwig Erhard am Beginn seiner Karriere: Sonderbotschafter Harriman (links) und ERP-Administrator Hoffmann (2. von links) im Gespräch mit Wirtschaftsdirektor Erhard und dem Präsidenten des Zwei-Zonen-Wirtschaftsrates Koehler (ganz rechts) am 25. Oktober 1948 in Frankfurt.

Die Amerikaner, die neben Mais auch Millionen Tonnen Getreide zu Vorzugspreisen geliefert hatten, waren empört und enthoben Semler seines Amtes. Erhard hielt diese berüchtigte »Hühnerfutterrede« für einen »Zufall von schicksalhafter Bedeutung«.

An seinem Schreibtisch in der zerschossenen McNair-Kaserne in Höchst begann Erhard in Erwartung der Währungsreform einen Plan für die Beseitigung von Rationierung und Preiskontrollen auszuarbeiten. Denn er war davon überzeugt, daß ohne diese beiden Maßnahmen eine Reform der Währung auf die Dauer nichts nutzen würde. Dabei hatte er mit der Gegnerschaft der Sozialdemokraten im Wirtschaftsrat zu kämpfen, die fürchteten, die Freigabe der Preise werden nur den Begüterten zugute kommen und die Armen noch ärmer machen. Die Währungsreform am 20. Juni 1948 lief nach einem in den USA gemachten Plan ab, Erhard war jedoch durch die Alliierten voll ins Bild gesetzt worden. Aber ohne die Militärregierung zu fragen, riskierte Erhard das schier Unvorstellbare. Am 20. Juni, dem Tag der Währungsreform, ließ er durch einen Sprecher seiner Behörde im Rundfunk die Aufhebung der Bewirtschaftung für viele Warengruppen zum 21. Juni ankündigen. Sein Optimismus, die freie Marktwirtschaft werde die Gesundung der Wirtschaft am schnellsten herbeiführen, ließ ihn dies Wagnis eingehen. Amerikaner und Engländer waren entrüstet. Gegen ihren Vorwurf, er habe unbefugt die alliierten Bewirtschaftungsvorschriften geändert, antwortete er: »Ich habe Ihre Bewirtschaftungsvorschriften nicht geändert. Ich habe sie aufgehoben.« Die Alliierten drohten, ihn abzusetzen. Erst der amerikanische Militärgouverneur General Lucius D. Clay gab Erhard schließlich grünes Licht mit den Worten: »Machen Sie weiter.«

Das Wirtschaftswunder beginnt

Die Wirkung der Beseitigung von Bezugscheinen und Preiskontrollen war überwältigend. Inoffizielle, aber einzig gültige Währung war bis dahin die amerikanische Zigarette – zu 6 Reichsmark das Stück. Schwarzmarkt, Inflation, Obdachlosigkeit und bitterste Not; Millionen heimatloser Flüchtlinge; Lebensmittelkarten mit Zuteilungen, von denen kaum jemand leben konnte; die Aussicht, daß jeder Deutsche alle fünf Jahre einen Teller, alle zwölf Jahre ein Paar Schuhe und alle fünfzig Jahre einen Anzug bekommen werde – das alles änderte sich über Nacht. Die Schaufenster füllten sich mit Waren, die jahrelang nicht zu haben waren. Die Unternehmer begannen zu produzieren. Hohe Preise ermutigten sie dazu. Aber das Steigen der Preise schien die Befürchtungen der Sozialdemokraten zu bestätigen. Die SPD verlangte erneute Rationierung. Erhard fuhr durch die Lande und beschwor seine Zuhörer, Vernunft anzunehmen und zu begreifen, daß Preissteigerungen vorübergehen, ja, daß schon bald, wenn genug Waren produziert sein würden, ein Preissturz folgen werde. Er behielt recht. Im März 1949 fielen die Preise auf das Niveau zurück, das sie vor der Währungsreform gehabt hatten. Dies war der erste der Feldzüge, die Erhard für seine Marktwirtschaft führen mußte. Er dehnte seine Vortragsreisen auch ins Ausland aus; denn seine Wirtschaftspolitik hatte nicht nur den freien Handel im eigenen Land zur Voraussetzung. Sie sollte in einen freien Welthandel mit frei austauschbaren Währungen eingebunden sein. Und den Entwicklungsländern empfahl er damals schon das, was sich später nach vielen Fehlschlägen als Erkenntnis mühsam durchsetzte: keine großen Prestigeobjekte, sondern erst einmal den Aufbau kleiner Handwerks- und Industriebetriebe, damit in diesen Ländern Kaufkraft entstehe und sie sich nicht für eine forcierte industrielle Entwicklung, die sie weder technisch noch kaufmännisch meistern konnten, in Schulden stürzen mußten.

Erhards Wirtschaftspolitik in der Bewährung

Erhards marktwirtschaftliche Thesen, sein Rednertalent, seine Courage bei der Aufhebung der Bewirtschaftung, sein Optimis-

Kanzlerwechsel, 16. Oktober 1963: Konrad Adenauer, Kanzler seit Beginn der Bundesrepublik, trat zurück und überließ Ludwig Erhard, der Symbolfigur des Wirtschaftswunders, das Amt des Regierungschefs.

mus, seine Hartnäckigkeit, an dem festzuhalten, was er für richtig hielt – das alles machte den Mann aus, in dem Konrad Adenauer 1948 mit untrüglichem Instinkt den wahlwirksamen Wirtschaftspolitiker erkannte. Nach einem Referat, das Erhard im Februar in Königswinter gehalten hatte, erklärte Adenauer: »Wir lassen Erhards Rede aufschreiben. Dann haben wir das Wirtschaftsprogramm der Partei.« 1949 wurde Erhard Bundeswirtschaftsminister. Er hatte übrigens nach eingehenden Beratungen mit dem damaligen Vorsitzenden der FDP, Theodor Heuss (Bundespräsident von 1949 bis 1959), 1949 für die CDU zum Bundestag kandidiert.

Als Erhard sein neues Amt übernahm, war die freie Marktwirtschaft noch keineswegs überall durchgesetzt. Die vorhandenen Wohnungen wurden noch streng bewirtschaftet; Kohle- und Stahlproduktion, Devisen- und Außenhandel waren weiterhin staatlich kontrolliert. Die Sozialdemokraten bekämpften seine Wirtschaftspolitik mit unverminderter Heftigkeit. Auch die Amerikaner kritisierten Erhards Politik zuweilen und drohten sogar mit der Einstellung der Marshallplan-Hilfe, die ja eine der wichtigsten Grundlagen für den Wiederaufbau war. An der Spitze des Bundeswirtschaftsministeriums mußte Erhard immer wieder Kompromisse eingehen, obwohl er von der Marktwirtschaft und ihrer Wirksamkeit überzeugt blieb.

Als 1950 der Koreakrieg ausbrach, schien das Ende der Marktwirtschaft gekommen. Erhard befürchtete das schlimmste. Eine Hamsterwelle ließ die Rohstoffpreise explodieren, Kohle wurde knapp, und Erhard mußte Stromsperren für alle Verbraucher verordnen. Aber er wehrte sich erfolgreich gegen jegliche Preiskontrollen, obwohl Adenauer dafür eintrat. Und wieder ging die Krise vorüber. »Wir bleiben auf dem Boden der Marktwirtschaft. Bei den Gewerkschaftskundgebungen hat man Bilder mitgeführt mit der Aufschrift ›Erhard und Adenauer an den Galgen‹. Lieber aber wollte ich am Galgen hängen, als auch nur einen Schritt vor den Elementen zurückweichen, die unsere Demokratie bedrohen«, erklärte Erhard in einer Redeschlacht mit dem Sozialdemokraten Erik Nölting im Dezember 1951 in Düsseldorf. Durch das Betriebsverfassungsgesetz von 1952 und die Regelung der Mitbestimmung der Arbeitnehmer in den Aufsichtsräten der Unternehmen wurde der soziale Friede untermauert.

Heiße Kämpfe hatte Erhard zu bestehen, als er sich daranmachte, den Monopolen das Handwerk zu legen. Wie der Freiburger Nationalökonom Walter Eukken, den er sehr schätzte, trat auch er dafür ein, daß der Staat den freien Wettbewerb garantieren müsse und die zu seinem Funktionieren erforderlichen Maßnahmen zu ergreifen habe. Aus dieser These entstanden die sog. »Ordnungspolitik« und das Schlagwort von der »Ordnungsfunktion des Staates«. Erhard schrieb dazu im Oktober 1946 in einem Artikel in der NEUEN ZEITUNG: »Wenn der Staat darüber wacht, daß weder gesellschaftliche Privilegien noch künstliche Monopole den natürlichen Ausgleich der wirtschaftlichen Kräfte verhindern, sondern daß dem Spiel von Angebot und Nachfrage Raum bleibt, dann wird der Markt den Einsatz aller wirtschaftlichen Kräfte in optimaler Weise regulieren und damit auch jede Fehlleitung korrigieren.«

Über diese Thesen und die Absicht, sie in einem Kartellgesetz festzuschreiben, kam es zu einem erbitterten Kampf mit den Industrieverbänden. Erhard wollte ein totales Verbot aller Kartelle; die Industrie sah sich dadurch in ihrer Freiheit bedroht. Erst nach einer siebenjährigen »Kartell-Schlacht« kam 1961 das Kartellgesetz zustande. Es war eine Kompromißlösung, die nicht so weit ging, wie Erhard es wünschte; denn es wurden von dem Verbot mehrere Ausnahmen, z. B. Rationalisierungs-, Rabatt- und Konditionenkartelle zugelassen. Dennoch ist es das wichtigste Gesetz für das Funktionieren des freien Wettbewerbs geworden.

Auch in anderen Fragen machte Erhard Kompromisse, so bei der Zustimmung zur Europäischen Wirtschaftsgemeinschaft (EWG) mit ihrer mittelfristigen Wirtschaftsplanung. Dennoch war er kein Feind der EWG. Er bezweifelte nur, daß die unterschiedlichen Wirtschaftsstrukturen der Partnerländer zu einer staatlichen Integration Europas führen würden. Und er strebte eine große Freihandelszone an, die mehr Länder umfaßte als die EWG. Erfolg war ihm dabei nicht beschieden.

1955 erlebte die Bundesrepublik eine überschäumende Konjunktur. Erhard wandte sich mit leidenschaftlichen Reden an das Volk. »Wir dürfen nicht den Maßstab für das, was möglich ist, verlieren; wir dürfen nicht gefährden, was wir zusammen erreicht haben. Maßhalten muß das

Adenauer hatte mit allen Mitteln zu verhindern versucht, daß Erhard sein Nachfolger wurde. Die zwiespältige Haltung des alten Bundeskanzlers zu seinem Parteifreund Erhard beschäftigte 1963 die Karikaturisten: »Konjunkturbremse. ›Zum Donnerwetter, wer hat denn da die Konjunkturbremse gezogen!? Dem werde ich aber ... mein vollstes Vertrauen aussprechen ...‹«

Gebot der Stunde sein!« Mit Zollsenkungen wollte er die Einfuhren verbilligen, um Löhne und Preise in den Griff zu bekommen. Wegen dieser Politik kam es immer häufiger zu Zusammenstößen mit Bundeskanzler Adenauer, bei dem sich die Industrie-Lobby über den Bundeswirtschaftsminister beschwerte.

Adenauer und sein Thronfolger Erhard

Die Auseinandersetzungen zwischen dem Kanzler und seinem Wirtschaftsminister konnten Erhards Popularität bei der Bevölkerung nicht schmälern. Er galt als ein Mann der Freiheit, der Stabilität des Geldes, als Beschützer der Verbraucher gegen die Interessenverbände. Schließlich hatte er die Verbraucher als politische Kraft erst so recht entdeckt und sie zwischen Unternehmer und Gewerkschaften gestellt. So sahen viele CDU-Politiker in ihm Adenauers Thronfolger. Nicht so Adenauer selbst. Er wußte, was er an Erhard als zugkräftigem Wirtschaftsminister hatte. Aber er hielt ihn nicht für fähig, sein Nachfolger zu werden. Er hatte die staatsmännische Besorgnis, sein Lebenswerk könne durch einen Kanzler Erhard Schaden nehmen; denn er spürte, daß Erhard kein Machtpolitiker war, daß er für die Außen- und die Sozialpolitik wenig Sinn hatte. Weit davon entfernt, etwa unsozial zu sein, war Erhard z. B. eine Sozialpolitik zuwider, die als Befriedigung von Interessengruppen betrieben wurde. In der Außenpolitik fehlte ihm die Erfahrung. Und Adenauer hatte nie auch nur den geringsten Versuch gemacht, ihn einzuweihen oder gar auf seine Nachfolge vorzubereiten. Eine zermürbende Fehde zwischen den beiden Spitzenpolitikern begann.

Zu verschieden waren ihre Charaktere: Adenauer war ein strenger Katholik, Erhard interessierte Religion nicht. Adenauer konnte sehr witzig sein, Erhard war humorlos. Adenauer war Pessimist, mitunter sogar Menschenverächter, Erhard ein unverwüstlicher Optimist, für den der Mensch im Mittelpunkt der Politik stand. Adenauer war ein raffinierter Berufspolitiker mit hohem politischen Instinkt, Erhard ein intellektueller Idealist, ein redlicher Mann, Konflikten abgeneigt.

So kam es zu beschämenden Vorgängen, zu dem Versuch Adenauers, Erhard zum Bundespräsidenten hochzuloben, und, als dies mißlang, ihn vom Kanzleramt fernzuhalten, indem er selbst so lange Kanzler blieb, bis ihn seine eigene Partei und die FDP schließlich zum Rücktritt zwangen. In kleinem Kreis machte Erhard seinerseits seiner Erbitterung über Adenauer mit harten Worten wie »Illoyalität« und »wirtschaftliche Inkompetenz« Luft. Öffentlich äußerte er sich allerdings nie in solcher Deutlichkeit. »Ich mußte mir mehr sagen lassen, als je einem Menschen zugemutet werden sollte.«

Bundeskanzler Erhard

Als Erhard am 16. Oktober 1963 zum Kanzler gewählt wurde, verband die Bevölkerung mit diesem Regierungswechsel erhebliche Erwartungen. Den Aufgaben des neuen Amtes fühlte sich Erhard voll und ganz gewachsen.

Der neue Kanzler zog in das schöne Palais Schaumburg. Auf seinem Schreibtisch stand die goldene Zigarrendose, die John F. Kennedy ihm geschenkt hatte. Schon fünf Wochen später mußte er an der Beerdigung des ermordeten amerikanischen Präsidenten teilnehmen. Trotz seines Rednertalents, mit dem Erhard die Menschen bewegte, trotz seiner Wahlreisen, auf denen er Tausende von Händen schüttelte, war er im Grunde ein zurückhaltender, hochsensibler Mann. Deshalb hatte er auch nur wenige wirklich gute Freunde, die ihn ins Kanzleramt begleiteten.

Erhard spürte bald, daß ihm die Flügel beschnitten waren. Die Welt hatte sich geändert. So ließ sich z. B. seit der Gründung der EWG keine eigenständige Wirtschaftspolitik mehr treiben. Und nur zu bald nahm die Außenpolitik den neuen Kanzler in Anspruch. Er geriet in das Hickhack zwischen den Anhängern de Gaulles und den Verfechtern einer atlantischen Partnerschaft, der auch er zuneigte. Dennoch hatte er durchaus Erfolge zu verbuchen, z. B. bei der Verbesserung der innerdeutschen Beziehungen. Auch die Aufnahme diplomatischer Beziehungen zu Israel gehörte dazu. Dies ging allerdings auf Kosten der Arabienpolitik.

Trotz mancher Fehlschläge blieb Erhard populär wie eh und je. Man nahm ihm zwar übel, daß er sich für 2,5 Millionen DM im Park des Palais Schaumburg von dem Architekten Sepp Ruf den schmucklosen, funktionalen »Kanzlerbungalow« bauen ließ. Aber: »Die Bonner Anlage ist durchaus das überzeugendste Bekenntnis Erhards zur inneren Situation des Menschen von heute geworden. Zur Freiheit und Gleichheit und zur Begegnung«, schrieb 1971 die FRANKFURTER ALLGEMEINE ZEITUNG. Besucher wunderten sich indessen, daß der 200 Pfund wiegende, zur Bequemlichkeit neigende, zwölf Zigarren am Tag paffende Erhard sich in dem hochmodernen, aber spartanischen Wohntrakt wohl fühlte. Doch das war vielleicht ein Ausdruck für das Zwiegesichtige in Ludwig Erhard: das Bürgerliche und das Avantgardistische; das Insichgekehrtsein und das Aussichherausgehen in freier Rede vor Hunderten von Menschen; das Kunstsinnige und den Zorn gegen Intellektuelle wie Böll, Grass und andere, die sich im Wahlkampf 1965 für die SPD engagierten und die er zornig »Dummköpfe und Pinscher« nannte.

Krise und Ende der Ära Erhard

Erhard gewann zwar 1965 die Bundestagswahlen, doch sein Debakel begann bereits ein Jahr später, als die CDU in Nordrhein-Westfalen die Wahlen verlor. »0,5 Prozent der Wahlberechtigten, die von der CDU zur SPD wechselten, genügten, um die Parteileitung in Bonn mit bleicher Furcht zu erfüllen«, schrieb Paul Sethe in der WELT. Schwarze Fahnen an der Ruhr als Antwort auf die Weigerung Erhards, die deutsche Kohle gegen die Konkurrenz des Mineralöls abzuschotten, demonstrierende Kriegsopfer, das waren die ersten Sturmzeichen. Die Politiker der CDU/CSU fürchteten, die nächsten Bundestagswahlen mit Erhard nicht mehr gewinnen zu können. Dazu kamen die Schwierigkeiten, den Bundeshaushalt für das Jahr 1967 aufzustellen.

Als Erhard für den Devisenausgleich in Höhe von 3,6 Milliarden DM, den er US-Präsident Johnson für die Stationierungskosten der amerikanischen Truppen in der Bundesrepublik reichlich unüberlegt versprochen hatte, im Haushalt 1967 keine Deckung vorweisen konnte, versuchte er gegen den Rat seiner politischen Freunde in einer für ihn demütigenden Demarche bei Johnson einen Zahlungsaufschub zu erreichen. Auch hier wieder glaubte er an das Gute im Menschen. Er konnte sich nicht vorstellen, daß Johnson ihn sitzenlassen würde. Sein Mißerfolg in Washington kostete ihn den letzten Rest seines Prestiges als Kanzler. Worte wie »Staatsbankrott« und »Währungsreform« machten die Runde.

In der CDU wurden die Messer gewetzt. Die Regierungsparteien verbrachten ihre Zeit damit, Kabalen gegen Erhard anzuzetteln, und wurden von den Sozialdemokraten auf den Zuschauerbänken dabei unterstützt. Erhard reagierte schwach oder gar nicht. Er konnte sich nicht dazu aufraffen, seine Führungsrolle kraftvoll wahrzunehmen.

Als schließlich die FDP Erhards Pläne, mit einer Steuererhöhung das Haushaltsdefizit zu decken, nutzte, um sich in Sicherheit zu bringen, indem sie ihre Minister aus dem Kabinett zurückzog, war Erhard zutiefst getroffen. Völlig benommen irrte er in Begleitung Erich Mendes am 27. Oktober 1966 nach dem schicksalhaften Anruf, mit dem ihm das Ende der Koalition mitgeteilt wurde, durch das Bundeshaus – gefangen in dem Netz, das seit Wochen um ihn gesponnen worden war. Am 30. November trat er zurück. Objektiv war er an innenpolitischen Schwierigkeiten gescheitert, die zum Verlust der Wahlen in Nordrhein-Westfalen geführt hatten. Außenpolitisch hatte ihm Präsident Johnson mit dem Devisenausgleich einen irreparablen Stoß versetzt. Aber der tiefere Grund für Erhards Scheitern lag in seiner Person. Sein Naturell war einfach nicht dazu angetan, sich in einer für ihn widrigen Atmosphäre zu behaupten. Es fehlte ihm, wie Golo Mann es einmal ausdrückte, die »Portion Ruchlosigkeit«, die ein Staatsmann haben muß.

Die Botschaft

Ludwig Erhard hat den Beweis dafür erbracht, daß seine volkswirtschaftliche Lehre richtig war und ist, nämlich daß kein System wirtschaftliche Schwierigkeiten besser bewältigen kann als eine freie, sozial gestaltete Marktwirtschaft. Den roten Faden seiner Wirtschaftspolitik hat Erhard in seinem Buch WOHLSTAND FÜR ALLE so geschildert: »Das erfolgversprechendste Mittel zur Erreichung und Sicherung jeden Wohlstandes ist der Wettbewerb. Er allein führt dazu, daß der wirtschaftliche Fortschritt allen Menschen, insbesondere in ihrer Funktion als Verbraucher zugute kommt und daß alle Vorteile, die nicht unmittelbar aus höherer Leistung resultieren, zur Auflösung kommen. Auf dem Wege über den Wettbewerb wird – im besten Sinne des Wortes – eine Sozialisierung des Fortschritts und des Gewinns bewirkt und dazu noch das persönliche Leistungsstreben wachgehalten.«

Ludwig Erhards Instinkt für das, was die Menschen wünschen und hoffen, ließ ihn aber spüren, daß »Wohlstand für alle« als Ziel nicht genügt. Seine Antwort auf das Mitte der sechziger Jahre aufkommende Unbehagen an der bloßen Konsumgesellschaft war die Idee von der »formierten Gesellschaft«, die er 1965 in den Bundestagswahlkampf einführte. Es schwebte ihm eine Weiterentwicklung der Demokratie vor, in der die einzelnen Gruppen der Gesellschaft nicht mehr gegeneinander, sondern miteinander wirken, sich also freiwillig zu partnerschaftlicher Zusammenarbeit formieren. Das Bruttosozialprodukt, die Summe aller produzierten Güter und Dienstleistungen, sollte nicht ausschließlich in den Konsum fließen, sondern zu einem Teil gemeinschaftlichen Aufgaben dienlich gemacht werden.

Das Ganze blieb eine Idee. Nach Erhards Abschied von der aktiven Politik kümmerte sich niemand mehr um sie.

Seine Popularität, die nach seinem Rücktritt verblaßt war, gewann Erhard aber bald zurück. Er war im In- und Ausland ein begehrter Redner, warnte vor dem Verfall der Leistungsgesellschaft und stritt 1972 zusammen mit dem ehemaligen sozialdemokratischen Superminister Karl Schiller für den Erhalt der Marktwirtschaft. Erhard starb wenige Monate nach seinem achtzigsten Geburtstag, an dem Politiker und Nationalökonomen aus der ganzen Welt seine Verdienste gewürdigt hatten.

KLAUS KWASNIEWSKI

Der Trend zur Dienstleistungsgesellschaft

Seit ihrem Bestehen vollzogen sich in der Wirtschaft der Bundesrepublik Deutschland tiefgreifende Änderungen, die für dynamische Volkswirtschaften typisch und eine Folge der Anpassung an geänderte Daten sind.

Unabhängig von den Ereignissen eines jeden einzelnen Jahres ist übergreifend ein langfristiger Strukturwandel festzustellen. Er ist durch eine deutliche Verschiebung zwischen den Sektoren der deutschen Volkswirtschaft gekennzeichnet. Ihre Anteile an der Erstellung des Bruttoinlandsprodukts sowie an der Beschäftigung der Erwerbstätigen veränderten sich stark. Diese Verschiebung erfolgte zunächst vom sog. primären zum sekundären und später vom sekundären zum tertiären Sektor der Volkswirtschaft, wird als »Trend zur Dienstleistungsgesellschaft« bezeichnet und gilt für »reife« Volkswirtschaften als typisch.

Dabei umfaßt
□ der *primäre Sektor* die Land- und Forstwirtschaft (einschließlich Fischerei, gewerbliche Gärtnerei und Tierhandlung),
□ der *sekundäre Sektor* das Warenproduzierende Gewerbe (d. h. Energiewirtschaft und Bergbau; Baugewerbe; Verarbeitendes Gewerbe) und
□ der *tertiäre* Sektor die Dienstleistungen (d. h. Handel und Verkehr; Banken und Versicherungen; Staat; Private Haushalte; Organisationen ohne Erwerbscharakter).

Mit der Bezeichnung »Trend zur Dienstleistungsgesellschaft« wird eine stufenweise historische Entwicklung einer Volkswirtschaft umschrieben, die sich langfristig in folgenden Schritten vollzieht:
1. In der ersten Entwicklungsstufe wird der überwiegende Teil des Bruttoinlandsprodukts eines Landes in der Landwirtschaft erzeugt. Das Warenproduzierende Gewerbe, und hierbei vor allem die Industrie, trägt wie der Dienstleistungssektor relativ wenig zur Erzeugung des Bruttoinlandsprodukts bei. Die Volkswirtschaft ist also durch einen großen Landwirtschaftssektor geprägt, in dem auch die meisten Erwerbstätigen beschäftigt sind. Demgegenüber sind die Industrie und die Dienstleistungsbereiche Verkehr, Banken, Versicherungen und Staat relativ unbedeutend und wenig entwickelt. Sollte diese Volkswirtschaft Außenhandel betreiben, so wird sie überwiegend landwirtschaftliche Erzeugnisse und organische Rohstoffe ausführen und Industrieprodukte einführen. Auf dieser Entwicklungsstufe einer Volkswirtschaft befinden sich gegenwärtig viele Entwicklungsländer.
2. In der zweiten Entwicklungsstufe nimmt die Bedeutung der Landwirtschaft für ein Land ab, die der Industrie zu. Das Bruttoinlandsprodukt wird nicht mehr überwiegend in der Landwirtschaft erzeugt, sondern auch von der aufstrebenden Industrie, die immer mehr an Bedeutung gewinnt. Durch zunehmende Mechanisierung und den Einsatz von Düngemitteln kann die Landwirtschaft mit einer geringer werdenden Zahl an Arbeitskräften die gleiche und sogar eine größere Gütermenge erzeugen und damit die Bevölkerung des Landes ernähren. Die im Agrarsektor freigesetzten Arbeitskräfte finden in der aufstrebenden Industrie einen Arbeitsplatz. Gleichzeitig entwickelt sich auch der Dienstleistungssektor mit seinen Bereichen Handel, Verkehr, Banken, Versicherungen und Staat. Betreibt diese Volkswirtschaft Außenhandel, so wird sie sowohl landwirtschaftliche als auch einfachere Industrieprodukte (Textilien, Stahl, Schiffe usw.) ausführen und vorwiegend kompliziertere Industrieerzeugnisse (Maschinen, komplette Industrieanlagen usw.) einführen. Auf dieser Entwicklungsstufe befinden sich die sog. »Schwellenländer« unter den Entwicklungsländern, wie beispielsweise Brasilien, Mexiko und Südkorea.
3. In der dritten Entwicklungsstufe einer Volkswirtschaft nimmt die Bedeutung der Landwirtschaft weiter ab und die der Industrie zunächst noch weiter zu. Gleichzeitig wächst auch der Dienstleistungssektor. Die immer stärker mechanisierte und rationalisierte Landwirtschaft setzt weitere Arbeitskräfte frei, die vorwiegend im Industriesektor Arbeitsplätze finden. In dieser Entwicklungsphase sind im Warenproduzierenden Gewerbe, das dann den höchsten Beitrag zur Erzeugung des Bruttoinlandsprodukts leistet, die meisten Erwerbstätigen beschäftigt. Diese Produktionsverhältnisse sind jedoch nur mit einem umfangreichen Dienstleistungssektor, d. h. mit einer entsprechenden Infrastruktur in den Bereichen Handel, Verkehr, Banken und Versicherungen sowie Staat, aufrechtzuerhalten. In den Dienstleistungssektor wandern dann jene Arbeitskräfte ab, die in der Industrie aufgrund der auch dort erfolgenden Mechanisierung und Rationalisierung freigesetzt werden.

In dieser Entwicklungsphase der Volkswirtschaft leistet die Landwirtschaft einen relativ unbedeutenden Beitrag zum Bruttoinlandsprodukt. Die Zahl der in der Landwirtschaft Beschäftigten ist ebenfalls relativ klein und nimmt weiter ab. Die Erwerbstätigen arbeiten überwiegend im Warenproduzierenden Gewerbe und im Dienstleistungssektor und erstellen dort einen großen Teil des Bruttoinlandsprodukts, wobei die Bedeutung des Dienstleistungssektors zu- und die des Warenproduzierenden Gewerbes abnimmt. Schließlich ist am Ende dieser Entwicklung der Dienstleistungssektor, was seinen Beitrag zum Bruttoinlandsprodukt und zur Beschäftigung der Erwerbstätigen betrifft, der wichtigere Sektor der Volkswirtschaft.

Der Außenhandel solch einer Volkswirtschaft ist dadurch gekennzeichnet, daß bei den Industriegüterausfuhren komplizierte Erzeugnisse (Fahrzeuge, Maschinen, Fabrikanlagen usw.) dominieren. Daneben werden aber auch Dienstleistungen der Bereiche Verkehr, Banken und Versicherungen ausgeführt. Eingeführt werden neben Rohstoffen und Halbwaren ebenfalls Industrieerzeugnisse und Dienstleistungen. Die Volkswirtschaft hat insgesamt ein Stadium erreicht, das sie nicht nur allein zur Ausfuhr von hochspezialisierten Gütern befähigt, sondern zum »Blaupausenexporteur« avancieren läßt – ein solches Land kann also hochkomplexe Industrieanlagen wie Atomkraftwerke, Stahlwerke, Autofabriken usw. ausführen oder an das Ausland entsprechende Lizenzen und Patente verkaufen.

Nach dem Zweiten Weltkrieg gehörte die

Bundesrepublik Deutschland trotz aller kriegsbedingten Zerstörungen zum Kreis der wenigen Volkswirtschaften, die sich als sog. Industrieländer in dieser dritten Entwicklungsphase befanden. Und ebenso wie die anderen hochindustrialisierten Länder machte sie den für diese Stufe typischen weiteren Entwicklungsverlauf durch, wie ein Blick in die Statistik zeigt.

Die Produktionsstruktur

In der Zeit von 1950 bis 1984 verringerte sich der Anteil der Landwirtschaft am Bruttoinlandsprodukt in jeweiligen Preisen um über 84 Prozent. Wurden 1950 noch rund 10 Prozent des Bruttoinlandsprodukts in der Landwirtschaft erstellt, so waren es 1988 nur noch 1,6 Prozent. Da sich das Bruttoinlandsprodukt von 98,1 Milliarden DM im Jahr 1950 auf 2045,6 Milliarden DM 1988 fast vereinundzwanzigfachte, stieg der absolute Beitrag der Landwirtschaft zum Bruttoinlandsprodukt gleichzeitig noch von 10 Milliarden DM 1950 auf 32 Milliarden DM 1988 an.

In Übereinstimmung mit der dargestellten Entwicklung nahm der Anteil des Warenproduzierenden Gewerbes am Bruttoinlandsprodukt zunächst zu und dann ab. Bereits 1972 wurde der Anteil des Jahres 1950 unterschritten. Im Jahr 1950 wurden rund 50 Prozent des Bruttoinlandsprodukts vom Warenproduzierenden Gewerbe erstellt, 1960 waren es 53 Prozent, 1970 52 Prozent und 1988 42 Prozent. Der Anteil der Dienstleistungen am Bruttoinlandsprodukt nahm demgegenüber fast kontinuierlich zu, wobei die größten Steigerungsraten in der Zeit von 1970 bis 1988 erzielt wurden. Im Jahr 1950 wurden rund 40 Prozent des Bruttoinlandsprodukts vom Dienstleistungssektor erstellt, 1960 waren es 41 Prozent, 1970 45 Prozent und 1988 57 Prozent.

Zuordnungsprobleme

Der Trend zur Dienstleistungsgesellschaft würde vermutlich noch deutlicher werden, wenn solche Dienstleistungen wie Vertrieb, Forschung und Entwicklung sowie Serviceleistungen, die innerhalb des Warenproduzierenden Gewerbes erbracht werden und deren Bedeutung erheblich zugenommen hat, dem Dienstleistungssektor zugerechnet werden könnten. Tatsächlich dürfte im Warenproduzierenden Gewerbe kaum ein Gut hergestellt werden, ohne daß eine Fülle von Dienstleistungen in die Produktion eingehe. Bei der statistischen Zuordnung eines Unternehmens zu einem Wirtschaftssektor kann man jedoch nur vom Ergebnis der Gesamttätigkeit ausgehen.

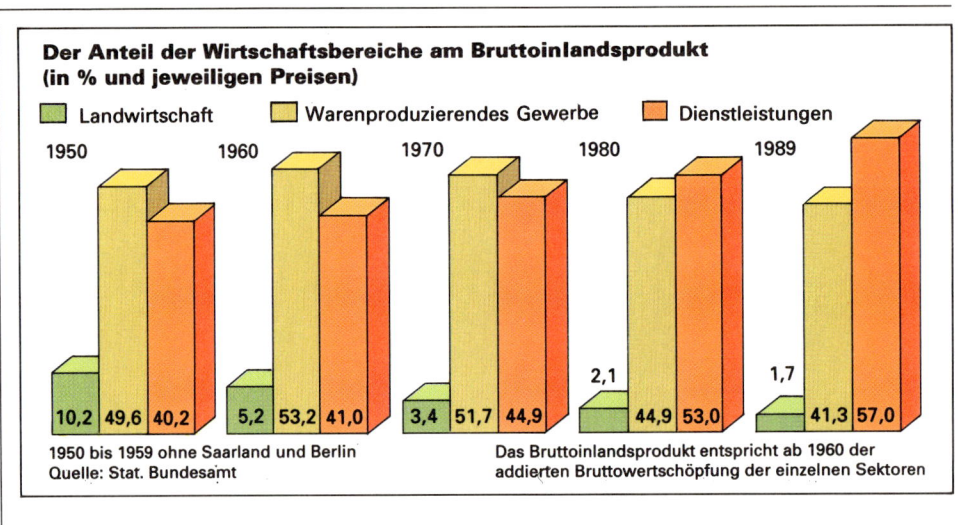

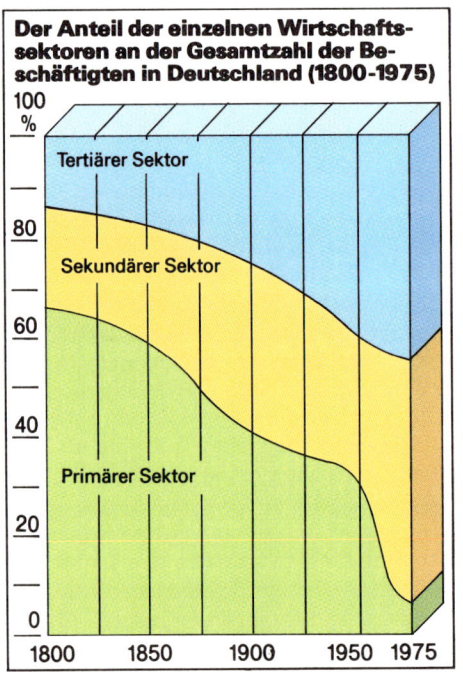

Auf der anderen Seite besteht bei den Unternehmen des Warenproduzierenden Gewerbes in den letzten Jahren die Tendenz, einige Dienstleistungen, die bisher intern im Unternehmen erstellt wurden, an externe, spezialisierte Firmen auszulagern, die möglicherweise kostengünstiger arbeiten. Zu denken ist hier beispielsweise an die Werbung, die Marktforschung, den Vertrieb, die Unternehmenskontrolle und -beratung, die Buchhaltung usw. durch externe Dienstleistungsfirmen für Unternehmen des Warenproduzierenden Gewerbes.

Zuordnungsprobleme ergeben sich auch beim Handwerk. Der überwiegende Teil des Handwerks ist im Warenproduzierenden Gewerbe enthalten. Nur handwerkliche Tätigkeiten wie Reinigung und Körperpflege (Friseure, Masseure usw.) oder solche, bei denen ausschließlich eine Dienstleistung erstellt wird, sind dem Dienstleistungssektor zugeordnet. Von den im Warenproduzierenden Gewerbe enthaltenen Handwerksbetrieben wird aber nicht mehr wie zu der Zeit, als die gegenwärtige Aufteilung der Statistik vorgenommen wurde, ausschließlich ein neues Produkt erstellt, sondern häufig auch eine Dienstleistung erbracht. Für diesen Bereich der Tätigkeit wäre daher eine Zuordnung zum Dienstleistungssektor möglich.

Anfang der achtziger Jahre bietet die Wirtschaft der Bundesrepublik aufgrund ihrer Produktionsstruktur das Bild einer Volkswirtschaft, die auf der einen Seite mit einer sehr kleinen, aber sehr leistungsfähigen Landwirtschaft ausgestattet ist; die Landwirte sind in der Lage, die seit 1950 gestiegene Gesamtbevölkerung mit rund 85 Prozent ihres Nahrungsmittelbedarfs zu versorgen und überdies noch gewisse Überschußprodukte zu exportieren. Auf der anderen Seite befindet sich die Wirtschaft der Bundsrepublik auf dem Weg von einer hochentwickelten Industriegesellschaft zur industriell hochentwickelten, weltwirtschaftlich orientierten Dienstleistungsgesellschaft.

Diese Entwicklung ist mit einem ständigen Wandel der wirtschaftlichen und sozialen Strukturen verbunden, mit teils schmerzhaften Anpassungsprozessen, die jedoch wegen der Zukunftssicherung unvermeidlich sind. Dazu gehörte in der Zeit von 1950 bis in die Gegenwart vor allem auch der Wandel in der Beschäftigtenstruktur.

Sektorale und berufliche Beschäftigtenstruktur

Im Jahr 1950 waren noch rund 25 Prozent aller Erwerbstätigen in der Landwirtschaft tätig. Dieser Anteil nahm in den folgenden Jahren kontinuierlich ab und belief sich 1988 nur noch auf rund 4 Prozent. Der Anteil der Erwerbstätigen im Warenproduzierenden Gewerbe nahm, in Übereinstimmung mit der Entwicklung beim Bruttoinlandsprodukt, zunächst von rund 43 Prozent (1950) auf 49 Prozent (1965) zu und sank dann anschließend fast kontinuierlich auf 41 Prozent im Jahr 1988. Der Anteil der Erwerbstätigen im Dienstleistungssektor nahm von rund 33 Prozent 1950 stetig bis auf 55 Prozent 1988 zu.

Die absolute Zahl aller Erwerbstätigen erhöhte sich in der Bundesrepublik von 20,376 Millionen (ohne Berlin) im Jahr 1950 auf 27,366 Millionen 1988. Gleichzeitig verringerte sich die Zahl der Erwerbstätigen in der Landwirtschaft von 5,020 Millionen (ohne Berlin) im Jahr 1950 um rund 3,9 Millionen auf 1,155 Millionen 1988. In dieser Verringerung der Anzahl der Erwerbstätigen in der Landwirtschaft um rund 77 Prozent kommt der Trend zur Dienstleistungsgesellschaft besonders deutlich zum Ausdruck.

Die absolute Vergrößerung der Zahl der Erwerbstätigen im Warenproduzierenden Gewerbe von rund 8,7 Millionen (ohne Berlin) im Jahr 1950 auf rund 11,2 Millionen 1988, nachdem 1965 ein Höchststand mit rund 13,2 Millionen erreicht worden war, sollte nicht darüber hinwegtäuschen, daß der Dienstleistungssektor noch stärker gewachsen ist, als dies die Statistik der Beschäftigten nach Wirtschaftssektoren zum Ausdruck bringt: Nach dieser Statistik stieg die Zahl der Erwerbstätigen im Dienstleistungssektor von rund 6,7 Millionen (ohne Berlin) im Jahr 1950 auf rund 15 Millionen 1988. Bereits bei der sektoralen Produktionsstruktur wurde darauf hingewiesen, daß auch im Warenproduzierenden Gewerbe die Bedeutung der kaufmännischen und technischen Berufe stark zugenommen hat, also der Berufe, die strenggenommen Dienstleistungen erstellen, sowie der handwerklichen Berufe mit Dienstleistungscharakter.

Diese Entwicklung soll anhand der Verteilung der Erwerbstätigen auf die Berufsgruppen Arbeiter, Angestellte und Beamte dargestellt werden.

Die wachsende Bedeutung des Dienstleistungssektors fand ihren Niederschlag in einem Anstieg des Anteils der Beamten an den abhängig beschäftigten Arbeitnehmern von rund 6 Prozent im Jahr 1950 auf rund 10 Prozent 1988 und der Angestellten von 23 auf 47 Prozent. Vor allem die Zunahme der Angestellten und die gleichzeitige Verringerung der Anzahl der Arbeiter – ihr Anteil sank von rund 71 Prozent im Jahr 1950 auf 43 Prozent 1988 – ist ein Indiz für die technisch-organisatorischen Veränderungen, die sich während dieser Zeit vollzogen haben.

Ein säkularer Vergleich

Die im Trend zur Dienstleistungsgesellschaft behaupteten Entwicklungstendenzen werden durch einen Blick in die deutsche Wirtschaftsgeschichte bestätigt.

Um 1855 waren im Deutschen Reich noch rund 54 Prozent der Gesamtbeschäftigten in der Landwirtschaft tätig, um 1885 waren es 47 Prozent, 1910 rund 36 Prozent,

Anders als in den Vereinigten Staaten, wo vor allem Arbeitsplätze in der Privatwirtschaft geschaffen wurden, war in der Bundesrepublik der Weg in die Dienstleistungsgesellschaft sehr stark durch die Ausweitung der öffentlichen Verwaltung geprägt (unten: Verwaltungsgebäude der Bundesanstalt für Arbeit, Nürnberg). Übersteigerter Bürokratismus war und ist ein beliebtes Thema bei Karikaturisten (rechts).

1936 28 Prozent und 1950 (nur auf das Gebiet der Bundesrepublik bezogen) 24 Prozent. Der Anteil der im Warenproduzierenden Gewerbe Beschäftigten erhöhte sich im gleichen Zeitraum von 26 (1855) auf rund 42 Prozent (1950), und der Anteil der im Dienstleistungssektor Tätigen stieg von rund 20 Prozent (1855) auf rund 34 Prozent (1950) der Gesamtbeschäftigten im Deutschen Reich bzw. in der Bundesrepublik.

Ein Vergleich mit Partnerstaaten in der Europäischen Gemeinschaft zeigt, daß die Entwicklung zur Dienstleistungsgesellschaft in anderen europäischen Ländern wie Belgien, den Niederlanden, Luxemburg, Frankreich, Dänemark und Großbritannien stärker fortgeschritten ist als in der Bundesrepublik. In diesen Ländern lag 1988 der Anteil der Erwerbstätigen im Dienstleistungssektor zwischen rund 68 Prozent (Niederlande) und 57 Prozent (Italien), während er in der Bundesrepublik erst 55 Prozent betrug. Selbst in einem noch weitgehend von der Landwirtschaft geprägten Land wie Irland (Anteil der Landwirtschaft 1988 rund 15 Prozent) war der Anteil des Dienstleistungssektors mit rund 56 Prozent höher als in der Bundesrepublik. Auch die beiden bedeutendsten außereuropäischen westlichen Industrieländer, die Vereinigten Staaten und Japan, weisen einen höheren Anteil der im Dienstleistungssektor beschäftigten Erwerbstätigen als die Bundesrepublik auf.

Dieser Vergleich mit der Entwicklung in anderen Ländern zeigt, daß der Trend zur Dienstleistungsgesellschaft in der Bundesrepublik noch nicht abgeschlossen ist, auch wenn die länderspezifischen Besonderheiten berücksichtigt werden:

☐ Der noch relativ hohe Anteil des warenproduzierenden Gewerbes in der Bundesrepublik ergibt sich u.a. durch die günstige Wettbewerbsposition im Außenhandel, die ihrerseits wieder mit historischen Sonderfaktoren (Konkurrenzsituation zu Großbritannien in der Industrialisierungsphase, industrieller Wiederaufbau nach dem Zweiten Weltkrieg, günstige Wechselkursrelationen Ende der sechziger Jahre) zusammenhängt.

☐ Der schon 1960 extrem niedrige Anteil der Landwirtschaft in Großbritannien von knapp 5 Prozent ist die Folge einer rigorosen Industrialisierungs- und Freihandelspolitik zu Lasten der eigenen Landwirtschaft in der Vergangenheit. Durch billige Importe von Agrarprodukten überwiegend aus den Kolonien wurde die aufkommende Industriearbeiterschaft ernährt und die heimische, nicht konkurrenzfähige Landwirtschaft weitgehend vernichtet, deren frei werdende Arbeitskräfte dann in die Industriebetriebe (Bergbau, Stahl, Textilien) abwanderten.

☐ Der hohe Anteil des Dienstleistungssektors in einigen Ländern ist u. a. darauf zurückzuführen, daß sie wegen ihres Klimas typische Reiseländer sind (z. B. Frankreich und Italien), was eine höhere Nachfrage nach Dienstleistungen der Gaststätten, Hotels usw. begründet. Andere Länder weisen aus geographischen Gründen (Insellage oder günstige Verkehrslage) einen hohen Anteil von Handel und Verkehr auf (z. B. Großbritannien und die Niederlande). Und in Japan und in den USA spielte schon seit jeher der Handel eine bedeutende Rolle, da die Unternehmensfunktionen Vertrieb, Werbung usw. dort in einem viel höheren Maße von selbständigen Dienstleistungsunternehmen übernommen werden als in der Bundesrepublik.

Die These von der Überindustrialisierung

In den achtziger Jahren wurde in der Bundesrepublik die These diskutiert, daß die deutsche Wirtschaft im Vergleich zu den übrigen westlichen Industrieländern überindustrialisiert sei. Dahinter stand die Auffassung, daß die Struktur der deutschen Wirtschaft zu stark auf das Warenproduzierende Gewerbe und zu wenig auf den Dienstleistungssektor ausgerichtet sei. Dies habe zwei bedenkliche Konsequenzen:

☐ Zum einen sei die deutsche Wirtschaft hinsichtlich ihrer konjunkturellen Entwicklung zu stark vom Ausland abhängig, weil fast 27 Prozent (1988) des Bruttosozialprodukts vor allem in Form von Industrieerzeugnissen an das Ausland exportiert würden. Die Importe liegen mit rund 21 Prozent 1988 um einige Prozentpunkte darunter. Konjunkturelle Einbrüche in den Handelspartnerländern können daher über einen Rückgang der Nachfrage nach deutschen Gütern die Konjunktur und folglich auch die Beschäftigung im Warenproduzierenden Gewerbe und damit die gesamte deutsche Volkswirtschaft negativ beeinflussen. Zurückgeführt wurde diese starke Ausrichtung der deutschen Wirtschaft auf das Warenproduzierende Gewerbe u. a. auf eine lang anhaltende Unterbewertung der D-Mark in den sechziger Jahren, da sie regelmäßig zu spät und in zu geringem Umfang aufgewertet wurde, was zu einer Verbesserung der internationalen Wettbewerbsfähigkeit der deutschen Erzeugnisse führte und damit über die Exportstrukturen die bestehenden Wirtschaftsstrukturen festschrieb (vgl. Otto G. Mayer, Die wirtschaftliche Entwicklung der Bundesrepublik).

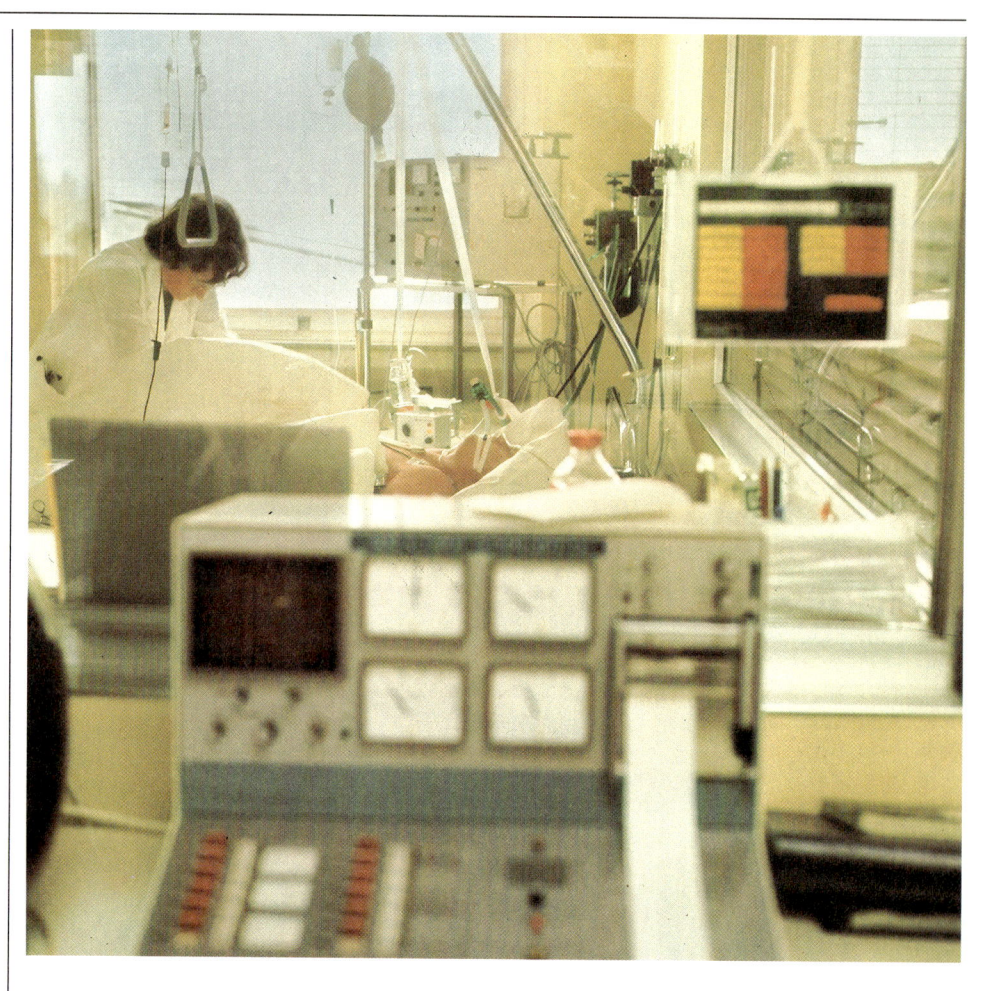

☐ Zum andern wurde eine zu starke Industrialisierung der deutschen Wirtschaft auf dem relativ engen Raum der Bundesrepublik wegen der damit verbundenen Umweltverschmutzung als negativ angesehen. Weniger Industrie gleich weniger Umweltverschmutzung lautete hierbei die verkürzte Formel.

Zweifellos ist es richtig, daß die D-Mark als Währung zu lange unterbewertet war und dadurch Änderungen der bestehenden Wirtschaftsstrukturen erschwert wurden. Die These, daß die deutsche Volkswirtschaft insgesamt überindustrialisiert ist, kann jedoch mit Blick auf die übrigen westlichen Industrieländer nicht ohne weiteres bejaht werden. Als relativ rohstoffarmes Land mit einem hohen Einfuhrbedarf an wichtigen Rohstoffen und einigen Agrarprodukten ist die Bundesrepublik auf umfangreiche Exporte angewiesen, um diese notwendigen Importe bezahlen zu können. Als Exportgüter kommen dafür vor allem Erzeugnisse des Warenproduzierenden Gewerbes in Frage, weil bei den Produkten des Agrarsektors insgesamt ein Einfuhrbedarf von rund 15 Prozent des wertmäßigen Nahrungsmittelverbrauchs besteht und reine Dienstleistungen nicht in einem ausreichenden Maße ausgeführt werden können. Zu beachten ist hinsichtlich der Dienstleistungen überdies, daß die Bundesrepublik ein beträchtliches Defizit im Reiseverkehr mit dem Ausland aufweist – 1988 waren es rund 29 Milliarden DM –, das ebenfalls durch Warenexporte ausgeglichen werden muß.

Was das Umweltschutzargument betrifft, so ist weniger Umweltverschmutzung auch in einer Volkswirtschaft möglich, deren Struktur durch einen relativ großen Industriesektor geprägt ist. Dies gilt selbst in einem Land wie der Bundesre-

Dienstleistungsgesellschaft Bundesrepublik: Intensivstation eines Krankenhauses. Die Nachfrage nach Dienstleistungen aller Art wird in den nächsten Jahren noch steigen.

Im Exportland Bundesrepublik ist der Anteil des warenproduzierenden Gewerbes noch relativ hoch: Verladung eines Atomkraftwerks für Brasilien in Rotterdam.

Die Ursachen des Strukturwandels

Die Entwicklung zur Dienstleistungsgesellschaft wird durch eine Vielzahl von Einflußfaktoren geprägt. Zusammenfassend gilt unter den Bedingungen einer wachsenden Wirtschaft wie im Fall der Bundesrepublik seit 1950.

☐ Mit steigendem Pro-Kopf-Einkommen nimmt von einer gewissen Einkommenshöhe an die Nachfrage nach Agrarprodukten absolut nur noch geringfügig zu und damit im Vergleich zu anderen Erzeugnissen relativ ab. Verstärkt nachgefragt werden bei steigendem Pro-Kopf-Einkommen absolut und relativ zunächst Güter, die vom Warenproduzierenden Gewerbe erzeugt werden. Ab einem gewissen Pro-Kopf-Einkommen erhöht sich dann jedoch die relative Nachfrage nach Dienstleistungen, wobei diese Entwicklung vorwiegend zu Lasten der Güter des Warenproduzierenden Gewerbes erfolgt. Entsprechend sind seit 1950 sich deutlich überlagernde »Verbrauchswellen« festzustellen, für die der Volksmund treffende Bezeichnungen fand. Der sog. »Freßwelle« und »Bekleidungswelle« Anfang der fünfziger Jahre folgten eine »Einrichtungswelle« und »Motorisierungswelle« in den fünfziger/sechziger Jahren und schließlich eine »Reisewelle« in den siebziger Jahren.

☐ Die Mechanisierung und Rationalisierung in der Landwirtschaft bewirkt über hohe Produktivitätsfortschritte eine Freisetzung von Arbeitskräften im Agrarsektor. Diese finden im Warenproduzierenden Gewerbe, das sich hinsichtlich seiner Erzeugnisse einer starken Nachfrage gegenübersieht, einen Arbeitsplatz. Da im Warenproduzierenden Gewerbe jedoch ebenfalls eine überdurchschnittliche Rationalisierung und Mechanisierung (technischer Fortschritt) möglich ist, können auch in diesem Bereich Arbeitskräfte freigesetzt werden. Diese wandern dann in den Dienstleistungssektor ab, der weniger Rationalisierungsmöglichkeiten bietet und in dem deshalb bei wachsender Nachfrage neue Arbeitsplätze entstehen. Bei beiden Einflußfaktoren ist zu berücksichtigen, daß es sich um Globalaussagen handelt, von denen es durchaus Ausnahmen gibt. So steigt z. B. bei gewissen Agrargütern des gehobenen Bedarfs die Nachfrage auch mit zunehmendem Einkommen. Ebenso nimmt die Nachfrage nicht nach allen Erzeugnissen des Warenproduzierenden Gewerbes mit steigendem Einkommen ab. Vielmehr gab und gibt es immer wieder gewerbliche Erzeugnisse, nach denen die Nachfrage auch mit steigendem Einkommen zunimmt. Auch hierbei handelt es sich in der Regel um Güter des gehobenen Bedarfs, die von einem gewissen Einkommensniveau an zu »normalen« Gebrauchsgütern werden und an deren Stelle neue Güter des gehobenen Bedarfs treten. Beispiele hierfür sind Autos, Fernsehgeräte und Videorekorder.

Und dann ist auch nicht der gesamte Dienstleistungssektor durch anhaltend relativ geringe Rationalisierungsmöglichkeiten gekennzeichnet. So bestehen durchaus Rationalisierungspotentiale bei den sachbezogenen Dienstleistungen, wie z. B. bei Handel und Verkehr, aber auch bei Banken und Versicherungen. Bei den personen- und gemeinschaftsbezogenen Dienstleistungen nehmen dagegen die Rationalisierungsmöglichkeiten ab, so z. B. bei Dienstleistungen des Staates. Zu denken ist hier an Krankenhäuser, Schulen, Universitäten, Kindergärten usw. Auch das Warenproduzierende Gewerbe weist nicht einheitliche Rationalisierungsmöglichkeiten auf. Unterdurchschnittlich sind sie beispielsweise im Bergbau und im Baugewerbe, aber auch innerhalb des Verarbeitenden Gewerbes gibt es Bereiche mit unterdurchschnittlichen Rationalisierungspotentialen.

Zu diesem Thema

In anderen Werken:
Glastetter, Werner/Paulert, Rüdiger/Spörl, Ulrich: Die wirtschaftliche Entwicklung in der Bundesrepublik Deutschland 1950–1980. Befunde, Aspekte, Hintergründe, 1983
Härtel, Hans-Hagen/Thiel, Eberhard, u. a.: Analyse der strukturellen Entwicklung der deutschen Wirtschaft. Strukturbericht 1983, 1984
Hübl, Lothar/Schepers, Walter: Strukturwandel und Strukturpolitik, 1983
HWWA-Institut für Wirtschaftsforschung – Hamburg: Analyse der strukturellen Entwicklung der deutschen Wirtschaft. Strukturbericht 1980, 1981
Kommission für wirtschaftlichen und sozialen Wandel: Wirtschaftlicher und sozialer Wandel in der Bundesrepublik Deutschland, Gutachten, 1977
Lampert, Heinz: Die Wirtschaft der Bundesrepublik Deutschland, in: Handwörterbuch der Wirtschaftswissenschaften (HdWW), Bd. 8, 1980
Sachverständigenrat zur Begutachtung der gesamtwirtschaftlichen Entwicklung, Jahresgutachten, lfd. Jg. seit 1964/65.

JOACHIM NAWROCKI

Zukunftsindustrien in Deutschland

Zukunftsforscher leben mindestens so riskant wie Meteorologen. Ihre Voraussagen werden immer unsicherer, je langfristiger sie ihre Prognosen anlegen. Entwicklungen, die scheinbar noch Jahre oder Jahrzehnte in Anspruch nehmen, werden manchmal durch neue Erfindungen und Techniken innerhalb kürzester Zeit möglich. Problemlösungen, die unmittelbar vor der Tür zu stehen scheinen, bereiten unerwartete Schwierigkeiten. Technisch durchaus machbare Verfahren und Produkte kommen nicht auf den Markt, weil sie einfach zu teuer und unrentabel sind.

Die Vorhersagen zu Beginn der siebziger Jahre gelten heute fast ausnahmslos als illusorisch: Verdoppelung des Stromverbrauchs in jedem Jahrzehnt, Deckung des Energiebedarfs durch Schnelle Brüter, Deckung der Nahrungsmittellücke durch Fleischersatz, Eiweiß aus Mineralöl, Algennahrung und Krill, Fernsehtelefon, Anwendung der Atomenergie im Bergbau und für Erdbewegungen, künstliche Erdmonde zur Beleuchtung von Städten, Kabinenbahnen, Wetter- und Klimasteuerung – das alles ist immer noch Zukunftsmusik oder gar blanke Illusion.

Gleichwohl lassen sich natürlich Aussagen darüber machen, wohin die weitere technische Entwicklung gehen wird. Welches sind die Zukunftsindustrien, welches sind die Wachstumsmärkte, welche Techniken werden die Wirtschafsstrukturen und -regionen bestimmen, wie werden die Arbeitsplätze von morgen aussehen? Auch bei der Beantwortung dieser Fragen werden heute viele Antworten gegeben, die sich später möglicherweise als utopisch erweisen werden. Die menschenleere Fabrik, der Computer-Heimarbeitsplatz, Fabriken im Weltraum, Rohstoffgewinnung auf dem Mond oder auf anderen Planeten – das alles sind Vorstellungen, die zwar technisch nicht außerhalb aller Möglichkeiten liegen, die aber wahrscheinlich zu teuer oder einfach auch unpraktisch sind.

Bei einer Umfrage unter 2000 Wissenschaftlern nach den Innovationen der kommenden Jahrzehnte wurden u.a. folgende Entwicklungen genannt:
☐ neue wirtschaftliche Energiequellen;
☐ völlig neue Werkstoffe;
☐ ein Keramikmotor;
☐ superschnelle Computer und intelligente Roboter;
☐ Bergwerke auf dem Meeresboden;
☐ Solarkraftwerke im Weltraum;
☐ neue Entwicklungen in der Medizin und in der Molekularbiologie.

Vor allem die Biologie und die Gentechnik werden wahrscheinlich zur Lösung vieler Probleme beitragen. Mit ihrer Hilfe könnte es möglich sein, Ölteppiche auf dem Meer zu vertilgen, Umweltgifte zu zersetzen, Metalle aus Erzen zu lösen. Auch die Aufzucht ertragreicher und weniger anfälliger Pflanzen- und Tierarten gehört in dieses Gebiet.

Der größte und in seiner Bedeutung vermutlich noch längst nicht völlig erkannte Wachstumsmarkt liegt im Bereich der Informationstechnik und der Industrieroboter. Die sich hier anbahnenden Entwicklungen werden Auswirkungen auf alle Bereiche der Wirtschaft und weit darüber hinaus haben. Sie werden für den Rest dieses Jahrhunderts eine der dominierenden Quellen des technischen Fortschritts sein.

Noch vor einem Jahrzehnt wurden die langfristigen Konjunkturzyklen als vor allem technisch bedingt angesehen. Schwächeperioden und Wirtschaftskrisen galten als Folge fehlender Basisinnovationen, Boomjahre als Ergebnis neuer Entwicklungen wie der Dampfmaschine, des Elektromotors, der Datenverarbeitung. Die kommenden Jahre werden zeigen, ob diese Theorie stimmt. Die von der Technik angebotenen Möglichkeiten sind ein gewaltiges Investitionspotential. Die Frage ist, ob es auch genutzt wird – und ob diese Nutzung auch sinnvoll ist.

Die Informationstechnik ist schon heute einer der wichtigsten Industriezweige, der gemessen am Umsatz (1980 weltweit 237 Milliarden Dollar) mit der Automobil- und der Stahlindustrie vergleichbar ist und schneller wächst als jede andere Branche. Bei geschätzten Wachstumsraten von 8 bis 10 Prozent jährlich wird die Informationstechnik 1990 mit 500 Milliarden Dollar (zu Preisen von 1980) zu den größten Fertigungsbereichen der Welt gehören.

In der Bundesrepublik freilich wird seit längerem über die »technologische Lücke« geklagt, die die deutschen Elektronikfirmen, aber auch Unternehmen in anderen Bereichen zugelassen haben. Die Amerikaner und die Japaner haben bei hochqualifizierten Technologien einen Vorsprung, der möglicherweise kaum noch einzuholen ist. Die Deutschen, schrieb die INTERNATIONAL HERALD TRIBUNE in einer Sonderbeilage über deutsche Technologie im April 1984, haben nach Ansicht von deutschen Fachleuten die zweite industrielle Revolution verschlafen: »Das Problem ist nicht, daß wir nicht wissen, wie man gute Erzeugnisse mit mikroelektronischen Komponenten produziert; das Problem ist, daß wir diese Komponenten wie Mikroprozessoren und integrierte Schaltkreise nicht selbst machen, und das beeinträchtigt die Produktion und die Gewinne«, zitiert die HERALD TRIBUNE einen führenden Industriellen aus dem süddeutschen Raum.

Acht von zehn der in Europa verkauften Personalcomputer werden aus den USA importiert, neun von zehn Videorecordern stammen aus Japan. Die europäischen Hersteller von integrierten Schaltkreisen beliefern nur 30 Prozent ihres Binnenmarktes und stellen nur 13 Prozent der Weltproduktion; und davon wird noch die Hälfte von Tochtergesellschaften in den USA hergestellt. »Seit der Wiederaufbauphase nach dem Krieg liegt Europa bei der industriellen Anwendung vieler Spitzentechniken im Rückstand; dies gilt besonders für die Elektronik. In Anbetracht des zunehmenden direkten oder indirekten Einflusses der Elektronik auf so gut wie alle Aspekte des industriellen Lebens der westlichen Welt liegt darin die Gefahr einer Entwicklung, die, während man in der Vergangenheit nur von einer technologischen Abhängigkeit auf wenigen Spezialgebieten sprechen konnte, nunmehr zu einer direkten industriellen und wirtschaftlichen Abhängigkeit zu führen droht«, sagte der Heidelberger Physikprofessor Joseph Bille in einem Vortrag.

In einer Zeit, in der die USA und Japan ihre Investitionen zur Verbesserung ihrer technischen, industriellen und kommerziellen Vorherrschaft erhöhen und zum andern die Schwellenländer Asiens und Amerikas immer mehr traditionelle Fertigungsbereiche übernehmen, können wir es uns nicht leisten, Zaungast zu bleiben, meinte Professor Bille weiter. Dieses Problem ist inzwischen auch weitgehend er-

In Europa wollte er mit seinem expandierenden Computerkonzern die Nummer 1 werden: Heinz Nixdorf (* 1925, † 1986), Ingenieur und Unternehmer. Im Januar 1990 wurde die Firma Nixdorf von der Siemens AG übernommen.

kannt. So hat die Bundesregierung Mitte März 1984 für die nächsten vier Jahre 3 Milliarden Mark an direkten und indirekten Subventionen zur Entwicklung und Erforschung von Spitzentechniken bereitgestellt. Davon sollen rund 600 Millionen für die Entwicklung neuer Computer-Systeme, 500 Millionen für die Mikrochip-Technik und eine größere Summe auch für die Entwicklung von Robotern aufgewendet werden. Einer der größten Subventionsempfänger wird Siemens sein, eine Firma, die weltweit operiert und nun gewiß nicht zu den rückständigen Unternehmen gehört, obwohl auch in diesem Konzern einiges versäumt worden ist.

Dieses Beispiel zeigt die ganze Problematik staatlicher Förderungsmaßnahmen für Forschung und Entwicklung ebenso wie für die Gründung neuer, innovativer Firmen und Technologie-Parks. Die Frage ist, warum die Unternehmer und Banken nicht selbst in der Lage sind, die erforderlichen Mittel bereitzustellen. Schließlich geht es um ihre wirtschaftliche Zukunft, um ihren Ruf und um ihre Konkurrenzfähigkeit. Die Unternehmer sind – von Ausnahmen abgesehen – längst nicht mehr so wagemutig wie in den Gründerjahren des vorigen Jahrhunderts. Hier ist ein deutlicher Mentalitätswandel eingetreten. Er hat wohl etwas mit den Zweifeln an den Segnungen des »Kapitalismus« zu tun, hängt auch mit dem – verständlichen – Hang zum bequemeren Leben, mit der Scheu vor Verantwortung und Risiko und sicherlich mit Schwächen im universitären Ausbildungswesen zusammen.

Manche Beobachter sprechen von einer traditionellen deutschen Scheu vor riskanten Geschäften, die immer ein wenig als unseriös gelten. Das trifft auch und vor allem auf das Bankwesen zu. Geschäftsbanken und andere Investoren weigern sich, Geld in Projekte zu investieren, das sie nie zurückbekommen, wenn das Vorhaben scheitert. Frederick G. Drake, Präsident von General Electric, meint: »Das Problem in der Bundesrepublik ist nicht, daß es zu wenig Kapital gäbe; es fehlt nur am Mut, es zu investieren.« Und Robert Mackay, ein in West-Berlin lebender amerikanischer Unternehmer, sagt: »Deutsche Bankiers sind gut ausgebildet und auch sehr erfolgreich im traditionellen Bankgeschäft, aber sie verabscheuen Risiken. *Venture capital*, das junge, innovative Unternehmen brauchen, erfordert aber genau das: *venture* – ein Wort, für das es im Deutschen keine genaue Übersetzung gibt: Risiko, Wagnis.«

Aus dem Hang der deutschen Banken, Finanzierungsmittel in Form von Krediten und Anleihen relativ sicher anzulegen, ergibt sich, daß nur wenig Mittel übrigbleiben, um innovative junge Unternehmen mit dem nötigen Startkapital zu versorgen. Das hängt auch nach Meinung vieler Bankiers damit zusammen, daß ihnen die technische Erfahrung fehlt, zu beurteilen, ob die Beteiligung an einem neu gegründeten Unternehmen eine gute Investition ist oder nicht.

Erst in jüngster Zeit haben sich, z. T. mit staatlicher Beteiligung oder Unterstützung, einige Wagnisfinanzierungsgesellschaften und Banken-Pools gebildet, die – z. T. mit wechselndem Erfolg – Risiko-Kapital bereitstellen. So hat die Deutsche Bank für 1984 nicht mehr als 31 Millionen Mark für Investitionen in junge, innovative Firmen bereitgestellt. Davon gehen 4 Millionen DM in einen Venture-Capital-Fonds, den in West-Berlin die Deutsche Bank, die Berliner Industriebank und die Deutsche Industriebank geschaffen haben. Das sind alles nur erste Anfänge; sie sind überhaupt nicht vergleichbar mit den Verhältnissen etwa in den USA, wo Banken und Finanziers – mit entsprechenden Zinsen und Beteiligungen natürlich – auch riskante, aber eben auch gewinnversprechende Engagements eingehen.

In der Bundesrepublik kommt noch ein weiteres Problem hinzu. Es gibt auch zu wenig junge Unternehmer, die die Kenntnisse, den Mut und den Biß haben, ihr technisches Wissen und Können in eigenen, neu gegründeten Unternehmen zu erproben. Der geregelte Feierabend, das freie Wochenende, die begrenzte Verantwortung sind vielen lieber als das riskante, aufregende Dasein eines selbständigen Unternehmers. Selbst Söhne von Firmeninhabern denken oft so und werden lieber Angestellte oder Beamte als Nachfolger ihres Vaters.

Deshalb wurde in West-Berlin eine Nachfolge-Börse eingerichtet, bei der ältere Firmeninhaber, die keinen Nachfolger in der Familie haben, mit jungen, dynamischen Kaufleuten oder Technikern zusammengebracht werden sollen, die nach einer Übergangs- und Einarbeitungszeit die Leitung der Firma übernehmen könnten. Bisher hatte diese Einrichtung kaum Erfolg, weil es relativ wenig Interessenten für solche risikoreichen Aufgaben gibt und weil vor allem die meisten Unternehmer, auch wenn sie das Pensionsalter längst überschritten haben, sich kaum Gedanken darüber machen, wer ihre Aufgabe einmal fortführen soll.

In den Vereinigten Staaten sind die Verhältnisse völlig anders. Dort hat sich vor allem in den letzten Jahren – zumindest bei der akademischen Oberschicht – ein deutlicher Wandel in den Werten vollzogen: hin zur Leistung, zum Erfolg, zum Risiko. Gut ausgebildete Hochschulabsolventen sind großenteils völlig anders motiviert als in der Bundesrepublik. Sie scheuen kein Risiko, suchen die Selbständigkeit, wollen ihre Kenntnisse selbst erproben und vermarkten, dürsten nach Anerkennung und materiellen Erfolgen und sind auch bereit, die erbarmungslose Disziplin und die unzähligen Arbeitsstunden eines freien Unternehmers auf sich zu nehmen.

Ohne diese Schicht von wagemutigen Nachwuchsunternehmern wären Technologie-Parks wie das Silicon Valley in Kalifornien und die Route 128 bei Boston nicht denkbar, die sich übrigens beide um weltbekannte Universitäten und Institute (University of California, Massachusetts Institute of Technology) gruppieren und von dort die wissenschaftlichen Ergebnisse, vor allem aber auch den unternehmerischen Nachwuchs beziehen. Dort sind die Zentren der wirtschaftlichen Dynamik, die der Managementphilosoph Peter Drucker vor allem in den vielen Klein- und Mittelbetrieben der USA sieht, weil in ihnen systematisch Unternehmertum und Innovation praktiziert werden.

In diesen Unternehmen und nicht in den Konzernen oder im Öffentlichen Dienst sind während der letzten fünfzehn Jahre auch die meisten neuen Arbeitsplätze geschaffen worden. Von 1970 bis 1982 sind in den USA trotz zweier Ölschocks, dreier Rezessionen und des tiefen Einbruchs in

Die Mikroelektronik ändert Arbeitsplatz und Berufsleben tiefgreifend. Vielleicht sind sogar eines Tages die herkömmliche Fabrik und das gewohnte Büro in vielen Bereichen überflüssig. In Baden-Württemberg, dem »deutschen Kalifornien«, experimentiert man mit elektronischer Heimarbeit.

den traditionellen Schlüsselindustrien knapp 21 Millionen neue Arbeitsplätze entstanden; im Aufschwungjahr 1983 kamen noch einmal 4 Millionen dazu. In der gleichen Zeit nahm in der Bundesrepublik die Arbeitsplatzzahl um 1 Million ab.

Wenn es dennoch in den USA rund 8 Prozent Arbeitslosigkeit gibt (die Spitze lag bei 10,7 Prozent), dann nur deshalb, weil von 1965 bis 1984 die amerikanische Bevölkerung im erwerbsfähigen Alter um 38 Prozent auf 178 Millionen gestiegen ist – Folge des Babybooms der frühen sechziger Jahre. Zudem gab es mehr Frauen denn je, die in das Erwerbsleben drängten. Die Zahl der Arbeitsplätze ist aber weit stärker gestiegen, nämlich um 45 Prozent, von 78 auf 103 Millionen.

Die meisten Arbeitsplätze sind zwar im Dienstleistungsbereich geschaffen worden, während die Beschäftigung in der Landwirtschaft stagnierte und die Zahl der Arbeitsplätze in der Industrie heute kaum größer ist als Ende der sechziger Jahre. Aber innerhalb der Industrie hat es starke Verschiebungen gegeben. Wirklich gelitten haben nur die Schlüsselindustrien wie Bergbau, Stahl- und Automobilindustrie, während in den modernen Industrien eine fast ungebrochene Dynamik zu beobachten war, die nur zeitweilig von der Rezession und dem hohen Dollarkurs unterbrochen wurde.

In der Bundesrepublik ist die Entwicklung ähnlich, wenn auch längst nicht so ausgeprägt. Das Wachstum der Dienstleistungsbereiche war hier bei weitem nicht so stark, um die Arbeitsplatzverluste in der Industrie auszugleichen und die neu in den Arbeitsmarkt Eintretenden aufzunehmen. Vor allem aber haben Subventionen und Stützungsmaßnahmen für die krisengeplagten traditionellen Unternehmen, aber auch das Sträuben von Kammern und Gemeindeverwaltungen gegen sinnvolle Umstrukturierungsmaßnahmen den für viele Firmen und Arbeitnehmer schmerzhaften Strukturwandel in den traditionellen Industrieregionen wie in Nordrhein-Westfalen, dem Saarland und an der Küste erschwert, wenn nicht gar verhindert.

So kommt es, daß diese Gebiete von der Rezession und von Branchenkrisen stark erschüttert werden, während sich die Zukunftsindustrien vor allem im Süden Deutschlands – in Baden-Württemberg und in Bayern – teilweise stürmisch entwickeln. Das hat möglicherweise auch wieder etwas mit Mentalitätsunterschieden zwischen Nord und Süd, aber auch mit der Qualität des wissenschaftlichen Potentials in diesen Regionen zu tun. »In Württemberg«, sagt z. B. ein junger Anbieter von Software, der Einblick in viele Unternehmen hat, »lebt eine eigene Spezies Mensch. Sie haben einen Hang zum Tüftlertum, einen unerhörten Biß, die Sturheit, ihr Ziel auch zu verwirklichen und ein Gespür für neue Dienstleistungen und Produkte.«

In einer Analyse der bayerischen Landesbank hieß es: »Während im Norden schwerpunktmäßig Branchen angesiedelt sind, die von weltwirtschaftlichem Strukturwandel und Wettbewerb besonders hart getroffen sind, liegen die Schwerpunkte im Süden bei Zukunftsindustrien. Elektro- und Elektronikindustrie, Chemie, Luft- und Raumfahrt, Informations- und Nachrichtentechnik, Spezialmaschinenbau und Kerntechnik sind überwiegend im Süden angesiedelt. Beispielsweise gilt der Raum München bereits als deutsches ›Silicon Valley‹. Aber selbst bei Branchen, die in Nord und Süd zu finden sind, wie beispielsweise beim Fahrzeugbau, zeigt sich der Süden dynamischer und rascher wachsend.«

Hinzu kommt, daß in den traditionellen Regionen mit ihrer Monostruktur, wie etwa im Ruhrgebiet, der wirtschaftliche Strukturwandel – gewollt oder ungewollt – behindert wurde. Die von den Großbetrieben dominierten Handelskammern haben mit dafür gesorgt, daß Subventionen in die traditionelle Industrie flossen; der Einfluß der Konzerne auf den Grundstücksmarkt und die Industrieansiedlungspolitik haben ähnliches bewirkt. So haben die Konzerne an der Ruhr erfolgreich das Aufkommen neuer mittelständischer Wirtschaftszweige verhindert. Selbst in einer Studie des Kommunalverbandes Ruhrgebiet in Essen heißt es: »Der Montanbereich verhinderte wie ein negativ wirkender Katalysator das Entstehen eines von ihm unabhängigen, zweiten wirtschaftlichen Standbeins.«

Die Folgeschäden der Altindustrien – Negativimage, Landschaftszerstörung, Umweltbelastung – erklären nur z. T. die mangelnde Frischluftzufuhr in den traditionellen Industrieregionen. Die Trägheit der einheimischen Industrien, wie Montanindustrie, Bergbau, Schiffbau, Fahrzeugbau, hat viel mit dem Vertrauen auf die Subventionshilfe durch den Staat, mit Verfilzung von Gewerkschaften, Unternehmern und Politikern, aber auch mit der Größenstruktur zu tun.

Mittelständische Unternehmen sind in der Regel für innovative Prozesse beweglicher – wenn auch nicht immer, wie das Beispiel der Uhrenindustrie im Schwarzwald zeigt, die regelrecht die Zeit verschlafen hat. Daß die Zukunftsindustrien viel weniger rohstoff- und energieabhängig sind als die herkömmlichen Schlüsselindustrien, begünstigt zudem ihre Ansiedlung in rohstoffarmen Regionen und im Umfeld von leistungsfähigen Hochschulen und Instituten.

Zukunftsindustrien entstehen nicht unbedingt infolge von neuen Erfindungen und Entwicklungen, denn es gibt auch neue Produkte, die sich nicht durchsetzen. Das heißt: Das Wirtschaftswachstum geht von den Zukunftsmärkten aus, von einer potentiellen Nachfrage, die erst erschlossen und geweckt werden muß. Das ist zwar auch bei Konsumgütern denkbar. Aber der Zukunftsmarkt mit den größten, im Grunde noch nicht absehbaren Wachstumschancen liegt auf dem Gebiet der Informations- und Robotertechnik. Die jetzt möglich gewordene Verknüpfung von dezentralen Rechnern mit Datendiensten und Großrechnern macht die Informationstechnik auch für die Vielzahl der kleinen und mittleren Unternehmen interessant, die den entscheidenden Anteil an der Gesamtwirtschaft stellen.

Wenn diese Klein- und Mittelbetriebe als Nachfrager von Hard- und Software mobilisiert werden, wenn dafür durch Beratung, Schulung und Vermittlung der organisatorischen Möglichkeiten die Voraussetzungen geschaffen werden, dann entsteht hier ein neuer Markt, der den Boom in der Computerindustrie erst richtig in Gang bringen wird. Der derzeitige gnadenlose Verdrängungswettbewerb im Bereich der Hersteller von Kleingeräten ist kein Indiz für fehlende Wachstumschancen oder gar für Marktsättigung.

Einen ähnlichen Wachstumsmarkt bietet die Anwendung der Robotertechnik, die durch Computer erst richtig interessant wird. Fertigungen, die bisher durch Hydraulik oder elektromechanische Einrichtungen automatisiert wurden, können jetzt durch Rechner sehr viel komplexer überwacht und gesteuert werden. Zwar gibt es da noch gravierende Einschränkungen, etwa bei der Präzision von Greifarmen mit langem Radius, aber in einigen Jahren werden solche Schwächen überwunden sein. Weil die Robotertechnik im Grunde noch völlig am Anfang steht, ist ihre Entwicklung noch nicht absehbar und selbst für Zukunftsforscher ungewiß.

Aber bei Rechnern wie bei Robotern besteht derzeit noch eine große Diskrepanz zwischen dem, was technisch machbar ist oder machbar sein wird, und den organisatorischen Voraussetzungen der potentiellen Anwender. Der Vormarsch von Rechnern und Robotern wird demzufolge auch die Strukturen in den Unternehmen jeder Größe entscheidend wandeln. Das heißt, die Zukunftsindustrien werden nicht nur neue Märkte entstehen lassen und gesamtwirtschaftliche Strukturen beeinflussen. Sie werden einen Wandel auch in jedem einzelnen Unternehmen, gleich welcher Branche, bewirken.

Eine neue Gründerwelle geht durch die Bundesrepublik: Kein Bundesland will auf seinen »Technologie-Park«, auf sein »Innovationszentrum« verzichten. Das Berliner Innovations- und Gründerzentrum (BIG) wurde auf dem ehemaligen AEG-Gelände in Wedding eingerichtet.

KLAUS KWASNIEWSKI

Die Ordnung und Entwicklung der wichtigsten Wirtschaftsbereiche

Ein detaillierter Überblick über die Entwicklung der drei Wirtschaftssektoren Landwirtschaft, Verarbeitendes Gewerbe und Dienstleistungen in der Bundesrepublik Deutschland kann in diesem Band nicht gegeben werden. Einige Wirtschaftsbereiche ragen jedoch heraus, nicht nur wegen ihres Beitrags zum Bruttoinlandsprodukt oder der Zahl ihrer Beschäftigten, sondern vor allem wegen der Bedeutung, die ihnen der Staat beimißt.

Grundsätzlich ist die Wirtschaft der Bundesrepublik marktwirtschaftlich organisiert. Von diesem Ordnungsprinzip, das auf Wettbewerb beruht, weicht der Staat bei wichtigen Wirtschaftsbereichen mehr oder weniger ab, so z. B. bei der Agrarwirtschaft, der Energiewirtschaft, der Wohnungswirtschaft und der Verkehrswirtschaft. Diese Wirtschaftsbereiche sind entweder für die Bevölkerung existentiell wichtig oder erlangen ihre Bedeutung über eine starke Verflechtung mit der übrigen Wirtschaft, so daß dem Staat eine besondere, von der Marktwirtschaft abweichende Ordnung notwendig erscheint.

Die Landwirtschaft

Die Landwirtschaft gehört zu jenen Wirtschaftsbereichen, wo der Wettbewerb als marktwirtschaftliches Ordnungsprinzip besonders stark eingeschränkt ist und staatliche Reglementierungen von Absatz und Erzeugerpreisen am ausgeprägtesten sind.

Für staatliche Reglementierungen (Marktordnungen) wurden verschiedene Gründe angeführt. Diese beruhen zum einen auf ökonomischen, zum anderen auf politischen Überlegungen:
☐ Der Landwirtschaft fehlten im Vergleich zur gewerblichen Wirtschaft die Voraussetzungen für einen internationalen Wettbewerb. Dies sei auf unterschiedliche Boden- und Anbaubedingungen, Ernteschwankungen, Witterungsabhängigkeit und einen langen Produktionsprozeß zurückzuführen. Ein freier Markt mit einer allein durch Angebot und Nachfrage bestimmten Preisbildung setze eine große Anpassungsfähigkeit voraus, die die Landwirtschaft wegen dieser kaum beeinflußbaren Produktionsbedingungen nicht habe. Überdies sei die Nachfrage nach landwirtschaftlichen Erzeugnissen relativ starr und lasse sich über einen gewissen Sättigungspunkt hinaus nicht steigern.
☐ Im Interesse der Konsumenten müsse eine inländische Mindestversorgung für Notjahre und Zeiten internationaler Krisen sichergestellt werden. Hierdurch werde für den Staat zugleich eine größere Unabhängigkeit in seiner Außenpolitik gewährleistet. Die nationale Bedeutung einer lebensfähigen Landwirtschaft rechtfertige es nötigenfalls, daß die Gesamtheit der Bevölkerung dafür vorübergehend oder dauerhaft Opfer auf sich nehme.

Diese Argumente sind im Kern berechtigt, jedoch wie folgt zu relativieren:
☐ Die Produktions-, Anpassungs- und Absatzschwierigkeiten der Landwirtschaft dürfen nicht überbewertet werden. So erklärt sich die mangelnde Anpassungsfähigkeit der deutschen Landwirtschaft im Vergleich etwa zur niederländischen und dänischen z. T. gerade dadurch, daß in Deutschland jahrzehntelang eine Agrarschutzpolitik betrieben wurde. Diese basierte früher auch auf Autarkieträumen und der These vom hohen Wert der bäuerlichen Kultur, Bestrebungen, die in der »Blut- und Bodenideologie« des Nationalsozialismus ihren Höhepunkt fanden. Eine jahrzehntelang durch Protektionismus geschützte Landwirtschaft verliert jedoch ihre Anpassungsfähigkeit und wohl auch Anpassungswilligkeit. Daher muß darauf geachtet werden, daß der Schutz der Landwirtschaft durch Marktordnungen mit einem Maximum an Maßnahmen gekoppelt wird, die wettbewerbsanreizende Wirkungen haben.
☐ Die Sicherung einer inländischen Mindestversorgung ist insofern zu rechtfertigen, als eine völlige Abhängigkeit von Agrarimporten das Einfuhrland zum Spielball fremder Ineressen werden läßt. So würde beispielsweise eine aus innenpolitischen Gründen durchgeführte Getreidepreiserhöhung in den Haupterzeugerländern die Brotpreise im Importland steigen lassen. Diese Preiserhöhung müßte hingenommen werden, da Sanktionsmöglichkeiten in Form von wirtschaftlichen Vergeltungsmaßnahmen wegen der überwiegenden Industrieexporte kaum Erfolg haben dürften. Marktordnungen für die nationale Landwirtschaft sind auch deshalb erforderlich, weil sie in anderen Ländern ebenfalls existieren und weil auf den Weltmärkten für Agrarprodukte nur die jeweiligen Überschußmengen der Exportländer angeboten werden. Dies hat starke Preisschwankungen auf den Weltagrarmärkten zur Folge. Bei Weltagrarüberschüssen besteht überdies die Tendenz zu niedrigen Weltmarktpreisen, die niedriger sein können als in jedem Agrarüberschußland. Eine durch Marktordnungen oder Einkommensübertragungen an die Landwirte nicht geschützte nationale Landwirtschaft könnte gegenüber diesen niedrigen, politisch manipulierten Weltmarktpreisen nicht bestehen. Nicht angestrebt werden sollte jedoch eine Autarkie. Sie wäre für ein dichtbevölkertes Industrieland wie die Bundesrepublik eine Utopie.

Das Marktordnungssystem

Die ersten Jahre nach dem Zweiten Weltkrieg standen ganz im Zeichen der Überwindung von Hunger und Not. Da keine Devisen vorhanden waren und mithin nicht die Möglichkeit bestand, Nahrungsmittel und landwirtschaftliche Produkte zu importieren, ging es in erster Linie darum, eine möglichst hohe Selbstversorgung mit Agrarerzeugnissen zu erreichen.

Vom Übergang zur marktwirtschaftlichen Ordnung im Jahr 1948 blieb die Landwirtschaft ausgeschlossen. Nach dem Grundsatz: »Marktwirtschaft soweit wie möglich, Agrarschutz soweit wie nötig« wurde für die Landwirtschaft ein Marktordnungssystem entwickelt, das die Stabilität von Absatz, Preisen und Versorgung der Konsumenten sichern sollte.

1950/51 beschloß der Bundestag Marktordnungen für Vieh und Fleisch, Zucker, Getreide, Milch und Fette. Kern dieser Gesetze war die Einrichtung von sog. »Einfuhr- und Vorratsstellen«, die das Monopol für Agrareinfuhren besaßen und diese nach Menge, Zeit und Preis steuer-

Das Marktordnungssystem

Landwirtschaftliche Betriebsgrößen

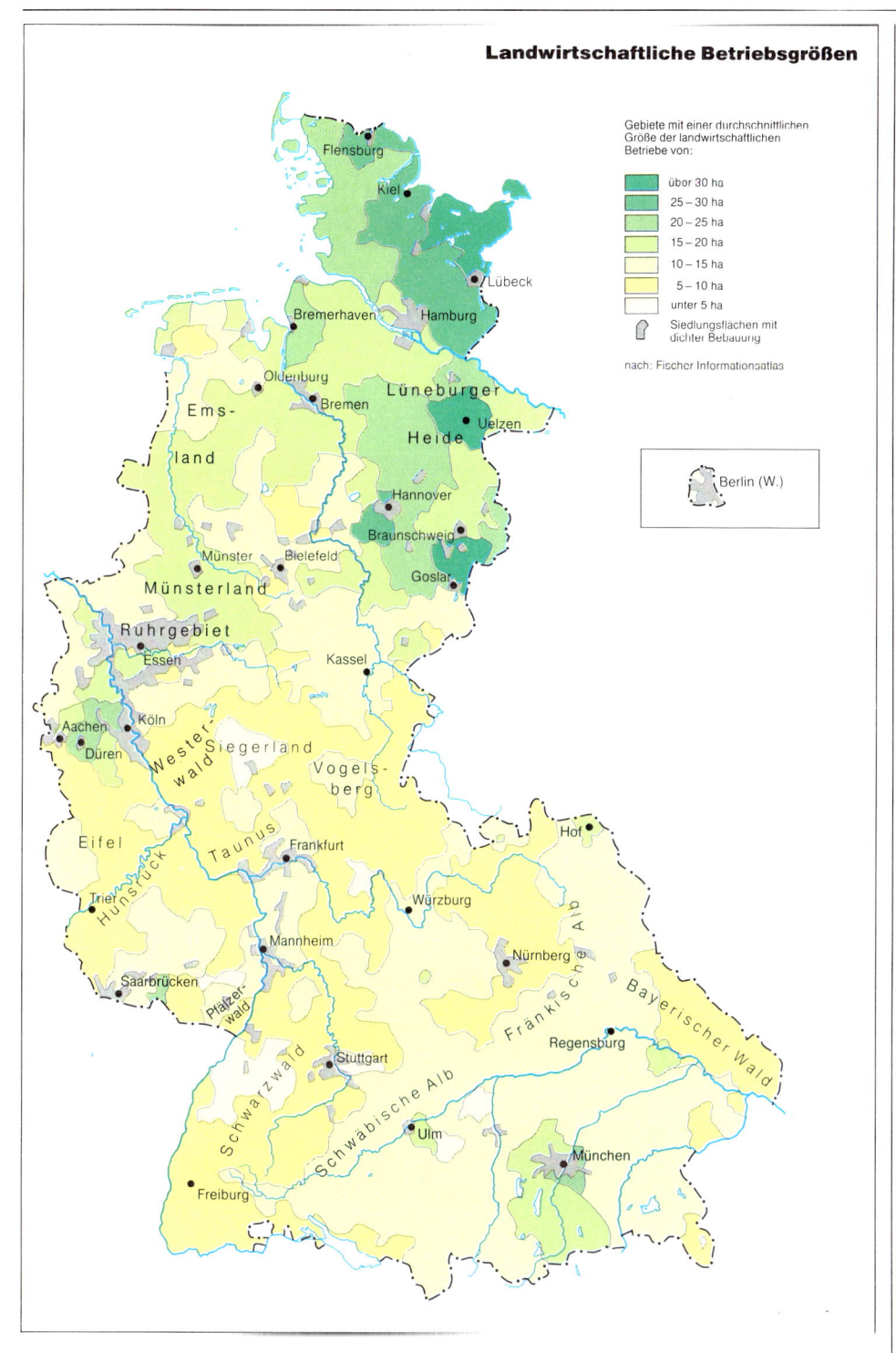

Gebiete mit einer durchschnittlichen Größe der landwirtschaftlichen Betriebe von:
- über 30 ha
- 25 – 30 ha
- 20 – 25 ha
- 15 – 20 ha
- 10 – 15 ha
- 5 – 10 ha
- unter 5 ha
- Siedlungsflächen mit dichter Bebauung

nach: Fischer Informationsatlas

ten. Durch die staatliche Preis- (Höchst- und Mindestpreisfestsetzung) und Mengenregulierung (Importkontingente) wurden rund 80 Prozent der Nahrungsmittelproduktion erfaßt. Die Einfuhr- und Vorratsstellen hatten die Aufgabe, die Preise landwirtschaftlicher Produkte innerhalb der gesetzlich fixierten Spannen zwischen Höchst- und Mindestpreisen zu halten. Dies geschah bei einer Überversorgung des Binnenmarktes mit inländischen Agrarprodukten durch Warenentnahme aus dem Binnenmarkt (Einlagerung). Bei Unterversorgung des Binnenmarktes erfolgte Belieferung aus der Vorratshaltung bzw. Öffnung der »Importschleusen« für ausländische Agrarprodukte.

Durch das Marktordnungssystem konnte bis 1953 der inländische Verbraucher vor den höheren Weltmarktpreisen geschützt werden, indem diese durch die Einfuhr- und Vorratsstelle auf das Inlandsniveau »herabgeschleust« wurden. Nach 1953 sanken die Weltmarktpreise aufgrund eines wachsenden Angebots und unterschritten laufend die festgesetzten Inlandspreise. Jetzt diente das Marktordnungssystem in erster Linie dem Schutz der Landwirte. Die notwendigen Importe wurden den höheren inländischen Preisen angepaßt, die inländische Produktion blieb weiterhin zu diesen Preisen gesichert. Die Marktordnungen belasteten nun den Verbraucher erheblich durch die Verteuerung der Importe und das im Vergleich zum Ausland hohe inländische Agrarpreisniveau.

Trotz dieser Agrarmarktordnungen öffnete sich in den Folgejahren eine sog. »Preisschere« und damit »Einkommensschere« zwischen Landwirtschaft und Industrie. Die Löhne und Preise in der Industrie stiegen schneller als in der Landwirtschaft, deren Preise mit Rücksicht auf die Konsumenteninteressen und wegen der stagnierenden Nachfrage nach Agrarprodukten nicht beliebig erhöht werden konnten. Gleichzeitig stiegen die Kosten der landwirtschaftlichen Produktion (Löhne, Maschinen, Düngemittel), so daß die Einkommen in der Landwirtschaft trotz der Agrarmarktordnung, trotz aller Mechanisierungen und aller agrarwissenschaftlicher Fortschritte mit der Entwicklung in anderen Wirtschaftszweigen nicht Schritt hielten. Die Frage der Teilhabe der Landwirtschaft am allgemeinen Anstieg des Lebensstandards trat damit in den Vordergrund. Hierzu wurde am 5. September 1955 das Landwirtschaftsgesetz erlassen. Die auf der Grundlage dieses Gesetzes beschlossenen agrarpolitischen Maßnahmen sind in den sog. »Grünen Plänen« enthalten und werden dem Bundestag jährlich als »Grüner Bericht« vorgelegt.

Während die bisherige Agrarpolitik durch ihre Preis- und Absatzgarantien und ihren Schutz vor ausländischer Konkurrenz kaum Anreize zur Leistungssteigerung enthielt, sollten jetzt durch gezielte Verbesserungen der Leistungsfähigkeit, durch Subventionen, Zuschüsse und Prämien rationell arbeitende Betriebe geschaffen und die Produktions- und Lebensbedingungen verbessert werden. Ziel war es, die Wettbewerbsfähigkeit der Landwirtschaft zu steigern und damit dem Weltmarkt anzupassen sowie eine sozial vertretbare Einkommenshöhe zu sichern. Durch ergänzende Maßnahmen sollte weiter dafür gesorgt werden, daß entstehende soziale Härten ausgeglichen wurden, so z. B. durch die Einführung der gesetzlichen Altershilfe für Landwirte im Jahre 1957.

Allerdings stand noch bis in die sechziger Jahre aus politischen und sozialen Gründen das Prinzip der Erhaltung jedes bäuerlichen Familienbetriebs im Vordergrund. Dies hatte zur Folge, daß zahlreiche Subventionen nach dem »Gießkannenprinzip« verteilt wurden, statt sie auf ausbaufähige und langfristig lebensfähige Landwirtschaftsbetriebe zu konzentrieren. Subventionen flossen danach nicht nur den nicht lebensfähigen Kleinstbetrieben zu, sondern auch den rationell und mit Gewinn arbeitenden Großbetrieben. Hierdurch wurde das Ausscheiden unrationeller Kleinbetriebe aus dem Markt lange hinausgezögert, und statt echter Leistungssteigerung blieb es bei unrentablen Schutzmaßnahmen.

Industrielle Landwirtschaft

Die Industrialisierung der Landwirtschaft führte nach 1945 zu Ertragssteigerungen, die kaum jemand für möglich gehalten hatte. Die Landwirte in der Bundesrepublik erwirtschaften von Jahr zu Jahr Überschüsse. Die Weizenerträge pro ha verdoppelten sich in den letzten Jahrzehnten von 25,8 auf 54 Dezitonnen. Waren 1950 zur Bewirtschaftung von einem ha Getreide noch über 100, für einen ha Zuckerrüben über 400 Arbeitsstunden nötig, so sind es derzeit nur noch 20 bzw. 100. Hungersnöte als Folge von Naturkatastrophen und Mißernten scheinen für immer überwunden zu sein.

Wodurch wurden diese Erfolge erzielt? Da ist zunächst die Mechanisierung selbst zu nennen, die Einführung von Maschinen (2, 3, 4) – das Pferd als Arbeitstier (1) ist eine Rarität geworden. Einher ging eine umfassende Veränderung der Kulturlandschaft: Sie wurde maschinengerecht gemacht (2, 3, 4, 7). Spezialisierung und Rationalisierung der Betriebe (5, 6, 8) kamen hinzu, doch ausschlaggebend war wohl der Fortschritt in der Pflanzenzüchtung und -ernährung, in der Mineraldüngung und im chemischen Pflanzenschutz.

Aber gerade die Erfolge der Agrikulturchemie haben auch Schäden mitverursacht, die eines Tages die Erfolge selbst gefährden können: Auspowerung des Bodens, Verseuchung des Grundwassers mit Nitraten, nicht zu vergessen die Vernichtung unzähliger Arten, vor allem auch durch den Einsatz von Maschinen. Die Aufgabe ist erkannt. Agrochemiker, Landwirte und Ökologen suchen gemeinsam nach Lösungsmöglichkeiten. D. L.

Landarbeit mit Pferd (1). – Stickstoffdüngung eines Getreidefelds mit einem hydropneumatischen Streuer (2). – Erntezeit. Landwirt auf dem Mähdrescher (3). – Strohbergung mit einer Rundballenpresse (4). – Moderner, auf Grünlandwirtschaft spezialisierter Betrieb (5). – Milchwirtschaft: Milchkuhstall für 500 Kühe auf Gut Behl bei Plön (6). – Maschinengerechte Weinterrassen im Kaiserstuhl (7). – Verpackungsanlage einer Hühnerfarm (8). – Was den Franzosen ihr Käse, ist den Deutschen ihr Brot (9).

273

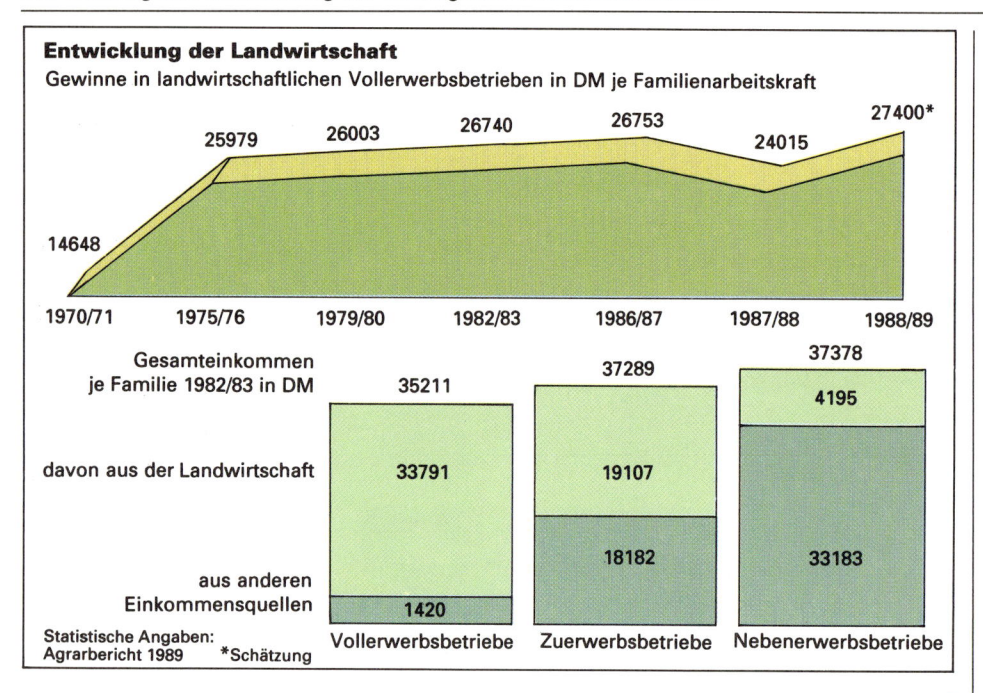

Entwicklung der Landwirtschaft
Gewinne in landwirtschaftlichen Vollerwerbsbetrieben in DM je Familienarbeitskraft

1970/71	1975/76	1979/80	1982/83	1986/87	1987/88	1988/89
14648	25979	26003	26740	26753	24015	27400*

Gesamteinkommen je Familie 1982/83 in DM

	Vollerwerbsbetriebe	Zuerwerbsbetriebe	Nebenerwerbsbetriebe
Gesamt	35211	37289	37378
davon aus der Landwirtschaft	33791	19107	4195
aus anderen Einkommensquellen	1420	18182	33183

Statistische Angaben: Agrarbericht 1989   *Schätzung

Agrarmarktordnungen der EG

Der Gemeinsame Agrarmarkt der EG wurde in der Zeit von 1962 bis 1972 geschaffen. Gesetzliche Grundlage sind der EWG-Vertrag vom 25. März 1957 und eine Vielzahl von Verordnungen des Ministerrates der EG, die sich auf zahlreiche Agrarprodukte – Getreide, Fleisch, Eier, Obst/Gemüse, Wein, Milch und Milchprodukte, Reis, Zucker, Hopfen, Tabak, Fette (Oliven), Fisch usw. – beziehen.

Die Marktordnungen der EG erfassen seit 1971 wertmäßig mehr als 90 Prozent der Agrarprodukte der Gemeinschaft. Die Ordnungen bilden jeweils einen gemeinsamen Markt für alle Mitgliedstaaten, da nach der Übergangszeit seit dem 1. Juli 1968 alle Preisunterschiede und Einfuhrbeschränkungen innerhalb der EG-Länder fortgefallen sind. Damit haben die EG-Agrarmarktordnungen die Marktordnungen der Bundesrepublik abgelöst.

An die Stelle fester Zölle im Verkehr mit Drittländern, d. h. der Nichtmitglieder der EG, sind Abschöpfungen getreten. Durch sie wird der Import aus Drittländern erschwert. Die Höhe der Abschöpfungen entspricht der Differenz zwischen dem von der EG für ein Produkt festgesetzten Richtpreis, dem sog. Schwellenpreis, und dem niedrigsten repräsentativen Weltmarktpreis. Durch diese Hochschleusung der Preise von Agrarprodukten aus Drittländern auf das Niveau der Preise in der Gemeinschaft wird die EG-Landwirtschaft vor dem ausländischen Preiswettbewerb geschützt.

Die vorher praktizierten mengenmäßigen Einfuhrbeschränkungen wurden mit der Einführung des Abschöpfungssystems hinfällig. Die Einfuhr bestimmter Produkte (z. B. Getreide, Reis, Milch, Rindfleisch) machte man aber lizenzpflichtig, wobei die Lizenzen »grundsätzlich« erteilt werden. Versagt wird die Genehmigung von Einfuhren aus Drittländern dann, wenn die EG-Märkte »ernstlichen« Störungen ausgesetzt oder davon bedroht würden. Ziel dieser Regelung ist, den Absatz der Agrarprodukte aus den Mitgliedsländern sicherzustellen.

Ebenso wie die Einfuhren sind auch die Ausfuhren aus der EG in Drittländer der Lizenzpflicht unterworfen. Während bei den billigen Importen vom Weltmarkt die Differenz zum höheren Schwellenpreis in der EG als Gewinn abgeschöpft wird, wird bei den Ausfuhren der EG in Drittländer die Differenz zwischen dem höheren Schwellenpreis und dem niedrigeren Weltmarktpreis erstattet (Exporthilfe).

Um sicherzustellen, daß das Ziel der Stabilisierung der Agrarmärkte in der EG wirklich erreicht wird und die tatsächlichen Agrarpreise nicht erheblich von den vom Ministerrat festgelegten Richtpreisen abweichen, führte man sog. Interventionspreise ein. Sie liegen um 5 bis 10 Prozent unter den Richtpreisen. Da die staatlichen Interventionsstellen (Einfuhr- und Vorratsstellen) zu den Interventionspreisen jede Menge des betreffenden Agrargutes aufkaufen müssen (Stützungskäufe), handelt es sich bei den Interventionspreisen um garantierte Mindestpreise. Diese Abnahmegarantie erlaubt es der EG-Landwirtschaft, ohne Rücksicht auf den Bedarf beliebige Produktmengen zu erzeugen, die zu den garantierten Preisen von den Interventionsstellen aufgekauft werden.

Komplikationen durch Währungsänderungen

In der Zeit vom 1. Juli 1967 bis zum 29. Juli 1969 wurde ein EWG-einheitliches Preisniveau für alle wichtigen landwirtschaftlichen Produkte festgelegt. Seitdem werden die EG-Agrarpreise in Währungseinheiten, dem sog. »Grünen Dollar« – vormals die Europäische Rechnungseinheit (RE), heute die Europäische Währungseinheit (ECU) –, für alle Mitgliedsländer einheitlich berechnet.

Im August 1969, gut ein Jahr nach Erlaß der endgültigen gemeinsamen Agrarmarktordnungen, mußte der französische Franc abgewertet und, im Oktober 1969, die D-Mark aufgewertet werden. Wegen der sich regelmäßig wiederholenden Wechselkursänderungen billigte der Ministerrat am 13. Dezember 1975 nicht nur einen Grenzausgleich, der 1969 erstmalig eingeführt und seitdem zu einer Dauereinrichtung wurde, sondern auch von Land zu Land unterschiedliche Agrarpreise. Diese eigenen landwirtschaftlichen Wechselkurse (grüne Paritäten) liegen in Hartwährungsländern (z. B. Bundesrepublik) über und in Schwachwährungsländern (z. B. Italien, Frankreich) unter den tatsächlichen Markt- bzw. Zeitkursen.

Im Fall einer Aufwertung glaubte es keine Regierung hinnehmen zu können, daß sich hierdurch das Einkommen der Landwirtschaft im Vergleich zu vorher und damit auch zu den anderen Wirtschaftssektoren verschlechtert. (Dies gilt umgekehrt im Fall einer Abwertung auch für die entsprechende Verbesserung der Lage der Landwirtschaft.) Daher wurde bei den Aufwertungen der D-Mark den deutschen Bauern ein Aufwertungsausgleich als Beihilfe gezahlt. Hierdurch wird der Preis der Agrarprodukte wieder auf das alte Niveau erhöht. Gleichzeitig wird an der deutschen Grenze ein zollähnlicher Grenzausgleich erhoben, der den Importpreis von Agrarprodukten heraufschleust. Mit dem Grenzausgleich soll sichergestellt werden, daß den deutschen Interventionsstellen nicht Agrarprodukte aus anderen EG-Ländern angedient werden. Diese müßten aufgrund der Freizügigkeit des Warenverkehrs und der Interventionspflicht der Vorratsstellen aufgekauft werden. Ohne diesen Grenzausgleich würde das andienende Land einen Währungsgewinn erzielen. Dies soll an einem vereinfachten Beispiel verdeutlicht werden: Der Interventionspreis, zu dem die EG bereit ist, Butter aufzukaufen, sei auf 4,00 ECU (Europäische Währungseinheit) je kg festgesetzt. Dies entspräche zunächst 10,00 DM in Deutschland und 28,50 FF in Frankreich. Nach einer Aufwertung der D-Mark und einer Abwertung des Franc gegenüber der ECU um jeweils 5 Prozent würden 4,00 ECU nur noch 9,50 DM, aber 30,00 FF entsprechen. Die deutschen Bauern erhalten wegen des Aufwertungsausgleichs aber unverändert 10,00 DM pro kg als Interventionspreis von den Vorratsstellen. Würde nun kein Grenzausgleich erhoben, so wäre es offensichtlich lohnend, französische Butter für 10,00 DM pro kg an die deutsche Interventionsstelle zu ver-

EG-Agrarrunde in Brüssel: Landwirtschaftsminister Ignaz Kiechle vertritt die Interessen der deutschen Bauern.

kaufen, was nach dem neuen Wechselkurs 31,77 FF entspräche.

Um solche Geschäfte zu unterbinden, mußten also im grenzüberschreitenden EG-Agrarhandel Währungsausgleichsbeträge eingeführt werden. Sie wirken bei Exporten von Frankreich nach Deutschland wie Zölle, bei Exporten von Deutschland nach Frankreich wie Exportsubventionen.

Als Folge der Währungsänderungen ist der Gemeinsame Agrarmarkt wieder in verschiedene Teilmärkte zerbrochen. Das Ziel, einheitliche EG-Agrarpreise als Ausdruck eines gemeinsamen Marktes zu schaffen, ist nicht erreicht worden; der Gemeinsame Agrarmarkt wurde eine Fiktion. Mit dem Grenzausgleich mußte beim grenzüberschreitenden Verkehr überdies eine Maßnahme ergriffen werden, die wie ein Zoll oder umgekehrt wie eine Exportsubvention wirkt – beides sollte nach dem Willen der Gründungsväter des Gemeinsamen Agrarmarktes ja gerade im innergemeinschaftlichen Handel abgeschafft werden!

Die Realität der »Butterberge«

Für den Verbraucher erweist sich der Gemeinsame Agrarmarkt von seiner Konstruktion her als eine sehr teure Lösung. Dies hat zwei Gründe: Erstens war bei seiner Gründung, als die gemeinsamen Preise festgelegt wurden, das hohe deutsche Agrarpreisniveau mitbestimmend. Hierdurch wurden die gemeinsamen Agrarpreise von Anfang an erhöht. Zweitens verfolgt die EG-Agrarpolitik das Marktziel der Versorgungssicherung der Bevölkerung und das Einkommensziel der Existenzsicherung für die Landwirtschaft im wesentlichen nur mit dem Instrument der Preispolitik. Durch administrative Agrarpreiserhöhung gibt sie Anreize zur Steigerung der Agrarproduktion und trägt so zugleich zur Erhöhung der Agrareinkommen bei. Durch diese Doppelfunktion der Preispolitik, ergänzt durch die Preis- und Absatzgarantien, und eine unbegrenzte Verpflichtung zur Finanzierung der durch die Marktordnungen entstehenden Lasten kam es zum Zentralproblem der EG-Agrarpolitik: den strukturellen Überschüssen. Diese haben als »Butterberg«, »Rindfleischberg« usw. traurige Berühmtheit erlangt. An überschüssigen Agrarprodukten lagerten Ende 1987 925000 t Butter, 600000 t Magermilchpulver, 865000 t Rindfleisch, 8,125 Millionen Tonnen Getreide und (Ende 1988) 10,556 Millionen Hektoliter Reinalkohol in den Kühlhäusern und Silos der EG.

Für solche Überschüsse besteht aber bei den hohen und von der Preispolitik ständig weiter erhöhten Preisen weder innerhalb noch außerhalb der Gemeinschaft eine Nachfrage. Die Überschüsse müssen daher auf Kosten des EG-Haushalts aufgekauft, zu Butter und Magermilchpulver verarbeitet und gelagert werden. Quellen die Lager dann über, werden die Überschüsse schließlich verbilligt exportiert, wobei die Differenz zwischen dem hohen EG-Preis und dem niedrigeren Weltmarktpreis den Exporteuren als Exporthilfe erstattet wird. Oder aber die Überschüsse werden als sog. »Weihnachtsbutter« in den Mitgliedsländern billiger verkauft bzw. sogar hin und wieder zu Preisen an die Sowjetunion verramscht, die noch unterhalb der niedrigen Weltmarktpreise liegen. Der Verbraucher und Steuerzahler wird also insgesamt dreimal zur Kasse gebeten. Erstens muß er überhöhte Agrarpreise bezahlen, zweitens die Lagerkosten für die Überschüsse tragen und drittens die Exporterstattungskosten aufbringen.

Einige dieser Interventionsbestände, z.B. von Magermilchpulver, von Butter und Rindfleisch, konnten im Jahre 1989 – wohl durch umfangreiche Exporte in Drittländer – beträchtlich abgebaut werden.

Erschöpfung der EG-Einnahmen

Die gesamten Agrarausgaben beanspruchen rund 70 Prozent des EG-Budgets. Als Einnahmen stehen der EG neben den Zöllen und Agrarabschöpfungen Mehrwertsteuer-Einnahmen in Höhe von maximal 1 Prozent (seit dem 31. März 1984 1,4 Prozent) der gemeinsamen Bemessungsgrundlage der EG-Mitgliedsländer zu. Dieser Einnahmenspielraum wurde 1975 erst zu 60 Prozent, 1983 jedoch nahezu völlig ausgeschöpft. Zurückzuführen ist diese Entwicklung zu mehr als zwei Dritteln auf die gestiegenen Agrarausgaben.

Die Gemeinschaft stand damit im Herbst 1983 finanziell vor ihrem Ende – ruiniert durch den Gemeinsamen Agrarmarkt, der nach dem Willen ihrer Gründungsväter ihr Motor sein sollte. Am 12. Oktober 1983 mußte die EG-Kommission sogar die Vorschüsse auf Erstattungen für Agrarexporte und Prämien für bestimmte Marktordnungsbereiche (Milch, Wein, Zucker usw.) in Milliardenhöhe für zehn Tage aussetzen. Unter dem Druck leerer Kassen und vor dem Hintergrund der Süderweiterung der EG um Spanien und Portugal erschien eine Reform der Agrarpolitik unumgänglich. Sie war aus der Sicht der Bundesrepublik und Großbritanniens, den beiden einzigen Nettozahlern der EG, überdies Voraussetzung für eine Erweiterung der Finanzierungsquellen der Gemeinschaft.

Wie könnte eine Agrarreform aussehen?

Das erste und wichtigste Ziel einer Agrarreform muß es sein, die Überschüsse zu beseitigen. Eine marktwirtschaftliche Lösung würde darin bestehen, längerfristig angelegte, allmähliche Preissenkungen für Überschußprodukte vorzunehmen und zur Kompensation der Erlöseinbußen direkte Einkommenshilfen an die Landwirte zu zahlen. Durch die Preissenkungen würde zum einen sichergestellt, daß die kostspielige Überschußproduktion von Agrarprodukten zu Lasten der Verbraucher schrittweise abgebaut wird. Die Einkommenshilfen würden zum andern ein ausreichendes Einkommen der Landwirte während einer Anpassungsphase gewährleisten. Die Chancen, eine solch weitreichende Agrarreform in der EG durchzusetzen, sind jedoch derzeit gering.

275

Die Ordnung und Entwicklung der wichtigsten Wirtschaftsbereiche

Größere Chancen dürfte eine »zweitbeste« Lösung haben, wonach für jedes Land in einem ersten Schritt Produktionsquoten festgelegt werden; Mengen, die über diese Kontingente hinausgehen, würden mit einer Abgabe belastet, die einen hohen Prozentsatz des Interventionspreises ausmacht. Die Produktionsquoten hätten sich am tatsächlichen Verbrauch innerhalb der Gemeinschaft zu orientieren. Dadurch würde ein wichtiger Anreiz verlorengehen, Überschüsse zu produzieren. Eine ebenfalls diskutierte, nach der Produktionsmenge gestaffelte »Mitverantwortungsabgabe« der Landwirtschaft wäre dagegen nicht so wirksam. Generell haben derartige Produktionskontingente allerdings den Nachteil, daß sie Spielraum für weitere Preisanhebungen bieten, zu Effizienzverlusten und Strukturverhärtungen führen und bodenbezogene Renten (Gewinne) der Eigentümer der Kontingente sowie umfangreiche administrative Maßnahmen zur Folge haben.

Der zweite Schritt wäre in Lösungen zu sehen, wie sie beispielsweise im sog. »Mansholt-Plan« vorgeschlagen werden. Danach kann nur ein rigoroses »Gesundschrumpfen«, eine Auslese starker und leistungsfähiger Betriebe, die Agrarwirtschaft zu einem wettbewerbsfähigen Wirtschaftszweig machen. Dazu müßte die Produktion mit dem Bedarf in Einklang gebracht werden, d. h., für Überschußprodukte dürften keine weiteren Preiserhöhungen mehr gebilligt werden. Dies hätte wiederum zur Folge, daß die Einkommen der Landwirte stagnieren. Der dann sinkende Beitrag der Landwirtschaft zum (steigenden) Bruttosozialprodukt würde bedeuten, daß die Zahl der Arbeitskräfte in der Landwirtschaft noch weiter zurückgehen muß, wenn der einzelne in diesem Sektor noch ein Einkommen erzielen will, das dem in der übrigen Volkswirtschaft vergleichbar ist. Im Ergebnis würde dies zu einer Auslese der starken und leistungsfähigen Betriebe führen.

Unterstützt werden sollte diese Agrarpolitik durch eine entsprechende Strukturpolitik, die einen Anreiz bietet, kleine und wenig rentable Höfe aufzugeben. Die Klein- und Kleinstbetriebe – die sog. Bergbauern – werden durch die gegenwärtige Preispolitik, die vor allem den ohnehin schon rentablen Groß- und Mittelbetrieben zugute kommt, am Leben gehalten. Selbst direkte Einkommenshilfen an diese »Bergbauern« ohne Gegenleistung wären für den Verbraucher billiger als das gegenwärtige Preis- und Abnahmesystem.

Ansätze einer Agrarreform

Zu solch weitreichenden Reformen des Gemeinsamen Agrarmarktes konnten sich die Politiker bei ihren agrarpolitischen Reformbeschlüssen vom 31. März 1984 jedoch nicht durchringen. Wichtigstes Ergebnis war eine Begrenzung der Milchmenge, die zu Garantiepreisen abgenommen wird. Eine wirksame Begrenzung hatte es bisher nur bei Zuckerrüben gegeben; die Schwelle bei Getreide hatte, da sie zu hoch angesetzt war, nicht gewirkt. Wird bei der neuen Regelung die garantierte Milchabnahmemenge von knapp 100 Millionen Tonnen überschritten, so wird von den Erzeugern eine Milchabgabe in Höhe von 75 bis 100 Prozent je nach Erzeugerland erhoben, die die Verwertungskosten

Überproduktion in der Landwirtschaft der EG durch eine fragwürdige Subventionspolitik: Lebensmittel, die bei dem herrschenden Agrarpreisniveau auf dem Markt nicht abgesetzt werden können, werden nach Ankauf durch die staatlichen Interventionsstellen zu den garantierten Preisen entweder auf Kosten der Verbraucher gehortet, wie z. B. der »Butterberg« in einem Kühlhaus in Groß-Gerau (ganz oben), oder gleich vernichtet, bestenfalls vor die Säue geworfen (oben).

Ansätze einer Agrarreform

Bodenschätze in der Bundesrepublik Deutschland

Legende:
- Steinkohlevorkommen
- Steinkohleförderung
- Braunkohlevorkommen
- Braunkohleförderung
- Erdöl- u. Erdgasvorkommen
- Erdöl- u. Erdgasförderung

Abbau von:
- **Fe** Eisen
- **Pb** Blei
- **Zn** Zink
- **Sk** Schwefelkies
- **Ka** Kali
- **Sa** Stein- u. Siedesalz
- **A** Asphalt
- **Ba** Bauxit
- **B** Bleicherde
- **F** Flußspat
- **FP** Feldspat, Pegmatit
- **Gr** Graphit
- **Kn** Kaolin
- **Ke** Kieselerde
- **Ki** Kieselgur
- **Lv** Basaltlava, Tuffstein, Traß
- **Sh** Schwerspat
- **Sp** Speckstein

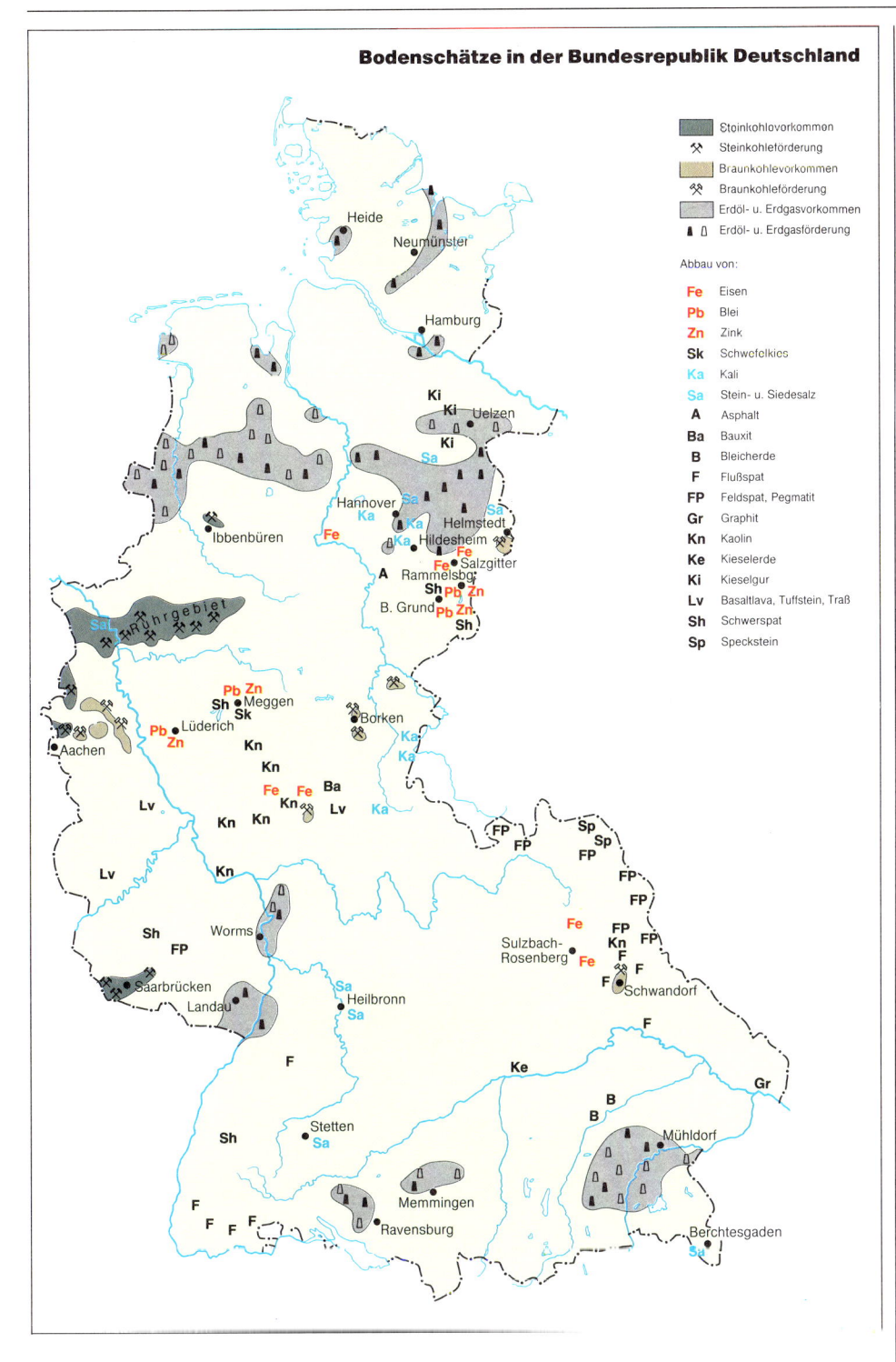

deckt. Hierdurch dürfte die Milchproduktion der Gemeinschaft um etwa 4 Prozent, in den traditionellen Erzeugerländern sogar noch mehr, gesenkt werden.

Dieser Schritt bedeutet einen ersten Eingriff in den »Besitzstand« der Milchproduzenten. Dies muß anerkannt werden, auch wenn die Garantiemenge noch immer viel zu hoch ist: Sie liegt um 14 Prozent über dem Verbrauch in der Gemeinschaft. Im Ergebnis dürfte daher durch die beschlossene Milchkontingentierung keineswegs gespart, sondern bestenfalls die Verschleuderung öffentlicher Gelder etwas gebremst werden.

Die Ankündigung einer Quoteneinführung veranlaßt die Erzeuger in aller Regel zu einer Aufstockung ihrer Produktionskapazität (Viehbestand, Umbrechen von Grünland zu Ackerland), um bei der Quotenzuteilung großzügiger bedacht zu werden (Vorhalteeffekt). Die tatsächliche Quotenhöhe bemißt sich dann an dem überhöhten Produktionsniveau, und auch die nachträglich vorgenommenen Quotenkürzungen fallen geringer aus als mit Blick auf das tatsächliche Verbrauchsniveau der EG notwendig wäre.

Politisch ist die Einführung einer Quotenregelung stets mit dem Versprechen auf bessere Erzeugerpreise verkauft worden, das von den Landwirten dann auch eingefordert wird. Gleichzeitig wächst der politische Widerstand gegen weitere Quotenkürzungen, die zur Herstellung des Marktgleichgewichts dringend notwendig wären. Nationale und betriebliche Ausnahmeregelungen durchlöchern das Quotenssystem. Um die nationalen Quoten dennoch einhalten zu können, sind vermehrt nationale Herauskaufaktionen (z. B. Milchrente und Flächenstillegung) erforderlich geworden. Auch haben Landwirte erfolgreich vor dem Europäischen Gerichtshof geklagt, weil sie an früheren subventionierten Abschlachtaktionen teilgenommen haben und damit ihre Quotenzuteilung 1984 nichtsahnend drastisch verschlechtert hatten.

Weiter wurden bei den Agrarbeschlüssen vom 31. März 1984 unterdurchschnittliche Preiserhöhungen im Vergleich zur erwarteten Inflationsrate vorgesehen. Nach der gleichzeitig vorgenommenen Erhöhung der Eigeneinnahmen der Gemeinschaft aus der Mehrwertsteuer von 1 auf 1,4 Prozent der gemeinsamen Bemessungsgrundlage dürfte jedoch die Budgetbremse der »leeren EG-Kassen« entfallen. Daher besteht die Gefahr, daß bei der begrenzten Garantiemenge der Druck auf die Landwirtschaftsminister in den kommenden Jahren steigen wird, den Milchpreis kräftig zu erhöhen.

Neues agrimonetäres System

Bei den agrarpolitischen Beschlüssen vom 31. März 1984 wurde außerdem die Grenzausgleichsberechnung geändert. Der Grenzausgleich war bei seiner Einführung 1969 auf nur drei Monate konzipiert, hatte sich jedoch zu einer Dauereinrichtung und zu einem Politikum hohen Ranges entwickelt. Bisher errechnete sich der Grenzausgleich jedes Landes als Differenz zwischen dem »grünen Kurs« (Interventionspreis) und dem Leitkurs der entsprechenden Währung der ECU. Die ECU stellte demnach die Bezugsgröße dar, die als Währungskorb mit starken und schwachen Währungen zu positiven und negativen Grenzausgleichssätzen führte.

Im neuen System erfolgt eine Umorientierung zur stärksten Währung im Europäischen Währungssystem (EWS), in der Regel zur D-Mark. Dies hat zur Folge, daß zukünftig nur noch negative Grenzausgleichssätze entstehen. Der positive Grenzausgleichssatz der Bundesrepublik wurde in drei Stufen bis zum Wirtschaftsjahr 1985/86 abgebaut. Die der deutschen Landwirtschaft hierdurch entstandenen Einkommensverluste in Höhe von 1,8 Milliarden DM jährlich wurden durch Vergünstigungen bei der Umsatzsteuer ausgeglichen. Inhaltlich bedeutet die Änderung der Grenzausgleichsberechnung eine Verschiebung des gemeinsamen Agrarpreisniveaus in Richtung auf das höchste Niveau. Bemühungen, den Grenzausgleich abzubauen, sind deshalb stets mit einer Anhebung des durchschnittlichen EG-Agrarpreisniveaus verbunden, wenn nicht gleichzeitig durch die jährlichen Preisbeschlüsse gegengesteuert wird. Tendenziell bringt die neue Regelung damit politische Preiserhöhungsspielräume mit sich, die angesichts zunehmender Bauernproteste auch genutzt werden dürften.

Versuche der EG-Kommission, diesen preistreibenden Mechanismus abzuschwächen, sind bislang an den nationalen Interessen gescheitert. Selbst die auf dem Verwaltungsweg vorgenommenen, sogenannten versteckten Preisabschläge durch Verschärfung der Subventionskriterien konnten allenfalls in den Hartwährungsländern erste Spuren bei den Erzeugerpreisen hinterlassen.

Agrarstabilisatoren und Flächenstillegungen

Auf dem Brüsseler Gipfel im Februar 1988 wurde das Konzept der Agrarstabilisatoren für Getreide, Ölsaaten und Eiweißpflanzen verabschiedet. Es beinhaltet eine automatische Senkung der Interventionspreise für den Fall, daß die Produktionsmenge für die gesamte EG eine bestimmte Zielgröße (Garantieschwelle) überschreitet.

Dieses auf den ersten Blick marktkonforme Politikelement ist bei genauerer Betrachtung jedoch wenig wirksam und mitunter sogar kontraproduktiv. So ist die Garantieschwelle nicht am Marktgleichgewicht, sondern am aktuellen Produktionsniveau orientiert. Letzteres kam ja unter Preisstützungsbedingungen zustande und liegt nach aller Erfahrung weit über dem Marktgleichgewicht. Darüber hinaus sind die vorgesehenen Preissenkungsraten zu knapp bemessen. Da der Preissenkungsmechanismus lediglich an die Produktions- und Garantieschwellen gebunden ist, kann er mögliche nachfrageseitige Signale in Form von Substitutionsvorgängen nicht empfangen. Notwendige Preissenkungen bleiben dann aus und verschärfen die Überschußsituation. Schließlich ist ein Ausweichen auf die Produktion anderer Marktordnungsgüter zu erwarten. Eine erfolgreiche Marktorientierung über Agrarstabilisatoren hätte deshalb die gesamte Produktpalette einzubeziehen, einschließlich der Produkte mit geringeren Überschußproblemen und der Defizitprodukte mit Importstatus für die EG.

Auf dem EG-Gipfel im Februar 1988 wurde weiter beschlossen, daß die Mitgliedsländer Flächenstillegungsprogramme anzubieten haben. Ziel solcher Programme ist es, über Flächenstillegungen die Agrarproduktion zu verringern. Doch bleibt es den Landwirten überlassen, ob sie an den Flächenstillegungsprogrammen teilnehmen oder nicht. In den Genuß der Stillegungsprämie kann der einzelne Landwirt nur kommen, wenn er mindestens 20 Prozent seiner Ackeranbaufläche, die mit Marktordnungsprodukten bebaut wurde, für mindestens fünf Jahre stillegt. Landwirte, die mindestens 30 Prozent dieser Fläche stillegen, erhalten zusätzlich zu dieser Prämie einen Erlaß der Zahlung der Mitverantwortungsabgabe für 20 Tonnen des von ihnen vermarkteten Getreides. Doch auch dieses neue Instrument ist in seinen Auswirkungen überwiegend negativ einzuschätzen:

☐ Landwirte werden Flächen nur dann stillegen, wenn der damit verbundene Einkommensverlust zumindest voll kompensiert wird. Die Landwirte werden somit dazu angehalten, ihre Produktionsgrundlage und Arbeitszeit zu kürzen – dies bei vollem Lohnausgleich. Die Folge kann nur sein, daß die Gesellschaft durch die verringerte Nutzung des knappen Produktionsfaktors Boden insgesamt an Wohlstand verliert.

☐ Durch die Verringerung des Faktors Boden wird die Intensität der Agrarproduktion auf den verbleibenden Flächen tendenziell steigen. Hiervon können zusätzliche negative ökologische Effekte ausgehen. Auch wird die Agrarproduktion sehr viel weniger eingeschränkt werden, als man dies aufgrund der stillgelegten Fläche erwarten würde. Die Beschränkung des betrieblichen Wachstums über die Fläche führt weiter dazu, daß die freigesetzte Arbeitskapazität in der tierischen Produktion eingesetzt wird und die Überschußprobleme sich in diesem Bereich verstärken.

☐ Auch muß die Möglichkeit, die »stillgelegte« Ackerfläche als Weideland bzw. zur Produktion von Linsen, Kichererbsen und Wicken zu nutzen, kritisch betrachtet werden. Hierbei handelt es sich um eine versteckte Subventionierung von eiweißreichem Wirtschaftsfutter mit der Konsequenz relativ steigender Getreideüberschüsse bzw. sinkender Importe von Getreidesubstituten.

☐ Flächenstillegungen führen notgedrungen zu einer Verknappung des Faktors Boden und damit zu einem Anstieg der Bodenpreise. Damit werden besonders wachstumsfähigen Betrieben, die auf Zukauf oder Zupacht von Boden angewiesen sind, Entwicklungschancen genommen. Flächenstillegungen hemmen damit vor allem die Zukunftsperspektiven der dynamischen Landwirte. Flächenstillegungsprogramme in der EG sind überdies nicht in der Lage, zu einer besseren Integration der Weltwirtschaft beizutragen. Politiker mögen diese Programme deshalb bevorzugen, weil sie fälschlicherweise glauben, dadurch das Grundproblem der EG-Agrarmärkte, nämlich die Überschußproduktion, zu verringern. Nun sind die Überschüsse selbst jedoch unproblematisch, wenn die Kosten der Produktion durch die Exporterlöse gedeckt werden. Gegenwärtig ist dies nicht der Fall, weil die Agrarpreise in der EG wie auch in der Mehrzahl der Industrieländer weit über den Weltmarktpreisen liegen.

Die gegenwärtigen Weltmarktpreise können aber nur begrenzt eine Orientierung für die Inlandspolitiken geben, da sie durch vom Weltmarkt abgekoppelte nationale Politiken erheblich verzerrt sind. Es ist daher notwendig, daß weltweit eine Änderung der nationalen Politik zu einer verbesserten Funktion der Weltagrarmärkte beiträgt. Die EG als Supermacht im Weltagrarhandel könnte einen wichtigen Beitrag zur Integration der Weltlandwirtschaft leisten, wenn der Weg zu einer Liberalisierung der EG-Agrarpolitik konsequent beschritten würde. Flächenstillegungen dagegen schaffen ein zusätzliches Instrument, das Inlandsmärkte von den Weltmärkten trennt. Tatsächlich ist die EG-Agrarpolitik zu einer Belastung des Weltagrarhandels und des Welthandels insgesamt geworden. In den GATT-Verhandlungen im Rahmen der Uruguay-Runde konnte im Dezember 1990 vor allem deshalb keine Einigung über weitere Zollsenkungen und Erleichterungen im Dienstleistungsbereich erzielt werden, weil die Europäische Gemeinschaft nicht bereit war, den von den Vereinigten Staaten und den Hauptagrarexportländern geforderten substantiellen Kürzungen bei den Agrarsubventionen zuzustimmen. Der Druck in Richtung auf eine Reform der EG-Agrarpolitik ist damit noch größer geworden.

Die Energiewirtschaft

Wegen der zentralen Rolle der Energiewirtschaft für die wirtschaftliche Entwicklung eines Landes und weil die Energiepreise die Produktionskosten und damit die Produktpreise beeinflussen, schenkt der Staat der Energiewirtschaft besondere Aufmerksamkeit. Ein weiterer wichtiger Grund hierfür ist in technisch-ökonomischen Besonderheiten der Energieproduktion und ihres Absatzes im Vergleich zu weiten Bereichen der gewerblichen Wirtschaft zu sehen. Diese Besonderheiten führten zu Großunternehmen in der Energiewirtschaft, die entweder für ihren regionalen Bereich eine Monopolstellung besitzen (Gas, Elektrizität) oder zusammen mit wenigen anderen Großunternehmen auf ihrem Markt (z. B. in der Mineralölwirtschaft) als sog. Oligopolisten tätig sind. Zu den technisch-ökonomischen Besonderheiten zählen:

☐ Energiebetriebe wie z. B. Kohlekraftwerke oder Atomkraftwerke haben wegen der mit steigender Kapazität fallenden Stromkosten eine Größe, die die Bedienung einzelner kleiner Marktgebiete technisch und ökonomisch unrationell erscheinen läßt. Kleinere Energieversorgungsbetriebe würden höhere Energiekosten für die Verbraucher zur Folge haben. Ein modernes Kohlekraftwerk kostet rund 1 Milliarde DM. Es wäre bei derartigen Kosten eine volkswirtschaftliche Verschwendung von knappen Mitteln, wenn zwei konkurrierende Kraftwerke für eine Region als Anbieter tätig werden. Daher räumt in diesem Fall der Staat nur einem Energieunternehmen eine regional begrenzte Monopolstellung ein.

☐ Außerdem sind Gas und Elektrizität körperlose Energiearten, die nur mit Hilfe eines eigenen Leitungssystems dem Verbraucher zugeführt werden können. (Die Verwendung von Flüssiggas spielt nur in ländlichen Gebieten eine Rolle.) Für das Leitungssystem müssen öffentliche Wege in Anspruch genommen werden, was einer Genehmigung durch die Gebietskörperschaften bedarf. Die Konzession zum Leitungsbau wird aus naheliegenden Gründen nur einem Unternehmen erteilt, das damit eine Monopolstellung erlangt.

☐ In den Energiebereichen Kohle und Erdöl sind ebenfalls überwiegend wenige große Unternehmen tätig, die bereits auf eine lange Tradition zurückblicken können. Der Grund ist gleichfalls in den hohen Kapitalkosten z. B. von Bergwerken und Erdölquellen sowie von Brikettfabriken und Raffinerien bei der Weiterverarbeitung der Rohprodukte zu sehen. Diese Großunternehmen haben Oligopolstellungen inne.

Aus diesen Marktstellungen und Betriebsgrößen erklärt sich angesichts der besonderen Bedeutung der Energiewirtschaft das Interesse des Staates an einer Ordnung des Energiesektors. Auch zeigen Erfahrungen aus der Frühzeit der Industrialisierung, daß Privatunternehmen aus der Gas- und Elektrizitätswirtschaft aus Rentabilitätsgründen darauf verzichteten, verkehrsungünstig gelegene Industrie- und Verbraucherstandorte mit Energie zu versorgen, so daß energiewirtschaftliche Ödräume entstanden. Eine andere Möglichkeit eines Monopolisten bestünde darin, die Energie zu Höchstpreisen zu verkaufen und damit Verbraucher mit niedrigem Einkommen vom Bezug auszuschließen. Daher findet eine staatliche Mißbrauchsaufsicht gemäß § 103 Abs. 1 des Gesetzes gegen Wettbewerbsbeschränkungen (GWB) statt.

Eine einheitliche Marktordnung der gesamten Energiewirtschaft besteht – auch auf EG-Ebene – nicht. Der Staat hat nur einen Ordnungsrahmen für die fünf Teilbereiche Elektrizität, Gas, Kohle, Öl und Kernenergie geschaffen. Hierdurch soll der Wettbewerb der Energieträger untereinander sichergestellt werden.

Zum Schutz der heimischen Steinkohle wurden jedoch in der Bundesrepublik Gesetze erlassen, die die Verwendung der Kohle in den Kraftwerken und in der Stahlindustrie durch Steuernachlässe und Subventionen begünstigen.

Die Elektrizitäts- und Gaswirtschaft

Grundlage für die Ordnung in der Elektrizitäts- und Gaswirtschaft ist das »Gesetz zur Förderung der Energiewirtschaft« vom 13. Dezember 1935 in der Fassung vom 28. April 1961. Die Ziele der Energiepolitik sind danach:
☐ Die Sicherung des öffentlichen Einflusses auf die Energiewirtschaft;
☐ ein wirtschaftlicher Einsatz der Energiearten;
☐ die Verhinderung eines volkswirtschaftlich schädlichen Wettbewerbs;
☐ die Förderung der Verbundwirtschaft;
☐ eine sichere und billige Energieversorgung.

Das Energiewirtschaftsgesetz hat dafür im einzelnen festgelegt:
☐ Die Elektrizitäts- und Gasversorgung ist einer Länderaufsicht unterstellt (§ 1);
☐ die Aufsichtsbehörden der Länder können von den Energieversorgungsunternehmen jede Auskunft über ihre technischen und wirtschaftlichen Verhältnisse verlangen (§ 3);
☐ den Aufsichtsbehörden der Länder ist der Bau, die Erneuerung, die Erweiterung oder die Stillegung von Energieanlagen anzuzeigen. Diese können beanstandet oder untersagt werden, wenn es das Allgemeinwohl erfordert. Damit ist eine öffentliche Investitions- und Kapa-

Erdgas erlangt zunehmend Bedeutung als Heizmittel; für die petrochemische Industrie ist es ein unentbehrlicher Grundstoff.

zitätskontrolle im Elektrizitäts- und Gassektor sichergestellt (§ 4);
☐ die Unternehmen haben jedermann gegenüber eine Versorgungspflicht zu öffentlich allgemein bekanntgegebenen Bedingungen und Preisen (§ 6);
☐ das Bundeswirtschaftsministerium und die Länder haben das Recht, die allgemeinen Bedingungen und die Preise wirtschaftlich zu gestalten und rechtsverbindlich zu beeinflussen (§ 7); die Strom- und Gaspreise sind behördlich gebunden;
☐ die Gas- oder Elektrizitätseinfuhr bedarf der Genehmigung;
☐ wenn ein Energieversorgungsunternehmen seine Aufgaben und Pflichten nicht mehr erfüllt, kann die Energieaufsichtsbehörde die Weiterführung des Betriebes ganz oder teilweise untersagen. Ein anderes Unternehmen kann mit der Übernahme der Versorgung beauftragt und das versagende Unternehmen sogar enteignet werden (§§ 8, 9).

Die Marktordnung des Energiewirtschaftsgesetzes ist umfassend, sie gilt auch für Strom, der durch Atomenergie erzeugt wird, und auch für Gas in Leitungen, Flaschen oder in Form von Erdgas.

Da den »Gebietsversorgungsunternehmen« ein Monopol von den Gebietskörperschaften eingeräumt wird, das sie vom allgemeinen Kartellverbot des »Gesetzes gegen Wettbewerbsbeschränkungen« (GWB) befreit, hat das Bundeskartellamt überdies einzuschreiten, soweit Verträge oder die Art ihrer Durchführung »einen Mißbrauch der durch Freistellung von den Vorschriften dieses Gesetzes erlangten Stellung im Markt darstellen« (§ 104 Abs. 1 GWB).

Durch die Mittel der Zulassungs-, Investitions-, Preis- und Einfuhrkontrolle, der Versorgungspflicht und der allgemeinen Staatsaufsicht ist eine lückenlose Kontrolle der Entwicklung der Elektrizitäts- und Gaswirtschaft gesichert. Die meisten Elektrizitätsgesellschaften sind ganz oder teilweise (durch Kapitalbeteiligungen) öffentliche Unternehmen, die Gasversorgungsunternehmen sind fast völlig in öffentlicher Hand.

Der Kohlebergbau

Die Kohlewirtschaft ist *de jure* aus der Zuständigkeit des deutschen Gesetzgebers und der deutschen Verwaltung ausgeschieden und in die Kompetenz der Europäischen Gemeinschaft für Kohle und Stahl übergegangen (Montanunion-Vertrag vom 18. April 1965). Grundsätzlich ist danach der Markt für Kohle frei, es besteht keine Marktordnung. Die damalige Hohe Behörde und heutige EG-Kommission kann nur die Mitteilung von Investitionsprogrammen verlangen und dazu Stellung nehmen, nicht jedoch ein Unternehmen daran hindern, Neuanlagen oder andere Investitionen mit eigenen Mitteln durchzuführen.

Ergibt sich im Bereich der Kohle (wie auch des Stahls) eine ernste Mangellage, so können der Rat und die EG-Kommission gemeinsam ein Verteilungssystem des gesamten Aufkommens innerhalb der Gemeinschaft einführen. Die Mitgliedstaaten verteilen dann die ihnen zugewiesenen Mengen. Im Fall einer Überproduktion können Erzeugungsquoten, also Höchstkontingente, eingeführt werden, wenn sich aus einem Rückgang der Nachfrage eine offensichtliche Krise entwickelt hat. Von alldem ist bisher im Kohlebereich (im Gegensatz zum Stahlbereich) nicht Gebrauch gemacht worden. In den ersten Jahren der Montanunion galten lediglich Höchstpreise für Kohle.

Zur Beilegung der Absatzkrise des Steinkohlebergbaus, die 1964 einsetzte, beschritt man andere Wege. Vor allem zahlten die einzelnen Mitgliedstaaten – so auch die Bundesrepublik – Beihilfen für Zechenstillegungen, die später von der Hohen Behörde bzw. der EG-Kommission gebilligt wurden.

Die Marktordnung der Bundesrepublik Deutschland für den Kohlebergbau, die ganz im Zeichen seiner Krise steht, weist folgende Merkmale auf:
☐ Es sind Absatzorganisationen mit Syndikatcharakter zugelassen. Die Preise werden von den Kohleverkaufsgesellschaften festgesetzt, wobei die Bundesregierung ein Mitspracherecht hat. Ein Preiswettbewerb findet nicht statt.
☐ Im November 1968 wurde die »Ruhrkohle AG« als Steinkohleneinheitsgesellschaft im Ruhrrevier gegründet. Da der Anteil der Kohle an der Primärenergieversorgung der Bundesrepublik von 75 Prozent 1950 auf 33 Prozent 1968 zurückgegangen war, sollte über die Ruhrkohle AG versucht werden, durch Rationalisierungsmaßnahmen Kostensenkungen zu erreichen und den Absatz zu sichern. Der Bund und das Land Nordrhein-Westfalen haben für die Ruhrkohle AG Bürgschaften in Höhe von 3,2 Milliarden DM für 20 Jahre übernommen. Das Ziel der Absatzsicherung wurde nicht erreicht. Der Anteil der Steinkohle am Primärenergieverbrauch nahm weiter von 28,8 Prozent 1970 auf 19,2 Prozent 1989 ab.

Daneben hatte der Bundestag noch eine Reihe von Gesetzen verabschiedet, die auf eine Unterstützung des Kohlebergbaus zielten. Dabei handelte es sich um
☐ sozialpolitische Maßnahmen für die Bergarbeiter;
☐ die Einführung eines Kohlezolls auf Importkohle;
☐ die Einführung von Kontingenten für Kohleimporte aus Nicht-EG-Ländern;
☐ eine am 1. Mai 1960 eingeführte Belastung aller Heizölsorten mit einer Verbrauchssteuer;
☐ das »Gesetz zur Förderung der Rationalisierung im Steinkohlenbergbau« vom 28. Juli 1963;
☐ die Einführung einer Lizenzierungspflicht für Heizöl- und Rohölimporte nach § 10 des Außenwirtschaftsgesetzes mit Wirkung vom 10. Dezember 1964;

Auf Stahl und Kohle hatte sich einst die Macht der deutschen Wirtschaft gegründet, heute sind beide Krisenbranchen. Steinkohlewerk bei Lönen-Bergkamen.

☐ das »Gesetz über die Anzeige von Kapazitäten von Erdölraffinerien und Erdöl-Rohrleitungen« vom 8. Juni 1965;
☐ das »Gesetz über steuerliche Maßnahmen bei der Stillegung von Steinkohlenbergwerken« vom 11. April 1974, durch das Stillegungsprämien im Fall von Zechenstillegungen gewährt wurden;
☐ Gesetze zur Förderung und Sicherung des Einsatzes von Steinkohle in der Elektrizitätswirtschaft (Verstromungsgesetze), nach denen sich die Stromwirtschaft hat verpflichten müssen, langfristig im voraus festgelegte Mengen an deutscher Steinkohle pro Jahr zu verstromen (sog. Jahrhundertvertrag).

Eine Sonderstellung im Rahmen der Steinkohlenbergbaupolitik nimmt das »Gesetz zur Anpassung und Gesundung des deutschen Steinkohlenbergbaus und der deutschen Steinkohlenbergbaugebiete« vom 15. Mai 1968 ein. Ziel dieses Gesetzes ist, »daß unter Berücksichtigung der gesamtwirtschaftlichen Belange sowie der besonderen sozialen und regionalwirtschaftlichen Verhältnisse der Steinkohlenbergbaugebiete 1. die Bergbauunternehmen ihre Produktionskapazitäten auf die Absatzmöglichkeiten ... ausrichten und 2. die Steinkohlenbergwerke mit der nachhaltig stärksten Ertragskraft ihre Produktionskapazität ausnutzen können ...« (§ 1). Mit all diesen Maßnahmen sollte eine Verringerung der nationalen Steinkohlenproduktion (Zechensterben) wirtschaftlich und sozial erleichtert werden; zugleich wollte man den Absatz der noch verbleibenden Steinkohleproduktion sichern, die so wirtschaftlich wie nur möglich erfolgen sollte.

Die Mineralölwirtschaft

Die Mineralölwirtschaft ist grundsätzlich frei von Marktordnungen. Gewinnung, Verarbeitung, Absatz und Preise von Mineralöl und seinen Produkten können staatlich nicht gelenkt werden. Anders als Kohle, Gas und Strom unterliegt das Mineralöl im vollen Umfang dem GWB. Der Staat nimmt jedoch Einfluß auf die Mineralölwirtschaft u. a. durch

☐ ein »Gesetz über die Mindestvorräte an Erdölerzeugnissen« vom 9. September 1965 in der Fassung vom 23. Juni 1975. Danach sind die Betriebe verpflichtet, ihren durchschnittlichen Umsatz von 70 oder 90 Tagen als Reserve auf Lager zu halten. Hierfür werden steuerliche Vergünstigungen gewährt;

☐ Einfuhrbeschränkungen, die nach § 10 Abs. 3, 4 Außenwirtschaftsgesetz vom 28. April 1961 in der Fassung vom 23. Dezember 1971 eingeführt werden können, wenn »ein berechtigtes Schutzbedürfnis der Wirtschaft oder einzelner Wirtschaftszweige« es erfordert;

☐ »Selbstbeschränkungsabkommen«, die sich als weiteres Lenkungsinstrument entwickelt haben. Dabei handelt es sich um Zusagen der Mineralölfirmen, ihren Absatz von Heizöl zu begrenzen, etwa auf eine jährliche Zuwachsrate von 8 bis 15 Prozent. Als Folge solch einer Politik der künstlichen Verknappung stiegen dann vor allem 1966 die Preise für Heizöl, wodurch die Kohle eine bessere Marktchance erhielt.

Der arabische Ölboykott des Jahres 1973 führte zum Erlaß eines Energiesicherungsgesetzes am 20. Dezember 1974. Hierbei handelt es sich um ein klassisches Bewirtschaftungsgesetz, das der Bundesregierung nicht erst im Spannungs- oder Verteidigungsfall, sondern bereits bei einer Versorgungskrise Bewirtschaftungsvollmachten einräumt, wenn »marktgerechte Maßnahmen« nicht ausreichen. Für den Fall der Gefährdung oder Störung der Energieversorgung durch Gefährdung oder Störung der Einfuhr von Erdöl, Erdölerzeugnissen oder Erdgas kann die Bundesregierung Vorschriften erlassen, die die Produktion, den Transport, die Lagerung, die Verteilung, die Abgabe, den Bezug, die Verwendung und die Höchstpreise von Erdöl und Erdölerzeugnissen, von festen, flüssigen und gasförmigen Energieträgern, von elektrischer Energie und sonstigen Energien regeln. Möglich sind vor allem mengenmäßige Beschränkungen, also Rationierungen. Das Energiesicherungsgesetz bildete z. B. die rechtliche Grundlage für das Sonntagsfahrverbot vom 19. November 1973.

Das Energiesicherungsgesetz dient zugleich der Ausführung des internationalen Energieprogramms im Rahmen der »Internationalen Energieagentur« (IEA) der OECD vom 18. November 1974. Nach diesem Übereinkommen muß die Bundesregierung gegebenenfalls Importbeschränkungen zugunsten anderer IEA-Mitgliedstaaten einführen und ein Ölverteilungssystem praktizieren.

Am 22. Juli 1976 wurde das »Gesetz zur Einsparung von Energie in Gebäuden« (Energieeinsparungsgesetz) erlassen und später mit den Förderungsprogrammen zur Wohnungsmodernisierung in das Modernisierungs- und Energieeinsparungsgesetz von 1978 einbezogen. Das Programm galt ursprünglich von 1978 bis 1982, wurde dann aber – was den Bereich der Heizungsanlagen betrifft – laufend verlängert.

Die Mineralölwirtschaft erlebte nach dem Krieg einen beispiellosen Aufschwung. Deckte sie 1950 nur 4,7 Prozent des Primärenergieverbrauchs, so waren es 1972, ein Jahr vor der ersten Ölkrise, 55,4 Prozent. Bis 1989 ist dann der Anteil vor allem aufgrund von Energieeinsparmaßnahmen auf 40,3 Prozent gesunken. Der Anstieg des Mineralölverbrauchs ging fast ausschließlich zu Lasten der teuren inländischen Steinkohle, in einem gewissen Umfang aber auch der Braunkohle.

Die beiden drastischen Ölpreiserhöhungen 1973/74 und 1979/80 haben auch bei der deutschen Mineralölwirtschaft ihre Spuren hinterlassen – bedingt durch die folgenden rigorosen Energieeinsparungen. So mußte die Raffineriekapazität von ihrem Höchststand von rund 160 Millionen t pro Jahr 1978 auf rund 106 Millionen t Anfang 1985 abgebaut werden. Dies reicht jedoch noch nicht aus. Es wird damit gerechnet, daß bis Ende der achtziger Jahre noch mindestens weitere 15 Millionen t Verarbeitungskapazitäten abgebaut werden müssen. Mehr als halbiert wurde auch das Tankstellennetz – von knapp 47 000 im Jahr 1969 auf knapp 19 000 1988.

Die Anbieterstruktur des Mineralölmarktes ist durch ein Teiloligopol gekennzeichnet. Hohe Marktanteile haben die großen internationalen Mineralölgesellschaften, die sog. »Sieben Schwestern«, die mit Tochterunternehmen in der Bundesrepublik vertreten sind. Dabei handelt es sich um die Gesellschaften Esso (Exxon), BP, Mobil, Shell, Texaco, Socal (Chevron) und Gulf Oil. Sie vereinigten Anfang 1982 rund 60 Prozent der Raffineriekapazität auf sich. Als weitere große internationale Ölgesellschaften sind Elf und Marathon zu nennen, als nationale Unternehmen die Veba Oil (staatlich), die Wintershall und UK Wesseling. Daneben sind auf dem Markt noch weitere internationale und nationale Mineralölfirmen und etwa 100 unabhängige Importhandelsgesellschaften tätig. Insgesamt stellte diese Marktstruktur eine zufriedenstellende Versorgung der deutschen Volkswirtschaft mit Mineralöl und -produkten sicher.

Die Atomenergie

Im Jahr 1970 wurden 0,6 Prozent des Primärenergieverbrauchs und 2,5 Prozent der Stromerzeugung aus Atomkraftwerken gewonnen, 1988 waren es bereits 12,0 Prozent der Primärenergie und 34,1 Prozent der Stromerzeugung. Ende 1989 waren in der Bundesrepublik 20 Atomkraftwerke in Betrieb. 1975 belief sich die Nettoerzeugung elektrischer Energie durch Kernkraft auf 20 300 Gigawatt (GWh), 1987 waren es 123 700 GWh. Betreiber der kommerziellen Atomkraftwerke sind die Elektrizitätsgesellschaften.

Für die Gewinnung von Strom aus Atomenergie gilt das Energiewirtschaftsgesetz (§ 4 Abs. 2). Im übrigen gibt es keine wirtschaftslenkenden Vorschriften für die Gewinnung von Atomenergie.

Es bestehen jedoch, was bei der Materie naheliegt, umfangreiche, strenge Sicherheitsvorschriften und auch Haftungsbestimmungen, die vor allem im »Gesetz über die friedliche Verwendung der Kernenergie und den Schutz gegen ihre Gefahren« (Atomgesetz vom 23. Dezember 1959/19. Dezember 1975) festgelegt sind. Die Genehmigung von Kernspaltungsanlagen ist dort in § 7 aber nur unter dem Gesichtspunkt der Sicherheit, also gewerberechtlich, nicht etwa wirtschaftspolitisch geregelt. Erst bei Umwandlung der gewonnenen Energie in Elektrizität ist die Anlage der Beanstandung und Untersagung nach § 4 Abs. 2 des Energiewirtschaftsgesetzes unterworfen.

Während die Elektrizitätsversorgungsunternehmen die gängigen Leichtwasserkraftwerke auf kommerzieller Basis ohne finanzielle Hilfe durch die öffentliche Hand bauen und betreiben, unterstützt der Staat die Entwicklung und die Markteinführung fortgeschrittener Reaktorsysteme. Zwei Projekte wurden bzw. werden derzeit gefördert, ein Hochtemperaturreaktor (THTR-300) bei Hamm/Westfalen und ein Schnellbrutreaktor (SNR-300) bei Kalkar, letzterer gemeinsam mit Belgien und den Niederlanden unter Beteiligung von Industriefirmen, Elektrizitätsunternehmen und Forschungszentren der drei Länder. Die Hauptlast liegt jedoch bei der Bundesrepublik, und wegen seiner enormen, laufend steigenden Kosten von mehreren Milliarden DM ist die Fertigstellung des Schnellen Brüters ungewiß. Auch hat das Land Nordrhein-Westfalen deutlich gemacht, daß es dem Schnellen Brüter keine Betriebserlaubnis erteilen würde. Seinen Betrieb eingestellt hat inzwischen der Hochtemperaturreaktor bei Hamm/Westfalen

Ruhrgebiet

Kohlenpott, Kumpel, Revier, Maloche: Seit der Industrialisierung fallen diese Stichworte, wenn von der Region um Lippe, Emscher und Ruhr die Rede ist. Noch heute haben sie Bestand – den Wandlungen zum Trotz, die sich im Lauf der Zeit vollzogen.

Ein immenser Vorrat an Bodenschätzen und eine günstige Verkehrslage sorgten dafür, daß das ursprünglich von Bauern bewohnte Ruhrgebiet zur am dichtesten besiedelten Landschaft Europas wurde. Vorherrschend war bis 1956 der Bergbau (2). Doch als die Steinkohlenförderung vor allem durch das Aufkommen des Erdöls, aber auch durch das billigere überseeische Kohlenangebot in eine Krise geriet, kam es zur Stillegung zahlreicher Zechen (4). Die Bedeutung der Steinkohle liegt seitdem vor allem darin, nationale Energiereserve zu sein. Im ganzen ist die Industriestruktur des Reviers vielschichtiger geworden: Bei der Erzeugung von Eisen, Stahl (7) und Gas gibt das Ruhrgebiet innerhalb der Bundesrepublik deutlich den Ton an, und auch Stromerzeugung wird großgeschrieben.

Wer im Revier zu Hause ist, sieht sich von Fördertürmen, Halden, Hochöfen und Industrieanlagen umgeben (1). Massenarbeitslosigkeit und Umweltverschmutzung, die Probleme, die überall in der Bundesrepublik zu registrieren sind, haben das Ruhrgebiet besonders heimgesucht. Manch eine der alten Bergarbeitersiedlungen ist ernsthaft gefährdet (8); seit der Krise im Bergbau müssen viele Kumpel nicht nur um ihren Arbeitsplatz, sondern auch um ihr Heim fürchten (5). Die Einwohnerzahlen gingen seit den sechziger Jahren von 5,8 auf 5,3 Millionen zurück. Was einerseits als Schwächung der Wirtschaftskraft zu beklagen ist, wirkt sich andererseits durchaus günstig aus: Landschaftlich hat das Revier außerordentlich an Reiz gewonnen. Freizeitparks dienen den Menschen als Oase inmitten der Industrielandschaft, und auch der Himmel ist, nicht nur wegen der hohen Schornsteine, freundlicher, sprich blauer geworden. Planerischer Wildwuchs kommt nur noch bedingt vor, zahlreiche Umweltschutzmaßnahmen zeugen vom gewachsenen Problembewußtsein im Revier. A. Sch.

Revier-Idylle: Kleingartenverein im Emschertal, Duisburg-Beeck, dahinter Zechen (1). – Mit Hilfe der Streckenvortriebsmaschine, einer auf einem Fahrwerk befestigten Schrämmaschine, werden unterirdische Gänge des Bergwerks erweitert (2). – In den Kauen, Umkleide- und Waschräumen der Bergleute, werden die Kleidungsstücke an der Decke in Drahtboxen verwahrt, die zum Umkleiden herabgelassen werden (3). – Stillgelegte Zeche Carl Funke am Baldeneysee, Essen (4). – Bergarbeiter demonstrieren für den Erhalt ihrer Siedlung. Essen 1980 (5). – Straße mit Werbeplakaten in Duisburg-Ruhrort (6). – Stahlgießerei der Hösch Hüttenwerke AG, Dortmund. Das Material wird zunächst in vorgefertigte Formen gegossen. Durch Erwärmung des Gußstücks wird dann seine Kristallbildung beseitigt sowie seine Zähigkeit verbessert (7). – Typische Bergarbeitersiedlung in Bochum-Werne (8).

283

Atomkraftwerk Grafenrheinfeld bei Schweinfurt. Friedliche Nutzung der Atomenergie war lange Zeit ein Zauberwort, mit dem man hoffte, die Energieprobleme der Zukunft lösen zu können. Seit dem Kernreaktorunfall in Tschernobyl 1986 und den bekannt gewordenen Störfällen in den USA, Großbritannien und Deutschland wird die Reaktorsicherheit heftig diskutiert.

Ungewiß ist auch noch, wo die ökonomisch notwendige Wiederaufbereitung der bestrahlten Brennelemente mit Rückführung der unverbrauchten Kernbrennstoffe stattfinden wird. Als Standort war Wackersdorf in Bayern vorgesehen, doch wurde diese Absicht nach massiven Bürgerprotesten fallengelassen. Für die ökologisch notwendige Endlagerung der radioaktiven Abfälle wird ein Salzstock bei Gorleben (Niedersachsen) auf seine Eignung untersucht.

Das Reaktorunglück von Tschernobyl hat die Diskussion über das Für und Wider der Kernenergienutzung in der Bundesrepublik neu entfacht. Der Widerstand gegen die Kernenergie nahm zwar schon in den siebziger Jahren zu, doch bis zum Unglück von Tschernobyl hielten die politischen Kräfte an der Entscheidung für die Kernenergie fest. Dieser energiepolitische Konsens ist in Frage gestellt.

Eine vom Staat eingeleitete Beendigung der Kernenergienutzung würde einen vollständigen Kurswechsel in diesem wichtigen Bereich der Energiepolitik bedeuten. Ihr Einfluß dürfte weit in die Industriepolitik hineinreichen. Wird dieser Kurswechsel von den Investoren als Signal aufgefaßt, daß in der Bundesrepublik technische Entwicklungen, die als besonders sensitiv beurteilt werden – oder beurteilt werden könnten –, nicht mehr akzeptiert werden, so könnte dies gravierende Folgen für die Industrieentwicklung haben.

Aus einem Urteil, daß der vollständige Kurswechsel in der Kernenergiepolitik industriepolitische Risiken mit sich brächte, kann aber nicht gefolgert werden, daß die Kernenergie »unverzichtbar« sei. Auf längere Sicht unverzichtbar ist kein einzelner Energieträger. Entscheidend für eine rationale Energiepolitik kann nur sein, ob die verschiedenen Kosten und Risiken, die mit einem Verzicht auf Kernenergie verbunden sind, durch deren Nutzen in Form einer geringeren potentiellen Gefährdung von Mensch und Natur aufgewogen werden. Wichtig ist auch, daß diese Einschätzung der Kernenergie von einem breiten Konsens getragen wird.

Der Vertrag zur Gründung der Europäischen Atomgemeinschaft (Euratom) vom 25. März 1957 sieht ein Ober-Eigentum der Gemeinschaft an allem spaltbaren Material vor. Die Mitgliedstaaten, Personen und Unternehmen haben lediglich ein Nutzungs- oder Verbrauchsrecht, sie sind jedoch von der Gemeinschaft mit spaltbarem Material zu versorgen. Die Verfügung über das Kernbrennmaterial steht einer Agentur zu, die auch das Einfuhrmonopol besitzt. Die Energiepolitik der EG stagniert, seit Frankreich die Euratom boykottiert.

Die Wohnungswirtschaft

Als eine der dringlichsten Aufgaben nach 1945 erwies sich die Schaffung von ausreichendem Wohnraum. Es galt ein bereits bei Kriegsbeginn bestehendes Defizit von rund 1 Million Wohnungen zu beseitigen, rund 2,5 Millionen zerstörte Wohnungen wieder aufzubauen und für die Flüchtlinge Wohnraum zu schaffen.

Diese Aufgabe konnte wegen ihres Umfangs und ihrer großen sozialen Bedeutung nur mit Hilfe des Staates bewältigt werden. Auch war eine Ausklammerung der Wohnungswirtschaft aus dem freien Markt unerläßlich, wenn das Attribut »sozial« in der neuen Marktwirtschaft Bedeutung haben sollte. Ein freier Wohnungsmarkt hätte nur zahlungskräftigere Nachfrager mit Wohnraum versorgt, die große Masse der Wohnungsuchenden jedoch – zumindest für eine gewisse Zeit – leer ausgehen lassen.

In den ersten Nachkriegsjahren war die Wohnungspolitik durch Notstandsprogramme und strenge Wohnraumbewirtschaftung gekennzeichnet. Erst nach Gründung der Bundesrepublik, vor allem nach der Stabilisierung der Währung, war ein umfangreicher Neubau von Wohnungen möglich. Der Staat unterstützte dabei den Wohnungsbau durch öffentliche Mittel oder Steuervergünstigungen und nahm Einfluß auf die Höhe der Mieten auf dem Wohnungsmarkt.

Im Jahr 1950 wurde das 1. Wohnungsbaugesetz erlassen, das den Neubau von Wohnungen vor allem für einkommensschwache Wohnungsuchende begünstigte. Staatliche Zuschüsse und Darlehen von Bund, Ländern und Gemeinden ermöglichten es, die Neubauwohnungen bei begrenzter Wohnfläche und einfacher Ausstattung zu »Sozialmieten« anzubieten. Ein Anspruch auf eine Sozialwohnung bestand, wenn gewisse Einkommensgrenzen nicht überschritten waren. Die Wohnungsämter regelten die Zuteilung nach Dringlichkeit des Bedarfs.

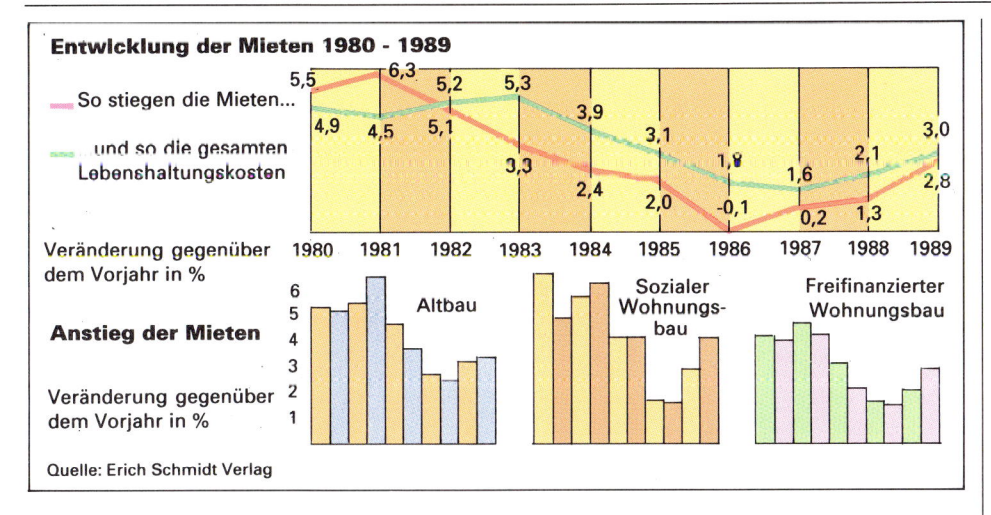

Die Wohnungswirtschaft

Entwicklung der Mieten 1980 - 1989

— So stiegen die Mieten...
— und so die gesamten Lebenshaltungskosten

Veränderung gegenüber dem Vorjahr in %

Jahr	Mieten	Lebenshaltungskosten
1980	5,5	4,9
1981	6,3	4,5
1982	5,2	5,1
1983	5,3	3,3
1984	3,9	2,4
1985	3,1	2,0
1986	1,9	-0,1
1987	1,6	0,2
1988	2,1	1,3
1989	3,0	2,8

Anstieg der Mieten (Altbau, Sozialer Wohnungsbau, Freifinanzierter Wohnungsbau)

Veränderung gegenüber dem Vorjahr in %

Quelle: Erich Schmidt Verlag

Mit dem Bundesmietengesetz von 1955 und dem 2. Wohnungsbaugesetz vom 27. Juni 1956 wurde dem Rentabilitätsprinzip im Wohnungsbau mehr Geltung verschafft, indem wieder Mieterhöhungen zugelassen wurden. Zahlreiche Mieten bei Altbauten deckten nämlich nicht mehr die Kosten, da sie auf Vorkriegsniveau »eingefroren« waren. Zusätzlich wurde der Förderung des Eigenheimbaus größere Aufmerksamkeit geschenkt.

Neben den sozialen Wohnungsbau trat mit wachsendem Einkommen und steigender Spartätigkeit bald der steuerbegünstigte Wohnungsbau, der nicht der Wohnraumbewirtschaftung unterlag. Der Vermieter konnte im Gegensatz zum sozialen Wohnungsbau die sog. »Kostenmiete« erheben, die die effektiven Kosten decken sollte. Der freie Wohnungsbau unterlag keinerlei Beschränkungen – die Miete wurde frei vereinbart. Der Bauherr konnte jedoch ebenfalls steuerliche Abschreibungsvergünstigungen in Anspruch nehmen. Mit dem »Gesetz über den Abbau der Wohnungszwangswirtschaft und über ein soziales Miet- und Wohnrecht« vom 23. Juni 1960 und seiner Neufassung vom 29. Juli 1963 begann die Überführung der Wohnungswirtschaft aus einer Zwangswirtschaft in die Soziale Marktwirtschaft. Dem Gesetz lagen folgende Überlegungen zugrunde:

Die Wohnungszwangswirtschaft mit ihrer Zuweisung von Wohnraum an den Mieter beschränke wesentlich die Verfügungsrechte des Vermieters über sein Eigentum und stehe hart an der Grenze einer Enteignung, zumal sie mit einer Mietpreisbindung gekoppelt sei. Der Mietenstopp habe zu einem erheblichen Substanzverlust an Volksvermögen geführt, da die Altbaumieten nicht ausreichten, um Ersatzinvestitionen zu finanzieren oder den Bestand zu modernisieren.

Die Spaltung des Wohnungsmarktes in Märkte für Sozialwohnungen, Altbauwohnungen und freifinanzierte Wohnungen führe zu sozialen Mißständen, da all denen, die in billigen Wohnungen leben, ein Einkommensgewinn auf Kosten der Hauseigentümer verschafft würde. Der Mieterschutz mache es außerdem unmöglich, zugeteilten Wohnraum freizumachen oder die Mieten anzuheben, wenn keine finanzielle Hilfsbedürftigkeit mehr vorliege, oder aber preisgebundene Altbauwohnungen von Mietern freizumachen, die über sehr hohe Einkommen verfügen.

Nach den neuen Bestimmungen können zunächst die nach wie vor gebundenen Mieten in einem gewissen Umfang den gestiegenen Unterhalts- und Herstellungskosten angepaßt und teilweise frei vereinbart werden. Weiter war der stufenweise Abbau der Zwangsbewirtschaftung bis zum 1. Juli 1965 in den Kreisen vorgesehen, wo das Wohnungsdefizit weniger als 3 Prozent betrug (»schwarze« und »weiße« Kreise). Bis zum 31. Dezember 1967 war die Wohnungsbewirtschaftung völlig zu beseitigen, ebenso die Mietpreisbindung. Schließlich wurde der Mieterschutz zum einen gelockert, zum andern ein erweiterter Schutz gegen Kündigungen – von 5 Monaten bis zu maximal 12 Monaten je nach Mietdauer – eingeführt.

Nach dem Wohngeldgesetz vom 1. April 1965, das in der Folgezeit mehrmals neu gefaßt wurde, gewährte der Staat den Mietern eine Lastenbeihilfe, denen durch Mietanhebungen untragbare Belastungen entstanden. Das Wohngeld wird als Mietzuschuß an den Mieter oder als Lastenzuschuß an den Vermieter von Bund und Ländern gezahlt. Die Möglichkeit, Wohngeld zu beziehen, nahmen die Anspruchsberechtigten in den folgenden Jahren verstärkt wahr.

Das »Wohnungsmodernisierungsge-

Wohnungsbau der sechziger und siebziger Jahre: Wohnblocks wie hier in Köln oder in München-Perlach galten als Inbegriff modernen Städtebaus. In den achtziger Jahren empfindet man diese Architektur als menschenfeindlich. Nun wird zusehends »gemütlich« gebaut.

setz« schloß mit Wirkung vom 1. Januar 1977 die Lücke zwischen dem 2. Wohnungsbaugesetz und dem Städtebauförderungsgesetz. Es fördert die Modernisierung von Altwohnungen, um »die Versorgung breiter Schichten der Bevölkerung mit guten und preiswürdigen Wohnungen zu verbessern und dadurch zur Erhaltung von Städten und Gemeinden beizutragen«. Die Lasten tragen Bund und Länder je zur Hälfte. Mit Wirkung vom 1. Juli 1978 ist das Wohnungsmodernisierungsgesetz um die Förderung energiesparender Maßnahmen zum »Modernisierungs- und Energieeinsparungsgesetz« erweitert worden. 1983 hat sich der Bund wegen der schwierigen Haushaltslage aus der Modernisierungsförderung zurückgezogen; die Förderung energiesparender Maßnahmen wurde – was den Bereich der Heizungsanlagen betrifft – laufend verlängert.

Mit dem »Mietspiegelgesetz« und dem »Mietrechtsänderungsgesetz« vom 27. Mai 1982 wurden weitere Schritte in Richtung zu mehr Marktwirtschaft auf dem Wohnungsmarkt getan: Der Vermieter kann die Mieten erhöhen, wenn für vergleichbare Wohnungen ein höherer Mietzins gezahlt wird. Die zulässige prozentuale Mieterhöhung innerhalb von drei Jahren wurde festgelegt; die Gemeinden über 100 000 Einwohner haben für das Vergleichsverfahren sog. Mietspiegel anzufertigen; für Neubauwohnungen wurden im voraus vereinbarte Mietanpassungen (sog. Staffelmieten) zugelassen; für sog. »Luxusmodernisierungen« führte man einen erhöhten Mieterschutz bei nicht zu rechtfertigenden Härten ein. Ziel dieser Maßnahmen war es, den stagnierenden privaten Mietwohnungsbau anzuregen.

Beachtenswerte Leistungen

Die Wohnungsbaupolitik hat Leistungen erbracht, die beachtenswert sind:

Von 1949 bis 1988 wurden rund 19,0 Millionen Wohnungen gebaut. Der Wohnungsbestand erhöhte sich von rund 10,3 Millionen Wohnungen 1949 auf rund 26,3 Millionen 1987. Fast zwei Drittel der Bevölkerung leben damit heute in einer nach dem Krieg gebauten Wohnung.

Im gleichen Zeitraum wurden rund 7,1 Millionen öffentlich geförderte Sozialwohnungen gebaut, davon 5,5 Millionen in der Zeit bis 1970. Bei der Ausstattung der Wohnungen wurde ebenfalls ein hoher Stand erreicht. Heute haben nahezu alle Wohnungen Bad und Zentralheizung. Außerdem nahm die Durchschnittsgröße der Neubauwohnungen laufend zu.

Fehlentwicklungen

Gemeinsam mit dem öffentlichen Bau – Straßen, Schulen, Verwaltungsgebäude,

Alte Bausubstanz wird nicht mehr blindlings abgerissen, sondern, wo irgend es geht, erhalten. Dafür kämpften die Berliner »Instandbesetzer« (oben: Fassadenmalerei in Kreuzberg), darauf achtet man bei moderner Altstadtsanierung, wie z. B. im württembergischen Bietigheim (rechts).

Kasernen usw. – und dem Wirtschaftsbau – Fabriken, Lagerhallen usw. – neigt der Wohnungsbau mit seinem Investitionsverhalten zu einer konjunkturellen Verstärkung der Aufschwung- und der Abschwungphasen. Eine konjunkturstabilisierende Entwicklung der Bautätigkeit ist bisher nicht erreicht worden – auch nicht im öffentlichen Bau von Bund, Ländern und Gemeinden, die hierzu am ehesten in der Lage wären. Die rege Bautätigkeit führte daher nicht nur zu steigenden Bau- und Bodenpreisen besonders in Ballungsgebieten, sondern auch zu Überhitzungen der Konjunktur mit hohen Preissteigerungsraten. Im Boom der Jahre 1972 bis 1974 wurden beispielsweise 661 000, 714 000 und 604 000 Wohnungen gebaut, für die bei den hohen Baupreisen kein ausreichender Bedarf vorhanden war. Etwa 200 000 Wohnungen konnten nicht vermietet oder verkauft werden. Die »Halden« an Eigentumswohnungen wurden nur langsam abgebaut. Umgekehrt kam in den Rezessionsjahren 1980 bis 1983 der private Mietwohnungsbau mit jährlich rund

50 000 neuen Wohnungen fast völlig zum Erliegen.

Wohnungsmarktpolitische Umorientierung

Ursache dieser Entwicklung war nicht nur die schlechte Wirtschaftslage, sondern auch die zu geringe Rendite der Bauherren von Mietwohnungen. Die Mietrechtsänderungsgesetze vom 27. Mai 1982 haben in der Wohnungsmarktpolitik eine Umorientierung eingeleitet, die dieser Entwicklung durch mehr marktwirtschaftliche Anreize, über die Anhebung des Mietpreisniveaus, entgegensteuern soll.

Dieser Weg ist nicht unumstritten. Kritiker meinen, daß der Wohnungsmarkt wegen der Gefahr unangemessener Mietpreissteigerungen vor allem in den Ballungsgebieten weiterhin einer gewissen staatlichen Lenkung unterliegen soll. Sie fordern überdies eine Verstärkung des sozialen Wohnungsbaus. Dem wird von anderen entgegengehalten, daß der Bestand an Sozialwohnungen groß genug sei. Nur sei deren Fehlbelegungsquote zu hoch: Viele Mieter sind inzwischen den Einkommensgrenzen entwachsen, die zum Bezug einer Sozialwohnung berechtigen. Die Befürworter der Gesetze sprechen sich gegen jegliche öffentliche Förderung des Mietwohnungsbaus, aber auch des privaten Wohnungsbaus aus (der Kauf eines Autos werde ja auch nicht vom Staat gefördert) und plädieren dafür, daß beim derzeitigen Bestand an Wohnraum die Wohnungswirtschaft noch stärker in die Marktwirtschaft einbezogen werden sollte.

Wende am Wohnungsmarkt

Im Frühjahr 1987 bahnte sich eine Wende am Wohnungsmarkt an. Eine Reihe von Faktoren bewirkte einen Anstieg der Nachfrage nach Wohnraum, der sich besonders in den Großstädten und Ballungsräumen konzentrierte.
- Bemerkbar auf dem Wohnungsmarkt machte sich eine Zunahme der Haushalte, die auf jährlich etwa hunderttausend geschätzt wird. Dabei ist eine anhaltende Tendenz zu kleinen Haushalten festzustellen, die einen relativ höheren Flächenbedarf aufweisen.
- Der Wiederanstieg der Realeinkommen führte dazu, daß die Bezieher zumindest durchschnittlicher Einkommen mit ihrer lange Zeit zurückgestellten Nachfrage nach einer größeren und/oder komfortableren Wohnung auf den Markt drängten.
- Als zusätzliche Nachfrager nach Wohnraum traten von 1987 an Aussiedler aus den Ostblockländern und seit Spätsommer 1989 Übersiedler aus der DDR auf.

Dieser steigenden Nachfrage nach Wohnraum stand ein stagnierendes Angebot gegenüber. Der Wohnungsneubau hatte sich inzwischen weiter verringert, und zwar von 398 000 Wohneinheiten 1984 auf 208 000 Einheiten 1988. Der Neubau von sozialen Mietwohnungen war sogar noch weiter zurückgegangen, von 95 000 Sozialwohnungen 1984 auf nur noch etwa 30 000 1988. Auf der anderen Seite verschwinden nach Schätzungen des Deutschen Instituts für Wirtschaftsforschung (DIW) durch Abriß, Zweckentfremdung und Umwandlung in Wohnungseigentum jährlich etwa 130 000 Mietwohnungen vom Markt.

Die Lage auf dem Wohnungsmarkt wurde noch dadurch verschärft, daß im Zuge der Liberalisierung von Teilen des Wohnungssektors Anfang 1990 die Gemeinnützigkeit und damit Steuerfreiheit von 1800 Wohnungsunternehmen weggefallen ist. Mit der Freigabe der gesetzlichen Bindungen für die gemeinnützige Wohnungswirtschaft wurden 3,4 Millionen Wohnungen in den freien Markt überführt. Dadurch werden diese Wohnungen für zahlungskräftige Mieter und gegebenenfalls für eine Umwandlung in Eigentumswohnungen frei.

Mit ihren wohnungsbaupolitischen Beschlüssen vom 10. Mai 1989 und noch einmal vom 3. Oktober 1989 versuchte die Bundesregierung, die Lage auf dem Wohnungsmarkt zu entschärfen. So wurden die steuerlichen Abschreibungsbestimmungen für den Mietwohnungsbau verbessert. Weiter engagiert sich der Bund seitdem wieder verstärkt im sozialen Wohnungsbau, aus dessen Förderung er sich zuvor zurückgezogen hatte. Für 1989 stellte der Bund dafür 1,1 Milliarden DM und für 1990 weitere 1,6 Milliarden DM zur Verfügung. Auch wurden Bundesmittel von 2 Milliarden DM bereitgestellt, um in einem »Sofortprogramm« kurzfristig 50 000 Wohnungen durch Umwidmung von Gewerberäumen und landwirtschaftlich genutzten Gebäuden sowie durch den Ausbau von Dachgeschossen zu schaffen. Außerdem wurde ein Gesetz verabschiedet, durch das der Tausch von Sozialwohnungen durch Fehlbeleger erleichtert wird. Doch all diese Maßnahmen werden das Wohnungsproblem eher mittel- und langfristig als in der kurzen Frist lösen.

Zur Milderung der akuten Versorgungsprobleme mit Wohnraum ist es deshalb vordringlich, das vorhandene Wohnungsangebot besser zu nutzen bzw. anders zu verteilen. Da sich die Engpässe vor allem auf dem Teilmarkt für einfache Wohnungen zeigen, geht es darum, dort Wohnraum zu mobilisieren. Dazu muß eine weitere Bestandsverminderung von Wohnungen einfacher Qualität unterbunden bzw. ausgesetzt werden, die Unterbelegung von Wohnraum abgebaut und der Umsetzungsprozeß von Mietern in Sozialwohnungen erleichtert werden. Bei aller Dringlichkeit des Bedarfs an einfachen Wohnungen sollte aber nicht das Ziel aufgegeben werden, auf mittlere Frist einen funktionsfähigen Mietwohnungsmarkt zu erhalten.

Die gewerbliche Wirtschaft

Der Wettbewerb als Organisationsprinzip ist in der gewerblichen Wirtschaft – in Industrie, Handwerk und Handel (sowie Banken und Versicherungen) – am stärksten ausgeprägt. In der gewerblichen Wirtschaft kommt die grundsätzlich für die gesamte Wirtschaft geltende Gewerbefreiheit weitgehend uneingeschränkt zum Zug. Nach der inzwischen häufig geänderten Reichsgewerbeordnung von 1869, die aufgrund von Art. 74 Nr. 11 und Art. 31 des Grundgesetzes Bundesrecht ist, gilt: »Der Betrieb eines Gewerbes ist jedermann gestattet, soweit nicht durch dieses Gesetz Ausnahmen oder Beschränkungen vorgeschrieben oder zugelassen sind« (§ 1 Abs. 1).

Die Freiheit zur wirtschaftlichen Betätigung umfaßt eine Reihe von Einzelfreiheiten:
- die Gewerbefreiheit: Hiernach hat jeder einzelne das Recht, jeden beliebigen Wirtschaftszweig zu betreiben;
- die wirtschaftliche Freizügigkeit: Jeder hat das Recht, sich mit seinem Gewerbebetrieb an jedem Ort des Staatsgebiets niederzulassen;
- die wirtschaftliche Vereinigungsfreiheit: Jeder hat das Recht, sich beliebig mit anderen zu einer gemeinsamen Wirtschaftstätigkeit zu verbinden;
- die wirtschaftliche Eigentumsfreiheit: Sie umfaßt das Recht, beliebig Sachgüter zu erwerben, zu veräußern und die erworbenen Sachgüter beliebig zu nutzen;
- die wirtschaftliche Vertragsfreiheit: Hiernach können zum Zweck der Wirtschaftstätigkeit beliebige Rechtsgeschäfte abgeschlossen werden;
- die Wettbewerbsfreiheit: Sie bedeutet das Recht, die Leistung in einem unbeschränkten wirtschaftlichen Konkurrenzkampf beliebig zur Geltung zu bringen.

Eine Beschränkung der Gewerbefreiheit ist nur in Ausnahmefällen zulässig, nämlich wenn die Rechte Dritter, die guten Sitten oder die verfassungsmäßige Ordnung nicht gewahrt sind. Daneben müssen in einigen Wirtschaftszweigen gewisse Bedingungen erfüllt sein, bevor die Errichtung eines Gewerbebetriebes zugelassen wird, so die fachliche Eignung im Gesundheitswesen und die persönliche Zuverlässigkeit im Apothekenwesen.

Die Freiheit zur wirtschaftlichen Betätigung in der gewerblichen Wirtschaft steht in scharfem Gegensatz zu den Reglementierungen, die in der Landwirtschaft und in der Verkehrswirtschaft, z. T. aber auch in der Energiewirtschaft und im Wohnungsbau bestehen. Die gewerbliche Wirtschaft ist demgegenüber grundsätzlich frei von staatlicher Lenkung – außer im Krisenfall und nach Feststellung eines Spannungsfalls (Art. 80a Grundgesetz und § 2 des Wirtschaftssicherstellungsgesetzes vom 3. Oktober 1968). Dies gilt auch für andere Eingriffe, so vor allem für Produktionsauflagen und -verbote sowie Bezugsbeschränkungen aller Art.

Der Staat verfügt allerdings auch in der gewerblichen Wirtschaft über die Lenkungsinstrumente, die er generell in der gesamten Wirtschaft benutzen kann. Dabei handelt es sich vor allem um das Recht zur Preisregelung (§ 2 des Preisgesetzes vom 10. April 1948/7. Januar 1952), von dem jedoch in der gewerblichen Wirtschaft sehr selten Gebrauch gemacht wird, und um das breite Instrumentarium der Wirtschaftsförderung in Form von Subventionen, verlorenen Zuschüssen, Zinsverbilligungen, Steuervergünstigungen, Kreditbürgschaften usw.

Die Industrie

Das Verarbeitende Gewerbe erlebte nach dem Krieg in der Bundesrepublik einen beispiellosen Aufschwung. Dazu nur wenige Kennzahlen:
- Die Zahl der Betriebe fiel von 47 187 im Jahr 1950 auf 43 978 im Jahr 1988;
- die Zahl der Beschäftigten nahm von 4,797 Millionen 1950 auf 7,038 Millionen 1988 zu;
- die Lohn- und Gehaltssumme erhöhte sich von 15,170 Milliarden DM 1950 auf 327,301 Milliarden DM 1988;
- der Umsatz steigerte sich von 80,395 Milliarden DM 1950 auf 1561,666 Milliarden DM 1988;
- der Anteil des Auslandsumsatzes erhöhte sich von 8,3 Prozent 1950 auf 30,4 Prozent 1988.

Die letzte Kennziffer, die Exportquote der Verarbeitenden Industrie, zeigt deutlich, in welchem Ausmaß sich die Verflechtung der Bundesrepublik in die Weltwirtschaft seit dem Krieg erhöht hat. Heute ist bald jeder dritte Arbeitsplatz in der Industrie vom Export abhängig.

In einigen Wirtschaftsgruppen ist die Exportquote sogar noch höher. So betrug sie 1988 z. B.
- in der Chemischen Industrie bei 575 311 Beschäftigten 43,6 Prozent;
- im Maschinenbau bei 978 756 Beschäftigten 44,5 Prozent;
- im Straßenfahrzeugbau bei 856 296 Beschäftigten 47,7 Prozent;
- im Schiffbau bei 34 036 Beschäftigten 61,6 Prozent;
- in der Elektroindustrie bei 977 181 Beschäftigten 31,3 Prozent.

Als Beispiel für den enormen Wirtschaftsaufschwung nach dem Krieg und für die Verflechtung der Bundesrepublik in die Weltwirtschaft sollen noch einige Kennziffern der Kraftfahrzeugindustrie wiedergegeben werden. Die Automobilindustrie ist auch deshalb von besonderem Interesse, weil man schätzt, daß jeder siebente Arbeitsplatz in der Bundesrepublik von ihr abhängt, sei es nun in der Zulieferindustrie oder im Reparaturbereich, im Straßenbau oder im Dienstleistungsbereich (z. B. Versicherungen).

Es erhöhte sich
- die Produktion von Kraftwagen und Straßenzugmaschinen insgesamt von 306 000 im Jahr 1950 auf 4,625 Millionen 1988; die Exportquote steigerte sich gleichzeitig von 27,1 auf 57,9 Prozent;
- die Produktion von Personen- und Kombinationskraftwagen von 216 000 im Jahr 1950 auf 4,010 Millionen 1988; die Exportquote stieg gleichzeitig von 31,9 auf 59,0 Prozent;
- die Produktion von Nutzfahrzeugen von 90 000 im Jahr 1950 auf 515 000 im Jahr 1988; dies war mit einem Anstieg der Exportquote von 26,7 auf 60,4 Prozent verbunden.

In der so wichtigen Automobilindustrie ist damit mehr als jeder zweite Arbeitsplatz vom Export abhängig.

Seit 1950 macht die deutsche Industrie beträchtliche Strukturwandlungen durch. Das Wachsen und Schrumpfen der verschiedenen Wirtschaftsbereiche ist eine normale und zur Erreichung eines angemessenen Wachstums der Volkswirtschaft sogar eine notwendige Erscheinung. In der Regel kündigt sich solch eine Entwick-

Maschinen und Fabrikanlagen made in Germany sind auch heute noch in aller Welt gefragt.

lung, die durch Wandlungen bei der Nachfrage, im Angebot und in der internationalen Arbeitsteilung verursacht wird, durch Veränderungen der Produktpreise, der Unternehmergewinne und der Löhne an. Dies ist ein Zeichen für Kapital und Arbeit, von gewissen Industriezweigen in andere abzuwandern.

So normal der Niedergang ganzer Industrien ist, so schmerzlich ist er für die betroffenen Arbeitnehmer und die Industriestandorte. Denn häufig kommt er einem Verlust von Arbeitsplätzen und regionalem Wohlstand gleich, wenn keine Arbeit in wachsenden Industrien oder anderen Wirtschaftsbereichen angeboten wird. Solch ein Strukturwandel kann daher, besonders in Zeiten hoher Arbeitslosigkeit, eines geringen Wirtschaftwachstums oder sogar einer Rezession sehr schnell zum Ruf nach staatlicher Hilfe, nach Schutz vor ausländischer Konkurrenz (Protektionismus) führen. Ein Beispiel aus der Vergangenheit ist hierfür die Textilindustrie. Ihr Anteil am Umsatz des Verarbeitenden Gewerbes sank von 13,0 Prozent 1950 auf 2,4 Prozent 1988. Gleichzeitig ging die Anzahl der Beschäftigten von 531 000 im Jahr 1950 auf 218 000 im Jahr 1988 zurück. Aktuelle Beispiele für Krisenbranchen sind die Schiffbauindustrie und die Stahlindustrie.

Staatliche Hilfen für schrumpfende Industriezweige sind jedoch nur dann angebracht, wenn der Niedergang durch Schocks von außen – z. B. Ölpreiserhö-

Industrie und Handwerk

Technischer Fortschritt, moderne Industrie: In der Textilindustrie werden jeweils neun Webstühle von einem einzigen Arbeiter bedient (oben). Durch immer mehr Funktionen wird auch das Telefon attraktiver: Ein elektronisches »Postfach« speichert die gesprochene Nachricht, die dann auf Abruf gesendet werden kann (links).

hungen – sehr plötzlich kommt und es daher aus sozialen Gründen gerechtfertigt erscheint, die Anpassung zeitlich zu strecken. Auch kann es volkswirtschaftlich sinnvoll sein, vorübergehende Hilfen zu gewähren, die der betreffenden Branche Kapazitätsanpassungen und/oder Investitionen in neue Verfahren oder Produkte ermöglichen, wodurch die internationale Wettbewerbsfähigkeit verbessert wird. Unabdingbare Voraussetzung sollte jedoch sein, daß die Hilfe nur vorübergehend ist, die Krisenbranche also nicht auf Dauer zum Kostgänger des Staates wird. Weiter ist darauf zu achten, daß der gesamten Branche und nicht einzelnen Unternehmen geholfen wird. Einzelhilfe würde auf eine Subventionierung der Unternehmen hinauslaufen, die nicht mehr konkurrenzfähig sind, und den Wettbewerb innerhalb der Branche verzerren. Auch sollten nicht Großunternehmen, sei es wegen ihrer besseren Verbindungen zur Politik, sei es wegen ihrer größeren Zahl an Arbeitsplätzen bevorzugt werden. Schließlich sind, wenn schon Hilfen an Krisenbranchen gewährt werden, Darlehen des Staates nicht-rückzahlbaren Finanzhilfen vorzuziehen.

Was den Ruf nach Protektionismus betrifft, so sollte der Staat ihm nicht stattgeben. Die Bundesrepublik kann es sich bei ihrer hohen Exportabhängigkeit nicht leisten, den Import von Industrieprodukten zu beschränken. Die Folge wären zweifellos Gegenmaßnahmen des Auslands, die die deutschen Exportindustrien hart treffen würden. Für den Verbraucher bedeutet Protektionismus höhere Preise für die geschützten, nicht mehr wettbewerbsfähigen heimischen Produkte im Vergleich zu denen des Auslands. Protektionismus hat weniger freien Außenhandel, weniger internationale Arbeitsteilung und weniger Wohlstand für alle Beteiligten zur Folge.

Das Handwerk

Für die Ausübung des Handwerks ist nach der »Handwerksordnung« in der Fassung vom 28. Dezember 1965 die Eintragung des Betriebes in die »Handwerksrolle«, die bei der Handwerkskammer geführt wird, erforderlich. Die Eintragung erfolgt, wenn der Antragsteller als Befähigungsnachweis eine Meisterprüfung nachweisen kann. Ziel dieser Regelung ist, den Leistungsstand und die Leistungsfähigkeit des Handwerks zu erhalten.

Obwohl sich die Bundesrepublik nach dem Zweiten Weltkrieg zu einer der bedeutendsten Industrienationen entwickelt hat, ist das Handwerk keineswegs von der Bildfläche verschwunden. Trotz der beträchtlichen Wettbewerbsvorteile von Industrieunternehmen (z. B. höherer Kapitaleinsatz, billigere Massenerzeugung, weltweiter Absatz, moderne Managementmethoden, hohe Rationalisierungsgewinne durch Ausnutzung des technischen Fortschritts, bessere Werbungsmöglichkeiten usw.) konnte sich das Handwerk behaupten. Zwar verschwanden zahlreiche Handwerkszweige seit der industriellen Revolution völlig (z. B. Köhler, Weber) oder verloren nach und nach ihre Bedeutung (z. B. Drechsler, Wagner, Hufschmied), doch füllten neue die Lücken aus, die vom industriellen Großbetrieb nicht geschlossen werden konnten, und ergänzten dessen Leistungen (beispielsweise das Reparaturhandwerk).

Seit 1950 nahm besonders das Fertigungshandwerk mit den Berufen Maurer, Zimmerer, Tischler, Bäcker, Schuhmacher, Schneider, Sattler, Polsterer, Tapezierer usw. ab. Andere Handwerksbereiche wie Klempner, Schlosser, Elektriker, Radio- und Fernsehtechniker, Kfz-Mechaniker usw. hatten demgegenüber Zunahmen zu verzeichnen.

Im Verlauf dieses Strukturwandels hat sich die Zahl der Handwerksbetriebe zwar von 886 500 im Jahr 1950 auf 489 600 im Jahr 1988 verringert. Im gleichen Zeitraum stieg jedoch die Zahl der im Handwerk Beschäftigten von 3,314 Millionen auf 3,812 Millionen.

Ein Trend zum größeren Handwerksbetrieb ist also unverkennbar. Die Umsätze im Handwerk erhöhten sich gleichzeitig von 27,0 Milliarden DM 1950 auf 436,6 Milliarden DM 1988.

Die These vom Aussterben des Handwerks wird auch durch die Tatsache widerlegt, daß 1986 das Handwerk 8,5 Prozent des Bruttoinlandsprodukts erzeugte und damit den Anteil jeweils der Land- und Forstwirtschaft (1,8 Prozent), der Energiewirtschaft einschließlich des Bergbaus (3,6 Prozent), des Verkehrs und der Nachrichtenübermittlung (5,9 Prozent) sowie des Kredit- und Versicherungswesens (5,4 Prozent) überschritt.

Im übrigen hat die Bundesregierung der Entwicklung des Wettbewerbs zwischen der Industrie und dem Handwerk nicht tatenlos zugesehen. Bei der Förderung des selbständigen Mittelstandes hat sie die Wettbewerbslage des Handwerks durch Beseitigung von Startungleichheiten und durch Hebung der Wettbewerbsfähigkeit zu verbessern versucht. Zu diesem Zweck wurden von 1950 bis 1989 Mittel in Höhe von 1,212 Milliarden DM aus dem Bundeshaushalt zur Verfügung gestellt. Sie dienten überwiegend der überbetrieblichen Förderung des Handwerks und nicht so sehr der Gründung neuer Handwerksbetriebe.

Handel, Banken und Versicherungen

Der Handel gehört neben der Industrie und dem Handwerk zu den Wirtschaftsbereichen, in denen die marktwirtschaftlichen Prinzipien des Wettbewerbs und der Gewerbefreiheit am stärksten ausgeprägt sind.

Innerhalb des Handels vollzogen sich nach dem Krieg beträchtliche Änderungen, die am anschaulichsten am Einzelhandel illustriert werden können. Auf der einen Seite sind die sog. »Tante-Emma-Läden« durch die Supermärkte weitgehend verdrängt worden, denen ihrerseits in den »Cash-and-Carry-Läden« an der Peripherie der Städte eine große Konkurrenz erwachsen ist. Auf der anderen Seite erlebte der Versandhandel nach dem Krieg einen enormen Aufstieg, wie sich am Beispiel solcher Firmen wie Otto-Versand, Neckermann, Quelle usw. zeigt. Insgesamt ist jedoch die Zahl der Einzelhandelsgeschäfte seit 1950 kaum zurückgegangen, da gleichzeitig eine starke Spezialisierung stattfand.

Die Banken. Das Kreditwesen der Bundesrepublik ist gesetzlich geregelt, zusätzlich findet eine Beaufsichtigung des Kreditgewerbes statt (vgl. auch Wolfgang Wetter, Der Aufbau des Kreditwesens, S. 339). Die Bankenaufsicht stellt aber kein Instrument der Wettbewerbspolitik dar. Es handelt sich bei ihr vielmehr um eine besonders ausgeprägte Gewerbeaufsicht, die der Sicherung der Geldeinleger und der Ordnung und Erhaltung des Kreditapparates im gesamtwirtschaftlichen Interesse dient.

Die Notwendigkeit einer besonderen Beaufsichtigung der Kreditmärkte ergibt sich aus der Bedeutung der Kreditinstitute, Versicherungsunternehmen und Bausparkassen als Kapitalsammelstellen großer Teile des Volksvermögens. Bei einer unzureichenden Aufsicht über das Kreditgewerbe drohen bei Bankzusammenbrüchen Vermögensverluste der Anleger, was sich negativ auf das Vertrauen in die Geld- und Kreditwirtschaft auswirkt. Auf der anderen Seite muß durch eine entsprechende staatliche Ordnung des Kreditgewerbes eine optimale Geldversorgung der Wirtschaft und die Unterstützung der Geld- und Währungspolitik der Notenbank durch den Bankenapparat sichergestellt werden.

Die Ordnung und Beaufsichtigung des Kreditsektors ist im Kreditwesengesetz vom 10. Juli 1961 festgelegt, dem »Grundgesetz der Kreditwirtschaft«. Für die Bankenaufsicht und die Bausparkassen ist danach das Bundesaufsichtsamt für das Kreditwesen in Berlin zuständig. (Die Versicherungsunternehmen unterliegen ebenfalls einer Fachaufsicht.) Nach dem Kreditwesengesetz hat das Bundesaufsichtsamt u. a. folgende Befugnisse:

Immer noch unentbehrlich: das alte Handwerk. Doch die Funktionen haben sich auch hier gewandelt. Der Schuhmacher stellt keine neuen Schuhe mehr her (höchstens noch in orthopädischen Spezialbetrieben), sondern ist zum Reparaturhandwerker geworden (oben). Ein relativ junges Handwerk übt der Fernsehtechniker aus (rechts).

Zwei Einkaufsmöglichkeiten – zwei Welten: Das Einkaufszentrum »Hamburger Hof« in Hamburg besticht durch Passagen und Auslagen. Mehrere Branchen sind unter einem Dach versammelt, der Kunde kann sich informieren und nach seinen Bedürfnissen auswählen oder sich von der Reichhaltigkeit des Angebots verlocken lassen (links). Ein Relikt aus einer anderen Zeit ist dagegen der Gemischtwarenladen (unten). »Tante Emma« kennt jeden einzelnen Kunden, sie wiegt ab, füllt in Tüten und kennt das Neueste aus der Nachbarschaft.

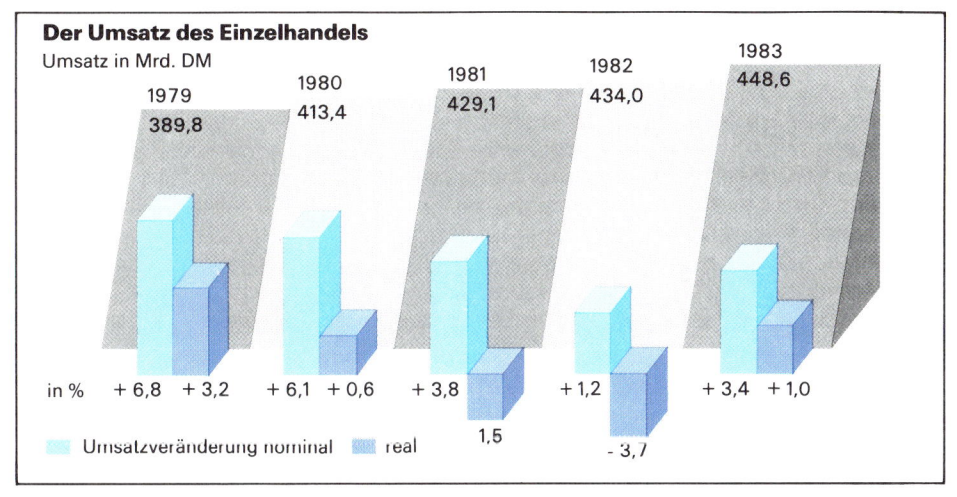

Der Umsatz des Einzelhandels
Umsatz in Mrd. DM

	1979	1980	1981	1982	1983
	389,8	413,4	429,1	434,0	448,6
in % nominal	+6,8	+6,1	+3,8	+1,2	+3,4
real	+3,2	+0,6	1,5	-3,7	+1,0

□ Die Erteilung der Erlaubnis, Bankgeschäfte zu betreiben, und die Rücknahme solch einer Erlaubnis. Ausschlaggebend hierfür ist die Höhe der nachgewiesenen erforderlichen Mittel (vor allem des Eigenkapitals) und die Zuverlässigkeit und fachliche Eignung der Bankleitung (§§ 32, 33). Das Bundesaufsichtsamt hat mehrmals Kreditinstituten die Erlaubnis entzogen, Bankgeschäfte zu betreiben, und noch häufiger solch eine Erlaubnis erst gar nicht erteilt.

□ Die Kreditüberwachung. Die Kreditinstitute sind verpflichtet, Großkredite an Kreditnehmer, die zusammen 15 Prozent des haftenden Eigenkapitals der kreditgebenden Bank übersteigen, der Deutschen Bundesbank anzuzeigen (§ 13). Eine Bank darf einem einzelnen Kreditnehmer auch nicht mehr als 50 Prozent ihres haftenden Eigenkapitals als Kredit leihen. Durch diese Vorschriften soll sichergestellt werden, daß eine Bank bei Zahlungsunfähigkeit des Hauptkreditnehmers nicht ebenfalls in Schwierigkeiten gerät. Daneben müssen die Banken Kredite, die 1 Million DM oder mehr betragen, der Deutschen Bundesbank anzeigen (§ 14). Organkredite, d.h. Kredite an Beschäftigte oder Mitinhaber der Bank, müssen dem Bundesaufsichtsamt für das Kreditwesen gemeldet werden (§ 15). Die Aufsichtsbehörde übt ihre Aufgabe weiter auf der Grundlage der vorgelegten Monatsausweise und Jahresabschlüsse der Kreditinstitute und besonderer Informationsrechte aus.

(Gegen die ersten beiden Überwachungsvorschriften hatte Anfang der achtziger Jahre das Frankfurter Bankhaus Schröder, Münchmeyer, Hengst und Co. (SMH-Bank) über ihre Luxemburger Tochter in der einen oder anderen Form verstoßen. Liquiditätsschwierigkeiten ihres Hauptkreditnehmers, des IBH-Baumaschinenkonzerns, führten Ende 1983 fast zum Konkurs der Bank. Nur ein Zuschuß in Höhe von 780 Millionen DM aus dem Feuerwehrfonds der Banken und von einem nach der Herstatt-Bankpleite 1974 speziell gegründeten Hilfsinstitut, der Liko-Bank, sowie der deutschen Großbanken und Bankgruppen konnte den Zusammenbruch der SMH-Bank gerade noch verhindern.)

□ Die Überwachung der Eigenkapitalausstattung und der Liquidität der Kreditinstute sowie die Aufstellung allgemeiner Grundsätze hierzu im Einvernehmen mit der Deutschen Bundesbank (§§ 10, 11). Entsprechen Eigenkapital und Liquidität eines Kreditinstituts nicht den Vorschriften, kann das Bundesaufsichtsamt Maßnahmen ergreifen, die bis zum Verbot der weiteren Geschäftstätigkeit reichen.

□ Die Beseitigung von Mißständen im Kreditwesen, »die die Sicherheit der den Kreditinstituten anvertrauten Vermögenswerte gefährden, die ordnungsgemäße Durchführung der Bankgeschäfte beeinträchtigen oder erhebliche Nachteile für die Gesamtwirtschaft herbeiführen können« (§ 6). Mißstände in diesem Sinne sind z.B. ein ruinöser Wettbewerb oder eine allgemeine Kreditexpansion, die die Gesamtwirtschaft gefährden kann.

□ Rahmenvorschriften über den Wettbewerb. Das Bundesaufsichtsamt kann durch Rechtsverordnung Vorschriften über die Höhe der Soll- und Habenzinsen erlassen (§ 23). Diese Befugnis dient der Unterstützung der Kreditpolitik der Bundesbank, der Funktionsfähigkeit des Kreditgewerbes, der angemessenen Geldversorgung der Gesamtwirtschaft und der Förderung der Spartätigkeit. Sie wurde aber vom Bundesaufsichtsamt mit Wirkung zum 1. April 1967 aufgehoben, so daß die Kreditinstitute seitdem in der Konditionengestaltung bei den Einlagen (Habenzinsen) und bei den gewährten Krediten (Sollzinsen) frei sind und miteinander in Wettbewerb treten können.

Am 3. Mai 1976 wurde das Kreditwesengesetz erstmals novelliert. Die Novelle hatte einen verbesserten Einlagenschutz zum Inhalt. Anlaß hierfür waren Bankenzusammenbrüche im Jahr 1974, besonders der Konkurs der Herstatt-Bank in Köln.

Die Herstatt-Bank wurde im Zusammenhang mit Devisenmarktspekulationen zahlungsunfähig; ihre weitere Geschäftstätigkeit wurde daraufhin vom Bundesaufsichtsamt untersagt. Durch eine Hilfsaktion der übrigen deutschen Kreditbanken gelang es dann, die Einlagen des breiten Massenpublikums bei der Herstatt-Bank zu sichern.

Die zunehmende Internationalisierung des Kreditgeschäfts der deutschen Banken auch über ihre Tochtergesellschaften im Ausland machte eine weitere Novelle des Kreditwesengesetzes notwendig, die am 1. Januar 1985 in Kraft trat.

Hauptgegenstand ist – neben einer Neuabgrenzung des Eigenkapitals der Kreditinstitute, die für die Obergrenze der ausgeliehenen Gesamtkredite von Bedeutung ist – die Einbeziehung der Kreditgeschäfte der in- und ausländischen Bankentöchter der deutschen Mutterbanken in die Bankenüberwachung durch das Bundesaufsichtsamt, die bei der alten Regelung nicht gewährleistet war. Nach der Neufassung des Kreditwesengesetzes führt das Bundesaufsichtsamt eine Gesamtüberwachung der Bankkonzerne durch, um die Gesamtkreditrisiken zu begrenzen und Mehrfachbelegungen des haftenden Eigenkapitals zu verhindern. Wie wichtig solch eine Regelung ist, zeigte sich bei den Schwierigkeiten der SMH-Bank im November 1983, die u. a. nur deshalb auftreten konnten, weil die Tätigkeiten ihrer Luxemburger Tochter nicht der deutschen Bankaufsicht unterlagen.

Die deutschen Banken betreiben als Universalbanken im Gegensatz zu den Banken im Ausland grundsätzlich alle Bankgeschäfte. Nach dem Schwerpunkt ihrer Tätigkeit lassen sich jedoch neun Bankgruppen unterscheiden:

☐ die Kreditbanken, die hauptsächlich im kurzfristigen Kreditgeschäft (bis vier Jahre) tätig sind. Zu den Kreditbanken gehören die Großbanken (Deutsche Bank, Dresdner Bank, Commerzbank), die Regionalbanken, die sonstigen Kreditinstitute und die Privatbanken;
☐ die Girozentralen einschließlich der Deutschen Girozentrale als regionale Zentralinstitute der Sparkassen, besonders für deren Zahlungsverkehr: Es handelt sich bei ihnen um Anstalten des öffentlichen Rechts, für deren Verbindlichkeiten die Länder und die Sparkassen (und damit die Gemeinden) haften;
☐ die Sparkassen, die überwiegend Anstalten des öffentlichen Rechts sind und für deren Verbindlichkeiten die Gemeinden bzw. Gemeindeverbände haften;
☐ die Zentralkassen der Kreditgenossenschaften als deren regionale Zentralinstitute vor allem für den Zahlungsverkehr;
☐ die Kreditgenossenschaften des landwirtschaftlichen und gewerblichen Mittelstandes (z. B. Raiffeisenbanken, Volksbanken);
☐ die Realkreditinstitute (private Hypothekenbanken, öffentlich-rechtliche Grundkreditanstalten);
☐ die Teilzahlungskreditinstitute;
☐ die Kreditinstitute mit Sonderaufgaben (z. B. Kreditanstalt für Wiederaufbau);
☐ die Postscheck- und Postsparkassenämter (Deutsche Bundespost Postbank).

Nach dem Krieg vollzog sich im Bankgewerbe ein interessanter Wandel. Während vorher die einzelnen Institutsgruppen vom Kundenkreis und von der Aufgaben-

Landesbanken – hier das Verwaltungsgebäude der Bayerischen Landesbank in München – sind Spitzeninstitute der Sparkassenorganisation.

stellung her klar voneinander abgegrenzt waren, konkurrieren sie nunmehr um die Einleger und sind in den gleichen Finanzierungsbereichen tätig. Die Sparkassen z. B. waren früher Geldinstitute der Bezieher kleiner und mittlerer Einkommen und finanzierten den Wohnungsbau und den öffentlichen Kreditbedarf. Heute verfolgen sie auch das Geschäftsziel der Industriefinanzierung, die zuvor Tätigkeitsbereich der Kreditbanken war. Die Kreditbanken wiederum, die sich früher aus eigenen Mitteln durch Aktienemissionen oder durch Einlagen der Wirtschaft und größerer Privatkunden finanzierten, bemühen sich nunmehr ebenfalls um die mittleren und kleinen Einleger.

Die drei Großbanken Deutsche Bank, Dresdner Bank und Commerzbank haben unter den Banken – auch international – eine besondere Stellung inne. Auf die Großbanken entfallen etwa vier Fünftel des Anteils aller Banken am Nominalkapital der börsennotierenden Aktiengesellschaften des Nichtbankenbereichs. Außerdem sitzen Vertreter der Großbanken im Aufsichtsrat jeder zweiten Aktiengesellschaft.

Eine Sonderstellung im Kreditgewerbe

Die Versicherungen

Die Versicherungswirtschaft ist eine bedeutende Kapitalsammelstelle in der Bundesrepublik: das Hochhaus der LVA in Düsseldorf.

nehmen die Bausparkassen ein. Sie gewähren auf der Grundlage eines Bausparvertrags nach einer Ansparleistung des Bausparers Darlehen zur Finanzierung, aber auch zur Entschuldung, zur Renovierung und zum Umbau eines Eigenheimes oder einer Eigentumswohnung. Die Sparbeiträge werden vom Staat durch Steuervorteil (Sonderausgabenabzug) oder Prämie begünstigt. Die Aufsicht über die Bausparkassen wird vom Bundesaufsichtsamt für das Kreditwesen wahrgenommen. Den Bausparkassen kommt bei der Finanzierung des Eigenheimbaus eine bedeutende Rolle zu.

Die Versicherungen. Für die Versicherungen rechtlich bedeutsam sind das Versicherungsvertragsgesetz und das Versicherungsaufsichtsgesetz. Das Versicherungsaufsichtsgesetz unterwirft die Versicherungsunternehmen zum Schutze der Versicherten einer strengen Aufsicht über Zulassung und Geschäftspolitik (z. B. Prämien, Rücklagen). Die überregionalen Versicherungsgruppen unterliegen einer Bundesaufsicht durch das Bundesaufsichtsamt für das Versicherungswesen in Berlin, die kleineren Versicherungen mit nur regional begrenztem Wirkungskreis der Landesaufsicht durch die zuständigen Länderminister.

Eine wichtige Aufgabe der Versicherungswirtschaft ist darin zu sehen, daß sie der gesetzlichen Sozialversicherung vergleichbare Leistungen für Personen anbietet, die nicht der Sozialversicherungspflicht unterliegen (z. B. private Krankenversicherung, Lebensversicherung auf den Erlebensfall). Individualversicherungen beruhen im Gegensatz zur Sozialversicherung auf Vertrag und sind grundsätzlich freiwillig (Ausnahmen: Kfz-Haftpflicht, Gebäudefeuerversicherung). Die Prämien hängen im wesentlichen von der individuellen Gefahrengrundlage ab, die auf einer strengen Definition des Versicherungsfalles basiert, und von den vertraglichen Bedingungen und Voraussetzungen des Versicherungsschutzes.

Die Versicherungswirtschaft, besonders die Lebensversicherung mit ihrer Sparkomponente, ist eine bedeutende Kapitalsammelstelle in der Bundesrepublik. Viele Produktionsmöglichkeiten wären ohne die Risikoübernahme durch die Versicherungen nicht genutzt worden.

Die Verkehrswirtschaft

Die Verkehrswirtschaft dient der Beförderung von Personen, Gütern oder Nachrichten. Ihr kommt in einer arbeitsteiligen Wirtschaft eine besondere Bedeutung zu, die weit über ihren Anteil am Bruttoinlandsprodukt und an der Beschäftigtenzahl hinausgeht.

Das Verkehrs- und Nachrichtenwesen der Bundesrepublik ist ein Wirtschaftsbereich, in dem marktwirtschaftliche Grundsätze nur in geringem Maße verwirklicht sind, da der Staat weitgehend Organisation, Aufgaben und Wirkungsbereich der einzelnen Verkehrsträger beeinflußt oder selbst als Anbieter auftritt. Im Bereich der Eisenbahn dominiert die Deutsche Bundesbahn. Die bestehenden Privatbahnen sind bedeutungslos. Ausschließlich in öffentlicher Hand befinden sich das Nachrichtenwesen (Deutsche Bundespost), fast der gesamte städtische Massenverkehr von Personen und überwiegend der Luftverkehr (Lufthansa). Vorwiegend in privater Hand sind der Güterverkehr auf der Straße, die Binnenschiffahrt und die Seeschiffahrt sowie die Rohrfernleitungen für den Transport von Erdöl, Erdölprodukten und Erdgas.

Besonderheiten des Verkehrs

Die ausgeprägte staatliche Regulierung der Verkehrswirtschaft ist auf historische Entwicklungen und Besonderheiten der Verkehrsmärkte zurückzuführen. Wie in der Landwirtschaft ist aber auch im Verkehr die Frage sehr umstritten, wieweit die Märkte nicht auch durch einen freien Wettbewerb gelenkt werden können. Das Beispiel der Vereinigten Staaten zeigt, daß ein stärker dem Wettbewerb überantwortetes Verkehrs- und Nachrichtenwesen möglich ist. Zu den Besonderheiten der Verkehrswirtschaft gehören:

☐ Verkehrsleistungen können nicht auf Vorrat erzeugt und gelagert werden. Für große Spitzenleistungen (z. B. im Berufsverkehr während der sog. »rush hour«) müssen also hohe Kapazitäten bereitgehalten werden. Dies mache, so wird argumentiert, eine staatliche Kapazitätskontrolle erforderlich, weil Überkapazität leicht zu einem ruinösen Wettbewerb führen könne.

Jeder liebt die Eisenbahn, doch reisen tut man lieber mit dem eigenen Auto. TEE »Rheingold«, Freiburg – Basel.

☐ Wegen der unterschiedlichen Struktur der Verkehrsmärkte nach Zahl und Größe der Marktteilnehmer wird ein Marktgleichgewicht erschwert. Auch aus diesem Grund sei eine Intervention des Staates erforderlich.

☐ Die Nachfrage nach Verkehrsleistungen ist relativ preisunelastisch. Dadurch wird eine Preispolitik – etwa zur Auslastung der Überkapazität in verkehrsschwächeren Zeiten – unmöglich. (Die von der Bundesbahn durchgeführten Sonderaktionen für Rentner usw. – z. B. »Rosa Zeiten« – beweisen jedoch, daß die Nachfrage nach Verkehrsleistungen nicht völlig preisunelastisch ist. Die Nachfrage nach *einzelnen* Verkehrsleistungen ist überdies sehr preiselastisch. Gerade darauf beruht ja die teilweise Verdrängung des Eisenbahnverkehrs durch den Omnibus- und den Lastkraftwagenverkehr.)

Diese Besonderheiten der Verkehrswirtschaft machen in den Augen des Gesetzgebers eine von den marktwirtschaftlichen Grundsätzen abweichende Verkehrsordnung erforderlich.

Der Eisenbahnverkehr

Der Eisenbahnverkehr ist gesetzlich im »Allgemeinen Eisenbahngesetz« vom 29. März 1951 in der Fassung vom 1. August 1961 geregelt. Für die Deutsche Bundesbahn gilt das Bundesbahngesetz vom 13. Dezember 1951 in der Fassung vom 6. März 1969.

In § 1 Abs. 1 des Eisenbahngesetzes ist das wichtige »Gemeinwirtschaftlichkeitsprinzip« der Bundesbahn festgelegt: »Ziel der Tarifpolitik ... ist ... gleichmäßige Tarife ... zu schaffen und sie den Bedürfnissen des allgemeinen Wohls, insbesondere den wirtschaftlich schwachen und verkehrsungünstig gelegenen Gebieten anzupassen.« In § 8 Abs. 1 und 2 werden die Bundesregierung und der zuständige Verkehrsminister verpflichtet, den Wettbewerb zwischen den einzelnen Verkehrsträgern zu koordinieren. Vor allem wird dabei das Verhältnis »Schiene – Straße« angesprochen, aber auch – besonders beim Massengutverkehr – das Verhältnis »Schiene – Wasserweg«. Durch »marktgerechte Entgelte« und einen »lauteren Wettbewerb« soll zwischen allen Verkehrsträgern eine »volkswirtschaftlich sinnvolle Aufgabenteilung« ermöglicht werden.

Durch diese Regelung wird ein freier Preiswettbewerb ebenso unmöglich gemacht wie die Ausnutzung der Monopolstellung der Bundesbahn in Form eines Vernichtungswettbewerbs gegenüber ihren Konkurrenten. Wegen ihrer Monopolstellung im Schienenverkehr ist die Bundesbahn außerdem verpflichtet, mit allen, die ihre Beförderungsbedingungen anerkennen, Verträge abzuschließen (Kontrahierungszwang).

Der Straßenverkehr

Beim Straßenverkehr ist zwischen dem gewerblichen Personen- und Güterverkehr und dem privaten Individualverkehr zu unterscheiden. Der Individualverkehr wirkt sich zwar nachteilig auf die Personen- und Güterbeförderung der Eisenbahn aus, ist jedoch keinen behördlichen Beschränkungen unterworfen. Die autofreien Sonntage und Geschwindigkeitsbegrenzungen im Gefolge der ersten Ölkrise 1973 waren ein energiepolitisch begründeter Sonderfall.

Im Gegensatz zum Individualverkehr gelten für den gewerblichen Straßenverkehr staatliche Mengen- und Preisreglementierungen, die im Personenbeförderungsgesetz vom 21. März 1961 und im Güterkraftverkehrsgesetz vom 17. Oktober 1952 in der Fassung vom 6. August 1975 festgelegt sind. Sie richten sich in Form von staatlichen Zugangsbeschränkungen zum Markt (Angebotskontingentierungen) und genehmigungsbedürftiger Frachtsätze und Tarife (Preise) gegen Straßenverkehrsleistungen, die die Bundesbahn oder andere öffentliche Anbieter ebenfalls in Konkurrenz anbieten.

Beschränkungen ist demnach der Straßengüterfernverkehr unterworfen, nicht jedoch der Nahverkehr, weil die Bahn oder andere öffentliche Anbieter in diesem Bereich keine ernsthaften Konkurrenten für den LKW sind. Beim Personenverkehr ist neben dem Fern- auch der Nahverkehr in die mengenmäßigen Beschränkungen einbezogen, weil hier eine Konkurrenzbeziehung zu Bundesbahn und Bundespost mit ihren Omnibuslinien sowie den öffentlichen Verkehrsbetrieben der Kommunen besteht.

Durch die staatlichen Angebotskontingentierungen, deren Verfassungsmäßigkeit umstritten ist, und die Preisfestsetzungen ist der freie Wettbewerb im Güterfernverkehr ausgeschlossen.

Das Problem »Schiene – Straße«

Das verkehrspolitische Ziel der gesetzlichen Beschränkungen des gewerblichen Personen- und Güterfernverkehrs auf der Straße ist eindeutig der Schutz des Verkehrsaufkommens der Bundesbahn, auch wenn Argumente wie die Überlastung eines zu schwachen Straßennetzes ins Feld geführt werden. Die Schutzbedürftigkeit der Bahn beruht dabei auf folgenden Überlegungen:

Das am Gemeinwohl ausgerichtete Prinzip der »Gemeinnützigkeit« bürdet der Bahn aus sozial-, wirtschafts-, regional- oder sonstigen politischen Gründen Aufgaben auf (z. B. Berufs- und Schülerkarten zu Sozialtarifen oder die Bedienung unrentabler Strecken), die dazu führen, daß die Bahn bei gewissen Transportarten oder Linien unter Selbstkosten arbeitet. Um diese Kostenunterdeckung auszugleichen, müßte sie bei anderen Verkehrsleistungen eine Kostenüberdeckung erreichen. Dies ist der Bahn aber seit Jahren nicht mehr möglich, weil beispielsweise Kunden zum privaten Personenkraftwagen (Individualverkehr) abwandern oder Güter zunehmend mit dem Lastkraftwagen transportiert wurden. Die Folge der gemeinnützigen Auflagen des Staates ist somit, daß die Bahn seit 1960 Jahr für Jahr ein hohes Defizit einfährt (1989 z. B. 3,9 Milliarden DM trotz der Ausgleichszahlungen des Bundes von 9,8 Milliarden DM). Wenn nun die Fernlaster und der private Omnibus-Linienverkehr der Bahn auch noch die wenigen rentablen Transporte abnehmen würden, vergrößerte sich ihr Defizit. Unbeschränkte private Konkurrenz würde also bei der staatseigenen Bahn auf Kosten des Steuerzahlers gehen, der die Defizite ja schließlich zu tragen hat.

Ein steigendes Defizit der Bahn hat nach dieser Logik aber auch eine steigende Schutzbedürftigkeit zur Folge und damit weitergehende Reglementierungen des gewerblichen Straßenverkehrs. Hinzu kommt, daß solche Reglementierungen die Tendenz haben, sich entsprechend der »Ölflecktheorie« auszuweiten. Hierfür ein Beispiel: Das begrenzte Angebot des gewerblichen Güterfernverkehrs reichte in der Vergangenheit nicht aus, alle Nachfragen nach solchen Verkehrsleistungen zu befriedigen. Zahlreiche private Unternehmen haben daher schon sehr früh einen eigenen sog. Werkverkehr eingerichtet, mit dem allerdings nur der Transport eigener Waren erlaubt ist. Folgerichtig mußte dieser Verkehr, der eine Umgehung der staatlichen Kontingentierungen darstellt, mit einer besonderen Beförderungssteuer belastet werden. Diese Steuer konnte aber seine Verbreitung ebensowenig aufhalten wie die Tatsache, daß im Werkverkehr in der Regel keine Rückfracht anfällt, eine Nutzung des Fahrzeugs also nur in einer Verkehrsrichtung möglich ist. Hieran zeigen sich die großen Vorzüge des LKW beim Transport gewisser Güter (vor allem von Halb- und Fertigwaren) und kleinerer Gütermengen. Sie beruhen vor allem auf seiner Netzbildungsfähigkeit, d. h. auf dem Haus-zu-Haus-Verkehr ohne Umladung, aber auch auf seiner Schnelligkeit und Pünktlichkeit.

Von 1968 an wurde zugunsten der Bundesbahn und zur Entlastung des Straßennetzes aufgrund des sog. »Leber-Plans« der Straßengüterfernverkehr hoch besteuert und seit 1970 zusätzlich ein Beförderungsverbot für Massengüter durch LKW erlassen. Der Niedergang der Bundesbahn und das Vordringen des Lastkraftwagens konnten aber auch hierdurch nicht gebremst werden.

Die Binnenschiffahrt

Im Gegensatz zum Güterfernverkehr auf der Straße ist der Zugang zum Markt der Binnenschiffahrt nicht durch Angebotskontingentierungen beschränkt. Nach § 1 des »Gesetzes über den gewerblichen Binnenschiffsverkehr« vom 1. Oktober 1953 in der Fassung vom 8. Januar 1969 sind aber Quotenkartelle zugelassen, mit denen die Verteilung von Fracht- und Schleppgut zwischen den Schiffahrtsverbänden an Rhein und Elbe und den Schiffahrtstreibenden geregelt ist. Der Bundesverkehrsminister ist im Fall wirtschaftlicher Notlagen in der Binnenschiffahrt sogar ermächtigt, die Verteilung von Fracht- und Schleppgut auf die Binnenschiffer durch Rechtsverordnung zu regeln. Damit können Quotenkartelle – eine Kartellart, die in anderen Bereichen verboten ist – der Binnenschiffahrt sogar aufgezwungen werden.

Durch § 21 des Binnenschiffahrtsgesetzes ist eine Preiskonkurrenz ausgeschlossen. Das Binnenschiffahrtsgesetz sieht sogar einen Frachtenausgleich vor. Danach müssen Frachteinnahmen von den Schiffahrtsunternehmen untereinander abgeführt werden. Dies ist eine Folge von Quotenkartellen, die in der Regel auch einen Gewinn- und Verlustausgleich innerhalb des Kartells nach sich ziehen.

Der Grund für diese Marktordnung in der Binnenschiffahrt ist in einem Überangebot an Frachtraum zu sehen. Zum einen wurde der Kahnraum nach dem Krieg durch die Flucht der ost- und mitteldeutschen Schiffer stark erhöht. Zum anderen haben die Schleppkähne eine sehr lange Lebensdauer. Da das Gewerbe eines selbständigen Schiffseigentümers (Partikulier) nicht selten vom Vater auf den Sohn übergeht, bleiben diese Kähne über Generationen auf dem Markt. Um das latente Überangebot zu drosseln, zahlt die Bundesregierung seit 1969 »Abwrackprämien« für die Außerdienststellung älterer Schiffe.

Seit 1960 ist die Schiffszahl rückläufig. Das Angebot von Laderaum ist bis 1965 jedoch noch gestiegen und seitdem ebenfalls gesunken. Gleichzeitig nahm der Laderaum je Kahn zu, er kann jedoch wegen der Abmessungen und Tiefen der Binnengewässer (Flüsse, Kanäle und Schleusen) nicht beliebig ausgedehnt werden. Die technisch bessere Ausstattung der Binnenschiffe z. B. mit Radar, das eine Nachtfahrt ermöglicht, der Übergang zu schnellen Einzelfahrern anstelle von schwerfälligen Schleppzügen und sonstige Modernisierungen – z. B. beim Umschlag – haben die Transportleistungen der Binnenschiffahrt jedoch weiter steigen lassen. Denn für den Transport von trockenen Massengütern (Kohle, Koks, Steine, Erden, Getreide usw.) zwischen zwei durch Wasserstraßen verbundenen Plätzen bietet das Binnenschiff noch immer die billigste Transportmöglichkeit.

Der Luftverkehr

Grundlage des Luftverkehrs bildet das Luftverkehrsgesetz vom 1. August 1922 in der Fassung vom 4. November 1968. Danach ist die gewerbsmäßige Beförderung von Personen und Sachen genehmigungspflichtig. Will ein Luftverkehrsunternehmen Linienverkehr betreiben, so ist für jede Fluglinie eine besondere Erlaubnis einzuholen. Diese kann versagt werden, wenn durch den beantragten Linienverkehr »öffentliche Interessen beeinträchtigt werden«. Gelegenheitsverkehr in der Luft kann untersagt werden, soweit er »die öffentlichen Verkehrsinteressen nachhaltig beeinträchtigt« (§ 21 Abs. 1 und § 22 Luftverkehrsgesetz). Die Tarife im Binnenverkehr sind ebenfalls der staatlichen Genehmigung unterworfen und müssen in einem angemessenen Abstand über den Fahrpreisen der Deutschen Bundesbahn liegen.

Diese objektiven Zulassungsbeschränkungen dienen – in Analogie zur Bundesbahn – dem Schutz der staatlichen Fluggesellschaft Lufthansa. Die Lufthansa wurde 1926 gegründet, 1945 aufgelöst und 1953 erneut gegründet. Sie befindet sich zu 82 Prozent im Besitz der öffentlichen Hand, und der Staat muß bei Verlusten dafür aufkommen. Nationale Fluggesellschaften wie die Lufthansa sind in der Luftfahrt üblich. Über ihre Tochtergesellschaft Condor ist die Lufthansa auch im Charterfluggeschäft tätig.

Die Preise im internationalen Flugverkehr werden durch ein internationales Kartell der Luftverkehrsgesellschaften (IATA) festgesetzt, dem fast alle nationalen Fluggesellschaften angehören. Ein Wettbewerb findet nur im Bereich der Flugzeiten, der Flugsicherheit und des Service statt. Von diesem Preiskartell sind nur private Charterfluggesellschaften, die in der Massentouristik an Bedeutung gewonnen haben, ausgenommen.

Im nationalen Linienflugverkehr dominiert die staatliche Lufthansa. Private Liniengesellschaften haben nur eine begrenzte regionale Bedeutung auf Routen, die für die Lufthansa ökonomisch uninteressant sind. Ein gewisser Teil des nationalen Linienflugverkehrs wird durch ausländische Gesellschaften abgewickelt – im Austausch gegen entsprechende Flugrechte in deren Heimatländern.

Der Luftverkehr innerhalb der Bundesrepublik hat jährlich hohe Zuwachsraten zu verzeichnen. Die Personenbeförderung durch deutsche und ausländische Gesellschaften ist von 2 Millionen Passagieren 1954 auf 56 Millionen 1989 gestiegen. Der Güterluftverkehr ist demgegenüber gering geblieben.

Die Rohrfernleitungen

Für den Transport von Erdöl, Erdölprodukten und Gas gewann seit 1960 die Rohrfernleitung an Bedeutung. Ihr Anteil am Gesamtverkehrsaufkommen von 242,3 Milliarden Tonnenkilometer (tkm) im Jahre 1989 belief sich auf 4,6 Prozent. Vor der ersten Ölkrise wurde mit 10,4 Prozent 1972 ein noch höherer Anteil erreicht. Rohölfernleitungen verbinden Hafenstädte mit konsumnahen Standorten von Raffinerien und anderen erdölverarbeitenden Betrieben (Petrochemie). Gasfernleitungen versorgen weite Gebiete der Bundesrepublik mit billigem Erdgas, so z.B. auch aus Sibirien. Die Rohrfernleitungen befinden sich im Besitz der Unternehmen aus der Erdölwirtschaft, der Petrochemie und der Energieversorgung.

Die Seeschiffahrt

In der Seeschiffahrt mußte nach 1945 völlig neu begonnen werden, da nahezu die gesamte Handelsflotte durch Kriegseinwirkung oder Ablieferung an die Alliierten (mit ca. 4,4 Millionen Bruttoregistertonnen) verlorengegangen war. Wegen der Beschränkungen der Alliierten konnten zunächst nur kleinere Schiffe auf Kiel gelegt werden. Erst Ende der fünfziger Jahre konnte sich die deutsche Seeschiffahrt am allgemeinen Trend zum Großraumschiff beteiligen, der vor allem bei den Tankern, aber auch bei den Trockenmassengutfrachtern *(Bulk Carrier)* einsetzte.

Der Bestand an deutschen Seeschiffen nimmt seit 1971 ab, die Tonnage seit 1977. Seit 1971 werden auch deutsche Seeschiffe in einem größeren Maße ausgeflaggt und fahren unter einer fremden, billigen Flagge (Panama, Liberia usw.) – entweder nach § 7 Flaggenrechtsgesetz auf zwei Jahre begrenzt oder aber auf Dauer. Für die ausgeflaggten deutschen Seeschiffe gilt nicht mehr das Recht der Bundesrepublik, sondern das des neuen Flaggenstaates. Damit finden auch dessen Lohn-, Sozial-, Steuer- und Sicherheitsvorschriften Anwendung, die nicht so weitreichend wie die der Bundesrepublik sind. Durch die Einsparungen, besonders bei den Lohnkosten (Heuern), wird eine Ausflaggung für einen Reeder attraktiv – und aus seiner Sicht auch notwendig, weil er mit seinem Schiff auf seinem Verkehrsgebiet, den Weltmeeren, auf ausgeflaggte und damit billigere Schiffe von Konkurrenten stößt.

Im März 1989 wurde in der Bundesrepublik, wie zuvor bereits in einer Reihe anderer westeuropäischer Staaten, ein Internationales Seeschiffahrtsregister (Zweitregister) eingerichtet. Hierdurch wurde es möglich, insbesondere Mannschaftsdienstgraden – wie bei Schiffen unter einer billigen Flagge – die niedrigeren Heuern ihres jeweiligen Heimatlandes zu zahlen. Gegenüber dem Erstregister bedeutet dies eine beträchtliche Senkung bei den Personalkosten des Schiffes.

Mit der Einrichtung des Zusatzregisters wurde das Ziel verfolgt, die Ausflaggung deutscher Seeschiffe zu stoppen. Dieses Ziel wurde erreicht – tatsächlich sind bereits Rückflaggungen von deutschen Schiffen aus billigen Registern in das deutsche Zusatzregister erfolgt. Gegen das Zusatzregister hat die Gewerkschaft öffentliche Dienste, Transport und Verkehr (ÖTV) Verfassungsbeschwerde erhoben, da es ihrer Ansicht nach gegen die Artikel 3 und 9 des Grundgesetzes (Gleichbehandlungsgrundsatz und Koalitionsfreiheit) verstoße. Das Land Bremen und weitere SPD-geführte Länder wollen sich mit einer Normenkontrollklage dem Gang nach Karlsruhe anschließen.

Die Ausflaggungen zeigen, daß die internationale Seeschiffahrt – und damit auch die unter deutscher Flagge – ein Verkehrszweig ist, der durch Wettbewerb gekennzeichnet ist. Die Trampschiffahrt, die im Gegensatz zur Linienschiffahrt keinen Liniendienst unterhält, agiert auf einem der wenigen Märkte, auf denen vollkommene Konkurrenz herrscht. Die internationale Linienschiffahrt ist demgegenüber zu einem Teil in sog. »Konferenzen« zusammengefaßt, bei denen es sich um Gebiets-, Quoten-, Konditionen- und Preiskartelle in einem handelt. Da auf den Konferenzrouten auch Nicht-Konferenzmitglieder als sog. Außenseiter fahren, herrscht auch in der internationalen Linienschiffahrt ein starker Wettbewerb.

In der mittelständischen deutschen Küstenschiffahrt, der Seeschiffahrt mit kleinen Schiffen (gegenwärtig bis etwa 1600 BRT bzw. ca. 4500 tdw) in der Ostsee, Nordsee und anderen europäischen und außereuropäischen Gewässern, sind die Eigentumsverhältnisse denen in der Binnenschiffahrt ähnlich. Wie in der Binnenschiffahrt hat die Bundesregierung in der Vergangenheit ein Tonnageüberangebot an Küstenschiffen ebenfalls hin und wieder durch Zahlung von Abwrackprämien für ältere Schiffe verringert.

Die deutsche Schiffahrt wurde bis Mitte 1987 als letztes Datum der Antragstellung durch Schiffbauzuschüsse des Staates gefördert; seitdem werden der Schiffbauindustrie direkte Werftenhilfen für Schiffsneubauten gezahlt. Mit den Schiffbauzuschüssen verfolgte der Staat das Ziel, für Kriegs- und Krisenzeiten einen Bestand an Seeschiffen unter deutscher Flagge und damit unter seinem Zugriff zu haben. Dies wurde dadurch erreicht, daß mit der Neubauförderung die Auflage verbunden war, das Seeschiff acht Jahre unter deutscher Flagge fahren zu lassen. Gegenwärtig wird solch eine Flaggenbindung über Finanzbeiträge des Staates in Form von nicht rückzahlbaren Zuwendungen an die Reeder erreicht. Sie sollen überdies die Kostennachteile der deutschen gegenüber einer billigen Flagge kompensieren. Außerdem gelten für die Seeschiffahrt gewisse Steuervergünstigungen, wie sie auch bei konkurrierenden Flaggen vorherrschen.

Der Nachrichtenverkehr

Nach § 2 Abs. 1 des Gesetzes über das Postwesen vom 28. Juli 1969 ist »das Errichten und Betreiben von Einrichtungen zur entgeltlichen Beförderung von Sendungen mit schriftlichen Mitteilungen oder mit sonstigen Nachrichten von Person zu Person der Deutschen Bundespost ausschließlich vorbehalten«. Dem Beförderungsrecht der Bundespost entspricht eine Beförderungspflicht (Kontrahierungszwang). Im Bereich des Post- und Fernmeldewesens einschließlich Funk existiert also ein Staatsmonopol, das wegen des gewinnträchtigen Fernmeldesektors äußerst lukrativ ist. Daneben haben sich in »Nischen des Gesetzes« private Boten- und Paketdienste etabliert. Das Monopol der Bundespost für neue Medien wie die Telekommunikation ist jedoch nicht unumstritten, es wurde deshalb im Zuge der Deregulierungsmaßnahmen in der Wirtschaft gelockert.

Seit dem 1. Juli 1989 besteht die Deutsche Bundespost aus den drei öffentlichen Unternehmen »Deutsche Bundespost Postdienst«, »Deutsche Bundespost Postbank« und »Deutsche Bundespost Telekom«, die jeweils über einen eigenen Vorstand und Aufsichtsrat verfügen. Jedes dieser drei Unternehmen betreibt sein eigenes Management und legt eigene Bilanzen vor. Die politisch-hoheitlichen Aufgaben übt der Bundesminister für Post und Telekommunikation aus, die betrieblichen Aufgaben werden durch die Unternehmen der Post ausgeführt.

Der Nachrichtenverkehr

Moderner Nachrichtenverkehr: die Fernsehsendeantenne für das 2. und 3. Programm (Bayern) auf der Spitze des Münchner Olympiaturms (links); die Postanlagen am Frankfurter Hauptbahnhof, Verteilwerk für Päckchen (links unten). Für solche herkömmlichen Postaufgaben ist seit 1989 das öffentliche Unternehmen »Deutsche Bundespost Postdienst« zuständig.

Auch in Zukunft werden das Netz- und das Telefonmonopol bei der Post bleiben, während der Satelliten- sowie der Mobilfunk Privatunternehmen geöffnet werden. Im Februar 1990 wurde der Mannesmann Mobilfunk GmbH eine Lizenz zum Aufbau und Betrieb eines digitalen Funktelefon-Netzes in der Bundesrepublik erteilt. Der Mobilfunk ist damit der erste bedeutsame Telekommunikationsmarkt im Netzbereich, in dem die Deutsche Bundespost Telekom, die selbst ein eigenes digitales Netz betreibt, in Konkurrenz zu anderen Anbietern stehen wird.

Zu diesem Thema

In anderen Werken:
Buchholz, Hans Eberhard: Agrarmarkt: EWG-Marktordnungen, in: Handwörterbuch der Wirtschaftswissenschaft (HdWW), Bd. 1, 1977
Jürgensen, Stephan/Schmitz, Peter Michael: EG-Agrarpolitik, Der Streit um den Grenzausgleich, in: Wirtschaftsdienst, Wirtschaftspolitische Monatsschrift. 64. Jg., Heft 4, 1984
Hamm, Walter: Verkehr IV: Verkehrspolitik, in: Handwörterbuch der Wirtschaftswissenschaft (HdWW), Bd. 8, 1980
Kommission für wirtschaftlichen und sozialen Wandel: Wirtschaftlicher und sozialer Wandel in der Bundesrepublik Deutschland, Gutachten, 1977
Lampert, Heinz: Die Wirtschafts- und Sozialordnung der Bundesrepublik Deutschland, 8. Aufl., 1985
Lampert, Heinz: Die Wirtschaft der Bundesrepublik Deutschland, in: Handwörterbuch der Wirtschaftswissenschaft (HdWW), Bd. 8, 1980
Meyer, Heino von: EG-Agrarpolitik, Grenzen und Interessenkonflikte, in: Wirtschaftsdienst, Wirtschaftspolitische Monatsschrift, 63. Jg., Heft 4, 1983
Oberender, Peter: Marktstruktur und Wettbewerb in der Bundesrepublik Deutschland, 1984
Rinck, Gerd: Wirtschaftsrecht, 3. Aufl. 1977
Sachverständigenrat zur Begutachtung der gesamtwirtschaftlichen Entwicklung, diverse Jahresgutachten seit 1964/65.
Schneider, Hans K.: Energie I: Versorgung und II: Politik, in: Handwörterbuch der Wirtschaftswissenschaft (HdWW), Bd. 2, 1979
Winkel, Harald: Die deutsche Wirtschaft seit Kriegsende. Entwicklung und Probleme, 1971

VOLKER HAUFF

Möglichkeiten und Grenzen der Verkehrsentwicklung

Das Verkehrswesen erfüllt zwei grundlegende, wichtige Aufgaben:
☐ Es sichert den Menschen die Freizügigkeit der Bewegung auch über die Staatsgrenzen hinaus, es gewährleistet die Freiheit der Wahl des Wohnortes und des Arbeitsplatzes und trägt zum Abbau ungleicher Lebensbedingungen bei.
☐ Es schafft für Industrie, Gewerbe und Handel eine wichtige Voraussetzung, ihre Leistungsfähigkeit und die notwendige Flexibilität voll zu entfalten. Dies ist für ein stark außenhandelsorientiertes Land wie die Bundesrepublik Deutschland entscheidend.

Öffentliche Hand, Arbeitnehmer und Privatwirtschaft haben gemeinsam ein Verkehrssystem geschaffen, das der Nachfrage nach Verkehrsleistungen insgesamt gerecht wird und dessen Leistungen auch international überzeugen.

Das Bundesverkehrswegenetz ist in den vergangenen 20 Jahren erheblich ausgebaut und verbessert worden. Allein der Bund hat in den Jahren 1970 bis 1980 rund 105 Milliarden DM in die Verkehrsinfrastruktur investiert. Die Bundesrepublik verfügt über ein Straßennetz für den überörtlichen Verkehr von rund 170 000 km, davon über rund 32 200 km Bundesstraßen, rund 8050 km Autobahnen, über ein DB-Schienennetz von 28 500 km – davon rund 11 200 km elektrifiziert –, ein Bundeswasserstraßennetz von 4300 km Länge und eine weitgehend ausreichende Flughafeninfrastruktur.

Die Verkehrsleistungen sind in den vergangenen 20 Jahren im Personenverkehr nahezu um das Zweieinhalbfache auf 602 Milliarden Personenkilometer angestiegen, im Güterverkehr haben sie sich mit rund 258 Milliarden Tonnenkilometern nahezu verdoppelt.

Fast 1 Million Menschen in über 76 000 Unternehmen der Verkehrswirtschaft erwirtschafteten 1978 einen Umsatz von 82,5 Milliarden DM, das entspricht einem Anteil am Gesamtumsatz von 3 Prozent. Die reale Bruttowertschöpfung lag 1980 bei rund 31,1 Milliarden DM, so daß der Anteil des Verkehrs am Bruttosozialprodukt knapp 4 Prozent ausmacht.

Die Einschätzung der zukünftigen Verkehrsentwicklung gestaltet sich allerdings heute gegenüber früheren Zeitperioden bedeutend schwieriger und ist mit größeren Unsicherheiten behaftet. Dies hängt damit zusammen, daß sich die Rahmenbedingungen für Wirtschaft, Gesellschaft und jeden einzelnen Bürger geändert haben.

Wie andere Wirtschaftszweige auch, beansprucht und belastet der Verkehr die natürliche Umwelt und das Wohnumfeld vieler Menschen. Die rasche Ausbreitung des Autos nach dem Krieg hat vor allem in den ländlichen Regionen zu einer vorher nicht gekannten Mobilität der Arbeitnehmer geführt und damit deren Lebenssituation erheblich verbessert. Dieser Erhöhung der materiellen Lebensqualität stehen aber durch den Ausbau der Verkehrsinfrastruktur ein erheblicher Landschaftsverbrauch und die Zerstörung unberührter Natur gegenüber. In einigen Bereichen sind die Grenzen der Belastbarkeit erreicht. Gesichtspunkte des Umweltschutzes und die Schonung unserer Landschaft zwingen daher zu umweltschonenden Lösungen beim Bau neuer Verkehrswege.

Die objektiven Erfordernisse des Umwelt- und Landschaftsschutzes werden in der politischen Wirklichkeit zudem durch ein neues Umweltbewußtsein der Bürger verstärkt. Die Investitionspolitik im Verkehrsbereich kann sich künftig nicht an der Deckung der Verkehrsnachfrage allein orientieren. Neue Straßen können kein Wert an sich sein. Ein fehlender Autobahnanschluß darf nicht einem Mangel an Lebensqualität gleichgesetzt werden. Heute sind Veränderungen am Wegenetz und bei anderen großen Neubauvorhaben an mehreren Bedingungen auszurichten.

Es ist dabei wichtig, einen möglichst umfassenden Konsens mit den betroffenen Bürgern bei der weiteren Entwicklung der Verkehrsinfrastruktur herzustellen. Voraussetzung dafür sind eine rechtzeitige und vollständige Unterrichtung der Bürger, bevor vollendete Planungstatsachen geschaffen werden, und die Möglichkeit, über Alternativen zu sprechen.

Die Verkehrspolitik muß darüber hinaus nach Lösungen suchen, wie die Verkehrsnachfrage so befriedigt werden kann, daß dabei nicht nur neue schädliche Einwirkungen auf Mensch und Natur weitgehend vermieden, sondern auch bestehende Beeinträchtigungen beseitigt werden können. Umweltschutz in der Verkehrsplanung fängt damit an, daß die Infrastruktur wirklich nur in dem unbedingt erforderlichen Maße ausgebaut wird. Das bedeutet: Ausbaupläne sind kritisch auf andere, umweltfreundlichere Lösungen zu überprüfen einschließlich der Alternative, vom Ausbau auch Abstand zu nehmen.

Verkehrspolitiker müssen lernen, das Verkehrssystem als Ganzes zu begreifen: Schiene, Straße, Luft und Wasserstraßen sollten möglichst eine Einheit bilden. Die Umsetzung dieser Sicht in praktische Verkehrsplanung ermöglicht es, den spezifischen Vorteilen der verschiedenen Verkehrsmittel auch unter ökologischen Gesichtspunkten mehr Geltung zu verschaffen.

Die Entwicklung auf dem Energiesektor ist für das Verkehrswesen von ganz besonderer Bedeutung. Denn der Verkehr weist als Gesamtenergieverbrauch unseres Landes mittlerweile einen Anteil von 22 Prozent auf, und er beansprucht rund ein Drittel des Mineralölverbrauchs. Stark gestiegene Energiekosten und ihre Auswirkungen auf Preisniveau, Beschäftigungslage und Zahlungsbilanz stellen daher Wirtschaft und Verkehrswirtschaft sowie Wirtschafts- und Verkehrspolitik vor große Probleme.

Für den Verkehrssektor gelten als energiepolitische Ziele:
☐ die Abkehr vom Öl;
☐ sparsamer und rationeller Einsatz von Energie.

Auch zwischenzeitlich eingetretene Stabilisierungsphasen in der Energiekostensituation dürfen nicht darüber hinwegtäuschen, daß Energie teuer bleibt und sich tendenziell auch weiter verteuern wird. Für die Verkehrspolitik bedeutet dies, daß sich die quantitativen Veränderungen im Verkehrswegenetz in Zukunft sehr viel langsamer vollziehen, als wir das aus den sechziger und siebziger Jahren gewohnt waren.

Trotz des hohen technischen Entwicklungsstandes unseres Verkehrssystems befriedigt der Sicherheitsstandard insgesamt nicht. In der Vergangenheit sind zwar in der Straßenverkehrssicherheit Verbesserungen erzielt worden, bezogen auf die stark angestiegenen Verkehrsleistungen sogar erhebliche; von durchschlagenden

Städtischer Nahverkehr: Die Wuppertaler Schwebebahn, die bekannteste und älteste Hängebahn in Deutschland, wurde zwischen 1898 und 1903 erbaut und dient seit dieser Zeit über eine 13 Kilometer lange Strecke der Personenbeförderung innerhalb des Stadtgebiets (unten).

Ein Netz von S- und U-Bahnen verbindet die Städte im Ballungsraum Ruhrgebiet: S-Bahn-Station Essen Hbf (ganz unten). Im Sinne eines sparsamen, rationellen Einsatzes von Energie und größerer Umweltschonung bleibt zu hoffen, daß der Nahverkehr weiter ausgebaut wird.

Erfolgen kann aber angesichts von jährlich rund 12 000 Todesopfern im Straßenverkehr – darunter über 1000 Kinder – und einer halben Million Verletzter nicht gesprochen werden. Appelle an die Eigenverantwortlichkeit der Menschen helfen hier wenig. Ein wirklicher Durchbruch kann nur durch mutige, in sich schlüssige Sofortmaßnahmen auf dem Gebiet der Verkehrssicherheit erreicht werden.

Für die Arbeit in den vor uns liegenden Jahren kommt es darauf an, die Zahl der Verkehrsopfer – und zwar der Toten und Verletzten – drastisch, d. h. etwa um die Hälfte, zu senken und generell das Verhalten aller Verkehrsteilnehmer im Straßenverkehr zu verbessern. Dies gilt besonders für motorisierte Zweiradfahrer, junge Fahranfänger, Kinder und ältere Menschen. Dazu muß das gesamte Instrumentarium der Verkehrssicherheit vorbehaltlos einer genauen Prüfung im Hinblick auf seine Wirksamkeit unterzogen werden. In die praktische Arbeit müssen dann jene Institutionen, Verbände und Industriezweige stärker eingebunden werden, die sich mit dem Straßenverkehr befassen.

Vor dem Hintergrund der beschriebenen Ausgangslage sollten die grundlegenden Ziele der Verkehrspolitik sein: die Verkehrssicherheit entscheidend zu erhöhen und die Umweltbeeinträchtigung schnellstmöglich zu verringern. Dabei soll die Verkehrspolitik sicherstellen, daß

☐ das Mobilitätsbedürfnis der Bürger möglichst gut befriedigt wird;
☐ eine angemessene Verkehrsinfrastruktur für eine sich weiterentwickelnde Wirtschaft vorhanden ist;
☐ die Freiheit der Wahl des Verkehrsmittels in einer kontrollierten Wettbewerbsordnung gesichert bleibt;
☐ die internationale Zusammenarbeit, vor allem die europäische Integration, gefördert wird.

Unter den gegebenen Rahmenbedingungen werden diese verkehrspolitischen Ziele vorrangig durch eine bessere Nutzung der vorhandenen Kapazitäten zu erreichen sein. Es ist daher erforderlich, eine noch stärkere Verknüpfung und eine verbesserte Organisation der Verkehrswege und mehr Kooperation zwischen den einzelnen Verkehrsträgern zu erreichen, um dann auf diesem Weg

Die Bahn der Zukunft? Der Transrapid 05 von Thyssen Henschel auf der Versuchsstrecke im Werk Kassel. Die Magnetfahrtechnik mit Langstator-Antrieb erlaubt bequemes, schnelles Reisen (Spitze: 400 km/h). Auf der Strecke Los Angeles – Las Vegas soll sie zum Einsatz kommen.

☐ vorhandene Kapazitätsreserven zu mobilisieren;
☐ überbeanspruchte Kapazitäten zu entlasten und
☐ die ökonomischen, ökologischen und energiewirtschaftlichen Vorteile der jeweiligen Verkehrsträger besser zur Geltung zu bringen.

In diese Strategie müssen alle Verkehrsträger einbezogen werden. Dabei sind z. B. Individualverkehr und Güterkraftverkehr soweit wie möglich mit dem nahezu ölunabhängigen Verkehrsmittel Eisenbahn zu verknüpfen. Die Förderung des Öffentlichen Personennahverkehrs (ÖPNV) und des kombinierten Verkehrs sollten dabei die Schwerpunkte künftiger Verkehrspolitik sein.

Der durch die Entwicklung des Kraftfahrzeugs zum vorherrschenden Träger des motorisierten Verkehrs bedingte Ausbau autogerechter und überörtlicher Straßen muß als im wesentlichen abgeschlossen angesehen werden. Ergänzende Straßenbauten sind noch erforderlich, aber keineswegs in dem Ausmaß, wie dies noch von einigen für notwendig gehalten wird.

Der Bundesfernstraßenbau sollte künftig durch folgende Grundsätze bestimmt sein:
☐ Erhöhung der Sicherheit;
☐ Schonung der Umwelt (Verringerung des Landschaftsverbrauchs, Verbesserung des Lärmschutzes);
☐ Verringerung der Zerschneidungswirkung von Straßen in gewachsenen Wohnstrukturen und zusammenhängenden Landschaftsgebieten.

Lokale und regionale Maßnahmen zur Substanzerhaltung und zur Qualitätsverbesserung der vorhandenen Straßen haben Vorrang vor großräumigen Neubaumaßnahmen.

Die Schwerpunktprogramme wie Bau von Ortsumgehungen, Beseitigung von höhengleichen Bahnübergängen, Radwegebau an Bundesstraßen, Verkehrsbeeinflussung auf Bundesautobahnen und Lärmsanierung an Bundesfernstraßen müssen fortgesetzt werden.

Das heißt zusammengefaßt: Qualität vor Quantität.

Unter den geänderten Rahmenbedingungen muß auch die Stützung der Bundesbahn durch die Verkehrs- und vor allem die Finanzpolitik des Bundes eine zusätzliche Legitimation erhalten, denn die Bahn ist ein Verkehrsmittel mit
☐ energiesparender, weitgehend ölunabhängiger Betriebsweise,
☐ hoher Umweltverträglichkeit und
☐ herausragender Verkehrssicherheit.

Vorrangige Ziele künftiger Bundesbahnpolitik sind – nach Änderung der Verwaltungsstruktur der Deutschen Bundesbahn hin zu mehr kaufmännischem Management und weniger hierarchischer Verwaltung – die Modernisierung des Schienenverkehrs, besonders durch Neubau und Ausbau von Strecken. Keinesfalls darf die Bundesbahn in ein finanzpolitisches Korsett der Bundesregierung gepreßt werden und ihren verkehrspolitischen Stellenwert nur nach Maßgabe der verfügbaren finanziellen Ressourcen des Bundes erhalten.

Die freie Wahl des Verkehrsmittels in einer kontrollierten Wettbewerbsordnung muß auch künftig das Grundprinzip der verkehrswirtschaftlichen Ordnungspolitik bleiben. Regulierende Eingriffe des Staates sollten nur dort vorgenommen werden, wo der Wettbewerb als alleiniges Steuerungsprinzip zu volkswirtschaftlichen Fehlentwicklungen führt oder wo die Voraussetzungen für einen funktionsfähigen Wettbewerb fehlen. Die kontrollierte Wettbewerbsordnung kann dabei in ihrer konkreten Ausgestaltung auch weiterhin flexibel gehalten werden.

Bei der Mobilisierung der Kapazitätsreserven der vorhandenen Verkehrswege und Verkehrsmittel bestehen noch erhebliche Spielräume für eine Steigerung der Leistungsfähigkeit unseres Verkehrsnetzes. Es geht darum, die wirtschaftlichen und ökologischen Vorteile der einzelnen Verkehrsträger noch besser zur Geltung zu bringen. Die Möglichkeiten der Verknüpfung sind vielfältig. Die Zukunftschancen sollen an wenigen Beispielen gezeigt werden:

Was die Kooperation im Personenverkehr angeht, so muß auch hier die Arbeitsteilung zwischen den verschiedenen Verkehrsträgern bei verbesserten Umsteigemöglichkeiten zunehmen. Zu erwähnen ist hier vor allem die Anbindung der Flughäfen an die S-Bahn und die Stadtbahnlinien sowie die Kooperation Schiene/Luft im innerdeutschen Fernverkehr. Besonders augenfällige Erfolge, die sich noch erweitern lassen, sind beim Park-and-Ride bereits erzielt worden. In den Ballungsräumen und in Räumen größerer Verdichtung ist die Gründung von weiteren Verkehrs- und Tarifverbünden anzustreben. Auch für den Öffentlichen Personennahverkehr (ÖPNV) außerhalb der Ballungsräume ist künftig entscheidend, das Verkehrsangebot zu verbessern. Dies ist vor allem auch eine Organisationsaufgabe. Dabei kommt es darauf an, Verantwortung und Entscheidung für den ÖPNV an einer Stelle in der Region zusammenzufassen. Modellversuche zeigen bereits heute, daß mit relativ geringem Aufwand das Nahverkehrsangebot flächenmäßig wesentlich verbessert werden kann. Bei der regionalen Kooperation des ÖPNV muß dabei die Bundesbahn eine aktivere Rolle übernehmen.

Im Güterverkehr besteht ebenso die Notwendigkeit zu einer besseren Verknüpfung angesichts des knapper und teurer werdenden Rohstoffs Öl. Berechtigte Erwartungen werden hier in die Entwicklung des kombinierten Verkehrs gesetzt. Er trägt dazu bei, vorhandene Schienenkapazität besser auszunutzen, und leistet damit auch einen spürbaren Beitrag zur Verminderung der Mineralölabhängigkeit. Um von der Kapazität her ein Wachstum des kombinierten Verkehrs zu ermöglichen, ist der Ausbau der Umschlagbahnhöfe Hauptaufgabe für die nächsten Jahre. Nur so kann es gelingen, das von der Nachfrage her mögliche Verkehrswachstum aufzunehmen, die Attraktivität durch Beschleunigung und Abbau von Wartezeiten zu verbessern und kostengünstiger zu arbeiten.

Der Verkehr wird in den vor uns liegenden Jahren noch stärker als heute Beeinträchtigungen der Umwelt und den Energieverbrauch beachten müssen. Zwar wird auch künftig das Auto ein nicht fortzudenkender Faktor unseres Verkehrswesens bleiben, aber die Forderung nach sicheren, umweltfreundlichen und energiesparsamen Fahrzeugen muß jetzt realisiert werden.

Eine der Rahmenbedingungen, von denen die weitere Verkehrsentwicklung abhängig ist, ist sicherlich auch die Entwicklung neuer Techniken.

Im Lauf des letzten Jahrzehnts wurden intensive Anstrengungen unternommen, bessere Verkehrstechniken zu entwickeln. Einige Stichworte: die Entwicklung neuartiger, spurgeführter Verkehrsmittel für den Fernverkehr mit hohen Geschwindigkeiten und neuer bedarfsgesteuerter Systeme für den Nahverkehr, angefangen von Kabinenbahnen bis hin zum Rufbus. Bei solchen Entwicklungen sind zwei Aspekte zu beachten: zum einen die Beurteilung, ob das, was technisch möglich unter Vorgabe bestimmter Kriterien auch wünschbar ist; zum andern die Frage, welche Technik sich im Wettbewerb durchsetzt und tatsächlich in größerem Maßstab zur Anwendung gelangen wird.

Für den überschaubaren Zeitraum bis zum Jahr 1990 oder sogar bis zum Jahr 2000 sind bei den Verkehrsmitteln große grundlegende Veränderungen nicht zu erwarten. Andererseits müssen wirksame Verbesserungen bei den vorhandenen und eingeführten Systemen durchgesetzt werden, z. B. Neuerungen zur Senkung des Energieverbrauchs, zur Steigerung der Umweltfreundlichkeit oder zur weiteren Erhöhung der Verkehrssicherheit. Hier muß es – wie etwa beim Kraftfahrzeug – schon bald weitere einschneidende Veränderungen, und zwar europaweit, geben. Unter der Voraussetzung weiterer starker Preissteigerungen bei der Energie kann man bis zum Jahr 2000 mit einer erheblichen Reduzierung des durchschnittlichen Kraftstoffverbrauchs bei Personenkraftwagen rechnen.

Langfristig wird zum Benzin ein Alternativ-Treibstoff größere Bedeutung erlangen, doch müssen wir davon ausgehen, daß Methanol, synthetisches Benzin und andere neue Treibstoffe wesentlich teurer sein werden als Kraftstoffe aus Mineralöl zu heutigen Preisen. Sicherlich wird auch ein größerer Teil des Individualverkehrs in den Städten aus heimischen Energiequellen versorgt werden können. Es ist hier an den verstärkten Einsatz elektrisch betriebener Straßenfahrzeuge zu denken oder auch an eine Umrüstung der Kraftfahrzeuge auf Gas. Auch bei den Luftverkehrsfahrzeugen muß es zu einer erheblichen Senkung des Treibstoffverbrauchs und einer Steigerung der Umweltfreundlichkeit kommen.

Im Hinblick auf die internationale Verkehrspolitik muß im Verkehrswesen stärker europäisch gedacht und gehandelt werden. Dabei sind folgende Akzente zu setzen und gegenüber den Partnerstaaten deutlich zu machen:

☐ Im grenzüberschreitenden Verkehr müssen stärker übergreifende Gesichtspunkte der Verkehrspolitik (Mineralölabhängigkeit, Umweltschutz, Kapazitätsreserven) beachtet werden.

☐ Der internationale Eisenbahn- und kombinierte Verkehr ist bei gleichzeitiger restriktiver Kontingentspolitik im Straßengüterverkehr zu fördern.

☐ Es muß eine europäische Infrastrukturpolitik über die nationalen Grenzen betrieben werden, wobei auch gemeinsame Finanzierungsinstrumente für die wichtigsten Transitwege zu entwickeln sind.

☐ Die bestehenden Wettbewerbsverzerrungen sind durch Angleichung von Vorschriften, Steuer- und Abgabebestimmungen u. a. abzubauen.

Das Verkehrsangebot muß künftig flexibel auf wirtschaftliche Entwicklungen eingehen und Änderungen im Produktionsbereich möglichst voraussehen und dadurch Engpässe vermeiden helfen. Die entsprechenden Anpassungsmaßnahmen zu verwirklichen wird sicherlich eine schwierige, verkehrspolitisch vorrangige Aufgabe sein.

Dabei werden sich die von mir genannten Ziele, die bei der Bewältigung der Verkehrsnachfrage von der Verkehrspolitik zu setzen sind, auch in den vor uns liegenden Jahren gegenüber heute nicht wesentlich ändern. Auch in Zukunft muß sich die Verkehrspolitik vor allem daran orientieren, was den Menschen nützt. So verlangt das gestärkte Umweltbewußtsein vieler Menschen, daß die Verkehrspolitik sich verstärkt dem Vorsorgeprinzip stellt. Dort, wo Umweltschäden eingetreten sind, müssen alle notwendigen Maßnahmen zur Schadensbekämpfung eingeleitet werden. Die damit zusammenhängenden Probleme gehören zu den größten Aufgaben, vor denen wir nicht nur in der Verkehrspolitik stehen.

ACHIM DIEKMANN
Automobilbau

Als Gottlieb Daimler und Carl Benz 1886 unabhängig voneinander die beiden ersten Automobile der Welt entwickelten und bauten, ahnten nur wenige, wie rasch diese Erfindung die Pferdekutsche verdrängen und damit Wirtschaft, Verkehr und Gesellschaft verändern würde. Heute, hundert Jahre später, ist das Automobil das dominierende Verkehrsmittel. Mehr noch, es ist ein Massenverkehrsmittel, das anders als die hochherrschaftliche Kutsche praktisch jedem von uns zur Verfügung steht. In der Bundesrepublik Deutschland verfügen 80 Prozent aller Haushalte über einen eigenen Pkw, in der DDR ist nahezu jeder zweite Haushalt motorisiert. Auch im Güterverkehr hat das Automobil im Lauf der Zeit einen immer größer werdenden Teil der Transportaufgaben übernommen.

Ungeachtet vielfältiger Pionierleistungen beim Bau und bei der Weiterentwicklung des Automobils nahm Deutschland, als dieses Jahrhundert begann, keineswegs den ersten Platz unter den automobilproduzierenden Ländern ein. Das Auto galt in seinem Geburtsland zunächst als ein nur wenigen Privilegierten vorbehaltener Luxus. Dementsprechend spezialisierten sich die deutschen Automobilhersteller auf technisch besonders hochwertige Fahrzeuge. Andere Länder hatten die Möglichkeiten, die das neue Verkehrsmittel bot, schneller erkannt. Als 1909 Henry Ford sein berühmtes T-Modell auf den Markt brachte und damit gleichzeitig den Grundstein für die moderne Fließbandfertigung legte, hatte die Automobilproduktion in den USA bereits ein Jahresvolumen von 131 000 Einheiten erreicht. Im Deutschen Reich dagegen teilten sich 50 Unternehmen in eine Jahresproduktion von knapp 9500 Automobilen. Handwerkliche Produktionsverfahren blieben noch lange Zeit hindurch im deutschen Automobilbau vorherrschend. Die Konturen der deutschen Automobilindustrie, wie wir sie heute kennen, zeichneten sich erst Anfang der dreißiger Jahre ab.

Ihren Rückstand gegenüber den anderen automobilproduzierenden Ländern holte die deutsche Automobilindustrie erst nach dem Zweiten Weltkrieg auf. Während die DDR mit einer Jahresproduktion von 225 000 Einheiten auch heute noch weit zurückliegt, konnten die Automobilhersteller in der Bundesrepublik, gestützt auf den wachsenden Inlandsbedarf und beachtliche Exporterfolge, den Vorsprung der vergleichbaren westeuropäischen Herstellerländer rasch wettmachen. 1954 wurde Frankreich überrundet, zwei Jahre später Großbritannien. Die Bundesrepublik wurde mit Abstand der größte Automobilexporteur der Welt und blieb dies, bis sich 1974 Japan an die erste Stelle setzte.

Die Bedeutung der Automobilindustrie

Die durchschnittliche Jahresproduktion der deutschen Automobilindustrie liegt heute (1978 bis 1983) bei etwa knapp 4 Millionen Pkw und etwa 300 000 Nutzkraftwagen. Vergegenwärtigt man sich, daß die Automobilindustrie im deutschen Kaiserreich von 1886 bis zum Ende des Ersten Weltkriegs etwa 150 000 Fahrzeuge produzierte und in der gesamten ersten Hälfte dieses Jahrhunderts in Deutschland nicht mehr als 3,2 Millionen Automobile hergestellt wurden, so wird der Wachstumsprozeß deutlich, den die deutsche Automobilindustrie nach dem Zweiten Weltkrieg gewissermaßen im Zeitraffertempo vollzogen hat. Die Automobilindustrie zählt heute zu den wichtigsten Industriezweigen in der Bundesrepublik. In ihrer Ausfuhrleistung liegt sie vor allen anderen Branchen an der Spitze. Sie bestreitet 18 Prozent der Gesamtausfuhr der Bundesrepublik und rund ein Fünftel aller Investitionen der gewerblichen Wirtschaft. In der Bundesrepublik ist heute praktisch jeder siebente Arbeitsplatz direkt oder indirekt vom Automobil abhängig.

Die Schlüsselstellung der Automobilindustrie erklärt sich aus dem Einfluß, den das Produktionsgeschehen dieses Industriezweigs auf eine Vielzahl anderer Wirtschaftsbereiche ausübt. Daher berührt die Frage nach der Zukunft dieses Industriezweigs nicht nur die Automobilindustrie selbst, sondern viele Tausende kleiner und mittlerer Unternehmen, deren Beschäftigung von den Aufträgen abhängt, die sie von der Automobilindustrie erhalten.

Getrübte Zukunftsaussichten

Die Beurteilung der Zukunftchancen der deutschen Automobilindustrie verlangt vor allem die Auseinandersetzung mit drei in diesem Zusammenhang häufig geäußerten Thesen.

Die erste dieser drei Thesen ist die der Marktsättigung. Der Bedarf an Automobilen, so wird argumentiert, sei zumindest in den kaufkräftigen Ländern weitgehend gedeckt. Weder in Europa noch in Nordamerika könne künftig mit einer nennenswerten Zunahme der im Verkehr befindlichen Fahrzeuge gerechnet werden. Selbst in Japan stoße der Markt inzwischen an die Grenzen seiner Aufnahmefähigkeit. Für die Nachfrage nach Automobilen bestehe daher nur noch ein geringer Wachstumsspielraum.

Die zweite These knüpft an die Umweltbelastungen an, die das Automobil verursacht. Verwiesen wird dabei nicht nur auf die Belastung durch Lärm und Schadstoffe, sondern auch auf die Abhängigkeit des Automobils vom Erdöl, dessen Reserven begrenzt sind, auf die Unfallziffern im Straßenverkehr, die negativen Wirkungen des Straßenbaus für die Natur und die angeblich durch das Automobil verursachte Zersiedlung der Landschaft. Dies alles müsse früher oder später zu einer Überprüfung unseres Verhältnisses zum Automobil führen. Die Zukunftchancen der Automobilindustrie seien daher eher pessimistisch zu beurteilen.

Die dritte These schließlich stellt die internationale Wettbewerbsfähigkeit der deutschen Automobilindustrie in Frage. Die weltweiten Absatzerfolge der japanischen Automobilindustrie spiegele Kostenvorteile wider, die der hohe technische Standard der deutschen Fahrzeuge allein nicht auszugleichen vermöge. Das hohe Kostenniveau in der Bundesrepublik sei ein Handicap für die deutschen Automobilhersteller, das sich nur schwer überwinden lasse.

Folgt man diesen drei Thesen, so hat die deutsche Automobilindustrie nach einer Phase spektakulären Wachstums ihren Zenit überschritten. Droht ihr ähnlich wie anderen Industriezweigen in der Bundesrepublik nach einer Blütezeit der Niedergang? Natürlich läßt sich die Frage nicht

Auf dem Weg zum umweltfreundlichen Auto: Auto 2000 von VW (unten). Aerodynamisch geformt, erreicht es den beachtlichen c_w-Wert 0,26. – Erdöl ist auf lange Sicht zu kostbar, um als Brenn- oder Treibstoff benutzt zu werden. Daimler-Benz entwickelt ein Wasserstoffauto (ganz unten links) – aber das ist Zukunftsmusik. Praktisch von Bedeutung ist derzeit Schadstoffminderung bei herkömmlichen Autos durch geringen Benzinverbrauch, bleifreies Benzin, den Katalysator oder richtige Vergasereinstellung: Abgasprüfung bei VW (ganz unten, rechts).

mit letzter Gewißheit beantworten. Dies hieße die Zukunft kennen. Eine Aussage über die Wahrscheinlichkeit künftiger Entwicklungstendenzen ist indessen durchaus möglich.

Der These einer zunehmenden Sättigung der Absatzmärkte, auf denen die deutsche Automobilindustrie heute den größten Teil ihres Umsatzes erzielt, läßt sich vom Grundsatz her kaum widersprechen. Das beste Beispiel hierfür liefert der deutsche Markt selbst. Auf 1000 Einwohner kamen in der Bundesrepublik zu Beginn des Jahres 1984 410 Pkw. Selbst mutige Prognostiker rechnen für die Jahrhundertwende mit einer Dichte von höchstens 520 Pkw je 1000 Einwohner. Dies entspricht einem Wachstum des Pkw-Bestandes von derzeit 25 Millionen auf etwa 30 Millionen Einheiten im Jahr 2000. Vorausschätzungen des künftigen Lkw-Bestandes deuten ebenfalls auf eine Verlangsamung des Bestandswachstums hin. Der Zeitpunkt, zu dem allein der Ersatzbedarf die Höhe des Automobilabsatzes bestimmt, rückt damit näher. Dennoch ist selbst in der Bundesrepublik ein weiteres, wenn auch schwaches Wachstum zu erwarten. Für die übrigen europäischen Länder gilt dies erst recht, da die meisten von ihnen eine geringere Fahrzeugdichte aufweisen als die Bundesrepublik. Gestützt auf diese Erkenntnis wird heute für den Rest dieses Jahrhunderts mit einem durchschnittlichen Anstieg des Automobilabsatzes in Westeuropa um jährlich 1,5 bis 2 Prozent gerechnet. Die Wachstumserwartungen für den nordamerikanischen Markt liegen etwa bei der Hälfte dieser Wachstumsrate. Dabei bleibt freilich außer acht, daß bereits in den zurückliegenden Jahren das Wachstum der deutschen Automobilindustrie zunehmend durch den steigenden Wert der abgesetzten Fahrzeuge geprägt wurde. Höhere Anforderungen des Gesetzgebers an die Sicherheit und Umweltverträglichkeit der Fahrzeuge, höhere Komfortansprüche der Käufer und bessere Ausstattung werden auch in Zukunft dafür sorgen, daß der Durchschnittswert der gekauften Fahrzeuge steigt.

Zum andern dürfen die Märkte der außereuropäischen Länder, die erst an der Schwelle zur Motorisierung stehen, bei der Beurteilung des künftigen Wachstumspotentials nicht außer Betracht bleiben. Viele dieser Länder werden zwar bestrebt sein, eine eigene Automobilindustrie aufzubauen, um ihren Bedarf aus einheimischer Produktion zu decken. Zumindest in der Aufbauphase sind sie jedoch auf das technische Wissen und die Zulieferung schwieriger Bauteile aus den »klassischen« Automobilländern angewiesen. Auch dies wird sich im Wachstum der deutschen Automobilindustrie niederschlagen. Mit anderen Worten: mißt man das künftige Wachstum nicht in Stückzahlen, sondern in Wertgrößen, so bietet dies Anlaß, die Zukunft der deutschen Automobilindustrie mit größerer Zuversicht einzuschätzen.

Umweltfreundliche Automobile

Wird eine zunehmend kritischere Haltung unserer Gesellschaft dem Automobil gegenüber die Zukunftsperspektiven der Automobilindustrie in Frage stellen? Zumindest im Augenblick ist genau das Gegenteil der Fall: Der Motorisierungsprozeß in der Bundesrepublik hat sich in jüngster Zeit beschleunigt. Es zeigt sich, daß die geburtenstarken Jahrgänge der sechziger Jahre sehr viel früher und mit sehr viel größerem Ungestüm den Besitz eines eigenen Autos anstreben als frühere Generationen. Dies wirkt sich bereits heute in einer verringerten Inanspruchnahme öffentlicher Verkehrsmittel aus. Ein Indiz dafür, daß sich der einzelne wieder stärker anderen

Verkehrsmitteln, etwa dem Fahrrad, zuwendet und auf diese Weise Fahrten mit dem Auto vermeidet, ist dies sicher nicht. Daß die Gesellschaft von morgen dem Mobilitätsgewinn, den ihr das Auto verschafft, entsagt, ist in der Tat kaum vorstellbar. Zu eindeutig sind die Vorteile, die der eigene Pkw mit sich bringt. Für die Nutzung des Lkw gilt ähnliches. Auch sie hat in den zurückliegenden Jahren weiter zugenommen, weil kein anderes Verkehrsmittel in seinen Transportleistungen ähnlich flexibel und kostengünstig ist. Man wird daher guten Gewissens Prognosen folgen können, die für den Individualverkehr bis zum Jahr 2000 einen weiteren Anstieg um etwa 7 Prozent auf 509 Milliarden Personenkilometer voraussagen und beim Straßengüterverkehr eine Zunahme um etwa 45 Prozent auf 176 Milliarden Tonnenkilometer erwarten.

Diese Verkehrszunahme mit einer steigenden Umweltbelastung gleichzusetzen, wäre allerdings ein Irrtum. Die Umweltbelastung durch den Straßenverkehr wird in den kommenden Jahren keineswegs zunehmen, sondern weiter zurückgehen. Jedes Jahr werden in der Bundesrepublik etwa 2 Millionen alte Fahrzeuge mit einem vergleichsweise hohen und ungünstigen Emissionsniveau durch moderne sparsamere, abgasärmere und leisere Fahrzeuge ersetzt. Da aber die heute auf den Markt kommenden Fahrzeuge bis zu drei Viertel weniger schädliche Abgase ausstoßen und um ein gutes Drittel leiser sind als die Fahrzeuggeneration, die zu Anfang der siebziger Jahre verkauft wurde, wirkt sich dies heute bereits in einem absoluten Rückgang der durch den Kraftverkehr verursachten Gesamtemission in der Bundesrepublik aus, obwohl der Fahrzeugbestand weiter steigt. Durch die Einführung unverbleiten Kraftstoffs und den Einsatz noch wirksamerer Abgasreinigungsanlagen (z. B. Katalysatoren) wird sich dieser Rückgang in den kommenden Jahren beschleunigen. Für den Kraftstoffverbrauch gilt übrigens ähnliches. Er liegt bezogen auf das Durchschnittsfahrzeug aus dem heutigen Modellprogramm um rund ein Viertel niedriger als zu Beginn der siebziger Jahre. Ungeachtet der Tatsache, daß der Einsatz von Katalysatoren einen höheren Kraftstoffverbrauch bedingt, sind auch hier weitere Fortschritte zu erwarten. Auch der Problembereich der Unfälle im Straßenverkehr gibt Anlaß zur Hoffnung. Seit 1970 ist es trotz steigender Fahrleistungen im Kraftverkehr gelungen, die Anzahl der tödlichen Verkehrsunfälle zu halbieren.

Das Ziel einer besseren Einpassung des Automobils in unsere Umwelt ist damit freilich nur zum Teil erreicht. Eine weitere Senkung der Unfallziffern im Straßenverkehr ist möglich. Schärfere Abgasvorschriften können die Verringerung der Gesamtemission schädlicher Abgasbestandteile beschleunigen und geräuschärmere Fahrzeuge den Kraftverkehr erträglicher machen. Derlei Forderungen sind jedoch kein Anlaß, der Automobilindustrie eine pessimistische Prognose zu stellen. Sie führen vielmehr zu einem verstärkten »qualitativen« Wachstum der Automobilindustrie und erhöhen die Wertschöpfung der an der Automobilproduktion beteiligten Wirtschaftsbereiche.

Internationale Wettbewerbsfähigkeit

Die Verringerung der durch die Massenmotorisierung verursachten Umweltbelastungen wird von der Automobilindustrie als eine Aufgabe begriffen, der sie sich mit Erfolg zu stellen weiß. Wird den deutschen Automobilherstellern bei der Verbesserung ihrer internationalen Wettbewerbsfähigkeit ein ähnlicher Erfolg beschieden sein?

Die Dringlichkeit dieser Aufgabe ist in den zurückliegenden Jahren nicht so deutlich geworden, weil die deutschen Automobilhersteller den Verlust von Marktanteilen auf wichtigen außereuropäischen Märkten durch eine Verbesserung ihrer Marktposition innerhalb Westeuropas ausgleichen konnten. Sie sind hierdurch in eine größere Abhängigkeit von den europäischen Märkten geraten. Diese Markterfolge wurden jedoch im Schutz eines Außenzolls der Europäischen Gemeinschaft von 10,5 Prozent erzielt – und auch vor dem Hintergrund einer von der japanischen Automobilindustrie geübten Zurückhaltung. Zweifellos hat die deutsche Automobilindustrie ihre Wettbewerbsfähigkeit gegenüber den übrigen westeuropäischen Herstellern verbessert. Auch einen Vergleich mit ihren amerikanischen Konkurrenten können die deutschen Automobilhersteller durchaus bestehen. Die japanische Automobilindustrie ist ihnen dagegen im Wettbewerb überlegen. Nicht in der technischen Konzeption der Fahrzeuge und auch nicht in der Nutzung moderner Produktionstechniken, sondern weil sie billiger produziert. Ein herausragendes Beispiel hierfür ist der amerikanische Markt, wo die japanische Automobilindustrie innerhalb eines Jahrzehnts unter sonst gleichen Wettbewerbsbedingungen ihren Marktanteil von 6 auf 23 Prozent steigern konnte, während der auf deutsche Automobile entfallende Marktanteil von 7 auf 3 Prozent zurückging.

Nicht nur im Hinblick auf die Größe des nordamerikanischen Marktes, sondern auch unter Berücksichtigung der künftigen regionalen Verteilung des Wachstumspotentials der Automobilmärkte werden die künftigen Absatzchancen der deutschen Automobilindustrie in beachtlichem Maß davon abhängen, ob sie außerhalb Europas der japanischen Konkurrenz mit Erfolg die Stirn zu bieten vermag. Die japanische Automobilindustrie ist dabei in zweifacher Hinsicht im Vorteil: Sie kann sich einmal den mentalitätsbedingten Wettbewerbsvorsprung eines hohen Leistungswillens ihrer Belegschaften zunutze machen und verfügt außerdem über den quantitativ meßbaren Wettbewerbsvorteil geringerer Personalkosten. Die Personalkosten je geleisteter Beschäftigungsstunde lagen in der japanischen Automobilindustrie 1983 um ein Drittel niedriger als in der Bundesrepublik, die Zahl der jährlich geleisteten Arbeitsstunden je Beschäftigten um etwa 20 Prozent höher.

Die Chancen der deutschen Automobilindustrie, verlorenes Terrain auf dem Weltmarkt zurückzugewinnen, am Wachstum der außereuropäischen Automobilmärkte teilzuhaben und Arbeitsplätze für die deutsche Volkswirtschaft zu sichern, würden sich erheblich verbessern, gelänge es ihr, die Kostenvorteile der japanischen Automobilindustrie auch nur teilweise wettzumachen. Über Rationalisierung und technisch hochwertige Produkte allein wird dies nicht zu erreichen sein.

KLAUS KWASNIEWSKI

Die regionale Entwicklung

Das Gebiet der Bundesrepublik Deutschland war bei ihrer Gründung ökonomisch nicht gleichmäßig entwickelt. Einige Regionen wiesen aufgrund ihrer Ausstattung mit Wirtschaftsunternehmen und Infrastruktureinrichtungen wie Verkehrswesen, Schulen aller Art, Krankenhäusern usw. gute regionale Arbeits- und Lebensbedingungen auf. Hierbei handelte es sich vor allem um die städtischen Ballungsräume. Ihnen standen besonders die wirtschaftsschwachen Agrarregionen mit mangelhafter Infrastrukturausstattung und damit auch schlechten regionalen Arbeits- und Lebensbedingungen gegenüber.

Staatliche Anstrengungen, diese ungleichmäßige Verteilung der Arbeits- und Lebensbedingungen zu beeinflussen, wurden seit Beginn der fünfziger Jahre unternommen. Dabei handelte es sich zunächst um pragmatisch orientierte Notstandsprogramme für Problemregionen. In der Folgezeit entwickelte sich die Regionalpolitik jedoch immer mehr zum Instrument einer umfassenden Raumordnungs- und Raumgestaltungspolitik, die in folgenden Programmen und Gesetzen ihren Niederschlag fand (vgl. auch Wolfgang Wetter, Die Wirtschaftspolitik, S. 373):
☐ im Bundesraumordnungsgesetz vom 8. April 1965;
☐ im Bundesraumordnungsprogramm von 1975;
☐ in der Gemeinschaftsaufgabe »Verbesserung der regionalen Wirtschaftsstruktur« vom 6. Oktober 1969.

Leitbilder und Ziele

Der Raumordnungspolitik liegen dabei im wesentlichen drei Leitbilder und Ziele zugrunde:
☐ Das *Ausgleichsziel*: Es gründet sich auf Art. 72, Abs. 2 sowie 106, Abs. 3 Grundgesetz, in denen die »Einheitlichkeit der Lebensverhältnisse« gefordert wird. Art. 72 GG spricht von der »Wahrung der Rechts- und Wirtschaftseinheit, insbesondere der Einheitlichkeit der Lebensverhältnisse über das Gebiet eines Landes hinaus«. Bezug genommen wird beim Einheitsziel auch auf Art. 2 (freie Entfaltung der Persönlichkeit), Art. 11 (Freizügigkeit) und Art. 12 GG (Freiheit der Berufswahl). Das Bundesraumordnungsgesetz von 1965 legte das Postulat des Grundgesetzes nach »Einheitlichkeit der Lebensverhältnisse« aus. Konkret bedeutet dies nach dem Bundesraumordnungsprogramm von 1975, daß »in keiner Gebietseinheit Bevölkerungsabnahmen durch Abwanderung eintreten, also weder in ländlich geprägten, schwach strukturierten Gebietseinheiten noch in stagnierenden Gebietseinheiten mit hohem Verdichtungsanteil« der Bevölkerung. Im einzelnen heißt es zu den Lebensverhältnissen dort weiter: »Zur Lebensqualität gehören ein ausreichendes Angebot an Wohnungen, Gewerbemöglichkeiten und öffentlichen Infrastruktureinrichtungen in zumutbarer Entfernung und eine menschenwürdige Umwelt. Diese Bestandteile der Lebensqualität müssen gleichzeitig gewährleistet sein, sie sind nicht austauschbar.«
Beim Ausgleichsziel wird also davon ausgegangen, daß Unterschiede in den regionalen Lebensbedingungen zugleich Unterschiede im regionalen Lebensstandard bedeuten, die in irgendeiner Weise meßbar und damit gezielt veränderbar sind. Dann bleibt nur noch die Frage offen, wie die Unterschiede ausgeglichen werden sollen.
☐ Das *Effizienzziel*: Es stellt auf das Bemühen ab, »eine optimale regionale Wirtschaftsstruktur zu schaffen und in allen Gebieten dafür zu sorgen, daß ungenutzte oder schlecht genutzte Produktionsfaktoren für das allgemeine Wirtschaftswachstum mobilisiert werden«. Unterstellt wird hierbei, daß die Standortwahl der Produktionsfaktoren nicht optimal ist und daß eine andere Standortwahl zu einem höheren Wachstum führen wird. Der Marktmechanismus mit seinem Lenkungsinstrument »Wettbewerb« führt demnach zu einer unzulänglichen Raumordnung und einer schlechten Nutzung der Produktionsfaktoren. Hieraus ergibt sich dann die Notwendigkeit einer aktiven Raumordnungspolitik des Staates. Diese hat im wesentlichen eine Dezentralisierung zum Ziel, d. h. die Verhinderung von einseitiger Gewerbezusammenballung in einem Raum.
Grundidee des Effizienzziels ist folglich, daß es ebenso wie für die Betriebe auch für Städte und für industrielle Ballungszentren eine Optimalgröße gibt. Nach diesem Kriterium sind viele Städte zu groß und viele Gemeinden zu klein. Durch eine Aktivierung der Wachstumsreserven in den kleinen Gemeinden soll ein Beitrag zum gesamtwirtschaftlichen Wachstum geleistet werden.
☐ Das *Stabilitätsziel*: Hier geht es darum, Dauerarbeitsplätze zu schaffen und zu sichern und überdurchschnittliche Auswirkungen allgemeiner Konjunktur- und Strukturkrisen in einzelnen Regionen des Bundesgebietes zu verhindern.

Die »Gemeinschaftsaufgabe«

Seit 1972 werden diese Ziele der Regionalpolitik aufgrund des neu eingeführten Art. 91a GG (Gemeinschaftsaufgaben) gemeinsam von Bund und Ländern verfolgt, wobei sich beide zu gleichen Teilen an der Finanzierung der Förderungsmittel beteiligen.

In § 1 der Gemeinschaftsaufgabe »Verbesserung der regionalen Wirtschaftsstruktur« heißt es, daß Maßnahmen zur Förderung der gewerblichen Wirtschaft und der Infrastruktur im Zonenrandgebiet und in Gebieten getroffen werden sollen, »deren Wirtschaftskraft erheblich unter dem Bundesdurchschnitt liegt oder erheblich darunter abzusinken droht oder in denen Wirtschaftszweige vorherrschen, die vom Strukturwandel in einer Weise getroffen oder bedroht sind, daß negative Rückwirkungen auf das Gebiet in erheblichem Umfang eintreten oder absehbar sind«.
Zur Verwirklichung der Gemeinschaftsaufgabe wurden dann folgende Abgrenzungen des Bundesgebietes vorgenommen:
☐ Die nach regionalen Arbeitsmärkten abgegrenzten Regionen (insgesamt 179) werden entsprechend den Berechnungen für die drei Abgrenzungskriterien Arbeitskräftereservequotient (Arbeitsplatzdefizit), Einkommen und Infrastruktur, die eine Gewichtung von 1:1:0,5 erhalten, in Rangfolgen geord-

Die regionale Entwicklung

net. Seit dem 1. Januar 1987 erfolgt die Auswahl der Fördergebiete anhand eines Arbeitsmarktindikators (Gewichtung: 45 Prozent), zweier Einkommenskriterien (Bruttowertschätzung zu Faktorkosten und Bruttolohn- und -gehaltssumme der abhängig Beschäftigten; Gewichtung jeweils 22,5 Prozent) und eines Infrastrukturindikators (Gewichtung: 10 Prozent). Die Meßziffern jeder Region werden nach dieser Gewichtung addiert, wobei die Region mit den vergleichsweise schlechtesten Werten an der Spitze steht.

☐ Bei der Auswahl der Schwerpunktorte, auf die die Förderungsmaßnahmen konzentriert werden, ist von den Arbeitsmarktzentren und den Arbeitsmarktsubzentren der Arbeitsmärkte auszugehen. Die Mindesteinwohnerzahl von 20 000 im Einzugsbereich eines Schwerpunktortes soll nicht unterschritten werden. Die Gesamtzahl der Schwerpunktorte pro Land soll in der Regel so bemessen sein, daß eine Einwohnerzahl von 60 000 im Einzugsbereich eines Schwerpunktortes durchschnittlich nicht unterschritten wird.

☐ Gemäß einem »punkt-axialen« Entwicklungskonzept werden ausgewählte Schwerpunktorte sowie bestimmte Verkehrswege (sog. Entwicklungsachsen) gefördert. Bezüglich der förderungswürdigen Investitionen in diesen Gebieten bestehen dabei bestimmte Vorschriften, die u. a. die Branchenzugehörigkeit, die Zahl der geschaffenen bzw. »gesicherten« Arbeitsplätze sowie die Gewährleistung eines »überörtlichen« Absatzes betreffen.

☐ In keinem der 38 Gebietseinheiten des Bundesraumordnungsprogramms sollen Bevölkerungsabnahmen durch Abwanderung auftreten, auch nicht in Ballungsräumen. Dies gilt in einem großen Ausmaß auch für die engere Regionenabgrenzung, da Abwanderungstendenzen häufig zur Begründung von Förderungsmaßnahmen herangezogen werden. Die bestehende Bevölkerungsverteilung wird damit festgeschrieben.

☐ Das wichtigste Förderungsinstrument sind nicht-rückzahlbare Investitionszuschüsse des Staates für die gewerbliche Wirtschaft. Sie bestehen aus einer Investitionszulage in Höhe von derzeit 8,75 Prozent (im Zonenrandgebiet: 10 Prozent) der Investitionssumme als »Basisförderung«, die je nach Art und Standort des Projektes (z. B. arbeitsplatzschaffende Projekte und solche in Schwerpunktorten und/oder im Zonenrandgebiet) auf bis zu 23 Prozent aufgestockt wird. Daneben werden besonders kommunale Infrastrukturinvestitionen gefördert, allerdings nur, sofern sie »wirtschaftsnah« sind, d. h. zur Verbesserung der industriellen Standortbedingungen beitragen. Dieser Bestandteil der Förderungspolitik nahm bislang ca. 25 Prozent des gesamten Förderungsvolumens in Anspruch.

Mit Beginn des Jahres 1990 wurde mit der Steuerreform im Zonenrandgebiet die Investitionszulage von 10 Prozent gestrichen; ihr Wegfall wird durch Investitionszuschüsse nicht vollständig ausgeglichen.

Parallel zu den normalen Rahmenplänen führte die Gemeinschaftsaufgabe seit 1975 mehrere Sonderprogramme durch. So gab es u. a. ein »Saar-Stahl-Sonderprogramm«, ein »Stahlstandorteprogramm« und das »Sonderprogramm zur Schaffung von Ersatzarbeitsplätzen außerhalb der Schiffbau- sowie der Eisen- und Stahlindustrie in der Arbeitsmarktregion Bremen«.

Zur Zeit werden im Rahmen der Gemeinschaftsaufgabe im Durchschnitt der letzten Jahre jährlich rund 1,5 Milliarden DM ausgegeben. Gefördert werden entsprechend dem derzeit geltenden achtzehnten Rahmenplan 272 Schwerpunktorte in Normalfördergebieten und 57 Schwerpunktorte in Sonderfördergebieten. In die Förderung einbezogen sind damit über 50 Prozent der Fläche des Bundesgebietes mit – unter Einbeziehung der Sonderprogramme – rund 35 Prozent der Bevölkerung. Vor der Neuabgrenzung vom 1. Januar 1981, die nicht zuletzt wegen der Finanznot von Bund und Ländern erfolgte, waren es 329 Schwerpunktorte sowie 61 Prozent der Fläche des Bundesgebietes mit 36 Prozent der Bevölkerung.

Vielfältige Einwände

Diese breit angelegte Förderung wird als ein Nachteil der Gemeinschaftsaufgabe angesehen. Eine Konzentration auf wesentlich weniger Gemeinden, deren Einwohnerzahl noch über der gegenwärtig gewünschten Mindestgröße von 20 000 Einwohnern liegt, wäre nötig, um mehr Betriebe wachsender Wirtschaftszweige anzusiedeln, die eigenständige Betriebsstätten sind und keinen Zweigbetriebscharakter haben. Gerade für solche Betriebe sind unter den Standortfaktoren die Vorteile besonders wichtig, die sich aus der wachsenden Größe der Kommune ergeben. Die breit angelegte Förderung bringt es außerdem mit sich, daß viele Gemeinden nach dem Gießkannenprinzip etwas erhalten. Mehr wäre bei einer Konzentration der Förderung auf wenige Schwerpunktorte zu erreichen. Bei der derzeitigen Ausgestaltung machen sich die Schwerpunktorte hinsichtlich der Neuansiedlung von Industriebetrieben untereinander Konkurrenz. Nachteilig ist auch die Vielzahl einander überlappender strukturpolitischer Förderprogramme, deren genaue Zahl nicht einmal bekannt ist. Für die gewerbliche Wirtschaft dürfte es in Bund und Ländern nach Schätzungen 250 bis 300 Förderprogramme geben. Diese Hilfen werden häufig unabhängig voneinander und unkoordiniert gewährt. So erhalten u. a. auch Wachstumsbranchen in strukturstarken Regionen Fördergelder.

Beanstandet wird ferner die Auswahl der zu fördernden Regionen im Planungsausschuß der Gemeinschaftsaufgabe. Jedes Bundesland bemüht sich in diesem Gremium darum, unter Wahrung seines Besitzstandes einen möglichst hohen Anteil an den Mittelzuweisungen des Bundes zu erlangen, wodurch eine Änderung der Förderprioritäten erheblich erschwert wird.

Ein weiterer gewichtiger Einwand sind die nicht unerheblichen Mitnahmeeffekte der Fördermittel durch die Betriebe. Es ist daher in hohem Maße ungewiß, wie viele Arbeitsplätze in den Förderregionen auch ohne die Förderung geschaffen worden wären. Auch fehlt die Gegenrechnung, wie viele Investitionen oder Arbeitsplätze in nicht geförderten Unternehmen verhindert oder vernichtet worden sind, weil diese letztlich die Fördermittel über höhere Steuern aufbringen müssen oder durch die geförderten Betriebe vom Markt verdrängt werden.

Der gewichtigste Einwand gegen die Gemeinschaftsaufgabe ist jedoch ordnungspolitischer Natur. Der Vorwurf lautet, daß die in der Bundesrepublik praktizierte Regionalpolitik nicht »marktkonform«, sondern staatliche Investitionslenkung in Reinkultur sei. Anstatt ursachenadäquat bei eventuellen Verzerrungen der Marktsignale anzusetzen und diese entsprechend zu korrigieren, wird der Such-

Verlassenes Werftgelände: die Weser AG, Bremen 1981. Viele Arbeitsplätze fielen der Werftenkrise zum Opfer.

prozeß des Marktes selbst ausgeschaltet, indem man das Ergebnis in Form einer amtlich gewünschten Raumstruktur vorab festlegt und anschließend die Entscheidungen der Unternehmer in die entsprechende Richtung zu manipulieren versucht.

Die EG Regionalpolitik

Die in der Bundesrepublik betriebene Regionalpolitik beschränkt sich jedoch nicht allein auf die nationale Gemeinschaftsaufgabe. Zunehmende Bedeutung haben auch die regionalpolitischen Aktivitäten der Europäischen Gemeinschaften. Die EG-Regionalpolitik umfaßte dabei drei Felder:

(1) Die Regionalpolitik der Gemeinschaft im Sinne eines eigenständigen Intervenierens der EG-Kommission auf der Basis eigener Mittel und Vorstellungen. Grundlage hierfür waren ein Beschluß über die Gründung eines Europäischen Fonds für Regionale Entwicklung (EFRE) und ein Beschluß zur Koordinierung der nationalen Regionalpolitiken vom März 1974. Im Rahmen der EG-Regionalpolitik werden Finanzmittel der Mitgliedstaaten eingesammelt und nach einem Quotensystem mit Ober- und Untergrenze (Bundesrepublik: 4,81 Prozent der EFRE-Mittel als Obergrenze und 3,76 Prozent als Untergrenze) an die Mitgliedsländer zur Finanzierung von Projekten und Programmen wieder ausgeschüttet.

In der Quotenfestlegung im Rahmen der nationalen Spannen und in der Programmkategorie, bei der über reine regionale Entwicklungsprogramme hinausgegangen wird, zeigt sich nach Ansicht der EG-Kommission der eigenständige Charakter der EG-Regionalpolitik. Er wird jedoch von Kritikern bezweifelt, die in der gegenwärtigen Konzeption des Regionalfonds ein Instrument des Finanzausgleichs zwischen den Mitgliedsländern sehen, der billiger durch Kürzung der Beiträge der Mitgliedstaaten zum EG-Haushalt entsprechend der regionalen Aufgaben erreicht werden könnte.

(2) Die einschränkenden Eingriffe der EG-Kommission aufgrund der wettbewerbsrechtlichen Vorschriften der Artikel 92 ff. EWG-Vertrag. Die Kommission vertritt seit einiger Zeit die Auffassung, daß die in einigen Fördergebieten der Bundesrepublik den Unternehmen gewährten Finanzhilfen eine spürbare Wettbewerbsverfälschung darstellen, die den Handel zwischen den Mitgliedstaaten beeinträchtigen. Die beanstandeten Fälle, zu denen auch Regionen des Zonenrandgebiets zählen, fallen nach Ansicht der Kommission nicht unter die Ausnahmeregelungen entsprechend Artikel 92 Absatz 3a. Danach ist eine Regionalbeihilfe nur gerechtfertigt, wenn es sich um »Gebiete mit außergewöhnlich niedriger Lebenshaltung oder erheblicher Unterbeschäftigung« handelt oder »die betroffenen Regionen im Gemeinschaftsrahmen unter erheblichen Schwierigkeiten zu leiden haben... und die Beihilfevergabe nicht in bestimmten Wirtschaftszweigen den Wettbewerb im Übermaß verfälscht«.

Für die EG-Kommission ist eine regionale Förderung nur in den Gebieten der Bundesrepublik zulässig, in denen die Arbeitslosenquote im Fünfjahresdurchschnitt mehr als 145 Prozent des Bundesdurchschnittes beträgt bzw. die Bruttowertschöpfung pro Einwohner 76 Prozent des Bundesdurchschnitts unterschreitet. Bei der Festlegung solcher Schwellenwerte spielen die Verhältnisse der nationalen Durchschnittswerte zu den EG-Durchschnittswerten eine Rolle. Letztlich geht es bei den beanstandeten Fällen aber um die Frage, ob ein Mitgliedsland – bzw. im Falle der Bundesrepublik bei der Regionalpolitik zusätzlich noch die Bundesländer – das Recht hat, auf den Abbau *seiner* Disparitäten nach eigenen Vorstellungen hinzuwirken und dabei seinem eigenen Entwicklungsstand entsprechende Kriterien anzuwenden.

(3) Die regionalen Nebeneffekte der sonstigen Gemeinschaftspolitiken, bei denen es sich u.a. um sektoral orientierte Strukturprogramme und um die indirekte Subventionierung der Landwirtschaft über überhöhte Preise handelt. Die regionalen Wirkungen dieser Gemeinschaftsaktivitäten dürften weit über denjenigen der reinen EG-Regionalpolitik und zahlreicher nationaler Regionalpolitiken liegen.

Wachsendes Süd-Nord-Gefälle

Die tatsächliche Entwicklung der regionalen Wirtschaftsstruktur in der Bundesrepublik zeigt eindeutig, daß die Ziele der Raumordnungspolitik bisher nicht verwirklicht wurden.

Ein wichtiger Indikator dafür, ob es gelungen ist, die Einheitlichkeit der Wirtschafts- und Lebensverhältnisse herzustellen, ist das Bruttoinlandsprodukt (BIP) je Einwohner nach Bundesländern. Hier zeigt sich, daß zum einen der relative Abstand in der Wirtschaftskraft zwischen den reichen Ländern, wie z.B. Hamburg, und armen Ländern, wie z.B. Schleswig-Holstein oder Niedersachsen, entgegen den Zielen der regionalen Wirtschaftspolitik nicht abgenommen hat, sondern in etwa konstant geblieben ist. Zum andern entwickelte sich ein sog. Süd-Nord-Gefälle hinsichtlich der Wirtschaftskraft. So stieg das Bruttoinlandsprodukt je Einwohner in den südlichen Bundesländern Hessen, Rheinland-Pfalz, Baden-Württemberg und Bayern relativ stärker als in den nördlichen Bundesländern Schleswig-Holstein, Niedersachsen, Nordrhein-Westfalen und dem Saarland, z.T. aber auch stärker als in den Stadtstaaten Bremen und Hamburg. Der Norden wird also relativ ärmer und der Süden relativ reicher.

Das Süd-Nord-Gefälle hinsichtlich der Wirtschaftskraft ist eine Folge des unterdurchschnittlichen Wachstums im Norden im Vergleich zum Süden. Dies zeigte sich im Rezessionsjahr 1982 recht deutlich. Ging 1982 das reale Bruttoinlandsprodukt der Bundesrepublik in Preisen von 1970 im Vergleich zu 1981 um 1,0 Prozent zurück, so lagen die norddeutschen Länder z.T. noch beträchtlich darunter, während die süddeutschen besser abschnitten. Bremen hatte beispielsweise einen Rückgang des BIP von 4,0 Prozent zu verzeichnen und Nordrhein-Westfalen einen Rückgang von 2,0 Prozent. In Baden-Württemberg fiel dagegen das BIP nur um 0,3 Prozent, in Bayern stieg es sogar um 0,3 Prozent.

Ungleiches Arbeitsplatzrisiko

Ein weiterer wichtiger Indikator für die angestrebte Angleichung der Lebensverhältnisse im Bundesgebiet ist die Entwicklung der Arbeitslosenquote in den einzelnen Regionen. Vergleicht man die Sicherheit der Arbeitsplätze nach Regionen, so ergibt sich nach wie vor ein Bild großer Ungleichheit. In Zeiten kräftigen Wirtschaftswachstums wie in Zeiten der Rezession ist die Arbeitslosigkeit in den strukturschwachen Gebieten weit höher als in den großen Städten und Ballungsräumen. Sie liegt z.B. im Schwerpunktort Emden durchweg beträchtlich höher als in Hamburg. Ähnliche Unterschiede bestehen in Bayern zwischen Deggendorf oder Passau und München. Eine genauere Analyse der regionalen Arbeitslosigkeit zeigt, daß bei einem Vergleich der Rezession 1967 mit der Rezession 1974/75 bzw. 1982 zum größten Teil die gleichen Arbeitsamtbezirke von überdurchschnittlich hoher Arbeitslosigkeit betroffen waren.

Dies spricht dafür, daß die mit Hilfe der regionalen Wirtschaftsförderung in den strukturschwachen Gebieten angesiedelten Industriebetriebe zu wenig zu einer langfristigen Strukturverbesserung beigetragen haben bzw. beitragen konnten. Zahlreiche neu angesiedelte Betriebe hatten offensichtlich nur eine kurze Lebensdauer, da sie Branchen zuzuordnen waren, die ein geringes oder sogar rückläufiges Wachstum zu verzeichnen haben. Auch kann davon ausgegangen werden, daß zahlreiche Zweigbetriebe aus längerfristig gefährdeten Bereichen angesiedelt wurden. Ein weiterer Grund für die unzureichende Strukturverbesserung liegt vermutlich darin, daß die neuangesiedelten Betriebe nur wenig qualifizierte Arbeitsplätze angeboten haben dürften.

Die regionale Entwicklung

Wanderungsbewegung vollzieht sich von Nord nach Süd, in die neuen Kernzonen der Wirtschaft entlang der Rheinschiene »Rhein-Ruhr«, »Rhein-Main« und »Rhein-Neckar«: Ballungszentrum Stuttgart (oben).

Bevölkerungswanderungen

Auch an den Wanderungsbewegungen in der Bundesrepublik zeigt sich das Dilemma der Raumordnungspolitik. Ihre Grundidee ist darin zu sehen, daß sie zur Erreichung ihrer Ziele Kapital, d. h. Unternehmen und Infrastruktur, zu den Menschen in den wirtschaftsschwachen Regionen bringen wollte, um dort dauerhafte Arbeitsplätze zu schaffen. Dies gelang bisher nur bedingt, da für die Ansiedlung von Unternehmen neben einer guten Infrastruktur auch die Nähe von Absatzmärkten und ein ausreichender Bestand an hochqualifizierten Arbeitskräften von entscheidender Bedeutung sind. Deshalb war es in der Vergangenheit eher umgekehrt: Die hochqualifizierten Arbeitskräfte gingen zum Kapital in die Ballungsräume. Nicht bekannt ist jedoch, ob dieser Prozeß ohne die regionalpolitischen Maßnahmen noch stärker ausgeprägt gewesen wäre. Auch hat die Regionalpolitik sicherlich zur Wirtschaftsentwicklung früher relativ armer Länder wie beispielsweise Rheinland-Pfalz beigetragen.

Zwei Wanderungsbewegungen der Bevölkerung tragen dazu bei, daß die Unterschiede in den regionalen Lebensverhältnissen noch größer werden. Das Ziel der Raumordnungspolitik, solche Wanderungen zu verhindern, wurde also ebenfalls nicht erreicht. Festzustellen sind langfristig
☐ eine zunehmende Verstädterung des Bundesgebietes bei gleichzeitiger Bevölkerungsabwanderung aus den Agrarregionen und
☐ eine Nord-Süd-Wanderung.

Zunehmende Verstädterung

Vor rund 100 Jahren lebte im Deutschen Reich nur jeder 20. Bürger in Städten mit mehr als 100000 Einwohnern, vor rund 50 Jahren bereits jeder 4. und heute schon jeder 3. Die sog. Landflucht konnte durch die regionale Wirtschaftspolitik nicht gebremst werden. Gegenwärtig wachsen besonders die Mittelstädte auf Kosten der kleineren Orte weiter. Demgegenüber nimmt die Bevölkerung in den Großstädten seit etwa 20 Jahren bis auf wenige Ausnahmen nicht mehr zu, sondern sogar ab. Parallel zur Landflucht vollzieht sich also eine Großstadtflucht von den Kernstädten weg ins Umland, in die verstädterten Randzonen.

Gegenwärtig sind rund 70 Prozent der Fläche des Bundesgebietes Abwanderungsregionen. Das Wachstum der Bevölkerung vollzieht sich in den verstädterten Zonen (Stadtlandschaften). 47 Prozent der Bevölkerung der Bundesrepublik leben in 24 Verdichtungsgebieten, die nur 7 Prozent der Fläche umfassen. Die Verdichtungsgebiete ufern ringförmig aus. In jüngster Zeit hat sich dieser Prozeß jedoch verlangsamt.

Diese Wanderungsbewegungen haben sowohl für die ländlichen Regionen als auch für die Großstädte negative sozioökonomische Folgen. Aus den ländlichen Gebieten wandern vor allem gut ausgebildete, jüngere und mobile Menschen in die Mittelstädte und Verdichtungsgebiete ab. Damit wird ein Prozeß der sozialen Erosion in den ländlichen Gebieten eingeleitet. Zurück bleiben vor allem ältere Menschen und Ungelernte. Die höhere schulische Qualifikation der Bevölkerung in den Stadtregionen gegenüber den ländlichen Regionen wird durch diese Wanderungsauslese noch verstärkt.

Die Wanderungen von den Kernstädten oder Großstädten in das verstädterte Umland sind ebenfalls mit negativen Auswirkungen verbunden. Sie führen u. a. zu einer Verdrängung der Wohngebiete in den Innenstädten durch eine gewerbliche Nutzung, zu einer Verödung und Slumbildung in den Stadtkernen und zu einer Überlastung von Infrastruktureinrichtungen wie beispielsweise Verkehrswegen, da die Abgewanderten häufig weiterhin in den Kernstädten arbeiten und zwischen diesen und ihren zersiedelten Wohn(Schlaf)städten im Umland pendeln. Den überlasteten Verkehrswegen stehen in den Kernstädten unausgelastete Infrastruktureinrichtungen gegenüber. Hierbei handelt es sich um Kindergärten, Schulen, Krankenhäuser und andere Einrichtungen, die bei sinkender Bevölkerungszahl z. T. nicht mehr benötigt werden.

Sowohl die Überlastung als auch die Unterauslastung von Infrastruktureinrichtungen ist in den Kernstädten mit Kosten verbunden. Im ersten Fall treten sie beim notwendigen Ausbau, im zweiten Fall beim notwendigen Abbau auf, sofern letzterer beim Personal kurzfristig überhaupt möglich ist. Die Kernstädte geraten dabei finanziell insofern in die Klemme, als ihnen durch die Abwanderer leistungsfähige Steuerzahler und damit Steuereinnahmen verlorengehen. Denn auch bei der Großstadtflucht wandern ebenso wie bei der Landflucht vor allem gut ausgebildete, jüngere und mobile Personen (hier meistens Familien) in das Umland ab. Und auch in diesem Fall besteht die Gefahr, daß in den Kernstädten vor allem ältere Menschen, weniger gut Ausgebildete und

Ausländer zurückbleiben. Trotz aller Parallelen besteht jedoch ein Unterschied: Während bei der Landflucht die Abwanderer ihre Wohnstätten verlassen, weil dort keine qualitativ angemessenen und vor allem quantitativ ausreichenden Arbeitsstätten vorhanden sind, wandern bei der Großstadtflucht die Menschen vor allem deshalb ab, weil sie aufgrund der hohen Grundstückspreise und Mieten in der Großstadt nur noch in deren Umland ihre gestiegenen Ansprüche an die Wohnstätte befriedigen können. Die dort nach einiger Zeit ebenfalls steigenden Grundstückspreise und Mieten führen dann zu einer weiteren ringförmigen Ausdehnung der Stadtlandschaften um die Großstadt.

Die Nord-Süd-Wanderung

Neben der bundesweiten Land- und Großstadtflucht besteht parallel dazu ein Wanderungstrend von Nord- nach Süddeutschland und eine Massierung von Wirtschaft und Bevölkerung im Rheintal. So ist beispielsweise dem Raumordnungsbericht der Bundesregierung von 1974 zu entnehmen, daß bei einer Aufteilung der Bundesrepublik in acht vergleichbar strukturierte Großregionen die südlichen zwischen 1961 und 1970 einen Wanderungsgewinn von 14,2 Prozent zu verzeichnen hatten, während die nördlichen Großregionen mit einem Zuwachs von 6,1 Prozent unter dem des Bundesdurchschnitts von 7,9 Prozent lagen. Dieser Trend hat sich in den vergangenen Jahren, wenn auch abgeschwächt, fortgesetzt.

Als wirtschaftliche Kernzone der Bundesrepublik bildete sich bei dieser Wanderungsbewegung die sog. »Rheinschiene« mit den Ballungszentren »Rhein-Ruhr« und vor allem »Rhein-Main« und »Rhein-Neckar« heraus. Insgesamt leben hier rund 16 Millionen Menschen und damit ein Viertel der gesamten Bevölkerung der Bundesrepublik. Diese drei Ballungsgebiete weiten sich permanent aus, und es entwickelt sich ein Verdichtungsband entlang der »Rheinschiene«. Die Wohn- und Industrieflächen rücken dabei immer weiter in das Rheintal vor und nehmen stellenweise bereits die Hälfte der Fläche ein.

Probleme altindustrieller Standorte

Das Ruhrgebiet, das einstige technisch-wirtschaftliche Herzstück Deutschlands, hat seinen Reichtum weitgehend eingebüßt. Dieser basierte früher auf Kohle und Stahl, die beträchtliche Nachfrageeinbußen hinzunehmen hatten.

Die Kohle wurde weitgehend vom Erdöl und von sehr viel billigerer Importkohle aus Übersee verdrängt. Und die Stahlindustrie an der Ruhr hat ebenfalls große Sorgen. Stahl wurde jahrelang in der Bundesrepublik, aber auch weltweit weniger nachgefragt und überdies von anderen Ländern wie z. B. Japan, Südkorea oder Brasilien billiger produziert und angeboten. In diesem Industriebereich waren große Überkapazitäten abzubauen, vor allem auch im Ruhrgebiet. Da die beiden Eckpfeiler des früheren Reichtums dieser Industrieregion krank sind, wurde auch das Ruhrgebiet zum Patienten, zumal die übrige Wirtschaftsstruktur weitgehend auf Kohle und Stahl aufbaut und nichts zur Gesundung beiträgt.

Nicht ganz so schlimm sieht es im Norden aus. Doch auch dort gibt es Probleme mit den überkommenen Wirtschaftsstrukturen. Die Werftindustrie steckte, zumindest was die Großwerften betrifft, ebenfalls bis Ende der achtziger Jahre in einer tiefen Krise. Dies gilt auch für die Stahlindustrie in Bremen und für den Fischfang und damit die Fischverarbeitungsindustrie, die in einigen Küstenstädten, wie z. B. Bremerhaven und Cuxhaven, stark vertreten ist.

Bei der Erklärung, warum es den alten Industriestandorten vergleichsweise so schwer gelingt, ihre relativ schlechte wirtschaftliche Situation zu überwinden, spielen insbesondere auch regionsinterne Engpaßfaktoren und Flexibilitätshemmnisse eine Rolle. Zu nennen sind hier Friktionen bei der Wiederaufbereitung altindustrieller Gewerbeflächen in den Verdichtungsräumen, die mit der Beseitigung sogenannter Umwelt-Altlasten und damit hoher Kosten für die Kommunen verbunden sind. Auch behinderte die regionale Konzentration von Großunternehmen, die in der Vergangenheit ein beachtliches Maß an Subventionen und Schutz erfahren haben, den Aufbau neuer und die Beseitigung nicht wettbewerbsfähiger Strukturen. Insgesamt hat die sektorale Strukturpolitik den strukturellen Wandel in den altindustriellen Standorten eher gebremst als gefördert, d.h. eine stärkere Deregulierung z. B. in der Kohle- und Stahlpolitik hätte zu einem besseren wirtschaftlichen Ergebnis geführt.

Regionen der Zukunft

Die Wirtschaftsregionen der Zukunft liegen heute eindeutig in Süddeutschland. Dort stimmen Wirtschaftsstruktur, Infrastruktur und – als deren Folge – die wirtschaftliche Entwicklung.
☐ Die Rhein-Main-Region hat z. B. folgende Stärken: Sie besitzt eine zentrale Verkehrslage, ist ein führender Bankenplatz und hat eine ausgewogene Wirtschaftsstruktur mit den Schwerpunkten Chemie, Handel und Dienstleistungen. Ein Nachteil ist die hohe Umweltbelastung.
☐ Die Region Stuttgart zeichnet sich durch eine vielfältige Industriestruktur mit hochwertiger Produktionspalette aus, durch eine gute Betriebsgrößenmischung, ein starkes Potential an qualifizierten Arbeitsplätzen, einen Schwerpunkt bei der angewandten Forschung und gute Freizeitmöglichkeiten im Naherholungsbereich. Als Nachteil ist der akute Flächenmangel zu nennen.
☐ Die Region München besitzt eine zukunftsträchtige Industriestruktur (z. B. Elektronik, Luft- und Raumfahrt), einen Schwerpunkt bei der Spitzenforschung, ein differenziertes Bildungswesen, Hochschulen mit technisch-naturwissenschaftlicher Ausrichtung, ein gut ausgebautes Nahverkehrssystem und attraktive Freizeitmöglichkeiten (Kultur, Naherholung). Als Nachteil ist ein gewisser Mangel an Gewerbe- und Wohnflächen anzusehen.

Prognosen darüber aufzustellen, wie sich die Regionen in den nächsten Jahrzehnten wirtschaftlich weiterentwickeln werden, ist äußerst schwierig. So müssen die relativ günstigen Aussichten des Südens und die schwierigen Anpassungsprobleme des Nordens nicht von Dauer sein. Auch im Norden können sich zukunftsträchtige neue regionale Wirtschaftsstrukturen herausbilden. Dann könnte die Nord-Süd-Wanderungsbewegung zum Stillstand kommen oder sich eventuell sogar wieder umkehren.

Zu diesem Thema

In diesem Band:
Kiesewetter, Verkehr – vom laufenden Boten zum Volkswagen

In den anderen Bänden:
2: Fischer, Stadt und Land
   Kaddatz, Soziale Verhältnisse

In anderen Werken:
Brune, Rolf/Köppel, Matthias: Das Nord-Süd-Gefälle verstärkt sich. Zur großräumigen Entwicklung in der Bundesrepublik Deutschland, in: Mitteilungen des Rheinisch-Westfälischen Instituts für Wirtschaftsforschung, 31. Jg., 1980
Bundesminister für Raumordnung, Bauwesen und Städtebau (Hg.): Raumordnungsberichte 1974, 1978, 1982 und 1986.
Klemmer, Paul: Regionalpolitik auf dem Prüfstand, 1986.
Kommission für wirtschaftlichen und sozialen Wandel: Wirtschaftlicher und sozialer Wandel in der Bundesrepublik Deutschland, Gutachten, 1977
Neumann, Hannelore/Vesper, Joachim: Berücksichtigung strukturschwacher Verdichtungsräume in der regionalen Wirtschaftsförderung, 1983
Wartenburg, Uwe: Regionale Wirtschaftsförderung in der Sackgasse, in: Wirtschaftsdienst, Wirtschaftspolitische Monatsschrift, 61. Jg. Heft 3, 1981

KLAUS KWASNIEWSKI

Die Wettbewerbsordnung

Die Verabschiedung des Gesetzes gegen Wettbewerbsbeschränkungen (GWB) durch den Deutschen Bundestag 1957 wurde von den Anhängern der Sozialen Marktwirtschaft als ein bedeutender Sieg gefeiert, das Gesetz selbst als »Grundgesetz der Sozialen Marktwirtschaft« apostrophiert. Das erklärt sich aus der herausragenden Rolle, die die Ordnung der Wirtschaft durch Wettbewerb und die Ordnung des Wettbewerbs selbst als Lenkungsinstrument der Sozialen Marktwirtschaft haben.

Wettbewerb hat in allen Gesellschaften nicht nur wirtschaftliche, sondern auch soziale Funktionen. Ein Sozialwesen würde nur dann ohne Wettbewerb auskommen, wenn es keine Knappheit gäbe, d.h. die vorhandenen Ressourcen ausreichen würden, alle körperlichen, geistigen und kulturellen Bedürfnisse zu befriedigen. Der Wettbewerb dient dabei der Auslese, der Optimierung und der Leistungssteigerung. Er ermittelt denjenigen als Träger der Leistung, der für eine bestimmte Aufgabe die bestmögliche Lösung anbietet. Für ein Sozialwesen lautet die Frage also nicht, ob es Wettbewerb geben soll oder nicht (da es ihn immer geben dürfte), sondern nur, wie er zu gestalten ist.

Aufgaben und Funktionen des Wettbewerbs

In einer marktwirtschaftlichen Ordnung gilt Wettbewerb als das kennzeichnende Element, da die Marktwirtschaft stärker als jede andere Wirtschaftsordnung auf Wettbewerb beruht. Vom Wettbewerb werden wesentliche Beiträge zur Erreichung der wichtigsten wirtschaftspolitischen Ziele erwartet:
☐ Der Wettbewerb soll die Unternehmen veranlassen, sich am technischen und wirtschaftlichen Fortschritt zu beteiligen, sich strukturellen Änderungen anzupassen und somit für Wachstum und für die Sicherung von Arbeitsplätzen zu sorgen.
☐ Der Wettbewerb soll zur Stabilität des Preisniveaus beitragen, indem er in Wirtschaftszweigen mit relativ hoher Produktivität Preissenkungen bewirkt, wenn in Branchen mit relativ niedriger Produktivität die Preise steigen.
☐ Durch einen intensiven internationalen Wettbewerb soll sichergestellt werden, daß die Vorteile der internationalen Arbeitsteilung genutzt werden und das außenwirtschaftliche Gleichgewicht erreicht wird.
☐ Der Wettbewerb soll zumindest für eine marktgerechte Primärverteilung der Einkommen sorgen, die dann die angemessene Ausgangslage für die eigentliche staatliche Verteilungspolitik ist.

In einer Marktwirtschaft soll der Wettbewerb diese Aufgaben über die Wahrnehmung der folgenden drei Funktionen erfüllen:

Allokationsfunktion. Der Wettbewerb soll eine optimale Verteilung der Produktionsfaktoren bewirken, d.h. sicherstellen, daß die Unternehmen zu jedem Zeitpunkt Güter und Verfahren entsprechend den Käuferwünschen anbieten.

Innovationsfunktion. Der Wettbewerb soll eine bessere Befriedigung der Bedürfnisse dadurch bewirken, daß Unternehmen kontinuierlich neue Verfahren und Güter erfinden, entwickeln und auch anwenden. Dabei sollen alle Möglichkeiten der Qualitätsverbesserung und der Kostensenkung ausgeschöpft werden.

Machtbegrenzungsfunktion. Der Wettbewerb soll bewirken, daß in einer demokratischen Gesellschaftsordnung ökonomische Macht begrenzt wird, weil sich ökonomische Macht in politische Macht umsetzen läßt.

Warum Wettbewerbspolitik?

Wettbewerbspolitik in einer Marktwirtschaft beruht auf der Erkenntnis, daß der Wettbewerb zwar private wirtschaftliche Macht begrenzt und kontrolliert, sich aber notwendigerweise nicht selbst erhält. Nach allen vorliegenden Untersuchungen schreitet die Konzentration in der deutschen Wirtschaft voran. Besonders auffällige Beispiele sind die Flugzeugindustrie, der Bergbau, die Mineralölverarbeitung, der Bereich Büromaschinen und Datenverarbeitung und die Elektronik. In einigen Industrien sind freilich in den letzten Jahren auch Dekonzentrationstendenzen festzustellen, z.B. im Straßenfahrzeugbau und in der Metallindustrie; in anderen wichtigen Branchen, so im Maschinenbau, ist die Konzentration gleichgeblieben. Aus den Konzentrationstendenzen folgt, daß die Freiheit der Wirtschaftssubjekte, ihre ökonomischen Beziehungen zueinander zu gestalten, von der Notwendigkeit eingeschränkt werden muß, den Wettbewerb durch staatliche Maßnahmen zu erhalten. Die Vertragsfreiheit setzt überdies freie und gleich starke Partner voraus. Da dies in der Wirklichkeit häufig nicht der Fall ist, müssen schwächere Wirtschaftssubjekte im Sinne einer materiellen Gerechtigkeit vor Willkür geschützt werden.

Für die Wettbewerbspolitik ergeben sich somit zwei Aufgaben: erstens die Voraussetzungen für Wettbewerbsprozesse zu schaffen und zu verbessern und zweitens Wettbewerbsbeschränkungen zu verhindern und abzubauen.

Die erste Aufgabe der Wettbewerbspolitik hat der Gesetzgeber in der Bundesrepublik durch eine Reihe von wettbewerbsordnenden Gesetzen gelöst, die der Gestaltung und dem Schutz der Qualität des Wettbewerbs dienen. Hierzu gehören
☐ das Gesetz gegen den unlauteren Wettbewerb;
☐ das Rabattgesetz;
☐ die Zugabeverordnung;
☐ das Warenzeichengesetz;
☐ das Patentgesetz.

Die zweite Aufgabe der Wettbewerbspolitik fand in der Bundesrepublik ihren Niederschlag im »Gesetz gegen Wettbewerbsbeschränkungen« von 1957, das dem Schutz des Wettbewerbs selbst dient.

Das Gesetz gegen unlauteren Wettbewerb

Das Gesetz gegen unlauteren Wettbewerb vom 7. Juni 1909, zuletzt geändert durch das Gesetz vom 10. März 1975, schützt einerseits den Wettbewerber vor unlauteren Wettbewerbshandlungen seiner Mitbewerber und andererseits auch die Vertragspartner auf der Marktgegenseite. Es verbietet in seiner Generalklausel in § 1 Wettbewerbshandlungen, die gegen die guten Sitten verstoßen, wobei vom Anstandsgefühl des verständigen Durchschnittsgewerbetreibenden ausgegangen wird. Bei Verstößen gegen die guten Sitten kann eine Schadensersatzzahlung auferlegt werden.

Unter den Verstößen ist die unlautere Preisunterbietung von besonderem Interesse, da die Preisunterbietung selbst im allgemeinen zum Wesen des Preiswettbewerbs gehört. Deshalb kann eine Preisunterbietung nicht allein deswegen unlauter sein, weil sie zur Verdrängung von Mitbewerbern aus dem Markt führt oder weil sie nur durch Verkauf unter Selbstkosten möglich ist. Damit Unlauterkeit vorliegt, muß vielmehr noch die Absicht hinzukommen, den Mitbewerbern die Teilnahme am Wettbewerb unmöglich zu machen. Unlauterkeit ist z. B. dann anzunehmen, wenn sich die Preisunterbietung nicht gegen alle, sondern nur gegen einen bestimmten Konkurrenten richtet oder wenn ein Preisbrecher systematisch mit dem Ziel unterboten wird, ihn aus dem Markt zu drängen.

Das Gesetz gegen unlauteren Wettbewerb schützt insgesamt den Leistungswettbewerb und untersagt und bekämpft den Nichtleistungswettbewerb.

Das Rabattgesetz

Das Rabattgesetz vom 25. November 1933, zuletzt geändert am 2. März 1974, regelt die Höhe der zulässigen Rabatte an die Endverbraucher. Diese liegen im allgemeinen bei maximal 3 Prozent. Das Rabattgesetz hat zum Ziel, den Verbrauchern einwandfreie Preisvergleiche zu ermöglichen. Derartige Preisvergleiche würden gestört, wenn die Endverkaufsrabatte erheblich voneinander abweichen würden, zumal nur eine Preisauszeichnungspflicht, nicht aber eine Rabattauszeichnungspflicht besteht. Durch die Zulassung eines unbegrenzten Rabattwettbewerbs würde der Wettbewerb außerdem von den Preisen auf die Rabatte verlagert. Der Verbraucher müßte, um Angebote miteinander vergleichen zu können, »Rabatterkundung« betreiben. Da der Rabattsatz vorher auf den Preis aufgeschlagen wird, wird außerdem nur noch optisch eine Leistung vorgetäuscht, die den Verbraucher leicht irreführen kann.

Die Zugabeverordnung

Auch die Zugabeverordnung vom 9. März 1932, zuletzt geändert am 2. März 1974, soll sicherstellen, daß Preis und Qualität vorherrschende Wettbewerbsmittel bleiben und nicht durch Nebenleistungen verschleiert werden. Daher müssen Zugaben in einem angemessenen Verhältnis zu den Hauptleistungen stehen und sind nur in bestimmten Fällen zulässig (z. B. Kleiderbügel beim Kauf von Anzügen, Luftballons beim Kauf von Spielwaren usw.). Zugaben, die nicht besonders berechnet werden, erwecken nur den Eindruck einer Vergünstigung, da niemand im Geschäftsleben etwas verschenken kann. Wäre die Zugabe als Wettbewerbsmittel unbeschränkt zulässig, würde sie ebenso wie bei einem unbegrenzten Rabattwettbewerb den Wettbewerb verfälschen, weil sie von der Hauptleistung ablenkt.

Das Warenzeichengesetz

Ziel des Warenzeichengesetzes vom 5. Mai 1936, zuletzt geändert am 9. Dezember 1974, ist es, die Herkunft einer Warenzeichen tragenden Ware für den Abnehmer eindeutig feststellbar zu machen. Bei einem eingeführten Warenzeichen weiß der Abnehmer über Beschaffenheit und Qualität einer Ware Bescheid, da das Warenzeichen eine Ware aus der Anonymität hervorhebt und gewisse Assoziationen über seine Qualität hervorruft. Um Täuschungen des Abnehmers zu vermeiden, wird mit dem Warenzeichengesetz eine Garantie für die Herkunft und den Ursprung der Ware gegeben. Das Warenzeichengesetz erleichtert insgesamt den Qualitätswettbewerb und fördert eine Produktdifferenzierung in den Augen der Verbraucher.

Das Patentgesetz

Nach § 1 des Patentgesetzes vom 5. Mai 1936, zuletzt geändert am 3. Dezember 1976, werden Patente für neue Erfindungen erteilt, die eine gewerbliche Verwertung gestatten. »Das Patent hat die Wir-

Wettbewerb durch »No name«-Produkte: Statt der teureren Markenartikel werden häufig sog. »Weiße Produkte« gekauft, die in der Qualität gleichwertig sind.

kung, daß allein der Patentinhaber befugt ist, gewerbemäßig den Gegenstand der Erfindung herzustellen, in den Verkehr zu bringen, feilzubieten oder zu gebrauchen.« Ist ein Patent auf ein Verfahren erteilt, so erstreckt sich die Wirkung auch auf die durch das Verfahren unmittelbar hergestellten Erzeugnisse (§ 6). Ein Patent dauert, wenn der Patentinhaber nicht vorher seine Löschung beantragt, 18 Jahre (§ 10).

Mit der Erteilung eines Patents wird dem Erfinder das Recht auf Errichtung und Nutzung eines Monopols eingeräumt. Da der Gesetzgeber sonst Monopole jedoch bekämpft und zu kontrollieren versucht, stellt sich die Frage, warum er durch den Patentschutz überhaupt zeitlich befristete Monopole erteilt. Ziel des Patentschutzes ist, den technischen Fortschritt zu fördern. Der Leistungswettbewerb wird nämlich nur dann zu technischem Fortschritt und zu seiner Anwendung führen, wenn der Gesetzgeber den Neuerer davor schützt, daß sein Wettbewerbsvorsprung sofort oder sehr bald durch Nachahmung erheblich verringert oder beseitigt wird. Auf der anderen Seite trägt die zeitliche Befristung des Patentschutzes dem Ziel der Gesellschaft Rechnung, den durch das Patent monopolisierten technischen Fortschritt nicht zu verewigen, d. h. die Monopolrente aus dem Patent zu sozialisieren. Diesem Zweck dienen auch die hohen Patentgebühren. Sehr viele Patente werden von ihren Inhabern vorzeitig gelöscht.

Die Wettbewerbsordnung

Das Gesetz gegen Wettbewerbsbeschränkungen

Im wichtigsten wettbewerbspolitischen Gesetz der Bundesrepublik, dem am 27. Juli 1957 verabschiedeten und inzwischen fünfmal novellierten »Gesetz gegen Wettbewerbsbeschränkungen« (GWB), haben zahlreiche wettbewerbspolitische Ziele ihren Niederschlag gefunden. Das GWB ist in Deutschland ohne Vorläufer und beendete eine jahrzehntelange Kartellrechtstradition.

Bis 1945 galt Deutschland als das klassische Land der Kartelle. Völlige Kartellfreiheit, d.h. die Freiheit der Unternehmen, sich zum Zweck der Beschränkung des Wettbewerbs zusammenzuschließen, herrschte bis zum 1. November 1923. Durch die sog. Kartellverordnung vom 2. November 1923 wurde der Rechtsschutz, den Kartelle genossen, etwas gelockert. Am 15. Juli 1933 machte das NS-Regime die bestehenden Kartellorganisationen durch das Zwangskartellgesetz zu Trägern der staatlichen Wirtschaftslenkung, die die vom Staat vorgesehenen marktregelnden Maßnahmen zu verwirklichen hatten. Nach 1945 erließen die Alliierten ein Kartellverbot, dem zwei Motive zugrunde lagen:

☐ »Konzentrationen der Wirtschaft, wie sie insbesondere Kartelle und sonstige Typen von monopolistischen oder beschränkenden Abreden darstellen, die von Deutschland als politische und wirtschaftliche Angriffswerkzeuge benutzt werden könnten, (sollen) sobald wie möglich beseitigt werden.« (Präambel zu den Kartellierungsgesetzen)

☐ Die Dekartellierung sollte die Voraussetzung für den Aufbau einer gesunden und demokratischen Wirtschaft schaffen.

Die alliierten Dekartellierungsbestimmungen, die 1947 durch entsprechende Gesetze bzw. Verordnungen erlassen worden waren, wurden durch das »Gesetz gegen Wettbewerbsbeschränkungen« abgelöst.

Das GWB von 1957 war das Ergebnis eines rund zehnjährigen Ringens zwischen Anhängern des traditionellen europäischen Mißbrauchsprinzips und den Vertretern des amerikanischen Verbotsprinzips von Kartellen. Dieses Ringen endete bei den Kartellen mit dem Sieg des Verbotsprinzips, das allerdings durch zahlreiche Ausnahmeregelungen stark eingeschränkt wurde. Bei den vorhandenen marktbeherrschenden Unternehmen, d.h. bei bereits vorgefundener Konzentration, siegte dagegen das Mißbrauchsprinzip.

Der erste, 1951 beschlossene Entwurf der Bundesregierung wurde von der Alliierten Hohen Kommission als zu kartellfreundlich beanstandet. Im Zweiten Deutschen Bundestag brachte die Regierung Adenauer am 22. Januar 1955 einen schon länger diskutierten Entwurf ein, der vom Verbotsprinzip ausging. In einer jahrelangen, bewegten öffentlichen Debatte verfocht demgegenüber besonders der Bundesverband der Deutschen Industrie das Mißbrauchsprinzip: Das Verbotsprinzip verstoße gegen die Grundrechte der freien Entfaltung und der Vereinigungsfreiheit. Die Wirtschaft forderte vor allem die Zulassung von Rabattkartellen und allgemeinen Kartellen bei Konjunkturkrisen und nicht nur bei Strukturkrisen. Sehr umkämpft waren die sog. Preisbindungen der zweiten Hand durch den Produzenten und das Problem der marktbeherrschenden Unternehmen. Im Bundestag verlief die Frontstellung zunächst quer durch alle Parteien. Das GWB wurde 1957 dann aber nur mit den Stimmen der Regierungsparteien beschlossen. Reformbestrebungen setzten sehr bald nach Erlaß des Gesetzes ein.

Die erste Kartellnovelle vom 15. September 1965 brachte Erleichterungen für Rationalisierungskartelle, verschärfte die Mißbrauchsaufsicht und vereinfachte die kartellbehördlichen Verfahren. Die sehr umstrittene Preisbindung der zweiten Hand blieb zwar bestehen, jedoch wurde ein öffentliches Preisbindungsregister eingeführt.

Die zweite Kartellnovelle vom 3. August 1973 verschärfte das Kartellverbot durch Verbot des »abgestimmten Verhaltens« (§ 25 Abs. 1), intensivierte die Mißbrauchsaufsicht über marktbeherrschende und marktmächtige Unternehmen (§ 22 Abs. 1, 3; § 26 Abs. 2), verschärfte die Mißbrauchsaufsicht über die beim Kartellamt meldepflichtigen Preisempfehlungen (§ 38a) und führte eine Fusionskontrolle ein (§ 24). Andererseits will die Novelle den Mittelstand fördern und erlaubte zu diesem Zweck Bagatellkartelle (§ 5b) und mittelstandsorientierte Empfehlungen (§ 38 Abs. 2 Nr. 1).

Im Jahr 1976 führte die dritte Novelle zum GWB eine Kontrolle über Pressefusionen ein (Gesetz vom 28. Juni 1976 zur Einführung eines neuen Abs. 9 in § 24 GWB).

Mit der vierten Kartellnovelle vom 21. März 1980 verschärfte der Bundestag die Fusionskontrolle durch die Einführung sog. Marktbeherrschungsvermutungen. Darüber hinaus unterwarf man Zusammenschlüsse von großen mit kleinen und mittleren Unternehmen weitgehend der

---

Der Preis einer Ware muß gekennzeichnet sein, damit der Kunde Preisvergleiche anstellen kann (ganz oben, links). Verbraucherfreundlich und belebend für den Handel ist der Sommer- bzw. Winterschlußverkauf (oben). Eins der letzten staatlichen Finanzmonopole in der Bundesrepublik, das Zündholzmonopol (ganz oben, rechts), erlosch im Jahr 1983.

Fusionskontrollpflicht (sog. VEBA Anschlußklausel). Außerdem wurde die Mißbrauchsaufsicht über marktbeherrschende Unternehmen verbessert, der Leistungswettbewerb gegen Mißbrauch durch Nachfragemacht gesichert, der Schutz kleinerer und mittlerer Wettbewerber gegenüber Verdrängungs- und Behinderungspraktiken marktmächtiger Konkurrenten verstärkt sowie der wettbewerbliche Ausnahmebereich der Energieversorgungswirtschaft gelockert. Die fünfte Kartellnovelle vom 20. Februar 1989 zielte insbesondere auf die Verbesserung und wirksamere Ausgestaltung der bestehenden Instrumente der Fusionskontrolle im Hinblick auf die Situation im Handel und die Beseitigung zu weitgehender Sondervorschriften in den Ausnahmebereichen ab.

Das Kartellrecht

§ 1 Abs. 1 des GWB lautet: »Verträge, die Unternehmen oder Vereinigungen von Unternehmen zu einem gemeinsamen Zweck schließen, und Beschlüsse von Vereinigungen von Unternehmen sind unwirksam, soweit sie geeignet sind, die Erzeugung oder die Marktverhältnisse für den Verkehr mit Waren oder gewerblichen Leistungen durch Beschränkungen des Wettbewerbs zu beeinflussen. Dies gilt nicht, soweit in diesem Gesetz etwas anderes bestimmt ist.«

Damit ist zunächst ein generelles Kartellverbot ausgesprochen, das sich jedoch nicht auf Arbeits- und Dienstverträge abhängiger Arbeitnehmer erstreckt. Dem Kartellverbot liegt die Auffassung zugrunde, daß sich Kartelle in der Mehrzahl aller Fälle auf Kosten Dritter Vorteile verschaffen können, d. h. dadurch das Interesse der Gemeinschaft zugunsten von Einzelinteressen verletzen.

Das generelle Kartellverbot nach § 1 GWB wird dadurch durchlöchert, daß der Gesetzgeber zahlreiche, einzeln aufgeführte Kartellarten unter gewissen Bedingungen vom Kartellverbot ausnimmt. Diese *Ausnahmeregelungen* werden in den §§ 2 bis 8 GWB geregelt. Je nach ihrer wettbewerbspolitischen Bedeutung sind diese Kartelle zu legalisieren durch

☐ bloße Anmeldung bei der Kartellbehörde (Normen- und Typenkartelle nach § 5 Abs. 1 sowie Kartelle über Leistungsbeschreibungen bei Ausschreibungen in bestimmten Wirtschaftsbereichen nach § 5 Abs. 4 und reine Exportkartelle nach § 6 Abs. 1);

☐ Anmeldung mit befristetem Widerspruchsrecht der Kartellbehörde (Konditionenkartelle nach § 2, Rabattkartelle nach § 3, Spezialisierungskartelle nach § 5a, zwischenbetriebliche Kooperation kleiner und mittlerer Unternehmen nach § 5b);

☐ Anmeldung und Genehmigung (Strukturkrisenkartelle nach § 4, Rationalisierungskartelle nach § 6 Abs. 2, Importkartelle nach § 7 sowie als Generalklausel für Ausnahmen Kartelle aus Gründen der Gesamtwirtschaft oder des Gemeinwohls nach § 8).

Das Schwergewicht der bestehenden Kartelle liegt sowohl von ihrer Anzahl als auch von der wettbewerbspolitischen Bedeutung her auf Exportkartellen und Rationalisierungs- und Spezialisierungskartellen. Der Einfluß politischer Instanzen auf die Kartellbildung ist insgesamt gering. Kartellgenehmigungen durch den Bundeswirtschaftsminister nach § 8 GWB hat es nur in sehr wenigen Fällen gegeben.

Die im Rahmen der Ausnahmeregelungen zugelassenen Kartelle unterliegen der Mißbrauchsaufsicht durch das Bundeskartellamt. Die Mißbrauchsaufsicht soll die Einhaltung der genehmigten Kartellbestimmungen sicherstellen, um zu verhindern, daß das Kartell in der Praxis den Wettbewerb stärker beschränkt, als es aus dem genehmigten Kartellvertrag hervorgeht. Außerdem wird überprüft, ob die Voraussetzungen der Zulassung noch gegeben sind.

Preisbindungen

Neben dem Kartellverbot enthält das GWB ein Verbot der vertikalen Wettbewerbsbeschränkung, die den Preiswettbewerb zwischen den Wiederverkäufern ausschaltet. Durch § 15 ist besonders die vertikale Preisbindung verboten, d. h. im allgemeinen die verbindliche Festsetzung des Weiterverkaufspreises durch den Lieferanten und im besonderen die verbindliche Festsetzung des Endverkaufspreises durch den Erzeuger einer Ware. Die Einhaltung der durch das GWB verbotenen, vom Hersteller aber vorgeschriebenen Preise kann entweder durch vertragliche Verpflichtung gesichert werden und/oder durch wirtschaftliche Sanktionen seitens des Herstellers, wie z. B. Liefersperren gegenüber solchen Wiederverkäufern, die die festgelegten Preise nicht einhalten.

Das *Preisbindungsverbot* gilt – seit der Kartellnovelle von 1973 – auch für Markenwaren, und zwar nicht nur weil Preisbindungen für Markenwaren den Preiswettbewerb im Handel einschränken, sondern auch weil sie mit dem EG-Wettbewerbsrecht nicht zu vereinbaren sind. Eine Ausnahme vom Preisbindungsverbot besteht nur für Verlagserzeugnisse (§ 16). Daneben gibt es die Möglichkeit, unverbindliche Preisempfehlungen auszusprechen (§ 38a), die allerdings einer Mißbrauchsaufsicht durch das Bundeskartellamt unterliegen.

Da nicht ausgeschlossen werden kann, daß das Verbot der vertikalen Preisbindungen durch Preisempfehlungen umgangen

Bundeskartellamt und Monopolkommission

Zuständig für die Anwendung des Kartellgesetzes ist gemäß §§ 44–50 GWB das *Bundeskartellamt* in Berlin. Diese Bundesoberbehörde wurde am 1. Januar 1958 auf der Grundlage des kurz vorher beschlossenen GWB eingerichtet. Das Kartellamt wacht nicht nur über die Einhaltung der Vorschriften und verfolgt Verstöße gegen sie, sondern fällt in erster Instanz auch Rechtsentscheidungen, gegen die der ordentliche Gerichtsweg offensteht. Diese Entscheidungen werden in den gegenwärtigen neun Beschlußabteilungen getroffen, die zum einen für jeweils eine bestimmte Anzahl von Branchen und zum anderen für branchenübergreifende Tatbestände des GWB zuständig sind. Verstöße gegen das GWB können in Bußgeldverfahren als Ordnungswidrigkeit mit Geldbußen geahndet werden. Verwaltungsverfahren können mit einer Verfügung des Bundeskartellamtes enden (z. B. Erlaubnis, Beschränkung bzw. Widerruf von Kartellen). Das Bundeskartellamt ist dem Bundeswirtschaftsministerium unterstellt und unterliegt dessen allgemeinen Weisungsbefugnissen.

Wegen der großen Bedeutung der Konzentration in der Wirtschaft hat der Gesetzgeber bei der Novellierung des Kartellgesetzes von 1973 in § 24b die Bildung einer Monopolkommission vorgeschrieben.

Die *Monopolkommission* besteht aus fünf Mitgliedern, die über besondere volkswirtschaftliche, betriebswirtschaftliche, sozialpolitische, technische oder wirtschaftsrechtliche Kenntnisse und Erfahrungen verfügen und unabhängig sein müssen. Die Kommission soll »den jeweiligen Stand der Unternehmenskonzentration sowie die absehbare Entwicklung unter wirtschafts-, insbesondere wettbewerbspolitischen Gesichtspunkten beurteilen und die Anwendung der §§ 22–24a würdigen. Sie soll auch nach ihrer Auffassung notwendige Änderungen der einschlägigen Bestimmungen dieses Gesetzes aufzeigen«.

Ihre Ergebnisse legt die Monopolkommission in Form von Hauptgutachten im Abstand von zwei Jahren und von Sondergutachten der Öffentlichkeit vor. An Hauptgutachten wurden bisher veröffentlicht: »Mehr Wettbewerb ist möglich« (1973/75), »Fortschreitende Konzentration bei Großunternehmen« (1976/77), »Fusionskontrolle bleibt vorrangig« (1978/79), »Fortschritte bei der Konzentrationserfassung« (1980/81), »Ökonomische Kriterien bei der Rechtsanwendung« (1982/83), »Gesamtwirtschaftliche Chancen und Risiken wachsender Unternehmensgrößen« (1984/85), »Die Wettbewerbsordnung erweitern« (1986/87) und »Wettbewerbspolitik vor neuen Herausforderungen« (1988/89). Daneben erschienen bisher neunzehn Sondergutachten zu aktuellen Zusammenschlußvorhaben von Unternehmen und zu Wettbewerbsproblemen; diese Gutachten werden z. T. auf Ersuchen des Bundesministers für Wirtschaft verfaßt.

wird, die vom Hersteller als unverbindlich ausgegeben, vom Einzelhandel jedoch weitgehend befolgt werden, hat der Gesetzgeber bei der Novellierung des Gesetzes 1973 die Mißbrauchsaufsicht über die beim Kartellamt meldepflichtigen Preisempfehlungen verschärft (§ 38a).

Märkte und Messen

An den Schnittpunkten wichtiger Handelsstraßen, an Flußübergängen und in der Nähe politischer und kirchlicher Zentren entstanden Handelsplätze, die durch Verleihung von Marktrechten zu Institutionen des Wirtschaftslebens wurden.
Für die mittelalterliche Stadt war der Markt als Zentrum des Wirtschaftslebens von großer Bedeutung. Die Lebensmittelversorgung der Städte durch das bäuerliche Umland hat sich in der Tradition der Wochenmärkte (1) erhalten, wohingegen Jahrmärkte heute als Volksfeste gefeiert werden. Das größte Volksfest der Erde ist das Münchner Oktoberfest (4), das seit der Hochzeit Ludwigs I. am 12. Oktober 1810 gefeiert wird.
Messen sind Schauveranstaltungen mit Großmarktcharakter. Während die großen Messen des Mittelalters und der frühen Neuzeit noch Warenumschlagplätze für Groß- und Kleinhändler waren, präsentieren heute die Hersteller Muster ihrer Produkte, deren Lieferung von den Wiederverkäufern in Auftrag gegeben werden kann. Messen bieten Gelegenheit zur Marktübersicht, zum Konkurrenzvergleich und zur Einführung von Neuheiten. Manche Messen sind auch für den interessierten Laien zugänglich. Auf zahlreichen Messen wird das umfassende Angebot eines oder mehrerer Wirtschaftszweige ausgestellt. Beispiele für Fachmessen sind die Frankfurter Buchmesse (5), die Internationale Automobil-Ausstellung (IAA) in Frankfurt (6), die EQUITANA in Essen (8) und die HIFI-VIDEO-Messe in Düsseldorf (9).
International überragender Stellenwert kommt der 1947 gegründeten branchenübergreifenden »Hannover Messe« für Industrie- und Gebrauchsgüter (7) zu. Zehn Fachmessen unter einem Dach bieten einzigartige Informations-, Orientierungs- und Kontaktmöglichkeiten, reflektieren Wirtschafts- und Konjunkturtrends. Inhaltliche Vielfalt und internationales Niveau zeichnen die »Hannover Messe« als Innovationsmarkt aus. 1985 maßen über 7100 Aussteller aus 47 Ländern der Welt auf 798 000 m² Ausstellungsfläche ihre Leistungsfähigkeit; mehr als 850 000 Besucher waren eindrucksvoller Beleg für die Attraktivität dieser »Messe der Messen«. U. N.

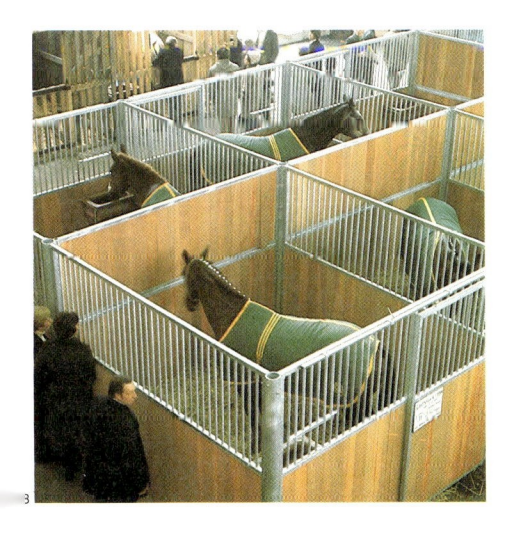

Gemüsemarkt in Augsburg (1). – Privatpersonen und Händler bieten Trödel auf dem Flohmarkt an; der größte Flohmarkt Europas findet in den Hamburger Messehallen statt (2). – Die land- und ernährungswirtschaftliche Internationale Grüne Woche wird in Berlin abgehalten (3). – Münchner Oktoberfest (4). – Größter internationaler Treffpunkt für Verleger, Autoren, Buchhändler und Bibliothekare ist die Frankfurter Buchmesse (5). – Spiegel des Automobilmarkts ist die Internationale Automobil-Ausstellung (6). – Hannover Messe (7). – EQUITANA, internationale Fachausstellung für Pferdesport, Freizeitreiten und Pferdehaltung in Essen (8). – HIFI-VIDEO-Messe in Düsseldorf (9).

315

Die Wettbewerbsordnung

Marktbeherrschende Unternehmen

In den §§ 22 bis 24 b GWB wird das Recht der Wettbewerbsbeschränkungen durch tatsächliche Marktmacht geregelt. Ein Unternehmen ist marktbeherrschend, wenn es als Anbieter oder Nachfrager einer bestimmten Art von Waren oder gewerblichen Leistungen

☐ »ohne Wettbewerber ist oder keinem wesentlichen Wettbewerb ausgesetzt ist oder

☐ eine im Verhältnis zu seinen Wettbewerbern überragende Marktstellung hat; hierbei sind insbesondere sein Marktanteil, seine Finanzkraft, sein Zugang zu den Beschaffungs- oder Absatzmärkten, Verflechtungen mit anderen Unternehmen, rechtliche oder tatsächliche Schranken für den Marktzutritt anderer Unternehmen, die Fähigkeit, sein Angebot oder seine Nachfrage auf andere Waren oder gewerbliche Leistungen umzustellen, sowie die Möglichkeit der Marktgegenseite, auf andere Unternehmen auszuweichen, zu berücksichtigen.« (§ 22 Abs. 1 GWB)

Das bloße Bestehen einer marktbeherrschenden Stellung ist jedoch kein Anlaß für ein Eingreifen der Wettbewerbsbehörde. Für die Einleitung wettbewerbsrechtlicher Maßnahmen müssen noch weitere Voraussetzungen erfüllt sein. Derartige Eingriffskriterien sind einmal das unternehmenspolitische Ziel des Marktbeherrschers und zum andern der mißbräuchliche Einsatz der Monopolmacht.

Mißbrauchsaufsicht

Eingriffskriterium nach dem GWB (§ 24 Abs. 4) ist die mißbräuchliche Ausnutzung einer marktbeherrschenden Stellung in Form des Behinderungsmißbrauchs und des Ausbeutungsmißbrauchs. Beim Behinderungsmißbrauch handelt es sich um Verhaltensweisen, die die Wettbewerbschancen anderer Marktteilnehmer auf der gleichen oder einer anderen Wirtschaftsstufe schwächen; unter Ausbeutungsmißbrauch versteht man Verhaltensweisen, die wirtschaftliche Interessen der Marktgegenseite bzw. der Verbraucher insgesamt unangemessen beeinträchtigen.

Häufigste Form des Behinderungsmißbrauchs sind die Preisdiskriminierung, die Lieferverweigerung und Geschäftsbindungen (Kopplungsgeschäfte, Bezugs- und Absatzbindungen u.ä.). Da marktbeherrschende Unternehmen auch ohne den Einsatz darartiger restriktiver Praktiken einen weiten, nicht nur vorübergehenden Gestaltungsspielraum zu Lasten anderer Wirtschaftsteilnehmer besitzen, greift für diese Fälle die Kontrolle des Ausbeutungsmißbrauchs. Überprüft werden dabei die Marktergebnisse, wobei man in erster Linie mißbräuchlich überhöhte Preise ahndet.

Die Mißbrauchsaufsicht über Preise nach § 24 Abs. 4 GWB beruht auf dem Konzept des »Als-ob-Wettbewerbs«, wonach auf vermachteten Märkten ein Verhalten gefordert wird, »als ob« (vollständiger) Wettbewerb bestünde. Für die Preisaufsicht des Bundeskartellamts heißt dies, daß ein marktbeherrschendes Unternehmen keine höheren Preise fordern darf, als »sie sich bei wesentlichem Wettbewerb bieten würden«. Hierzu zieht das Bundeskartellamt Märkte heran, die zwar in räumlicher, zeitlicher oder sachlicher Hinsicht verschieden, aber doch vergleichbar sind und auf denen wesentlicher Wettbewerb herrscht. Diese Feststellung des fiktiven Wettbewerbs ist mit erheblichen Schwierigkeiten verbunden, und es müssen Einschränkungen der Vergleichbarkeit zugunsten des angeklagten Unternehmens berücksichtigt werden.

Soweit marktbeherrschende Unternehmen ihre Stellung auf dem Markt mißbrauchen, hat das Bundeskartellamt die Befugnis, das mißbräuchliche Verhalten zu untersagen und Verträge für unwirksam zu erklären (§ 20 Abs. 4 und 5 GWB).

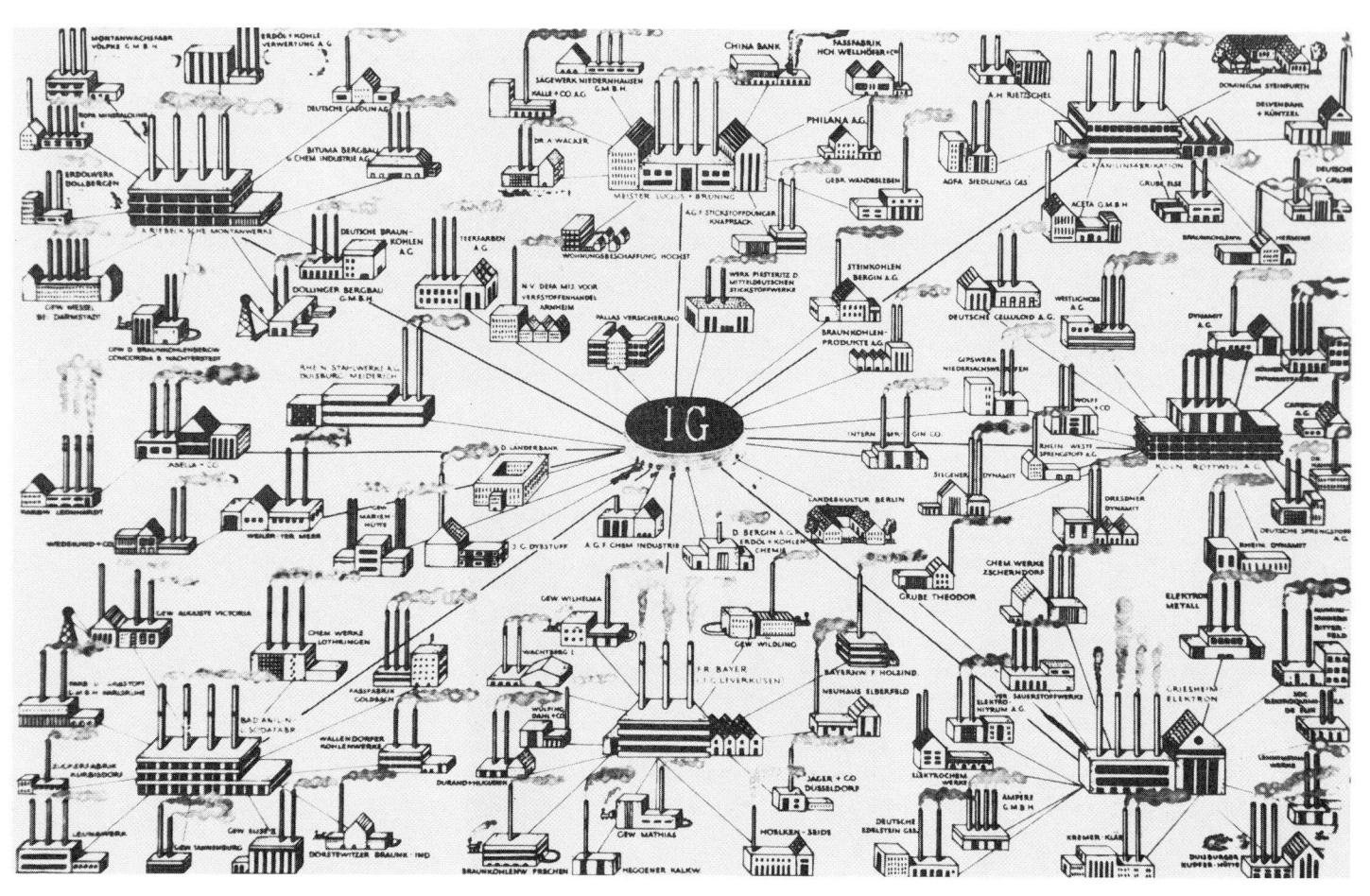

Das Imperium der I. G. Farbenindustrie Frankfurt: Sie war vor 1945 der größte deutsche Chemiekonzern, das größte deutsche Unternehmen überhaupt. Nach 1945 wurde es von den Siegermächten entflochten, das gesamte Vermögen beschlagnahmt, das Auslandsvermögen enteignet.

Das I. G. Farbenhaus in Frankfurt, die Zentrale des einstigen Konzerns. Es wurde in den Jahren 1928 bis 1930 von Hans Poelzig erbaut.

Beweisnot der Kartellbehörde

Die Bestimmungen über die marktbeherrschenden Unternehmen, die bei den Kartellnovellen von 1966, 1973, 1980 und 1989 weiter verschärft und verfeinert wurden, können als der schwächste Punkt des Gesetzes bezeichnet werden. Dies hat drei Gründe:
1. ist der vom Gesetz angesprochene Tatbestand der Marktbeherrschung schwer zu fassen;
2. kann sich der Begriff der mißbräuchlichen Ausnutzung von Marktmacht nicht auf einen entwickelten, klaren, allgemeinen Marktbegriff stützen;
3. ist der Mißbrauch selbst außerordentlich schwer nachzuweisen.

Die Schwierigkeiten der Definition und des Nachweises von Mißbrauch zeigen, daß der Wettbewerb spielend Aufgaben löst, die der Verwaltung Kopfschmerzen bereiten. Wenn der Gesetzgeber Machtmißbrauch z. B. damit begründet, daß »die Preise ... erheblich von dem Stand abweichen, der bei wirksamer Konkurrenz bestehen« würde, so muß er in Beweisnot geraten. Denn da es auf dem betreffenden Markt keinen wirksamen Wettbewerb gibt, kann es in diesem Fall auch keinen objektiven Mißbrauchsmaßstab geben. Wie soll man feststellen, welche Preise auf diesem Markt bei wirksamer Konkurrenz bestehen würden? Wie hoch darf der Preis eines Monopolisten von seinen Kosten abweichen, damit kein Mißbrauch vorliegt? Diese durch die Kartellbehörde schwer zu beantwortenden Fragen unterstreichen die Bedeutung des Wettbewerbs für die Marktwirtschaft. Er sorgt dafür, daß sich die Wettbewerber gegenseitig kontrollieren und daß zu hohe Gewinne beseitigt werden. Weiter braucht beim Wettbewerb keine Instanz über das Marktgeschehen zu wachen, denn das tun die Wettbewerber selbst.

Fusionskontrolle

Das Verbot der Kartellbildung kann durch Unternehmenszusammenschlüsse (Fusionen) umgangen werden. Die Notwendigkeit und die Möglichkeiten einer nationalen Fusionskontrolle standen bei der Novellierung des GWB 1973 im Vordergrund; die Bestimmungen wurden bei der vierten und bei der fünften Kartellnovelle verschärft.

Unternehmenszusammenschlüsse können zu einer Konzentration in der Wirtschaft führen, die in ihrer Bedeutung weit über die Wettbewerbspolitik hinausgeht: Unternehmenskonzentration ist häufig mit einer Konzentration von Vermögen und politischer Macht verknüpft.

Die Unternehmenszusammenschlüsse spielen eine Schlüsselrolle nicht nur für den Stand und die Entwicklung der wirtschaftlichen Konzentration, sondern auch bei der Entstehung marktbeherrschender Unternehmen. Denn eine marktbeherrschende Stellung eines Unternehmens kann nicht nur durch internes Wachstum erreicht werden, sondern auch durch den Zusammenschluß von Unternehmen.

Im Hinblick auf ihre Auswirkungen auf den Wettbewerb ist zwischen horizontalen, vertikalen und konglomeraten Unternehmenszusammenschlüssen zu unterscheiden. Dabei sind Unternehmenszusammenschlüsse als Vereinigung mindestens zweier Unternehmen definiert, die den Verlust der wirtschaftlichen Selbständigkeit wenigstens eines Unternehmens zur Folge hat.

Das Gesetz stellt auf mehrere unterschiedliche Tatbestände ab (§ 23 Abs. 2 GWB), durch die ein Unternehmenszusammenschluß erfolgt. Dies sind im einzelnen der Anteilserwerb, der Vermögenserwerb, Gemeinschaftsunternehmungen, vertragliche Bindungen, personelle Verflechtungen und sonstige Tatbestände als Auffangklausel. Durch die sonstigen Tatbestände sollen etwaige Lücken der gesetzlichen Definition von Zusammenschlüssen geschlossen werden.

Kontrolle durch das Kartellamt

Wegen der wettbewerbspolitischen Bedeutung sind Unternehmenszusammenschlüsse nach § 23 GWB dem Bundeskartellamt anzuzeigen, wenn die beteiligten Unternehmen im Jahr vor dem Zusammenschluß einen Umsatz von jährlich 500 Millionen DM oder mehr hatten.

Eine Anzeigepflicht nach § 24a besteht, wenn mindestens zwei der beteiligten Unternehmen im letzten Geschäftsjahr vor dem Zusammenschluß eine Bilanzsumme von je einer Milliarde DM oder mehr hatten.

Wenn zu erwarten ist, daß durch den Zusammenschluß eine marktbeherrschende Stellung entsteht oder verstärkt wird, so hat das Kartellamt nach § 24 Abs. 2 den Zusammenschluß zu untersagen bzw. die Auflösung eines vollzogenen Zusammenschlusses anzuordnen.

Ausnahmen von dieser Regelung werden nur erteilt, wenn
☐ die beteiligten Unternehmen nachweisen, »daß durch den Zusammenschluß auch Verbesserungen der Wettbewerbsbedingungen eintreten und daß eine Verbesserung die Nachteile der Marktbeherrschung überwiegt« (§ 24 Abs. 1);
☐ der Bundeswirtschaftsminister die Erlaubnis zum Zusammenschluß nach einem vom Bundeskartellamt ausgesprochenen Fusionsverbot auf Antrag nach § 24 Abs. 3 gibt. Er kann diese Erlaubnis erteilen, »wenn im Einzelfall die Wettbewerbsbeschränkung von gesamtwirtschaftlichen Vorteilen des Zusammenschlusses aufgewogen wird oder der Zusammenschluß durch ein überragendes Interesse der Allgemeinheit gerechtfertigt ist« und »wenn durch das Ausmaß der Wettbewerbsbeschränkung die marktwirtschaftliche Ordnung nicht gefährdet wird«.

Der Wettbewerb wird aber nicht nur durch Kartelle, sondern auch durch ein aufeinander abgestimmtes Verhalten beschränkt. Ein solches Verhalten ist z. B. die sog. Preisführerschaft. Hierbei setzt ein Unternehmen den Preis eines Gutes im Interesse aller Anbieter fest. Die anderen Unternehmen folgen dann diesem Preisführer. Bei der Preisführerschaft kann von Fall zu Fall ein jeweils anderes Unternehmen als Preisführer hervortreten. Das aufeinander abgestimmte Verhalten ist nach § 25 Abs. 1 verboten. Ebenfalls verboten ist das diskriminierende Verhalten gegenüber anderen Unternehmen in Form von Benachteiligungen oder Begünstigungen.

Ausgenommene Wirtschaftsbereiche

Das Kartellrecht schließt große Wirtschaftszweige von seinem Geltungsbereich aus. Dabei handelt es sich um solche Teile der Wirtschaft, die ohnehin unter staatlicher Aufsicht und Lenkung stehen (vgl. Klaus Kwasniewski, Die Ordnung und Entwicklung der wichtigsten Wirtschaftsbereiche, S. 270). Im einzelnen sind das der Verkehrsbereich, die Landwirtschaft, das Kreditwesen, die Versicherungen und die Energieversorgung. In der fünften Novelle zum Kartellgesetz von 1989 wurden die kartellrechtlichen Ausnahmebereiche dem EG-Wettbewerbsrecht angepaßt.

Verkehr (§ 99). Bundespost, Bundesbahn und andere Schienenbahnen des öffentlichen Verkehrs sind vom GWB freigestellt. Das gleiche Privileg besitzen »Unternehmen, die sich mit der Beförderung von Personen befassen«, wenn die Entgelte gesetzlich geregelt sind. Die staatliche Preisbildung bzw. deren gesetzliche Regelung ist Aufsicht genug. Verkehrsbereiche, die sich überwiegend in privater Hand befinden, wie Schiffahrt, Luftbeförderung und Linienverkehr mit Kraftfahrzeugen, unterliegen zwar einer gewissen Mißbrauchsaufsicht, doch wird ein völliger oder fast völliger Ausschluß des Wettbewerbs vom Staat geduldet.

Land- und Forstwirtschaft (§ 100). Die landwirtschaftliche Produktion ist in einem weiten Umfang vom Kartellverbot befreit. Die Erzeugerbetriebe dürfen eine Beschränkung der Anbauflächen oder der Fischfänge vereinbaren sowie auch bestimmte Verwertungsarten oder Absatzwege zwingend vorschreiben. In der Praxis geschieht dies durch landwirtschaftliche Genossenschaften, wobei die Mitglieder der Genossenschaft verpflichtet sind, diese Einrichtungen zu benutzen. Zwar dürfen die Preise nicht zwischen den Erzeugern gebunden werden, d. h., es dürfen durch Absprachen oder die Genossenschaften weder Fest-, Höchst- oder Mindestpreise vereinbart werden. Wenn die Produkte jedoch über eine Absatzgenossenschaft vertrieben werden, wird in der Praxis ein einheitlicher Preis verlangt oder erzielt. Hierdurch fällt faktisch der Preiswettbewerb zwischen den Erzeugern aus, was zulässig ist. Preisabsprachen zwischen den Genossenschaften sind jedoch nicht zulässig.

Bundesbank und Finanzmonopole (§ 101). Die Deutsche Bundesbank ist selbstverständlich von jeder Kartellaufsicht befreit. Die Bundesbank regelt den Geldumlauf und das Kreditvolumen und hat entscheidenden Einfluß auf die Währungsstabilität. Da sie gegenüber der Bundesregierung weithin unabhängig ist, muß sie erst recht jeder Verwaltungsaufsicht entzogen werden. Von der Kartellaufsicht ist auch die Kreditanstalt für Wiederaufbau befreit.

In der Bundesrepublik existiert gegenwärtig als Finanzmonopol noch das Branntweinmonopol. Das Zündwarenmonopol aus dem Jahr 1930, das auf eine Anleihe des schwedischen Zündwarenindustriellen Ivar Kreuger an das Deutsche Reich zurückzuführen ist, lief am 15. Januar 1983 aus. Die Finanzmonopole erheben eine indirekte Steuer auf inländische und importierte Güter (sog. Branntweinsteuer bzw. vorher Zündwarensteuer) und sind vom Kartellgesetz freigestellt.

Kreditinstitute und Versicherungswirtschaft (§ 102). Die Kreditinstitute, vor allem die Banken, Sparkassen, Bausparkassen und Investmentgesellschaften, werden vom Bundesaufsichtsamt für das Kreditwesen in Berlin überwacht und wurden von der Kartellbehörde auf Mißbrauch beaufsichtigt. Auch Versicherungsunternehmen unterliegen einer Fachaufsicht durch das Bundesaufsichtsamt für das Versicherungswesen in Berlin bzw. durch die zuständigen Länderminister; zusätzlich erfolgte eine Mißbrauchsaufsicht durch die Kartellbehörde. Mit der fünften Kartellnovelle wurden Banken und Versicherungen – auch in Anpassung an das EG-Wettbewerbsrecht – dem Verbotsprinzip des Kartellgesetzes unterworfen.

Energie und Wasser (§ 103). Die Versorgung mit Elektrizität, Gas und Wasser erfordert hohe Investitionen, auch für die festen Leistungswege. Ihr Bau erscheint nur rentabel, wenn das Versorgungsunternehmen in einem Bezirk alle Abnehmer beliefert, wenn es also ein Monopol erhält. Das GWB läßt derartige Monopole bestehen und billigt also grundsätzlich den Ausschluß des Wettbewerbs in der Versorgungswirtschaft. Absprachen zwischen Energieversorgungsunternehmen oder mit Gebietskörperschaften über Versorgungsgebiete unterliegen der Mißbrauchsaufsicht.

Weg eines Kompromisses

Die Ausnahmeregelungen basieren auf der Einsicht, daß bestimmte Arten von Wettbewerb, wie z. B. der Preiswettbewerb, angesichts der Produktions- und Absatzverhältnisse bestimmter Wirtschaftszweige nicht das dominierende oder vorwiegende Prinzip zur Ordnung dieser Märkte sein können. In ähnlicher Weise erklären sich die oben genannten Kartellausnahmen der §§ 2 bis 7 aus der Einsicht, daß in gewissen Fällen Wettbewerbsbeschränkungen zu einem größeren Wohlstand führen können als unbeschränkter Wettbewerb.

So ist beispielsweise unbestritten, daß die Einführung von Normen (z. B. bei Glühlampen, Steckdosen und tausend anderen technischen Gütern) oder die Begrenzung der Typenvielfalt der hergestellten oder angebotenen Güter (z. B. von Radiogeräten) wirtschaftliche Vorteile mit sich bringen kann. Voraussetzung für eine Normierung oder Typisierung ist aber eine Absprache der Produktion, damit kein Unternehmer befürchten muß, im Wettbewerb zu unterliegen, wenn er einseitig sein Produktionsangebot einschränkt. Aus diesem Grund werden Normen- oder Typenkartelle als anmeldepflichtige Ausnahmen zugelassen.

Ähnliche Überlegungen spielen bei der möglichen Zulassung von Export-, Import-, Konditionen-, Rationalisierungs- und Strukturkrisenkartellen eine Rolle. Sie werden gestattet, wenn der Gesetzgeber glaubt, soziale Schäden (z. B. Vernichtung selbständiger Existenzen) auf eine andere Weise nicht verhindern zu können.

Bei den Freistellungen vom GWB und bei den Ausnahmekartellen ist jedoch nicht immer die Möglichkeit auszuschließen, daß sie auf die politische Macht von Interessengruppen zurückzuführen und daher im allokativen Sinne als nicht optimal zu bezeichnen sind. In diesen Fällen führen die zugelassenen Wettbewerbsbeschränkungen zu geringerem Wohlstand als unbeschränkter Wettbewerb.

Das Gesetz gegen Wettbewerbsbeschränkungen ist ein Gesetz, das mehrere Ziele gleichzeitig zu erreichen versucht: eine bestmögliche Versorgung mit Gütern im Hinblick auf Preis, Menge und Qualität; die Lenkung der Produktion durch die Nachfrager; die Gewährleistung eines hohen technischen und wirtschaftlichen Leistungsstandes; die Förderung des wirtschaftlichen und technischen Fortschritts; und soziale Ziele. Dies ist nur auf dem Weg eines Kompromisses möglich. Er besteht darin, den unbeschränkten Leistungswettbewerb zu schützen, damit jene Ziele erreicht werden können. Wenn sie in bestimmten Bereichen oder Einzelfällen jedoch nicht durch Leistungswettbewerb zu verwirklichen sind, so läßt das GWB auch eine Beschränkung des Leistungswettbewerbs zu.

<u>Zu diesem Thema</u>

In anderen Werken:

Erlinghagen, Peter: Recht gegen Wettbewerbsbeschränkungen, in: Handwörterbuch der Wirtschaftswissenschaft (HdWW), Bd. 8, 1980
Lampert, Heinz: Die Wirtschafts- und Sozialordnung der Bundesrepublik Deutschland, 8. Aufl. 1985

DIETHER STOLZE

Konzerne in der Bundesrepublik: Kann denn Größe Sünde sein?

Das 20. Jahrhundert teilt eine tiefe Zäsur. In seiner ersten Hälfte war es noch ein europäisches, gewissermaßen sogar ein deutsches Jahrhundert. Die großen Veränderungen sind durch deutsches Tun bewirkt worden, durch das Land, das zweimal zum Krieg um die Macht in Europa angetreten ist. Am Ende dieser Epoche steht Hitler, über den Joachim Fest schreibt: »Kein anderer hat, in einem nur wenige Jahre dauernden Alleingang, dem Zeitlauf so unglaubliche Beschleunigungen gegeben und den Weltzustand verändert wie er; keiner hat eine solche Spur von Trümmern hinterlassen. Erst eine Koalition fast aller Weltmächte hat ihn in einem annähernd sechs Jahre dauernden Krieg gleichsam vom Erdboden getilgt.« Unter den Trümmern wurde Europa begraben, seine Vormachtstellung in der Welt. Seit 1945 ist alles im eigentlichen Wortsinn Weltgeschichte.

Wohl in keiner Nation hat die Zäsur um die Mitte des Jahrhunderts so tiefgreifenden Wandel verursacht wie bei den Deutschen. Sie sind auf zweifache Weise heimatlos geworden. Zum einen ist das Vaterland geteilt, zum anderen erscheint nach dem tiefen moralischen und politischen Sturz der Rückgriff auf das Bekenntnis zur eigenen Geschichte verwehrt. Wo sich die Deutschen nach 1945 frei entfalten konnten, in der Bundesrepublik, haben sie sich mit ungebremster Energie voll und ganz der Gegenwart verschrieben. Es heißt nicht, die historische Leistung Konrad Adenauers und Ludwig Erhards zu mindern, wenn man feststellt, daß diese innere Einstellung in hohem Maß zum Erfolg der Politik der Westintegration und des ökonomischen Wiederaufstiegs beigetragen hat.

Kein Zweifel: Nichts hat das Bewußtsein der Deutschen – hüben wie drüben – in den vergangenen vierzig Jahren so geprägt wie die ökonomische Entwicklung der Bundesrepublik. Die Erfahrung war auch überwältigend. Was sie selbst nach Niederlage und Zerstörung am wenigsten erwartet hätten, was draußen in der Welt niemand für möglich gehalten hatte, das gelang in relativ kurzer Zeit: eine Explosion des Wohlstandes, der Aufstieg der Bundesrepublik zur ökonomischen Weltmacht. Den Schluß zu ziehen, die Deutschen seien ob dieser Entwicklung zu Wirtschaftsbürgern geworden, wäre naheliegend, führt aber in die Irre. Nähere Betrachtung zeigt, daß sich die Bürger der Republik in der ökonomischen Gegenwart nicht so recht zu Hause fühlen. Die Kenntnisse wirtschaftlicher Zusammenhänge sind gering, die Versuche, solche zu vermitteln, recht bescheiden – die Schulen gar üben sich in Abstinenz. Und es ist augenfällig, daß die in prallem Wohlstand lebenden Deutschen das »Unbehagen an der Industriegesellschaft« besonders nachdrücklich artikulieren, bisweilen geradezu hysterisch – daß sie ökonomischen und ökologischen Herausforderungen mit weit weniger Gelassenheit begegnen als etwa die weniger reichen lateinischen Länder, mit weit weniger aber auch als andere hochentwickelte Nationen wie Großbritannien, die Vereinigten Staaten oder die Schweiz. Die Deutschen von heute bieten Anschauungsmaterial genug für die geschichtliche Erfahrung, daß die Verdrängung der Vergangenheit allemal auch Orientierungslosigkeit in der Gegenwart und ängstliche Unsicherheit vor der Zukunft zur Folge hat. So erklärt sich auch, daß die Deutschen, wiewohl im ausgehenden 20. Jahrhundert eine Nation ohne politisch-militärische Macht, wegen ihrer Unrast bei manchen Nachbarn noch immer Unbehagen auszulösen vermögen.

Der Schluß drängt sich auf: Die Deutschen haben ihre Gegenwart zwar durchlebt, aber nicht begriffen. Im Bereich der Ökonomie zeigt sich dies besonders deutlich darin, daß alte Vorurteile Bestand haben. Die Deutschen sind spät in die Welt hinausgekommen, sie haben – vielleicht mit Ausnahme der Hansestädte – trotz des wirtschaftlichen Booms der Gründerjahre keinen weltoffenen Kaufmannsgeist entwickelt wie etwa Engländer oder Holländer. Welthandel und Warenspekulation, Banken und Börsen – vieles erschien hierzulande lange Zeit suspekt, das Aufkommen großer Kapitalgesellschaften wurde mit Mißtrauen beobachtet. Die Angst vor »anonymem Kapital«, vor einer »Übermacht der Konzerne« – etwa im Bereich des Einzelhandels – war schon weit verbreitet, bevor die Nationalsozialisten sie für ihre Zwecke ausgenutzt haben.

Und was hat sich geändert? Machte einst Goebbels die »jüdische Hochfinanz« für die Übel dieser Welt verantwortlich, so gelten heute marxistischen und anderen radikalen Eiferern die »Monopolkapitalisten« als die Schuldigen. Doch auch ganz harmlose Zeitgenossen hängen der Auffassung an, daß »das große Geld« ihr Leben bestimmt, daß Konzerne und Konzernherren unkontrollierte Macht ausüben, daß die Strukturen der Wirtschaft undurchschaubar seien. Umfragen zeigen stets aufs neue, daß die Bürger mit den wirtschaftlichen Realitäten nicht vertraut sind. So wird z. B. der Gewinn von Unternehmen absurd hoch eingeschätzt: Bei je 100 Mark Umsatz entstünden, so die Meinung des Durchschnitts der Bevölkerung, zwischen 28 und 30 Mark »Profit«. Kein Wunder, daß vor solchem Hintergrund antiquierte Klassenkampf-Parolen Gehör finden. Die Bundesrepublik ist noch immer ein Land, in dem die Reichen für mächtig und umgekehrt die Mächtigen für reich gehalten werden (Konrad Adenauer wurde zu Lebzeiten stets genannt, wenn nach den zehn reichsten Männern der Republik gefragt wurde).

Wo Urteile nach Emotionen gefällt werden, da mögen Fakten nützlich sein.

Fakten und Vorurteile

In der Wirtschaft der Bundesrepublik spielen heute Konzerne eine überragende Rolle. Diese Feststellung ist freilich nur zulässig, wenn sogleich zwei wesentliche Einschränkungen angefügt werden. Zum einen ist anzufügen, daß die Aussage für die Unternehmen gilt, nicht aber für ihre Besitzer: Der Ausdruck »Konzernherren« ist obsolet geworden in einer Wirtschaftsordnung, in der sich die immer wieder lautstark geforderte »Demokratisierung des Besitzes« längst vollzogen hat. Zum anderen ist festzuhalten, daß die Konzerne trotz ihrer großen Bedeutung die deutsche Wirtschaft keineswegs dominieren oder gar »beherrschen«.

Nach Bildung der sozial-liberalen Koalition stellte der SPIEGEL in einer Titelgeschichte lakonisch fest, in Deutschland könnten »600 Personen, die Manager der Superfirmen, den Kurs der Wirtschaft be-

Die größten Unternehmen der Bundesrepublik		
Rang		Umatz (in Mio. Mark)
1	Veba	47 927
2	VW	40 089
3	Daimler	40 005
4	Siemens	39 471
5	Bayer	37 336
6	Hoechst	37 189
7	BASF	37 063
8	Thyssen	28 368
9	RWE	24 118
10	Ruhrkohle	18 382
11	Deutsche BP	17 878
12	Krupp	17 273
13	Deutsche Shell	16 603
14	Gutehoffnungshütte	15 883
15	Opel	14 707*
16	Bosch	14 352
17	Esso	14 331
18	Mannesmann	14 074
19	BMW	14 026
20	Ford	13 354
21	Ruhrgas	12 888
22	Preussag	12 477
23	AEG	11 527
24	Degussa	11 097
25	IBM	10 523

* geschätzt
Quelle: Die Zeit, August 1984

stimmen« – eine Behauptung, die allenfalls ob ihrer Albernheit in Erinnerung bleibt. In den Jahren danach wurde die fast paritätische Mitbestimmung eingeführt, wurde mit einer Fülle neuer Gesetze die »Belastbarkeit der Wirtschaft« erprobt – gewiß alles Maßnahmen, die die Manager der ach so mächtigen Konzerne gerne verhindert hätten. In Wahrheit bleiben die Großen von den Wechselfällen des Lebens so wenig verschont wie die zahlreichen mittleren und kleinen Firmen des Landes. Nur ein Beispiel: ausgerechnet im 100. Jahr seines Bestehens mußte eines der renommiertesten Unternehmen des Landes, die AEG, Vergleich anmelden. Größe allein nützt eben nichts, es muß auch Leistung hinzukommen.

Freilich erscheinen im allgemeinen die Leistungen der Konzerne in der Bundesrepublik bemerkenswert, ihr Aufstieg in nüchternen Zahlen gar atemberaubend. In den Jahren vor 1945 war der Konzern I. G. Farben, ein De-facto-Monopol im Bereich der chemischen Industrie, das größte Unternehmen des Reiches – mit einem Umsatz von 2 Milliarden Mark. Der berühmtberüchtigte Konzern wurde dann von den Alliierten zwangsweise aufgelöst: Sein Erbe teilten sich die drei Chemieunternehmen BASF, Bayer und Hoechst. Heute ist jedes dieser Nachfolgeunternehmen mit Umsätzen von je über 30 Milliarden Mark für sich allein weit größer, als es die »Mutter« je gewesen war, selbst wenn man den Umsatz der I. G. Farben wegen des Kaufkraftverfalls mit fünf, sechs oder acht multipliziert. Nach dem Zweiten Weltkrieg erreichte als erstes ein anderes traditionsreiches deutsches Unternehmen, Krupp in Essen, Mitte der fünfziger Jahre einen Umsatz von 2 Milliarden Mark. Heute würde diese Größenordnung gerade noch ausreichen, um einer Firma einen letzten Platz auf der Rangliste der hundert größten Unternehmen der Bundesrepublik zu garantieren. Die 25 größten Konzerne des Landes haben ausnahmslos Umsätze von mehr als 10 Milliarden Mark aufzuweisen, wie die Tabelle zeigt.

Zur Demokratisierung des Besitzes: Nur zwei Firmen aus diesem »Club der Größten« stehen noch unter dem beherrschenden Einfluß einer Industriellen-Dynastie. Bei BMW haben die Quandt-Erben das Sagen, bei der Gruppe Klöckner die Familie Henle. Allerdings zeigt sich auch hier, daß Größe keine Garantie für Erfolg ist. Während die Quandts ihr Geld bei einem der expansivsten und ertragreichsten deutschen Großunternehmen angelegt haben, konnte die Familie Henle in den zurückliegenden Jahren wegen der Stahlmisere keinen finanziellen Ertrag verbuchen.

Die Gründerfamilien haben fast überall den Rückzug aus der Macht angetreten, so bei Siemens oder die Haniels bei der Gutehoffnungshütte, oder sie haben ihren Besitz ganz oder teilweise auf Stiftungen übertragen (Krupp, Bosch, Thyssen). Vor einigen Jahren hatte noch Flick, nach allgemeiner Einschätzung der reichste Mann der Republik, maßgebenden Einfluß bei Daimler. Doch nach dem Verkauf des größten Teils seines Aktienbesitzes gibt heute bei dem Stuttgarter Automobilkonzern die Deutsche Bank den Ton an. Beim größten deutschen Unternehmen, dem Energiekonzern Veba, ist die Bundesrepublik Deutschland der einzige Großaktionär; auch beim Volkswagenwerk verfügt der Staat (Bund und Land Niedersachsen) mit zusammen 40 Prozent Anteil über maßgebenden Einfluß. Alles in allem befinden sich die Größten im Lande im Besitz von mindestens 2 Millionen, wahrscheinlich sogar 3 Millionen Menschen.

Also: wer heute noch von »Schlotbaronen« spricht, verrät blamabel geringe Kenntnisse. Ganz abgesehen davon, daß es längst nicht mehr sonderlich profitabel ist, Industrieller an der Ruhr zu sein (der Wohlstand wandert nach Süden) – die Manager der Großfirmen sind nicht mehr einzelnen »Reichen und Superreichen« verantwortlich, sie haben meist Zehntausende oder gar Hunderttausende von Kleinaktionären zu »bedienen«. Wer sich kritisch mit den Machtstrukturen innerhalb der Großindustrie befassen will, der muß den Einfluß von Banken und Versicherungsunternehmen analysieren. Beispiel: Beim drittgrößten Unternehmen der Republik, Daimler in Stuttgart, regiert heute die größte Bank der Republik, die Deutsche Bank – sie hat sich durch ein großes Aktienpaket und eine komplizierte Holding-Konstruktion beherrschenden Einfluß gesichert. Doch gemach: die Deutsche Bank wie andere Großbanken oder die führenden Versicherungskonzerne befinden sich ihrerseits wieder im Besitz von Zehntausenden von Aktionären.

Der wirtschaftliche Aufstieg der Bundesrepublik wäre ohne die Leistungen, die in den Großunternehmen erbracht worden sind, nicht möglich gewesen. Sie haben rationelle Massenfertigung von Qualitätsprodukten in einem früher nie für möglich gehaltenen Maß entwickelt und damit den Wohlstand des »Konsumbürgers« möglich gemacht. Sie haben, wozu kleinere Firmen zunächst gar nicht und mittlere nur beschränkt in der Lage waren, die Märkte der Welt erschlossen und so im offenen Wettbewerb die Leistungskraft der deutschen Wirtschaft stetig gestärkt. Und sie waren, dies nicht zu vergessen, dank ihrer finanziellen Kraft in der Lage, immer höhere Löhne zu zahlen und die sozialen Bedingungen für Arbeitnehmer zu verbessern. Konzerne wie Siemens, Daimler,

»Die Machtballung im Wirtschaftswunderwald« nannte Ernst Maria Lang seine Karikatur. Er läßt den »Waldaufseher Erhard« sagen: »Sakra, sakra – die wachsen mir bald über den Kopf.« Auch Erhard mißtraute den Großen, er fürchtete eine Beeinträchtigung des Wettbewerbs.

Hoechst und andere haben entscheidenden Anteil daran, daß der deutsche Industriearbeiter heute zu den höchstbezahlten der Welt gehört.

Auch in den schwierigen Zeiten der Rezession haben die großen Unternehmen als stabilisierender Faktor gewirkt. Im wirtschaftlich schlechten Jahr 1982 konnten die Konzerne ihren realen Umsatz (also unter Abzug der Inflationsrate) immerhin halten, während der Durchschnitt der Industrie einen Rückgang von 3 Prozent hinnehmen mußte. Sachliche Nachprüfung ergibt auch, daß die weitverbreitete These, die Großen würden die Kleinen verdrängen, falsch ist: Die deutsche Wirtschaft hat nach wie vor eine gute Mischung großer, mittlerer und kleiner Unternehmen. Und es gibt durchaus für Newcomer Aufstiegsmöglichkeiten, wie nicht nur der Computerbauer Nixdorf bewiesen hat, der sich heute zum Club der 100 Größten zählen darf. Schließlich läßt sich auch nachweisen, daß von einer »Ausbeutung des Konsumenten« durch die großen Konzerne keine Rede sein kann: Eine Weltfirma wie Siemens bezeichnet es durchaus als gutes Jahr, wenn sie 2 (!) Prozent vom Umsatz als Gewinn verbuchen kann.

Vorurteile haben freilich ein zähes Leben: Obwohl nüchterne Bestandsaufnahme ein anderes Bild ergeben würde, neigen viele im Lande immer noch zu einer Dämonisierung der Konzerne. Dies hat sich besonders kraß in den Jahren der sogenannten Ölkrise gezeigt, als es geradezu zum guten Ton gehörte, die internationalen Ölgesellschaften der Ausplünderung des Verbrauchers zu zeihen. Die weltumspannende Aktivität der großen Konzerne, in einer Epoche allmählich zusammenwachsender Weltwirtschaft eigentlich eine Selbstverständlichkeit, hat fast überall Mißtrauen sprießen lassen. Die »Multis«, die global operierenden Großunternehmen, wurden in der Bundesrepublik und anderswo als »vaterlandslose Gesellen« angeklagt, die sich brutal über nationale Interessen hinwegsetzen und nur dem eigenen Profit dienen.

Giganten der Weltwirtschaft

»Die planetarischen Unternehmen betrachten die ganze Erde als ökonomische Einheit, sie streben danach, den alten Traum von einem weltweiten Markt zu verwirklichen« – so der amerikanische Autor Richard Barnet in einem Buch über die multinationalen Konzerne. In einer Studie der FINANCIAL TIMES wurde schon in den siebziger Jahren nachgewiesen, daß weltweit operierende Firmen überdurchschnittliche Renditen erzielen und schneller wachsen als die »gewöhnlichen« Unternehmen. Und die Erfolgsstory einer Firma wie IBM (International Business Machines), die alle fünf oder sechs Jahre Umsatz und oft auch Gewinn verdoppeln konnte, ist schon Legende.

Deutsche Unternehmen haben relativ spät Zugang zum Club der Giganten gefunden. Noch heute stehen z. B. die Konzerne der viel kleineren Niederlande deutlich vor den Firmen der Bundesrepublik.

Die Angriffe auf die »Multis«, die vor allem von Gewerkschaften und Sozialisten mit Vehemenz vorgetragen worden sind, beruhen meist auf einem zweifachen Fehlschluß. Zum ersten wird das Mißverhalten einiger Konzerne unzulässigerweise als Kennzeichnung der gesamten Gruppe verwendet. Die unbestreitbare Tatsache, daß die United Fruit lange Zeit in Guatemala die Politik beherrschen konnte und ITT beim Sturz von Allende in Chile die Hand im Spiel hatte, rechtfertigt selbstverständlich nicht die Behauptung, »die Multis« würden politischen Druck ausüben – wie auch die Feststellung, einige Polizisten wären korrupt, nicht zur Diffamierung des gesamten Berufsstandes herhalten dürfte. Der zweite Fehlschluß besteht darin, daß schlicht »Größe« mit »Macht« gleichgesetzt wird.

Die Vereinten Nationen haben eine Studiengruppe eingesetzt, um die Geschäftspolitik der multinationalen Konzerne zu

Die größten Konzerne der Welt

Rang			Umsatz (in Mrd. DM)	Beschäftigte*
1	Exxon	Vereinigte Staaten	226,3	156 000
2	Royal Dutch/Shell	Holland/Großbritannien	205,7	160 000
3	General Motors	Vereinigte Staaten	190,6	691 000
4	Mobil Oil	Vereinigte Staaten	139,5	178 000
5	British Petroleum	Großbritannien	125,6	131 000
6	Ford	Vereinigte Staaten	113,6	380 000
7	IBM	Vereinigte Staaten	102,7	367 000
8	Texaco	Vereinigte Staaten	102,4	57 500
9	Du Pont de Nemours	Vereinigte Staaten	90,4	162 000
10	Standard Oil of Ind.	Vereinigte Staaten	70,6	57 000
11	Standard Oil of Cal.	Vereinigte Staaten	69,9	41 000
12	General Electric	Vereinigte Staaten	68,5	340 000
13	Gulf Oil	Vereinigte Staaten	67,9	47 000
14	Atlantic Richfield	Vereinigte Staaten	64,3	51 000
15	Toyota Motor	Japan	57,3	58 000
16	Unilever	Holland/Großbritannien	53,2	275 000
17	Occidental Petroleum	Vereinigte Staaten	48,8	48 000
18	VEBA	Bundesrepublik	48,0	79 000
19	Hitachi	Japan	47,0	160 000
20	TOTAL	Frankreich	46,9	47 000
21	Nissan Motor	Japan	46,6	108 000
22	Elf-Aquitaine	Frankreich	45,0	68 000
23	US Steel	Vereinigte Staaten	43,1	99 000
24	Matsushita	Japan	42,9	123 000
25	Nippon Oil	Japan	41,4	3 000

* Beschäftigte Jahresdurchschnitt, z. T. geschätzt
Quelle: Fortune/FAZ, 1984

untersuchen und einen Verhaltenskodex für sie auszuarbeiten. Da war viel davon die Rede, die weltweit operierenden Firmen würden das Lohngefälle zwischen den Staaten ausnutzen, würden in der Dritten Welt neue Märkte erobern, ihre Investitions- und Finanzentscheidungen global treffen – was doch im Klartext nichts anderes heißt, als daß sie sich wirtschaftlich vernünftig verhalten. Missetaten konnten weder bei dieser noch bei anderen internationalen Untersuchungen aufgedeckt werden. Im Gegenteil: Die Analysen brachten zutage, daß die »Multis« ihre Mitarbeiter besser bezahlen sowie bessere Arbeits- und Ausbildungsbedingungen bieten als der Durchschnitt der Industriefirmen. Die EG-Kommission mußte sogar einräumen, daß die »Sieben Schwestern«, die großen internationalen Ölkonzerne, entgegen der landläufigen Meinung ihre Marktstellung auch in Krisenzeiten nicht mißbräuchlich ausgenutzt haben. Was also macht Konzerne »böse«, warum auch sollte Größe Sünde sein?

Auch Kleine haben eine Chance

Die Frage bleibt, ob Fakten Emotionen zu verdrängen vermögen. Seit in der Bundesrepublik wieder Sorge um Arbeitsplätze herrscht, haben die Attacken auf die Konzerne nachgelassen, doch das Verständnis für ihre Rolle, für die Wirtschaftsstrukturen überhaupt, ist allenfalls geringfügig gewachsen. Dies ist bedenklich, denn heute gilt wohl in besonderem Maße Walther Rathenaus Wort, daß die Wirtschaft unser Schicksal ist. In der ökonomischen Realität werden die großen Unternehmen, die Konzerne, eine immer noch wachsende Bedeutung haben. Die Vorstellung freilich, eines Tages würden die Giganten der Wirtschaft wie ein Moloch alle kleineren Firmen verschlingen, ist absurd. Gerade die Entwicklungen der jüngsten Vergangenheit zeigen, daß Kennzeichen einer freien Marktwirtschaft die Vielfalt ist. Dafür sorgen nicht nur Anti-Trust-Gesetze oder Kartellbehörden, dafür sorgen der Markt und der technische Fortschritt selbst.

Der Aufstieg des wahrscheinlich »modernsten« Konzerns, des Computerherstellers IBM, ist eine einzige Erfolgsgeschichte. Diese Tatsache sollte jedoch den Blick dafür nicht trüben, daß entscheidende Anstöße für die Entwicklung der Computer – vor allem in dem überaus expansiven Bereich der Heim- und Personalcomputer – von mittleren, kleinen und kleinsten Firmen gekommen sind. Im Silicon Valley, der »Zukunftsschmiede« der amerikanischen Industrie, geben nicht die Konzerne den Ton an. Auch in der Bundesrepublik zeigt sich immer wieder, daß kleine und kleinste Firmen dank Kreativität und Beweglichkeit durchaus Chancen haben, im Wettbewerb mit den ganz großen zu bestehen.

Der technische Wandel, der sich in den kommenden Jahren vollziehen wird, begünstigt keineswegs nur die Großunternehmen. In der aufkommenden Informations-Wirtschaft, durch den Ausbau moderner Kommunikationsnetze, wird dezentrale Forschung, überhaupt dezentrale Arbeit wieder möglich. In den angelsächsischen Ländern herrscht längst die Überzeugung, die »vierte industrielle Revolution« werde zu völlig neuen Strukturen in der Wirtschaft führen. In der Bundesrepublik haben wir allzu lange den technisch-ökonomischen Fortschritt vertrödelt, haben uns wehleidig der Unlust an der Gegenwart ausgeliefert. So bleibt es bemerkenswert genug, daß viele Konzerne wie zahllose mittlere und kleine Unternehmen trotz schwieriger politischer Umweltbedingungen ein Hort der Leistung geblieben sind. Freilich müssen wir uns wieder bewußt werden, daß es für die Wirtschaft, die Gesellschaft, für uns alle nur einen Weg in die Zukunft gibt: Wir müssen beständig, wie einst John F. Kennedy formuliert hat, zu »neuen Grenzen« vorstoßen.

WOLFGANG WETTER

Die wirtschaftliche Bedeutung des Staates

Wie in anderen vergleichbaren Volkswirtschaften übernimmt auch in der Bundesrepublik der Staat wichtige Aufgaben. So hat er in vielen Bereichen des Wirtschaftslebens durch Setzung von Rahmenbedingungen für einen geordneten Wirtschaftsablauf zu sorgen. Dort, wo die private Wirtschaft benötigte Güter und Dienstleistungen nicht oder nach Meinung der Öffentlichkeit nur unzureichend bereitstellt, ist es die Aufgabe des Staates, diese Lücken zu schließen. Und schließlich kommt dem Staat eine große Bedeutung, aber auch Verantwortung für die Verstetigung des Konjunkturverlaufs zu.

Unmittelbar nach der Gründung der Bundesrepublik im Jahr 1949 gab der Staat zur Erfüllung seiner Aufgaben noch rund 31 Milliarden DM oder 32 Prozent des Bruttosozialprodukts aus. 1988 waren es über 940 Mrd. DM oder rund 47 Prozent des Bruttosozialproduktes. In zunehmendem Maße wurden die staatlichen Ausgaben neben den laufenden Einnahmen (Steuern, Gebühren, Beiträge) durch Kreditaufnahme finanziert. Mitte der siebziger Jahre wurden kritische Stimmen laut, die den Anteil des Staates am Bruttosozialprodukt (die Staatsquote) als zu hoch und die zunehmende Beanspruchung der Kapitalmärkte als hemmend für die Privatwirtschaft empfanden. Mit der Übernahme der Regierungsverantwortung durch die CDU/CSU-FDP-Koalition 1982 wurde die Staatsquote, insbesondere aber die Abgabenquote, zurückgeführt.

Wer und was ist nun eigentlich der Staat in der Bundesrepublik, und wie haben sich seine Struktur, seine Ausgaben und seine Einnahmen seit den Gründerjahren entwickelt?

Das Hohelied des Föderalismus

Die Bundesrepublik Deutschland wurde durch das Grundgesetz im Jahr 1949 als *föderalistischer Bundesstaat* konzipiert. Der Grundgedanke des Föderalismus besteht darin, daß die politische Macht dezentralisiert und die Politik für den Bürger durchsichtig wird. Zudem sollen politische Entscheidungen bürgernah getroffen werden. Im föderalistischen Staat teilen sich der Bund, die Länder und die Gemeinden die wahrzunehmenden Aufgaben.

So sollte der Bund die Aufgaben wahrnehmen, bei denen eine zentrale Regelung unvermeidlich ist. Dies gilt z. B. für die auswärtigen Angelegenheiten, die Staatsangehörigkeit, das Währungs- und Münzwesen. Besteht in anderen Bereichen das Bedürfnis nach einer bundesgesetzlichen Regelung, so hat der Bund auch hier das ausschließliche Recht, diese Aufgabe wahrzunehmen. Insgesamt hat der Bund für die Einheitlichkeit der Lebensverhältnisse in der Bundesrepublik zu sorgen. Dazu gehören besonders die Aufrechterhaltung der Rechts- und Wirtschaftseinheit. Mit anderen Worten: Zum überwiegenden Teil besteht die Aufgabe des Bundes darin, festzulegen, welche Aufgaben der Staat übernehmen will oder muß, und hierfür die notwendigen Gesetze zu erlassen. Die Verwaltungskompetenz, d. h. die Verwirklichung und Überwachung der staatlichen Aufgaben, liegt schwerpunktmäßig bei den Ländern. Lediglich beim Auswärtigen Dienst, bei der Bundesfinanzverwaltung, der Bundesbahn, der Bundespost und den Bundeswasserstraßen hat der Bund die Verwaltungskompetenz. Darüber hinaus hatte der Bund die Möglichkeit, den Bundesgrenzschutz, den Bundesnachrichtendienst und das Bundeskriminalamt zu gründen und hierfür auch die Verwaltung zu übernehmen.

Die strenge Aufgabentrennung zwischen dem Bund und den Ländern auf der Ausgabenseite wurde ergänzt durch die Zuweisung eigener Steuerquellen an die Gebietskörperschaften und durch den horizontalen Finanzausgleich zwischen den finanzschwachen und den finanzstärkeren Ländern.

Die wirtschaftliche Entwicklung und die zunehmende Integration der Bundesrepublik in die Weltwirtschaft sowie der Beitritt zu internationalen Organisationen stellten die starre Trennung der Aufgaben zwischen dem Bund und den Ländern und deren Finanzierung zunehmend in Frage. Seit Mitte der fünfziger Jahre schaltete sich der Bund immer mehr in die Aufgabenbereiche der Länder ein. So beteiligte er sich ganz oder teilweise bei der Finanzierung, bei der Planung und Verwirklichung von Maßnahmen im Hochschulbereich, bei der Verbesserung der regionalen Wirtschaftsstruktur und bei der Verbesserung der Agrarstruktur und des Küstenschutzes (vgl. Klaus Kwasniewski, Die Gemeinschaftsaufgabe, S. 305). Diese Bundesbeteiligungen standen zunächst mit dem Grundgesetz nicht im Einklang, entsprachen aber dem Willen aller Beteiligten, so daß diese Gemeinschaftsaufgaben 1969 durch eine Grundgesetzänderung legalisiert werden konnten. Der Föderalismus in der Bundesrepublik hatte sich damit zu einem *kooperativen Föderalismus* entwickelt. Diese Entwicklung blieb aber in der Folgezeit umstritten. So beklagt der Bund, daß er für die Wahrnehmung der erweiterten Aufgaben finanziell nicht ausreichend ausgestattet wurde. Daher kommt es nahezu alljährlich zu einer heftigen Kontroverse zwischen dem Bund und den Ländern, wenn über die Neuaufteilung des Umsatzsteueraufkommens entschieden werden muß. Die Länder ihrerseits sind nicht immer mit dem neugeschaffenen Institut der Gemeinschaftsaufgabe zufrieden und fordern zuweilen deren Abschaffung. So fürchten die Länder, daß der Bund seinen Einfluß ausdehnt und damit die ihnen zustehenden Aufgabenbereiche beschränkt. Des weiteren wird der mangelnde Einfluß der Länderparlamente auf die Gemeinschaftsaufgaben sowie die Verpflichtung der Länder zur Mitfinanzierung der Ausgaben kritisiert. Die Mitfinanzierung stellt für die Länder immer dann ein Problem dar, wenn sie sich an Gemeinschaftsaufgaben beteiligen müssen, diese Maßnahmen jedoch nach ihrer eigenen Aufgabenplanung keine Priorität besitzen. Die Gemeinden beklagen, daß sie nunmehr durch Bundesgesetze zusätzliche Lasten zu tragen hätten, hierfür aber keine zusätzlichen Finanzmittel gestellt bekämen.

Trotz der Kritik an der Gemeinschaftsaufgabe kann an der prinzipiellen Notwendigkeit des kooperativen Föderalismus nicht gezweifelt werden. Vor allem deshalb nicht, weil die Finanzpolitik des Staates in der Bundesrepublik letztlich als das Ergebnis von Entscheidungen des Bundes und der Bundesländer mit ihren Gemeinden gesehen werden muß. Dies gilt auch für die Probleme der staatli-

Die wirtschaftliche Bedeutung des Staates

Bund, Länder und Gemeinden teilen sich in der föderalistisch organisierten Bundesrepublik die öffentlichen Aufgaben. Zu den Aufgaben der Gemeinden gehört u. a. die Müllbeseitigung (links). Aber auch kostspielige Einrichtungen wie z. B. Hallenbäder und Fitneß-Center werden von vielen Gemeinden unterhalten und zu einem Teil auch finanziert: »Trimini« in Kochel, Oberbayern (unten).

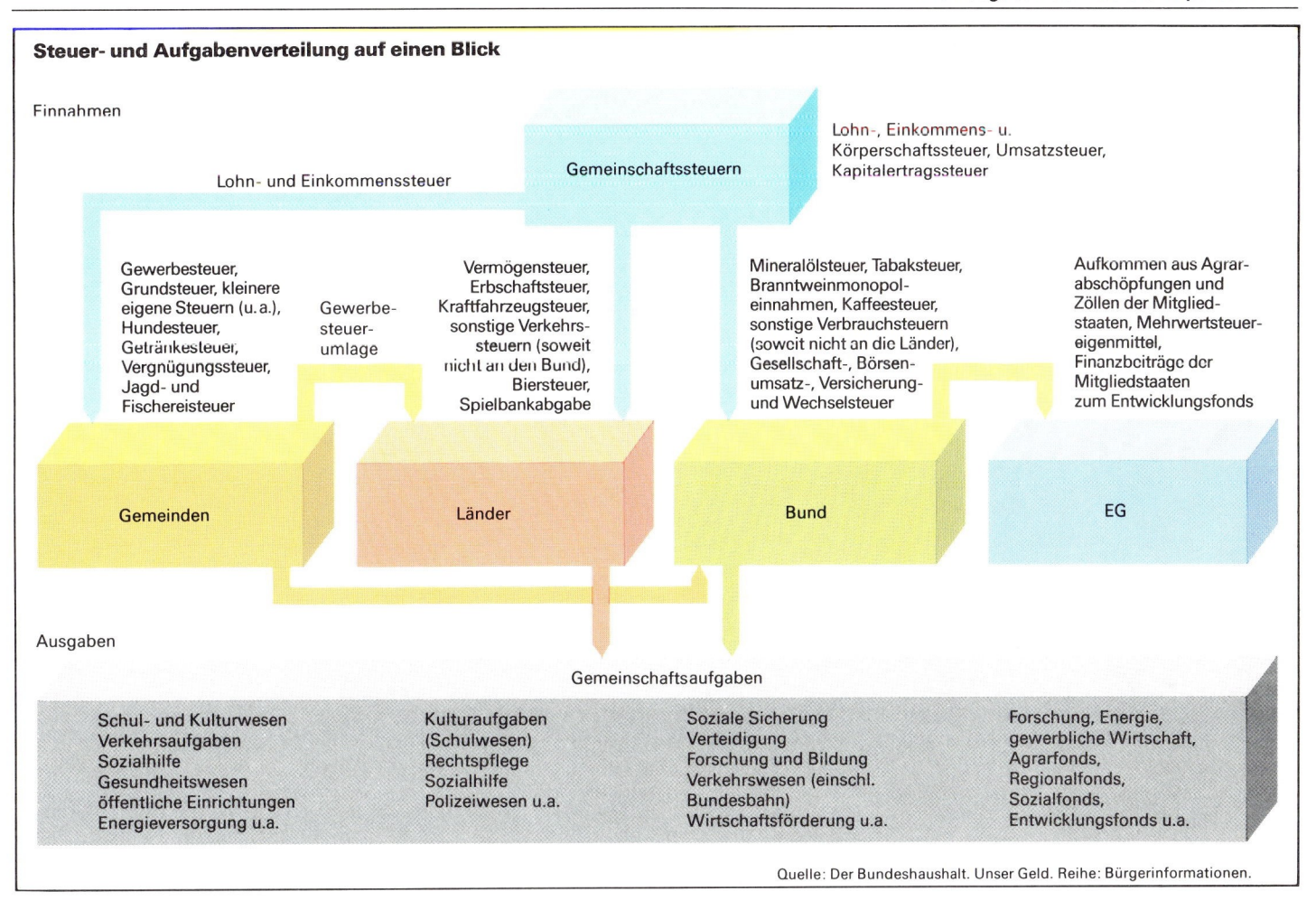

Steuer- und Aufgabenverteilung auf einen Blick

Einnahmen

- **Gemeinschaftssteuern**: Lohn- und Einkommensteuer; Lohn-, Einkommens- u. Körperschaftssteuer, Umsatzsteuer, Kapitalertragssteuer
- **Gemeinden**: Gewerbesteuer, Grundsteuer, kleinere eigene Steuern (u. a.), Hundesteuer, Getränkesteuer, Vergnügungssteuer, Jagd- und Fischereisteuer
- Gewerbesteuerumlage
- **Länder**: Vermögensteuer, Erbschaftsteuer, Kraftfahrzeugsteuer, sonstige Verkehrssteuern (soweit nicht an den Bund), Biersteuer, Spielbankabgabe
- **Bund**: Mineralölsteuer, Tabaksteuer, Branntweinmonopoleinnahmen, Kaffeesteuer, sonstige Verbrauchsteuern (soweit nicht an die Länder), Gesellschaft-, Börsenumsatz-, Versicherung- und Wechselsteuer
- **EG**: Aufkommen aus Agrarabschöpfungen und Zöllen der Mitgliedstaaten, Mehrwertsteuereigenmittel, Finanzbeiträge der Mitgliedstaaten zum Entwicklungsfonds

Ausgaben — Gemeinschaftsaufgaben

- **Gemeinden**: Schul- und Kulturwesen, Verkehrsaufgaben, Sozialhilfe, Gesundheitswesen, öffentliche Einrichtungen, Energieversorgung u.a.
- **Länder**: Kulturaufgaben (Schulwesen), Rechtspflege, Sozialhilfe, Polizeiwesen u.a.
- **Bund**: Soziale Sicherung, Verteidigung, Forschung und Bildung, Verkehrswesen (einschl. Bundesbahn), Wirtschaftsförderung u.a.
- **EG**: Forschung, Energie, gewerbliche Wirtschaft, Agrarfonds, Regionalfonds, Sozialfonds, Entwicklungsfonds u.a.

Quelle: Der Bundeshaushalt. Unser Geld. Reihe: Bürgerinformationen.

---

chen Konjunkturpolitik in der Bundesrepublik. Ohne ein kooperatives Vorgehen von Bund, Ländern und Gemeinden wären viele Maßnahmen wirkungslos. So sieht denn auch das 1967 verabschiedete Gesetz zur Förderung der Stabilität und des Wachstums der Wirtschaft (Stabilitätsgesetz) die gleichberechtigte Beteiligung der Gebietskörperschaften an den Beratungen zur Konjunktur-, Haushalts- und Finanzpolitik vor (vgl. Wolfgang Wetter, Die Wirtschaftspolitik, S. 370–376).

Die Ausgaben der Gebietskörperschaften

Die Gesamtausgaben des Staates in der Bundesrepublik haben sich seit der Staatsgründung auf allen Ebenen der Gebietskörperschaften kräftig ausgeweitet. Dabei hat die Bedeutung des Bundes seit 1950 erheblich zugenommen. Nach der Gründung der Bundesrepublik waren seine Ausgaben, gemessen an den Gesamtausgaben der öffentlichen Hand, unbedeutend. 1970 dagegen wurden fast 45 Prozent der Ausgaben der Gebietskörperschaften vom Bund bestritten. Nach der Finanzreform im Jahr 1969 wuchsen die Ausgaben des Bundes dann allerdings geringer als die der Länder und Gemeinden, wodurch der Anteil des Bundes an den Gesamtausgaben bis 1988 auf 41 Prozent zurückging. Die Entwicklung verlief aber nicht einheitlich.

Als die Bundesrepublik 1975 von der weltweiten Rezession ergriffen wurde, kam der Bund seiner Verantwortung für die Konjunkturpolitik nach, indem er sich mit über 3 Milliarden DM an einem Konjunkturförderungsprogramm von insgesamt 5,8 Milliarden DM beteiligte. Zusätzlich wurde der Bund durch die Steuer- und Kindergeldreform von 1975 stärker als die übrigen Gebietskörperschaften belastet, so daß die Ausgaben des Bundes in der Zeit von 1975 bis 1977 mit knapp 9 Prozent wesentlich stärker stiegen als die der Länder mit knapp 7 Prozent und der Gemeinden mit 5 Prozent.

Die föderalistische Aufgabenteilung wird deutlich, wenn man die Aufgaben der Gebietskörperschaften nach Aufgabenbereichen unterteilt. Hier zeigt sich, daß der Bund den größten Teil seiner Ausgaben im Bereich der sozialen Sicherung (1989: 23 Prozent) und der Verteidigung (1989: 18 Prozent) leistet. Die Länderhaushalte tragen dagegen den überwiegenden Teil der Bildungsausgaben, sind aber besonders seit den frühen achtziger Jahren auch sehr stark durch Sozialhilfeleistungen belastet. 1970 mußten die öffentlichen Haushalte durchschnittlich 43 DM pro Bundesbürger an Sozialhilfe zahlen, 1987 war der Betrag bundesweit auf 322 DM gestiegen; am stärksten belastet wurden die Bundesländer Hamburg mit 753 DM und Berlin mit 669 DM je Einwohner. Die Gemeinden sahen sich nach 1970 zunehmenden Ausgaben im Gesundheitswesen gegenüber. Noch bis 1970 lagen diese Ausgaben unter denen für Wohnungswesen und Raumordnung, bereits 1975 wurden sie jedoch von den Ausgaben im Gesundheitswesen um rund 3 Prozent übertroffen.

Die Investitionsausgaben der öffentlichen Haushalte der Bundesrepublik entwickelten sich, gemessen an den Gesamtausgaben, rückläufig. 1970 wurden noch rund 16 Prozent der Gesamtausgaben investiv verwendet, 1987 waren es nur noch ca. 8 Prozent. Seit Anfang der achtziger Jahre gibt der Staat insgesamt jährlich mehr für Zinsen als für Investitionen aus. Dies gilt für Bund und Länder, nicht jedoch für die Gemeinden. Die Gemeinden führen den größten Teil der öffentlichen Investitionen durch. 1987 waren dies mehr als 35 Milliarden DM oder rund 65 Prozent aller Investitionen des Staates. Dies bedeutet jedoch nicht, daß die Gemeinden ihre Investitionsausgaben auch allein finanzieren müssen. Bund und Länder tragen als Gemeinschaftsaufgabe ca. 75 Prozent der Kosten der Investitionen auf Gemeindeebene.

Die wirtschaftliche Bedeutung des Staates wird nicht zuletzt an seiner Rolle als größter deutscher Arbeitgeber deutlich.

Die wirtschaftliche Bedeutung des Staates

1987 waren über 4,1 Millionen Arbeitnehmer als Arbeiter, Angestellte und Beamte im Staatsdienst beschäftigt. Sie verursachten bei allen Gebietskörperschaften zusammen Ausgaben von über 209 Milliarden DM oder 32 Prozent der Gesamtausgaben. Da die Länder entsprechend des föderativen Aufbaus der Bundesrepublik überwiegend mit der Ausführung staatlicher Aufgaben betraut sind, beschäftigen sie den größten Teil aller öffentlich Beschäftigten. Die Ausgaben der Länder waren 1987 zu über 42 Prozent Personalausgaben. Während die Gemeinden immerhin noch jede dritte D-Mark für die Besoldung ihrer Bediensteten ausgeben mußten, war der Bund mit nicht einmal 15 Prozent seiner Ausgaben durch Personalkosten belastet.

Die Einnahmen des Staates

Zur Finanzierung seiner Ausgaben erhebt der Staat Steuern, Gebühren und Beiträge. Hinzu kommen Erwerbseinkünfte der Gebietskörperschaften aus ihren Betrieben und Beteiligungen sowie aus öffentlichem Vermögen. Reichen die laufenden oder ordentlichen Einnahmen zur Haushaltsfinanzierung nicht aus, muß der Staat sich auf dem Kapitalmarkt verschulden.

Von den laufenden Einnahmen kommt den Steuern die größte Bedeutung zu. Die sog. »Steuerspirale« weist die Vielzahl der Steuern nach ihrer Bedeutung aus. Danach war z.B. 1989 die Schankerlaubnissteuer mit einem Aufkommen von 11 Millionen DM am untersten Ende der Spirale, während die Lohnsteuer mit fast 182 Milliarden DM den Spiralenkopf bildete. Die größten Kassenfüller des Staates sind traditionell die bereits erwähnte Lohnsteuer, gefolgt von der Umsatzsteuer, der Einkommensteuer, der Gewerbesteuer und der Körperschaftsteuer. Alle sechs Steuerarten zusammen erbrachten 1989 über 78 Prozent aller Steuereinnahmen.

Das Grundgesetz regelte die Aufteilung der verschiedenen Steuern auf die Gebietskörperschaften. Danach sollten dem Bund im wesentlichen die Verbrauchssteuern (ohne Biersteuer), die Zölle, die Erträge der Monopole (z.B. Zündwarenmonopol bis 1983) und die Umsatzsteuer zufließen. Den Ländern wurden die Vermögensteuer, die Kraftfahrzeugsteuer und die Biersteuer und den Gemeinden die Gewerbesteuer und die Grundsteuer überlassen. Die Einkommen- und Körperschaftssteuer sollte zwischen dem Bund und den Ländern aufgeteilt werden.

Mit der Finanzreform von 1969 wurde dem auf der Ausgabenseite geschaffenen Institut der Gemeinschaftsaufgabe auch eine entsprechende Neuverteilung der Steuern zur Seite gestellt: Man ergänzte die bisherigen Gemeinschaftssteuern – die Einkommen- und Körperschaftssteuer – durch die Lohn- und Umsatzsteuer.

Daß die aufkommensstarke Umsatzsteuer (Mehrwertsteuer) zur Gemeinschaftssteuer gemacht wurde, war einerseits notwendig, gibt jedoch bis heute stets Anlaß zu Unzufriedenheit bei Bund und Ländern. Die Anteile, die auf den Bund und die Länder entfallen, müssen nämlich jeweils durch Bundesgesetz mit Zustimmung der Ländervertretung – des Bundesrates – festgelegt werden. Dies führt regelmäßig zu schwierigen Verhandlungen, an deren Ende zumeist ein beide Seiten nicht befriedigender Kompromiß steht.

Die vierte Ebene

Schon sehr bald nach der Gründung der Bundesrepublik wurde die deutsche Steuergeschichte in starkem Maße von der europäischen Einigungsbewegung beeinflußt. Die Europäische Gemeinschaft (EG) trat gleichsam als vierte Ebene neben die drei nationalen Gebietskörperschaften. Nach der Abschaffung der Binnenzölle für Kohle und Stahl 1951 (Gründung der Montanunion) folgte am 25. März 1957 die Gründung der Europäischen Wirtschaftsgemeinschaft (EWG), deren erstes Ziel der Abbau jeglicher Binnenzölle war. Die damit angestrebte Zollunion konnte bis 1968 für die ursprünglichen sechs Mitgliedsländer und für die bis zum Ende der achtziger Jahre auf zwölf Mitglieder erweiterte Europäische Gemeinschaft verwirklicht werden. Neben der Zollunion wurde den Mitgliedsländern der EWG und später der EG die Harmonisierung – d.h. die Angleichung – der Steuersysteme zur Auflage gemacht. Um Konkurrenzvorteile der Produzenten durch günstigere nationale Steuern innerhalb des europäischen Wirtschaftsraumes auszuschalten, war besonders die Harmonisierung der Umsatzsteuer und der Verbrauchssteuern (Tabaksteuer usw.) eine wichtige Aufgabe. Die Bundesrepublik mußte daher 1968 die alte, aus dem Jahr 1918 stammende Umsatzsteuer (Allphasen-Umsatzsteuer) durch die Mehrwertsteuer ersetzen. Die vollständige Anpassung aller wichtigen Steuern in der EG ist bis heute nicht abgeschlossen.

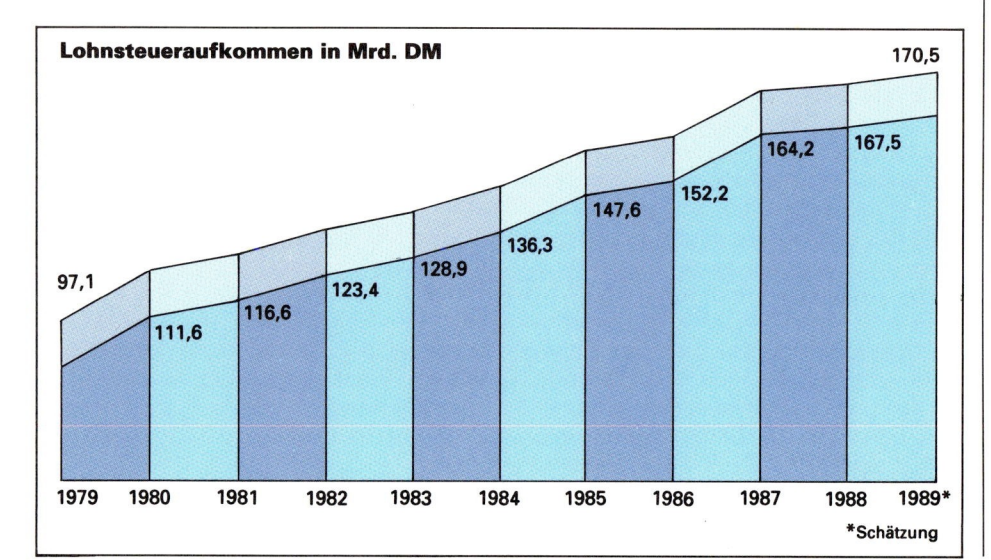

Für die deutschen Steuereinnahmen war jedoch die Einführung eigener Einnahmen der EG bedeutsamer als die Steuerharmonisierung. 1970 beschloß der EG-Ministerrat für die EG ein System »eigener Einnahmen«. Dieses System sollte die ehemaligen Mitgliedsbeiträge der EG-Länder schrittweise abbauen. Zwischen 1971 und 1974 floß dem Haushalt der EG ein Teil der Einnahmen aus Zöllen gegenüber Nicht-EG-Mitgliedsstaaten und aus Agrarabschöpfungen zu. Seit 1975 werden die Zolleinnahmen der EG-Mitgliedsländer und die Agrarabschöpfungen vollständig an die EG-Kasse in Brüssel überwiesen. Von 1979 an leerten sich die Kassen der europäischen nationalen Haushalte ein zweites Mal zugunsten der EG: Die EG erhielt nunmehr einen bestimmten Teil des Mehrwertsteueraufkommens der Nationalstaaten (vgl. auch Klaus Kwasniewski, Erschöpfung der EG-Einnahmen, S. 277). Für die Bundesrepublik beläuft sich dieser EG-Anteil auf annähernd 11 Prozent des Mehrwertsteueraufkommens. Seit Gründung der EG ist die Bundesrepublik der größte Nettozahler in die Kassen der Gemeinschaft.

Die Last der Abgaben

Die Gründerjahre der Bundesrepublik waren zugleich für die Finanzminister der Gebietskörperschaften goldene Jahre. Das

Lohnsteueraufkommen in Mrd. DM

1979	1980	1981	1982	1983	1984	1985	1986	1987	1988	1989*
97,1	111,6	116,6	123,4	128,9	136,3	147,6	152,2	164,2	167,5	170,5

*Schätzung

rasche Wachstum der deutschen Nachkriegswirtschaft bescherte dem Staat volle Kassen und versetzte ihn so in die Lage, sein Leistungsangebot zu erweitern. Als sich dann allerdings in der Folgezeit das Wachstum abschwächte und die Preissteigerungen zunahmen, wurde der Sessel der Finanzminister unbequem, und viele Bürger drückte die zunehmende Last von Steuern und Sozialabgaben. Mußte der Bundesbürger 1950 von jeweils 100 DM, die er erwirtschaftete, lediglich 29 DM an Steuern und Sozialabgaben abführen, steigerte sich diese Belastung in 40 Jahren auf fast 42 DM. Hierin spiegeln sich nicht zuletzt die hohen Kosten, die zur Aufrechterhaltung des »Sozialen Netzes« dem Bundesbürger abverlangt werden. Das nach den Jahren des Wirtschaftswunders nachlassende Wirtschaftswachstum und zusätzliche Leistungsgesetze belasteten besonders in den siebziger Jahren nicht nur die öffentlichen Haushalte, sondern auch die Träger der Renten-, Kranken- und Arbeitslosenversicherung, die ihre Ausgaben über die Beiträge ihrer Zwangsmitglieder finanzieren müssen. Mußte der Bundesbürger 1970 kaum 13 Prozent des Sozialproduktes für Sozialabgaben abführen, stieg die Belastung in den achtziger Jahren auf teilweise bis zu 18 Prozent an. Diese Entwicklung wird auch in Zukunft nur schwer zu bremsen sein, da durch die Verschlechterung der Altersstruktur immer mehr alte Menschen mitzufinanzieren sind.

Stärker noch als durch Sozialabgaben werden die Bundesbürger durch die Steuern belastet. Wenngleich der Anteil aller Steuern am Sozialprodukt seit den sechziger Jahren nicht wesentlich gestiegen ist und Ende der achtziger Jahre bei rund 24 Prozent lag, drückte besonders den Lohnsteuerzahler die steigende Abgabenlast. 1970 lag der Anteil der Lohnsteuern am Bruttosozialprodukt bei 5,2 Prozent, 1988 bei ca. 8 Prozent. In den siebziger Jahren wurde zweimal (1975 und 1979) der Steuertarif geändert, um die Lohn- und Einkommensteuerzahler zu entlasten. Die starke Inflation der siebziger Jahre blähte die Einkommen auf: Immer mehr Lohnsteuerzahler mußten durch die Progression des Steuertarifs prozentual steigende Abgaben leisten, ohne daß ihre reale Leistungskraft auch entsprechend gestiegen war.

Ende der achtziger Jahre führte die konservativ-liberale Koalition Änderungen des Steuertarifs durch, die den meisten Steuerzahlern merkliche Entlastungen brachte. Bis 1989 flossen hieraus allein den Lohnsteuerzahlern 13,7 Milliarden DM zu. Diese »Steuergeschenke« wurden durch die gute Konjunkturlage der Bundesrepublik ermöglicht; sie sollten die Leistungsbereitschaft der arbeitenden Menschen erhöhen und waren Teil der von der Koalition verfolgten Angebotspolitik (vgl. Otto G. Mayer, Die wirtschaftliche Entwicklung der Bundesrepublik).

Der Finanzausgleich

Müßten die elf Bundesländer ihre Ausgaben ausschließlich mit dem ihnen jeweils zustehenden Steueraufkommen bestreiten, gäbe es in der Bundesrepublik krasse Unterschiede in der Versorgung mit öffentlichen Gütern. So sind z. B. aufgrund der ungünstigen Wirtschaftsstruktur die Steuereinnahmen des größten Bundeslandes Bayern nicht ausreichend, um den Bayern staatliche Dienste zukommen zu lassen, wie dies etwa das kleine, aber wirtschafts kräftige Bundesland Hamburg tun kann. Die aus derartigen Unterschieden resultierenden Probleme veranlaßten u. a. die Väter des Grundgesetzes zu bestimmen, daß innerhalb des Bundesgebietes die »Einheitlichkeit der Lebensverhältnisse« zu gewährleisten sei. Aus dieser Verfassungsnorm leitet sich der sog. *Finanzausgleich* ab. Die finanzstarken Bundesländer treten dabei einen Teil ihrer Einnahmen an die finanzschwachen Bundesländer ab (horizontaler Finanzausgleich). Trotz umfangreicher Bemühungen, schwache Wirtschaftsstrukturen durch Mittel des Bundes und der Länder zu verbessern, ist der Kreis der finanzschwachen Länder seit Gründung der Bundesrepublik nahezu gleichgeblieben. Es sind die Länder: Schleswig-Holstein, Niedersachsen, Rheinland-Pfalz, das Saarland (nach Rückkehr ins Bundesgebiet) und Bayern. Der Stadtstaat Bremen gehört seit 1969 ebenfalls in diese Gruppe. In den Jahren 1985 und 1987 traf es sogar Nordrhein-Westfalen. Dieses Bundesland gehörte seit Beginn des Finanzausgleichs neben Hamburg, Hessen und Baden-Württemberg sonst immer zu den Geberländern. 1988 leisteten die Länder Hamburg, Hessen und Baden-Württemberg über 3,3 Milliarden DM Finanzausgleich an die übrigen Bundesländer. Davon entfielen allein auf Baden-Württemberg über 1,8 Milliarden oder 56 Prozent der gesamten Ausgleichszahlungen.

Zwischen den Ländern und ihren Gemeinden sowie zwischen dem Bund und den Ländern findet ebenfalls ein Finanzausgleich statt. Ein Element dieses sog. vertikalen Finanzausgleichs ist das bereits beschriebene System der Gemeinschaftssteuern. Die Beteiligung der Gebietskörperschaften am Aufkommen der Umsatz-, Körperschafts-, Lohn- und Einkommensteuer – sowie die Gewerbesteuerumlage – reichte jedoch allein zur Sicherstellung gleicher Lebensverhältnisse von der wirtschaftlich stärksten bis zur schwächsten Gemeinde nicht aus. So nehmen die Länder innerhalb ihrer Grenzen einen zusätzlichen Finanzausgleich zwischen den Gemeinden vor, und zwar durch ein System von Steuerzuweisungen, während der Bund den Ländern Ergänzungszuweisungen gewährt. Die Bedeutung der Ergänzungszuweisungen des Bundes an die Länder ist im Lauf der Zeit immer größer ge

Finanzminister Theo Waigel

worden. 1970 betrugen diese Zahlungen lediglich 8 Prozent des Volumens des horizontalen Finanzausgleichs. 1988 wurden rund drei Viertel der Summe des horizontalen Finanzausgleichs vom Bund den Ländern zusätzlich bereitgestellt.

Die öffentliche Verschuldung

Wie private Unternehmen und vielfach auch Privatpersonen benötigt der Staat Kredite, um die Unterschiede in den Einnahme- und Auszahlungszeitpunkten zu überbrücken. Diese sog. *Kassenkredite* sind daher lediglich kurzfristiger Natur und werden dem Staat bis zu einer bestimmten Höhe von der Deutschen Bundesbank zur Verfügung gestellt.

Die Kassenkredite sind für die öffentliche Verschuldung unproblematisch. Probleme dagegen verursachen in zunehmendem Maße die langfristigen *Haushaltskredite* der Gebietskörperschaften. Das Grundgesetz erlaubt die Kreditfinanzierung von Staatsausgaben im Prinzip nur dann, wenn es sich bei diesen Ausgaben um Investitionsausgaben handelt. Die Bestimmung ist leicht einsehbar: Würden z. B. Schulen, Universitäten, Krankenhäuser, Straßen usw. ausschließlich mit den laufenden Steuereinnahmen finanziert, müßte die heutige Generation sämtliche Belastungen dieser öffentlichen Güter tragen. Die nachkommenden Generationen fänden öffentliche Einrichtungen vor, ohne sich an deren Finanzierung beteiligt zu haben. Eine Kreditfinanzierung dagegen belastet auch noch die Folgegenerationen und schafft damit eine gerechte La stenverteilung zwischen den Generationen. »Ein Staat ohne Kredit verlangt entweder zu viel von der Gegenwart oder leistet zu wenig für die Zukunft« (Freiherr vom Stein). Diese klassische Verschuldungsregel mußte jedoch in dem Maße modifiziert werden, in dem der moderne Staat für den Wirtschaftsablauf Verantwortung übernahm. Der zyklische Verlauf der wirtschaftlichen Aktivität in marktwirtschaftlich organisierten Volkswirtschaften kommt zunächst dadurch zustande, daß zu irgendeinem Zeitpunkt private Nachfrage ausfällt und die Volkswirtschaft dann nicht mehr oder nur geringer wächst und sich Arbeitslosigkeit einstellt. Will der Staat eine derartige Rezession vermeiden, muß er die mangelnde private Nachfrage durch Erhöhung seiner eigenen Nachfrage und damit seiner Ausgaben (bzw. die Verringerung seiner Einnahmen) ersetzen. Dadurch entsteht ein Haushaltsdefizit, das durch Kreditaufnahme finanziert werden muß. Ist die Rezession schließlich überwunden, steigen die Steuereinnahmen und die Kredite können zurückgezahlt werden.

Damit die öffentliche Hand der Bundesrepublik eine sog. *antizyklische Finanzpolitik* betreiben kann, erweiterten die Väter des Grundgesetzes die klassische Verschuldungsregel, indem sie eine öffentliche Verschuldung auch zur »Abwehr einer Störung des gesamtwirtschaftlichen Gleichgewichts« zuließen. Das notwendige gesetzliche Instrumentarium für diese Wirtschaftspolitik schaffte allerdings erst 1967 das bereits erwähnte Stabilitätsgesetz.

In den »goldenen Jahren« der Bundesrepublik gab es keine Verschuldungsprobleme für die öffentlichen Haushalte. 1950 betrugen die Schulden aller öffentlichen Haushalte lediglich 20,6 Milliarden DM, davon entfiel auf den Bund mit 35 Prozent der geringste Anteil. Dies änderte sich jedoch bereits drei Jahre später, als der Bund (49 Prozent) die Länder (43 Prozent) um 6 Prozentpunkte übertraf. 1989 entfiel auf den Bund allein mehr als die Hälfte der Gesamtverschuldung der Gebietskörperschaften. Dies ist nicht zuletzt die Folge der besonderen Verantwortung, die der Bund für die Konjunkturpolitik trägt. Aber auch die Gesamtverschuldung des Staates wurde zunehmend durch den Versuch geprägt, konjunkturelle Einbrüche durch die Finanzierung von Haushaltsdefiziten zu überwinden. 1960 betrug der Anteil der gesamten Staatsverschuldung am Bruttoinlandsprodukt lediglich 17 Prozent. Als die Wirtschaft der Bundesrepublik in den Jahren 1966/67 ihre erste große Rezession erlebte, versuchte der Staat gegenzusteuern: Der Verschuldungsanteil stieg rasch auf rund 22 Prozent 1967. Als dann 1970 eine wirtschaftliche Überhitzung mit sich beschleunigender Inflationsrate eintrat, schwollen auch die Staatseinnahmen an. Hiervon profitierte besonders der Bund, der in diesem Jahr mehr Steuern und sonstige Abgaben einnahm, als er auszugeben beabsichtigte. Der Anteil der Verschuldung aller öffentlichen Haushalte am Bruttoinlandsprodukt fiel auf unter 19 Prozent. Als die Bundesrepublik 1975 ebenfalls von der weltweiten Rezession ergriffen wurde, stieg dieser Wert wieder auf 25 Prozent.

Wenngleich der konjunkturstützende Effekt der Haushaltsdefizite der öffentlichen Hand auch nach 1975 eine nicht geringe Rolle spielte, geriet die zunehmende Staatsverschuldung in die öffentliche Kritik. Ging der Anteil der Verschuldung am Bruttoinlandsprodukt nach dem Rezessionsjahr 1967 noch wieder zurück, stieg er nach 1975 kontinuierlich bis auf fast 43 Prozent im Jahr 1988. Die Nettokreditaufnahme, d.h. die zusätzliche Verschuldung des Staates betrug im Rezessionsjahr 1981 über 68 Milliarden DM gegenüber knapp 54 Milliarden DM im Rezessionsjahr 1975. Die zunehmende Nettokreditaufnahme und die hohen Kapitalmarktzinsen führten zu steigenden Anteilen der Zinsausgaben an den Gesamtausgaben des Staates. 1975 betrug diese sogenannte *Zinsquote* allein beim Bund noch 3 Prozent. 1987 betrug sie 12 Prozent. Mit dem Beginn der achtziger Jahre gerieten die Haushalte aller Gebietskörperschaften in ernste Finanzschwierigkeiten. Die auch vor der Bundesrepublik nicht haltmachende weltweite Rezession reduzierte die laufenden Einnahmen einerseits, während die hohe und steigende Arbeitslosigkeit andererseits noch zusätzliche Ausgaben verursachte. Die Aufrechterhaltung des gewohnten staatlichen Leistungsumfangs war nur noch über zunehmende Verschuldung möglich. Ausgerechnet in einer Phase, in der eine steigende Staatsverschuldung im Sinne der antizyklischen Finanzpolitik nur zu natürlich gewesen wäre, kamen Zweifel an der Wirksamkeit staatlicher Beschäftigungspolitik auf. Die Unternehmen fühlten sich von der staatlichen Kreditgefräßigkeit bedroht und beklagten vom Staat verursachte Zinssteigerungen, die die Investitionsfähigkeit der Wirtschaft behindern würden. Allmählich gewannen in der öffentlichen Meinung die Stimmen die Oberhand, die schon seit längerer Zeit die öffentliche Verschuldung für Konjunktur und Wachstum der Wirtschaft als schädlich angesehen hatten. Die »Gesundschrumpfung« der öffentlichen Haushalte, mit den Begriffen wie *Haushaltskonsolidierung* und Abbau des strukturellen Defizits belegt, wurde mehrheitlich zur Forderung. Umstritten blieb allerdings bis heute auch innerhalb der Mehrheit, ob die Konsolidierung der öffentlichen Haushalte über den Abbau staatlicher Leistungen oder über Abgabenerhöhungen geschehen solle. Darüber hinaus blieb kontrovers, ob mit der Konsolidierung in einer Rezessionsphase begonnen oder ob zunächst einmal die wirtschaftliche Belebung abgewartet werden solle. So erwarteten sich die Vertreter einer sofortigen Konsolidierung durch die damit verbundene Reduzierung der Nettokreditaufnahme eine Entlastung der Kapitalmärkte, die über Zinssenkungen die private Investitionstätigkeit anregen würde und somit am wirksamsten die mittlerweile auf über 2 Millionen angewachsene Zahl der Arbeitslosen beseitigen könne. Andere dagegen bezweifelten die Wirksamkeit von Zinssenkungen für die Investitionstätigkeit, solange der Staat nicht für eine ausreichende Nachfrage nach den neu zu produzierenden Gütern sorgen würde. Mit der Ablösung der bis 1982 regierenden Koalition von SPD und FDP durch die Koalition von CDU/CSU und FDP wurden jedoch die Weichen in Richtung auf eine – wenn auch vorsichtige –

Die Verschuldung der öffentlichen Haushalte

Mrd. DM / %

- Schuldenstand
- Schulden zum BSP

1960, 1966, 1967, 1970, 1975, 1981, 1982, 1983, 1988

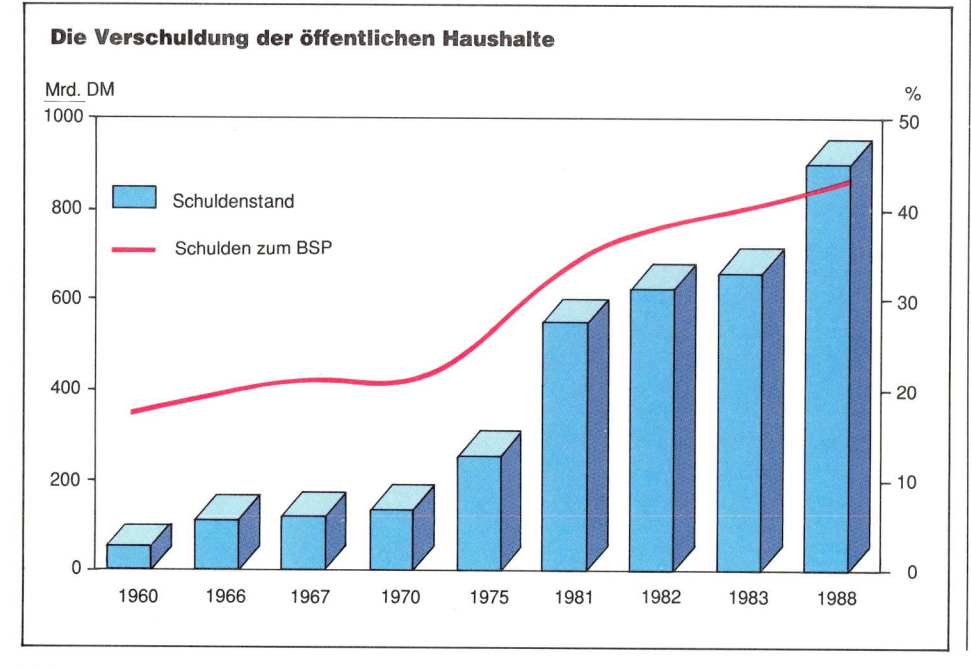

Haushaltskonsolidierung gestellt. Im Zeitraum von 1970 bis 1988 wuchs die Verschuldung des Bundes jährlich durchschnittlich um fast 14 Prozent, von 1983 bis 1988 dagegen nur um rund 7 Prozent.

Die öffentlichen Unternehmen

Öffentliche Unternehmen und Betriebe dienen als Mittel zur Erfüllung öffentlicher Aufgaben. Bereits im 18. Jh. wurden Manufakturen vom Staat betrieben. Diese *Regiebetriebe* waren Musterbetriebe und sollten gleichartige privatwirtschaftliche Gründungen anregen.

Im wirtschaftsliberalen 19. Jh. war man zwar staatlichen Regiebetrieben abgeneigt, dennoch setzte sich die Meinung durch, daß bestimmte Wirtschaftsbereiche schlechte und unerwünschte Leistungen erbringen, wenn sie privatwirtschaftlich organisiert sind. So wurden in Deutschland früher als in anderen Staaten Staatsbahnen gegründet, Straßenbahnen und Elektrizitätswerke in kommunale Regie übernommen. Der Grund hierfür war die Einsicht, daß z. B. die Existenz mehrerer privater Elektrizitätswerke in einer Region zu einem ruinösen Wettbewerb und schließlich zur Monopolbildung führen würde (vgl. auch Klaus Kwasniewski, Die Energiewirtschaft, S. 278). Private Monopole aber gefährden die sozial angemessene Versorgung der Bürger. Während und nach dem Ersten Weltkrieg nahm dann der Umfang der öffentlichen Wirtschaftstätigkeit erheblich zu. Die Städte betätigten sich vielfach in der Produktion, im Handel und in der Kreditwirtschaft, und dies sowohl zur allgemeinen Versorgung als auch für den Eigenbedarf. Die Grenze zwischen den privatwirtschaftlichen Zielen (Gewinnmaximierung) und dem öffentlichen

Der Bund ist auch direkt an Unternehmen beteiligt, so z. B. an der Salzgitter AG (oben: Stahlwerk Peine-Salzgitter), der Nachfolgegesellschaft der 1937 bis 1941 gegründeten Reichswerke AG.

Versorgungsgedanken verwischte sich zusehends. Zudem wurden die Betriebe von den Beamten meist schlecht geführt. Durch eine Reihe von Reformgesetzen regelte man daher in den dreißiger Jahren die öffentliche Wirtschaft neu.

Ein Teil dieser Gesetze und Verordnungen floß nach 1949 in die Gemeindeordnungen (GO) der Bundesländer ein. In allen Bundesländern schreiben die Gemeindeordnungen vor, daß eine Gemeinde nur dann ein Unternehmen errichten oder übernehmen darf, wenn »ein dringender öffentlicher Zweck« dies erfordert. Der öffentliche Zweck soll auch vor einer Gewinnerzielung der Betriebe rangieren.

Die wirtschaftliche Bedeutung des Staates

Der Bau von Autobahnen und Fernstraßen ist Sache von Bund und Ländern (oben: die Bundesautobahn Gießen–Bremen, im Bau; Brücke bei Lollar). – Die wichtigste Debatte im Bundestag ist die Debatte über den Haushalt (rechts). Hier fällt die Entscheidung über die Verteilung der Bundesmittel, hier wird noch einmal die Politik der Bundesregierung grundsätzlich erörtert und von der Opposition in Frage gestellt.
In den Einzeletats der Bundesministerien nimmt die Wirtschafts-, Finanz- und Sozialpolitik einer Bundesregierung konkret Gestalt an, findet der jeweilige Kompromiß zwischen den verschiedenen Interessengruppen seinen Niederschlag.

Durch den Beitritt der fünf neuen Bundesländer zur Bundesrepublik im Oktober 1990 erhielt die Verschuldungsdebatte zusätzliche Brisanz. Die Frage, ob die gewachsenen staatlichen Ausgaben auf dem Kapitalmarkt oder durch Steuererhöhungen finanziert werden sollen, wurde zum wichtigsten Thema des Wahlkampfes vor den Wahlen zum ersten Gesamtdeutschen Bundestag im Dezember 1990.

Versorgungs- und Verkehrsunternehmen

In der Bundesrepublik existieren rund 1300 Versorgungs- und Verkehrsunternehmen, die überwiegend in öffentlicher Hand sind. Die Unternehmen versorgen die Bundesbürger mit Strom, Gas, Wasser und Fernwärme und bieten ihre Dienste im öffentlichen Nahverkehr an. Zusammen erbringen sie eine Gesamtleistung von weit über 100 Milliarden DM. Der überwiegende Anteil der Versorgungs- und Verkehrsbetriebe ist rechtlich unselbständig, d.h., sie stehen vollständig unter der Regie von Gemeinden und Gemeindeverbänden. Neben den Versorgungs- und Verkehrsbetrieben unterhalten die Gemeinden zumeist noch weitere Dienstleistungsunternehmen, bei denen der öffentliche Zweck nicht immer eindeutig ist. Das bekannteste Beispiel hierfür sind die Betriebe der Müllbeseitigung und Straßenreinigung. In den siebziger Jahren ging eine Reihe von Kommunen dazu über, diese Dienste privaten Unternehmen zu übergeben. Meist brachte dies eine Entlastung für die Finanzen der Gemeinde, nicht immer konnte aber der gewohnte Leistungsstandard gehalten werden. Ist der öffentliche Zweck auf kommunaler Ebene noch verhältnismäßig leicht einzusehen, gibt es bei den Unternehmen des Bundes hierbei häufig Probleme.

Die Beteiligung des Bundes

Über den größten Beteiligungsbesitz in der Bundesrepublik verfügt der Bund. Nach dem Grundgesetz gingen die Beteiligungen des Deutschen Reiches und des früheren Landes Preußen auf den Bund über. Dieses »ererbte« Vermögen wird durch eine zweite Beteiligungsgruppe ergänzt, die sich im wesentlichen aus den Beteiligungen im Finanzbereich (z. B. Kreditanstalt für Wiederaufbau und Lastenausgleichsbank), aus den Beteiligungen an der Forschungs- und Entwicklungspolitik und aus Verkehrs- und Wohnungsbeteiligungen zusammensetzt.

Der Bund und seine Sondervermögen (ERP, Bundespost, Bundesbahn) waren 1980 an 899, 1982 sogar an 958 Unternehmen unmittelbar und mittelbar beteiligt. Seit 1985 war die von der CDU geführte Regierungskoalition bestrebt, den Beteiligungsbesitz des Bundes zurückzuführen. 1988 hatten dann auch nur noch 48 Unternehmen eine unmittelbare Bundesbeteiligung, an insgesamt 412 Unternehmen waren der Bund und seine Sondervermögen in diesem Jahr beteiligt.

Die Politik der Privatisierung unmittelbarer Bundesbeteiligungen steht in Einklang mit den Vorschriften der Bundeshaushaltsordnung (BHO). Sie schreibt zwingend vor, daß eine Bundesbeteiligung an privaten Unternehmen nur bei Vorliegen eines wichtigen Interesses möglich ist. Der Zweck einer Beteiligung darf sich zudem nicht besser und wirtschaftlicher auf andere Weise erzielen lassen. Nach der BHO ist dem Bund eine private Beteiligung also immer dann untersagt, wenn sich die angestrebte Leistung besser und kostengünstiger durch den Markt erbringen läßt.

Auf die Entwicklung der Gesamtbeteiligungen kann der Bund praktisch nur über das Ausmaß seiner direkten Beteiligungen Einfluß nehmen. Übernimmt ein Unternehmen mit unmittelbarer öffentlicher Beteiligung andere private Unternehmen, erhöht sich die Anzahl der Gesamtbeteiligungen, ohne daß der Bund oder seine Sondervermögen direkt tätig wurden.

Die Bundesbeteiligungen werden aufgabenbezogen von den Fachressorts und den Sondervermögen verwaltet. Die größte Bedeutung unter den Fachressorts hat das Bundesfinanzministerium. Hier wird neben den in das Ressort des Finanzministers fallenden Bundesbeteiligungen auch das industrielle Bundesvermögen verwaltet. Das Ministerium hat daneben für die Einhaltung der Beteiligungsgrundsätze nach der Bundeshaushaltsordnung zu sorgen.

Das Industrievermögen des Bundes bestand Ende 1988 aus den Mehrheitsbeteiligungen an der Salzgitter AG, der Saarbergwerke AG und der Industrieverwaltungs AG. Alle drei Unternehmensgruppen hatten Ende 1988 ein Grundkapital von über 1,1 Milliarden DM, von dem der Bund fast 915 Millionen DM hielt. Die Unternehmen erzielten 1988 einen Umsatz von über 15,7 Milliarden DM mit einer Belegschaft von über 67 000 Personen. Die Salzgitter AG war in diesem Jahr die größte dem Bund noch verbliebene Industriebeteiligung. Salzgitter erwirtschaftete 1988 mit 38 000 Arbeitnehmern über 8,2 Milliarden DM Umsatz.

Anfang 1988 veräußerte der Bund seine Beteiligungen an den Vereinigten Industrieunternehmen (VIAG) und den noch verbliebenen Rest an der Volkswagen AG. In das Ressort des Bundesministers für Verkehr fällt die für den Bund besonders attraktive Beteiligung an der Deutschen Lufthansa AG, die allein 1988 fast 99 Millionen DM Gewinn erwirtschaftete und eine Dividende von 8 Prozent an ihre Gesellschafter auszahlte.

Ein weiterer Beteiligungsschwerpunkt des Bundes liegt im Bereich der Kreditwirtschaft. Mehrheitlich ist der Bund an solchen Kreditinstituten, die schwerpunktmäßig öffentliche Aufgaben im Bereich der Wirtschaftsförderung oder der Entwicklungshilfe zu leisten haben. Solche Institute sind die Kreditanstalt für Wiederaufbau (KfW), die Deutsche Pfandbriefanstalt und die Deutsche Ausgleichsbank. Die KfW ist das größte Kreditinstitut mit mehrheitlicher Bundesbeteiligung. Das Institut wurde ursprünglich gegründet, um die der Bundesrepublik nach dem Zweiten Weltkrieg zugeflossenen ERP-Mittel aus dem »Marshall-Plan« zu verwalten. Heute gewährt die KfW Darlehen zur Förderung der deutschen Wirtschaft, seit 1990 auch für Betriebe in der ehemaligen DDR, im Zusammenhang mit Ausfuhrgeschäften inländischer Unternehmen und für förderungswürdige Vorhaben im Ausland, insbesondere im Rahmen der deutschen Entwicklungshilfe.

Im Haushaltsjahr 1989 konnte der Bund Erträge aus seinen Beteiligungen von über 127 Millionen DM einstellen. Die Gewinne aus den Beteiligungen des Verkehrsressorts waren darin dank der Lufthansa mit fast 94 Millionen DM am höchsten.

Beteiligungen des Bundes und seiner Sondervermögen

Jahr	Unmittelbare Beteiligungen des Bundes	Beteiligungen insgesamt
1970	97	702
1976	90	920
1982	84	958
1988	48	412

Quelle: Bundesfinanzministerium

Zu diesem Thema

In den anderen Bänden:
2: Ployer, Wirtschaftsrecht der DDR
Stoltenberg, Vom Föderalismus zum Bundesstaat
Sywottek, Staat in der DDR

In anderen Werken:
Lampert, Heinz: Die Wirtschafts- und Sozialordnung der Bundesrepublik Deutschland, 8. Aufl. 1985

WOLFGANG WETTER

Die Geld- und Währungsordnung

Eine intakte Geld- und Währungsordnung ist für die Funktionsfähigkeit einer modernen arbeitsteiligen Wirtschaft unabdingbare Voraussetzung, vor allem in marktwirtschaftlich organisierten Volkswirtschaften. Dies hatte bereits Lenin erkannt, als er schrieb: »Um die bürgerliche Gesellschaft zu zerstören, muß man ihr Geldwesen verwüsten.«

Wenngleich – sicher zum Leidwesen Lenins – eine Vielzahl von Zerrüttungen des Geldwesens die bürgerliche Gesellschaft nicht zerstören konnte, so bedeuteten sie doch immer schwere wirtschaftliche und soziale Erschütterungen für die betroffenen Volkswirtschaften.

Gerade die jüngste deutsche Geschichte ist reich an derartigen Erfahrungen: so während der Inflationsjahre 1919 bis 1923, während der Weltwirtschaftskrise 1929 bis 1933 und zuletzt nach Ende des Zweiten Weltkriegs bis zur Währungsreform im Jahr 1948.

Nach der Gründung der Bundesrepublik, 1949, war der Wiederaufbau einer funktionsfähigen Geld- und Währungsordnung eine zentrale Aufgabe. Hierbei ging es vor allem um die Ausgestaltung des Notenbankwesens, die Schaffung von Rahmenbedingungen für die Kreditwirtschaft und die Eingliederung der D-Mark in das internationale Währungsgefüge.

Die Deutsche Bundesbank

Struktur, Aufgaben und Ziele der Deutschen Bundesbank sind durch eine über 180jährige deutsche Notenbanktradition geprägt. Bereits 1765 wurde die Königliche Giro- und Lehnbank als erste deutsche Notenbank von Friedrich dem Großen gegründet. Die historische Entwicklung vollzog sich über ein Nebeneinander verschiedener Notenbanken bis zur Gründung der Deutschen Reichsbank am 1. Januar 1876.

Die Deutsche Reichsbank hatte »... den Geldumlauf im gesamten Reichsgebiet zu regeln ...« und damit das alleinige Recht zur Notenausgabe (Zentralbank). Durch ihre enge Bindung an die jeweiligen Regierungen wurde sie jedoch zweimal als »Selbstbedienungsladen« des Staates mißbraucht. Die Finanzierung der Kriegsausgaben über die Reichsbank störte während des Ersten und Zweiten Weltkriegs das Gleichgewicht zwischen »Kaufkraft« und Güterangebot der deutschen Wirtschaft. Einem hohen Wachstum der Geldmenge stand ein nur in geringem Ausmaß steigendes Güterangebot gegenüber. Die Folge waren Preissteigerungen bis hin zur galoppierenden Inflation.

So hatte nach 1945 das Geld seine Funktion als Wertaufbewahrungsmittel, als Recheneinheit und schließlich sogar als Tauschmittel verloren. Geldsubstitute (wie Zigaretten usw.) kamen auf; die Geld- und Währungsordnung war funktionsunfähig.

Im Frühjahr 1948 lösten die westlichen Militärgouverneure die Reichsbank auf und gründeten in den damaligen elf Bundesländern rechtlich eigenständige Landeszentralbanken sowie als deren Spitzeninstitut die *Bank Deutscher Länder*. Die Währungsreform am 20. Juni 1948 schuf anstelle der Reichsmark die Deutsche Mark. Mit der Gründung der Bundesrepublik wurde das bis zu diesem Zeitpunkt gültige Besatzungsrecht durch Bundesrecht abgelöst. Die Väter des Grundgesetzes der Bundesrepublik bestimmten in Artikel 88 GG: »Der Bund errichtet eine Währungs- und Notenbank als Bundesbank.«

Nach langen Beratungen über die zukünftige Ausgestaltung der Geld- und Währungsordnung unterzeichnete der damalige Bundespräsident Theodor Heuss (*1884, †1963) am 26. Juli 1957 das »Gesetz über die Deutsche Bundesbank« (BBankG). Mit diesem Gesetz wurde eine einheitliche deutsche Zentralbank geschaffen. Die ehemals rechtlich eigenständigen Landeszentralbanken wurden nun als »Hauptverwaltungen« Teil der Bundesbank.

Staat und Bundesbank

»Die Deutsche Bundesbank ist eine bundesunmittelbare juristische Person des öffentlichen Rechts. Ihr Grundkapital im Betrage von zweihundertneunzig Millionen Deutsche Mark steht dem Bund zu. Die Bank hat ihren Sitz am Sitz der Bundesregierung; solange sich dieser nicht in Berlin befindet, ist Sitz der Bank Frankfurt am Main.« So lautet § 2 des Bundesbankgesetzes. Weiterhin bestimmt das Gesetz, daß die Bundesbank einen Teil eines eventuell entstandenen Gewinnes an den Bund abführen muß (§ 27 BBankG). Auch bei der Berufung der Bundesbank-Organe hat die Bundesregierung einen nicht unwichtigen Einfluß. Sie schlägt dem Bundespräsidenten die Mitglieder des Direktoriums der Bundesbank zur Ernennung vor. Hieraus jedoch zu schließen, daß die Väter des Bundesbankgesetzes die Abhängigkeit der Bundesbank von der Bundesregierung beabsichtigt hätten, wäre weit gefehlt. Man hatte aus den Erfahrungen der deutschen Notenbankgeschichte gelernt und der Bundesbank eine weitgehende *Autonomie* gesichert. Bei der Ausübung der ihr gesetzmäßig zustehenden Befugnisse ist die Bank »... von Weisungen der Bundesregierung unabhängig« (§ 12 BBankG). Sie hat lediglich die Wirtschaftspolitik der Bundesregierung zu unterstützen, soweit dieses unter Wahrung ihrer geld- und währungspolitischen Aufgaben möglich ist. Bundesregierung und Bundesbank sind allerdings zur Zusammenarbeit verpflichtet. So bestimmt das Bundesbankgesetz, daß die Bundesbank die Bundesregierung »... in Angelegenheiten von wesentlicher währungspolitischer Bedeutung zu beraten und ihr auf Verlangen Auskunft zu geben ...« hat (§ 13,1 BBankG).

Die Bundesländer können ebenso wie der Bund nur über die Organe der Bundesbank Einfluß auf die Politik der Bank nehmen. So schlagen die Länder über den Bundesrat dem Bundespräsidenten die Präsidenten der Landeszentralbanken vor.

Die Bundesbank fungiert für den Bund und – eingeschränkt – für die Länder gleichsam als deren »Hausbank«. Um jedoch die Bundesbank nicht zum »Selbstbedienungsladen« des Staates werden zu lassen, schränkt das Bundesbankgesetz die Kreditvergabe an den Bund und die Länder erheblich ein: So dürfen nur *Kassenkredite* zur Überbrückung kurzfristiger Liquiditätsengpässe an den Staat gewährt werden. Zudem sind Kassenkredite noch in ihrer Höhe durch Kreditplafonds begrenzt. Die Kreditobergrenze des Bundes beträgt z. B. 6 Milliarden DM; die seiner Sondervermögen (Bahn, Post usw.) und der Länder ist geringer (vgl. § 20 BBankG).

Auch darf die Bundesbank keine Schuldverschreibungen öffentlicher Stellen *direkt* erwerben. Eine Finanzierung von Haushaltsdefiziten des Staates durch Geldschöpfung über Notenbankkredite ist damit ausgeschlossen.

Die Organe der Bundesbank

Organe der Bundesbank sind der Zentralbankrat, das Direktorium und die Vorstände der Landeszentralbanken. Der *Zentralbankrat* ist das höchste Organ der Bundesbank. Er setzt sich aus dem in der Frankfurter Zentrale residierenden Direktorium und den Präsidenten der elf Landeszentralbanken zusammen. Der Zentralbankrat bestimmt die Währungs- und Kreditpolitik der Bundesbank. In der Regel tagt er alle zwei Wochen unter dem Vorsitz des Bundesbankpräsidenten. In Einzelfällen kann der Zentralbankrat den anderen Organen auch Weisungen erteilen. Seine Beschlüsse faßt er mit einfacher Mehrheit der abgegebenen Stimmen. Die Mitglieder der Bundesregierung haben das Recht, an den Sitzungen des Zentralbankrates teilzunehmen. Sie haben jedoch kein Stimmrecht, können allerdings gefaßte Beschlüsse durch ihren Einspruch für zwei Wochen aussetzen (suspensives Veto).

Das *Direktorium* ist für die Durchführung der Beschlüsse des Zentralbankrates verantwortlich. Es leitet und verwaltet – als oberstes Exekutivorgan – die Bundesbank. Dem Direktorium gehören als Vorsitzender der Präsident der Bundesbank, sein Stellvertreter (Vizepräsident) sowie bis zu acht weitere Mitglieder an. Zentralbankrat und Direktorium werden also in Personalunion vom Bundesbankpräsidenten geleitet. Nach § 7 des Bundesbankgesetzes sind dem Direktorium ausdrücklich vier Geschäftsbereiche vorbehalten: Geschäfte mit dem Bund und seinen Sondervermögen; Geschäfte mit Kreditinstituten, die zentrale Aufgaben im gesamten Bundesgebiet haben; Devisengeschäfte und Geschäfte im Verkehr mit dem Ausland sowie Geschäfte am offenen Markt.

Wie bereits erwähnt, unterhält die Bundesbank in allen Bundesländern einschließlich West-Berlins Hauptverwaltungen: die Landeszentralbanken. Diese werden von einem *Vorstand* geführt, der die in den Bereich seiner Hauptverwaltung fallenden Geschäfte und Verwaltungsangelegenheiten durchführt. Der Vorstand der Landeszentralbank besteht in der Regel aus dem Präsidenten und dem Vizepräsidenten.

Der Präsident der Landeszentralbank wird vom Bundespräsidenten auf Vorschlag des Bundesrates ernannt. Der Vizepräsident wird auf Vorschlag des Zentralbankrates vom Präsidenten des Deutschen Bundestages bestellt. Den Landeszentralbanken sind besonders Geschäfte mit dem jeweiligen Bundesland, dessen öffentlichen Verwaltungen und Geschäfte mit den Kreditinstituten ihres Bereiches vorbehalten, soweit diese nicht in die Kompetenz des Direktoriums fallen (§ 8 BBankG). Der Landeszentralbank unterstehen Zweigstellen, die sich in fast allen größeren Städten (den sog. Bankplätzen) der Bundesrepublik befinden. Dieses Filialnetz erleichtert die Versorgung mit Bargeld und die Abwicklung des bargeldlosen Zahlungsverkehrs.

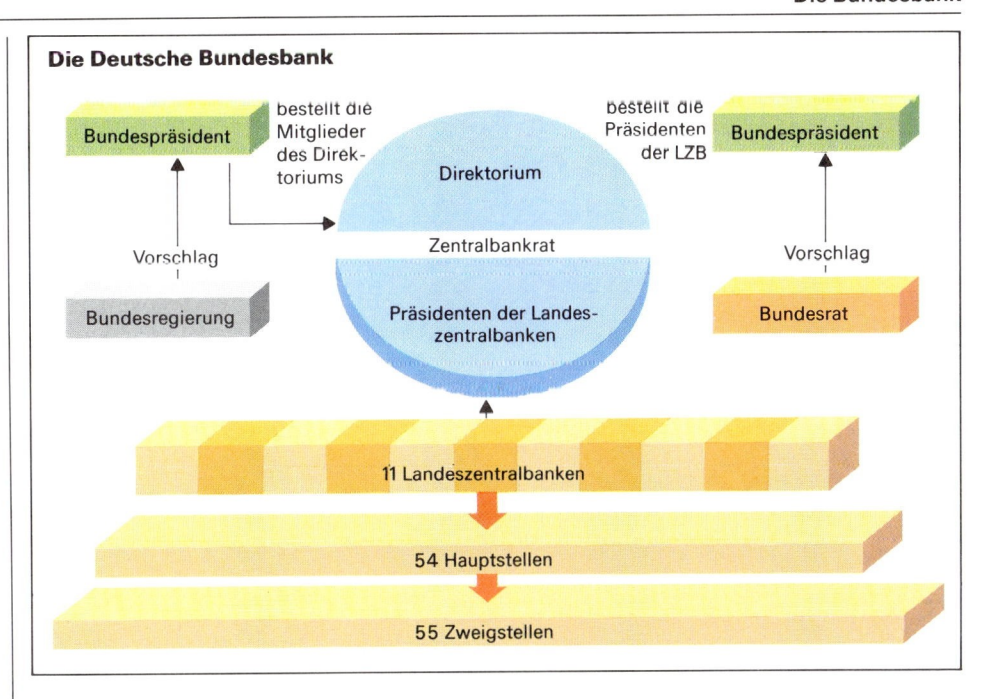

Schließlich sind den Landeszentralbanken *Beiräte* zugeordnet. Sie setzen sich aus Vertretern des Kreditgewerbes, der Wirtschaft und der Arbeitnehmer zusammen. Die Beiräte haben lediglich eine beratende Funktion. Sie beraten die Präsidenten der Landeszentralbanken in Fragen der Währungs- und Kreditpolitik und die Vorstände bei der Verwirklichung der spezifischen Aufgaben der Landeszentralbank (§ 9 BBankG).

Die Bundesbank als Hüterin der Währung

Nach dem Bundesbankgesetz hat die Bank die Aufgabe, den Geldumlauf und die Kreditversorgung der Wirtschaft zu regeln, mit dem Ziel, die Währung zu sichern und für die bankmäßige Abwicklung des Zahlungsverkehrs im In- und Ausland zu sorgen (§ 3 BBankG). Der Bundesbank wird damit nicht nur die traditionelle Notenbankaufgabe – die Sicherung eines geordneten Geldwesens –, sondern auch eine stabilitätspolitische Aufgabe zugewiesen. Gerade diese letzte Aufgabe gab seit der Gründung der Bundesbank nicht selten Anlaß zu Kontroversen. Zum einen bedarf das Ziel, »die Währung zu sichern«, einer Interpretation: Die D-Mark hat einen inneren und einen äußeren Wert. Will die Bundesbank beide Werte sichern, kann sie in Zielkonflikte kommen (vgl. auch Otto G. Mayer, Das Dilemma der Bundesbank, S. 245). Steigt das inländische Preisniveau über einen längeren Zeitraum an – besteht also ein inflationärer Preisauftrieb –, müßte die Bundesbank (sofern der Staat nicht handelt) versuchen, über eine Geldmengenverknappung das Preisniveau wieder zu stabilisieren. Gelingt ihr dies, während bei den ausländischen Handelspartnern weiterhin Preissteigerungen existieren, gerät der Wechselkurs der D-Mark – d. h. ihr äußerer Wert – unter Aufwertungsdruck. Ist die Bundesbank in einem System fester Wechselkurse gezwungen, den Außenwert der D-Mark annähernd konstant zu halten, muß sie fremde Währungen gegen D-Mark aufkaufen. Damit steigt aber die Geldmenge wieder: Die Inflationsbekämpfung wird unmöglich. Ebenso kann in einem System flexibler Wechselkurse die resultierende Aufwertung der D-Mark unerwünscht sein, nämlich wenn die nominale Aufwertung größer ist als der Rückgang der Inflationsrate: In diesem Fall verschlechtert sich die preisliche Wettbewerbsfähigkeit des deutschen Außenhandels. Will also die Bundesbank den inneren und äußeren Wert der D-Mark gleichzeitig sichern, kann sie in einen nicht zu lösenden Zielkonflikt geraten: Sie muß sich für eines der Ziele entscheiden.

Für die Träger der Wirtschaftspolitik, Staat und Bundesbank, ergeben sich zum andern Konflikte, wenn der Staat das Ziel der Geldwertstabilisierung in einer bestimmten Situation gegenüber anderen volkswirtschaftlichen Zielen, z. B. Vollbeschäftigung, als nachrangig ansieht. Die Bundesbank ist zwar aufgrund ihres eigenen Gesetzes verpflichtet, die Wirtschaftspolitik der Bundesregierung zu unterstützen, dies jedoch lediglich unter Wahrung

Die Geld- und Währungsordnung

ihrer Aufgaben. Durch das 1967 in Kraft getretene »Gesetz zur Förderung der Stabilität und des Wachstums der Wirtschaft« (StabG) wurde die Verpflichtung der Bundesbank zur Unterstützung der Wirtschaftspolitik der Bundesregierung konkretisiert. Danach hat die Zentralbank bei ihrer Politik und im Rahmen ihrer Aufgaben auch die übrigen volkswirtschaftlichen Ziele zu berücksichtigen. Dies bedeutet, daß die Bundesbank ihren Verpflichtungen nicht gerecht würde, wenn sie inflationäre Preiserhöhungen bekämpft, ohne dabei die mögliche Konsequenz einer sich verstärkenden Arbeitslosigkeit zu berücksichtigen. Die Bundesbank ist also nicht verpflichtet, dem Ziel der Geldwertstabilität in jeder Situation Priorität einzuräumen, sofern sie die Meinung vertritt, daß die vorrangige Verfolgung anderer Ziele auch der Geldwertstabilität dient. Als in den siebziger Jahren hohe Inflationsraten und steigende Arbeitslosigkeit die Wirtschaft der Bundesrepublik bestimmten, gab es nicht wenige Stimmen, die von der Bundesbank Zurückhaltung verlangten und dem Ziel der Wiederherstellung der Vollbeschäftigung Vorrang einräumten. Die Bundesbank betrachtete jedoch – im Einklang mit dem Sachverständigenrat zur Begutachtung der gesamtwirtschaftlichen Entwicklung (SVR) – die Bekämpfung der Inflation auch für die langfristige Wiederherstellung der Vollbeschäftigung als vorrangige Aufgabe.

Unabhängig davon, wie man die verschiedenen geldpolitischen Maßnahmen der Bundesbank im Einzelfall beurteilt, haben die Erfahrungen gezeigt, daß die Bundesbank die Preisniveaustabilisierung als ihre »vornehmste Aufgabe« (Otto Emminger) ansieht. Sie bildet insofern jederzeit ein *institutionalisiertes Gegengewicht* gegen mögliche Bestrebungen, das Ziel der Geldwertstabilität als nachrangig zu betrachten.

Die Bundesbank als Notenbank

Eine wichtige Aufgabe nimmt die Deutsche Bundesbank in ihrer Funktion als Notenbank wahr. Sie allein hat das Recht, auf D-Mark lautende Banknoten auszugeben. Jeder Gläubiger einer Geldforderung muß die Banknoten in unbegrenztem Maß zur »Bezahlung« seiner Forderung annehmen. Banknoten sind das einzig *unbeschränkt gesetzliche Zahlungsmittel*. Im Gegensatz dazu sind Münzen nur in beschränktem Umfang gesetzliche Zahlungsmittel. Ein Gläubiger ist bei der Begleichung einer von ihm gestellten Rechnung lediglich verpflichtet, höchstens 20 DM in Form von auf D-Mark lautenden Münzen und maximal 5 DM in Form von auf Pfennig lautenden Münzen anzunehmen.

Die Banknoten haben praktisch keinen Eigenwert und sind auch nicht etwa durch

Die Deutsche Bundesbank ist allein dazu berechtigt, auf D-Mark lautende Banknoten auszugeben: Zwanzig-Mark-Scheine im Druck.

Gold gedeckt. Sie stellen lediglich eine Forderung gegen die Bundesbank dar. Auch die Kreditinstitute sind letztlich in ihrer Geschäftstätigkeit auf den Besitz von Forderungen gegen die Bundesbank angewiesen. Räumt die Bundesbank den Banken einen Kredit ein, so erwerben die Kreditinstitute damit das Recht, sich diesen Kredit durch die Bundesbank in Banknoten – und in begrenztem Umfang in Münzen – »auszahlen« zu lassen. Die im Umlauf befindlichen Banknoten und die frei verfügbaren Forderungen der Kreditinstitute gegen die Bundesbank bilden zusammen das *Zentralbankgeld*.

Neben dem Zentralbankgeld existiert noch das *Buch- oder Giralgeld* der Geschäftsbanken. Vergibt eine Bank einen Kredit an ein Unternehmen oder an eine Privatperson, bucht sie den Betrag als Guthaben auf den jeweiligen Konten. Damit hat die Bank sog. Giralgeld geschaffen. Nur für den Fall, daß in der gesamten Wirtschaft ausschließlich durch Schecks oder Überweisungen – d.h. vollkommen bargeldlos – gezahlt würde, könnte auf Banknoten verzichtet werden. Da aber in der Bundesrepublik ein immer noch erheblicher Teil aller Geschäfte mit Bargeld abgewickelt wird, sind die Banken und die Gesamtwirtschaft auf die Notenausgabe der Bundesbank angewiesen.

Am 2. Juli 1990 trat die deutsch-deutsche Wirtschafts- und Währungsunion in Kraft. Damit wurde der Geltungsbereich des Bundesbankgesetzes faktisch auf das Gebiet der DDR ausgeweitet und die D-Mark bereits vor der deutschen Vereinigung am 3. Oktober 1990 in der DDR gesetzliches Zahlungsmittel.

Die Freuden eines Bundesfinanzministers

Neben den Banknoten gibt die Bundesbank auch die Münzen, die sog. *Scheidemünzen*, aus. Davon profitiert allerdings lediglich der Bund. Er besitzt das sog. *Münzregal*. Dieses Privileg erlaubt ihm, die Scheidemünzen auf eigene Kosten prägen zu lassen und dann an die Bundesbank zu verkaufen. Zur Freude des Bundes sind aber die Münzen nicht »ihres Geldes wert«, d. h., ihre Herstellungskosten liegen unter dem Nennwert der Münzen. Die Differenz fließt als *Münzgewinn* dem Bundeshaushalt zu. Damit nun der Bundesfinanzminister nicht bei einer Haushaltslücke in den »Münzkeller« gehen kann, um sich durch »Handarbeit« seiner Finanzierungssorgen zu entledigen, ist der Münzumlauf gesetzlich begrenzt. Einen darüber hinaus notwendigen Münzbedarf darf der Bund nur mit Zustimmung der Bundesbank decken.

In den letzten Jahren profitierte der Bund zudem von den ihm zustehenden hohen Gewinnen der Bundesbank. Dieser Gewinn entstand überwiegend durch den Anstieg des Dollarkurses und der Dollarzinsen, wodurch sich die Zinseinnahmen der Bundesbank aus ihren Anlagen im amerikanischen Finanzsystem drastisch erhöhten. Die Gewinnabführungen der Bundesbank an den Bund hatten in den achtziger Jahren einen nicht unerheblichen Anteil an der Konsolidierung des Bundeshaushaltes.

Der Bargeldumlauf

Banknoten und Scheidemünzen bilden zusammen den Bargeldumlauf. Ende 1989 betrug der Bargeldumlauf über 162 Milliarden DM. Er hat sich damit allein gegenüber 1970 mehr als vervierfacht. Gemessen am Bruttosozialprodukt stieg die Kassenhaltung lediglich um rund 2 Prozent. Dies bedeutet, daß die Nachfrage nach Bargeld in den letzten zwei Jahrzehnten abgenommen hat. Die wesentlichen Ursachen hierfür sind die starke Zunahme der bargeldlosen Lohn- und Gehaltszahlungen und die damit einhergehenden gewachsenen Serviceleistungen der Banken sowie der starke Ausbau des Filialnetzes der Banken.

Die Bundesbank gibt Noten mit verschiedenen Normwerten aus (5 DM, 10 DM, 20 DM, 50 DM, 100 DM, 500 DM und 1000 DM, seit 1990 auch 200 DM). Durch komplizierte Verfahren werden die Banknoten vor Fälschungen geschützt. Ende 1989 betrug der Gesamtwert des Notenumlaufs über 150 Milliarden DM. Am beliebtesten war – in der alten Bundesrepublik – der »Einhundertmarkschein«, auf den gut ein Drittel des gesamten Notenumlaufs entfiel.

Die Bank der Banken

Wie bereits erläutert, ergibt sich die herausgehobene Stellung der Bundesbank für das gesamte Bankensystem der Bundesrepublik daraus, daß nur sie den Zentralbankgeldbedarf des Bankensystems decken kann. Zentralbankgeld benötigen die Kreditinstitute zum einen in Form von Bargeld zur Auszahlung an ihre Kunden, zum andern, um ihren *Mindestreserveverpflichtungen* gegenüber der Bundesbank nachkommen zu können. Die Kreditinstitute der Bundesrepublik sind verpflichtet, einen Teil ihrer Kundeneinlagen bei der Bundesbank als Mindestreserve zinslos zu »hinterlegen«. Hat eine einzelne Bank Zentralbankgeld, das sie für eine bestimmte Zeit nicht benötigt, bietet sie dieses anderen Banken auf dem *Geldmarkt* verzinslich an.

Auf diese Weise findet ein Liquiditätsaustausch zwischen den Banken statt. Ist nun der Zentralbankgeldbedarf aller Banken größer, als sie sich selbst gegenseitig zur Verfügung stellen können, steigen die Zinssätze auf dem Geldmarkt erheblich an. Im Extremfall kann es dann zu Bankenzusammenbrüchen kommen; einige Banken wären nicht mehr in der Lage, ih-

---

Ein Bankier und Weltmann: Hermann Josef Abs

David Rockefeller nannte ihn einen der »führenden Banker der Welt«. Hermann Josef Abs (*1901), der in Bonn geborene Sohn eines Wirtschaftsjuristen und einer sehr strengen Mutter, legte den Weg bis zu solchen Ehrentiteln mit großer Zielstrebigkeit zurück. Der glänzend aussehende, großgewachsene junge Mann mit den klugen blauen Augen begann in einer kleinen Bonner Privatbank. Während des Bankenkrachs von 1931 nahm er zum ersten Mal in seinem Leben im Hause Delbrück und Schickler an einer großangelegten Sanierungsaktion teil. Sieben Jahre später wurde er Vorstandsmitglied der Deutschen Bank. Dort arbeitete er zunächst im Auslandsgeschäft. Später wurde er auch in die sog. »Arisierung« jüdischer Bankhäuser hineingezogen. Obwohl er in vielen Fällen jüdischen Bankiers helfen konnte, ihr Vermögen zu retten, wurde er nach dem Krieg als Zeuge in den Nürnberger Kriegsverbrecherprozessen zu diesen Vorgängen peinlich verhört. Der strenggläubige Katholik hat Hitler nie Konzessionen gemacht. Die Inhaftierung durch die Alliierten blieb ihm dennoch nicht erspart. Nach Ablauf der Mindesthaft von 90 Tagen konnte er 1946 zu seiner Frau Inez und seinen beiden Kindern auf sein Gut »Bentgerhof« bei Remagen heimkehren.
Sehr schnell wurde Abs in die Bemühungen um den Wiederaufbau Westdeutschlands eingeschaltet. Der Vertreter des amerikanischen Präsidenten Harry S. Truman holte Abs' Rat ein, als es darum ging, Deutschland in die Wirtschaftshilfe des Marshallplans einzubeziehen. Und die Kreditanstalt für Wiederaufbau, die die Hilfsgelder verwaltete, war sein »Kind«.
Seine internationale Erfahrung, seine Beziehungen, seine flexible Verhandlungskunst und sein brillanter Intellekt machten ihn zum späteren Leiter der deutschen Delegation bei den Londoner Verhandlungen über die deutschen Auslandsschulden. 1952 und 1953 saßen Abs und seine Mitarbeiter im Spiegelsaal des »Lancasterhouse« den Vertretern von 68 Gläubigerländern gegenüber. Zu regeln waren die Kriegsschulden des Deutschen Reiches, die Nachkriegsschulden für die Wirtschaftshilfe und 300 000 Einzelfälle. Die Delegation erreichte trotz dieser monströsen Aufgabe ein für die deutsche Wirtschaft tragbares Ergebnis, und die Bundesrepublik Deutschland hat das Abkommen trotz aller Unkenrufe sogar vorzeitig erfüllt. Auch bei der Wiedergutmachung der wirtschaftlichen Schäden, die dem jüdischen Volk zugefügt wurden, spielte Abs eine entscheidende Rolle.
Konrad Adenauer bot dem international renommierten Bankier mehrfach das Außenministerium an, ohne ihn je mit dem Ministeramt zu betrauen. Aber Abs wurde zusammen mit dem Kölner Bankier Robert Pferdmenges (*1880, †1962) Adenauers engster Berater, z. B. beim Abschluß des Deutschland-Vertrages und bei Lösung der Kohle- und Stahlprobleme.
Bis 1967 war Abs der Sprecher des Vorstands der Deutschen Bank, bis 1976 ihr Aufsichtsratsvorsitzender; seither ist er Ehrenvorsitzender der »Deutsche Bank AG«. In dieser Zeit saß er in 30 Aufsichtsräten großer Unternehmen aller Branchen. Eine solche Häufung von Macht und Einfluß beunruhigte besonders linke Politiker, die um die Wirkung der Mitbestimmung fürchteten, und so beschränkte der Bundestag 1965 mit der »Lex-Abs« die Zahl der Aufsichtsratsposten für eine Person auf 10 Mandate.
An einem gesunden Selbstwertgefühl hat es Abs nie gemangelt. Der souverän und weltläufig auftretende Bankier ist wegen seines Witzes beliebt, kann aber auch sehr sarkastisch sein.
Als Ausgleich für den intensiven Umgang mit Geld und Wirtschaftsmacht pflegte Abs von jeher die schönen Künste. Er sorgte für die Finanzierung von Museen, für die Förderung von Musik und Literatur, für die Rettung des Beethovenhauses in Bonn. Er selbst spielt Klavier, Cembalo und Orgel. Auch im 9. Lebensjahrzehnt haben ihn sein untrügliches Gedächtnis, sein Ideenreichtum und seine besondere Ausstrahlung nie verlassen, so daß bei ihm die Kette der Ratsuchenden nicht abreißt. Gefragt nach den hellsten Stunden seines Lebens, antwortete er: Im Anblick seines langen Arbeitslebens glaube er, den hellsten Moment noch vor sich zu haben – was immer er damit gemeint haben mag.

Fides Krause-Brewer

Die Geld- und Währungsordnung

Hermann Josef Abs (vordere Reihe, 4. von links) hatte entscheidenden Anteil am Wiederaufbau des deutschen Bankwesens nach dem Zweiten Weltkrieg.
Von 1951 bis 1953 leitete er die deutsche Delegation bei der Londoner Schuldenkonferenz. Am 27. Februar 1953 unterzeichnete er für die deutsche Seite das Londoner Schuldenabkommen, Grundlage für die Herstellung normaler Wirtschaftsbeziehungen zwischen der Bundesrepublik Deutschland und den Westmächten.

ren Kunden das gewünschte Bargeld auszuzahlen oder ihren Mindestreserveverpflichtungen nachzukommen. Zur Aufrechterhaltung eines geordneten Geldmarktes greift daher die Bundesbank rechtzeitig ein und stellt den Banken Zentralbankgeld zur Verfügung. Durch Änderungen der Zinsen (Geldmarktsätze), die sie den Kreditinstituten in Rechnung stellt, kann die Bundesbank auf die Kreditzinsen und auf den Umfang der Kreditvergabe der privaten Banken Einfluß nehmen.

Eine weitere wichtige Funktion übt die Bundesbank als Bank der Banken dadurch aus, daß sie den Banken ihr Zahlungsverkehrsnetz zur Verfügung stellt. Die Banken leiten einen großen Teil ihrer Überweisungen, Scheckeingänge und Abbuchungsaufträge über das *Gironetz* der Bundesbank. Jährlich werden insgesamt über 1,6 Milliarden Überweisungen, Schecks und Lastschriften über die Zahlungsverkehrseinrichtungen der Bundesbank geleitet. Um diesem hohen Geschäftsanfall gerecht werden zu können, verfügt heute jede Landeszentralbank über ein eigenes Rechenzentrum.

Die Banken in der Bundesrepublik müssen bei ihrer Geschäftstätigkeit die Vorschriften des 1961 erlassenen Kreditwesen-Gesetzes beachten (vgl. Klaus Kwasniewski, Die Banken, S. 290). Über deren Einhaltung wachen das *Bundesaufsichtsamt für das Kreditwesen* in Berlin und die Bundesbank in enger Zusammenarbeit. So stellt die Bundesbank dem Aufsichtsamt ihre Orts- und Sachkenntnis zur Verfügung und führt aufgrund der von den Kreditinstituten einzureichenden Meldungen, Monatsausweise und Jahresabschlüsse die laufende Überwachung durch. Will das Bundesaufsichtsamt allgemeine, den Aufgabenbereich der Bundesbank berührende Regelungen treffen, muß es die Zustimmung der Bundesbank einholen.

Die Geldpolitik

Nach dem Grundgesetz hat der Bund die alleinige *Währungshoheit*. Die Gesetzgebung im Bereich des Währungs-, Geld- und Münzwesens liegt damit in der ausschließlichen Kompetenz des Deutschen Bundestages (Art. 73 GG). Durch das Bundesbankgesetz hat das Parlament jedoch die Verantwortung für die Geldpolitik in wesentlichen Bereichen auf die Bundesbank übertragen. Zugleich wurde das geldpolitische Ziel der Bundesbank fixiert: die Währung der Bundesrepublik Deutschland zu sichern. Wie bereits erwähnt, hat die Bundesbank nie Zweifel daran gelassen, daß sie dieses Ziel vornehmlich in der Sicherung der Preisstabilität erfüllt sieht.

Steigen in einer Volkswirtschaft die Preise für alle Güter und Dienstleistungen in einem Jahr durchschnittlich um einen bestimmten Prozentsatz, reicht die sich im Umlauf befindende Geldmenge zum Kauf oder Verkauf der Gütermenge nur dann aus, wenn das Geld schneller in der Volkswirtschaft »umläuft«. Dies kann z. B. dadurch erreicht werden, daß die Lohn- und Gehaltszahlungen in kürzeren Abständen – Wochen- statt Monatslohn – erfolgen. Letzten Endes sind jedoch die Möglichkeiten einer Erhöhung der Umlaufgeschwindigkeit des Geldes technisch begrenzt, so daß nur noch eine Ausweitung der Geldmenge durch die Zentralbank den inflationären Prozeß in Gang halten kann. Mit anderen Worten: eine Inflation muß finanziert werden. Will die Bundesbank das Preisniveau stabilisieren, muß sie demnach das Geldangebot knapphalten. Will sie ein stabiles Preisniveau sichern, darf sie die Geldmenge nicht stärker steigen lassen, als dies zur Finanzierung der Käufe und Verkäufe notwendig ist. Reicht die Geldmenge dazu nicht aus, kommt es zu Preisniveausenkungen oder bei nur nach oben beweglichen Preisen zu Wachstumseinbußen und Arbeitslosigkeit. Die Geldpolitik kann demnach Produktion und Beschäftigungsstand beeinflussen. Dieses gilt im negativen wie im positiven Sinn. Befindet sich die Volkswirtschaft in einer Rezession, kann die Geldpolitik über Geldmengenerhöhungen Zinssenkungen bewirken. Niedrige Zinsen stimulieren tendenziell die Nachfrage der Unternehmen nach Investitionsgütern und der Privathaushalte nach langlebigen Konsumgütern wie z. B. nach Automobilen oder Kühlschränken, können aber auch Inflation hervorrufen. Teure Kredite dagegen reduzieren die Investitions- und Kaufneigungen von Unternehmen und Privathaushalten und können so preisstabilisierend wirken. Das Tempo der Kreditexpansion bestimmt die Wachstumsrate der Geldmenge. Zu ihrer Kontrolle benötigt die Bundesbank eine Reihe wirkungsvoller Instrumente. Sie sollen das Kreditangebot und die Kreditnachfrage durch Veränderungen der Bankliquidität und der Zinssätze an den Finanzmärkten beeinflussen.

Die Diskontpolitik

Nach § 19 BBankG hat die Bundesbank die Möglichkeit, von den Banken Handelswechsel sowie vom Bund und seinen Sondervermögen (Bundesbahn, Bundespost usw.) und von den Ländern Schatzwechsel zu kaufen und zu verkaufen. Kauft die Bundesbank von einer Bank einen Handelswechsel, erhält die Bank damit von der Bundesbank einen Kredit in Höhe des Wechselbetrages abzüglich eines »Zinses«. Dieser Zinssatz wird von der Bundesbank festgesetzt und heißt Diskontsatz.

Neben dem Diskontsatz fixiert die Bundesbank auch den Betrag, bis zu dem sie bereit ist, von den Banken Wechsel anzunehmen (zu rediskontieren). Dieser Höchstbetrag wird als *Rediskontkontingent* bezeichnet. Durch den Verkauf von Wechseln an die Bundesbank erhalten die Banken Zentralbankgeld, das sie für ihre Bargeldabzüge und zur Erfüllung ihrer Mindestreserveverpflichtungen benötigen. Hat eine Bank zu einem bestimmten Zeitpunkt so viele Kredite an ihre Kunden vergeben, daß sie kein Zentralbankgeld mehr besitzt, kommt sie dennoch nicht in Liquiditätsschwierigkeiten, wenn sie noch bundesbankfähige Wechsel besitzt und ihr Rediskontkontingent nicht erschöpft ist. Sie besorgt sich das benötigte Zentralbankgeld durch den Verkauf von Wechseln an die Bundesbank. Mit anderen Worten: die Bank refinanziert sich bei der Bundesbank.

Die Diskontierung von Wechseln ist eine wichtige Refinanzierungsmöglichkeit der Banken. Die Bundesbank kann durch Erhöhung oder Senkung des Diskontsatzes die Refinanzierung der Banken verteuern oder verbilligen. Damit nimmt sie dann Einfluß auf die Höhe der Kreditzinsen. Änderungen der Rediskontkontingente beeinflussen direkt die Liquiditätssituation der Banken und damit auch (indirekt) die Kreditzinsen.

Die Lombardpolitik

Ein weiteres wichtiges Instrument zur Beeinflussung der Refinanzierungsmöglichkeiten und -kosten der Banken besitzt die Bundesbank mit dem *Lombardkredit* (so benannt nach den Lombarden; ursprünglich christliche Kaufleute aus der Lombardei, seit dem 13. Jh. Bezeichnung für italienische Kaufleute insgesamt, den Erfindern des Geld- und Kreditverkehrs in Europa). Die Bundesbank kann den Kreditinstituten gegen Verpfändung bestimmter Wertpapiere kurzfristig – maximal drei Monate – Darlehen gewähren. Die Banken müssen dafür den von der Bundesbank festgesetzten Lombardsatz zahlen. Grundsätzlich dienen die Lombardkredite nur der Überbrückung kurzfristiger Zentralbankgeld-Engpässe der Kreditinstitute. Eine prinzipielle Obergrenze für den Umfang der Lombardkredite besteht nicht. Die Bundesbank kann aber solche Beschränkungen einführen, wenn sie dies für geldpolitisch richtig hält. So setzte sie anfänglich sog. »Lombard-Warnmarken«, später gewährte die Bundesbank in bestimmten Situationen überhaupt keine Lombardkredite mehr. Damit die Bank aber weiterhin in der Lage war, Spannungen am Geldmarkt abzubauen, schuf sie das Instrument des *Sonderlombardkredits*, dessen Verzinsung zum Sonderlombardsatz täglich geändert und dessen Gewährung jederzeit eingestellt werden kann.

Die Mindestreservepolitik

Nach § 16 BBankG kann die Bundesbank von den Kreditinstituten verlangen, einen bestimmten Prozentsatz ihrer Einlagen zinslos bei ihr zu halten. Die Einlagen der Banken bestehen aus den Sichteinlagen (z. B. Gehaltskonten), den Termineinlagen (der Anleger legt sein Geld für eine bestimmte Zeit fest) und den Spareinlagen. Die Höhe der Mindestreserve nimmt mit zunehmender Anlagedauer ab. So sind die *Mindestreservesätze* für Sichteinlagen am höchsten und für Spareinlagen am niedrigsten. Die Bundesbank differenziert die jeweils geltenden Mindestreservesätze nach der Art, der Höhe und der Herkunft der Verbindlichkeiten.

Die Bundesbank kann die Mindestreser-

Als »Hüterin der Währung« verfügt die Bundesbank über weitgehende Autonomie. Sie hat, wie die Deutsche Bank (ganz oben), ihren Sitz in Frankfurt; Hausherr ist dort Karl Otto Pöhl (* 1929).

Die Geld- und Währungsordnung

vesätze innerhalb bestimmter Höchstgrenzen frei variieren. Die Höchstgrenzen für Sichteinlagen betragen 30, für Termineinlagen 20 und für Spareinlagen 10 Prozent. Gegenüber Gebietsfremden kann die Mindestreserve sogar 100 Prozent betragen.

Bereits 1934 gab es in dem damaligen Kreditwesengesetz eine Mindestreservevorschrift. Sie diente aber lediglich zur Liquiditätssicherung der Kundeneinlagen. Die seit 1948 von der Bank Deutscher Länder eingeführten und von der Bundesbank seit ihrer Gründung erhobenen Mindestreservesätze dienen ausschließlich kreditpolitischen Zwecken. Die Bundesbank besitzt mit der Mindestreservepolitik ein flexibles und sehr wirksames Instrument zur Beeinflussung der Liquidität und der Kreditschöpfungsmöglichkeiten der Kreditinstitute.

Durch Veränderungen der Mindestreservesätze kann die Bundesbank in gewünschter Weise auf die Liquidität des Bankensystems und damit auf das Kreditangebot einwirken. Senkt die Bundesbank die Mindestreservesätze, verfügen die Banken über mehr freie Liquiditätsreserven und können daher mehr Kredite vergeben. Zusätzlich ergibt sich auch noch ein wünschenswerter Zinseffekt. Da die Mindestreserve der Banken von der Bundesbank nicht verzinst wird, bedeutet jede Mindestreservehaltung für die Banken Kosten. Müssen sie nun weniger Mindestreserven halten, verringern sich die Kreditkosten. Die Banken können ihre Kredite billiger anbieten. Umgekehrt gilt bei einer Erhöhung der Mindestreserven, daß sich die Kreditzinsen erhöhen.

Die Offenmarktpolitik

Die Offenmarktpolitik ist ein Instrument zur Regulierung des Geldmarktes. Durch den Kauf und Verkauf einer Reihe von Wertpapieren kann die Bundesbank Zentralbankgeld bereitstellen oder stillegen. Die Bundesbank darf diese Wertpapiere nur am *offenen Markt* zu Marktsätzen kaufen und verkaufen. Durch diese Bestimmung stellt das Bundesbankgesetz sicher, daß *direkte* Kreditgeschäfte mit dem Bund oder den Ländern unterbleiben. Der Bund und seine Sondervermögen können also der Bundesbank keine Schuldverschreibungen verkaufen, um auf diese Weise mittel- und langfristige Notenbankkredite zu erhalten. Die Offenmarktpolitik wird von der Bundesbank z. B. häufig eingesetzt, wenn sie von ihr selbst unfreiwillig bereitgestelltes Zentralbankgeld wieder abschöpfen oder wenn sie den Banken zusätzliches Zentralbankgeld zur Verfügung stellen will. Die Offenmarktgeschäfte unterliegen jedoch allein der Initiative der Bundesbank. Sie ist während der Laufzeit der Papiere nicht zum Ankauf verpflichtet.

Die Dresdner Bank – sie ging 1872 aus dem 1771 gegründeten Bankgeschäft Michael Kaskel hervor – gehört neben Deutscher und Commerzbank zu den Großbanken der Bundesrepublik. Ihre Zentrale (oben) befindet sich ebenfalls in Frankfurt. Links: die Geld- und Devisen-Abteilung.

Andererseits kann aber auch die Bundesbank die Banken nicht zum Kauf oder Verkauf von Geldmarktpapieren zwingen.

Offenmarktgeschäfte mit Nichtbanken, d. h. mit Wertpapieren ohne Rückkaufgarantie der Bundesbank geben der Bundesbank mehr Unabhängigkeit bei ihrer Liquiditätspolitik. Seit 1971 betreibt die Bundesbank in nicht geringem Umfang derartige Offenmarktoperationen. Gute »Kunden« der Bundesbank waren dabei die Sozialversicherungen und die Post.

Einlagen- und Swappolitik

In ihrer Funktion als »staatliche Hausbank« führt die Bundesbank die Konten staatlicher Stellen. Das Bundesbankgesetz gibt der Bundesbank – in Zusammenarbeit mit den staatlichen Stellen – die Möglichkeit, Staatseinlagen kurzfristig ins private Bankensystem zu verlagern. Damit erhalten die Banken kurzfristig Zentralbankgeld. Treten auf dem Geldmarkt unerwünschte Spannungen auf, kann die Bundesbank diese Liquiditätsengpässe sehr schnell durch die Verlagerung staatlicher Einlagen in das Bankensystem beheben.

Seit die D-Mark 1958 konvertibel, d. h. gegen die Währungen anderer Länder tauschbar wurde, hat sich der bundesdeutsche Devisenmarkt beständig entwickelt. So kann ein deutscher Exporteur, der für seine Lieferung in die USA einen bestimmten Betrag in Dollar erhalten hat, diesen ohne größere Zeitverzögerungen auf dem sog. *Kassamarkt* gegen D-Mark zum gültigen Wechselkurs tauschen. Erwartet er den Dollarbetrag erst in drei, sechs oder zwölf Monaten, kann er den Fremdwährungsbetrag bereits heute zum *Terminkurs* auf dem *Terminmarkt* verkaufen. Er sichert sich damit den Terminkurs und weiß bereits heute, wieviel D-Mark er nach drei, sechs oder zwölf Monaten erhält. Ohne derartige Terminmärkte wäre die Preiskalkulation für die Ex- und Importeure außerordentlich unsicher, da der Kassakurs innerhalb der Zahlungsfrist auf- oder abgewertet werden kann. Die deutschen Ex- und Importeure wickeln ihre Fremdwährungsgeschäfte in der Regel über ihre Hausbanken ab. Daher halten die Kreditinstitute immer bestimmte Bestände an fremden Währungen.

Will die Bundesbank den Geldmarkt »verflüssigen« oder »anspannen«, kann sie dies neben den bereits erwähnten Instrumenten auch über die Devisenmärkte bewerkstelligen. Kauft sie von den Banken z. B. Dollar per Kasse (auf dem Kassamarkt), und verkauft sie diese Dollar gleichzeitig per Termin (auf dem Terminmarkt), erhalten die Kreditinstitute Zentralbankgeld (D-Mark), das sie erst nach Ablauf des Terminkontraktes (z. B. nach drei Monaten) zurückzahlen müssen. Verkauft die Bundesbank Dollar per Kasse und kauft diese per Termin zurück, entzieht sie den Banken für die Terminlaufzeit Zentralbankgeld. Die Differenz zwischen Termin- und Kassakurs bezeichnet man als *Swapsatz*. Für die Banken stellt der Swapsatz die Kosten der Zentralbankgeldbeschaffung bzw. den Ertrag der Zentralbankgeldabgabe dar. Die Bundesbank kann nun einen Swapsatz über oder unter dem Marktsatz mit den Banken vereinbaren. Möchte die Bundesbank beispielsweise einen Geldmarktsatz auf einer bestimmten Höhe stabilisieren, kann sie eine plötzlich auftretende zinserhöhende Mehrnachfrage der Banken nach Zentralbankgeld durch ein Swapgeschäft befriedigen.

Der Aufbau des Kreditwesens

Das Bankensystem in der Bundesrepublik ist primär durch die vorherrschende Rolle der sog. »Universalbank« geprägt. Universalbanken betreiben alle Arten von Bankgeschäften. Ihre Geschäftstätigkeit umfaßt die Hereinnahme kurzfristiger Sicht-, Termin- und Spareinlagen ebenso wie längerfristiger Einlagen und die Ausgabe von Bankschuldverschreibungen und Sparbriefen, zu ihrem Aktivgeschäft gehören alle Kredit- und Darlehensarten sowie das Wertpapiergeschäft.

Neben den Universalbanken haben in der Bundesrepublik eine Reihe von Spezialinstituten eine nicht geringe Bedeutung als Kapitalsammelstellen (vgl. auch Klaus Kwasniewski, Die Banken, S. 290).

Die *Realkreditinstitute* (Hypothekenbanken) geben überwiegend langfristige Darlehen an private Bauherren und öffentliche Stellen. Sie finanzieren ihre Kreditgeschäfte durch die Ausgabe eigener Schuldverschreibungen (Kommunalobligationen und Pfandbriefe) und durch die Aufnahme langfristiger Darlehen.

Durch den hohen Wohnraumbedarf in der Nachkriegszeit konnten die *Bausparkassen* am stärksten expandieren. Ihr Geschäft besteht im wesentlichen in der Hereinnahme von Bausparleistungen ihrer Kunden und der Vergabe von Baudarlehen an den gleichen Kundenkreis. Die *privaten Versicherungen* verfügen durch die Prämieneinzahlungen ihrer Kunden zumeist über hohe Finanzmittel, die zwischenzeitlich zinsbringend angelegt werden. So vergeben die Versicherungen Darlehen an den Wohnungsbau, an die Industrie und an den Staat. Zudem stellen sie dem Bankensystem mittel- und langfristige Finanzierungsmittel zur Verfügung. In den siebziger Jahren nutzte der Staat zunehmend die Mittel der Versicherungen zur Haushaltsfinanzierung.

Erzielen die Sozialversicherungen Überschüsse, treten auch sie – in häufig nicht geringem Umfang – als Kapitalanbieter auf. Dies war bis Mitte der sechziger Jahre der Fall. Durch eine Verschlechterung der ökonomischen Situation in der Bundesrepublik wurden die Sozialversicherungen aber meist zuschußbedürftig und verfügten über keine Anlagemittel mehr.

Ende 1989 vereinigten die universal arbeitenden Kreditinstitute fast 25 Prozent des Geschäftsvolumens aller Bankengruppen auf sich. Allein die Großbanken wickelten 9 Prozent des gesamten Geschäftsvolumens aller Kreditinstitute ab. Die drei größten deutschen Banken sind die Deutsche Bank, die Dresdner Bank und die Commerzbank. Neben diesen privaten Großbanken hat die Bedeutung der öffentlich-rechtlichen Landesbanken und Girozentralen in den letzten Jahren immer mehr zugenommen. Dabei spielte nicht zuletzt die verstärkte Aktivität im internationalen Kreditgeschäft eine bedeutende Rolle. Für die hohe Leistungsfähigkeit des deutschen Bankensystems spricht die Tatsache, daß selbst noch – nach deutschen Maßstäben – relativ kleine Kreditinstitute zu den fünfhundert größten Banken der Welt zählen. Die marktwirtschaftliche Orientierung des bundesdeutschen Kreditwesens hat große Vorteile, birgt aber auch erhebliche Gefahren in sich. Soll verhindert werden, daß Kreditinstitute ihre Freiheit mißbrauchen – mit der Folge volkswirtschaftlicher Erschütterungen –, bedarf es eines bestimmten Ordnungsrahmens für die Kreditwirtschaft. Dieser Ordnungsrahmen wurde am 10. Juli 1961 mit dem Gesetz über das Kreditwesen (KWG) geschaffen. Grundgedanke dieses Gesetzes ist, die Geschäftstätigkeit der Banken nur so weit wie unbedingt notwendig zu reglementieren. Die volle Verantwortung für die Geschäftspolitik bleibt allein bei den Kreditinstituten.

Das Kreditwesengesetz setzt Rahmenvorschriften für den Zugang zum Bankenmarkt, die Struktur und das Geschäftsgebahren der Kreditinstitute. Über die Einhaltung dieser Vorschriften wacht das *Bundesaufsichtsamt für das Kreditwesen* in Berlin in Zusammenarbeit mit der Deutschen Bundesbank.

Von den Befugnissen des Aufsichtsamtes sind besonders zu nennen:
☐ die Erteilung und Rücknahme der Erlaubnis für das Betreiben von Bankgeschäften;
☐ die Überwachung der Kreditvergabepraxis und die Festlegung von Kreditgrundsätzen.

So dürfen Kredite und Beteiligungen eines Kreditinstitus das Achtzehnfache der haftenden Eigenmittel nicht überschreiten (Grundsatz I mit § 10 KWG). Damit soll sichergestellt werden, daß die haftenden Mittel einer Bank bei erhöhtem Kreditvolumen mitwachsen müssen. Vorschriften bestehen auch für die Vergabe sog. Großkredite, das sind Kredite, die 15 Prozent des haftenden Eigenkapitals überschrei-

Die Geld- und Währungsordnung

Publikumsverkehr im Schalterraum einer modernen Sparkasse: die Kreissparkasse Köln.

ten. Derartige Großkredite sind für eine Bank mit relativ hohem Risiko verbunden. Wird ein Kreditnehmer zahlungsunfähig, besteht die Gefahr, daß die Bank dadurch selbst zahlungsunfähig wird und Konkurs anmelden muß. Aus diesem Grund dürfen bei einer Bank ein einzelner Großkredit 75 Prozent der haftenden Mittel, die fünf größten Großkredite das Dreifache des haftenden Eigenkapitals und alle Großkredite zusammen das Achtfache der haftenden Eigenmittel nicht übersteigen. Zudem müssen Großkredite und Millionenkredite (Kredite über eine Million D-Mark) der Deutschen Bundesbank angezeigt werden.

Verstöße gegen die Vorschriften des KWG kann das Bundesaufsichtsamt mit einem breiten Katalog abgestufter Maßnahmen ahnden, z. B.

☐ ungeeigneten und unzuverlässigen Geschäftsleitern ihre Tätigkeit untersagen und ihre Abberufung verlangen;

☐ bei unzureichendem Eigenkapital oder unzureichender Liquidität eines Kreditinstituts die Kreditvergabe oder die Gewinnausschüttung untersagen oder einschränken;

☐ die Einlagenannahme und die Kreditgewährung verbieten oder begrenzen, wenn die Erfüllung von Verbindlichkeiten eines Kreditinstituts gefährdet ist.

Die Einhaltung seiner Verfügungen kann das Aufsichtsamt mit Verwaltungszwang durchsetzen. Bei ordnungswidrigen Verstößen gegen das Kreditwesengesetz können Geldbußen verhängt werden.

Trotz der Fülle von Vorschriften und Erlassen, die das Kreditgewerbe beachten muß, bleibt die unternehmerische Freiheit und damit aber auch das unternehmerische Risiko der Banken in hohem Maße erhalten. Daß das unternehmerische Risiko einer Bank letztlich das Risiko der Bankkunden bedeutet, wurde deutlich, als 1974 die Herstatt-Bank in Köln aufgrund spekulativer Geschäfte zusammenbrach. Um einem gesetzlich verbesserten Schutz der Einleger zuvorzukommen, entschlossen sich die privaten Banken nach der Herstatt-Pleite, einen Einlagensicherungsfonds zu gründen. Dadurch sind heute praktisch sämtliche Einlagen des breiten Publikums voll gesichert, sofern die Einlagen bei einer Bank gehalten werden, die dem Einlagensicherungsfonds beigetreten ist. Da die Einlagen bei öffentlich-rechtlichen Kreditinstituten einschließlich der Sparkassen und bei den Kreditgenossenschaften schon immer voll gesichert waren, besteht heute in der Bundesrepublik Deutschland ein ausgezeichneter Schutz für alle Einlagen bei den Kreditinstituten.

Die D-Mark im internationalen Währungsgefüge

Nach der Gründung der Bundesrepublik integrierte sich die deutsche Volkswirtschaft zunehmend in die Weltwirtschaft. Die D-Mark erlangte dabei internationales Ansehen, sie entwickelte sich, so Hans Röper, vom »Besatzungskind zum Weltstar«.

Die D-Mark wird salonfähig

Der Aufstieg der D-Mark begann 1958. In diesem Jahr wurde sie konvertibel, d.h., sie konnte ohne administrative Beschränkungen gegen die Währung anderer Länder getauscht werden. Die Erfolge der deutschen Exporteure auf den Weltmärkten bescherten der Bundesrepublik bis Ende der siebziger Jahre hohe Leistungsbilanzüberschüsse (vgl. auch Wolfgang Wetter/Otto G. Mayer, Die außenwirtschaftliche Position der Bundesrepublik, S. 414). Diese Tatsache – zusammen mit den Erfolgen der Bundesbank an der Preisfront – machte die D-Mark international zu einer begehrten Währung. Ein beständiger Aufwertungsdruck war die Folge.

Die erste Aufwertung

Im Jahr 1960 wurden die deutschen Finanzmärkte durch die Anlagen ausländischer Investoren überschwemmt. Die Bundesbank versuchte jedoch, sich einer Aufwertung der D-Mark entgegenzustemmen. Mitten in der Hochkonjunktur gab sie ihre bis dahin rezessive Politik auf, um durch Diskontsatzsenkungen und Lockerung der Mindestreservebestimmungen die Zinsen zu senken und damit die Kapitalzuflüsse zu stoppen. Doch dies mißlang; nach einer langen Diskussion wurde die D-Mark am 6. März 1961 aufgewertet. Der US-Dollar wurde um 20 Pfennige billiger, sein zukünftiger Preis wurde auf 4 DM festgesetzt.

Die D-Mark-Aufwertung wirkte sich positiv auf die Binnenkonjunktur aus. Die hohen Leistungsbilanzüberschüsse verschwanden; im Jahr 1962 stellte sich sogar erstmals seit 1950 ein Defizit ein. Die damit verbundene reduzierte Auslandsnachfrage und das aufgrund der nun billigeren Importe erhöhte Güterangebot entspannten die Konjunktur. Dennoch erwies sich die Aufwertung der D-Mark im nachhinein als zu gering und zu spät.

Erneute D-Mark-Aufwertung

1968 stieg das Bruttosozialprodukt real um 7,3 Prozent. Dieser rasche Aufschwung vollzog sich zunächst noch bei relativer Preisstabilität. Der Wechselkurs der D-Mark geriet jedoch zunehmend unter Druck (vgl. auch Otto G. Mayer, Die wirtschaftliche Entwicklung der Bundesrepublik, S. 244, 248). Der relative Preisvorteil der deutschen Exporteure führte zu hohen Zahlungsbilanzüberschüssen. Die internationalen Anleger spekulierten auf eine Aufwertung der D-Mark. Allein in den ersten Novemberwochen des Jahres 1968 kam es zu einem Kapitalzufluß von über 9 Milliarden DM. Die Aufwertung der D-Mark war nicht zu verhindern. Dennoch zögerte die Bundesregierung, erreichte aber mit einer vierprozentigen Exportsteuer und einer ebenso hohen Entlastung der Importeure einen Aufschub für die Aufwertung.

Die Bundesbank traf trotz steigender Preise im gleichen Jahr keine direkten Maßnahmen zur Preisniveaustabilisierung. Sie versuchte hingegen, die Geldimporte durch Swapsatz-Operationen und durch die Einführung einer einhundertprozentigen Zuwachsmindestreserve auf Auslandsverbindlichkeiten zu bremsen. Dabei wurde sie von der Bundesregierung durch die Einführung einer Genehmigungspflicht für Auslandseinlagen und Auslandskredite von Inländern unterstützt. Mit ihrer Forderung nach einer D-Mark-Aufwertung fand die Bundesbank jedoch bei der Bundesregierung keine Unterstützung. Die Große Koalition war in dieser Frage hoffnungslos zerstritten. Während des Bundestagswahlkampfes wurde die Frage der D-Mark-Aufwertung öffentlich kontrovers diskutiert.

Anfang des Jahres 1969 versuchte die Bundesbank dann durch einen mittleren Kurs, die binnen- und die außenwirtschaftliche Stabilität zugleich zu sichern. Aber bereits im Frühjahr setzte eine erneute Spekulationswelle ein. In den ersten zehn Tagen im Mai 1969 flossen über 16 Milliarden DM in die Bundesrepublik und überrollten die Stabilitätspolitik der Bundesbank. Die Bundesbank versuchte, die Zentralbankgeldzuflüsse durch Mindestreservesatzerhöhungen, Kürzungen der Rediskontkontingente und Offenmarktoperationen zu neutralisieren. Der Devisenstrom riß jedoch nicht ab. Die Bundesbank mußte machtlos zusehen, wie die Kredite expandierten und die Konjunktur sich immer stärker überhitzte. Jede weitere restriktive Maßnahme, die die Zinsen erhöhte, zog unmittelbar weitere Geldzuflüsse aus dem Ausland nach sich. Ohne eine Aufwertung der D-Mark »... drehte die Schraube der Kreditpolitik leer« (Geschäftsbericht der Bundesbank für das Jahr 1969).

Unmittelbar vor der Bundestagswahl im September 1969 überrollte eine erneute Spekulationswelle die Devisenbörsen. Erst jetzt entschloß sich die Bundesregierung, die Devisenbörsen zu schließen und nach einer kurzen Periode der freien Kursbildung die D-Mark am 24. Oktober um 9,3 Prozent aufzuwerten. Der Dollar kostete jetzt nur noch 3,66 DM (vorher 4 DM).

Damit wurde zwar der deutsche Preisvorteil gegenüber dem Ausland nahezu beseitigt, eine binnenwirtschaftliche Stabilisierung konnte aber nicht erreicht werden. Die Aufwertung kam zu spät; während der nahezu einjährigen Aufwertungsdiskussion beschleunigte sich die Inflationsrate ungehemmt. Gewinn- und Kostenexplosion trieben die Preise unaufhörlich in die Höhe. So stiegen die Lohnkosten pro Pro-

---

Der unaufhaltsame Aufstieg der jungen D-Mark: In den fünfziger Jahren war sie bereits so »wohlgenährt«, daß andere Länder sie mitunter begehrlich anblickten. Der Zeichner H. E. Köhler wandelte ein Goethezitat ab, um der kränklichen »Franc-Dame« die Bitte um Hilfe in den Mund zu legen: »Nachbarin – Euer Täschchen« (1957).

dukteinheit in der Industrie 1970 um 13 Prozent gegenüber 6 Prozent in den Vereinigten Staaten und durchschnittlich 9 Prozent in den wichtigsten westeuropäischen Ländern.

Rettungsversuch

Die folgenden Jahre standen im Zeichen weltweiter Unruhen auf den Devisenmärkten. Das internationale Währungssystem von Bretton Woods drohte zusammenzubrechen. Auch die D-Mark blieb von den weltweiten Währungsunruhen nicht verschont.

Angesichts einer drohenden Rezession im Jahr 1970 ging die amerikanische Geldpolitik auf Expansionskurs. Die deutschen Zinsen lagen nun über den amerikanischen. Die Springflut von ausländischem Geld setzte sich in Bewegung und überrollte die Geldpolitik der Bundesbank. Sie mußte am Devisenmarkt immer stärker intervenieren und damit den Kreditinstituten Zentralbankgeld zur Verfügung stellen. Die Währungsreserven der Bundesbank erhöhten sich von 26 Milliarden DM Anfang 1970 auf über 68 Milliarden DM im Mai 1971. Die Bundesbank versuchte erneut, mit Mindestreservesatzerhöhungen und anderen Maßnahmen die überschüssige Liquidität zu binden. Unterstützt wurde sie dabei von der Bundesregierung, die die Instrumente des Stabilitätsgesetzes (Konjunkturausgleichsrücklage, Konjunkturzuschlag usw.) einsetzte (vgl. Wolfgang Wetter, Die Wirtschaftspolitik, S. 370). Insgesamt wurden durch diese Maßnahmen rund 24 Milliarden DM stillgelegt. Dennoch verschärfte sich die währungspolitische Lage dramatisch. Anfang Mai mußte die Bundesbank in drei Tagen allein 8 Milliarden DM auf dem Devisenmarkt aufnehmen. Der Wechselkurs der D-Mark war nicht mehr zu halten. Am 5. Mai wurden die Devisenbörsen geschlossen. Als sie am 10. Mai wieder geöffnet wurden, überließ die Bundesbank dem Markt die Kursbildung. Die D-Mark floatete gegenüber dem Dollar. Der nunmehr steigende D-Mark-Kurs verschlechterte die Wettbewerbsfähigkeit der deutschen Exporteure, so daß die Bundesbank den Wechselkurs nicht zu stark steigen lassen wollte. Eine vorübergehende Erleichterung brachte dann der 15. August 1971. Der amerikanische Präsident Richard Nixon verkündete ein Programm zur Sanierung der amerikanischen Zahlungsbilanz und hob u. a. die Goldkonvertibilität des US-Dollar auf. Damit war es von nun an für die Mitgliedsländer des Internationalen Währungsfonds (IWF) nicht mehr möglich, ihre Dollarreserven jederzeit zu einem festen Preis gegen Gold aus den Schatztruhen in Fort Knox zu tauschen. Das Vertrauen in diese Möglichkeit bildete jedoch einen Eckpfeiler des 1944 in Bretton Woods beschlossenen internationalen Währungssystems. Dieses Abkommen geriet ernsthaft ins Wanken. Mit Ausnahme Frankreichs gingen die westlichen Industrieländer nunmehr zum Floating gegenüber dem Dollar über. Doch schon bald bildeten sich Gerüchte und Vermutungen über eine generelle Neuordnung der Wechselkurse und damit über eine erneute Aufwertung der D-Mark. Die Phase der währungspolitischen Unsicherheit ging erst zu Ende, als diese Vermutung zur Gewißheit wurde. Am 17. und 18. Dezember 1971 wurden die Währungsrelationen auf einer Währungskonferenz in Washington neu geordnet *(Smithonian Agreement)*. Der neue Dollarkurs wurde auf rund 3,22 DM festgesetzt. Gegenüber allen Ländern erhöhte sich der Wert der D-Mark um durchschnittlich 5,7 Prozent. Dieser Aufwertungssatz wurde lediglich vom japanischen Yen mit 13,6 Prozent übertroffen.

Die Goldkonvertibilität des US-Dollar wurde 1971 aufgehoben. Blick in die Schatztruhen des legendären Fort Knox.

Der Zusammenbruch des Abkommens von Bretton Woods

Die Neuordnung der Wechselkurse im Dezember 1971 brachte jedoch nicht den erhofften Erfolg. Schon nach wenigen Monaten war zu erkennen, daß die deutsche Geldpolitik durch das »Realignment« – d.h. durch die Neuordnung der Wechselkurse – außenwirtschaftlich höchst unzureichend abgesichert wurde. Erneut strömten riesige Beträge ausländischen Geldes in die Bundesrepublik. Die Ursache hierfür war primär die expansive amerikanische Geldpolitik, die die Zinssätze reduzierte und das Vertrauen in den Dollar störte. Auch das englische Pfund-Sterling geriet im Juni 1972 in eine Vertrauenskrise. Allein von Mitte Juni bis Mitte Juli mußte die Bundesbank Fremdwährungen im Gegenwert von rund 15 Milliarden DM aufnehmen. Die Bundesbank versuchte sich dieser Entwicklung erneut durch Senkung der Leitzinsen (Diskont- und Lombardsatz) entgegenzustemmen. Schließlich konnte die damalige Bundesregierung veranlaßt werden, durch die Einführung des *Bardepots* die Geldpolitik der Bundesbank zu unterstützen. Nach diesem Gesetz mußte ein bestimmter Prozentsatz von im Ausland aufgenommenen Krediten zinslos bei der Bundesbank hinterlegt werden. Zunächst betrug dieser Bardepotsatz 40 Prozent (1. März 1972), um dann von Juli 1972 an auf den geltenden Höchstsatz von 50 Prozent festgesetzt zu werden. Zusätzlich beschloß die Bundesregierung aufgrund des Außenwirtschaftsgesetzes eine Genehmigungspflicht für Wertpapierkäufe von Ausländern in der Bundesrepublik. Innerhalb der Bundesregierung war diese Maßnahme stark umstritten. Wirtschaftsminister Karl Schiller – als Befürworter eines ungehinderten Kapitalverkehrs – trat zurück. Diese und andere Maßnahmen verschafften den deutschen Währungsbehörden eine Atempause, die jedoch nur von kurzer Dauer war.

Ende Januar 1973 wurde das internationale Währungssystem abermals von einer Vertrauenskrise erschüttert, als sich der italienische Devisenmarkt spaltete: Die Lira hatte einen festen Wechselkurs für den Austausch von Gütern und Dienstleistungen und einen sich frei am Markt bildenden Kurs für Kapitaltransaktionen. Diese Maßnahme trafen die italienischen Behörden, um die enorme Kapitalflucht aus ihrem Land einzudämmen. Einen Tag darauf, am 23. Januar 1973, gab die Schweiz die Kursbildung des Schweizer Frankens frei. Kurz zuvor wurden in den USA die jüngsten wirtschaftspolitischen Daten veröffentlicht. Die hierbei offengelegte ungünstige Entwicklung der amerikanischen Zahlungsbilanz sowie die hohen Preissteigerungen erschütterten das ohnehin angeschlagene Vertrauen in den US-Dollar zusätzlich. Anfang Februar 1973 griff diese Entwicklung auch auf die Bundesrepublik über. In den ersten acht Tagen des Monats mußte die Bundesbank rund 6 Milliarden US-Dollar im Gegenwert von rund 19 Milliarden DM aus dem Markt nehmen. Alle Abwehrmaßnahmen waren wirkungslos: Am 9. Februar wurden die Devisenbörsen kurzfristig geschlossen. Die daran anschließenden erneuten Versuche – u.a. durch eine Dollarabwertung von 10 Prozent –, das Wechselkurssystem von Bretton Woods zu retten, hatten nur kurzfristig Erfolg. Schon nach wenigen Wochen setzte die Spekulationswelle erneut ein. An einem einzigen Tag – dem 1. März 1973 – wurde die Bundesbank »Interventionsweltrekordler«: Sie mußte fast 2,7 Milliarden Dollar (7,5 Milliarden DM) zur Kursstützung ankaufen. Dies war der größte Interventionsbetrag, den jemals eine Zentralbank an einem Tag kaufen und verkaufen mußte. Erneut wurden daraufhin die Devisenbörsen geschlossen und Verhandlungen mit den Ländern der Europäischen Gemeinschaft und den USA aufgenommen. Als am 19. März die Devisenbörsen wieder geöffnet wurden, war das Wechselkurssystem von Bretton Woods außer Kraft gesetzt: Die Bundesrepublik – im Verein mit den Mitgliedsländern des Europäischen Währungsverbundes, der sog. »Schlange« – gab den D-Mark-Kurs frei. Die Zeit des partiellen Floatings begann.

Der Wechselkurs der D-Mark stieg nach dem Übergang zum Floating stark an. Gegenüber dem Dollar erhöhte sich der Außenwert der D-Mark allein im März 1973 um 14 Prozent gegenüber Ende 1972. Die damit verbundene Verschlechterung der deutschen Wettbewerbsfähigkeit auf den internationalen Märkten war aber konjunkturell nicht unerwünscht. Hinzu kam, daß die Bundesbank die Liquidität der Kreditinstitute verknappen konnte, ohne gezwungen zu sein, durch ihre Devisenmarktinterventionen die gerade erst mühevoll abgeschöpfte Liquidität wieder ersetzen zu müssen. Die Bundesbank nutzte den gewonnenen Handlungsspielraum. Mit Hilfe einer restriktiven Geldpolitik und dank einer Stabilitätsanleihe der Bundesregierung gelang es, bereits bis zur Jahresmitte Konjunktur und Preisanstieg zu dämpfen. Die Bundesrepublik setzte sich damit wieder an das Ende des internationalen Inflationsgeleitzuges, nachdem sie ein Jahr zuvor diesen Platz hatte aufgeben müssen.

Die D-Mark im Abwind

In den frühen achtziger Jahren geriet die D-Mark unter Abwertungsdruck. 1979 hatte die Bundesrepublik seit langer Zeit wieder ein Defizit in der Leistungsbilanz zu verzeichnen, 1980 sogar ein Rekorddefizit von rund 29 Milliarden DM. Kein anderes Industrieland mußte in diesem Jahr ein derartiges Minus verbuchen. Auch 1981 lag das Defizit noch weit über 16 Milliarden DM. Die Zahlungsbilanzsituation und das weit über dem deutschen Niveau liegende ausländische Zinsgefüge brachten schließlich auch den Kurs der D-Mark ins Trudeln. Kostete der US-Dollar im vierten Quartal 1979 durchschnittlich noch 1,77 DM, stieg sein Preis bis Mitte August 1981 auf über 2,50 DM. Die starke D-Mark-Abwertung gefährdete die Preisstabilität, da sich die Importgüter ständig verteuerten. Angesichts der schlechten Konjunktur stand die Bundesbank vor der Wahl, entweder durch eine expansive Geldpolitik die Binnenkonjunktur anzuregen und damit einen weiteren Kursverfall mit seinen inflatorischen Gefahren in Kauf zu nehmen oder durch eine restriktive Geldpolitik den Zinsabstand zum Ausland zu verringern, um so den Kursrückgang der D-Mark zu bremsen. Die Bundesbank entschied sich für die Sicherung des inneren und äußeren Wertes der D-Mark. Die Folge dieser Politik war eine weitgehende Angleichung der inländischen Zinsen an das ausländische Zinsniveau (besonders das der USA) und damit eine weitere Kreditverteuerung. Für Kontokorrentkredite – das sind kurzfristige Kassenkredite der Unternehmen – mußten 1981 bis zu 15,5 Prozent Zinsen gezahlt werden; das waren 3,5 Prozentpunkte mehr als im Vorjahr.

Angesichts von Wachstumsschwäche und zunehmender Arbeitslosigkeit blieb die Politik der Bundesbank nicht ohne Kritik. Eine Reihe von Wissenschaftlern und namhafte Wirtschaftsforschungsinstitute vertraten die Ansicht, daß die Bundesbank den D-Mark-Kurs hätte fallen lassen sollen, um damit Spielraum für eine binnenwirtschaftlich orientierte expansive oder zumindest konjunkturneutrale Geldpolitik zu gewinnen. Die D-Mark-Abwertung sei nur kurzfristig, da die im internationalen Vergleich geringe deutsche Inflationsrate sehr bald schon zu Aufwertungserwartungen und damit zu Kurserhöhungen auf den Devisenmärkten führen würde. Die Bundesbank hielt dies jedoch nicht für wahrscheinlich und setzte ihre Restriktionspolitik fort. Sie sah die Richtigkeit ihres Kurses noch zusätzlich durch die Gefahren bestätigt, die sich aus der Entwicklung der D-Mark zu einer internationalen Reserve- und Anlagewährung ergaben.

Seit Anfang der siebziger Jahre führte der zunehmende Vertrauensverlust in den US-Dollar – als führende internationale Reserve- und Anlagewährung – dazu, daß immer mehr ausländische Währungsbehörden ihre Währungsreserven nicht mehr ausschließlich in dieser Währung halten wollten. Durch die hohen Zahlungsbilanzüberschüsse bis Ende der siebziger Jahre und die relativ geringen Inflationsraten war die D-Mark mittlerweile zu einer »harten«, fast ständig unter Aufwertungsdruck stehenden Währung geworden. So war es nicht verwunderlich, daß die D-Mark zu der neben dem Dollar bedeutendsten internationalen Reserve- und Anlagewährung wurde. Der Anteil der D-Mark an den gesamten offiziellen Währungsreserven stieg von 7 Prozent 1973 über 10 Prozent 1978 auf beachtliche 14 Prozent Ende 1980. Diese Entwicklung vollzog sich in den siebziger Jahren gegen den erklärten Willen von Bundesbank und Bundesregierung. Nun, am Anfang der achtziger Jahre, wäre der Bundesbank ein weiterer Ausbau

Die Geld- und Währungsordnung

Kursnotierung an der Frankfurter Devisenbörse: An diesem Tag wurde der Mittelkurs des Dollar mit 3,4375 DM bewertet.

der Reserverolle der D-Mark nur recht gewesen, da dies den D-Mark-Kurs gestützt hätte. Für Ausländer waren D-Mark-Anlagen jedoch nur so lange vorteilhaft, wie das Vertrauen in die Stärke der D-Mark die im internationalen Vergleich geringen deutschen Zinsen überwog. Die D-Mark-Schwäche vor allem im Jahr 1981 gefährdete das notwendige Vertrauen. Unter diesen Bedingungen waren neue D-Mark-Anlagen nicht zu erwarten. Im Gegenteil: Es mußte mit massiven Abzügen bestehender Anlagen gerechnet werden.

Mit Kursschwankungen leben

Trotz der wechselkursorientierten deutschen Währungspolitik hielt die Schwäche der D-Mark gegenüber dem Dollar noch bis 1985 an. Danach erholte sich die D-Mark wieder; ab 1987 kostete der Dollar im Jahresdurchschnitt weniger als 2 DM.

Die Bedeutung der D-Mark als internationale Reserve- und Anlagewährung nahm weiter zu: 1988 wurden über 16 Prozent der Weltdevisenreserven in D-Mark gehalten (in Dollar 64 Prozent, in Yen über 7 Prozent).

Kennzeichnend besonders für die achtziger Jahre waren jedoch die starken Schwankungen des Dollarkurses, die stärker waren als dies von den meisten Experten nach dem Übergang zum Floating, d. h. zur freien Kursbildung, für möglich gehalten wurde. Änderungen des Dollarkurses von täglich bis zu drei Pfennigen waren keine Seltenheit. Erstaunlicherweise lernten die am Wirtschaftsablauf Beteiligten jedoch sehr schnell, mit starken Schwankungen umzugehen. Durch teilweise komplizierte Sicherungstechniken wurden Kursverluste vermieden und somit Schaden für die deutsche Wirtschaft abgewendet.

D-Mark und europäische Währungspolitik

In den Römischen Verträgen zur Bildung der Europäischen Wirtschaftsgemeinschaft (EWG) wurde eine gemeinsame europäische Währungspolitik weitgehend vernachlässigt. Nachdem am 1. Januar 1970 die Zollunion für die sechs Mitgliedsländer verwirklicht worden war, sollte auch die Währungsintegration planmäßig vorangetrieben werden. Eine Expertengruppe unter dem Vorsitz des damaligen luxemburgischen Ministerpräsidenten Pierre Werner legte der Europäischen Kommission im Oktober 1970 einen Bericht über die stufenweise Errichtung einer Wirtschafts- und Währungsunion in Europa vor. Dieser sog. Werner-Plan sah in drei Schritten folgende Ziele vor:
☐ unauflösbare Konvertibilität der EWG-Währungen untereinander;
☐ Freizügigkeit des innergemeinschaftlichen Kapitalverkehrs;
☐ teilweise oder volle Zusammenlegung der Währungsreserven;
☐ Gründung einer europäischen Zentralbank, die die Geld- und Kreditpolitik der Gemeinschaft steuert;
☐ eine gemeinsame Währungspolitik gegenüber Drittländern und schließlich
☐ feste Wechselkurse ohne Schwankungsbreite für die EWG-Währungen untereinander.

Der Ministerrat der EWG befürwortete zwar den Werner-Plan prinzipiell, konnte sich jedoch im Februar 1971 nur zu einer Verringerung der Schwankungsbreite der EWG-Währungen entschließen. Die Umsetzung dieses Beschlusses in die Praxis ließ aber aufgrund der Währungsunruhen im Frühjahr 1971 auf sich warten. Erst nach dem Washingtoner Währungsabkommen im Dezember 1971 wurden die Schwankungsbreiten verengt. Das »Smithonian Agreement« sah eine Erhöhung der Schwankungsbreiten aller Währungen auf plus/minus 2,25 Prozent gegenüber dem Dollar vor. Aufgrund währungstechnischer Gegebenheiten bedeutete dies für die EWG-Währungen untereinander die doppelte Schwankungsbreite – nämlich plus/minus 4,5 Prozent. Diese zusätzliche Erweiterung der Schwankungsbreiten stand im Gegensatz zu den Zielen des Werner-Planes. Die EWG-Notenbanken vereinbarten daraufhin, durch Interventionen an den Devisenmärkten der Mitgliedsländer die Abweichungen vom Leitkurs ihrer Währungen untereinander auf plus/minus 2,25 Prozent zu begrenzen.

»Die Schlange«

Damit war der Europäische Wechselkursverbund geboren. Durch seine besondere Konstruktion bildete sich hierfür sehr schnell der Spitzname »die Schlange im Tunnel« heraus. Die vereinbarte Verengung der Schwankungsbreite der EWG-Währungen untereinander auf plus/minus 2,25 Prozent konnte nur erreicht werden, wenn sich die »Schlangen-Währungen« innerhalb einer gesamten Bandbreite von 4,5 Prozent gegenüber dem Dollar bewegten. Die sich daraus ergebenden Ober- und Untergrenzen bildeten die Wände des Tunnels. Die »Schlange« bewegte sich nun je nach Stärke oder Schwäche des Dollar näher am unteren oder näher am oberen Tunnelrand. Als am 19. März 1973 die feste Bindung an den Dollar aufgehoben wurde und damit das Gruppenfloating begann, fiel der Tunnel weg, die Schlange blieb jedoch.

Das Leben der »Schlange« war qualvoll und verlustreich. Immer wieder waren einzelne Mitgliedsländer nicht in der Lage, die verringerten Bandbreiten einzuhalten. So verlor sie häufig »Glieder«, bis sie schließlich zur »Mini-Schlange« abgemagert war. Frankreichs Mitgliedschaft hatte zuweilen mehr den Charakter eines Besuchs. Am 19. Januar 1973 schied der Französische Franc zum ersten Male aus dem Kursverbund aus, kehrte dann am 10. Juli 1975 für ein knappes Jahr zurück, um

Das Europäische Währungssystem

am 15. März 1976 wiederum und nun für längere Zeit aus dem Europäischen Wechselkursverbundes auszuscheiden. Die D-Mark wurde zum tragenden Pfeiler der »Schlange«. Mehrfach mußte sie gegenüber den anderen Mitgliedsländern aufgewertet werden. Der Begriff »D-Mark-Block« wurde zum Synonym für den Wechselkursverbund.

Trotz ständiger Schwierigkeiten wurde an dem Gedanken eines größeren europäischen Wechselkursverbundes festgehalten. Die kleineren Mitgliedsländer der EWG und der »Schlange« sahen große handelspolitische Vorteile, da sie teilweise bis zu 40 Prozent ihres Außenhandels innerhalb der »Schlange« – und damit zu relativ festen Kalkulationsgrundlagen – abwickelten. In den größeren Ländern, und hier besonders in der Bundesrepublik, stand der Gedanke der Wirtschafts- und Währungsunion im Vordergrund. Eine Wirtschafts- und Währungsunion, wie sie der Werner-Plan vorsah, konnte nur dann gelingen, wenn sich die Länder der Gemeinschaft zu einer abgestimmten Wirtschafts- und Währungspolitik bereit fanden. Mit dem Festhalten an der »Schlange« verband man die Hoffnung, daß der Wunsch der Mitgliedsländer, sich in diesem Wechselkurssystem halten zu können, sie zu einer gemeinsamen Wirtschaftspolitik zwingen würde. Diese Hoffnung wurde jedoch enttäuscht. Die »Mini-Schlange« vegetierte, vielfach angefeindet, jahrelang als Symbolfigur der europäischen Währungsunion dahin.

Als man schon mit dem baldigen Dahinscheiden der »Schlange« rechnete, unternahmen Bundeskanzler Helmut Schmidt und der französische Staatspräsident Giscard d'Estaing auf dem EG-Gipfeltreffen im Juli 1978 in Bremen einen erneuten Anlauf zu einer gemeinsamen europäischen Währungspolitik. Sie schlugen die Bildung des Europäischen Währungssystems (EWS) vor und hatten damit Erfolg. Am 13. März 1979 trat das Abkommen über das Europäische Währungssystem in Kraft.

Das Europäische Währungssystem

Teilnehmer am EWS sind alle Mitgliedsländer der Europäischen Gemeinschaft (EG). An dem Kern des EWS, dem Wechselkursmechanismus, nahm Italien zu Sonderbedingungen und Großbritannien überhaupt nicht teil. Anfang der neunziger Jahre waren 10 der mittlerweile 12 EG-Mitgliedsländer EWS-Teilnehmer. Spanien darf die Peseta gegenüber den anderen EWS-Währungen stärker schwanken lassen. Großbritannien gab erst 1990 seinen Widerstand gegen die Teilnahme am EWS-Wechselkursverbund auf. Portugal und Griechenland verfügten Anfang der neunziger Jahre noch über keine teilnahmefähigen Währungen.

Das EWS baut im wesentlichen auf den Merkmalen der alten »Schlange« auf. Neu eingeführt wurde die Europäische Währungseinheit. Ihre Abkürzung ECU (European Currency Unit) ist zugleich eine Verbeugung vor Frankreich, da ECU (Taler) der Name einer mittelalterlichen französischen Goldmünze war. Mit der ECU kann man direkt keine Waren und Dienstleistungen kaufen; sie ist eine Kunstwährung, die sich aus einem Währungskorb zusammensetzt. Ende 1989 bestand ein ECU aus: 0,624 DM, 1,33 Französischen Francs, 0,0878 Pfund Sterling, 0,219 Holländischen Gulden, 151,8 Italienischen Lire, 3,30 Belgischen Francs, 0,197 Dänischen Kronen, 0,00855 Irischen Pfund, 6,885 Spanischen Peseten, 1,393 Portugiesischen Escudos und 1,44 Griechischen Drachmen. Will man nun den Wert einer Währung, zum Beispiel der D-Mark, gegenüber der ECU wissen, muß man die Währungsanteile der ECU mit den gültigen Wechselkursen umrechnen und addieren. So war Ende der achtziger Jahre ein ECU rund 2,07 DM wert. Im EWS dient die ECU als Bezugsgröße für den Wechselkursmechanismus, als Abweichungsindikator, als Rechengröße für Transaktionen im Interventions- und Kreditmechanismus sowie als Instrument für den Saldenausgleich zwischen den Zentralbanken. Daneben hat sich die Kunstwährung ECU mittlerweile auf den europäischen Kapitalmärkten einen festen Platz erobert. Zahlreiche Anleihen werden in ECU emittiert, um so das Kursrisiko zu verringern.

Das EWS ist ein Festkurssystem, in dem zwischen den Währungen der Teilnehmerländer bilaterale Leitkurse festgelegt werden, um die Währungen dann innerhalb einer Bandbreite von höchstens plus/minus 2,25 Prozent (Spanien ±6 Prozent) schwanken dürfen. Die Zentralbanken der EWS-Länder sind verpflichtet, die Kurse innerhalb der festgelegten Bandbreite durch Interventionen in den Währungen der Teilnehmerländer zu verteidigen. Erhöht sich z.B. der Kurs des Französischen Francs über den zulässigen oberen Wert, weil mehr Franc nachgefragt werden, muß die Bundesbank so lange Franc kaufen und die Französische Zentralbank verkaufen, bis der Kurs wieder innerhalb der Bandbreite liegt.

Mit dem EWS sollte eine stabile Währungszone in Europa geschaffen werden. Nach über zehn Jahren EWS, in denen es zwar viele Leitkursänderungen und Friktionen gab, kann das Experiment EWS als weitgehend gelungen bezeichnet werden. Die Teilnehmerländer waren bestrebt, ihre Wirtschaftspolitik aufeinander abzustimmen; die Unterschiede in den Inflationsraten der Länder konnten verringert werden. Die D-Mark erwies sich als Stabilitätsanker des Systems. Eine Reihe von Experten bezeichnete das EWS sogar als D-Mark-Block. Dies war ein großer Erfolg bundesdeutscher Wirtschafts- und Währungspolitik.

Die insgesamt positiven Erfahrungen mit dem EWS ermutigten Pläne, die europäischen Staaten noch enger zusammenzukoppeln. 1989 beschlossen die europäischen Staaten, stufenweise eine Europäische Wirtschafts- und Währungsunion einzuführen. Die bereits zuvor beschlossene Einführung eines Europäischen Binnenmarktes Ende 1992 wäre damit abgerundet. Die EG-Länder würden dann einen einheitlichen Wirtschaftsraum, mit zuletzt einer einzigen Währung, für die eine Europäische Zentralbank die Verantwortung hätte, bilden. Bis dahin sind aber noch viele Hindernisse zu überwinden, bedeutet die Wirtschafts- und Währungsunion doch, daß die EG-Länder ihre wirtschaftspolitischen Kompetenzen aufgeben und an eine zentrale europäische Wirtschafts- und Währungsinstanz abtreten müssen.

Ungeachtet der existierenden Probleme beschloß der Europäische Rat, das höchste Entscheidungsgremium der EG, bereits zum 1. Juli 1990 in die erste Stufe auf dem Wege zur Wirtschafts- und Währungsunion einzutreten. In dieser ersten Stufe soll erreicht werden: die vollständige Umsetzung des Binnenmarktes bis Ende 1992, dabei bereits ab dem 1. Juli 1990 die Liberalisierung des Kapitalverkehrs und die Schaffung eines gemeinsamen Finanzmarktes, die Stärkung der wirtschafts- und währungspolitischen Zusammenarbeit im Rahmen des Europäischen Ministerrats und des Rats der EG-Zentralbankgouverneure und schließlich die Einbeziehungen aller EG-Währungen in das EWS. Daneben sollen die Beratungen über die Einführung einer Europäischen Zentralbank weitergeführt werden.

Die D-Mark als gesamtdeutsche Währung

Als erster Schritt auf dem Wege zur Vereinigung der beiden deutschen Staaten trat am 2. Juli 1990 die Deutsche Wirtschafts- und Währungsunion in Kraft. Die D-Mark wurde damit auch in der DDR gesetzliches Zahlungsmittel. Die Steuerung der Geldversorgung der DDR fiel in die Kompetenz der Deutschen Bundesbank. Die Währungsunion war in der Bundesrepublik nicht unumstritten, da sie für viele Betriebe in der DDR erhebliche Härten bedeutet. Die zumeist wenig produktiven DDR-Unternehmen wurden praktisch »über Nacht« dem harten Konkurrenzkampf mit bundesdeutschen Betrieben ausgesetzt. Politisch gab es jedoch keine Alternative zur Währungsunion, da andernfalls starke Übersiedlerströme aus der DDR die Bundesrepublik überflutet hätten.

ANKE FUCHS

Unser Weg zum Sozialstaat

Die Bundesrepublik Deutschland ist nach Artikel 20 des Grundgesetzes ein demokratischer und sozialer Bundesstaat; in Artikel 28 wird sie als »sozialer Rechtsstaat« bezeichnet. Zwingend ist damit festgelegt, daß staatliche Politik Leben, Würde und Freiheit des einzelnen Vorrang vor anderen Zielen einzuräumen hat. Dies ist keine unverbindlich-abstrakte Floskel, sondern ein dauerhafter Auftrag an den – auch im Entstehen begriffenen gesamtdeutschen – Staat, für eine gerechte Sozialordnung zu sorgen.

Offen bleibt allerdings, auf welchem Weg dieser Auftrag des Grundgesetzes zu verwirklichen ist, und je nach politischer Richtung wird er auch unterschiedlich interpretiert.

Die Unterschiede zwischen den konservativen und den sozialdemokratischen Vorstellungen von Sozialstaat werden deutlich, wenn man die inzwischen über 100jährige Geschichte der Sozialpolitik betrachtet. Für Bismarck waren gesellschaftsverändernde Ziele der Arbeiterbewegung noch staatsfeindlich. Das Grundgesetz jedoch öffnet den Weg für Gesellschaftsveränderungen im Rahmen der demokratischen Spielregeln. Damit werden die gesellschaftsverändernden Ziele der Arbeiterbewegung respektiert – ein wichtiger Meilenstein in der historischen Entwicklung unseres Landes überhaupt und ein großer Erfolg der deutschen Arbeiterbewegung.

Der Weg zum Sozialstaat

Heute ist eine breite Zustimmung zum Sozialstaat in der Bevölkerung vorhanden; aber der Weg zum Sozialstaat war dornenreich. Seine Geburtsstunde erlebte er mit der Thronrede Kaiser Wilhelms I. vom 17. November 1881. Der Kaiser kündigte darin den Entwurf eines Gesetzes an, das Arbeiter gegen Betriebsunfälle sichert. Es folgten 1883 die Krankenversicherung für Arbeiter, 1884 die Unfallversicherung und 1889 die Invaliden- und Altersversicherung. Allerdings war »sozialer Konsens« damals noch ein Fremdwort. Seit 1871 wurden Sozialdemokraten als »Reichsfeinde« abgestempelt und durch das Sozialistengesetz von 1878 in die Illegalität getrieben. Sozialrechtliche Neuerungen – so Kaiser Wilhelm I. am 15. Februar 1881 – sollten als »eine Vervollständigung der Gesetzgebung zum Schutze gegen sozialdemokratische Bestrebungen willkommen sein«.

Die Sozialversicherung war in ihren Anfängen zudem unzureichend, sie half den Arbeitern in Notsituationen in sehr engem Rahmen. Arbeitszeiten bis zu 16 Stunden täglich, mangelhafte Ernährung, heute kaum noch vorstellbare Wohnverhältnisse und die weitverbreitete Kinderarbeit bedrohten tagtäglich das Leben großer Teile der Bevölkerung.

Trotz dieses Elends gab es um die Möglichkeit, ja die Notwendigkeit, die Lebenslage der arbeitenden Menschen zu verbessern, kontroverse Diskussionen. Liberale Professoren wie Adolph Wagner, Gustav von Schmoller, Lujo von Brentano und andere kritisierten die Ausbeutung der Arbeiter. Der Staat, so die Auffassung jener »Kathedersozialisten«, sollte die Lage der Arbeiter verbessern helfen. Sie forderten Produktivassoziationen (genossenschaftlich organisierte Betriebe), Gewinnbeteiligung, Lohnerhöhungen, Verkürzung der Arbeitszeit, Steuerreform, Fabrikgesetzgebung, Arbeiterversicherungswesen und Arbeiterschutz, aber auch Verbesserung der Wohnverhältnisse und Konsumvereine. Der Staat, so Adolph Wagner, habe die Pflicht und Schuldigkeit, Gegensätze zu mildern.

In der Arbeiterbewegung wurde die Sozialversicherung zunächst als unzureichend angesehen. Die Forderungen konzentrierten sich auf den Schutz der Arbeiter und auf die Verbesserung der materiellen Situation. Und immer wieder wurde gefordert, »... bei allen auf die ökonomische Lage des Volkes gerichteten Vorschlägen, gleichviel, welchen Motiven sie entspringen, die Interessen der Arbeiterklasse energisch wahrzunehmen«.

Ganz anders sah es bei Konservativen und Nationalliberalen aus. Sie lehnten die Sozialversicherung sogar in ihren bescheidenen Anfängen und trotz des Elends der Arbeiterschaft ab. Viele Unternehmer-Patriarchen witterten »Staatssozialismus« und fürchteten um ihre Macht.

Politischer Kampf bis zum heutigen Tag

Vom Beginn der Bismarckschen Krankenversicherung bis zum Ausbau der Sozialgesetzgebung, wie sie heute besteht, ist sozialpolitischer Fortschritt von heftigen Auseinandersetzungen geprägt gewesen.

Jahrzehntelang wurde soziale Sicherheit vor allem als wirtschaftliche Sicherung für sozial schwache Gruppen verstanden. Die Erfahrungen zeigen jedoch, daß die wirtschaftliche Absicherung der Wechselfälle des Lebens, wie etwa Krankheit, Pflegebedürftigkeit, Invalidität, Arbeitslosigkeit und Alter, ein Problem der Gesellschaft insgesamt ist. In einer Gesellschaft, in der die Lebensgrundlage in der Regel nur durch Erwerbseinkommen erzielt und gesichert wird, kann der Status des einzelnen bei vorübergehendem oder dauerhaftem Wegfall dieses Einkommens nur durch Solidargemeinschaften abgesichert werden.

Sozialdemokraten haben sich die Aufgabe, ihr Gesellschaftsbild zu konkretisieren, nie leichtgemacht. Es ist kein Zufall, daß sich die deutsche Sozialdemokratie nach zwölf Jahren nationalsozialistischer Willkürherrschaft erneut zu den Grundwerten Freiheit, Gerechtigkeit und Solidarität bekannte. Die bitteren Erfahrungen unter Hitler hatten viele für die zentrale Frage der Politik, die Frage nach den Voraussetzungen für Menschlichkeit und menschenwürdiges Leben, sensibel gemacht. Mit ihrem Bekenntnis zu den Grundwerten Freiheit, Gerechtigkeit und Solidarität hat die SPD Maßstäbe für die Politik gesetzt, die sie in ständiger Auseinandersetzung mit den Verhältnissen in der Gesellschaft immer wieder neu zu verwirklichen sucht. Dazu gehört, daß Freiheit nur möglich ist, wenn die politischen Freiheiten, z. B. die Meinungs-, Presse-, Versammlungs- und Koalitionsfreiheit, für alle gegeben sind. Freiheit ist für Sozialdemokraten aber auch materielle Freiheit, die Freiheit von Armut, von Arbeitslosigkeit, von finanzieller Not bei Krankheit.

Demgegenüber steht die Forderung der Konservativen und Wirtschaftsliberalen nach mehr Markt und weniger Staat: Freiheit und Gerechtigkeit seien nur in hohem Maße erreichbar, wenn dem Marktgesche-

Die Bismarcksche Sozialgesetzgebung scheiterte in ihrer politischen Intention, der Sozialdemokratie den Wind aus den Segeln zu nehmen. Die Arbeiterschaft war trotz gesellschaftlich positiv zu bewertender Arbeiterversicherungspolitik nicht bereit, auf eigene politische Organisationen, auf Selbsthilfe und Mitbestimmung zu verzichten. Man wollte sich nicht mit Almosen abspeisen lassen. »Segen der Alters- und Invalidenversicherung«, Holzstich 1885.

hen die größtmögliche Freiheit eingeräumt würde. Mit dem Wahlsieg der CDU 1949 wurden die entscheidenden Weichen für diese neoliberale Konzeption der freien Marktwirtschaft gestellt. Und so wurde in den ersten Jahren der Nachkriegszeit wieder deutlich, daß sich die Vorstellungen der Sozialdemokraten nicht nur über den geeigneten Weg, sondern auch über die Inhalte von Freiheit und Gerechtigkeit, von den Vorstellungen der ersten Bundesregierung unterschieden. Das unterschiedliche Gesellschaftsbild hat sich seitdem nicht geändert.

Der dogmatisch-neoliberale Ballast, mit dem das überkommene und zunächst nur halbherzig weiterentwickelte Netz sozialer Sicherung seinerzeit von CDU und FDP befrachtet wurde, konnte von der SPD nicht völlig beseitigt werden. Von den sozialdemokratisch geführten Bundesregierungen unter Willy Brandt und Helmut Schmidt ist zwar der Gegensatz zwischen dem sozialstaatlichen Verfassungsauftrag und der gesellschaftlichen Wirklichkeit deutlich verringert worden. Vor allem in der Gesundheitsvorsorge, der Humanisierung des Arbeitslebens, der Behindertenpolitik, in der Altersversorgung und im Arbeitsrecht wurden neue Wegmarkierungen gesetzt. Für eine Reihe der noch ungelösten Probleme aber fehlten klare politische Mehrheitsverhältnisse.

Die pragmatische Durchsetzung sozialdemokratischer, grundwertebezogener Vorstellungen vom Sozialstaat hatte stets Widerstände zu überwinden, die zudem mit steigenden wirtschaftlichen Schwierigkeiten seit Mitte der siebziger Jahre noch zunahmen. Hinter diesen Widerständen steckten nicht nur unterschiedliche Vorstellungen über den geeigneten Weg zu Freiheit, Gerechtigkeit und Solidarität, sondern grundlegend verschiedene Auffassungen über die Inhalte dieser Grundwerte selbst. Die ständigen Auseinandersetzungen etwa über Mitbestimmung, über Wirtschaftlichkeit und Wirksamkeit in der Gesundheitspolitik oder über die Finanzierung von Beschäftigungsprogrammen sind Beispiele hierfür. Sie zeigen, daß sich hinter den vorwiegend ordnungspolitisch begründeten Widerständen nicht selten handfeste Interessen verbergen.

Denn seit die weltweiten Wirtschaftsturbulenzen in der zweiten Hälfte der siebziger Jahre auch die Bundesrepublik erfaßt hatten, wurde nach grundlegender Neuorientierung von denen gerufen, die ihren Frieden mit dem Sozialstaat niemals gemacht haben. Finanzielle Engpässe, die als Folge schrumpfender Wirtschaftsaktivität in den öffentlichen Haushalten aller Industrieländer gleichermaßen zu beobachten waren, wurden bei uns von einigen zur Krise des Sozialstaats hochstilisiert. Wie seit eh und je wurde behauptet, der Sozialstaat habe die Leistungs- und Investitionsanreize der Unternehmen und damit den zentralen Motor für Produktion und Beschäftigung gelähmt.

Andere – vor allem Gewerkschafter und Sozialdemokraten – schätzten die Selbstheilungskräfte des Marktes dagegen skeptisch ein. Spätestens aus den Erfahrungen der Weltwirtschaftskrise von 1930/31 haben wir gelernt, daß Vollbeschäftigung ohne staatliche Intervention in den Wirtschaftskreislauf eher dem Zufall überlassen bleibt. Auch die Beschäftigungsentwicklung seit Mitte der siebziger Jahre hat gezeigt, daß der Markt nur zu dem sehr hohen Preis der Arbeitslosigkeit in der Lage ist, sich an abrupte Veränderungen in der Weltwirtschaft, an steigende Ölpreise, an international gestiegene Zinssätze und Nachfrageausfälle anzupassen. Vor allem aber entspricht es den Erfahrungen seit Beginn des Industriezeitalters, daß die leistungs- und kapitalorientierten Verteilungskriterien des Marktes von Gerechtigkeit weit entfernt sind.

Mitbestimmung als vordringliches Ziel

Bereits die kontroversen Positionen bei der Regelung der Montanmitbestimmung Anfang der fünfziger Jahre haben deutlich gemacht, daß die konservativen und neoliberalen Parteien paritätische Mitbestimmung und freie Marktwirtschaft im Grunde als unvereinbare Gegensätze auffassen. Die ersten Gesetzentwürfe der damaligen Bundesregierung stellten die schon seit 1947/48 in der Stahlindustrie auf freiwilliger Basis praktizierte paritätische Mitbestimmung grundlegend in Frage. Erst nach entschlossenen, massiven Streikvorbereitungen konnte die Position der Gewerkschaften – unterstützt von der SPD – mit dem Montanmitbestimmungsgesetz von 1951 weitgehend verwirklicht werden.

Für Sozialdemokraten gehörte die Weiterentwicklung der Mitbestimmung immer zu den vordringlichsten Zielen. Grundwertebezogene Politik heißt für Sozialdemokraten auch Verwirklichung des demokratischen Prinzips. Ohne Teilnahme an der Willensbildung gibt es keine Selbstbestimmung. Mitbestimmung ist Voraussetzung für die demokratische Kontrolle wirtschaftlicher Macht. Der Kampf der Arbeiterbewegung war stets auch ein Kampf für konkrete Entfaltungsmöglichkeiten am Arbeitsplatz. Obwohl die SPD 1969 in ein Regierungsbündnis mit einer Partei eingetreten ist, die sich in den fünfziger Jahren als Mitbestimmungsgegner erwiesen hatte, konnte mit dem Betriebsverfassungsgesetz von 1972 und dem Mitbestimmungsgesetz von 1976 ein wegweisender Fortschritt erzielt werden. In über 36 000 Betrieben nehmen heute Betriebsräte ihre Mitbestimmungs-, Beratungs- und Informationsrechte wahr. Etwa 4 Millionen Arbeitnehmer wählen heute ihre Vertreter in die Aufsichtsräte der großen Kapitalgesellschaften. Wichtig ist nunmehr, daß die Mitbestimmung auch den Erfordernissen entsprechend fortentwickelt wird, die durch neue technische Entwicklungen entstanden sind.

Wer in dieser Entwicklung einen Widerspruch zu marktwirtschaftlichen Prinzipien sieht oder der Forderung nach paritätischer Mitbestimmung sogar einen Beigeschmack von Verfassungswidrigkeit zuordnet, verkennt die Bedeutung, die Mitbestimmung bei der Bewältigung des technischen, ökonomischen und gesellschaftlichen Wandels hat. Mitbestimmung im Arbeits- und Wirtschaftsleben fördert nicht Klassenkampf und Alleinherrschaft, sondern Kooperation und Mitverantwortung.

Von der Erweiterung der Mitbestimmung wird nicht nur abhängen, ob die »alten« sozialen Fragen der neunziger Jahre die soziale Auseinandersetzung verschärfen werden oder ob sie weiterhin kooperativ gelöst werden können. Entscheidend ist vielmehr auch, ob die »neue« soziale Frage, die Herstellung einheitlicher Lebensverhältnisse im vereinten Deutschland, sowohl für die Arbeitnehmerinnen und Arbeitnehmer im »Westen« als auch für die im »Osten« gerecht gelöst werden kann. Dazu ist dringend erforderlich, unsere Mitbestimmungsregelungen weiter zu verbessern.

Mehr Solidarität

Der Solidaritätsgedanke, der den Sozialversicherungen zugrunde liegt, hat für Sozialdemokraten einen anderen, umfassenderen Sinn als in der ursprünglichen Bismarckschen Sozialgesetzgebung. Mit seinem Zugeständnis, den Risiken Krankheit, Arbeitslosigkeit und Erwerbsunfähigkeit in Solidargemeinschaften entgegenzutreten, verfolgte Bismarck zugleich das Ziel, die Arbeiterbewegung zu schwächen. Dies konnte ihm nicht gelingen, weil es in der Gesellschaft insgesamt keine alle Schichten und Klassen umfassende Solidarität gab: Die Solidarität der Sozialversicherten beschränkte sich jeweils auf die Existenzsicherung der eigenen Gruppe.

Für die erste Bundesregierung hatten die marktwirtschaftlich orientierten Prinzipien der Eigenverantwortung und Leistung Vorrang vor dem Solidaritätsgedanken. So war es nur konsequent, daß die Bundesregierung 1952 das Arbeitslosenversicherungsrecht aus dem Jahre 1927 übernahm, das auf dem Versicherungsprinzip beruht.

Bereits 1930/31 hatten die Wirkungen der Weltwirtschaftskrise aber gezeigt, daß der reine Versicherungsweg in diesem Bereich bei hoher und andauernder Arbeitslosigkeit sehr schnell überstrapaziert ist. Bereits seinerzeit mußten die Beitragssätze stark angehoben und die Leistungen drastisch reduziert werden. An dieser extremen ökonomischen Anfälligkeit der Arbeitslosenversicherung hat sich bis heute nichts geändert.

Das im Grunde gesamtgesellschaftlich zu verantwortende Risiko Arbeitslosigkeit auf der Grundlage des Versicherungsprinzips in den Griff zu bekommen, ist heute sogar noch fragwürdiger geworden als zur Zeit der Weltwirtschaftskrise. Die Entwicklung dieses Versicherungszweiges zu einem Instrument der Arbeitsmarktpolitik entspricht den Interessen der Gesamtgesellschaft. Die Finanzierung dieser Aufgaben der Allgemeinheit zu übertragen wäre deshalb folgerichtig, sachgerecht und vor allem sozial gerecht. Drastische Leistungskürzungen dagegen sind für Gewerkschafter und Sozialdemokraten keine angemessene Antwort auf wirtschaftliche und finanzielle Schwierigkeiten. Leistungskürzungen widersprechen dem Prinzip der Solidarität, das auch die Beamten und Selbständigen einbezieht. Und dies sind immerhin mehr als ein Fünftel aller Erwerbstätigen.

Die Auffassungen der SPD von Solidarität und Gerechtigkeit haben unser Sozialversicherungssystem besonders seit Ende der sechziger Jahre geprägt. Das Lohnfortzahlungsgesetz 1969, die Einführung der flexiblen Altersgrenze und der Rente nach Mindesteinkommen 1972, die Leistungsverbesserungen zur Rehabilitation Behinderter 1974, die Einführung des Mutterschaftsurlaubs 1979 und die Einbeziehung weiterer Personengruppen in die Sozialversicherung kennzeichnen die Richtung dieser Politik. Vor 1969 waren nur die Renten der gesetzlichen Renten- und Unfallversicherung dynamisiert. Heute sind fast alle Sozialleistungen an die Lohn- und Gehaltsentwicklung der Beschäftigten gekoppelt. Die Sozialversicherung, ursprünglich als Selbsthilfeeinrichtung zur Existenzsicherung Schutzbedürftiger eingeführt, umfaßt heute den Schutz breiter Schichten vor finanzieller Not sowie die Aufrechterhaltung ihres Lebensstandards. So war z. B. vor hundert Jahren die Rentenversicherung der schwächste Teil der Sozialversicherung. Heute erfaßt sie fast alle Bevölkerungsteile. Nicht nur Angestellte und Handwerker wurden in die Rentenversicherung einbezogen, sie wurde auch für Selbständige und Nichterwerbstätige, besonders für Hausfrauen, geöffnet.

Zu Beginn der achtziger Jahre zeigte sich als Folge der neuerlichen Wirtschaftskrise, daß der Konsens über den Sozialstaat insgesamt brüchig ist. Trotz heftiger Auseinandersetzungen über den Weg galt der Konsens für Schönwetterzeiten, in denen es Zuwachs zu verteilen gab. Er zer-

Von einer drastischen Verkürzung der Arbeitszeit erhoffen sich die Gewerkschaften mehr Arbeitsplätze: Der Kampf um die 35-Stunden-Woche spielte in den Tarifauseinandersetzungen der achtziger Jahre die zentrale Rolle (Kundgebung der IG Metall in Bonn). Im Frühjahr 1990 konnten IG Metall und IG Medien die 35-Stunden-Woche – mit Stufenplänen – durchsetzen.

brach an alten politischen Kontroversen bei dem Versuch, das Netz der sozialen Sicherung finanziell zu konsolidieren und der Arbeitslosigkeit entgegenzutreten. Das Ende der sozial-liberalen Koalition 1982 war der Anfang substantieller Einschnitte in das soziale Sicherungssystem. Mit Sozialleistungskürzungen und Abbau von Arbeitnehmerrechten versucht die konservativ-liberale Bundesregierung seit Ende 1982 die »Selbstheilungskräfte« des Marktes zu mobilisieren.

Für Sozialdemokraten und Gewerkschaften ist dies der falsche Weg. Die finanzielle Stabilisierung unserer sozialen Sicherungssysteme muß dem Ziel sozialer Gerechtigkeit und zugleich dem technisch bedingten Strukturwandel der Wirtschaft stärker Rechnung tragen. So kann nicht hingenommen werden, daß Unternehmen, die Arbeitsplätze durch Maschinen ersetzen, aus ihrer Verantwortung für die Finanzierung der sozialen Sicherung entlassen werden. Sozialdemokraten fordern deshalb, den Arbeitgeberbeitrag nicht mehr an der Lohnhöhe, sondern an der Wertschöpfung der Unternehmen zu bemessen.

Und vor allem: Der Sprengstoff der Arbeitslosigkeit, die gewaltigen Umwälzungen durch Mikroelektronik und Gentechnik vertragen keine Umkehr zum Sozialstaat der fünfziger Jahre. Im Gegenteil: Die Solidarität aller Gruppen ist notwendiger als je zuvor. Ohne die Solidarität aller Erwerbstätigen mit den Arbeitslosen werden die bedrückenden Beschäftigungsprobleme nicht zu lösen sein. Zugleich spitzt sich die Umweltkrise immer dramatischer zu. Die Verschmutzung und Belastung von Luft, Wasser und Boden haben dazu geführt, daß unsere natürlichen Lebensgrundlagen ernsthaft gefährdet sind und eine weltweite Klimakatastrophe droht – mit unabsehbaren Folgen für Menschen, Tiere und Pflanzen.

Diese beiden zentralen Probleme – Arbeitslosigkeit und Umweltkrise – erfordern große politische Anstrengungen. Sozialdemokraten sind der Auffassung, daß gerade im Bereich Umweltschutz zahlreiche neue Arbeitsplätze geschaffen werden müssen. Der ökologische Umbau der Industriegesellschaft trägt zum Schutz unserer Umwelt bei und schafft neue Arbeitsplätze. Wir halten es außerdem für menschenunwürdig und zugleich für ökonomisch unsinnig, die Arbeitslosigkeit von nahezu 2 Millionen Menschen Jahr für Jahr mit ca. 60 Milliarden DM zu finanzieren, gleichzeitig aber dringend notwendige Arbeitsfelder – im Dienstleistungs-, Bildungs-, Gesundheits- und Umweltbereich – brachliegen zu lassen. Unter arbeitsmarktpolitischen Gesichtspunkten und aus Gründen der Humanisierung der Arbeit sowie der Vereinbarkeit von Familien- und Berufsleben sind darüber hinaus weitere Kürzungen und eine freiere Gestaltung der Arbeitszeit unverzichtbar.

Sozialstaat heißt soziale Verpflichtung für alle. Nur wenn alle diese Verantwortung ernst nehmen, werden wir unser soziales Netz auch in wirtschaftlich schwierigen Zeiten bewahren können. Wenn sich die Phantasie der Konservativen und Neoliberalen in der Forderung nach Selbstbeteiligung an den Krankheitskosten, nach Kürzungen des Arbeitslosengeldes, der Sozialhilfe und der Lohnfortzahlung bei Krankheit erschöpft, so kommt darin die Kluft zwischen ihrem und unserem Weg zum Sozialstaat zum Ausdruck.

Die deutsche Einheit im Prozeß der gesamteuropäischen Integration wird die gesellschaftlichen Konflikte verschärfen, wenn der Strukturwandel in Ostdeutschland nicht wirtschaftlich und sozial verträglich abläuft und die Kosten der Einheit denen zugemutet werden, die zu den sozial Benachteiligten gehören. Zielorientierte, vorausschauende und vorbeugende Sozialpolitik ist gerade jetzt ein Gebot wirtschaftlicher Vernunft, ja die Voraussetzung für den Erhalt und die Herstellung ökonomischer Stabilität im Westen und im Osten. Man stelle sich vor: Zwei Millionen registrierte Arbeitslose im Westen, ein bis drei Millionen im Osten, annähernd sechs Millionen Westdeutsche, die unter der Armutsgrenze leben, und eine noch nicht abschätzbare Zahl in Ostdeutschland – dies alles widerspräche elementar der sozialen Verpflichtung der Marktwirtschaft. Die Prinzipien von Leistung und Eigenverantwortung einerseits und Solidarität andererseits sind nur in ihrer gegenseitigen Ergänzung sinnvoll. Erst dadurch wirkt das Spannungsverhältnis zwischen Marktwirtschaft und Sozialstaat nicht zerstörerisch, sondern produktiv, und nur in dieser Verbindung ist der Übergang von einer zentralen Plan- in eine Marktwirtschaft so zu gestalten, daß nicht Millionen Menschen in die Armut abgedrängt werden und gleichzeitig Milliarden Beträge für die Finanzierung dieser Armut ausgegeben werden müssen.

Auf das Verantwortungsbewußtsein aller ist der Sozialstaat angewiesen. Der Sozialstaat ist deshalb nur im Kampf um Solidarität zu verwirklichen. Für diesen Weg wird die SPD auch in Zukunft ringen.

OTTO G. MAYER

Das soziale Netz

Nach den Vorstellungen der Schöpfer der Sozialen Marktwirtschaft soll ein möglichst hohes Wachstum »Wohlstand für alle« schaffen; Vollbeschäftigung jedem Arbeitsfähigen und Arbeitswilligen einen Arbeitsplatz gewährleisten; sollen »jenseits von Angebot und Nachfrage« (Wilhelm Röpke) soziale Sicherheit und soziale Gerechtigkeit durchgesetzt, Schwache geschützt und Macht begrenzt werden.

Was ist von diesen Wünschen geblieben, was ist in Erfüllung gegangen?

Wohlstand für alle?

Die Schwierigkeiten der gegenwärtigen Zeitläufte dürfen uns nicht den Blick für die Erfolge trüben: Die Bundesrepublik ist die viertgrößte Industrienation der Welt geworden (nach den USA, der UdSSR und Japan), ist zusammen mit den USA die größte Handelsnation, erzielt in Europa das höchste Bruttosozialprodukt und liegt, gemessen am Pro-Kopf-Einkommen, unter den ersten fünf, sechs Nationen dieser Welt (vgl. auch Wolfgang Wetter/Otto G. Mayer, Die außenwirtschaftliche Position der Bundesrepublik, S. 412).

In absoluten Zahlen gemessen ist das Volkseinkommen je Einwohner der Bundesrepublik von 4353 DM 1960 (1950: 1674 DM) auf rund 27 000 DM gegen Ende der achtziger Jahre gestiegen. Die Erwerbstätigen erzielten 1988 im Durchschnitt Einkommen pro Kopf (1950: 3926 DM; 1960: 9148 DM) von rund 63 000 DM.

Der größte, im Lauf der Zeit gestiegene Teil des Volkseinkommens entfällt auf das Einkommen aus unselbständiger Arbeit (Lohnquote). Betrug der Anteil 1960 noch 60,1 Prozent (1950: 58,1 Prozent), war er 1988 auf nahezu 68 Prozent gestiegen.

Nun sagen diese globalen Zahlen nicht allzuviel darüber aus, was den Haushalten tatsächlich für ihren privaten Verbrauch und ihre Ersparnisse zur Verfügung steht. Einerseits müssen sie Steuern und Sozialversicherungsbeiträge zahlen, andererseits erhalten sie Übertragungen vom Staat in Form von sozialen Leistungen, Renten usw. Das verfügbare Einkommen hat trotz steigender Sozial- und Steuerbelastung immer noch bemerkenswert zugenommen. Im Durchschnitt betrug das verfügbare Einkommen pro Jahr und beschäftigtem Arbeitnehmer 1950 2551 DM und über 26 000 DM im Jahre 1988.

Gerechte Verteilung?

Ist jedoch das Einkommen auch *gerecht* verteilt? Eine solche Frage kann kaum beantwortet werden. Denn: Was ist ein gerechter Lohn, was ein gerechtes Gehalt? Festgehalten werden kann jedoch, daß die Einkommen *ungleich* verteilt sind. Ende der achtziger Jahre erzielten laut Steuerstatistik rund 85 Prozent aller Erwerbstätigen ein Monatseinkommen bis zu 3000 DM und 15 Prozent ein Einkommen, das darüber lag. Von den Selbständigen erzielten allein über 40 Prozent ein Einkommen von mehr als 3000 DM.

Diese ungleiche Einkommensverteilung schlägt sich allerdings kaum augenfällig in der Ausstattung der verschiedenen Haushalte mit langlebigen Verbrauchsgütern nieder: Fernsehgeräte, Kühlschränke, Autos besitzt heute die überwiegende Zahl der Haushalte, gleich, ob es sich um Selbständigen- oder Arbeiterhaushalte handelt. Sogar bei Wohnwagen ist kaum ein Unterschied festzustellen.

Niedergeschlagen hat sich freilich die ungleichmäßige Einkommensverteilung in der Vermögensverteilung; denn Vermögensbildung setzt Einkommen voraus. Zwar weist fast jeder Haushalt Sparbücher auf, und nahezu die Hälfte hat Haus und Grundbesitz, doch sagt dies wenig über die absolute Höhe der Vermögen aus.

Von den deutschen Ökonomen Wilhelm Krelle und Jürgen Siebke stammen z. B. die Angaben, daß Mitte der sechziger Jahre nur 1,7 Prozent aller Haushalte einen Anteil von 73,5 Prozent am gesamten Produktivvermögen (Vermögenswerte der Firmen) und von etwa 31 Prozent am Gesamtvermögen (zum Produktivvermögen kommen Wohneigentum, Spargutshaben u. ä. m. hinzu) hatten. Neuere Angaben der Berliner Horst Mierheim und Lutz Wicke für die siebziger Jahre halten folgendes fest: 56 Prozent der Haushalte verfügen nur über etwas mehr als 6 Prozent des gesamten Nettovermögens, während allein das eine Prozent der reichsten Haushalte über 26 Prozent besitzt.

Arbeitsplätze für alle?

Einkommen erzielen, Vermögen bilden und damit überhaupt eine gewisse Selbständigkeit erreichen, kann in der Regel nur derjenige, der einen Arbeitsplatz besitzt. Seit einigen Jahren kann davon in der Bundesrepublik nicht mehr für jeden die Rede sein. Nachdem man in den fünfziger Jahren die Arbeitslosenquote – 1950 betrug sie 11 Prozent – kontinuierlich hatte abbauen können, wurde Ende jenes Jahrzehnts die Vollbeschäftigung erreicht. In jenen Jahren mußte sogar auf ausländische Arbeitskräfte zurückgegriffen werden, um die Arbeitskräftenachfrage befriedigen zu können. In nahezu allen Wirtschaftsbereichen stellen sie zur Zeit einen erheblichen Teil der Arbeitskräfte. Nach über eineinhalb Jahrzehnten mehr oder weniger sicherer Arbeitsplätze für jeden, der arbeiten wollte und konnte, nahm seit 1975 die Arbeitslosenquote wieder zu und erreichte im Januar 1985 einen Wert von über 9 Prozent. Bis gegen Ende der achtziger Jahre nahm jedoch die Beschäftigtenzahl kontinuierlich zu. In den letzten Jahren wurden über 1 Million neuer Arbeitsplätze geschaffen. 1990 war die Arbeitslosenquote auf 7 Prozent zurückgegangen.

Zieht man ein kurzes Resümee aus den vergangenen Jahrzehnten, so läßt sich – gemessen an den Zielvorstellungen der Väter der Sozialen Marktwirtschaft – festhalten, daß tatsächlich Wohlstand auf breiter Front erreicht werden konnte, wenn auch nicht alle daran teilhatten und wenn auch nicht alle davon in gleicher Weise profitierten; auch ist es über Jahrzehnte hinweg gelungen, trotz riesiger Flüchtlings- und Vertriebenenströme die Arbeitslosigkeit zum Verschwinden zu bringen. Wenn heute ein nicht gerade kleiner Teil von Politikern und Wissenschaftlern die hohen Arbeitslosenzahlen der siebziger und der achtziger Jahre auch darauf zurückführt, daß jahrelang von den Pfaden marktwirtschaftlicher Tugenden abgewichen wurde, so kommt dies nicht von ungefähr. Aber auch die Menschen, die von diesen Fehlentwicklungen betroffen wurden, fallen nicht gänzlich ins Leere: Die Vorstellung des Vordenkers der Sozialen Marktwirtschaft, Alfred Müller-Armack, wonach »auf der Grundlage einer marktwirtschaftlichen Ordnung... ein vielgestaltiges und vollständiges System sozialen Schutzes errichtet werden« kann, wurde weithin verwirklicht, wie die vielfältigen Bestimmungen zum Schutz und zur Sicherheit nicht nur der Arbeitnehmer zeigen.

Arbeitnehmerschutz

Ausgangspunkt aller Regelungen, Gesetze und Maßnahmen zum Schutz der arbeitenden Menschen ist die Tatsache, daß sie als Arbeitleistende zur Herstellung von Gütern und zur Bereitstellung von Dienstleistungen eingesetzt werden: Der arbeitende Mensch ist – um es ganz deutlich zu sagen – auch ein »Mittel« zur Produktion. Vor allem ist er aber ein Mensch. Und daher muß verhindert werden, daß er als Produktionsfaktor zum reinen Instrument degradiert und auch so behandelt wird. Eine wichtige Aufgabe der Arbeitsordnung ist deshalb die Sorge, daß die Gesundheit und die Menschenwürde des Arbeitnehmers geschützt und die Arbeitsbedingungen nach Möglichkeit so gestaltet werden, daß die Entfaltung seiner Persönlichkeit auch und gerade am Arbeitsplatz gefördert wird.

Die Normen, die aufgestellt, und die Gesetze, die erlassen worden sind, um dies alles zu bewerkstelligen, füllen weit über tausend Seiten. Sie reichen im weiteren Sinne von den Grundrechtsartikeln des Grundgesetzes (Recht auf Gleichheit, Koalitionsfreiheit, Recht auf Freizügigkeit und Berufsfreiheit sowie die Grundsätze des sozialen Rechtsstaates), den Vorschriften über das Arbeitsverhältnis, über das Arbeitsrecht und über den Arbeitsschutz sowie das Tarifrecht bis hin zum Mitbestimmungsrecht und zum Arbeitsförderungsgesetz.

Alle diese Regelungen stammen durchweg aus diesem Jahrhundert. Im vorigen Jahrhundert wurden Arbeitsverhältnisse wie sonstige Privatverträge behandelt. Erst allmählich setzte sich die Erkenntnis durch, daß der Arbeitnehmende der schwächere Vertragspartner ist und daß diese Art von Vertragsfreiheit zu sozialen Mißständen führen kann.

Nach und nach wurden Vorschriften geschaffen, die dem Schutz der Arbeitnehmer dienen sollen. Letztlich hat dieses schrittweise Vorgehen dazu geführt, daß die heutige Vielfalt von Schutzbestimmungen entstanden ist.

Der Schutz der Gesundheit der Arbeitnehmer soll einmal dadurch gewährleistet werden, daß dem Arbeitgeber – vor allem durch die Gewerbeordnung – vorgeschrieben wird, den Arbeitsplatz so zu gestalten, daß der Arbeitende vor Gefahren für sein Leben und seine Gesundheit so weit wie möglich geschützt ist. Zum andern wird Arbeit nur in einem bestimmten Umfang und zu bestimmten Zeiten zugelassen und – wenn man an Kinder oder werdende Mütter denkt – auch nicht für jeden. All diese Regelungen sollen freilich nicht nur die Gesundheit der arbeitenden Menschen schützen, sondern ihnen auch eine angemessene Freizeit erlauben; denn Freizeit erst ermöglicht die persönliche Entfaltung durch Teilnahme am politischen, kulturellen und geistigen Leben. Schließlich leben wir nicht nur, um zu arbeiten; freilich soll-

Der Mensch ist nicht nur ein Produktionsmittel. Zur Menschenwürde gehören auch Sicherheit und Schutz der Gesundheit am Arbeitsplatz. Zugleich liegt es im wohlverstandenen Interesse eines Betriebs, daß das Unfall- und Berufsrisiko seiner Mitarbeiter so gering wie möglich ist. Zahlreiche Vorschriften und gesetzliche Regelungen dienen dem Arbeitnehmerschutz. Die Frau an der Metallstanze (oben) trägt einen Lärmschutz-Kopfhörer; auf Baustellen muß ein Helm aufgesetzt, bei Schweißarbeiten eine Schutzbrille getragen werden.

Der Kündigungsschutz

(1) Die Kündigung eines Arbeitnehmers, der das 18. Lebensjahr vollendet hat und der im selben Unternehmen länger als sechs Monate gearbeitet hat, ist unwirksam, wenn sie sozial ungerechtfertigt ist. Sozial ungerechtfertigt ist eine Kündigung, wenn der Grund für die Auflösung des Arbeitsverhältnisses nicht in der Person oder in dem Verhalten des Arbeitnehmers liegt oder wenn keine dringenden betrieblichen Erfordernisse einer Weiterbeschäftigung des Arbeitnehmers im Unternehmen im Wege stehen. Hält der Arbeitnehmer eine Kündigung für sozial ungerechtfertigt, kann er beim Betriebsrat (Personalrat) Einspruch einlegen oder das Arbeitsgericht anrufen.

(2) Werdende Mütter, Schwerbehinderte, Wehrpflichtige und Betriebsräte unterliegen einem besonderen, verstärkten Kündigungsschutz. Grund für den besonderen Kündigungsschutz für Betriebsräte ist die Notwendigkeit, ihnen die nötige Unabhängigkeit für die Ausübung ihres Amtes zu sichern und zu verhindern, daß ein Arbeitgeber unliebsame Betriebsratsmitglieder entläßt.

(3) Beim Arbeitsamt anzeigepflichtig unter Beifügung der Stellungnahme des Betriebsrates sind sog. Massenkündigungen, das heißt,
- wenn in Betrieben mit 21 bis 59 Beschäftigten mehr als fünf innerhalb von vier Wochen entlassen werden sollen,
- wenn in Betrieben mit 60 bis 499 Beschäftigten mehr als 10 Prozent innerhalb von vier Wochen entlassen werden sollen,
- wenn in Unternehmen mit 500 und mehr Beschäftigten mehr als 30 Arbeitnehmer innerhalb von vier Wochen entlassen werden sollen.

Solchen Kündigungen muß das Landesarbeitsamt zustimmen.

---

ten wir auch nicht nur arbeiten, um den Lebensunterhalt zu verdienen.

Da aber der Lebensunterhalt, vor allem der Lebensstandard, von einem Arbeitsplatz abhängt, ist der Arbeitnehmer meist in einer schwächeren Verhandlungsposition. Zwar liegt der Abschluß von Arbeitsverträgen generell in der Freiheit von Arbeitnehmer und Arbeitgeber, doch gibt es eine Reihe von Normen, die dabei eingehalten werden müssen. Damit soll die Abhängigkeit des Arbeitnehmers vom Arbeitgeber gemindert und er vor Willkür, Übervorteilung und Überforderung geschützt werden. Zu diesen Verpflichtungen gehört z. B. die Einhaltung der Tarifverträge, d. h., günstigere Bedingungen für den Arbeitnehmer dürfen vereinbart werden, aber keine schlechteren; dazu gehört die Mindesturlaubsregelung ebenso wie die Lohnfortzahlung und die Arbeitszeitordnung. Besonders wichtig für den Schutz des Arbeitsverhältnisses ist sicherlich das Kündigungsschutzgesetz, das für alle Arbeitnehmer gilt, die das 18. Lebensjahr vollendet haben und länger als sechs Monate ohne Unterbrechung im selben Unternehmen beschäftigt sind.

Eine besondere Bedeutung für den Schutz des Arbeitnehmers an seinem Arbeitsplatz kommt dem Tarifvertragsgesetz und den Mitbestimmungsregelungen zu. Beide sorgen dafür, daß der einzelne Arbeitnehmer nicht aus einer wirtschaftlich schwachen Position heraus um seinen Lohn und die sonstigen Arbeitsbedingungen verhandeln muß, sondern dies gewerkschaftlich organisiert tun kann (vgl. hierzu Klaus Kwasniewski, Kammern, Verbände und Sozialpartner, S. 397).

Ein Tarifvertrag »regelt die Rechte und Pflichten der Tarifvertragsparteien und enthält Rechtsnormen, die den Inhalt, den Abschluß und die Beendigung von Arbeitsverhältnissen sowie betriebliche und betriebsverfassungsrechtliche Fragen ordnen können« (§ 1 Tarifvertragsgesetz vom 9. April 1949). Das Gesetz sieht auch vor, daß der Bundesminister für Arbeit und Sozialordnung solche Arbeitnehmer und Arbeitgeber in den Tarifvertrag einbeziehen kann, die zwar nicht den Tarifvertragsparteien angehören, aber in den Geltungsbereich des Vertrages fallen. So können die Regelungen des Tarifvertrages als Mindestregelungen auf eine ganze Branche ausgedehnt werden.

Da es auf die Frage, in welcher Situation, unter welchen Bedingungen welche Lohnhöhe angemessen ist, keine eindeutige Antwort gibt, gehen naturgemäß die Vorstellungen und Interessen der beiden Tarifvertragsparteien auseinander. Um zu einem Tarifvertrag zu gelangen, muß daher über die zur Lösung stehenden Probleme verhandelt werden. Wird keine Einigung erzielt, kommt es in der Regel zum Kampf, d.h. zum Streik der gewerkschaftlich organisierten Arbeitnehmer und vielleicht als Antwort darauf zur Aussperrung (Aufhebung des Arbeitsverhältnisses) aller Arbeitnehmer des betroffenen Unternehmens oder der betreffenden Branche durch die Arbeitgeber (wobei zu beachten ist, daß Beamte kein Streikrecht haben). Zuvor müssen jedoch nach der Rechtsprechung des Bundesarbeitsgerichts alle Verhandlungsmöglichkeiten ausgeschöpft werden. Solange dies nicht der Fall ist, dürfen die Gewerkschaften nicht zur Urabstimmung aufrufen (Beachtung der Friedenspflicht). Im Gegensatz zur Weimarer Republik unterliegen die Tarifparteien aber weder einer Zwangsschlichtung noch sind sie verpflichtet, freiwillige Schlichtungsvereinbarungen zu treffen. Allerdings gibt es derartige Vereinbarungen in vielen Bereichen. Arbeitskämpfe wurden in der Bundesrepublik immer nur als *ultima ratio* geführt, weshalb Streiks hierzulande im internationalen Vergleich auch relativ selten sind.

Mitsprache und Mitbestimmung

Auch die Einführung von Mitsprache- und Mitbestimmungsregelungen der Arbeitnehmer hat letztlich ihren Grund darin, daß bei den modernen Arbeitsabläufen, der durchgängigen Organisation aller Arbeitsvorgänge, der bis auf die kleinste Einheit aufgeteilten Arbeit die Gefahr einer Entpersönlichung und reiner Versachlichung des Arbeitsverhältnisses besonders groß ist. Die Interessen des einzelnen als Mensch und Arbeitnehmer können leicht zugunsten von Arbeitsvollzug, Disziplin, Ein- und Unterordnung hintangestellt werden.

In der Bundesrepublik Deutschland ist versucht worden, dieser Gefahr entgegenzutreten. Über Betriebs- und (im Öffentlichen Dienst) Personalräte sollen das individuelle Recht und das grundlegende Interesse der Beschäftigten an einem sicheren Arbeitsplatz und an humanen Arbeitsabläufen geschützt und gegenüber der Betriebsleitung vertreten werden.

Das Betriebsverfassungsgesetz

Nach dem Betriebsverfassungsgesetz von 1952, das 1972 und 1974 geändert wurde, muß in allen Betrieben mit mindestens fünf wahlberechtigten Arbeitnehmern ein Betriebsrat gewählt werden. Die Zahl der Räte richtet sich nach der Anzahl der Beschäftigten. Sie reicht von einem bis 31 Betriebsräten bei 7001 bis 9000 Beschäftigten (pro weitere 3000 Arbeitnehmer kommen zwei Mitglieder hinzu).

Ein eigentliches Mitbestimmungsrecht hat der Betriebsrat in sozialen, personellen und in bestimmten wirtschaftlichen Angelegenheiten. Als soziale Angelegenheiten im Sinne des Gesetzes gelten:
☐ Fragen der Ordnung im Betrieb und des Verhaltens der Arbeitnehmer;
☐ tägliche Arbeitszeit, die Pausen sowie die Verteilung der Arbeitszeit auf die einzelnen Wochentage;
☐ vorübergehende Änderung der betriebsüblichen Arbeitszeit;
☐ Zeit, Ort und Art der Auszahlung der Arbeitsentgelte;
☐ Aufstellung allgemeiner Urlaubsgrundsätze und des Urlaubsplanes;
☐ Einführung und Anwendung von technischen Einrichtungen, die dazu dienen sollen, das Verhalten oder die Leistung der Arbeitnehmer zu überwachen;
☐ Regelungen über die Verhütung von Arbeitsunfällen und Berufskrankheiten;
☐ Form, Ausgestaltung und Verwaltung von Sozialeinrichtungen;
☐ Zuweisung und Kündigung von Wohnräumen, die den Arbeitnehmern aufgrund des Arbeitsverhältnisses vermietet werden;

Das Betriebsverfassungsgesetz

Betriebsrat bei der Arbeit: In sozialen, personellen und bestimmten wirtschaftlichen Fragen entscheidet er mit.

- betriebliche Lohngestaltung;
- Festsetzung von Akkord- und Prämiensätzen;
- Grundsätze für das betriebliche Vorschlagswesen.

In diesen Fragen ist Übereinstimmung zwischen dem Arbeitgeber und dem Betriebsrat zu erzielen. Gelingt dies nicht, entscheidet die Einigungsstelle, eine paritätisch besetzte Einrichtung mit einem unparteiischen Vorsitzenden. Personelle Angelegenheiten sind laut Gesetz:
- Personalplanung;
- Ausschreibung von Arbeitsplätzen;
- Personalfragebogen, Beurteilungsgrundsätze;
- Maßnahmen der Berufsbildung;
- Einstellungen, Eingruppierungen, Versetzungen und Kündigungen.

Diese Maßnahmen bedürfen der Zustimmung des Betriebsrats; er hat zudem ein Vorschlagsrecht in diesen Fragen.

In Betrieben mit mehr als 100 ständigen Arbeitnehmern stehen einem *Wirtschaftsausschuß* Informations- und Beratungsrechte über wirtschaftliche Angelegenheiten des Unternehmens zu, und zwar über:
- die wirtschaftliche und finanzielle Lage des Unternehmens;
- das Produktions- und Investitionsprogramm;
- Rationalisierungsmaßnahmen;
- Einführung neuer Arbeitsmethoden;
- Einschränkung oder Stillegung von Betriebsteilen;
- Verlegung von Betriebsteilen;
- Zusammenschluß von Betrieben;
- Änderung der Organisation oder des Betriebszweckes des Unternehmens.

Bei geplanten Betriebsänderungen, also bei Einschränkung oder Stillegung des Betriebes, bei Betriebsverlegung oder Zusammenschluß mit anderen Betrieben, bei Änderung der Organisation und der Arbeitsmethoden usw. muß die Unternehmensleitung von Betrieben mit mehr als 20 Arbeitnehmern den Betriebsrat rechtzeitig und umfassend unterrichten und mit ihm über die geplanten Veränderungen beraten.

Kommt bei diesen Beratungen ein Sozialplan im Sinne eines Interessenausgleichs über die Betriebsänderung oder eine Einigung über einen finanziellen Ausgleich der wirtschaftlichen Nachteile, die den Arbeitnehmern aufgrund der Änderung entstehen, nicht zustande, muß eine Vermittlungsstelle oder die Einigungsstelle angerufen werden.

Dem Betriebsverfassungsgesetz entsprechen im Öffentlichen Dienst das Bundespersonalvertretungsgesetz und die Personalvertretungsgesetze der einzelnen Bundesländer.

Mitbestimmung in den Leitungsorganen der Unternehmen

Zwei Gesetze regeln die Mitbestimmung der Arbeitnehmer in den Aufsichtsräten und den Vorständen der Unternehmen. Am 21. Mai 1951 wurde das Montan-Mitbestimmungsgesetz für die Unternehmen des Bergbaus und der Eisen und Stahl er

353

zeugenden Industrie verabschiedet. Das Gesetz sieht für diese Industrien eine paritätische Besetzung der Aufsichtsräte der Unternehmen mit mehr als 1000 Beschäftigten vor. Von den in der Regel 11 Aufsichtsratsmitgliedern sind 5 Arbeitnehmervertreter, 5 Vertreter der Anteilseigner und ein »neutraler« Mann. Von den Arbeitnehmervertretern werden 2 von den Betriebsräten des Unternehmens und 3 von den Gewerkschaften vorgeschlagen. In den Vorstand ist ein Arbeitsdirektor zu entsenden, der nicht gegen die Mehrheit der Arbeitnehmervertreter im Aufsichtsrat bestellt und abberufen werden kann. Meist werden dem Arbeitsdirektor die Personalangelegenheiten und die betriebliche Lohn- und Sozialpolitik als Aufgabenbereich zugewiesen.

Diese Mitbestimmung ist im Grundsatz, wenn auch mit anderen Regelungen im einzelnen, nach einer sehr kontroversen Diskussion 1976 auf Kapitalgesellschaften – wie Aktiengesellschaften (AG), Kommanditgesellschaften auf Aktien, Gesellschaften mit beschränkter Haftung (GmbH) – mit mehr als 2000 Beschäftigten ausgedehnt worden. Erfaßt werden rund 650 Unternehmen. Nach dem »Gesetz über die Mitbestimmung der Arbeitnehmer« vom 4. Mai 1976 werden die Aufsichtsräte mit der gleichen Zahl von Vertretern der Anteilseigner und der Arbeitnehmer besetzt. Ein Teil der Aufsichtsratssitze ist für die im Unternehmen vertretenen Gewerkschaften vorgesehen. *Alle* Aufsichtsratsmitglieder der Arbeitnehmer werden aber von den Beschäftigten der Unternehmen gewählt. Die Sitze der Arbeitnehmer, die dem Unternehmen angehören, müssen entsprechend ihrem Anteil an der Zahl der Gesamtbeschäftigten unter Arbeitern, Angestellten und leitenden Angestellten aufgeteilt werden.

Der Aufsichtsrat wählt mit zwei Dritteln seiner Stimmen einen Vorsitzenden und einen Stellvertreter. Kommt keine Einigung in diesem Sinne zustande, wählen die Anteilseigner den Vorsitzenden, die Arbeitnehmervertreter den Stellvertreter. Bei Stimmengleichheit im Aufsichtsrat zählt die Stimme des Vorsitzenden doppelt. In den Vorstand wird ein Arbeitsdirektor entsandt, der mit den Personal- und Sozialangelegenheiten betraut werden wird und im Interesse der Arbeitnehmer Einfluß auf die Unternehmenspolitik nehmen soll.

Das Gesetz von 1976 führte zwar zu einer Verfassungsklage der Unternehmerverbände, da sie die Rechte der Unternehmenseigner für so stark beeinträchtigt hielten, daß sie die Eigentumsgarantie des Grundgesetzes berührt sahen. Nach Ablehnung dieser Klage ist es jedoch relativ ruhig um diese Bestimmungen geworden, ja man kann sogar sagen, daß die erweiterte Mitbestimmung auch von einem Großteil der Unternehmensvertreter akzeptiert worden ist.

Arbeitsförderung

Auf dem Arbeitsmarkt werden sehr unterschiedliche Fähigkeiten, Fertigkeiten und Berufe durch die verschiedenen Unternehmen der unterschiedlichsten Branchen und Industriezweige nachgefragt (vgl. auch Wolfgang Wetter, Die Wirtschaftspolitik, S. 372). Auf der anderen Seite bieten die Arbeitnehmer ihre Arbeitskraft und ihre je nach Ausbildung unterschiedlichen Fähigkeiten an. Weil nicht jeder Unternehmer wissen kann, wo der Arbeitnehmer gerade ist, dessen Fähigkeiten er benötigt, und weil der einzelne Arbeitnehmer schwerlich wissen kann, wo gerade ein Arbeitsplatz ist, der seinen Fähigkeiten am besten entspricht, ist vom Staat eine eigene Einrichtung für die Arbeitsvermittlung und die Berufsberatung geschaffen worden. Im Jahr 1927 war dies die Reichsanstalt für Arbeitsvermittlung und Arbeitslosenversicherung; heute, in der Bundesrepublik, werden diese Aufgaben von der Bundesanstalt für Arbeit (BA) in Nürnberg wahrgenommen.

Die BA ist für die Arbeitsvermittlung, aber auch für die Berufsberatung, die Arbeitsförderung, die Arbeitslosenversicherung und die Arbeitslosenhilfe zuständig. Die Rechtsgrundlage hierzu ist das Arbeitsförderungsgesetz (AfG) vom 25. Juni 1969 (geändert am 23. Juli 1979). Danach (§ 1) soll die Bundesanstalt »im Rahmen der Sozial- und Wirtschaftspolitik der Bundesregierung« darauf hinwirken, »daß ein hoher Beschäftigungsstand erzielt und aufrechterhalten, die Beschäftigungsstruktur ständig verbessert und damit das Wachstum der Wirtschaft gefördert wird«. Dazu stehen der BA eine Reihe von Mitteln zur Verfügung. Neben der eigentlichen Arbeitsvermittlung berät sie Arbeitnehmer und Arbeitgeber über die Lage auf dem Arbeitsmarkt, die Lage in den verschiedenen Berufen und über die beruflichen Ausbildungsmöglichkeiten. Sie fördert die berufliche Ausbildung, Fortbildung und Umschulung, indem sie Zuschüsse und Darlehen gewährt und während der Zeit der Weiterbildung und Umschulung Unterhalts- und Lehrgeld bezahlt.

Auch hilft sie finanziell und beratend bei der Erhaltung, Besserung und Wiederherstellung der Erwerbstätigkeit körperlich, geistig oder seelisch Behinderter. Eine wichtige Aufgabe liegt zudem in den Leistungen, die zur Erhaltung oder Schaffung von Arbeitsplätzen dienen. So zahlt die BA Kurzarbeitergeld, gewährt Zuschüsse zu Arbeiten, die im öffentlichen Interesse liegen, oder auch zu den Lohnkosten älterer Arbeitnehmer, wenn dadurch deren Arbeitslosigkeit vermieden werden kann.

In ihrer Tätigkeit sind der BA Grenzen gesetzt. Sie kann nur Arbeitsplätze vermitteln, die vorhanden sind und die ihr auch gemeldet werden. Für eine ausreichende Zahl an Arbeitsplätzen vermag nur eine erfolgreiche Vollbeschäftigungspolitik zu sorgen. Wenn diese – aus welchen Gründen auch immer – mißlingt, muß auch die BA in ihren Vermittlungs- und Umschulungsbemühungen scheitern. Da die Arbeitslosigkeit damit für den einzelnen ein fast unberechenbares Risiko darstellt, kann es auch keine Versicherung gegen Arbeitslosigkeit in dem Sinne geben, daß man sich eines Arbeitsplatzes auch für den Ernstfall »versichert«. Versichern kann man sich nur dagegen, daß man bei Arbeitslosigkeit ohne jegliches Einkommen dasteht. Arbeitnehmer und Arbeitgeber zahlen daher jeweils zur Hälfte während der Zeit der Beschäftigung Beiträge an die Arbeitslosenversicherung, damit der Arbeitnehmer bei Arbeitslosigkeit Arbeitslosengeld beziehen kann. Träger der Arbeitslosenversicherung ist die BA, weil Arbeitsvermittlung und Arbeitslosenversicherung zusammengehören; denn bei der Prüfung des Anspruchs auf Arbeitslosenunterstützung (und Arbeitslosenhilfe) können nur Arbeitsämter den Nachweis erbringen, ob es angemessene und zumutbare Arbeitsgelegenheiten für den Betreffenden gibt, so daß die Arbeitslosenunterstützung nicht in Anspruch genommen werden muß.

Der Beitragssatz für die Arbeitslosenversicherung betrug Anfang der fünfziger Jahre 4 Prozent der sog. Beitragsbemessungsgrenze, die sich damals – 1950 – auf 375 DM belief. Mit höherem Einkommen stieg zwar die Beitragsbemessungsgrenze, der Beitragssatz wurde jedoch aufgrund der rückläufigen Arbeitslosenquote wieder bis auf 1,3 Prozent zurückgenommen.

Seit 1970 entspricht die Beitragsbemessungsgrenze der entsprechenden Bemessungsgrenze bei der Rentenversicherung – 1990 waren dies 6300 DM. Aufgrund der steigenden Arbeitslosenzahlen wurden jedoch auch die Beitragssätze wieder erhöht – von 1,7 Prozent noch 1974 auf 4 Prozent 1982 und 4,6 Prozent 1983. 1990 belief er sich auf 4,1 Prozent.

Die Höhe der Arbeitslosenunterstützung richtet sich nach der Dauer der Beschäftigung vor dem Eintritt der Arbeitslosigkeit, nach der Höhe des bisherigen Arbeitsentgeltes und der Kinderzahl. War der Arbeitslose zuvor mindestens 24 Monate beschäftigt, erhält er bis zu höchstens 312 Tagen 68 Prozent seines vorherigen Nettolohnes. 1984 wurde dieser Satz für Leistungsempfänger ohne Kind auf 63 Prozent des ausfallenden Nettoarbeitsentgeltes gesenkt. Danach setzt die Arbeitslosenhilfe ein, die allerdings unter den Leistungen der Arbeitslosenunterstützung liegt. Diese wird allerdings ausschließlich aus Bundesmitteln finanziert.

Dauert die Arbeitslosigkeit an, muß der Arbeitslose Sozialhilfe in Anspruch nehmen, die von den Gemeinden aufgebracht wird. Damit liegen die finanziellen Probleme steigender Arbeitslosenzahlen und zunehmender Dauer der Arbeitslosigkeit von Einzelpersonen auf der Hand: Die Arbeitslosenversicherung und damit letztlich deren Beitragszahler – Arbeitnehmer und Unternehmer – müssen bei ohnehin schon ungünstiger Wirtschaftslage noch stärker belastet werden, dem Bundeshaushalt und den Gemeinden stehen bei rückläufigen Steuereinnahmen höhere Ausgaben ins Haus.

Kernbereiche der sozialen Sicherung

Der eigentliche Kernbereich der sozialen Sicherung in der Bundesrepublik Deutschland ist schon über hundert Jahre alt. Er geht auf die zu ihrer Zeit vorbildliche Bismarcksche Sozialgesetzgebung in den achtziger Jahren des vorigen Jahrhunderts zurück. Im Jahr 1883 wurden die Krankenversicherung, 1884 die Unfallversicherung und 1889 die Alters- und Invalidenversicherung geschaffen.

Die Rentenversicherung

Nach Wiedererlangung der Gesetzgebungsbefugnisse durch deutsche Behörden nach dem Zweiten Weltkrieg herrschte Einigkeit darüber, daß die Rentenversicherung einer gründlichen Reform bedürfe. Über die Jahrzehnte hinweg war ein wahrer Flickenteppich an Regelungen geschaffen worden. Schon allein dies hätte einer Bereinigung bedurft. Doch erst 1957 kam es zur umfassenden Rentenreform. Kern des Reformwerkes war die sog. Dynamisierung der Renten. Vorher beruhten die Rentenzahlungen im Prinzip auf dem »Kapitalsammelverfahren«, d.h., aus den Versicherungsbeiträgen von Arbeitnehmern und Arbeitgebern wurde Kapital gebildet, und aus den Erträgen dieses Kapitals wurden anteilig Zahlungen an die Berechtigten geleistet. Dahinter stand die Vorstellung, daß die Rentenversicherung an sich nur Zuschüsse zur eigenen Alterssicherung der Betroffenen leisten sollte. Das neue Rentengesetz geht dagegen erstens davon aus, daß die Rentenzahlungen die Existenz im Alter sichern sollen, und zweitens, daß die Rentner am Anstieg des allgemeinen Wohlstandes teilhaben sollen.

Die Renten werden im Grundsatz nach einer Formel berechnet, die garantieren soll, daß ein Arbeitnehmer mit einem durchschnittlichen Arbeitseinkommen nach 40 Jahren Arbeit – oder besser: nach 40 Jahren Beitragsleistung – 60 Prozent seines letzten Bruttoeinkommens als Rente beziehen soll. Damit die Rente nicht – einmal auf diese Weise festgelegt – immer die gleiche Höhe hat, wird sie jeweils durch Gesetz jährlich an die Entwicklung des Lohn- und Preisniveaus angepaßt. Die Anpassung geschah über Jahre hinweg, indem die Bruttolohnentwicklung der letzten drei Jahre – bei einem Karenzjahr – zugrunde gelegt wurde. (So folgte z. B. die Rentenerhöhung von 1975 der durchschnittlichen Bruttolohnentwicklung der Jahre 1971 bis 1973.) Aufgrund von Einsparungsmaßnahmen wurden allerdings die Rentenanpassungen für die Jahre 1979, 1980 und 1981 von der Bruttolohnentwicklung abgekoppelt und nur um 4,5 und 4 Prozent erhöht.

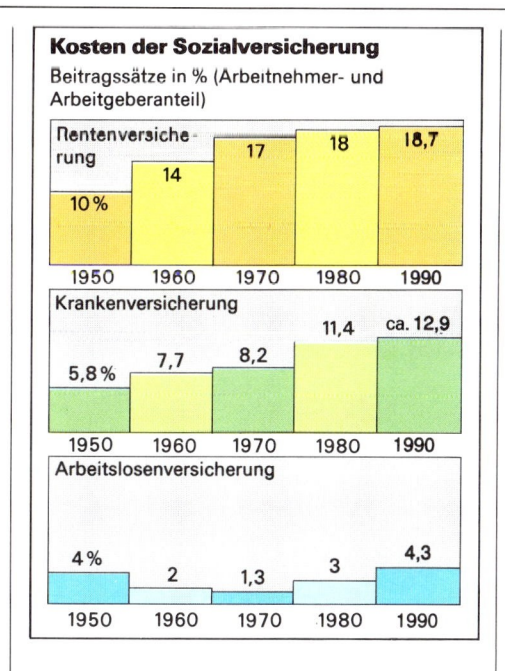

Bei der Berechnung der Rente wird die individuelle Leistung des Versicherten dadurch berücksichtigt, daß die Dauer seiner Versicherung und die Höhe seiner Beitragsleistungen – gemessen als Verhältnis zum durchschnittlichen Jahreseinkommen aller Versicherten – herangezogen werden. Die Höhe der Beitragsleistungen bemißt sich höchstens nach der mit dem Volkseinkommen gestiegenen »allgemeinen« Bemessungsgrundlage. Im Jahr 1970 betrug diese Beitragsbemessungsgrenze 1800 DM, 1985 5400 DM und 1990 6300 DM.

Versicherungspflichtig sind in der Arbeiterrentenversicherung alle Arbeiter, Auszubildenden, Hausgewerbetreibenden, Heimarbeiter und einige besonders abgegrenzte Gruppen selbständiger Gewerbetreibender. Die Angestelltenversicherung erfaßt alle Angestellten, selbständige Lehrer, Musiker, Artisten usw. Arbeitnehmer, die im Bergbau beschäftigt sind, sind in der Bundesknappschaft versichert. Zwischen der Arbeiter- und Angestelltenversicherung ist ein Finanzausgleich gesetzlich vorgesehen, falls in einer dieser Sparten die Beiträge nicht zur Deckung der Ausgaben reichen. Kommen beide gemeinsam in finanzielle Schwierigkeiten, ist der Bund verpflichtet, für die Aufbringung der Mittel zu sorgen.

Die Leistungen aller drei Rentenversicherungen bestehen nicht nur in der Zahlung von Renten für diejenigen, die bis zu ihrem 65. Lebensjahr Beiträge geleistet haben:

1. so finanzieren sie auch Maßnahmen zur Erhaltung, Besserung und Wiederherstellung der Erwerbsfähigkeit. Dahinter steht der Gedanke, daß es besser ist, jemandem zu ermöglichen, seinem Beruf weiter nachzugehen und seinen Lebensunterhalt zu verdienen, als ihn frühzeitig wegen unzureichender ärztlicher Betreuung zum Rentner werden zu lassen.

2. zahlt die Versicherung Renten wegen Berufsunfähigkeit, Erwerbsunfähigkeit und Erreichen der Altersgrenze, die durch das Rentenreformgesetz vom 16. Oktober 1972 flexibel gestaltet wurde. Seitdem ist der Bezug von Altersruhegeld bei Frauen vom 60. Lebensjahr, bei Männern vom 63. Lebensjahr an möglich, ohne daß von der Rente der volle versicherungsmathematische Abzug vorgenommen wird, der sich ergäbe, wenn die dadurch fehlenden Beitragsjahre und die Mehrjahre an Rentenbezügen bei der Rentenberechnung voll berücksichtigt würden.

3. werden die Hinterbliebenenrenten an Witwen und Waisen gezahlt. Die Witwen- und Waisenrenten betragen sechs Zehntel der Rente, die dem Versicherten zugestanden hätte, wenn er zum Zeitpunkt seines Todes berufsunfähig gewesen wäre. Erst 1985 wurden Mann und Frau in der Hinterbliebenenrente einander gleichgestellt. Jeder erhält 60 Prozent der Rente des verstorbenen Ehegatten. Einkommen, die 900 DM pro Monat übersteigen, werden zu 40 Prozent auf die Rente angerechnet.

4. ist 1972 auch eine Mindestrente eingeführt worden, die 85 Prozent der Durchschnittsentgelte aller Versicherten entspricht.

Angesichts der hohen Arbeitslosenzahlen und der forcierten Forderung mancher Gewerkschaften nach einer 35-Stunden-Woche bei vollem Lohnausgleich, entschloß sich die CDU/CSU/FDP-Koalition Ende 1983, ein »Gesetz zur Erleichterung des Übergangs vom Arbeitsleben in den Ruhestand« im Bundestag einzubringen. Anfang 1984 wurde das Gesetz verabschiedet. Ziel dieses Gesetzes war es, den Forderungen der Gewerkschaften bei den Tarifverhandlungen im Frühjahr 1984 etwas den Wind aus den Segeln zu nehmen; allerdings bestanden nicht unerhebliche Bedenken, ob durch das Gesetz die Arbeitslosigkeit auch tatsächlich spürbar verringert werden könne. Das Vorruhestandsgesetz enthält folgende Bestimmungen:

☐ Der Vorruhestand kann auf Antrag des Arbeitnehmers mit Vollendung des 58. Lebensjahres beginnen, und zwar begrenzt auf die Jahrgänge 1925 bis 1929. (Diese Begrenzung ist vorgenommen

worden, weil Ende der achtziger Jahre mit einer Umkehr der demographischen Entwicklung, d. h. mit einer Abnahme der Zahl der Erwerbspersonen, gerechnet wird.)
☐ In kleinen Betrieben mit weniger als 20 Arbeitnehmern muß der Arbeitgeber seine Zustimmung zum Vorruhestandsbeginn erteilen.
☐ Die Arbeitnehmer erhalten vom Arbeitgeber ein Vorruhestandsgeld bis zum frühestmöglichen Beginn des Rentenanspruchs (Frauen und Schwerbehinderte vom vollendeten 60., Männer vom vollendeten 63. Lebensjahr an).
☐ Die Höhe des Vorruhestandsgeldes unterliegt tariflichen Vereinbarungen.
☐ Sofern für den ausgeschiedenen Vorrentner eine Ersatzeinstellung vorgenommen wird, erhält der Arbeitgeber einen Zuschuß durch die Bundesanstalt für Arbeit.
☐ Der Zuschuß beträgt maximal 40 Prozent der Arbeitgeberaufwendungen. Bemessungsgrundlage sind 60 Prozent des bisherigen Bruttoarbeitsentgelts.

Neben diesen großen Sparten der Rentenversicherung bestehen noch gesonderte Einrichtungen für Selbständige, soweit sie nicht freiwillig schon dort versichert sind. Nach dem Handwerkerversicherungsgesetz vom 8. September 1960 sind alle Handwerker ohne Rücksicht auf die Höhe ihres Einkommens versicherungspflichtig. Die Leistungen entsprechen denen der Arbeiterrentenversicherung, die auch Träger der Handwerkerversicherung ist.

Grundlage für die Altershilfe der Landwirte ist das gleichnamige Gesetz vom 27. Juli 1957. Danach erhält der ehemalige Landwirt eine Altershilfe, wenn er das 65. Lebensjahr vollendet, mindestens 180 Monatsbeiträge gezahlt und den Hof übergeben hat. Für die meisten sonstigen freien Berufe wurden durch Ländergesetze Versorgungseinrichtungen geschaffen. Seit 1972 haben allerdings alle Angehörigen der freien Berufe die Möglichkeit, als Pflicht- oder als freiwillig Versicherte der Rentenversicherung der Arbeiter oder der Angestellten beizutreten.

Läßt man die Regelungen der Rentenversicherung Revue passieren, dann liegen ihre möglichen finanziellen Grundprobleme auf der Hand. Kerngedanke der Versicherung ist, daß den Rentnern insgesamt ein bestimmter Anteil am Volkseinkommen zustehen soll, das von den Erwerbstätigen produziert wird. Die Rente des einzelnen ergibt sich im Prinzip anteilig aus seinen geleisteten Beiträgen und der Anzahl der angerechneten »Beitrags«jahre, die nicht mit der Zahl der Jahre übereinstimmen muß, in denen tatsächlich Beiträge gezahlt wurden. Offenkundige Beispiele dafür sind Kriegsjahre, Gefangenschaft, die Ausbildungszeit usw. Ein weiteres Beispiel ist das sog. Babyjahr, das bei der Rentenberechnung für Mütter berücksichtigt wird. Je mehr Leistungen also die Rentenversicherung übernehmen muß, die nicht durch Beiträge gedeckt sind, d. h. sog. »versicherungsfremde« Leistungen wie z. B. Übernahme der Krankenversicherung der Rentner, Rehabilitationsmaßnahmen usw., oder je mehr Jahre angerechnet werden müssen, die nicht oder nicht voll durch Beiträge gedeckt sind, z. B. Babyjahr oder auch Vorziehen der Rentenaltersgrenze ohne entsprechende Abschläge, desto eher können die Ausgaben die Einnahmen übersteigen. Teilweise wird diese Lücke durch einen Bundeszuschuß gedeckt. Schwerwiegendster Konstruktionsmangel der Rentenformel ist freilich, daß demographische Veränderungen in ihr nicht berücksichtigt sind. Nimmt nämlich der Anteil der Rentner gemessen am Anteil der Erwerbstätigen zu, müssen immer weniger Erwerbstätige immer mehr Rentner unterhalten. Soll die Rentenversicherung nicht ihre finanziellen Möglichkeiten überschreiten oder kann sie die finanziellen Lasten nicht auf die Staatsfinanzen abwälzen, was letztlich auch keine Dauerlösung ist, dann müssen entweder die Erwerbstätigen durch steigende Beiträge belastet oder Leistungen der Rentenversicherung abgebaut werden. Wie gravierend dieses Problem Ende der achtziger Jahre auch war, ergibt sich allein aus der hypothetischen Rechnung, daß die Erwerbstätigen – wenn alles so bliebe – allein aufgrund der demographischen Entwicklung Anfang des nächsten Jahrhunderts mit einer Verdoppelung der Beitragssätze rechnen müßten. Eine Reform tut also not! Am 9. November 1989 verabschiedete der Bundestag denn auch das Rentenreformgesetz 1992. Diese Reform läßt jedoch das bestehende System in seinen Grundzügen unangetastet. Die Rentenversicherung bleibt lohn- und beitragsbezogen. Ihr Ziel ist es nach wie vor, nach einem erfüllten Arbeitsleben den Lebensstandard zu sichern. Das gegenwärtige Nettoeinkommen für langjährige Versicherte mit 45 Versicherungsjahren von rund 70 Prozent soll langfristig aufrechterhalten bleiben. Dazu wird
☐ von der Brutto- zur Nettoanpassung übergegangen, d. h., als Bemessungsgrundlage für die Anpassung der Renten werden nun die Nettolöhne zugrunde gelegt. Vorher stiegen die Renten stärker als das verfügbare Einkommen der Arbeitnehmer, da diese von steigenden Steuern und Sozialabgaben getroffen wurden.
☐ Regelaltersgrenze soll wieder das 65. Lebensjahr werden. Die Arbeitnehmer können zwar weiterhin früher in den Ruhestand gehen, doch müssen sie dann versicherungsmathematische Abschläge auf ihre Rente hinnehmen. Bei drei Jahren vorzeitigen Rentenbezugs kostet das beispielsweise den Versicherten 10,8 Prozent seiner Rente. Mit der Anhebung der Altersgrenze soll im Jahre 2001 begonnen werden.
☐ Familienpolitisch hervorzuheben ist, daß die Kindererziehungszeiten, die rentenbegründend und -steigernd wirken, für Geburten ab 1992 um zwei auf drei Jahre verlängert werden.
☐ Der Bundesanteil an der Finanzierung der Rentenversicherung wird 1990 um 0,4 und 1991 um 2,3 Mrd. DM im Vergleich zum bisher geltenden Recht erhöht. Ab 1992 wird er entsprechend der Entwicklung der Bruttoarbeitsentgelte und des Beitragssatzes angepaßt. Mit dieser Regelung wird erreicht, daß der Anteil der Bundesfinanzierung nicht wie bisher absinkt.

Die Unfallversicherung

Niemand ist dagegen gefeit, daß er am Arbeitsplatz oder auf dem Weg dorthin einen Unfall erleidet. Die Arbeitnehmer sind dagegen versichert, da der Arbeitgeber entsprechende Beiträge an die sachlich zuständigen Berufsgenossenschaften überweisen muß. Für bestimmte Gruppen, z. B. Kindergartenkinder, Schüler und Studenten übernimmt der Staat die Versicherung. Versichert sind auch Lebensretter, Blutspender oder Personen, die bei Unglücksfällen Hilfe leisten. Nach dem entsprechenden Gesetz vom 23. Juli 1979 bestehen die Aufgaben der Unfallversicherung darin, Arbeitsunfälle nach Möglichkeit zu verhüten und nach einem Unfall die Erwerbstätigkeit des Verletzten wiederherzustellen oder seine Existenz bzw. die seiner Angehörigen oder Hinterbliebenen durch entsprechende Einkommenszahlungen zu gewährleisten.

Die Krankenversicherung

Träger der gesetzlichen Krankenversicherung sind eine Vielfalt von Institutionen: die Ortskrankenkassen, die Knappschaftskassen, Landkrankenkassen, landwirtschaftliche Krankenkassen, Betriebskrankenkassen, Innungskrankenkassen sowie die sog. Ersatzkrankenkassen.

Versicherungspflichtig sind alle Arbeitnehmer, deren Monatsverdienst 75 Prozent der Beitragsbemessungsgrenze der Rentenversicherung (1990 also 4725 DM) nicht übersteigt. Seit 1975 sind auch Studenten versicherungspflichtig. Die Krankenkassen finanzieren sich aus Beiträgen, die je zur Hälfte von Arbeitnehmern und Arbeitgebern gezahlt werden. Im Durchschnitt betrug der Beitragssatz 1990 rund 12,9 Prozent des versicherungspflichtigen Verdienstes. Arbeitslose werden von der Bundesanstalt für Arbeit versichert. Studenten müssen ihre Beiträge (5 Prozent der Förderung nach dem Bundesausbildungsförderungsgesetz) selbst tragen.

Die Krankenversicherung

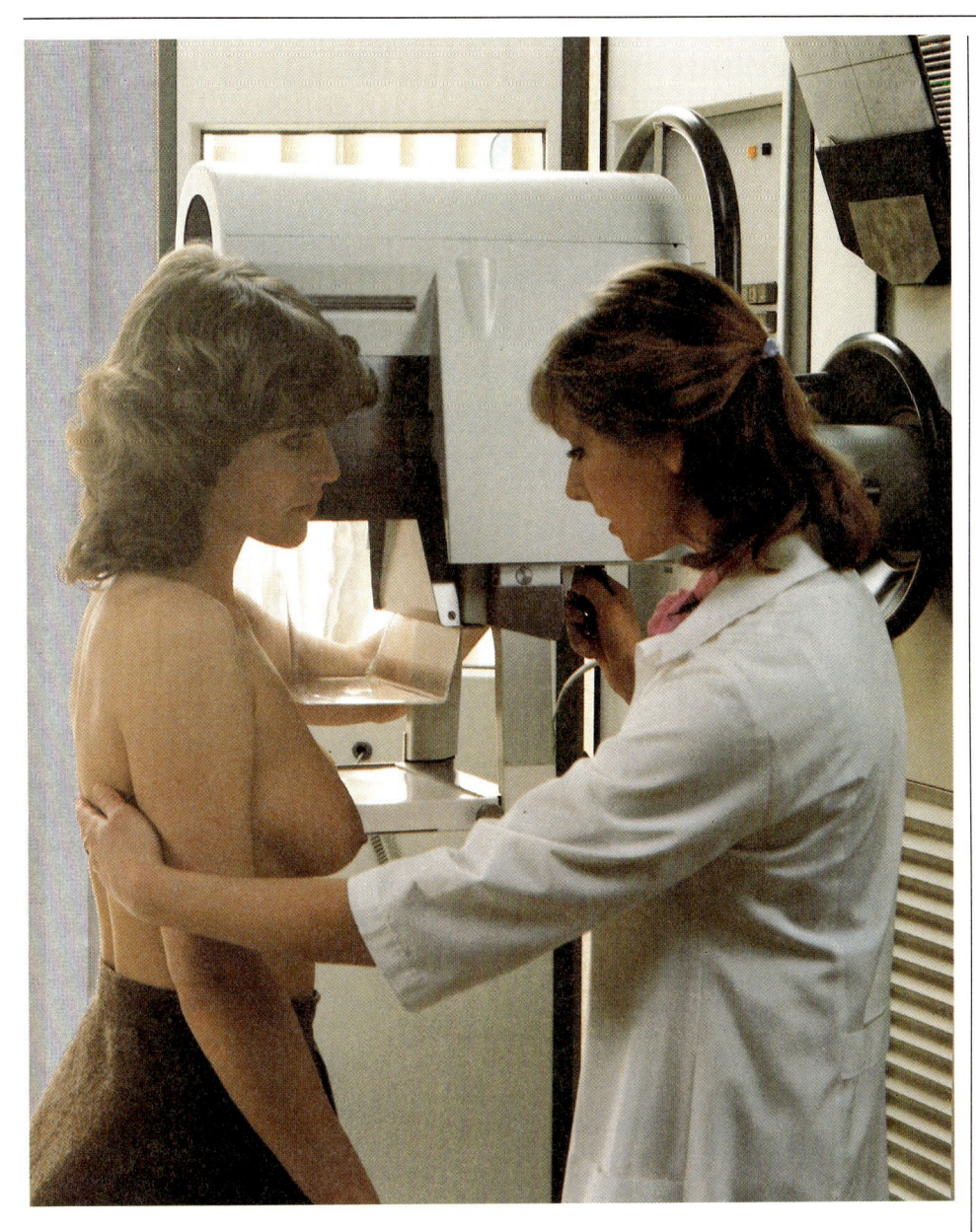

Vorsorge-Untersuchung: Bei der Krebsfrüherkennung wird u. a. die Mammographie angewandt (unten).

Die Leistungen der Krankenkassen bestehen neben der Bezahlung der eigentlichen Krankenpflege, der ärztlichen Behandlung und der Versorgung mit Medikamenten auch in Maßnahmen zur Früherkennung von Krankheiten (Vorsorgeuntersuchung von Kleinkindern; Krebsvorsorge usw.), in der Zahlung von Krankengeld in Höhe von 80 Prozent des vor der Erkrankung bezogenen Bruttoarbeitsentgelts von der siebten Woche der Arbeitsunfähigkeit an (in den ersten sechs Wochen trägt der Arbeitgeber die Lohnfortzahlungen), in der Mutterschaftshilfe (neben der ärztlichen Hilfe während der Schwangerschaft erhalten berufstätige Mütter bis höchstens 510 DM monatlich für ein halbes Jahr nach der Geburt, dies allerdings aus Bundesmitteln) sowie in der Hilfe für die mitversicherten Familienangehörigen.

Auch die Krankenversicherung leidet seit Jahren unter finanziellen Problemen. Ihr Dilemma läßt sich im Grundsatz wie folgt erklären: Einerseits ist Gesundheit eines der höchsten Güter des Menschen, so daß eigentlich nie genug für sie getan werden kann. Überläßt man das Gesundheitswesen jedoch allein dem privaten Bereich, besteht die Gefahr, daß aus finanziellen Gründen ärmere Bevölkerungskreise von der Inanspruchnahme aller möglichen oder angebotenen Leistungen ausgeschlossen werden. (Dies ist auch das Argument, das gegen eine direkte Beteiligung der Versicherten an den Krankenkosten vorgebracht wird.) Andererseits aber stieg die Altersquote der Bevölkerung, verbesserten sich die Methoden der Diagnose, wurden viele neue Arzneimittel entwickelt, die Medizin technisiert und der Vorrang der Prophylaxe immer stärker herausgestellt. Zudem wurden das »Krankheitsbild« und damit auch die Leistungen immer mehr erweitert: Die Weltgesundheitsorganisation (WHO) z. B. hält nur einen Menschen mit einem »allgemeinen körperlichen und psychischen Wohlbefinden« für gesund – es gibt somit wahrscheinlich nur Kranke auf dieser Welt. Gleich wie man die einzelnen Leistungen jeweils beurteilt, das ausufernde medizinische Angebot zieht eine wachsende Nachfrage nach sich, zum einen, weil die Leistungen für den einzelnen scheinbar kostenlos abgegeben werden, und zum anderen, weil der Leistungsumfang von den Ärzten bestimmt wird und mit der Menge an Leistungen auch deren Einkommen. Damit ist eine Kostenexplosion im System angelegt. Da letztlich die Versicherten doch die Leistungen über ihre Beiträge zahlen müsen, die Belastbarkeit der Versicherten jedoch offenbar ihre Grenze erreicht hat, tut auch hier eine Änderung des Systems der Krankenversicherung tut not. Nach langen und schweren Geburtswehen ist das Gesundheitsreformgesetz (GRG) zum 1. Januar 1989 in Kraft getreten. Ziel des Gesetzes ist es, »die seit Jahren ansteigenden Beitragssätze in der gesetzlichen Krankenversicherung (GKV) zu senken und dauerhaft zu stabilisieren«. Ausgabendämpfung ist damit zum Ziel dieses Gesetzes geworden, aber nicht, wie eigentlich notwendig, eine Reform der Strukturen. Dies wird aus der Aufzählung wesentlicher Maßnahmen des Gesetzes deutlich:

☐ Verzicht auf nicht unbedingt erforderliche Versicherungsbeiträge durch Einführung von Festbeträgen;
☐ Ausgrenzung von bestimmten Leistungen;
☐ Stärkung der Eigenverantwortung durch Gesundheitsvorsorge und Sparanreize;
☐ Solidarbeitrag der Arzneimittelhersteller.

Gerade durch die Festbeträge werden die Vesicherten stark betroffen. Dieses Prinzip der Festzuschläge gilt insbesondere für Arznei-, Heil- und Hilfsmittel, eingeschränkt auch für den Zahnersatz. Auf der Apothekenstufe wird der bisher vom Herstellerabgabepreis abhängige Apothekenzuschlag durch einen festen, absoluten Zuschlag ersetzt, um für den Apotheker keine Anreize zu schaffen, vor allem teure Arzneimittel abzugeben.

In den Leistungskatalog der GKV aufgenommen wurde die häusliche Pflege von Schwerst- und Schwerpflegebedürftigen. Aufgrund der Ausgestaltung der Regelungen ist aber schon heute zu sehen, daß diese Maßnahme als Kostentreibsatz wirken und die Reform der GKV bald wieder in Frage stellen wird.

Die Sozialhilfe

Wenn alle zuvor geschilderten Sicherungsmaßnahmen nicht greifen, setzt die Sozialhilfe ein. Nach dem Bundessozialhilfegesetz umfaßt die Sozialhilfe »Hilfe zum Lebensunterhalt und Hilfe in besonderen Lebenslagen. Aufgabe der Sozialhilfe ist es,

Das soziale Netz

Ein Altenheim besonderer Art: In Bad Segeberg (Schleswig-Holstein) bewirtschaften alte Menschen gemeinsam einen Bauernhof. In der Runde macht auch das Kartoffelschälen mehr Spaß (oben). – Arbeitsbeschaffungsmaßnahme Sozialdienst: Altenpflege. Damit ist beiden Gruppen, den Alten und den Arbeitslosen, geholfen. Alte Leute können in den eigenen vier Wänden bleiben und werden mit allem Nötigen versorgt, Arbeitslose haben – bis sie wieder in ihrem Beruf arbeiten können – eine sinnvolle Tätigkeit.

dem Empfänger der Hilfe die Führung eines Lebens zu ermöglichen, das der Würde des Menschen entspricht.« Im Gegensatz zu früher besteht heute ein Rechtsanspruch auf Sozialhilfe. Geleistet wird sie von den Gemeinden und Wohlfahrtsverbänden.

Die Familienförderung

Nach Artikel 6 des Grundgesetzes stehen Familie und Ehe unter besonderem Schutz des Staates. Neben der Steuerpolitik – die Steuerzahlung richtet sich nach Familienstand und Kinderzahl – wird diesem Grundsatz dadurch Rechnung getragen, daß Kindergeld gezahlt wird, daß Schüler und Studenten eine Ausbildungshilfe nach dem Bundesausbildungsförderungsgesetz (BAföG) erhalten – 1983 wurde allerdings die Studentenförderung auf Darlehnsbasis umgestellt – und daß auch andere Leistungen, z. B. in der Wohnungspolitik, von Familienstand und Kinderzahl abhängen.

Mieterschutz

Ausgangspunkt des staatlichen Eingreifens auf dem Wohnungsmarkt ist die Überlegung, daß jeder Mensch Anspruch auf ausreichenden, gesunden Wohnraum zu tragbaren Mieten hat. Um überhaupt einen hinreichenden Wohnungsbau zu erreichen, fördert ihn der Staat in der Bundesrepublik über Wohnungsbauprämien und Steuervergünstigungen (vgl. Klaus Kwasniewski, Die Wohnungswirtschaft, S. 284). Zusätzlich wird der sog. soziale Wohnungsbau durch die Gewährung öffentlicher Mittel in Form von Darlehen oder Zuschüssen unterstützt, um besonders günstige Mieten für sozial Bedürftige zu erreichen. Um sicherzustellen, daß die mit öffentlichen Mitteln geförderten Wohnungen auch tatsächlich einkommensschwächeren Personen zugute kommen, sind im »Gegensatz zur Sicherung der Zweckbestimmung von Sozialwohnungen« detaillierte Regelungen über die Vergabe solcher Wohnungen, die Ermittlung und die Höhen der Mieten (Kostenmiete) sowie über das Kündigungsrecht vorgesehen. Das Problem, daß Mieter in diesen Wohnungen auch wohnen bleiben, wenn sie schon lange dem Kreis der Berechtigten entwachsen sind (Fehlbelegungsproblem), ist bislang noch nicht gelöst, da selbst die Überlegungen über die Erhebung einer Fehlbelegungsabgabe nicht so weit gehen, von diesen Mietern in voller Höhe die Marktmiete zu verlangen.

Aber nicht nur die Sozialmieter sind besonders geschützt. Auch alle anderen Mieter unterliegen seit 1974 einem besonderen Kündigungsschutz. Vermieter können ihren Mietern nur noch kündigen, wenn sie ein berechtigtes Eigeninteresse geltend machen können. Mieterhöhungen fallen nicht darunter. Um Mieterhöhungen in Grenzen zu halten, wurde zudem die Vergleichsmiete eingeführt. Mieterhöhungen sind danach nur zulässig, wenn sie die sonst am Ort für eine vergleichbare Wohnung übliche Miete nicht übersteigen. Zur Orientierung erstellen die Gemeinden hierzu einen »Mietenspiegel«.

Sind trotz all dieser Maßnahmen die Mieten für die einzelne Familie aufgrund ihres unzureichenden Einkommens nicht tragbar, besteht ein Anspruch auf Mietbeihilfe nach dem Wohngeldgesetz. Dieses Gesetz wurde im Lauf der Jahre, zuletzt

1978, mehrmals der Mieten- und Einkommensentwicklung angepaßt.

Betrachtet man dieses vielfältige Netz an sozialen Leistungen – wozu noch die vermögenspolitischen Maßnahmen zu zählen sind, die schon an anderer Stelle genannt wurden: die Förderung des Kontensparens; das 624-DM-Gesetz (dieser Betrag wurde 1983 auf 936 DM aufgestockt, der Aufstockungsbetrag kann jedoch nur durch Kapitalbeteiligungen und Arbeitnehmerdarlehen ausgeschöpft werden); die Wohnungsbauprämie, die Förderung des Bausparens und der Bildung von Wohnungseigentum usw. –, dann ist sicherlich die Feststellung erlaubt, daß der Wohlfahrtsstaat kaum einen Bereich ausgelassen hat, um tatsächliche oder vermeintliche Risiken des einzelnen abzudecken oder zu übernehmen. Erlaubt ist aber auch die Feststellung, daß das Sozialnetz der Bundesrepublik insofern ohne Konzeption permanent ausgeweitet wurde, als man sich kaum überlegt hat, welcher Leistungsumfang insgesamt überhaupt finanzierbar ist und wo Prioritäten gesetzt werden müssen. Bedenklich dürfte stimmen, daß 80 Prozent aller Haushalte in der Bundesrepublik in der einen oder anderen Form soziale Leistungen empfangen. Berücksichtigt man zudem, daß alle diese Leistungen von allen Bürgern und Berechtigten durch Beiträge oder über Steuerzahlungen finanziert werden, dann wird das etwas überspitzte Argument verständlich, daß die Bürger sich teilweise das Geld von einer Tasche in die andere schaufeln – allerdings über den Umweg einer riesigen Sozialleistungs- und Verteilungsbürokratie mit den entsprechenden Kosten. Einigkeit besteht daher darin, daß das gesamte Sozialleistungssystem der Bundesrepublik reformbedürftig ist. Zum einen sind die Bereiche nicht aufeinander abgestimmt, und zum andern sind viele Systeme ineffizient organisiert. Worum es bei den Reformen nicht geht, nicht gehen kann oder darf, ist die »soziale Demontage«.

Nachbarschaftshilfe Hamburg: Straße Falkenried in Eppendorf. Man gibt aufeinander acht – alte und kranke Menschen werden gepflegt und Kinder versorgt. Außerdem setzt man sich zusammen, um miteinander zu »klönen« oder Aufgaben gemeinsam zu lösen (ganz oben). – Modellversuch »Prager Schule«: Das Arbeitsamt Hannover hat Übungsfirmen für kaufmännische Angestellte eingerichtet. Die jungen Menschen werden dort trainiert und verrichten alle Arbeiten, die in einem normalen Betrieb getan werden

JOCHEN KÖLSCH

Schattenwirtschaft

Um neue wirtschaftliche Entwicklungen besser verstehen zu können, ist es oft notwendig, auch einen neuen Begriff zu entwickeln, der den gesellschaftlichen Wandel zeitgemäß und genau beschreibt. Die Entstehung des Begriffs »Schattenwirtschaft« hat zwei Wurzeln:
☐ Die weltweite Wirtschaftskrise seit Mitte der siebziger Jahre hat eine umfassende Suchaktion der Wirtschaftsverbände und der Wissenschaft nach den Ursachen ausgelöst. Neben vielem anderen rückten dabei auch die inoffiziellen Wirtschaftstätigkeiten auf einmal aus ihrem bisherigen Dunkel ins Licht der Betrachtung. Wirtschaftspolitiker machten sich daran, die kriminelle Seite der Schattenwirtschaft zu bekämpfen: mit Steuer- und Zollfahndung, verbesserter Ermittlung der Wirtschaftskriminalität und Schwarzarbeit, mit Durchleuchtung von Geldtransaktionen, Subventionsschwindel und Geld»wäsche«. Die Wirtschaftswissenschaft konnte durch die Entdeckung der Schattenwirtschaft die volkswirtschaftliche Gesamtleistung auch in Zeiten der Krise in ein günstigeres Licht rücken.
☐ Die rasante technisch-zivilisatorische Entwicklung der Bundesrepublik nach dem Zweiten Weltkrieg brachte es mit sich, daß mit steigendem Wohlstand auch zunehmend die sozialen, psychischen und ökologischen Probleme einer hochorganisierten und hochtechnisierten Gesellschaft kritisch diskutiert wurden. Auf einmal bekamen auch die Wirtschaftstätigkeiten, die sich im überschaubaren Rahmen, in Eigenverantwortlichkeit, im Familien- und Freundeskreis abspielen, eine neue, wichtige Bedeutung. Neben die Arbeit im eigenen Haus oder bei Bekannten trat die gemeinschaftliche Selbstversorgung der »Alternativen«, eine Lebensweise, die mit dem offiziellen Wirtschaftsgeschehen möglichst wenig zu tun haben sollte. Für die wirtschaftlichen Tätigkeiten außerhalb der Wirtschaftsstatistik gab es schon immer eine Fülle von Begriffen. Aber erst Mitte der siebziger Jahre entwickelte der deutsche Finanzwissenschaftler Günther Schmölders den übergeordneten Begriff *Schattenwirtschaft*. Im Jahr 1980 wurde dieses Wort erstmals durch die Presse einer größeren Öffentlichkeit bekannt; durch einen gewichtigen Abschnitt im Jahresgutachten des Sachverständigenrates der Bundesregierung 1980/81 erhielt es seine höheren Weihen und wurde dann Ende 1982 erstmals im BROCKHAUS erwähnt. Der rasche Erfolg des Begriffs ist damit verbunden, daß er trotz seines negativen Beiklangs das Phänomen sämtlicher, nicht im Bereich der offiziellen Ökonomie stattfindenden Wirtschaftstätigkeiten besser als alle anderen Wörter erfaßt.

Welche Begriffe gehören zum Bereich Schattenwirtschaft?

Schwarzarbeit (hauptsächlich gebrauchtes Synonym, beschreibt aber nur einen Teil), *Subsistenz-Wirtschaft* (bedeutet Selbstversorgungs-Wirtschaft), *Vierter Sektor der Wirtschaft* (neben dem klassischen primären, sekundären und tertiären), *Parallelökonomie, zweite Volkswirtschaft, Sekundär-Ökonomie, informeller Sektor der Wirtschaft* (neben dem formellen), *Marginal-Wirtschaft, der dritte Weg* (neben Staat und Markt), *Schattensektor* oder *autonomer Sektor* der Wirtschaft, *Untergrund-Wirtschaft* (dazu gehören auch die rein kriminellen Wirtschaftsformen), *Schwarzmarkt* (Graue Märkte, Realtausch), *Leistungen ohne Rechnung* (schwarz bezahlt), *Alternative Wirtschaftsformen* (Alternative Ökonomie), *Eigenarbeit* (Eigenwirtschaft in einer dualen Wirtschaft), *Andersarbeit, Do-it-yourself, Hausarbeit, Freizeittätigkeit, Nachbarschaftshilfe, Selbsthilfe, Beziehungskäufe* oder *kollektiver Einkauf, Mondscheinindustrie.*

Warum gibt es Schattenwirtschaft?

Jeder, der glaubt, daß die Deutschen – gerade in der Wirtschaft – ein so überaus ordnungsliebendes Volk sind, der wird sich wundern, welch bunte Reihe menschlichen Handelns sich außerhalb des offiziellen Bruttosozialprodukts abspielt, und noch viel mehr, welchen gewaltigen Umfang diese Schattenwirtschaft hat:
☐ Schwarzarbeit am Bau, bei Reparaturen, im Handwerk, bei Selbständigen;
☐ Obst oder Gemüse selbst anbauen, verarbeiten;
☐ Schmuggeln, Steuerhinterziehen, Subventionsschwindel;
☐ selbst tapezieren, malen;
☐ Kinder und Alte betreuen;
☐ alle Formen von Hausarbeit;
☐ Prostitution, Glücksspiel;
☐ Arbeit in Bürgerinitiativen, Selbsthilfegruppen usw.

Grundsätzlich gibt es zwei Bereiche der Schattenwirtschaft: die legale und die illegale. Die *illegale* Schattenwirtschaft gibt es nur zum kleinen Teil deshalb, weil dort Dienste und Güter angeboten werden, die es sonst nicht gibt (z. B. Drogen, Prostitution). Hauptsächlich bietet die illegale Schattenwirtschaft handfeste Vorteile. Schwarzarbeit ohne Steuern und Versicherungen ist konkurrenzlos billiger. Wenn z. B. eine Maurerstunde regulär 55 DM kostet (mit Bruttolohn, Lohnzusatzkosten, Büro- und Gemeinkosten, Gewinn und Risiko, Mehrwertsteuer), wenn dagegen die gleiche Maurerstunde schwarz 10 bis 12 DM kostet, dann ist es kein Wunder, daß viele solcher Arbeiten schwarz ausgeführt werden. Ähnliches gilt für Auto-, Fernseh- oder Haushaltsreparaturen, für Renovierungen, für Arbeit in der Gastronomie usw. Diese Schattenwirtschaft wird durch das Gesetz zur Bekämpfung von Schwarzarbeit (in der neuen Fassung von 1982) verfolgt, ein Gesetz, das auch Ordnungsgelder bis zu 50 000 DM vorsieht. Dennoch vermögen es die Strafverfolgungsbehörden – zusammen mit den Finanz-, Ausländer-, Kreisverwaltungs-, Bauaufsichts-, Gewerbeaufsichtsämtern, Handwerkskammern und Krankenkassen – kaum, die illegale Schattenwirtschaft wirksam einzudämmen. Im Gegenteil, die Bußgelder in Millionenhöhe wiesen in den siebziger und frühen achtziger Jahren ständig steigende Tendenz auf. Der Anreiz, Arbeit nur Brutto für Netto zu bezahlen oder zu verdienen, ist zu gewaltig in einer Zeit enorm gestiegener Sozialabgaben, hoher Steuern, komplizierter Gewerbeordnungen und Tarifverträge. Das Unrechtsgefühl läßt auch deshalb stark nach, weil Schwarzarbeit häufig im weiteren Bekanntenkreis geleistet wird, von der legalen Nachbarschaftshilfe kaum zu unterscheiden und wegen der Bargeld- oder Tauschbezahlung rechtlich kaum nachzuweisen ist.

Auch die *legale* Schattenwirtschaft hat

Die Bundesregierung hat der Schwarzarbeit den Kampf angesagt. Durch Schwarzarbeit gehen dem Fiskus und den Sozialversicherungen jährlich Milliardenbeträge verloren. Schwarzarbeit ist jedoch die Folge hoher Steuerbelastung und vor allem der Massenarbeitslosigkeit.

ohne Schwarzarbeit mehr Arbeitsplätze

z. T. mit der Kostenfrage zu tun. Wer kann sich schon gegen Entgelt den Haushalt führen, Kinder oder Alte betreuen lassen? Auch die Renovierung von Häusern und Wohnungen, die Reparatur von Kleidung, Auto oder Fernsehapparat ist für viele nur über Eigenarbeit oder Nachbarschaftshilfe zu finanzieren. Mehr aber als mit dem Preis hat die legale Schattenwirtschaft mit der Qualität zu tun. Der selbstgebackene Kuchen schmeckt immer noch besser als der gekaufte. Wäsche und Haushalt kann niemand so liebevoll und sorgfältig machen wie jeder selber. Dies gilt aber auch für viele persönliche Tätigkeiten, für kulturelle und gesellschaftliche Initiativen, von der Gesangsgruppe, dem Skatabend bis hin zur Elternhilfe bei Hausaufgaben, zu sozialpsychologischen Selbsthilfegruppen, zu Sport und kleineren Veranstaltungen. Neben die Kostenfrage tritt hier ganz entscheidend das Zusammenleben in der Gruppe mit Familie, Freunden und Bekannten, das Miteinander, die Freude am Selbermachen in möglichst vielen Bereichen des Lebens, im Gegensatz zu einer oft so bürokratisierten, technisierten und reglementierten Berufswelt. Je weniger außerdem die Menschen in der Schattenwirtschaft leben, um so mehr hängen sie von ausreichend hohen Berufseinkommen, vom Angebot an teuren Produkten und Dienstleistungen ab, die sie für Geld erwerben müssen.

Die Alternativen der späten siebziger Jahre haben daraus eine fast geschlossene Lebensform entwickelt, indem sie versuchten, den Anteil der selbstgefertigten Produkte bis hin zur völligen Autarkie auszubauen. Das ist das Extrem einer Gegenbewegung, die sich gegen die Abhängigkeit des einzelnen von Handelskonzernen, Bürokratie und Großunternehmen wendet.

Schattenwirtschaft ist also eine aus verschiedenen Gründen fern vom offiziellen Markt- und Staatssektor stattfindende Wirtschaftstätigkeit, die sich außerhalb der Statistik, z. T. auch außerhalb der Legalität abspielt. Vor allem ist die Schattenwirtschaft auch eine Art von zwischenmenschlicher Wirtschaft.

Denn nicht ein welt-, bundes- oder regionenweiter Markt mit massenhaften unpersönlichen Angeboten steht der jeweils persönlichen Nachfrage der einzelnen Menschen gegenüber, sondern ein ebenso individuelles, persönliches Angebot. Es ist also ein Markt der Beziehungen, der kleinen, überschaubaren Direktheit, der sich im unmittelbaren Kontakt von Anbieter und Nachfrager ereignet. Schattenwirtschaft entsteht, wenn zwischen der Versorgung, wie sie von der offiziellen Wirtschaft geleistet wird, und den eigenen Notwendigkeiten und Ansprüchen eine hinreichend große Lücke klafft.

Der Umfang der Schattenwirtschaft

Noch weniger greifbar als ihre Beschreibung ist das Ausmaß der Schattenwirtschaft. Das offizielle Bruttosozialprodukt, das den Gesamtumfang aller Güter- und Dienstleistungen einer Volkswirtschaft im Lauf eines Jahres umfassen soll, weist Lücken auf, die mit der Statistik der Finanzämter und Zollbehörden nicht erfaßbar sind. Es gibt verschiedene Schätzmethoden, mit denen vor allem die illegale Schattenwirtschaft gemessen wird, z. B. durch den Vergleich der Erwerbsquoten zwischen verschiedenen Ländern, die Differenz zwischen offiziellen Einnahmen und realen Ausgaben, den Umfang des Bargeldumlaufs, den Vergleich zwischen angegebener Produktion und überschüssiger Geldmenge und ähnliches.

Die Zahlen für die Bundesrepublik Deutschland schwanken zwischen 2 und 8 Prozent des Bruttosozialprodukts für die *illegale* Schattenwirtschaft, also zwischen 30 und 120 Milliarden DM für das Jahr 1980. Berechnet würden damit all die vielen Einfamilienhäuser, ja ganze Siedlungen, die schwarz gebaut wurden, die »schwarzen« Installationen, die »schwarz« produzierten Textilien, »schwarze« Handwerksleistungen aller Art gegen Bargeld oder im Austausch gegen gezogene Zähne, ferner Rechtsvertretungen, nebenberufliche Bauplanungen beamteter Bauingenieure, nebenberufliche Versicherungsvertretungen usw.

Diese rechnerische Größe der illegalen Schattenwirtschaft ist jedoch noch der kleinere Teil der Gesamtrechnung. Es kommt die gesamte Hauswirtschaft hinzu, die nach amerikanischen Schätzungen bis zu 50 Prozent, nach deutschen ca. 25 Prozent einer Volkswirtschaft ausmacht, also ca. 360 Millionen DM. Ferner gibt es die Heimwerker-Arbeit, die Gefälligkeits- und Tauschwirtschaft mit ca. 5 Prozent (75 Milliarden DM) sowie die privat erbrachte Arbeit in alternativen Projekten und Initiativen mit knapp 2 Prozent (27 Milliarden DM). Die renommierte Wirtschaftszeitschrift CAPITAL hat für das Rechnungsjahr 1980 zum offiziellen Bruttosozialprodukt von knapp 1500 Milliarden DM noch weitere 570 Milliarden DM (knapp 40 Prozent) als Ergebnis der Schattenwirtschaft dieses Jahres errechnet. Im Vergleich dazu errechnete der Bremer Wirtschaftswissenschaftler Wolfgang Ulrich aus amerikanischen Quellen einen Umfang der dortigen Schattenwirtschaft sogar von 100 Prozent des offiziellen Bruttosozialprodukts, einen Betrag, den er auch auf deutsche Verhältnisse für übertragbar hält. Die Schattenwirtschaft ist auf jeden Fall ein gravierender Faktor im wirtschaftlichen Geschehen auch unseres Landes.

Für die DDR und die übrigen Ostblockstaaten kann der Anteil der illegalen Schattenwirtschaft mit 20 bis 25 Prozent angenommen werden. Dort sind sogar lebensnotwendige Bereiche wie ausreichende Ernährung ohne die blühende Schattenwirtschaft nicht vorstellbar. Illegale Produktion von Nahrungsmitteln, Textilien und dergleichen ist ein Überlebensfaktor für das staats- und planwirtschaftliche System. Auch andere Bereiche des privaten Konsums wie Bau, Einrichtung, Luxusgüter sind dort notwendigerweise Schattenwirtschaft. West-Jeans, Taschenrechner oder Quarzuhren waren zeitweise ausschließlich über die Schattenwirtschaft erhältlich.

Noch schärfer zeigt sich das Phänomen in den Entwicklungsländern, wo oft 50 bis 80 Prozent des Volkseinkommens aus Schattenwirtschaft bestehen. Dort ist für weite Teile der Bevölkerung die Selbstversorgung notwendig für das Überleben, während in der Bundesrepublik die von den Alternativen entwickelte Existenzform aus dem Überfluß heraus entstanden ist. Aus dem einigermaßen zuverlässig errechneten Umfang der deutschen Schattenwirtschaft ergibt sich, daß sie erhebliche Folgen für die Gesamtwirtschaft hat, die aber in ihrer Tendenz und Reichweite noch weitgehend unbekannt sind.

Ausdruck der Krise im offiziellen Wirtschaftssystem

Daß die Schattenwirtschaft gerade Ende der siebziger und Anfang der achtziger Jahre zum wichtigen Faktor der politischen Diskussion geworden ist, hat mehrere Ursachen:
☐ die Krise des Sozial- und Steuerstaats;
☐ die Krise des offiziellen Arbeits- und Wirtschaftssystems;
☐ die Krise des Industrialismus und der klassischen Wirtschaftsphilosophie.
Während die Steuerlast in den vergangenen Jahrzehnten nur proportional zum sonstigen Wachstum stieg, haben vor allem Sozialabgaben und Lohnnebenkosten dazu geführt, daß in der Bundesrepublik zu Beginn der achtziger Jahre fast die Hälfte des Bruttosozialprodukts durch die öffentlichen Hände erhoben, erwirtschaftet und ausgegeben wurde. Die Kosten der offiziellen Wirtschaft wurden dadurch so sehr in die Höhe getrieben, daß zahlreiche Güter, vor allem aber Dienstleistungen, für viele Verbraucher zu teuer wurden.

Es entstand so die Selbstbedienungsgesellschaft (Supermärkte, Tankstellen, Restaurants, Heimwerker, Selbstbaupro-

Eigenarbeit: Die ganze Familie hilft tatkräftig, damit der Traum vom eigenen Haus verwirklicht werden kann (oben). Mit Praktikbausätzen und ausführlichen Planmappen wird den »Selbstbauern« die Arbeit leichtgemacht. Im Heimwerkermarkt (links) findet der Do-it-yourself-Handwerker alles, was er braucht, von der kleinsten Schraube bis zum Spezialwerkzeug.

Alternative Wirtschaftsformen werden vor allem in Berlin mit viel Phantasie und Initiative erprobt. Junge Menschen wollen wieder Freude am Produkt haben und keine entfremdete Arbeit mehr leisten. In diesem Betrieb werden Möbel aus Haushaltsauflösungen und Sperrmüll repariert, aufpoliert und preiswert wieder verkauft.

dukte), in der die Eigenarbeit der Verbraucher zu einer für die Volkswirtschaft wirksameren und billigeren Nutzung der menschlichen Arbeitskraft führte. Diese offizielle Art einer schattenwirtschaftlichen Arbeit des Verbrauchers zeigt den fließenden Übergang von einem hochgezüchteten Wirtschaftssystem zur Parallel-, Schatten- und Untergrundwirtschaft. Hier wird nur nach Bedarf gearbeitet: Der Kunde bedient sich im Kaufhaus selbst, arbeitet, indem er einkauft; es müssen keine Heerscharen zeitweise unbeschäftigter Verkäufer vorhanden sein.

Parallel zur Krise des Sozial- und Steuerstaats trägt die krisenhafte Entwicklung des offiziellen Arbeits- und Wirtschaftssystems zur Verstärkung der Schattenwirtschaft bei. Darunter sind folgende Tendenzen zu verstehen:
□ Institutionalisierung (Bürokratie);
□ Professionalisierung (Bildungsanforderungen, Zulassungs- und Gewerbeordnungen, Rechtsvorschriften);
□ Technisierung (Mechanisierung und Elektronisierung);
□ Monetarisierung (immer mehr Lebensbereiche werden in die offizielle Wirtschaft einbezogen).

Dieser Wandel des modernen Wirtschaftssystems, der zu wachsenden kapitalstarken und unüberschaubaren Konzentrationsprozessen führt, hat seine Entsprechung in einer Krise des offiziellen Arbeitssystems. Es ist durch folgende Tendenzen gekennzeichnet:
□ streng vorgegebene, zerstückelte Arbeitsorganisation;
□ hohe Kapitalintensität jedes Arbeitsvorgangs (Folge: Fehlerangst);
□ weder der Gesamtzusammenhang noch die genaue Beschaffenheit der eigenen Arbeit ist erkennbar (z. B. Computersatz, Walzstraße);
□ hohe psychische Konzentrationsbelastung.

Die offizielle Arbeit ist dahin gekommen, daß der Mensch, der sie ausübt, immer mehr zum bloßen Rädchen im großen Getriebe verkommt. Das deutlichste Bild dafür sind die Bürohilfskräfte an den Computer-Eingabe-Terminals.

Symptome der Wirtschaftsentwicklung sind ferner Produktivitätsfortschritt, Arbeitszeitverkürzung und Arbeitslosigkeit, die alle auf eine Zunahme der Schattenwirtschaft hinauslaufen, wenn das System der Sozialen Marktwirtschaft nicht auseinanderbrechen soll.

Betroffen sind davon grundsätzlich auch der Industrialismus und die herrschenden Wirtschaftsphilosophien. Die an Effektivität orientierte Ausstattung jedes Arbeitsplatzes bringt einen hohen Maschinen- und damit Kapitaleinsatz mit sich, die ihrerseits mit Gewinnerwartung und folglich mit Wirtschaftswachstum verbunden sind. Die Wachstumsgrenzen der Welt-, wie auch der deutschen Wirtschaft sind näher gerückt. Dank der Marktsättigung bei vielen Gütern (Autos, Fernsehern, Kühlschränken, Waschmaschinen, Telefonen usw.) rücken die individuelleren, weniger marktorientierten Bedürfnisse der Menschen in den Vordergrund. Mit dem Wachstum bricht ein Grundpfeiler der offiziellen Wirtschaftsphilosophie zusammen zugunsten inoffizieller, schattenwirtschaftlicher Aktivität. Die Gesellschaften der Industrieländer haben nach Auswegen aus dieser wachsenden Krise

363

gesucht und sie – legal und illegal – mit den verschiedenen Formen der Schattenwirtschaft auch gefunden.

Schattenwirtschaft – historisch gesehen

Ein kurzer Rückblick in die Wirtschaftsgeschichte zeigt, daß die heute so genannte Schattenwirtschaft die eigentliche und ursprüngliche Form des Wirtschaftens war. »Wirtschaftliches« Handeln von Menschen begann mit der Selbstversorgung (Subsistenz-Wirtschaft) in der vorgeschichtlichen Zeit.

Seit Beginn der geschichtlichen Periode wächst der Anteil an Abgaben und Leistungen für die Gemeinschaft oder für den Staat, was stets mit der Kontrolle über das Produktionsvolumen der meist landwirtschaftlichen oder handwerklichen Güter und Dienste einherging. Dabei gab es schon immer den Versuch von Abgabenhinterziehung und »Schwarz«-Produktion.

In Zeiten wirtschaftlichen Wohlergehens und Wachstums spielte der Anteil der Schattenwirtschaft eine geringe Rolle. In Notzeiten dagegen führte die jeweils herrschende Staatsmacht mit ihrer Steuer- und Abgabenhoheit einen erbitterten, oft brutalen Kampf gegen die Untertanen um möglichst hohe Abgaben. Eine Existenz unter solcherart schwierigen wirtschaftlichen Verhältnissen, die auch neben Kriegen zu Hungersnöten und ökonomischen Zusammenbrüchen führten, war oft nur durch Schattenwirtschaft möglich.

Die moderne radikal-liberale Wirtschaftsdoktrin, wie sie u. a. auch der Wirtschafts-Nobelpreisträger Milton Friedman vertritt, begrüßt aus solchen historischen Erwägungen heraus das Zurückdrängen des Staates, der Steuern erhebt, der das Wirtschaftsgeschehen ordnet und lenkt. Die staats- und gesetzesfreie Wirtschaftsbeziehung, wie sie in der Frühzeit der Menschheit ausschließlich existierte, wird zu einer Wirtschaftsphilosophie der Selbstbestimmung, Autonomie und Freiheit erhoben. Das ist auch der Grund, weshalb vor allem neoliberale und konservative Wirtschaftspolitiker die Schattenwirtschaft begrüßen. Hier treffen sie sich z. T. mit der Wirtschaftsauffassung der Alternativen.

Schaden und Nutzen der Schattenwirtschaft

Gerade in Zeiten einer schwierigen wirtschaftlichen Lage wird vor allem die illegale Schattenwirtschaft als großes Problem für die Volkswirtschaft bezeichnet. Es gibt tatsächlich eine Reihe schwerwiegender Schäden, die sie hervorruft:
☐ Es entgehen dem Staat und der Gesellschaft die Steuern und Sozialversicherungen, die für die Gemeinschaftsleistungen notwendig sind. Nach Schätzungen sind das in der Bundesrepublik zwischen 10 und 30 Milliarden DM jedes Jahr.
☐ Schattenwirtschaft wird im gesetzesfreien Raum, oft im Widerspruch zu bestehenden Gesetzen, Tarifverträgen, Gewerbeordnungen und Versicherungsbestimmungen betrieben. Die Folge sind Nachteile für alle Beteiligten. Es kommt zu ausbeuterischen Arbeitsverhältnissen, zu Kinderarbeit, Korruption, Gesundheits- und Sicherheitsrisiken; zu Pfuscharbeit und Privilegierung bestimmter Berufsgruppen wie Handwerker, Ärzte und dergleichen auf Kosten anderer; zum Herunterdrücken des Tariflohns, zur Vernichtung offizieller Arbeitsplätze.
☐ Je mehr Geld der Gemeinschaft durch die Schattenwirtschaft verlorengeht, um so weniger können notwendige Leistungen wie Schulen und Universitäten, soziale Sicherung, Krankenhäuser, öffentliche Sicherheit, Justiz, Umweltschutz oder billige öffentliche Verkehrsmittel finanziert werden. Dies geht vor allem zu Lasten der Armen und Schwachen einer Gesellschaft.

Die Schattenwirtschaft stiftet aber auch unverkennbar wirtschaftlichen und sozialen Nutzen:
☐ Viele Tätigkeiten würden ohne Schattenwirtschaft unterbleiben. Die Gesellschaft steigert also ihren Wohlstand, auch wenn das Bruttosozialprodukt nicht wächst.
☐ Sozial Schwache können oft nur durch die Schattenwirtschaft überleben oder menschenwürdig leben, Arbeitslose ihre soziale Stellung wenigstens halbwegs erhalten. Die Schattenwirtschaft verhindert also Elend, vermeidet gefährliche Konflikte in der Sozialpolitik.
☐ Durch die Schattenwirtschaft wird auch zum guten Teil die offizielle Ökonomie gefördert, wie z. B. im Bereich der Heimwerker- und Gartenbaumärkte oder im Hobby-Bereich. Es findet also durch die Schattenwirtschaft auch in der offiziellen Ökonomie eine Wertschöpfung statt.
☐ In der Schattenwirtschaft leben alte menschengemäße Wirtschaftsformen fort, und es entstehen neue, die in der offiziellen Wirtschaft keine Chance hätten. Selbstbestimmung in der Arbeit und die Tätigkeit für Initiativen verschiedenster Art, Nachbarschaftshilfe und Eigenarbeit, sind für die Gesellschaft wertvoll, auch wenn sie sich nicht in Mark und Pfennig einer Statistik messen lassen.

Ein Resümee der Schattenwirtschaft in der Bundesrepublik Deutschland zeigt, daß sie einen respektablen und notwendigen Platz zwischen der Staatswirtschaft und dem offiziellen Markt als dritte Form des Wirtschaftens innehat. Sie ist durch Gesetze und Vorschriften eingeengt, behauptet aber im legalen wie im illegalen Bereich für viele Menschen einen ausreichenden wirtschaftlichen Freiraum, der – ohne daß in der Regel ein übergroßer Schaden entsteht – auch im Hinblick auf die Gesamtgesellschaft sinnvoll genutzt wird.

Zu diesem Thema

In anderen Werken:
Huber, Joseph (Hg.): Anders arbeiten – anders wirtschaften, 1979
Küng, Emil (Hg.): Wandlungen in Wirtschaft und Gesellschaft, 1980
Rahmann, Bernd/Welsch, Johann: Wohlfahrtsstaat im Defizit, 1982
Wirtschaftswissenschaftliches Studium (Heft 4), 1982
»Die Zukunft der Arbeit 1–3« in: Technologie und Politik (8) 1977, (10) 1978, (15) 1980
»Die Zukunft der Ökonomie« in: Technologie und Politik (12) 1978

aspekte

BARBARA VEIT

Frauen im Wirtschaftsleben

Daß Frauen im Erwerbsleben überhaupt zum Thema werden, liegt an der besonderen Rolle, die sie spielen. 1975 gab es sogar ein eigenes »Jahr der Frau«, die Probleme der Frauen im Berufsleben wurden heftig diskutiert – gelöst sind sie aber auch heute noch nicht.

Die Frauen sind aus dem Berufsleben der Bundesrepublik nicht mehr wegzudenken und wurden doch in den Jahrzehnten nach dem Zweiten Weltkrieg immer wieder benachteiligt. Zwar bietet der Staat alle Möglichkeiten zur Emanzipation auch im Erwerbsleben, eine Gleichstellung von Männern und Frauen wird aber immer noch durch ein viel zu starres Verhalten nach den alten Rollen behindert. Frauen werden in stärkerem Maße als Männer diskriminiert oder ausgebeutet, die Familienstrukturen, die geschlechtsspezifische Arbeitsverteilung, die schlechtere Ausbildung gehen hauptsächlich zu ihren Lasten. In der DDR wurde die Situation der Frauen offiziell günstiger dargestellt. Doch gab es auch hier gravierende Benachteiligungen.

Zur historischen Entwicklung

Frauenarbeit, d.h. die Berufstätigkeit von Frauen, wurde erst im Rahmen der Industriellen Revolution ein gesellschaftliches Problem, also im letzten Jahrhundert. In den Zeiten davor, bei den Jägern und Sammlern, in der bäuerlichen Gesell-

»Kinder, Küche, Kirche« sollte die Domäne der Bürgersfrau sein. Farblithographie aus einem Jugendbuch, 1889.

Im Dritten Reich hatte die Frau vor allem anderen Mutter zu sein: Gebärerin der künftigen nordischen Herrenmenschen. Vor der Frauenmilchsammelstelle in Berlin-Wilmersdorf, 1936.

schaft, in den Handwerksbetrieben des Mittelalters war es selbstverständlich, daß Frauen produktiv waren. Sie machten Feldarbeit, waren im Handwerksbetrieb – einem Familienbetrieb – tätig: Die Kinder wuchsen in der Großfamilie auf und arbeiteten so früh wie möglich mit.

Erst mit Beginn der industriellen Lohnarbeit wurde ein deutlicher Trennungsstrich in der Bewertung männlicher und weiblicher Arbeit gezogen: Frauen waren von Anfang an schlechtergestellt als Männer und erhielten weniger Lohn. Die Frauensterblichkeit war wegen miserabler Arbeitsbedingungen enorm hoch. Die Arbeitszeit lag zwischen 10 und 18 Stunden täglich. Ernährung und Wohnverhältnisse waren oft unzumutbar.

Während die Masse der Proletarierinnen um das tägliche Überleben arbeitete – auch ihre Männer verdienten zu wenig –, war den bürgerlichen Frauen Arbeit regelrecht verwehrt, allenfalls durften sie als Gehilfinnen von Männern auftreten, z. B. als Sekretärinnen. Politische Betätigung war ihnen in Deutschland gänzlich untersagt.

Erst 1865 begann mit dem »Allgemeinen Deutschen Frauenverein« die Gründung von Frauenverbänden, die sich für die Verbesserung der Situation der Frauen im Beruf einsetzten, außerdem für bessere Bildung und für eine bessere Stellung in der Gesellschaft. Zwar gab es im »Vormärz«, in den Jahren vor der Revolution von 1848, trotz bestehender Versammlungsverbote erste Versuche von Frauen, die allgemeine Diskriminierung sichtbar zu machen, doch selbst die Revolutionäre von 1848 waren mehr an der sexuellen Befreiung der Frau interessiert als an ihrer ökonomischen. Deshalb geriet damals auch das Wort »Emanzipation« in Verruf.

Wenig Hilfe bekamen die Frauen von der beginnenden Gewerkschaftsbewegung. Die Männer sahen in der Gleichstellung der Frau einen Angriff auf ihre eigene Position in Familie und Arbeit. Frauen waren von Anfang an Konkurrentinnen um Arbeitsplätze, denn die Landflucht führte im 19. Jh. zu Massenarbeitslosigkeit trotz Industrieller Revolution. Frauen machten außerdem stets die niedrigsten Arbeiten. Noch Anfang des 20. Jh. waren rund 20 Prozent aller erwerbstätigen Frauen als Dienstboten beschäftigt, was einen Dienst rund um die Uhr, Bezahlung in Naturalien und Fehlen jeglicher sozialen Sicherung bedeutete. In Preußen wurden Frauen erst 1908 zum Studium zugelassen, und erst 1922 wurde ein Gesetz erlassen, das Frauen gestattete, Rechtsanwältin oder Richterin zu werden.

Nach dem Ersten Weltkrieg vertrieb man die Frauen rigoros und mit Billigung der Gewerkschaften von ihren Arbeitsplätzen, um den heimkehrenden Männern

Platz zu machen. Und noch 1928 wies der Gewerkschaftstag Anträge zur Lohngleichheit ab.

Im Dritten Reich hatten die Frauen – der biologistischen und rassistischen Ideologie des Regimes entsprechend – möglichst nur noch Mutter zu sein: Sie sollten die »nordischen Herrenmenschen« gebären. Im Berufsleben hatte die Frau nichts zu suchen – es mußten ja schließlich auch Millionen arbeitsloser Männer untergebracht werden. Als die Männer dann wenige Jahre später an die Front geschickt wurden, rief das Regime die Frauen wieder in die Fabriken, für einen Lohn, der um ein Drittel niedriger lag als der der Männer.

Die Chance von 1949

Mit der Verkündung des Grundgesetzes der Bundesrepublik Deutschland am 23. Mai 1949 änderte sich auch für die Frauen Entscheidendes. Erstmals wurden sie vom Gesetzgeber dem Mann gleichgestellt (Art. 3 GG).

Diese radikale Gleichstellung der Geschlechter sah in der Praxis jedoch widersprüchlich aus. Zu massiv waren die Geschlechterrollen im Bewußtsein der Menschen verankert, und die Wirtschaft wußte ihren Nutzen daraus zu ziehen. Zudem war die Ausgangssituation der Frauen trotz der rechtlich für sie einmalig günstigen Lage schwierig.

Traditionell waren Mädchen schlechter ausgebildet als Männer, und die Erziehung hatte nach wie vor das Ziel, sie zu Hausfrauen und Müttern zu machen. Noch 1970 waren 51 Prozent der weiblichen Erwerbstätigen ohne Berufsausbildung, aber nur 27 Prozent der Männer. 1978 hatte sich die Situation etwas gebessert, nur noch 42,9 Prozent der Frauen (26,3 Prozent der Männer) waren ohne Berufsausbildung. Doch waren die Frauen zum großen Teil gezwungenermaßen berufstätig: Entweder waren sie alleinstehend (z. B. Kriegerwitwen), oder die Löhne der Männer reichten nicht aus.

Keine Ausbildung hieß in den meisten Fällen Akkordarbeit in der Fabrik, in den untersten Lohngruppen. Anfang der siebziger Jahre wurden 90 Prozent der Akkordarbeit von Frauen gemacht. Akkordarbeit erfordert äußerste Konzentration und Geschicklichkeit – ihre geringe Einschätzung ist ein deutlicher Ausdruck für Diskriminierung. Aber auch dort, wo Frauen die gleiche Arbeit wie Männer verrichteten, bekamen sie keineswegs auch den gleichen Lohn. In den Tarifverträgen gab es sog. Lohnabschlagsklauseln, die dafür sorgten, daß Frauen in eigene Lohngruppen eingestuft wurden und nur einen Teil des Männerlohns erhielten. Die Frauen nahmen dies hin, bis ein Gewerkschaftssekretär, Bruno Eisenberger, diese Umgehung des Gleichheitsgrundsatzes vor Gericht brachte. Er ging für eine Hilfsarbeiterin bis vor das Bundesarbeitsgericht, das am 15. Januar 1955 in einem Grundsatzurteil die Frauenlohngruppen abschaffte. Doch erst 1973 traten, nach einer Verlautbarung der Bundesregierung, die beiden letzten Tarifverträge mit Frauenlohngruppen außer Kraft.

Der mühsame Weg

Die Gerichtsentscheidung von 1955 setzte eine Entwicklung in Gang, die sich bis in die Gegenwart verhängnisvoll auswirkt: die Erfindung der Leichtlohngruppen. Sie entstanden durch einen Kompromiß zwischen Gewerkschaften und Arbeitgebern auf dem Rücken der Frauen. Die Unternehmer hatten sich nämlich außerstande erklärt, die Frauenlöhne auf das Niveau der Männer anzuheben. Um die 40-Stunden-Woche und die Einführung des Urlaubsgeldes zu erreichen, stimmten die Gewerkschaften der Schaffung neuer Lohngruppen zu, die »einfache« oder »leichte« Arbeit betreffen sollten, »ohne besondere Anforderungen an die körperliche Leistungsfähigkeit«. Seither setzen sich die Gewerkschaften für eine Abschaffung dieser Leichtlohngruppen ein, mit mäßigem Erfolg, denn es gibt sie auch noch in den achtziger Jahren.

Daß sich die Frauen nicht massiv und mit allen Rechtsmitteln zur Wehr gesetzt haben, hat viele Gründe. Die Frauen haben Angst, ihren Arbeitsplatz zu verlieren, sind viel weniger gewerkschaftlich organisiert als Männer, haben die allgegenwärtigen Diskriminierungen verinnerlicht und fühlen sich selbst minderwertig. Die von Männern beherrschten Gewerkschaften waren ebenfalls nicht an Prozessen interessiert, und so gab es erst in den siebziger Jahren spektakuläre Präzedenzfälle, in denen Frauen sich gegen ungleiche Bezahlung zur Wehr setzten. Die damalige Bundestagspräsidentin Annemarie Renger forderte die Frauen auf, vor Gericht zu gehen. Einer der bekanntesten Fälle wurde der Prozeß, den Frauen der Fotofirma Heinze in Gelsenkirchen führten. Mit Unterstützung ihrer Gewerkschaft gingen die Frauen den langen Weg bis zum Bundesarbeitsgericht in Kassel, wo 1981 endlich ihre Forderungen anerkannt wurden.

Fußangeln des Arbeitsrechts

Doch nicht nur mit den Tarifverträgen hatten die Frauen zu kämpfen, sondern auch mit den Bestimmungen des Arbeitsrechts, die eigentlich zu ihrem Schutz gedacht waren, aber in vielen Fällen zu Hindernissen wurden. So z.B. die im Grundsatz unumstrittenen Mutterschutzgesetze. Zwar steht im Grundgesetz Art. 6, Abs. 4: »Jede Mutter hat Anspruch auf den Schutz und die Fürsorge der Gemeinschaft.« Wenn jedoch deshalb Frauen während der Schwangerschaft und des Mutterschutzes unkündbar sind, sie aber weniger oder gar keine Leistung erbringen, dient das den Arbeitgebern als Argument, keine Frauen einzustellen oder Männer zu bevorzugen. Das ist eine einfache Kosten-Nutzen-Rechnung, nur wird dabei der gesellschaftliche Auftrag des Mutterschutzes übersehen. Die Großfamilie mit ihrem Schutz und ihrer Unterstützung existiert nicht mehr, und die Gesellschaft, die dann für die Frau in der Kleinfamilie den Schutz übernehmen sollte, funktioniert nur begrenzt. Mangelnder Mutterschutz, fehlende Krippenplätze behindern die Frauen bei der Erwerbstätigkeit, wie auch die Tatsache, daß die Kinderaufzucht immer noch selbstverständlich Sache der Frauen ist und Männer nur höchst selten dafür ihren Beruf aufgeben oder Teilzeitarbeit annehmen.

Die Emanzipation der Frau, ihre Gleichstellung mit dem Mann, läßt sich jedoch durch keine rückwärtsgewandte Ideologie aufhalten, sie ist eine Folge der Arbeitsbedingungen in der modernen Industriegesellschaft.

Mutterschaft ist überhaupt das größte Hindernis für Erwerbstätigkeit und wirtschaftliche Unabhängigkeit der Frauen. Als erste wiesen die Feministinnen darauf hin, auch fortschrittliche Mutterschutzgesetze würden nur die Tatsache verschleiern, daß die Betreuung der Kinder weiterhin bei den Frauen hängengeblieben sei. Die Frauen – so die Schwedin Alva Myrdal – haben einer Doppelrolle gerecht zu werden: Erst sind sie berufstätig, dann erziehen sie die Kinder, und schließlich kehren sie wieder in den Beruf zurück. Dadurch wird, wenn auch auf moderne Weise, die Benachteiligung der Frau im Beruf fortgeschrieben. In diesem Rahmen erkennen auch die Gewerkschaften grundsätzlich die Erwerbstätigkeit von Frauen als wesentlich für die Entfaltung ihrer Persönlichkeit an. Die SPD liegt etwa auf der Linie der Gewerkschaften und unterstützt die Frauen vorwiegend theoretisch, die Position der CDU/CSU dagegen ist zwiespältig: Auf der einen Seite unterstützt man berufstätige Frauen und bejaht die Berufstätigkeit, auf der anderen Seite wird die Mutter als Stütze der Gesellschaft zu einem immer bedeutenderen konservativen Grundwert.

Radikale Modelle und Forderungen stellte in den siebziger und frühen achtziger Jahren lediglich die Frauenbewegung auf. Sie lehnt es ab, Frauen lediglich für den Privatbereich, den Haushalt und die Kinder verantwortlich zu machen, und fordert eine neue und selbständige Rolle der Frau.

Hausarbeit als Beruf

Die unbezahlte Hausarbeit beträgt nach einer Berechnung der Gesellschaft für Ernährung in Frankfurt etwa 50 Milliarden Arbeitsstunden pro Jahr – gegenüber 52 Milliarden Stunden in der bezahlten Erwerbswirtschaft. Diese unbezahlte Hausarbeit wird aber fast ausschließlich von Frauen geleistet, und was noch schlimmer ist, sie wird von der Gesellschaft gering bewertet. Berufstätige Frauen müssen die Hausarbeit neben der Berufstätigkeit erledigen, sie sind doppelt belastet. Das ist sicher die wesentliche Ursache dafür, daß Frauen politisch und gewerkschaftlich schlechter organisiert sind als Männer und ihre Forderungen so lange nicht durchsetzen konnten. Vor allem diese Doppelbelastung, eine ständige Diskriminierung der Frauen im Alltag, raubt ihnen Zeit und Kraft, ihre Gleichberechtigung mit den Männern auch im Berufsleben wahrzunehmen.

Frauen im konjunkturellen Wechselbad

Während in den fünfziger Jahren die Frauen von Parteien und Gewerkschaften eher zur Hausfrauenrolle ermuntert wurden, führte der wirtschaftliche Aufschwung in den sechziger Jahren dazu, daß regelrecht um die Frauen geworben wurde: Arbeitskräfte waren knapp, und so schuf die Industrie Teilzeitarbeit für die Mütter. Im Jahr 1971 war fast ein Viertel der berufstätigen Frauen (1,84 Millionen) teilzeitbeschäftigt.

Steigende Sozialkosten, Absatzschwierigkeiten und die beginnende Wirtschaftskrise Mitte der siebziger Jahre führten in den Betrieben zu Rationalisierungen, die in besonderem Ausmaß die Frauen betrafen. Ganz offen wurde wieder darüber gesprochen, daß die Frauen sich ohnehin nicht genügend um die Kinder kümmern können, wenn sie arbeiten, und daß es wirklich nicht nötig sei, doppelt zu verdienen. Dabei ist auffällig, daß wiederum nur über die Frauen diskutiert wurde und nie über die Männer.

Frauen mit geringer Ausbildung waren von der Arbeitslosigkeit wieder am stärksten betroffen. In der Textilindustrie etwa ersetzte man ihre Arbeitsplätze durch Maschinen oder löste die Betriebe auf, weil in der Dritten Welt billiger produziert werden konnte (billiger übrigens auch dort von Frauen, die Hungerlöhne bekommen). Mit der zunehmenden Wirtschaftskrise zu Beginn der achtziger Jahre wurde die Lage Hunderttausender von Frauen aussichtslos: Dauerarbeitslosigkeit wurde zum Schicksal.

Gegenläufig zu dieser Entwicklung gab es immer wieder Ansätze, die Lage der berufstätigen Frauen zu verbessern: Mitte der siebziger Jahre richtete man Förderprogramme ein, um Mädchen verstärkt in »Männerberufen« auszubilden. Bis dahin hatten sich Frauen hauptsächlich auf 17 Berufe konzentriert. Durch »Jobsharing« sollten sich Männer und Frauen jeweils einen Arbeitsplatz teilen, so daß sich beide um Familie und Haushalt kümmern können und die vorhandene, weniger werdende Arbeit sich auf alle, Männer wie Frauen, verteilen läßt, ohne daß eine Gruppe benachteiligt wird. Allerdings versuchen auf der anderen Seite vor allem konservative Gruppierungen, die Frauen wieder ganz in Haushalt und Familie abzudrängen. Es tauchen Begriffe auf wie »Mutterarbeit«, und ein Erziehungsgeld soll finanzielle Anreize bieten, nicht berufstätig zu werden. Am Beginn der neunziger Jahre stellt sich die Situation der Frauen nur minimal verbessert dar.

Zwar gibt es inzwischen ein Gesetz gegen Diskriminierung von Frauen im Berufsleben. Doch ist der Nachweis einer solchen Benachteiligung schwierig. Das Gesetz wird deshalb von vielen gesellschaftlichen Gruppen als »dürftig« bezeichnet. Der Anteil der berufstätigen Frauen stieg auf 55 Prozent, doch ein großer Teil von ihnen verdiente nach wie vor erheblich weniger als die Männer. Arbeiterinnen verdienten nur 70,4 Prozent der Männerlöhne, Angestellte sogar nur 64,2 Prozent der Männergehälter.

Die Situation in der DDR – ein Rückblick

Die gewaltigen politischen Umbrüche in der DDR, die 1990 zur Wiedervereinigung mit der Bundesrepublik führten, hatten auch erhebliche Auswirkungen auf die Situation der Frauen.

Es wurde zum ersten Mal öffentlich ausgesprochen, daß die Frauen in der DDR auf dem Weg zur Gleichberechtigung keineswegs größere Fortschritte gemacht hatten als ihre Geschlechtsgenossinnen in der Bundesrepublik. Zwar gab es in der DDR-Verfassung den Auftrag zur Erfüllung voller Gleichberechtigung (§ 132):

»(1) Die Gleichberechtigung der Frau in der sozialistischen Gesellschaft wird durch die Teilnahme am Arbeitsprozeß und die Mitwirkung an der Leitung von Staat und Gesellschaft voll verwirklicht.«

Die Realität sah in den vergangenen Jahrzehnten jedoch anders aus. Der ehemalige Ministerpräsident Hans Modrow sprach diesen Tatbestand als einer der ersten an: »Ein großer kultureller Rückstand unserer Gesellschaft besteht in der praktischen Nichtgleichstellung der Frauen.«

Die Zahl der erwerbstätigen Frauen war in den letzten Jahrzehnten auf über 90 Prozent angewachsen, doch die meisten von ihnen arbeiteten in typischen Frauenberufen und verdienten – wie die Frauen im Westen – weniger als die Männer. In den Führungsabteilungen der Wirtschaft, der Partei und anderer gesellschaftlicher Einrichtungen waren sie nicht angemessen vertreten.

Einerseits kamen die Frauen in den Genuß einer ausreichenden Zahl von Kinderkrippen und Kindertagesstätten, doch andererseits blieb auch ihnen die Doppelbelastung nach Dienstschluß nicht erspart. Das Wort »Kinder, Küche, Kirche«, das Frauen einst den Ort ihres Lebens angewiesen hatte, wandelte sich in der DDR zu »Kinder, Küche, Kombinat«. Zudem stellte sich im Lauf der Jahre heraus, daß eine Ganztagsbetreuung von Kleinkindern zu Entwicklungsschäden führen kann. Die Frauen in der DDR waren aber fast immer regelrecht gezwungen zu arbeiten, da sonst das Familieneinkommen nicht ausgereicht hätte. Diese Situation trifft allerdings auch auf viele erwerbstätige Frauen in der Bundesrepublik zu.

Alleinerziehende und Familien mit Kindern wurden bei der Wohnungsverteilung bevorzugt, auch gab es ein bezahltes Babyjahr und die Garantie auf einen Arbeitsplatz, doch auch diese Vergünstigungen milderten bestenfalls die Belastung der Frauen. Die Trennung zwischen Männer- und Frauenwelt blieb bestehen wie im Westen. Die Unzufriedenheit der Frauen zeigte sich unter anderem darin, daß nach dem revolutionären Umbruch in der DDR binnen weniger Wochen 150 000 Frauen aus dem Demokratischen Frauenbund Deutschland (DFB) austraten.

Nach der Vereinigung mit der Bundesrepublik sind es vor allem Frauen, die um ihren Arbeitsplatz fürchten. Die Verwaltungsapparate werden abgebaut, Frauen arbeiteten dort als Sekretärinnen und Sachbearbeiterinnen. Die Frauen befürchten auch den Abbau der wenigen Privilegien, die sie in Anspruch nehmen konnten – eben die Garantie des Arbeitsplatzes, genügend Betreuungsplätze für die Kinder – und nicht zu vergessen, die eigene Verantwortung in der Frage von Abtreibungen. Viele junge Frauen in der ehemaligen DDR suchen deshalb einen Anschluß an die Frauenbewegung des Westens. Feministinnen gab es im SED-Staat nicht, da die Frauenfrage offiziell als gelöst bezeichnet wurde.

Feministische Literatur wurde nicht veröffentlicht. Nicht einmal das Standardwerk der Frauenbewegung, Simone de Beauvoirs »Das andere Geschlecht«, konnten DDR-Frauen in den vergangenen 40 Jahren lesen.

Heute schießt fast jede Woche eine neue Frauengruppe aus dem Boden. Die Frauen wollen nachholen, was sie versäumt haben. Die Ostberliner Frauenvertreterin, Ina Merkel, drückte die Situation der Frauen drastisch aus: »Was haben die Frauen für sich erreicht? Immer Hektik mit den Kindern, auf der Arbeit wie geschlechtslose Kumpelinnen behandelt und in der gesellschaftlichen Hierarchie immer ein paar Stufen unter den gleichaltrigen Männern.«

Zu diesem Thema

In den anderen Bänden:
2: Eckart, Mann und Frau zwischen Haushalt und Beruf
Rudolph, Sozialstruktur der DDR

In anderen Werken:
Däubler-Gmelin, Herta: Frauenarbeitslosigkeit oder Reserve zurück an den Herd, 1977
Institut für Arbeitsmarkt- und Berufsforschung der Bundesanstalt für Arbeit: Strukturdaten zur Frauenerwerbstätigkeit, 1982
Janssen-Jurreit, Marielouise (Hg.): Frauenprogramm. Gegen Diskriminierung, 1979
Kaiser, Marianne (Hg.): Wir wollen gleiche Löhne, Dokumentation zum Kampf der 29 »Heinze«-Frauen, 1980
Wiggershaus, Renate: Geschichte der Frauen und der Frauenbewegung, 1979

WOLFGANG WETTER

Die Wirtschaftspolitik

Bereits 1948 einigte man sich darauf, daß die Wirtschaft der Bundesrepublik im Rahmen einer marktwirtschaftlichen Ordnung zu gestalten sei (vgl. Otto G. Mayer, Der Aufbruch in die Soziale Marktwirtschaft, S. 235): Inwieweit und mit welchen Instrumenten der Staat den marktwirtschaftlichen Prozeß beeinflussen sollte, um unerwünschte Wirkungen des Wirtschaftsablaufs zu verhindern, blieb jedoch lange unklar und ohne gesetzliche Regelung.

Das Stabilitäts- und Wachstumsgesetz

Lediglich die Bank Deutscher Länder und später die Deutsche Bundesbank verfügten über relativ klare wirtschaftspolitische Ziele und Instrumente. So nahm es nicht wunder, daß ihr zunächst die gesamte Last der Konjunktursteuerung und der Währungssicherung auferlegt wurde. In den sechziger Jahren zeigte sich aber immer deutlicher, daß die Bundesbank der Unterstützung der öffentlichen Haushalte bedurfte. Im Frühsommer des Jahres 1967 blieb es dann der Großen Koalition von CDU/CSU und SPD vorbehalten, die gesetzlichen Grundlagen für eine staatliche Wirtschaftspolitik endgültig zu verabschieden. Das »Gesetz zur Förderung der Stabilität und des Wachstums der Wirtschaft« (StWG) trat in Kraft. Um die bundesweite Wirksamkeit dieses Gesetzes sicherzustellen, war es zugleich erforderlich, den Artikel 109 des Grundgesetzes zu erweitern: Bund und Länder haben bei ihrer Haushaltswirtschaft die Erfordernisse des gesamtwirtschaftlichen Gleichgewichts zu beachten, und durch Bundesgesetz, das der Zustimmung des Bundesrates bedarf, werden für Bund und Länder gemeinsam gültige Grundsätze für das Haushaltsrecht, für eine konjunkturgerechte Haushaltswirtschaft und für eine mehrjährige Finanzplanung aufgestellt.

Das Globalziel des Stabilitäts- und Wachstumsgesetzes – die Beachtung des gesamtwirtschaftlichen Gleichgewichts – wird im Gesetz näher spezifiziert. Danach haben Bund und Länder ihre Maßnahmen so zu treffen, daß sie zur Stabilität des Preisniveaus, zu einem hohen Beschäftigungsstand und außenwirtschaftlichem Gleichgewicht bei stetigem und angemessenem Wirtschaftswachstum beitragen. Dabei kommt den vier Zielen grundsätzlich der gleiche Rang zu. In der Praxis ist es jedoch zumeist kaum möglich, alle Ziele gleichzeitig zu verwirklichen. So stellt sich z. B. häufig ein Zielkonflikt zwischen Preisniveaustabilität und hohem Beschäftigungsstand ein. Aufgrund derartiger Unvereinbarkeiten in der Praxis werden die Ziele des StWG als »magisches Viereck« bezeichnet. Problematisch ist vor allem die Tatsache, daß das StWG nicht genau definiert, wann die Ziele exakt als erfüllt anzusehen sind. Diese notwendige Operationalisierung hat die Bundesregierung vorzunehmen. In dem sog. Jahreswirtschaftsbericht der Bundesregierung hat sie die für das betreffende Jahr angestrebten Ziele und Maßnahmen darzulegen. Diese Zielgrößen haben allerdings lediglich den Charakter von Richtgrößen, d. h., sie legen die Regierung nicht exakt fest.

Beeinflussung der globalen Nachfrage

Das Stabilitäts- und Wachstumsgesetz gibt der deutschen Wirtschaftspolitik, als deren Hauptträger nach dem Gesetz die Bundesregierung fungiert, eine Reihe von Instrumenten an die Hand. An erster Stelle sind hierbei diejenigen Instrumente zu nennen, die in den Wirtschaftsablauf eingreifen, indem sie die gesamte volkswirtschaftliche Nachfrage verändern. Von diesen Eingriffsinstrumenten hat die Steuerpolitik die größte Bedeutung. Besteht z. B. die Gefahr einer konjunkturellen Überhitzung, können nach dem StWG die Vorauszahlungen zur Einkommen- und Körperschaftsteuer erhöht werden. Weiterhin besteht die Möglichkeit, den Unternehmern Abschreibungsvergünstigungen (degressive Abschreibung) nicht weiter zu gewähren und die Einkommen- und Körperschaftsteuer maximal um 10 Prozent für längstens ein Jahr zu erhöhen.

Soll auf der anderen Seite eine Konjunkturschwäche durch die Erhöhung der globalen Nachfrage bekämpft werden, bietet das StWG die Möglichkeit, die Vorauszahlungen zur Einkommen- und Körperschaftssteuer herabzusetzen. Weiterhin besteht die Möglichkeit, durch zusätzliche Abschreibungsmöglichkeiten für Anlagegüter dem Unternehmen einen »Investitionsbonus« zu gewähren. Schließlich besteht die Möglichkeit, die Einkommen- und Körperschaftssteuer maximal um 10 Prozent für längstens ein Jahr zu senken.

Außerdem beeinflußt der Staat die globale Nachfrage durch seine Schulden-, Rücklagen- und Ausgabenpolitik. Soll die Nachfrage gedämpft werden, kann die Bundesregierung mit Zustimmung des Bundesrates nach dem StWG Haushaltsmittel zur zusätzlichen Schuldentilgung bei der Bundesbank verwenden oder eine sog. Konjunkturausgleichsrücklage bei der Bundesbank ansammeln. Außerdem sieht das StWG die Möglichkeit vor, die Kreditaufnahme der öffentlichen Hand für längstens ein Jahr zu begrenzen.

Ausgabenprogramme zur Bekämpfung einer Rezession können nach dem StWG durch die Auflösung von Konjunkturausgleichsrücklagen und in bestimmten Grenzen durch zusätzliche Kreditaufnahmen finanziert werden. Daneben verfügt der Bund noch über eine Reihe weiterer Maßnahmen, um die globale Nachfrage zu steuern: Er kann z. B. eine Stabilitätsanleihe auflegen, eine Investitionssteuer und/oder einen befristeten und rückzahlbaren Zuschlag zur Einkommen- und Körperschaftssteuer erheben.

Informationsinstrumente

Das StWG sieht Instrumente vor, die dazu dienen sollen, die Öffentlichkeit über die Wirtschaftslage und über die Wirtschaftspolitik der Bundesregierung umfassend zu unterrichten. So hat die Bundesregierung im Januar eines jeden Jahres dem Bundestag und dem Bundesrat den Jahreswirtschaftsbericht vorzulegen. Der Jahreswirtschaftsbericht enthält die Analyse der wirtschaftlichen Lage aus der Sicht der Bundesregierung. Darüber hinaus enthält dieser Bericht die angestrebten Ziele (Jahresprojektion) sowie die geplanten wirtschafts- und finanzpolitischen Maßnahmen. Zudem nimmt die Bundesregierung im Jahreswirtschaftsbericht Stellung zum letzten Jahresgutachten des Sachverständigenrats.

Alle zwei Jahre hat die Bundesregierung Bundestag und Bundesrat einen Subventionsbericht vorzulegen. In ihm sind die Finanzhilfen und Steuervergünstigungen aufzuführen, die Unternehmen oder Unternehmensgruppen zur Erhaltung, Anpassung und Förderung von Produktivitätsfortschritten und des Betriebswachstums erhalten haben. Daneben sind die Zahlungen an private Haushalte offenzulegen. Das StWG beabsichtigt, die Subventionspolitik des Bundes an den Zielen des Gesetzes auszurichten. Die Bundesregierung hat daher im Subventionsbericht auch anzugeben, worauf sich die Subventionen gründen und wann gegebenenfalls mit ihrer Einstellung zu rechnen ist. Auch kann die Bundesregierung nach dem StWG den Sachverständigenrat für ein Sondergutachten heranziehen. Das wird sie immer dann tun, wenn unerwartete Entwicklungen eintreten, die die Ziele des StWG gefährden.

Planungsinstrumente

Die Eingriffsinstrumente des StWG sind überwiegend kurzfristiger Natur. Haushaltswirksame Ausgaben- und Einnahmenentscheidungen der Gebietskörperschaften wirken sich auf Konjunktur und Wachstum jedoch zumeist erst mittelfristig aus. Beachtet man die Folgewirkungen von Leistungsgesetzen und Investitionsprogrammen nicht schon bei der Haushaltsaufstellung, sind störende Einflüsse auf Konjunktur und Wachstum nicht auszuschließen. Das StWG hat daher den Planungshorizont der staatlichen Haushaltswirtschaft auf den mittelfristigen Bereich ausgeweitet. Das wichtigste Planungsinstrument ist die im Gesetz vorgeschriebene mittelfristige Finanzplanung (Mifrifi).

Die mittelfristige Finanzplanung besteht aus der Plandatensammlung, der Plangestaltung und dem Planvollzug. Die Planungsunterlagen, z. B. mehrjährige Investitionsprogramme, sind vom Bundesfinanzminister bereitzustellen. Die Plangestaltung, auch Planprogrammierung genannt, liegt bei den einzelnen Ressorts (z. B. Verteidigung, Soziales usw.). Sachliche und zeitliche Prioritäten müssen dann zwischen den Ressorts abgestimmt werden. Das laufende Haushaltsjahr markiert zugleich das erste Planungsjahr der mittelfristigen Finanzplanung. Die Planung der Ausgaben geschieht im Rahmen des gesamtwirtschaftlich Möglichen. Art und Möglichkeiten der öffentlichen Ausgabenfinanzierung durch Steuern und/oder Kredite sind dabei so zu planen, daß deren Einfluß auf die konjunkturelle Entwicklung, auf die Einkommens- und Vermögensverteilung usw. berücksichtigt wird. Die so zustande gekommene Finanzplanung für mehrere Jahre bedarf allerdings ständiger Korrekturen, die aus sich ändernden wirtschaftlichen Bedingungen und neuen Aufgaben des Staates resultieren. Neben dem Bund haben auch die Länder und Gemeinden eine mittelfristige Finanzplanung aufzustellen. Als wichtige Unterlagen für die mittelfristige Finanzplanung sieht das StWG vor, daß die Bundesminister für ihren Bereich mehrjährige Investitionsprogramme aufzustellen haben. Sie dienen u. a. als Entscheidungshilfe, wenn eine Konjunkturabschwächung durch Vorziehung der vom Finanzplan vorgesehenen Investitionsvorhaben bekämpft oder wenn eine Konjunkturüberhitzung durch Verlagerung der Investitionen auf einen späteren Zeitpunkt gedämpft werden soll.

Koordinierungsinstrumente

Eine wirksame und zielgerechte Wirtschaftspolitik im Sinne des StWG ist nur möglich, wenn alle Entscheidungsträger die Maßnahmen koordiniert vornehmen. Aus diesem Grund sieht das StWG drei Koordinierungsinstrumente vor.

Konjunkturrat. Der Konjunkturrat für die öffentliche Hand setzt sich aus den Ministern für Wirtschaft und Finanzen, je einem Vertreter der Bundesländer und vier Gemeindevertretern zusammen. Die Gemeindevertreter werden vom Bundesrat auf Vorschlag der kommunalen Spitzenverbände bestimmt. Sie sind an die Weisungen ihrer Gebietskörperschaften gebunden. Die Bundesbank kann ebenfalls an den Beratungen des Konjunkturrats teilnehmen.

Konzertierte Aktion, 1973. Von rechts: BDI-Präsident Sohl, Wirtschaftsminister Friderichs, Dietz und Schleyer.

Der Konjunkturrat hat die Aufgabe, die Konjunkturpolitik der Gebietskörperschaften so aufeinander abzustimmen, daß die Ziele der StWG erreicht werden.

Er befaßt sich mit der Schuldenpolitik der öffentlichen Hand und ist vor allen Entscheidungen und Maßnahmen zu konsultieren, die die Kreditlimitierung der Gebietskörperschaften und die Konjunkturausgleichsrücklagen betreffen. Die Formulierung »ist zu konsultieren« macht deutlich, daß der Konjunkturrat kein Entscheidungsorgan ist. Er kann lediglich Stellungnahmen und Empfehlungen abgeben und an die Bundesregierung weiterleiten.

Finanzplanungsrat. Ergänzt wird der Konjunkturrat durch den Finanzplanungsrat, der allerdings nicht im StWG vorgesehen ist. Der Finanzplanungsrat ist in ähnlicher Weise wie der Konjunkturrat zusammengesetzt. Auch er kann nur Empfehlungen aussprechen, die sich auf die Koordinierung der Finanzpläne der Gebietskörperschaften beziehen. Seit 1968 ermittelt der Finanzplanungsrat »Eckdaten« für die Aufstellung der Haushalts- und Finanzpläne. Diese Eckdaten werden in zwei Arbeitskreisen des Finanzplanungsrates erarbeitet: im »generellen Arbeitskreis« und in dem besonders wichtigen Arbeitskreis »Steuerschätzung«.

Die konzertierte Aktion. Das StWG schreibt vor, daß die Bundesregierung bei einer Gefährdung eines der Ziele des Gesetzes Orientierungsdaten bereitzustellen hat. Diese Orientierungsdaten sollen zeigen, wie durch ein aufeinander abgestimmtes Verhalten der Gebietskörperschaften, Gewerkschaften und Unternehmensverbände das gesamtwirtschaftlich angestrebte Ziel zu erreichen wäre. Das StWG überläßt es der Bundesregierung – hier dem Wirtschaftsminister –, wem die Orientierungsdaten zugeleitet werden sollen. Obwohl die konzertierte Aktion nicht als Institution definiert ist, fanden sehr bald regelmäßige Sitzungen unter Teilnahme der meisten für den Wirtschaftsablauf wichtigen Akteure statt. Neben den Vertretern von Regierung und Bundesbank waren dies im wesentlichen die Gewerkschaften und die Spitzenverbände von Industrie, Handel und Landwirtschaft. Das eigentliche Ziel der konzertierten Aktion, die Tarifpartner anhand der Orientierungsdaten – und unter Wahrung der Tarifautonomie – zu einem im Sinne des angestrebten Zieles abgestimmten und förderlichen Verhalten zu bewegen, gelang jedoch nicht. Die beteiligten Gruppen begründeten und diskutierten in den Sitzungen der konzertierten Aktion regelmäßig die eigenen Forderungen. Bis zum Eklat 1976, als die Gewerkschaften nicht mehr an den Sitzungen der konzertierten Aktion teilnahmen, war jedoch dieses Instrument des StWG nicht ganz wirkungslos gewesen. Besonders die Tarifparteien wurden durch den Rechtfertigungszwang ihrer Forderungen in der konzertierten Aktion indirekt zu einer Einschränkung ihres Handlungsspielraums gezwungen. Ökonomisch unhaltbare Forderungen wurden durch die Diskussion in der konzertierten Aktion schnell als solche identifiziert.

Die Arbeitsmarktpolitik

Durch das StWG sollte der gesetzliche Rahmen für die Steuerung der globalen Nachfrage geschaffen werden. Es ist somit ein Instrument der sog. Globalsteuerung, deren Ziel nicht darin besteht, einzelne Märkte der Volkswirtschaft direkt zu beeinflussen, sondern die Gesamtheit aller Märkte.

Andere Maßnahmen der Wirtschaftspolitik haben dagegen wichtige Teilmärkte zum Ziel. Ein besonders wichtiger Markt ist der Arbeitsmarkt (vgl. auch Otto G. Mayer, Arbeitsförderung, S. 354).

Die Arbeitsmarktpolitik versucht, allen Arbeitsfähigen und Arbeitswilligen eine nach Neigung und Fähigkeit ausgerichtete dauerhafte Arbeitsmöglichkeit zu verschaffen. Zudem sollen die Arbeitsbedingungen die bestmöglichen sein. Der Erreichung dieser Ziele stellen sich jedoch unterschiedlich starke Schwierigkeiten entgegen. So kann z. B. die Arbeitsmarktpolitik von sich aus nur in geringem Maß auf die vorhandenen Arbeitsplätze Einfluß nehmen. Das ist Aufgabe der Konjunktur- und Wachstumspolitik. Die Aufgaben der Arbeitsmarktpolitik bestehen überwiegend darin, die Arbeitsmärkte möglichst effizient zu machen.

Der gesamte Arbeitsmarkt einer Volkswirtschaft zerfällt in viele sektoral und regional unterschiedliche Teilmärkte. Den Arbeitnehmern fällt es daher oft schwer, sich einen Überblick über adäquate und verfügbare Arbeitsplätze zu verschaffen. Diese mangelnde Markttransparenz führt dann häufig zu »unnötiger« Arbeitslosigkeit. Bereits 1927 hatte die damalige Reichsanstalt für Arbeitsvermittlung und Arbeitslosenversicherung die Aufgabe, durch Arbeitsvermittlung und Berufsberatung die Markttransparenz und die Beweglichkeit der Arbeitskräfte zu erhöhen. In der Bundesrepublik unterliegt diese Aufgabe der Bundesanstalt für Arbeit (BfA) in Nürnberg.

Im einzelnen hat die Bundesanstalt nach dem Arbeitsförderungsgesetz darauf hinzuwirken, daß weder Arbeitslosigkeit und unterwertige Beschäftigung noch Arbeitskräftemangel eintreten oder fortdauern. Des weiteren soll die Bundesanstalt die berufliche Beweglichkeit (Mobilität) der Erwerbstätigen sichern und fördern; nachteilige Folgen für die Arbeitnehmer aufgrund technischer Entwicklungen oder aufgrund von Strukturwandlungen vermeiden, ausgleichen oder beseitigen; die berufliche Eingliederung körperlich, geistig oder seelisch Behinderter fördern; Frauen und älteren Arbeitnehmern, deren Beschäftigung

Heinrich Franke (Mitte) wurde 1984 Präsident der Bundesanstalt für Arbeit (rechts: Vorgänger Stingl, links Norbert Blüm).

unter den normalen Bedingungen des Arbeitsmarktes erschwert ist, die berufliche Wiedereingliederung ermöglichen und schließlich die Struktur der Beschäftigung nach Gebieten und Wirtschaftszweigen verbessern (vgl. hierzu Otto G. Mayer, Das soziale Netz, S. 354).

Zur Erreichung dieser Ziele stehen der Bundesanstalt für Arbeit eine Reihe von Mitteln zur Verfügung. Es sind dies die Arbeitsvermittlung, die Arbeits- und Berufsbildungsberatung und die Berufsberatung. Hinzu kommen finanzielle Hilfen. So können sich z. B. Arbeitnehmer, die in ihrem alten Beruf keine Beschäftigungsmöglichkeit mehr haben, mit Mitteln der Bundesanstalt auf einen neuen Beruf umschulen lassen. Zur Sicherung der materiellen Existenz können sie dabei nach dem Arbeitsförderungsgesetz Unterhaltsgeld erhalten sowie Lehrgangs-, Lernmittel-, Fahrt-, Unterkunfts- und Verpflegungskosten erstattet bekommen. Von der Vielzahl weiterer Leistungen der Bundesanstalt sollen hier noch diejenigen erwähnt werden, die sie zur Erhaltung und Schaffung von Arbeitsplätzen erbringt. Hierzu gehören das Kurzarbeitergeld, das »Schlechtwettergeld« für Bauarbeiter sowie Zuschüsse zu den Lohnkosten älterer Arbeitnehmer.

Die Bundesanstalt für Arbeit kann ihre Aufgaben nur dann erfüllen, wenn sie einen Überblick über die Arbeitsmärkte hat und wenn sie in der Lage ist, Veränderungen auf den Märkten möglichst umfassend zu analysieren und zu prognostizieren.

Das Arbeitsförderungsgesetz verpflichtet daher die Bundesanstalt zur laufenden Arbeitsmarktanalyse durch die statistische Erfassung von Arbeitsmarktdaten, durch Konjunktur- und Branchenkonjunkturanalysen und -prognosen.

Eine weitere wichtige Aufgabe der Bundesanstalt für Arbeit ist die Arbeitslosenversicherung und Arbeitslosenhilfe, mit dem Ziel, beschäftigungslosen Arbeitnehmern den notwendigen Lebensunterhalt zu sichern und die wirtschaftlichen und sozialen Folgen der Arbeitslosigkeit so weit wie möglich abzumildern.

Strukturpolitik

Während die Maßnahmen nach dem Stabilitäts- und Wachstumsgesetz auf die Beeinflussung und Steuerung der globalen Nachfrage ausgerichtet sind, zielt die Strukturpolitik auf die staatliche Einflußnahme ökonomischer Bedingungen und Entwicklungen in spezifischen Regionen und Sektoren (Branchen) der Volkswirtschaft. Die Strukturpolitik hat somit eine regionale und eine sektorale Komponente.

Die Regionalpolitik

Gezielte regionalpolitische Maßnahmen wurden in der Bundesrepublik bereits Anfang der fünfziger Jahre getroffen (vgl. auch Klaus Kwasniewski, Die regionale Entwicklung, S. 305). Sie beschränkten sich allerdings zunächst auf die Bekämpfung der Arbeitslosigkeit in den sog. Notstandsgebieten. Hierzu zählten die Regionen mit hohem Landwirtschaftsanteil und die Zonenrandgebiete. Die hierfür zur Verfügung gestellten Mittel – 1967 rund 2 Milliarden DM – stammten aus dem Regionalprogramm des Bundes. Daneben verwirklichten die Bundesländer eigene regionale Förderprogramme. Unterschiedliche Richtlinien bei der Mittelvergabe führten zu einem unkoordinierten Nebeneinander verschiedener Maßnahmen. Außerdem versuchten sich die Bundesländer zunehmend in ihren regionalpolitischen Anstrengungen zu übertreffen: Man trieb Regionalpolitik nach dem »Gießkannenprinzip« und stellte damit deren Wirksamkeit in Frage.

Dieser Mißstand wurde durch die Finanzreform von 1969 weitgehend beseitigt. Bund und Länder begannen die Regionalpolitik zu koordinieren. Sie wurde zudem mittelfristig orientiert und auf spezifische Ziele abgestimmt. Aktionsprogramme wurden ins Leben gerufen; sie bildeten die Grundlage für den ersten Rahmenplan der Gemeinschaftsaufgabe »Verbesserung der regionalen Wirtschaftsstruktur« (GRW) vom 1. Januar 1972.

Die GRW wurde zum Kernstück der Regionalpolitik. Sie institutionalisierte sich durch die Schaffung verschiedener Gremien, wobei der Planungsausschuß die größte Bedeutung hat. Dem Planungsausschuß gehören der Bundeswirtschaftsminister als Vorsitzender, der Bundesfinanzminister und jeweils ein Minister (Senator) aus jedem Bundesland an. Die Stimmenverteilung zwischen Bund und Ländern ist paritätisch. Der Planungsausschuß hat die Aufgabe, einen vierjährigen Rahmenplan aufzustellen und jährlich fortzuschreiben. In ihm werden die zu fördernden Gebiete abgegrenzt und die Einzelmaßnahmen festgehalten. An der Finanzierung beteiligt sich der Bund zur Hälfte.

Wenngleich mit der Einführung der Ge-

Neben den Regionen mit hohem Landwirtschaftsanteil waren es besonders die Zonenrandgebiete, die, ökonomisch gesehen, zu den Problemgebieten der Bundesrepublik gehörten (oben: Grenze zur DDR bei Philippsthal/Werra). In der Mitte Deutschlands gelegen, waren sie lange Zeit Grenzregion, von ihrem »Hinterland« abgeschnitten. Die Bundesregierung versuchte, durch regionalpolitische Maßnahmen die Wirtschaftsstruktur in diesen Gebieten zu verbessern, Unternehmen und Arbeiter anzusiedeln. Als Anreiz für die Unternehmer dienten vor allem Investitionszulagen.

Von vitalem Interesse für die Bundesrepublik war auch die Förderung der Berliner Wirtschaft. Zinsgünstige Kredite für kleinere und mittlere Unternehmen sowie Abschreibevergünstigungen sollten Unternehmen aus dem Westen dazu bewegen, sich in Berlin niederzulassen. – In Anwesenheit des damaligen Regierenden Bürgermeisters Richard v. Weizsäkker wurde 1984 eine neue Betriebsanlage der Firma Flohr-Otis im Bezirk Reinickendorf eingeweiht.

meinschaftsaufgabe Regionalförderung eine erhebliche Verbesserung eingetreten ist, so ergeben sich aus der föderalistischen Struktur der Bundesrepublik doch immer noch Schwierigkeiten. Neben der GRW betreiben nämlich die Bundesländer noch eine eigene Wirtschaftsförderung. Da ihnen das Grundgesetz hierbei einen weiten Spielraum zubilligt, entstehen oft Reibungsverluste, vor allem aber ausufernde Förderungsgebiete. Die Bundesländer fördern nämlich häufig Regionen, die gesamtwirtschaftlich betrachtet bereits durchschnittlich oder überdurchschnittlich entwickelt sind. Die dafür notwendigen Mittel fehlen dann in den tatsächlichen Problemgebieten.

Zur Verbesserung der Wirtschaftsstruktur versucht die Regionalpolitik zumeist, Unternehmen und Arbeitskräfte zur Ansiedlung in Problemgebiete zu bewegen: Man informiert über den Standort und seine spezifischen Vorteile und macht, falls erforderlich, den Standort durch vermehrte Bereitstellung von Infrastruktureinrichtungen (Straßen, Häfen, Schulen, Krankenhäuser usw.) attraktiv.

Die größte Bedeutung hat dabei die Anreizpolitik: Bestimmte Regionen werden prämiiert und andere damit diskriminiert. Dies kann dadurch geschehen, daß die öffentliche Hand Problemregionen durch Steuervergünstigungen, günstige Energietarife, regionalgebunden verbilligte Kredite und Investitionszuschüsse bevorzugt. In der Bundesrepublik bilden gerade die zuletzt genannten finanziellen Anreize das instrumentelle Kernstück der Regionalpolitik.

Zum überwiegenden Teil bedient sich die Regionalpolitik in der Bundesrepublik des Instruments der Investitionszulagen. Im August 1969 wurde zu diesem Zweck das Investitionszulagengesetz (InvZuG) geschaffen. Regional und sektoral ist das Investitionszulagengesetz der Gemeinschaftsaufgabe »Verbesserung der regionalen Wirtschaftsstruktur« (GRW) angepaßt. Die Mittel nach dem Investitionszulagengesetz bilden gewissermaßen die Grundförderung, die dann durch die GRW aufgestockt werden kann. Von 1972 bis 1978 wurden rund 330 Schwerpunktorte in die Förderung einbezogen.

Die GRW ermöglicht neben den Zuschüssen auch Bürgschaften, deren Umfang deutlich zunahm. 1977 umfaßte der Bürgschaftsrahmen 100 Millionen DM, 1980 betrug er bereits 800 Millionen DM. Daneben hatten zinsgünstige Kredite aus dem ERP-Sondervermögen für kleinere und mittlere Unternehmen sowie Abschreibevergünstigungen für West-Berlin und das Zonenrandgebiet eine nicht geringe Bedeutung für die Regionalpolitik.

Die sektorale Strukturpolitik

Moderne Volkswirtschaften sind einem ständigen Strukturwandel unterworfen. Bestimmte Sektoren (Branchen) verlieren an Bedeutung, während andere sich einer zunehmenden Nachfrage gegenübersehen. So mußten auch in der Wirtschaft der Bundesrepublik ständig Unternehmen aus bestimmten Branchen schrumpfen oder sogar gänzlich vom Markt verschwinden, während sich in anderen Branchen neue Produktionsmöglichkeiten ergaben. Von diesem Strukturwandel waren in der Bundesrepublik bis 1975 hauptsächlich die Landwirtschaft, der Kohlebergbau und die Bekleidungsindustrie betroffen. Fast 4 Millionen Arbeitnehmer verloren in diesen 25 Jahren ihren alten Arbeitsplatz. Gleichzeitig wuchsen andere Branchen wie die Elektrotechnik, der Maschinen- und Fahrzeugbau sowie fast der gesamte Dienstleistungsbereich erheblich. Bis zum Ende der siebziger Jahre bestand weltweit noch eine hohe Nachfrage nach Schiffsneubauten und Stahlprodukten. Die weltweite Wirtschaftskrise der frühen achtziger Jahre offenbarte dann auch hier die Existenz beträchtlicher Überkapazitäten. Stahl- und Werftenkrisen waren die Folge.

Die größte praktische Bedeutung der sektoralen Strukturpolitik kommt der Erhaltung bestehender Strukturen zu. Die Sicherung von Arbeitsplätzen und bestimmter Branchen im Inland kennzeichnet diese Politik.

Beispiele hierfür sind die Förderung der Landwirtschaft, des Kohlebergbaus und der Werftindustrie. Gerade am Beispiel der Werftindustrie wurde freilich Anfang der achtziger Jahre die Bedenklichkeit einer solchen Politik offenkundig.

Strukturwandlungen sind in einer marktwirtschaftlich orientierten Wirtschaft genauso erforderlich wie in einer Planwirtschaft. Die Vorteile der Marktwirtschaft bringen es jedoch mit sich, daß sich Strukturwandlungen normalerweise selbsttätig über den Preismechanismus ohne allzu große Reibungen vollziehen. Gelingt es allerdings den betroffenen Unternehmern oder Gewerkschaften, mit Hilfe staatlicher Subventionen notwendige Anpassungen zu stoppen, stauen sich die Probleme so lange auf, bis schließlich die Strukturwandlungen unter großen Härten doch erzwungen werden. Genau dies geschah beispielhaft bei der deutschen Werftindustrie. Der jahrelange Versuch des Staates, durch Beteiligung am internationalen Subventionswettlauf nicht mehr wettbewerbsfähige Werften zu erhalten, führte dann 1983 zu kaum auszugleichenden Arbeitsplatzverlusten. Ein über den Markt erzwungener Strukturwandel hätte dagegen insgesamt zu einem besseren Ergebnis geführt, da die verlorenen Arbeitsplätze in der Werftindustrie durch neue Beschäftigungsmöglichkeiten in vom Strukturwandel begünstigten Branchen ersetzt worden wären.

Die sektorale Strukturpolitik ist ökonomisch nur dann vertretbar, wenn sie Strukturwandlungen nicht behindert, sondern fördert. Allerdings gibt es Situationen, in denen eine Verlangsamung von Strukturwandlungen aus sozialen Gründen zu rechtfertigen ist. Dies gilt besonders dann, wenn freigesetzte Arbeitskräfte nur allmählich eine neue Beschäftigung finden können, so z. B. in den vierziger und fünfziger Jahren, als Millionen Menschen aus den ehemaligen deutschen Ostgebieten und aus der DDR in den Arbeitsmarkt zu integrieren waren. Eine Verlangsamung des Strukturwandels birgt freilich immer die Gefahr in sich, daß sie zu einem Stopp des Wandels ausartet. Daher schrieb die Bundesregierung 1968 in den »Grundsätzen der sektoralen Strukturpolitik« fest, daß staatliche Hilfeleistungen »in keinem Fall der Erhaltung dienen« dürfen.

Nach diesen Grundsätzen sollte das Schwergewicht der sektoralen Strukturpolitik auf solche Maßnahmen gerichtet sein, die den Strukturwandel beschleunigen und fördern. So wurden z. B. gezielte Umschulungs- und Umsiedlungsprogramme für Bergarbeiter oder Landwirte konzipiert und verwirklicht. Die Praxis der sektoralen Strukturpolitik ist freilich zu einem hohen Anteil Erhaltungspolitik. Eine besondere Bedeutung kommt der Forschungs- und Entwicklungsförderung (FuE) zu. Allein von 1971 bis 1981 wurden diese staatlichen Leistungen um über 2 Milliarden DM auf 3,5 Milliarden DM erhöht. Begründet wird die Notwendigkeit dieser Förderungsmaßnahmen mit zwei Argumenten. Zum einen wird die Auffassung vertreten, daß die Unternehmer sich primär am aktuellen Bedarf ausrichten und somit zukunftsweisende Forschungen und Entwicklungen vernachlässigen. Zum andern gibt es einen Bedarf an Grundlagenforschung, deren Kosten von Privatunternehmen allein nicht getragen werden können. Als Beispiel sei hierfür die Förderung der Mikro-Elektronik (Micro-Chips) genannt. Hinzu kommen noch die Fälle, bei denen der Staat ein besonderes Interesse an technischen Neuerungen hat. Dies gilt z. B. für Entwicklungen im Verkehrsbereich wie etwa die Magnetkissenfahrzeuge.

Zur Erreichung der sektoralen Strukturziele sind – wie bei der Regionalpolitik – finanzielle Vergünstigungen das wichtigste Instrument. Arbeitnehmer sollen durch finanzielle Anreize veranlaßt werden, in neue zukunftsträchtige Industrien zu gehen. Hierbei spielt das Arbeitsförderungsgesetz mit seinen Mobilitätszulagen, seinen Leistungen zur beruflichen Umschulung und Weiterbildung sowie die Gewährung von Umzugshilfen eine wichtige Rolle. Der bedeutsamste Anreiz für die Arbeitnehmer entsteht allerdings erst dann, wenn in dem neuen Beruf eine Einkommenserhöhung zu erzielen ist.

Durch gezielte finanzielle Vergünstigungen sollen jedoch vor allem die Unternehmer beeinflußt werden. Die größte Bedeutung kommt hierbei den Subventionen zu. Die Möglichkeiten, die sich den Unternehmen in einigen Branchen bieten, staatliche Subventionen zu erhalten, sind im Lauf der Zeit derart unüberschaubar geworden, daß ein neuer Beruf entstanden ist: der Subventionsberater. Der Umfang der Subventionen nahm bis in die achtziger Jahre ständig zu. So wurden 1966 an Unternehmen allein vom Bund über 329 DM je Erwerbstätigen gezahlt. 1980 betrug die entsprechende Zahl bereits 1044 DM. Besonders begünstigt wurden dabei der Berg- und Schiffbau sowie die Luft- und Raumfahrttechnik. Die gesamten Subventionen des Bundes stiegen von rund 5 Milliarden DM 1960 über 30,3 Milliarden DM 1970 auf 81 Milliarden DM 1982.

Da der Abbau von Subventionen politisch nur sehr schwierig zu erreichen ist, verwundert es nicht, daß auch in den achtziger Jahren kräftig Subventionen gezahlt wurden und ein Ende nicht abzusehen ist.

Außenwirtschaftspolitik

Schon bald nach Gründung der Bundesrepublik spielten die wirtschaftlichen Beziehungen zum Ausland eine große Rolle: Ein beständig wachsender Teil der deutschen Produktion wurde exportiert, während gleichzeitig ausländische Waren auf dem einheimischen Markt einen festen Platz fanden (vgl. auch Wolfgang Wetter / Otto G. Mayer, Die außenwirtschaftliche Position der Bundesrepublik, S. 412). Die starke Außenhandelsabhängigkeit bedeutete einerseits, daß die deutsche Wirtschaft durch die damit verbundene Einbindung in die internationale Arbeitsteilung positive Effekte für das Wachstum und den Wohlstand verzeichnen konnte. Andererseits war dies jedoch nur bei einem in hohem Maße freien Welthandel möglich. Von ihrer Interessenlage her hatte sich die Bundesrepublik daher nicht nur international für eine Liberalisierung der Handelsbeziehungen einzusetzen, sondern sich in ihrer eigenen Politik hierbei vorbildlich zu verhalten. So waren dann auch bereits 1958 mehr als 95 Prozent der Wareneinfuhr aus den OECD- und Dollarländern liberalisiert.

1961 wurde die deutsche Außenwirtschaftspolitik mit der Verabschiedung des Außenwirtschaftsgesetzes erstmalig auf eine gesetzliche Grundlage gestellt.

Das Außenwirtschaftsgesetz beruht auf dem Grundsatz der Außenhandelsfreiheit, enthält jedoch eine Reihe von Einschränkungsmöglichkeiten. Es sieht Beschränkungen u. a. dann vor, wenn etwa ein Land die Einfuhr von Waren aus der Bundesrepublik diskriminiert. In diesem Fall kann die Bundesrepublik Gegenmaßnahmen ergreifen. Einschränkungen können auch den grundsätzlich freien Kapitalverkehr betreffen. Als Anfang der siebziger Jahre der US-Dollar schwach und die D-Mark auf den Devisenbörsen stark notierte, flossen erhebliche Kapitalströme aus dem Ausland auf die deutschen Finanzmärkte. Um weitere D-Mark-Aufwertungen zu verhindern, entschloß sich die Bundesregierung, im Einvernehmen mit der Bundesbank, zu einer Reihe von Kapitalverkehrsbeschränkungen. So wurde den deutschen Banken 1971 untersagt, Einlagen in fremden Währungen zu verzinsen. Da diese Maßnahme sich als zu schwach erwies, wurde die sog. Bardepotregelung nach dem Außenwirtschaftsgesetz verstärkt angewendet. Hiernach mußten Kreditinstitute und Unternehmen, die Kredite im Ausland aufnahmen, den Gegenwert in D-Mark z. T. bis zu 100 Prozent zinslos bei der Bundesbank hinterlegen. Zusätzlich dämmte man den Kapitalzufluß in die Bundesrepublik dadurch ein, daß der Erwerb bestimmter inländischer Aktien durch Ausländer genehmigungspflichtig wurde. Als sich dann 1974 die Währungssituation beruhigte und die Kapitalzuflüsse in die Bundesrepublik sich zu normalisieren begannen, wurden die Kapitalverkehrsbeschränkungen abgebaut und die Bardepotpflicht aufgehoben.

Wirtschaftspolitische Beratung

Wirtschaftspolitische Maßnahmen in den verschiedenen Politikbereichen sind nur dann effizient, wenn ihnen eine Analyse der wirtschaftlichen Situation zugrunde liegt und wenn die Komplexität der Wirkungen und Rückwirkungen des Instrumenteneinsatzes auf die eng miteinander verflochtenen Bereiche der Volkswirtschaft von vornherein erkannt wird. Aus diesem Grund bedürfen die Träger der Wirtschaftspolitik der Beratung aus Wissenschaft und Praxis. So bestehen bei den Fachministerien bereits seit langem sog. wissenschaftliche Beiräte, in denen von der Bundesregierung berufene Fachleute beratend tätig sind. Daneben spielen eine

Die Wirtschaftspolitik

Reihe von Forschungsinstituten, die durch ihre Gutachtertätigkeit die Ausarbeitung und Verwirklichung von wirtschaftspolitischen Maßnahmen der Bundesregierung erleichtern, eine große Rolle.

Der Sachverständigenrat

Mitte der fünfziger Jahre war die Wiederaufbauphase in der Bundesrepublik weitgehend abgeschlossen. Damit erwuchsen der Stabilitätspolitik aber zugleich neue Institution in der Kontrolle der Regierung, während die Bundesregierung vor allem an einer umfangreichen Aufklärung der Öffentlichkeit über ökonomische Zusammenhänge interessiert war, um die Wirtschaftspolitik des Staates gegen Gruppeninteressen leichter durchsetzen zu können. Schließlich wurde aber zwischen den Parteien Einvernehmen erzielt. Am 14. August 1963 trat das Gesetz über die Bildung eines Sachverständigenrates zur Begutachtung der gesamtwirtschaftlichen Entwicklung in Kraft. Bereits Anfang 1964 wurden die Mitglieder des Sachverständigenrates (SVR) berufen. Der SVR besteht aus fünf ökonomisch besonders kundigen Mitgliedern. Sie werden auf Vorschlag der Bundesregierung vom Bundespräsidenten in der Regel für die Dauer von fünf Jahren berufen. Diese sog. »fünf Weisen« bilden nach dem Gesetz ein unabhängiges Gremium. Um auszuschließen, daß die »fünf Weisen« partikulare Interessen vertreten, dürfen sie keiner Regierung oder gesetzgebenden Körperschaft angehören. Auch Angehörige des Öffentlichen Dienstes (mit Ausnahme von Hochschulen und wirtschaftswissenschaftlichen Instituten) sowie Mitarbeiter von Arbeitgeber- oder Arbeitnehmerorganisationen dürfen nicht in den Rat berufen werden.

Der SVR hat die Aufgabe, die gesamtwirtschaftliche Entwicklung in der Bundesrepublik periodisch zu begutachten. Dazu fertigt er jährlich ein Gutachten an – das sog. Jahresgutachten, das der Bundesregierung bis zum 15. November eines jeden Jahres vorzulegen ist. Ergeben sich akute wirtschaftliche Fehlentwicklungen, hat der Rat aufgrund eigener Initiative ein Sondergutachten einzureichen. Daneben kann die Bundesregierung vom SVR zusätzliche Gutachten verlangen.

Die Gutachten des Rates stoßen regelmäßig auf ein großes öffentliches Interesse. Die Analyse der wirtschaftlichen Situation und mehr noch die Empfehlungen des Rates zur Wirtschaftspolitik sind dabei zumeist umstritten. Dies kann bei den unterschiedlichen Interessen der von einer möglichen Verwirklichung der Ratsempfehlungen betroffenen Gruppen nicht verwundern. Aber auch unter den Wirtschaftswissenschaftlern finden die Jahresgutachten selten einhellige Zustimmung. So bleibt auch der SVR selbst nicht immer frei von kontroversen Ansichten. Der Gesetzgeber hat dies auch bereits bei der Formulierung des Gesetzes über den Sachverständigenrat berücksichtigt, indem er ausdrücklich ein Minderheitsvotum vorgesehen hat. Hiernach können die Ratsmitglieder ihre zumeist auf einzelne Punkte des Gutachtens beschränkte abweichende Meinung deutlich machen.

Die politische Wirkung der Gutachtertätigkeit des SVR läßt sich kaum abmessen. So bieten die Analysen des Rates häufig Parteien und Verbänden einen ergiebigen Fundus an Argumentationshilfen für die bereits vorgefaßte Meinung. Als lediglich beratendes Organ geht es dem SVR wie allen Beratern: Man kann auf sie hören oder nicht.

Die Forschungsinstitute

Eine große Bedeutung haben neben dem SVR und den wissenschaftlichen Beiräten zahlreiche wirtschaftswissenschaftliche Forschungsinstitute erlangt. Die Länder und besonders der Bund nutzen die Sachkompetenz dieser Institute, indem sie zu bestimmten ökonomischen Problemen von den Instituten Gutachten erbitten. Daneben profitiert die Wirtschaftspolitik von den Ergebnissen der auf eigene Initiative hin betriebenen Forschungen. Hierzu gehört auch in besonderem Maß die Konjunkturbeobachtung einiger großer Institute. Von den wirtschaftswissenschaftlichen Forschungsinstituten ragen die fünf größten heraus. Es sind dies das »Deutsche Institut für Wirtschaftsforschung« (DIW) in Berlin, das »HWWA-Institut für Wirtschaftsforschung-Hamburg« (HWWA), das »Ifo-Institut für Wirtschaftsforschung« (IFO) in München, das »Institut für Weltwirtschaft an der Universität Kiel« (IFW) und das »Rheinisch-Westfälische Institut für Wirtschaftsforschung« (RWI) in Essen. Die fünf Institute haben sich bereits 1949 zur »Arbeitsgemeinschaft deutscher wirtschaftswissenschaftlicher Forschungsinstitute e. V.« zusammengeschlossen, um gemeinsam zweimal jährlich eine Beurteilung der wirtschaftlichen Situation der Welt und der Bundesrepublik herauszugeben.

Jeweils zum Ende eines Jahres legen die Mitglieder des Sachverständigenrates zur Begutachtung der gesamtwirtschaftlichen Entwicklung ihr Jahresgutachten vor. Am 23. November 1984 überreichten die »fünf Weisen« Bundeskanzler Helmut Kohl ihre Prognose für 1985. Die Gutachten des Rates stoßen regelmäßig auf ein großes öffentliches Interesse.

Probleme. In Politik und Wissenschaft bestand zunehmend Einigkeit darüber, daß diese neuen Probleme nicht nur neue Instrumente für eine rationale Stabilitätspolitik, sondern auch einen zusätzlichen Bedarf an wirtschaftspolitischer Beratung erforderten. Die wissenschaftlichen Beiräte beim Bundeswirtschaftsministerium und beim Bundesfinanzministerium machten erste Vorschläge für ein besonderes beratendes Gremium. Über die Aufgabe und den rechtlichen Status dieses Gremiums bestanden zwischen der damaligen Regierungskoalition aus CDU/CSU und FDP und der oppositionellen SPD zunächst konträre Ansichten. Die Opposition sah die Hauptaufgabe der neu zu schaffenden

ANKE MARTINY

Verbraucherpolitik in Deutschland

Was ein Verbraucher ist, erklärt sich rasch: jemand, der im Rahmen privater Haushaltsführung Güter und Dienstleistungen in Anspruch nimmt. Verbraucher sind die Nachfrager am Markt, ihnen stehen die Anbieter gegenüber. Die gängigen Wirtschaftstheorien behandeln die Anbieterprobleme vorrangig. Der Verbraucher ist – um ein Zitat von Simone de Beauvoir etwas abzuwandeln – gewissermaßen die »andere« Seite der Wirtschaft.

Verbraucher sein heißt – ökonomisch aus der Perspektive der Nachfrager gesehen –, mit den vorhandenen Geldmitteln Güter und Dienstleistungen zu erwerben, die den eigenen Bedürfnissen entsprechen und einen möglichst hohen Gebrauchswert zu einem möglichst niedrigen Preis bieten. Die Möglichkeiten der Verbraucher, diese Interessen am Markt durchzusetzen, sind beschränkt durch ihre schwächere wirtschaftliche und rechtliche Position; diese wiederum gründet sich auf unzureichende Marktübersicht und eingeschränkten Wettbewerb.

Während sich der Begriff »Verbraucher« wertfrei eingrenzen läßt, fließen in den Begriff »Verbraucherpolitik« notwendigerweise Wertungen ein. Die moderne Verbraucherpolitik ist eine Erscheinung im »Zeitalter des Massenkonsums« (Rostow); sie kann als Reaktion auf die Absatzbemühungen der Produzentenseite gelten. So orientiert sie sich vorwiegend entweder an der Schutzbedürftigkeit der Verbraucher, an ordnungs- und wettbewerbspolitischen Zielen, am Gegenmachtprinzip oder – neuerdings – an gesamtgesellschaftlichen Problemfeldern wie Umwelt, Arbeitslosigkeit oder Freizeit.

Die geschichtliche Entwicklung

Die historische Entwicklung der Verbraucherpolitik ist eng mit der Geschichte der Arbeiterbewegung verknüpft. Kennzeichen des vor- und frühindustriellen »Proletariers« war das »Leben von der Hand in den Mund«. Um dem Entstehen und der Ausbeutung von Notsituationen vorzubeugen, gründete das reformbewußte Bürgertum schon zu Beginn des 19. Jh. sog. »Assoziationen«, freie Zusammenschlüsse mit dem Zweck, »die notwendigsten Bedürfnisse in größeren Massen« anzuschaffen und unter die Individuen zu verteilen. 1850 wurde auf dem Leipziger Kongreß der »Arbeiterverbrüderung« die Gründung von »Ankaufgesellschaften« beschlossen, »welche sich zur Aufgabe machen, durch gemeinsame Beschaffung von Lebensbedürfnissen diese ihren Mitgliedern im Großkauf und womöglich aus erster Hand besser und vorteilhafter zu beschaffen«. – Die Fortentwicklung dieser Assoziationen waren die Ende des 19. Jh. und Anfang des 20. Jh. entstehenden Konsumvereine und -genossenschaften. Auch der Gedanke der Gemeinwirtschaft hat hier seinen Ursprung. Bis zum Beginn des Dritten Reiches bildeten die gemeinwirtschaftlich orientierten Konsumgenossenschaften ein wichtiges Korrektiv für die privatwirtschaftlichen Unternehmen. In den skandinavischen Ländern und in England, wo keine Diktatur diese Entwicklungsfäden jäh abschnitt, spielen Genossenschaften im Waren- und Dienstleistungsangebot auch heute noch eine größere Rolle als in Deutschland.

Nach dem Zweiten Weltkrieg entfaltete sich in Deutschland eine marktwirtschaftlich orientierte Wirtschaftsordnung nach amerikanischem Vorbild, allerdings mit dem Anspruch, eine »Soziale Marktwirtschaft« zu sein. An diesem Anspruch müssen die verbraucherschutzpolitischen und wettbewerbspolitischen Gesetzesmaßnahmen in Deutschland gemessen werden. In den sechziger Jahren wirkte sich die Konsumerismus-Bewegung in Amerika auf Deutschland aus; auch bei uns fanden Verbraucherorganisationen wachsende öffentliche Unterstützung. Der Aktionsbereich der Verbraucherorganisationen war die Information und Beratung über Güter und zunehmend auch über Dienstleistungen. Von den Gewerkschaften wurden sie dabei unterstützt. Immer stärker gerieten auch die öffentlichen Anbieter von Gütern und Dienstleistungen ins Blickfeld. In den siebziger Jahren erweiterte sich der verbraucherpolitische Aspekt erneut, denn unter dem Stichwort »Lebensqualität« wurden auch das Wohnen in seinen vielfältigen Bedingungen, die Gesundheit im weitesten Sinn und die Umweltproblematik in die Verbraucherpolitik integriert. Neben Information und Beratung gewann der Verbraucherschutz vor Gesundheitsschäden und wirtschaftlicher Schädigung zunehmend an Bedeutung.

Die Wurzeln der Verbraucherpolitik liegen im sozialpolitischen Bereich. Auch nach dem Zweiten Weltkrieg konzentrierte sich die Verbraucherpolitik in der Phase des wirtschaftlichen Wiederaufbaus auf sozial schwache und gefährdete Verbrauchergruppen. Diese Sichtweise ist auch heute noch mitentscheidend für zahlreiche staatliche Fördermaßnahmen auf Bundes-, Länder- oder kommunaler Ebene, die Information und Beratung zum Ziel haben. Immer mehr allerdings gewinnt daneben eine rein wirtschaftspolitisch begründete Verbraucherpolitik Anhänger; um unser Wirtschaftssystem funktionsfähig zu halten, ist es ökonomisch geboten, auch den Konsumenten in den Stand zu versetzen, als gleichwertiger Partner im Wirtschaftsprozeß seine Interessen wahrnehmen zu können. In einer verbraucherpolitisch fortentwickelten Wirtschaftsordnung sollten daher die Rahmenbedingungen so gestaltet sein, daß die Konsumenten von der Rechtsstellung und dem Informationsstand her in der Lage sind, selber am Markt ihre Interessen durchzusetzen. Die Frage indessen, ob es auch in unserer sozial verpflichteten Wirtschaftsordnung nicht systemimmanent ist, daß die Verbraucherseite immer die schwächere Seite bleibt, zu deren Gunsten immer wieder staatliches Handeln erforderlich ist, wird je nach politischem Standort unterschiedlich beantwortet.

Verbraucherpolitik in Deutschland ist abhängig von der europäischen Verbraucherpolitik, die befruchtende wie hemmende Wirkungen zeigt. Durch das 1975 verabschiedete EG-Verbraucherprogramm, das inzwischen durch ein Aktionsprogramm fortgeschrieben wurde, sind – von der Bundesrepublik unterstützt – positive Anstöße auf die Verbraucherpolitik ausgegangen. So wurden fünf originäre Verbraucherrechte definiert:

☐ das Recht auf Schutz der Gesundheit und Sicherheit,

☐ das Recht auf Schutz der wirtschaftlichen Interessen,

☐ das Recht auf Wiedergutmachung von erlittenem Schaden,
☐ das Recht auf Unterrichtung und Aufklärung,
☐ das Recht auf Vertretung (Recht, gehört zu werden).

Viele Forderungen und EG-Richtlinien-Entwürfe blieben bisher aber ohne wirksame konkrete Umsetzung, und nationale Verbraucherschutzmaßnahmen werden mit Rücksicht auf europäische Vorhaben mitunter sogar verzögert.

Gesetzlicher Verbraucherschutz

Dem Schutz der Gesundheit dienen wichtige und sehr umfangreiche Gesetze, die in den siebziger Jahren entscheidend verbessert wurden. Dies gilt vor allem für das Gesetz zur Gesamtreform des Lebensmittelrechts 1974, in dem für den Verkehr mit Lebensmitteln, Tabakerzeugnissen, kosmetischen Mitteln und sonstigen Bedarfsgegenständen Regelungen eingeführt wurden, die sich inzwischen bewährt haben. 1976 wurde das neue Arzneimittelgesetz verabschiedet, das auch für die Arzneimittelsicherheit wegweisende Neuregelungen wie z. B. die verschuldensunabhängige Produkthaftung eingeführt hat. Auf dem Gebiet der Tierarzneimittel und einiger anderer Bereiche sind allerdings noch ergänzende Regelungen notwendig. Für beide großen Komplexe gilt, daß sie durch zahlreiche Verordnungen ergänzt werden müssen, so daß sie nicht in allen Produktbereichen als abgeschlossene Gesetzeswerke gelten können.

Auch zur Gewährleistung von Sicherheit wurden in den siebziger Jahren für den Konsumenten Verbesserungen erzielt, vor allem durch das inzwischen novellierte Gerätesicherheitsgesetz, das nicht nur für Maschinen, sondern auch für Hobby- und Freizeitgeräte gilt. In allerdings sehr komplizierter Regelung wird nicht nur den Herstellern, sondern auch dem Handel der Vertrieb von technisch unsicheren, nicht einwandfreien Geräten verboten.

Bisher ist es nicht gelungen, eine europäisch abgestimmte Regelung der verschuldensunabhängigen Produkthaftung

Die Arbeitsgemeinschaft der Verbraucher gibt dem Käufer die Möglichkeit, sich umfassend über die Qualität von Waren zu informieren sowie seine Rechte kennenzulernen (oben). Im Bundesgesundheitsamt werden Lebensmittel und Kosmetikartikel ständig kontrolliert. Seifentests geben Aufschluß über Hautverträglichkeit und chemische Zusammensetzung.

zielen darauf ab, daß der Konsument über Waren und Dienstleistungen eine möglichst gute Preis- und Qualitätsübersicht erhält. So gibt es zahlreiche Vorschriften für Preis-, Gewichts- und Qualitätsangaben. Der Rahmen für Produktinformation und Werbung ist gesetzlich einigermaßen scharf abgesteckt. Auch das Problem der Marktmacht und – damit zusammenhängend – die Mißbrauchsmöglichkeiten marktbeherrschender Unternehmen sind durch das Kartellgesetz eingegrenzt. Allerdings sind entscheidende Wünsche des Konsumenten weiterhin unerfüllt: Ein aufgrund irreführender oder unlauterer Werbung zustande gekommener Kaufvertrag oder Versicherungsvertrag bleibt gleichwohl gültig; ein Rücktrittsrecht für Haustürgeschäfte und ähnliche Geschäfte ist nicht gesetzlich geregelt; informative Warenkennzeichnungen (z. B. über Energieverbrauch) sind häufig so speziell oder so allgemein, daß ihr Informationsgehalt sehr gering ist; für komplizierte Güter (z. B. Unterhaltungselektronik) oder Dienstleistungen (z. B. Versicherungsverträge, Kreditverträge) ist die Vergleichbarkeit der Angebote im Hinblick auf Kosten und Nutzen für den Durchschnittskonsumenten oft nicht gegeben.

Die Stiftung Warentest wurde 1964 auf Beschluß des Bundestags als unabhängiges Institut mit Sitz in Berlin gegründet. Ihre Aufgabe ist es, die Öffentlichkeit über den Nutz- und Gebrauchswert von Waren und Dienstleistungen zu unterrichten. Die Testergebnisse der Stiftung erscheinen regelmäßig in der Zeitschrift »test«. In der Keith-Straße im Berliner Bezirk Schöneberg wurde zudem ein Beratungs- und Informationszentrum eingerichtet (oben).

Orientierungshilfe für den Verbraucher und Anreiz für die Industrie: Umweltzeichen für umweltfreundliche Produkte. Auf Initiative des Bundesinnenministeriums und der Umweltminister von Bund und Ländern wurde 1977 die Einführung dieses Kennzeichens beschlossen.

Durchsetzung der Verbraucherschutzgesetze

Ob die Verbraucherschutzgesetze lückenlos eingehalten und angewandt werden, kann nur mit aufwendigen und häufig auch schwierigen Kontrollen und – bei Verstößen – wirksamen Gegenmaßnahmen sichergestellt werden. Zahlreiche Überwachungsämter und Behörden auf Bundes- und Landesebene sind für die Durchsetzung und Einhaltung der Verbraucherschutzgesetze verantwortlich: z. B. das Bundesgesundheitsamt, die Physikalisch-Technische Bundesanstalt, das Bundesamt für Arbeitsschutz, das Bundesamt für Materialprüfung, die Biologische Bundesanstalt, das Umweltbundesamt, die Bundesaufsichtsämter für das Versicherungswesen und das Kreditwesen, das Bundeskartellamt, das Bundeseichamt etc.; viele dieser Bundesanstalten haben

gesetzlich einzuführen. Zwar hat die Rechtsprechung inzwischen entschieden, daß bei Unfällen infolge technischer Mängel der Hersteller eines Produkts nachweisen muß, daß ihn kein Verschulden trifft. Die verschuldensunabhängige Haftung für Schäden, die durch fehlerhafte Produkte entstehen, besonders auch bei Entwicklungsrisiken, bleibt aber als nicht erfüllte Forderung der Verbraucher regelungsbedürftig.

Umfangreiche gesetzliche Maßnahmen

Die wichtigsten Verbraucherschutzgesetze in Deutschland

- Gesetz zur Regelung des Rechts der allgemeinen Geschäftsbedingungen
- Gesetz zum Schutz der Teilnehmer am Fernunterricht
- Abzahlungsgesetz
- Gesetz gegen den unlauteren Wettbewerb (UWG)
- Gesetz gegen Wettbewerbsbeschränkungen (GWB)
- Zweites Wohnraumkündigungsschutzgesetz
- Reisevertrags-Gesetz
- Gesetz zur Bekämpfung der Wirtschaftskriminalität
- Preisangabenverordnung
- Eichgesetz
- Fertigpackungsverordnung
- Textilkennzeichnungsgesetz
- Gesetz zur Gesamtreform des Lebensmittelrechts
- Gesetz zur Neuordnung des Arzneimittelrechts
- Gerätesicherheitsgesetz
- Chemikaliengesetz
- Abfallbeseitigungsgesetz
- Abwasserabgabengesetz
- Bundesimmissionsschutzgesetz
- Beratungshilfegesetz
- Gesetz über Prozeßkostenhilfe
- Versicherungsaufsichtsgesetz
- Kreditwesengesetz

auf Länderebene Entsprechungen; auf der kommunalen Ebene sind vor allen Dingen die Ordnungs- und Gewerbeaufsichtsämter, die Chemischen, Lebensmittel- und Tierärztlichen Untersuchungsämter und die Polizei zu nennen.

Neben den staatlichen Institutionen bemühen sich die Verbraucherorganisationen um die Durchsetzung der Verbraucherschutzgesetze und ihre Einhaltung, indem sie einerseits die Verbraucherinteressen im Einzelfall und in der Öffentlichkeit vertreten und schließlich auf die politischen Entscheidungsgremien einwirken, wenn die Gesetze nicht »greifen«. Die größtenteils aus staatlichen Mitteln geförderten Organisationen teilen sich die Aufgaben:

1. Die *Arbeitsgemeinschaft der Verbraucher* (AgV) ist der Dachverband einer Reihe von verbraucherorientierten Organisationen. Die AgV fungiert als politische Interessenvertretung der Verbraucher und leistet gezielte Informationsarbeit. Im Lauf der Nachkriegsgeschichte sind einzelne Aufgaben von ihr auf spezielle neue Organisationen übertragen worden. An erster Stelle ist hier die *Stiftung Warentest* zu nennen, deren satzungsgemäßer Zweck es ist, durch vergleichende Warentests die Marktübersicht des Endverbrauchers über Waren- und Dienstleistungen zu verbessern und ihm damit ein wirtschaftspolitisch erwünschtes sachkundiges Verhalten am Markt zu ermöglichen. Auch das *Institut für angewandte Verbraucherforschung* ist eine Tochter der AgV. Es hat die Aufgabe, jeweils aktuelle Verbraucherprobleme wissenschaftlich auszuloten und die Marktanalysen so aufzubereiten, daß sie in der konkreten verbraucherpolitischen Arbeit unmittelbar angewendet werden können. So sollen beispielsweise die von diesem Institut durchgeführten lokal begrenzten und bundesweiten Preisvergleiche mithelfen, für die Verbraucher etwas mehr Markttransparenz zu schaffen. Den Rechtsschutz der Verbraucher nimmt vor allem der *Verbraucherschutzverein* wahr.

Die jüngste gemeinsame Tochter von AgV und Stiftung Warentest ist die Stiftung *Verbraucherinstitut*. Stiftungszweck ist es, für die in den Verbraucherzentralen und Beratungsstellen tätigen Personen und für andere Multiplikatoren wie Journalisten, Gewerkschafter usw. Fortbildungsveranstaltungen durchzuführen, Lehr- und Informationsmaterialien zu erarbeiten und die entsprechende Forschung insoweit zu beobachten oder zu beeinflussen, daß sie in die Praxis Eingang finden kann.

Der *Deutsche Verbraucherschutzverband* (DVS), der sich nur aus Mitgliederbeiträgen und Spenden finanziert, versucht mit Schwarzbüchern, Flugblättern und Aktionen Verbesserungen im Verbraucherschutz zu erreichen.

Um Verbraucherschutzgesetze wirksam durchzusetzen, bedarf es eines entsprechenden Kenntnisstandes auch bei jedem einzelnen Verbraucher. Um diesen Kenntnisstand zu erreichen, müssen die Bürger von klein an über ihre Rechte und Möglichkeiten als Verbraucher informiert und weitergebildet werden. Diejenigen Bevölkerungsgruppen, die eine Weiterbildung am dringendsten nötig hätten – junge, alte, schwachverdienende und nicht besonders gut ausgebildete Menschen –, haben von den Bemühungen des Staates bisher kaum einen Nutzen.

2. Eine entscheidende Schwäche bei der Durchsetzung der Verbraucherschutzgesetze beruht darauf, daß es so schwer ist, Gesetzesverstöße, die sich gegen den einzelnen Verbraucher richten, in angemessener Weise zu ahnden. So werden Verstöße gegen die Gesundheit und Sicherheit der Verbraucher, aber auch Fälle von Wirtschaftskriminalität, die dem Verbraucher materiellen Schaden zufügen, durch die Justiz allzu häufig als »Kavaliersdelikte« bewertet und zu gering bestraft.

Verbraucherpolitik in anderen Ländern

In der EG hat man sich weithin auf einen verbraucherpolitischen Rahmen verständigt, der in allen Ländern in vergleichbarer Weise gelten soll. Allerdings wird zum Kriterium weiterer vereinheitlichender Maßnahmen nicht gemacht, ob eine Richtlinie die Rechtsangleichung in Europa vorantreibt, sondern ob es grenzüberschreitenden Wirtschaftsverkehr gibt, der infolgedessen nach grenzübergreifenden Bewertungskriterien ruft. Die EG versteht sich

Verbraucherorganisationen in Deutschland

Arbeitsgemeinschaft der Verbraucher (AgV)
Heilsbachstraße 20
5300 Bonn 1

Institut für angewandte Verbraucherforschung e. V.
Aachener Straße 89
5022 Junkersdorf

Stiftung Warentest
Lützowplatz 11–13
1000 Berlin 30

Stiftung »Verbraucherinstitut« e. V.
Reichpietschufer 72–76
1000 Berlin 30

Verein zum Schutz der Verbraucher gegen unlauteren Wettbewerb e. V.
(Verbraucherschutzverein)
Lützowplatz 11–13
1000 Berlin 30

Vereinigung von Verbraucherorganisationen der Mitgliedsländer der Europäischen Gemeinschaften
Bureau Européen des Union des Consommateurs (BEUC)
29, Rue Royale bet. 3
B – 1040 Brüssel

Beratender Verbraucherausschuß bei der Kommission der Europäischen Gemeinschaften
Rue de la Loi 200
B – 1040 Brüssel

11 Verbraucherzentralen in den Bundesländern mit Beratungsstellen in den größeren Städten

Deutscher Verbraucherschutzverband e. V.
Leberberg 4
6200 Wiesbaden

nach wie vor eher als eine Gemeinschaft, in der der Kapitalverkehr ohne Grenzbehinderungen funktionieren soll, in der aber für die sozial- und wirtschaftspolitisch Betroffenen dieses Kapitalverkehrs auch unterschiedliche Regelungen gelten können.

In den *skandinavischen Ländern* ist die genossenschaftliche Tradition der Verbraucherpolitik wesentlich bewußter als in Deutschland. Besondere Bedeutung hat der *ombudsman*, der im Wettbewerbsrecht, d. h. auch bei der Werbung, eine für den Verbraucher positive Position wahrnimmt.

In den *Vereinigten Staaten* hat Ralph Nader im Lauf der letzten Jahre ein Netz von Verbraucherorganisationen geknüpft, das die Rechtsposition des einzelnen Verbrauchers entscheidend verbessert hat. Bei der Einflußnahme auf Gesetzgebungsvorhaben sind die Verbraucherorganisationen in den Vereinigten Staaten den Anbieterorganisationen aber nach wie vor stark unterlegen, so daß es für das Nader-network in jüngster Zeit auch Rückschläge gab.

Verbraucherpolitik existiert als Schlagwort im *Ostblock* überhaupt nicht. Aufgrund der selbstgestellten Prämisse, daß alles Wirtschaften zum Nutzen des Individuums geschieht, werden Aspekte einer prinzipiellen Unterlegenheit der Konsumenten- gegenüber der Produzentenseite überhaupt nicht wahrgenommen. Es ist unbestreitbar, daß eine staatskapitalistisch gelenkte Wirtschaft den Endkonsumenten weit weniger zufriedenstellt als das marktwirtschaftlich orientierte System der westlichen Länder.

Für eine verbesserte Verbraucherpolitik

Einer wirkungsvolleren Verbraucherschutzpolitik stehen große Hindernisse im Weg: Die Anbieter, Hersteller und Händler, sind in der »Grauzone« äußerst schnell und findig im Aufspüren von Umgehungsmöglichkeiten bestehender Gesetze oder von Gesetzeslücken, die sich zu ihrem Vorteil, aber zum Schaden der Verbraucher ausnutzen lassen. Hier hinken die staatliche Aufsicht und auch die Verbraucherorganisationen mit ihren Aktionen hinterher. Deshalb wird es für die Zukunft darauf ankommen, die Interessen der Verbraucher in einem möglichst frühen Entscheidungsstadium zu berücksichtigen: Die Interessenvertretung muß vorausschauend tätig werden.

Außerdem ist eine genaue Analyse der Hemmnisse nötig, die einer wirkungsvollen Selbstorganisation der Verbraucher im Wege stehen. Sobald es nämlich gelingt, Verbraucher davon zu überzeugen, daß ein Engagement in der Verbraucherpolitik aus sozialer und ökologischer Verantwortung notwendig ist und nicht nur kurzfristig materiell im ureigensten Interesse liegt, wird die Arbeit der Verbraucherorganisationen an Schlagkraft gewinnen. Auch das Handeln des einzelnen Verbrauchers am Markt wird selbstbewußter, kritischer, sozial verantwortlicher sein und sich infolgedessen insgesamt stärker auswirken.

Eine verbesserte Verbraucherpolitik muß davon Kenntnis nehmen, daß sich aus der Art der privaten Einkommensverwendung gesamtgesellschaftliche Folgen ergeben. Bisher fehlen Modellrechnungen, aus denen sich ersehen ließe, wie sich konkretes Verbraucherverhalten gesamtwirtschaftlich auswirkt. Schließlich müssen auch Folgerungen daraus gezogen werden, daß die Menschen Verbraucher erst in zweiter Linie sind; in erster Linie sind sie immer etwas anderes: Arbeitnehmer, Mütter, Ausländer, Jugendliche, Landwirte. Alle Strategien für eine verbesserte Verbraucherpolitik müssen sich darauf stützen, den Menschen in seiner unmittelbaren Betroffenheit als Verbraucher anzusprechen, d. h., daß man die vorrangige Funktion des Nachfragers am Markt kennen muß. Darauf aufbauend wird dem Konsumenten bewußt werden, daß er mit anderen zusammen dem Markt nicht hilflos ausgeliefert ist.

Zu diesem Thema

In anderen Werken:
Biervert, Bernd/Fischer-Winkelmann, Wolf/Rock, Reinhard (Hg.): Grundlagen der Verbraucherpolitik, 1977
Biervert, Bernd/Fischer-Winkelmann, Wolf/Rock, Reinhard (Hg.): Verbraucherpolitik in der Marktwirtschaft, 1978
Hippel, Eike von: Verbraucherschutz, 1979
Kroeber-Riel, Werner: Konsumentenverhalten, 2. neu gefaßte u. wesentl. erw. Aufl. 1980
Martiny, Anke/Klein, Otfried: Marktmacht und Manipulation, 1977
Reich, Norbert/Tonner, Klaus/Wegener, Hartmut: Verbraucher und Recht, 1976
Scherhorn, Gerhard: Verbraucherinteressen und Verbraucherpolitik, 1975
Simitis, Konstantin: Verbraucherschutz. Schlagwort oder Rechtsprinzip?, 1976
Wicken, Klaus: Die Organisation der Verbraucherinteressen im internationalen Vergleich, 1979

KLAUS KWASNIEWSKI

Der Umweltschutz

Bis in die sechziger Jahre hinein wurde in allen Ländern der Welt der Umweltschutz weitgehend vernachlässigt. Die Umwelt, d.h. vor allem Wasser, Boden und Luft, wurde von jedermann als »freies Gut« betrachtet, das kostenlos zur Verfügung stand und damit rücksichtslos genutzt werden konnte.

In der Bundesrepublik hatten nach dem Krieg der Wiederaufbau und die Schaffung von Arbeitsplätzen Priorität, obwohl die Bekämpfung gravierender Umweltschäden in Deutschland nicht unbekannt war (so z.B. durch die Gewerbeordnung des Norddeutschen Bundes von 1869!). Der starke Anstieg der Industrieproduktion und des privaten Konsums auf dem engen Raum der Bundesrepublik führte aber in der Nachkriegszeit, etwa seit Mitte der fünfziger Jahre, zu einer beschleunigten Umweltbelastung, die z.T. lebensbedrohende Ausmaße annahm. Erinnert sei hier nur an die Smog-Katastrophen im Ruhrgebiet von 1962.

Die Wasserverschmutzung durch Wirtschaft und Kommunen brachte es mit sich, daß man in den Flüssen nicht mehr baden konnte; später kam es dann vereinzelt zu Fischsterben. Die besondere Sorge der Öffentlichkeit galt dabei dem Rhein als dem größten Trinkwasserlieferanten der Bundesrepublik und dem Bodensee. Die akute Gefährdung der Nordsee zeigte sich in einer Algenpest im Jahre 1988. Die Abfallbeseitigungsproblematik wurde durch mehrere Giftmüllskandale bekannt, und der Lärm wurde als eine bedeutende Ursache für Krankheiten erkannt. In den letzten Jahren kam es dann auch in der Bundesrepublik zum Waldsterben durch den Niederschlag von »saurem Regen«, dessen Wirkung nach neuesten Erkenntnissen durch Ozon verstärkt wird.

Entwicklung des Umweltschutzgedankens

Folgende Ereignisse markieren weltweit und in der Bundesrepublik die Entwicklung des Umweltschutzgedankens:
☐ 1961 erklärte der amerikanische Präsident John F. Kennedy den Umweltschutz zu einem nationalen Ziel.
☐ Im selben Jahr machte in der Bundesrepublik die SPD den »blauen Himmel über dem Ruhrgebiet« zu einem Wahlkampfthema.
☐ Mit der Regierungserklärung von 1969 und durch das gleichzeitig in Angriff genommene Umweltprogramm der sozialliberalen Koalition erhielt der Umweltschutzgedanke politische Priorität. Zuvor waren bereits wesentliche Umweltschutzgesetze wie das Wasserhaushaltsgesetz und die Gewerbeordnung mit der Technischen Anleitung (TA) Luft und Lärm verabschiedet worden.
☐ 1970 stellte die sozial-liberale Koalition ein Sofortprogramm für den Umweltschutz auf, 1971 wurde das Umweltprogramm der Bundesregierung verabschiedet.
☐ Nach vierjähriger Vorbereitungszeit erließ die UN-Umweltkonferenz 1972 in Stockholm eine Deklaration zum Umweltschutz, die in Anlehnung an die »Charta der Menschenrechte« als »Charta der Menschenpflichten« bezeichnet werden kann.
☐ 1982 fand in Nairobi die zweite UN-Konferenz zum Umweltschutz statt.
☐ 1984 fand in Bremen die erste, 1987 in London die zweite und 1990 in Den Haag die dritte Nordseeschutz-Konferenz statt. Beschlossen wurde eine stufenweise Verringerung der Einleitung von Schadstoffen in die Nordsee seitens der Anliegerstaaten.
☐ 1987 beschloß die Ozon-Konferenz in Montreal die Herstellung und den Verbrauch von Fluor-Chlor-Kohlenwasserstoff (FCKW) zu verringern. 1989 wurde das Protokoll von Montreal auf einer weiteren Ozon-Konferenz in Helsinki verschärft.

In den Umweltschutz bezogen die Parlamente im Lauf der Zeit neben dem Schutz von Wasser, Boden und Luft – sowie dem Lärmschutz – immer weitere Bereiche ein.

Warum staatliche Umweltpolitik?

Gute Luft und sauberes Wasser sind im ökonomischen Sinn knappe Güter geworden, für deren Nutzung ein Preis zu zahlen ist. Soweit Produktion und Konsum die natürliche Umwelt beanspruchen, werden nämlich andere Nutzungen der Umwelt beeinträchtigt. Die Kosten (und damit der Preis) des Umweltverbrauchs bestehen in diesem Fall im entgangenen Umweltnutzen. Kosten verursachen auch der Umweltschutz und die Beseitigung von Umweltschäden, weil hierzu Produktionsfaktoren gebraucht werden, die sonst zur Produktion von Gütern verwendet werden könnten.

Wird die Umwelt nicht als knappes, sondern – wie noch bis vor kurzer Zeit – als »freies Gut« betrachtet, das jedermann kostenlos und unbegrenzt zur Verfügung steht, fallen also sog. negative externe Effekte der Produktion und des Konsums an. Die Umweltbeeinträchtigungen, für die eigentlich ein Preis zu bezahlen wäre, werden in diesem Fall den Verursachern nicht angelastet. Für den Verursacher von Umweltschäden besteht dann auch kein Anlaß, von sich aus freiwillig umweltfreundliche Produktionsverfahren zu wählen. Einen Produzenten würde eine umweltfreundliche Produktion gegenüber seinem Konkurrenten, der nicht umweltfreundlich arbeitet, nur benachteiligen: Seine Erzeugnisse wären aufgrund seiner Umweltschutzanstrengungen teurer und damit nicht mehr wettbewerbsfähig. Für einen Konsumenten allein wäre ein umweltfreundliches Konsumverhalten häufig ebenfalls nur mit Nachteilen verbunden, so z.B. in Form höherer Ausgaben für umweltfreundliche Güter. Aus diesem Sachverhalt ergibt sich die Notwendigkeit einer staatlichen Umweltpolitik.

Der Staat muß dafür sorgen, daß eine von ihm vorgegebene Umweltqualität verwirklicht wird. Er muß weiter dafür sorgen, daß die Verursacher von Umweltbeeinträchtigungen den Preis für eine saubere Umwelt zu tragen haben. Dazu kann er sich administrativer und/oder marktwirtschaftlicher Instrumente bedienen, die beide gewisse Vor-, aber auch Nachteile haben.

Die wichtigsten umweltpolitischen Instrumente sind gegenwärtig administrativer Art. Durch Auflagen und Verbote und durch direkte Kontrolle ihrer Einhaltung soll sichergestellt werden, daß bestimmte Grenzen der Abgabe von umweltbelastenden Schadstoffen nicht überschritten werden. Die Auflagen können beispielsweise Unternehmen, Haushalten und Konsumenten verbieten, mehr als einen bestimmten Grenzwert an Schadstoffen in die Umwelt abzugeben. Es können aber auch umweltfeindliche Stoffe verboten oder die Verwendung umweltfreundlicher Produktionsverfahren oder Produkte vorgeschrieben werden.

Der größte Nachteil der administrativen Instrumente liegt darin, daß sie statischer Natur sind. Es werden z.B. so lange Schadstoffemissionen genehmigt, bis die vorgegebene Abgabenorm verletzt ist. Bei erfolgten Genehmigungen kann bis zur Abgabenorm mit der Schadstoffabgabe fortgefahren werden, selbst wenn der Aufwand für eine Beseitigung relativ gering ist. Die vom Staat vorgegebenen Abgabenormen orientieren sich am gegebenen Stand der Technik. Die Beweislast, daß der gegebene Stand der Technik nicht eingehalten wurde, liegt allein beim Staat. Ein weiterer Nachteil ist, daß das Recht auf Umweltverschmutzung quasi kostenlos eingeräumt wird, also kein Anreiz besteht, die Sektorstruktur zugunsten umweltfreundlicher Wirtschaftszweige oder Produkte, die dann vielleicht teurer wären, zu ändern. Die administrativen Instrumente sind daher ökonomisch wenig effizient. Sie können aber als ökologisch sicherer als andere Instrumente angesehen werden, da zumindest ein vom Staat gewollter und vorgeschriebener Umweltstandard erreicht wird.

Marktwirtschaftliche Instrumente sind bislang weitgehend nur in der Theorie diskutiert worden und in der praktischen Umweltpolitik erst vereinzelt zu finden. Der Grundgedanke ist, Umweltgüter an diejenigen zu verkaufen, die den höchsten Preis dafür bezahlen, wobei staatlicherseits durch Normen sichergestellt ist, daß eine befriedigende Umweltqualität aufrechterhalten wird. Die Bürger könnten auf diese Weise festsetzen, wieviel ihnen das »Gut Umweltqualität« wert ist und wieviel sie für die übrigen Güter bezahlen wollen.

Bei der Mengenvariante der Marktlösung wird die höchstzulässige Emission nur im ganzen festgelegt, die Aufteilung der Emissionsrechte auf die einzelnen Schadstoffquellen aber dem Markt überlassen. Es entsteht ein Preis für die Berechtigung, die Umwelt zu beanspruchen; die sog. Umweltzertifikate werden handelbar. Die Preisvariante der Marktlösung arbeitet mit Abgaben oder Steuern. Je Einheit des Schadstoffes oder des Schadstoffträgers wird eine Abgabe erhoben, und es bleibt dem Zahler der Abgabe freigestellt zu entscheiden, in welchem Umfang er die Umwelt in Anspruch nehmen will.

Die marktwirtschaftlichen Instrumente sind deshalb ökonomisch effizienter als die administrativen, weil sie den Unternehmen einen größeren Anreiz zur Vermeidung solcher Schadstoffemissionen geben, die sie mit geringen Kosten beseitigen können. Dies ist bei der administrativen Vorgabe von Grenzwerten umweltbelastender Schadstoffemissionen nicht der Fall, da Unternehmen mit hohen und niedrigen Vermeidungskosten gleichbehandelt werden. Jedes Unternehmen ist bei der marktwirtschaftlichen Lösung überdies bestrebt, den neuesten Stand der Technik zur Verhinderung von Emissionen anzuwenden, um seine Abgabenzahlung zu senken.

Die Diskussion umweltpolitischer Instrumente wird von zwei Prinzipien beherrscht, dem »Verursacherprinzip« und dem »Gemeinlastprinzip«. Sie beziehen sich darauf, wer die Kosten von Umweltschutzmaßnahmen zu tragen hat. Tragendes Prinzip der Umweltpolitik ist die Kostenzurechnung beim Verursacher. Die Kosten der Beseitigung oder Verhinderung von Umweltschäden soll danach derjenige tragen, der auch die direkten Entscheidungen über Produktionsverfahren und Investitionen trifft – die einzelnen Betriebe und die öffentlichen Versorgungsunternehmen. Die Anwendung des Verursacherprinzips führt konsequenterweise zu einer Verteuerung umweltschädlicher Investitionen und Produktionsverfahren und damit der erzeugten Konsumgüter.

Nach dem Gemeinlastprinzip werden die Kosten des Umweltschutzes von den öffentlichen Haushalten getragen und durch die Besteuerung an die Bürger weitergegeben. Das Gemeinlastprinzip setzt immer dann ein, wenn der Verursacher nicht oder nicht mehr getroffen werden kann. So etwa, wenn er im Ausland sitzt oder es sich um Altschäden handelt, deren Zurechnung auf einzelne Verursacher nicht mehr möglich ist. Außerdem wird das Gemeinlastprinzip besonders dann an-

Zum Schutz der Bürger:
Smog-Alarm Stufe II
in Essen und anderen Städten Nordrhein-Westfalens, Januar 1985.

gewendet, wenn sich die Entwicklung und Einführung neuer, umweltfreundlicher Produkte und Verfahrensweisen aus privatwirtschaftlichen Rentabilitätsgründen verzögert. In diesen Fällen wird den Verursachern durch Subventionen, Kredite, Krediterleichterungen und Steuervergünstigungen die Erfüllung der umweltpolitischen Anforderungen erleichtert. In einer Rezession kann es auch darum gehen, für die Unternehmen aus regional- und arbeitsmarktpolitischen Gründen den Kostendruck einer rein verursacherorientierten Auflagen- und/oder Abgabenlösung durch gemeinlastorientierte Instrumente zu mildern. Das Gemeinlastprinzip kann das Verursacherprinzip jedoch nur ergänzen.

Das Umweltprogramm von 1971

In der Einleitung zum Umweltprogramm der Bundesregierung vom September 1971 heißt es: »Die Bundesregierung ist der Überzeugung, daß Umweltpolitik den gleichen Rang hat wie andere große öffentliche Aufgaben, z.B. soziale Sicherheit, Bildungspolitik oder innere und äußere Sicherheit. Fortschrittliche Umweltpolitik kann sich nicht darauf beschränken, auf bereits eingetretene Schäden zu reagieren; ihr Ziel muß sein, daß die unerwünschten Nebenwirkungen unserer wirtschaftlichen und gesellschaftlichen Entwicklungen

Der Umweltschutz

Umweltprobleme

Umweltqualität der Landkreise und kreisfreien Städte:
- sehr gut
- zufriedenstellend
- durchschnittlich
- unzureichend
- schlecht

nach: Geo „Die Lage der Nation"

Verschmutzung der Flüsse:
- geringe Verschmutzung
- mäßige Verschmutzung
- starke Verschmutzung
- übermäßige Verschmutzung

geprägt wurden, wie das Abfallbeseitigungsgesetz (1972), das Bundes-Immissionsschutzgesetz (1974), die 4. Novelle zum Wasserhaushaltsgesetz (1976) und das Bundesnaturschutzgesetz (1976).

Das Umweltprogramm von 1971 hat sicherlich dazu beigetragen, »in allen Teilen der Bevölkerung das Umweltbewußtsein zu wecken und zu stärken«. Die Gefährdung der Umwelt wurde allgemein anerkannt.

Bilanz des Umweltschutzes

Gemessen an der Ausgangslage und an den später auftauchenden vielfältigen Widerständen ist die Bilanz des Umweltschutzes insgesamt positiv: Trotz einer erheblichen Steigerung der Produktion und des Konsums sowie vor allem des Bestandes an Kraftfahrzeugen konnten in einigen Bereichen deutliche Verbesserungen erzielt und in anderen Verschlechterungen vermieden werden. Obwohl die Umweltschutzgesetzgebung der Bundesrepublik in Europa als vorbildlich gilt, ist die Umweltqualität allerdings immer noch unzureichend.

Luftreinhaltung

Zu den Erfolgen im Bereich der Luftreinhaltung sind zu zählen:
- Die Bleibelastung der Luft ist in den Zentren der Großstädte seit der Verabschiedung des Umweltprogramms von 1971 um mehr als 68 Prozent zurückgegangen.
- Die Staub- und Rußemissionen sind seitdem um mehr als 50 Prozent gesunken.
- Die Schwefeldioxidemissionen konnten von 1966 bis 1986 um 34 Prozent verringert werden.
- Die Kohlenmonoxid-Immissionen wurden seitdem um ein Drittel vermindert.

Dennoch sind durch die Luftverschmutzung noch enorme Belastungen vorhanden, besonders im Ruhrgebiet, im Rhein-Main-Gebiet, in anderen industriellen Ballungsgebieten und in den Großstädten. Dies ist u. a. auch eine Folge der Zunahme der Emission der Stickoxide in der Zeit von 1966 bis 1986 um rund 50 Prozent. Belastungsquellen hierfür sind vor allem die Kraftfahrzeuge, deren wachsende Anzahl die Umweltschutzanstrengungen der Automobilindustrie zunichte machte, der Hausbrand sowie Industrieanlagen und Großkraftwerke. Die Immissionen haben sich fast flächendeckend über die Bundesrepublik ausgedehnt, der »saure Regen« hat unterdessen in den Wäldern zu großen Zerstörungen geführt, deren Ende noch nicht abzusehen ist.

Im Kampf gegen die Luftverschmut-

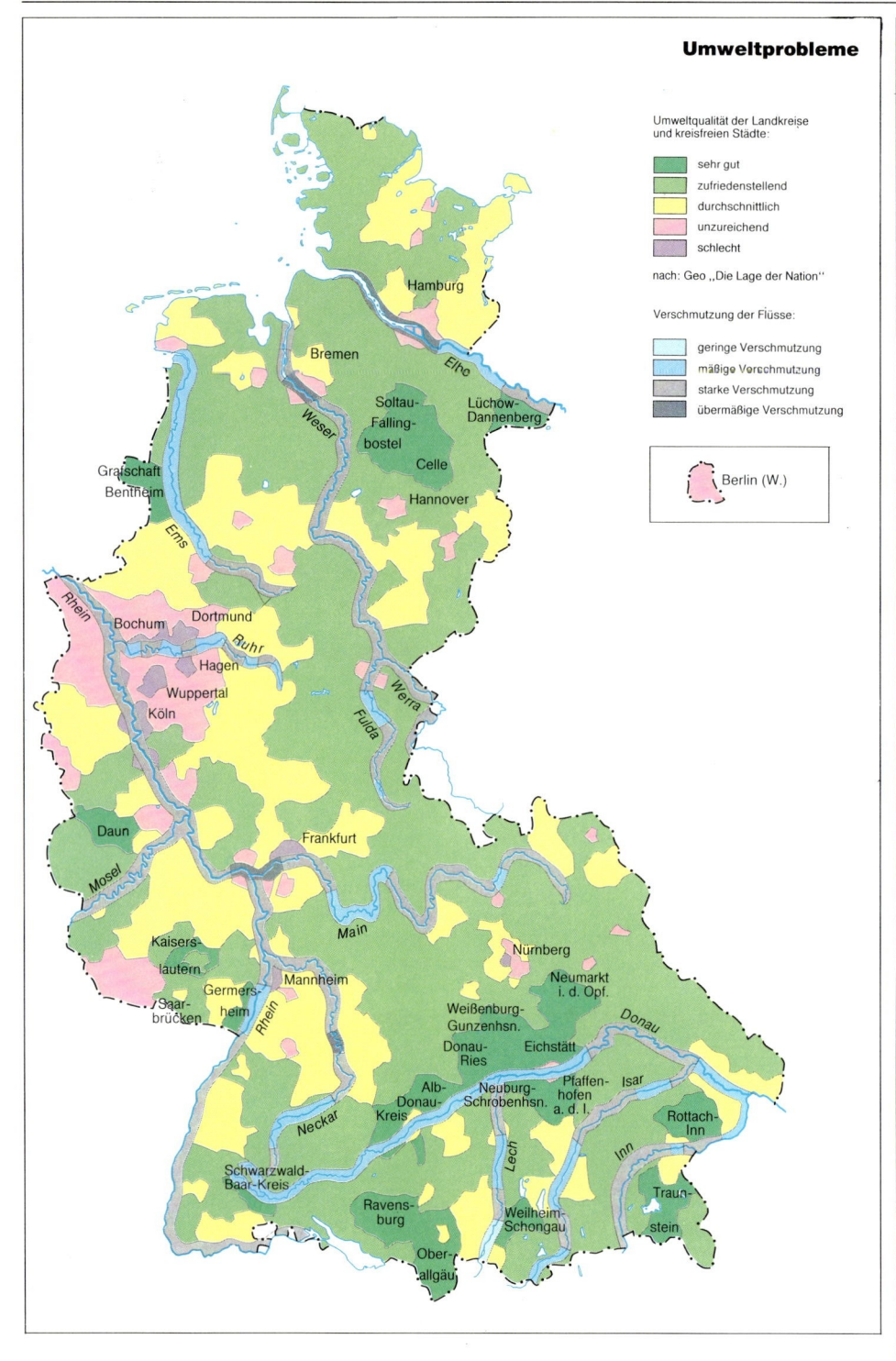

rechtzeitig erkannt und durch weit vorausschauende Umweltplanung vermieden werden. Gesichtspunkte des Umweltschutzes und der Umweltgestaltung müssen deshalb künftig in allen Entscheidungsprozessen der öffentlichen Hand und der Wirtschaft in gleicher Weise berücksichtigt werden wie etwa Fragen der Sozial- und Wirtschaftspolitik. Umweltfreundlichkeit muß zu einem selbstverständlichen Maßstab für unser aller Handeln werden – sei es im Staat, in der Wirtschaft oder im Konsumverhalten des Bürgers.«

Mit dem Umweltprogramm von 1971 und bereits schon vorher mit dem Sofortprogramm für den Umweltschutz begann eine rege politische Aktivität auf dem Gebiet des Umweltschutzes. Zu erwähnen sind – neben dem Erlaß über die Einrichtung eines Sachverständigenrates für Umweltfragen (1971), eines Gesetzes über die Errichtung eines Umweltbundesamtes in Berlin (1974) und der Gründung eines eigenständigen Bundesministeriums für Umwelt, Naturschutz und Reaktorsicherheit (1986) – aus der Reihe der Gesetze: das Fluglärmgesetz (1971), das Benzinbleigesetz (1971), das Waschmittelgesetz (1975) und die Großfeuerungsanlagen-Verordnung (1983). Sie sollten jeweils ganz spezifische Umweltbelastungen verhindern. Daneben wurden auch Gesetze verabschiedet, die bereits vom Gedanken einer systematischen Umweltvorsorge mit-

Das Umweltbundesamt

Schon bei der Erarbeitung des Umweltprogramms war es der Bundesregierung klar, daß es zur Erledigung einer Vielfalt von Aufgaben auf dem Informations- und Forschungssektor einer zentralen Stelle des Bundes bedurfte. Durch das Gesetz vom 22. Juli 1974 wurde dann das Umweltbundesamt als selbständige Bundesoberbehörde geschaffen. Zu seinen Aufgaben gehören vor allem:

- die wissenschaftliche Unterstützung der Bundesregierung, besonders des Bundesministers des Innern, in den Bereichen Luftreinhaltung, Lärmbekämpfung, Abfallwirtschaft, Wasserwirtschaft und Umweltchemikalien;
- die Entwicklung von Hilfen für die Umweltplanung und die ökologische Begutachtung umweltrelevanter Maßnahmen;
- das Informations- und Dokumentationssystem Umwelt (UMPLIS);
- zentrale Dienste und Hilfen bei der Ressortforschung und für die Koordinierung der Umweltforschung des Bundes;
- die Aufklärung der Öffentlichkeit in Umweltfragen.

Außerdem nimmt das Amt noch folgende Einzelaufgaben wahr:
- Überwachung der Luftqualität in den sog. Reinluftgebieten (Meßstellennetz);
- Registrierung der Rahmenrezepturen von Wasch- und Reinigungsmitteln (Waschmittelgesetz);
- Überprüfung der beim Deutschen Hydrographischen Institut eingehenden Anträge zur Einbringung von Abfällen in das Meer im Hinblick auf alternative Beseitigungs- oder Verwertungsmöglichkeiten an Land (Vertragsgesetz zum Oslo/London-Abkommen);
- Verbindungsstelle zur UNESCO in Fragen der Umwelterziehung.

Die Hauptaufgabe des Amtes besteht darin, wissenschaftliche und technische Erkenntnisse für das administrative und legislative Handeln des Bundes aufzubereiten. Nicht weniger wichtig ist aber auch die Aufgabe, allen Bürgern, Organisationen und der Wirtschaft als Betroffenen oder Verursachern von Umweltbelastungen Handlungshilfen zu geben. Das Umweltbundesamt hat jedoch keine Vollzugsbefugnisse und kann keine Verbote oder Genehmigungen aussprechen, keine umweltrelevanten Anlagen kontrollieren und auch keine Bußgelder verhängen. Diese Aufgaben obliegen dem Bundesinnenministerium, den Innenministerien der Länder (sowie deren Dienststellen) und den Gerichten.

zung setzt die Bundesregierung bei den Schadstoffemittenten an. So hat sie mit der Großfeuerungsanlagen-Verordnung vom 22. Juni 1983 dafür gesorgt, daß die Kraftwerke, die bei Schwefeldioxid 63 Prozent und bei Stickoxiden 25 Prozent der Emissionen verursachen, dem neuesten Stand der Umwelttechnik entsprechen müssen; bereits im Betrieb befindliche Kraftwerke müssen nachgerüstet werden.

Rund 61 Prozent der Stickoxid-Emissionen, die in erster Linie für die Waldschäden verantwortlich gemacht werden, gehen jedoch auf den Verkehr zurück. Deshalb begünstigt die Bundesregierung seit 1985 umweltfreundliche Kraftfahrzeuge steuerlich. Automobilen, die die in den USA geltenden Abgaswerte erreichen, wird eine Kfz-Steuerbefreiung von zwei bis zehn Jahren eingeräumt. Die US-Grenzwerte bedeuten eine Verringerung des Schadstoffausstoßes um 90 Prozent, was bei gegenwärtiger Technik nur mit Hilfe eines geregelten Dreiwegekatalysators möglich ist, der bleifreies Benzin als Brennstoff voraussetzt.

Diese Politik der Bundesregierung stieß in der EG vor allem auf den Widerstand Großbritanniens und Frankreichs, die besonders bei Kleinwagen bis 1,4 Liter Hubraum Wettbewerbsnachteile für ihre Automobilindustrie auf dem deutschen Markt befürchteten. Beide Länder empfahlen der Bundesregierung, statt dessen ein Tempolimit einzuführen. Nach langen, heftigen Debatten einigte man sich in der EG in der Frage der Abgaswerte 1985 und noch einmal 1988 auf einen Kompromiß: Vom 1. Oktober 1988 (1. Oktober 1989) an gelten verschärfte EG-einheitliche Abgasbestimmungen bei neuen Modellen (Neuwagen) für Fahrzeuge über 2 Liter Hubraum, vom 1. Oktober 1991 (1. Oktober 1999) an für Fahrzeuge zwischen 1,4 und 2 Litern Hubraum. Kleinwagen müssen bei neuen Modellen (Neuwagen) vom 1. Oktober 1992 (1. Oktober 1993) an gegenüber den 1988 geltenden Werten um rund die Hälfte verringerte Schadstoffwerte ausweisen. Die zulässigen Schadstoffwerte der Mittel- und Kleinwagen sind ohne die Katalysatortechnik zu erreichen und liegen bei den Kleinwagen rund 50 Prozent über den bereits lange geltenden US-Höchstwerten.

Die europäische Autoindustrie mag mit diesem Kompromiß leben können, unsere Umwelt aller Voraussicht nach nicht. Was in den führenden Industrieländern USA und Japan längst selbstverständlich ist, soll in Europa erst Ende der neunziger Jahre Wirklichkeit werden.

Gewässerschutz

Mitte der achtziger Jahre werden bereits 73 Prozent der Abwässer in vollbiologischen Kläranlagen gereinigt, 1969 waren es nur

In der Bundesrepublik wird viel für den Umweltschutz getan, vor allem auch für die Luftreinhaltung: So wurde z. B. im EVS-Kohlekraftwerk Heilbronn eine Filteranlage eingebaut. Dennoch reparieren die Maßnahmen nur notdürftig bestehende Schäden, während die Umweltzerstörung weitergeht. Was fehlt, ist eine vorbeugende, umfassende, konsequent marktwirtschaftliche Umweltpolitik.

35 Prozent. Im verschmutzten Rhein ist eine deutliche Verbesserung vor allem im Sauerstoffgehalt und in der gesamten organischen Belastung zu erkennen. Die Belastung des Bodensees ist merklich vermindert worden, vor allem im Uferbereich hat sich die Gewässergüte verbessert. In der Industrie wurden in den siebziger Jahren im Durchschnitt 800 Millionen DM jährlich für die Wasserreinigung investiert; im öffentlichen Bereich seit 1970 im Durchschnitt 1,1 Milliarden DM jährlich. Dennoch ist die Belastung der Flüsse mit schwer abbaubaren giftigen Stoffen stark gestiegen, die Aufheizung durch Abwärme aus Kraftwerken gewachsen. Viele Flüsse sind zu Abwässerkanälen geworden, und die Fischbestände sind erheblich dezimiert. Zahlreiche Fische in stark belasteten Flüssen wie der Elbe sind bereits ungenießbar. Die Nordsee, das Wattenmeer und viele Fisch- und Vogelarten sind bedroht.

Abfallbeseitigung

In der Abfallbeseitigung wie -verwertung liegt die Bundesrepublik in technischer und organisatorischer Hinsicht international an der Spitze. Aus ca. 25 Prozent des Hausmülls wird bei der Beseitigung Energie gewonnen. Die Altglasverwertung hat sich seit 1975 mehr als verdoppelt. Die aus Hausmüll verwertete Eisenschrottmenge ist von 1980 bis 1985 um mehr als 30 Prozent gestiegen. Ähnlich verlief die Entwicklung bei der Altreifenverwertung und bei der Verwertung von gewerblichen Kunststoffabfällen.

Lärmschutz

Der Lärm gehört zu den am weitesten verbreiteten Umweltbelastungen. 25 Millionen Bundesbürger leiden unter Lärm am Arbeitsplatz und in der Wohnung. Lärmschutz ist ein gesundheitliches Postulat. Folgende Fortschritte wurden bei der Lärmbekämpfung erzielt:
☐ Der Industrie- und Gewerbelärm konnte durch die konsequente Anwendung der Technischen Anleitung Lärm (TA Lärm) fühlbar verringert werden.
☐ Heute werden Baumaschinen eingesetzt, die nur noch ein Zehntel der Schallmengen der entsprechenden Maschinen der sechziger Jahre verursachen.
☐ Das Fluglärmgesetz ist international ohne Vergleich. Sein Vollzug hat vielfältige Verbesserungen gebracht.
Das größte Lärmproblem bildet aber nach wie vor der Straßenverkehr. Alle bisherigen Maßnahmen reichten nicht aus, die akustischen Folgen der rapiden Zunahme der Kraftfahrzeuge von 17 Millionen im Jahr 1970 auf 34,5 Millionen Mitte 1989 zu begrenzen.

Ein internationales Problem

Umweltschutz ist kein Problem der Bundesrepublik allein, obwohl er bei uns wegen der begrenzten Fläche, der hohen Industrialisierung und des großen Wohlstands eine hohe Dringlichkeit besitzt. Umweltschutz ist vielmehr eine internationale Notwendigkeit. Selbst bei allergrößten Anstrengungen kann die Bundesrepublik allein nicht die Umweltverschmutzung innerhalb ihrer eigenen Grenzen beseitigen.

Dies leuchtet unmittelbar ein, wenn man Meere, Seen und Flüsse betrachtet, wie beispielsweise die Nord- oder Ostsee, den Bodensee, den Rhein oder die Elbe, oder wenn man berücksichtigt, daß die Schadstoffabgabe durch Großfeuerungsanlagen in die Luft nicht unbedingt im eigenen Land als »saurer Regen« niedergehen muß, sondern eventuell in einem weit entfernten Staat. Hinzu kommt die von manchen Staaten oft geübte Praxis, Fabriken, die eine große Umweltverschmutzung verursachen oder ein Risiko für die Umwelt darstellen, möglichst an der Grenze zu einem Nachbarstaat anzusiedeln: Der Müll wird beim Nachbarn abgeladen. Die Großfeuerungsanlagen, die mit Schornsteinhöhen bis zu 300 oder 400 Metern anfangs als Fortschritt in der Luftreinigung gefeiert wurden, tun ihr übriges dazu. Sie verlagern nicht nur das Problem aus einer Region auf das gesamte Land – von Nordrhein-Westfalen auf das gesamte Bundesgebiet –, sondern machen es zu einem kontinentalen, ja globalen Problem. Über Norwegen beispielsweise gehen nach einer Statistik des Umweltbundesamtes in Berlin alljährlich rund 56 000 t Schwefel nieder – sechsmal soviel wie in diesem Land erzeugt wird. Großbritannien, das keine Rauchentgiftungsanlagen besitzt, dafür aber vom Wind begünstigt ist, verfrachtet mehr als die Hälfte seiner Schwefeldioxid-Produktion auf den Kontinent, zwölfmal soviel, wie zu den Britischen Inseln geweht wird. Die Bundesrepublik hat, ähnlich wie Frankreich, eine nahezu ausgeglichene Säurebilanz. Es findet ein Ringtausch mit den Nachbarländern statt.

Notwendigkeit der Harmonisierung

Die internationale Dimension der Umweltverschmutzung hat zur Folge, daß ein Staat im Alleingang die Aufgabe Umweltschutz im eigenen Land nicht bewältigen kann. Notwendig ist vielmehr eine internationale Harmonisierung der Umweltschutzbestimmungen.

Im Vordergrund derartiger Bemühungen steht für die Bundesrepublik besonders die EG, die 1973 ein Umweltaktionsprogramm verabschiedet hat, das 1977 fortgeschrieben wurde. Bisher wurden mehr als 70 Umweltschutzrichtlinien erlassen. Ziel dieser Initiativen ist, den Umweltschutz in den Mitgliedstaaten voranzutreiben und das jeweilige nationale Recht und die Verwaltungspraxis zum Umweltschutz zu harmonisieren. Dadurch soll sichergestellt werden, daß die gleichen Mindestanforderungen für alle Mitgliedsländer einheitlich gelten.

Daneben ist die Bundesrepublik u. a. noch in der OECD tätig, die einen speziellen Umweltausschuß eingerichtet hat, und wirkt bei besonderen internationalen Übereinkommen mit Regional- und Sachbezug (vor allem über Gewässerschutz) mit. Zu nennen sind hier u. a. die Übereinkommen von Paris, London, Oslo und Helsinki über die Abfallbeseitigung in der Nordsee, im Nordatlantik und in der Ostsee, das Rhein-Chemie-Übereinkommen sowie die Genfer Luftreinhaltekonvention. Außerdem arbeitet die Bundesrepublik in den entsprechenden Unterorganisationen der UNO mit. Sie ist Mitglied der 1972 gegründeten Umweltorganisation der Vereinten Nationen (UNEP), der Weltgesundheitsorganisation (WHO), der Internationalen Arbeitsorganisation (ILO) und der UNESCO. Zu erwähnen ist noch die Mitgliedschaft in der Wirtschaftskommission der Vereinten Nationen für Europa (ECE), die auch der Zusammenarbeit von Ost und West im Bereich des Umweltschutzes dient. Die internationalen Bemühungen der Bundesrepublik im Rahmen des Umweltschutzes haben die Harmonisierung der umweltpolitischen Normen und Standards zum Ziel, um u. a. auch Nachteile im Hinblick auf die Wettbewerbsfähigkeit der deutschen Wirtschaft zu vermeiden, die sich durch einseitige Umweltschutzauflagen und damit Produktionskostenerhöhungen ergeben können.

Unterschiedliche Ausgangs- und Interessenlagen

Zweifellos werden unter dem Einfluß der nationalen Umweltpolitik die einzel- und branchenwirtschaftlichen Kostenrelationen verschoben und folglich auch die Ausgangsbedingungen im internationalen Wettbewerb. Die internationale Wettbewerbsfähigkeit eines Landes muß darunter aber nicht unbedingt leiden. So hat beispielsweise die außerordentlich wettbewerbsfähige japanische Industrie von 1971 bis 1978 14 Prozent der Gesamtinvestitionen für Umweltschutzmaßnahmen aufgewandt, während es in den USA 7,7 Prozent und in der Bundesrepublik nur 5,5 Prozent waren. Für die internationale Wettbewerbsfähigkeit kommt es also nicht nur auf geringe Umweltschutzauflagen, sondern auch noch auf andere vergleichbare Standortvorteile an, nämlich die Ausstattung mit Produktionskapital, das Lohnniveau, das technische Wissen und den tech-

Umwelt und Wirtschaft

nischen Fortschritt, die Qualität der Erzeugnisse usw.

Eine völlige internationale Harmonisierung der umweltpolitischen Vorschriften (Emissionsnormen) würde außerdem in der Regel zu unterschiedlichen Umweltbelastungen (Immissionen) führen. Die Umweltbelastungen wären nämlich in jenen Ländern stärker, wo die natürlichen Assimilationskapazitäten geringer sind oder die Umwelt stärker beansprucht wird. Der internationalen Vereinheitlichung von Immissionsnormen steht außerdem die Tatsache entgegen, daß je nach Entwicklungsniveau und Einkommensverhältnissen eines Landes die zulässige Umweltverschmutzung unterschiedlich bewertet wird. In den Entwicklungsländern, aber auch in den weniger entwickelten Randzonen der EG sind die Bevölkerung und die Politiker eher bereit, Beeinträchtigungen der Umweltqualität als Ausgleich für mehr Wohlstand durch wirtschaftlichen Fortschritt hinzunehmen. All dies macht die Schwierigkeiten deutlich, die einer international vereinheitlichten Umweltpolitik im Wege stehen. Hinzu kommen die ökonomischen Probleme wie geringes Wirtschaftswachstum und Arbeitslosigkeit, die weltweit, aber auch in der Bundesrepublik, den Gedanken des Umweltschutzes in die Defensive geraten ließen.

Umwelt und Wirtschaft

Im Rückblick waren die frühen siebziger Jahre eine sehr erfolgreiche Zeit für die Umweltpolitik in der Bundesrepublik. Die Rezession Mitte der siebziger Jahre brachte dann jedoch den Umweltschutz in Schwierigkeiten. Der Konsens über Umweltschutz zwischen den Konsumenten, den Produzenten und dem Staat wurde weitgehend gekündigt. Umweltpolitik galt seit Mitte der siebziger Jahre vielen als teurer Luxus. Auch wurde die Auseinandersetzung um den Umweltschutz heftiger. Umweltschutzverbände und Bürgerinitiativen legten vor Gericht auf dem Weg der »Verbandsklage« Einspruch gegen neue Industrieniederlassungen, Verkehrswege und Kraftwerke ein, die hohe Umweltbelastungen mit sich brachten.

In den frühen siebziger Jahren war es in einer Phase hohen Wachstums für die Regierungen relativ einfach, die Kosten für neue Umweltinstitutionen und -programme aufzubringen. Auch versprach das Zauberwort »Verursacherprinzip« für den Staat einen Umweltschutz, der weniger seine Kassen als die der Verursacher der Umweltverschmutzung, vor allem also die Industrie, belasten würde. Die Industrie konnte in jener Zeit aus ihren Gewinnen die Investitionsmittel für umweltpolitische Maßnahmen leichter finanzieren und die Kosten in höheren Preisen an die Konsumenten weitergeben. Angesichts eines seit etwa 1975 andauernden langsamen, mitunter ausbleibenden Wirtschaftswachstums werden von den Unternehmern nun in einem geringeren Ausmaß neue, weniger umweltbelastende Produktionstechniken eingeführt. Für die Unternehmer ist es schwieriger geworden, Mittel für den Umweltschutz aufzuwenden. Das langsame Wachstum der Staatsausgaben übt ebenfalls einen Einfluß auf die Umweltpolitik aus. Für Umweltschutzprogramme ist weniger Geld in den öffentlichen Kassen. Andere staatliche Aufgaben in der Strukturpolitik und bei der Arbeitsplatzsicherung erscheinen dringlicher.

Dies führte dazu, daß zu Beginn der achtziger Jahre weniger der Einfluß der Wirtschaftsentwicklung auf die Umweltpolitik, als vielmehr der Einfluß der Umweltpolitik auf die Wirtschaftsentwicklung im Vordergrund der Diskussion stand. Politiker und Unternehmer befürchteten, daß durch erhöhte Aufwendungen für Umweltschutz die Unternehmensgewinne und damit die Investitionsanreize sinken würden, so daß das gesamtwirtschaftliche Wachstum weiter beeinträchtigt wird und zusätzliche Arbeitslosigkeit entsteht.

Wirkung auf das Wachstum

Es ist durchaus möglich, daß sich das Wachstum des Bruttoinlandsprodukts durch Aufwendungen für den Umweltschutz vermindert. Doch die statistische Größe Bruttoinlandsprodukt berücksichtigt nicht den Umfang der Umweltschäden. Auf der anderen Seite erhöhen Aufwendungen für die Beseitigung von Umweltschäden sogar das BIP und können damit ein Wachstum vortäuschen, obwohl sich der Wohlstand nicht erhöht hat. Werden dagegen Produktionsfaktoren für den präventiven Umweltschutz eingesetzt, kann die menschliche Wohlfahrt durchaus steigen, auch wenn das Wachstum des Bruttoinlandsprodukts gesunken ist.

Auch sind die Schäden durch Umweltbelastungen in aller Regel weitaus höher als die Kosten eines wirksamen Umweltschutzes zur Vermeidung dieser Schäden.

An der Grenze zur Tschechoslowakei, inmitten eines der geschlossensten Waldgebiete in Deutschland, liegt der 1965 ins Leben gerufene Nationalpark Bayerischer Wald. Er dient dem Schutz heimischer Tiere, Pflanzen und Bäume, dem Schutz der natürlichen Landschaft insgesamt, zugleich aber auch auf markierten Wegen dem Wandern und der Erholung. Um so bedauerlicher ist es, daß diese Region vom Waldsterben besonders betroffen ist. Sollte es weiter fortschreiten, wären alle Anstrengungen des Naturschutzes zunichte gemacht.

Nach Berechnungen der amerikanischen Umweltschutzbehörde sind in den USA die Schäden durch Staub und Schwefeloxide doppelt so hoch wie die zu ihrer Vermeidung erforderlichen jährlichen Umweltschutzausgaben. Internationale und nationale Analysen kommen immer wieder zu dem Ergebnis: Die Kosten der Umweltbelastung sind weit höher als die Aufwendungen für den Umweltschutz. Nur verteilen sich meist die Schäden auf viele und sind anfangs kaum feststellbar, während die Kosten des präventiven Umweltschutzes von wenigen – nach dem Verursacherprinzip von den Verursachern, also in der Regel der Industrie, aber auch von den Kommunen und über höhere Preise von den Konsumenten – sofort zu tragen sind. Die Sanierung von Schäden, deren Verursacher nicht oder nicht mehr festgestellt werden kann, bleibt dann schließlich nach dem Gemeinlastprinzip den öffentlichen Haushalten überlassen und ist über höhere Steuern von der Allgemeinheit zu tragen. Das Verursacherprinzip wird in der Bundesrepublik nur unzureichend angewandt: Es gibt für die Unternehmen keine Anreize, besonders umweltfreundliche Techniken anzuwenden, Umweltschutz ist nur mit Kosten, nicht mit Erträgen verbunden. Was fehlt, ist eine stärkere Anwendung marktwirtschaftlicher Instrumente im Umweltschutz.

Ende der achtziger Jahre setzte in der Bundesrepublik unter dem Schlagwort »Ökosteuern« eine Diskussion über die Ausrichtung des Steuer- und Abgabensystems auf umweltpolitische Ziele ein. Danach sollen umweltbelastende Einsatzstoffe, Produkte und Schadstoffemissionen besteuert bzw. mittels Sonderabgaben in einer Weise verteuert werden, daß ihre Verwendung eingeschränkt wird. In der Diskussion sind höhere Steuern bzw. Abgaben auf Energie (Treibstoffe und Brennstoffe), Bodenversiegelung, Abwasser, Hausmüll und Sondermüll, Schadstoffemissionen in die Luft sowie Chemikalien und Schwermetalle.

Umweltsteuern und Umweltabgaben sind jedoch kein Allheilmittel für die Umwelt. Die bewährten Instrumente der Umweltauflagen und der Vorgabe von Schadstoffemissionsgrenzwerten müssen vielmehr erhalten und einige neue entwickelt werden. Dazu zählen die Erweiterung der Umwelthaftung, die Verbesserung der Umweltinformation und eine ökologische Buchführung.

Demgegenüber behaupten die »Grünen« und die »Alternativen«, auch eine vorbeugende Umweltpolitik werde nicht mit den Problemen fertig, die für die kontinuierliche Verschlechterung der Umweltbedingungen verantwortlich sind. Nach Auffassung der »Alternativen« sind die Ursachen für die Umweltzerstörung in den Verhaltensweisen und den kulturellen Traditionen sowie in der Wirtschaftsordnung unserer Gesellschaft zu suchen. Nur ein alternativer Lebensstil und alternative Wachstumsmuster (»Nullwachstum«) würden danach mit einer gesunden Umwelt vereinbar sein. Obwohl Umweltschutz auch mit Wachstum vereinbar ist, hat die Umweltpolitik aus dieser Alternativbewegung wichtige Anregungen erhalten.

Einfluß auf die Beschäftigungslage

Bei stagnierendem Wachstum und hohen Arbeitslosenzahlen wie Anfang der achtziger Jahre spielt auch das Arbeitsplatzargument eine gewichtige Rolle. Kostet Umweltschutz Arbeitsplätze? Das muß nicht der Fall sein. Sollte durch umweltpolitische Maßnahmen die Kapitalproduktivität sinken, so hätte dies gesamtwirtschaftlich keinen Einfluß auf die Beschäftigungslage, wenn diese Entwicklung durch eine erhöhte Investitionstätigkeit wettgemacht wird. Investiert werden kann beispielsweise in der Umweltschutzindustrie selbst. Tatsächlich sind positive ökonomische Effekte des Umweltschutzes vor allem auf die Beschäftigungssituation und auch auf die internationale Wettbewerbsfähigkeit der deutschen Wirtschaft vielfach nachgewiesen worden. Zunehmende Bedeutung kommt dabei der Umweltschutzindustrie zu. Nach einer Studie wurden auf dem Markt für Umweltschutzgüter 1988 allein in der Verarbeitenden Industrie, im Handel und in den Dienstleistungsunternehmen Umsätze in Höhe von rund 30 Milliarden DM erzielt, von denen rund 40 000 in den Export gingen.

Wenn durch Umweltschutz auch gesamtwirtschaftlich keine Beeinträchtigung der Beschäftigung eintreten muß und sogar ein positiver Effekt auf die Beschäftigung vor allem in der Umweltschutzindustrie nachgewiesen wurde, so sind doch sektoral und regional Gefährdungen des Beschäftigungszieles möglich. Dies ist darauf zurückzuführen, daß die Arbeitnehmer weder sektoral noch regional beliebig mobil und einsetzbar sind, so daß sich vorübergehend Arbeitslosigkeit einstellen kann. Dieser mögliche Konflikt mit dem Ziel Vollbeschäftigung ließe sich durch eine frühzeitige Koordinierung der Umweltpolitik mit einer sektoralen und regionalen Strukturpolitik vermeiden.

Umweltpolitik als Strukturpolitik

Die wichtigsten umweltpolitischen Maßnahmen sind in der Energie-, der Verkehrs-, der Industrie- und Siedlungspolitik zu treffen. Umweltpolitik ist also immer sektorale und regionale Strukturpolitik. Und in diesen Bereichen sind die Widerstände gegen Umweltpolitik dann auch am größten. Selbst wenn Umweltpolitik mit globalen Maßnahmen, wie allgemeinen Auflagen und Verursacherprinzip, verwirklicht wird, wirkt sie doch gezielt und häufig selektiv im Hinblick auf die von ihr betroffenen Branchen. Denn ökonomisch gesehen ist Umweltpolitik immer staatliche Einflußnahme auf Produktionsverfahren und Produktion und damit auf Investitionen, wenn dieser Einfluß auch durch marktwirtschaftliche Lösungen in Grenzen gehalten werden kann. Der Betroffenheitsgrad solch einer Strukturpolitik ist aber höher als bei einer globalen Stabilitätspolitik – und der Widerstand damit stärker.

Waren die ersten Jahre des Umweltschutzes in der Bundesrepublik dadurch gekennzeichnet, daß man von Fall zu Fall spezifische Umweltschäden reparieren und verhindern wollte, so wurden in den späteren Jahren auch schon Gesetze erlassen, die bereits durch systematische Umweltschutzfürsorge mitgeprägt waren. Die kommende Umweltpolitik wird und muß anders aussehen: Sie wird in einen ökologischen Gesamtrahmen eingebettet sein, in das Konzept einer ökologischen Globalsteuerung, da – laut Umweltprogramm von 1971 – »Umweltpolitik den gleichen Rang hat wie andere öffentliche Aufgaben, zum Beispiel soziale Sicherheit, Bildungspolitik oder innere und äußere Sicherheit«.

Zu diesem Thema

In den anderen Bänden:
5: Bick, Ökologie

In anderen Werken:
Bonus, Holger: Ein ökologischer Rahmen für die Soziale Marktwirtschaft, in: Wirtschaftsdienst. Wirtschaftspolitische Monatsschrift, 59. Jg., Heft 3, 1979
Bundesministerium des Innern (Hg.): Was Sie schon immer über Umweltschutz wissen wollten, 1981, 2. erw. u. verb. Aufl. 1984/85
»Eine umweltorientierte Weiterentwicklung des Steuer- und Abgabensystems?«. Zeitgespräch mit Beiträgen von Ingrid Matthäus-Maier, Birgit Breuel, Tyll Necker und Ernst von Weizsäcker, in: Wirtschaftsdienst. Zeitschrift für Wirtschaftspolitik, 69. Jg., Heft 9, 1989
Kommission für wirtschaftlichen und sozialen Wandel: Wirtschaftlicher und sozialer Wandel in der Bundesrepublik Deutschland, Gutachten, 1977
»Mehr Marktwirtschaft im Umweltschutz?«, Zeitgespräch mit Beiträgen von Friedrich Zimmermann, Volker Hauff, Rolf Rodenstock und Holger Bonus, in: Wirtschaftsdienst. Wirtschaftspolitische Monatsschrift, 64. Jg., Heft 4, 1984
Sachverständigenrat zur Begutachtung der gesamtwirtschaftlichen Entwicklung, Jahresgutachten, 1983/84
»Zehn Jahre Umweltpolitik«, Zeitgespräch mit Beiträgen von Gerhard Rudolf Baum, Franz Schoser und Werner Meißner, in: Wirtschaftsdienst. Wirtschaftspolitische Monatsschrift, 61. Jg., Heft 8, 1981

WERNER MEYER-LARSEN
Atomenergie oder sanfte Energien?

Seit Mitte der siebziger Jahre schwelt in der Bundesrepublik Deutschland eine energiepolitische Debatte, die im Prinzip vom Pro und Kontra zur Atomenergie beherrscht wird. Dabei will die eine Seite beweisen, daß ohne massiven Aufbau von Atomkraftwerken die Energieversorgung der Bundesrepublik über kurz oder lang nicht mehr gesichert werden könne. Die anderen behaupten, seit Tschernobyl kaum widerlegbar, Atomenergie sei ein Sicherheitsrisiko.

Im Hintergrund des Streits steht immer mehr die Frage, ob die von allen Parteien und Verbänden geforderte Abwendung vom hohen Mineralöl-Konsum allein durch Rationalisierung des Energieverbrauchs und durch den Einsatz sog. sanfter Energietechniken erreicht werden kann oder durch ein Umschalten vom Öl auf Atom. Diese Grundsatzentscheidung hat beachtliche finanzielle und industrielle Konsequenzen. Die Nuklearpartei behauptet, durch den Einstieg in die Atomenergie werde Wachstum und Energieversorgung umweltfreundlich auf Jahrzehnte gesichert. Die Gegenpartei sagt, ein solcher Weg führe in die Sackgasse. Da beide Wege nicht gleichzeitig zu finanzieren sind, ist der Streit zwischen den Vertretern beider Konzeptionen bislang unentschieden ausgegangen.

Schon 1980 hatte die vom damaligen Bundestag eingesetzte Enquête-Kommission »Zukünftige Kernenergie-Politik« eine abwartende Haltung vorgeschlagen. Dieser Kommission, der Vertreter aller Bundestagsparteien und Sachverständige angehörten, war es gelungen, die bis dahin eher emotional geführte Debatte zu versachlichen. Die Kommission rechnete vier Wege der Energiepolitik durch, einen konsequenten Atomkurs, einen ebenso konsequenten Sparkurs und zwei Beispiele einer gemischten Energiepolitik, in denen einmal die nukleare, das andere Mal die sanfte Komponente überwog. Die Ergebnisse der Kommissions-Untersuchungen erlaubten es der Mehrheit ihrer Mitglieder, eine Entscheidung über den grundsätzlichen Weg der Energiepolitik erst für das Jahr 1990 zu empfehlen.

Die sorgfältige Arbeit der Kommission ist in der Debatte über Energiepolitik zu wenig beachtet und von den Politikern fast sämtlicher Parteien ignoriert worden. Der tatsächliche Verlauf der Energienachfrage seit der Veröffentlichung des Berichts hat die Empfehlungen der Kommission im wesentlichen bestätigt, vor allem die Hauptempfehlung, mit einer Grundsatzentscheidung noch zu warten. Die katastrophalen Zustände bei der Energiedarbietung in der einstigen DDR und der durch die Nahostkrise 1990 hervorgerufene neue Ölschock lassen es angeraten sein, eine Grundsatzentscheidung weiterhin zu vertagen.

Nach wie vor liegen der Energiediskussion folgende Aspekte zugrunde:
☐ Die Bundesrepublik ist zu zwei Drittel von Energie-Importen aus Ländern abhängig, die z. T. politisch unsicher sind;
☐ rund 40 Prozent des Energiebedarfs in der Bundesrepublik wird durch Mineralöl gedeckt, das seit dem »Ölschock« der siebziger Jahre, vor allem aber wegen der unstabilen Verhältnisse im Nahen Osten eine relativ unsichere Energiequelle geworden ist;
☐ ungefähr die Hälfte der in der Bundesrepublik Deutschland eingesetzten Energien werden für Heizung und Warmwasser genutzt.

Aufgabe der Energiepolitik hat es daher zu sein, die Abhängigkeit des Landes von Energie-Importen zu verringern und den Anteil des Mineralöls am Energieverbrauch zu senken. Dies sollte vor allem dadurch geschehen, daß Öl und andere hochwertige Import-Energien aus der Erzeugung von Raumwärme und Warmwasser verschwinden. Über ein allmähliches »Weg vom Öl« sind sich sämtliche Parteien und Gruppen bis hin zu den Mineralölgesellschaften einig. Keine Einigkeit aber besteht darüber, wie das zu geschehen hat. In der meist unter dem Einfluß von Interessengruppen und gängiger Ideologien geführten Debatte herrschen oft Faktenverdrängung und absichtliche Vereinfachung. Schon ein erster Blick auf die tatsächliche Lage zeigt aber, daß wir es mit einem sehr facettenreichen Problem zu tun haben.

Die in der Bundesrepublik eingesetzte Energie besteht zu
☐ 40 Prozent aus Mineralöl,
☐ 17 Prozent aus Erdgas,
☐ 28 Prozent aus Kohle,
☐ 13 Prozent aus Atomkraft,
☐ 1 Prozent aus unerschöpflichen Energien,
☐ 1 Prozent aus importiertem Strom
und wird zu rund 65 Prozent aus dem Ausland eingeführt.

Hiervon bleiben nach Abzug der Exporte und der Lagerhaltung drei Viertel als sog. *Primärenergie* im Land. Durch Umwandlung in veredelte Energieformen wie Benzin, Heizöl oder Strom und durch Umwandlung in Chemierohstoffe geht davon noch einmal ein gutes Viertel als Umwandlungsverlust verloren. Die größten Umwandlungsverluste entstehen bei der Stromherstellung.

Von dieser sog. *Endenergie,* die über die Hälfte aus Ölprodukten, zu fast einem Fünftel aus Erdgas, zu knapp einem Siebtel aus Strom und zu einem kleineren Rest aus direkt verbrannter Kohle besteht, werden rund
☐ 40 Prozent in Haushalt und Kleingewerbe,
☐ 35 Prozent in der Industrie,
☐ 25 Prozent im Verkehrswesen
verbraucht.

Aus einem Energieeinsatz von etwa 400 Millionen t Steinkohleneinheiten (SKE) bleiben nach Abzug der Umwandlungsverluste bei der Veredlung von Energieträgern und nach Abzug der Übertragungs- und Wärmeverluste beim endgültigen Einsatz rund 120 Millionen t SKE als wirklich genutzte Energie übrig, also gerade ein Drittel.

Die Energieversorgung in der Bundesrepublik besteht dabei zu rund 85 Prozent aus den fossilen Energieträgern Erdöl, Kohle und Erdgas, die mit ihrer Verbrennung Schadstoffe ausstoßen, also die Umwelt belasten oder sehr hohe Umweltschutzkosten verursachen. Zu rund 95 Prozent basiert die Energieversorgung zudem auf Rohstoffen, deren Reserven begrenzt sind und die deshalb auf lange Sicht dazu tendieren, teurer zu werden: Erdöl, Erdgas, Uran und Kohle.

Angesichts dieses Datenbündels verbietet sich eine auf Atom oder Nicht-Atom reduzierte Debatte. Zunächst einmal muß sich die Energiepolitik damit abfinden, daß ein Teil des Einsatzes fossiler Energien, vor allem des Einsatzes von Öl, unausweichlich ist: Das Verkehrswesen, also Automobil, Flugzeug, Schiffahrt und ein

Teil des Bahnverkehrs, sowie die Großchemie können auf lange Sicht nicht ohne Öl auskommen. Eine Domäne des Mineralöls wird weiterhin die technische Wartung des immer größer werdenden Maschinenparks der Bundesrepublik bleiben. Schmierstoffe sind nur aus Öl zu fertigen. Auch Teer und Bitumen, beides Raffinerieprodukte, sowie Kunstdünger auf Mineralölbasis werden sich nicht ohne weiteres verdrängen lassen. In allen diesen Bereichen wird es höhere Ansprüche an den Umweltschutz geben, also höhere Kosten.

Bei der Raumheizung dagegen ist die Verbrennung von Öl verschwenderisch. Hier geht es im wesentlichen darum, jeweils nur wenige Grade Temperaturunterschied zu überbrücken, wobei die Qualität der Außenmauer geschlossener Räume eine entscheidende Rolle spielt. Raumwärme zu produzieren ist also ein vergleichsweise primitiver Vorgang, der nicht mit dem Ersteinsatz hochwertiger Energiegrundstoffe zu geschehen braucht, wie dies Öl, Erdgas oder auch Kohle sind. Sinnvollerweise sollte Raumwärme zur Hauptsache durch einfache Energieträger oder durch Abfall – also die Zweitverwendung hochwertiger Energieträger – entstehen.

Gerade um die Raumheizung aber ist ein bislang noch unentschiedener Kampf zwischen den Vertretern des harten und des sanften Weges der Energiepolitik entbrannt. Die Vertreter des ganz harten Kurses wollten der Strom-Industrie anstelle des Öls den Wärmemarkt öffnen. Damit sind sie allerdings nicht weit gekommen. Bisher haben die Stromversorgungsunternehmen in der Bundesrepublik nur einen geringen Teil des Wärmemarkts an sich gebracht, hauptsächlich durch Warmwasserspeicher, Nachtspeicherheizungen, elektrische Wärmepumpen und unmittelbare Stromheizungen.

Der Einsatz von Strom für die Herstellung von Raumwärme ist unter verschiedenen Aspekten problematisch. Zunächst ist Strom ein sehr hochwertiges Gut, dessen Einsatz vorwiegend der Erzeugung von Licht und dem Antrieb von Elektromotoren vorbehalten bleiben sollte. Für die Wärmeerzeugung im Haushalt dagegen muß der hochwertige Strom wieder in primitive Ware zurückverwandelt werden. Die Übertragungsverluste fallen hier schwer ins Gewicht, und die Preise müssen deshalb hoch sein. Nur in Ausnahmefällen, bei Nachtspeicherheizungen etwa, läßt sich Strom sinnvoll für die Wärmeerzeugung nutzen: Hier ist er in gewisser Hinsicht ein Abfallprodukt.

Die Vertreter alternativer Techniken werfen den Strom-Konzernen vor, sie wollten sich durch Überkapazität in der Stromerzeugung den Zugang zum Wärmemarkt erzwingen – Überkapazität durch große Einheiten an Atomkraftwerken. Die Stromhersteller argumentieren anders. Sie halten den Einsatz großer Atomkraftwerke

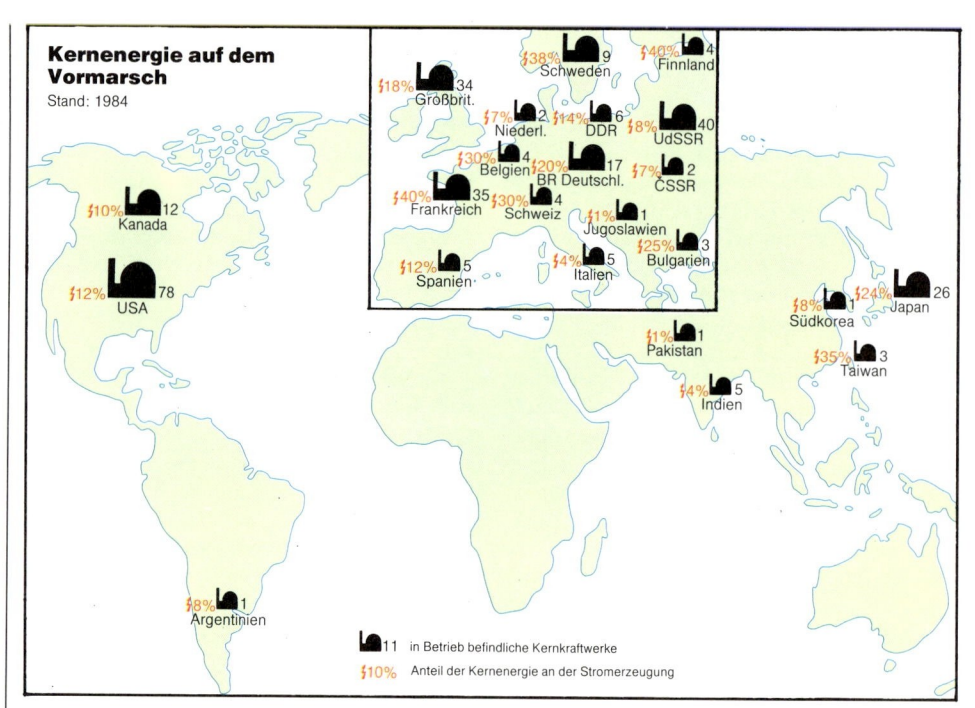

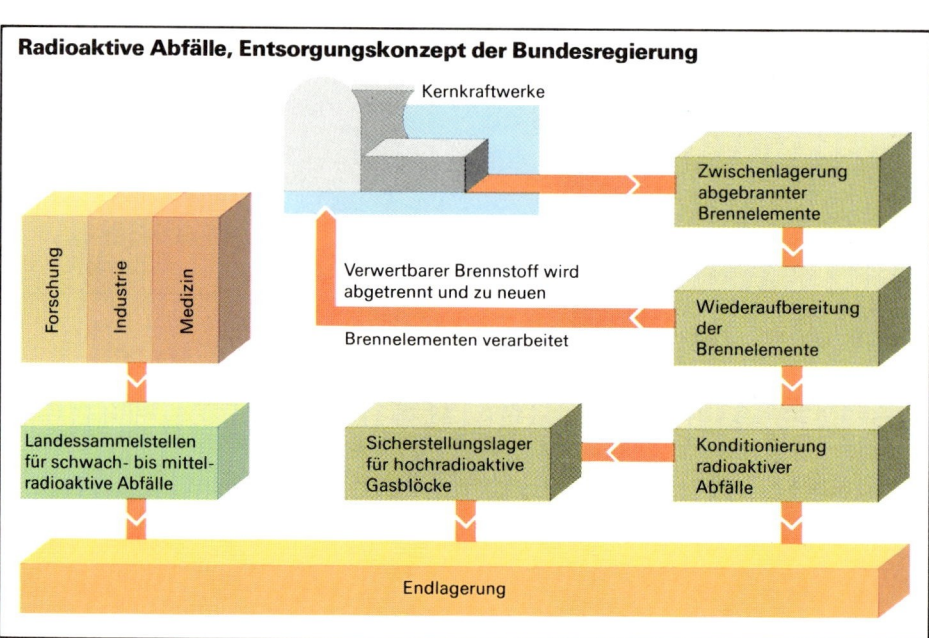

In einem Ausmaß, das niemand vorhergesehen hat, ist die Akzeptanz von Atomkraftwerken in der Bundesrepublik ins Wanken geraten. Keine Kommune will eine solche Anlage in ihrer unmittelbaren Nähe haben: Demonstration gegen das KKW Brokdorf, Itzehoe 1976.

zur Herstellung der sog. Grundlast-Elektrizität für sinnvoll und wirtschaftlich. Als Grundlast wird jene Elektrizität bezeichnet, die praktisch zu jeder Tages- und Jahreszeit da sein muß, deren Produktion also in ununterbrochener Folge nötig ist.

In diesem Bereich kann Atomenergie in der Bundesrepublik vorteilhaft sein. Jedoch ist der Vorteil vermutlich geringer als lange Zeit angenommen, weil die Stromnachfrage nicht mehr stoßartig steigt – in der einstigen DDR könnte sie sogar mit Einführung modernerer Techniken sinken. In der ursprünglichen Bundesrepublik haben die Haushalte den Sättigungsgrad ihrer elektrotechnischen Ausstattung erreicht. Die neuen technischen Entwicklungen in der Fertigung, vor allem die Mikroprozessoren, verbrauchen trotz ihres enormen wirtschaftlichen Effekts sehr wenig Strom. Die Fertigung sehr stromintensiver Produkte, wie etwa von Aluminium und bestimmter Chemierohstoffe, nimmt in der Bundesrepublik nicht mehr zu.

Das alles begrenzt die Nachfrage nach Strom. Jeder Versuch, die Stromkapazität, auch im Grundlastbereich, wesentlich zu erhöhen, muß deshalb entweder in die Unwirtschaftlichkeit führen oder die Versuchung wecken, sich neue Märkte zu erschließen. Sie sind denn auch nicht entstanden. Wäre die Bundesrepublik auf dem Weg der reinen Atomwirtschaft gegangen, wäre die Option für den Einsatz von sanfteren oder von Abfallenergien nicht mehr möglich; denn das System Atomenergie mit seinen Wiederaufbereitungsanlagen, seinen Entsorgungsproblemen, mit seiner Brütertechnik, aber auch mit den Kosten normaler Leichtwasser-Reaktoren würde die Kapitalmärkte erschöpfen und die Infrastruktur-Investitionen des Staates einseitig lenken.

Wo aber stecken überhaupt jene Alternativen, für die Optionen noch offenzuhalten sind? Gemeinhin werden darunter Energie-Medien wie Sonne, Wind und Biomasse verstanden. Ihnen aber haftet an, daß sie nur sehr unregelmäßig anfallen und nur in sehr flächigen Anwendungsgebieten Sinn haben. Tatsächlich sind sie keine zentralen Energiequellen, mit denen eine Knopfdruck-Wirtschaft störungsfrei laufen könnte. Sie sind sämtlich additive Energieformen. Allenfalls die Sonnenenergie könnte sich eines Tages nach einigen technischen und produktionswirtschaftlichen Verbesserungen als Alternativenergie größeren Stils entpuppen: nämlich dann, wenn die Solarzellen, die Gleichstrom erzeugen, im Preis-Leistungsverhältnis wettbewerbsfähig werden. Solarenergie in großem Stil läßt sich außerdem durch die sog. Wasserstoff-Wirtschaft erzeugen. Davon abgesehen aber sind alternative Techniken vorläufig mehr für großflächige Länder vor allem der Dritten Welt und für bestimmte Gegenden Nordamerikas geeignet. In der Bundesrepublik werden sie sich nur dort einsetzen lassen, wo kontinuierliche Versorgung nicht nötig ist oder wo ein fester Verbund mit den harten Stromerzeugungstechniken besteht. Dies ist technisch möglich und wird ökonomisch sinnvoll werden, wenn die Abbaukosten konventioneller Energieträger sich vervielfachen. Vorerst bleibt die Anwendung alternativer Energien also begrenzt.

Die wesentlich stärkeren, auch jederzeit realisierbaren Alternativen zum reinen Atom-Konzept sind Energiesparen und eine differenzierte Kohlestrom-Politik. Im HARVARD-ENERGIE-REPORT aus dem Jahr 1980 wird Sparen als die Schlüssel-Energie der nächsten Jahrzehnte bezeichnet, und zwar Sparen nicht als Rationierung, sondern als Rationalisierung. Das Sparkonzept ist in der Bundesrepublik nicht intensiv gefördert worden, hat aber zunächst aus sich selbst funktioniert. Von 1979 bis 1983 z. B. sind 30 Prozent des Mineralöls eingespart worden, das wenigste davon war konjunkturbedingt. Etwa drei Viertel des Sparens sind strukturbedingt gewesen, d. h. durch neue Gewohnheiten und neue technische Investitionen entstanden.

Die in diesen Jahren eingesparte Ölmenge allein beläuft sich auf rund 10 Prozent der gesamten in der Bundesrepublik verbrauchten Energie. Damit ist in nur 3

391

Jahren – ohne Minderung des Komforts – durch veränderte Verhaltensweisen und durch Investitionen etwa dreimal soviel Energie eingespart worden, wie in den fünfzehn Jahren davor neue Kapazität an Atomkraft entstanden ist.

Trotz hoher Konjunktur und erheblicher Wachstumsraten beim Bruttosozialprodukt ist der Gesamtenergieverbrauch der Bundesrepublik Deutschland 1989 kaum höher gewesen als 1980. Dabei war Spartechnik in der ersten Stufe ohne finanziellen Einsatz zu erzeugen, weil sie sich auf rein gedanklichem Weg abspielte. Erst im zweiten Schritt, wenn es um Wärmedämmung, um den Einsatz moderner Geräte und um verbrauchsgünstigere Autos geht, kommen Geld-Investitionen hinzu. Diese aber gehen oft nicht auf reine Neuanschaffungen zurück, sondern sind als ohnehin fällige Ersatzbeschaffungen zu verstehen, zu einem großen Teil also immer noch kostenneutral. Erst im dritten Schritt entstehen zusätzlicher Aufwand und zusätzliche Leistung: durch neue Baumethoden und ganz neue Energiesysteme.

Dabei handelt es sich nicht nur um Exotisches wie etwa die Wasserstoff-Wirtschaft. Das naheliegendste System ist die Kraft-Wärme-Kopplung. Sie bedeutet, daß die Abwärme der reinen Stromproduktion über ein Leitungsnetz als Heizenergie in die Haushalte geführt wird. Sie ist ein Musterbeispiel für doppelte Energienutzung: Während bei der Erzeugung von Kohlestrom ungefähr 40 Prozent der Primärenergie genutzt werden, wird durch die Verwendung der Abwärme eine 80prozentige Nutzung erreicht.

Die Kraft-Wärme-Kopplung ist ein Mittelding zwischen harter Zentraltechnik und dezentralisierter weicher Technik. Ihre idealen Standorte sind mittelgroße und größere Gemeinden, z.T. auch Großstädte. Dort ist es möglich, den Aufwand für die Stromproduktion mit der Nachfrage nach Heizwärme ungefähr in Deckung zu bringen. Je länger allerdings die Rohrstränge eines solchen Fernwärmenetzes sind, desto weniger effektiv wird die Kraft-Wärme-Kopplung. Deshalb ist sie auch am besten mit Kohle- oder Gaskraftwerken zu bewerkstelligen, weil sie in fast jeder denkbaren Größe wirtschaftlich arbeiten können. Für Atomkraftwerke, deren optimale Größe von den Stromversorgungsgesellschaften bei etwa 1300 Megawatt angegeben wird, sind sie vorerst unzweckmäßig. Die großen Stromkonzerne haben die Kraft-Wärme-Kopplung lange Zeit durch einen einfachen Trick hintertrieben: Sie nehmen die bei Heizkraftwerken mögliche leichte Überproduktion an Strom nicht ab.

Damit wurde ein weiterer Vorteil dieses Systems vertan: seine Umweltfreundlichkeit. In einer völlig mit Elektro-Abwärme versorgten Stadt wie etwa Flensburg (85 000 Einwohner) entfällt die gesamte Schadstoff-Emission aus den Privathaushalten. Die des Heizkraftwerks ist kaum größer als bei reiner Stromherstellung. Dennoch ist die Kohleverbrennung in der Bundesrepublik als Umweltschädling besonderer Art erkannt worden, weil sie für das Waldsterben mitverantwortlich ist. Obwohl es bereits schornsteinlose Kohlekraftwerke gibt, setzen hier die Verfechter der Atomtechnik an, die zu Recht ins Treffen führen, daß Atomkraftwerke keine Verbrennungsschadstoffe produzieren, allenfalls zur Aufwärmung der Umwelt beitragen. Was den Umweltschaden betrifft, sind die Untersuchungen noch nicht abgeschlossen. Für das Waldsterben sind neben Kohlekraftwerken auch Automobile, Privathaushalte, die Ozonbildung an Freileitungen oder einfach längere Trockenperioden und der Borkenkäfer verantwortlich.

Insgesamt ergibt sich somit auch in der Bundesrepublik, daß die Rationalisierung des Verbrauchs, also der effektive Minderverbrauch kurz-, mittel- und langfristig der verläßlichere Weg in die Energiezukunft ist. Künftig muß sich die Energiepolitik in einem Industrieland nach einer Art magischen Dreiecks richten, dessen Seiten Kapital, Umwelt und Reserven bedeuten. Innerhalb dieses Dreiecks werden die Entscheidungsspielräume enger, und der Schaden zu früh getroffener Fehlentscheidungen wird größer. Die Begrenztheit der Reserven und der Umweltschutz sprechen dabei für eine Beschränkung des Verbrennens fossiler Energierohstoffe und deren Ersatz durch andere Energieformen. Das Ausmaß an Kapitalaufwand und auch wieder die Begrenztheit der natürlichen Reserven sprechen gegen einen massiven Ausbau der Atomenergie. Die Mikroelektronik, die perfekte Steuerungs- und Informationssysteme ermöglicht, verstärkt auch die Möglichkeiten des Energiesparens.

Die Problematik des ursprünglich beschrittenen Atompfads erschloß sich erst langsam. Anfangs war geplant, den gegenwärtigen Leichtwasser-Reaktoren bald die Schnellen Brüter und schließlich die Fusionskraftwerke (das System der gezähmten Wasserstoffbombe) folgen zu lassen, dies alles binnen 50 Jahren. Unterschätzt aber wurden dabei die Systemkosten, überschätzt wurde das Entwicklungstempo und völlig falsch eingeschätzt die Sozialverträglichkeit. Dadurch geriet in den Atompfad ein erhebliches Maß an Unsicherheit. Die Schnellen Brüter, die erst nach frühestens 40 Jahren ihren Überschuß an Plutonium herausgeben, sind vermutlich zu spät fertig geworden, um noch rasch Anschluß an die uranknappe Zeit zu bekommen. Die Wasserstoff-Fusion ist so sehr in Zeitverzug geraten, daß Fusionskraftwerke in der ersten Hälfte des nächsten Jahrhunderts kaum denkbar sind.

Atomwirtschaft der höheren Art ist damit Science fiction geworden. Wenn es um das wirkliche Leben geht, sehen die Daten so aus: Gezielte Rationalisierungsmaßnahmen in der Energieverwendung, besonders im Straßenverkehr und in der Raumheizung, können den Energiebedarf noch einmal auf etwa 60 bis 70 Prozent bei gleichzeitigem schwachen wirtschaftlichen Wachstum herabsetzen. Der Bau von mittleren Kohle-Heizkraftwerken ohne irgendeine Schadstoff-Emission ist technisch bereits möglich und wird in einigen Demonstrationskraftwerken des In- und Auslands praktiziert. Bessere Techniken bei Automobilen, Elektrogeräten und Fertigungsanlagen sind die kurzfristigen, Solar- und Wasserstofftechniken die langfristigen Auswege der Energie- und Umweltpolitik. Atomenergie bleibt eine begrenzte Option.

Zu diesem Thema

In den anderen Bänden:
5: Fölsing, Physik
   Urban, Energieforschung
   Varchmin, Techniken der Zukunft

KLAUS KWASNIEWSKI

Kammern, Verbände, Sozialpartner

Eine bedeutende und nicht unumstrittene Rolle in der Wirtschafts- und Sozialordnung der Bundesrepublik Deutschland nehmen die Kammern, Verbände und Sozialpartner ein. Tatsächlich wird Wirtschafts- und Sozialpolitik nicht nur von ihren institutionellen Trägern – Bundestag und Bundesrat, Bundesregierung und Bundesministerien, Deutsche Bundesbank sowie Länder, Kreise und Gemeinden – betrieben, sondern in einem gewissen Umfang auch von den großen Kammern der gewerblichen Wirtschaft (Industrie- und Handelskammern, Handwerkskammern und -innungen) und der Landwirtschaft (Landwirtschaftskammern), den Verbänden der Wirtschaft und anderer Bevölkerungsgruppen (Verbraucher, Sparer usw.) sowie den Arbeitgebervereinigungen und Gewerkschaften.

Die Kammern

Die Vorläufer der heutigen Kammern können in den mittelalterlichen Kaufmannsgilden und Zünften gesehen werden. Diese genossenschaftlichen Selbsthilfezusammenschlüsse hatten bereits Aufgaben der Stadtverwaltung mit übernommen. In der Zeit des Merkantilismus wurden die Kammern als Organe der Information und Beratung der Zentralregierung und ihrer Behörden eingesetzt. Seit 1830 begann in Deutschland ein Wandel der Handelskammern von abhängigen Einrichtungen der Stadtverwaltung zu Selbstverwaltungskörperschaften, die öffentliche Aufgaben wahrnehmen. In der Zeit des Nationalsozialismus verloren die Kammern durch die Gleichschaltung in den Gauwirtschaftskammern wiederum ihre Selbstverwaltungsrechte und wurden Instrument der Staatsverwaltung. Nach dem Zweiten Weltkrieg setzten Bestrebungen ein, das alte System der deutschen Kammern als öffentliche Selbstverwaltungskörperschaften wieder einzuführen. Gegen den Widerstand vor allem der Gewerkschaften, die paritätisch besetzte Wirtschaftskammern als Teil eines gegliederten Systems von Wirtschaftsräten bilden wollten, wurde für die Kammern weitgehend der frühere Rechtsstand wiederhergestellt.

Die Kammern sind sowohl Körperschaften des öffentlichen Rechts mit hoheitlichen Aufgaben als auch Selbstverwaltungseinrichtungen. Als Körperschaften des öffentlichen Rechts sind sie zur Interessenvertretung, Information und Beratung der Träger der Wirtschaftspolitik und der Behörden berechtigt, als Selbstverwaltungseinrichtungen auf ein Gesamtinteresse und auf Interessenausgleich für die Betriebe oder die Gewerbetreibenden ihres Kammerbezirks verpflichtet. Dies unterscheidet sie von den Verbänden, die keine hoheitlichen Aufgaben zu erfüllen haben und privatrechtliche Vereinigungen sind, und grenzt sie von den Sozialpartnern ab, die aufgrund der Tarifautonomie hoheitliche Aufgaben im Bereich des Arbeitsrechts und der Sozialpolitik erfüllen.

Aus der Rechtsstellung der Kammern ergeben sich die gesetzliche Abgrenzung ihrer Aufgabengebiete, ihre Neutralitätspflicht, die gesetzliche Bestimmung der Organe und ihrer Kompetenzen, die Rechte und Pflichten ihrer Mitglieder und schließlich die Zwangsmitgliedschaft und die Finanzierung über Zwangsbeiträge. Weiter unterliegen die Kammern als Selbstverwaltungseinrichtungen ebenso wie die Kommunen keiner Fachaufsicht, sondern nur einer Rechtsaufsicht durch den Staat.

Industrie- und Handelskammern

Die bedeutendsten Kammern der gewerblichen Wirtschaft sind die 69 Industrie- und Handelskammern. Ihre Rechtsgrundlage ist das »Gesetz zur vorläufigen Regelung des Rechts der Industrie- und Handelskammern« vom 18. Dezember 1956 mit entsprechenden Ausführungsbestimmungen der Länder. Zu den Aufgaben der Industrie- und Handelskammern als Selbstverwaltungsorgane gehören:
☐ die Wahrung des Gesamtinteresses der gewerblichen Wirtschaft;
☐ die Förderung der gewerblichen Wirtschaft beispielsweise durch Vorschläge, Gutachten und Berichte gegenüber kommunalen und staatlichen Stellen zu Fragen des Wirtschaftslebens, besonders der Verkehrs-, Infrastruktur- und Regionalpolitik;
☐ die Schaffung und Unterhaltung von Einrichtungen zur Förderung der Gesamtwirtschaft des Kammerbezirks;
☐ die Durchführung der kaufmännischen und gewerblichen beruflichen Aus- und Fortbildung (nach dem Berufsbildungsgesetz vom 14. August 1969);
☐ die Betreuung der Betriebe durch Informations- und Beratungsdienste.

Zu den vom Staat auferlegten und übertragenen Aufgaben gehören:
☐ die Ausstellung von Ursprungszeugnissen, Konzessionen und anderen dem Wirtschaftsverkehr dienenden Bescheinigungen;
☐ die regelmäßige und fallweise Berichterstattung gegenüber kommunalen und staatlichen Stellen;
☐ die Mitwirkung bei der Führung des Handelsregisters;
☐ die Aufsicht über die staatlich genehmigten Börsen des Bezirks;
☐ die Bestellung von vereidigten Sachverständigen und Beisitzern;
☐ die Einrichtung von Schiedsstellen in Fragen des Wettbewerbs und der Handelssitten.

Deutscher Industrie- und Handelstag

Die 69 regionalen Industrie- und Handelskammern sind über die Arbeitsgemeinschaften auf Landesebene hinaus im »Deutschen Industrie- und Handelstag« (DIHT), einem Verein bürgerlichen Rechts, zusammengefaßt. Vorgänger des DIHT war der 1861 gegründete »Deutsche Handelstag«, der nach dem Ersten Weltkrieg in »Deutscher Industrie- und Handelstag« umbenannt wurde. Während die einzelnen Industrie- und Handelskammern ihre wirtschafts- und vor allem regionalpolitische Tätigkeit im wesentlichen auf ihren jeweiligen Kammerbezirk beschränken und beispielsweise bei Entscheidungen über die Infrastrukturplanung, die Industrieansiedlungspolitik, die Erschließungsplanungen und damit -kosten, die Steuerbelastung (Gewerbesteuer, Lohnsummensteuer) usw. mitwirken, nimmt der DIHT die Interessen der gewerblichen Wirtschaft gegenüber der Bundesregierung und gegenüber internatiolen Gremien wahr. Er wirkt entscheidend bei der Entstehung solcher Gesetze mit, die die gewerbliche Wirtschaft insgesamt berühren, wie z. B. das Berufsbildungsgesetz von 1969 und das Bundesimmissionsschutzgesetz von 1974. Daneben wendet sich der DIHT in Berichten und Gutachten über die wirtschaftliche Lage und Entwicklung auch an die Öffentlichkeit und an die politischen Entscheidungsträger, arbeitet wirtschaftspolitische Vorschläge aus und kritisiert die Wirtschaftspolitik, wenn sie Entscheidungen trifft, die seiner Meinung nach den Interessen der Wirtschaft und der Volkswirtschaft schaden können.

Die Hauptanliegen des DIHT sind seit jeher die Überwindung von Kleinstaaterei, die Förderung und Erhaltung einer freiheitlichen marktwirtschaftlichen Wirtschaftsordnung und die Liberalisierung des Außenhandels. Diese Ziele werden auch in folgenden internationalen Gremien verfolgt:
☐ in der 1958 gegründeten Ständigen Konferenz der Industrie- und Handelskammern bei der Europäischen Gemeinschaft in Brüssel;
☐ in der »Internationalen Handelskammer« in Paris, einer Vereinigung der Kammern, Verbände und Unternehmen der westlichen Welt;
☐ in 33 vom DIHT betreuten zwischenstaatlichen Außenhandelskammern in wichtigen Außenhandelsländern der Bundesrepublik und in Entwicklungsländern.

Handwerkskammern

Die 43 Handwerkskammern der Bundesrepublik sind als Selbstverwaltungsorgane des Handwerks ebenfalls Körperschaften des öffentlichen Rechts, die hoheitliche Aufgaben zu erfüllen haben. Ihre Rechtsgrundlage bildet das »Gesetz zur Ordnung des Handwerks« vom 17. September 1953 (geändert am 16. September 1965 und 18. März 1975).

Eine Besonderheit gegenüber den Industrie- und Handelskammern besteht insofern, als sie als umfassende Interessenvertretung des Handwerks auch die Gesellen aufnehmen, die ein Drittel der Organe der Handwerkskammern stellen.

Die Aufgaben der Handwerkskammern sind in § 91 der Handwerksordnung konkretisiert. Zu ihnen gehören:
☐ die Förderung des Handwerks insgesamt und durch einen gerechten Interessenausgleich zwischen den einzelnen Handwerken;
☐ die Förderung von Einrichtungen, die den wirtschaftlichen Interessen des Handwerks dienen, und zwar vor allem des Genossenschaftswesens, sowie der Unterstützung notleidender Handwerker und Gesellen;
☐ die Führung der »Handwerksrolle«. Die Eintragung in die Handwerksrolle ist gesetzliche Voraussetzung für den selbständigen Betrieb eines Handwerks; auch wird durch sie eine Abgrenzung gegenüber der Industrie vorgenommen;
☐ die Dienstaufsicht gegenüber den Innungen und Kreishandwerkerschaften, deren überregionale privatrechtliche Zusammenschlüsse (Landesinnungsverbände, Bundesinnungsverband) die tarif- und sozialpolitischen Aufgaben im Bereich des Handwerks wahrnehmen. Die Innungen unterscheiden sich dabei insofern von den Handwerkskammern, als sie nur jeweils für ein Handwerk gegründet werden und keine Mitgliedspflicht mit Zwangsbeiträgen besteht;
☐ die Übernahme von Aufgaben im Bereich der Berufsbildung, die das Handwerk zu mehr als einem Drittel für die Gesamtwirtschaft erbringt. Hierzu zählen die Führung einer Lehrlingsrolle, der Erlaß von Prüfungsordnungen, die Einrichtung von Prüfungsausschüssen und die Abnahme der Gesellenprüfungen. Hinzu kommen die Meisterprüfungen und die technische und betriebswirtschaftliche Fortbildung der Meister und Gesellen, an der sich auch die Innungsverbände beteiligen.

Zu den vom Staat auferlegten und den Handwerkskammern übertragenen Aufgaben gehören:
☐ die regelmäßige Berichterstattung über die Verhältnisse des Handwerks auch in Form von eigenen Gutachten, Anregungen und Vorschlägen an die Behörden, um sie dadurch bei der Förderung des Handwerks zu unterstützen;
☐ die Bestellung und Vereidigung von Sachverständigen zur Begutachtung der

Die Auszeichnung der besten Junghandwerker – eine der schönsten Aufgaben der Handwerkskammern.

Qualität und der Preise von Handwerksleistungen;
☐ die Erstellung von Ursprungszeugnissen;
☐ die Einrichtung von Vermittlungsstellen.

Die 43 regionalen Handwerkskammern sind in Arbeitsgemeinschaften der Länder und auf Bundesebene im »Deutschen Handwerkskammertag« privatrechtlich zusammengefaßt. Gemeinsam mit dem Bundesinnungsverband und der Bundesvereinigung der Fachverbände des Deutschen Handwerks bildet der Deutsche Handwerkskammertag den »Zentralverband des Deutschen Handwerks«. Dessen Interessenpolitik kann als relativ gemäßigt angesehen werden, was sich wohl daraus erklärt, daß er sich u. a. auch aus den öffentlich-rechtlichen Kammern unter deren entscheidender finanzieller Beteiligung zusammensetzt.

Landwirtschaftskammern

Die Landwirtschaftskammern sind Selbstverwaltungskörperschaften zur Förderung der Landwirtschaft mit dem Recht auf Eigenfinanzierung. Sie sind mit Ausnahme von Bayern, Baden-Württemberg und seit 1969 auch Hessen als Körperschaften des öffentlichen Rechts geschaffen worden und dienen in diesem Fall als Organe der mittelbaren Staatsverwaltung, wobei heute die übertragenen Staatsaufgaben die

Selbstverwaltung und die Interessenvertretung bei weitem überwiegen. Die Landwirtschaftskammern unterhalten Fachschulen, Forschungs-, Lehr- und Untersuchungsanstalten, fertigen Gutachten an und benennen Sachverständige und wirken im Zuchtwesen und beim Schutz der Tiere und Pflanzen sowie bei der Ordnung des ländlichen Raumes mit. Außerdem fördern sie die Agrarproduktion, die Agrarmarktausgestaltung und das ländliche Buchführungswesen, entwickeln die Agrartechnik und führen die Berufsaus- und Fortbildung durch.

Der Kreis der Kammerangehörigen ist sehr groß. Außer den selbständigen Landwirten umfaßt er auch die mitarbeitenden Familienangehörigen und sämtliche landwirtschaftlichen Arbeitnehmer. Bei der Wahl der Kammerorgane sind alle Kammerangehörigen wahlberechtigt, und die Vollversammlung setzt sich zu einem Drittel aus Arbeitnehmervertretern zusammen. Auf Bundesebene besteht ein »Verband der Landwirtschaftskammern« als privater eingetragener Verein. Seine Bedeutung als öffentlicher Interessenvertreter des Bauernstandes und sein Einfluß auf den politischen Willensbildungsprozeß ist jedoch sehr viel geringer als der des »Deutschen Bauernverbandes« und seiner regionalen Gliederungen.

Wirtschaftskammern

In Bremen und Rheinland-Pfalz gibt es außerdem Kammern, die alle Wirtschaftskreise zusammenfassen. In Bremen und Rheinland-Pfalz entsenden die Gewerkschaften, die bestehenden Kammern und die Verbände ihre Vertreter in diese sog. Wirtschaftskammern. Sie sind zur Begutachtung von Gesetzesentwürfen wirtschaftlichen Inhalts berufen und können selbst Gesetzesvorlagen einbringen und Gutachten vorlegen.

Die Wirtschaftskammern in Bremen und Rheinland-Pfalz sind nur als Hilfsorgane der Regierung anzusehen. Vergleichbare Einrichtungen auf Bundesebene fehlen. Im Zusammenhang mit der Mitbestimmungsdiskussion wurde allerdings vor allem von den Gewerkschaften ein Bundeswirtschaftsrat gefordert. Nach diesen Plänen sollten alle Kammern, auch die bestehenden Industrie- und Handelskammern, paritätisch von Unternehmern und Arbeitnehmern besetzt werden. Diese Forderungen wurden jedoch nie in Form eines Gesetzes realisiert.

Als ein gewisser Ersatz für einen Bundeswirtschaftsrat könnte allenfalls die im Juli 1977 wieder eingestellte »Konzertierte Aktion« entsprechend § 3 des Stabilitätsgesetzes (StWG) von 1967 angesehen werden. Die im Rahmen der Konzertierten Aktion geführten Gespräche zwischen den Gewerkschaften, den Unternehmerverbänden, den Gebietskörperschaften und der Bundesbank hatten das Ziel, das Verhalten der beteiligten autonomen Gruppen mit den Zielen des Stabilitätsgesetzes in Einklang zu bringen. In ihr gewannen die Unternehmerverbände ebenso wie die Gewerkschaften zumindest einen unverbindlichen Einfluß auf die künftige Richtung der Wirtschaftspolitik im Stadium der Vorformulierung.

Arbeitnehmerkammern

In Bremen wurde nach 1945 außerdem die Angestellten- und Arbeiterkammer wieder errichtet und im Saarland aufgrund der Landesverfassung anstelle der früheren, paritätisch von Arbeitgebern und Arbeitnehmern besetzten Arbeitskammern eine ausschließlich öffentlich-rechtliche Vertretung der Arbeitnehmer eingeführt. Die in beiden Bundesländern bestehenden Arbeitnehmerkammern des öffentlichen Rechts haben den gesetzlichen Auftrag, unter Beachtung des Gemeinwohls die allgemeinen wirtschaftlichen Interessen der Arbeitnehmer wahrzunehmen und zu fördern sowie die Regierung, die Behörden und sonstige Arbeitnehmerorganisationen bei derartigen Bestrebungen zu unterstützen und zu beraten. Durch die Gemeinwohlbindung, die Aussparung der Tarifpolitik und der betrieblichen Mitbestimmung sowie durch die Zwangsmitgliedschaft aller Arbeitnehmer unterscheiden sich die Arbeitnehmerkammern von den Gewerkschaften, obwohl sie deren Zielen relativ nahestehen.

Die Tätigkeiten der Arbeitnehmerkammern, die sich auf die Einhaltung der Arbeitsschutzbestimmungen, die Vorlage regelmäßiger Berichte über die Situation der Arbeitnehmerschaft und besonders auf Maßnahmen in der beruflichen Aus- und Weiterbildung erstrecken, werden überwiegend positiv beurteilt. Verschiedentlich wurden immer wieder politische Forderungen laut, weitere Arbeitnehmerkammern zu errichten. Hierzu kam es bislang vor allem deshalb nicht, weil die Gewerkschaften durch die Arbeitnehmerkammern, die sie zwar grundsätzlich positiv beurteilen, einen negativen Einfluß auf die Gewerkschaftsbewegung befürchten. Seit 1971 haben sich die Gewerkschaften gegen die Arbeitnehmerkammern und für die Wirtschafts- und Sozialräte entschieden.

Die Verbände

Die in der Bundesrepublik existierenden Wirtschaftsverbände sind privatrechtliche Vereinigungen. Die Mitgliedschaft in ihnen ist freiwillig. Im Gegensatz zu den Kammern als Körperschaften des öffentlichen Rechts und den Sozialpartnern als Organisationen des privaten Rechts haben sie keine hoheitlichen Befugnisse. Sie sind fachlich bzw. nach den jeweiligen Interessen ihrer Mitglieder ausgerichtet. Solche Interessenvertretungen sind grundsätzlich legitim und durch das Grundrecht der Vereinigungsfreiheit geschützt.

Ein Verband vertritt die Interessen seiner Mitglieder, indem er den Behörden

---

Verbände der Wirtschaft

Es ist unmöglich, die Vielzahl der deutschen Wirtschaftsverbände aufzuzählen. Daher soll nur ein Überblick über die wichtigsten Dachorganisationen gegeben werden, in denen die jeweiligen Verbände, die häufig nach Branchen und weiter nach Bundesländern gegliedert sind, bundesweit zusammengefaßt sind:

- die »Bundesvereinigung der Deutschen Industrie« (BDI) als Dachorganisation von 38 Mitgliedsverbänden mit etwa 600 regionalen und fachlichen Unterverbänden;
- der »Bundesverband des Deutschen Groß- und Außenhandels«;
- die »Hauptgemeinschaft des Deutschen Einzelhandels«;
- der »Bundesverband deutscher Banken«;
- »Deutsche Sparkassen- und Giroverband«;
- der »Gesamtverband der Deutschen Versicherungswirtschaft«;
- die »Zentralarbeitsgemeinschaft des Straßen- und Verkehrsgewerbes«;
- der »Börsenverein des Deutschen Buchhandels«;
- der »Deutsche Hotel- und Gaststättenverband«;
- der »Deutsche Bauernverband« als geschäftsführendes Organ des Deutschen Bauerntages, des Deutschen Raiffeisenverbandes, des Verbandes der Landwirtschaftskammern und der Deutschen Landwirtschaftsgesellschaft;
- der »Zentralverband des Deutschen Handwerks«;
- der »Zentralverband der Deutschen Haus-, Wohnungs- und Grundeigentümer«.

Neben diesen Verbänden der Wirtschaft entstanden im Lauf der Verbandsentwicklung auch Interessengemeinschaften, die nicht von der Wirtschaft getragen werden. In ihnen sind Mitglieder organisiert und zusammengefaßt, die gemeinsame Interessen gegenüber der Öffentlichkeit, der Verwaltung und Gesetzgebungsorgane vertreten. Auch von diesen Verbänden können nur die wichtigsten genannt werden:

- die »Arbeitsgemeinschaft der Verbraucher«;
- der »Bund der Steuerzahler«;
- der »Deutsche Mieterbund«;
- der »Verband der Kriegs- und Wehrdienstopfer, Behinderten und Sozialrentner Deutschlands«

Kammern, Verbände, Sozialpartner

Tyll Necker, bis Januar 1991 Präsident des BDI (Bundesvereinigung der Deutschen Industrie) Constantin Freiherr von Heereman, der Präsident des Bauernverbandes, bei einer Bauerndemonstration in Bonn (unten).

Material und Vorschläge unterbreitet, die staatlichen Stellen überzeugt und beeinflußt und eventuell auch unter Druck setzt. Dies geschieht in der Regel dadurch, daß er eine Instanz gegen die andere ausspielt oder eine bestimmte wirtschaftliche Reaktion der Verbandsmitglieder ankündigt. Damit werden die Wirtschaftsverbände zu den wohl umstrittensten Trägern der Wirtschaftspolitik.

Funktionen

Im einzelnen üben die Verbände folgende Funktionen aus:
- ☐ Sie versuchen Gleichgesinnte in ihrem Verband zuammenzufassen und ihnen damit einen gesellschaftlichen Stellenwert zu geben.
- ☐ Sie beraten und bilden die Mitglieder durch Zeitschriften, durch Kontaktpflege und durch verbandseigene Schulen fort.
- ☐ Sie nehmen die Interessen ihrer Mitglieder auf dem Markt wahr. Dies kann beispielsweise in Form von Gemeinschaftswerbungen geschehen oder durch die gemeinsame Aufstellung von Wettbewerbsregeln und allgemeinen Geschäftsbedingungen. Hierbei besteht die Gefahr, daß die Interessen der Verbandsmitglieder zu stark in den Vordergrund gestellt und die der Marktgegenseite vernachlässigt werden, d. h. die Rechte und Pflichten und die Chancen und Risiken zwischen beiden Marktparteien einseitig verteilt werden.
- ☐ Sie nehmen die Interessen ihrer Mitglieder im öffentlichen Bereich wahr. Dies kann beispielsweise dadurch geschehen, daß sie Steuererleichterungen, Subventionen, Preisregulierungen, Zulassungsbeschränkungen zum Markt oder eine Änderung der Marktordnung zu erreichen suchen. Die Einkommensverteilung würde dadurch zugunsten der Verbandsmitglieder und zu Lasten der übrigen Bevölkerung verändert.

Politische Einflußnahme

Die Beeinflussung der politischen Willensbildung und der Wirtschaftspolitik erfolgt in vielfältiger Weise:

- ☐ Mit ihrer Öffentlichkeitsarbeit wenden sich die Verbände an die Parteien, das Parlament, die Verwaltungsbürokratie und die Regierungsvertreter sowie die Öffentlichkeit, um sie in ihrem Sinne zu beeinflussen und für sich zu gewinnen. Nicht selten sind Parteien, Verwaltungen und Regierung aber auch auf den sachkundigen Rat der Verbandsfunktionäre bei der Klärung von Sachproblemen mit angewiesen.
- ☐ Durch ihre Lobby-Tätigkeit versuchen die Funktionäre der Verbände, die Parlamentarier und Regierungsstellen im Sinne der Interessen ihrer Mitglieder zu beeinflussen.
- ☐ Durch die Methode des »Verschrän-

kens« werden Verbandsfunktionäre in die Parteien und in das Parlament gebracht oder umgekehrt Parteimitglieder in die Verbände, um die hinter den Verbänden stehenden Stimmen für sich zu gewinnen. Das setzt aber Zugeständnisse der Parteien gegenüber den Verbandsinteressen voraus.

☐ In Form von organisierten Willenskundgebungen wird politischer Druck ausgeübt.

Schwächung des Staates?

In einer pluralistischen Gesellschaft sind Verbände notwendig, unentbehrlich und legitim. Legitim ist auch ihre Teilnahme an der politischen und wirtschaftspolitischen Willensbildung. Selbst die schärfsten Kritiker der Verbände werfen ihnen nicht vor, daß sie politischen Einfluß zu gewinnen suchen. Sie erkennen auch durchaus an, daß die Verbände zwischen Staat und Wirtschaft eine wichtige Vermittlerfunktion zu erfüllen haben. Kritisiert wird viel mehr die mangelnde *politische* Kontrolle der Einflußnahme der Verbände und der politischen Verbandsmacht.

Ob die Verbände den Staat schwächen, dürfte letzten Endes vom Sachverstand und vom Ausmaß der Unabhängigkeit der Staatsorgane, also vor allem des Beamtenapparats und des Parlaments, abhängen. Da die Interessen offen vorgetragen werden müssen, kommt es nicht so sehr darauf an, den Egoismus der Verbände zu zügeln, sondern die Parlamentarier und Beamten zu stärken.

In der Bundesrepublik finden Lobbyisten gegenüber der Bundesregierung und dem Bundestag nur dann »Anhörung«, wenn sie vom Präsidenten des Deutschen Bundestages in eine öffentliche Liste eingetragen sind. Es besteht jedoch kein Anspruch auf Anhörung bei Eintragung, die wiederum nicht obligatorisch ist.

Der Offenlegung des Verbandseinflusses dient es auch, daß die Mitglieder des Bundestages jede vergütete Nebentätigkeit, jeden Beratervertrag und größere Wahlspenden dem Bundestagspräsidenten anzeigen müssen.

Die Sozialpartner

Die Arbeitgebervereinigungen und die Gewerkschaften nehmen als sog. Sozialpartner eine Mittelstellung zwischen den Kammern als Körperschaften des öffentlichen Rechts und den Wirtschaftsverbänden des privaten Rechts ein.

Zwar sind Arbeitgebervereinigungen und Gewerkschaften ebenfalls Organisationen des privaten Rechts, doch sind sie mit öffentlich-rechtlichen Befugnissen ausgestattet. Die Sozialpartner werden durch das Recht der Koalitionsfreiheit nach Art. 9, Abs. 3, Satz 1 des Grundgesetzes geschützt, das wie alle Grundrechte in seinem Wesensgehalt nach Art. 19 Abs. 2 unantastbar ist. Das Recht der Koalitionsfreiheit besagt, daß jedermann und alle Berufe das Recht haben, Vereinigungen zur Wahrung und Förderung der Wirtschafts- und Arbeitsbedingungen zu gründen.

Tarifautonomie

Aus Art. 9, Abs. 3 GG ist die wohl wichtigste Aufgabe der Sozialpartner, die Ausübung der Tarifmacht (sog. Tarifautonomie), abzuleiten, die dann noch im Tarifvertragsgesetz (vom 9. April 1949 in der Neufassung vom 25. August 1969) und im Gesetz über Mindestarbeitsbedingungen (vom 11. Januar 1952) weiter geregelt wurde.

Die Tarifautonomie besagt, daß die Entlohnung und die Gestaltung von Arbeitsbedingungen, die früher im Einzelvertrag zwischen Arbeitgeber und Arbeitnehmer (meist zu dessen Ungunsten) geregelt wurden, im Kollektivvertrag zwischen den Arbeitgebervereinigungen und den Gewerkschaften ohne Einmischung des Staates vereinbart werden. Die Tarifverträge umfassen Vereinbarungen über Lohn und Gehalt, Arbeitszeit (pro Tag und Woche), Arbeitsbedingungen, Urlaub, gemeinsame Einrichtungen (z. B. Lohnausgleichskassen, Urlaubskassen), vermögenswirksame Leistungen usw. Die Tarifverträge über Lohn und Gehalt haben meist eine Laufzeit von einem Jahr, die Rahmen- und Manteltarifverträge, die die Rahmenbedingungen regeln, haben längere Laufzeiten. Der Geltungsbereich der Tarifverträge wird von den Tarifparteien festgelegt. Er ist geographisch und/oder nach Wirtschaftszweigen abgegrenzt.

Abgesichert wird die Ausübung der Tarifautonomie von seiten des Staates durch eine rechtliche Fundierung des Tarifvertragssystems. Es herrschen die Grundsätze der Unabdingbarkeit, der Durchführungs-

---

Tarifverhandlungen zwischen der metallverarbeitenden Industrie und der IG Metall in Gelsenkirchen, 2. März 1984, 4. Runde: Die Tarifautonomie ist ein wesentlicher Bestandteil der Wirtschaftsordnung in der Bundesrepublik. Beide Sozialpartner wissen dies zu schätzen. Erst wenn Unternehmer und Gewerkschaften sich nicht einigen können, besteht die Möglichkeit, daß sie freiwillig einen Schlichter heranziehen. Streik und Aussperrung sind als Kampfmittel zugelassen.

pflicht und der Friedenspflicht. Sie besagen im wesentlichen, daß ein Tarifvertrag während seiner Laufzeit nicht einseitig aufgelöst werden darf, sondern von beiden Tarifparteien eingehalten werden muß. Unterstützt wird die Tarifautonomie durch geordnete Verfahren zur Beilegung von Meinungsverschiedenheiten in Form der freiwilligen Schlichtung und der Arbeitsgerichtsbarkeit. Im Gegensatz zur Weimarer Republik und zu vielen anderen Ländern gibt es jedoch keine Zwangsschlichtung und keine Verpflichtung zur freiwilligen Schlichtung. Schließlich wird ein Recht auf offenen Kampf gewährt, in dem der Streik, die Aussperrung und der Boykott zugelassen sind.

Integration in Verwaltung und Rechtsprechung

Der zweite wichtige Aufgabenbereich der Sozialpartner umfaßt ihre Mitwirkung in solchen staatlichen und öffentlich-rechtlichen Institutionen, die als Selbstverwaltungsorgane gemeinsame Angelegenheiten der Arbeitnehmer und Arbeitgeber wahrnehmen. Zu nennen sind hier die Träger der Sozialversicherung, also
- die Krankenkassen (Orts-, Land-, Betriebs-, Innungs-, Knappschafts- und Seekrankenkassen) einschließlich der Ersatzkassen;
- die Landesversicherungsanstalten (für Arbeiter);
- die Bundesversicherungsanstalt für Angestellte und
- die Bundesanstalt für Arbeit, und zwar auch für den Bereich, für den sie nicht Träger der Sozialversicherung ist, sondern über eine reine Arbeitslosigkeitsversicherung hinausreichende Aufgaben wahrnimmt.

Bei jeder dieser Institutionen bestehen eine von den Versicherten (Arbeitnehmern) und den Arbeitgebern gewählte Vertreterversammlung und ein von dieser Versammlung gewählter Vorstand, die die Organe der Selbstverwaltungskörperschaft bilden.

Voll integriert sind die Sozialpartner in die Arbeits- und Sozialgerichtsbarkeit. Bei beiden Gerichten sind die Gerichtskammern bzw. Gerichtssenate aller drei Instanzen mit Berufs- und Laienrichtern besetzt. Das Laienelement setzt sich bei den Arbeitsgerichten ausnahmslos paritätisch aus Arbeitnehmern und Arbeitgebern zusammen, in den Sozialgerichten insoweit, als die Streitsache das Arbeitsverhältnis berührt. In den ersten beiden Instanzen der Arbeitsgerichte und in der ersten Instanz der Sozialgerichte haben die Laienrichter sogar die Mehrheit in den Kammern bzw. Senaten.

Vertreten sind die Sozialpartner außerdem in Beiräten mit beratender Funktion gegenüber den Behörden, so z. B. bei den Landeszentralbanken oder beim Bundesminister für Arbeit und Sozialordnung. Auch in internationalen Organisationen, wie z. B. der Internationalen Arbeitskonferenz und dem Verwaltungsrat der Internationalen Arbeitsorganisation (ILO) in Genf oder beim Wirtschafts- und Sozialausschuß der Europäischen Gemeinschaft, arbeiten die Sozialpartner mit.

Verbandstätigkeit der Sozialpartner

Durch die Tarifautonomie und die Wahrnehmung der ihnen vom Staat übertragenen Aufgaben bestimmen die Sozialpartner die Lohnpolitik und üben einen beträchtlichen Einfluß auf die Sozialpolitik aus. Daneben sind sie aber noch wie jeder Wirtschaftsverband tätig, d. h., sie versuchen, die Wirtschaftspolitik in ihrem Sinne zu Lasten des anderen Sozialpartners oder Dritter zu beeinflussen.

Dies geschieht einmal dadurch, daß sie Forderungen an den Gesetzgeber und an die Regierung stellen, die sie z. T. in Form von organisierten Willenskundgebungen – manchmal auch gekoppelt mit politischem Druck – vorbringen. Zum anderen existieren enge Beziehungen zwischen den Sozialpartnern einerseits und den Regierungsstellen und Parteien andererseits, vielfach sogar in Form der Personalunion. So bestehen zwischen dem DGB bzw. den Einzelgewerkschaften und der SPD enge personelle Verbindungen und weitgehende Übereinstimmung in den wirtschaftspolitischen Zielen. In den Regierungen Brandt und Schmidt bekleideten ehemalige Gewerkschaftsführer wie Georg Leber, Walter Arendt, Hans Matthöfer, Kurt Gscheidle u. a. Ministerposten. Ähnliche, wenn auch nicht so ausgeprägte personelle Verflechtungen existieren zwischen den Arbeitgeberverbänden und der CDU/CSU bzw. der FDP.

Gefahren der Tarifpartnerschaft

Der Gesetzgeber hat den Tarifpartnern die Tarifautonomie deshalb gewährt, weil bei den zu vereinbarenden Lohn- und anderen Tarifabschlüssen ein Interessenkonflikt zwischen Arbeitgeberverbänden und den Gewerkschaften besteht und keine Interessenparallelität zu Lasten Dritter erwartet wird. Dies trifft jedoch in der Realität nicht immer zu.

So versuchen z. B. im Fall eines vom Konkurs bedrohten Großunternehmens häufig der Betriebsrat und die Unternehmensleitung gemeinsam, Sondervorteile für das Unternehmen und seine Belegschaft vom Staat und damit zu Lasten der Steuerzahler zu erhalten. Weiter besteht die Gefahr, daß die Sozialpartner überhöhte Tarifabschlüsse zu Lasten Dritter abschließen. Diese Gefahr ist immer dann gegeben, wenn der Staat die Vollbeschäftigung gleichsam garantiert und Beschäftigungseinbrüche auf Dauer nicht hinzunehmen bereit ist oder politisch nicht durchstehen kann. Dies schafft für die Tarifpartner Lohnerhöhungsspielräume auf den Arbeitsmärkten und Preiserhöhungsspielräume auf den Gütermärkten, wenn der Staat entsprechend seinem (Voll-)Beschäftigungsziel die Gesamtnachfrage erhöht und die Notenbank mit einer restriktiven Geldpolitik nicht gegensteuert. Die Lasten der daraus entstehenden Inflation tragen zunächst nicht die Sozialpartner, sondern Dritte (Sparer, Rentner usw.). Das hierin zutage tretende Problem der Gemeinwohlbindung der Tarifautonomie ist bisher ungelöst.

Die Arbeitgebervereinigungen

Die Arbeitgebervereinigungen der Bundesrepublik sind in 46 Fachverbände und zwölf Landesverbände (Baden-Württemberg hat zwei Landesverbände) gegliedert und in der »Bundesvereinigung der Deutschen Arbeitgeberverbände« (BDA) zusammengefaßt. Die Hauptaufgabe der Bundesvereinigung ist in der Wahrnehmung der wirtschafts- und gesellschaftspolitischen Ziele der Wirtschaft zu sehen. Die Tarifpolitik und die damit zusammenhängenden Entscheidungen über Lohnhöhe, Arbeitsdauer, Arbeitszeit und Arbeitsbedingungen liegt ausschließlich in der Kompetenz der regionalen und branchenmäßigen Arbeitgebervereinigungen.

Nicht in der Bundesvereinigung der Deutschen Arbeitgeberverbände zusammengefaßt sind sieben sonstige Arbeitgebervereinigungen sowie der »Deutsche Bühnenverein«. Zu diesen sonstigen Arbeitgeberverbänden gehören u. a. die »Tarifgemeinschaft deutscher Länder« und die »Vereinigung der kommunalen Arbeitgeberverbände«, die für die öffentlich Bediensteten in den Ländern und den Gemeinden Tarifpartner sind. Für die öffentlich Bediensteten des Bundes einschließlich der Deutschen Bundesbahn und der Deutschen Bundespost ist die Bundesregierung Tarifpartner; die Verhandlungen führt der Bundesminister des Innern.

Die Gewerkschaften

Dachorganisation der Mehrzahl der Gewerkschaften der Bundesrepublik ist der »Deutsche Gewerkschaftsbund« (DGB). In ihm waren Ende 1988 7,797 Millionen Arbeitnehmer vertreten, von denen 5,194 Millionen Arbeiter, 1,798 Millionen Angestellte und 0,806 Millionen Beamte waren. Damit waren Ende 1988 rund 32 Prozent der abhängig Beschäftigten gewerkschaftlich im DGB organisiert. Unter Einschluß der beiden nicht im DGB zusammengefaßten Gewerkschaften Deutsche Angestellten Gewerkschaft (DAG) und Christlicher Gewerkschaftsbund Deutschlands (CGB) sowie des Deutschen Beamtenbundes ergibt sich ein gewerkschaftlicher Organisationsgrad von insgesamt rund 39 Prozent.

Im DGB mit seinen neun Landesbezirken sind gegenwärtig 17 Einzelgewerkschaften zusammengefaßt (Mitgliederbestand in Tausend Ende 1988):
☐ IG Bau–Steine–Erden (468);
☐ IG Bergbau und Energie (340);
☐ IG Chemie-Papier-Keramik (663);
☐ IG Druck und Papier (150);
☐ Gewerkschaft der Eisenbahner Deutschlands (330);
☐ Gewerkschaft Erziehung und Wissenschaft (187);
☐ Gewerkschaft Gartenbau, Land- und Forstwirtschaft (43);
☐ Gewerkschaft Handel, Banken und Versicherungen (393);
☐ Gewerkschaft Holz und Kunststoff (145);
☐ Gewerkschaft Kunst (30);
☐ Gewerkschaft Leder (47);
☐ IG Metall (2625);
☐ Gewerkschaft Nahrung, Genuß und Gaststätten (271);
☐ Gewerkschaft Öffentliche Dienste, Transport und Verkehr (1220);
☐ Gewerkschaft der Polizei (161);
☐ Deutsche Postgewerkschaft (471);
☐ Gewerkschaft Textil – Bekleidung (253).

Der DGB als Dachorganisation befaßt sich nur mit sozial- und gesellschaftspolitischen Zielen, während die Tarifpolitik ausschließlich in der Kompetenz seiner Einzelgewerkschaften liegt. Finanziert wird der DGB durch satzungsmäßige Zahlungen von 12 Prozent der eigenen Einnahmen seiner Mitgliedsverbände; hinzu können noch Sonderabgaben kommen. Die Einzelgewerkschaften wiederum finanzieren sich über die Beiträge ihrer Mitglieder, die zwischen 1 und 2 Prozent des Bruttolohnes je nach Lohnhöhe ausmachen.

Im Gegensatz zum Allgemeinen Deutschen Gewerkschaftsbund der Weimarer Zeit, der aus einer Mischung von Gewerkschaften bestand, die nach dem Berufsprinzip oder aber nach dem Industrieverbandsprinzip organisiert waren, handelt es sich bei den 17 Einzelgewerkschaften des DGB um Industrieverbände. Ihnen können alle Arbeiter, Angestellte und Beamte einer »Industrie« beitreten. Die 17 DGB-Gewerkschaften haben praktisch ein Monopol bei der Repräsentation der Arbeitnehmerinteressen in der Bundesrepublik. Neben ihnen gibt es noch zwei größere Gewerkschaften:
☐ die nach dem Berufsprinzip organisierte Deutsche Angestellten Gewerkschaft (DAG) mit zehn Bundesberufsgruppen und neun Landesverbänden und ca. 497 000 Mitgliedern (Stand Ende 1988);
☐ den an der weltanschaulichen Präferenz orientierten Christlichen Gewerkschaftsbund Deutschlands (CGB) mit sieben Arbeiter- und fünf Angestelltengewerkschaften sowie drei Gewerkschaften des Öffentlichen Dienstes und ca. 307 000 Mitgliedern (Ende 1988).

Daneben gibt es in der Bundesrepublik als Tarifpartei der Arbeitnehmer noch zwei Standesorganisationen:
☐ den Deutschen Beamtenbund (DBB) mit 11 Landesbünden und ca. 787 000 Mitgliedern (Ende 1988);
☐ die Union der Leitenden Angestellten (ULA) mit zehn Verbänden und ca. 40 000 Mitgliedern.

Die Gewerkschaft Öffentliche Dienste, Transport und Verkehr (ÖTV) ist eine der einflußreichsten in der Bundesrepublik. An ihrer Spitze steht seit September 1982 erstmals eine Frau: Monika Wulf-Mathies (*1942). Sie trat das Erbe des populären Heinz Kluncker an, der die Gewerkschaft 18 Jahre lang geleitet hatte.

Die Urabstimmung der Gewerkschaftsmitglieder entscheidet darüber, ob man nach gescheiterten Tarifverhandlungen oder Schlichtungsversuchen zum Streik bereit ist. So waren am 8. Mai 1984 rund 90 000 Mitglieder der IG Metall in Hessen aufgerufen, über die Aufnahme von Streiks zur Durchsetzung der 35-Stunden-Woche zu entscheiden.

Offene Gewerkschaften

Die Gewerkschaften der Bundesrepublik sind »offen«, d. h., sie gewähren allen Arbeitnehmern als Person ohne besondere Auflagen Mitgliedschaft. Voraussetzung ist nur die Beschäftigung in dem entsprechenden Industriezweig oder bei den Berufsverbänden ein bestimmter Beruf oder Beschäftigungsstatus. Auf der anderen Seite wird auf die Arbeitnehmer kein

Zwang ausgeübt, den Gewerkschaften beizutreten.

Dies ist in anderen Ländern, wie z. B. in Großbritannien und den USA, nicht immer der Fall. Dort werden nichtorganisierte Arbeiter z. T. diskriminiert, indem zwischen den Gewerkschaften und den Unternehmungen in Verhandlungen festgelegt wird, daß nur Gewerkschaftsmitgliedern Lohnerhöhungen oder Gratifikationen zustehen oder Nichtmitglieder überhaupt nicht beschäftigt werden dürfen *(union shop; closed shop)*. Beim *union shop* müssen die vom Betrieb eingestellten Arbeiter spätestens nach einer Probezeit der Gewerkschaft beitreten, beim *closed shop* ihr schon vorher angehören. In den USA ist außerdem die Mitgliedschaft in einer Gewerkschaft von der Gebietsabgrenzung der Gewerkschaften abhängig, und in Großbritannien ist der Beitritt zu einer der Gewerkschaften, die nach einer Vielzahl von Prinzipien gebildet sind *(multiunionism)*, zusätzlich an bestimmte Tätigkeitsbereiche gebunden und die Erlangung eines Arbeitsplatzes auch vom Einfluß der Gewerkschaft abhängig.

Entwicklung nach 1945

In der Zeit des »Dritten Reiches« wurden die deutschen Gewerkschaften in der Deutschen Arbeitsfront (DAF) gleichgeschaltet, die eine nationalsozialistische Einheitsorganisation aller Berufstätigen, jedoch keine Gewerkschaft war. Nach dem Ende des Zweiten Weltkriegs bestanden die vier Besatzungsmächte in den vier Zonen auf dem Prinzip der Einheitsgewerkschaft, wobei unterschiedliche Grade der Zentralisierung zugelassen wurden. Eine gewisse einheitliche Regelung für alle vier Besatzungszonen brachte die Kontrollratsdirektive Nr. 31 vom 3. Juni 1946 mit Grundsätzen für den Aufbau von Gewerkschaftsverbänden.

Von Juli 1946 bis August 1948 kam es zu insgesamt zehn Interzonenkonferenzen der Gewerkschaftsbünde, die das Ziel hatten, einen gesamtdeutschen Gewerkschaftsbund zu errichten. Als diese Bemühungen an den unterschiedlichen politischen, gesellschaftlichen und wirtschaftlichen Entwicklungen in Ost und West gescheitert waren, ging die Gewerkschaftsbewegung in der östlichen und in den drei westlichen Besatzungszonen getrennte Wege. Zugleich spaltete sich der Weltgewerkschaftsbund (WGB), der 1945 in Paris und London gegründet worden war. 1949 wurde in London der Internationale Bund Freier Gewerkschaften (IBFG) gegründet, der den westdeutschen Gewerkschaften offenstand.

In den ersten Nachkriegsjahren war die Gewerkschaftsbewegung trotz eines eingeschränkten Streikrechts und weiterer Beschränkungen durch die Alliierten die stärkste gesellschaftliche Kraft. Als Einheitsgewerkschaft stützte sie sich auf die breite Zustimmung in allen politischen Lagern. Sie exponierte sich beim Wiederaufbau (Trümmerbeseitigung, Notdienste), beim Kampf gegen Hunger und Not (Streikwellen 1947/48) und gegen Demontagen von Industrieanlagen (Stahlerzeugung, Werften, Großchemie).

Aufstieg des DGB

In der britischen Zone entwickelte sich der DGB als stärkster westdeutscher Gewerkschaftsbund unter der Leitung des Metallarbeiters Hans Böckler. Seine Organisation umfaßte im Dezember 1948 2,8 Millionen Mitglieder (40,1 Prozent der Beschäftigten) gegenüber 1,48 Millionen (30,8 Prozent der Beschäftigten) in der amerikanischen Zone und 0,335 Millionen (22,3 Prozent der Beschäftigten) in der französischen Zone. Böckler sah im DGB einen Ordnungsfaktor ersten Ranges. Auf dem Münchner Kongreß vom 12. bis 14. Oktober 1949 wurde der DGB Dachverband aller autonomen westdeutschen Einzel-Einheitsgewerkschaften. Außerhalb des DGB hatte sich bereits im Juli 1949 in Bad Cannstatt die Deutsche Angestelltengewerkschaft (DAG) auf Bundesebene als rivalisierende Einheitsgewerkschaft für Angestellte gebildet. Damit war das nach 1945 angestrebte Prinzip einer Einheitsgewerkschaft für alle Arbeitnehmer nicht voll durchgesetzt worden. Im Jahr 1957 kam es dann noch zur Gründung des Christlichen Gewerkschaftsbundes Deutschlands (CGD).

Wirtschaftliche und soziale Neuordnung

Unmittelbar nach seiner Gründung im Oktober 1949 nahm der DGB ein Programm der wirtschaftlichen Neuordnung, der Vergesellschaftung von Produktionsmitteln und der paritätischen Mitbestimmung in Angriff. Nicht immer konnte er seine Ziele, die sich überdies im Lauf der Jahre änderten, in vollem Umfang verwirklichen:

☐ Am 10. April 1951 wurde das Gesetz über die »Mitbestimmung der Arbeitnehmer in den Aufsichtsräten und den Vorständen der Unternehmen des Bergbaus und der Eisen und Stahl erzeugenden Industrie« verabschiedet. Es beruht auf Verhandlungen zwischen dem DGB und den Arbeitgebern, bei denen in wesentlichen Punkten der Montanmitbestimmung eine Einigung erzielt werden konnte.

☐ Am 19. Juli 1952 wurde vom Bundestag gegen die Stimmen von SPD und KPD ein »Betriebsverfassungsgesetz« verabschiedet, das den Forderungen des DGB nach Gleichberechtigung von Arbeit und Kapital nicht entsprach.

Von 1952 an machte die wirtschaftliche Neuordnung in der Bundesrepublik im Sinne des DGB kaum noch Fortschritte, es kam tendenziell sogar zur Wiederherstellung der alten Eigentumsverhältnisse (Reprivatisierung). Der DGB wandte sich daher seit Mitte der fünfziger Jahre der sozialen Neuordnung zu, die als Gesellschaftspolitik in seiner Kompetenz als Dachverband lag:

☐ Am 26. Juli 1957 wurde das Bundesgesetz zur »Verbesserung der wirtschaftlichen Sicherung im Krankheitsfall« verabschiedet. Zuvor war die Lohnfortzahlung im Krankheitsfall durch einen sechzehnwöchigen Streik der Metallarbeiter Schleswig-Holsteins vom 24. Oktober 1956 bis zum 15. Februar 1957 tarifpolitisch erkämpft worden, ein entscheidender Schritt zur Angleichung des sozialpolitischen Status der Arbeiter an den der Angestellten.

☐ Am 22. Januar 1957 verabschiedete der Bundestag mit den Stimmen der CDU/CSU und SPD gegen die Stimmen der FDP das Gesetz über die Reform der Rentenversicherung der Arbeiter und Angestellten (vgl. Otto G. Mayer, Das soziale Netz, S. 355). Es sieht eine Anpassung des Ruhegeldes, der Invaliditäts- und Hinterbliebenenrenten an die bestehenden Wirtschaftsverhältnisse und die Entwicklung der Einkommen (Dynamisierung der Renten) vor. Mit diesem Gesetz wurden wesentliche Forderungen der Gewerkschaft erfüllt, wenn es auch nicht den gewünschten sozialen Durchbruch zu einer Einheitsversicherung bzw. Volksrente oder der gesetzlichen Mindestrente brachte.

Einrichtung im Sozialstaat

Im Jahr 1963 verabschiedete der DGB in Düsseldorf ein neues Grundsatzprogramm. Darin bekannte er sich zu einer Wirtschaftspolitik, die sich an der Sozialen Marktwirtschaft und moderner Konjunkturpolitik im Sinne der Lehren von John Maynard Keynes orientiert. Die Vergesellschaftung von »Schlüsselindustrien« und anderen markt- und wirtschaftsbeherrschenden Unternehmen »galt nicht mehr als Zweck, sondern als Mittel« einer Wirtschaft, die der »freien und selbstverantwortlichen Entfaltung der Persönlichkeit innerhalb der menschlichen Gemeinschaft« dient. Im Satzungskongreß von 1971 wurde das Verhältnis des DGB zum Staat dann wie folgt festgeschrieben: »Der Bund und die in ihm vereinigten Gewerkschaften bekennen sich zur freiheitlich-demokratischen Grundordnung der Bundesrepublik Deutschland. Sie setzen sich für die Sicherung und den Ausbau des sozialen Rechtsstaates und die weitere Demo-

Der Arbeitskampf um die 35-Stunden-Woche zog 1984 weite Kreise. Bekannte Persönlichkeiten aus Politik und Literatur versammelten sich zu Solidaritätskundgebungen mit den Gewerkschaften. In Stuttgart trafen sich u. a. (von links): Günter Grass, der stellvertretende Bundesvorsitzende der IG Metall Franz Steinkühler und – neben dem Leiter der IG-Metall-Pressestelle Jörg Barczynski – Walter Jens.

kratisierung von Wirtschaft, Staat und Gesellschaft ein« (§ 2, Abs. 1 c).
☐ Am 14. Februar 1967 fand im Rahmen der Konzertierten Aktion das erste Gespräch zwischen Vertretern des Staates, der Bundesbank, der Tarifpartner und der Wissenschaft statt. Die Konzertierte Aktion sollte »einer freiwilligen und gemeinsamen Aktion der Gewerkschaften und Unternehmerverbände zu einem stabilitätsgerechten Verhalten im Aufschwung« dienen (Regierungserklärung vom 13. Dezember 1966). Die Haltung der Gewerkschaften gegenüber der Konzertierten Aktion blieb zögernd, vor allem was den Komplex der Lohnleitlinien und der Lohnkontrolle betraf.
☐ Am 30. Mai 1968 wurden im Deutschen Bundestag die Notstandsgesetze verabschiedet. Bis zur Schlußabstimmung wurden Änderungen im Sinne der Gewerkschaften vorgenommen: Das Koalitionsrecht (Art. 9) wurde voll gewahrt und im Sinne eines Arbeitskampfrechtes präzisiert. In Artikel 20 des Grundgesetzes rückte das »Recht zum Widerstand« ein, so daß auch politische Streiks bei akuter Gefährdung der staatlichen Ordnung legitim sein können. Obwohl der DGB die Notstandsgesetze weiterhin wie schon seit 1962 prinzipiell ablehnte, sah er von einem allgemeinen Streik zu ihrer Verhinderung ab, weil sie eine qualifizierte Mehrheit im Parlament gefunden hatten.
☐ Am 12. Juli 1969 wurde im Bundestag die volle Lohnfortzahlung im Krankheitsfall einschließlich Krankenhausaufenthalt bis zu sechs Wochen beschlossen. Damit wurde eine sozialpolitische Diskriminierung der Arbeiterschaft beseitigt und ein Kernpunkt des DGB-Aktionsprogramms von 1955 nach vierzehn Jahren erfüllt.
☐ Das Mitbestimmungsgesetz 1976 brachte für die Gewerkschaften eine Regelung, die unterhalb der von ihnen geforderten Parität lag. Eine dennoch von der Unternehmerseite eingereichte Verfassungsklage führte zwar zu keiner Änderung des Gesetzes im Sinne der Arbeitgeber, hatte jedoch im Juli 1977 den Auszug der verärgerten Gewerkschaften aus der Konzertierten Aktion zur Folge.

Deutsche »Streikidylle«

Die Mißstimmigkeiten zwischen den Gewerkschaften und den Arbeitgebern über die Mitbestimmungsfrage sollten nicht überbewertet werden. Tatsächlich war das Verhältnis zwischen den Gewerkschaften und der Unternehmerseite, von wenigen Ausnahmen abgesehen, insgesamt seit Gründung der Bundesrepublik Deutschland recht gut. Die Meinungsverschiedenheiten zwischen den Sozialpartnern wurden meistens am Konferenztisch gelöst. Streiks und Aussperrungen als legitime Mittel der Tarifauseinandersetzungen waren selten.

Auch sog. wilde, d. h. nicht von den Gewerkschaften autorisierte Streiks sind selten. Der einzige größere wilde Streik war der in der Stahlindustrie 1969. Streikursache war das laufende Tarifabkommen mit bescheidenen Lohn- und Gehaltserhöhungen, während gleichzeitig die Unternehmergewinne und die Lebenshaltungskosten stark stiegen. Im übrigen werden wilde Streiks als illegal angesehen, da nur die Gewerkschaften nach dem Tarifvertragsgesetz ein Monopol auf das Arbeitskampfmittel Streik besitzen.

Den ersten größeren Arbeitskampf mit Aussperrungen durch die Arbeitgeberverbände gab es erst 1963. Davor hatten die Arbeitgeber auf Streiks der Gewerkschaften nie mit dem Arbeitskampfmittel Aussperrung reagiert. Am 2. Mai 1963 führte der Schwerpunktstreik in der Metallindustrie Baden-Württemberg zur Flächenaussperrung von zunächst 270 000, vom 6. Mai an 304 100 Beschäftigten (sog. Schleyer-Aussperrung). Insgesamt gingen 1963 1,846 Millionen Arbeitstage durch Arbeitskämpfe verloren. Der nächste Schwerpunktstreik, der von den Arbeitgebern mit einer Aussperrung beantwortet wurde, fand erst 1971, wiederum in der Metallindustrie von Baden-Württemberg, statt. Damals gingen 4,484 Millionen Arbeitstage durch den Arbeitskampf verloren. In den Jahren 1976 und 1978 fanden dann Streiks mit bundesweiten Aussperrungen in der Druckindustrie statt. 1976 gingen insgesamt 0,534 Millionen und 1978 4,281 Millionen Arbeitstage durch die Arbeitskämpfe verloren. 1984 fanden die bisher heftigsten und längsten Arbeitskämpfe in der Geschichte der Bundesrepublik statt: in der Metallindustrie in den Tarifbezirken Nordwürttemberg/Nordbaden und Hessen, in der Druckindustrie auf Bundesebene. Dabei gingen in der Metallindustrie durch Streiks, Aussperrungen und dadurch bedingte Arbeitseinstellungen wegen fehlender Zulieferteile rund 10 Millionen Nettoarbeitstage verloren, in der Druckindustrie durch Streiks rund 2,5 Millionen Arbeitsstunden.

Die Zahl der durch Arbeitskämpfe verlorenen Arbeitstage scheint auf den ersten Blick sehr hoch zu sein. Im internationalen Vergleich ist sie jedoch niedrig, so daß die Bundesrepublik Deutschland vom Ausland sogar als »Streikidylle« bezeichnet wird. In den Jahren 1972 bis 1975 verloren beispielsweise durch Streiks und Aussperrungen
☐ die Vereinigten Staaten 134,242 Millionen,
☐ Japan 27,430 Millionen,
☐ Italien 82,135 Millionen,
☐ Frankreich 14,919 Millionen,
☐ Großbritannien 51,868 Millionen und
☐ die Bundesrepublik Deutschland 1,749 Millionen Arbeitstage.

Gründe für den sozialen Frieden

Der im internationalen Vergleich ausgeprägte soziale Frieden in der Bundesrepublik hat mehrere Ursachen. So sind beispielsweise Streiks von Beamten prinzipiell verboten. Darüber hinaus ist auch jeder Streik illegal, der während der Laufzeit eines Tarifvertrages darauf zielt, Vereinbarungen zu verändern, die in diesem Tarifvertrag festgelegt worden sind. Nach § 74 Abs. 2 Betriebsverfassungsgesetz sind außerdem Arbeitskämpfe (Streiks und Aussperrungen) in einem Betrieb zwischen Betriebsrat und Arbeitgebern ebenfalls verboten, es sei denn, beide Parteien haben das Recht, Kollektivverträge abzuschließen. Dies ist bei einigen großen Unternehmen wie z. B. dem Volkswagenwerk der Fall. Die Betriebsräte dürfen in ihrer offiziellen Funktion nicht einmal die Belegschaft zu einem Streik auffordern, selbst wenn zwischen den Kollektivvertragsparteien Meinungsverschiedenheiten bestehen. Schließlich dürfen Streiks und Aussperrungen nur als letztes Mittel verwendet werden, d. h. nur dann, wenn alle Verhandlungsmöglichkeiten ausgeschöpft worden sind. Zusätzlich unterliegt jede Streik- oder Aussperrungsmaßnahme dem Gebot der Verhältnismäßigkeit, d. h., sie muß den damit verfolgten Zielen angemessen sein. Es wäre nun jedoch verfehlt zu argumentieren, daß Streiks in der Bundesrepublik deshalb so selten sind, weil dieses Streikrecht entwickelt wurde. Ebenso plausibel wäre nämlich auch die Argumentation, daß eine geringe Streikbereitschaft der deutschen Gewerkschaften zu dieser rechtlichen Ausgestaltung führte.

Die im internationalen Vergleich geringe Anzahl an Streiks ist sicherlich auch darauf zurückzuführen, daß in der Bundesrepublik kein »Vielgewerkschafts-System« *(multiunionism)* wie beispielsweise in Großbritannien oder in anderen Ländern herrscht, dessen Einzelgewerkschaften überdies dann noch nach dem Berufsprinzip und nicht wie in der Bundesrepublik bis auf wenige Ausnahmen nach dem Industrieprinzip gegliedert sind. Wo die Gewerkschaften nach dem Berufsprinzip organisiert sind, brauchen sie unter Umständen nur einige schwer ersetzbare Spezialarbeiter, die Schlüsselpositionen einnehmen, zum Streik aufzurufen, um ganze Branchen zu lähmen oder zur Betriebsstillegung zu zwingen. Nach dem Industrieprinzip gegliederte Gewerkschaften werden demgegenüber aus Ersparnisgründen nur einzelne Unternehmen in sog. Schwerpunktstreiks bestreiken. Das Ziel ist dabei, für eine bestimmte Gruppe bessere Bedingungen zu erzwingen, um diese dann nach dem Prinzip des gleichen Lohns für gleiche Leistungen oder gerechter traditioneller Lohnrelationen zugunsten anderer Gruppen ins Feld zu führen. Da der Arbeitgeberseite bekannt ist, daß Schwerpunktstreiks zum Testfall werden, können sie länger dauern als andere Ausstände. Sowohl die streikenden Gewerkschaftsmitglieder als auch die bestreikten Unternehmen erhalten dabei Zuwendungen von anderen Gewerkschaften bzw. Unternehmerverbänden. Es kommt zu einem »Kräftemessen der Fonds«. Selbst wenn die Unternehmer zum Gegenkampfmittel der Flächenaussperrung greifen, führt diese Form des Arbeitskampfes zu einem geringeren Ausfall an Arbeitstagen durch Streiks und Aussperrungen als in Ländern, in denen eine Vielzahl von Gewerkschaften überwiegend nach dem Berufsprinzip gegliedert ist.

Gewerkschaftliche Tariferfolge

Ein weiterer wichtiger Grund für die geringe Anzahl an Streiks dürfte darin zu sehen sein, daß die deutschen Gewerkschaften schon frühzeitig ihren Frieden mit der Arbeits- und Sozialordnung der Bundesrepublik geschlossen haben. Streiks aus politischem Zorn kamen sehr selten und solche aus Gründen des Klassenkampfes im Gegensatz zu anderen Ländern gar nicht vor. Vor allem aber hat das hohe Wirtschaftswachstum in der Nachkriegszeit dazu beigetragen, daß Verteilungskämpfe um das Volkseinkommen friedfertig beigelegt werden konnten und daß dieser Frieden so lange andauerte, wie für alle viel oder zumindest etwas zu verteilen war.

Die Gewerkschaften verfolgten bei ihrer Lohnpolitik unterschiedliche Strategien. Dem Lohnstopp gemäß der Kontrollratsdirektive Nr. 14 vom 12. Oktober 1945, der bis Ende 1948 dauerte, folgte zunächst eine Phase zurückhaltender Lohnpolitik bis Ende 1952, die dem Wiederaufbau und der wirtschaftlichen Neuordnung dienen sollte. In dieser Zeit ging die tatsächliche Lohnquote, der Anteil der Arbeitnehmerbruttoeinkommen am Volkseinkommen, von 58,4 auf 57,5 Prozent zurück. Seit 1953 betrieben die Gewerkschaften eine expansive Lohnpolitik. Die Lohnquote stieg bis 1958 auf 60,9 Prozent, stagnierte dann zunächst etwas, um danach unter Schwankungen bis 1974 auf 72,6 Prozent zu steigen. Seitdem hat die Lohnquote bis 1988 wieder abgenommen. Zu berücksichtigen ist bei dieser unbereinigten Lohnquote, daß sich seit Gründung der Bundesrepublik der Anteil der Selbständigen an allen Erwerbstätigen verringert und damit der Anteil der Arbeitnehmer laufend erhöht hat. Die Steigerung der Reallöhne erreichte 1953 mit 8,3 Prozent ihren ersten Höhepunkt und lag dann viele Jahre im Durchschnitt bei jährlich etwa 5 Prozent. Die tarifliche Wochenarbeitszeit konnte in Verhandlungen mit den Arbeitgebern von zunächst 48 Stunden auf 45 Stunden (1958), dann auf 42 Stunden (1965–1968/69) und schließlich auf 40 Stunden (1979) gesenkt werden. Der IG Metall und der IG Druck gelang mit der 1984 erstreikten Regelarbeitszeit von 38,5 Stunden (von 1985 an) bereits ein Einstieg in die angestrebte 35-Stunden-Woche. Im Frühjahr 1990 gelang es dann der IG Metall in den Tarifverhandlungen mit Gesamtmetall als erster Gewerkschaft die 36-Stunden-Woche für den 1. April 1993 und die 35-Stunden-Woche für den 1. Oktober 1995 durchzusetzen. Parallel zur Arbeitszeitverkürzung wurde die tarifliche Urlaubsdauer beträchtlich verlängert.

Gewerkschaftspolitik in der Beschäftigungskrise

Seit Mitte der siebziger Jahre mehrten sich in der Bundesrepublik jedoch die Krisenzeichen. Die tatsächliche Lohnquote fiel von 72,6 Prozent 1974 auf 71,8 Prozent 1980 (1979: 70,8 Prozent) zurück. Die Kaufkraft der Nettolöhne erreichte 1970 eine maximale Steigerung von 8,7 Prozent und sank dann erstmals in der Geschichte der Bundesrepublik 1976 um 0,2 Prozent. Mit dem sinkenden Wirtschaftswachstum in den folgenden Jahren kam es zu weiteren Einbußen am Nettorealeinkommen der Erwerbstätigen.

Anfang der achtziger Jahre zielten die Lohnforderungen der Gewerkschaften angesichts des geringen und z. T. sogar negativen Wirtschaftswachstums und der sehr hohen Zahl an Arbeitslosen (1985: 2,304 Millionen) im wesentlichen nur noch auf eine Sicherung des Reallohns, d. h. auf einen Ausgleich der Preissteigerungen. Dies gelang jedoch nicht immer, so daß es in einigen Jahren zu Reallohnsenkungen kam. Der weiterhin hohen Arbeitslosigkeit (1988: 2,242 Millionen) versuchten die Gewerkschaften in ihren Tarifforderungen im weiteren Verlauf der achtziger Jahre mit einer forcierten Politik der Arbeitszeitverkürzung zu begegnen. Dafür waren sie bereit, bei längeren Tariflaufzeiten Abstriche bei den Zuwachsraten der Löhne in Kauf zu nehmen, die angesichts der wirtschaftlichen Wiederbelebung ab 1983 bei seitdem anhaltendem Wirtschaftswachstum und zum Teil beträchtlichen Unternehmergewinnen ohne die vereinbarten Arbeitszeitverkürzungskomponenten höher hätten ausfallen können. Zum Abbau der Arbeitslosigkeit fordern die Gewerkschaften weiter vom Staat verstärkte Anstrengungen z. B. in Form von Beschäftigungsprogrammen.

Der Forderung nach Arbeitszeitverkürzung seitens der Gewerkschaften stellten die Arbeitgeber ihrerseits die Forderung nach flexibleren Arbeitszeiten entgegen, die eine bessere Ausnutzung der Maschinenlaufzeiten auch am Wochenende beinhaltet, um so die Wettbewerbsfähigkeit zu steigern. Zugeständnisse der Gewerkschaften im Hinblick auf flexiblere Arbeitszeiten am Wochenende erhöhten die Bereitschaft der Arbeitgeberseite, der Forderung nach Einführung der 35-Stunden-Woche schrittweise über mehrere Jahre verteilt zu entsprechen.

Zu diesem Thema

In den anderen Bänden:
1: Bleuel, Arbeiterbewegung
2: Backes, Verbände
   Pleyer, Wirtschaftsrecht der DDR

In anderen Werken:
Beier, Gerhard: Gewerkschaften I: Geschichte, in: Handwörterbuch der Wirtschaftswissenschaft (HdWW), Bd. 3, 1981
Giersch, Herbert: Allgemeine Wirtschaftspolitik. Grundlagen, 1. Band, 1960
Kleinhenz, Gerhard: Gewerkschaften II: Aufgaben und Organisation, in: Handwörterbuch der Wirtschaftswissenschaft (HdWW), Bd. 3, 1981
Kleinhenz, Gerhard: Wirtschaftskammern, in: Handwörterbuch der Wirtschaftswissenschaft (HdWW), Bd. 9, 1982
Kleps, Karlheinz: Verbände als Träger der Wirtschaftspolitik, in: Handwörterbuch der Wirtschaftswissenschaft (HdWW), Bd. 8, 1980
Lampert, Heinz: Die Wirtschafts- und Sozialordnung der Bundesrepublik Deutschland, 8. Aufl. 1985
Sanmann, Horst: Sozialpartner, in: Handwörterbuch der Wirtschaftswissenschaft (HdWW), Bd. 7, 1977

HEINZ MARKMANN

Gewerkschaften in der Sozialen Marktwirtschaft

Nicht zuletzt wegen ihrer ideologischen, politischen und organisatorischen Zersplitterung fehlte den deutschen Gewerkschaften am Ende der Weimarer Republik die Kraft, den Nazis zu widerstehen und die junge Demokratie zu retten. Aus dieser bitteren Erfahrung hatten die Gewerkschaftsführer, die in Deutschland oder in der Emigration den Naziterror überlebten, eine entscheidende Lehre gezogen: Die neue demokratische Arbeitnehmerbewegung sollte als Einheitsgewerkschaft organisiert sein. Diese Entscheidung entsprach auch den Vorstellungen der alliierten Militärregierungen. Und so finden wir in der Bundesrepublik Gewerkschaften vor, die von den politischen Parteien unabhängig sind, die ihre Mitglieder nicht fragen, welche politisch-ideologischen Richtungen sie bevorzugen – vorausgesetzt, diese respektieren das Grundgesetz und die Spielregeln der parlamentarischen Demokratie. Einheitsgewerkschaft bedeutet aber auch, daß Arbeiter, Angestellte und gegebenenfalls auch Beamte Mitglieder einer einzigen Organisation sind. Die Organisationsbereiche sind nach dem Grundsatz gegliedert: ein Betrieb – eine Gewerkschaft. So sind beispielsweise alle im Bergbau über- und untertage beschäftigten Schlosser, Elektriker, Maurer, Zimmerleute und Büroangestellten Mitglieder der Industriegewerkschaft Bergbau und Energie, also nicht nur die eigentlichen Bergleute. Gleiches gilt für alle Industrie- und Dienstleistungsbereiche.

In Frankreich, Italien, Belgien und in den Niederlanden finden wir Richtungsgewerkschaften, die in der Regel mit jeweils einer politischen Partei verbunden sind oder sich jeweils an bestimmten ideologischen und politischen Zielen orientieren. Die damit unvermeidlichen Reibereien zwischen den konkurrierenden Gewerkschaften schwächen die Durchsetzungskraft der Arbeitnehmerbewegungen in diesen Ländern. In Großbritannien sind die in der Dachorganisation *Trade Union Congress* (TUC) lose zusammengeschlossenen Gewerkschaften fest mit der *Labour Party* verbunden. Die Gewerkschaften haben sogar diese Partei geschaffen, um im politisch-parlamentarischen Machtgefüge präsent zu sein. Bis heute haftet den britischen Gewerkschaften ihre Herkunft aus den alten Zünften und Gilden an: Grundsätzlich bilden nur die (Fach-)Arbeiter oder die (qualifizierten) Angestellten eines bestimmten Berufes eine Gewerkschaft. Die vielen auf diese Weise organisierten Gewerkschaften verbrauchen viel Kraft bei Streitigkeiten darüber, wer wo das Sagen haben soll. Im Mittelpunkt der Gewerkschaftsarbeit stehen die *shop stewards*, die von den Gewerkschaftsmitgliedern der einzelnen Betriebe gewählten Vertrauensleute. Der Einfluß der Gewerkschaftszentralen auf sie ist relativ gering.

Die nordamerikanischen Gewerkschaften sind ähnlich wie die britischen nach dem berufsständischen Prinzip organisiert. Ihre Kraft schöpfen sie aus den betrieblichen und örtlichen Gliederungen. Die Dachorganisation in den USA, die *American Federation of Labor/Congress of Industrial Organizations* (AFL/CIO), wirkt als »Lobby« im Parlament und gegenüber der Verwaltung. Die Gewerkschaften haben von jeher die Demokratische Partei unterstützt, die bis heute als die Partei der »kleinen Leute« gilt. Politische Ideologie oder weltanschauliche Orientierung wie Sozialismus oder christliche Sozialehre haben in Nordamerika nie eine Rolle gespielt. Die Gewerkschaften verstehen sich ganz pragmatisch als Teil des kapitalistischen Systems.

Ihre Organisationsform verleiht den deutschen Gewerkschaften eine starke Stellung gegenüber den Arbeitgebern und dem Staat. Ihre Erfolge in den vergangenen Jahren bezeugen dies. Es ist nicht übertrieben zu sagen, daß nicht zuletzt dank dieser Gewerkschaften der Lebensstandard der westdeutschen Arbeitnehmer besser ist als der ihrer Kollegen in den meisten vergleichbaren westlichen Industrieländern. Die vergleichsweise starke Zentralisierung macht die deutschen Gewerkschaften schwerfälliger als ihre Bruderorganisationen. Ihre parteipolitische Neutralität macht sie stärker »gemeinwohlorientiert« und weniger berufs- oder betriebsegoistisch. Kampfentschlossene »Standesorganisationen« vermögen zwar für ihre eigenen Mitglieder manche Vorteile herauszuschlagen. Darunter leidet aber die Solidarität mit den Kolleginnen und Kollegen in anderen Berufen und Wirtschaftsbranchen.

Überheblichkeit ist aber nicht am Platze. Jede nationale Gewerkschaftsbewegung ist von der jeweiligen Geschichte, von den gesellschaftlichen und wirtschaftlichen Machtverhältnissen, vom Rechtssystem geprägt. Zugespitzt gesagt: Jedes Land hat die Gewerkschaften, die es verdient.

Gestützt auf die als Grundrecht garantierte Tarifautonomie haben die Gewerkschaften seit 1950 große Erfolge errungen. Diese sind ihnen nicht in den Schoß gefallen: Lohn- und Gehaltserhöhungen, Verkürzung der Wochenarbeitszeit, Urlaubsverlängerung, humanere Arbeitsbedingungen mußten die Gewerkschaften den Arbeitgebern abtrotzen. Ihre schärfste Waffe, den Streik, mußten sie nur selten einsetzen. Der bis in die Mitte der siebziger Jahre aufwärts gerichtete Trend des Wirtschaftswachstums und die gute Ertrags- und Gewinnsituation der Unternehmen begünstigten die Steigerung des allgemeinen Wohlstands.

Der Ausbau der Sicherung gegen die großen Risiken des Lebens – Krankheit, Alter, Arbeitslosigkeit, Unfall, vorzeitige Erwerbsunfähigkeit, Tod des Ernährers – erreichte nicht zuletzt unter dem Druck der organisierten Arbeitnehmerschaft und der von der Gewerkschaft mobilisierten Öffentlichkeit ein beachtliches Niveau. Um die Lohnfortzahlung für kranke Arbeiter durchzusetzen, mußten im Jahr 1957 die Metallarbeiter in Schleswig-Holstein wochenlang streiken.

Auf dem Weg zur Wirtschaftsdemokratie sind die Gewerkschaften seit der Einführung der paritätischen Besetzung des Aufsichtsrats und des Arbeitsdirektors in den Vorständen der Bergbau- und Stahlunternehmen im Jahr 1951 ein gutes Stück vorangekommen: Das Betriebsverfassungsgesetz von 1972 räumt den Betriebsräten weitgehende Rechte im sozialen Bereich ein; das Mitbestimmungsgesetz von 1976 hat zwar die Forderungen der Gewerkschaften nach voller Parität der Stimmen im Aufsichtsrat und nach dem Arbeitsdirektor als »Vertrauensmann« im Vorstand nicht erfüllt; dennoch ist dieses Gesetz ein Fortschritt, denn bisher hatte der Gesetzgeber nach dem Betriebsverfassungsgesetz den Arbeitnehmern nur ein Drittel der Aufsichtsratssitze zugestanden. Gewerkschaftliche Vorstellungen haben

Der erste gewählte Bundesvorstand des Deutschen Gewerkschaftsbundes im Oktober 1949 in München. Untere Reihe, vierter von links: Hans Böckler, Vorsitzender des DGB von 1949 bis 1951.

die politischen Entscheidungen in der »Reform-Ära« nach 1969 in erheblichem Maße beeinflußt, vor allem in der Bildungspolitik (»Chancengleichheit«, »Öffnung und Durchlässigkeit der Bildungssysteme«), im Arbeitsschutz (»Humanisierung der Arbeit«), im Arbeitsrecht.

Wie selten zuvor in der jüngeren deutschen Geschichte – von der kurzen Phase nach dem Sturz der Monarchie im Jahr 1918 abgesehen – war es den Gewerkschaften möglich, ihre klassische Gestaltungs-, Schutz- und Ordnungsfunktion im Interesse der Arbeitnehmer derart weitgehend auszuüben.

Die um die Mitte der siebziger Jahre über die Bundesrepublik hereinbrechende Wirtschaftskrise hat die Rahmenbedingungen für den weiteren Ausbau des sozialen Rechtsstaates, wie ihn unser Grundgesetz postuliert, drastisch verschlechtert. Die soziale Krise ist der wirtschaftlichen Krise gefolgt, gipfelnd in Arbeitslosenzahlen, die seit dem Jahr 1975 nicht mehr unter 900 000 im Jahresdurchschnitt gesunken sind, und die bis zum Ende dieses Jahrzehnts erheblich über der 2-Millionen-Grenze bleiben werden.

Die Krise hat die Gewerkschaften sozusagen »kalt erwischt«. Und wenn sie auch seit dem Jahr 1980 mit den Sozialliberalen in Bonn nicht mehr allzu viel Freude hatten, so gingen ihnen mit der politischen Wende vom Herbst 1982 bis zum Frühjahr 1983 doch wichtige Kontakte und Einflußmöglichkeiten verloren.

Die Gewerkschaften müssen unter diesen Umständen ihrer Schutzfunktion den höchsten Rang einräumen. Sie können nicht anders, als die inzwischen erreichten materiellen und sozialen Standards zu verteidigen. Dies trägt ihnen den Vorwurf ein, sie benähmen sich wie die Dinosaurier, die zugrunde gegangen seien an ihrer Unfähigkeit, sich an veränderte Umweltbedingungen anzupassen. An diesem Vergleich stimmt allenfalls eines: Demokratische und föderative Massenorganisationen brauchen nun einmal Zeit für Kurskorrekturen. Deshalb fallen diese Korrekturen auch gewöhnlich nicht sehr ins Auge. In der Tarifpolitik haben sich die Gewichte während der letzten Jahre deutlich verlagert: In der Hoffnung, die Arbeitslosigkeit abbauen zu helfen, haben die Gewerkschaften Senkungen der Realeinkommen hingenommen; gleichzeitig haben sie aber ihre Bemühungen um bessere Arbeitsbedingungen verstärkt, nicht zuletzt wegen zunehmender Arbeitsintensivierung nach der Einführung neuer Techniken.

Die von der Mikroelektronik vorangetriebene dritte industrielle Revolution erfaßt in der Form der Büroautomation zunehmend die Angestelltenberufe. Damit wird eine Arbeitnehmergruppe von Arbeitsplatz- und Statusverlust bedroht, die inzwischen zahlenmäßig größer geworden ist als die Schicht der Arbeiter. Die Gewerkschaften hatten es schon immer schwerer mit den Arbeitnehmern im weißen Kittel, die darauf bedacht waren, sich von den Arbeitnehmern im »blauen Anton« abzuheben. Sie haben aber mit Erfolg den Angestellten klargemacht, daß diese jetzt einem Rationalisierungsprozeß ausgesetzt sind, wie ihn die Arbeiter in der industriellen Produktion schon seit hundert Jahren erleben, und daß sie sich nur mit Hilfe der Gewerkschaften gegen dessen negative Folgen wehren können. So hat der Anteil der Angestellten an den gewerkschaftlich organisierten Arbeitnehmern zwar zugenommen. Er entspricht aber bei weitem noch nicht dem tatsächlichen Gewicht dieser Gruppe. Wollen die Gewerkschaften also auch in Zukunft ihrem Anspruch gerecht werden, die legitime Interessenorganisation aller Arbeitnehmer zu sein, so müssen sie sich um die Sympathie der Angestellten besonders bemühen.

Die deutschen Gewerkschaften sind im Gegensatz zu manchen Organisationen in anderen Ländern niemals technikfeindlich gewesen. Sie haben nie Maschinensturm gegen Rationalisierung betrieben. Diese Haltung hat mit zu dem überraschend schnellen Anstieg der Leistungsfähigkeit der westdeutschen Wirtschaft nach dem Krieg beigetragen. Die Wachstums- und Beschäftigungskrise hat nun aber das Doppelgesicht des technischen Wandels sichtbar gemacht: Auf der einen Seite entlasten technische Arbeitsmittel den Menschen von einförmigen und abstumpfenden, aber auch von gefahrenträchtigen und auf die Knochen gehenden Tätigkeiten; auf der anderen Seite vernichtet der Einsatz neuer Techniken per saldo Arbeitsplätze und schafft neue Belastungen der Sinne und Nerven. Das wachsende Unbehagen bei den Arbeitnehmern und die Furcht vor Arbeitslosigkeit hat inzwischen die Gewerkschaften veranlaßt, die sozialen Kontrollen der schädlichen Folgen von Innovationen zu verschärfen. Aber auch wenn sie mit Nachdruck den Schutz vor allem der

Wilder Streik: Wegen der Gefahr einer Stillegung des Betriebes Mönninghoff in Hattingen legten die Arbeiter spontan die Arbeit nieder. Streikversammlung der Belegschaft im Juni 1984.

älteren Arbeitnehmer vor Rationalisierungsfolgen, vor Dequalifizierung und Einkommensverlusten fordern und auch durchsetzen, so ist ihnen doch klar, daß vom Stand der technischen Ausrüstung die Wettbewerbsfähigkeit unserer Wirtschaft wesentlich abhängt. Angesichts dieser Doppelnatur der Technik befinden sich die Gewerkschaften also in einem Dilemma.

Moderne Technik, vor allem in der Form der Informations- und Kommunikationstechniken, fordert auch in anderer Weise die Gewerkschaften heraus: Den Betriebsleitungen stehen Instrumente zur Verfügung, die den Arbeitnehmer zum »gläsernen Menschen« machen können – Personalinformationssysteme mit unbegrenztem Speichergedächtnis. Gegen diese ist Mißtrauen angebracht. Den Betriebsräten und betrieblichen Datenschützern tut sich ein neues Feld der Machtkontrolle durch Mitbestimmung auf.

Mit der von den Grünen in vielfältigen Schattierungen gepflegten Abneigung gegen die Brutalität der Großtechnik vor allem in der Energiewirtschaft wissen die Gewerkschaften nicht viel anzufangen, sind sie doch Geschöpfe des Industriezeitalters und bilden doch die Facharbeiter aus industriellen Großbetrieben noch immer das Rückgrat ihrer Organisationen. Sie können für sich in Anspruch nehmen, eine gesunde Umwelt schon zu einer Zeit gefordert zu haben, als an »grüne« Gruppierungen noch niemand dachte, als selbst der Begriff der Bürgerinitiativen noch nicht erfunden war. Sie kamen dazu aus der Notwendigkeit, den Arbeitsschutz drastisch zu verbessern. Im April 1972, als noch niemand an eine weltweite Wirtschaftskrise mit vielen Millionen Arbeitslosen dachte, veranstaltete die Industriegewerkschaft Metall in Oberhausen eine große internationale Arbeitstagung, auf der sich Fachleute aus vielen Ländern mit dem Thema »Aufgabe Zukunft – Qualität des Lebens« auseinandersetzten. Auf Drängen der Gewerkschaften berief die Bundesregierung 1971 die Kommission für wirtschaftlichen und sozialen Wandel, die sich mit Problembereichen befaßte, deren volles Gewicht erst zehn Jahre später in das öffentliche Bewußtsein trat. Schon im Jahr 1963 organisierte die Industriegewerkschaft Metall eine internationale Tagung über »Automation und technischen Fortschritt in Deutschland und den USA«. Diese Beispiele sprechen für das Gespür der Gewerkschaften für neue Entwicklungen mit ihren Chancen und Risiken. Das paßt offensichtlich gar nicht zu dem Bild des trägen und blöden Dinosauriers, das die Gegner so gerne von den deutschen Gewerkschaften malen. Bei aller skeptischen Distanz zum forcierten technischen Wandel – für die Gewerkschaften bleibt die produzierende Industrie der Kernbereich der Wirtschaft; die »post-industrielle Gesellschaft«, in der die privaten und öffentlichen Dienstleistungen dominieren, halten sie für unwahrscheinlich – und nicht einmal für wünschbar.

In seinem Grundsatzprogramm vom März 1981 hat der DGB seine Zielvorstellungen zur Wirtschaftsordnung und Wirtschaftspolitik formuliert. Danach darf wirtschaftliche Betätigung nicht allein vom Gewinnstreben beherrscht sein; sie muß sich ihrer sozialen Verpflichtung stets bewußt sein. Die Wirtschaft »soll jedem Arbeitnehmer ein Höchstmaß an Freiheit und Selbstverantwortung und an sozialer Sicherheit gewährleisten«. Sie soll ihn durch Mitbestimmung im Betrieb, im Unternehmen und in der Gesamtwirtschaft am Wirtschaftsprozeß gleichberechtigt beteiligen. Die Wirtschaftsordnung muß jedem arbeitsfähigen und arbeitswilligen Bürger einen angemessenen Arbeitsplatz unter menschenwürdigen Arbeitsbedingungen sichern, ein nicht nur an hohen Steigerungsraten, sondern vielmehr an der Qualität des Lebens orientiertes gleichmäßiges Wachstum ermöglichen, für eine ge rechte Einkommens- und Vermögensverteilung sorgen, das ökologische Gleichgewicht wiederherstellen und erhalten, den Mißbrauch wirtschaftlicher Macht verhindern, Wettbewerb und Planung gleichermaßen als wirtschaftspolitisches Instrument nutzen und die wirtschaftlichen Zusammenhänge und Abläufe transparent machen.

Die Wiederherstellung der Vollbeschäftigung beherrscht seit dem Ausbruch der Wirtschaftskrise in der Mitte der siebziger Jahre alle wirtschafts- und sozialpolitischen Überlegungen der Gewerkschaften. Sie halten eine Wachstumspolitik für unverzichtbar, die sich auf den sozialen Wohnungsbau, die Stadtsanierung und Verbesserung der Wohnumwelt, die Verbesserung der Infrastruktur, den öffentlichen Nahverkehr, die Energieeinsparung, die sozialen Dienste, das Gesundheitswesen konzentriert. Eine vorausschauende regionale und sektorale Strukturpolitik soll die Wachstumspolitik ergänzen, indem sie zukunftsträchtige Industrien mit hohem Qualifikationsniveau der Arbeitnehmer fördert. Investitionslenkung durch den Staat mit einem abgestuften System von Anreizen und Abschreckungen gehört dazu, ohne daß den privaten Unternehmen die letztliche Entscheidung abgenommen wird.

Kein Unternehmer wird produzieren und investieren, wenn er seine Erzeugnisse nicht absetzen kann, weil es seinen potentiellen Kunden an Kaufkraft mangelt. Also müssen die Gewerkschaften für eine Erhöhung der Masseneinkommen sorgen. Dies ist in Krisenzeiten leichter gesagt als getan: Die Arbeitgeber leisten hartnäckigen Widerstand und berufen sich auf die angeblich viel zu schlechte Ausstattung ihrer Unternehmen mit Eigenkapital; sie drohen damit, daß sie zusätzliche Arbeitskosten auf die Preise überwälzen müßten und rühren damit an eine empfindliche Stelle der Volksseele, in der die Erinnerung an zwei verheerende Geldentwertungen immer noch wach ist. Die Deutsche Bundesbank, die sich in erster Linie als »Hüterin der Währung« versteht, steht mit der Keule der Geldpolitik bereit, um schon bei leisem Steigen des Preisindexes für die Lebenshaltungskosten durch Verknappung der Geldversorgung zuzuschlagen. Große Teile der Wirtschaftswissenschaftler warten mit dem Vorschlag auf, die Lohn- und Gehaltsstruktur zu »flexibilisieren«, um Angebot und Nachfrage auf den regionalen und sektoralen Teilarbeitsmärkten besser als bisher in Deckung zu bringen; es stört diese Ratgeber wenig, daß damit der Tarifvertrag und mit ihm die Tarifautonomie entwertet würden, bislang immer als Säulen der Demokratie und unentbehrliche Bestandteile der Marktwirtschaft gepriesen. – Die Hinnahme von Reallohneinbußen und die dadurch verbesserte Kostensituation der Unternehmen hat nicht zu der erhofften Schaffung neuer Arbeitsplätze geführt. Sie hat nicht einmal verhindert, daß die Arbeitslosigkeit weiter wuchs. Kann man es dann den Gewerkschaften verübeln, daß sie nun wieder auf die Karte der Kaufkraftstärkung setzen?

Man wirft den Tarifvertragsparteien und besonders den Gewerkschaften vor, sie würden in den alljährlich wiederkehrenden Verhandlungsrunden nur eine Art »Schattenboxen« veranstalten, da ja die Verhandlungsergebnisse ohnehin von vornherein feststünden. Dem halten die Gewerkschaften entgegen, daß sie unweigerlich »unter Preis« abschließen müßten, wenn sie ohne jeden Spielraum in die Verhandlungen gingen. Ihre Mitglieder haben auch ein Recht auf öffentlichen Austausch der Argumente, denn schließlich müssen sie bereit sein, durch Streik den Forderungen ihrer Gewerkschaft äußersten Nachdruck zu verleihen. Das hat also wenig mit »levantinischem Teppichhandel« zu tun. Es ist der Kampf um die Verteilung des gemeinsam erarbeiteten Ertrages.

Die Gewerkschaften sind davon überzeugt, daß ohne Arbeitszeitverkürzung der Arbeitslosigkeit nicht beizukommen ist, zumal wenn die Regierung sich weigert, eine beschäftigungsorientierte Wirtschafts- und Finanzpolitik zu betreiben. Arbeitszeitverkürzung hat aber auch noch ein zweites wichtiges Ziel: Mehr Freizeit verbessert die Qualität des Lebens ganz allgemein und macht auch das Arbeitsleben humaner. Daß an Arbeitszeitverkürzung auf Dauer kein Weg vorbeiführen wird, wissen auch ihre schärfsten Gegner. Gestritten wird über ihre verschiedenen Formen und über das Tempo, mit der sie verwirklicht werden soll. Die stärkste positive Wirkung hätte die rasche Einführung der 35-Stunden-Woche. Sie würde zur Schaffung von 1,2 bis 1,4 Millionen neuen Arbeitsplätzen führen. Die Herabsetzung der Altersgrenze für den Bezug von Renten und Pensionen auf 58 Jahre gekoppelt mit der Verpflichtung, für jeden ausscheidenden älteren Arbeitnehmer einen jüngeren oder einen Arbeitslosen einzustellen, würde Beschäftigung für 0,5 bis 0,7 Millionen Menschen bringen. Die Verlängerung der Ausbildungszeiten und des Jahresurlaubs und der Abbau von Überstunden würden den Arbeitsmarkt zusätzlich entlasten.

Die Gewerkschaften haben ihre Bereitschaft signalisiert, die Arbeitnehmer an den Kosten für die Arbeitszeitverkürzung zu beteiligen. Sie fühlen sich mit den Arbeitslosen solidarisch. Die großen Streiks im Sommer 1984 haben dies bewiesen. Da aber nicht die Arbeitnehmer und ihre Gewerkschaften an der Arbeitslosigkeit schuld sind, müssen die Arbeitgeber und der Staat die Hauptlast tragen.

Neuerdings reden die Arbeitgeber viel von Individualisierung und Flexibilisierung der Arbeitszeit. Die Gewerkschaften hören dies mit Skepsis. Sie befürchten, daß sich hinter den verlockenden Angeboten die Absicht verbirgt, den Arbeitnehmern den kollektiven arbeitsrechtlichen Schutz zu entziehen und ihre soziale Sicherung zu schmälern. Die Gewerkschaften haben nichts gegen saubere Teilzeitregelungen für alle diejenigen, die ohne Zwang weniger arbeiten wollen. Für »elektronische Heimarbeit« können sie sich nicht erwärmen, wenn sie darin besteht, daß vor allem Frauen isoliert vor dem Bildschirm sitzen und im Akkord eintönige Tätigkeiten verrichten müssen.

Der wirtschaftliche und soziale Wandel wird fortschreiten. Die neuen Techniken beschleunigen ihn eher noch. Die Arbeitnehmer werden neuen Zwängen ausgesetzt. Die Gewerkschaften benötigen alle ihre Kräfte, um die Interessen der Arbeitnehmer und ihrer Familien zu wahren. Sie werden dies auch in Zukunft mit Leidenschaft und Augenmaß tun, wie es der große Soziologe Max Weber von den Politikern gefordert hat. Nichts wäre für sie verhängnisvoller als der Verlust ihrer Glaubwürdigkeit.

aspekte

PHILIP ROSENTHAL

Wirtschaftsdemokratie

In der Bundesrepublik Deutschland wollen die Verfechter der Wirtschaftsdemokratie ihr Ziel, die Wirtschaft zu demokratisieren, gewissermaßen auf zwei Gleisen ansteuern:

Zum einen geht es ihnen darum, die Arbeitnehmer über die Mitwirkung und Mitbestimmung an den Entscheidungen in der Wirtschaft zu beteiligen. Zum andern sollen die Arbeitnehmer über eine Vermögensbeteiligung am Produktivkapital in der Wirtschaft teilhaben.

Mitbestimmung und Vermögensbeteiligung schließen einander nicht aus. Sie gehören vielmehr zusammen, denn sie sind die beiden Seiten ein und derselben Medaille, der Wirtschaftsdemokratie. Die bisherige Entwicklung hat gezeigt, daß in der Mitbestimmungspolitik größere Erfolge erzielt wurden als in der Vermögenspolitik, zumindest soweit es sich um die Beteiligung der Arbeitnehmer am Produktivvermögen handelt.

Ein Grund dafür liegt sicherlich darin, daß die deutschen Gewerkschaften, was z. T. historisch bedingt ist, von Anbeginn an voll auf die Karte der Mitbestimmung setzten, während die Karte der Vermögensbeteiligung eher zögernd gespielt wurde und wird, wenngleich auf diesem Feld Unterschiede zwischen einzelnen Gewerkschaften bestehen und die Zahl der Befürworter vermögenspolitischer Initiativen zunimmt.

Betriebsverfassung und Mitbestimmung

Die Bilanz für die Mitwirkung und Mitbestimmung auf Betriebs- und Unternehmensebene sieht in der Bundesrepublik positiv aus.

Für die Betriebsebene war zunächst das Alliierte Kontrollratsgesetz Nr. 22 von 1946 bedeutsam, denn es führte eine Betriebsverfassung und die Bildung von Betriebsräten wieder ein. Kurz darauf folgten Betriebsrätegesetze in den meisten westdeutschen Ländern.

Das Jahr 1952 brachte das bundeseinheitliche Betriebsverfassungsgesetz. Es knüpfte an das Betriebsrätegesetz von 1920 an, erweiterte jedoch den Geltungsbereich und die Beteiligungsrechte in sozialen, personellen und wirtschaftlichen Angelegenheiten.

Ein deutlicher Fortschritt konnte 1972 erzielt werden, als das neue, noch heute geltende Betriebsverfassungsgesetz in Kraft trat. Dieses Gesetz baute zwar auf dem von 1952 auf, verstärkte aber den sozialen Schutz und die Rechte der Arbeitnehmer, die Rechte der Betriebsräte und die betriebliche Präsenz der Gewerkschaften.

Die Chancen, die dieses Gesetz eröffnet hat, sind noch längst nicht voll genutzt. So gibt es in der Bundesrepublik z. B. noch immer eine Fülle betriebsratsfähiger Betriebe, in denen noch keine Betriebsräte gewählt worden sind. Und auch dort, wo Betriebsräte bestehen, werden vielfach die Möglichkeiten, die dieses Gesetz bietet, noch nicht ausgeschöpft.

Gleichwohl wird zu Recht über eine notwendige Fortentwicklung des Betriebsverfassungsgesetzes diskutiert. Zu den Verbesserungen, die die Anhänger der Wirtschaftsdemokratie fordern, gehören Mitbestimmungsrechte des Betriebsrats bei der Arbeitsorganisation, bei der Einführung neuer Arbeitstechniken, bei der Anwendung arbeitswissenschaftlicher Erkenntnisse, bei der Verwendung von Personalinformationssystemen, bei der Datenverarbeitung und beim Datenschutz.

Schon das Ausführungsgesetz zum Betriebsrätegesetz von 1920 sah für Unternehmen mit Aufsichtsräten vor, zwei Betriebsratsmitglieder mit vollem Stimmrecht in den Aufsichtsrat zu entsenden. Diese Regelung wurde von den Nationalsozialisten abgeschafft. Nach dem Zweiten Weltkrieg, 1947, vereinbarte die Treuhandverwaltung für die Werke der Eisen und Stahl erzeugenden Industrie in der britischen Besatzungszone mit den Gewerkschaften, die Aufsichtsräte zu gleichen Teilen mit Vertretern der Anteilseigner und der Arbeitnehmer zu besetzen und in die Vorstände einen Arbeitsdirektor zu berufen.

Diese paritätische Mitbestimmungsregelung und das Institut des Arbeitsdirektors – ausgedehnt auf den Bergbau – bilden die Substanz des Gesetzes über die Mitbestimmung der Arbeitnehmer in den Aufsichtsräten und Vorständen der Bergbaus und der Eisen und Stahl erzeugenden Industrie von 1951, des sog. Montan-Mitbestimmungsgesetzes. Es geht über das Betriebsverfassungsgesetz von 1952 hinaus, nach dem die Arbeitnehmer in den Aufsichtsräten von Unternehmen außerhalb des Montanbereichs nicht die Hälfte, sondern nur ein Drittel der Aufsichtsratsmitglieder stellen und nach dem ein vom Vertrauen der Arbeitnehmerseite getragener Arbeitsdirektor nicht vorgesehen ist. Im Jahr 1956 wurde zum Montan-Mitbestimmungsgesetz ein Ergänzungsgesetz für Konzerne, für Montan-Obergesellschaften geschaffen.

Es hat dann zwei weitere Jahrzehnte, und zwar bis 1976 gedauert, bis das Gesetz über die Mitbestimmung der Arbeitnehmer in Kraft trat. Es gilt für Unternehmen und Konzerne außerhalb des Montanbereichs, die Kapitalgesellschaften sind und die mehr als 2000 Arbeitnehmer beschäftigen. Für Unternehmen und Konzerne mit weniger Arbeitnehmern blieb es bei der Ein-Drittel-Beteiligung nach dem Betriebsverfassungsgesetz.

Durch das Mitbestimmungsgesetz von 1976 wurde der Grundsatz der Parität von Kapital und Arbeit allerdings noch nicht verwirklicht: Rechnet man den leitenden Angestellten ein, der der Arbeitnehmerbank im Aufsichtsrat zugeordnet wird, so ist der Aufsichtsrat zwar mit derselben Zahl von Vertretern der Anteilseigner und der Arbeitnehmer besetzt, jedoch hat die Anteilseignerseite im Konfliktfall ein Übergewicht.

Auch die Weiterentwicklung der Unternehmensmitbestimmung wird lebhaft diskutiert: Den Anhängern der Wirtschaftsdemokratie ist daran gelegen, ein neues Mitbestimmungsgesetz zu schaffen, das eine volle Parität herstellt und vor allem in Unternehmen und Konzernen schon ab 1000 Beschäftigten und nicht nur in Kapitalgesellschaften gelten soll.

Die Diskussion über die Betriebsverfassung und die Unternehmensmitbestimmung zeigt, daß die Demokratisierung der Wirtschaft eine ständige Aufgabe darstellt. Ein sich veränderndes Bewußtsein von Beteiligten und Betroffenen sowie technischer und organisatorischer Wandel werfen immer wieder neue Fragen auf, die neue Antworten verlangen.

Neben den Mehrfarben-Offset-Rotationsmaschinen, die bei Mohndruck im Einsatz sind, wirkt die Druckerpresse Gutenbergs altertümlich und unscheinbar. Und doch war sie als Erfindung gesellschaftlich von größerer Bedeutung als jene modernen Maschinen.

Vermögensbildung und Vermögensbeteiligung

Die Forderung, Vermögen in Arbeitnehmerhand zu bilden und die Arbeitnehmer am Produktivvermögen zu beteiligen, hat in der Bundesrepublik in zahlreichen Modellen und Plänen ihren Niederschlag gefunden. Der Gesetzgeber leistete seinen Beitrag vor allem durch das Wohnungsbauprämiengesetz von 1952, das Sparprämiengesetz von 1959 und durch bisher vier Vermögensbildungsgesetze.

Das Erste Vermögensbildungsgesetz von 1961 befreite vermögenswirksame Leistungen der Arbeitgeber bis zu einem Jahresbeitrag von 312 DM von den Sozialversicherungsbeiträgen. Zudem brauchten die Arbeitnehmer keine Lohnsteuer zu zahlen, wenn die Arbeitgeber eine Lohnsteuerpauschale von 8 Prozent entrichteten. Angelegt werden konnten die vermögenswirksamen Leistungen nach dem Sparprämiengesetz, dem Wohnungsbauprämiengesetz, in Eigenheimen oder als Darlehen der Arbeitnehmer an ihre Arbeitgeber. Daß nur rund 380 000 Arbeitnehmer von diesem Gesetz profitierten, lag offenbar in erster Linie daran, daß es Tarifvereinbarungen über vermögenswirksame Leistungen ausschloß.

Auch das Zweite Vermögensbildungsgesetz aus dem Jahr 1965 brachte noch nicht den erhofften Erfolg, obwohl es tarifvertragliche vermögenswirksame Leistungen ermöglichte, den Öffentlichen Dienst einbezog, die vermögenswirksamen Leistungen völlig von der Lohnsteuer freistellte, den begünstigten Höchstbetrag für Familien mit mehr als zwei Kindern auf 468 DM jährlich aufstockte und den Arbeitnehmern das Recht einräumte, Teile ihres Arbeitsentgelts aus eigenem Entschluß vermögenswirksam anzulegen.

Bemerkenswert war, daß die Tarifvertragsparteien des Bauhauptgewerbes bereits während der parlamentarischen Beratungen des Gesetzes einen Tarifvertrag über vermögenswirksame Leistungen abschlossen und dabei auf das noch zu verabschiedende Gesetz Bezug nahmen. Dies ist ein gutes Beispiel dafür, daß sich tarifvertragliche Vereinbarungen als Motor legislatorischer Maßnahmen erweisen kön-

Betriebliche Vermögensbeteiligung: So unterschiedlich die Modelle der einzelnen Firmen sind, sie bringen beiden Seiten Vorteile; sie fördern nicht zuletzt – so etwa bei Bertelsmann – das Verantwortungsbewußtsein der Mitarbeiter und die Identifikation mit dem Betrieb.

Bertelsmann

Materielle Gerechtigkeit

„Für seine Leistung erhält der Mitarbeiter eine markt- und leistungsgerechte Vergütung. Daneben halten wir eine Beteiligung am Gewinn und Kapital des Unternehmens für richtig."
(aus der Unternehmensverfassung)

Marktorientierter Lohn plus „Stiller Lohn"

Zu je 100 Mark Lohn für geleistete Arbeit wurden 1983 95 Mark an Lohnnebenleistungen erbracht

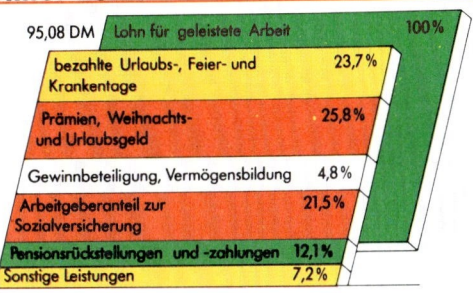

Lohn für geleistete Arbeit	95,08 DM / 100%
bezahlte Urlaubs-, Feier- und Krankentage	23,7%
Prämien, Weihnachts- und Urlaubsgeld	25,8%
Gewinnbeteiligung, Vermögensbildung	4,8%
Arbeitgeberanteil zur Sozialversicherung	21,5%
Pensionsrückstellungen und -zahlungen	12,1%
Sonstige Leistungen	7,2%

Mitarbeitergewinn- und Kapitalbeteiligung seit 1970

Leistungsbezogener Gewinnanteil
Anwendung des Vermögensbeteiligungsgesetzes
freiwillige Eigenleistung
Anlage in Bertelsmann Genußrechten
gewinnabhängige Verzinsung
Handel an einer betrieblichen Börse

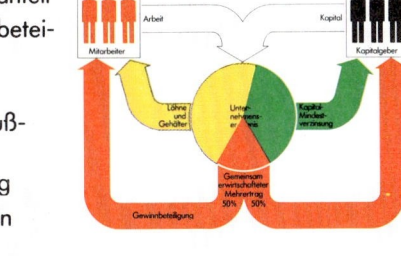

Betriebliche Altersversorgung

Unternehmensleistungen als Ergänzung zu staatlichen Versorgungsregelungen
Festpension bei 30jähriger Betriebszugehörigkeit in Höhe von 20 % des zuletzt bezogenen Einkommens (Alter 65)
Invaliden-, Witwen- und Waisenrente im Krankheits und Unglücksfall

nen. Im Jahr 1969 nutzten zwar etwa 5,7 Millionen Arbeitnehmer das Zweite Vermögensbildungsgesetz, aber nur knapp 1 Million auf tarifvertraglicher Grundlage.

Der Durchbruch gelang erst, als Gewerkschaften und Arbeitgeberverbände nach dem Inkrafttreten des Dritten Vermögensbildungsgesetzes 1970 zunehmend Tarifverträge über vermögenswirksame Leistungen vereinbarten. Das Dritte Vermögensbildungsgesetz erweiterte den Begünstigungsrahmen auf 624 DM jährlich und ersetzte die Steuer- und Sozialabgabenbefreiung durch eine Arbeitnehmer-Sparzulage, die Arbeitnehmer erhalten, deren zu versteuerndes Jahreseinkommen 24000 DM oder bei einer Zusammenveranlagung von Ehegatten 48000 DM nicht übersteigt. Anzulegen sind die vermögenswirksamen Leistungen nach dem Sparprämiengesetz, dem Wohnungsbauprämiengesetz, für Wohngebäude, Eigentumswohnungen oder Grundstücke, zum Erwerb von Aktien des Arbeitgebers zum Vorzugskurs, im Betrieb des Arbeitgebers als Darlehen des Arbeitnehmers oder in besonderen Lebensversicherungsverträgen.

Genutzt wird das Dritte Vermögensbildungsgesetz heute von 13 bis 14 Millionen Arbeitnehmern; 12 bis 13 Millionen davon erhalten vermögenswirksame Leistungen aufgrund von Tarifverträgen. 1982 besaßen 18 Millionen Arbeitnehmer über 100 Milliarden DM Geldvermögen. Was die Anlageformen anbelangt, so wurde fast ausschließlich die Anlage nach dem Sparprämien-, dem Wohnungsbauprämiengesetz und in Lebensversicherungen gewählt. Das Gesetz hat erheblich dazu beigetragen, die Ausstattung der Arbeitnehmer mit Immobilien und mit Geldvermögen zu verbessern. Das Ziel jedoch, die Arbeitnehmer am Produktivvermögen zu beteiligen, wurde verfehlt.

Seit Jahresbeginn 1984 gilt das neue Vermögensbeteiligungsgesetz. Es erweitert den Anlagekatalog des Dritten Vermögensbildungsgesetzes um zusätzliche Vermögensbeteiligungen, nämlich um stille Beteiligungen, um Genußscheine und Mitarbeitergenußrechte sowie um Genossenschaftsanteile. Der begünstigte Betrag wurde von 624 DM auf 936 DM erhöht: Die erweiterte staatliche Förderung erfolgt jedoch nur dann, wenn die zusätzlichen 312 DM in Form von Vermögensbeteiligungen angelegt werden. Zudem wurde die zuvor nur für die kostenlose oder verbilligte Überlassung von Belegschaftsaktien geltende Lohnsteuerbegünstigung auf die weiteren Vermögensbeteiligungsformen ausgedehnt.

In der Bundesrepublik gibt es eine Reihe von Unternehmen, in denen der Schritt zu einer betrieblichen Vermögensbeteiligung der Arbeitnehmer getan worden ist.

Dazu drei Beispiele:

Bertelsmann AG

In dem Unternehmen besteht eine Betriebsvereinbarung zwischen dem Vorstand und dem Konzernbetriebsrat der Bertelsmann AG über eine Gewinnbeteiligung der Mitarbeiter, die der Vermögensbildung zugute kommt. Danach beteiligt Bertelsmann die Mitarbeiter der Unter-

Die Rosenthal AG hat in ihrem Amberger Glaswerk ein traditionsreiches Handwerk weiterentwickelt. In der »Glaskathedrale« mit der eigenwilligen Giebelkonstruktion entstehen Gläser aus dem Mundblasbereich, automatisch geblasene Glasformen und Glas-Serien in speziellen Techniken des Glasschleuderns und Glasbügelns (unten). Zukunftweisend sind jedoch nicht nur Architektur und Technik, auch die Rosenthal-Vermögensbeteiligung (ganz unten) kann, wie ähnliche Modelle anderer modern geführter Betriebe, für junge Unternehmen Anregung sein.

nehmensgruppe am Jahresgewinn. Die Beteiligung umfaßt die Hälfte des Gewinnes, der nach Abzug einer angemessenen Kapitalverzinsung verbleibt. Sie wird den Mitarbeitern angeboten, die mindestens drei Jahre bei Bertelsmann beschäftigt sind. Der auf die Mitarbeiter entfallende Gewinnanteil wird im Verhältnis des letzten Monatslohnes oder -gehaltes des Gewinnbeteiligungsjahres verteilt. Nach Abzug der Lohnsteuern und der Sozialversicherungsbeiträge von diesem sog. Bruttogewinnanteil ergibt sich der Nettogewinnanteil. Dem Mitarbeiter wird angeboten, eine Eigenleistung in Höhe von 25 Prozent des auf ihn entfallenden Bruttogewinnanteils aufzubringen. In Höhe des Nettogewinnanteils, der sich gegebenenfalls um die Eigenleistung vermehrt, erwirbt der Mitarbeiter Genußrechte der Bertelsmann AG. Für diese Genußrechte wurde ein Genußrechtsvertrag zwischen der Bertelsmann AG und der Bertelsmann Treuhand- und Anlagegesellschaft mbH abgeschlossen. Die Unternehmensgruppe Bertelsmann praktiziert eine Gewinn- und Kapitalbeteiligung der Mitarbeiter seit 1970.

Das ist neu:

Höchstbetrag jetzt DM 1.000,-

Früher konnten maximal 936 DM gespart werden. Jetzt wurde noch einmal aufgestockt. Rosenthal-Aktien zum reduzierten Preis (siehe unten) können Sie jährlich für bis zu 1000 DM kaufen.

Firmenzuschuß jetzt 40 % vom vollen Sparbetrag

Früher gab es 50 % Zuschuß auf die Eigenleistung von 624 DM und unter gewissen Voraussetzungen eine Zulage von 30 % auf 312 DM. Jetzt also ist die Rechnung einfacher. Egal welche Sparsumme – bis zum Höchstbetrag von 1000 DM zahlt Rosenthal 40 % Zuschuß.

Abschlußprämie 20 % für 1983

Im ersten Jahr ist die Sache besonders rentabel. Da gibt es noch einmal 20 % vom Sparbetrag zusätzlich. Als Prämie dafür, daß ein Vertrag zustande kommt. Wohlgemerkt, das ist eine einmalige Zahlung bei Vertragsabschluß zum 1. 7. 83. Dafür gibts zusätzlich Wertpapiere.

Gewinnbeteiligung ab 1984

Was Sie in den folgenden Jahren gutgeschrieben bekommen, hängt (auch) davon ab, wie gut wir alle arbeiten. Warum? Weil die Verträge der Aktion '83 bestimmen, daß von jeder Gewinnsteigerung, die das Unternehmen erzielt, ein fester Prozentsatz an die Arbeitnehmer-Aktionäre verteilt wird. Wie das genau funktioniert, können Sie in dem folgenden Artikel über »Die Sache mit der Gewinn-(steigerungs)beteiligung« nachlesen.

Rosenthal AG

Die Firma Rosenthal fördert schon seit 1963 die Vermögensbildung ihrer Mitarbeiter, zunächst durch die Ausgabe von Belegschaftsaktien. Seit 1968 werden wahlweise Belegschaftsaktien und Investmentanteile angeboten. Die Mittel werden durch den Arbeitgeber und die Arbeitnehmer gemeinsam aufgebracht. Tarifvertraglich ist das Unternehmen verpflichtet, 312 DM jährlich als vermögenswirksame Leistungen zu zahlen, die u. a. zum Erwerb von Belegschaftsaktien verwendet werden können. Aufgrund einer Betriebsvereinbarung zwischen dem Vorstand und dem Konzernbetriebsrat erhalten die Mitarbeiter bei darüber hinausgehenden Zukäufen einen Zuschuß. Er beträgt seit 1977 50 Prozent auf 624 DM, also bis zu 312 DM. Hinzu kommt seit 1977 eine Zulage – ebenfalls von der Firma – von 30 Prozent auf 312 DM, also bis zu 93,60 DM. Die Eigenleistung des Arbeitnehmers liegt bei höchstens 218,40 DM, so daß pro Arbeitnehmer insgesamt bis zu 936 DM jährlich für die Vermögensbildung zur Verfügung stehen. Auch die Vermögensbeteiligung bei Rosenthal hat sich bewährt: Bei der Rosenthal AG besitzen die Arbeitnehmer inzwischen 10 Prozent der Aktien und einen Gegenwert von weiteren 2 Prozent des Grundkapitals in Form von Investmentanteilen. Die Belegschaft avancierte zum größten Aktionär des Unternehmens.

Hauenschild Möbelfabrik KG

Das Unternehmen beteiligt seine Mitarbeiter seit 1973 am Gewinn und Kapital. Das Beteiligungsverfahren wurde 1978 geändert. Ansatzpunkt der Gewinnbeteiligung ist der sog. Investitionsgewinn. Er ergibt sich aus der Handelsbilanz, bereinigt um die Kapitalbedienung, die als Nettodividende bezeichnet wird. Die Nettodividende entfällt auf das Gesellschafts- und auf das bereits vorhandene Mitarbeiterkapital. Ihre Höhe hängt von der Umsatzrendite ab. Der Investitionsgewinn wird steuerneutral zu gleichen Teilen auf das Gesellschaftskapital und die Mitarbeiter aufgeteilt. Zudem existiert ein Rücklagefonds, der in erster Linie die Aufgabe hat, in gewinnschwachen Jahren den Gewinnanteil der Mitarbeiter zu erhöhen. Der Fonds gehört den Mitarbeitern und wird wie die übrigen investiv einbehaltenen Gewinnanteile verzinst. Gespeist wird er durch einen Teil des gemäß der Gewinnsituation schwankenden Gewinnanteils der Mitarbeiter. Der Gewinnanteil, der den Mitarbeitern zusteht, wird je zur Hälfte gleichmäßig und nach der Lohnsumme des einzelnen verteilt. Die Kapitalbeteiligung erfolgt indirekt, und zwar durch die Zwischenschaltung der »Hauenschild-Mitarbeiter-Gesellschaft«, einer Gesellschaft bürgerlichen Rechts, die das Mitarbeiterkapital »poolt« und die Vermögensbildung der Gesellschafter durch eine gewinnberechtigte stille Gesellschaft an der Hauenschild Möbelfabrik KG bewirkt. Die Mitarbeiter erwerben die Mitgliedschaft in der »Hauenschild-Mitarbeiter-Gesellschaft« durch die Zeichnung von Anteilscheinen.

Die weitere Aufgabe

In den neunziger Jahren stellt sich die gesellschaftspolitische Aufgabe, über die bisherigen Einzellösungen hinaus die Arbeitnehmer auf breiter Front am Produktionsvermögen der Wirtschaft zu beteiligen. Nach der Herstellung der staatlichen Einheit Deutschlands besteht ein großer Investitionsbedarf in den fünf neuen Ländern auf dem Gebiet der ehemaligen DDR. Der Zuwachs an Produktivkapital, der sich aus den erforderlichen Investitionen ergibt, wird wiederum einseitig den Alteignern zugute kommen, die schon das Produktionsvermögen in den alten Ländern der Bundesrepublik weitgehend für sich reservieren konnten.

Für die Notwendigkeit einer Vermögenspolitik, die den Hebel beim Produktivvermögen ansetzt, spricht auch, daß die Grenzen der traditionellen Politik nominaler Lohnerhöhungen immer deutlicher spürbar geworden sind. Die Einkommen aus Unternehmertätigkeit und Vermögen haben sich in den vergangenen Jahren sehr viel stärker erhöht als die Löhne und Gehälter der Arbeitnehmerinnen und Arbeitnehmer. Von 1982 bis 1990 ist das Nettoeinkommen aus Unternehmertätigkeit und Vermögen um 112 Prozent, das Nettoeinkommen aus unselbständiger Arbeit aber nur um 34 Prozent gestiegen. Die verteilungspolitische Schieflage ist evident. Mehr und mehr hat sich gezeigt: Über Nominallohnerhöhungen können die Verteilungsstrukturen kaum verändert werden. Denn es liegt auf der Hand: Niedrige Lohnsteigerungen schaffen zwar einen Spielraum für Investitionen, das Vermögen aber, das dabei entsteht, gehört den Alteignern. Sind die Lohnerhöhungen zu hoch, wird entweder zu wenig investiert, wodurch Arbeitsplätze in Gefahr geraten, oder die Unternehmen beschaffen sich durch Abwälzung der höheren Lohnkosten auf die Preise das Investitionskapital, wo immer die Marktlage dies zuläßt. Für die breiten Schichten hat dies fatale Konsequenzen: Was sie als Arbeitnehmer in ihre Lohntasche hineinbekommen, wird ihnen als Verbraucher aus der Preistasche herausgezogen. Es kommt darauf an, neben betrieblichen auch überbetriebliche Beteiligungen der Arbeitnehmer am Produktivkapital zu fördern. Eine überbetriebliche Beteiligung begegnet den Nachteilen ausschließlich betrieblicher Modelle, und zwar der Kumulation des Arbeitsplatz- und Kapitalrisikos, den unterschiedlichen Ergebnissen für die einzelnen Arbeitnehmer je nach Qualität der Unternehmen und der Ausgrenzung des öffentlichen Dienstes.

Wirksame Fortschritte lassen sich dann erzielen, wenn entsprechende Tarifverträge abgeschlossen werden. Sie haben die Schubkraft, der Arbeitnehmerschaft zur Vermögensbeteiligung zu verhelfen. Den Tarifvertragsparteien muß durch die Beseitigung bestehender Beteiligungshindernisse dazu das Tor möglichst weit geöffnet werden.

Zu diesem Thema

In anderen Werken:
Halbach, Günter u. a.: Übersicht Recht der Arbeit, hg. vom Bundesminister für Arbeit und Sozialordnung, 1981
Schneider, Hans J./Zander, Ernst: Erfolgs- und Kapitalbeteiligung der Mitarbeiter in Klein- und Mittelbetrieben, 1982

WOLFGANG WETTER, OTTO G. MAYER

Die außenwirtschaftliche Position der Bundesrepublik

Die Entwicklung der Wirtschaft der Bundesrepublik Deutschland nach der Staatsgründung stand nicht nur im Zeichen des Wiederaufbaus und der insgesamt positiven Förderung des Wohlstands im Innern, sondern auch der zunehmenden Integration in die Weltwirtschaft. Dabei wurde der Außenhandel für Beschäftigung und Wachstum der bundesdeutschen Volkswirtschaft ein wichtiger Faktor. 1954 betrug der Export deutscher Güter in die Länder der Welt mit 22 Milliarden DM rund 14 Prozent des Bruttosozialprodukts. Auf die Einwohnerzahl bezogen waren dies 433 DM je Bundesbürger. 1970 war der Export bereits auf über 125 Milliarden DM oder rund 21 Prozent des Bruttosozialprodukts und auf über 2000 DM pro Einwohner der Bundesrepublik gestiegen. 1989 schließlich führten die bundesdeutschen Exporteure Waren im Wert von mehr als 641 Milliarden DM aus (daneben wurden noch Dienstleistungen im Wert von fast 189 Milliarden DM exportiert). Damit stieg der Anteil der Exporte am nominalen Bruttosozialprodukt auf über 28 Prozent. Rein rechnerisch exportierte damit jeder Bundesbürger Waren im Wert von über 10 000 DM. Analog verlief die Entwicklung im Import. Entfielen 1954 auf jeden Bundesbürger lediglich für 380 DM importierte Waren, so waren dies 1989 bereits über 8100 DM.

Schon bald nach dem Wiederaufbau gelang es den deutschen Exporteuren, die bundesdeutsche Volkswirtschaft zu einem der größen Lieferanten auf der Welt zu machen. »Made in Germany« wurde zum Gütezeichen. Die Welt sprach vom deutschen Exportwunder. Von konjunkturbedingten Schwankungen abgesehen, entfielen auf die deutsche Exportwirtschaft in den siebziger Jahren rund 11 Prozent des gesamten Welthandels. Lediglich die Vereinigten Staaten von Amerika übertrafen diese Leistung mit rund 13 bis 14 Prozent. Betrachtet man lediglich die Exporte von Industriegütern, war die Bundesrepublik bereits in den siebziger Jahren »Exportweltmeister«. Ende der achtziger Jahre gelang es den deutschen Exporteuren, mit Hilfe eines günstigen Dollarkurses sogar uneingeschränkt die Bundesrepublik zum größten Exportland der Welt zu machen und die USA und Japan auf die Plätze 2 und 3 zu verdrängen.

Die Bedeutung des Außenhandels für die Bundesrepublik Deutschland[1]

Jahr	Außenhandel			
	Insgesamt in Mio. DM	in Prozent des Bruttosozialprodukts	je Einwohner in DM	Anteil an der Weltausfuhr
	Ausfuhr			
1954	22 035	14,0	433	6,8
1970	125 276	20,6	2 066	11,6
1980	350 328	23,6	5 690	
1989	641 041	28,3	10 474	13,0
	Einfuhr			
1954	19 337	12,3	380	
1970	109 606	16,2	1 807	
1980	341 380	23,0	5 545	
1989	506 465	22,4	8 156	

[1] Gebietsstand 1989, 11 Bundesländer.
Quelle: Statistisches Bundesamt, Internationaler Währungsfonds, eigene Berechnungen.

Ein- und Ausfuhr nach Ländergruppen
– in Prozent der Ein- bzw. Ausfuhr –

Ländergruppe[1]	1950		1970		1989	
	Einfuhr	Ausfuhr	Einfuhr	Ausfuhr	Einfuhr	Ausfuhr
EG-Länder	37	49	50	50	51	54
Übrige europäische Länder	16	23	12	20	15	19
Staatshandelsländer	3	4	4	4	5	5
Außereuropäische Industrieländer	21	9	16	14	17	12
darunter: USA	16	5	11	9	8	7
Entwicklungsländer	23	15	16	12	12	10
darunter: OPEC	4	2	6	3	2	3
Total	100	100	100	100	100	100

[1] Gebietsstand jeweils 1989.
Quelle: Statistisches Bundesamt, eigene Berechnungen.

Lieferanten und Kunden

Für die deutschen Ex- und Importeure hat der Handel mit den westlichen Industrieländern die größte Bedeutung. 1989 kamen 83 Prozent aller deutschen Warenimporte aus diesen Ländern; 1950 waren dies lediglich 74 Prozent. Nicht ganz so stark wie bei den Importen war die Zunahme auf der Kundenseite. 1950 gingen 81 Prozent der deutschen Exportwaren in die westlichen Industrieländer, 1989 war dieser Anteil um 4 Prozentpunkte auf 85 Prozent gestiegen.

Die Zunahme der Außenhandelsverflechtung mit den westlichen Industrieländern geht überwiegend auf die europäische Integrationsbewegung zurück. So hatten 1950 nur 37 Prozent der deutschen Importe ihren Ursprung in den 12 EG-Ländern, und 49 Prozent der deutschen Exporte gingen in diese Länder. Die Integration der europäischen Länder durch den Abbau der Zölle und die Erhöhung der Mobilität der Produktionsfaktoren begünstigte eine stärkere Arbeitsteilung, mit der Folge, daß 1989 51 Prozent der deutschen Einfuhren und 54 Prozent der bundesdeutschen Ausfuhren mit den Ländern der Europäischen Gemeinschaft abgewickelt wurden. Mit der Verwirklichung des Europäischen Binnenmarktes Ende 1992, durch den sich der Handel mit den EG-Ländern für die deutschen Im- und Exporteure kaum noch von den Käufen und Verkäufen auf dem heimischen deutschen Markt unterscheiden wird, kann eine weitere Erhöhung der Außenhandelsverflechtung Deutschlands mit den übrigen EG-Ländern erwartet werden.

Die Bedeutung der Entwicklungsländer als deutsche Lieferanten und Kunden hat im Laufe der Geschichte der Bundesrepublik Deutschland erheblich abgenommen. 1950 kamen noch 23 Prozent der deutschen Importwaren aus den Ländern der »Dritten Welt«, 1989 waren dies nur noch 12 Prozent. Im gleichen Zeitraum sank die Bedeutung der Entwicklungsländer als deutsche Kunden von 15 auf 10 Prozent. In den siebziger Jahren war der Einfuhranteil der Entwicklungsländer mit 16 Prozent relativ hoch. Ursache hierfür waren die zwei Ölpreiskrisen 1973 und 1979. Die Preis- und Mengenpolitik des Ölkartells OPEC erhöhte die Preise für Rohöl sehr stark, die wachsende deutsche Ölrechnung ließ den Importanteil der Entwicklungsländer als Gruppe steigen. Zugute kam dies allerdings lediglich den OPEC-Mitgliedsländern; die armen Länder, besonders in Lateinamerika und Afrika, verloren dagegen weiter Anteile auf dem deutschen Inlandsmarkt. Diese Länder verschuldeten sich international besonders in den siebziger Jahren außerordentlich stark, ohne ihrer Entwicklung damit jedoch entscheidende Impulse zu verleihen. Im Gegenteil: Die armen Länder der »Dritten Welt« wurden immer ärmer und fielen somit auch als Kunden der deutschen Exportwirtschaft zunehmend aus. Nicht wenige Experten vermuten, daß sich die Lage der Entwicklungsländer und damit ihre Bedeutung für den deutschen Außenhandel in den neunziger Jahren noch weiter verschlechtern wird. Einen der Gründe hierfür sehen manche in den tiefgreifenden Wandlungen der osteuropäischen Staaten Ende der achtziger Jahre. Demokratisierung und Marktwirtschaft in den ehemaligen Ostblockländern führen zur Öffnung für die internationale Arbeitsteilung. Im- und Exporte der westlichen Länder, besonders natürlich der geographisch günstig liegenden westeuropäischen Industrieländer, aus und in diese Länder werden zunehmen, die Entwicklungsländer fallen weiter zurück.

So kann man davon ausgehen, daß sich in den neunziger Jahren die Bedeutung der ehemaligen Staatshandelsländer als deutsche Lieferanten, besonders aber zunächst als deutsche Kunden, nachhaltig erhöhen wird. Seit Gründung der Bundesrepublik im Jahr 1949 war besonders in den siebziger Jahren versucht worden, den Handel mit den Staatshandelsländern zu intensivieren. Der Erfolg war bescheiden: Lediglich der Importanteil dieser Länder auf dem bundesdeutschen Markt konnte seit 1950 um 2 Prozentpunkte auf 5 Prozent er-

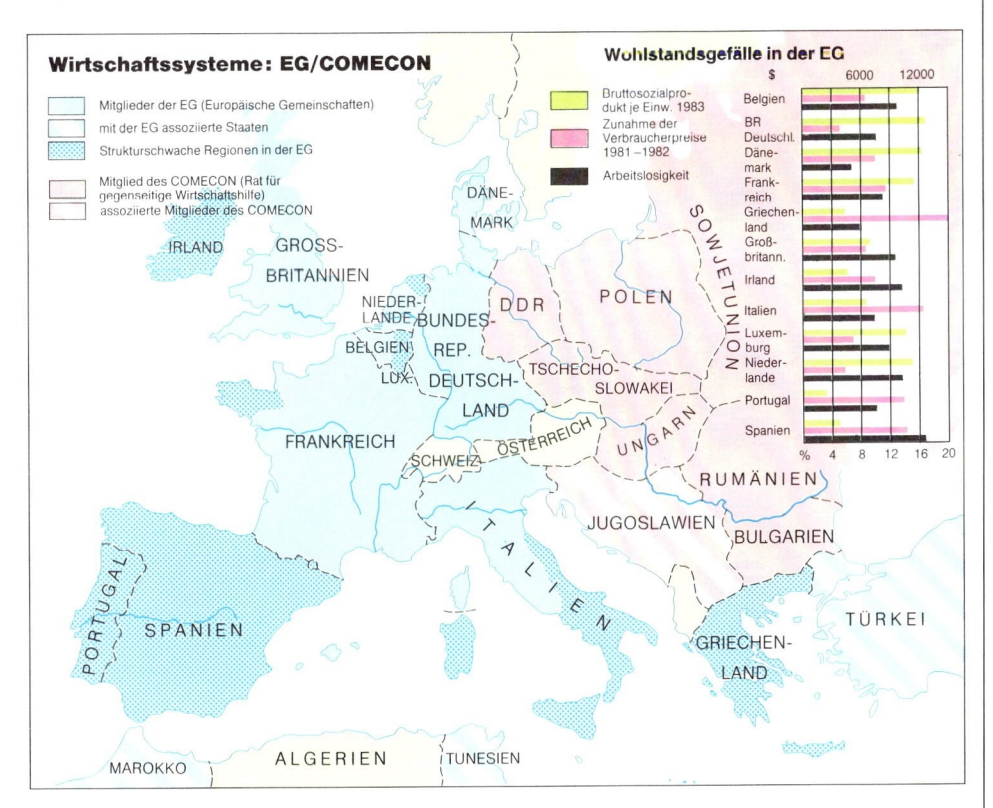

Ein- und Ausfuhr nach Warengruppen
– in % der gesamten Ein- und Ausfuhr –

Warengruppen	1966 Einfuhr	1966 Ausfuhr	1970 Einfuhr	1970 Ausfuhr	1981 Einfuhr	1981 Ausfuhr	1987 Einfuhr	1987 Ausfuhr
Bergbauliche Erzeugnisse (Kohle, Eisenerze, Erdöl, Erdgas etc.)	9	3	9	2	19	2	7	1
Erzeugnisse der Grundstoff- u. Produktionsgüterindustrie (Steine, Eisen, Stahl, Mineralölerzeugnisse, chemische Erzeugn., Holz, Gummi etc.)	27	27	30	27	27	27	26	24
Erzeugnisse der Investitionsgüterindustrie (Stahlbau, Maschinenbau, Straßen- u. Luftfahrzeuge, Elektrotechnische Erzeugn. etc.)	17	54	22	54	24	52	33	56
Erzeugnisse der Verbrauchsgüterindustrie (Glas- u. Holzwaren, Kunststofferzeugn., Schuhe, Textilien, Bekleidung etc.)	14	11	14	11	14	11	17	12
Erzeugnisse der Land-, Forst-, Jagdwirtschaft u. Fischerei	20	1	14	1	8	1	7	1
Sonstige Erzeugnisse	13	4	11	5	8	7	10	6

Quelle: Statistisches Bundesamt.

höht werden. Auf der Seite des deutschen Exports erhöhte sich die Bedeutung der RGW-Länder mit 1 Prozentpunkt dagegen kaum. Erst der Übergang dieser Länder zur Demokratie und Marktwirtschaft wird das Ziel der verstärkten Eingliederung dieser Länder in die internationale Arbeitsteilung erreichen. Für die deutsche Außenwirtschaft wird sich der Reformprozeß der osteuropäischen Länder aus zwei Gründen besonders auswirken. Zum einen bringt der deutsche Einigungsprozeß intensive Erfahrungen und Kontakte der DDR-Betriebe mit den RGW-Ländern und damit Wettbewerbsvorteile gegenüber anderen Industrieländern in den gesamtdeutschen Außenhandel ein. Zum anderen ist der Investitionsbedarf der ehemaligen Staatshandelsländer enorm. Veraltete Maschinen und Anlagen müssen durch produktive ersetzt werden. Hierbei ist westliches Know-how notwendig, das in besonderem Maße von der auf Investitionsgüter spezialisierten bundesdeutschen Exportwirtschaft geliefert werden kann.

Der größte Abnehmer deutscher Waren, betrachtet man den Durchschnitt von 40 Jahren Bundesrepublik, waren die EG-Länder Frankreich, Niederlande und Italien. Gegen Ende der achtziger Jahre nahmen die Ausfuhren nach Großbritannien beständig zu. 1988 nahmen die Briten sogar hinter Frankreich den zweiten Platz unter den wichtigsten deutschen Abnehmern ein. Die bedeutendsten Nicht-EG-Kunden deutscher Unternehmen sind die USA: 7 Prozent der deutschen Ausfuhren gingen 1989 dorthin (zum Vergleich: Frankreich fast 13 Prozent). Die vier Länder waren auch auf der Importseite dominant. 1988 stammten 12 Prozent der bundesdeutschen Einfuhren aus Frankreich, 10 Prozent aus den Niederlanden, 9 Prozent aus Italien, jeweils 7 Prozent aus Großbritannien und den USA.

Fast genauso bedeutend wie die Importe aus den USA sind die aus Japan. 1988 lieferten die Japaner 6,5 Prozent der in die Bundesrepublik eingeführten Waren. Im Gegenzug konnten die deutschen Unternehmen allerdings nur knapp über 2 Prozent ihrer Ausfuhren in dem fernöstlichen Land verkaufen. Exporteure beklagten dann auch einen allzu großen Protektionismus der Japaner. Der heimische Markt wird durch eine Vielzahl von Handelshemmnissen gegen die ausländische Konkurrenz abgeschirmt, während die ausländischen Märkte gezielt mit relativ wenigen Produkten überschwemmt werden. Im Gegensatz zu der amerikanischen Wirtschaft konnte die Bundesrepublik aufgrund ihrer insgesamt hohen Handelsüberschüsse bisher mit dem japanischen Protektionismus gut leben.

Der Export ist der Motor der deutschen Wirtschaft: Autoverladung in Emden für den Verkauf in den USA (oben); Verladung von Mannesmann-Großrohren im Bremer Überseehafen (andere Seite) für eine Erdgaspipeline in der UdSSR.

Die Warenstruktur

Die Exporterfolge der deutschen Industrie basieren nicht zuletzt auf der Tatsache, daß die deutschen Exporteure weltweit

Güter anbieten, die besonders gut an die Weltnachfrage angepaßt sind. Dies war bereits in den Gründerjahren der Bundesrepublik so und hat sich bis heute nicht geändert. Der überwiegende Teil des deutschen Exports besteht aus Gütern, die in den Abnehmerländern zum Ersatz und zur Erweiterung von Produktionsanlagen benötigt werden. Diese Erzeugnisse der bundesdeutschen Investitionsgüterindustrie hatten bereits 1966 einen Anteil von 54 Prozent an den gesamten Exporten. Die letzte Hälfte der achtziger Jahre war weltweit durch eine gute Konjunktur geprägt. Die dadurch starke Nachfrage nach Investitionsgütern begünstigte den deutschen Export und ließ den Exportanteil dieser Güter auf 56 Prozent in den Jahren 1987 und 1988 steigen. Die zweite wichtige Stütze des deutschen Exports sind die Erzeugnisse der Grundstoff- und Produktionsgüterindustrie, die bis gegen Ende der achtziger Jahre rund 27 Prozent und danach ca. 24 Prozent der bundesdeutschen Exporte ausmachten. Besonders wichtige Gütergruppen unter den Ausfuhren sind Maschinen, Straßenfahrzeuge, chemische Produkte und elektrotechnische Erzeugnisse.

Auf der Importseite des deutschen Außenhandels dominierten im Durchschnitt die Erzeugnisse der Grundstoff- und Produktionsgüterindustrien. Zunehmend dringen aber die Investitionsgüter auch auf der Importseite in den Vordergrund. 1987 machten diese Güter bereits ein Drittel des deutschen Imports aus. Ursache für diese Entwicklung ist u.a. die Tatsache, daß die gute bundesdeutsche Konjunktur die Kapazitäten der deutschen Unternehmen so stark beanspruchte, daß stärker als in der Vergangenheit auf ausländische Investitionsgüter zurückgegriffen werden mußte. Mit Beginn der ersten Ölpreiskrise 1973 nahm der Importanteil bergbaulicher Erzeugnisse erheblich zu. Nach der zweiten Ölkrise 1979 stieg dieser Anteil weiter. In den frühen achtziger Jahren änderte sich dann die Situation: Die schlechte konjunkturelle Situation und eine konsequente Energiesparpolitik reduzierten die Erdöl- und Erdgasimporte auf 1981 nur noch 17 Prozent aller Einfuhren. Gegen Ende der achtziger Jahre machten die Importe bergbaulicher Erzeugnisse nur noch rund 7 Prozent der gesamten bundesdeutschen Einfuhren aus. Die konsequente Einführung energiesparender Produktionsverfahren zusammen mit dem Preisverfall von Rohöl und Erdgas waren dafür die Ursache.

Die internationale Wettbewerbsfähigkeit

Für die stark exportabhängige bundesdeutsche Volkswirtschaft ist ein hohes Maß an internationaler Wettbewerbsfähigkeit von besonderer Bedeutung. Bereits zwei Jahre nach der Gründung der Bundesrepublik schloß der deutsche Außenhandel mit Überschüssen in der Leistungsbilanz ab. Bis Ende der siebziger Jahre schrieb die deutsche Leistungsbilanz nur zweimal – nämlich 1962 und 1965 – rote Zahlen. Die Handelsüberschüsse der deutschen Exporteure reichten fast jedes Jahr aus, alle Kapitalübertragungen ins Ausland auszugleichen, seien es die Überweisungen der Gastarbeiter an ihre Familien in der Heimat oder die Ausgaben deutscher Urlauber an ihren Ferienorten in Österreich, Italien, Spanien oder wo auch immer.

Ein wichtiger Bestimmungsgrund für die internationale Wettbewerbsfähigkeit ist der Preis, mit dem die deutschen Exporteure und mit dem sich die Unternehmen im Inland gegen die Konkurrenz aus dem Ausland behaupten können. Die preisliche Wettbewerbsfähigkeit wird nun durch die Entwicklung des Wechselkurses und der Inflationsrate bestimmt. Die Stabilität der bundesdeutschen Wirtschaft und die Außenhandelserfolge ließen den Wechselkurs der D-Mark bis Anfang der achtziger Jahre – wenn auch unter Schwankungen – z.T. erheblich steigen. Kostete der US-Dollar auf den Devisenmärkten 1949 noch 4,20 DM, war er 1980 im Jahresdurchschnitt für bereits 1,71 DM zu haben. Damit trat aber eine Verteuerung der deutschen Exporte und eine Verbilligung des Importangebots auf den deutschen Inlandsmärkten ein. Die preisliche Wettbewerbsfähigkeit der deutschen Industrie verschlechterte sich. Allein im Zeitraum von 1964 bis 1970 verteuerten sich die bundesdeutschen Waren im Vergleich zu den Konkurrenten um rund 12 Prozent. Erschwerend kam hinzu, daß die Lohnkosten pro Stück relativ zu den Konkurrenzländern um 15 Prozent stiegen. Dennoch wurden Leistungsbilanzüberschüsse erzielt, und der Anteil der deutschen Exporte am Welthandel stieg. Von lediglich 3,5 Prozent 1950 über 10 Prozent 1960 stammten 1970 fast 12 Prozent, 1983 immerhin noch über 10 Prozent der Weltexporte aus bundesdeutscher Fertigung. Die Ursache hierfür lag an dem hohen Standard der deutschen Produkte ebenso wie an den guten Serviceleistungen und der hohen Lieferfähigkeit der Exportunternehmen. Hinzu kam, daß die D-Mark trotz der Aufwertungen in den sechziger Jahren noch zu gering notiert wurde. Die relativ niedrigen deutschen Preissteigerungen sicherten den Außenhändlern immer noch einen absoluten Preisvorteil. Erst als das Wechselkurssystem von Bretton Woods im März 1973 zusammenbrach und der DM-Kurs sich nahezu frei von Interventionen bildete, schmolz auch der absolute Preisvorteil deutscher Güter dahin.

Die hohen Leistungsbilanzüberschüsse setzten sich auch in den siebziger Jahren zunächst noch fort. Dies war allerdings kein Zeichen gestiegener Wettbewerbsfähigkeit der deutschen Wirtschaft. Im Gegenteil: der bundesdeutsche Außenhandel geriet in diesen Jahren unter einen zunehmenden Anpassungsdruck. Von 1970 bis 1979 verteuerten sich die deutschen Außenhandelsgüter in einheitlicher Währung gegenüber den Hauptkonkurrenzländern um fast 15 Prozent. Der Anteil der Exporte am Welthandel sank. 1979 geriet die Leistungsbilanz mit fast 10 Milliarden DM ins

415

Die außenwirtschaftliche Position der Bundesrepublik

Defizit, das sich im Jahr darauf sogar auf fast 30 Milliarden erhöhte. Diese Entwicklung war sicherlich auch durch die starke Verteuerung der importierten Rohstoffe im Jahr 1979 bedingt. Nicht unerheblich war jedoch die Tatsache, daß die bundesdeutschen Exporteure und die mit Importen konkurrierenden inländischen Unternehmen Marktanteile verloren. Daß sich die Verschlechterung der preislichen Wettbewerbsfähigkeit erst so spät auch in der Leistungsbilanz bemerkbar machte, ist im wesentlichen auf drei Faktoren zurückzuführen:

Erstens war der deutsche Außenhandel in den siebziger Jahren häufig durch eine den Handel begünstigende Konjunktursituation geprägt. So verfügte z. B. 1974 die deutsche Industrie über mehr freie Kapazitäten als die meisten anderen Industrieländer. Die deutschen Unternehmen drängten auf die Exportmärkte, auf denen sie eine genügend hohe Nachfrage für ihre Produkte vorfanden. Im Gegensatz zu ihren Konkurrenten konnten sie jedoch schneller liefern, so daß sich die starke Verteuerung des Jahres 1973 nicht bemerkbar machte. Zweitens profitierten die deutschen Exportunternehmen von ihrer Spezialisierung auf Investitionsgüter, die im Ausland stark gefragt waren. Und drittens wirkten sich die Wechselkurserhöhungen erst am Ende der siebziger Jahre auf die Leistungsbilanz aus, weil die deutschen Unternehmen lange Zeit ihre Marktanteile durch die Inkaufnahme von Gewinneinbußen hielten. Die wechselkursbedingten Verteuerungen der Produkte wurden nicht oder nicht vollständig an die Kunden im Ausland weitergegeben.

Dabei drückte nicht nur der Wechselkurs auf die Gewinne, sondern auch die Entwicklung der Kosten. So erhöhten sich die Lohnstückkosten relativ zum Ausland von 1970 bis 1979 um 18 Prozent. 1970 mußte ein Unternehmen in der deutschen Industrie für eine Arbeitsstunde noch 9,42 DM an Lohn und Lohnnebenkosten zahlen. 1979 kostete die Arbeitsstunde über 21 DM und 1980 über 23 DM. Ein US-amerikanisches Konkurrenzunternehmen zahlte 1970 bereits fast 16 DM, 1979 aber nicht mehr als 17 DM und 1980 nicht mehr als knapp über 18 DM. Noch besser erging es japanischen Exporteuren. Sie waren 1979 mit lediglich knapp 12 DM pro Stunde erheblich geringer durch Arbeitskosten belastet als ihre Konkurrenten.

Bereits 1982 war die deutsche Leistungsbilanz wieder ausgeglichen. Ein günstigerer Wechselkurs und sinkende Kosten wirkten sich auf den deutschen Außenhandel positiv aus. Trotz des teilweise hohen Dollarkurses – 1985 kostete ein US-Dollar über 2,90 DM im Jahresdurchschnitt – verbesserte sich die Wettbewerbsfähigkeit der deutschen Wirtschaft während der ganzen achtziger Jahre. 1989 lagen die Lohnstückkosten in der Bundesrepublik unter Berücksichtigung der Währungsentwicklung um 13 Prozent niedriger als in den anderen Industrieländern. Der Überschuß in der bundesdeutschen Leistungsbilanz stieg kräftig bis auf über 85 Milliarden DM 1988. Die bundesdeutsche Wirtschaft konnte damit beruhigt in die deutsche Wirtschafts- und Währungsunion am 2. Juli 1990 gehen, reichen die bundesdeutschen Außenhandelsüberschüsse doch aus, den erhöhten Importbedarf der DDR in den neunziger Jahren ohne Stabilitätseinbuße der D-Mark zu finanzieren.

Zusätzliche Anstrengungen in Forschung und Entwicklung sind daher eine unerläßliche Bedingung für die Sicherung der internationalen Wettbewerbsfähigkeit der deutschen Wirtschaft. So schwanken die Ausgaben für Forschung und Entwicklung in der Bundesrepublik seit 1970 um 2 Prozent des Bruttosozialprodukts. Dies ist international kein schlechter Wert. Dabei darf allerdings nicht verkannt werden, daß es nicht so sehr auf die rein rechnerischen Ausgaben ankommt, sondern auf die Effizienz. Hierbei ist es allerdings für die Bundesrepublik international nicht immer zum Besten bestellt.

Deutsche Unternehmen in der Welt

Daß die Bundesrepublik sich nach dem Zweiten Weltkrieg zu einer führenden Handelsnation entwickelte, ist nicht zuletzt das Verdienst der Exportwirtschaft. Doch die deutschen Unternehmen sind nicht nur über Exporte und Importe mit der Welt verbunden. Bereits vor dem Ersten Weltkrieg haben sie auch Kapital exportiert, d.h., sie haben Produktionsstätten und Firmen in anderen Ländern gekauft und errichtet. Die sog. Auslands- oder Direktinvestitionen nahmen damals hinter dem dominierenden England, aber noch weit vor den USA, den zweiten Platz in der Welt ein. Viele der heute bekanntesten deutschen multinationalen Unternehmen wie Siemens, Bayer oder Bosch betrieben in zahlreichen Ländern Produktionsstätten.

Gerade die Firma Bayer gilt als Vorreiter für deutsche Investitionen im Ausland. Sie erwarb schon 1865, zwei Jahre nach ihrer Gründung, Anteile eines amerikanischen Anilinherstellers. Die beiden Weltkriege dieses Jahrhunderts waren jedoch gewaltige Rückschläge für das Engagement deutscher Firmen im Ausland: Nach beiden Kriegen wurden jeweils die Auslandsvermögen der Deutschen enteignet. Beide Male dauerte es geraume Zeit, bis sich die deutschen Unternehmen wieder gefangen, den Schock der Enteignungen überwunden hatten und erneut den Schritt ins Ausland wagten.

Nach dem Zweiten Weltkrieg waren allerdings erst einmal Auslandsinvestitionen

Internationale Zusammenarbeit und Verflechtung: In Maurepas in der Île de France ist Thyssen Aciers Spéciaux mit einem Lagerbetrieb zu Hause (andere Seite). Firmen aus Spanien, Frankreich, den Niederlanden, Großbritannien und der Bundesrepublik bauen den europäischen Airbus. Im MBB-Werk Hamburg erhält er seine Innenausstattung (ganz oben). MBB und das japanische Unternehmen Kawasaki entwickelten gemeinsam den BK 117, einen acht- bis elfsitzigen Zwei-Turbinen-Hubschrauber (oben).

für Deutsche grundsätzlich verboten. Erst 1952 wurde dieses Verbot abgeschwächt, und seit 1961 besteht für Investitionen im Ausland lediglich eine Meldepflicht. Aber auch rein ökonomische Überlegungen ließen in dem ersten Jahrzehnt nach dem Krieg die deutschen Unternehmen noch zögern, Firmen im Ausland zu errichten. Durch den Wiederaufbau im Innern war es für die deutschen Unternehmen lohnender, im eigenen Land zu investieren und zu expandieren.

Soweit sie auf dem Weltmarkt auftreten wollten, konnten sie dies durch den Export ihrer Waren und Güter tun, da es mit dem zunehmenden weltweiten Abbau der Handelsschranken leichter wurde, die eigenen Produkte in fremde Länder auszuführen. Im Lauf der sechziger Jahre rückten aber andere Faktoren in den Vordergrund, die für eine Verstärkung der Investitionen im Ausland sprachen. Immer mehr stellte sich heraus, daß man die ausländischen Märkte besser erschließen kann, wenn man selbst einen Firmenstützpunkt in dem jeweiligen Land hat. Darüber hinaus wurde der Schritt ins Ausland häufig durch eine protektionistische Politik, besonders in den Entwicklungsländern, »erzwungen«. Die Liberalisierung des Welthandels nahm relativ ab. Zollmauern und andere Hindernisse für Exporte nahmen wiederum zu. Auch spielten steigende Lohnkosten in Deutschland eine Rolle, daß Unternehmen mit ihrer Produktion ins Ausland gingen. Gerade nach der Ölkrise 1973/74 kam noch ein weiteres Motiv hinzu: Verstärkt versuchten Unternehmen im ausländischen Bergbau und auf dem Ölsektor Fuß zu fassen, um bei der starken Rohstoffabhängigkeit der Bundesrepublik Deutschland vom Ausland eine sichere Versorgung mit wichtigen Rohstoffen zu erreichen.

Die Entwicklung der deutschen Direktinvestitionen nach 1952 kann somit in vier Abschnitte eingeteilt werden:
☐ 1952 bis 1961 war eine Periode langsam

Tourismus

Die Urlaubsreise ist nach wie vor der Deutschen liebstes Steckenpferd, für das viel Geld gespart und ausgegeben wird. Kein Wunder, wenn ganze Wirtschaftszweige vom Tourismus profitieren, ja existieren können. Fährt doch jeder zweite Bundesbürger Jahr für Jahr in Urlaub, ins In- oder Ausland, zur Erholung oder – auch – zur Weiterbildung. Erste touristische Ansätze finden sich bereits im alten Rom, wo Vorläufer unserer heutigen Reisebüros entstanden, in denen man Bade- und Kuraufenthalte »buchen« konnte. Auch die Wallfahrten des Mittelalters hatten touristische Züge. Tourismus im heutigen Sinn begann jedoch erst im 19. Jh., als Eisenbahn und Dampfschiffahrt zu einschneidenden Verbesserungen der Verkehrswege führten. Die ersten Gesellschaftsreisen veranstaltete um 1815 in Paris der Reiseschriftsteller Galignani; in Deutschland konnte man seit 1854 Pauschalreisen buchen. Die Verkehrsmittel unseres Jahrhunderts ermöglichen vielfältigere Reiseformen: Das Auto erlaubt dem Touristen, den Verlauf seiner Reise selbst zu bestimmen, das Flugzeug führt ihn im Nu in ferne Kontinente. Auch sind zu den »klassischen« Unterkunftsarten – Hotel, Pension und Herberge – unkonventionellere hinzugekommen, wie Motels, Ferienwohnungen und Campingplätze.

Im Lauf der Zeit hat die Reiseintensität immer mehr zugenommen. Der leichte konjunkturbedingte Rückgang, der Anfang der achtziger Jahre eintrat, scheint heute überwunden zu sein. Die Neigung vieler Bundesbürger, ihren Urlaub im Ausland zu verbringen, ist ungebrochen. Ende der sechziger Jahre war das Verhältnis zwischen In- und Auslandsreisen noch nahezu ausgeglichen, inzwischen beträgt der Anteil der Auslandsreisen über 60 Prozent. Allein 1984 fanden über 23 Millionen Auslandsreisen statt, bei denen 39,6 Milliarden DM ausgegeben wurden (2,4 Prozent mehr als 1983). An der Spitze der Urlaubsländer stand Österreich (7,6 Milliarden DM), dicht gefolgt von Italien (7,3). Für 1985 prognostizierte die Bundesbank einen weiteren Anstieg der Ausgaben. Im Inland dominiert Bayern, wo Jahr für Jahr fast 3 Millionen Urlauber ihr Domizil finden. A. Sch.

Die Reisebücher, die Karl Baedeker (*1801, †1859) seit 1829 herausgab, wurden berühmt: Für Bildungsreisende sind sie auch heute noch eine unverzichtbare Lektüre (1). – Reges Treiben herrschte im Strandbad neben den Badekarren, wie in Ostende, 1904. Männer trugen einteilige Trikotbadeanzüge mit kurzen Beinen, Frauen auf Figur geschnittene Badekleider, die häufig gestreift waren (2). – Nicht nur auf der »Schwäb'schen Eisenbahne« ging es hoch her; auch anderswo, wie 1907 in Pasewalk (3), Vorpommern, war die Bahnhofsrestauration ein florierendes Gewerbe. Heute führen die Bahnhofsrestaurants ein eher kümmerliches Dasein. – Gebirgsreisen zu Erholungs- und Genesungszwecken häuften sich nach Gründung von Alpen- und Touristenvereinen. »Sommerfrischler« in einem Alpendorf, 1907 (4).

Fernreisen in Länder der Dritten Welt werden relativ selten unternommen. Doch haben Reiseveranstalter diese Marktlücke entdeckt und versuchen, sie durch vielseitige Angebote zu schließen (5). – Begegnungen zwischen verschiedenen Kulturen sind häufig durch mangelndes Einfühlungsvermögen gekennzeichnet. Die unmöglich gekleidete Touristin beachtet ebensowenig wie der Fotograf, daß das Ablichten einer Beduinenfrau bei Arabern nicht gern gesehen ist. Wüste Negev, 1982 (6). – Urlaub an der See oder im Gebirge – an dieser Frage scheiden sich die Geister. Ein beliebtes Erholungsgebiet ist die Adriaküste, die vom Massentourismus überrollt wird: der italienische Badeort Gatteo a Mare (7). – In Deutschland ist Wandern immer noch sehr beliebt: Bergwanderer in den bayrischen Alpen (8).

Die außenwirtschaftliche Position der Bundesrepublik

Internationaler Vergleich von Einkommen, Produktion und Investitionstätigkeit

Land/Länder-gruppe	Bruttoinlandsprodukt – Durchschnittliche jährl. Wachstumsraten in % –		Bruttosozialprodukt pro Kopf – Durchschnittlicher jährl. Zuwachs in % –	Bruttosozialprodukt pro Kopf in US-Dollar	Industrieproduktion – Durchschnittliche jährl. Wachstumsraten in % –		Bruttoinvestition – Anteil am BIP –	
	1965–80	1980–87	1965–87	1987	1965–80	1980–87	1965–80	1980–87
Marktwirtschaftliche Industrieländer	3,7	2,6	4,0	Durchschnitt: 14 430	3,2	2,3	20	21
1 Bundesrepublik D.	3,3	1,6	2,5	14 400	2,8	0,4	18	20
2 Frankreich	4,3	1,6	2,7	12 790	4,3	–0,1	26	20
3 Italien	3,8	2,1	2,7	10 350	4,0	0,5	23	21
4 Großbritannien	2,4	2,6	1,7	10 420	–0,5	1,8	21	18
5 Niederlande	4,1	1,5	2,1	11 360	4,0	–	16	21
6 Belgien	3,9	1,3	2,6	11 430	4,4	1,1	23	16
7 Österreich	4,3	1,6	3,1	11 980	4,5	1,1	30	24
8 Schweiz	2,0	1,7	1,4	21 330	–	–	30	30
9 Schweden	2,9	1,3	1,8	15 530	2,3	2,6	11	18
10 Kanada	5,0	2,9	2,7	15 160	3,5	3,0	26	21
11 USA	2,7	3,1	1,5	18 530	1,7	2,9	17	16
12 Japan	6,3	3,8	4,2	15 760	8,5	4,9	27	30

Quelle: Weltbank

steigender Kapitalabflüsse mit jährlichen Durchschnittswerten von 570 Millionen DM seit 1956;
- 1962 bis 1965 wurden ungefähr gleichbleibende Investitionen von etwa der doppelten Höhe getätigt;
- 1966 setzte eine Phase stark steigender Kapitalabflüsse ein: Allein zwischen 1966 und 1972 wurden über zwei Drittel aller deutschen Direktinvestitionen seit 1952 getätigt;
- seit 1972/73 stiegen die Investitionen zwar weiter, doch waren die jährlichen Zuwachsraten nicht mehr so hoch wie in der vorangegangenen starken Expansionsphase.

Seit 1962 (bis einschließlich 1988) haben somit deutsche Unternehmen insgesamt über 184 Milliarden DM in ausländische Firmen gesteckt. Der größte Teil von ihnen wurde (für rund 154 Milliarden DM) in anderen Industrieländern gekauft oder errichtet. Über 20 Milliarden DM gingen in Entwicklungsländer. Nach den USA und Großbritannien dürfte die Bundesrepublik heute den dritten Rang unter den Nationen einnehmen, die mit Firmen und Unternehmen rund um die Welt vertreten ist. Die Produktion dieser deutschen Firmen im Ausland erreichte 1988 einen Wert von rund 607 Milliarden DM. Dieser Betrag übersteigt die gesamten deutschen Exporte dieses Jahres. Die chemische Industrie ist der Spitzenreiter unter den Industrien, die ins Ausland gegangen sind. Die Firmennamen Bayer, BASF, Hoechst und Degussa sprechen für sich. Sie sind fast in jedem Land dieser Erde vertreten. Fast so stark vertreten sind die Elektroindustrie (Siemens, AEG, Bosch, Osram, Varta), der Automobilsektor (VW, Daimler-Benz), die Stahlindustrie (Mannesmann) und der Maschinenbau (Metallgesellschaft, Kugelfischer, Krupp, Klöckner, Humboldt-Deutz). Bevorzugt sind die deutschen Unternehmen in die EG gegangen (39 Prozent) und hier vor allem nach Frankreich, in die Niederlande und nach Großbritannien. Nach der EG sind die Deutschen vor allem in den USA zu finden, aber auch Brasilien und Argentinien bilden nicht zu übersehende Schwerpunkte deutscher Firmenniederlassungen.

Anlageland Deutschland

Umgekehrt ist die Bundesrepublik auch ein beliebtes Anlageland für ausländische Unternehmen. Die Automobilmarken Opel und Ford sind für deutsche Ohren so vertraut, daß nur wenige daran denken, daß dahinter die amerikanischen Autogiganten General Motors und Ford stehen. In der Elektronikbranche sind IBM, ITT und der französische Konzern Thomson-Brandt nicht zu übersehen, und neuerdings gewinnen japanische Firmen immer mehr an Boden.

Ende 1988 waren ausländische Firmen mit rund 150 Milliarden DM in der Bundesrepublik vertreten. Die meisten kommen aus den USA (über 35 Milliarden DM), der Schweiz (über 15 Milliarden DM), den Niederlanden (rund 13 Milliarden DM) und Großbritannien (über 10 Milliarden DM). Diese Unternehmen sind vor allem im Handel tätig. Ebenfalls stark vertreten sind sie in der Chemieindustrie, dem Maschinenbau, der Datenverarbeitung und im Automobilbau.

Interessant ist, daß heute die deutschen Firmen mehr im Ausland investieren als ausländische Unternehmen in Deutschland. Wer erinnert sich nicht daran, daß noch in den sechziger Jahren vom Ausverkauf deutscher Firmen, besonders an die Amerikaner, die Rede war, von der »amerikanischen Herausforderung« und allgemein von der Beherrschung Europas durch die amerikanische Industrie. Davon kann heute sicherlich nicht mehr die Rede sein.

Internationaler Vergleich von Einkommen und Produktion

Das Gewicht der Bundesrepublik in der Weltwirtschaft äußert sich nicht nur in ihrer Rolle als Handelsnation sowie als ein führendes Anleger- und Anlageland, sondern auch in den von den Bundesbürgern erzielten Einkommen. Die Einkommensentwicklung in der Bundesrepublik – hier gemessen am realen Bruttoinlandsprodukt – verlief allerdings nach 1960 im Vergleich zum Durchschnitt der zwölf wichtigsten Industrieländer nur unterdurchschnittlich.

Die jährlichen Wachstumsraten des Bruttoinlandsprodukts von 4,4 Prozent im Zeitraum von 1960 bis 1970 und von 2,6 Prozent im Zeitraum von 1970 bis 1979 wurden von den meisten Industrieländern übertroffen. Auch in den achtziger Jahren konnte mit rund 2,5 Prozent im Durchschnitt kein allzu hohes Wachstum erzielt werden.

Nicht allzulange nach dem Zweiten Weltkrieg gehörte die Bundesrepublik zu den reichsten Ländern der Welt. 1979 hatte sie hinter der Schweiz und Schweden das dritthöchste Einkommen pro Kopf der Bevölkerung in der Gruppe der westlichen Industrieländer. Rund zehn Jahre später (1987) hat die Bundesrepublik diese Position zwar wieder verloren. Gemessen am Pro-Kopf-Einkommen (in Dollar) belegte sie nur den 11. Platz. Hier machen sich allerdings die großen Wechselkursschwankungen in den achtziger Jahren sehr stark bemerkbar. Dieser »Wohlfahrtsvergleich« ist deshalb mit Vorsicht zu interpretieren.

Für das Wachstum und den Wohlstand (zumindest gemessen an den Einkommensindikatoren) ist in hohem Maße entscheidend, in welchem Umfang eine Volkswirtschaft bereit ist, auf unmittelbaren Konsum zugunsten von Ersparnis und Investition zu verzichten. In der Bundesrepublik wuchsen die Bruttoinvestitionen

Zusammenarbeit mit Ländern der Dritten Welt: Drehbrücke über den Suez-Kanal bei El Ferdan (Ägypten) von Krupp.

nach 1960 im Vergleich zum Durchschnitt der westlichen Industrieländer nur unterdurchschnittlich.

Dies blieb – wie bereits erwähnt – nicht ohne Folgen für die Expansion der Einkommen und der Produktion. Nun sind die Deutschen bekanntermaßen ein sparsames Volk. 1990 wurden in der Bundesrepublik fast 14 Prozent des verfügbaren Einkommens »auf die hohe Kante« gelegt. 1970 hatte die Sparquote allerdings noch ca. 18 Prozent betragen. So kann sich dann auch der Anteil der Bruttoinvestitionen am realen Bruttoinlandsprodukt mit über 20 Prozent im Jahr 1988 (1970: 24 Prozent) international durchaus sehen lassen. Die Japaner allerdings sind in puncto Sparsamkeit und Investitionsfreude Weltmeister. Fast 20 Prozent des verfügbaren Einkommens flossen 1988 dort in die Ersparnis, und mehr als ein Drittel des realen Bruttoinlandsproduktes entfiel auf die (Brutto-)Investitionstätigkeit.

Entwicklungshilfe

Reichtum sollte auch verpflichten. Im internationalen Rahmen heißt dies vor allem Hilfe und wirtschaftliche Zusammenarbeit mit den weniger entwickelten Ländern dieser Welt. Dieser Verpflichtung hat sich die Bundesrepublik grundsätzlich nicht entzogen. Sie zählt zu den größten Entwicklungshilfegebern in der Welt.

Die deutsche Hilfe für die armen Länder in der Dritten Welt ist zwar fast so alt wie die Bundesrepublik, doch sie »emanzipierte« sich erst richtig im Jahr 1961, als ein eigenes Entwicklungshilfeministerium unter der Leitung des späteren Bundespräsidenten Walter Scheel ins Leben gerufen wurde. Zuvor lag die Zuständigkeit teils beim Außenministerium, teils beim Bundesministerium für Wirtschaft. Es dauerte noch rund ein Dutzend Jahre, bis dieses Ministerium auch den wichtigen Zweig der Kapitalhilfe hinzubekam. Somit ist das heutige Bundesministerium für wirtschaftliche Zusammenarbeit erst seit 1973 für die Entwicklungshilfe insgesamt zuständig.

In diesen institutionellen Veränderungen spiegelten sich auch die Motive und die Einstellung der Bundesrepublik gegenüber dieser Hilfe wider. Anfänglich sollte sie vor allem dazu dienen, den außenpolitischen Einfluß der Sowjetunion und der anderen sozialistischen Länder in der Dritten Welt einzudämmen. Darüber hinaus hatte sie auch einen deutschlandpolitischen Zug. Die Entwicklungshilfe sollte die Entwicklungsländer davon abhalten, die DDR anzuerkennen. Tat ein Land dies doch, wurden die Kontakte abgebrochen (Hallstein-Doktrin) und die Entwicklungshilfe eingestellt. Der geringe Erfolg dieser Maxime und der sich ständig vergrößernde wirtschaftliche Abstand zwischen Industrie- und Entwicklungsländern und die damit verbundene unbeschreibliche Armut in den letzteren waren Grund genug, Anfang der siebziger Jahre neue Akzente in der Entwicklungspolitik zu setzen. Man wollte mit der Hilfe das Wohlstandsgefälle zwischen dem industrialisierten Norden und dem überwiegend landwirtschaftlich strukturierten armen Süden abbauen.

Hinter diesem Ziel stehen nicht nur uneigennützige moralische oder karitative Beweggründe. Auch ökonomische Gründe spielen eine große Rolle. Eine wirtschaftliche Entwicklung der armen Länder hebt nicht nur deren Wohlstand. Es eröffnen sich damit auch für die Industrieländer neue Märkte und neue Wachstumschancen. Entwicklungshilfe liegt daher sowohl im Interesse der Entwicklungsländer als auch der Industriestaaten, weshalb auch häufig für die Beziehungen untereinander der Begriff »Entwicklungszusammenarbeit« verwendet wird. Immer stärker ist man sich auch der Tatsache bewußt, daß der soziale und wirtschaftliche Rückstand in den Entwicklungsländern die Ursache vieler Spannungen und Krisen in der Welt ist.

Die Anfang der siebziger Jahre neu formulierte »Entwicklungspolitische Kon-

Die außenwirtschaftliche Position der Bundesrepublik

Praktische Entwicklungshilfe: Ausbildung von Elektromechanikern bei Krupp Metalurgica in Campo Limpo, Brasilien. Handwerklich-technisches Know-how ist Voraussetzung industrieller Produktion.

zeption«, die seit 1973 alle zwei Jahre fortgeschrieben wird, enthält die folgenden Grundsätze:
- mehr Kredite zu günstigeren Bedingungen und mehr kostenlose technische Hilfe (bilaterale Hilfe);
- die Kredite werden in der Regel ohne Lieferbindung gewährt, d.h., die kreditempfangenden Entwicklungsländer müssen dafür keine Güter in der Bundesrepublik kaufen. Dank der Wettbewerbsfähigkeit der deutschen Unternehmen erhielten sie dennoch viele Aufträge. Geschätzt wird, daß in den letzten Jahren über 80 Prozent der Mittel wieder ihren Weg zurück in die Bundesrepublik fanden;
- die Kreditvergabe über internationale Organisationen, vor allem über die Weltbank (IBRD), den Entwicklungshilfefonds der Europäischen Gemeinschaft und das Entwicklungsprogramm der Vereinten Nationen (UNDP) sollten verstärkt werden (multilaterale Hilfe). Auch hier war der Rücklauf der Mittel durch Käufe der Entwicklungsländer in der Bundesrepublik sehr hoch;
- für eine Reihe von Ländern wurden umfassende langfristige Länderhilfsprogramme entwickelt, besonders die Länder in den Armutsgürteln Afrikas und Asiens sind Schwerpunkt-Regionen der entwicklungspolitischen Zusammenarbeit geworden.

Von 1950 bis 1988 hat die Bundesrepublik bilateral und multilateral über 309 Milliarden DM an Mitteln für die Entwicklungshilfe erbracht. Davon stammen 128 Milliarden DM aus Quellen der öffentlichen Hand. Der überwiegende Rest geht auf die private Entwicklungshilfe, vor allem der Kirchen, und auf Leistungen der privaten Wirtschaft, besonders in Form von Direktinvestitionen in Entwicklungsländer, zurück. Der Anteil der öffentlichen Hilfe am Bruttosozialprodukt (BSP) erreichte 1988 einen Anteil von 0,39 Prozent. Damit verfehlte die Bundesrepublik, wie übrigens seit Jahren, das von den Vereinten Nationen proklamierte Ziel, 0,7 Prozent des BSP als öffentliche Entwicklungshilfe zu vergeben (allerdings erreichte die Bundesrepublik damit exakt den gleichen Anteil wie im Durchschnitt alle EG-Länder zusammen). Die gesamten Leistungen (öffentliche Hilfe und private Leistungen) beliefen sich 1982 knapp über 1 Prozent des BSP (23 Milliarden DM).

Seit Beginn der Entwicklungshilfe der Bundesrepublik bis 1981 wurden im Rahmen der bilateralen Zusammenarbeit mit Entwicklungsländern mehr als 25 967 Projekte in Angriff genommen, von denen zu diesem Zeitpunkt rund zwei Drittel abgeschlossen waren. Ein »Projekt« reicht dabei von der kurzfristigen Entsendung eines Beraters bis hin zu einem viele Millionen Mark umfassenden Bau z. B. eines Wasserkraftwerkes.

Von dieser Hilfe profitieren viele Länder. Im Jahr 1987 arbeitete die Bundesrepublik im Rahmen der bilateralen Hilfe mit insgesamt 50 Ländern zusammen. Mit anderen Worten: kaum ein Entwicklungsland ist ausgelassen worden. Die Hilfe konzentriert sich allerdings auf die 31 ärmsten, am wenigsten entwickelten Länder. So bekamen 1981 alle Entwicklungsländer zusammen pro Kopf 2,28 DM an Hilfe von der Bundesrepublik; die ärmsten Länder erhielten jedoch 6,24 DM.

Die multilaterale Hilfe der Bundesrepublik schneidet im internationalen Vergleich nicht schlecht ab. Dem Umfang nach ist sie nach den USA, Kanada und Japan die viertgrößte. Zählt man die bilaterale Hilfe hinzu, liegt die Bundesrepublik mit ihren Entwicklungshilfeleistungen hinter den USA und Frankreich sogar auf dem dritten Rang.

In der Praxis ist die deutsche Entwicklungspolitik darum bemüht, ihre Hilfe auf bestimmte Bereiche zu konzentrieren, was nicht leicht ist, da ja die Vorstellungen der Entwicklungsländer hiervon abweichen können. Gemessen an den Kreditzusagen liegt der Infrastrukturbereich, also Verkehrs- und Nachrichtenwesen, öffentliche Versorgungsbetriebe usw., an der Spitze, gefolgt vom Bildungs- und Ausbildungswesen und dem Industriesektor.

Die Milliardenbeträge für die Entwicklungsländer finden leider auch in der Bundesrepublik nicht nur Zustimmung. Die Vorwürfe, daß diese Gelder in den Entwicklungsländern für den Kauf »goldener Betten« zweckentfremdet werden, und die Hinweise auf einzelne fehlgeschlagene Projekte verdecken in der Regel den Blick darauf, daß die Mehrzahl der Projekte erfolgreich durchgeführt wurden und in den meisten Fällen ein »nützlicher Baustein für den wirtschaftlichen Aufbau« eines betreffenden Entwicklungslandes sind. Und bei aller sinnvollen Kritik an der Entwicklungshilfe darf nicht vergessen werden, daß sie für die Empfängerländer in der Regel nur ein marginaler Betrag ist, gemessen an den Summen, die es für seine Entwicklung benötigt. Die Hauptlast des Aufbaus aber – und auch dies muß gesagt werden – muß von den Entwicklungsländern selbst getragen werden.

Zu diesem Thema

In diesem Band:
Mayer: Wirtschaftliche Entwicklung
Plötz: DDR in der Weltwirtschaft
  Innerdeutscher Handel
Stolze: Konzerne
Wetter: Wirtschaftspolitik

OTTO GRAF LAMBSDORFF

Soziale Marktwirtschaft – Möglichkeiten und Grenzen

Die Geschichte Deutschlands in der Nachkriegszeit war nicht nur durch Teilung, Mauerbau und Ost-West-Konflikt bestimmt, sie ist auch jetzt nicht allein durch das Zusammenwachsen von Bundesrepublik und DDR und die kontinuierliche Annäherung der großen politischen Blöcke geprägt. Staat und Gesellschaft der Bundesrepublik wären nicht das geworden, was sie geworden sind, ohne eine Wirtschafts- und Gesellschaftsordnung, die als Soziale Marktwirtschaft inzwischen längst weltweit ihre erfolgreiche Bewährung gefunden und die Kritik überdauert hat. Die Herstellung der deutschen Einheit, das Zusammenrücken Europas wäre ohne das stabile Fundament der marktwirtschaftlichen Ordnung kaum sinnvoll vorstellbar, ja, die Chancen auf eine Überwindung der Nachkriegsspaltung des Kontinents liegen ursächlich zu einem nicht geringen Teil in der gewaltigen Anziehungskraft und der Vorbildfunktion des marktwirtschaftlichen Systems für die Staaten Mittel- und Osteuropas begründet.

Politische Entwürfe und ihre Durchsetzung sind keine Zufallsereignisse. Sie fallen nicht aus dem Ungefähr auf die Gesellschaft herab. Sie sind das Werk von Menschen, deren Überzeugungs- und Entschlußkraft die gesellschaftlichen Tendenzen einer Epoche aufnimmt und sie schließlich beeinflussen, bestimmen wird. Als es 1948 darum ging, das Konzept der Sozialen Marktwirtschaft einzuführen, verständlich und akzeptabel zu machen, fiel diese Aufgabe vor allem Ludwig Erhard zu. Wie kein anderer hat er das wirtschafts- und gesellschaftspolitische Bewußtsein der Deutschen geprägt – und nicht allein das der Deutschen. Gegen alle Widerstände hat er seine Überzeugung, mit der Sozialen Marktwirtschaft auf dem allein richtigen Weg zu sein, durchgefochten und durchgesetzt. In seiner schöpferischen Bedeutung ist Ludwig Erhard von keinem anderen deutschen Politiker übertroffen worden.

Gewiß traf er damals, 1948, auf eine Situation, die nach einem Neuanfang in der Wirtschaftspolitik verlangte. Nationalsozialismus, Kriegswirtschaft und Kriegszerstörung, das Fiasko der Bewirtschaftung ließen nichts anderes zu. Es war die historische Stunde für ein Konzept der Freiheit.

Es war die Stunde der Sozialen Marktwirtschaft. Im Vorfeld der Wirtschaftsreform von 1948, ja schon vor und während des Krieges, war sie – zuletzt im Untergrund – als neoliberales Wirtschaftskonzept für den Übergang in eine Friedenswirtschaft und die Gestaltung eines grundsätzlichen Neuanfangs nach Kriegsende vorgedacht worden. Vor allem, aber nicht ausschließlich stehen dafür die Namen Walter Eucken, Alexander Rüstow, Franz Böhm, Wilhelm Röpke oder Friedrich von Hayek, Alfred Müller-Armack und Leonhard Miksch.

Das eigentliche Verdienst Ludwig Erhards ist es vor allem, 1948 die Entschlußkraft und den Mut für die Umsetzung dieses Konzepts in die politische Wirklichkeit aufgebracht zu haben. Abschaffung staatlicher Bevormundung des einzelnen, die Entfaltung eigener Initiative, Verzicht auf Bewirtschaftung und einengende Vorschriften, ideeller und materieller Anreiz für selbständiges Handeln waren seine Maximen. Einige verstanden das gleich, viele erst später, als die Erfolge dieser neuen Wirtschaftsphilosophie für jedermann unübersehbar waren.

Zur Verdeutlichung der Zielrichtung seiner Politik übernahm Erhard 1949 den zuvor von Alfred Müller-Armack geprägten und nun das neue System so trefflich charakterisierenden Begriff der »Sozialen Marktwirtschaft«. Die Währungsreform vom 20./21. Juni 1948 schuf die notwendige Grundlage für die neue Ordnung. Und die Aufhebung der meisten Preis- und Mengenvorschriften für die Warenproduktion und Warenverteilung ein paar Tage darauf setzten die Kräfte für eine Entwicklung frei, die unter dem irreführenden Begriff eines deutschen Wirtschaftswunders in die Geschichte eingegangen ist. Es war kein Wunder. Es war der Lohn und das Ergebnis wirtschaftlicher Freiheit und staatlicher Politik zur Sicherung dieser Freiheit. Später, in den siebziger und achtziger Jahren, als das angebliche Wunder verblaßte, als Bewußtseinswandel vieler Bürger und weltwirtschaftlicher Strukturumbruch neue Probleme aufwarfen, hat die Soziale Marktwirtschaft diesen Prozeß besser und erfolgreicher überstanden als andere Wirtschaftssysteme. Die neunziger Jahre werden die Leistungsfähigkeit dieser Ordnung beweisen, die allein eine überzeugende Antwort auf die vielfältigen neuen Herausforderungen zu geben in der Lage ist.

Das marktwirtschaftliche Prinzip, die Verpflichtung des Staates, politische Rahmenbedingungen dafür zu setzen, daß sich die gestaltenden Kräfte des einzelnen frei entfalten können, ist häufig genug als ein bloßes System des rationellen Wirtschaftens aufgefaßt worden. Das Mißverständnis kann nicht größer sein. Schon Ludwig Erhard hat – in seiner Sprache – Marktwirtschaft als eine Gesellschaftspolitik bezeichnet, »die das wirtschaftliche, das gesellschaftliche, das menschliche Sein als Ganzes begreift«. Und in der Tat: Ohne wirtschaftliche Freiheit ist individuelle, bürgerliche, politische Freiheit nicht zu verwirklichen, nicht aufrechtzuerhalten. Die Soziale Marktwirtschaft ist nicht im Grundgesetz der Bundesrepublik Deutschland festgeschrieben. Aber es war mehr als ein glücklicher Zufall, daß dieses Grundgesetz 1949 die wirtschaftlichen Freiheiten auch verfassungsrechtlich absicherte – mit dem Recht auf freie wirtschaftliche Betätigung, Vertrags- und Koalitionsfreiheit, freie Berufs- und Arbeitsplatzwahl und Sicherung des sozial verpflichteten Privateigentums. Deutlich wird daraus: Marktwirtschaftliche Ordnung und freiheitlicher Rechtsstaat gründen auf denselben Wertvorstellungen. Eins kann ohne das andere nicht dauerhaft sein. Soziale Marktwirtschaft in einer demokratischen Gesellschaft schafft dem Menschen zumindest weit größere Freiräume als andere Ordnungssysteme. Je mehr Menschen die ihnen gegebenen Entfaltungschancen wahrnehmen, desto größeren Nutzen hat die Gesellschaft davon.

Kritiker dieser Wirtschaftsordnung stellen den gesamtgesellschaftlichen wie individuellen Nutzen der Marktwirtschaft in Abrede. In der Tat ist die Geschichte der Sozialen Marktwirtschaft nicht nur die Geschichte eines Siegeszuges. Seit ihrer Verwirklichung in der Bundesrepublik Deutschland hat sie zugleich permanente Abwehrkämpfe führen müssen. Galt sie ihren Anhängern (die in der Bundesrepublik freilich immer in der Mehrheit waren) als maßgeschneidert für den freiheitlich-individualistisch gesonnenen Menschen, sahen die Verächter in ihr die Ideologie wirtschaftlicher Unterdrückung, kapitalistischer Produktionsverhältnisse, unsozialer Klassenspaltung, materialistischer Volksverführung. Selbst wenn ihr größere wirtschaftliche Effektivität als anderen Systemen zuerkannt wurde, blieb sie mit dem Vorwurf behaftet, daß gerade diese Erfolge die Menschen zu sehr auf materiellen Vorteil, auf Gewinnstreben und Einkommensmaximierung fixiert hätten. Das aber könne nicht das Ziel einer menschenwürdigen Gesellschaft sein.

Solche Anschuldigungen haben unter einer nachgewachsenen, in absolutem oder relativem Wohlstand aufgewachsenen Generation an Boden gewonnen. Der Vorwurf, diese Wirtschaftsordnung sei ein »Moralzehrer« und beschränke sich darauf, die individuelle Selbstverwirklichung und gesellschaftliche Stellung ausschließlich in klingender Münze zu messen, ist freilich eine viel ältere Behauptung. Die nicht zu leugnenden Gefahren einer so verkürzt begriffenen Ordnung haben die Väter der Sozialen Marktwirtschaft früh beschäftigt und beunruhigt. Denn sie haben diese Ordnung anders verstanden.

Für sie war wirtschaftlicher Erfolg und Fortschritt kein absolut gesetzter Endzweck menschlichen Wirkens. Sie sahen die dienende Funktion einer durch Freizügigkeit florierenden Wirtschaft. Und sie sahen darin die Basis, auf der sich erst höhere, immaterielle Werte und Ziele des einzelnen verwirklichen ließen. Wer hungert, wer materielle Not leidet, dessen Gespür für Unabhängigkeit, für Liberalität und Toleranz, für politische Freiheit läuft Gefahr, unterentwickelt zu bleiben. Nur auf gesichertem wirtschaftlichen Grund kann die Gesellschaft als Ganzes einen Bewußtseinsstand erreichen, in dem solche sittlichen Werte menschlichen Zusammenlebens gedeihen. Wie keine andere Ordnung kann die Marktwirtschaft dafür die Voraussetzungen schaffen, und dies nicht nur dank ihrer höheren Effektivität: Sie stellt im Verständnis ihrer Anhänger die ökonomische Ergänzung und Grundlage zu den politischen Freiheitsrechten der parlamentarischen Demokratie bereit.

Soziale Gerechtigkeit, die diesen Namen verdient, muß auf der Basis materiellen Wohlstands, nicht des Mangels erwachsen. Da setzt die Soziale Marktwirtschaft an. Sie postuliert die Freiheit der Preisbildung, die Freiheit des Marktes, die Freiheit des Wettbewerbs. Ohne diese Freiheiten, ohne eine ausreichende Zahl kleiner und mittlerer Unternehmen ist wirkliche Marktwirtschaft nicht denkbar. Allerdings werden Freiheiten, die der Staat nicht bewacht, leicht mißbraucht: Dann sollen nicht mehr Käufer und Verkäufer den Preis bestimmen, dann soll er von mächtigen Anbietern oder Nachfragern diktiert werden. Dann versuchen Großunternehmen, neue Wettbewerber vom Markt fernzuhalten. Dann werden Kartelle gebildet oder Firmen zusammengeschlossen, die den Markt beherrschen wollen. Sie töten den Wettbewerb, hindern den wirtschaftlichen Fortschritt, bewirken Stillstand und proben den Rückschritt. Deshalb geht es nicht ohne das marktwirtschaftliche Grundgesetz, über einen funktionierenden Wettbewerb zu wachen, von dem allein der Erfolg des Systems insgesamt abhängt. Soziale Marktwirtschaft und permanente Wettbewerbspolitik sind untrennbar miteinander verbunden. Es gibt, so hat einer der großen Vordenker dieser Ordnung, Leonhard Miksch, schon 1947 geschrieben, kein anderes Prinzip als den freien Wettbewerb, »das mit einem Minimum an Verwaltungsaufwand ein Maximum an Leistungsfähigkeit, Elastizität und Fortschritt verbindet«. Und nur die Wettbewerbsordnung sei fähig, eine Konzentration wirtschaftlicher Macht wirksam zu unterbinden.

Fähig – theoretisch gewiß. Aber hat sie es in der Realität geschafft, wirtschaftliche Konzentration zu verhindern? Hat das Kartellgesetz, mehrfach verbessert und verschärft, mit seinem Kartellverbot, der Kontrolle von Unternehmenszusammenschlüssen, der Mißbrauchsaufsicht über marktbeherrschende Unternehmen, diese Hauptvoraussetzung marktwirtschaftlicher Politik geschaffen? Die Antwort darauf fällt schwer. Unternehmenskonzentration, das Ausscheiden vieler kleiner Firmen aus den Märkten sind ständige Erscheinungen in der Nachkriegswirtschaft gewesen. Aber der Wettbewerb ist dennoch nicht eingeschlafen; er hat teilweise andere Formen als vor fünfzig Jahren angenommen, er ist grenz- und kontinentüberschreitender geworden –, aber die staatliche Aufsicht über den Wettbewerb hat auf den meisten Märkten funktioniert. Freilich bleibt es eine Daueraufgabe des Staates, über einen funktionsfähigen Wettbewerb auch unter veränderten Bedingungen zu wachen und die Märkte für neue Konkurrenz offenzuhalten.

Wie erfolgreich dieses Prinzip trotz unbestreitbarer Unvollkommenheit arbeitet, beweist seine immer größer werdende Attraktivität für die Länder im östlichen Europa, die sich im zögernden, sicher auch mühevollen Prozeß der Abkehr vom System zentralgelenkter Planwirtschaft hin zu der nun endlich auch als erfolgreicher und zukunftsträchtiger erkannten marktwirtschaftlichen Ordnung befinden.

Bis heute haben es die zentralistischen Verwaltungswirtschaften nicht geschafft, eine reibungslose, selbstverständliche Versorgung mit Gütern und Dienstleistungen zu sichern. Die Wirtschaftslenkung durch den staatlich aufgestellten Plan, die Beschneidung aller wirtschaftlichen (und bürgerlichen) Freiheiten hat zu ständigen Engpässen in der Güterbereitstellung geführt. Die Ausschaltung des Wettbewerbs hat den Planwirtschaften darüber hinaus den Motor genommen, Produktqualität, Produktvielfalt und Produkterneuerung sicherzustellen. Sie waren bis zu den Umwälzungen zu Beginn der neunziger Jahre darauf angelegt, sich abzuschließen statt sich zu öffnen, um so Kontrolle und Übersicht behalten zu können. So wurden Innovation, Experimente und Dynamik unterbunden.

Die entscheidende Voraussetzung durfte eben nicht geschaffen werden: die Freiheit der individuellen Entscheidung, sich als Anbieter oder Nachfrager, als Konsument oder Produzent, als Arbeitnehmer oder Arbeitgeber nach Gutdünken zu bewegen. Es hat sich nun bewahrheitet, daß die unbeweglichen Verwaltungswirtschaften in Mittel- und Osteuropa ihre permanenten Engpässe nur überwinden können, wenn sie mit dem bisher praktizierten System brechen, wenn sie auf den verachteten anpassungsfähigen Markt der »kapitalistischen« Nachbarn zurückgreifen.

Anpassungsfähigkeit – das ist die große wirtschafts- und gesellschaftspolitische Leistung, die der Markt und die auf ihm handelnden Unternehmen immer wieder überzeugend erbracht haben. Nicht nur die deutsche Erfahrung zeigt, daß es kein beweglicheres System gibt, sich auf neue ökonomische und technische Bedingungen einzustellen, richtig auf veränderte weltwirtschaftliche Konstellationen zu reagieren, veraltete Produkte und neue Produktionsverfahren durch moderne zu ersetzen. Sicher ist das nicht mit einem Knopfdruck zu erreichen, sondern unter Rückschlägen und Verlusten, mit Versuchen und Irrtümern, die Wachstum, Einkommen und Arbeitsplätze kosten können und oft gekostet haben. Nichts geschieht auf staatlichen Befehl, fast alles aus eigener, allenfalls staatlich unterstützter Initiative. Und vielen dauern diese Friktionszeiten zu lang, erscheinen die Verluste zu groß. Aber die Geschichte der Bundesrepublik beweist, daß sich unsere Wirtschaft – gewiß oft unter Schmerzen – jene Anpassungsfähigkeit bewahrt hat, um mit weltweiten Energiekrisen, mit dem Eintritt großer Entwicklungsländer in den internationalen Wettbewerb, mit technischen Revolutionen zumindest achtbarer und besser fertig zu werden als Länder, die eine andere Wirtschaftsordnung vorzogen. Anpassungsfähigkeit ist es auch, die vor allem die erfolgreiche Bewältigung der großen Aufgabe der Herstellung der deutschen Einheit ermöglicht.

Allerdings, ganz im staatsfreien Raum wäre vieles nicht zu erreichen gewesen; und völlig auf sich allein gestellt werden die Marktteilnehmer auch in Zukunft nicht wirtschaften können. Also doch Staat und seine Vorschriften und Reglementierungen? Sollten die Regierungen und Ministerien die Wirtschaft nicht gerade unbehelligt lassen, ihr uneingeschränkten Freiraum geben? So ist es nicht, ist es nie gewesen, war es auch von den Initiatoren der Sozialen Marktwirtschaft nie gedacht. In dieser Ordnung spielen der Staat, seine Gesetze und Bestimmungen von Beginn an eine unmißverständliche Rolle. Es geht nicht um grundsatzloses Intervenieren in den Wirtschaftsablauf, es geht darum, marktwirtschaftliche Rahmenbedingungen zu setzen, innerhalb deren die wirtschaftlich Tätigen ihre Entscheidungen treffen. Die Sicherung der Wettbewerbsordnung durch Gesetzgebung, Verwaltung und Justiz war in den ersten Jahren der Bundesrepublik eine der wirtschaftspolitischen Hauptaufgaben. Sie hat in ihrer Bedeutung bis auf den heutigen Tag nichts verloren; staatliche Wettbewerbspolitik bleibt die Grundlage für eine funktionierende Marktwirtschaft. Aber andere Aufgaben – vor allem die Wahrung der Stabilität und das Offenhalten der Märkte – sind dazugetreten und haben an Bedeutung gewonnen.

Der Markt kann nicht alles. Er schafft ökonomischen Wohlstand, aber seine Ergebnisse müssen in einem sozialen Rechtsstaat korrigiert werden. Deshalb bestand im Bereich der Sozialpolitik seit dem Beginn der Bundesrepublik die Aufgabe, das schon im vorigen Jahrhundert geschaffene und seitdem fortentwickelte Netz der sozialen Sicherung weiter auszubauen. In der Bundesrepublik ist das dank einer leistungsfähigen Wirtschaft, die ja die sozialen Leistungen zunächst einmal erarbeiten muß, in einem außergewöhnlichen Maße gelungen. Die Rentenreform, die Lohnfortzahlung für kranke Arbeitnehmer sind wahrscheinlich die markantesten Beispiele für eine Sozialpolitik, die zu den umfassendsten der Welt gehört. Die Marktwirtschaft stellte die enormen Mittel dafür ohne Schwierigkeiten bereit, solange hohe gesamtwirtschaftliche Wachstumsraten erzielt wurden. Die Weltwirtschaftskrise am Ende der siebziger und zu Beginn der achtziger Jahre zeigte freilich die Grenzen einer Sozialpolitik, die immer höhere Anteile eines sich nur noch wenig vergrößernden Sozialprodukts verschlang.

Gewiß verhinderte das »festgespannte soziale Netz« Unfrieden, als die Arbeitslosenzahlen stiegen. Aber die Grenzen der finanziellen Belastbarkeit mit Sozialausgaben waren erreicht bzw. überschritten. Schon gegen Ende der siebziger Jahre war es notwendig geworden, mit dem Rentenanpassungsgesetz und dem Kostendämpfungsgesetz die Ausgaben den wirtschaftlichen Möglichkeiten anzupassen. Im Verlauf der achtziger Jahre wurden weitere Korrekturen unumgänglich, um zumindest Mißbrauch und ungebührende Inanspruchnahme der Sozialleistungen auszuschließen. Die wirtschaftliche Leistungskraft des Landes durfte nicht überbeansprucht, die Leistungsbereitschaft des einzelnen durch zu großzügige Leistungen nicht eingeschläfert werden. Echte soziale Not wird durch staatlich bestimmte Umverteilung der Marktergebnisse unverändert gelindert, soziale Gerechtigkeit bleibt Ziel und Verpflichtung der Politik. Zu Beginn der neunziger Jahre bewahrheitet sich dieser Grundsatz bei der sozialen Absicherung des deutsch-deutschen Vereinigungsprozesses, die ohne eine verläßliche Rükkendeckung durch eine stabile Marktwirtschaft überhaupt nicht denkbar wäre. Das soziale Element der Marktwirtschaft bleibt unverzichtbar, wenn diese Ordnung Bestand haben soll.

Wirtschaftspolitische Auseinandersetzungen in der Bundesrepublik haben sich immer besonders an der staatlichen Konjunkturpolitik entzündet. Die Väter der Sozialen Marktwirtschaft waren in ihrer großen Mehrheit keine Konjunkturpolitiker oder Konjunkturtheoretiker. Ihnen ging es vor allem um die Einschränkung wirtschaftlicher und politischer Macht, die Sicherung des Wettbewerbs durch den Staat, die Bemühungen um einen möglichst stabilen Geldwert. In den fünfziger Jahren hat sich die Konjunkturpolitik fast ganz auf die Steuerung des Geld- und Kreditvolumens durch die Bundesbank verlassen. Preissteigerungsgefahren wurden mit Importerleichterungen bekämpft: Billigere Einfuhren sollten – und konnten damals auch – Druck auf die Preise ausüben. In der Wiederaufbauzeit der deutschen Wirtschaft reichte das. In den sechziger Jahren konnte sich die Konjunkturpolitik wesentlich auf die Steuerung des Geld- und Kreditvolumens durch die Bundesbank stützen. Aber der glänzende Erfolg der Marktwirtschaft in der Phase des Wiederaufbaus war auch begleitet von einer Störung der Geldpolitik durch den Zufluß ausländischer Zahlungsmittel und allmählich deutlich werdenden ersten Anzeichen für eine Wachstumsdämpfung. So wurden schon seit 1956, insbesondere auf der Ebene der Wissenschaftlichen Beiräte, mit Blick auf die Konjunkturzyklen konkrete Überlegungen zu einer »bewußten«, systematischen Konjunktur- und Stabilisierungspolitik vorgetragen. In den sechziger Jahren, die mit dem Gemeinsamen Europäischen Markt und der umfassenden Eingliederung der Bundesrepublik in die Weltwirt-

425

schaft neue Herausforderungen an die Wirtschaftspolitik stellten, wurden diese frühen Vorarbeiten zum Stabilitäts- und Wachstumsgesetz ausgebaut und vom damaligen Bundeswirtschaftsminister Karl Schiller als »Globalsteuerung« von Wirtschaft und Konjunktur zur praktischen Politik erhoben.

Kritiker sahen hierin einen Verrat an der Marktwirtschaft, den Übergang zu planwirtschaftlichen Konzeptionen, eine Rückkehr zu staatlicher Reglementierung. Die Vorwürfe waren unberechtigt; Wettbewerb und ökonomische Freizügigkeit – die Grundlagen der Marktwirtschaft – blieben unangetastet. Aber diese Prinzipien wurden ergänzt durch staatliche Steuerung der großen gesamtwirtschaftlichen Aggregate: Zur Beeinflussung des Konjunkturverlaufs wurde die Finanz- und Steuerpolitik herangezogen, die Konzertierte Aktion von Sozialpartnern und Regierung eingeführt, die Gesamtnachfrage, aber auch das Gesamtangebot durch staatliche Maßnahmen beeinflußt. Der Staat übernahm konjunkturpolitische Verantwortung, ohne dem einzelnen in seine freien wirtschaftlichen Entscheidungen hineinzureden. Beeindruckenden Erfolgen bei der Bekämpfung der ersten großen wirtschaftlichen Rezession Ende der sechziger Jahre folgten später freilich Enttäuschungen.

Staatliche Beeinflussung des gesamtwirtschaftlichen Prozesses hat nicht aufgehört, aber die an diese Politik geknüpften Erwartungen sind bescheidener geworden. Die Grenzen wirtschaftlicher Voraussagen und Machbarkeiten erwiesen sich enger als erwartet und mußten so akzeptiert werden. Und der weltwirtschaftliche Umbruch in den siebziger Jahren stellte neue, bis heute nicht gelöste Probleme: vor allem die weltweit sich beschleunigende Inflation, die Explosion der Energiepreise, die – berechtigten – Ansprüche der Entwicklungsländer, am Wohlstand der reichen Nationen teilzuhaben. Die Wachstumsraten gingen zurück, während zunehmende Umweltprobleme ein radikales Umdenken bei der Verwendung der wirtschaftlichen Ressourcen notwendig machten. Der weltweite Freihandel wurde durch ebenso weltweiten Protektionismus bedroht. Aktivität und Fortschritt in der Europäischen Gemeinschaft nahmen mit der Zahl ihrer Mitglieder – bis zu den jüngsten fruchtbaren Anstößen – nicht zu. Überdies war die bundesdeutsche Wirtschaft zu Beginn der achtziger Jahre zwischenzeitlich durch eine Vielzahl von bürokratischen Eingriffen in ihrer Eigendynamik erschüttert worden.

Wirtschaftstheorie und Wirtschaftspolitik bemühen sich seitdem verstärkt, die lang- und mittelfristigen Rahmenbedingungen für Stabilität, Wachstum und Anpassung der Wirtschaftsstruktur an die weltwirtschaftlichen Gegebenheiten zu verbessern. Stärkung des Angebots, steuerliche Erleichterungen und kostenmäßige Entlastungen für die am Markt auftretenden Unternehmen wurden in Angriff genommen, die Steuerung der Geldmenge durch die Zentralbank zur Stabilisierung des Geldwertes eingesetzt.

Die marktwirtschaftlichen Grundprinzipien behielten in diesem Wandel der wirtschaftspolitischen Steuerung unverändert Geltung. Sie wurden auch nicht durch die vielfältigen großen Aufgaben im Zusammenhang mit der Vereinigung Deutschlands in ihrem Bestand gefährdet; im Gegenteil hat erst die Durchsetzung dieser ordnungspolitischen Richtlinien im anderen Teil Deutschlands den Weg zur allmählichen Abschwächung des krassen Wirtschaftsgefälles geebnet. Ebensowenig wurden die marktwirtschaftlichen Leitsätze durch die zunehmende Mitsprache der Arbeitnehmer und Gewerkschaften beschädigt. Mehr noch: die schon in den frühen fünfziger Jahren begonnene Einbindung der Arbeitnehmer in betriebliche und gesamtwirtschaftliche Entscheidungen hat den sozialen Aspekt der Marktwirtschaft zweifellos verstärkt. Betriebsverfassungsgesetz und Mitbestimmungsgesetz verstoßen nicht gegen den Geist dieser Wirtschaftsordnung; sie haben vielmehr das gesamtwirtschaftliche Verständnis und Verantwortungsbewußtsein der Arbeitnehmerorganisationen vergrößert. Gewerkschaften sind Teil dieser Ordnung geworden, ohne deshalb die Vertretung der Arbeitnehmerinteressen auch nur einen Augenblick zu vernachlässigen.

Steht also alles zum besten, soll alles so bleiben, wie es geworden ist? Wer so argumentieren wollte, hätte aus der Geschichte, auch aus der Geschichte der Sozialen Marktwirtschaft, nichts gelernt. Marktwirtschaft darf nicht als statische, unbewegliche, unveränderbare Erscheinung mißverstanden werden. So wie sie schneller als andere Wirtschaftssysteme die Antworten auf neue ökonomische Herausforderungen liefert, so wie sie in wenigen Jahren etwa den radikalen Umbruch unserer Energieversorgung bewältigen konnte und nun die Auswirkungen des deutsch-deutschen Zusammenwachsens trägt, so dynamisch reagiert sie auf neue gesellschaftspolitische Forderungen, die an sie gestellt werden. Sie ist ein offenes System, das Programm für eine offene, zur Leistung bereite Gesellschaft.

Unsere Wirtschaftsordnung muß sich permanent neuen, veränderten Problemen stellen. Der Abbau der Arbeitslosigkeit, eine gerechtere Vermögensverteilung, die Verstetigung des Wirtschaftsablaufs, die Schaffung einer ausgeglichenen regionalen Wirtschaftsstruktur, das Streben nach mehr sozialer Gerechtigkeit sind dauerhafte Aufgaben, die wohl nie so gelöst werden, daß alle Kritik verstummt. Aber die Soziale Marktwirtschaft kann sich dieser Kritik in dem Bewußtsein stellen, daß sich keine andere Ordnung als effektiver, humaner, freiheitlicher erwiesen hat. So bleibt sie die einzige überzeugende Alternative für die Lösung nationaler und internationaler Probleme. Ohne Zweifel wird sie ständig im Lichte neuer Erkenntnisse überprüft und fortentwickelt werden müssen. Sie wird sich nicht auf Lorbeeren der Vergangenheit ausruhen können. Nur so kann sie ihre Kraft und Lebensfähigkeit beweisen, wie sie es – bei allen Unvollkommenheiten – seit ihrem Beginn getan hat. Solche Unvollkommenheiten werden bleiben, notwendige Anpassungen und Umstellungen werden nicht von heute auf morgen gelingen. Aber solange die Menschen nach individueller Freiheit streben, solange sie leistungsbereit sind, wird die Soziale Marktwirtschaft die Ordnung sein, in der sie ihre materiellen und geistigen Ansprüche am besten aufgehoben finden. Ihr freiheitsstiftender Charakter wird inzwischen von niemandem mehr ernsthaft angezweifelt. In ihm liegt die eigentliche Bedeutung einer modernen Marktwirtschaft. Sie wird auch die wirtschaftliche Ordnung der Zukunft sein.

NORBERT WALTER

Perspektiven der Wirtschaft im vereinten Deutschland

Ein Nachwort

Zu Beginn der neunziger Jahre steht die Wirtschaft in der Bundesrepublik Deutschland vor neuen Aufgaben von historischer Dimension. In den am 3. Oktober 1990, dem Tag der Vereinigung Deutschlands, neu hinzugekommenen Bundesländern ersehnen die Menschen eine rasche Angleichung ihrer Lebensverhältnisse an westliche Standards. Sollen die neuen Mitbürger nicht auf Dauer zu Kostgängern werden, bedarf es dazu einer grundlegenden Umstrukturierung und Modernisierung der Wirtschaft in den neuen Landesteilen. Parallel dazu muß sich die deutsche Wirtschaft auf neue Strukturen in Europa – den Gemeinsamen Binnenmarkt in der EG und die Ergebnisse der marktwirtschaftlichen Reformen in der Mitte und im Osten des Kontinents – sowie auf weiter wachsende internationale Konkurrenz, vor allem aus Südostasien, einstellen.

Die traurige Hinterlassenschaft von 40 Jahren sozialistischer Planwirtschaft in der ehemaligen DDR, die geringe Produktivität der Betriebe, der schlechte Zustand der öffentlichen Infrastruktur, die großen Umweltschäden und der quantitativ und qualitativ mangelhafte Wohnungsbestand – um nur einige Punkte zu nennen –, kontrastiert augenfällig mit dem Wohlstand und der wirtschaftlichen Dynamik im Westen und macht die Überlegenheit des marktwirtschaftlichen Systems offenkundig. Dennoch gibt es Stimmen, die meinen, die wirtschaftliche Umgestaltung in den neuen Bundesländern oder die Sicherung der Konkurrenzfähigkeit der deutschen Wirtschaft in Europa und weltweit könne nur gelingen, wenn sie von umfangreichen staatlichen Interventionen begleitet wird. Aber nicht nur der Zusammenbruch der Wirtschaft in der ehemaligen DDR und in den ehemals kommunistischen Staaten in Mittel- und Osteuropa, auch Erfahrungen in der Bundesrepublik zeigen, daß staatliche Eingriffe nicht dazu beitragen, wirtschaftliche Triebkräfte zu stärken, sondern Aktivität lähmen, ja Krisen auslösen. Vertreter dieser Krisentheorie sehen in größeren privaten Freiräumen, in weniger Kollektivismus, die Lösung der grundlegenden Probleme.

Es spricht vieles dafür, daß die Zahl der Befürworter einer Strategie, die in weniger Staat größere Chancen zur Überwindung der Krise sieht, zunimmt. Diese Tendenz beschränkt sich keineswegs auf die Bundesrepublik; sie ist in einigen anderen Ländern, so in den USA oder England, sogar eher ausgeprägter als hierzulande.

Immer häufiger und eindringlicher wird argumentiert, daß die Übertragung von Aufgaben von privater Hand auf den Staat die Krise verursacht habe; dies gilt für die Ausbildung, die Vorsorge für Krankheit und Alter, die Sicherung der Beschäftigung und den Erhalt von Unternehmen. Durch die »kostenlose« Bereitstellung staatlicher Leistungen sei dort die Nachfrage massiv gestiegen. Da der einzelne jedoch stets das Gefühl hat, vom Kollektiv übervorteilt zu werden, ist die Bereitschaft, entsprechend höhere Beiträge und Steuern für die Finanzierung der kollektiv gewährten Leistungen zu zahlen, nicht mitgewachsen. Somit kam es zur Vergrößerung der staatlichen Haushaltsdefizite. Diese konnten nur bei steigenden Zinssätzen finanziert werden. Daher verminderte sich der staatliche Handlungsspielraum und belastete zudem, über höhere Kosten der Fremdfinanzierung, die Investoren, trug also zur Investitionsschwäche bei. In den sechziger Jahren nahmen die Investitionen in Form neuer Geräte und Maschinen noch Jahr für Jahr um rund 7 Prozent zu. Im Durchschnitt der siebziger Jahre waren es schon weniger als 3 Prozent. In der ersten Hälfte der achtziger Jahre stiegen die Investitionsausgaben dem Volumen nach gar nicht mehr.

Der Staatshaushalt, der in den späten fünfziger und den beginnenden sechziger Jahren einen Überschuß aufwies, war bis Ende der sechziger Jahre in etwa ausgeglichen. In der folgenden Dekade stieg das Defizit unter konjunkturellen Schwankungen stark an und erreichte 1981 einen Höchststand von über 70 Milliarden DM. Dies entsprach knapp 5 Prozent des Sozialprodukts. Die danach einsetzenden Bemühungen um eine Konsolidierung des Staatshaushalts blieben nicht ohne Erfolg. Bis Ende der achtziger Jahre konnte der Staatshaushalt fast ausgeglichen gestaltet werden.

Trotz kräftiger Beschäftigungssteigerung ist die Situation auf dem Arbeitsmarkt nach wie vor nicht befriedigend. Während in den sechziger Jahren nur jeder hundertste Arbeitnehmer ohne Arbeit war, ist in den achtziger Jahren nahezu jeder zehnte arbeitslos. Damit ist die Vollbeschäftigung, ein Ziel der Wirtschaftspolitik, auf dramatische Weise verfehlt worden. Zwar ist die Zukunft immer offen, gestaltbar durch Menschen. Dennoch gibt es Einflüsse, die relativ festgefügt sind, und dies für lange Zeit. Hierzu zählt beispielsweise die Entwicklung der Bevölkerung oder die der neuen Techniken. Ebenso wie die anhaltende Konkurrenz aus Niedriglohnländern stellen diese Trends eine Aufgabe für die Wirtschaft und die Wirtschaftspolitik und ein Problem für den Arbeitsmarkt dar.

In den achtziger Jahren strömten dem Arbeitsmarkt weit mehr Menschen zu als altersbedingt ausschieden. Den wegen der Kriegsfolgen relativ schwach besetzten Altersjahrgängen, die während dieser Zeit ausschieden, standen zum einen die zahlreichen Angehörigen des Nachkriegsbabybooms der Wirtschaftswunderjahre gegenüber, die größtenteils während dieser Periode in das Berufsleben eintraten. Zum anderen setzte Ende des Jahrzehnts eine massive Zuwanderung von überwiegend jüngeren Deutschen aus Osteuropa und später auch aus der DDR ein. Damit vergrößerte sich in einer Situation ohnehin hoher Arbeitslosigkeit das Arbeitskräftepotential von Jahr zu Jahr um rund 150 000 Personen. Während die demographisch bedingte Welle der Neuzugänge aus dem Inland bereits ausläuft, dürften die umfangreichen Einwanderungsströme aus Osteuropa noch mehrere Jahre anhalten. Von der Angebotsseite her ist folglich nicht vor Mitte der neunziger Jahre mit einer durchgreifenden Entlastung am Arbeitsmarkt zu rechnen. Für den Beginn des Jahrzehnts kommt als Problem die umstellungsbedingte Arbeitslosigkeit auf dem Gebiet der DDR dazu.

Die Sorge um den Verlust weiterer Arbeitsplätze wird durch die stürmische technische Entwicklung vergrößert. Der vermehrte Einsatz von Computern und Robotern in Produktions- und Dienstleistungsbetrieben erscheint als Gefahr für die Beschäftigung vieler Arbeitnehmer. Investitionen gewinnen immer stärker den Charakter von Rationalisierungsinvestitionen.

427

Weltwirtschaftsgipfel: 1989 trafen sich die Staatschefs in Paris.

Teure und unzuverlässige menschliche Arbeitskraft wird durch Sachkapital ersetzt.

Dieser Trend erscheint vielen wie ein unabwendbares Schicksal. Erfindungen erfolgen zwar noch immer in beträchtlichem Maße spontan. Immer mehr aber wird gezielt geforscht, bestimmen vorherrschende Probleme die Richtung der Forschung. Besonders augenfällig wurde dies bei der Suche nach Alternativenergien und nach Energieeinsparungsmöglichkeiten nach den beiden massiven Ölpreiserhöhungen der siebziger Jahre. Stärker noch als die Forschung selbst ist die Einführung von Erfindungen in den Produktionsprozeß, die Innovation, von den wirtschaftlichen Notwendigkeiten bestimmt. Insofern ist das forcierte Bestreben, menschliche Arbeitskraft durch Maschinen zu ersetzen, eine logische Konsequenz des starken Wachstums und der Knappheit der Arbeitskräfte in den sechziger und den beginnenden siebziger Jahren. Da die Arbeitskräfte knapp waren, wurden sie teuer. Da Unternehmen so günstig wie möglich produzieren wollen, war eine kapitalintensive Produktionsweise notwendig. Ingenieure fühlten sich herausgefordert nachzudenken, wie menschliche Arbeitskraft durch Maschinen ersetzt werden kann. Technische Hochschulen richteten ihre Ausbildung auf diese Aufgabe aus.

Im Verlauf der siebziger Jahre ging die Arbeitskräfteknappheit zu Ende. Weil dies sich jedoch nicht in eine relative Verbilligung der menschlichen Arbeitskraft umsetzte – eher das Gegenteil trat als Folge vor allem der massiv steigenden Lohnnebenkosten ein –, blieb die Anstrengung von Unternehmern und Ingenieuren weiterhin darauf gerichtet, menschliche Arbeitskraft zu ersetzen. Dieser Trend setzte sich in den achtziger Jahren weitgehend fort. Zwar wurden die lohnpolitischen Fehlentwicklungen zu einem Teil korrigiert. Aber der Produktionsfaktor Arbeit wurde durch umfangreiche Arbeitszeitverkürzungen weiter verteuert. Die Unternehmen waren so zu verstärkten Rationalisierungsmaßnahmen gezwungen. Dies behinderte eine bessere Entwicklung auf dem Arbeitsmarkt.

Verschärfte internationale Konkurrenz

Auf dem Weltmarkt sieht sich die Bundesrepublik einer wachsenden Konkurrenz ausgesetzt. Die Rolle als zweitwichtigste Welthandelsnation hinter den Vereinigten Staaten konnte zwar erhalten werden, immer mehr aber werden deutsche Produzenten auf sich rasch entwickelnden Märkten verdrängt. Dies gilt sowohl regional als auch produktspezifisch. Ostasiatische Anbieter, angeführt von Japan und gefolgt von den sog. Schwellenländern wie z.B. Taiwan und Südkorea, erwiesen sich als die dynamische Kraft der Weltwirtschaft in den achtziger Jahren. Sie erzielten Marktanteilsgewinne und betraten neues Terrain in Form der Eroberung neuer Märkte und der Einführung neuer Produkte. Dieser Trend wird anhalten. Die Erfolge der deutschen Wirtschaft bestehen aber darin, einige Bereiche gut verteidigt zu haben. Ganz besonders gilt dies für die den deutschen Produzenten voll geöffneten europäischen Märkte, die durch die EG oftmals vor Außenkonkurrenz geschützt sind. Dies gilt aber auch für eine Reihe von Produktbereichen, in denen Deutschland traditionell eine starke Position hat, wie den Maschinenbau, Teile der chemischen Industrie, beispielsweise die pharmazeutische Industrie. Insgesamt scheint die Zeit vorüber zu sein, in der die deutsche Wirtschaft für andere Länder ein nachahmenswertes Modell war. Das Interesse hat sich anderen zugewendet. Damit erleidet die Handelsnation Deutschland ein Schicksal, das die Wissenschaftsnation Deutschland schon zuvor erlebte. Die internationale Attraktivität des deutschen Bildungssystems hat sich – mit wenigen Ausnahmen – in der Nachkriegszeit nicht mehr eingestellt. Die zunehmende Dominanz der englischen Sprache in Wissenschaft und Forschung und die Orientierung auf amerikanische und japanische Forschungsarbeiten signalisieren, wo die wissenschaftlichen Schwerpunkte der westlichen Welt liegen.

Perspektiven für die deutsche Volkswirtschaft

Überwiegend werden die Zukunftsaussichten seit der Club-of-Rome-Studie in den siebziger Jahren als düster, die Rohstoffversorgung als gefährdet, die Umweltbelastung als unerträglich und die rasche technische Entwicklung als Gefahr für eine humane Welt eingeschätzt. Pessimismus und Resignation breiten sich aus.

Derartige Erscheinungen gab es in der Menschheitsgeschichte und auch in der deutschen Geschichte immer wieder. Dennoch verlief die Entwicklung nie monoton bergab. Solche Tendenzen des Zeitgeistes wurden immer wieder abgelöst von Perioden der Erneuerung, des Aufbruchs, eines neuen Optimismus. Schwierige Probleme haben also immer ein Doppelgesicht. Sie können Basis für eine sich selbst verstärkende Lähmung sein oder Anlaß, die Ärmel hochzukrempeln.

In den neunziger Jahren hat die deutsche Gesellschaft ebenfalls diese Option. Im folgenden sollen drei Szenarien dargestellt werden, die charakterisieren, welche Wege die Bundesrepublik demnächst einschlagen könnte. Die Wirklichkeit dürfte keines der Szenarien in reiner Form widerspiegeln, sondern eine Kombination aus allen dreien.

Schutz des Bestehenden – Verwaltung des Mangels

Solange man arm ist, gibt es nicht viel Grund, die eigenen Vermögenswerte besonders zu sichern. Alles, was geringe Aussicht auf Besserung verspricht, wird dagegen gern in Angriff genommen. Umgekehrtes gilt, wenn sich Wohlstand gemehrt hat, Besitzansprüche entwickelt und

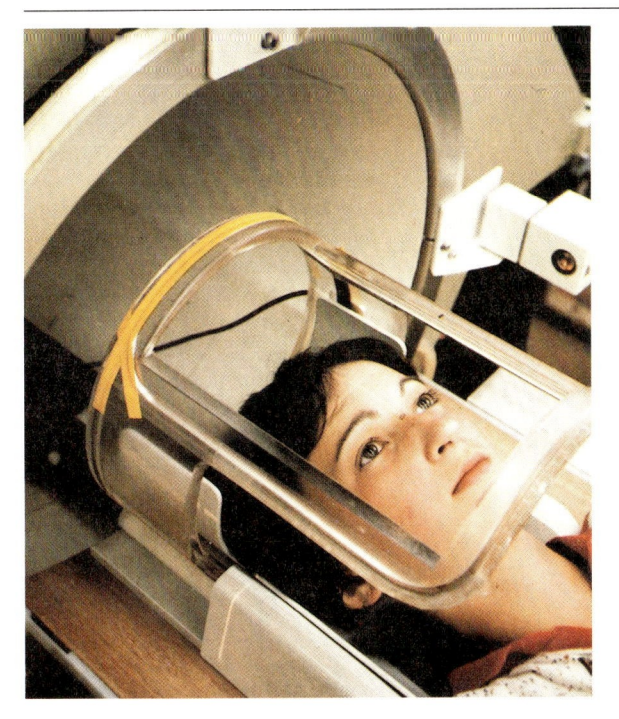

Nur mit technischen Spitzenprodukten wird sich die Handelsnation Deutschland auf dem Weltmarkt behaupten können. Das wichtigste Kapital der Deutschen ist ihr Erfindungsreichtum und ihre Arbeitskraft.
Spitzenprodukte in der Medizintechnik entwickelt und konstruiert u. a. die Firma Siemens. Mit dem Kernspintomogramm (links) kann der Arzt einen Längsschnitt durch den Kopf eines Patienten machen. Gut zu erkennen ist die Großhirnrinde mit ihren Furchungen, das Kleinhirn und der Stammhirnbereich mit dem verlängerten Rückenmark (unten). Besonders gute Kontrastbilder liefert das Gerät auch bei der Darstellung des Nasen- und Rachenbereichs.

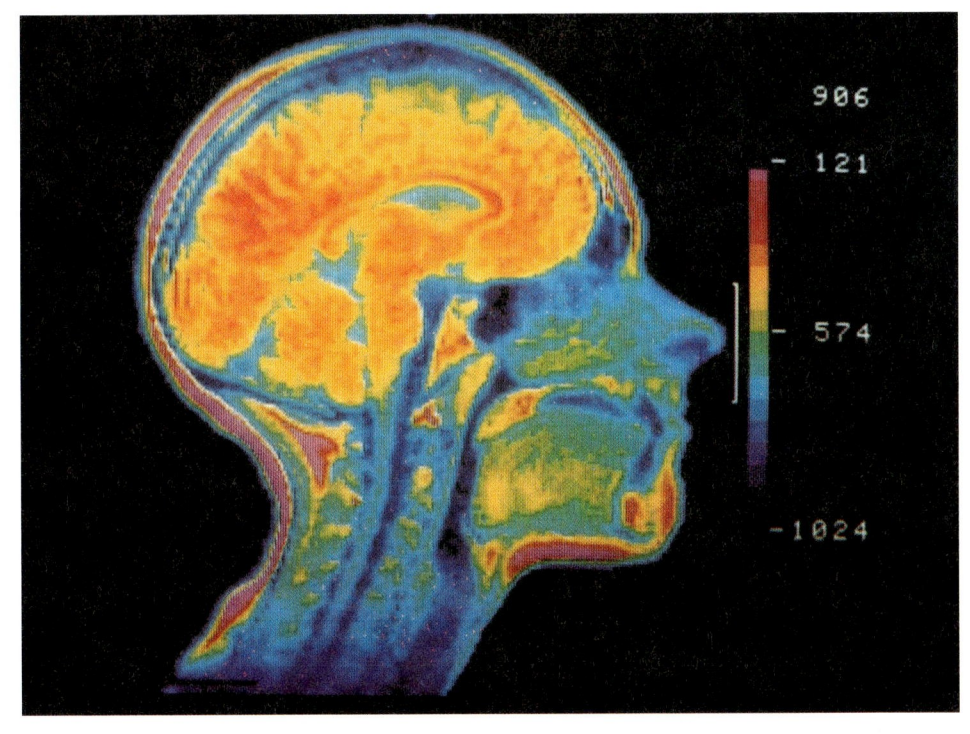

durchgesetzt sind. Wer sich so entwickelt hat, tendiert zur Vollkasko-Mentalität: Alles drängt zur kollektiven Versicherung; man baut die Rechte für die Etablierten aus, man schützt sich gegen die Außenseiter, sowohl gegen die heimischen, besonders aber gegen die ausländischen. Viele Indizien sprechen dafür, daß in der Bundesrepublik eine solche Haltung in den siebziger Jahren dominierte und auch in den achtziger Jahren noch fortwirkte. Dazu zählen die vielfältigen Bestrebungen, inländische Betriebe und Branchen zu erhalten, obwohl sie sich gegen die wettbewerbsfähigere internationale Konkurrenz kaum nachhaltig durchsetzen konnten. Die extremsten Beispiele hierfür sind die Subventionen im Agrar-, Stahl- und Werft-

tenbereich. Hier wie bei anderen Schutzmaßnahmen, beispielsweise dem Kündigungsschutz, der Mieterschutzgesetzgebung, wird argumentiert, es gelte, im Marktprozeß Unterlegene zu schützen. Solche ehrenwerte Absicht kehrt sich jedoch zu oft in unerwünscht ungünstige Wirkung um. Der Schutz von Betrieben, ja ganzen Branchen, mindert deren Bereitschaft zu eigener Anstrengung und Anpassung an die Bedingungen des Marktes. Schutzgesetze fördern die Nachfrage nach staatlichen Hilfsleistungen. Damit werden durch Protektion und Subvention Waren und Dienstleistungen produziert, die nicht marktgemäß absetzbar sind, und andererseits wird Mangel erzeugt, so beispielsweise auf dem Wohnungsmarkt, wo sich

der Bau von Mietwohnungen wegen unzureichend erhöhbarer Mieten nicht rentiert und deshalb unterbleibt.

Bei einer Grundhaltung, die die Rechte heutiger Mieter, gegenwärtig beschäftigter Arbeitnehmer, zur Zeit etablierter Unternehmer durch Protektion und Subvention schützt, müssen alle »Newcomer« benachteiligt sein. Um wirtschaftliche Anpassungsprobleme nicht politisch brisant werden zu lassen, versucht man, die negativen Effekte gleichmäßig auf Firmen, Arbeitnehmer, Mieter zu verteilen. Dies geschieht durch Rationierung, durch Verwaltung des Mangels oder durch Vernichtung von Überschüssen. Verwaltung von Mangel ist beispielsweise die gesetzliche und tarifliche Verkürzung der Arbeitszeit, die Bestimmung von Quoten für den Stahlabsatz, ist die Zuteilung von öffentlich gebautem oder verwaltetem Wohnraum. Die Vernichtung von Überschüssen beobachten wir vor allem bei Agrarprodukten.

Strategien dieser Art führen zu einer relativen Verarmung. Sie sind – und das ist mindestens ebenso bedeutsam – ein Weg, der die individuellen Freiheiten der Bürger Schritt für Schritt einengt. Das Risiko, daß eine derartige Strategie mit solchen Konsequenzen betrieben wird, ist deshalb beträchtlich, weil ökonomische Einsichten, die auf den ersten Blick unbequem sind, möglichst lange verdrängt werden.

Aufstand gegen die Chancenlosigkeit

Wenn eine strukturkonservierende Haltung in Gesellschaft und Staat weiterhin vorherrscht, bleibt der Finanzierungsbedarf für den Staat groß. Um die Staatsdefizite zu vermindern, neigt der Staat zu höherer Steuer- und Abgabenbelastung jener, die am Markt noch Einkommen erzielen. Mit einer solchen »Lösung« werden zwei Gruppen frustriert: zum einen diejenigen, die noch eine für die Märkte attraktive Leistung erbringen, weil ihnen nach Abzug der Steuern nur wenig übrigbleibt, und zum andern alle, die durch Regeln und Festlegungen daran gehindert werden, ihr Lebensziel zu erreichen. Dies werden in der Bundesrepublik jene jungen Menschen sein, die es in den achtziger Jahren nicht schafften, sich ins Erwerbsleben zu integrieren, sowie jene Älteren, die sich übermäßig gedrängt sehen, ihren Arbeitsplatz vorzeitig zu räumen. Schließlich sind aber auch jene frustriert, die unternehmerische Initiative entfalten wollen und dabei an den Marktzugangsbeschränkungen scheitern oder durch eine Unzahl von Vorschriften abgeschreckt werden.

Lang anhaltende Chancenlosigkeit für viele innerhalb der bundesrepublikanischen Gesellschaft könnte zu verschiedenen Reaktionen führen. Ein offener Aufstand gegen die staatlichen und gesell-

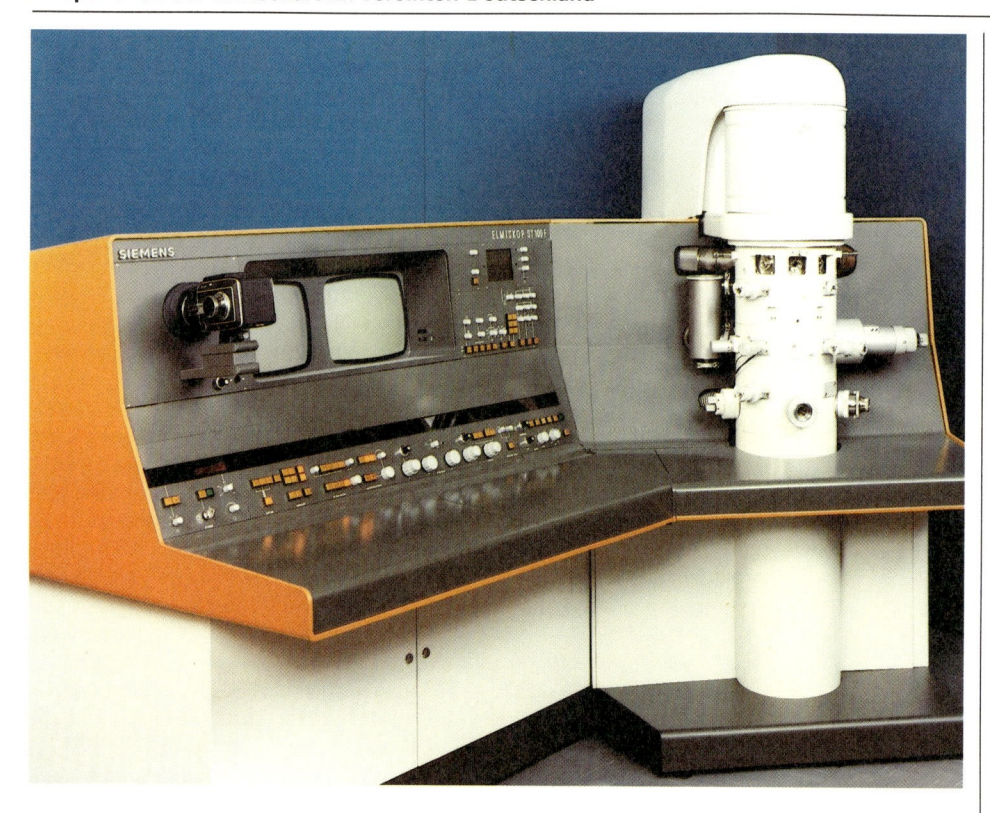

Zukunftstechniken in der Bundesrepublik: das Durchstrahlungs-Rasterelektronenmikroskop Elmiskop St 100 F von Siemens. Das zu untersuchende Objekt wird von einer Elektronensonde durchstrahlt und synchron dazu auf Fernseh-Monitoren als Rasterbild bis zu 10millionenfach vergrößert wiedergegeben.

schaftlichen Einrichtungen, die dem einzelnen die Chance verbauen, selbst seines Glückes Schmied zu werden, scheint angesichts des deutschen Charakters nicht wahrscheinlich. Ein anderer Schritt, der früher in solchen Situationen erfolgte, nämlich das Auswandern, dürfte bestenfalls einen kleinen Beitrag zur Bewältigung der Probleme leisten, sind doch die wirtschaftlichen Sorgen in vielen Ländern ähnlich und ist doch die Aufnahmebereitschaft gegenüber Einwanderern seit der Ausweitung der Sozialpolitik auch in anderen Ländern entscheidend geringer geworden.

Eine dritte Form des Aufstandes gegen die Chancenlosigkeit in der offiziellen Wirtschaft ist die Betätigung in der Schattenwirtschaft. Diese Ausweichreaktion von Bürgern, seien es Arbeitnehmer, seien es Unternehmer, ist typischerweise mit steigender Freizeit, steigender Steuer- und Abgabenbelastung und vermehrter Zahl von Vorschriften und Regulierungen verbunden. Ökonomisch ist eine solche Ausweichreaktion unter den genannten wirtschaftlichen und wirtschaftspolitischen Bedingungen logisch und konsequent. Sie ist dennoch als eine vergleichsweise ungünstige Lösung anzusehen, wird dabei doch auf einen Teil prinzipiell möglicher Vorteile der Arbeitsteilung verzichtet. Dies geschieht, wenn z. B. der Mechaniker seine Wohnung selbst tapeziert oder der Malergeselle seinen Pkw repariert.

Aufbruch nach vorn

Wenn auch viele Gruppen in der Gesellschaft sich noch defensiv verhalten und wenn auch die Wirtschaftspolitik noch vielfach Bestandsschutz betreibt und neue Aktivität behindert, so gibt es dennoch ermutigende Zeichen in der wirtschaftspolitischen Debatte, die für eine Renaissance der Marktwirtschaft sprechen. Die Tatsache, daß die arbeitende Bevölkerung bis Mitte der neunziger Jahre hinein im Durchschnitt jünger wird, daß viele, die Beamte beim Staat oder – was faktisch oft dasselbe ist – Angestellte bei einer großen Firma werden wollten, dies wegen der Schrumpfung dieser Bereiche nicht werden können und deshalb aus der Not selbständiger, unternehmerischer werden müssen, stellt ein beträchtliches dynamisches Potential dar. Dies wird nicht nur unmittelbar wettbewerbsverstärkend in der Wirtschaft wirken, sondern auch die gesellschaftliche und politische Landschaft der Bundesrepublik verändern. Jene Gruppen, die Beamte haben werden wollen, aber es nicht werden konnten, werden politisch wirksame »Hefe« sein, um die Privilegien der Etablierten im Öffentlichen Dienst und in anderen Bereichen abzubauen. Damit dürfte die Dominanz des Öffentlichen Dienstes in den Parlamenten zu Ende gehen. Wirtschaftsorientierte Betrachtungsweisen werden in Gesellschaft und Politik wieder ein großes Gewicht erhalten.

Zu einer Offensive dieser Art gehört ein offener Wettbewerb, offen für ausländische Konkurrenten und offen für neue heimische Unternehmen. Das bedeutet beispielsweise eine Abkehr von der zunftmäßigen Organisation vieler Dienstleistungsbereiche. Hier stehen oftmals auch Organisationen des Mittelstandes mit ihren konservativen Traditionen einer wirklich marktwirtschaftlichen Ordnung im Weg. Hinzukommen muß ein Abbau der Sozialleistungen und Subventionen, damit Selbstverantwortung wieder attraktiv wird. Um Bürger für die Tätigkeit in der offiziellen Wirtschaft zurückzugewinnen, müssen Steuern und Abgaben gesenkt werden.

Tatsächlich hat in den achtziger Jahren eine entsprechende Neuorientierung der Wirtschaftspolitik stattgefunden. Allerdings wurden wichtige wirtschaftliche Reformen zunächst nur sehr zögerlich in Angriff genommen. Mit der notwendigen Entschlossenheit ging allein die Finanzpolitik ans Werk. Durch eine strikte Begrenzung der Staatsausgaben gelang es ihr, nicht nur die öffentlichen Finanzen zu konsolidieren und die Staatsquote, d. h. den Anteil des öffentlichen Sektors am Sozialprodukt, merklich zurückzuführen. Vor allem entstand Spielraum für eine umfassende Reform der Einkommensteuer, die in drei Stufen 1986, 1988 und 1990 vollzogen wurde und die Steuerzahler insgesamt um gut 50 Milliarden DM entlastete. Fortschritte wurden ferner bei der Privatisierung öffentlicher Unternehmen erzielt – wenn auch nicht so weitgehende wie erwartet. Das Subventionskarussell allerdings hat sich in den vergangenen Jahren munter weitergedreht. Erst in jüngster Zeit konnten hier vor allem in Zusammenhang mit der dritten Stufe der Einkommensteuerreform zaghafte Korrekturen eingeleitet werden.

Auch die notwendige Deregulierungsoffensive wurde bislang nur halbherzig angegangen, wie zahlreiche Beispiele, angefangen von der Reform im Gesundheitswesen über die Neuregelung der Ladenschlußzeiten bis hin zur Umstrukturierung der Bundespost belegen. Allerdings gibt es gute Gründe für die Annahme, daß die Öffnung der Märkte in Zukunft rascher voranschreitet. So werden die vielen jungen Menschen und nicht zuletzt auch die Aus- und Übersiedler aus Osteuropa und der DDR weiterhin Druck auf die verantwortlichen Politiker ausüben, noch vorhandene Hindernisse für erfolgreiche wirtschaftliche Betätigung aus dem Weg zu räumen. Ebenso wird die verschärfte internationale Konkurrenzsituation und der weltweite Wettbewerb um Unternehmensstandorte die Marktkräfte stärken.

Vor allem aber werden vom EG-Binnenmarktprogramm weitere Impulse zum Abbau staatlicher Regulierungen ausgehen, soll doch bis Ende 1992 in Europa ein Raum ohne Binnengrenzen geschaffen

Vor einem neuen Wirtschaftswunder

Die wirtschaftliche Belebung in der Bundesrepublik und der EG seit Mitte der achtziger Jahre hat einmal mehr deutlich gemacht, daß eine Wirtschaftspolitik, die auf die Initiative der Privaten vertraut und bereit ist, deren Handlungsspielräume durch wirtschaftspolitische Maßnahmen auszudehnen, Wachstumsdynamik entfacht. Eine solche Politik bietet somit die beste Gewähr für eine erfolgreiche Bewältigung der in den neunziger Jahren anstehenden Aufgaben, insbesondere den wirtschaftlichen Aufbau in den neuen Bundesländern. Dort muß der Übergang zur Marktwirtschaft rasch und konsequent zu Ende gebracht werden. Ein dauerhaft hohes Beschäftigungsniveau kann in der ehemaligen DDR nur durch Privatisierung bislang volkseigener Betriebe und die Schaffung günstiger Bedingungen für die Gründung neuer Unternehmen erreicht werden. Die noch bestehenden Barrieren für unternehmerische Betätigung in den neuen Bundesländern müssen schnellstmöglich abgebaut werden. Zu nennen sind vor allem die teilweise noch ungeklärten Eigentumsfragen, die sich auf den Immobilienmärkten als Investitionsblockade auswirken. Wichtig ist ferner, daß die in den Behörden und Verwaltungen noch vorhandenen mentalen Schranken abgebaut werden und dort Verständnis geweckt wird für marktwirtschaftliche Zusammenhänge und unternehmerische Sachzwänge.

Ob es in der Zukunft in den neuen Bundesländern eine hinreichende Zahl von Arbeitsplätzen geben wird, hängt nicht zuletzt auch von der Höhe der Löhne dort ab. Angesichts der gewiß noch für längere Zeit fortbestehenden Standortnachteile in der ehemaligen DDR, wie geringe Produktivität, unzureichende Infrastruktur, fehlende Markttransparenz, gilt unausweichlich, daß die Zahl neu entstehender Arbeitsplätze um so geringer sein wird, je schneller eine Angleichung an das Lohnniveau in Westdeutschland erfolgt.

Zurückhaltung ist nicht nur bei den Löhnen notwendig, sondern auch beim privaten Konsum. Sollen inflationäre Tendenzen und Zinssteigerungen vermieden werden, müssen die Bürger in der ehemaligen DDR soviel sparen, daß sie einen großen Teil der in ihrer Heimat erforderlichen Investitionen selbst finanzieren können.

Werden diese Bedingungen erfüllt und auch die in der Bundesrepublik noch anstehenden Aufgaben, insbesondere eine Kürzung der Subventionen sowie eine weitere Öffnung der Märkte und die notwendige Reform der Unternehmensbesteuerung nicht vernachlässigt, so dürfte es in den neunziger Jahren im gesamten Deutschland zu einem neuen Wirtschaftswunder kommen.

Arbeitsplätze der Zukunft: Die Mikroelektronik vernichtet Arbeitsplätze in den traditionellen Industrien, schafft aber zugleich neue. Die Überwindung der Chancenlosigkeit junger und alter Menschen in unserer Gesellschaft ist die zentrale Aufgabe der Gegenwart.

Helmut Kohl, Walter Romberg, Finanzminister der ehemaligen DDR, und Theo Waigel, Finanzminister der Bundesrepublik, stoßen auf den Staatsvertrag zur Wirtschafts-, Währungs- und Sozialunion an.

werden, in dem der freie Verkehr von Personen, Waren, Dienstleistungen und Kapital gewährleistet ist. Die dafür notwendigen Liberalisierungsmaßnahmen sind in der gesamten EG bereits weit fortgeschritten. Dabei hat sich das Binnenmarktprogramm als nützlicher Hebel zum Aufbrechen verkrusteter wirtschaftlicher Strukturen in den EG-Staaten erwiesen. Vielfach hat sich gezeigt, daß Deregulierungsmaßnahmen, die auf nationaler Ebene am Widerstand von Interessengruppen scheiterten, von der EG erfolgreich durchgeführt werden konnten, weil auf dieser Ebene Gruppeninteressen nicht selten entgegengesetzt ausgerichtet sind und sich somit aushebeln.

Der vollständige Abbau der Handelsschranken in Europa eröffnet neue Möglichkeiten für eine vertiefte Arbeitsteilung und sorgt zudem für einen intensiveren Wettbewerb. Die Unternehmen haben diese Herausforderung bereits angenommen. Offenkundiges Indiz dafür ist die lebhafte Investitions- und Übernahmetätigkeit überall in Europa. So hat der Gemeinsame Binnenmarkt bereits lange vor seiner Vollendung Wachstumskräfte in Europa freigesetzt und einen neuen wirtschaftlichen Aufschwung gebracht.

Die Autoren

Dr. rer. pol. Hannsjörg F. Buck (1934), Leiter des Referats Wirtschaft, Verkehrswesen, Umweltschutz und Sozialwesen im Gesamtdeutschen Institut, Bonn. Hauptarbeitsgebiet Analyse und Vergleich alternativer Wirtschaftssysteme; wissenschaftliche Politikberatung auf dem Gebiet der DDR- und Deutschlandforschung. Veröffentlichungen zu den Themen: Wirtschaftslenkung in sowjet-sozialistischen Staaten; Ost-West-Handel und wissenschaftlich-technische Kooperation; öffentliche Finanzsysteme sowie Finanz-, Geld- und Kreditpolitik in der DDR und den RGW-Staaten; Umweltpolitik in Ost und West; Forschungs- und Technologiepolitik in der DDR; Transformation von Zentralplanwirtschaften in Marktwirtschaften.

Dr. rer. pol. Achim Diekmann (1930), seit 1968 Geschäftsführer des Verbandes der Automobilindustrie e. V. (VDA) in Frankfurt, dem er seit 1958 angehört. Zuvor Studium der Wirtschaftswissenschaften und Promotion.

Prof. Dr. phil. Dr. rer. pol. Wolfram Fischer (1928), Professor für Wirtschafts- und Sozialgeschichte an der Freien Universität Berlin (seit 1964); zahlreiche Forschungsaufenthalte und Gastprofessuren in England, Kanada, den USA und Israel. Veröffentlichungen zur deutschen, europäischen und Weltwirtschaftsgeschichte, darunter »Wirtschaft und Gesellschaft im Zeitalter der Industrialisierung« (1972) und »Handbuch der europäischen Wirtschafts- und Sozialgeschichte«, Bd. 6 (1986).

Anke Fuchs (1937), Juristin und Bundesministerin a. D.; stellvertretende Vorsitzende der SPD-Bundestagsfraktion und Vorsitzende des Arbeitskreises Sozialpolitik. 1971 geschäftsführendes Vorstandsmitglied der IG Metall. Seit 1979 Mitglied des Parteivorstandes, seit 1986 Präsidiumsmitglied, seit 1987 Bundesgeschäftsführerin der SPD.

Dr. Hans Herbert Götz (1921), Wirtschaftsredakteur bei der FAZ bis 1988. Träger des Ludwig-Erhard-Preises für Wirtschaftspublizistik, 1979. Veröffentlichungen u. a. zur Geschichte der deutschen Wirtschaftspolitik nach dem Zweiten Weltkrieg und zur europäischen Einigungsbewegung.

Dr. Volker Hauff (1940), Volkswirt und Bundesminister a. D.: 1983–1988 stellvertretender Vorsitzender der SPD-Bundestagsfraktion und Vorsitzender des Arbeitsbereichs »Umweltschutz« in der SPD-Bundestagsfraktion. Seit 1969 Mitglied des Deutschen Bundestages. 1978–1980 Bundesminister für Forschung und Technologie, 1980–1982 Bundesminister für Verkehr. 1989 Oberbürgermeister der Stadt Frankfurt a. M.; Veröffentlichung u. a.: »Energie-Wende«, 1986.

Dr. Hubert Kiesewetter (1939), Privatdozent. Gelernter Maschinenschlosser und Lokomotivführer, Wirtschafts- und Sozialhistoriker. 1968 Master of Science an der London School of Economics. Priv.-Doz. an der FU Berlin für Wirtschafts- und Sozialgeschichte.

Jochen Kölsch-Veit (1947), Fernsehredakteur. Veröffentlichungen: »Bayern – ein Rechtsstaat«, 1974; »Die sanfte Revolution – Von der Notwendigkeit anders zu leben«, 1981.

Fides Krause-Brewer (1919), freie Journalistin und Redakteurin beim ZDF für Wirtschafts- und Sozialpolitik. Mitarbeit beim RHEINISCHEN MERKUR und bei mehreren Wirtschaftspublikationen. Trägerin des Ludwig-Erhard-Preises und des Bundesverdienstkreuzes 1. Klasse.

Dr. Jochen Krengel (1951), Volkswirt und Historiker. 1975 bis 1983 Assistent an der Historischen Kommission zu Berlin und der Freien Universität, seit 1983 Branchenreferent bei der Berliner Bank AG. Veröffentlichungen zur deutschen Industriegeschichte des 19. Jahrhunderts, besonders der Eisen- und Stahlindustrie.

Dr. Klaus Kwasniewski (1942), Diplom-Volkswirt. Seit 1969 wissenschaftlicher Mitarbeiter im HWWA-Institut für Wirtschaftsforschung, Hamburg. Chefredakteur der Zeitschriften WIRTSCHAFTSDIENST, INTERECONOMICS. Veröffentlichungen zur Verkehrspolitik und zu aktuellen wirtschaftspolitischen Fragen.

Dr. Otto Graf Lambsdorff (1926), Rechtsanwalt und Bundesminister a. D. Seit 1972 Mitglied des Deutschen Bundestags und des Bundesvorstands der FDP; 1977–1984 Bundesminister für Wirtschaft.

Prof. Dr. Heinz Markmann (1926), Geschäftsführer des Wirtschafts- und Sozialwissenschaftlichen Instituts des Deutschen Gewerkschaftsbundes GmbH (WSI) i. R. Mitglied des Wissenschaftsrates, der Kammer für Soziale Ordnung der Evangelischen Kirche in Deutschland und der Sozialpolitischen Expertengruppe der Kommission der EG. Ehrensenator der Fernuniversität Hagen.

Dr. Anke Martiny (1939), Journalistin und Politikerin, Senatorin für kulturelle Angelegenheiten in Berlin. 1972–1989 Mitglied des Deutschen Bundestages. 1986 Verbraucherbeauftragte des SPD-Parteivorstands.

Dr. Otto G. Mayer (1943), Diplom-Volkswirt; Leiter der Präsidialabteilung im HWWA-Institut für Wirtschaftsforschung, Hamburg. Herausgeber der Zeitschriften WIRTSCHAFTSDIENST und INTERECONOMICS; verantwortlich für die Vierteljahresschrift FINANZIERUNG & ENTWICKLUNG. Verfasser wirtschaftsentwicklungspolitischer Arbeiten.

Dr. Werner Meyer-Larsen (1931), Wirtschaftsjournalist beim Nachrichtenmagazin DER SPIEGEL. Veröffentlichungen u. a.: »Der Untergang des Unternehmers«, 1978; »Der Orwell-Staat 1984. Vision und Wirklichkeit«, 1983; »Ende der Nachfrage?«, 1984.

Joachim Nawrocki (1934), Korrespondent der Hamburger Wochenzeitung DIE ZEIT. Theodor-Wolff-Preis, 1966. Veröffentlichungen u. a.: »Das geplante Wunder. Leben und Wirtschaften im anderen Deutschland«, 1967; »Brennpunkt Berlin«, 1971; »Komplott der ehrbaren Konzerne«, 1973.

Dr. rer. pol. Peter Plötz (1942), Diplom-Volkswirt, seit 1968 Mitarbeiter im HWWA-Institut für Wirtschaftsforschung, Hamburg: Abteilung Sozialistische Länder und Ost-West-Wirtschaftsbeziehungen. Seit 1979 Leiter der Forschungsgruppe Deutsche Demokratische Republik.

Philip Rosenthal (1916), Unternehmer und Parlamentarischer Staatssekretär a. D.: 1958–1981 Vorstandsvorsitzender, seit 1981 im Vorsitz des Aufsichtsrats der Rosenthal AG. Von 1969–1983 Mitglied des Deutschen Bundestages. 1970/71 Parlamentarischer Staatssekretär im Wirtschaftsministerium; 1981–1983 im SPD-Fraktionsvorstand. Beauftragter für Kommunikation und stellvertretender Vorsitzender der Arbeitsgruppe Wirtschaftsdemokratie in der SPD.

Prof. Dr. Ota Šik (1919), Professor für Systemvergleiche an der Hochschule St. Gallen; zuvor Direktor des Ökonomischen Instituts der Tschechoslowakischen Akademie der Wissenschaften und Leiter der Regierungskommission für die Ökonomische Reform in der CSSR. 1968, während des »Prager Frühlings«, Vize-Ministerpräsident. Zahlreiche Veröffentlichungen zur Wirtschaftspolitik, darunter: »Plan und Markt im Sozialismus«, 1967; »Humane Wirtschaftsdemokratie – ein Dritter Weg«, 1979.

Prof. Dr. Adelheid Simsch, Professor für Neuere Geschichte, Wirtschafts- und Sozialgeschichte an der Freien Universität Berlin. Verfasserin allgemeinhistorischer, wirtschafts- und sozialgeschichtlicher Arbeiten, vor allem zur deutsch-polnischen Geschichte, darunter: »Die Wirtschaftspolitik des preußischen Staates in der Provinz Südpreußen 1793–1806/07«, 1983; »Die Agrarkrise in Deutschland und Polen 1929–1933«.

Diether Stolze (1929–1990), freier Publizist und Staatssekretär; seit 1983 Berater des Bundeskanzlers in wirtschaftspolitischen Fragen, seit 1984 Berater der niedersächsischen Landesregierung für Medienpolitik. Verleger und Mitherausgeber der Hamburger Wochenzeitung DIE ZEIT. 1982/83 Regierungssprecher und Chef des Presse- und Informationsamtes der Bundesregierung. 1972 Träger des Theodor-Wolff-, 1977 des Ludwig-Erhard-Preises; 1983 Kommandeur der Ehrenlegion. Zahlreiche Buchveröffentlichungen, darunter: »Die Zukunft wartet nicht – Aufbruch in die neunziger Jahre«, 1984.

Barbara Veit (1947), Journalistin und freie Autorin. Veröffentlichungen: »Die sanfte Revolution – Von der Notwendigkeit anders zu leben«, 1981; »Umweltbuch für Kinder«, 1986; »Tierschutzbuch für Kinder«, 1990.

Prof. Dr. Norbert Walter (1944), Direktor in der volkswirtschaftlichen Abteilung in der Deutschen Bank AG. Mitverantwortlich für die Gemeinschaftsdiagnose der Konjunkturentwicklung durch die fünf führenden wirtschaftswissenschaftlichen Forschungsinstitute der Bundesrepublik Deutschland. Veröffentlichungen u. a. zur Konjunkturentwicklung sowie zu Kapitalmarkt- und Währungsproblemen.

Wolfgang Wetter (1949), Diplom-Volkswirt; ehemaliger Leiter der Forschungsgruppe Internationale Währungs- und Finanzbeziehungen im HWWA-Institut für Wirtschaftsforschung, Hamburg. Seit 1977 Lehrbeauftragter an der Fachhochschule für öffentliche Verwaltung in Hamburg. Veröffentlichungen zur Währungstheorie, zur Währungspolitik und zur Situation internationaler Finanzmärkte.

Register

Kursive Zahlen verweisen auf Abbildungen, **halbfette** auf ausführliche Abhandlungen.

Ackerbürgerstädte 30, 31
Ackergeräte, MA 21
Abfallbeseitigung **386**
Abfallbeseitigungsgesetz (1972) 384
Abgabequote 326, 327
–, soz.-lib. Koalition 246
Abgasprüfung *303*
Abgasreinigungsanlagen 304
Abs, Hermann Josef 242, **335**, *336*
Abschreibung, degressive 370
Abschreibungsvergünstigungen für West-Berlin 374
Abwanderungsregionen 307
Abwanderungstendenzen 306
Abwassersystem, Berlin, Kaiserreich 118, *118*
Adenauer, Konrad 236, 237, 242, 257, *257*, 258, 319, 335
–, Konflikt mit Erhard 258
AEG 116, *116*
Agrarexporte, Kaiserreich 109
Agrargesellschaft, MA **14–26**
Agrarimporte, Kaiserreich 109
Agrarkrise, 19. Jh. 96
–, späte Ma **22–26**
Agrarmarkt, europäischer 210, 269, 271–277
Agrarpolitik, BR Dtschl. **269–277**
Agrarpreisanstieg, 14. Jh. 22, 23
Agrarpreise, BR Dtschl., Schwankungen 269, 270
–, 30jähriger Krieg 56
–, EG 274
–, 1. WK 130
–, Kaiserreich 109, 114
–, 16. Jh. 26, 52
–, um 1820 95
Agrarproduktion, 1. WK 130
Agrarprotektionismus, Kaiserreich 269
Agrarreform, EG 275, 276
–, MA 94, 95
–, um 1800 94
Agrartechnik, MA, Verbesserungen 14
Agrarüberschüsse 274
Agrarverfassung, spät. MA, Strukturwandel 26
Agrarwirtschaft s. Landwirtschaft
Ahlener Programm (CDU) 236
Airbus, europäischer *417*
Aktienbanken 106
Aktiengesellschaften 100
Aktivistenbewegung, SBZ/DDR 157, *157*, 158
Allgemeiner Deutscher Frauenverein (1865) 366
Allgemeines Berggesetz für die preußischen Staaten (1865) 103
Allgemeines Eisenbahngesetz (1961) 293
Allgemeines Zoll- und Handelsabkommen (GATT) 239
Alliierter Kontrollrat 158
Allmende 15, 95
Altbausanierung 285
Altenbetreuung *357*
–, DDR **190**
Altenheime *358*
Altenpflege u. Altenbetreuung
Alternative Lebensweise 360, 361
Alternativ-Energien 389–392
Alternative Wirtschaftsformen 300, 301, 303
Altersgrenze, flexible 247, 348, 355
–, Herabsetzung 406

Altershilfe der Landwirte 356
Altersrente, DDR 189
Altersstruktur, DDR 194
Altersversicherung 128, 346
–, Kaiserreich 128
Altstadtsanierung 285
Altwohnungen, Modernisierung 285
Ämterverkauf, Brandenburg-Preußen 69
Angestelltenversicherung 355
Arbeiter, Kaiserreich 124/125
Arbeiterausschüsse, Kaiserreich *126*
Arbeiterbewegung 348
–, deutsche 346
Arbeiterrentenversicherung 355
Arbeiter- und Bauern-Staat 160
Arbeitgeberverbände, BR Dtschl. 238, 397, **398**
Arbeitnehmer, Gesundheitsschutz 352
–, Mitbestimmung 354
–, Mitspracherecht 352–354
–, Mobilität 298
Arbeitnehmereinkommen, Entwicklung **183**
Arbeitnehmerkammer, Aufgaben **395**
Arbeitnehmerrechte, Abbau 349
Arbeitnehmer-Schutz 351
Arbeitnehmer-Sparzulage 409
Arbeitsbeschaffung, BR Dtschl., Programme 237
–, Finanzierung 142
–, Gesetze 142, 143
–, NS-Zeit **142, 143**
–, Weimar, Programme 141
Arbeitsdienst, Weimar, freiwilliger 141
Arbeitsdirektor 354
Arbeitsdisziplin, DDR 178
Arbeitsförderung **354, 355**
Arbeitsförderungsgesetz (AfG) 245, 247, 354, **355**, 372, 373, 375
–, BR Dtschl. 245, 247
–, 35-Stunden-Woche 401
Arbeitsgemeinschaft der Verbraucher (AgV) *378*, 380, 381
Arbeitsgemeinschaft deutscher wirtschaftswissenschaftlicher Forschungsinstitute e. V. 379
Arbeitskampf 352, 398, **401**
–, Aussperrung 352
–, Maßnahmen 352, 398, **401**
Arbeitskampfgesetz (1984) 401
Arbeitskräfte, ausländische 148, s. a. Gastarbeiter
Arbeitskräftebilanz, DDR 191
Arbeitskräftemangel, DDR 191
Arbeitskräftemarkt, BR Dtschl. 237, 241, 249–250
Arbeitskräftepotential 427
–, Zukunftsperspektiven 427
Arbeitslosenhilfe 354, 355, 373
–, 30er Jahre 142, 143
s. a. Arbeitslosigkeit
Arbeitslosenunterstützung 355
–, verlängerte 128, 137, 139, 348, 354, 355, 373
–, Beitragssatz 355
–, Kaiserreich 128
–, Weimar 137, 139, 348
Arbeitslosigkeit 130, 135, 137, 139, 140–142, 180, 236, 237, 241, 244, 245, 247, **248**, 250, 251, 252, 254, 307, 334, 336,

342, 343, 347, 349–351, 353–355, 373, 404
–, Bekämpfung 250, *373*
–, BR Dtschl. 236, 237, 241, 244, 245, **247, 248**, 250, 307, 334
–, –, regionale 307
–, –, steigende (soz.-lib. Koalition) **247, 248**
–, Dauer 355
–, DDR 180
–, 30er Jahre 142
–, 1. WK 130
–, Verteilung 351
–, Weimar 135, 137, 139–141
–, Arbeitsmarkt 305, 306, 427
–, BR Dtschl. 427
–, regionaler 305
Arbeitsmarktpolitik 348, **372, 373**
Arbeitsmarktzentren 306
Arbeitsnormen, DDR 158, 160
Arbeitsordnung 351
Arbeitspflicht, 1. WK 130
Arbeitsplätze 267, 350
–, BR Dtschl. 267
–, USA 267
Arbeitsplatzrisiken **307**
Arbeitsplatzsicherung 307, 374
Arbeitsplatzverlust 375
Arbeitsproduktivität DDR 167, 168
Arbeitsschutz BR Dtschl. 405
Arbeitsschutzvorrichtungen, Kaiserreich 127
Arbeitsteilung, MA 16
Arbeits- und Sozialgerichtsbarkeit, BR Dtschl. 398
Arbeitsverhältnisse DDR 179, 180
Arbeitsvermittlung 354, 372
Arbeitszeit, BR Dtschl. 241
–, DDR 161
–, 35-Stunden-Woche 401
Arbeitszeitordnung, BR Dtschl. 352
–, Kaiserreich 127
Arbeitszeitverkürzung *349*, 402, 406, 429
–, 35-Stunden-Woche *349*, 401
Armenfürsorge, MA 35
Armut, 19. Jh. 100
Arzneimittelgesetz (1976) 378
Asienhandel, 16. Jh. 47
»Assoziationen« 377
Atombrennstoff, Endlagerung 281
–, Wiederaufbereitung 281
Atomenergie, BR Dtschl. 280, 281
–, Versorgungsanteil 392
s. a. Atomkraftwerke
Atomenergie-Diskussion 389–392
Atomgesetz (1975) 280
Atomkraftwerke 277, 280, 281, *281*, 375, 391, *391*, 392
–, Rheinsberg DDR *166*
–, Sicherheitsvorschriften 280
–, Stromerzeugung 280
Aufgabenteilung, föderalistische 325
Aufrüstung, NS-Zeit 142–145
s. a. Rüstung
Aufwertungsausgleich, Landwirtschaft 271
Augsburger Handelshäuser, MA 40
Augsburger Pracht 43, *44*
August-Thyssen-Hütte 240
Ausbeutungsmißbrauch 316
Ausbildungspflicht 354
Ausbildungsstellen 249, 251
Ausbildungszeit, verlängerte 241, **406**
Ausfuhren s. Exporte
Ausgabenplanung, BR Dtschl., staatliche 371

Ausgabenstruktur, DDR, Haushalte 187
Ausgleichszahlungen, EG 327
Ausländische Firmen, Investitionen **420**
Auslandseinlagen, Genehmigungspflicht 341
Auslandsinvestitionen, BR Dtschl. 416, 417
Auslandskredit, Weimar 140
Auslandsreisen *418/419*
Außenhandel, Anpassungsdruck 415
–, Bedeutung 412
–, BR Dtschl. 239, 241, 333, 412, 415–420
BAföG s. Bundesausbildungsförderungsgesetz
Bahro, Rudolf 178, 180, 182
Ballungszentren, BR Dtschl. 309
Bank Deutscher Länder 235, 332, 370
Banken 116, 117, **201**, 266, 318, 339, 340
–, Darlehnsvergabe 339
–, DDR, systemtypische Besonderheiten **201**
–, Einlagensicherung 340
–, Innovationsförderung 266
–, Kaiserreich 116, 117
–, –, Depotschutzrecht 117
–, –, Staatsmonopol 204
–, –, Warenstruktur **215**
–, –, westliche Handelspartner 219–221
–, –, Wirtschaftsentwicklung 170, 171
–, D-Mark, Wechselkurs 415, 416
–, Kaiserreich 109, 122, 123
–, nach 1648 58
–, 19. Jh. 99, 100
–, NS-Zeit 146
–, Warenstruktur **414, 415**
–, Weimar 138
Außenhandelskammer, BR Dtschl. 394
Außenhandelspartner 213, 412, 413
–, BR Dtschl. 213
Außenhandelsverflechtung, DDR 215
Außenhandelsverschuldung, DDR 223
Außenwirtschaft, BR Dtschl. 412–422
Außenwirtschaftsbeziehungen, DDR 215
Außenwirtschaftsgesetz, BR Dtschl. 343
–, 1961 375
Außenwirtschaftspolitik **375**
Aussiedler 251
Aussperrung 352, 401
Auswanderung **102**, *102*
Autarkiepolitik, NS-Zeit **146, 147**
Autobahnbau, NS-Zeit 143
Autobahnen 83, *330*
Automation 404, s. a. Rationalisierung
Automobil 83, 87, *303*, *303*, 304
–, Kraftstoffverbrauch 304
–, umweltfreundliches **303**, 304
Automobilabsatz, Anstieg 303
Automobilbau, Kaiserreich 119
Automobilexport 302, 304, *414*
Automobilgewerbe 88
Automobilindustrie 87, **287**, **302–304**
–, Aufbau 87
–, späte MA 26
–, Bedeutung *302*
–, Exportanteil 302
–, internationale Wettbewerbsfähigkeit 302, **304**
–, Marktsättigung *303*

–, Schlüsselstellung 302
–, Umweltbelastung 302
–, Zukunftschancen 302
Automobilpreise 303

Baden, Markgrafschaft, 17./18. Jh. 62, 63
–, –, Dreifelderwirtschaft 63
–, –, Landwirtschaftspolitik 63
–, –, Manufaktur 63
–, –, Steuersystem 63
Bayerische Motoren Werke (BMW) 320
Bayer 116, 320, 416
–, Firma 116
–, –, Auslandsinvestitionen 416
Beamtenbesoldung, Weimar 138
Behinderungsmißbrauch 316
Beiräte, Landeszentralbanken 333
Beitragsbemessungsgrenze 355, 356
Belegschaftsaktien 411
Benz, Carl Friedrich 87, 119, 302
Benzinpreise, DDR, s. a. Ölkrise 188
Bergbau 38, 43, **75–79**, 94, 103, 115
–, Abgaben 79
–, Aufbereitungstechnik 78
–, Aufschwung 76
–, Bewetterung 77
–, DDR 79
–, Direktionsprinzip 79, 103
–, Fachbegriffe **75**
–, Gesetze 79, 103
–, Inspektionsprinzip 103
–, Kaiserreich 115
–, MA 38, 43
–, moderne Abbaumethoden 78
–, Monopole 76
–, Niedergang 76
–, Ruhrgebiet 282/283
–, technische Erfindungen 77
–, technische Neuerungen 78
Bergbaufreiheit 79
Bergbauprodukte, Förderungsmenge 77
–, industrielle Nutzung 79
Bergbaustädte 75
–, Gründung 20
Bergbautechnik, mittelalterliche 75, 76
Bergmann, Carl 137
Bergmannssprüche 77
Bergordnung (1477) 79
Bergrecht **79**
Bergregal 79
Bergwerksgesellschaft 78
Berlin, Blockade (1948) 211, 219
–, Königliche Porzellan-Manufaktur 68, **69**
–, »Königliches Lagerhaus« 68
»Berliner Abkommen« (1951/1960) 210, 211
Berliner Gasanstalt *103*
Berliner Mauer 165, 241
Berlin-Förderung 374
Berlin Verkehr 211, 212, 220
Bernhard-Koenen-Schacht, DDR. *173*
Bertelsmann AG, Gewinnbeteiligung **409, 410**
Berufsberatung 354, 372
Berufstätigkeit der Frau, Arbeitsrecht 367
Berufsvermittlung 372
Besatzungskosten, SBZ/DDR 153, 161
Besatzungsmächte 153
Besatzungspolitik, nach 1945 232–234
–, SBZ 152–158
Besatzungsstatut (1949) 234
Beschäftigtenzahl, 19. Jh. 102
Beschäftigungskrise (1980er Jahre) 404
Beschäftigungsprogramme, soz.-lib. Koalition 247
Beschäftigungsstruktur 93, **102, 103**, 261, 262, 372
–, BR Dtschl. 261, 262

–, MA 16
Bausparen 359
Bausparkassen 318, 339
Bayer 116, 320, 416

433

Register

–, 19. Jh. **102, 103, 262**
–, um 1800 93
Besteuerung der privaten Haushalte, DDR 199
Beteiligungen der Arbeitnehmer, überbetriebliche 411
Beteiligungserträge, Bund 331
Betriebsänderungen 354
Betriebsgewerkschaftsleitungen, DDR 206, 369
Betriebsräte 348, 352–354, *353*, 402, 407
–, Mitbestimmungsrecht 353
Betriebsverfassung **407**
Betriebsverfassungsgesetz 238, 257, 348, **352, 353,** 402, 403, 426
–, 1951 257
–, 1952 238
–, 1952/1972 407
–, 1972 348
Beutnerei 16
Bevölkerung, BR Dtschl., Altersquote 357
–, 19. Jh., Armut 100
–, MA 19
Bevölkerungsentwicklung, MA **18, 19**
–, 19. Jh. **95**
–, 16./17. Jh. **40,** 49
–, spät. MA 26
–, 14. Jh. 22, 23
Bevölkerungspolitik, nach 1648 58
Bevölkerungsstruktur, DDR 166
Bevölkerungsverluste, 30jähriger Krieg 55
Bevölkerungsverteilung, MA 19
Bevölkerungswanderungen 308–309
Bewirtschaftungssystem, NS-Zeit 146
Bewirtschaftungsvorschriften, Abbau 235
Biermann, Wolfgang 180, *211*
Bilanzverfälschungen, DDR 207
Bildungswesen, DDR, Finanzierung 199
Binnenmarkt, BR Dtschl., Warenentnahme 270, 341
–, 19. Jh., Vergrößerung 99
Binnenschiffahrt 80, 81, 83, 104, 119, **294,** *294*
–, Abwrackprämien 294
–, BR Dtschl. **294**
–, Kaiserreich 119
–, MA 80, 81
–, moderne 83
–, 19. Jh. 104
–, Transportleistungen 294
Binnenschiffahrtsgesetz, Frachtenausgleich 294
–, Marktordnung 294
Bismarck, Otto von 106, 123, 348
Bi-Zone, nach 1945 233
Blitzkriegsstrategie **147**
Blüm, Norbert *372*
Böckler, Hans 400, *404*
Bodennutzung, MA 21, 95
–, um 1800 94
Bodenreform, SBZ 155, 156, *156*
Bodenregal, MA 43
Boeing, William 88
Bölkow, Ludwig 88
Borgward, Carl 88
Borsig, August 87, 97
–, Firma *97*
Bosch, Robert 87
Boten, laufende 84/85
–, reitende 84/85
Botschaftsbesetzungen 228
Böttger, Johann Friedrich *61*
Brakteat 71
Brandenburg-Preußen, Ämterverkauf 69
–, Bevölkerungspolitik 67
–, Binnen- und Transithandel 69
–, Dreifelderwirtschaft 67
–, Gewehrmanufakturen 68
–, Handelsbilanz 69
–, Handelskompagnie 68
–, Handelsmonopole **69, 70**
–, Kaffeemonopol 70, *70*
–, Kartoffelanbau 67
–, Kreditanstalten 70
–, Kriegsgewinnler 67
–, »Landschaften« 70
–, Landwirtschaft 67
–, Manufaktur 68
–, Metallproduktion 67
–, Münzwesen 69
–, Rüstungs- und Kriegswirtschaft 67
–, Salzmonopol **69, 70,** *70*
–, See- und Kolonialhandel 68
–, Seidenherstellung 68
–, Seidenmanufakturen 68
–, 17./18. Jh., Bevölkerungspolitik 66
–, –, Landgewinnung 66, 67
–, –, Peuplierungspolitik 66
–, Siedlungspolitik 67
–, sozialer Wandel 70
–, Sozialpolitik 70
–, Spinnerdörfer 67
–, Staatsbank 70
–, Staatseinnahmen 69
–, Steuereinnahmen 69
–, Tabakmanufaktur *68*
–, Tabakmonopol 70, *70*
–, Textilgewerbe 67, 68
–, Textilindustrie 69
–, Tuchmachereien 68
–, wirtschaftlicher Aufstieg 66–70
–, Wirtschaftsautarkie 67
–, Zollpolitik 69
Brandt, Willy 11, 245, 247, 248
Branntweinmonopol 318
Braunkohle, DDR 172
–, –, Abbau 172
–, –, Produktion nach 1945 78
–, –, Tagebau *78*
–, Förderung 77
–, SBZ 154
Breit, Ernst *424*
Brentano, Lujo von 346
Bretton Woods, Abkommen 342
–, internationales Währungssystem 342
–, Währungssystem 415
–, Wechselkursordnung 12
–, Wechselkurssystem 343
Brüning, Heinrich 140–142, 146
Bruttoeinkommen, BR Dtschl., Zunahme 350
–, DDR 184
Bruttoinlandsprodukt (BIP) 253, 289, 307, 328, **420**
–, BR Dtschl., Handwerksanteil 289
–, internationaler Vergleich **420**
–, Staatsschuldenanteil 328
Bruttoinvestitionen, BR Dtschl., Anstieg 421
Bruttoinvestitionsquote, BR Dtschl., 50er Jahre 238
Bruttolohn DDR 183
Bruttosozialprodukt 240, 241, 245, 247, 248, 249, 251, 323, 327, 341, 350
–, Anstieg 251
–, BR Dtschl., Anstieg 240, 241, 245
–, reales (70er Jahre) 247
–, Sozialabgabenmarkt 327
–, Staatsquote 323
–, Stagnation 249
–, Steueranteil 327
Buchdrucker-Gewerkschaft 127
Buchführung, doppelte, Lehrbuch 45
Buchgeld 334
Bund der deutschen Hanse 33
Bund der Industriellen 126
Bund der Landwirte 126
Bundesanstalt für Arbeit (BfA) 262, **354,** 372
Bundesaufsichtsamt für das Kreditwesen 336, **339, 340**
–, Aufgaben 290, 291
Bundesaufsichtsamt für das Versicherungswesen 292
Bundesausbildungsförderungsgesetz (BAföG) 246, 247, 358
Bundesbahngesetz (1969) **293**
Bundesbahnpolitik 300
Bundesbank 10, 11, 210, **242,** 244, 246, 318, 327, 331, **332–336,** *334, 337,* 341–343
–, Autonomie 332
–, Deutsche 210, 327, 331, **332–336,** *334,* 370, 406
–, Direktorium 333
–, Geldpolitik 342
–, –, restriktive 343
–, Gewinn 335
–, Gewinnabführung 335
–, Gironetz 336
–, Kartellrechtsfreiheit 318
–, Kassenkredite 332
–, Notenbank **334, 335**
–, Organe **333**
–, Politik **242,** *244*
–, Preisniveaustabilisierung 334
–, Restriktionspolitik 246, 343
–, Staat und 332, 333
–, Stabilitätspolitik 333, 341
–, Vorstand 333
–, Währungsreserven 342
Bundesbankgesetz 10, 332, 336, 339
Bundesbeteiligungen **331**
Bundeseigene Unternehmen, Privatisierung 243
Bundesfernstraßen 300
Bundesgesundheitsamt *378*
Bundeshaushaltsordnung (BHO) 331
Bundes-Immissionsschutzgesetz (1974) 384
Bundeskartellamt **313,** 316
–, Preisaufsicht 316
Bundesknappschaft 355
Bundesländer, Ergänzungszuweisungen 327
–, finanzschwache 327
–, finanzstarke 327
–, Gemeindeordnungen 329
–, Wirtschaftsförderung 374
Bundesmietengesetz (1955) 284
Bundesministerien, Einzeletats *330*
Bundesministerium für wirtschaftliche Zusammenarbeit 221
Bundesnaturschutzgesetz (1976) 384
Bundespersonalvertretungsgesetz 354
Bundespost s. Deutsche B.
Bundesraumordnungsprogramm (1975) 305, 306
Bundesrepublik Deutschland, Beteiligungsbesitz **331**
–, Großbanken *338*
–, Kreditobergrenze 332
–, Sondervermögen 332, 336
–, Wertewandel 11
–, Wirtschaftsverfassung **10**
–, zentrale Aufgaben 323
Bundesurlaubsgesetz 243
Bundesverband der deutschen Industrie 240, 312
Bundesverkehrswegenetz, Ausbau 298
Bundesversorgungsgesetz für Kriegsopfer 239
Bürger, MA, soziale Unterschiede 29
Bürgerliche Freiheit 28
Bürgermeister, MA 34
Bürgerpflichten, MA 29
Bürgertum, MA 27–39
Burns, Arthur 9
Bürokratismus, DDR 178–180
»Butterberg« 274

Calvin, Johann 42
Calvinismus 9
CARE-Programm 231
Carter, Jimmy *12*
Cecchini-Bericht 252
Centralverband Deutscher Industrieller 126
Champagne-Messen 32
Chancenlosigkeit 429, 430
Charité, Berlin (Ost) *191*
Charterfluggesellschaften 296
Chemie-Industrie, Anfänge 105
–, Kaiserreich 115
Chemische Industrie 320
–, DDR 166
Christiana-Religio-Pfennige 71
Christlicher Gewerkschaftsbund Deutschlands (CGB) 399
Chruschtschow, Nikita 165
Chrysler, Walther P. 87
Churchill, Winston 232
Citroën, André 88
»Club of Rome« 247, 428
Colbert, Jean-Baptiste 54
Commerzbank 116, 339
–, Hamburg 116
Computer 86, 427
Computerindustrie 322
–, zukünftige 268
Condor, Fluggesellschaft 294
Courantmünzen 106

Daimler, Gottlieb 87,119, 302
Daimler-Benz AG 87, 320
Dampfeisenbahn 120/121
Dampfschiff, erstes 83
Dampfschiffahrt, moderne 83, 84
Darlehensvergabe, BR Dtschl., Banken 339
Darlehenszinsen DDR 203
Darmstädter Bank 106
Darmstädter- und Nationalbank 140
Datenverarbeitung, elektronische 86
Dawes-Plan **136, 137,** 239
DDR **152–158,** 159–227, *220,* 361
–, Japanische Wirtschaftspräsenz *220*
–, Medizinische Hilfe an Entwicklungsländer 222
–, Militärhilfe an Entwicklungsländer 222
–, politische Bestimmungsfaktoren 215
–, Schattenwirtschaft 361
–, weltwirtschaftliche Stellung 215–223
DDR-Außenhandel, Entwicklung **223**
DDR-Flüchtlinge 160, 165, 228, 241, *242,* 253
DDR-Frauenausschüsse 369
DDR-Produkte, Qualität 217
DDR-Warenverkehr mit Sowjetunion 218
DDR-Wirtschaft, Orientierung an Weltmarktpreisen 218
–, Umstrukturierung 207–209, 228–229
Defizite, BR Dtschl. 249
Deflation, Weimar 139, 141
Deichbau, MA 19
Delikatläden DDR **186**
Demontage, SBZ/DDR 153, *153,* 155, 219
–, Westzonen 232–234, *233*
Denare 18, *72*
Denari grossi 72
Denar von Tours, dicker 71
Deportationen, SBZ 153, 154
Depositen 41, 48
»Depression, Große«, Kaiserreich **109**
Deutsche Angestellten Gewerkschaft (DAG) 399
Deutsche Arbeitsfront (DAF) 400
Deutsche Außenhandelsbank AG (DABA) DDR 202
Deutsche Bank 116, 266, 320, 335, 339; s. a. DM
Deutsche Bundesbahn 293, 294
–, Defizit 294
–, Schutz des Verkehrsaufkommens 294
Deutsche Bundesbank 210, 327, 331, **332–336,** *334,* 370, 406
Deutsche Bundespost 292, 331
Deutsche Firmen im Ausland 416–420
Deutsche Handelsbank AG, DDR 202
Deutsche Mark 234, 241, 331; s. a. DM
–, Festigung 241
Deutscher Bauernverband 395
Deutscher Beamtenbund (DBB) 399
Deutscher Gewerkschaftsbund s. DGB
Deutscher Industrie- und Handelstag, Aufgaben **393, 394**
Deutscher Verbraucherschutzbund (DVS) 380, 381
Deutscher Zollverein 74, **99,** *99,* **100,** 106
Deutsches Institut für Wirtschaftsforschung (DIW) 376
Deutsches Recht, MA 20, 21
Deutsche Verwaltung für Arbeit und Sozialfürsorge (DVAS) DDR 189
Deutsche Verwaltung für Interzonen- und Außenhandel (DVIA) 158
Deutsche Wirtschaftskommission (DKW) 157
Deutschland, um 1800, Gewerbestruktur **60**
Devisen, BR Dtschl. 239, 241, 242
Devisenausgleich 259
Devisenbeschaffung, 1. WK 133
–, NS-Zeit 146
–, Weimar 140
Devisenbesitz DDR, privater 186
Devisenbörse 341, 342
Devisenknappheit 174/175
Devisenkontrollen, NS-Zeit 146
Devisenmangel DDR *202*
Devisenmarkt 339, 341, 342
–, BR Dtschl. 339
Devisenmonopol DDR, staatliches 201
Devisenreserven, Weimar, Verringerung 140
Devisenvorräte, 1. WK 133
Devisenzuflüsse, BR Dtschl. 245
Dezentralisierung DDR, wirtschaftliche 166, 167
DGB 389–401, **403–406,** *404*
–, als Sozialpartner **400–402**
–, Arbeitskämpfe **401**
–, Aufstieg **400**
–, erster Bundesvorstand *404*
–, Grundsatzprogramm (1963) **400**
–, Notstandsgesetz 401
–, Programm der wirtschaftlichen und sozialen Neuordnung **400**
–, Wirtschaftskrise **403–406**
Dienste, bäuerliche 26, 52, 56
–, –, 16. Jh. 52
–, –, spät. MA 26
Dienstleistungen, steigender Bedarf 264
–, tertiärer Sektor 260
Dienstleistungsbereiche, Wachstum 267
Dienstleistungsbetriebe, Kaiserreich 118, 119
Dienstleistungsgesellschaft, BR Dtschl. 260–264
Dienstleistungspreise DDR 185
Dienstleistungssektor 96, 260, 262
–, Erwerbstätige 262
–, Zunahme 260
Diesel, Rudolf 87, 119
Dinnendahl, Gebrüder 97
Direktinvestitionen 416, 417, 420, 422
–, Entwicklung 416, 417
Discontobank, Hamburg 116
Diskontpolitik **336, 337**
Diskontsatz 337, 343
DM 10, 241, 242, **245,** 246, 249, 263, 333, 339, **341–345,** 415
–, Abwertungsdruck 343
– als Reservewährung 343
–, Aufwertung 245, 341, 342, 345
–, Dollar-Parität 242
–, Floating 342, 343, 349
–, Konvertibilität 10, 241, 341
–, Kurs 343
–, –, Floating 246
–, Kursanstieg 343
–, Kursrückgang 343
–, Spekulationen **245**
–, Unterbewertung 263
–, Wechselkurs 245, 249, 333, 341–344, 415
–, –, Außenhandel 415
–, –, Freigabe 245
DM-Block 345
Do-it-yourself 360, 361, *362*
Dollar, Kurs 335, 342, 343, **344,** 415
Doppeltaler 74
Dorfschulze, MA 20
Dortmund-Ems-Kanal 83, 119
Douglas, McDonnell 28
Dreifelderwirtschaft, MA 24/25, 59, 93
–, –, verbesserte 59
Dreißigjähriger Krieg 54–57
–, Agrarpreise 56
–, Bevölkerungsverluste 55
–, wirtschaftliche Folgen **55, 56**
Dresdner Bank 106, 116, *338,* 339
Dresdner Münzkonvention 74
Druckerpresse *35*
Dukaten 72
Düngung, chemische, Anfänge 105, 272/273

ECU **345**; s. a. Europäische Währungseinheit
Edison, Thomas Alva 87
EG, Agrarmarktordnungen 271
–, Agrarpreisniveau 276
–, Agrarreform 274–276
–, Außenhandelspartner **412,** 413
–, Budget 274
–, Exporthilfe 271
–, Finanzsituation 274
–, gemeinsame Agrarmarktpreise 274
–, Schutzfunktionen 428
–, Steuereinnahmen 326
–, Umweltaktionsprogramm (1973) 386
EG-Agrarbeschlüsse (März 1984) 275
EG-Agrarmärkte, Stabilisierung 271
EG-Binnenmarkt 252–253
EG-Grenzausgleich 271, 274, 278
EG-Haushalt 326
EG-Interventionspreise 271
EG-Ministerrat, Verordnungen 271
EG-Subventionspolitik *275*
EG-Verbraucherprogramme **377,** 378, 380
EG-Währungspolitik 271
Ehestandsdarlehen, DDR 203
–, NS-Zeit 142
Ehrenberg, Herbert *246*
Eigenarbeit 360, 361, *362*
Eigenkapitalausstattung, Unternehmer 411
Eigentum, Sozialbindung 10
Eigentumsfreiheit, wirtschaftliche 286
Einfuhrbeschränkungen, Landwirtschaft 271
–, NS-Zeit 146
Einfuhren s. Importe
Eingliederung, berufliche 372
Einheitliche Europäische Akte (EEA) 252
Einheitsgewerkschaft 400, 403
»Einheitshaushalt«, DDR 197
Einigungsvertrag 253–254
Einkaufssystem, DDR, mehrklassiges 185–187
Einkommensentwicklung, internationaler Vergleich **420, 421**
–, Landwirtschaft 270, 271
Einkommenserhöhung, BR Dtschl., reale 242
Einkommensteuer, BR Dtschl. 327, 370
Einkommensteuerreformgesetz (1974) 247
Einkommensverteilung, BR Dtschl. 350
Einlagensicherung, Banken 340
Einlagerung von Nahrungsmitteln 270
Einzelgewerkschaften, BR Dtschl. 399
Einzelhandel, BR Dtschl. 289, 290, *290*
Einzelhandelsnetz, DDR 185–187
Einzelhandelsumsatz, DDR 187, 188
Eisenbahn 82, *91,* **97–99, 293, 294,** 300
–, Anfänge **97, 98**
–, BR Dtschl. **293, 294**
–, elektrische *120/121*
–, erste deutsche *91,* **99**
–, Siegeszug 82
Eisenbahnbau, Auswirkungen 98, *98*
–, Kaiserreich 109, 119
–, 19. Jh. 104
–, –, Finanzierung 98
Eisenbahnen, private 98
–, staatliche 98
Eisenbahnstrecken, 19. Jh., Ausbau 82, 98
Eisenerzeugung, Siegerländer 75
Eisenerzförderung, Anteil der Weltproduktion 77
–, DDR 173
Eisengewinnung, MA 17, 76
Eisenhammer, erster 75
Eisenhammer »Fritz« *105*
Eisenhüttenkombinat Ost (EKO), DDR 159, *176*
Eisenindustrie, märkische Eisen- und Stahlindustrie, Kaiserreich 109
–, NS-Zeit 145
Elektrizitätsversorgung, Kaiserreich 118
Elektrizitätswirtschaft, BR Dtschl. 278, 279
–, Investitions- und Kapazitätskontrolle 278
Elektroindustrie, Kaiserreich 115, *116*
Elektronik-Industrie 88
Endenergie 389
Energie, alternative 381–392
–, BR Dtschl., Anteile 389
–, Importabhängigkeit 389
–, Spartechnik 392
–, Verteuerung 249
Energiearten, körperlose 278
Energiebedarf, Kohleanteil 77
Energiebetriebe 277, 278
Energie-Diskussion, Aspekte 389
Energieeinsatz 389
Energieeinsparungsgesetz 280
Energiekonzern Veba 320
Energiekosten 298
Energienutzung, doppelte 392
Energiepolitik 277–281, 298, **389–392**
–, BR Dtschl. 277–281
Energiesicherungsgesetz (1974) 280
Energie-Sparmaßnahmen, 391, 392

Register

Energiesysteme, neue 392
Energieunternehmen, Monopolstellung **278**
Energieverbrauch 389
Energieversorgung 389, 390
Energiewirtschaft 174/175, 277–281
–, DDR 174/175
–, Gebietsversorgungsunternehmen 278
–, Kartellrechtsfreiheit 318
–, zentrale Rolle 277
Energiewirtschaftsgesetz 278, 280
Engels, Friedrich 101
Enteignungen, DDR 155–157, 162/163
–, –, Volksentscheid 156
»Entindustrialisierungspolitik«, alliierte 231
Entwicklung, BR Dtschl., regionale 305–309
Entwicklungshilfe **222**, *222*, **223**, **421**, *421*, **422**, *422*
–, Anteil am Bruttosozialprodukt 422
–, DDR **222**, *222*, **223**
–, Leistungen 422
–, praktische *422*
Entwicklungshilfeministerium 421
Entwicklungsländer, deutsche Investitionen 417
–, Handelspartner **413**
–, Schattenwirtschaft 362
Entwicklungspolitik, DDR **222**
–, neue Akzente 422
Entwicklungspolitische Konzeption (1973) 422
Erbpacht, spät. MA 26
Erdgas 78, 173
–, DDR 173
Erdgasförderung, DDR 173
Erdgasleitung »Nordlicht« 173
Erdöl 172, 391
–, DDR 172
Erdölbedarf, DDR 217
Erdölförderung, DDR 172, 173
Erdölverbrauch, BR Dtschl. 390
Erfinder 87
Erfindungen, 1. WK 131
Ergänzungszuweisungen, Bundesländer 327
Erhard, Ludwig 10, 234–237, 242–244, 255–259, 319, 423, 426
–, Außenpolitik 258
–, »formierte Gesellschaft« 259
–, Konflikt mit Adenauer 258
–, Lebensdaten 255
–, »Ordnungspolitik« 257
Erhöhung, Abgabenbelastung 430
Erholungsgebiete, DDR 188
Ernährungslage, SBZ 155
ERP s. Marshall Plan
ERP-Sondervermögen 374
Ersatzgeld, Weimar 135
Ersatzstoffe, Entwicklung 129
Erwerbstätigkeit, DDR 178–180
Erzbergbau, DDR 177
–, MA 75
Erzbergwerk, MA *76*
Erzgewinnung, MA 76
Erziehungsgeld, BR Dtschl. 369
Essen, Industrialisierung *103*
Eucken, Walter 257
Europäische Atomgemeinschaft (Euratom) 240, 281
Europäische Gemeinschaft 271; s. a. EG
Europäische Gemeinschaft für Kohle und Stahl 279
Europäische Hauptstädte, 17./18. Jh., Einwohnerzahlen 65
Europäischer Binnenmarkt 252–253
Europäischer Währungsverbund 343
Europäischer Wechselkursverbund 345
Europäisches Währungssystem (EWS) 276, 345
Europäische Union 252–253
Europäische Währungseinheit (ECU) 276, 345
Europäische Wirtschaftsgemeinschaft (EWG) 10, 237, 240, 257, 326, 344
Europäische Wirtschafts- und Währungsunion 253
European Recovery Program (ERP) 238
EWG, Ministerrat 345
–, Währungspolitik 344
–, Zollunion **344**
EWG-Währungen, Schwankungsbreite 345
»Ewiger Pfennig« 71
EWS, Leitkurse 345
Expansionspolitik, sowjetische 154
Export **60**, 99, 168–171, 177–180, 241, **412**, 414, *414*
–, 18. Jh. **60**
–, BR Dtschl. 241
–, DDR 168–171, 177-180
–, Großrohre *414*
–, Handelsüberschüsse 415
–, 19. Jh. 99
Exportanteil am Welthandel 415
Exporthilfe, EG 271
Exportländer, wichtigste 414
Exportquote, BR Dtschl. 287
Exportwaren, Kaiserreich 122
»Exportwunder«, deutsches 412
Exquisitläden DDR 185

Fabrikgründungen, 19. Jh. 97
Fabrikordnungen 97
Faktoreien, MA 33
Familienförderung, BR Dtschl. **358**
FDGB 188, 192/193, **206**, 209, 369
–, Kompetenzen **206**
–, weibliche Mitglieder 369
Feldarbeit, MA, Verbesserungen 15
Fernhandel, MA 21, 32, 33, 38
Fernkaufleute, MA 18, 32, 33
Fernstraßen, MA 17
Fernverkehr, Beginn 80
Fernwärmenetz 392
Fertigungshandwerk 288
Fertigwaren, 18. Jh., Ausfuhr 60
Feudalismus **14**, 18
Finanzausgleich, BR Dtschl. **327**
Finanzpläne, BR Dtschl. 244, 245, **371**
Finanzplanungsrat 371
Finanzpolitik, antizyklische 328
–, BR Dtschl., abgestimmte 245
–, DDR 195, **197**, **198**
–, –, Entscheidungsbefugnisse **197**, **198**
Finanzreform (1969) 325, 326
Finanzwirtschaft, DDR 195–203
–, –, dezentralisierte 195
–, –, systemtypische Aufgaben **198**
Fischerei, MA 16
Flächenaussperrung 401
Flaggenrechtsgesetz 296
Flexible Altersgrenze 247, 248, 355, 406
Floating 12, 246, 342, 343
Flüchtlinge DDR 152, 165, 228, 241, 253
–, Eingliederung 239, 240
–, Ostgebiete 231
Flugzeug 86
Föderalismus 323–325
–, Aufgabenteilung 325
Föhl, Carl 243
Fondaco dei Tedeschi *39*
Ford, Henry 87, **90**, *90*, 302
Förderregionen, BR Dtschl. 306, 373
Förderungspolitik, regionale 306, 373
Förderungsprogramme, regionale 373
Ford-T-Modell 90, *90*
Forschung, staatliche Förderungsmaßnahmen 266
Forschungsinstitute, wirtschaftswissenschaftliche **376**
Forschungs- und Entwicklungsförderung (FuE) 375
Frachtflugzeuge 86
Frachtfuhrleute 81
Frachtschiffahrt, MA 46, 81
Franke, Heinrich *372*
»Frankfurter Abkommen« (1949) 210
Frankfurter Messe 38
Frauen, Berufsausbildung 367
–, Berufstätigkeit 365–369
–, DDR 369
–, Doppelbelastung 369
–, Drittes Reich *366*, 367
–, gesellschaftliche Stellung 366–368
–, Teilzeitarbeit 368, 369
Frauenarbeit, Arbeitsrecht 367
–, DDR 166, *224*, 369
–, 1. WK 130 *132*
–, Geschichte 365–367
–, NS Zeit 148
Frauenarbeitslosigkeit 368
Frauenberufe, bevorzugte 369
Frauen im Wirtschaftsleben 365–369
Frauenlohngruppen 367, 369
–, DDR 369
Frauenstudium 366
Frauenverbände 366
Freie, MA 18
Freie Marktwirtschaft s. Soziale Marktwirtschaft
Freier Deutscher Gewerkschaftsbund s. FDGB
Freihandelspolitik 106, 426
Freiheit, MA, städtische 27, 29
Freiwillige Zusatzrentenversicherung DDR 191
Freizügigkeit, wirtschaftliche 286
Fremdarbeiter, NS-Zeit *148*
Frey, Anton 57
Friedenspflicht 352
Friedrich der Große, preuß. König 53, 57, 62, 66, 67, 69
Friedrich II., Landgraf v. Hessen-Kassel 62
Friedrich Krupp AG, Essen 116
Friedrich Wilhelm I., preuß. König 66, 69
Frondienste 26, 56
–, spät. MA 26
Fronfuhren 16
Fronhof 16, 17
Fronhofverband 24/25
Frontage 16
Frühindustrialisierung **92–101**
–, Verarmung 100, 101
Frühkapitalismus 40–52
Fugger, Anton 44
–, Bilanz **44**
–, Buchhaltungspraxis 45
–, Firmenkapital 44
–, Hans 44
–, Jacob 42–45, *45*
–, –, Sozialleistungen 44, 45
–, Kaufmannsgeschlecht 41–45, 56, 76, 84/85
–, Kurierdienst 45
Fuggerstadt Augsburg 30
Fundamentalerfinder 87
Fünfjahrpläne, DDR 159, 161–165, 167–170, 218
»Fünf Weise« 376
Funktionsprobleme, DDR, wirtschaftliche 168
Fusionskontrollpflicht, Kartelle 312, 313

Galbraith, John Kenneth 246
GARIOA-Programm 231
Gasanstalt, Berlin *103*
Gasfernleitungen 296
Gastarbeiter *242*, *250*
Gasversorgung, Kaiserreich 118
Gaswirtschaft 278, 279
GATT s. Allgemeines Zoll- und Handelsabkommen
Gebietskörperschaften, Aufgaben 325
–, Ausgaben **325**, **326**
–, Haushaltskredite 328
Gebrauchtwagenhandel, DDR 188
Geburtenrate, DDR 194
Geburtenüberschuß, MA 19
Geldentwertung s. Inflation
»Geldillusion« 109
Geldmengenverknappung 333
Geldpolitik, amerikanische 342
–, BR Dtschl. **335–338**
–, restriktive 244, 259, 343
–, soz.-lib. Koalition 247
Geldsubstitute 232, 332
Geldsystem, BR Dtschl., Stabilität 10
Geldumlauf 336
–, 1. WK 133
Geldverschlechterung, MA 73
Geldwertstabilität 333–335
–, MA 17
Gelsenkirchener Bergwerks-AG 116
Gemeindehaushalte, DDR 198
Gemeiner Ungarischer Handel 42
Gemeines Deutsches Bergrecht 79
Gemeinlastprinzip 388
Gemeinsamer Markt s. EG
Gemeinschaftsaufgabe »Verbesserung der regionalen Wirtschaftsstruktur« (GRW) **305**–**307**, 373, 374
–, Nachteile 306
Gemeinschaftssteuer *326*, *327*
Gemeinwald 16
Generaldirektoren, DDR 204
Genex-Geschenkdienst, DDR 186, *187*
Genfer Gipfelkonferenz (Juli 1955) 161
Genossenschaften, DDR 162/163, 202
–, SBZ 157
Genscher, Hans-Dietrich 249
Gentechnik, zukünftige 265
Genußmittel, DDR, Preise 187
Genußrechte 410
Geräte, landwirtschaftliche (um 1800) 93
Gerätesicherheitsgesetz 378
Gerichtskammern 398
Gerichtssenate 398
Gerlach, Ernst Ludwig 96
Gesamtenergieverbrauch, BR Dtschl. 298
Geschäftsbanken, DDR 201, **202**, **203**
Gesellen 31, 34, 93
–, MA 31, 34
Gesellenverbände, MA 34
Gesellschaftsstruktur, MA 18
Gesellschaftsveränderungen, BR Dtschl. 346
Gesetz gegen unlauteren Wettbewerb (1909/1975) **310**, **311**
Gesetz gegen Wettbewerbsbeschränkungen (GWB) 278, 279, 280, 310, **312**, **313**
Gesetz über das Kreditwesen (KWG), 1961 339, 340
Gesetz über den gewerblichen Binnenschiffahrtsverkehr (1959) 294
Gesetz über den Vaterländischen Hilfsdienst (1916) 130
Gesetz über die Mitbestimmung der Arbeitnehmer (1976) 354, 407
Gesetz über die Reform der Rentenversicherung der Arbeiter und Angestellten (1957) 400
Gesetz zur Bekämpfung von Schwarzarbeit (1982) 360
Gesetz zur Förderung der Energiewirtschaft (1935) 278
Gesetz zur Förderung der Stabilität und des Wachstums der Wirtschaft (StabG) 334, 370
Gesetz zur Ordnung des Handwerks (1953) 394
Gesundheitsschutzgesetze, BR Dtschl. 378
Gesundheitswesen, DDR 191
–, Kaiserreich 118
Getreideanbau 21–23, 52, 94
–, MA 21, 22
–, 14. Jh. 23
–, um 1600 52
Getreidepreissteigerungen, 14. Jh. 22
Gewann 24/25
Gewässerschutz 385, 386
Gewehrmanufaktur, Spandauer 68
Gewerbe, MA 35, 38, 41, 42
–, –, städtisches 35
–, –, technische Neuerungen 38
–, Niederlassungsfreiheit 94
–, 16. Jh., Aufschwung 49–52
–, 17./18. Jh. 65
–, städtisches 30, 31, 56
–, verarbeitendes 288
Gewerbefreiheit, BR Dtschl. 286
Gewerbeleben, Städte, MA 30, 31
Gewerbeordnung, BR Dtschl. 352
–, 19. Jh. **106**
Gewerbepolitik, Friedrich der Große 68
–, Merkantilismus 59
Gewerbestruktur, Deutschland (um 1800) **60**
Gewerbezweige, MA, neue 42
Gewerbliche Produktion (nach 1648), Steigerung 59
Gewerbliche Wirtschaft, BR Dtschl. 286–292
–, Investitionszuschüsse 306
–, staatliche Lenkungsinstrumente 287
Gewerke, Bergbau 79
Gewerkschaften 76, 124/125, **126**, **127**, 206, 209, 236, 238, 248, 250, 348, 354, 366–368, 397, **398–400**, 402, **403–406**, 411
–, Ausland 400, **403**
–, bergrechtliche 76
–, BR Dtschl. 238, 250, **398–400**, 402, 403
–, –, Erfolge 403
–, –, Finanzierung 399
–, –, nach 1945 400
–, –, Organisation und Aufgaben **398–400**
–, DDR 206, 209
–, Frauenarbeit 366–368
–, Kaiserreich 124/125, **126**, **127**
–, –, Anfänge 126
–, –, Buchdrucker 127
–, –, christliche 126
–, –, Einflüsse 127
–, –, freie 126
–, –, Mitgliederzahlen 126
–, Lohnpolitik 402
–, Mitbestimmung 354
–, offene 399, 400
–, Organisation nach Berufsprinzip 402
–, –, nach Industrieprinzip **403**
–, Schutzfunktionen 404
–, Sicherung des Reallohns 402
–, soz.-lib. Koalition 248
–, Wirtschaftskrise **403–406**
–, wirtschaftspolitische Vorstellungen 406
–, Zentralisierung 403
Gewerkschaftliche Tariferfolge **402**
Gewerkschaftsbünde, Interzonenkonferenzen (1946/48) 400
Gewerkschaftspolitik, BR Dtschl. 238, 242
–, –, 50er Jahre 238
–, –, soz.-lib. Koalition 247, 248
Gewerkschaftspolitik in der Wirtschaftskrise **402**
Gewerkschaftssysteme, ausländische 402, 403
Gewichte, 19. Jh. 106
Gewürzhandel, MA 46, **47**
Gipfelkonferenz, Genfer (Juli 1955) 161
Giralgeld 334
Girokonten 41
Girozentralen 291, 339
Glasherstellung, MA 17
Glashütten, Schwarzwälder *63*
Gleichberechtigung, Beruf 365–369, *368*
–, DDR 369
–, Grundgesetz 367
Globalsteuerung 425
–, Politik 244
Goebbels, Josef *142*, 319
Goldgulden 72
Goldmark 74
Goldreserve, Kaiserreich 108
Goldvorräte, 1. WK 133
Goldwährung 106
–, Weimar, Rückkehr zur 136
Gorbatschow, Michail 228
Göring, Hermann 145, 147
Graumannsche Münzreform 73
Grenzausgleich, EG 274, 276
Groschen 72
»Groschenzeit« 71
Großbanken 116, 117, 291, *338*, 339
–, BR Dtschl. *338*, 339
–, Kaiserreich 116, 117
Großbetriebe, Sozialisierung 236
Große Ravensburger Gesellschaft **39**
Großfeuerungsanlagen 386
Großfeuerungsanlagen-Verordnung (1983) 384, 385
Groß-Friedrichsburg, brandenburgische Kolonie *68*
Großgrundbesitz, DDR 155
–, MA 15, 18
Großgrundherrschaft, MA, Klöster 16
Großindustrie, Kaiserreich 115
–, Machtstrukturen 320
Groß-Kombinate, DDR 205
Großkredite 339, 340
Großstädte 308
–, Bevölkerung 96
s. a. Städte
Großstadtflucht 307–309
Großstadtverkehr 120/121
Großunternehmen, deutsche 320
–, Leistungen 320
Grotewohl, Otto 155, 160
Gründerfamilien 320
Gründerjahre **108**, **109**
»Gründerschwindel« 108
Grundgesetz, Artikel 109, 370
–, BR Dtschl. 10
–, wirtschaftliche Freiheit 423
Grundhandwerk, Kaiserreich 117
Grundherrschaft 15, 16, 21, 24/25, 26
Grundlagenforschung, Kosten 375
Grundlagenvertrag DDR–BR Dtschl. 210
Grundlast-Elektrizität 391
Grundsätze der sektoralen Strukturpolitik (1968) 375
Grundsatzprogramm DGB (1981) 405
»Grüner Dollar« 271
»Grüner Kurs« 276
Gulden 73, 106
Guldengroschen 72
Guldiner 72
Güterexport, 19. Jh. 99
Güterfuhrwesen, MA 81
Güterimporte, Kaiserreich 122
–, 19. Jh. 100
Güterkraftverkehrsgesetz (1952) 293
Güterverkehr 293, 294, 298, 300, 301
–, MA 81
Gutswirtschaft, Ostgebiete **52**
–, spät. MA 26
Gysi, Gregor 228

Haber-Bosch-Verfahren 129, 131
Habsburger, Hausmacht 64
–, Erblande 64
–, 30jähriger Krieg 64
Halbfreie 18
Halle-Neustadt *167*
Hallstein-Doktrin 221, 421
Halske, Johann Georg 89
Handel, BR Dtschl. 289
–, 30jähriger Krieg 56
–, innerdeutscher 210–215, **211–214**
–, –, Entwicklung **213**, 214, 215
–, –, gegenseitige Interessen **211**, **212**
–, –, ökonomische Bedeutung 213
–, –, Vertragsgrundlage 210
–, –, Vorteile 211
–, –, Warenstruktur 213, **214**
–, MA 21, 31, 32, 38, 39
–, –, Ausdehnung 21
–, –, süddeutscher 38, 39
–, SBZ 156
–, um 1800 60
Handelsabkommen, DDR-Sowjetunion 218
Handelsbeziehungen, NS-Zeit 146
Handelsbilanz, DDR 218, 223
–, Kaiserreich 109, 123
–, Weimar 135
Handelsgesellschaft, MA **39**, 42
Handelshäuser, MA, süddeutsche 40–47
Handelskammer 268
–, Internationale 394
–, Kaiserreich 126
Handelskontore, MA 33
Handelsorganisation (HO), SBZ/DDR 157, 181, *181*
Handelspartner, DDR 213, 215, 216, 221, 222
–, –, Entwicklungsländer 221, 222
–, NS-Zeit 146
Handelsschiffe, MA 81
Handelsstraßen, MA 38
Handelsunternehmen, Kaiserreich 118
Handelsverträge, DDR 218, 220, 221
–, –, Entwicklungsländer 221
–, 19. Jh. 106
Handelswechsel 144, 336
Handelswege, MA, Verkehrssicherheit 81
Handelszentren, MA, europäische 32, 47
Handwerk, BR Dtschl. **288**, **289**
–, –, Umsätze 288, 289
–, DDR 165
–, Kaiserreich 117, 118
–, –, Hauptzweige 117, 118
–, MA **16**, **17**, 21, 23, 30, 31, **34**, 36/37
–, –, Gesellen **34**
–, –, ländliches **16**, **17**
–, –, Lehrlinge 31
–, –, Meister 31, **34**
–, –, Spezialisierung 30
–, –, Städte 30, 31
–, –, städtisches 21
–, –, technische Verbesserungen 30
–, 19. Jh., Struktur 95
Handwerker, MA 10
–, –, städtische 28
–, um 1800 Alltag 93

Register

Handwerkerlöhne, 19. Jh. 101
Handwerkerstraßen, MA 31
Handwerkerverbände, MA, leibeigene 31
Handwerkerversicherungsgesetz (1960) 356
Handwerksanteil, BR Dtschl., Bruttoinlandsprodukt 289
Handwerksbesatz, Kaiserreich 117
Handwerksbetriebe, BR Dtschl., Abnahme 288
–, –, Strukturwandel 288
Handwerksdichte, Kaiserreich 117
Handwerksförderung, staatliche 289
Handwerkskammer 288
–, Aufgaben **394**
Handwerksmeister, MA 93
Handwerksordnung, BR Dtschl. 288
Handwerkszählungen, Preußen 117
Handwerkszweige, BR Dtschl., ausgestorbene 288
–, –, neue *289*
Hängebahn *299*
Haniel, Franz 103
Hannover Messe *314/315*
Hanse **33, 48,** *50,* 80, 81
–, Anfänge und Organisation **33**
–, Handelsgebiet 33
–, MA 33, **48**
–, –, Faktoreien 33
–, –, Handelskontore 33
Hansehandel, Verfall 48
Hansestädte 33, *50*
Hansetage 33
Hardenberg, Karl August von 127
Harkort, Friedrich 97
Hauenschild Möbelfabrik KG, Gewinnbeteiligung **411**
Hausarbeit, unbezahlte 368
Hausbau, MA *30*
Haus der deutschen Kaufleute, Venedig *39*
Haushalte der örtlichen Staatsorgane, DDR 197
Haushaltsausstattung, BR Dtschl. 350
Haushaltsdebatte 330
Haushaltsdefizit 328, 427
–, staatliches 427
Haushaltseinkommen, DDR 184
Haushaltskonsolidierung, BR Dtschl. 328
Haushaltspolitik, DDR 198
Haustürgeschäfte, Rücktrittsrecht 379
Heereman, Constantin Freiherr v. *396*
»Heimatfront« *148*
Heimcomputer 86
Heimweberei, 19. Jh. 100, 101
Heimwerkermarkt, BR Dtschl. *362*
Heinkel, Ernst 88
Heinkel-Flugzeugwerke *143*
Heizkraftwerke, spezielle 392
Heller 71
Henckel von Donnersmarck, Lazarus, Graf 47, 97
Hennecke, Adolf 157, *157,* **158,** 172
Henschel, Georg 87
Herrenhof, MA 15, 16, 26
Herstatt-Bankpleite 340
Hessen-Kassel, Landgrafschaft (17./18. Jh.) **61, 62**
–, Auswanderungsverbot 61
–, Bevölkerungspolitik 61
–, Kanalbau 62
–, Landwirtschaft 61
–, Postwesen 62
–, Rekrutierung 62
–, Soldatenhandel 62
–, Textilgewerbe **61**
–, Verkehrspolitik 61
–, Wirtschaftspolitik 61
–, Zollwesen 61
Heuss, Theodor 257, 332
Hewlett, William 88
Hindenburg-Programm 130
Hintersassen 24/25
Hirsch-Dunckersche-Gewerkschaftsvereine 124/125, 126
Hitler, Adolf 140, 142, *143,* 319
–, Wirtschaftspolitik 142–150
Hochbahn *120*
Hochkonjunktur, BR Dtschl. 237
Hochofen, Entwicklung 76
Hochtemperaturreaktor (THTR-300), Hamm 280
Hoechst, Farbwerke 116, 320, 321
Hoesch, Eberhard 97
Hohlpfennig 71
Holz, MA, Werkstoff 16
Holzverkohlung, vorindustrielle *94*
Honecker, Erich 169, 170, 178, 228
Hoover, Herbert 141, 231
Hoover-Kommission 233
Hörige 15, 18, s. a. Unfreie
–, Leistungen 15
Hufe 15, 16
Hugenotten 66
–, Zuzug 61
Hull, Cordell 232
Hungersnöte, 14. Jh. 22
Hutten, Philipp von 46
Hüttenwerke 76
HWWA-Institut für Wirtschaftsforschung-Hamburg 376
Hypothekenbanken 291, 339

IBM 322
IFO-Institut für Wirtschaftsforschung 376
IG Farbenindustrie *316,* 320
Iglauer-Freiberger Bergrecht 79
Imperialismus und Wirtschaft **128**
Import 100, 122, **412**
–, Kaiserreich 122
–, 19. Jh. 100
Importländer, wichtigste 413
Importwaren, Kaiserreich 122
Individualisierung, Arbeitszeit 406
Individualverkehr 293, 300, 304
–, Zunahme 304
Individualversicherung 292
Industrialisierung, s. a. Industrie 40, 77, 82, 87, **92,** 102
–, Beschleunigung 96
–, frühe Phasen 87, 102
–, gesellschaftliche Folgen **92**
Industrie, Anfänge **96, 97**
–, BR Dtschl. **287–288**
–, Kaiserreich 108–128, **114–116**
–, 19. Jh., Ausbau 102–106
–, Strukturwandel 102, 103, 288
–, Wettbewerbsvorteile 288
Industrieansiedlungspolitik 268
Industriearbeiter, Zunahme 97
Industrieausstellungen *105*
Industriebegrenzungsplan (1946) 232
Industriebetriebe, Kaiserreich, mittelständische 115
–, SBZ, Verstaatlichung 156
Industriefinanzierung, Kaiserreich 117
Industriefirmen, deutsche im Ausland 420
Industrieforschung, DDR, Finanzierung 199
Industriegewerkschaften, DDR 206, 209
Industrieländer, Außenhandel 260
Industrielle Revolution, zweite 265
–, dritte 404
Industriemanager, DDR 205
Industrieorganisation, DDR 204
Industriepreise, DDR 206
Industrieproduktion, DDR 161, 164, 168
–, –, Fünfjahrplan 161
–, Erhöhung (1948) 235
–, nach 1945 232
–, NS-Zeit 143, 145, 147
–, SBZ 154
–, Weimar, Rückgang 141
Industrieregionen, Monostruktur 268
–, traditionelle 267, 268
Industrieroboter 265, 268
Industriestädte, 19. Jh. 103
Industrie- und Handelskammern, Aufgaben **393**
Industriezentren 103, 104, 268, 309
–, 19. Jh. 103, 104
–, Süddeutschland 268
Industriezweige, 19. Jh. 97
–, BR Dtschl., Exportquote 287
–, Kaiserreich, wichtige 115
–, NS-Zeit **145,** 147
–, wichtigste 265, 302
Inflation 10, 52, 53, 73, **133,** 134, **135,** 334
–, Bekämpfung 334
–, DDR, versteckte 184
–, –, zurückgestaute 184
–, 1. WK **133**
–, 16. Jh. 52, 53
–, Weimar 134, **135,** 138, 139
Inflationsrate 334, 341
Informationstechnik 265
–, zukünftige 268
Informations- und Kommunikationstechniken, Gefahren 405
Infrastruktur, BR Dtschl. 305, 306
–, DDR 166
–, kommunale Investitionen 306
Innerdeutscher Handel **210–214,** 215
–, Entwicklung **213,** 214, 215
–, gegenseitige Interessen **211, 212**
–, ökonomische Bedeutung 213
–, Sonderregelungen **210**
–, Vertragsgrundlage 210
–, Vorteile 211
–, Warenstruktur 213, **214**
Innerdeutscher Zahlungsverkehr 210, 211
Innovation 87, 265, 404, 427
–, schädliche Folgen 404
–, zukünftige 265
Innovationsförderung 197, 266
–, DDR 197
Innovationsfunktion im Wettbewerb 310
Innovationshemmnisse 266
»Instandbesetzer« *285*
Institut für angewandte Verbraucherforschung 380, 381
Institut für Weltwirtschaft an der Universität Kiel (IFW) 376
»Intensivierung der Produktion« (70er Jahre), DDR 167
Interessenverbände 258, s. a. Verbände
–, Kaiserreich 123–126
–, –, Einflüsse 126
–, –, Zahl 126
Interessenvertretungen 395, 396
Internationale Energieagentur (IEA) 280
Internationale Handelskammer 394
Internationaler Bund Freier Gewerkschaften (IBFG) 400
Internationaler Währungsfonds (IWF) 11, 239, 342
Intershop, DDR, Handelsorganisation **186**
Interventionsbeträge 343
Interventionspreis 271, 276
Intrablockhandel, DDR, **218, 219**
Invalidenrenten, DDR 190
Invaliditätsversicherung, Kaiserreich 128
Investitionen, DDR 166, 168, 171, 217
Investitionsabnahme, soz.-lib. Koalition 248
Investitionsanreize, soz.-lib. Koalition 247
Investitionsaufschwung 251
Investitionsausgaben 325, 328
–, Kreditfinanzierung 328
Investitionsbereitschaft, mangelnde 266
Investitionsbonus 370
Investitionsgüterindustrie, Export und Import 413, 414
–, Kaiserreich 115
Investitionsgüternachfrage 336
Investitionsgüterproduktion, Weimar, Rückgang 141
Investitionshilfegesetz (1952) 238
Investitionspolitik, BR Dtschl. 371
–, DDR 165, **166**
–, Wirtschaftsentwicklung 166
Investitionsquote BR Dtschl., Rückgang 248
–, Kaiserreich **108**
Investitionsrisiken 266
Investitionsrückgang 248, 427
Investitionssteuer 370
Investitionstätigkeit, internationaler Vergleich **420**
Investitionszulagengesetz (InvZuG) 374
Investitionszuschüsse, gewerbliche Wirtschaft 306

Jahreseinkommen, BR Dtschl. 350
Jahreswirtschaftsbericht 370
Jalta, Konferenz 152
Japan, Außenhandelspartner 414
–, Innovationsüberlegenheit 265
»Jobsharing« 369
Journalièren 82
Junkers, Hugo 87, 88

Kaffeemonopol, Brandenburg-Preußen *70*
Kaiserreich, Industrie 108–128
–, Verkehr 108–128
–, Wirtschaft 108–128
–, Wirtschaftspolitik, zentrale 108
Kaiser-Wilhelm-Institut 129
Kaiser-Wilhelm-Kanal 119, *119*
Kalibergbau, DDR *176,* 177
–, MA 77
Kameralismus 54, **55**
Kammern **393–395**
–, Aufgabengebiete 393
–, Rechtsstellung 393
–, Vorläufer 393
Kapitalbildung, BR Dtschl., Förderung 243
Kapitalflucht, Weimar 140
Kapitalgesellschaften, MA **39**
Kapitalhilfe, DDR, multilaterale 222
Kapitalsammelverfahren 355
Kapitalstärkste Industriefirmen, Kaiserreich 116
Kapitalverkehrsbeschränkungen 375
Karl, Landgraf von Hessen-Kassel 62
Karl IV., Kaiser 79
Karl V., Kaiser 43, 44
Karl VI., Kaiser 65, 66
Karl der Große, Kaiser 18, 71
Karl Friedrich v. Baden, Markgraf 63, *63*
Karl Wilhelm v. Baden, Markgraf 62
Karlshafen, Legge-Bank 61
Karolingerzeit, Marktplätze 17
Kartell der Luftverkehrsgesellschaft (IATA) 296
Kartellamt, Konzerne 317
Kartellbehörde, Beweisnot 316, 317
Kartelle, Fusionskontrolle 312, 313
–, Mißtrauensprinzip **312**
–, Verbotsprinzip **312**
Kartellfreiheit 312
Kartellgesetz 10, 257, 379, 424
–, (1961) 257
Kartellnovellen 312
Kartellrecht 313–317, **318**
–, ausgenommene Wirtschaftsbereiche **318**
Kartellverbot, Ausnahme 313
–, generelles 313
–, 1945 312
Kartellverordnung (1923) 312
Kartellvertrag 313
Kartoffelanbau, Brandenburg-Preußen 67
Kassamarkt 339
Kassenkredite 327, 328, 332
Katalysator 304
Kaufhallen, DDR 185
Kaufhäuser, DDR 185, *185*
Kaufkraftminderung, 1. WK 130
–, 19. Jh. 101
Kaufkraftstärkung 406
Kernstädte 308, 309
Kernzone, BR Dtschl., wirtschaftliche 309
Keßler, Emil 97
Keynes, John Maynard 244
Kiesinger, Kurt Georg 244
Kinderarbeit, Kaiserreich 127, 346
Kindergeld 247, 250, 358
–, einheitliches 247
–, Kürzung 250
Kinderschutzbestimmungen, Kaiserreich 127
Kipper und Wipper **56**
Kläranlagen, vollbiologische 385
Kleidungshandwerke, MA 16
Kleinbetriebe, Kaiserreich, Anteil 117
Kleingeldinflation 73
Kleinhandel, Kaiserreich 117, 118
Klöckner, Gruppe 130
Klöden, Karl Friedrich 93
Klöster, MA, Großgrundherrschaft 16
Kluncker, Heinz 248
Knappschaftsversicherung, Kaiserreich 127
Koalitionsfreiheit, Recht auf 397
Kogge 17, 81
Kohl, Helmut 250
Kohlebergbau 38, 76, 77, *78,* **279, 280**
–, BR Dtschl. **279, 280**
–, früher 76
–, Marktordnung 279
–, MA 38
–, staatliche Förderung 279
Kohlekraftwerk 277, *385,* 392
Kohlestrom-Politik 391
Kohleverflüssigung *144*
Kollektivierung, DDR 164, **165**
–, –, Landwirtschaft 165
–, –, Wirtschaftsentwicklung 164, 165
Kollektivverträge 402
Kölner Markt 73, 106
Kolonialpolitik, Kaiserreich **123**
Kolonialwarenhandlung *123*
Kombinate, DDR 207–209
–, –, Generaldirektoren 205, 206
Kombinats-Verordnung, DDR (1980) 204
Kommunale Dienstleistungsunternehmen 331
Kommunalhaushalte, DDR 198
Kommunen, Aufgaben *324*
Königliche Giro- und Lehn Banco 70
Königliche Porzellan-Manufaktur, Berlin 68, **69**
Königlich Preußische Asiatische Kompagnie 82
Konjunkturausgleichsrücklage 370
Konjunkturberichterstatter 376
Konjunkturförderungsprogramme 245, 352
–, BR Dtschl. 245
Konjunkturkrise, 19. Jh. 101, 102
–, 1950 236, 237
Konjunkturpolitik 325, 371, 372, 425
–, Abstimmung 371
Konjunkturrat 371
Konjunktursteuerung 323, 370
–, staatliche 323
Konjunkturzyklen **241,** 249, 250, 265
–, BR Dtschl. **241**
–, langfristige 265
Konkurse, Zunahme 249
Konsumentenkredite, DDR 203
Konsumfonds, DDR, gesellschaftliche 184
Konsumgenossenschaften, Entstehung 377
–, SBZ/DDR 156
Konsumgüter, DDR 159, 161, 164, 165
Konsumgüterversorgung, DDR 187, 188
Kontributionssystem 55, 62
Konventionstaler 74
Konzerne, BR Dtschl. **319–322**
–, Einfluß 268
–, größte **322**
–, Machtstrukturen 320
–, multinationale 321
–, realer Umsatz 321
–, Wiederaufstieg *238*
Konzertierte Aktion 10, 258, *371,* 372, 401, 426
Koordinierungsinstrumente **371**
Koreakrieg 237, 257
Körperschaftssteuer 370
Kostendämpfungsgesetz (1977) 425
Kostenmiete 284
Kostensteigerung 416
KPD, SBZ 155–157
Kraftfahrzeuge, umweltfreundliche 385
Kraftstoffverbrauch 304
Kraft-Wärme-Kopplung 392
Krankenfürsorge, MA **35**
Krankengeld, DDR 191
Krankenkasse,
–, BR Dtschl., Leistungen 356, 357
–, Kaiserreich, Leistungen 128
Krankenversicherung **127, 128,** 247, 327, 346, **356, 357**
–, Kaiserreich **127, 128**
–, Leistungsverbesserung 247
–, versicherungspflichtige 356
Krankheitsanstieg, 1. WK 133
Kreditaufnahme, Begrenzung 370
–, NS-Zeit, staatliche 144
Kreditbanken 291
Kredite, DDR, Eheschließungen 194
Kreditexpansion, Tempo 336
Kreditgenossenschaften 291
Kreditgewerbe 289, 340, s. a. Kreditwesen
–, Beaufsichtigung 289
Kreditinstitute, DDR, Aufgaben 201
–, Kartellrechtsfreiheit 318
Kreditmarkt 336–338, 340
Kreditnot, 19. Jh. 101
Kreditstanding, DDR 223
Kreditüberwachung 290
Kreditvergabe, Banken 339
Kreditvergabemonopole, DDR 201
Kreditverteuerungen 343
Kreditwesen 203, 289–292, 336, **339, 340**
–, Aufbau **339, 340**
–, BR Dtschl. 289–292
–, Bundesaufsichtsamt 336
–, DDR 207
Kreditwesengesetz, BR Dtschl. 289–291, 336, 339, 340
–, –, 1961 290, 336
–, –, Normen 291
Kreditwirtschaft, Weimar 139, 140
Kreditzinsen 336
Krel, Oswolt **39**
Krelle, Wilhelm 350
Krenz, Egon 181, 228
Kriegsanleihen, 1. WK 131, 132
Kriegsausgaben, NS-Zeit 150
Kriegsbeschädigtenrente, DDR 190
Kriegsfinanzierung, 1. WK **131, 132**
–, 2. WK 150
Kriegsfolgen, 1. WK 134
Kriegsgewinne, 1. WK 131
Kriegsgewinnler, 30jähriger Krieg 57
Kriegsopferversorgung, BR Dtschl. 239
Kriegsproduktion, 30jähriger Krieg 57
–, Zentren 57
Kriegsrohstoffabteilung, 1. WK 129
Kriegsschulden, 1. WK 141
Kriegswichtige Betriebe, 1. WK 130
Kriegswirtschaft, 1. WK 129–133
–, –, Nahrungsmittelversorgung 129, 130
–, –, Produktionsrückgang 130
–, –, Rohstoffverwaltung 129
–, 2. WK **147, 148,** 149
Kriegswirtschaftsgesellschaft, 1. WK 129
Krisenbranchen 287, 288
Krupp, Alfred 104
–, Firma 97, 103, *116,* 320
Krupp von Bohlen und Halbach, Gustav *116*
Krupp-Werke, Essen *107*
Kündigungsschutz, BR Dtschl. 254, **352**
–, DDR 179, 180, 254
Kupfererzbau, DDR 173, 176
Kupfergewinnung, MA **43**
Kuriere 84/85
Kursstützung 343
Kurzarbeitergeld 372
Küstenschiffahrt 296
Kuxe 76, 79

Lambsdorff, Otto Graf v. *246*
Landbevölkerung, 19. Jh. 95
Landesbanken *291,* 339
Landesversicherungsanstalt Düsseldorf *292*
Landeszentralbanken 332, 333
–, Präsidenten 332, 333
Landflucht 29, 308–309
–, MA 29
Landgewinnung, MA 19
Land- und Forstwirtschaft, Kartellrechtsfreiheit 318
–, MA **14–16**
–, primärer Sektor 260
Landverkehr, MA 80
Landwirte, Altershilfe 356
–, MA 18
Landwirtschaft, Aufwertungsausgleich 271
–, BR Dtschl. 261
–, –, Erwerbstätige 262
–, –, staatliche Reglementierungen 269
–, DDR 155, 156, 164, 165, 170
–, –, Kollektivierung 162/163, 164, 165
–, 30jähriger Krieg, Verarmung 57

Register

–, Düngung 94
–, Einfuhrbeschränkungen 271
–, Einkommensentwicklung 270, 271, 274
–, 1. WK 130, 131
–, Industrialisierung 93, *105, 272/273*
–, Kaiserreich 109, 114
–, –, Beschäftigungsstruktur 114
–, –, Löhne 114
–, MA, Intensivierung 21
–, Mechanisierung 264, *272/273*
–, –, technische Verbesserung 15
–, »Mitverantwortungsabgabe« 275
–, nach 1648, Wiederaufbau 59
–, 19. Jh. 95, 96
–, –, Maschinen 105
–, –, Modernisierung **104, 105**
–, Produktionskosten 270
–, Produktivitätssteigerung 264
–, 16. Jh. Aufschwung 49–52
–, Strukturpolitik 274
–, Subventionen 270
–, Überproduktion **274,** *275*
–, Weimar, Entschuldung 135
Landwirtschaftliche Produktion, 17. Jh., Anstieg 59
Landwirtschaftliche Produktionsgenossenschaften (LPG) 156, 160, 161, *162/163*
Landwirtschaftsgesetz (1955) 270
Landwirtschaftskammern, Angehörige 395
–, Aufgaben **394, 395**
Lang, Eva Maria *321*
Lanz, Heinrich 105
Lärmschutz **386**
Lastenausgleichsämter 239
Lastenausgleichsgesetz (1952) 239
Lebenshaltungskosten BR Dtschl. 244
Lebensmittelgesetz (1974), Gesamtreform 378
Lebensmittelkarten, DDR 164
–, 1. WK 130
Lebensmittelknappheit, 1. WK 133
–, nach 1945 232
–, 19. Jh. 101
Lebensmittelpreise, 1. WK 130
–, 19. Jh. 101
Lebensmittelrationierung 130, **231,** 235
–, 1. WK 130
–, nach 1945 **231**
Lebensstandard, BR Dtschl., Anstieg 242
–, DDR 164, 165, 167–170, 182
»Leber-Plan« 294
Lehrlinge 31, 93
–, MA, Ausbildung 31
»Lehrstellenkrise« 251
Leibeigenschaft 15, 24/25, 26
–, zweite 26
Leichtlohngruppen 367, 369
Leipziger Messe 60, *181, 211, 219, 220*
–, –, um 1800 93
Leistungsbilanz, Defizit 343
–, Überschüsse 415, 416
Leistungsbilanzwirtschaft 239, 341
Leistungsmobilisierung, DDR 171, 224
Leitzinsen, Senkung 343
Lenin, Wladimir Iljitsch 128
Leopold I., Kaiser 65
Leuna, DDR, Kombinat 166, *167*
Leuschner, Bruno 212
Liko-Bank 290
Linde, Carl von 87
Lira-Kurs 343
Litfaßsäule *110/111*
Lkw-Bestand 303
Lobby, s. Interessenverbände
Locator **19,** 20
–, Sonderrechte **19**
Löhne, DDR 161, 164, 197
–, –, leistungsbezogene 197
–, 1. WK 130, 131
–, Kaiserreich 109
Lohnentwicklung, BR Dtschl. 242, 244
–, 1. WK 131
–, soz.-lib. Koalition 247–249
Lohnfortzahlung 245, 348, 352, 357, 400, 401, 403
Lohnhöhe, DDR, leistungsunabhängige Unterschiede 183
Lohnkosten, Anstieg 341, 416
Lohnnebenkosten 360, 362
Lohnpolitik, BR Dtschl. 238
–, DDR 183, 197
Lohnquote 350, 402
–, Entwicklung 402
Lohnsteigerungen **242, 243**
Lohnsteuer, DDR 184
Lohnstückkosten 416
Lokomobile *105*
Lombardpolitik **337,** 343
Londoner Schuldenabkommen (1953) 239
Ludwig XV., franz. König 63
Luftfahrtindustrie 88
Lufthansa, Deutsche 86, 292, 294, 296
Luftreinhaltung **384, 385,** *385*
Luftverkehr, Anfänge 86
–, BR Dtschl. **294, 296**
–, –, Zuwachsrate 296
Luftverkehrsgesetz (1968) 294
Luther, Martin 42, 43, 52

Machtbegrenzungsfunktion im Wettbewerb 310
Maffei, Josef Anton 97
Magnetfahrtechnik *300,* s. a. »Transrapid 05«
Maizière, Lothar de 207
Management DDR 204–206
Männerberufe, bevorzugte 369
Mansfelder Land, Kupferschieferbau 173
Mansholt-Plan 275
Manteltarifverträge 397
Manufakturen, MA 31
–, Merkantilismus 54, *54*
–, 19. Jh. 94
Mark 73, 74, 106, 185
– DDR, Kaufkraft 185
–, Kölnische 106
Marken, MA 20
Markt, Gemeinsamer 240, s. a. Gemeinsamer Markt und EG
–, MA 17, 18, 21, 28, 30, 314/315
–, –, Ausdehnung 30
–, –, städtischer 21
–, neuer 422
–, Selbstheilungskräfte 347, 349
Marktleute, MA 17, 18
Marktordnungen, EG 271
–, MA, städtische **28**
Marktordnungssystem **269, 270**
Marktrecht, MA 27
Markttransparenz, mangelnde 372
Marktwirtschaft, BR Dtschl., Wohnungsmarkt 281, 284
–, freie 256, 257, 259, 322, 347
–, soziale 207, 209, 228–229, **234,** 253, 259, 350, **423–426**
–, –, Beginn **234**
–, –, Kritik 423
–, –, soziales Element 425
Marktwirtschaftliche Ordnung 423
Marktzugangsbeschränkungen 429
Marshall-Plan (ERP) 10, 154, 216, 233, 234, 238, 257, 335
Maße, 19. Jh. 106
–, –, System 106
Massenarbeitslosigkeit, BR Dtschl. 247–250, *249,* 404
Massenarmut s. Pauperismus
Massenelend, Weimar *139*
Massenverkehr, individueller 83, 86
–, Transportkapazitäten 86
–, Zeitalter 82
Mauerbau, Berlin 165
Maximilian, Kaiser 43
Maybach, Wilhelm 88
Mechanisierung, Landwirtschaft *272/273*
Medizinische Versorgung, Kaiserreich 118
MEFO-Wechsel 144
Mehrwertsteuer 250, 326
–, Anhebung 250
Meißner Porzellanmanufaktur 60, *61*
Meister, MA 31, 34
Mende, Erich 259
Merkantilismus 40, 53–70, 76
–, Definition 53
–, preußischer 68
Merkantilistische Wirtschaftspolitik 53, 54
Messerschmitt-Bölkow-Blohm (MBB) 88
Messestädte, MA, süddeutsche 38, 81
Messezentren, MA, europäische 32, 314/315
Messingindustrie, MA 43
Metallgewinnung, MA 76
Metallwährungen 74
Methylkautschuk, synthetischer 131
Mieterschutz, BR Dtschl., 284, **358, 359**
Mieterschutzgesetz 247
Mietrechtsänderungsgesetz (1982) 285, 286
Mietspiegel 358
Mietspiegelgesetz (1982) 285
Mietwohnungen, Kaiserreich 114
Mikrochip-Technik 266
Mikroelektronik 170, 171, 265, *267,* 349, 404
–, DDR 170, 171
Mikroprozessoren 265, 391
Militärluftfahrt 86
Miller, Oskar von 118
Mindestrente, BR Dtschl. 356
–, DDR 190
Mindestreservepflichten, Banken 335
Mindestreservepolitik **337, 338,** 342
Mindesturlaubsregelung 352
Mineralölverbrauch 298, 390, 391
Mineralölwirtschaft, BR Dtschl. **280**
Ministeriale, MA **19**
Ministerium für Außenwirtschaft DDR 210
Mißbrauchsaufsicht BR Dtschl., Wettbewerb 313, 316
Mißernten, 14. Jh. 22
Mitbestimmung, Aufsichtsräte 354
–, BR Dtschl. 10, 238, **347, 348,** 352–354, 400, 407
–, Kaiserreich *126*
–, paritätische **347, 348,** 407
Mitbestimmungsgesetz 248, 348, 354, 401, 403, 426
–, 1976 348, 354, 401
Mitbestimmungspolitik 407
Mitspracherecht, Arbeitnehmer 352–354
Mittag, Günter *206, 216*
Mittelfristige Finanzplanung **371**
Mittellandkanal 83, 119
Mittelstandsförderung, staatliche 289
Mitwirkung in staatlicher und öffentlich-rechtlicher Institution 398
»Mitwohner«, MA 30
Mobilität, berufliche 372
Modrow, Hans 228, 229, 253
Moellendorff, Wichard von 129
Monatseinkommen, durchschnittliches, BR Dtschl. 184
–, –, DDR 184
Mönchsorden, Besiedlungstätigkeit 20
Monopol 44, 69, 70, 76, 311, 329
–, Bergbau 76
–, privater 329
Monopolisten 207, 226, 293, 296
Monopolkommission **313**
Montanindustrie 238, 348
Montanmitbestimmung (1981), Absicherung 348
Montan-Mitbestimmungsgesetz 354, 407
Montanunion 239, 240, 279
Morgenthau-Plan 10, 232, 233
Motorisierung, BR Dtschl. 242, 302, 303
–, DDR 187, 188
Müller, Hermann 142
Müller-Armack, Alfred 9, 236, 255, 351
»Multis« 321
München, Bahnhof *98*
Muntprat, Lutfried von **39**
Münzeinheiten, lokale 73
Münzeinungen 71
Münzfälschung 69
Münzgesetz (1873) 74
Münzgewinn, BR Dtschl. 335
Münzkonvention, Dresdner 74
–, 1667 73, 74
Münzmetalle **71–74,** *72*
Münzrecht 73
Münzreform, Graumannsche *73*
Münzregal 335
Münzschlagen *73*
Münzsorten, wichtigste 106
Münzumlauf 335
Münzvertrag 74, 106
–, Wiener 74
Münzwesen 18, 57, 69, **71–74, 106**
–, Brandenburg-Preußen 69
–, MA, Vereinheitlichung 71–74
–, –, Zersplitterung 73
–, nach 1648, Vereinheitlichung **57**
–, 19. Jh. **106**
»Mütterjahr«, DDR 194
Mutterschaftshilfe, BR Dtschl., Krankenkassen 357
Mutterschaftsurlaub, BR Dtschl. 348
Mutterschutz, DDR 191, 192
Mutterschutzgesetz, BR Dtschl. 367, 368

Nachbarschaftshilfe *359*
Nachfolge-Börse 266, 267
Nachfragesteuerung, kurzfristige 426
Nachrichtentechnik, moderne 86
Nachrichtenübermittlung, MA 80
Nachrichtenverkehr, BR Dtschl. 296–297
–, moderner *297*
–, regelmäßiger **81, 82**
Nachrichtenwesen **83,** 122, 292
–, BR Dtschl. 292
–, Kaiserreich 122
Nader, Ralph 381
Nahrungshandwerke, MA 16
Nahrungsmittel, EG, Einlagerung 274
–, –, Vernichtung *275*
Nahrungsmittelknappheit, 1. WK 133
–, 14. Jh. 21
Nahrungsmittelpreise, DDR 185
Nahrungsmittelversorgung, 1. WK 129, 130, 133
Nahrungs- und Genußmittel, DDR/BR Dtschl., Pro-Kopf-Verbrauch **186**
Nahverkehr, öffentlicher 83, 119, 122, 299
Nationaleinkommen, DDR 165, 166, 168, 169, 171, 195
Nationalpark Bayerischer Wald *387*
Nationalsozialismus, Wirtschaft **142–150**
Naturschutz, BR Dtschl. *387*
Necker, Tyll *396*
Nettoeinkommen, DDR, durchschnittliches 190
Nettokreditaufnahme des Bundes, BR Dtschl. 247, 328
Nettoverschuldung, DDR 171
»Neuer Kurs«, Wirtschaftsentwicklung (DDR) 160, 161
Neues Ökonomisches System der Planung und Leitung der Volkswirtschaft (NÖSPL), DDR 165, 216
Neuverschuldung, soz.-lib. Koalition 247
Niederlassungsfreiheit, Gewerbe 94
Niedriglohnländer, Konkurrenz 427
Niedriglohnpolitik, DDR **183, 184**
Nixdorf, Heinz 88, **90,** 321
Nixdorf-Konzern 321
Nobel, Alfred 87
Nominallöhne, 1. WK 130
»No name«-Produkte *311*
Norddeutscher Bund 106
Nordhoff, Heinrich 90
Nord-Ostsee-Kanal 83
Nord-Süd-Gefälle 253, 307
Nord-Süd-Handel, MA 48
Nord-Süd-Wanderung 309
Normenerhöhung, Wirtschaftsentwicklung (DDR) 160
Notenbank, Kaiserreich 108
Notstandsgesetz (1968) 401
Notverordnungen (Brüning) 139
Noya, Robert N. 88
Nullwachstum 388
Numismatische Fachbegriffe **71**
Nürnberger Handelsfirmen, MA 40

OECD 233, 386
–, Umweltausschuß 386
OEEC 233
Offenmarktpolitik, BR Dtschl. **337, 338**
Öffentliche Haushalte, Verschuldung **328,** s. a. Haushalte, Staatshaushalt
Öffentlicher Dienst 325, 326, 430
–, Dominanz 430
Öffentlicher Personennahverkehr (ÖPNV) 300, 301
Oligopolisten 277
Ölkonzerne, internationale 322
Ölkrise 247, 248, *248,* 280, 321, 413
Öl-Pipelines *217*
Omnibus 119, *120/121*
–, erster 119
OPEC-Länder, Außenhandelspartner 413
»Operation '82« 249
Oppenheimer, Franz 255
»Optimierungsprinzip«, Wirtschaftsentwicklung, DDR 165, 166
Ordinarifuhren 81
Ordnungsprinzip, marktwirtschaftliches 269
Organkredite 290
Ostblockländer, Außenhandelspartner 209, 413
Österreich, 17./18. Jh., Außenhandelspolitik 65
–, –, Schutzzölle 65
–, Bevölkerungspolitik 64
–, erste Manufakturen 65
–, Gewerbepolitik 65, 66
–, Handelspolitik 65, 66
–, Merkantilismus 64–66
–, Peuplierung 64
–, Textilherstellung 65
–, Verkehrswege 66
–, Wirtschaftspolitik **64–66**
–, Zollbereiche 65
–, Zollpolitik 65
–, Zünfte 65
Ostgebiete, NS-Zeit **150**
–, Ausbeutung **150**
Ostindische Handelskompagnie 65, 66
Ostsiedlung, deutsche 20, **20**
Otto, Nikolaus 87
ÖTV 399

Packard, Dave 88
Papen, Franz von 141
Papierfabriken 94
Papiergeld 74
Parafisci, BR Dtschl. 327
Paritätische Mitbestimmung **347, 348,** s. a. Mitbestimmung
Park-and-Ride-System 301
Parkman, stellv. Hoher Kommissar *233*
Parteisekretäre, DDR, Funktionen 205
Partikulier 294
Patentbilanz, DDR 217
Patentdauer 311
Patentgesetz, Wettbewerbsordnung (1936/1976) **311**
Patriziat, MA 33
Pauperismus **100, 101**
Personalräte 352
Personalvertretungsgesetz (1955) 238
Personenbeförderung, moderne 83
Personenbeförderungsgesetz (1961) 293
Personennahverkehr, öffentlicher (ÖPNV) 300, 301
Personenverkehr 82, 293, 298
–, gewerblicher 293
–, 17./18. Jh. 82
Pestepidemie 22, 55
–, große, 14. Jh. 22
Peuplierungspolitik, nach 1648 58
–, Österreich 64
»Pfahlbürger«, MA 30
Pfälzischer Erbfolgekrieg 62
Pfennig 18, 71, *72*
–, »ewiger« 71
»Pfennigzeit« 71
Pferdeeisenbahn *120/121*
Pferdmenges, Robert 242, 335
Pflanzenschutz, chemischer *272/273*
Pforzheimer Schmuckwarenindustrie 63, *63*
Pforzheimer Waisenhaus 63
Pfund-Sterling-Kurs 343
Physiokrat 63
Pipelines **296**
Pippin der Kleine, fränkischer König 18
Pirenne, Henri 31
Pkw-Bestand, BR Dtschl. 303
Planerfüllung, DDR 178, 180, 197, 205, 206, *226*
Plankommission, DDR 205, 206
Planungsinstrumente **371**
Planwirtschaft, DDR 178, 179
–, Diskussion der 236
–, Ostblock 424, 425
–, SBZ/DDR 156, 157
–, sozialistische 204, 205, 207–209, 224–227, 228–229
–, –, Nachteile 225–227
–, –, Reformbestrebungen 227
Pöhl, Karl-Otto *337*
Porsche, Ferdinand 88, 90
Porzellan, europäisches, Erfindung *61*
Porzellanmanufaktur, Meißner 60, *61*
Postanlagen *297*
Postanstalten 81–83
Postkutschenverkehr 82, *84/85*
Postmonopol 81
Postwege **83**
Postwesen, taxissches 81, 84/85
Potsdamer Abkommen 153, 158, 232
Prager Groschen 72
Prämiensystem, DDR **183**
Preisaufsicht 316
Preisauszeichnungspflicht 311
Preisbindungen 312, **313**
Preisbindungsregister 312
Preisbindungsverbot 313
–, Ausnahme 313
Preisdiskriminierung 316
Preisempfehlung, unverbindliche 313
Preisentwicklung, 19. Jh., Verkehr **104**
Preiserhöhungen, DDR 184, 206
Preisführerschaft 317
Preis-Kosten-Kontrolle, DDR 206
Preisniveausenkungen 336
Preisniveaustabilisierung 334, 341
–, Bundesbank 334
Preispolitik, DDR 209
Preisregelung, Recht 287
Preisrevolution, 16. Jh. 52
Preissteigerungen, BR Dtschl. 236, **241, 242**
–, 19. Jh. 101
Preissteigerungsrate 242–246
–, BR Dtschl. 242–245
–, –, höchste 242
Preisunterbietung, unlautere 311
Preisverfall, Kaiserreich 109
Preisvergleiche 311
Preussag 243, *243*
Preußen, Agrarreform 95
–, Peuplierungspolitik 66
–, Peuplierung und Bauernschutz **67**
Preußische Bank 70
Preußischer Merkantilismus 68
Preußische Seehandlung 69
Preußisches Miteigentümergesetz 79
Primärenergie 279, 280, 389, s. a. Energie
Primärenergieverbrauch 280
Privatbetriebe, DDR 161, **181,** 182
Privatisierung 208, 229, 243, 254
Problemgebiete, BR Dtschl., wirtschaftliche 305, 374
Produkthaftung 378, 379
Produktionsentwicklung, internationaler Vergleich **420**
Produktionsförderung, DDR, staatliche 195, 196
Produktionsgüterindustrie, Export und Import 413, 414
Produktionsstruktur, BR Dtschl. **261**
–, 19. Jh. **262**
Produktionsverbote, nach 1945 233
Produktionsverhältnisse, DDR 178, 180
Produktionsweise, kapitalintensive 427
Produktionswert bundesdeutscher Firmen, Ausland 420
Produktivität 92
Produktivitätsengpaß, DDR 168
–, Wirtschaftsentwicklung 167–169
Produktivvermögen, BR Dtschl. 350
Pro-Kopf-Einkommen 350, **420**
–, internationaler Vergleich **420**
Pro-Kopf-Verbrauch, DDR 186, 187
Protektionismus 288, 426
–, staatlicher 288
Publikumsbanken, DDR 203
Pufendorf, Samuel von 55

Register

Quandt-Erben 320
Quesnay, François 63

Rabattgesetz (1933/1974) **311**
Raffineriekapazität, Abbau 280
Rantzau, Heinrich von 52
Rat für gegenseitige Wirtschaftshilfe, s. a. RGW 169
Rathenau, Walther 129, *129*
Rationalisierung 171, 180, 272/273, 404
–, DDR 171, 180
–, Landwirtschaft 272/273
Rationalisierungsinvestitionen 427
Rationierung 235
–, DDR 179
–, nach 1945 231
Raubrittertum *23*, 26
Raumordnungspolitik, BR Dtschl. **305**, 308
Realeinkommen DDR, höheres 184
Realkreditinstitute 291, 339
Rechnungseinheit, Europäische (RE) 271
–, MA 18
»Rechnungsgulden« 73
Recht, MA, deutsches 20, 21
Rediskontkontingent 337
Regalien 34
–, MA 43
Regelarbeitszeit 402
Regiebetriebe, staatliche 329
Regionalbanken, Kaiserreich 117
Regionale Entwicklung, BR Dtschl. 305–309, s. a. Regionalpolitik
Regionale Lebensverhältnisse, Unterschiede 307
Regionale Wirtschaftsstruktur, Verbesserung 305
Regionalpolitik 305–309, 323–325, **373, 374**
–, Arbeitsplatzrisiken 307
–, Ausgleichsziel 305
–, BR Dtschl. 305–309
–, Effizienzziel 305
–, Nord-Süd-Gefälle **307**
–, Schwerpunktorte 306
–, Stabilitätsziel 305
Regionalwirtschaft 305–309
Reglementierungen, staatliche 269
Regulativ über die Beschäftigung jugendlicher Arbeiter in Fabriken (1839) 127
Reichsbahn, Reparationen 137
Reichsbank 108, 135, 140, 144, 332
Reichsdeputationshauptschluß 92, 93
Reichsgewerbeordnung (1869) 286
Reichshandwerksordnung (1731) 58
Reichshaushalt, NS-Zeit 144
Reichsmark 136, 137
Reichsmerkantilismus 54
Reichspost, Kaiserliche Taxissche 84/85
Reichsschatzanweisungen 135
–, 1. WK 132
Reichsschuld, 1. WK 132
–, NS-Zeit 150
–, Weimar 135
Reichsstraßen 80
Reichstarifvertrag 127
»Reichswerke Salzgitter« 145
Reichswirtschaftspolitik (nach 1648) **57**
Reisen 80, *80*, **82, 418/419**
Reklame, Kaiserreich 110/111
Rente, Berechnung 355
–, DDR **189–191**
–, Dynamisierung 243, 257, 348, 355, 400
–, –, BR Dtschl. 243
–, –, soz.-lib. Koalition 257
–, Kaiserreich 128
Rentenanpassung 355, 356
Rentenanpassungsgesetz (1977) 425
Rentenhöhe, DDR 190, 191
Rentenmindestbeiträge, DDR 190
Rentenreform 355
–, 1957 243
Rentenversicherung 327, 348, **355, 356**
–, Leistungen **355**
Rentenversicherungsgesetz, BR Dtschl. 245
Rentner, DDR, Berufstätigkeit 191
Reparationen, 1871 108
–, BR Dtschl. 234
–, DDR 161
–, 1. WK 132, 134
–, SBZ **152, 153**, *153*, 154, 155, 219
–, Weimar 135–137, 141
Reparationsagent, ausländischer 137
Reparaturgewerbe, Kaiserreich 118
Reparaturhandwerk 288, *289*
»Revidierter Industriebegrenzungsplan« (1947) 233
Revolution, dritte industrielle 404
Rezession 139, 241, 244, 321, 325, 336, 342, 370
–, BR Dtschl. 241, 244
–, –, 60er Jahre 244
–, 1975 325
–, 1982 321
–, Weimar 139
RGW 171, 172, 187, 215–219, *216*
–, Arbeitsteilung 217
–, Dominanz der Sowjetunion 217, 218
–, Komplexprogramm 217
–, wachstumshemmende Effekte 219
RGW-Handel, DDR 217
RGW-Vereinbarungen, wissenschaftlich-technische 217
RGW-Vertragspreise 218
Rhein-Herne-Kanal 83, 119
Rheinisch-Westfälisches Institut für Wirtschaftsforschung (RWI) 376
Rhein-Main-Region 309
Rheinschiffahrt 82
Rheinstahl-Konzern 240
Rhein-Weser-Kanal 62
Richtungsgewerkschaft 403
Risiko-Kapital 266
Roboter 266, 427
–, Industrie 266
Robotertechnik 268
Rodungstätigkeit, MA, Schwerpunkte 19
Roggenwährung, MA 136
Roheisenerzeugung 77
Rohölpreise, DDR 169
Rohrfernleitungen, BR Dtschl. **296**
Rohstoffabhängigkeit, BR Dtschl. 417
Rohstoffbedarf, DDR 217, 218
Rohstoffexport, DDR 177
Rohstoffimport, DDR 172, 173, 176, 177
Rohstoffpreise, DDR 172
Rohstoffrecycling, DDR 174/175, 177
Rohstoffwirtschaft, DDR 172–177, 174/175
Römheld, Julius 103
Römische Verträge 240, *240*, 252, 344
Ronkalische Konstitution 79
Röper, Hans 234
Röpke, Wilhelm 350
Rosenthal AG *410*
–, Vermögensbeteiligung der Arbeitnehmer *410*, **411**
Rothschildt, Meyer Amschel, Bankier 62, 100, 106
Ruhrgebiet **103**, 116, 134, 282/283, 309
–, Annexion 134
–, Gründerwelle **103**
–, Kaiserreich 116
–, Zechengründungen 103
Ruhrkohle AG 279
Ruhrkohlebergbau, Anfänge 103
Ruhrstatut 240
Runder Tisch 228, 229
Rüstungsausgaben, NS-Zeit 143, **144**
–, –, Finanzierung **144**
Rüstungsindustrie, 1. WK 130
–, NS-Zeit 147, **148**, 149
–, –, Produktionsanteil 145, 147
–, –, Rohstoffe 147

Sachs, Hans *35*, 49
Sachsen, Kurfürstentum **60, 61**
–, –, Bevölkerungspolitik 60
–, –, Gewerbepolitik, 17./18. Jh. 60
–, –, Manufaktur, 17./18. Jh. 60
–, –, Wirtschaftspolitik, 17./18. Jh. 60
»Sachsengänger« *124/125*
Sachverständigenrat (SVR) 252, **376**
–, Jahresgutachten 376
Sachverständigenrat für Umweltfragen 384
Saisonarbeiter, Kaiserreich *115*
Salhof 16
Salland 16, 21
Salzbergwerke, MA 77
Salzburger Protestanten 66
Salzhandel, MA **33**
Salzmonopol, Brandenburg-Preußen **69, 70**, *70*
Säuglingssterblichkeit 95
S-Bahn 122, *299*, 301
SBZ **152–158**, *152, 156*
–, Wirtschaft **152–158**, *152, 156*
Schacht, Hjalmar, Reichsbankpräsident 137, 141, 144
–, »Neuer Plan« 146
Schadstoffabgabe, Normen 383
Schadstoffemissionen 385
Schadstoffminderung 303
Schaltkreise, integrierte 265
Schattenwirtschaft, BR Dtschl. **360–364**
–, Folgen 364
–, historische 364
–, illegale 360
–, legale **361**
–, Umfang 361
–, Ursachen 360
Schatzanweisungen (Weimar), unverzinsliche 135
Schaufelradbagger 77, *78*
Scheel, Walter 421
Scheidemünzen 335
Schienennetz, BR Dtschl. 298
Schiffahrt, MA 17
Schiffahrtsverbände, Quotenkartelle 294
Schifferzünfte 81
Schiffsbau, MA 17, *32*, 33
Schiller, Karl 244, *244*, 245, 343, 425
Schilling 18
»Schlechtwettergeld« 372
Schleicher, Kurt von 141, 143, 144
Schlüsselindustrie, herkömmliche 268
–, Vergesellschaftung 400
Schmidt, Helmut 12, *12*, 247, 249
Schmoller, Gustav von 346
Schmuckwarenindustrie, Pforzheimer 63, *63*
Schneller Brüter 280, 392
Schnellpostsystem, preußisches 82
Schrottplan, DDR 177, 180
Schuldenpolitik der öffentlichen Hand 371
Schuldentilgung, zusätzliche 370
Schultheiß 20
Schulzenrecht 20
Schuman, Robert 240
Schumpeter, Joseph 87
Schutzgesetze, BR Dtschl. 429
Schutzmaßnahmen, BR Dtschl., soziale 404, 429
Schutzzölle, 19. Jh. 106
Schwangerschaftsurlaub, DDR 191, 192
Schwarz, Matthäus *45*
Schwarzarbeit 360, *361*
Schwarzmarkt *232*
Schwarzwälder Glashütten *63*
Schwarzwälder Uhren *63*
Schwebebahn, Wuppertaler *299*
Schwerindustrie, DDR 159
Schwerpunktstreiks 401, 402
SED 155, 159–161, 164–168, 170, **205**
–, 2. Parteikonferenz (Juli 1952) 159
–, 2. Parteitag 155
–, 3. Parteikonferenz (März 1956) 161
–, 3. Parteitag (Juli 1950) 160
–, 5. Parteitag (Juli 1958) 164, 165
–, 6. Parteitag (1963) 165
–, 7. Parteitag (1967) 166
–, 8. Parteitag (Juni 1971) 167
–, 9. Parteitag (Mai 1976) 168
–, 10. Parteitag (April 1981) 170
–, Parteisekretäre als Wirtschaftsfunktionäre **205**
Seekabel, erste 83
Seeschiffahrt 81–84, 123, **296**
–, BR Dtschl. **296**
–, –, »Konferenzen« 296
–, –, Konkurrenz 296
–, –, staatliche Förderung 296
–, Kaiserreich 123
–, MA 81
–, moderne 83, 84
Seeschiffe, Ausflaggung 296
–, Bestand 296
See- und Kolonialhandel, Brandenburg-Preußen 68
Seidenraupenzucht *63*
Sekundarrohstoffe, DDR 177
Selbstbedienungsgesellschaft 362, 363
Selbständige, Zahl 350
Selbständiger Mittelstand, Förderung 289
»Selbstverpflichtung«, DDR, freiwillige 178
Selbstversorgung 364
Selbstverwaltung, MA Städte 94
Selbstverwaltungskörperschaften, öffentliche 393
Semler, Johannes 255
Serienproduktion, Arbeitskräfte (NS-Zeit) 148
Sethe, Paul 259
Sicherung, soziale 355
Siebenjahrplan, DDR (1959–1965) 165
–, Wirtschaftsentwicklung 165
»Sieben Schwestern«, Ölkonzerne 322
Siebke, Jürgen 350
Siedlungsperiode, hochmittelalterliche 18–21
Siedlungstätigkeit, MA **19, 20**
Siedlungsunternehmer **19**, 20
Siegerländer Eisenerzeugung 75
Siemens, Werner von 87, **89**, *89*
Siemens-Konzern 116, 320, 321
Siemens & Halske 89
Sigismund »der Münzreiche«, Erzherzog 43
Silberbergbau, MA 38, 43, 44, 49, 75, 76
Silberdenar 18
Silbergroschen 72
Silberpfennig 18
Silberwährung 18, 106
Simson, Henry Lewis 232
Smithonian Agreement 342, 345
Smog-Alarm *383*
Sohl, Hans-Günther 240
Solarenergie 391
Solidargemeinschaften 346
Sonderlombardkredit 337
Sondervermögen, Bund 331, 336
Sonntagsfahrverbot 280
Sowjetische Aktiengesellschaft (SAG) 153
Sowjetische Besatzungszone s. SBZ
Sowjetische Militäradministration (SMAD) 153, 156, 157
Sozialabgaben, BR Dtschl. 326, 362
–, Anstieg 362
–, Belastung 249
Sozialausgaben 246, 249, 325, 425
–, BR Dtschl. 325
–, soz.-lib. Koalition 249
–, –, Wachstum 246
Soziale Marktwirtschaft, s. a. Freie Marktwirtschaft 9, 10, 236, 256, 259, 310, 400, **423–426**
–, Anpassungsfähigkeit 425
–, Diskussion 236
–, Gewerkschaften 400
–, Grundprinzipien 424
–, Kritik 423
–, neoliberales Konzept 423
–, Überlegenheit 424
–, Wettbewerbspolitik 424
Sozialer Frieden **402**
Sozialer Rechtsstaat, BR Dtschl. 346
Sozialer Wohnungsbau 281, 284, 358
Soziale Sicherung, DDR 189–194
Soziales Netz, BR Dtschl. 350–359
Soziale Spannungen, 1. WK 131
Sozialfürsorge, DDR 194
Sozialgesetze, BR Dtschl. 243
Sozialgesetzgebung, Bismarcksche 348, 355
Sozialhilfe, BR Dtschl. **357, 358**
Sozialistische Planwirtschaft 204–206, 224–227
–, DDR, Planerfüllung 205, 206
–, Nachteile 225–227
–, Reformbestrebungen 227
Sozialistische Wirtschaft, s. Wirtschaft (DDR)
Sozialleistungen, DDR, Arbeitslosigkeit 194
–, –, Finanzierung **189**
–, BR Dtschl., Kürzung 250, 349
–, soz.-lib. Koalition, Steigerung 245
Sozial-liberale Koalition, Wirtschaftspolitik 244, 245
Sozialmieter 358
Sozialpartner, BR Dtschl. **397, 398**
–, Aufgabenbereiche **397, 398**
–, Friedenspolitik 398
–, Tarifautonomie **397, 398**
Sozialpläne 354
Sozialpolitik, BR Dtschl., 50er Jahre 239
–, DDR **168**, 171, 206
–, Grenzen 425
–, Große Koalition 245
–, Kaiserreich **127, 128**
–, SPD 348
Sozialpolitik in der Marktwirtschaft 425
Sozialpolitische Richtlinien, DDR (1946) 189
Sozialrechtliche Neuerungen, Kaiserreich 346
Sozialreformen (soz.-lib. Koalition) **246–247**
Sozialstaat, BR Dtschl., Entwicklung **346–349**
–, Krise 347
–, sozialdemokratische Vorstellungen 347
–, Weimar 137
Sozialstaatlicher Verfassungsauftrag 347
Sozialstaatscharakter, Weimar 138
Sozialunion 207, 228–229, 253
Sozialversicherung **127, 128**, 184, 189, 190–192, 194, 199, 206, 239, 339, 346
–, BR Dtschl. 239
–, DDR 184, 189, 206
–, –, Beitragsbemessungsgrenze 190
–, –, Beitragszahlungen 189
–, –, Finanzierung 199
–, –, Leistungen 191, 192
–, –, Mütterunterstützung 194
–, Kaiserreich **127, 128**, 346
Sozialversicherungsausgaben, Weimar 137
Sozialversicherungssystem, BR Dtschl. 348
Sozialwohnungen, s. a. Sozialer Wohnungsbau 239, 285, 286, 358
–, Fehlbelegungsquote 286
Sparformen, DDR 188, 203
Sparguthaben, DDR 203
Sparkassen 201, **203**, 291, 318, *340*
–, DDR 201, **203**
Sparkassenwesen, Entwicklung 100
Sparprämiengesetz (1959) **408, 409**
Sparquote, BR Dtschl. 421
Speer, Albert 147, **148**
–, NS-Rüstungsindustrie 148
Spinnmaschinen, erste 94
Spitzentechnik, Erforschung 266
Spitzentechnologie, deutscher Rückstand 265
Staatliche Handelsorganisation (HO), DDR 185
Staatliche Versicherung, DDR, Beitragssätze 189
Staatsausgaben, DDR, Ausgabenarten **200**
–, Kreditfinanzierung 328
–, soz.-lib. Koalition 248, 249
–, Weimar 137
Staatsbank, DDR **201, 202**, 210
–, Präsident 201, 202
Staatsbankgesetz, DDR 201
Staatsbetriebe, BR Dtschl., Privatisierung 243
Staatsdienst 325, 326
Staatsfinanzen, DDR, zentralisierte 199
–, 19. Jh. **100**
Staatshaushalt, BR Dtschl. 427
–, DDR 195, **197–200**
–, –, Ausgaben **197, 199, 200**
–, –, Einnahmen **197, 198**
–, Kreditfinanzierung 427
Staatsquote, DDR 195
Staatsverschuldung 133–135, 144, 246–249, 250, **327, 328**
–, Abbau 250
–, Anstieg 328
–, 1. WK 133
–, NS-Zeit 144
–, soz.-lib. Koalition 246–249
–, Weimar 134, 135
–, Zinsquote 328
Staat und Bundesbank 332, 333
Staat und Wirtschaft 323–331
Stabilitätsanleihe 370
Stabilitätsgesetz **244–245**, 325, 328, 334, 337, 342, **370, 371**, 374
–, BR Dtschl. 244
–, Informationsinstrumente **370, 371**
–, Orientierungsdaten 372
Stabilitätspolitik 376
Stabilitätsprogramme, soz.-lib. Koalition 246
Stadtbevölkerung, MA, Sozialstruktur **34**
Städte, Bannmeile 27
–, frühe Gründungen 19–21, 27, 29
–, Gerichtsbarkeit *29*
–, Gewerbe 56
–, MA *27*, 30
–, –, Anzahl 29
–, –, Bannmeile 28
–, –, Befestigungsanlagen 27, 28
–, –, Einkünfte 34
–, –, Einwohnerzahlen 30
–, –, Entwicklung 27–39
–, –, Finanzen 34, 35
–, –, Gerichtsbarkeit 34
–, –, Gewerbeleben 30, 31, 35
–, –, Gründungen 29
–, –, Handwerk 31
–, –, Marktleben 28
–, –, Marktordnung **28**
–, –, Selbstverwaltung 34
–, –, soziale Schichtung 28, 33, 34
–, –, Sozialpolitik 34, 35
–, –, Topographie 28
–, wirtschaftliche Blütezeit 38
Städtebünde 33, 48
–, MA 33
Städtehanse, s. Hanse
Stadtherr 27, 34
Stadtrecht, Hamburger *29*
Stadtrat, MA 34
Stadttypen, MA 30
Stadtwirtschaft 36/37
Staffelmiete 285
Stagnationsjahre, BR Dtschl. **246**
Stahlindustrie, BR Dtschl., Krise 309, 374
Stalin, Josef 160, 165
Ständegesellschaft, MA 18
Stapelrechte, MA 80
Steinkohlebergbau, Absatzkrise 279, 280
–, –, DDR 109, 172
–, 19. Jh. 103
–, Strukturkrise 78
Steinkühler, Franz *401*
Stephan, Heinrich von 84/85
Sterbetaler *74*
Steuerarten **198, 199**, 326
–, DDR **198, 199**
Steuerbelastung, BR Dtschl. 326, 327, 350
–, DDR 199
–, Weimar 137
Steuererhöhung, 1. WK 132
Steuererleichterungen, NS-Zeit 142, 143
Steuern 184, 198, 199, 326
–, DDR 184, 198, 199
–, –, indirekte 199
–, Neuverteilung 326
Steuerpolitik, BR Dtschl. 238, 370
Steuerquote, BR Dtschl. 326, 327
Steuerreformen 235, 251
Steuertarif, progressive Gestaltung 327
Steuervergünstigungen, DDR 196
Stiftung Verbraucherinstitut 380, 381
Stiftung Warentest 380, 381
Stingl, Joseph *372*
Stolper, Gustav 231
»Störfreimachung«, Politik der DDR 212, 214
Straßenbahnen 83, 120/121
Straßenbau 80, 83, *330*
Straßennetz, BR Dtschl. 298
–, MA 17
Straßenverkehr, 18. Jh. **82**
–, BR Dtschl. **293–294**
–, gewerblicher, staatliche Reglementierungen 293
–, moderner 83
–, Sicherheit 298
–, Umweltbelastung 304
–, Unfallgeschehen 304
Strauß, Franz Josef *211, 244*, 245
Streik 127, 352, 401, *405*
–, BR Dtschl., wilder 401, *405*
–, Kaiserreich 127
Streikrecht, BR Dtschl. 402
Stresemann, Gustav 135, 137
Stromindustrie 391, 392
Stromverbrauch, BR Dtschl. 390, 391
Strukturpolitik, DDR 170
–, regionale **373, 374**, 388
–, sektorale **374, 375**, 388
Strukturwandel, BR Dtschl. 267, 268

–, Kaiserreich 109, 114
–, volkswirtschaftlicher 374
–, wirtschaftliche Ursachen **264**
Studentenförderung, s. BAföG
»Stunde Null« (SBZ, 1945) 152, *152,* 153, 155
Subsidienvertrag, englisch-hessischer 62
Subsistenz-Wirtschaft 364
Subventionsberater 375
Subventionsbericht 371
Subventionspolitik 209, 270, *275,* 288, 375, 429
Swapsatz 339, 341
»Swing«-Vereinbarung 210, 211

Tabakmanufaktur, Brandenburg-Preußen *68*
Tabakmonopol, Brandenburg-Preußen 70, *70*
Taler **72,** *72,* **73,** 74, 106
Talerzeit 73
Tarifabschlüsse, überhöhte 398
Tarifauseinandersetzungen *349*
Tarifautonomie **397, 398,** 403, 406
–, BR Dtschl. 238
Tariferfolge, gewerkschaftliche **402**
Tarifpartnerschaft, Gefahren **398**
Tarifpolitik 349, 404
Tarifverhandlungen *397*
Tarifverträge 127, 352, **397,** 402, 406, 411
–, erste 127
–, Kaiserreich 127
–, Lohnabschlagsklauseln 367
Tarifvertragsgesetz 352, 401
Tarifvertragssystem, DDR 183
Tauschgeschäfte, DDR 182
Taxis, Leonhard von 81
Techniker-Unternehmer 87–90
Technische Neuerungen, 16. Jh. 49
Technischer Fortschritt 49, 131, *288*
–, 1. WK 131
–, 16. Jh. 49
Technologien, neue 349
Technologietransfer, DDR 220
Teichwirtschaft, MA 16
Teilzahlungskäufe, Rücktrittsrecht 379
Telefon, Verbreitung 83, 86
Telefonnetz, Kaiserreich *119,* 122
Telegraph, Atlantischer *83*
–, elektrischer 83
Telegraphie, drahtlose 83
Terminkurs 339
Terminmarkt 339
Textilgewerbe, Brandenburg-Preußen 67, 68
–, Hessen-Kassel, 17./18. Jh. **61**
–, MA 21, 41
–, sächsisches, 17./18. Jh. 60
Textilindustrie, Kaiserreich 109
–, Zentren 97
Textilproduktion, Kaiserreich 114
Thatcher, Margaret *428*
Thomas-Müntzer-Schacht, DDR 173
Thomasverfahren 77
Thurn und Taxissche Postverwaltung 82, 83
Thyssen, Fritz *142*
Tierhaltung, MA 16
»Tonnenideologie«, DDR 206
Tourismus, BR Dtschl. 418/419
–, DDR 188, 192/193
Trampschiffahrt, BR Dtschl. 296
Transferschutz 137, 141
Transitverkehr, MA 81
Transportkosten, 19. Jh., Senkung 104
Transportwesen, MA **17**
»Transrapid 05« *300*
Tresorscheine 74
»Treuhandgesellschaft« 208, 254
Treuhandstelle für den Interzonenhandel 210
Treuhandstelle für Industrie und Handel (seit 1982) 210
Triest, Hafen, 17./18. Jh. 66
Truman, Harry S. 335

U-Bahn 119, *120/121,* 299
Überbetriebliche Beteiligungen 411
Überbevölkerung, um 1600 49
Überindustrialisierung, BR Dtschl. **263**
Überproduktion, EG 374
–, Landwirtschaft **274,** *275*
–, MA 16
Überseekabel, Kaiserreich 122
Übersiedler 251, 253
Überziehungskredit, DDR 210, 211
Uhren, Schwarzwälder *63*
Ulbricht, Walter 158, 164, 165, 167, 233
Ulrich, Wolfgang 361
Umsatzsteuer, s. a. Gewerbesteuer 326
Umschlagbahnhöfe, Ausbau 301
Umschulungsprogramme 372, 375
Umsiedlungsprogramme 375
Umweltbelastung 304
–, Kosten 388
Umweltbundesamt Berlin 384, **385**
Umweltfreundliche Produkte 379, *379,* 380
Umweltkrise 349
Umweltorganisation, Vereinte Nationen (UNEP) 386
Umweltpolitik
–, Einfluß auf Beschäftigungssituation 388
–, Gemeinlastprinzip 383
–, Grüne 388
–, Instrumentarium 382, 383
–, Kostenzurechnung 383
–, marktwirtschaftliche Instrumente 383
–, staatliche 382, 383
–, Verursacherprinzip 383
Umweltprogramm (1971) 383, 384
Umweltschutz 298, 349, **382–388,** *385,* 405
–, Entwicklung **382**
–, Gemeinlastprinzip 383
–, internationale Aspekte 386, 387
–, Kosten 388
–, Verkehrsplanung 298
Umweltschutz und Wirtschaftswachstum 387, 388
Umweltverschmutzung 263
Unfallversicherung 128, 243, 247, 346, **356**
–, BR Dtschl., Reform 243
–, Kaiserreich 128
Unfreie 18, 24/25, s. a. Hörige
Union der Leitenden Angestellten (ULA) 399
Universalbanken 291, 339
Untergrundbahn s. U-Bahn
Unternehmen, BR Dtschl., Auslandsinvestitionen 416, 417, 420
–, –, größte 320
–, marktbeherrschende **313, 316**
–, mittelständische, Flexibilität 268
–, öffentliche **329–331**
–, staatseigene 329
Unternehmensgruppen, Bundesbeteiligungen 331
Unternehmensmitbestimmung, Weiterentwicklung 407
Unternehmenszusammenschlüsse 317
Unternehmer, bedeutende 87–90, 236, 240
Urabstimmung 352, *399*
Urlaubsorganisation, DDR 188
USA, Innovationsüberlegenheit 267
US-Dollar 343
–, Golddeckung 342, *342*

Valuta-Mark (VM) 215
Veba, Energiekonzern 320
Venezuela, Welsergründung 46
Venture-Capital-Fonds 266
Verband Deutscher Eisen- und Stahlindustrieller 126
Verbände, Funktionen **396**
–, politische Einflußnahme 396
Verbandstätigkeit, Sozialpartner **398**
Verbraucher, Begriffserklärung 377
–, ökonomische Rolle 377
Verbrauchergesetze, wichtigste **380**
Verbraucherorganisationen 377, 380, **381**
–, Adressen **381**
Verbraucherpolitik 377–381
–, europäische 377, 378, 380, 381
–, Ostblock 381
–, sozialpolitische Wurzeln 377
–, USA 381
–, Verbesserung 381
Verbraucherpreise, DDR **184–186**
–, –, Stabilisierung 184
Verbraucherrechte, originäre **377**
Verbraucherschutzgesetz, BR Dtschl. 378, 379, **380**
–, Überwachung 379, **380**
Verbraucherschutzverein, Rechtsschutz 380, 381
Verbraucherzentrale 380
Verbrauchsgüterbewirtschaftung (nach 1945) 231
Verbrauchsgüterpreise, BR Dtschl., Anstieg 236
Verbrauchssteuer, indirekte (Merkantilismus) 69
Verein für die bergbaulichen Interessen im Oberbergamtsbezirk Dortmund 126
Vereinigte Elektrizitäts- und Bergwerks-AG, s. a. Veba 243, *243*
Vereinigtes Wirtschaftsgebiet, s. Bi-Zone
Vereinigungen Volkseigener Betriebe (VVB) 166
Vereinigungsfreiheit, wirtschaftliche 286
Vereinte Nationen, Umweltorganisation (UNEP) 386
Verein zur Wahrung der gemeinsamen wirtschaftlichen Interessen in Rheinland und Westfalen, Kaiserreich 126
Vergrundholdung, MA, Prozeß der 15
Verkehr, 18. Jh. 60
–, Geschichte **80–86**
–, Kaiserreich 108–128
–, technische Neuerungen 82
Verkehrsaufkommen, Kaiserreich 119
Verkehrsdienst, MA, öffentlicher 80
Verkehrsentwicklung 298–301
–, neue Techniken 301
–, Umweltbelastung 298
Verkehrsinfrastruktur, Entwicklung 298
–, staatliche Investitionen 298
Verkehrsknotenpunkte, MA 17, 80
Verkehrsleistungen 298
Verkehrsmittel, öffentliche 120/121
Verkehrsnetz, 19. Jh. **104**
Verkehrspolitik, BR Dtschl. 298–301
–, grundlegende Ziele **299, 300**
–, internationale 301
Verkehrssicherheit 81, 298, 299, 304
–, MA, Handelswege 81
Verkehrssystem, Sicherheitsstandard 298
Verkehrsunternehmen **329, 331**
Verkehrswege *294*
Verkehrswesen, BR Dtschl. 292, 298–301
–, –, Aufgaben 298
–, DDR, Finanzierung 200
–, Energieverbrauch 298
–, Kaiserreich **119, 122**
–, Kartellrechtsfreiheit 318
–, MA **17,** 31, 32
Verkehrswirtschaft, Besonderheiten 292, 293
–, BR Dtschl. **292–297**
–, Umsätze 298
Verlagswesen, MA, Produktionsorganisation 41
Vermögensbeteiligung **408, 409**
–, betriebliche *409*
–, Modelle **409–411**
Vermögensbeteiligungsgesetz (1984) 409
Vermögensbildung 243, **408, 409**
Vermögensbildungsgesetze 247
Vermögenskonzentration 243
Vermögenspolitik 243, 244, 407, 411
–, BR Dtschl. 243, 244
Vermögensverteilung 238, 350
–, BR Dtschl. 238
Vermögenswirksame Leistungen 408, 409, 411
Verrechnungseinheit (VE) 210, 211
Versandhandel, BR Dtschl. 290
Verschuldung, öffentliche **327, 328**
Verschuldungsregel 328
Vershofen, Wilhelm 255
Versicherungen, Anfänge 346
–, freiwillige 292
–, private 339
Versicherungsaufsichtsgesetz, BR Dtschl. 292
Versicherungsschäden *357*
Versicherungssparen, DDR 188
Versicherungswesen, Kaiserreich 127
Versicherungswirtschaft **292,** *292,* 319
–, BR Dtschl. **292**
–, Kartellrechtsfreiheit 318
Versorgungsbetriebe, Kaiserreich 118, 119
Versorgungslage, nach 1945 **231**
Versorgungsschwierigkeiten, DDR 165–167, 171, 178, 180–182, *181, 182,* 187, 188
Versorgungsunternehmen **329, 331**
Verstaatlichung, DDR 167
–, SBZ **156**
Verstädterung, BR Dtschl., Randzonen 308–309
–, Kaiserreich **114**
Verteidigungsausgaben, DDR 199, 200
Verteilungspolitik, DDR 197
Vertragsfreiheit, BR Dtschl. 310
–, –, wirtschaftliche 286
Vertriebene, s. a. Flüchtlinge, Bevölkerungsanteil 231
–, Eingliederung 239, 240
–, Integration 375
–, Ostgebiete 231
Verursacherprinzip, Umweltschutz 388
Viehzucht, MA 96
Vierjahresplan (1936) **147**
Villikation, MA 16, 21
–, –, Zentren 28, 31
–, –, Zerfall 21
Villikationshandwerk 21, 28
Volksaktien, BR Dtschl. *243*
Volksaufstand (17. Juni) 160, *161*
Volkseigene Betriebe (VEB) 166, 208
Volkseigene Güter (VEG) 156
Volkseigentum 155–157, 209
Volkseinkommen, BR Dtschl. 350
–, DDR, Staatsanteil 195
–, NS-Zeit 144
–, Reichsmark 143
–, Weimar, Rückgang 141
Volksentscheid, SBZ 156
Volkswagen, NS-Zeit *144*
Volkswagen-Werk 243, *243*
Volkswirtschaft, BR Dtschl., Sektoren **260**
–, –, Wachstum 287
–, historische Entwicklung **260**
–, Kaiserreich, Anfänge 108
–, um 1800 92
Volkswirtschaftsplan, DDR 205
Volkswirtschaftsrat, DDR 1966 166
Vollbeschäftigung 238, **241,** 245, 334, 347, 350, 406
–, BR Dtschl. 238, **241,** 245
–, Wiederherstellung 406
Vorruhestandsgesetz 356
Vorsorge-Untersuchung *357*

Wachstumsbranchen, 19. Jh. 101
Wachstumsdiskussion 250
Wachstumseinbußen 336
Wachstumsgesetz **370**
Wachstumsimpulse, DDR-Wirtschaft 196
Wachstumskrise, BR Dtschl., 1980er Jahre 404
Wachstumsmarkt, BR Dtschl., zukünftiger 265
Wachstumspolitik 372
Wachstumsrate, BR Dtschl., Abschwung 244, 251
–, hohe 237
–, Rückgang 245, 246
–, Verringerung 241
Wachstumsrückgang, DDR 168, 169
Wachstumsschwäche, BR Dtschl. 343
Wagner, Adolph 346
Währungen 108, 234
–, einheitliche, Kaiserreich 108
Währungsänderungen 271, 274
Währungseinheit, Europäische (ECU) 271, 345
Währungshoheit, Bund 336
Währungskonferenz 342
Währungsordnung **332–345**
Währungspolitik, EG 271
Währungsreform **136, 137,** 158, 234–236, 332, 423
–, 1923 **136, 137**
–, 1948 **234, 235**
Währungs-»Schlange« **345**
Währungssicherung **332–334,** 370
Währungsstabilisierung, Weimar 137
Währungssystem, Europäisches (1979) **345**
–, internationales 245, 343
Währungsunion 207, 208, 228–229, *229,* 253, 345
Währungsunruhen 245
Waigel, Theo *327*
Waldsterben, BR Dtschl. 392
Waldwirtschaft, MA 16
Wanderungsbewegungen in Verdichtungsgebieten 308, *308,* 309
Warenangebot, DDR, Mangelerscheinungen 187
Warenhäuser *112/113,* 185
–, DDR 185
Warenproduzierende Gewerbe, Erwerbstätige 262
–, Rationalisierung 264
–, sekundärer Sektor 260
Warenstruktur, Außenhandel **414, 415**
–, –, DDR **215**
Warenzeichengesetz (1936/1974) **311**
Wärmeerzeugung 390, 391
Washingtoner Währungsabkommen 345
Wasserhaushaltsgesetz (1976) 384
Wassersäulenmaschinen 77
Wasserstoffauto *303*
Wasserstraßen, Kaiserreich 119
Wasserstraßennetz, BR Dtschl. 298
Wasserstraßenverkehr, MA 81
Wasserverschmutzung, BR Dtschl. 382
Wasserversorgung, Kaiserreich 118
Wasserwege, MA 17
Watt, James 87
Weberaufstand, Schlesien *101,* 101
Wechsel, Diskontierung 337
Wechselbanken, MA, erste *41*
Wechselkurs, fester 333
–, flexibler 333
Wechselkursänderungen 271
Wechselkurse, Freigabe 245
Wechselkursverbund, Europäischer 345
Wegegelder, MA **81, 82**
Wegenetz, MA, Ausbau 80
Wegeordnungen, 18. Jh. **82**
–, MA 81
Wehrmachtsausgaben, NS-Zeit 150
Weimarer Republik, wirtschaftliche Probleme 134–141
Weinbau, MA 21
»Weiße Produkte«, BR Dtschl. *311*
Weizsäcker, Richard v. *214, 374*
Welser 44, 45, 46, *46,* 47
–, Anton d. Ä. 45
–, Bankrott 47
–, Bartholomäus d. Ä. 46
–, Christoph 46
–, Handelsflotte 46
–, Markus 46
–, Matthäus 46
–, Südamerikahandel 46
–, Venezuela 46
Weltausstellungen *122*
Weltgewerkschaftsbund (WGB) 400
Welthandel, Anteil am 412
–, freier 256
–, Exportanteil 415
Welthandelsplätze 81
Weltkrieg, Zweiter, Kriegsschäden 152, 231, 232
Weltpostverein 84/85
Weltwirtschaftliche Integration, Kaiserreich 122
Weltwirtschaftsgipfel (1978) 12, *12*
–, (1989) *428*
Weltwirtschaftskrisen *139,* **139, 140,** 332, 348
Werbung 110/111
Werftindustrie, DDR 159
–, BR Dtschl., Krise *306,* 309, 374
Werkverkehr 293
Werner-Plan 344, 345
Wertpapierbörse, Frankfurt/Main *344*
Wertpapierkäufe, Genehmigungspflicht 343
Wertschöpfung **114**
Westeuropäische Union 10
Westhandel, DDR 219–221
–, Güterstruktur 220
West-Ost-Handel, MA 48, 49
Westschulden, DDR 223
Wettbewerb *226,* 257, 259, **310, 311**
–, Aufgaben und Funktionen **310**
–, freier 257
–, Gesetz gegen unlauteren **310, 311**
–, sozialistischer *226*
Wettbewerbsbeschränkungen, Abbau 310
–, Gesetz gegen (GWB) 278
Wettbewerbsfähigkeit, internationale 415
–, preisliche 415
Wettbewerbsfreiheit, wirtschaftliche 286
Wettbewerbsmittel, vorherrschende 311
Wettbewerbsordnung, BR Dtschl. 310–318
–, Kartellrecht 313–317
–, Mißbrauchsaufsicht **316**
–, 1909/1975 **310, 311**
–, 1936/1976, Patentgesetz **311**
–, 1936/1947, Warenzeichengesetz **311**
–, Rabattgesetz **311**
–, Sicherung 425
–, Zugabeordnung **311**
Wettbewerbspolitik **310,** 424, 425
–, Soziale Marktwirtschaft 424
Wettbewerbsprinzip, eingeschränkte Bereiche 269
–, Wirtschaft 286
Wettbewerbsprozesse, Initiierung 310
Wiederaufbau, BR Dtschl. 237
–, (nach 1648) 58
Wiederaufbereitungsanlagen 281
Wiedereingliederung, berufliche 372
Wiedergutmachungsleistungen, SBZ 152–154
Wiedervereinigung 207, 252, **253–254,** 345
Wiener Münzvertrag 74
Wilhelm I., Kaiser 127, 346
Wilhelm II., Kaiser *116*
Wipper **56**
Wirtschaft, BR Dtschl., Auslandsabhängigkeit 263
–, –, Exportabhängigkeit 287
–, –, gewerbliche 286–292
–, –, Protektionismus 287, 288
–, –, staatliche Subventionen 287, 288
–, –, Strukturwandel 349
–, Dekonzentrationstendenzen 310
–, DDR, Parteikontrollen **205**
–, –, Umstrukturierung 207–209, 228–229
–, 1. WK **129–133**
–, Kaiserreich 108–128
–, Nationalsozialismus **142–150**
–, staatliche Intervention 347
–, staatlicher Einfluß 323–331
–, Wettbewerbsprinzip 286
–, Zukunftsszenarien 430–431
Wirtschaftliche Eigentumsfreiheit 286
Wirtschaftliche Freizügigkeit 286
Wirtschaftliche Kernzone, BR Dtschl. 309
Wirtschaftliche Vereinigungsfreiheit 286
Wirtschaftliche Vertragsfreiheit 286
Wirtschaftliche Wettbewerbsfreiheit 286
Wirtschaftlicher Strukturwandel, BR Dtschl. **260,** s. a. Strukturwandel
Wirtschaftlicher Umbruch (1970er Jahre) 426
Wirtschaftliches Problem, Weimarer Republik **134–141**

Register/Abbildungsnachweis

Wirtschaftsalltag, DDR 178–180
Wirtschaftsaufschwung, BR Dtschl., Beginn 235, 236
–, NS-Zeit 142, 143
Wirtschaftsbelebung, NS-Zeit 144, 145
Wirtschaftsbereiche, wichtigste, Entwicklung 269–297
Wirtschaftsdemokratie 407–411
–, Verbesserungen 407
Wirtschaftsentwicklung, BR Dtschl. 231–300
–, DDR **159–171**, s. a. SBZ, Wirtschaft
–, –, Aufbau des Sozialismus 159, 160
–, –, Außenhandel 170, 171
–, –, Fünfjahrpläne 159, 161, 164, 167–169
–, –, Intensivierung der Produktion (70er Jahre) 167
–, –, Investitionspolitik 166
–, –, Kollektivierung 164, 165
–, –, »Neuer Kurs« 160, 161
–, –, Normenerhöhung 160
–, –, »Optimierungsprinzip« 165, 166
–, –, Produktivitätsengpaß 167–169
–, –, Siebenjahrplan 165
–, –, Wirtschaftsreform (1963) 165, 166
–, SBZ 152–158
Wirtschaftsförderung, BR Dtschl. 307
–, –, staatliche 287
–, DDR, direkte 199
Wirtschaftsgeschichte, Entwicklungstendenzen 262
Wirtschaftskammern, Aufgaben 395
Wirtschaftskontrolle, DDR 197
Wirtschaftskonzentration 317
–, BR Dtschl. 310

Wirtschaftskonzepte der Parteien 236
Wirtschaftskriminalität 360
Wirtschaftskrise, BR Dtschl., 80er Jahre 427
–, –, erste 244
–, –, 60er Jahre 244
–, DDR 165, 167–169
–, 19. Jh. 101
Wirtschaftsleben, Frauen im 365–369
Wirtschaftslenkung, DDR 195
Wirtschaftsmanagement, DDR 204–206
–, –, Parteisekretäre der SED 205
Wirtschaftsordnung, BR Dtschl., Gesetze 237
–, Fusionskontrolle 317
–, Kartellamt 317
–, protektionistische 36/37
Wirtschaftspolitik, angebotsorientierte 250
–, BR Dtschl. 370–376
–, –, ab 1982 250, 251
–, –, Erhard 256, 257
–, –, Große Koalition 244, 245
–, –, Haushaltskonsolidierung 250
–, –, Kürzung der Sozialleistung 250
–, –, nachfrageorientierte 250
–, –, soz.-lib. Koalition 249
–, –, staatliche 426
–, DDR 159–171, 204–206
–, 30jähriger Krieg 57
–, fehlendes Konzept 10
–, Geschichte 9–12
–, Grundlage 370
–, Hitler 142–150
–, Kaiserreich, zentrale 108
–, landesherrliche 60
–, SBZ 152–158
–, 17./18. Jh., Österreich 64–66
Wirtschaftspraxis, sozialistische 224–227
Wirtschaftsprobleme, DDR 178, 179

Wirtschaftsproduktivität, höhere 92
Wirtschaftsrat, Zweizonen 235
Wirtschaftsreform, DDR 165–167, 228–229, 253
–, –, Wirtschaftsentwicklung, BR Dtschl. (1963) 165–166
Wirtschaftsregionen der Zukunft 309
Wirtschaftssektoren 260
–, Zuordnungsprobleme 261
Wirtschaftsstabilisierung, DDR 195, 196
Wirtschaftssteuerung, moderne 244
Wirtschaftsstruktur, BR Dtschl., internationaler Vergleich 262, 263, 267
–, –, Umbrüche 248
–, MA, Ostgebiete 20
–, SBZ/DDR 154
–, um 1800 93, 94
–, Kaiserreich **108, 109**
–, 1. WK 130
Wirtschaftssystem, offizielles, Krisen 362, 363
Wirtschaftstheorie, marxistische 224–227
Wirtschafts- und Währungsunion, europäische 253, **344, 345**
Wirtschaftsunion 207, 208, 208, 228–229, 253, 345
Wirtschaftsverbände 395–397
Wirtschaftsverfassung, BR Dtschl. 10
Wirtschaftswachstum, BR Dtschl. 237, 238, 241, 246, 251, 252
–, –, soz.-lib. Koalition, Rückgang 249
–, DDR 161, 171
–, 19. Jh. 102–106
Wirtschaftswandel, Kaiserreich 109, 114
Wirtschaftswiederaufbau, BR Dtschl. 236
Wirtschaftswunder, BR Dtschl. 10, 237–243, 237, 255–259, **256,** 423
Wismut-AG 153

Witwenrente, DDR 190
Wochenarbeitszeit, BR Dtschl., Abnahme 241
Wohngeld 284, 359
Wohngeldgesetz (1965) 284
–, zweites (1970) 247
Wohnraumwirtschaft 281
Wohnraumzerstörung, SBZ 152
Wohnungen, BR Dtschl., Ausstattung 285
Wohnungsämter, BR Dtschl. 281
Wohnungsbau **108, 109,** 130, 169, 170, 200, 238, **239,** 281–286, *284*
–, BR Dtschl. 238, **239,** *239,* Verschlechterung 343
–, –, Fehlentwicklungen 285
–, –, freier 284
–, –, öffentliche Mittel 285
–, –, sozialer 239
–, DDR 169, 170, 206
–, –, Finanzierung 200
–, MA 17
–, Kaiserreich **108, 109**
–, sozialer 281
Wohnungsbauförderung 137, 358
–, Weimar 137
Wohnungsbaugesetze, BR Dtschl. 239, 243, 281, 284
Wohnungsbaupolitik, Leistungen 285
Wohnungsbauprämie 358, 359
Wohnungsbauprämiengesetz (1952) 408
Wohnungsbestand, BR Dtschl. 285
Wohnungsmarkt, BR Dtschl. 281, 358
–, Spaltung 284
Wohnungsmarktpolitik, Umorientierung 286
Wohnungsmodernisierungsgesetz (1977) 284, 285
Wohnungsnot 239
–, BR Dtschl. **238, 239**
–, Kaiserreich 109
Wohnungswirtschaft, BR Dtschl. **281–286**

Wohnungszwangswirtschaft, BR Dtschl., Abbau 281, 284, 285
Wollimporte, Kaiserreich 114
Wuppertaler Schwebebahn *299*

Young, Owen D. 136
Young-Plan 239

Zahlungen, bargeldlose 335
Zahlungsbilanz 237, 343
–, BR Dtschl., Verschlechterung 343
Zahlungsbilanzdefizit 249
Zahlungsmittel, gesetzlich beschränkte 334
–, –, unbeschränkte 334
Zahlungsverbindlichkeiten, DDR 214
Zahlungsverkehr, NS-Zeit, bilateraler 146
Zahlungsverkehrsnetz, Bundesbank 336
Zechenstillegungen 247, 279, 280
Zehnt, MA *18*
Zeiss, Kombinat 180
Zeitpacht, spät. MA 26
Zentralbankgeld 334, 335, 337–339
Zentralbankrat 333
Zentrale Planwirtschaft, SBZ/DDR 156, 157
Zentrale Wirtschaftsplanung, DDR, s. Wirtschaftsentwicklung, DDR
Zentralhaushalt, DDR, Finanzmittelzuweisungen 198
Zeppelin 86
»Zigaretten-Währung« 232, s. a. Geldsubstitute
Zinsabgaben, MA 21
Zinsanstieg, soz.-lib. Koalition 249
Zinssätze, amerikanische 344
Zinssystem, DDR 201, 203

Zinstransfer 145
Zinsverbot, MA, kirchliches 42
Zisterzienser, Grundherrschaft **21**
–, Klostergründungen 20
Zollgesetze 99
Zollgrenzen, Kaiserreich 108
–, 19. Jh., Verringerung 99
Zollsätze, 19. Jh. 94, 106
Zollunion, europäische 326
Zollverträge, 19. Jh. 99
Zollverein, Deutscher 74, **99,** *99*, **100,** 106
Zollwesen, 17./18. Jh. 61
Zonenrandgebiete *373*
Zuckerfabriken, erste 94
Zuckerrübenproduktion, Kaiserreich 109
Zugabeverordnung (1932/1974) **311**
Zukünftige Kernenergie-Politik, Enquête-Kommission 389
Zukunftsforschung, Subventionen 265, 266
Zukunftsindustrien 265–268
–, Schwerpunkte 268
Zukunftsperspektiven, wirtschaftliche 427–431
Zündwarenmonopol 318
Zünfte, MA **31,** 36/37
Zunftordnung, MA 31
Zunftzwang, MA 31
Zusatzrentenversicherung, DDR 189, 190
Zuteilungswirtschaft, DDR 179, 180
Zuwachsmindestreserve 341
Zwangsbewirtschaftung, Abbau 235
Zwangskollektivierung, Landwirtschaft 162/163
Zwangsumtausch DDR, Westbesucher *198*
Zweiter Weltkrieg, Kriegsschäden 152, 231, **232**
–, wirtschaftliche Folgen **149, 150**
Zweizonen-Wirtschaftsrat 234

Abbildungsnachweis

action press, Hamburg 12; Erich Andres, Hamburg 170 l., 170 M., 170 r., 193 u. l.; Archiv für Kunst und Geschichte, Berlin 18, 35 o., 36 u. l., 44, 45 r., 54, 55, 63 u., 76, 81, 83, 89 r., 103 u., 107, 110 o. l., 118 u., 119 u., 121 o., 121 u. r., 125 u. r., 132 M., 132 u., 136 o., 139 o., 143 o., 143 M., 148, 347, 365; Associated Press GmbH, Frankfurt 251 o., 344 – String 153; Bavaria-Verlag, Gauting 289 u. – Arnold 314 o. l. – Hardenberg 314 o. r., 391 – Rose 353 – Störbrock 268; Bayer AG, Leverkusen 239; Bayer. Staatsgemäldesammlungen, München – Artothek 22 o.; BDI, Köln 396 o.; Dr. Gerhard Beier, Kronberg 124 o. l.; Bertelsmann LEXIKOTHEK Verlag GmbH, Gütersloh 20, 59, 74, 90, 123, 124 u., 145 o. r., 259, 263 o., 321, 341, 409; Bildarchiv Preußischer Kulturbesitz, Berlin 17, 22 u., 23, 24 M., 24 u. r., 25 u. r., 28 u., 29 u., 30, 32, 37 o. l., 37 o. r., 37 M., 37 u., 45 l., 46 r., 49, 50 u., 51 o., 51 M., 51 u. r., 52, 61 o., 65, 68 u., 84 u., 84 u., 85 u., 85 o. r., 85 M. r., 89 l., 91, 93, 94, 96, 97 o., 97 u., 99, 101 u., 102, 103 o., 104 u., 106, 110 l., 111 l., 111 u., 112 o. l., 112 u., 113 M., 113 u. r., 115 o., 115 u., 116 o., 116 u., 117, 118 o., 119 o., 121 l., 121 u. r., 122, 125 M. r., 126, 129, 132 M., 133, 134, 136 u., 138 o., 139 u., 196 o., 246 u., 366, 418 o.; British Museum, London 41; 308; Bundesgesundheitsamt, Berlin 378 u.; Bildarchiv d. Bundesmin. f. d. Post- u. Fernmeldewesen, Bonn 297 u.; Henning Christoph, Essen 254, 265, 267, 303 o. l., 324 o., 383, 431; Dt. Bundesbahn, Mainz 293; Dt. Bundesbank, Frankfurt 334; Dt. Museum, München 24 u. l., 80, 98 u.; dpa, Frankfurt/Düsseldorf 151, 162 u., 175 M., 181 u., 185, 190 o., 193 M. l., 193 u., 202, 212 o., 216, 220 o., 228 o., 229 o., 229 u., 233 o., 234 u., 235, 236, 253, 276 o., 283 u., 312 o. r., 315 o. l., 330 o., 338 u., 342, 359 u., 371, 372, 376, 396 o., 399, 401 o., 431; Dresdner Bank, Frankfurt 338 o.; Eupra GmbH, München 190 u., 197 – ADN 163 u. r., 175 u. l., 192 u., 193 o., 193 M.; Friedrich-Ebert-Stiftung, Bonn – Archiv der sozialen Demokratie 124 o. l., 125 o.; Dr. Gill + Jäger Media-Service GmbH, München 419 o. r.; Greiner & Meyer, Braunschweig 181 o., 182; Haus des Dt. Handwerks, Bonn 361; Robert Hetz 314 u.; Historia-Photo, Hamburg 25 o., 28 o., 35 u., 51 M. r., 51 u. l., 56, 62 63 o., 68 o., 70, 72 u. l., 72 r. u., 73, 78 o., 84 M., 85 l., 85 o., 86, 98 o., 111 M. u., 120 u., 120 u., 121 M. l., 138 o. l., 138 u.; Hoesch AG, Dortmund 283 u. l.; Bildarchiv Jürgens, Köln 162 o., 167 o., 169, 176 u., 177, 212, 212 u. l., 228 M., 229 M. l., 229 u.; – ADN 159, 162 M., 163 u. l., 174/175; Lothar Kaster, Haan 78 u., 280, 282 M., 282 u., 299 o.; Werkfoto Kathrein 297 o. – freigeg. d. Reg. v. Obb. Nr. GS 300/8446; Keystone Bildarchiv, Hamburg 112 o. r., 166, 187, 191, 220 u., 233 u., 241, 247, 336; Kreissparkasse Köln 340; Foto Krupp, Rheinhausen 104 o., 231, 287, 421, 422; Kunstbildarchiv Aline Lenz, Hamburg – Remmer 50 o., 50 M.; Landesbildstelle, Berlin 161, 269, 374; Mannesmann, Düsseldorf 415; Karl-Marx-Haus, Trier 101 o.; Bildagentur Mauritius, Mittenwald 273 r. u. (2), 286 u. – Eberle 273 M. l. – Helbing 272 u. – Schmidt-Luchs 273 M. r. – Werner 324 u., 362 o.; MBB, Hamburg 417 o., 417 u.; Dr. Meinl, Wien 64 o.; Mohndruck, Gütersloh 408; Österr. Nationalbibliothek, Wien 13, 24 o., 25 u. l., 36 o., 43, 46 l.; Maria Otte, Melle 288 o.; A. Paczensky, Berlin 203; Patrick Piel 228 u.; Porzellanmanufaktur Fürstenberg 61 u.; Prenzel/IFA, München 284 – Kronmüller 272 o. – Lauer 273 o. l.; Presse- u. Informationsamt d. Bundesregierung, Bundesbildstelle, Bonn 327, 428; roebild, Frankfurt – Morell 419 u. r. – Röhrig 11, 362 u. – Schindler 312 u.; Klaus Rose, Iserlohn 405; Rosenthal-Bilderdienst, Selb 410 o., 410 u.; Rosgarten-Museum, Konstanz 36 u. r.; Bildarchiv Sammer, Neuenkirchen 314 M.; Toni Schneiders, Lindau 27; Siemens-Pressebild, München 288 u., 357 u., 429 o., 429 u., 430; Sven Simon, Essen 315 o. r.; sipa press, Paris-Baccon/Gibod 229 M. r., 229 u. r., 428; Süddeutscher Verlag Bilderdienst, München 420, 170 u., 238, 327, 330 u., 378 o., 396 o.; Staatl. Museen zu Berlin-Ost 72 o. r., 72 o. l.; Stadtarchiv, München 105; Städt. Kunstsammlungen, Augsburg 39; Stern-Syndication, Hamburg – Anders 387, Barnick 276 u. – Bauer 276 – Carp 279, 306 – Meffert 229 u. – Moldvay 359 o. – Reinartz 363 – Schmitt 162/163, 167 o., 174 u., 175 o., 183 l., 186, 190 o., 206, 222, 224; Thyssen Bild 300, 416; Ullstein Bilderdienst, Berlin 110 o. r., 110 u., 113 o., 113 u. l., 125 u. l., 130, 141, 143 u., 144, 145 o. l., 145 u., 149 u., 152, 154, 156, 156 u., 157, 164 o., 164 M., 164 u., 170 o., 175 u., 176 o., 179, 188, 211, 212 u., 214, 225, 229 o., 234 o., 240, 245, 245 u., 246 u., 249, 257, 258, 286 o., 303 u., 311, 316, 317, 337 u., 368, 379 o., 394, 399 o., 404, 418 M., 418 u., 419 o. l., 419 M.; Umweltbundesamt, Berlin 379 o.; VISUM, Hamburg – Lange 355 u., Vogel Verlag, Müchen 208; Manfred Vollmer, Essen 282 o., 283 o. l., 283 o. r., 299 u., 315 M., 315 u. l., 315 u. r., 329, 349, 358 u., 373, 397; VW-Fotozentrale, Wolfsburg 255 o., 303 u. r., 414; ZEFA, Düsseldorf 285, 289 o., 290 o., 290 u., 291, 292 – Bahnsen 263 u. – Damm 273 u. l. – Hackenberg 385 – Helbing 273 o. r. – Oster 419 u. l. – Pierer 351 – Teasy 264; Zeitbild Archiv Maiwald, Garmisch-Partenkirchen 25 o. l.

© COSMOPRESS, Genf. Reproduktionsgenehmigungen für Abbildungen künstlerischer Werke von Mitgliedern und Wahrnehmungsberechtigten der Verwertungsgesellschaften S.P.A.D.E.M./Paris, S.A.B.A.M./Brüssel, BEELDRECHT/Amsterdam, V.A.G.A./New York, S.I.A.E./Rom wurden erteilt durch die Verwertungsgesellschaft BILD-KUNST/Bonn.